MEYERS GROSSES TASCHEN-LEXIKON

Band 5

MEYERS GROSSES TASCHEN-LEXIKON

in 24 Bänden

Herausgegeben und bearbeitet von
Meyers Lexikonredaktion
2., neu bearbeitete Auflage

Band 5:
Cond – Dun

B.I.-TASCHENBUCHVERLAG
Mannheim/Wien/Zürich

Chefredaktion:
Werner Digel und Gerhard Kwiatkowski

Redaktionelle Leitung der 2. Auflage:
Klaus Thome

Redaktion:
Eberhard Anger M. A., Dipl.-Geogr. Ellen Astor,
Dipl.-Math. Hermann Engesser, Reinhard Fresow, Ines Groh,
Bernd Hartmann, Jutta Hassemer-Jersch, Waltrud Heinemann,
Heinrich Kordecki M. A., Ellen Kromphardt, Wolf Kugler,
Klaus M. Lange, Dipl.-Biol. Franziska Liebisch, Mathias Münter,
Dr. Rudolf Ohlig, Ingo Platz, Joachim Pöhls, Dr. Erika Retzlaff,
Hans-Peter Scherer, Ulrike Schollmeier, Elmar Schreck,
Kurt Dieter Solf, Jutta Wedemeyer, Dr. Hans Wißmann,
Dr. Hans-Werner Wittenberg

CIP-Kurztitelaufnahme der Deutschen Bibliothek

Meyers Großes Taschenlexikon: in 24 Bd./hrsg. u. bearb. von
Meyers Lexikonred. [Chefred.: Werner Digel u. Gerhard
Kwiatkowski]. – Mannheim; Wien; Zürich: BI-Taschenbuchverlag
ISBN 3-411-02900-5
NE: Digel, Werner [Red.]
Bd. 5. Cond–Dun. – 2., neubearb. Aufl. – 1987
ISBN 3-411-02905-6

Druck: Südwestdeutsche Rollenoffset GmbH, Stuttgart
Einband: Wilhelm Röck GmbH, Weinsberg
Printed in Germany
Gesamtwerk: ISBN 3-411-02900-5
Band 5: ISBN 3-411-02905-6

Condamine, La [frz. lakõda'min] ↑Monaco.

Condé [frz. kõ'de], Seitenlinie des Hauses Bourbon; begr. Mitte des 16. Jh., endete 1830; bed.:

C., Henri, Fürst von, * La Ferté-sous-Jouarte (Seine-et-Marne) 29. Dez. 1552, † Saint-Jean-d'Angély (Charente-Maritime) 5. März 1588. - Übernahm nach dem Tod seines Vaters Louis I die Führung der Hugenotten; floh nach der Bartholomäusnacht nach Deutschland und organisierte 1574–81 die polit.-staatl. Machtbasis der Hugenotten.

C., Louis I Fürst von, * Vendôme 7. Mai 1530, † Jarnac (Charente) 13. März 1569. - Leitete seit 1561 mit wechselndem Erfolg die Operationen der Hugenotten; gefangengenommen und erschossen.

C., Louis II, Fürst von, gen. „Le Grand Condé", * Paris 8. Sept. 1621, † Fontainebleau 11. Dez. 1686. - Schlug sich 1651 auf die Seite der Fronde und trat in den Dienst des span. Königs; 1659 begnadigt; kämpfte, nach Frankr. zurückgekehrt, siegreich in den Niederlanden und als Oberbefehlshaber in der Pfalz.

Conditio sine qua non [lat. „Bedingung, ohne die nicht"], in der Philosophie svw. notwendige ↑Bedingung.

Condom ↑Kondom.

Condon, Edward Uhler [engl. 'kɔndən], * Alamogordo (N. Mex.) 2. März 1902, † Boulder (Colo.) 26. März 1974, amerikan. Physiker. - Arbeiten zur wellenmechan. Begründung des sog. Franck-Condon-Prinzips, zum Tunneleffekt beim Alphazerfall und zur Protonenstreuung.

Condorcet, [Marie Jean] Antoine [Nicolas de Caritat] Marquis de [frz. kõdɔr'sɛ], * Ribemont bei Saint Quentin 17. Sept. 1743, † Clamart (Hauts-de-Seine) 29. März 1794, frz. Mathematiker, Philosoph, Politiker. - Einer der Enzyklopädisten; als Mathematiker bed. Arbeiten über Integralrechnung (1756) und zur Theorie der Kometen (1777). Schloß sich 1789 der Frz. Revolution an; als einer der einflußreichsten Befürworter des gesellschaftl. Fortschritts entwickelte C. das Ideal des demokrat. Einheitsstaates. 1792 forderte er in seinem Entwurf einer „Nationalerziehung" die Beseitigung der Klassenunterschiede im Bildungswesen, Autonomie gegenüber Kirche und Staat sowie eine Erwachsenenfortbildung. Seit 1792 Präs. der Gesetzgebenden Nationalversammlung; wurde als Girondist am 27. März 1794 verhaftet; Tod wenig später durch Erschöpfung oder Gift; 1795 Rehabilitierung.

Condoribaum (Indischer Korallenbaum, Adenanthera pavonina), südasiat. Mimosengewächs; großer Baum mit glänzend roten, eßbaren Samen (Korallenerbsen).

Condottiere ↑Kondottiere.

Conductus [lat.], 1. einstimmiges lat. Lied des MA. - 2. eine Hauptform der mehrstimmigen Musik (meist zwei- und drei-, seltener vierstimmig) des MA (12./13. Jh.) neben Organum und Motette.

con espressione [italien.], musikal. Vortragsbez.: mit Ausdruck.

conf., Abk. für: ↑**confer.**

Confederación Nacional del Trabajo [span. kɔnfeðera'θjɔn naθjo'nal dɛl tra'βaxo], Abk. CNT, span. Gewerkschaft, ↑Spanien (Geschichte).

Confédération Générale du Travail [frz. kõfedera'sjõ ʒeneral dytra'vaj], Abk. C. G. T., frz. Gewerkschaft, ↑Gewerkschaften (Übersicht).

Confederation of British Industry [engl. kənfɛdə'rɛɪʃən əv 'brɪtɪʃ 'ɪndəstrɪ], Abk. CBI, Spitzenverband der brit. Arbeitgeberverbände.

Confédération Suisse [frz. kõfedera-sjõ'sɥis], amtl. frz. Name der Schweiz.

Confederazione Generale dell'Industria Italiana [italien. komfederat'tsjo:ne dʒene'ra:le dellin'dustrja ita'lja:na], Kurzbez. Confindustria, italien. Arbeitgeberorganisation, Sitz Rom.

Confederazione Generale Italiana del Lavoro [italien. komfederat'tsjo:ne dʒene'ra:le ita'lja:na del la'vo:ro], Abk. C. G. I. L., italienische Gewerkschaft, ↑Gewerkschaften (Übersicht).

Confederazione Svizzera [italien. komfederat'tsjo:ne'zvittsera], amtl. italien. Name der Schweiz.

confer! [lat. „vergleiche!"], Abk. cf., cfr., conf., in wiss. Arbeiten Hinweis auf Belegstellen.

Conférencier [kõferãsi'e:; lat.-frz.], [witzig unterhaltender] Ansager in Kabarett, Varieté, bei öff. und privaten Veranstaltungen; **Conférence,** die entsprechende Ansage.

Confessio [lat.], das Glaubensbekenntnis, die Konfession; die Bekenntnisschrift; das allg. oder individuelle Sündenbekenntnis.

◆ Vorraum eines Märtyrergrabes unter dem Altar v. a. altchristl. Kirchen; insbes. in Italien (C. unter dem Hochaltar der Peterskirche in Rom); Vorform der ↑ Krypta.

Confessio Augustana [lat.] ↑ Augsburger Bekenntnis.

Confessio Belgica [lat.] (Belgische Konfession), Bekenntnisschrift der ref. Gemeinden in den span. Niederlanden (1561).

Confessio Bohemica [lat.], Bekenntnisschrift der ↑ Böhmischen Brüder (1609).

Confessio Gallicana [lat.] (La confession de foy des Églises reformées du Royaume de France), Bekenntnisschrift der ref. Gemeinden Frankreichs (1559).

Confessio Helvetica [lat.], Name zweier reformator. Bekenntnisschriften. 1. **Confessio Helvetica prior** (1536), in 27 (bzw. 28) Artikeln über Glaube, Kirche und Ethos ein Bekenntnis über die ref. Lehre vor Calvin. 2. **Confessio Helvetica posterior** (1566), urspr. als eine Privatarbeit von dem Züricher Theologen H. Bullinger verfaßt zur Rechenschaft über die von ihm vertretene Lehre, der die schweizer. Städte (außer Basel), später auch ref. Kirchen im Ausland zustimmten.

Confessio tetrapolitana [lat. „Vier-Städte-Bekenntnisschrift"], reformator. Bekenntnisschrift der Städte Straßburg, Memmingen, Lindau und Konstanz (1530).

Confessor [lat.] ↑ Bekenner.

Confiteor [lat. „ich bekenne"], in der kath. Kirche allg. Sündenbekenntnis u. a. zu Beginn der Messe und vor der Komplet.

Confoederatio Helvetica [...fø...; lat.], Abk. C. H. oder CH, Bez. der Schweizer. Eidgenossenschaft. Die Abk. wird v. a. auf Geldstücken und als Nationalitätskennzeichen der schweizer. Kfz. verwendet.

Conformists [engl. kən'fɔːmɪsts] ↑ Konformisten.

con forza [italien.], musikal. Vortragsbez.: mit Kraft, wuchtig.

Confrérie de la passion [frz. kõfrer'i dlapɑ'sjõ], Laienspielgemeinschaft, gegr. zur Aufführung geistl. Spiele; erhielt 1402, erneut 1518 das Spielmonopol in Paris, dehnte es auf andere Gattungen aus. Auf das Verbot, weiter im Hôpital de la Trinité zu spielen, reagierte sie mit dem Bau des Hôtel de Bourgogne (1548 vollendet, zugleich aber Verbot, geistl. Spiele aufzuführen). Seit 1570 vermieteten sie es an Wandertruppen und verhinderten bis 1675 (Verlust des Privilegs) Niederlassungen anderer Truppen.

con fuoco [italien.], musikal. Vortragsbez.: mit Feuer, feurig bewegt.

Conga [span.], mit der Hand geschlagene einfellige, faß- oder kegelförmige, längl. Trommel, wohl kuban. Herkunft; die C. wird bei lateinamerikan. Tänzen und im Jazz verwendet.

◆ nach der C.trommel ben. afrokuban. Tanz in raschem Tempo und geradem Takt.

Congar, Yves (Taufname Marie-Joseph) [frz. kõ'gaːr], * Sedan 13. April 1904, frz. Theologe, Dominikaner. - 1931–54 Prof. für Fundamentaltheologie in Étiolles bei Paris. Auf dem 2. Vatikan. Konzil einer der führenden frz. Konzilstheologen.

Congress of Industrial Organizations [engl. 'kɔŋgrɛs əv ɪn'dʌstrɪəl ɔːgənaɪ'zeɪʃənz], Abk. CIO, amerikan. Gewerkschaftsverband, 1938 gegr.; seit 1955 mit der American Federation of Labor (AFL) zur AFL-CIO zusammengeschlossen.

Congreve, William [engl. 'kɔŋgriːv], ≈ Bardsey bei Leeds 10. Febr. 1670, † London 19. Jan. 1729, engl. Komödiendichter. - Sein Werk stellt den Höhepunkt des engl. Sittenstücks dar, u. a. „Der Arglistige" (1694), „Love for love" (1695), „Der Lauf der Welt" (1700), „Miscellaneous poems" (1710).

Coniferae [lat.], svw. ↑ Nadelhölzer.

Coniin ↑ Koniin.

Conimbriga ↑ Coimbra.

Coninxloo, Gillis van, * Antwerpen 24. Jan. 1544, ▭ Amsterdam 4. Jan. 1607, niederl. Maler. - Mußte als Anhänger der ref. Lehre aus Antwerpen fliehen und lebte u. a. 1587–95 in Frankenthal (Pfalz), danach in Amsterdam. Seine Waldlandschaften wirkten in ihrem Streben nach Naturnähe revolutionierend.

con moto [italien.], musikal. Vortragsbez.: mit Bewegung, bewegt.

Connacht [engl. 'kɔnɔːt] (Connaught), histor. Prov. in NW-Irland, umfaßt die Gft. Galway, Leitrim, Mayo, Roscommon und Sligo, 17122 km², 424000 E (1981). - Im MA eines der ir. Königreiche, reichte vom Atlantik bis zu Shannon und Erne; Anfang 13. Jh. wurde der W von Anglonormannen erobert; der NO blieb als Kgr. Brefni unabhängig; 1576 in die heutigen Gft. aufgeteilt.

Connaught [engl. 'kɔnɔːt], histor. Prov. in Irland, ↑ Connacht.

Connecticut [engl. kə'nɛtɪkət], Bundesstaat im NO der USA, am Atlantik, südlichster der Neuenglandstaaten, 12973 km², 3,15 Mill. E (1982), 243 E/km², Hauptstadt Hartford; acht Counties.

Landesnatur: Das Staatsgebiet wird durch das z. T. über 30 km breite Tal des Connecticut River unterteilt. Im O besteht ein flachwelliges Hochland, das von etwa 300 m im N zur Küste hin abfällt und größtenteils vom Thames River entwässert wird. Im W ist ein stärkeres Relief ausgebildet. Es erreicht im Mount Frissell mit 725 m die größte Höhe.
Klima, Vegetation: Es herrscht gemäßigtes Klima mit schneereichen Wintern. Die natürl. Vegetation besteht aus Wald; es dominieren Eichen, Hickorybäume, Birken und Ahorn.
Bevölkerung, Wirtschaft, Verkehr: 91 % der Bev. sind europ. Herkunft bzw. die Nachkommen europ. Einwanderer, rd. 6 % Schwarze; hinzu kommen indian. und asiat. Minderheiten. C. verfügt über mehrere Colleges und

sieben Univ., von denen die Yale University in New Haven (gegr. 1718) die bekannteste ist. - Die Landw. ist auf die Versorgung der Großstädte ausgerichtet: Milchviehhaltung, Hühnerzucht, Anbau von Gemüse und Obst, im Tal des Connecticut River auch Tabak. Die wichtigsten Ind.zweige sind Rüstungsind., Maschinenbau und holzverarbeitende Industrie. - C. verfügt über ein Eisenbahnnetz von 1 060 km Länge, ein Straßennetz von 6 400 km Länge, 68 ✈. Bed. Seehäfen sind u. a. New Haven und Bridgeport; Hartfort besitzt einen Binnenhafen.

Geschichte: Besiedlung seit Anfang des 17. Jh. durch die Niederländer, später auch Briten; wurde 1654 brit.; erhielt 1662 eine Verfassung; 1665 waren die Grenzen des heutigen Staates festgelegt mit Ausnahme der W-Grenze, die 1786 fixiert wurde; erklärte sich 1776 zu einer unabhängigen Kolonie, unterstützte den Unabhängigkeitskampf der Kolonien mit Truppen; billigte 1788 als fünfter Staat die Verfassung der USA.

📖 *Bingham, H. J.: History of C. New York 1962. 4 Bde.*

Connecticut River [engl. kə'nɛtɪkət 'rɪvə], Fluß in den Neuenglandstaaten, USA, entspringt im First Connecticut Lake und im Second Connecticut Lake, mündet in den Long Island Sound, etwa 650 km lang; schiffbar bis Hartford; zahlr. Stauwerke.

Connétable [frz. kɔne'tabl] ↑Konnetabel.

Conni, (Conny, Konni, Konny) männl. Vorname, Koseform von ↑Konrad.

◆ (Conny) Koseform des weibl. Vornamens ↑Cornelia.

Connie (Conny) [engl. 'kɔnɪ], engl. Kurzform von Constance (Constanze; ↑Konstanze).

Conolly, John [engl. 'kɔnəlɪ], * Market Rasen (Lincolnshire) 27. Mai 1794, † Hanwell 5. März 1866, brit. Psychiater. - Begründete die nach ihm ben. Methode, die die Anwendung von mechan. Zwangsmaßnahmen bei der psychiatr. Therapie von Psychosen nur in Ausnahmefällen zuließ.

Conques [frz. kõ:k], frz. Ort im sw. Zentralmassiv, Dep. Aveyron, 404 E. - Benediktinerkloster erstmals im 6./7. Jh., erneut 755 gegr., Reliquienstätte der hl. Fides, Wallfahrtsort an der Pilgerstraße nach Santiago de Compostela. Die Abteikirche Sainte-Foy (begonnen im 11. Jh.) ist ein Hauptwerk der Baukunst der Auvergne.

Conrad, Joseph [engl. 'kɔnræd], eigtl. Józef Teodor Konrad Korzeniowski, * Berditschew 3. Dez. 1857, † Bishopsbourne (Kent) 3. Aug. 1924, engl. Schriftsteller poln. Abkunft. - Seit 1884 naturalisierter Engländer; befuhr - zuletzt als Kapitän der engl. Handelsflotte - v. a. Routen im Fernen Osten, der Schauplatz vieler seiner Erzählungen und Romane ist. Seine - in der erst spät von ihm erlernten engl. Sprache geschriebenen - stilist. hervorragenden Werke behandeln mit psycholog. Akribie vorwiegend das Schicksal von Männern, die in einer ihnen fremden Welt durch ihr Beharren untergehen.

Werke: Almayers Wahn (R., 1895), Der Verdammte der Inseln (R., 1896), Der Nigger von der Narzissus (R., 1897), Lord Jim (R., 1900), Herz der Finsternis (Novelle, 1902), Jugend (E., 1902), Nostromo (R., 1904), Der Geheimagent (R., 1907), Mit den Augen des Westens (R., 1911), Sieg (R., 1915).

Joseph Conrad

C., Michael Georg [ˊ--], * Gnodstadt bei Ochsenfurt 5. April 1846, † München 20. Dez. 1927, dt. Schriftsteller. - Kritiker und Erzähler des frühen Naturalismus, Hg. der Zeitschrift „Die Gesellschaft"; schrieb u. a. „Die klugen Jungfrauen" (R., 1889).

Conradi, Hermann, * Jeßnitz 12. Juli 1862, † Würzburg 8. März 1890, dt. Schriftsteller. - Vorkämpfer des Naturalismus; wurde wegen des Romans „Adam Mensch" (1889) des Vergehens gegen die öff. Sittlichkeit angeklagt (postum freigesprochen).

Conrad-Martius, Hedwig, * Berlin 27. Febr. 1888, † Starnberg 15. Febr. 1966, dt. Philosophin. - Schülerin E. Husserls, seit 1955 Prof. in München; versuchte mit aristotel. und scholast. Denkelementen den Aufbau einer „Realontologie", in der sie durch Annahme eines vor- bzw. transphys. Bereichs u. a. die Erkenntnisse der modernen Physik, Biologie, Psychologie begründen wollte.

Werke: Realontologie (1923), Der Selbstaufbau der Natur (1944), Die Zeit (1954), Utopien der Menschenzüchtung (1955), Das Sein (1957), Der Raum (1958), Schriften zur Philosophie (1963–65).

Conrad von Hötzendorf, Franz Graf (seit 1918), * Penzing (= Wien) 11. Nov. 1852, † Bad Mergentheim 25. Aug. 1925, östr.-ungar. Feldmarschall. - Seit 1906 Chef des Generalstabs; trat 1908/09 für einen Präventivkrieg gegen die Politik der Irredenta in Italien und die serb. Expansion ein; 1911 vorübergehend entlassen; arbeitete im 1. Weltkrieg strateg. und polit. eng mit der dt. Obersten Heeresleitung zusammen; trat 1917 als Chef des Generalstabs aus polit. Gegensatz zu Kaiser Karl I. zurück.

Conring, Hermann, * Norden 9. Nov. 1606, † Helmstedt 12. Dez. 1681, dt. Gelehrter. - Prof. der Naturphilosophie (1632), Medizin (1636) und Politik (1650) in Helmstedt; begr. mit seiner Schrift „De origine juris germanici" (1635) die dt. Rechtsgeschichte als selbständige Disziplin.

Consalvi, Ercole Marchese, * Rom 8. Juni 1757, † ebd. 24. Jan. 1824, päpstl. Diplomat. - Seit 1800 Kardinal und Staatssekretär Pius' VII.; führte 1801 die Konkordatsverhandlungen mit Napoleon I., der 1806 seine Entlassung durchsetzte; seit 1814 wieder Staatssekretär; vertrat die päpstl. Interessen auf dem Wiener Kongreß und erreichte die Wiederherstellung des Kirchenstaates.

Conscience, Hendrik [frz. kõ'sjã:s], * Antwerpen 3. Dez. 1812, † Brüssel 10. Sept. 1883, fläm. Schriftsteller. - Verfaßte mehr als 100 v. a. histor. Romane sowie Erzählungen mit Schilderungen des fläm. Volkslebens seiner Zeit (u. a. „Der arme Edelmann", 1851); in dem erfolgreichen Roman „Der Löwe von Flandern" (1838) rief er den Flamen die Größe ihrer Vergangenheit ins Gedächtnis.

Consecutio temporum [lat.], Zeitenfolge in Haupt- und Nebensätzen, mit der zum Ausdruck gebracht wird, in welcher Weise mehrere Handlungen zeitl. aufeinander bezogen sind.

Conseil [frz. kõ'sɛj; zu lat. consilium „Rat"], Rat, Ratsversammlung, Ratschlag; in Frankr. Namensteil zahlr. Institutionen; u. a. **Conseil constitutionnel,** Verfassungsrat (seit 1958); **Conseil de la République,** die 2. Kammer des Parlaments (1948–58); **Conseil d'État,** Staatsrat (1799 geschaffen; seit 1806 oberstes Verwaltungsgericht, seit 1872 von der Regierung unabhängig); **Conseil municipal,** Gemeinderat.

Conseil Européen pour la Recherche Nucléaire [frz. kõ'sɛj œrɔpe'ɛ̃ pur la rə'ʃɛrʃ nykle'ɛ:r] ↑CERN.

Conseil National du Patronat Français [frz. kõ'sɛj nasjɔ'nal dy patrɔ'na frã'sɛ], Abk. C.N.P.F., Spitzenorganisation der frz. Arbeitgeber; Sitz Paris.

Consejo [span. kɔn'sɛxo (↑Conseil)], Ratsversammlung bzw. Ratsbehörde in Spanien; am wichtigsten: **Consejo de Estado** (Staatsrat).

Consensus [lat. „Übereinstimmung"], Begriff der Theologie, mit dem die Gültigkeit oder Rechtmäßigkeit eines Sachverhalts behauptet wird, z. B. **Consensus communis,** die Übereinstimmung der (kath.) Gläubigen, gilt im kath. Verständnis als Beweismittel für die Wahrheit eines Dogmas.

Consensus gentium [lat.], Übereinstimmung aller; Schluß von der allg. Geltung eines Satzes auf dessen begründeten Charakter.

Consentia, antike Stadt, ↑Cosenza.

Conservative and Unionist Party [engl. kən'sə:vətɪv ənd 'ju:njənɪst 'pɑ:tɪ] ↑Konservative und Unionistische Partei.

Conservatoire [frz. kõsɛrva'twa:r (↑Konservatorium)], 1795 gegr. staatl. frz. Musik[hoch]schule in Paris.

Considérant, Victor [frz. kõside'rã], * Salins-les-Bains (Jura) 12. Okt. 1808, † Paris 27. Dez. 1893, frz. Sozialist. - Widmete sich der Verbreitung der sozialist. Ideen von C. Fourier; publizist. Vorkämpfer radikaldemokrat. und sozialist. Reformen; aktive Teilnahme an der Februarrevolution 1848, Mgl. der Verfassungsgebenden Nat.versammlung.

Consilium ↑Konsilium.

Consistorium ↑Konsistorium.

Consolatio [lat.], Trostschrift oder -rede (antike literar. Gattung), die entweder zu einem aktuellen Trauerfall geschrieben wurde oder aber allgemein Trost und Hilfe bieten sollte (z. B. „De consolatione philosophiae" des Boethius).

Consolfunkfeuer [Kw.], im Langwellenbereich (30 kHz–300 kHz) arbeitendes Funkfeuer, das über Entfernungen bis zu 3000 km Radialstandlinien zu Navigationszwecken liefert. Bordseitig werden ledigl. ein Empfänger und eine spezielle Navigationskarte benötigt. Eine Sendeanlage erzeugt ein stark aufgefächertes Richtdiagramm, dessen Sektoren abwechselnd durch Punkt- oder Strichkennung charakterisiert werden. Durch Abzählen der Punkte bzw. Striche nach der Stationskennung wird die gesuchte Radialstandlinie innerhalb des betreffenden Sektors gefunden (der Sektor selbst muß dabei bekannt sein). Der Schnittpunkt der Radialstandlinien, ermittelt aus den Signalen zweier C., ist der Standort.

Consols [engl. kən'sɔlz], Abk. für engl.: „**consol**idated stocks", Bez. für staatl., meist niedrig verzinste Rentenanleihen, die der Konsolidierung von kurzfristigen öffentl. Schulden dienen.

Consommé [kõsɔ'me:; lat.-frz.] (Konsommee), Kraftbrühe aus Rindfleisch und Suppengemüse, auch aus Fisch (**Consommé de poisson**), Wild (**Consommé de gibier**) oder Geflügel (**Consommé de volaille**).

con sordino [italien.], musikal. Vortragsbez.: mit Dämpfer [zu spielen].

Consort [engl. 'kɔnsɔ:t; lat.], im ausgehenden 16. und 17. Jh. in England gebrauchte Bez. für eine kleine kammermusikal. Instrumentalgruppe; heute Bez. für ein Ensemble, das alte Musik auf alten Instrumenten spielt.

con spirito (spirituoso) [italien.], musikal. Vortragsbez.: mit Geist, geistvoll, feurig.

Constable, John [engl. 'kʌnstəbl], * East Bergholt (Suffolk) 11. Juni 1776, † London

31. März 1837, engl. Maler. - Seine 1824 im Pariser Salon ausgestellten Landschaftsbilder wirkten durch ihre atmosphär. Frische, die Naturstimmung und ihren spontanen Bildaufbau revolutionierend, bes. auf die Maler der Schule von ↑Barbizon. Seine Hauptwerke besitzt die National Gallery in London, u. a.: „Malvern Hall" (1809), „Weymouth Bay" (um 1816), „Das Kornfeld" (1826), „Die Kathedrale von Salisbury" (um 1829).

Constable [engl. 'kʌnstəbl; zu lat. comes stabuli „Oberstallmeister"], in England und Schottland seit dem 12. Jh. bezeugter hoher Amtsträger der Krone mit vorwiegend militär. Funktionen; heute in Großbrit. ein beamteter Polizist, in den USA ein gewählter kommunaler Amtsträger zur Wahrung der öff. Ordnung. - ↑auch Konnetabel.

Constance [frz. kõs'tã:s], frz. Form von ↑Konstanze.

Constans, röm. Kaiser, ↑Konstans.

Constant, Benjamin [frz. kõ'stã], eigtl. B. Henri C. de Rebecque, * Lausanne 25. Okt. 1767, † Paris 8. Dez. 1830, frz. Schriftsteller. - Aus schweizer. Hugenottenfamilie; wurde 1794 Franzose, hatte seit 1799 einen Sitz im Tribunat; 1802 von Napoleon I. verbannt, reiste er mit Madame de Staël; seit 1816 wieder in Paris, Abgeordneter der liberalen Opposition. Von seinen polit. Schriften ist noch heute von Bed. seine Abhandlung „Über die Gewalt" (1814). Plädierte für eine konstitutionelle Monarchie nach engl. Muster. Seine literar., z. T. autobiograph. Hauptwerke sind „Adolphe" (R., 1816) und der Roman „Cécile" (hg. 1951). C. gilt als Vorläufer des psycholog. Romans des 19. Jh.

Constant [niederl. 'kɔnstənt], eigtl. C. A. Nieuwenhuys, * Amsterdam 21. Juli 1920, niederl. Maler. - Mgl. der Gruppe ↑Cobra.

Constantia ↑Konstanz.

Constantine, Eddie [frz. kõstã'tin], * Los Angeles 29. Okt. 1917, frz. Filmschauspieler und Schlagersänger amerikan. Herkunft. - Draufgängertyp in „harten" Filmen (z. B. in der Lemmy-Caution-Serie) der 50er Jahre; später Comeback („Malatesta", 1970), „Warnung vor einer heiligen Nutte" (1971), „Flug nach Berlin" (1984).

Constantine [frz. kõstã'tin], alger. Dep.-hauptstadt, 580–640 m ü. d. M., 335 000 E. Kath. Bischofssitz; Univ. (gegr. 1961), islam. Hochschule (gegr. 1895); Nahrungsmittel-, Lederind., Motoren- und Traktorenwerk; Verkehrsknotenpunkt, ✈. - Von Konstantin d. Gr. an der Stelle des numid. **Cirta** 313 erbaut.

Constantinus, Päpste, ↑Konstantin, Päpste.

Constantinus, röm. Kaiser, ↑Konstantin.

Constantinus Africanus, * Karthago zw. 1010 und 1015, † Montecassino 1087, italien. Medizinschriftsteller arab. Herkunft. - Übersetzte und bearbeitete neben Hippokrates und Galen die bedeutendsten Werke der arab. Mediziner.

Constantius, röm. Kaiser, ↑Konstantius.

Constanze, weibl. Vorname, ↑Konstanze.

Constituante [frz. kõsti'tɥã:t] ↑Konstituante.

Constitutio Antoniniana [lat.] ↑Caracalla.

Constitutio Criminalis Carolina ↑Carolina.

Constitution [engl. kɔnstɪ'tju:ʃən, frz. kõstity'sjõ; lat.], svw. ↑Verfassung.

Consuetudines [...sue...; lat. „Gewohnheiten"], die ma. Vorschriften zum Mönchsleben; Ausführungsbestimmungen zu den allgemeiner gehaltenen Regeln.

Consul ↑Konsul.

Consulares (Konsularen) [lat.] ↑Konsul.

Contadora-Gruppe, Bez. für die Staaten Mexiko, Venezuela, Kolumbien und Panama, deren Regierungen seit Jan. 1983 Konferenzen zur Wiederherstellung des Friedens in Mittelamerika abhalten (erstmals auf der Insel Contadora im Golf von Panama).

Eddie Constantine

Container [kɔn'te:nər; engl.-lat.; zu engl. to contain „enthalten"], (Frachtbehälter) internat. genormter Transportbehälter für die rationelle Beförderung von Gütern. Als Transportmittel dienen Eisenbahnwaggons, Sattelschlepper (Trailer), Flugzeug und C.-Schiff. Das Umschlagen von C. auf ein anderes Verkehrsmittel erfolgt in sog. **Containerterminals** *(C.-Bahnhöfe, C.-Häfen)* mit Hilfe spezieller Hebevorrichtungen; bei **Containerschiffen** auch mit schiffseigenen Portalkränen. Maße und Bruttogewicht von *Groß-C.:* 2,4 m × 2,4 m × 6 m (20 t), bzw. 9 m (25 t) bzw. 12 m (30 t); auch *Klein-C.* bis 3 m³ Inhalt.
◆ (Müllcontainer, Glascontainer), mehrere m³ fassende Stahlbehälter für Haus- und Ind.-müll bzw. zum Sammeln von Glas zum Zwecke der Wiederverwertung (Recycling).

Containment [engl. kən'teɪnmənt; zu lat. continere „zurückhalten"], Bez. für Eindämmungspolitik; von G. F. Kennan 1946/47 entworfenes außenpolit. Konzept, das davon ausging, daß die UdSSR den Status quo in Europa und Asien nicht durch militär. Aktionen ändern würde, wenn jeder sowjet. Druck mit Gegendruck beantwortet und der sowjet. Einflußbereich „eingedämmt" würde; vornehml. durch die Errichtung militär. Paktsysteme (NATO, SEATO, CENTO) praktiziert; führte direkt in die Phase des kalten Krieges.

Contarini, venezian. Patrizierfamilie, aus der 8 Dogen hervorgingen; u. a. **Domenico Contarini** (1043–70), der die Markuskirche errichten ließ, und **Jacopo Contarini** (1275–80), unter dem Venedig seinen Einflußbereich an der istr.-dalmatin. Küste und auf der Terra ferma vergrößern konnte; bedeutendstes Mgl. war **Gaspare Contarini** (* 1483, † 1542), als Politiker und Gelehrter gleich bed.; 1535 zum Kardinal berufen; Mgl. der päpstl. Reformkommission und Gegner Luthers; 1541 auf dem Regensburger Reichstag (vergebl.) um Verständigung und um Erhaltung der kirchl. Einheit in Deutschland bemüht.

Conte [italien.; zu lat. comes „Begleiter"], Titel des italien. hohen Adels, dem dt. „Graf" entsprechend.

Contergan ® [Kw.], Handelsname für das Schlafmittel Thalidomid.

Conterganprozeß, Strafverfahren (1967–70) gegen führende Angehörige der Chemie Grünenthal GmbH wegen des Vertriebs von Contergan und anderer thalidomidhaltiger Präparate, die bei Erwachsenen Nervenschäden, bei Kindern, deren Mütter während der Schwangerschaft in der sensiblen Phase der Organentwicklung Contergan genommen hatten, schwerste Mißbildungen (fehlende Arme und Beine; Fehlbildungen an Armen und Beinen; Füße am Becken, Hände an den Schultern angewachsen; innere Fehlbildungen) bewirkt hatten. Das Verfahren wurde eingestellt. Das Gericht sah zwar als im Rechtssinne erwiesen an, daß die Nervenschäden der Erwachsenen und die Mißbildungen der Kinder ursächl. auf die Einnahme von Contergan bzw. thalidomidhaltiger Präparate zurückzuführen seien. Das Verschulden der Angeklagten wurde jedoch als gering erachtet, da insbes. die Gefahr von Mißbildungen auch bei Durchführung der damals übl. Tierversuche möglicherweise nicht erkannt worden wäre. Die Herstellerfirma verpflichtete sich, für die mißgebildeten Kinder 100 Mill. DM zur Verfügung zu stellen (↑ Hilfswerk für behinderte Kinder).

Contessa [italien.], italien. Adelstitel, die Frau des Conte.

Continental Can Co. Inc. [engl. kɔntɪ'nɛntl 'kæn 'kʌmpənɪ ɪn'kɔ:pərɛɪtɪd], führender Verpackungsmittelhersteller der Welt, Sitz New York.

Continental Gummi-Werke AG, dt. Unternehmen der Gummiwaren erzeugenden Ind., Sitz Hannover, gegr. 1871, seit 1929 heutige Firma. Hauptprodukte: Reifen und Kfz-Zubehör, techn. Gummiwaren und Kunststoffartikel.

Continuo [italien.], Kurzform für: Basso continuo (↑ Generalbaß).

contra ↑ kontra.

Contract [engl. 'kɔntrækt; lat.], im angloamerikan. Recht ein rechtl. verbindl., gerichtl. durchsetzbarer Vertrag im Ggs. zu einem rechtl. nicht bindenden Agreement.

Contradictio in adjecto [lat. „Widerspruch im Hinzugefügten"], rhetor. Figur; Widerspruch zw. der Bed. eines Substantivs und dem zugeordneten Adjektiv, z. B. „viereckiger Kreis".

contra legem [lat.], gegen den [reinen]

Containerschiff mit einer Ladekapazität von 990 Containern (692 unter Deck, 298 auf Deck).
1 Container im Laderaum, 2 Kühlcontainer im Laderaum, 3 Container auf Deck, 4 Tankräume, 5 Stabilisierungstank, 6 Maschinenraum, 7 Mannschaftswohnräume, 8 Kran

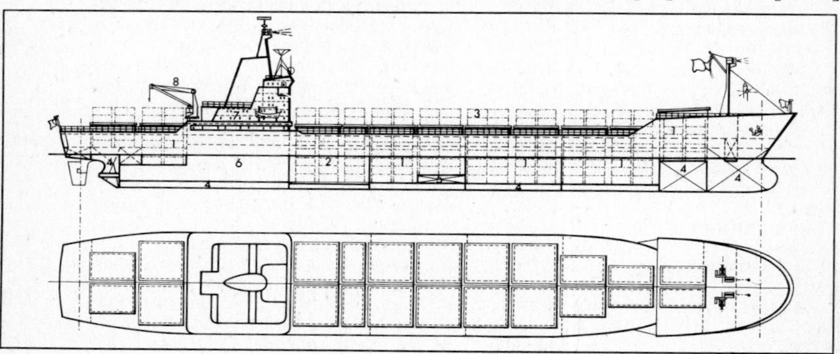

Wortlaut des Gesetzes (z. B. bei richterl. Entscheidungen).

Contrat social [frz. kõtrasɔ'sjal], der Gesellschaftsvertrag, bes. in der polit. Theorie von J.-J. ↑Rousseau von Bedeutung.

Contrecoup [kõtrə'ku:; frz. „Gegenstoß"], in der Medizin Bez. für die bei einem heftigen Aufprall entstehende Gegenkraft, die Quetschungen auch an der der Aufprallstelle gegenüberliegenden Seite hervorrufen kann (z. B. bei Gehirnquetschung).

Contredanse [frz. kõtrə'dã:s „Gegeneinandertanz"], im 18. Jh. in Frankr. und Deutschland (dort als **Contretanz, Kontertanz**) beliebter Gesellschaftstanz, kontinentale Form des engl. ↑Country-dance; entwickelte sich zu einem Tanz für vier Paare (Quadrille); gehörte mit Menuett und dt. Tanz zu den wichtigsten Tanzformen der Wiener Klassik (Haydn, Mozart, Beethoven). Er ist geradtaktig und besteht aus zwei wiederholten Achttaktern, oft mit Trio.

Contusio [lat.], svw. Kontusion (↑Quetschung); **Contusio cerebri,** svw. ↑Gehirnquetschung.

Conubium [lat.], das Recht, eine gültige Ehe einzugehen; die Ehe selbst (röm. Recht).

Conurbation [engl. kɔnə:'bɛɪʃən; lat.] ↑Agglomeration.

Conus [griech.] ↑Konus.

Convento di Praglia [italien. 'praʎʎa] ↑Abano Terme.

Convertible-bonds [engl. kən'və:tɪbl-'bɔndz], engl. Bez. für Wandelschuldverschreibungen.

Convolvulus [lat.], svw. ↑Winde.

Conwy [engl. 'kɔnwɛɪ], walis. Hafenstadt und Seebad an der Irischen See, Gft. Gwynedd, 13 000 E. Kunstakad., Fremdenverkehr; Küstenhandel und Fischerei; Bootsbau. - 7 km südl. das Römerkastell **Canovium** (1926/27 ausgegraben). C. entstand um ein 1186 gegr. Zisterzienserkloster. 1284 Stadtrecht. - Burg (1283–87); Stadtmauer (1284) mit drei Toren; ma. Häuser.

Conze, Alexander, * Hannover 10. Dez. 1831, † Berlin 19. Juli 1914, dt. Archäologe. - 1887–1905 erster Generalsekretär des Dt. Archäolog. Instituts. Leiter der Ausgrabungen in Samothrake (1873–75) und Pergamon (1878–86 und 1900–12; Erwerbung des Pergamonaltars für Berlin). Verfaßte u. a. „Die att. Grabreliefs" (4 Bde., 1893–1922).

C., Werner, * Neuhaus (Elbe) 31. Dez. 1910, † Heidelberg 28. April 1986, dt. Historiker. - Prof. in Posen 1944, Münster 1952, Heidelberg seit 1957; Mitbegr. der modernen Sozialgeschichtsforschung in der BR Deutschland.

Cook [engl. kʊk], Frederick Albert, * Callicoon (N. Y.) 10. Juni 1865, † New Rochelle (N. Y.) 5. Aug. 1940, amerikan. Forschungsreisender. - Seine Behauptung, er habe 1906 den Mount McKinley bestiegen, v. a. aber sein Bericht über seine Ankunft am Nordpol 1908 vor Peary machten ihn zu einer umstrittenen Persönlichkeit, doch glaubt ihm die neuere Forschung großenteils.

C., James, * Marton-in-Cleveland (York) 27. Okt. 1728, † auf Hawaii 14. Febr. 1779, brit. Entdecker. - Trat 1755 in die Royal Navy ein; 1758–62 Kartierung des Sankt-Lorenz-Stroms, 1763–67 kartograph. Messungen in Neufundland. Im Auftrag der brit. Admiralität und der Königl. Geograph. Gesellschaft unternahm C. (seit 1775 Mgl. der Gesellschaft) drei Forschungsreisen: 1. *1768–71:* Beobachtete am 3. Juni 1769 auf Tahiti den Durchgang der Venus vor der Sonne zur Bestimmung der Entfernung Erde–Sonne. C. nannte die umliegenden Inseln zu Ehren der Königl. Geograph. Gesellschaft Gesellschaftsinseln, stellte den Doppelinselcharakter Neuseelands fest und erreichte die austral. O-Küste (April 1770). - 2. *1772–75* wies C. die Nichtexistenz der legendären Terra australis nach. Er überquerte 1773/74 zweimal den südl. Polarkreis und erreichte die Osterinsel, die Neuen Hebriden, Neukaledonien, die Süd-Sandwich-Inseln und Kap Bouvet. - 3. *1776–79* suchte C. eine nördl. Durchfahrt zw. Atlantik und Pazifik. Er entdeckte im Jan. 1778 die Hawaii-Inseln, mußte aber seine Fahrt nach N bei 70° n. Br. wegen Treibeis abbrechen; wurde auf Hawaii bei der Vermittlung in einem Streit mit Eingeborenen erschlagen. - Verfaßte mehrere Reiseberichte.

📖 *Villiers, A.: Captain J. C. Seefahrer u. Entdecker. Dt. Übers. Hamb. 1971.*

C., Thomas, * Melbourne (Derbyshire) 22. Nov. 1808, † Bergen (Norwegen) 19. Juli 1892, brit. Unternehmer. - Gründer des ersten Reisebüros für Gesellschaftsreisen im In- und Ausland.

Cook, Mount [engl. 'maʊnt 'kʊk], höchster Berg Neuseelands, auf der Südinsel, 3 764 m hoch, mit dem 29 km langen **Tasmangletscher**. Erstbesteigung 1894.

Cooke, Sir William Fothergill [engl. kʊk], * Ealing (= London) 1806, † Farnham (Surrey) 25. Juni 1879, brit. Elektrotechniker. - Stellte mit Wheatstone einen Telegrafenapparat her und baute die erste engl. Telegrafenlinie.

Cookinseln [engl. kʊk], Gruppe mehrerer Inseln im südl. Pazifik, zw. Tonga- und Gesellschaftsinseln, zus. 237 km²; Hauptstadt ist Avarua auf der Hauptinsel Rarotonga. - Seit 1888 brit., seit 1901 zu Neuseeland, 1965 volle innere Selbstverwaltung bei neuseeländ. Staatsangehörigkeit der Bevölkerung.

Cookstown [engl. 'kʊkstaʊn], Distrikt in Nordirland.

Cookstraße [engl. kʊk], Meeresstraße im Pazifik, zw. Nord- und Südinsel von Neuseeland, an der engsten Stelle 18 km breit.

cool [engl. ku:l „kühl, gelassen"], bes. von Drogenabhängigen gebrauchter Ausdruck für: unter Drogeneinfluß glückselig.

Cooley, Charles Horton [engl. 'ku:lɪ], * Ann Arbor (Mich.) 17. Aug. 1864, † ebd. 8. Mai 1929, amerikan. Soziologe. - Seit 1904 Prof. für Soziologie; vertrat einen sozialpsycholog. orientierten Organizismus; entwikkelte eine Evolutionsphilosophie, die sich v. a. mit der Vergesellschaftung der Einzelpersonen beschäftigt und die Bedingungen der Entwicklung der Persönlichkeit untersucht.

Coolidge [engl. 'ku:lidʒ], Calvin, * Plymouth (Vermont) 4. Juli 1872, † Northampton (Mass.) 5. Jan. 1933, 30. Präs. der USA (Republikaner). - 1912–15 Senator, 1919/20 Gouverneur in Massachusetts; ab 1921 Vizepräs., nach W. G. Hardings Tod (1923) Präs. (bis 1929); innenpolit. durch die Interessen der Wirtschaftsführer bestimmt, führte er die amerikan. Ind. zur Prosperität. Sein außenpolit. Programm war von einem gemäßigten Isolationismus geprägt.

C., William David, * Hudson (Mass.) 23. Okt. 1873, † Schenectady (N. Y.) 3. Febr. 1975, amerikan. Physiker. - Verbesserte durch die Entwicklung verformbarer Wolframdrähte die Glühbirnentechnik und konstruierte die **Coolidge-Röhre** (↑ Röntgenröhre).

Cool Jazz [engl. 'ku:l 'dʒæs „kühler Jazz"], Jazzstil der 50er Jahre, Reaktion weißer Jazzmusiker auf den von farbigen Musikern entwickelten Bebop; gekennzeichnet durch eine dynam. wenig differenzierte Legato-Spielweise; Anlehnung an Vorbilder der abendländ. Kunstmusik; Vertreter sind u. a. L. Tristano, G. Mulligan und S. Getz.

Coombs-Test [engl. ku:mz; nach dem brit. Pathologen R. Coombs, * 1921] (Antiglobulintest), serolog. Methode zum Nachweis von ↑ inkompletten Antikörpern mit Coombs-Seren. Diese werden durch Immunisierung von Versuchstieren mit menschl. Serumglobulin gewonnen. Sie bringen die mit Antikörpern beladenen Blutzellen zur Agglutination. Der *direkte C.-T.* weist Antikörper, die an menschl. Blutzellen, v. a. Erythrozyten, gebunden sind, nach, ohne daß diese Bindung durch eine Reaktion (z. B. Agglutination oder Hämolyse) erkennbar wäre; er wird angewendet bei Verdacht auf hämolyt. Anämie oder ↑ Erythroblastose. - Der *indirekte C.-T.* dient der Feststellung frei im Blut vorkommender inkompletter Antikörper, die zunächst an geeignete Testblutkörperchen gebunden werden müssen und erst dann bei Zugabe von Coombs-Serum sich sichtbar zusammenballen; wird zur Untersuchung der Verträglichkeit von Transfusionsblut (↑ Kreuzprobe) benutzt.

co op, Unternehmensgruppe, Sitz Hamburg; sie umfaßt u. a. die Konsumgenossenschaften, die im Bund dt. Konsumgenossenschaften GmbH (BdK) zusammengeschlossen sind, die Großeinkaufs-Gesellschaft Deutscher Konsumgenossenschaften mbH und den co op Immobilienfonds AG. Internat. Zusammenarbeit in der INTER-COOP - Internat. Organisation für konsumgenossenschaftl. Absatzwirtschaft - (umfaßt 28 genossenschaftl. Zentralorganisationen von 18 Ländern).

Cooper [engl. 'ku:pə], Alice, eigtl. Vincent Damon Furnier, * Detroit 2. Febr. 1948, amerikan. Popmusiker. - Zugleich Name (seit 1966) der von ihm geleiteten Popmusikgruppe, die v. a. mit den Themen Sex und Gewalt in Songs und Shows bis in die 1970er Jahre erfolgreich war.

C., Gary, eigtl. Frank J. C., * Helena (Mont.) 7. Mai 1901, † Hollywood 13. Mai 1961, amerikan. Filmschauspieler. - Verkörperte den unkompliziert-tatkräftigen Heldentypus, v. a. in Abenteuer- und Wildwestfilmen, u. a. in „Mr. Deeds geht in die Stadt" (1936), „Wem die Stunde schlägt" (1943), „12 Uhr mittags" (1952), „Vera Cruz" (1954), „Ariane" (1957).

Gary Cooper

C., Dame Gladys, * London 18. Dez. 1888, † Henley 17. Nov. 1971, brit. Schauspielerin. - Bis 1971 am Haymarket Theater, daneben zahlr. Filmrollen („Rebecca", 1940; „My fair Lady", 1964).

C., James Fenimore, * Burlington (N. J.) 15. Sept. 1789, † Cooperstown (N. Y.) 14. Sept. 1851, amerikan. Schriftsteller. - 1826–33 Reisen in Europa. C. wurde schnell der bekannteste amerikan. Schriftsteller seiner Zeit (in mehr als 30 Sprachen übersetzt); geschätzt als Schöpfer des „Lederstrumpf", als Verf. von Indianer- und Grenzer-, von See- und von histor. Romanen, bed. Aufarbeitungen der amerikan. Geschichte; übte zunehmend Kritik an amerikan. Sitten und Zuständen. *Werke:* Der Spion (1821), Lederstrumpf-Erzählungen und -Romane (Der Hirschtöter, 1841; Der Letzte der Mohikaner, 1826; Der Pfadfinder, 1840; Die Ansiedler, 1824; Die Prairie, 1827), Conanchet (R., 1826), Der rote Freibeuter (R., 1827), Satanstoe (R., 1846), The sea lions (R., 1849).

C., Leon N., * New York (N. Y.) 28. Febr. 1930, amerikan. Physiker. - Zus. mit J. Bardeen und J.R. Schrieffer entwickelte er 1957 eine quantenmechan. Theorie der Supraleitung, die sog. BCS-Theorie, für die diese Forscher 1972 den Nobelpreis für Physik erhielten.

Cooperative for American Remittances to Europe [später: to Everywhere] [engl. koʊ'ɔpərətɪv fə ə'mɛrɪkən rɪ'mɪtənsɪz tə 'jʊərəp], Abk. CARE, in den USA 1946 entstandene Hilfsorganisation, v.a. von privater Seite getragen; trug wesentl. dazu bei, die wirtsch. Not in Europa nach dem 2. Weltkrieg zu mildern. Ihre Aktion wurde in der BR Deutschland 1960, in Berlin (West) 1963 eingestellt; seit dem Koreakrieg auch auf asiat. Länder ausgedehnt.

Cooperit [kup...; nach R.A. Cooper, 19./20 Jh.], weiß- bis gelblichgraues, metall. glänzendes Mineral, PtS; tetragonale Kristalle; Vorkommen v.a. in Transvaal, dort als wichtiges Platinerz abgebaut. Mohshärte 5; Dichte etwa 9 g/cm^3.

Cooper-Paare [engl. 'ku:pə; nach L. N. Cooper], Bez. für die im supraleitenden Zustand eines Metalls auftretenden gebundenen Zustände von jeweils zwei Elektronen entgegengesetzten Spins.

Coornhert, Dirck Volckertszoon, * Amsterdam 1522, † Gouda 29. Okt. 1590, niederl. Schriftsteller. - Kämpfte für religiöse Toleranz; „Dolinghe van Ulysse" (1561; nach Homer) ist das erste bed. Epos der niederl. Literatur; „Zedekunst, dat is wellevenskunst" (1586) weist der Vernunft die entscheidende Rolle in der Ethik zu.

Copacabana, westbolivian. Ort auf der Península de C., am Titicacasee, 18000 E. Wallfahrtskirche mit Marienbild von 1576. **C.,** südl. Stadtteil von Rio de Janeiro, mit 5 km langem Badestrand.

Copán, bed. Ruinenstätte (Zeremonialzentrum) der Maya, bei Santa Rosa de C., W-Honduras. Entdeckt 1576; Ausgrabungen 1891–95 und 1937–42. Älteste Keramiken um 1000 v. Chr. Wichtigster Teil ist die „Akropolis" mit Pyramiden, Tempeln usw. Die 20 Stelen und Altäre werden zw. 618 und 783 datiert. C. entwickelte in der Skulptur einen eigenen, fast vollplast. Stil. Lange „Hieroglyphentreppe".

Copeau, Jacques [frz. kɔ'po], * Paris 4. Febr. 1879, † Beaune 20. Okt. 1949, frz. Regisseur. - Leitete 1913–24 das Théâtre du Vieux-Colombier, seit 1940 die Comédie-Française; setzte gegen den traditionellen rhetor. Stil einen pantomim.-choreograph. angelegten Inszenierungsstil, strebte Einfachheit und z.T. Volkstümlichkeit an; auch Dramatiker.

Copepoda [griech.], svw. ↑Ruderfußkrebse.

Copernicus, Nicolaus ↑Kopernikus, Nikolaus.

Copiapó, chilen. Stadt im Großen Norden, 70000 E. Bischofssitz; Bergbauschule; Zentrum eines Kupfer- und Eisenerzbergbaugebietes; - 1540 gegründet.

Ćopić, Branko [serbokroat. 'tɕɔ:pitɕ], * Hašani 1. Jan. 1915, † Belgrad 26. März 1984, serb. Schriftsteller. - Schildert mit Humor das bäuerl. Leben und v.a. den bosn. Befreiungskampf; auch Jugendbücher, u.a. „Die ungewöhnl. Abenteuer des Nikola Bursac" (E., 1955).

Copla [span.] 1. (Cantar) span. volkstüml. Strophenform: Vierzeiler aus achtsilbigen oder kürzeren Versen. 2. meist acht-, zehn- oder zwölfzeilige Strophenform, in der Mehrzahl aus Achtsilbern (15. Jh.).

Copland, Aaron [engl. 'kɔplənd], * New York 14. Nov. 1900, amerikan. Komponist. - Seine Bühnen- Film- und Konzertmusik ist von Einflüssen des Neoklassizismus, des Jazz und der Zwölftontechnik geprägt. Auch Schriften (u.a. „Musik von heute", 1941).

Copley, John Singleton [engl. 'kɔplɪ], * in oder bei Boston 3. Juli 1737, † London 9. Sept. 1815, amerikan. Maler. - Die Bildnisse und Gemälde aus der Zeit, bevor C. nach England ging (1774), zeichnen sich durch Frische und Natürlichkeit aus.

Copolymerisate [lat./griech.], svw. Kopolymerisate (↑Polymerisation).

Coppée, François [frz. kɔ'pe], * Paris 12. Jan. 1842, † ebd. 23. Mai 1908, frz. Dichter. - Zuerst als Dramatiker bekannt, populär durch Gedichte, deren Thema die Kleinbürger sind („Les intimités", 1868).

Copper Belt [engl. 'kɔpə 'bɛlt] ↑Kupfergürtel.

Coppo di Marcovaldo, * Florenz zw. 1225/30, italien. Maler. - Beeinflußt von Cimabue; arbeitete mit starken Kontrasten von Licht und Schatten; u.a. „Madonna del Bordone" in Santa Maria dei Servi, Siena (1261), Madonna in San Martino dei Servi in Orvieto; Kruzifix im Dom zu Pistoia (zus. mit seinem Sohn Salerno di C., datiert 1274).

Coppola, Francis Ford [engl. 'kɔpələ], * Detroit (Mich.) 7. April 1939, amerikan. Filmregisseur. - Drehte u.a. „Der Pate" (1971, Tl. 2: 1975), „Apocalypse now" (1979), „Cotton Club" (1984).

Copyrapidverfahren Ⓦ [Kw.] (Agfa-Copyrapid-Verfahren), ein Reflexkopierverfahren, durch das seitenrichtige positive Photokopien hergestellt werden können.

Copyright ['kɔpiraɪt; engl. „Vervielfältigungsrecht"], das Urheberrecht des brit. und des amerikan. Rechts. Nach der *brit.* C. Act 1956 wird das C. ohne Förmlichkeiten (wie Registrierung) für die Dauer bis 50 Jahre nach dem Tod des Urhebers geschützt. In den *USA* genießen unveröffentlichte Werke gleichfalls ohne Förmlichkeiten Urheberschutz, veröffentlichte Werke [auf Grund der C. Act 1978] dagegen nur, wenn sie den C.vermerk tragen und mindestens ein Exemplar beim C. Office hinterlegt ist. Die Schutzdauer beträgt 28 Jahre; sie kann um weitere 47 Jahre verlängert werden.

Copy-testing [engl. 'kɔpɪ'tɛstɪŋ], werbepsycholog. Untersuchungsmethode, mit der die Qualität eines Werbemittels durch die Reaktion einer Testgruppe auf ein vorgelegtes Muster festgestellt werden soll.

Coques, Gonzales [niederl. kɔk], * Antwerpen 8. Dez. 1614, † ebd. 18. April 1684, fläm. Maler. - Bed. Porträtist; kleine Einzel- und Gruppenbildnisse als Genrebilder.

Coquilhatville [frz. kɔkijat'vil] ↑ Mbandaka.

Coquilla [lat.-portugies.] (Steinkokos), dickholzige, harte, braune Steinschalen, v. a. der Früchte der Pindowapalmenart *Attalea funifera;* werden zu Pfeifenmundstücken, Schirm- und Stockgriffen verarbeitet.

Cor [lat.], svw. ↑ Herz.

coram publico [lat.], öffentl., in aller Öffentlichkeit.

Corbie [frz. kɔr'bi], nordfrz. Stadt an der Somme, 15 km östl. von Amiens, 6 200 E. - Das 657/661 gegr. Kloster C. (1792 aufgehoben), das später die Benediktregel übernahm, erlangte im 9. Jh. polit. und kulturelle Blüte (nord. Mission, begr. u. a. das Kloster Corvey; bed. Bibliothek).

Corbière, Tristan [frz. kɔr'bjɛ:r], eigtl. Édouard Joachim C., * Schloß Coatcongar bei Morlaix (Bretagne) 18. Juli 1845, † Morlaix 1. März 1875, frz. Dichter. - F. Villon verwandter Lyriker und Erzähler, Vorbild u. a. für P. Verlaine. - *Werke:* Die gelben Liebschaften (Ged., 1873, vollständig 1891), Casino des trépassés, L'Américaine (Prosa, hg. 1941).

Córdoba. Innenraum der ehemaligen Omaijaden-Moschee „La Mezquita"

Corbinianus, latinisiert für ↑ Korbinian.

Corbusier, Le ↑ Le Corbusier.

Corby [engl. 'kɔbɪ], engl. Stadt in der Gft. Northampton, 48 000 E. Neben Scunthorpe Schwerindustriezentrum der East Midlands.

Corcovado [brasilian. korko'vadu], Berg in Rio de Janeiro, 5 km westl. des Zuckerhutes, 704 m, auf dem Gipfel eine 1931 errichtete 38 m hohe Christusstatue.

Cord ↑ Kord.

Corda [griech.-italien.], Saite; *una corda:* Anweisung für Klavierspieler, das Pianopedal zu bedienen.

Cordaites, svw. ↑ Kordaiten.

Corday d'Armont, Charlotte de [frz. kɔrdɛdar'mõ], * Saint-Saturnin-des-Ligneries (Orne) 27. Juli 1768, † Paris 17. Juli 1793, frz. Republikanerin. - Erstach 1793 aus Protest gegen den Blutterror ↑ Marat im Bad; wenige Tage später guillotiniert.

Cordeliers [frz. kɔrdə'lje, eigtl. „Strickträger", Bez. für Franziskanermönche], 1790 von radikalen Jakobinern (v. a. Danton, Desmoulins, Brissot, Marat, Hébert) gegr., zunächst im ehem. Franziskanerkloster in Paris tagende „Gesellschaft der Freunde der Menschenrechte" zur Mobilisierung der hauptstädt. „menu peuple" („kleine Leute"; ↑ auch Sansculotten); löste sich 1794 auf.

Cordillera, La [span. la kɔrði'jera], Dep. in Z-Paraguay, 4 948 km², 195 000 E. Hauptstadt Caacupé; erstreckt sich von der Cordillera de los Altos im S ins Paraguaytiefland im N.

Córdoba, Gonzalo de ↑ Fernández de Córdoba y Aguilar, Gonzalo.

Córdoba, span. Stadt in Niederandalusien, am Guadalquivir, 285 000 E. Verwaltungssitz der Prov. C.; Bischofssitz; Akad. der Wiss., Literatur und Schönen Künste, Univ. (gegr. 1972), Hochschule für Musik und dramat. Kunst. landwirtschaftl. Hochschule; archäolog. Museum, Kunstmuseum; Ind.- und Fremdenverkehrszentrum, Markt für die landw. Produkte des Umlandes; Buntmetallverhüttung, Gießereien, Zementfabrik, Maschinenbau, Gold- und Silberschmuckfertigung, bed. Leder-, Baumwoll- und Nahrungsmittelind. - Entstand als iber. Stadt **Karta Tuba** (Große Stadt); hatte in karthag. Zeit (Ende 3. Jh. v. Chr.) große wirtsch. Bed.; 152 v. Chr. von den Römern besetzt (**Corduba**) und der Prov. Baetica eingegliedert; zeitweise Hauptstadt dieser Prov., später auch der Prov. Hispania Ulterior; seit 572 westgot.; 711 von den Arabern erobert, seit 756 Sitz des gleichnamigen **Emirats,** 929–1030 des **Kalifats von Córdoba,** entwickelte sich C., eine der reichsten Städte des ma. Europa, zu einem geistigen und kulturellen Zentrum des Islam; galt im 10. Jh. als das Mekka des W; nach 1010 begann der Abstieg von C., der sich seit dem 13./15. Jh. beschleunigte. - Reste der maur. Stadtmauer und des Alkazars. Röm. Brücke. Omaijaden-Moschee „La Mezquita" (785–10. Jh.), deren Umbau in eine im wesentl. platereske und barocke Kathedrale 1236 begann. Zahlr. mudejar. und got. Kirchen sowie ehem. Klöster. Im Judenviertel Synagoge (1314/15) im Mudejarstil, umgeben von oriental. Gassen, weiß gekalkten Häusern und kleinen blumengeschmückten Patios.

🕮 *Hoenerbach, W.: Islam. Gesch. Spaniens. Zürich u. Stg. 1970. - Burckhardt, T.: Die maur. Kultur in Spanien. Mchn. 1970.*

C., Hauptstadt der Prov. C. in Z-Argentinien, am NW-Rand der Pampa, 969 000 E. Sitz eines Erzbischofs, einer wiss. Akademie, zweier Univ. (gegr. 1613 bzw. 1956); dt. Schule; Sternwarte, Museen, Theater, Zoo. Zentrum der chem. Ind. und des Fahrzeugbaus; Fremdenverkehr. Verkehrsknotenpunkt, internat. ✈. - 1573 gegr., bed. als eines der geistigen und wirtsch. Zentren des span. Kolonialreiches. - Kathedrale (um 1687–1758), Kirche La Compañía (um 1650–74).

C., zentralargentin. Prov., 168 766 km², 2,41 Mill. E (1980), Hauptstadt C.; liegt zum größten Teil in der Pampa. Angebaut werden u. a. Weizen, Roggen, Mais, Flachs, Gerste, Erdnüsse, Hirse, Luzerne; Rinderhaltung. Abgebaut werden Glimmer, Beryll, Mangan-, Wismut- und Wolframerz. Fremdenverkehr.

C., Dep. in N-Kolumbien, am Karib. Meer, 25 020 km², 862 000 E (1983), Hauptstadt Montería; erstreckt sich vom nördl. Tiefland bis in die bewaldeten Ausläufer der Anden.

Córdoba, Abk. C$; Währungseinheit in Nicaragua; 1 C$ = 100 Centavos (c, cts).

Córdoba, Sierra de, Gebirgszug in Argentinien, die südöstlichste der Pampinen Sierren, im Champaquí 2 884 m ü. d. M.

Córdoba-Durchmusterung, Abk. CD oder CoD, an der Sternwarte zu Córdoba (Argentinien) aufgestellte Durchmusterung des Südhimmels zw. −21° und −90° Deklination; vervollständigt die ↑Bonner Durchmusterung bis zum Himmelssüdpol; sie besteht aus einem Katalog sowie Sternkarten und enthält genäherte Örter für 613 953 Sterne der südl. Hemisphäre bis etwa 10. Größe.

Cordonazos [span. kɔrðo'nasɔs; mex.-span.], trop. Wirbelstürme vor der Pazifikküste Mexikos und Z-Amerikas.

Cordon bleu [frz. kɔrdõ'blø], mit gekochtem Schinken und [Schweizer] Käse gefülltes, paniertes Kalbsschnitzel.

Cordon sanitaire [frz. kɔrdõsani'tɛ:r], Sperrgürtel zum Schutz gegen das Einschleppen epidem. Krankheiten.

◆ Bez. für Staaten, die einen Riegel gegen vermeintl. verderbl. ideolog. Einflüsse oder militär. Gefahren bilden; ab 1919 v. a. zur Kennzeichnung der bes. von Frankr. bis 1934 vorangetriebenen Politik einer Begrenzung der „bolschewist. Weltrevolution" auf Sowjetrußland durch Unterstützung der an Sowjetrußland grenzenden europ. Staaten seitens der Westmächte.

Cordovero, Mose Ben Jakob, * 1522, † 1570, jüd. Mystiker und Kabbalist. - Lebte in Safed (Palästina) als Zeitgenosse von J. Karo und I. Luria. In seinem Hauptwerk „Granatäpfelgarten" systematisierte er Grundlehren der Kabbala.

Corduba, röm. Stadt, heute ↑Córdoba.

Cordus, Euricius, eigtl. Heinrich (Ritze) Solde, * Simtshausen bei Marburg a. d. Lahn um 1485, † Bremen 24. Dez. 1535, dt. Humanist. - Arzt; Anhänger Luthers, den er 1521 nach Worms begleitete; einer der Begründer der dt. Botanik als Wiss. Griff in nlat. Epigrammen die Scholastiker an.

C., Valerius, * Kassel 18. Febr. 1515, † Rom 25. Sept. 1544, dt. Naturwissenschaftler. - Sohn von Euricius C.; Schüler von Melanchthon; verfaßte das erste offizielle Arzneibuch.

Core [engl. kɔ:], zentraler Teil eines Kernreaktors; Zone, die den Kernbrennstoff enthält und in der die Kettenreaktion abläuft.

Corea, Armando Anthony („Chick") [engl. kɔ'ria], * Chelsea (Mass.) 12. Juni 1941, amerikan. Jazzmusiker. - Bed. Pianist v. a. des Rock-Jazz; spielte u. a. mit H. Mann und M. Davis zusammen. Gründete 1971 die Gruppe „Return to forever" mit S. Getz und F. Purim.

Coregonus [griech.], svw. ↑Felchen.

Corelli, Arcangelo, * Fusignano bei Lugo 17. Febr. 1653, † Rom 8. Jan. 1713, italien. Komponist. - Als hochgeschätzter Violinist wurde C. durch seine Schüler (u. a. Geminiani und Locatelli) zum Gründer der italien. Violinistenschule. Einer der Schöpfer des Concerto grosso und einer der einflußreichsten Musiker für die europ. Musik in den ersten Jahrzehnten des 18. Jh.; u. a. Triosonaten (Kirchen- bzw. Kammersonaten), Violinsonaten und Concerti grossi.

C., Franco, eigtl. Dario C., * Ancona 8. April 1921, italien. Sänger (Tenor). - V. a. Interpret italien. und frz. Opernpartien.

Corena, Fernando, eigtl. Ferdinand C., * Genf 22. Dez. 1916, † Lugano 26. Nov. 1984, italien. Sänger (Baßbuffo). - Sang v. a. in italien. Partien (u. a. Verdis Falstaff) und in Mozart-Opern (Leporello, Osmin).

Coresi, Diaconul, rumän. Drucker und Übersetzer des 16. Jh. - Veröffentlichte zw. 1556/83 in Kronstadt v. a. Übersetzungen bibl. und liturg. Texte, wodurch er zum Wegbereiter der rumän. Schriftsprache wurde.

Cori, Carl Ferdinand, * Prag 5. Dez. 1896, † Cambridge (Mass.) 20. Okt 1984, dt.-amerikan. Mediziner und Biochemiker. - Prof. in Saint Louis; erhielt mit seiner Frau **Gerty Theresa Cori,** geb Radnitz (* 1896, † 1957) und

B. A. Houssay für die Aufklärung der katalyt. Vorgänge beim Glykogenstoffwechsel 1947 den Nobelpreis für Physiologie und Medizin.

Corinth, Lovis, * Tapiau bei Königsberg (Pr) 21. Juli 1858, † Zandvoort 17. Juli 1925, dt. Maler und Graphiker. - Studierte u. a. in München und Paris, lebte 1902–18 in Berlin, dann am Walchensee. 1915 Präs. der Berliner Sezession. Impressionist. Neben zahlr. Porträts (meist Halbfiguren), Akten, Landschaften (Walchenseebilder seit 1918) und Stilleben schuf er auch Radierungen sowie Lithographien und Buchillustrationen. Seine anfangs dunkle und schwere Malweise wandelte sich in helle Farbigkeit, bei lockerer, sehr kraftvoller Pinselführung, die im Spätwerk ekstat. Formen annahm. Das Werk schließt auch Selbstbildnisse und religiöse Themen in naturalist. Auffassung ein.

Coriolanus, Gnaeus Marcius, sagenhafter röm. Held des 5. Jh. v. Chr. - Erobert nach der Überlieferung in den Volskerkriegen die Stadt Corioli (493), nach der er seinen Beinamen erhält; muß wegen seiner starren Haltung gegen die Plebs Rom verlassen und führt das volsk. Heer gegen seine Vaterstadt; soll auf die Bitten von Mutter und Gattin jedoch die Belagerung Roms aufgegeben haben und deshalb von den Volskern ermordet worden sein.

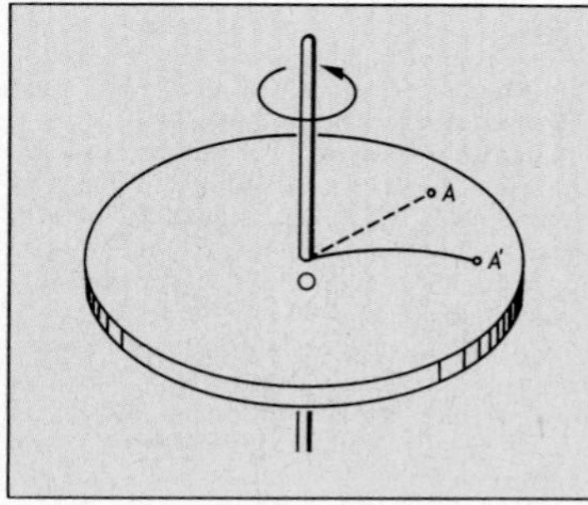

Coriolis-Kraft. Wirkung auf einen Körper, der sich auf einer rotierenden Scheibe bewegt (*OA* Bahn von einem raumfesten Beobachter aus gesehen, *OA'* Bahn auf der rotierenden Scheibe)

Coriolis-Kraft [nach dem frz. Physiker G. G. Coriolis, * 1792, † 1843], eine scheinbare Kraft, die ein Körper, der sich in einem rotierenden Bezugssystem bewegt, senkrecht zu seiner Bahn und senkrecht zur Drehachse erfährt. Die C.-K. existiert nur für einen mit dem Bezugssystem mitrotierenden Beobachter. Für einen feststehenden Beobachter tritt sie nicht auf. Sie ist, wie die Zentrifugalkraft, eine *Trägheitskraft.* Für ihren Betrag F_C gilt: $F_C = 2 m v \omega \sin \varphi$ (m Masse des Körpers, v Betrag der Geschwindigkeit des Körpers, ω Winkelgeschwindigkeit des rotierenden Bezugssystems, φ Winkel zw. Drehachse des Bezugssystems und Bewegungsrichtung des Körpers).

Corium [lat.], svw. Lederhaut († Haut).

Cork [engl. kɔ:k], Stadt an der ir. S-Küste, 260 km sw. von Dublin, 150 000 E. Verwaltungssitz der Gft. C.; anglikan. Bischofssitz; College. Handels- und Ind.zentrum (u. a. Nahrungsmittel-, Leder- und Textilind., Erdölraffinerie); Naturhafen C. Harbour, Außenhafen **Cobh;** Fährverkehr mit Rotterdam und Fishguard (Wales). - Im 9. Jh. von Normannen gegr. bei einem Kloster des 6. Jh.; 1172 kam C. in den Besitz der engl. Krone und erhielt Stadtrecht.

C., ir. Gft., 7 456 km², 402 000 E (1981), Verwaltungssitz C.; bis über 600 m hohes Berg- und Hügelland. Überwiegend agrar. genutzt.

Cork Harbour [engl. 'kɔ:k 'hɑ:bə], Ästuar an der S-Küste Irlands; nach dem 1,6–2 km breiten Zugang vom Meer weitet sich die Bucht zu einem bis 13 km langen und 9 km breiten Becken mit mehreren Inseln; Hafen von Cork.

Cormack, Allen MacLeod [engl. 'kɔ:mæk], * Johannesburg 23. Febr. 1924, amerikan. Physiker südafrikan. Herkunft. - Prof. an der Tufts University in Medford (Mass.); analysierte die theoret. Voraussetzungen für die Gewinnung radiograph. Querschnitte von biolog. Systemen und schuf somit die Grundlagen der Computertomographie; Nobelpreis für Physiologie oder Medizin (1979; zus. mit G. N. Hounsfield).

Corn Belt [engl. 'kɔ:n 'bɛlt], Maisbauzone im nördl. Teil des Zentralen Tieflandes, USA, erstreckt sich von W-Ohio bis NO-Kansas.

Cornea [lat.], svw. Hornhaut († Auge).

Corned beef [engl. 'kɔ:nd 'bi:f], gepökeltes, gekochtes Fleisch von jungen Rindern.

Corneille [frz. kɔr'nɛj], eigtl. Cornelis G. von Beverloo, * Lüttich 3. Juli 1922, niederl. Maler. - Mitbegr. der Gruppe † Cobra.

C., Pierre, * Rouen 6. Juni 1606, † Paris 1. Okt. 1684, frz. Dramatiker. - Seinen ersten großen Erfolg hatte er 1636 mit der Tragikomödie „Der Cid", die einen Markstein in der Entwicklung des klass. frz. Dramas und einen Höhepunkt in der frz. Literatur des 17. Jh. bildet, obwohl C. in der berühmten, lange währenden „Querelle du Cid" (1637) u. a. inkonsequente Benutzung der 3 Einheiten sowie psycholog. Unwahrscheinlichkeit vorgeworfen wurden. In den folgenden Tragödien, u. a. „Horace" (1640), „Cinna ou la clémence d'Auguste" (1640/41) und „Polyeucte" (1641) trug C. den 3 Einheiten in vermehrtem Maße Rechnung. Er verbannte den Zufall aus der Handlung, die sich nunmehr aus innerer und äußerer Notwendigkeit und aus den Charakteren der handelnden Personen ergab. Die Helden sind heroische Willensmenschen, sie tragen den Konflikt zw. Pflicht und Leidenschaft in sich, der stets zugunsten einer idealen sittl. Ordnung entschieden wird. Die späteren Stücke entfernen sich vom Höhepunkt seines trag. Werkes und werden romanhaft-kompliziert. Von diesen späteren Schauerstücken wurde „Rodogune" (1644) einer der größten Bühnenerfolge C. 1647 wurde C. Mgl. der Académie française. Er schrieb auch mehrere Abhandlungen zur Dramenlehre. Seine letzten Jahre wurden verdunkelt durch den Konflikt mit Racine, dessen Tragödie „Bérénice" 1670 bei einem Wettstreit den Sieg über C. Tragödie „Tite et Bérénice" (1670) davontrug.

Weitere Werke: La mort de Pompée (Trag., 1642/43), Der Lügner (Kom., 1643), Don Sanche d'Aragon (Kom., 1649), Nicomède (Trag., 1651), Œdipe (Trag., 1659), Othon (Trag., 1664), Suréna (Trag., 1674).

🕮 *Ritter, A.: Bibliographie zu C. 1958–83. Erftstadt 1983.*

Cornelia (Kornelia), weibl. Form des männl. Vornamens Cornelius; frz. Form: Cornélie.

Cornelia, † nach 121 v. Chr., altröm. Patrizierin. - Eine der bedeutendsten röm. Frauen; Tochter des Scipio Africanus d. Ä., Gattin des Tiberius Sempronius Gracchus, Mutter der Gattin des Scipio Africanus d. J., Sempronia, und der beiden Volkstribunen Tiberius und Gajus Gracchus.

Cornelisz. [niederl. kɔrˈneːlɪs], Cornelis, gen. Cornelis van Haarlem, * Haarlem 1562, † ebd. 1638, niederl. Maler. - Beeinflußt durch B. Spranger, wurde C. zu einem der führenden Vertreter des Manierismus in den Niederlanden. Neben Porträts und Schützenstücken (Haarlem, Frans-Hals-Museum) mytholog. und bibl. Bilder mit kompliziert bewegten Aktfiguren, u. a. „Der bethlehemit. Kindermord" (von 1590 im Rijksmuseum, von 1591 in Haarlem).

C., Jacob, gen. Jacob van Amsterdam, * Oostzaan (Nordholland) vor 1470, † Amsterdam vor dem 18. Okt. 1533, niederl. Maler und Zeichner für den Holzschnitt. - Kennzeichnend sind die Fülle der Details und die Kostbarkeit der Stoffe.

Cornelius (Kornelius), männl. Vorname lat. Ursprungs; eigtl. „der aus dem Geschlecht der Cornelier".

Cornelius, Peter von (seit 1825), * Düsseldorf 23. Sept. 1783, † Berlin 6. März 1867, dt. Maler und Zeichner. - Griff, auch in Anlehnung an die altdt. Kunst, romant. Themen auf (1808 Federzeichnungen zu Goethes „Faust" und 1812–17 zum „Nibelungenlied"). 1811–19 in Rom, wo er sich den Nazarenern anschloß (1815 Fresken im Palazzo Zuccari, jetzt Berlin, Museumsinsel). 1819 Akademiedirektor in Düsseldorf, 1824 in München, wo C. zahlr. Fresken (u. a. in der Ludwigskirche, 1836–39) schuf. Seit 1840 in Berlin. C. suchte durch die monumentale Freskomalerei die dt. Kunst zu erneuern, vermochte aber einen akadem. Klassizismus nicht zu überwinden.

C., Peter, * Mainz 24. Dez. 1824, † 26. Okt. 1874, dt. Komponist. - Neffe von Peter von C. Stand in enger Verbindung zu Liszt und Wagner; komponierte Opern („Der Barbier von Bagdad", 1858; „Der Cid", 1865), Lieder (u. a. „Weihnachtslieder", 1856), Chöre und Kirchenmusik.

Cornell, Joseph [engl. kɔːˈnɛl], * Nyack (N. Y.) 24. Dez. 1903, † Flushing (N. Y.) 29. Dez. 1972, amerikan. Künstler. - Schuf seit den 30er Jahren „Assemblagen", Objekte in Kastenform, entweder mit einem „Environment" hinter Glas und/oder mit sparsam beklebter und bemalter Glasplatte.

Corner [engl. ˈkɔːnə], planmäßig herbeigeführter Kursanstieg an Effekten- und Warenbörsen, um die auf Baisse Spekulierenden in Schwierigkeiten zu bringen.

◆ Ringecke (beim Boxen).

Corn-flakes [engl. ˈkɔːnflɛɪks] (Maisflocken), knusprige Flocken aus Mais. Die gewalzten Körner werden mit Salz und Malz gedämpft und geröstet.

Cornforth, John Warcup [engl. ˈkɔːnfəθ], * Sydney 7. Sept. 1917, austral.-brit. Chemiker. - Befaßte sich v. a. mit der stereochem. Untersuchung von enzymkatalysierten Reak-

Lovis Corinth, Der rote Christus (Ausschnitt; 1922). München, Bayerische Staatsgemäldesammlungen

tionen biolog. Systeme mit Hilfe der Indikatormethode. Erhielt 1975 (zus. mit V. Prelog) den Nobelpreis für Chemie.

Cornichons [kɔrni'ʃõ:s; frz.], kleine, in Essigmarinade eingelegte Gurken.

Cornouaille [frz. kɔr'nwa:j], sw. Teil der Bretagne.

Cornu, Alfred [frz. kɔr'ny], * Orléans 6. März 1841, † Romorantin-Lanthenay (Loir-et-Cher) 11. April 1902, frz. Physiker. - Zahlr. Arbeiten zu opt., elektr. und astronom. Problemen, u. a. Untersuchungen der UV-Strahlung der Sonne.

Cornwall [engl. 'kɔ:nwəl], südwestengl. Grafschaft.

Cornwall, Halbinsel [engl. 'kɔ:nwəl], Halbinsel im SW Englands, zw. Kanal und Bristolkanal; weidewirtsch. genutztes Agrargebiet mit wenigen städt. Zentren: Plymouth, Exeter und Torquay. An der klimat. bevorzugten S-Küste Intensivkulturen und zahlr. Seebäder.

Cornwallis, Charles [engl. kɔ:n'wɔlɪs], Marquis (1793) of, * London 31. Dez. 1738, † Ghazipur (Uttar Pradesh) 5. Okt. 1805, brit. General und Politiker. - Im nordamerikan. Unabhängigkeitskrieg zur Kapitulation gezwungen; 1786–93 und 1805 Generalgouverneur in Ostindien; unterdrückte 1798 als Vizekönig von Irland den ir. Aufstand und leitete die Union mit Großbrit. (1800) ein; unterzeichnete den Frieden von Amiens (1802).

Coro, Hauptstadt des venezolan. Staates Falcón, zw. dem Golf von C. und dem Karib. Meer, 71 000 E. Bischofssitz (seit 1531); Handelszentrum; Fremdenverkehr. - 1527 gegr., bis 1578 Hauptstadt der span. Kolonien in Venezuela; zw. 1527 und 1545 Hauptstadt der Welserkolonie. - Kathedrale (1583–1617).

Corona [lat.] der im antiken Rom zunächst v. a. von Priestern und jedem Opfernden getragene Kranz, der urspr. nur den Göttern zugestanden haben soll, später auch als Auszeichnung diente; der Triumphator trug die **Corona triumphalis** oder **Corona laurea** in Form eines Lorbeerkranzes.
◆ ↑Korona.

Corona Australis [lat.] (Südl. Krone) ↑Sternbilder (Übersicht).

Corona Borealis [lat.] (Nördl. Krone) ↑Sternbilder (Übersicht).

Corot, Camille [frz. kɔ'ro], * Paris 16. Juli 1796, † ebd. 22. Febr. 1875, frz. Maler. - 1825–28, erneut 1834 und 1843 in Italien, wo er zu seiner schlichten Landschaftsauffassung fand mit freier, aber straffer Komposition (Vorbilder Poussin u. Claude Lorrain), atmosphär. Lichteffekte und gedämpfter Farbigkeit. Nach 1850 malte C. reine Stimmungslandschaften. Schuf ebenfalls Bildnisse (bed. auch die Vorzeichnungen). Seine bewegte Handschrift erweckt oft den Eindruck des „Unfertigen“ und hat, wie auch seine Bildauffassung, die vom unmittelbaren Eindruck ausgeht, die Entwicklung des Impressionismus entscheidend beeinflußt.

Corpora, Antonio, * Tunis 15. Aug. 1909, italien. Maler. - Vertreter des abstrakten Expressionismus; typ. die dicke Farbschicht, die zusammengeschoben oder ausgekratzt wird.

Corpora, Mrz. von ↑Corpus.

Corpora cavernosa [lat.], svw. ↑Schwellkörper.

Corporale [mittellat.], in der kath. Liturgie ein quadrat., geweihtes Leinentuch als Unterlage für Hostie, Kelch und Patene.

Corporation [engl. kɔ:pə'rɛɪʃən; lat.], auf amerikan. Recht der einzelnen Bundesstaaten basierende Kapitalgesellschaft; entspricht im wesentl. der dt. Aktiengesellschaft.

Corps [ko:r; frz.] ↑Korps.

Corps de ballet [frz. kɔrdəba'lɛ], Gruppe der nicht solist. Ballettänzer.

Corps diplomatique [frz. kɔrdiplɔma'tik], Abk. CD, ↑diplomatisches Korps.

Corpus (Korpus; Mrz. Corpora) [lat. „Körper“], in der *Anatomie* Hauptteil eines Organs oder Körperteils.
◆ in der *Sprachwissenschaft* ↑Korpus.

Corpus catholicorum [lat.] ↑Corpus evangelicorum.

Corpus Christi [engl. 'kɔ:pəs 'krɪstɪ], Stadt in Texas, USA, 231 000 E. Kath. Bischofssitz; Univ. (gegr. 1971); Zentrum eines Baumwollanbau- und Viehzucht-, Erdöl- und Erdgasgebiets; Verkehrsknotenpunkt, ✈. - Gegr. 1838.

Corpus Christi [lat.], in der lat. Kirchensprache der kath. Kirche der Leib Christi in der Eucharistie.

Corpus Christi mysticum [lat. „geheimnisvoller Leib Christi“], aus dem N. T. hergeleitete Bez. der kath. Theologie für das Wesen der Kirche.

Corpus delicti [lat.], Gegenstand der Straftat; materielles Beweisstück für eine Straftat.

Corpus evangelicorum [lat.], die polit. Vertretung der ev. dt. Reichsstände auf dem Reichstag nach 1648, dem das **Corpus catholicorum** unter Kurmainz als Vertretung der kath. Reichsstände gegenüberstand. 1653 formierte sich in Regensburg das C. e. als gemeinsames Organ aller ev. Stände unter der Leitung von Kursachsen.

Corpus Inscriptionum Latinarum [lat.], Abk. CIL, maßgebl. Sammlung und Edition der lat. Inschriften. - ↑auch Epigraphik.

Corpus Juris Canonici [mittellat.], seit 1580 offizielle Bez. für eine Gruppe kirchl. Rechtssammlungen und Gesetzbücher, die vom 12. bis 15. Jh. entstanden: 1. ↑*Decretum Gratiani;* 2. *Liber Extra* (eigtl. Liber decretalium extra Decretum Gratiani): nach Gratian entstandene, private Kirchenrechtssammlungen; 1234 amtl. publiziert; 3. *Liber Sextus:*

1298 als 6. Buch des Liber Extra verkündete Sammlung der seit 1234 entstandenen Konzilsbeschlüsse und päpstl. Erlasse; 4. *Klementinen:* Gesetzessammlung Papst Klemens' V. (Kanones des Konzils von Vienne, päpstl. Dekretalen), nach seinem Tod in Kraft gesetzt; 5. *Extravaganten:* außerhalb der amtl. Sammlungen umlaufende Dekretalen, private Sammlungen neuerer Dekretalen. - Das C. J. C. war bis 1918, als es vom ↑Codex Iuris Canonici abgelöst wurde, die wichtigste Rechtsquelle der kath. Kirche und hatte großen Einfluß auch auf die Entwicklung des staatl. Rechts.

Corpus Juris Civilis [lat.], seit 1583 (krit. Ausgabe von D. Gothofredus) übl. Bez. für die im Auftrag des oström. Kaisers Justinian I. von dem Justizmin. Tribonianus 528–534 vorgenommene Sammlung des damals geltenden Rechts. Das C. J. C. besteht aus vier Teilen: 1. *Institutionen* (4 Bücher): ein amtl. Lehrbuch auf der Grundlage des gleichnamigen Werkes des klass. Juristen Gajus; 2. *Digesten* oder *Pandekten* (50 Bücher): eine Sammlung von Auszügen aus den Werken von etwa 40 jurist. Schriftstellern vorwiegend der klass. Zeit (1.–3. Jh.); 3. *Codex Justinianus* (12 Bücher): eine Sammlung von Gesetzen der Kaiser Hadrian bis Justinian I. auf der Grundlage älterer derartiger Sammlungen; 4. *Novellen:* eine [moderne] Sammlung von 168 aus der Zeit nach der Publikation der übrigen Teile (533/534) stammenden Gesetzen, größtenteils in griech. Sprache. - Während das C. J. C. nur schwer Eingang in die Praxis fand, erlangte es seit seiner Wiederentdeckung (Ende des 11. Jh.) und Glossierung eine überragende Bed. für die Rezeption des röm. Rechts.

Corpus luteum [lat.], svw. ↑Gelbkörper.

Corpus vitreum [lat.], svw. Glaskörper (↑Auge).

Corradini, Enrico, * San Miniatello (= Montelupo Fiorentino) 20. Juli 1865, † Rom 1. Dez. 1930, italien. Schriftsteller, Journalist und Politiker. - Theoretiker des italien. Nationalismus; ab 1922 Mgl. der faschist. Partei, 1923 Senator; verfaßte neben zahlr. polit. Schriften von D'Annunzio beeinflußte Romane und Dramen.

Correggio [italien. kor'reddʒo], eigtl. Antonio Allegri, gen. il C., * Correggio um 1489, † Reggio nell'Emilia 5. März 1534, italien. Maler. - Wegbereiter der Barockmalerei. Seine helle Farbgebung, sein Malen mit weichen, verschwimmenden Umrissen (sfumato), die stimmungsvollen Landschaften, die zarte Bewegtheit der Figuren, die flüssigen Konturen, die raffinierten Verkürzungen, der Bewegungsfluß beeinflußten die Malerei bis ins 18. Jh. Ein bed. Frühwerk ist die „Madonna des hl. Franziskus" (1514/15; Dresden, Gemäldegalerie). Vor 1518 ist ein Aufenthalt in Rom anzunehmen, durch den die Fresken in San Giovanni Evangelista (1520–24) beeinflußt sind. 1526–30 malte C. an den Kuppelfresken des Doms von Parma. Um 1530 entstanden „Danae" (Rom, Galleria Borghese), „Leda mit dem Schwan" (Berlin-Dahlem), „Io" und „Die Entführung des Ganymed" (Wien, Kunsthist. Museum). Zu seinen bedeutendsten Altarbildern zählen „Die Nacht" („Geburt Christi", 1530; Dresden, Gemäldegalerie) und „Madonna des hl. Georg" (1532; ebd.). - Abb. S. 20.

Corregidor [kɔrɛxi'do:r; lat.-span.], Repräsentant der königl. Zentralgewalt in der span. Gemeinde ab Anfang 14. Jh.; entwickelte sich zum wichtigsten städt. Amtsträger; 1835 aufgehoben.

Correns, Carl Erich, * München 19. Sept. 1864, † Berlin 14. Febr. 1933, dt. Botaniker. - Prof. in Leipzig und Münster, seit 1914 Direktor am Kaiser Wilhelm-Institut für Biologie in Berlin-Dahlem; wies (um 1900) erneut die Mendelschen Vererbungsregeln nach. Außerdem untersuchte er bes. das Problem der Geschlechtsbestimmung.

Corrèze [frz. kɔ'rɛ:z], Dep. in Frankr.

Corrida de toros [span.], span. Bez. für Stierkampf.

Corrientes, Hauptstadt der Prov. C. in Argentinien, am Paraná, 181 000 E. Erzbischofssitz; Univ. (gegr. 1957); Handelszentrum für land- und forstwirtsch. Produkte. Hafen. - 1588 gegründet.

C., argentin. Prov., 88 199 km², 661 000 E (1980), Hauptstadt C.; liegt im nördl. Zwischenstromland. Land- und Forstwirtschaft überwiegen. In den Sumpfgebieten leben Guaraní.

Corriere della Sera [italien. „Abendkurier"], italien. Zeitung, ↑Zeitungen (Übersicht).

Corrigan, Mairead [engl. 'kɔrɪgən], * Belfast 27. Jan. 1944, nordir. Friedenskämpferin. - Schloß sich als eine der ersten den von B. Williams organisierten „Friedensmärschen gegen Terror und Gewalt" an und wurde zu einer der beiden Führerinnen dieser Friedensbewegung, deren Ziel die Versöhnung der Protestanten und Katholiken in Nordirland und das Ende des sinnlosen Tötens zw. den feindl. Konfessionen seit 1960 ist; erhielt 1977 zus. mit B. Williams nachträgl. den Friedensnobelpreis des Jahres 1976.

Corrigenda ↑Korrigenda.

Corrigens [lat.], Arzneimittelzusatz, der geschmacksverbessernd wirkt.

corriger la fortune [frz. kɔriʒelafɔr'tyn „das Glück verbessern"], dem Glück nachhelfen, falschspielen.

Corse [frz. kɔrs] ↑Korsika.

Corse, Kap [frz. kɔrs], Kap an der N-Spitze der Insel Korsika; Leuchtturm.

Cortaillodkultur [frz. kɔrta'jo], nach Funden in Cortaillod (Kt. Neuenburg, Schweiz) ben., neolith. Kulturgruppe in der W- und M-Schweiz mit Verbindungen zu O-

Correggio, Verlöbnis der heiligen Katharina mit dem Jesuskind (Ausschnitt um 1520). Paris, Louvre

Frankr. und Oberitalien (1. Hälfte des 3. Jt. v. Chr.); kennzeichnend u. a. eine dünnwandige Keramik, aus Holz geschnitzte und mit eingesetzten Silexklingen versehene Erntegeräte.

Cortázar, Julio, * Brüssel 26. Aug. 1914, † Paris 12. Febr. 1984, argentin. Schriftsteller. - Lebte seit 1951 in Paris. Bed. seine Romane „Die Gewinner" (1960), eine Analyse des Verhaltens und der Psychologie des argentin. Bürgertums. „Rayuela" (1963) und „Album für Manuel" (1973), in dem der Kampf einer Stadtguerilla geschildert wird.

Cortemaggiore [italien. kortemad'dʒo:re], italien. Gemeinde in der Poebene, Emilia-Romagna, 4900 E. In einem Erdöl- und Erdgasfeld gelegen; bed. Raffineriezentrum.

Cortes [zu lat. cohors „(den Praetor in der Prov. umgebendes) Gefolge"], in den Ländern der Pyrenäenhalbinsel - zeitweise auch in Sardinien - bis Anfang 19. Jh. die Versammlung der Landstände, danach in Spanien (bis 1936/39) und in Portugal (1822–1911) die Volksvertretung; gegenwärtig sind in Spanien die C. gesetzgebendes Organ; entstanden im 12./13. Jahrhundert.

Cortés, Hernán, * Medellín (Prov. Badajoz) 1485, † Castilleja de la Cuesta bei Sevilla 2. Dez. 1547, span. Konquistador. - Entstammte dem niederen Adel; nahm 1511 unter dem Kommando von D. de Velázquez an der Eroberung Kubas teil; leitete in dessen Auftrag 1519 eine Expedition zur Erkundung des Reichs der Azteken. Vom Río Tabasco aus, wo er im April 1519 landete, die Schiffe zerlegen ließ und (unter Überschreitung seiner Vollmachten) Villa Rica de Vera Cruz (= Veracruz Llave) gründete, brach C. ins Landesinnere auf, gelangte am 8. Nov. in die Hauptstadt Tenochtitlán (= Mexiko) und nahm den Aztekenherrscher Moctezuma II. Xocoyotzin gefangen (14. Nov.). Nachdem C. eine von Velázquez gegen ihn ausgesandte Armee besiegt und für sich gewonnen hatte, kehrte er in das inzwischen durch aztek. Widerstand erschütterte Tenochtitlán zurück, mußte es aber nach der Tötung Moctezumas durch Steinwürfe der aufständ. Bev. unter schweren Verlusten verlassen (30. Juni/1. Juli 1520). Nach der 2. Eroberung unterwarf er das Reich vollständig. 1522 zum Generalkapitän und (bis 1528) Statthalter von Neuspanien ernannt; zeigte bei der polit. Neugestaltung der Kolonie außergewöhnl. Fähigkeiten. 1525 Expedition nach Honduras, 1528–30 und seit 1540 Aufenthalt in Spanien (zuletzt 1541 Teilnahme an der fehlgeschlagenen Expedition Kaiser Karls V. gegen Algier).

Cortex [lat.], in der *Botanik* svw. ↑ Rinde. ◆ in der *Anatomie* ↑ Kortex; *C. cerebri*, svw. Großhirnrinde (↑ Gehirn).

Corti, Egon Cäsar Conte, * Zagreb 2. April 1886, † Klagenfurt 17. Sept. 1953, östr. Schriftsteller. - Schrieb viel gelesene, populärhistor. Biographien, u. a. „Maximilian und Charlotte von Mexiko" (1924), „Das Haus Rothschild" (1927/28), „Elisabeth, die seltsame Frau" (1934).

Corticoide ↑ Kortikosteroide.

Corticosteroide ↑ Kortikosteroide.

Corticosteron ↑ Kortikosteron.

Cortina d'Ampezzo, Hauptort des italien. Valle d'Ampezzo in der Region Venetien, in den östl. Dolomiten, 1 224 m ü. d. M., 8 500 E. Wintersport- und Fremdenverkehrsort am Treffpunkt der wichtigsten Dolomitenstraßen. 1956 Austragungsort der 7. Olymp. Winterspiele.

Corti-Organ [nach dem italien. Anatomen A. Corti, * 1822, † 1876] ↑ Gehörorgan.

Cortisol [Kw.], svw. ↑ Hydrokortison.

Cortison ↑ Kortison.

Cortona, italien. Stadt in der Region Toskana, 25 km sö. von Arezzo, 22 000 E. Bischofssitz; Museum der 1726 gegr. Accademia Etrusca; Fremdenverkehr. - Eine der ältesten und bedeutendsten etrusk. Städte, erhielt z. Z. des Bundesgenossenkriegs röm. Bürgerrecht. - Dom (1456–1502 im Renaissancestil umgestaltet), Stadtmauern (z. T. etrusk.).

Cortot, Alfred [Denis] [frz. kɔr'to], * Nyon bei Genf 26. Sept. 1877, † Lausanne 15. Juni 1962, frz. Pianist und Dirigent. - Interpret der Klavierwerke Chopins, Schumanns, Debussys sowie zeitgenöss. Komponisten; gründete 1905 mit J. Thibaud (Violine) und P. Casals (Violoncello) ein Trio.

Coruña, La [span. la ko'ruɲa], span. Hafen- und Ind.stadt an der NW-Küste Galiciens, 232000 E. Verwaltungssitz der Prov. La C.; Königl. Galic. Akad.; Theater. Schiff- und Maschinenbau, Eisen- und Stahlerzeugung, Erdölraffinerie. - Im MA **Coronium,** geht auf den antiken Handelsplatz **Brigantium** zurück, seit dem 15. Jh. als Stadt bezeichnet. - Aus röm. Zeit stammt der Herculesturm (Leuchtturm); in der Altstadt die Kirchen Santiago und Santa María del Campo (beide 12.–13. Jh.); in der Neustadt zahlr. Häuser mit Fenstergalerien.

Corvey [...vaɪ], ehem. Benediktinerabtei im östl. Teil von Höxter, NRW, als **Nova Corbeia** 822 von Corbie in der Picardie aus begründet; entwickelte sich zu einem bed. kulturellen Zentrum und zum Stützpunkt für die Christianisierung des Nordens. 1803 wurde C. säkularisiert. - Von der alten karoling. Abteikirche ist das Westwerk (873–885; im 12. Jh. geringfügig umgestaltet) erhalten.

Corvina [nlat.] (Bibliotheca Corviniana), die ehem. Bibliothek des ungar. Königs Matthias I. Corvinus, die erste humanist. Fürstenbibliothek nördl. der Alpen. V. a. kostbare Handschriften, z. T. eigens für die C. hergestellt; u. a. Meisterwerke der italien. Buchmalerei. Charakterist. sind vergoldete Renaissanceeinbände mit königl. Wappen. 1526 in türk. Besitz, die Bücher wurden zerstreut, von den 2000–2500 Bänden sind 172 erhalten (Corvinen).

Corvinus, Jakob, Pseud. W. ↑Raabes.

Corvinus, Matthias ↑Matthias I. Corvinus, König von Ungarn.

Corvin-Wiersbitzki, Otto von [kɔr'vi:nvɪɛrs...], * Gumbinnen 12. Okt. 1812, † Wiesbaden 1. März 1886, dt. Publizist. - Entschiedener Demokrat, nahm 1848 am Aufstand in Baden teil; berichtete für verschiedene Zeitungen aus den USA, Großbrit. und vom Dt.-Frz. Krieg; zahlr. Schriften, am bekanntesten die „Histor. Denkmale des christl. Fanatismus" (1845, seit 1891 u. d. T. „Pfaffenspiegel").

Corvo [portugies. 'korvu], kleinste Insel der ↑Azoren.

Corvus [lat.] ↑Sternbilder (Übersicht).

Corvus [lat.], mit Ausnahme von S-Amerika weltweit verbreitete Gatt. meist schwarzer Rabenvögel. Von den etwa 30 Arten kommen in Europa vor: ↑Kolkrabe, ↑Aaskrähe, ↑Saatkrähe und ↑Dohle.

Coryell, Larry [engl. kɔrɪ'ɛl], * Galveston (Tex.) 4. Febr. 1943, amerikan. Jazzmusiker. - Brillanter Jazz-Rockgitarrist; spielte u. a. zus. mit G. Burton, J. McLaughlin und C. Corea; begr. 1973 die Gruppe „Eleventh House".

Coryza ['ko:rytsa, ko'ry:tsa; griech.], svw. ↑Schnupfen.

cos, Funktionszeichen für: Kosinus (↑trigonometrische Funktionen).

Cosa, Juan de la, * Santoña (Prov. Santander) um 1460, † Tabasco (Mexiko) 1510, span. Seefahrer und Kartograph. - Begleiter von Kolumbus auf dessen ersten beiden Fahrten, dann Ojedas und Vespuccis; berühmt ist seine Karte von 1500, die neben eigenen die Entdeckungen von Kolumbus und Ojeda, die Ergebnisse der Fahrten G. Cabotos sowie die wirkl. Gestalt Afrikas verzeichnete.

Cosa, 273 v. Chr. gegr. röm. Kolonie latin. Rechts an der etrur. Küste in der Nähe des heutigen Orbetello; im 5. Jh. n. Chr. verödet; im 9. Jh. als **Ansedonia** neu besiedelt; z. T. gut erhaltene röm. Bauwerke.

Cosa Nostra [italien. „unsere Sache"], kriminelle Organisation in den USA, deren Mgl. v. a. Italiener oder Italoamerikaner sind; gegr. zur Kontrolle der illegalen finanziellen Erwerbsquellen (v. a. Prostitution, Rauschgifthandel und illegale Glücksspiele); hat ein das ganze Land umfassendes kriminelles Kartell errichtet und agiert unter strengster Geheimhaltung. - ↑auch Mafia.

cosec, Funktionszeichen für: Kosekans (↑trigonometrische Funktionen).

Cosel (Cossel, Cossell), Anna Konstanze Reichsgräfin von (seit 1707), * Depenau bei Plön 17. Okt. 1680, † Stolpen bei Pirna 31. März 1765. - Mätresse Augusts II., des Starken, auf den sie gewissen Einfluß ausübte; wurde gestürzt und ab 1716 auf Schloß Stolpen in Haft gehalten.

Cosel (poln. Koźle), ehem. selbständige Stadt 40 km ssö. von Oppeln, Polen', seit 1975 Teil von Kędzierzin-Koźle. Bed. Oderhafen; Metallind., Apparatebau und Nahrungsmit-

Corvey. Westwerk der ehemaligen Abteikirche

telind. - Erstmals 1104 als piast. Grenzburg erwähnt; Gründung der Stadt vermutl. Ende 13. Jh.; 1281–1355 Hauptstadt eines piast. Ft.; 1742–1945 preußisch.

Cosenza, italien. Stadt in der Region Kalabrien, 106 000 E. Hauptstadt der Prov. C.; Erzbischofssitz; Univ. (gegr. 1972), Museum, Bibliothek, Accademia Cosentina (gegr. im 16. Jh.); Handel mit landw. Produkten. - Als **Consentia** Hauptstadt der Bruttier, 204 v. Chr. römisch. Bei C. wurde 410 Alarich im Flußbett des Busento begraben.

Cosgrave [engl. 'kɔzgrɛɪv], Liam Thomas, * Templeogue (Dublin) 17. April 1920, ir. Politiker. - Sohn von William Thomas C. 1954–57 Außenmin.; 1965–77 Vors. der Fine Gael; 1973–77 Premierminister.

C., William Thomas, * Dublin 6. Juni 1880, † ebd. 16. Nov. 1965, ir. Politiker. - Nahm am Osteraufstand 1916 teil; 1919 Mgl. der ersten republikan. Reg.; konsolidierte mit Hilfe seiner Partei, der Fine Gael, als Min.-präs. 1922–32 die polit. Verhältnisse Irlands; führte 1932–44 die Opposition.

cosh, Funktionszeichen für: Cosinus hyperbolicus (Hyperbelkosinus; ↑Hyperbelfunktionen).

Cosima (Kosima), aus dem Italien. übernommener weibl. Vorname griech. Ursprungs, eigtl. „die Ordnungsliebende; die Sittsame".

Cosimo, Name von Fürsten aus dem Haus Medici (↑auch Stammtafel); bed.:

C. I., * Florenz 11. Juni 1519, † Castello bei Florenz 21. April 1574, Herzog von Florenz (seit 1537), Großherzog von Toskana (seit 1569). - Schaltete die Opposition des florentin. Patriziats aus; zentralisierte die Verwaltung als Voraussetzung für eine absolutist. Herrschaft, die sich nach 1555 auf die ganze Toskana erstreckte; förderte Wiss. und Künste.

Cosinus (Kosinus) [lat.] ↑trigonometrische Funktionen.

Cosinus hyperbolicus [lat.] ↑Hyperbelfunktionen.

Cosmas von Prag, * um 1045, † Prag 21. Okt. 1125, böhm. Geschichtsschreiber. - Verfaßte 1119/22–1125 als Domdekan (ab 1099) unter Verwendung älterer Quellen, bes. der sagenhaften Überlieferung zur böhm. Frühgeschichte, die erste zusammenfassende Chronik Böhmens.

Cosmas und Damian, zwei Heilige, ↑Kosmas und Damian.

Cosmaten, Bez. für mehrere italien. Künstlerfamilien, die vom 12. bis 14. Jh. v. a. in Rom tätig waren und in denen der Vorname Cosmas häufig war. Die C.arbeiten sind kostbare geometr. Dekorationsarbeiten, insbes. Einlegearbeiten in Marmor (Altäre, Kanzeln, Ambonen, Chorschranken, Grabmäler), Marmorfußböden (Lateran) und Fassadenverkleidungen sowie kleinteilige mosaikartige Verzierungen (Säulen des Kreuzgangs San Paolo fuori le mura). Vereinzelt auch figürl. Plastik (Wandgrabmal des Bischofs Durandus, † 1296, in Santa Maria sopra Minerva in Rom).

Cossa, Francesco del ↑Del Cossa, F.

Cossiga, Francesco, * Sassari 26. Juli 1928, italien. Jurist und Politiker (Democrazia Cristiana). - 1976–78 Innenmin., 1979/80 Min.präs., seit 1985 Staatspräsident.

Costa, Afonso Augusto da [portugies. 'kɔʃtɐ], * Seia bei Guarda 6. März 1871, † Paris 11. Mai 1937, portugies. Jurist und Politiker. - Erster republikan. Justizmin. 1910/11; zw. 1913 und 1917 viermal Min.präs.; 1926 Präs. der Versammlung des Völkerbundes.

C., Gabriel da [portugies. 'kɔʃtɐ], jüd. Religionsphilosoph, ↑Acosta, Uriel.

C., Isaac da [niederl. 'kɔsta:], * Amsterdam 14. Jan. 1798, † ebd. 28. April 1860, niederl. Dichter. - Trat 1822 zum Kalvinismus über und gehörte der Réveil-Bewegung an, die sich gegen die Ideen der Frz. Revolution und den Rationalismus wandte; gefühlsbetonte heroische Dichtungen.

C., Lorenzo [italien. 'kɔsta], * Ferrara um 1460, † Mantua 1535, italien. Maler. - Beeinflußt von Giovanni Bellini, malte C. seine religiösen und allegor. Bilder in einem warmen Kolorit; seit 1506 Hofmaler in Mantua (Einfluß Peruginos).

C., Lúcio [brasilian. 'kɔsta], * Toulon 27. Febr. 1902, brasilian. Architekt und Stadtplaner. - Mit O. Niemeyer baute er 1936–43 das epochemachende Erziehungsministerium in Rio de Janeiro (Entwurf Le Corbusier), 1939 den brasilian. Pavillon auf der Weltausstellung in New York, 1955 den Pavillon für den Weltkirchenkongreß in Rio de Janeiro. Neben seiner Stadtplanung für Brasília (1956) sind die Appartementhäuser am Eduardo-Guinle-Park in Rio de Janeiro (1948–54) bes. hervorzuheben.

C., Nino [italien. 'kɔsta], * Rom im Okt. 1826, † Marina di Pisa 31. Jan. 1903, italien. Maler. - Wirkte mit seinen frischen, z. T. von den Nazarenern beeinflußten Landschaften aus der röm. Campagna anregend auf die Macchiaioli in Florenz, wo C. 1859–69 lebte.

Costa Blanca, Bez. für den Abschnitt der südostspan. Mittelmeerküste nö. von Kap Gata; Ferienlandschaft mit den Zentren Alicante, Benidorm und dem Mar Menor.

Costa Brava, Bez. für den Abschnitt der nordostspan. Mittelmeerküste zw. Blanes und der span.-frz. Grenze; Ferienlandschaft.

Costa Cabral, Antonio Bernardo da [portugies. 'kɔʃtɐ kɐ'βral], Graf (seit 1845) von Thomar, * Formas de Algodres 9. Mai 1803, † São João da Foz (= Porto) 1. Sept. 1889, portugies. Politiker. - Seit 1839 Justizmin., kurzfristig 1842 Min.präs.; amtierte anschließend als Innenmin. mit diktator. Gewalt; 1846 gestürzt; 1849–51 erneut Min.präsident.

Costa de la Luz [span. 'kɔsta ðe la 'luθ], Bez. für den Abschnitt der andalus. Küste am Atlant. Ozean zw. Guadianamündung und Tarifa; zahlr. Fischereisiedlungen und Badestrände.

Costa del Azahar [span. 'kɔsta ðel aθa'ar], Bez. für einen Teil der ostspan. Mittelmeerküste am Golf von Valencia; zahlr. Seebäder.

Costa del Sol, Bez. für die andalus. Mittelmeerküste zw. Kap Gata und Tarifa; Ferienlandschaft mit außerordentl. mildem Klima; beiderseits Málaga, der wichtigsten Stadt der C. d. S., zahlr. Seebäder.

Costa Dorada, Bez. für den Abschnitt der nordspan. Mittelmeerküste zw. Blanes und Alcanar südl. des Ebrodeltas; zahlr. Seebäder.

Costa do Sol [portugies. 'kɔʃtɐ ðu 'sɔl], südl. Küstenabschnitt der Halbinsel von Lissabon; mehrere Seebäder.

Costa e Silva, Arturo da [brasilian. 'kɔsta i 'silva], * Taquari (Rio Grande do Sul) 3. Okt. 1902, † Rio de Janeiro 17. Dez. 1969, brasilian. General und Politiker. - 1964–1966 Kriegsmin., Staatspräs. 1967–69.

Costa i Llobera [katalan. 'kɔstə i ʎu'βɛrə], Miguel, * Pollensa (Mallorca) 4. Febr. 1854, † Palma de Mallorca 16. Okt. 1922, katalan. Dichter. - An den antiken Klassikern geschulter Lyriker Kataloniens, schrieb span. und katalanisch.

Costa Rica

(amtl. Vollform: República de Costa Rica), Republik in Zentralamerika, zw. 8° und 11° n. Br. sowie 83° und 86° w. L. **Staatsgebiet:** C. R. erstreckt sich vom Karib. Meer zum Pazifik, es grenzt im N an Nicaragua, im O an Panama. Zu C. R. gehört die pazif. Insel Isla del Coco. **Fläche:** 51 100 km². **Bevölkerung:** 2,4 Mill. E (1984), 48,3 E/km². **Hauptstadt:** San José. **Verwaltungsgliederung:** 7 Prov. **Amtssprache:** Spanisch. **Staatsreligion:** Röm.-kath. **Nationalfeiertag:** 15. Sept. (Unabhängigkeitstag). **Währung:** Costa-Rica-Colón (₡) = 100 Céntimos. **Internat. Mitgliedschaften:** UN, OAS, ODECA, MCCA, SELA. **Zeitzone:** Central Standard Time, d. i. MEZ –7 Std.

Landesnatur: Im N liegt das bis zu 200 km breite karib. Tiefland. Es wird vom pazif. Raum getrennt durch die von NW nach SO verlaufenden Gebirgszüge der Kordilleren, die in der Cordillera de Talamanca 3 920 m Höhe erreichen. Hier finden sich zahlr., z. T. noch tätige Vulkane. Im Zentrum liegt das Hochbecken des Valle Central mit der Hauptstadt. Im pazif. Raum folgen auf eine Senkungszone niedrigere Bergländer auf den Halbinseln Península de Nicoya und Península de Osa.

Klima: Durch die zentralen Gebirgszüge wird das ganzjährig beregnete karib. Tiefland vom wechselfeuchten pazif. Raum geschieden. Die Temperaturen haben nur geringe jahreszeitl. Schwankungen, sie liegen zw. 26–27 °C im Tiefland und unter 10 °C in Höhen über 3 000 m.

Vegetation: Dem immergrünen trop. Regenwald des karib. und südl. pazif. Tieflands stehen der regengrüne Trocken- und Feuchtwald des übrigen pazif. Raumes gegenüber. Oberhalb 500–600 m folgen immer- bzw. regengrüner Bergwald sowie Nebelwald, oberhalb der Baumgrenze (3 100–3 300 m ü. d. M.) Páramos und Grasfluren.

Bevölkerung: 80 % der Bev. sind Weiße meist altspan. Herkunft, 15 % Mestizen, 4 % Schwarze, 0,3 % Indianer; 98 % sind Katholiken. Im Valle Central leben auf 5 % der Landesfläche ⅔ der gesamten Bev. Verglichen mit dem übrigen Lateinamerika sind dank hoher Staatsaufwendungen die Bildungsverhältnisse günstig (Analphabetenquote: 10–15 %). Univ. in San José (gegr. 1843 bzw. 1940) und Heredia (gegr. 1973).

Wirtschaft: Die Landw. ist der wichtigste Wirtschaftszweig. Es überwiegen kleine und mittlere Betriebe; sie bauen v. a. für die Selbstversorgung Mais, Reis, Bohnen, Maniok und Kartoffeln an, im Hochland auch Kaffee für den Verkauf. Großbetriebe liegen v. a. im Küstentiefland und im trockenen NW. Sie erzeugen Bananen, Zuckerrohr, Kaffee, Kakao und Baumwolle. Durch eine noch heute aktive Agrarkolonisation ist in den letzten Jahrzehn-

Costa Rica. Wirtschaftskarte

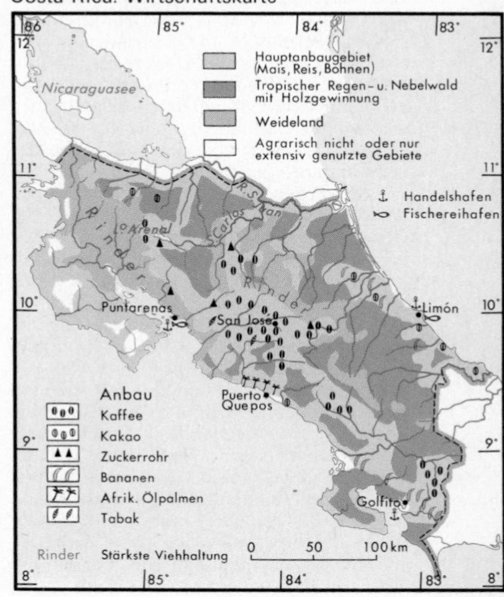

ten die landw. Nutzfläche stark ausgeweitet worden. Die Bodenschätze sind relativ gering, die bedeutenderen (Bauxit, Schwefel, Erdöl) werden noch nicht ausgebeutet. Die Ind., meist Kleinbetriebe, verarbeitet v. a. landw. Produkte. Daneben werden Kraftfahrzeuge und Elektrogeräte montiert, Düngemittel, Pharmazeutika, Zement u. a. hergestellt.
Außenhandel: Exportiert werden v. a. Bananen, Kaffee, Fleisch und Zucker; die wichtigsten Importe sind Maschinen, Textilien, Kraftfahrzeuge, Erdölerzeugnisse. Handelspartner sind v. a. die USA, Japan, Guatemala und die BR Deutschland.
Verkehr: Das Eisenbahnnetz ist 1 003 km lang; das Straßennetz hat eine Länge von 28 525 km. Die wichtigsten Überseehäfen sind Limón am Karib. Meer, Puntarenas und Golfito am Pazifik. Nat. Fluggesellschaft Linéa Aéreas Costarricenses; daneben private Gesellschaften; internat. ✈ in San José.
Geschichte: Der älteste bekannte archäolog. Fund in C. R. wird um 9000 v. Chr. datiert, genauere Kenntnisse beginnen um 300 v. Chr. In Nicoya entstand in der mittelpolychromen Periode (800–1200) wahrscheinl. ein größeres Staatsgebilde nördl. mittelamerikan. Prägung. Erst während der spätpolychromen Periode (1200–1550) löste sich das zentrale Hochland aus dieser Bindung und entwickelte sich selbständig. Außerhalb dieser Entwicklung und unbeeinflußt von ihr blieb S-C. R. Als Teil der Region „Groß-Chiriquí" spiegelte es südl. Kulturströme wider. In der Zeit zw. 1100/1550 erfolgte die Invasion der chibchasprechenden Stämme in diesen Teil Z-Amerikas. Die Küste von C. R. wurde von Kolumbus 1502 auf seiner 4. Reise entdeckt. Die eigtl. Eroberung durch die Spanier erfolgte erst in den 1560er Jahren. Trotz der Zugehörigkeit zur Audiencia von Guatemala war die Handelsverbindung zum nahen Panama von größter Wichtigkeit. Dauernde Kämpfe gegen die Indianer und die damit verbundenen Ausgaben machten C. R. zu einer der ärmsten Prov. Die Loslösung von Spanien erfolgte ohne Kämpfe 1821 im Verband des Generalkapitanats Guatemala, das sich 1821 dem unabhängigen Kaiserreich Mexiko unter Itúrbide anschloß. Nach dessen Sturz (1823) löste sich das Generalkapitanat von Mexiko; seine Prov. bildeten als autonome Staaten die Zentralamerikan. Föderation. 1825 gab sich C. R. seine 1. Verfassung, aber erst 1848 konstituierte sich die Republik C. R. Bis zum Ende des 19. Jh. wechselten Revolutionen, Bürgerkriege und Kriege mit den Nachbarstaaten einander ab. In dem Maße, wie der polit. und wirtsch. Einfluß der USA in Z-Amerika zunahm, beruhigte sich die innen- und außenpolit. Lage des Landes. C. R. trat in beiden Weltkriegen an der Seite der USA in den Krieg ein, ohne sich jedoch an militär. Aktionen zu beteiligen. Auch wirtsch. geriet C. R. in den Bannkreis der USA, v. a. durch die Niederlassung amerikan. Bananenpflanzungsgesellschaften. Der bürgerkriegsartige Konflikt des Jahres 1948, der für die jüngere polit. und wirtsch. Entwicklung des Landes bestimmend wurde, brachte die Grundlagen für den Aufbau eines sozial orientierten demokrat. Verfassungsstaates. Nach den Wahlen von 1974 löste D. Oduber Quirós als Präs. J. Figueres Ferrer ab, dessen Politik der freundschaftl. Beziehungen zu sozialist. Ländern er fortsetzte. Die 1978–82 regierende konservativ-rechtsliberale Koalition „Partido Unidad Opositora" (PUO) wurde im Mai 1982 wieder von der PLN abgelöst; zum Präs. wurde L. A. Monge (* 1925), 1986 O. Arías (* 1941) gewählt.
Politisches System: Nach der Verfassung von 1949 ist C. R. eine zentralist. verwaltete Republik mit präsidialem Regierungssystem. *Staatsoberhaupt* und als Regierungschef oberster Inhaber der *Exekutive* ist der Präs., vom Volk auf 4 Jahre gewählt. Die von ihm ernannten Min. des Kabinetts sind nur ihm verantwortl. Die *Legislative* liegt beim Kongreß, dessen Mgl. (z. Z. 57 Abg.) auf 4 Jahre gewählt werden. Die wichtigsten *Parteien* sind die Reg.-partei, die sozialist. Partido Liberación Nacional (PLN; 29 Sitze), die den Präs. stellt, und die konservativ-rechtsliberale Koalition Partido Unidad Opositora (PUO; 26 Sitze). Es gibt 4 nat. Gewerkschaftsbünde. *Verwaltungs*mäßig ist C. R. in 7 Prov. gegliedert, an deren Spitze vom Präs. ernannte Gouverneure stehen. Das *Recht* ist am frz. und span. Vorbild orientiert. Die *Streitkräfte* wurden durch die Verfassung abgeschafft. Es gibt eine etwa 5 000 Mann starke, militär. organisierte Nationalgarde.

📖 *Maislinger, A.: C. R. Innsb. 1986. - Nuhn, H.: Regionalisierung u. Entwicklungsplanung in C. R. Hamb. 1978. - Fanger, U.: History and political system. In: Latin America and the Caribbean; a handbook. Hg. v. C. Veliz. London; New York 1968.*

Coste-Floret, Paul [frz. kɔstflɔ'rɛ], * Montpellier 9. April 1911, † ebd. 28. Aug. 1979, frz. Jurist und Politiker. - Seit 1940 führendes Mgl. der frz. Widerstandsbewegung (zus. mit seinem Zwillingsbruder Alfred C.-F.); 1943 Justizmin. in der Provisor. Reg. der frz. Republik in Algier, 1944 stellv. Kabinettschef und Justizmin., Abg. der MRP in beiden Konstituanten, 1945/46 und seit 1946 Mgl. der Nat.versammlung, 1947–52 Min. in verschiedenen Ressorts.

Costello, John Aloysius [engl. kɔs'tɛloʊ] (ir. Séan Ua Coisdealbha), * Dublin 20. Juni 1891, † ebd. 5. Jan. 1976, ir. Politiker. - 1933–1943 und seit 1944 Mgl. des ir. Parlaments, seit 1944 Führer der Fine Gael, 1948–51 und 1954–57 Min.präs.; unter seiner Reg. trat Irland 1949 aus dem Commonwealth aus, Oppositionsführer 1951–54 und 1957–59.

Coster, Charles De ↑De Coster, Charles.

Coswig [...vıç], Stadt im Bez. Dresden, DDR, 15 km nw. von Dresden, 28700 E. Chem. Ind.; Maschinenbau; Gartenbau (Moorbeetkulturen). - 1349 erstmals urkundl. erwähnt. - Spätgot. Pfarrkirche (um 1497).

Coswig/Anhalt [...vıç], Stadt im Bez. Halle, DDR, am rechten Elbufer, 11200 E. Chemie-, Papier-, Tonwaren- und Zementind.; Elbhafen. - 1315 Stadtrecht belegt. - Frühgot. Pfarrkirche Sankt Nikolai (13. Jh.), Rathaus (um 1500).

cot (cotg, ctg), Funktionszeichen für: Kotangens (↑trigonometrische Funktionen).

Cotangens (Kotangens) [lat.] ↑trigonometrische Funktionen.

Cotangens hyperbolicus [lat.] ↑Hyperbelfunktionen.

Côte [frz. ko:t; lat.-frz.], frz. Bez. für Abhang, Hügel, Küste.

Côte, La [frz. la 'ko:t], schweizer. Landschaft am NW-Ufer des Genfer Sees; v. a. Wein- und Obstbaugebiet.

Côte d'Argent [frz. kotdar'ʒɑ̃], Bez. für den über 200 km langen Küstenstreifen am Golf von Biskaya zw. Gironde- und Bidassoamündung, Frankr.; zahlr. Seebäder.

Côte d'Azur [frz. kotda'zy:r], Name für die über 100 km lange frz. Mittelmeerküste zw. Menton und Marseille; wichtigstes Fremdenverkehrsgebiet mit zahlr. Seebädern; u. a. Blumenzucht und Parfümindustrie.

Côte d'Or [frz. kot'dɔ:r], Höhenzug zw. Dijon und Santenay, Frankr., eine etwa 200 m hohe, steil nach O einfallende Bruchstufe, die das Pariser Becken gegen das Saônebecken abgrenzt; bedeutendstes Weinbaugebiet Burgunds.

Côte-d'Or [frz. kot'dɔ:r], Dep. in Frankreich.

Cotentin [frz. kɔtɑ̃'tɛ̃], Halbinsel in der westl. Normandie, Frankr., zw. dem Golf von Saint-Malo und der Seinebucht, bis 183 m hoch, im N mit steiler Kliffküste. Bocagelandschaft; Milchwirtschaft. - Das C. war in der Römerzeit das Siedlungsgebiet der kelt. Veneller mit der Hauptstadt Constantia (Coutances); kam 1204 zur frz. Krondomäne. Im 2. Weltkrieg landeten amerikan. Truppen 1944 auf der Halbinsel und begannen von hier aus ihren Vormarsch.

Côtes-du-Nord [frz. kotdy'nɔ:r], Dep. in N-Frankreich.

Côte Vermeille [frz. kotvɛr'mɛj], Bez. für den südl., buchtenreichen Küstenabschnitt des Roussillon, S-Frankreich.

coth, Funktionszeichen für: Cotangens hyperbolicus (↑Hyperbelfunktionen).

Cotillon ['kɔtıljõ] ↑Kotillon.

Cotoneaster [lat.], svw. ↑Steinmispel.

Cotonou [frz. kɔtɔ'nu], Stadt in Benin, auf einer Nehrung, 487000 E. Wirtschafts- und Ind.zentrum des Landes. Sitz der meisten Ministerien und vieler diplomat. Vertretungen sowie der Verwaltung des Dep. Sud und eines kath. Erzbischofs, einer Univ. sowie mehrerer Forschungsinst. Der Hafen wickelt den gesamten Überseeaußenhandel Benins und einen großen Teil desjenigen der Republik Niger ab (Freihafen); Eisenbahnlinien ins Hinterland. Internat. ✈. - Gegr. 1830.

Cotopaxi, Prov. in Z-Ecuador, in den Anden, 5028 km², 236000 E (1974), Hauptstadt Latacunga; erstreckt sich im W bis in das Küstentiefland. Weidewirtsch., Anbau von Kaffee, Kakao, Reis u. a.

C., Andenvulkan in Ecuador, 50 km ssö. von Quito, 5897 m; Kegel; ständig rauchend.

Cotta, [Johann] Heinrich, * Klein-Zillbach bei Meiningen 30. Okt. 1763, † Tharandt 25. Okt. 1844, dt. Forstmann. - Gründete 1794 eine Forstlehranstalt in Zillbach, aus der die Forstakad. in Tharandt hervorging; einer der Begründer der modernen Forstwissenschaft.

Cottage [engl. 'kɔtıdʒ], engl. Bez. für ein kleines, meist einstöckiges Haus auf dem Lande; auch für ein einfaches Ferienhaus.

Cotta von Cottendorf, Johann Friedrich Freiherr (seit 1822), * Stuttgart 27. April 1764, † ebd. 29. Dez. 1832, dt. Verleger. - Übernahm 1787 die Leitung der **Cotta'schen Buchhandlung** in Tübingen, deren Aufschwung er durch die Herausgabe von Schillers „Horen" (1795) begründete. Er wurde zum Verleger Goethes und Schillers und brachte die Werke Schellings, Pestalozzis, Herders, Hölderlins, Kleists sowie bed. Wissenschaftler heraus. 1798 gründete er die „Allgemeine Zeitung", das führende polit. Blatt Deutschlands im 19. Jh. 1810 übersiedelte er mit dem Verlag nach Stuttgart (seit 1889 J. G. Cotta'sche Buchhandlung Nachf.; 1977 Übernahme durch den Verlag E. Klett).

Cottbus, Stadt in der Niederlausitz, DDR, am SO-Rand des Spreewalds, 123000 E. Krst. und Verwaltungssitz des Bez. C.; Hochschule für Bau- und Straßenwesen; Museum, Stadttheater. Textilind., Fahrzeugbau, Maschinenbau, Elektro-, Nahrungs- und Genußmittelind.; Reichsbahnausbesserungswerk. Verkehrsmittelpunkt der Niederlausitz. - 1156 zuerst erwähnt, planmäßig angelegte Marktsiedlung, ab 1190 unter böhm. Lehnshoheit; Anfang des 13. Jh. Magdeburger Stadtrecht. - Teile der Stadtbefestigung (15. Jh.), ehem. Franziskaner-Klosterkirche (14. Jh.), Schloßkirche (1707–14); klassizist. Bürgerhäuser. Nahebei Schloß Branitz (1772).

C., 1952 gebildeter Bez. in der DDR, 8262 km², 883000 E (1984). Den N nimmt die Niederungslandschaft des Glogau-Baruther Urstromtales mit dem Spreewald ein. Nördl. anschließende Talsand- und Sanderflächen werden z. T. von ausgedehnten Kiefernwäldern bedeckt. Südl. des Urstromtales breitet sich das Lausitzer Becken- und Heideland aus, es wird in O–W-Richtung von der Endmoräne des Lausitzer Grenzwalls durchzogen

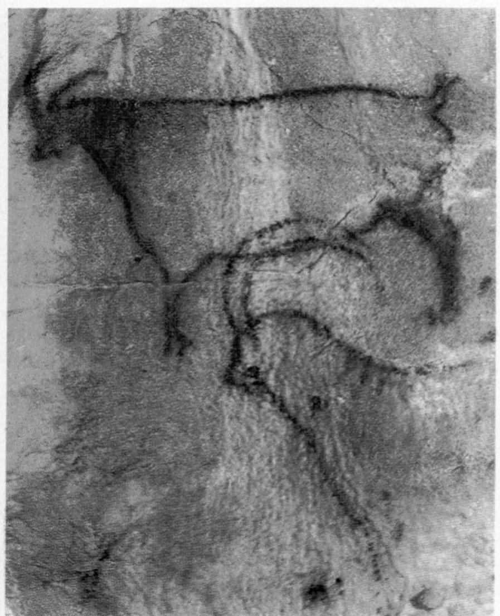
Cougnac. Höhlenmalereien aus dem Jungpaläolithikum

(100–176 m ü. d. M.). Zum Oberlausitzer Heidegebiet im S gehört die Muskauer Heide; im SW greift der Bez. in die Niederungen von Schwarzer Elster und Elbe hinein.
Klimat. gehört der Bez. zu den im Sommer wärmsten Teilen der DDR; der N ist bes. niederschlagsarm; in den Niederungen bereitet der hohe Wasserstand der Landw. Schwierigkeiten. Im Spreewald spielt der Gemüsebau eine bed. Rolle; Teichwirtschaft (Karpfenzucht) um Peitz im Oberlausitzer Teichland.
Im Bez. C. liegt das gesamte Lausitzer Braunkohlengebiet, in dem ein bes. wirtsch. Abbau mit maschinellen Großförderungsanlagen mögl. ist. Im Gebiet von Spremberg entstand durch den Aufbau des Kombinats Schwarze Pumpe mit den neuen Großtagebauen Welzow-Süd und Burghammer ein neues Fördergebiet. Die eisenhaltigen Braunkohlenschlakken werden in Calbe/Saale und Eisenhüttenstadt verhüttet. Im Bez. C. befinden sich Folge- und Zulieferind. der Braunkohlenwirtschaft sowie Nahrungsmittelind. u. a. - Eine große Rolle spielt der Fremdenverkehr, v. a. im Spreewald und den Kurorten Bad Liebenwerda und Bad Muskau.

Coulomb-Wall eines Atomkerns

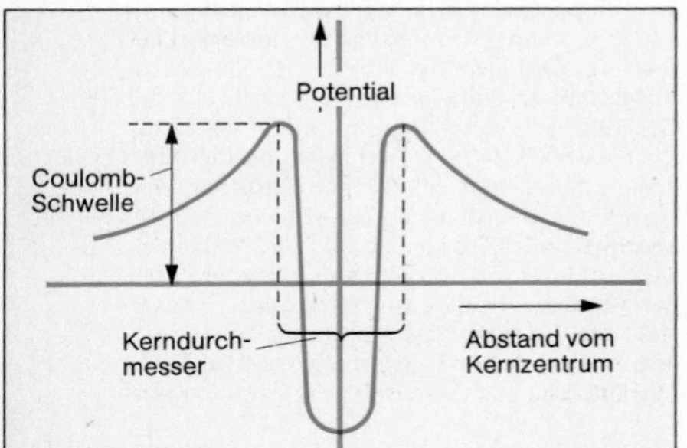

C., Landkr. im Bez. C., DDR.

Cotte, Robert de [frz. kɔt], * Paris 1656, † ebd. 15. Juli 1735, frz. Baumeister. - Hauptmeister des Régencestiles, der von dem schweren und prunkvollen Barock Ludwigs XIV. zum eleganten Rokoko überleitet. Zahlr. Innenausstattungen des Schlosses von Versailles, bes. der Kapelle (1708–10), Chordekoration von Notre Dame in Paris (1708–14), Entwurf für Schloß Poppelsdorf (1715), Pläne für Schloß Brühl (1715–24), Entwurf des Palais Rohan in Straßburg (1730).

Cotte [frz. kɔt], im MA (seit dem 12. Jh.) das lange Untergewand v. a. der Frau.

Cottische Alpen (frz. Alpes Cotiennes, italien. Alpi Cozie), Teil der Westalpen beiderseits der frz.-italien. Grenze, im Monte Voso 3 841 m hoch.

Cotton, Aimé [frz. kɔ'tõ], * Bourg-en-Bresse 9. Okt. 1869, † Sèvres 16. April 1951, frz. Physiker. - Entdeckte gemeinsam mit H. Mouton die Doppelbrechung von Flüssigkeiten in starken Magnetfeldern (**Cotton-Mouton-Effekt**).

Cotton [engl. kɔtn; arab.], engl. Bez. für Baumwolle.

Cotton Belt [engl. 'kɔtn 'bɛlt], früher wichtigstes geschlossenes Baumwollanbaugebiet der USA, erstreckt sich von Texas bis North Carolina.

Cottonöl ['kɔtn...] ↑Baumwollsaat.

Coty, René [frz. kɔ'ti], * Le Havre 20. März 1882, † ebd. 22. Nov. 1962, frz. Politiker. - Rechtsanwalt; 1923–35 und 1945–48 Abg. (republikan. Linke bzw. unabhängige Republikaner), 1935–40 Senator der republikan. Union, 1947/48 Wiederaufbau- und Städtebaumin., 1949–53 Vizepräs. des Rates der Republik; Präs. der Vierten Republik 1953–59.

Coubertin, Pierre Baron de [frz. kubɛr'tɛ̃n], * Paris 1. Jan. 1863, † Genf 2. Sept. 1937, frz. Pädagoge und Historiker. - Initiator der modernen Olympischen Spiele; 1894–96 Generalsekretär und 1896–1925 Präs. des Internat. Olymp. Komitees.

Couch [kaʊtʃ; frz.-engl.], Bez. für eine im 20. Jh. aufgekommene Form des Liegesofas.

Coudenhove-Kalergi, Richard Nicolas Graf (C.-K.-Balli) [ku:dən'ho:və], * Tokio 16. Nov. 1894, † Schruns (Vorarlberg) 27. Juli 1972, Politiker und polit. Schriftsteller. - Begr.

der Paneuropa-Bewegung (1923), deren Programm und Ziele er in seinem Buch „Paneuropa" (1923) festlegte; emigrierte 1938 (Schweiz/USA); 1940–46 Prof. für Geschichte in New York; ab 1947 Generalsekretär der von ihm gegr. Europ. Parlamentarier-Union; 1952–65 Ehrenpräs. der Europ. Bewegung; zahlr. Werke.

Coué, Émile [frz. kwe], * Troyes 26. Febr. 1857, † Nancy 2. Juli 1926, frz. Apotheker. - Entwickelte ein auf Autosuggestion beruhendes psychotherapeut. Heilverfahren (Couéismus).

Cougnac [frz. ku'ɲak], 1952 entdeckte, 95 m tiefe Höhle bei Payrignac (Lot, Frankr.) mit jungpaläolith. Wandmalereien.

Couleur [ku'lø:r; lat.-frz.], Verbindungsfarben bzw. aus den Verbindungsfarben bestehende Abzeichen einer student. Korporation, gehören zur Festtracht.

Couloir [kul'wa:r; lat.-frz.], im Kreis angelegter, eingezäunter Sprunggarten zum Einspringen junger Pferde ohne Reiter.
◆ in der *Alpinistik* Schlucht, auch schluchtartige Rinne.

Coulomb, Charles Augustin de [frz. ku'lõ], * Angoulême 14. Juni 1736, † Paris 23. Aug. 1806, frz. Physiker. - 1802 Kommissar für die Organisation des Unterrichtswesens; fand u. a. das nach ihm benannte elektrostat. Grundgesetz und das entsprechende Gesetz des Magnetismus. Er führte den Begriff des magnetischen Moments ein, begründete die Theorie der Polarisation und bewies, daß sich elektr. Ladungen nur auf der Oberfläche eines Leiters ansammeln.

Coulomb [frz. ku'lõ; nach C. A. de Coulomb], SI-Einheit der elektr. Ladung (Elektrizitätsmenge). 1 Coulomb (Einheitenzeichen C) ist gleich der Elektrizitätsmenge, die während der Zeit 1 s bei einem zeitl. unveränderl. elektr. Strom der Stärke 1 Ampere (A) durch den Querschnitt eines Leiters fließt: $1\,C = 1\,A \cdot s$.

Coulomb-Anregung [frz. ku'lõ; nach C. A. de Coulomb], Anregung eines Atomkerns durch das elektr. Feld eines vorbeifliegenden geladenen Teilchens.

Coulombsches Gesetz [frz. ku'lõ], von C. A. de Coulomb 1785 aufgefundene Gesetzmäßigkeit der Elektrizitätslehre: Der Betrag F der zw. zwei punktförmigen Ladungen Q_1 und Q_2 wirkenden Kraft (**Coulomb-Kraft**) ist dem Produkt der Einzelladungen direkt proportional, dem Quadrat ihres Abstandes r umgekehrt proportional:

$$F \sim Q_1 Q_2 / r^2.$$

Ein entsprechendes Gesetz stellte Coulomb auch für die zw. zwei Magnetpolen wirkende Kraft auf, wobei die Ladungen durch die Polstärken zu ersetzen sind.

Coulomb-Streuung [frz. ku'lõ; nach C. A. de Coulomb], in der Kern- und Elementarteilchenphysik die auf der Coulomb-Wechselwirkung beruhende Streuung von geladenen Teilchen durch andere, gleichartig oder entgegengesetzt geladene Teilchen.

Coulomb-Wall (Coulomb-Barriere) [frz. ku'lõ; nach C. A. de Coulomb], Bez. für den jeden Atomkern umgebenden und ein sich näherndes positiv geladenes Teilchen abstoßenden Potentialwall, der sich infolge Überlagerung der Potentiale der (nur in kurzer Entfernung wirksamen) anziehenden Kernkräfte und der abstoßenden elektrostat. Kräfte (**Coulomb-Potential**) ergibt. Der C.-W. erschwert das Eindringen positiver Teilchen in den Kern und ihre Emission aus dem Kern.

Coulometrie ['ku...; frz./griech.], hochempfindl. elektrochem. Analysenverfahren, bei dem sich aus der verbrauchten Elektrizitätsmenge mit Hilfe des Faradayschen Gesetzes die Menge des umgesetzten Stoffes ergibt.

Council [engl. kaʊnsl; zu lat. consilium „Rat"], Beratung, Ratsversammlung; **Privy Council,** in Großbrit. der Geheime Rat des Königs; **National Security Council,** in den USA der Nat. Sicherheitsrat.

Council for Mutual Economic Assistance [engl. 'kaʊnsl fə 'mju:tjʊəl i:kə'nɔmɪk ə'sɪstəns] ↑COMECON.

Count [engl. kaʊnt (zu ↑Comte)], Grafentitel; im Ggs. zum engl. Earl nur zur Bez. nichtbrit. Grafen.

Countdown [engl. 'kaʊnt 'daʊn; zu engl. to count „zählen" und down „hinab"], bis zum Zeitpunkt Null (Startzeitpunkt) zurückschreitende Ansage der Zeiteinheiten, z. B. vor dem Start von Raketen; während des C. werden die letzten Kontrollen durchgeführt; bei Störungen Unterbrechung, nach Behebung Weiterführung des Countdown.

Counter [engl. 'kaʊntə], Schalter im Flughafen zur Abfertigung der Reisenden.

Counter Intelligence Corps [engl. 'kaʊntə ɪn'tɛlɪdʒəns 'kɔ:], Abk. CIC, ehem. Behörde der amerikan. Streitkräfte für militär. Abwehr, Gegenspionage und geheimen Nachrichtendienst; heute ↑Defense Intelligence Agency (DIA).

Counterpart funds [engl. 'kaʊntəpɑ:t 'fʌndz], Gegenwertmittel auf Konten bei den Notenbanken der an dem amerikan. Hilfsprogramm nach dem 2. Weltkrieg teilnehmenden Länder, insbes. für Warenlieferungen im Rahmen des Marshallplans.

Counteß ['kaʊntɛs; engl.], engl. Bez. für Gräfin (↑Count).

Country and western [engl. 'kʌntrɪ ənd 'wɛstən], aus der Country-Music des S u. Mittel-W der USA seit den 1940er Jahren entwickelter Schlagerstil; melod. und harmon. unkomplizierte Songs. Die Instrumentierung mit Banjo, Fidel, Dobro (akust. Gitarre, die mit Glissando-Effekten gespielt wird), Schlagzeug und die hohe, etwas nasale Singstimme sind typ. für den sog. **Nashville Sound.**

Gustave Courbet, Die Hängematte (1844). Privatbesitz

Country-Blues [engl. 'kʌntrɪ'blu:z], ländl. Variante des ↑Blues. Die bedeutendsten Interpreten des C.-B. sind Big Bill Broonzy, Leadbelly und Blind Lemon Jefferson.

Country-dance [engl. 'kʌntrɪ'dɑ:ns „ländl. Tanz"], engl. Gesellschaftstanz des 16. bis 18. Jh., mit Rund- (Rounds) und Fronttänzen (Longways), kam Ende des 17. Jh. als ↑Contredanse auf den Kontinent.

Country-music [engl. 'kʌntrɪmju:zɪk „ländl. Musik"], Volksmusik im S und Mittel-W der USA.

County [engl. 'kaʊntɪ; zu mittellat. comitatus „Grafschaft"], in Großbrit. und den USA Bez. für Gerichts- und Verwaltungsbez.

Coup [ku:; frz.; zu vulgärlat. colpus „Faustschlag, Ohrfeige"], Schlag, freches Unternehmen; **Coup d'état,** Staatsstreich; **Coup de main,** Handstreich; rascher, gelungener Angriff.

Coupé [ku'pe:; frz.], veraltete Bez. für Eisenbahnwagenabteil.

◆ geschlossene, zweisitzige Kutsche.

◆ geschlossener sportl. Pkw mit zwei oder drei Sitzen (vorn) und zwei Notsitzen (hinten).

Couperin, François [frz. ku'prɛ̃], * Paris 10. Nov. 1668, † ebd. 11. Sept. 1733, frz. Komponist. - 1685 Organist an Saint-Gervais in Paris, 1693 einer der Organisten Ludwigs XIV. Komponierte Motetten, Chansons, drei bed. „Leçons de ténèbres" (Lektionen aus dem Offizium der letzten Kartage), zwei Orgelmessen (1690), über 240 Cembalostücke (1713–30) und zahlr. kammermusikal. Werke; gewann mit der Vollendung der von der Laute auf das Cembalo übertragenen „kleinen Form" entscheidende Bed. für den galanten Stil des 18. Jahrhunderts.

Couplet [ku'ple:; lat.-frz.], scherzhaft-satir. Strophenlied mit Kehrreim, meist aktuellen [polit.] oder pikanten Inhalts.

Coupon [ku'põ:; frz.] ↑Kupon.

Cour [ku:r; frz.; zu lat. cohors „(den Prätor in der Prov. umgebendes) Gefolge"], frz. Bez. für Hof, Hofhaltung, übertragen für Aufwartung *(jemandem die C. machen).*

◆ frz. Bez. für Gerichtshof.

Courage [ku'ra:ʒ(ə); lat.-frz.], Mut, Tapferkeit, Schneid.

Courant [ku'rant, ku'rã; frz.] ↑Kurant.

Courante [ku'rã:t; zu frz. courir „laufen"] (italien. Corrente), alter frz. Tanz in raschem, ungeradem Takt, bekannt seit der Mitte des 16. Jh.; seit der 2. Hälfte des 17. Jh. nur noch in stilisierter Form; gehört in der Form der gravität. C. oder der schnellen Corrente zum Grundbestand der ↑Suite.

Courbarilbaum [frz. kurba'ril...] (Hymenaea courbaril), Caesalpiniengewächs in M- und S-Amerika; bis etwa 25 m hoher Baum mit süßen, eßbaren Früchten. - ↑auch Hölzer (Übersicht).

Courbet, Gustave [frz. kur'bɛ], * Ornans (Doubs) 10. Juni 1819, † La-Tour-de-Peilz bei Vevey (Schweiz) 31. Dez. 1877, frz. Maler. - Kam 1840 nach Paris; Autodidakt; befreundet mit P. J. Proudhon. Für den Sturz der Vendôme-Säule verantwortl. gemacht, floh 1873 in die Schweiz. Er malte in kräftigen, vorwiegend dunklen, fein abgestuften Braun-, Grau- und Grüntönen und wählte schlichte Landschaftsmotive und Genreszenen (bes. des arbeitenden Volkes); auch Bildnisse, Tierbilder, Stilleben. C. war durch seine realist. Bildauffassung, die neue Farbenharmonie und die sozialen Tendenzen, die er seinen Bildern unterlegte, von entscheidender Bedeutung für die weitere Entwicklung der frz. und auch der dt. Malerei. Zu seinen wichtigsten Werken zählen „Die Steinklopfer" (1849; Dresden, Städt. Kunstsammlungen; 1945 verbrannt), „Begräbnis in Ornans" (1849; Louvre), „Die Mädchen am Ufer der Seine" (1856; Paris, Musée du Petit Palais), „Die Welle" (Frankfurt, Städel).

Courbette [kʊr'bɛtə] ↑Kurbette.

Cour d'honneur [frz. kurdɔ'nœ:r], frz. Bez. für ↑Ehrenhof.

Courmayeur [frz. kurma'jœ:r], italien. Gemeinde im westl. Aostatal, 25 km westl. von Aosta, 1 228 m ü. d. M., 2 700 E. Fremdenverkehr, italien. Endpunkt des Montblanctunnels von Chamonix-Mont-Blanc.

Cournand, André Frédéric [frz. kur'nɑ̃], * Paris 24. Sept. 1895, frz.-amerikan. Mediziner. - Prof. in New York; arbeitete v. a. über Lungenchirurgie und Kardiologie auf der Grundlage der Herzkatheterisierung W. Forßmanns, die er klin. allg. einführte; Nobelpreis für Physiologie oder Medizin 1956 (mit Forßmann und D. W. Richards).

Cournot, Antoine Augustin [frz. kur'no], * Gray 28. Aug. 1801, † Paris 31. März 1877, frz. Nationalökonom, Mathematiker und Philosoph. - 1835–38 Rektor der Akademie in Grenoble, 1848–62 in Dijon; arbeitete auf den Gebieten der Analysis und der Wahrscheinlichkeitstheorie; gilt als Begründer der mathemat. Schule der Nationalökonomie, insbes. der Ökonometrie. Er untersuchte v. a. die Preisbildung im Monopol (**Cournotscher Punkt,** d. h. Punkt des Gewinnmaximums), Dyopol und Oligopol und führte als erster die Nachfragefunktion und den Begriff des unvollkommenen Wettbewerbs ein.

Courrèges, André [frz. ku'rɛ:ʒ], * Pau 9. März 1923, frz. Couturier. - Seine seit 1963 eigenwilligen, weniger „tragbaren" als anregenden Kreationen initiierten u. a. den Minirock und machten die lange Damenhose gesellschaftsfähig.

Cours d'amours [frz. kurda'mu:r], in Südfrankr. aus dem Kreis ma. Hofgesellschaften gebildete „Minnegerichtshöfe", die über richtiges Minneverhalten entschieden.

Court [engl. kɔ:t (↑Cour)], engl. Bez. für Gerichtshof.

Courtage [kʊr'ta:ʒe; frz.], bei Abschluß eines Wertpapiergeschäfts fällig werdende Vermittlungsgebühr, die beide Vertragspartner an den Makler zu zahlen haben.

Courths-Mahler, Hedwig ['kʊrts], geb. Mahler, * Nebra/Unstrut 18. Febr. 1867, † Rottach-Egern 26. Nov. 1950, dt. Schriftstellerin. - War Verkäuferin in Leipzig und schrieb seit ihrem 17. Lebensjahr mehr als 200 Unterhaltungsromane, denen immer dasselbe Klischee von Aufstieg, Reichtum und Glück sozial Niedriggestellter zugrunde liegt. Romane wie: „Ich will" (1916), „Meine Käthe" (1917), „Der Scheingemahl" (1919), „Eine ungeliebte Frau" (1918), „Die schöne Unbekannte" (1918) erreichten Massenauflagen.

Courtoisie [kʊrtoa'zi:; frz. (zu ↑Cour)], feines, ritterl. Benehmen, Höflichkeit.
◆ in der *Heraldik* ↑Wappenkunde.

Courtrai [frz. kur'trɛ] ↑Kortrijk.

Cousin [frz. ku'zɛ̃], Jean, d. Ä., * Soucy bei Sens um 1490, † Paris 1560 oder 1561, frz. Maler und Holzschneider. - Angesehener manierist. Künstler. Steht der Schule von Fontainebleau nahe. Sehr ungesichertes Werk, u. a. zwei Gemälde: „Eva Prima Pandora" (nach 1549?; Louvre) und „La Charité" (Montpellier, Musée Fabre). C. war auch Buchillustrator, schuf Entwürfe für Teppiche, Glasfenster und Grabmäler; Schriften zur Kunsttheorie.

C., Victor, * Paris 28. Nov. 1792, † Cannes 13. Jan. 1867, frz. Philosoph und Politiker. - Seit 1828 Prof. an der Sorbonne, 1834 Direktor der École Normale, 1840 Unterrichtsmin. im Kabinett A. Thiers. Ausgehend von einer Auseinandersetzung mit der Philosophie Descartes' versuchte C. eine Synthese der Common-sense-Philosophie der Schott. Schule, v. a. T. Reids, und des dt. (metaphys.) Idealismus (Schelling, Hegel u. a.). Seine Philosophie hatte großen Einfluß während des Julikönigtums und im Risorgimento.
Werke: De la métaphysique d'Aristote (1835), Études sur Pascal (1842), Cours d'histoire de la philosophie moderne (8 Bde., 1846–47).

Cousin [ku'zɛ̃; lat.-frz.], im 17. Jh. aus dem Frz. übernommene Verwandtschaftsbez., heute v. a. in der Hochsprache von „Vetter" zurückgedrängt; dagegen konnte sich das Wort **Cousine,** das im 18. Jh. entlehnt wurde, gegenüber Muhme und Base durchsetzen.

Cousinet, Roger [frz. kuzi'nɛ], * Paris 30. Nov. 1881, † ebd. 5. April 1973, frz. Pädagoge. - Prof. für pädagog. Psychologie an der Sorbonne; faßte die Schüler an seiner Modellschule in Arbeitsgruppen zus., die auch ihre Themen selbst erarbeiteten.

Cousteau, Jacques Yves [frz. kus'to], * Saint-André-de-Cubzac (Gironde) 11. Juni 1910, frz. Marineoffizier und Meeresforscher. - Konstruierte das erste Preßlufttauchgerät („Aqualunge") sowie verschiedene Tauchfahrzeuge und Unterwasserlaboratorien. Seine ozeanograph. Expeditionen wurden durch zahlr. Veröffentlichungen und Fernsehserien bekannt. Seit 1957 ist C. Leiter des ozeanograph. Museums von Monaco.

Coustou [frz. kus'tu:], Guillaume, d. Ä., * Lyon 25. April 1677, † Paris 20. Febr. 1746, frz. Bildhauer. - Bruder von Nicolas C., mit ihm zus. Schüler seines Onkels A. Coysevox und in Rom. Hauptvertreter akadem. klass. frz. Kunst; Werke für Versailles (u. a. Schloßkapelle), Marly (u.a. „Die Rossebändiger von Marly", 1740–45; heute Place de la Concorde in Paris), den Dome des Invalides und Notre-Dame.

C., Guillaume, d.J., * Paris 19. März 1716, † ebd. 13. Juli 1777, frz. Bildhauer. - Sohn von Guillaume C. d.Ä.; arbeitete u.a. für Madame de Pompadour und Friedrich II.

C., Nicolas, * Lyon 8. Jan. 1658, † Paris 1. Mai 1733, frz. Bildhauer. - Bruder von Guillaume C. d.Ä.; schuf wie sein Bruder Werke für Versailles, Marly, den Dome les Invalides und Notre-Dame (u.a. „Pietà", 1723).

Coutances [frz. ku'tã:s], frz. Stadt auf der Halbinsel Cotentin, Dep. Manche, 9900 E. Bischofssitz (seit 430); Marktzentrum in einem Milchwirtschaftsgebiet. - Im 3. Jh. zur Festung **Constantia** ausgebaut; 1449 endgültig frz. - Die Kathedrale Notre-Dame (13. Jh.) ist ein bed. Bauwerk der normann. Gotik.

Coutumes [frz. ku'tym; zu lat. consuetudo „Gewohnheit"], in Frankr. nach Verfall der Kapitularien im 10. Jh. die Gewohnheitsrechte territorialer Geltung, oft für kleinste Gebiete; etwa 700 verschiedene C. sind bekannt; seit Ende 11. Jh. schriftl. aufgezeichnet; 1454 veranlaßte König Karl VII. ihre Kodifikation und Bearbeitung; galten z.T. bis ins 19. Jahrhundert.

Couturat, Louis [frz. kuty'ra], * Paris 17. Jan. 1868, † zw. Ris-Orangis und Melun bei Paris 3. Aug. 1914, frz. Logiker und Philosoph. - Seit 1905 Prof. am Collège de France in Paris; wandte sich nach Arbeiten über den Unendlichkeitsbegriff der Mathematik und über die Mythen in Platons Dialogen der Leibnizforschung zu und publizierte erstmals zahlr. Fragmente von Leibniz zur Logik und Sprachphilosophie. Auf dessen Vorstellung einer „lingua universalis" gehen C. Bemühungen um die Entwicklung und Durchsetzung einer künstl. internat. Verkehrs- und Wissenschaftssprache zurück.
Werke: De Platonicis mythis (1896), La logique de Leibniz (1901), Histoire de la langue universelle (1903; zus. mit L. Léon), Les principes des mathématiques (1905).

Couture, Thomas [frz. ku'ty:r], * Senlis (Oise) 21. Dez. 1815, † Villiers-le-Bel bei Paris 29. März 1879, frz. Maler. - Schuf u.a. monumentale Historienbilder, auch Porträts. Aus seiner Schule gingen u.a. A. Feuerbach, Puvis de Chavannes und É. Manet hervor.

Couturier [frz. kuty'rje], Meister der ↑Haute Couture.

Couvade [frz. ku'va:də; zu lat. cubare „liegen"] (Männerkindbett), in primitiven Gesellschaften verbreitete Sitte, nach der der Vater die Rolle der Wöchnerin übernimmt, soll vermutl. in mag. Weise schadenbringende Mächte von der Wöchnerin fernhalten.

Couve de Murville, Maurice [frz. kuvdəmyr'vil], * Reims 24. Jan. 1907, frz. Politiker. - Floh als Anhänger de Gaulles 1940 nach N-Afrika; 1950 Botschafter in Kairo, 1955 in Washington, 1956–58 in Bonn; vertrat als Außenmin. (1958–68) die außenpolit. Konzeption de Gaulles u.a. bei der Beendigung des Algerienkriegs, in den Fragen der EWG-Integration und der NATO-Politik, bei der Aussöhnung mit Deutschland und der Ostorientierung der frz. Außenpolitik; 1968/69 Ministerpräsident.

Covadonga [span. koβa'ðɔŋga], nordspan. Marienwallfahrtsort in der Prov. Oviedo mit einem Augustiner-Chorherren-Stift aus dem 16. Jh. und der Kirche „Virgen de las Batallas" (Jungfrau der Schlachten) aus dem 19. Jh. - Der erste Sieg gegen die Muslime in der **Schlacht von Covadonga** (wahrscheinl. Mai 722) unter Führung des Pelayo bezeichnet den Beginn der ↑Reconquista.

Covenant ['kʌvənənt; engl. „Bund"; zu lat. convenire „zusammenkommen"], 1. theolog. Lehre, die auf Grund alttestamentl. Anschauungen das Verhältnis zw. Gott und der Kirche als Bund auffaßt; sie gewann durch den schott. Reformator John Knox und durch den engl. Staatsmann Oliver Cromwell zentrale Bedeutung für den Puritanismus. 2. Bez. für Zusammenschlüsse schott. Presbyterianer im 16. und 17. Jh. zum Zweck der Verteidigung ihrer religiösen Rechte.

Covent Garden [engl. 'kɔvənt 'gɑ:dn], früher der Klostergarten der Westminster Abbey, heute Gemüse-, Obst- und Blumenhauptmarkt in London (seit dem 17. Jh.). In der Nähe liegt das königl. Opernhaus C. G., 1858 von Sir C. Barry erbaut.

Coventry [engl. 'kɔvəntrɪ], Stadt in der Metropolitan County West Midlands, 30 km sö. von Birmingham, 314000 E. Anglikan. Bischofssitz; TH; Museum (Auto- und Fahrradtypen) und Kunstgalerie; Theater, Bibliotheken. Zentrum des brit. Fahrrad- und Kfz.baus, ein Schwerpunkt des brit. Werkzeugmaschinenbaus; Uhrenind. und Juwelierhandwerk. - Entwickelte sich bei einer Benediktinerabtei; 1153 Stadtrecht, Zentrum des Wollhandels; im 2. Weltkrieg wurde die Altstadt fast völlig zerstört. - Von der Alten Kathedrale (14. Jh.) stehen nur noch der 92 m hohe Turm und die Außenmauern, an sie wurde die Neue Kathedrale 1954–62 angebaut; Reste der Stadtmauer (14. Jh.).

Cover [engl. kʌvə], Titelbild einer Illustrierten.

◆ Schallplattenhülle.

Covercoat [engl. 'kʌvəkoʊt], nach dem Stoff (dichter, diagonal gewebter Kammgarnstoff) benannter, gerade geschnittener Mantel mit Knopfleiste (Regen-, Sportmantel).

Covergirl [engl. 'kʌvəgə:l], auf der Titelseite einer Illustrierten abgebildetes Mädchen.

Covilhã, Pêro da (Pedro de) [portugies. kuvi'ʎɐ̃], * Covilhã um 1450, † in Äthiopien

1521 (?), portugies. Entdecker. - Reiste (z. T. mit A. de Paiva) im Auftrag König Johanns II. von Portugal über Rhodos, Alexandria, Kairo und Aden nach Calicut (= Kozhikode) und Goa, von dort nach Sofala an der afrikan. Ostküste; von der Reise nach Äthiopien (1492) kehrte er nicht zurück.

Covilhã [portugies. kuvi'ʎɐ̃], portugies. Stadt, 80 km östl. von Coimbra, 22000 E. Zentrum der portugies. Textilind. - Schon in der Römerzeit besiedelt; 1870 Stadtrecht.

Coward, Sir (seit 1970) Noël [Pierce] [engl. 'kaʊəd], * Teddington (= London) 16. Dez. 1899, † Port Maria (Jamaika) 26. März 1973, engl. Dramatiker, Komponist, Regisseur und Schauspieler. - Schrieb, inszenierte und spielte erfolgreiche Lustspiele, auch Revuen, Musicals, mit Seitenhieben auf die Verlogenheit der Gesellschaft. Bekannt v. a. „Gefallene Engel“ (Kom., 1925), „Intimitäten“ (Kom., 1930), „Geisterkomödie“ (1941), „Akt mit Geige“ (Kom., 1956).

Cowboy ['kaʊbɔʏ; engl. „Kuhjunge“], berittener Rinderhirte im W N-Amerikas; die Bez. C. war bereits um 1000 n. Chr. in Irland gebräuchlich. Seit etwa 1830 wurden von den Begleitern der Rinderherden die Methoden und die Ausrüstung der in Texas bzw. Kalifornien lebenden mex. Hirten (**Vaqueros**) übernommen. Die große Zeit der amerikan. C. begann nach 1865, als man unter Strapazen und Überwindung von Gefahren große Rinderherden aus Texas zu den mit der Zeit immer weiter nach W rückenden Eisenbahnendstationen trieb, um die Fleischmärkte im O zu beliefern; diese Zeit endete etwa 30 Jahre später mit der weitgehenden Besiedlung und Einzäunung des Landes. Die Welt der C. wird in Büchern und Filmen immer wieder neu dargestellt.

Cowell, Henry Dixon [engl. 'kaʊəl], * Menlo Park (Calif.) 11. März 1897, † Shady (N. Y.) 10. Dez. 1965, amerikan. Komponist. - Wurde seit 1912 bekannt mit der Verwendung von ↑Clusters; komponierte u. a. Sinfonien, Werke für Klavier und Orchester, Kammer- und Klaviermusik, Chöre, Ballette und eine Oper

Cowley, Abraham [engl. 'kaʊlɪ], * London 1618, † Chertsey (Surrey) 28. Juli 1667, engl. Dichter. - Verf. von Oden (in neuentwickelter Odenform), eleg. und anakreont. Gedichten, des unvollendeten Epos „Davideis“ (1656) sowie von Essays.

Cowper, William [engl. 'kaʊpə], * Great Berkhamstead (Hertford) 26. Nov. 1731, † East Dereham (Norfolk) 25. April 1800, engl. Dichter. - Schwermütige, auch humorvolle Versdichtungen, u. a. „The task“ (1785; darin die heitere Ballade „John Gilpin“, 1782) und „The castaway“ (1799?) sowie die „Olney hymns“ (1779), die z. T. als Kirchenlieder lebendig geblieben sind. Bed. Homerübersetzer.

Cowper-Drüsen [engl. 'kaʊpə, 'ku:pə; nach dem brit. Anatomen und Chirurgen W. Cowper, * 1666, † 1709] (Glandulae bulbourethrales), ein- bis vierpaarig angelegte Anhangsdrüsen des männl. Geschlechtsapparates bei manchen Säugetieren (einschließl. Mensch); beim Mann einpaarige, erbsengroße Drüsen, die beiderseits der Harnröhre liegen und in den vorderen Teil der Harnröhre münden. Ihr fadenziehendes, schwach basisches Sekret wird vor der Ejakulation entleert und erzeugt ein neutrales Milieu in der Harnröhre.

Coxa [lat.], svw. ↑Hüfte.

◆ svw. ↑Hüftbein.

Cox' Orange ['kɔks o'rã:ʒə; nach dem brit. Züchter R. Cox] ↑Äpfel (Übersicht).

Coxsackie-Viren [engl. kʊk'sɔkɪ; nach dem Ort Coxsackie (N. Y.)], Gruppe der Enteroviren mit etwa 30 bekannten Typen; Verbreitung weltweit, können epidem. auftreten. *Coxsackie-Virus-Erkrankungen* wie die Bornholmer-Krankheit, haben im allg. einen milden Verlauf (z. B. unspezif. katarrhal. und fiebrige Infekte).

Coyote [aztek.], svw. Kojote (↑Präriewolf).

Coypel [frz. kwa'pɛl], Antoine, * Paris 11. April 1661, † ebd. 7. Jan. 1722, frz. Maler. - Sohn von Noël C.; 1672–76 in Italien; bed. Vorläufer des Rokoko in den bewegten Dekorationen (1702–05) für das Palais-Royal in Paris (Grande Galerie, zerstört) und die Kapelle von Versailles (1708).

C., Noël, * Paris 25. Dez. 1628, † ebd. 24. Dez. 1707, frz. Maler. - Gründer der künstler. Dynastie dieses Namens. Vater von Antoine C. Steht in der Tradition von Poussin und Le Brun (Fresken und große Historienbilder).

Coysevox, Antoine [frz. kwaz'vɔks], * Lyon 29. Sept. 1640, † Paris 10. Okt. 1720, frz. Bildhauer. - Ab 1678 einer der maßgebenden Künstler in Versailles, u. a. Kriegssaal (1677–85), zahlr. Parkfiguren, u. a. der Flußgötter „La Dordogne“ und „La Garonne“ (beide Bronze; 1686). Auch zahlr. ausdrucksstarke Porträtbüsten (Bernini, Le Nôtre, de Cotte), Bronzestatue Ludwigs XIV.

Cozens, John Robert [engl. kʌznz], * London 1752, † ebd. Dez. 1797, engl. Maler. - C. war 1776–79 und 1782–83 in Italien. Wandte sich von der idealen Landschaftsmalerei ab und schuf bed. atmosphär. Landschaftsaquarelle; Wegbereiter T. Girtins und W. Turners.

CPU ↑Zentraleinheit.

Cr, chem. Symbol für: ↑Chrom.

Crabnebel [engl. kræb] (Krebsnebel), expandierender Überrest einer Supernova, die laut chin. Annalen im Jahre 1054 aufleuchtete. Der C. ist Ausgangspunkt starker Radio- und Röntgenstrahlung.

Crack [engl. kræk], urspr. bestes Pferd eines Rennstalles, dann bes. aussichtsreicher Sportler, Spitzensportler.

Lucas Cranach d. Ä., Kopf eines Jägers (um 1506). Basel, Kunstmuseum

Crackers [engl. 'krɛkərs], knuspriges ungesüßtes Kleingebäck.

Cracovienne [krakovi'ɛn; frz.], svw. † Krakowiak.

Cragun, Richard [engl. 'krɛɪgən], * Sacramento 5. Okt. 1944, amerikan. Tänzer. - Seit 1965 Solotänzer in Stuttgart; bekannt u. a. durch „Romeo und Julia" (1962), „Der Widerspenstigen Zähmung" (1969) und „Initialen R. B. M. E." (1972).

Craig, Gordon Alexander [engl. krɛɪg], * Glasgow (Schottland) 26. Nov. 1913, brit.-amerikan. Historiker. - 1950 Prof. an der Princeton University, ab 1961 an der Stanford University, seit 1962 außerdem an der Freien Universität Berlin. Schrieb u. a. „Die preuß.-dt. Armee 1640–1945" (1955, dt. 1960, unveränderter Nachdr. 1980), „Geschichte Europas im 19. und 20. Jh." (1971, dt. 2 Bde., 1978/79), „Dt. Geschichte 1866–1945" (1978, dt. 1980), „Über die Deutschen. Ein historisches Porträt" (dt. 1982).

Crailsheim, Stadt in Bad.-Württ., an der Jagst, in der Hohenloher Ebene, 412 m ü. d. M., 24 900 E. Verwaltungs- und Einkaufszentrum für ein landw. geprägtes Umland; nach dem 2. Weltkrieg Neuansiedlung von Ind.; Bahnknotenpunkt. - Vermutl. eine fränk. Gründung des 6. Jh., Marktrecht 1316, als Stadt 1323 genannt. 1945 zu über 80 % zerstört. - Pfarrkirche ursprüngl. roman., 1398 spätgot. erneuert.

Craiova, Hauptstadt des rumän. Verw.-Geb. Dolj, 180 km westl. von Bukarest, 253 000 E. Univ. (gegr. 1966), mehrere Forschungsinst.; Nationaltheater, Staatsphilharmonie; Museen. Maschinen- und Fahrzeugbau, Chemiekombinat; Verkehrsknotenpunkt. - Erste Besiedlung bereits im Neolithikum; Reste eines Römerkastells. Urkundl. erstmals Mitte 15. Jh. erwähnt.

Cramer, Gabriel, * Genf 31. Juli 1704, † Bagnols-sur-Cèze 4. Jan. 1752, schweizer. Mathematiker. - Gab ein Verfahren zur Lösung linearer Gleichungssysteme mittels Determinanten an *(Cramersche Regel)*.

C., Heinz [Tilden] von, * Stettin 12. Juli 1924, dt. Schriftsteller. - Zeitkrit. Romane, insbes. Kritik an den dt. Intellektuellen („Die Kunstfigur", 1958), auch Science-Fiction- u. a. Romane, Opernlibretti (für Blacher, Henze), Essays, Hörspiele.

C., Johann Andreas, * Jöhstadt 27. Jan. 1723, † Kiel 12. Juni 1788, dt. Dichter. - Schrieb geistl. Oden und Kirchenlieder; war Mitarbeiter der „Bremer Beiträge" und Hg. der moral. Wochenschrift „Der Nord. Aufseher". Schrieb die erste Gellert-Biographie.

Cramer-Schiene [nach dem dt. Chirurgen F. Cramer, * 1847, † 1903], biegsame, leiterförmige Schiene; dient der Ruhigstellung der Gliedmaßen, z. B. bei Knochenbrüchen.

Cramm, Gottfried Freiherr von, * Nettlingen bei Hannover 7. Juli 1909, † Gise bei Kairo 9. Nov. 1976 (Unfall), dt. Tennisspieler. - Vielfacher dt. und internat. Meister; gilt als erfolgreichster dt. Tennisspieler.

Cranach, Hans, * Wittenberg um 1513, † Bologna 9. Okt. 1537, dt. Maler. - Sohn von Lucas C. d. Ä.; ihm werden einige Werke, die ein tonigeres Kolorit und Mildheit des Ausdrucks kennzeichnen, zugeschrieben, u. a. „Herkules unter den Dienerinnen der Königin Omphale" (1537).

C., Lucas, d. Ä., * Kronach 1472, † Weimar 16. Okt. 1553, dt. Maler, Zeichner (für den Holzschnitt) und Kupferstecher. - Hauptmeister der dt. Kunst des 16. Jh. nach Dürer. Faßbar ab 1500 in Wien. Die Frühwerke sind von starker Ausdruckskraft: „Kreuzigung" (1503; München, Alte Pinakothek), „Hl. Familie in paradies. Landschaft" (irrtüml. Bez. „Ruhe auf der Flucht"; 1504, Berlin-Dahlem), Humanistenbildnisse, u. a. J. Cuspinian (1502; Winterthur) und ein Unbekannter (früher mit J. S. Reuß identifiziert; 1503; Nürnberg, German. Nationalmuseum); auffallend die Landschaftsmotive (Donauschule). 1505 Hofmaler des sächs. Kurfürsten Friedrich des Weisen in Wittenberg, wo er eine Werkstatt gründete (1508 Reise in die Niederlande). Sein Stil wandelte sich zur höf. Repräsentationskunst. C. schuf mit seinen Porträts insbes. das eigtl. Lutherbild und wurde zum Maler und Buchkünstler (ab 1518; Titelgraphik; eine Illustrationsfolge der Apokalypse in Luthers Bibel-

übersetzung) der Reformation. Aus der humanist. Gedankenwelt entwickelte C. eine profane Tafelmalerei, in der er für das moralisch akzentuierte bibl. und mytholog. Bildungsgut eingängige Formulierungen von unmittelbarer Präsenz fand; nicht selten spielen erot. Motive dabei eine Rolle.
Weitere Werke: Martyrium der Hl. Katharina (1508/09; Budapest), Venus mit Cupido (1509; Holzschnitt; Tafelbild Leningrad, Eremitage), Maria mit Kind (1509/10; Breslau, Bischöfl. Palais), Urteil des Paris (um 1513; Köln, Wallraf-Richartz-Museum), Kurfürst Friedrich der Weise (1519/20; Zürich, Kunsthaus), Melencolia (1528), Venus (1532; Frankfurt, Städel), Der Jungbrunnen (1546; Berlin-Dahlem), Das goldene Zeitalter (Oslo, Nationalmuseum).
🕮 *Schade, W.: Die Malerfamilie C. Wien u. Mchn. [4]1983. - Schwarz, H.: L. C. d. Ä. Sein Leben und Werk. Mchn. 1983.*

C., Lucas, d. J., * Wittenberg 4. Okt. 1515, † Weimar 25. Jan. 1586, dt. Maler und Zeichner für den Holzschnitt. - Sohn von Lucas C. d. Ä., führte die Werkstatt nach dessen Tod weiter; v. a. Bildnisse.

Cranach-Presse, von Harry Graf Keßler in Weimar gegr. Privatpresse (1912–31), für die eigene Schrifttypen und Papierarten geschaffen wurden; bibliophile Ausgaben.

Crane [engl. kreɪn], [Harold] Hart, * Garrettsville (Ohio) 21. Juli 1899, † im Golf von Mexiko 27. April 1932 (Selbstmord), amerikan. Lyriker. - Seine Gedichte in „White buildings" (1926) bestehen aus Ketten von Assoziationen und sind auf der „Logik der Metapher" aufgebaut. Der Band „The bridge" (1930) ist eine Symphonie über die Großstadt und die amerikan. Geschichte.

C., Stephen, * Newark (N. J.) 1. Nov. 1871, † Badenweiler 5. Juni 1900, amerikan. Schriftsteller. - Schrieb naturalist. Erzählungen und Romane in farbiger Sprache: „Maggie, das Straßenkind" (Kurz-R., 1892), „Das Blutmal" (R., 1895) sowie Kurzgeschichten, u. a. „Im Rettungsboot" (1898).

C., Walter, * Liverpool 15. Aug. 1845, † Horsham (Sussex) 17. März 1915, engl. Maler, Kunstgewerbler und Illustrator. - Dem Präraffaelismus verpflichtet; bed. und erfolgreich wurde v. a. seine Buchkunst (zahlr. Kinder- und Märchenbücher, Shakespeare-Ausgaben u. a.). Beeinflußt von W. Morris, verband C. mit seinen künstler. Ideen über das Gesamtkunstwerk eth. und soziale Ideen, die er auch in pädagog. Schriften darlegte.

Crangon [griech.], Gatt. der Zehnfußkrebse, zu der die Nordseegarnele gehört.

Cranium (Kranium) [griech.], der knöcherne ↑Schädel in seiner Gesamtheit.

Cranko, John [engl. 'kræŋkoʊ], * Rustenburg (Südafrika) 15. Aug. 1927, † Dublin 26. Juni 1973, brit. Choreograph. - Seit 1961 Leiter des Württemberg. Staatsballetts in Stuttgart. Sein choreograph. Einfallsreichtum reichte von zartesten lyr. Partien bis zu derbburlesken Szenen, umfaßte das abstrakte und das Nonsense-Ballett wie das abendfüllende klass. Handlungsballett.

Cranmer, Thomas [engl. 'krænmə], * Aslacton (Nottingham) 2. Juli 1489, † Oxford 21. März 1556, engl. Reformator und Erzbischof. - 1524 Prof. in Cambridge. Schlug 1529 Heinrich VIII. vor, dessen Ehescheidungswunsch den europ. Universitäten zur Begutachtung vorzutragen und so die Anrufung des Papstes zu vermeiden. 1533 zum Erzbischof von Canterbury ernannt, hob C. den päpstl. Dispens der Ehe des Königs mit Katharina von Aragonien auf und erklärte sie damit für nichtig; er annullierte auch 1535 die Ehe mit Anna Boleyn, 1540 die mit Anna von Kleve. C. ließ die Bibel in engl. Sprache verbreiten, publizierte das erste Common Prayer Book (1549) und die 42 Artikel der anglikan. Kirche. Unter der Herrschaft Marias I., der Katholischen, verlor er seinen Bischofssitz, wurde 1553 eingekerkert und als Häretiker verbrannt.

Cranz (russ. Selenogradsk), ostpreuß. Stadt und Ostseebad im Gebiet Kaliningrad, RSFSR, UdSSR▾, 7 000 E. Ende des 2. Weltkriegs stark zerstört. - Bei **Wiskiauten,** 3 km südl. von C., Hügelgräberfeld (wohl Handelsplatz der Wikinger).

Craquelé (Krakelee) [kra'kle:; frz.], feine Haarrisse in der Glasur von Keramiken. Sie entstehen durch das ungleichmäßige Erstarren der beiden Glasurschichten oder auch des Scherbens und der Glasurschicht.

Crassus [lat. „der Dicke"], röm. Beiname, bes. im plebej. Geschlecht der Licinier; bed.:
C., Marcus Licinius C. Dives [„der Reiche"], * etwa 115, † 53, röm. Konsul (70 und 55) und Triumvir. - Beeinflußte mit seinem (sprichwörtl.) Reichtum die röm. Politik nachhaltig; erlangte 73 die Prätur, schlug 71 den Aufstand des Spartakus blutig nieder; wurde 70 mit Pompejus, zu dem er bald in Gegensatz geriet, Konsul; schloß 60 mit Cäsar und Pompejus das 1. Triumvirat (56 erneuert), überwarf sich 58 mit Pompejus; 55 mit Pompejus 2. Konsulat; fiel als Prokonsul von Syrien aus in das Partherreich ein; 53 von den Parthern östl. des Euphrat geschlagen, bei Carrhae überfallen und getötet.

Crater [griech.] (Becher) ↑Sternbilder (Übersicht).

Crau [frz. kro], frz. Landschaft östl. des Hauptmündungsarmes der Rhone, ausgedehnte Schotterebene.

Craxi, Bettino [italien. 'kraksi], * Mailand 24. Febr. 1934, italien. sozialist. Politiker. - Journalist; seit 1968 Mgl. der Abgeordnetenkammer für die PSI; seit 1976 Generalsekretär der PSI; 1983–87 Ministerpräsident.

Crayonmanier [krɛ'jõ:] ↑Krayonmanier.

Crazy Horse [engl. 'krɛɪzɪ 'hɔ:s] (indian. Tashunca-Uitco), * um 1840 (?), † 5. Sept. 1877, Siouxhäuptling vom Stamm der Oglala. - Galt als geistiger Führer der Indianer in den Kämpfen 1875–77; hatte maßgebl. Anteil am sog. Custer Massaker am Little Bighorn River; mußte sich 1877 ergeben; widersetzte sich der Einkerkerung und wurde im Handgemenge getötet.

Cream ['kri:m; engl. „Sahne"], brit. Rockmusikgruppe 1967/68 (der Gitarrist E. ↑Clapton, der Baßgitarrist J. Bruce [* 1943], der Schlagzeuger G. P. E. Baker [* 1939], alle drei Sänger), sog. Supergroup; wurde mit instrumentaltechn. perfekten Soli zum zeitweilig erfolgreichsten Ensemble in der Rockmusik.

Creangă, Ion [rumän. 'kreaŋgə], * Humuleşti (Moldau) 1. März 1837, † Jassy 31. Dez. 1889, rumän. Schriftsteller. - Stilist. eigenständiger Nacherzähler von rumän. Volksmärchen, Autor von Geschichten und Jugenderinnerungen („Der Lausejunge aus Humuleşti", 1880); machte die rumän. Volkssprache literaturfähig.

Creatianismus ↑Kreatianismus.

Creatio ex nihilo [lat. „Schöpfung aus dem Nichts"], die Schöpfung der Welt durch einen Willensakt Gottes ohne die vorherige Existenz eines zweiten, von der Schöpfung unabhängigen, selbständigen Prinzips; wird von der christl. Theologie auf Grund des alttestamentl. Schöpfungsberichts (1. Mos. 1) vertreten.

Crébillon [frz. krebi'jõ], Claude Prosper Jolyot de, d. J., * Paris 14. Febr. 1707, † ebd. 12. April 1777, frz. Schriftsteller. - Schrieb beliebte frivole kleine Romane, gilt wegen seines witzigen und zyn. Stils als Vorläufer Voltaires, auch als Vorläufer des analyt. Romans, u. a. „Das Sofa" (R., 1742).

C., Prosper Jolyot de, d. Ä., eigtl. P. J. Sieur de Crais-Billon, * Dijon 13. Jan. 1674, † Paris 17. Juni 1762, frz. Dramatiker. - Vater von Claude Prosper Jolyot de C.; Verf. sehr erfolgreicher Horrordramen, u. a. „Rhadamist und Zenobia" (Trag., 1711).

Crécy-en-Ponthieu [frz. kresiãpõ'tjø], frz. Ort im Dep. Somme, 1 600 E. - Hier besiegten 1346 die Engländer unter Eduard III. mit zukunftsweisender Taktik das überlegene frz. Ritterheer Philipps VI.

Credé-Prophylaxe [kre'de:; nach dem dt. Gynäkologen K. S. F. Credé, * 1819, † 1892], gesetzl. vorgeschriebene Maßnahme zur Verhütung einer Tripperinfektion der Neugeborenen im Bereich der Bindehaut des Auges. Dem Säugling wird unmittelbar nach der Geburt ein Tropfen 1 %iger Höllensteinlösung (Silbernitrat), die die Keime abtötet, in den Bindehautsack der Augen geträufelt.

Credo [lat. „ich glaube"] ↑Glaubensbekenntnis.

Credo, quia absurdum [lat. „ich glaube, weil es widersinnig ist"], fälschlicherweise Tertullian zugeschriebener Satz, charakterisiert ein bestimmtes Verständnis der göttl. Offenbarung. In dieser Auffassung wird die Offenbarung so sehr aus dem Zusammenhang des vernünftigen Denkens herausgerissen, daß die Absurdität und Paradoxalität zum Kennzeichen ihrer göttl. Herkunft wird.

Credo, ut intelligam [lat. „ich glaube, um zu verstehen"], Satz des Anselm von Canterbury, in dem dieser mit Bezug auf die Septuagintaübersetzung von Jes. 7,9 („Glaubt ihr nicht, so werdet ihr nicht verstehen") und im Geiste des Augustinus seine Auffassung über das Verhältnis von Glaube und Verstehen programmat. formuliert. Anselm wollte den Glauben rational einsichtig machen. Ausgangspunkt dafür war ihm jedoch nicht das menschl. Verstehen, sondern der Glaube selbst, der dem menschl. Verstand erst die Augen öffnet für die Erkenntnis Gottes und seiner Offenbarung.

Cree [engl. kri:], große, weit verbreitete Gruppe von Algonkinstämmen, die in Kanada westl. der unteren Hudson Bay bis fast zu den Rocky Mountains leben; heute meist Jäger und Fallensteller.

Creek [engl. kri:k], Konföderation von Muskogee sprechenden Indianerstämmen in Georgia und Alabama, USA; Mgl. der „Fünf Zivilisierten Nationen"; nach ihrer Vertreibung bildeten sie ihre polit. Organisation nach dem Vorbild der amerikan. Bundesregierung um.

Creek [engl. kri:k], engl. Bez. für kleinen Flußlauf (v. a. in N-Amerika), period. fließenden Wasserlauf (v. a. in Australien), kleine Küstenbucht (u. a. in O-Afrika).

Creglingen, Stadt in Bad.-Württ., an der Tauber, 278 m ü. d. M., 4 900 E. Holzind., Kunstblumenherstellung; Fremdenverkehr. - 1045 erstmals genannt; 1349 Stadtrecht. - Pfarrkirche (1508 und 1725 umgebaut). Südl. der Stadt die Herrgottskirche (1399 geweiht) mit Marienaltar von Riemenschneider (um 1502–05).

Crema, italien. Stadt in der Region Lombardei, 40 km osö. von Mailand, 34 000 E. Kath. Bischofssitz; Landmaschinenbau, Schreibmaschinenherstellung. - 1159 von Friedrich I. Barbarossa zerstört, 1185 wiederhergestellt. - Dom (1281–1341) in got.-lombard. Stil.

Creme [krɛ:m, kre:m; frz.], für äußerl. (kosmet. und medizin.) Anwendung (Hautpflege) bestimmte halbflüssige Zubereitung, die bis zu 85 % Wasser und außerdem spezif. Wirkstoffzusätze enthält.

◆ (Schuhcreme) Paste zur Lederpflege u. a.

◆ kalte geschmeidige Süßspeise aus Milch (Sahne), Eiern, Zucker, Stärke und Aromastoffen.

◆ (Buttercreme) Masse aus Butter (oder Mar-

garine) und Zucker in verschiedenen Geschmacksrichtungen, z. B. Mokka-C. (Torten- und Kuchenfüllung).
◆ dickflüssiger, süßer Likör.
◆ dickflüssige Pralinenfüllung.
◆ sämige Suppe.
◆ übertragen für: gesellschaftl. Oberschicht; iron. gebraucht: Crème de la Crème.

Cremer, Fritz ['--], *Arnsberg 22. Okt. 1906, dt. Bildhauer. - Prof. in Berlin (Ost). Mit verhaltenen, eindringl. Gesten Barlach und Käthe Kollwitz folgend; Einzelfiguren, Porträts; bed. Mahnmale in Auschwitz (1947), Wien (1947/48), Buchenwald (1952–58), Ravensbrück (1959–60); auch Graphiker, u. a. „Ungarn-Visionen" (1956).
C., Sir (seit 1907) William Randal [engl. 'kri:mə], *Fareham (Hampshire) 18. März 1838, † London 22. Juli 1908, brit. Politiker und Arbeiterführer. - Führend in der Gewerkschaftsbewegung; trat u. a. als Gründer der Interparlamentar. Friedenskonferenz (1887) für die Schlichtung internat. Streitigkeiten durch ein Schiedsgericht ein; Mgl. des Unterhauses 1885–95, 1900–08; erhielt 1903 den Friedensnobelpreis.

Cremona, Luigi, *Pavia 7. Dez. 1830, † Rom 10. Juni 1903, italien. Mathematiker. - Arbeiten über Raumkurven und Regelflächen und zur Polarentheorie.

Cremona, italien. Stadt in der Region Lombardei, am Po, 45 m ü. d. M., 78 000 E. Hauptstadt der Prov. C.; kath. Bischofssitz; Museen, Gemäldegalerie, Bibliothek; Lebensmittel- und Musikinstrumentenmesse; Landmaschinenbau und Textilind.; Bahnknotenpunkt. - 218 v. Chr. als röm. Kolonie gegr., 90 v. Chr. Munizipium. Im 12. Jh. freie Kommune; mit Friedrich I. Barbarossa verbündet; 1815–59 östr. - Im MA und in der frühen Neuzeit war die Terrakottenind., im 16.–18. Jh. der Geigenbau berühmt. - Roman. Dom (1130 ff.) mit Fassade aus rotem und weißem Marmor (12.–15. Jh.), eine Renaissancehalle verbindet ihn mit seinem Kampanile (13./14. Jh.), der als der höchste Italiens gilt (111 m).

Creodonta [griech.], svw. ↑ Urraubtiere.

Creole Jazz [engl. 'kri:oʊl 'dʒæz], Stilvariante des ↑ New-Orleans-Jazz.

Crêpe [krɛp; frz.; zu lat. crispus „kraus"], Gewebe (↑ Krepp); **Crêpe chiffon** (Feinkrepp), hauchdünnes seidenes oder kunstseidenes Kreppgewebe; **Crêpe de Chine** (Chinakrepp), Seiden- oder Kunstseidengewebe in Taftbindung, Schuß: Kreppgarn; **Crêpe Georgette** (Hartkrepp), wie C. de Chine, auch Kette mit Kreppgarn; **Crêpe Jersey** (Rippenkrepp), dichtes, wie Maschenware aussehendes Gewebe; **Crêpe Satin,** wie C. de Chine, aber in Atlasbindung.

Crêpes [frz. krɛp], gerollte oder gefaltete sehr dünne Eierkuchen mit verschiedener Füllung (z. B. Fleisch, Gemüse) oder mit Zucker überstreut und mit Likör getränkt; die kleineren **Crêpes Suzette** werden mit Orangenlikör übergossen und flambiert.

Crepuscolari [zu lat.-italien. crepuscolare „zwielichtig"], Bez. für italien. Lyriker des beginnenden 20. Jh., die - im Ggs. zu D'Annunzio - in prosanaher Form die Welt der unscheinbaren Dinge beschrieben. Vertreter: M. Moretti, F. M. Martini, C. Chiave, S. Corazzini, G. Gozzano, C. Govoni, A. Palazzeschi.

Crépy [frz. kre'pi], frz. Ort im Dep. Aisne, 10 km nw. von Laon, 1 500 E. - Der **Friede von Crépy** (1544) zw. Kaiser Karl V. und König Franz I. von Frankr. bestätigte auf der Basis der Verträge von Madrid (1526) und Cambrai (1529) territorial den Status quo; in einem zusätzl. Geheimvertrag verhieß Frankr. u. a. Unterstützung auch bei krieger. Vorgehen des Kaisers gegen die Protestanten.

Cres [serbokroat. tsrɛs], drittgrößte jugoslaw. Adriainsel zw. Istrien und der Insel Krk, 67 km lang, zw. 3 und 6 km breit, im N bis 638 m hoch; Hauptort C. (3 500 E). Fischerei, Fremdenverkehr.

crescendo [krɛ'ʃɛndo; italien.], Abk. cresc., musikal. Vortragsbez.: an Tonstärke zunehmend, lauter werdend. Zeichen <.

Crescentia, Vorname, ↑ Kreszentia.

Crescentius, Name von Vertretern der röm. Adelsfamilie der **Crescentier** (**Crescenzier**), die im 10. und 11. Jh. in Rom zu bed. Macht aufstieg; standen als Führer der röm.-nat. Politik in Rivalität zu den kaiserfreundl. Tuskulanern; bed.:
C., † Rom 7. Juli 984, Patricius von Rom. - Stürzte 973 Papst Benedikt VI. und setzte den Gegenpapst Bonifatius VII. ein; unterwarf sich 980 Kaiser Otto II. und wurde Mönch.
C., Johannes C. Nomentanus, † Rom 29. April 998, Patricius von Rom. - Sohn von C.; ergriff nach dem Tode Kaiser Ottos II. in Rom die Macht; nach dem Sieg Kaiser Ottos III. hingerichtet.

Crespi, Giuseppe Maria, gen. lo Spagnuolo, *Bologna 16. März 1665, † ebd. 16. Juli 1747, italien. Maler. - Bed. Vertreter des Bologneser Barock; beeinflußt von venezian. Malerei und von Correggio; mytholog., bibl. und Genreszenen in einem lebendigen Realismus und starkem Helldunkel; u. a. „Die sieben Sakramente" (um 1712–15; Dresden, Gemäldegalerie).

Crestien de Troyes [frz. kretjɛ̃də'trwa] ↑ Chrétien de Troyes.

Crêt de la Neige [frz. krɛdla'nɛ:ʒ], höchste Erhebung des Jura, in Frankr., 1 718 m hoch.

Creuse [frz. krø:z], Dep. in Frankreich.
C., rechter Nebenfluß der Vienne, Frankr., entspringt im Zentralmassiv, mündet bei Port-de-Piles, 255 km lang.

Creusot, Le [frz. ləkrø'zo], frz. Ind.stadt

in einem Becken des nö. Zentralmassivs, Dep. Saône-et-Loire, 32 000 E. Eisen- und Stahlind., Schwer-, Werkzeugmaschinen-, Geräte-, Lokomotivenbau, Waffenfabrikation u. a.

Creuzer (Creutzer), Georg Friedrich, * Marburg a. d. Lahn 10. März 1771, † Heidelberg 16. Febr. 1858, dt. Philologe. - 1800 Prof. in Marburg, seit 1804 in Heidelberg; sein Hauptwerk „Symbolik und Mythologie der alten Völker, bes. der Griechen“ (1810–22) begründete die vergleichende Mythologie.

Crèvecœur, Michel Guillaume Jean de [frz. krɛv'kœ:r], Pseudonym J. Hector St. John, * Caen 31. Jan. 1735, † Sarcelles bei Paris 12. Nov. 1813, amerikan. Schriftsteller frz. Herkunft. - Frz. Offizier (in Kanada), lebte im Staat New York als Farmer, kehrte 1780, endgültig 1790 nach Frankr. zurück. Seinen Nachruhm begründeten die Essays über das Entstehen der amerikan. Nation, die als „Letters from an American farmer“ 1782 pseudonym erschienen.

Crew [kru:; engl.; zu lat. crescere „wachsen“], Mannschaft, Besatzung eines Schiffes oder eines Flugzeugs; im Sport v. a. die Mannschaft eines Ruderbootes.

Cribbage [engl. 'krɪbɪdʒ], altes engl. Kartenspiel zw. meist zwei Personen mit frz. Whistkarten (52 Blatt).

Criciúma [brasilian. kri'sjuma], brasilian. Stadt 140 km ssw. von Florianópolis, 51 000 E. Zentrum des größten brasilian. Steinkohlenbergbaugebietes.

Crick, Francis Harry Compton, * Northampton 8. Juni 1916, brit. Biochemiker. - Arbeitete v. a. auf dem Gebiet der Molekularbiologie und Genetik; entwickelte mit J. D. Watson ein Modell für die räuml. Struktur der DNS-Moleküle (Watson-C.-Modell); 1962 mit J. D. Watson und M. H. F. Wilkins Nobelpreis für Physiologie oder Medizin.

Cricket [engl. 'krɪkɪt] ↑ Kricket.

Crimen laesae maiestatis [lat. „Verbrechen der verletzten Majestät“] ↑ Majestätsverbrechen.

Crimmitschau, Stadt im Bez. Karl-Marx-Stadt, DDR, im Tal der Pleiße, 210–310 m ü. d. M., 25 100 E. Theater; Mittelpunkt des westsächs. Textilgebiets mit Tuchfabriken, Spinnereien, Trikotagenwerk u. a. - 1222 erstmals erwähnt, 1414 Stadtrecht; im 19. Jh. ein Zentrum der sozialdemokrat. Arbeiterbewegung.

Crinoidea [griech.], svw. ↑ Haarsterne.

Crinoidenkalke [griech./dt.], oft in mächtigen Bänken vorkommende Ablagerungen fossiler Haarsterne (v. a. ihrer Stengelglieder), bes. im Silur, Devon und Karbon.

Cripps, Sir Stafford, * London 24. April 1889, † Zürich 21. April 1952, brit. Anwalt und Politiker. - Trat 1929 der Labour Party bei; 1931–50 Abg. im Unterhaus; gründete 1932 die Socialist League; aus der Labour Party ausgeschlossen (bis Kriegsende), als er 1939 eine gemeinsame Front mit den Kommunisten gegen Hitler forderte; Botschafter in Moskau 1940–42; 1942 Lordsiegelbewahrer und Führer des Unterhauses; 1942–45 Min. für Flugzeugherstellung; Handelsmin. 1945–47; Schatzkanzler 1947–50; maßgebl. Vertreter der Politik der ↑ Austerity.

Crispi, Francesco, * Ribera (Prov. Agrigent) 4. Okt. 1819, † Neapel 11. Aug. 1901, italien. Politiker. - Wirkte führend an der Expedition Garibaldis nach Sizilien mit; seit 1861 Abg. der äußersten Linken im Parlament, 1876 Kammerpräs., 1877/78 Innenmin., leitete als Min.präs. 1887–91 und 1893–96 (zugleich Innen- und Außenmin.) eine scharfe Unterdrückungspolitik gegen die beginnende sozialist. Bewegung ein und strebte, gestützt auf den Dreibund, die Gewinnung von Kolonien in NO-Afrika an (Eritrea 1890); gilt als Begr. des italien. Imperialismus.

Crispinus und Crispinianus, legendar. Heilige und Märtyrer, Brüder; sollen im 4. Jh. in Soissons gepredigt und das Schuhmacherhandwerk ausgeübt haben. Patrone der Gerber, Sattler und Schuhmacher.

Crista [lat.], Bez. für einen kamm- oder kielförmigen Fortsatz an den Knochen der Wirbeltiere; meist Muskelansatzstelle, z. B. bei Vögeln die C. sterni (Brustbeinkamm).

Cristea, Miron ↑ Miron, Cristea.

Cristobal [engl. krɪs'toubəl], Hafenstadt in der Panamakanalzone, am N-Ausgang des Panamakanals (O-Ufer), mit Colón zusammengewachsen; Warteplatz für vom Atlantik kommende Schiffe, Reparaturdocks.

Cristofori, Bartolomeo, * Padua 4. Mai 1665, † Florenz 27. Jan. 1732, italien. Klavierbauer. - Erfand 1698 das Hammerklavier.

Crivelli, Carlo, * Venedig zw. 1430 und 1435, † Ascoli Piceno (?) vor dem 8. Aug. 1500, italien. Maler. - Floh 1457 aus Venedig; seit 1468 in den Marken. Von F. Squarcione und Mantegna beeinflußte Altar- und Madonnenbilder mit prunkvollen Details. U. a. Polyptychon im Dom von Ascoli Piceno (1473), „Verkündigung an Maria“ (1486, London, National Gallery).

Crna gora [serbokroat. 'tsr̩:na: ˌgɔra], jugoslaw. Gebirge nördl. von Skopje, im Ramno 1 651 m hoch.

Croce, Benedetto [italien. 'kro:tʃə], * Pescasseroli (L'Aquila) 25. Febr. 1866, † Neapel 20. Nov. 1952, italien. Philosoph, Historiker, Literaturwissenschaftler und Politiker. - C., der 1925 ein antifaschist. Manifest verfaßt hat, begr. 1943 die Liberale Partei neu. Als bedeutendster Vertreter des italien. Neuidealismus wandte er sich bes. gegen den italien. Positivismus des 19. Jh. In seinem universalen wissenschaftsmethod. Aufbau stehen sich einerseits „Logik“ und „Ästhetik“, zu der auch Sprache, Literatur und Geschichte zählen, und andererseits „Ökonomik“ und „Ethik“ als die theoret. und prakt. Seite gegenüber.

Die Philosophie ist zum einen Methodologie zur Geschichte, zum anderen betrachtet sie die individuellen histor. Taten unter den universalen Kategorien des Schönen, Wahren, Nützlichen und Sittlichen.
Werke: Materialismo storico ed economia marxista (1900), Ästhetik... (1902), Logik... (1909), Philosophie der Praxis (1909), Goethe (1919), Geschichte Europas im 19. Jh. (1932), Die Geschichte als Gedanke und als Tat (1938).

Croisé [kroa'ze:; lat.-frz.], Baumwoll- oder Zellwollstoffe in Köperbindung; glänzende Oberfläche durch Kalandern.

Croix de feu [frz. krwad'fø] (dt. Feuerkreuz), 1927 gegr. frz. Frontkämpferorganisation; auf den Bürgerkrieg ausgerichteter nationalist. Wehrverband mit antiparlamentar.-autoritärer Zielsetzung; 1936 verboten; zählte zu den halbfaschist. Organisationen der Zwischenkriegszeit; Nachfolgeorganisationen: „Parti Social Français" (1937 verboten), „Progrès Social Français" (ab 1940).

Cro-Magnon [frz. kroma'ɲõ], Teil der frz. Gemeinde Les Eyzies-de-Tayac (Dordogne). In einer Höhle wurden 1868 fünf jungpaläolith., dem Aurignacien zuzurechnende Homo-sapiens-[sapiens-]Skelette gefunden. - ↑ auch Cromagnontypus.

Cromagnontypus [frz. kroma'ɲõ] (Cromagnon-Menschenrasse), nach dem „Alten Mann" von Cro-Magnon benannte europ. jungpaläolith. Homo-sapiens-[sapiens-]Rassengruppe; Körperhöhe etwa 170 cm, grobwüchsiger Körperbau, langförmiger massiger Schädel mit kräftigen Überaugenbögen, niedrigen, breiten Augenhöhlen und breiter Nasenöffnung. Ein weiterer wichtiger Fundort ist Oberkassel (= Bonn).

Cromargan ® [Kw.], hochwertiger korrosionsbeständiger Chromnickelstahl, v. a. für Tafelbesteck und Küchengeräte.

Crome, John [engl. kroʊm], * Norwich (Norfolk) 22. Dez. 1768, † ebd. 22. April 1821, engl. Maler. - Malte schlichte, stimmungsvolle Landschaften, mit denen er ein Wegbereiter der engl. realist. Landschaftsmalerei ist.

Cromer, Evelyn Baring, Earl of (seit 1891) [engl. 'kroʊmə], * Cromer Hall (Norfolk) 26. Febr. 1841, † London 29. Jan. 1917, brit. Politiker. - 1883–1907 brit. Generalbevollmächtigter und Generalkonsul in Kairo; vertrat energ. die Interessen der brit. Kolonialpolitik; 1904 maßgebl. beteiligt am Abschluß der Entente cordiale.

Cromlech ↑ Kromlech.

Crommelynck, Fernand [frz. krɔm'lɛ̃:k], * Paris 19. Nov. 1886, † Saint-Germain-en-Laye (Yvelines) 17. März 1970, belg. Dramatiker. - Schrieb phantasiereiche, farbige Theaterstücke mit derben und poet., heiteren und trag., realist. und irrealen Elementen. Berühmt wurde er mit der lyr. Farce „Der Hahnrei" (1921).

Cromwell [engl. 'krɔmwəl], Name mehrerer engl. Staatsmänner:

C., Oliver, * Huntingdon (= Huntingdon and Godmanchester) 25. April 1599, † London 3. Sept. 1658, Staatsmann und Heerführer. - Gehörte dem Landadel an; wurde als Mgl. des Unterhauses (seit 1628) zum strengen Puritaner; 1640 Mgl. des Langen Parlaments, organisierte nach Ausbruch des Bürgerkriegs das Heer des Parlaments. Doch erst als Karl I. 1646 floh, um mit den Schotten ein Bündnis einzugehen, sah C. keine Chance einer Einigung mehr. Nach dem Sieg über die Schotten (1648) vertrieb er die Presbyterianer aus dem Unterhaus und veranlaßte die Hinrichtung des Königs (1649). In der Republik wurde C. 1. Vors. des Staatsrats. Nach blutigen Feldzügen in Irland (1649) besiegte er die Schotten bei Dunbar (1650) und den nach England eingedrungenen Karl II. bei Worcester (1651). Die ständigen Fraktionskämpfe im Parlament beantwortete C. mit mehreren Parlamentsauflösungen. 1653 Lordprotektor mit diktator. Vollmachten; lehnte die ihm angebotene Krone 1657 ab, ernannte aber seinen Sohn Richard zu seinem Nachfolger. C. außenpolit. Erfolge im 1. engl.-niederl. Seekrieg (1652–54) und im See- und Kolonialkrieg gegen Spanien bildeten die Fundamente für die Weltmachtstellung Englands.
🕮 *Wedgwood, C. V.: O. C. Totowa (N. J.) ²1973.*

C., Richard, * Huntingdon (= Huntingdon and Godmanchester) 4. Okt. 1626, † Cheshunt (Hertford) 12. Juli 1712, Staatsmann. - Sohn von Oliver C., 1658/59 Nachfolger seines Vaters als Lordprotektor; wurde 1659 zur Abdankung gezwungen und lebte 1660–80 in Paris.

C., Thomas, Earl of Essex (1540), * Putney (= London) um 1485, † London 28. Juli 1540, Staatsmann. - Leitender Min. Heinrichs VIII. ab 1534; leitete ab 1532 v. a. die Reformen für ein Staatskirchentum; 1540 gestürzt, wegen Hochverrats und Ketzerei hingerichtet.

Cronin [engl. 'kroʊnɪn], Archibald Joseph, * Cardross (Dumbarton) 19. Juli 1896, † Montreux 6. Jan. 1981, engl. Schriftsteller. - Arzt; seine spannend erzählten Romane, v. a. außerhalb Englands erfolgreich, zeigen sozialkrit. Tendenz. C. bevorzugt das Ärztemilieu, in dem auch sein bekanntester Roman, „Die Zitadelle" (1937), spielt.

C., James Watson, * Chicago 29. Sept. 1931, amerikan. Physiker. - Prof. in Princeton und Chicago. Arbeiten zur experimentellen Elementarteilchen- und Hochenergiephysik, u. a. über den Hyperonenzerfall; erhielt 1980 den Nobelpreis für Physik (zusammen mit V. L. Fitch).

Crookes, Sir (seit 1897) William [engl. krʊks], * London 17. Juni 1832, † ebd. 4. April 1919, brit. Chemiker und Physiker. - Entdekker des Thalliums und Konstrukteur des Radiometers; erkannte 1903 die Szintillationswirkung der Alphastrahlen und erforschte elektr. Entladungen in verdünnten Gasen.

Croquet [kro'kɛt] ↑Krocket.

Croquis [kro'kiː; frz.], Skizze, Entwurf.

Crosby, Bing [engl. 'krɔsbɪ], eigtl. Harry Lillis C., * Tacoma (Wash.) 2. Mai 1904, † Madrid 14. Okt. 1977, amerikan. Sänger und Filmschauspieler. - Bekannt durch den Film „Die oberen Zehntausend" (1956) und v. a. durch das Lied „White Christmas".

Crosby, Stills, Nash & Young [engl. 'krɔsbɪ 'stɪls 'næʃnd 'jʌŋ], amerikan. Rockmusikgruppe 1968–71, 1974 reorganisiert; wichtigste Mgl.: die Gitarristen und Sänger D. Crosby (* 1941), S. A. Stills (* 1945), G. Nash (* 1942), N. Young (* 1945); einflußreiche und populäre Folk-Rockgruppe, sog. Supergroup.

Crosland, Anthony Raven [engl. 'krɔslənd], * London 29. Aug. 1918, † Oxford 19. Febr. 1977, brit. Politiker (Labour Party). - 1965–67 Erziehungs-, 1967–69 Handelsmin.; 1969/70 Min. für lokale Selbstverwaltung und Regionalplanung, 1974–76 Umwelt-, 1976/77 Außenminister.

Cross [engl. krɔs], im Tennis Bez. für einen Schlag, mit dem der Ball diagonal ins gegner. Feld gespielt wird.

Crossbredwolle [engl. 'krɔs'brɛd „Kreuzzucht"], mittellange und mittelfeine Wolle der Crossbredschafe, einer Kreuzung von feinwolligen Merinoschafen mit engl. Langwollschafen.

Cross-correspondences [engl. 'krɔskɔrɪs,pɔndənsɪz], svw. ↑Kreuzkorrespondenzen.

Cross-Country [krɔs'kantri; engl.], Querfeldeinwettbewerb (Lauf, Pferderennen, Rad- und Motorradrennen).

Crossed cheque [engl. 'krɔst 'tʃɛk] (gekreuzter Scheck), auf der Vorderseite durch zwei parallel laufende Striche gekennzeichneter Scheck für einen begrenzten Kreis von Begünstigen; gilt im dt. Zahlungsverkehr als Verrechnungsscheck.

Crossen (Oder) (poln. Krosno Odrzańskie), Krst. in Polen▾, 30 km nw. von Grünberg i. Schlesien, 9000 E. Nahrungsmittel-, Metall-, Textil- und Lederind.; Oderhafen. - Um eine den Oderübergang schützende Burg (1005 erwähnt) entwickelte sich eine Handelssiedlung; 1233/1317 Stadtrecht. Seit 1378 Hauptstadt des Hzgt. Crossen, 1482–1945 bei Brandenburg/Preußen.

Cross Fell [engl. 'krɔs'fɛl], mit 893 m die höchste Erhebung der Pennines, England.

Cross-field-Technik [engl. 'krɔs'fiːld], Verfahren zur Erweiterung des Frequenzbereichs von Tonbandgeräten. Eine Aufteilung des Aufnahmekopfes in Aufsprechkopf und Vormagnetisierungskopf sowie eine spezielle Anordnung ergibt eine beachtl. Verbesserung der Höhenaufzeichnung.

Crossing-over [engl. 'krɔsɪŋ'oʊvə „Überkreuzung"] (Cross-over), svw. ↑Faktorenaustausch.

Cross trade [engl. 'krɔstrɛɪd „Kreuzhandel"], regelmäßiger Verkehr von Charter- oder Linienschiffen ausschließl. für ausländ. Versender und ausländ. Empfänger.

Croton [griech.], Gatt. der Wolfsmilchgewächse mit etwa 600 Arten, v. a. in den Tropen; Kräuter, Sträucher oder Bäume mit unterschiedl. gestalteten Blättern und Kapselfrüchten; bekanntere Art: **Croton eluteria,** Strauch auf Kuba und den Bahamainseln, kultiviert auf Java und in China, liefert die **Kaskarillrinde** (mit den Bitterstoffen Cascarillin und Cascarin), die als Aromatikum und als Kräftigungsmittel verwendet wird.

Crotone, italien. Hafenstadt an der O-Küste Kalabriens, 50 km onö. von Catanzaro, 58 000 E. Kath. Bischofssitz; chem. Ind.; Seebad. - C. liegt an der Stelle der um 710 v. Chr. gegr. achäischen Kolonie **Kroton,** die nach 510 die Vorherrschaft in Großgriechenland übernahm. 277 von den Römern erobert. - Dom und Kastell (beide 16. Jh.).

Crotus Rubianus (C. Rubeanus), eigtl. Johannes Jäger (bis 1509 Venator[ius]), * Dornheim bei Arnstadt um 1480, † Halberstadt um 1545, dt. Humanist. - 1510 Leiter der Stiftsschule der Reichsabtei Fulda. Hauptverfasser des 1. Teiles der „Epistolae obscurorum virorum" („Dunkelmännerbriefe"), stand auf der Seite Reuchlins im Streit gegen die Kölner Theologen. 1520 Rektor der Univ. Erfurt. 1524 trat C. R. in den Dienst Albrechts von Preußen in Königsberg, 1530 Rat und Kanoniker an der Stiftskirche zu Halle, wo er sich wieder dem kath. Bekenntnis zuwandte („Apologia", 1531).

Croupier [krupi'eː; frz.; eigtl. „Hintermann" (zu croupe „Hinterteil")], Angestellter einer Spielbank, der die Verluste einzieht, die Gewinne auszahlt und den äußeren Ablauf des Spieles überwacht.

Croupon [kru'põː; frz.], wertvollstes Kernstück (Rückenteil) einer gegerbten Rindshaut von fester, gleichmäßiger Struktur. Das Abschneiden der Bauchteile und Halspartien wird als **Crouponieren** bezeichnet.

Croûtons [frz. kru'tõ], geröstete Weißbrotstücke oder -würfel als Beilage oder Suppeneinlage.

Crow [engl. kroʊ] (Krähenindianer), zum nördl. Teil der Sioux-Sprachfamilie gehörender Indianerstamm am Yellowstone River, Montana, USA.

Crown [engl. kraʊn] (Krone), engl. Gold- und Silbermünze zu 5 Schilling. Die Goldmünze wurde 1526 eingeführt, 1663 durch die Guinea (↑Guineamünzen) ersetzt; die Silbermünze vermehrt seit dem 17. Jh., bis 1968 geprägt.

Croy [krɔʏ], aus der Gft. Ponthieu stammendes, Anfang 12. Jh. erstmals erwähntes Adelsgeschlecht; 1598 Herzogswürde; im 15. Jh. Aufspaltung in 2 Hauptlinien mit den Nebenlinien Roeulx, Chimay, Havré (1839

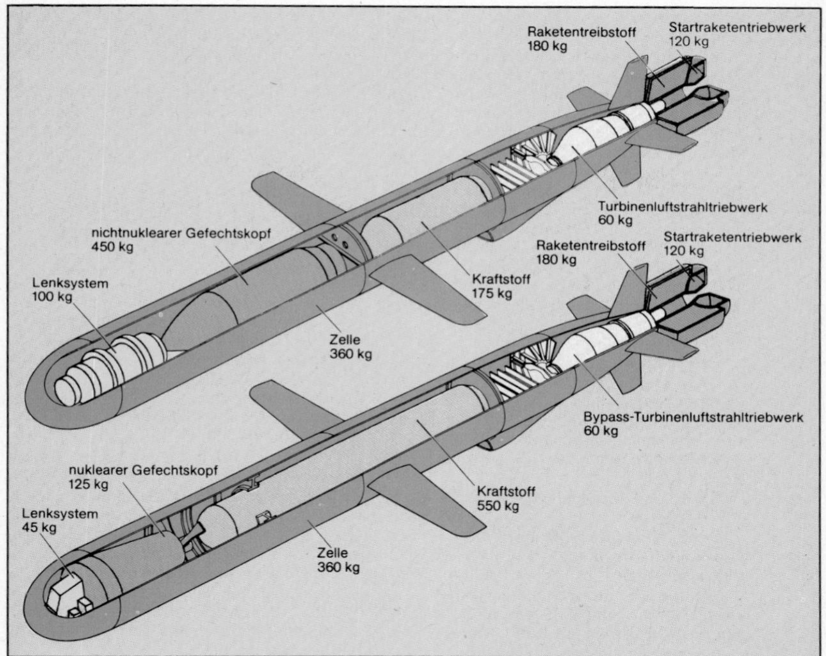

Cruise Missiles in der von Schiffen aus gestarteten Version als taktischer Marschflugkörper mit geringer Reichweite (oben) und als strategischer Marschflugkörper mit großer Reichweite. Die Gewichtsangaben beziehen sich auf die bezeichneten Funktionssysteme beziehungsweise deren Inhalte

erloschen) und C.-Solre (noch bestehend); die Familie erhielt 1803 als Ersatz für die linksrhein. Verluste das Amt Dülmen; seitdem in Westfalen ansässig; bed.:

C., Wilhelm von, Herr von Chièvres, * Chièvres (Hennegau) 1458, † Worms 28. Mai 1521, Herzog von Arschot. - Erzieher und Ratgeber Karls V.; 1505 Generalstatthalter für alle burgund. Besitzungen; gewann ab 1509 als Großkämmerer zunehmend Einfluß auf den späteren Kaiser Karl V.

Crozetinseln [frz. kro'zɛ], vulkan. Inselgruppe im südl. Ind. Ozean, 476 km²; gehört zum frz. Überseeterritorium Terres Australes et Antarctiques Françaises.

Cru [frz. kry], zuerst in Bordeaux übl., später auf andere frz. Weine zur Güteklassifikation ausgedehnte Bez. für Lage, Wachstum.

Cruciferae [lat.], svw. ↑ Kreuzblütler.

Cruciger (Creu[t]zi[n]ger), Caspar, * Leipzig 1. Jan. 1504, † Wittenberg 16. Nov. 1548, dt. ev. Theologe. - 1528 Prof. und Prediger an der Schloßkirche in Wittenberg, Helfer Luthers bei der Bibelübersetzung. 1539 führte er in Leipzig die Reformation durch, gab zahlr. Predigten Luthers heraus und besorgte die ersten Bände der Wittenberger Lutherausgabe.

Crüger, Johann, * Großbreesen 9. April 1598, † Berlin 23. Febr. 1663, dt. Komponist. - Einer der bedeutendsten ev. Melodienschöpfer, u. a. Melodien zu „Herzliebster Jesu, was hast du verbrochen", „Nun danket alle Gott", „Fröhlich soll mein Herze springen", „Jesu meine Freude".

Cruikshank, George [engl. 'krʊkʃæŋk], * London 27. Sept. 1792, † ebd. 1. Febr. 1878, engl. Graphiker. - Bed. Karikaturist, dessen Einfluß auch auf den Kontinent herüberreichte (Daumier, Doré); sozialkrit. stark engagiert (gegen Todesstrafe und Alkoholismus). Illustrationen zu Werken von Dickens, Scott und zu den Grimmschen Märchen.

Cruise-Missile [engl. 'krʊ:z 'mɪsaɪl] (Marschflugkörper), in den USA entwickeltes unbemanntes Waffensystem mit Düsenantrieb (zusätzl. Startraketen) und konventionellem oder nuklearem Gefechtskopf. Die

Mindestflughöhe im Geländefolgeflug beträgt je nach Gelände zw. 15 und 150 m, so daß die Radarerfassung unterflogen werden kann. Das im Unterschallbereich fliegende System wird von einem kombinierten Radar-, Computer- und Trägheitsnavigationssystem gelenkt. Die Reichweite beträgt je nach Verwendung zw. 500 und 5 000 km.

Crusca, Accademia della [italien. 'kruska] ↑Akademien (Übersicht).

Crush-Syndrom [engl. krʌʃ; zu to crush „zerquetschen"], Krankheitsbild, bei dem der Muskelfarbstoff Myoglobin nach Muskelquetschungen oder Verbrennungen in den Nierenkanälchen abgelagert wird. Durch Nierenverstopfung kann akutes Nierenversagen auftreten.

Crusoe, Robinson ↑Robinson Crusoe.

Crustacea [lat.], svw. ↑Krebstiere.

Crux [lat.] ↑Sternbilder (Übersicht).

Crux [lat. „Kreuz"], unerklärte Textstelle, in krit. Ausgaben durch ein Kreuz markiert; deshalb übertragen für unlösbare Frage.

Cruz, Sor Juana Inés de la ↑Juana Inés de la Cruz, Sor.

Cruz, San Juan de la ↑Juan de la Cruz, hl.

Cruz, Oswaldo [brasilian. krus], * São Luis do Paraitinga (São Paulo) 5. Aug. 1872, † Rio de Janeiro 11. Febr. 1917, brasilian. Hygieniker. - Leitete das erste brasilian. Institut für Serumtherapie. C. gelang die Ausrottung des Gelbfiebers in Rio de Janeiro.

Cruzado [portugies. kru'zaðu „Kreuzer"], portugies. Münzen; als *C. de ouro* (Afonso de ouro) Goldmünze seit dem 15. Jh., als *C. de prata* ab 1643 geprägter Silbertaler.

Cruz Cano y Olmedilla, Ramón de la [span. 'kruθ 'kano i ɔlme'ðiʎa], * Madrid 28. März 1731, † ebd. 5. März 1794, span. Dramatiker. - Schrieb über 300 kurze, possenhafte Bühnenstücke (meist Sainetes) voll lebendiger Szenen und drast. Sittenbilder aus dem Madrider Volksleben.

Cruzeiro [brasilian. kru'zeiru], Abk. Cr$; Währungseinheit in Brasilien; 1 Cr$ = 100 Centavos.

Crwth [engl. kru:θ; walis.] (Crott, Chrotta, Crowd), eine Leier mit Griffbrett mit ovalem, achtförmigem oder viereckigem Korpus, deren Saiten zunächst gezupft und wohl seit dem 11. Jh. mit einem Bogen gestrichen wurden. Der C., das Instrument der kelt. Barden, war in Irland, Wales und der Bretagne bis ins 18./19. Jh. anzutreffen.

Cryptocoryne [griech.], Gatt. der Aronstabgewächse mit etwa 40 Arten in S- und SO-Asien; kleine, Ausläufer treibende Sumpf- und Wasserpflanzen. Verschiedene Arten sind (unter der Bez. „Wasserkelch") beliebte Aquarienpflanzen.

Cs, chem. Symbol für ↑Cäsium.

Csárdás ['tʃardaʃ; ungar.], von Zigeunermusik begleiteter ungar. Nationaltanz; auf einen ruhigen Kreistanz der Männer (*„lassu"*) folgt der wildbewegte Haupttanz der Paare (*„friss"* oder *„friska"*) im geraden Takt ($^2/_4$ oder $^4/_4$).

C-Schlüssel, in der Musik das aus dem Tonbuchstaben C entwickelte Zeichen, mit dem im Liniensystem die Lage des eingestrichenen c (c^1) festgelegt wird. Unterschieden

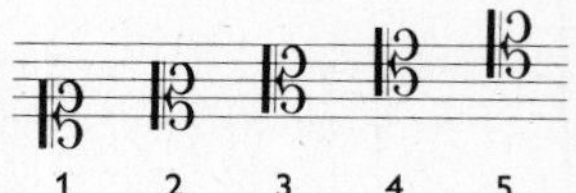

werden: Sopran- (1), Mezzosopran- (2), Alt- oder Bratschen- (3), Tenor- (4) und Baritonschlüssel (5).

Csepel, Insel [ungar. 'tʃɛpɛl], Donauinsel unterhalb von Budapest, 257 km². - Schon in vorgeschichtl. und röm. Zeit besiedelt; hier errichtete nach der Landnahme (896) Fürst Árpád seine Residenz.

Csokor, Franz Theodor ['tʃɔkɔr], * Wien 6. Sept. 1885, † ebd. 5. Jan. 1969, östr. Schriftsteller. - Von Strindberg beeinflußter expressionist. Dramatiker, der aus humanist. Grundhaltung zu aktuellen Daseinsproblemen Stellung nahm und dem Zeitgeschehen symbol. Dimensionen gab. Auch Gedichte und Balladen, Novellen, Memoiren u. a.
Werke: 3. Nov. 1918 (Dr., 1923 und 1936), Gesellschaft der Menschenrechte (Dr., 1926), Ballade von der Stadt (Dr., 1928).

ČSSR [tʃe:'ɛs'ɛs''ɛr], Abk. für: **Č**eskoslovenská **S**ocialistická **R**epublika, ↑Tschechoslowakei.

CSU, Abk. für: ↑**C**hristlich-**S**oziale **U**nion.

CSVD, Abk. für: ↑**C**hristlich-**S**ozialer **V**olks**d**ienst.

Ct, chem. Symbol für Centurium, heute ↑Fermium.

c. t., Abk. für lat.: **c**um **t**empore, akadem. Viertel (Beginn der Lehrveranstaltungen 15 Min. nach Anbruch der jeweils angegebenen Stunde).

ctg (cot, cotg), Funktionszeichen für: Kotangens (↑trigonometrische Funktionen).

ČTK [tschech. tʃɛ:tɛ:'ka:] ↑Nachrichtenagenturen (Übersicht).

CTS [engl. 'siti:'ɛs; Abk. für: **C**ommunications **T**echnology **S**atellite], kanad. Nachrichtensatellit auf geostationärer Bahn für nachrichtentechn. Experimente und zur Übertragung von Farbfernsehsendungen; Start 1976.

Cu, chem. Symbol für ↑Kupfer.

Cuando, Fluß in Angola, ↑Kwando.

Cuanza, Fluß in Angola, ↑Kwanza.

Cuauhtémoc ↑Quauhtemoc.

Cuba ↑Kuba.

Cubango [portugies. ku'βɐŋgu], Oberlauf des ↑Okawango.

Cubanit [nach Kuba] (Chalmersit), bronzefarbenes und stark magnet., orthorhomb., pseudohexagonales Mineral, $CuFe_2S_3$. Vorkommen in vielen Kupfer- und Eisenerzlagerstätten. Mohshärte 3,5; Dichte 4,1 g/cm³.

Cube, Hellmut von, * Stuttgart 31. Dez. 1907, † München 29. Sept. 1979, dt. Schriftsteller. - Amüsante, z. T. surrealist. Lyrik, Erzählungen, Hörspiele; auch Kinderbücher.

Cubiculum [lat.], Schlafkammer im röm. Haus.

◆ Grabkammer in den Katakomben.

Cucumis [lat.], Gatt. der Kürbisgewächse mit etwa 40 Arten v. a. in der Alten Welt; einhäusige, mit Ranken kletternde Kräuter; etwa 10 Arten werden als Gemüse-, Obst- und Heilpflanzen genutzt, darunter ↑ Gurke und ↑ Melone.

Cucurbita [lat.], svw. ↑ Kürbis.

Cúcuta (eigtl. San José de C.), Hauptstadt des Dep. Norte de Santander in N-Kolumbien, 272 000 E. Kath. Bischofssitz; Univ. (gegr. 1962); Handelszentrum eines Kaffeeanbaugebietes; Kaffeeversand größtenteils über Maracaibo (Venezuela); ✈. - Gegr. 1733.

Cucutenikultur [rumän. kuku'tenj], nach dem Ort Cucuteni (Verw.-Geb. Jassy, Rumänien) ben. jungneolith. Kulturgruppe (um 3 000 v. Chr.); in der Moldau und in Siebenbürgen verbreitet, der benachbarten südruss. Tripoljekultur eng verwandt; kennzeichnend u. a. qualitätvolle, polychrom. bemalte Keramik mit Wellen- und Spiralverzierung.

Cuddalore ['kʌdəlɔː], Hafenstadt im ind. Bundesstaat Tamil Nadu, an der Koromandelküste, 128 000 E. Verwaltungssitz eines Distrikts; Textilind., Salzgewinnung, Werften; Handelshafen.

Cudworth, Ralph [engl. 'kʌdwəːθ], * Aller (Somerset) 1617, † Cambridge 26. Juni 1688, engl. Philosoph. - Vertrat eine rationale Theologie (die Übereinstimmung von Vernunft und Glauben) im Sinne eines um Positionen von Descartes ergänzten christl. Platonismus. - *Werke:* The true intellectual system of the universe (1678), A treatise concerning eternal and immutable morality (1731).

Cuenca [span. 'kuenka], span. Stadt auf einem Sporn zw. den Flüssen Júcar und Huécar, 140 km osö. von Madrid, 920 m ü. d. M., 42 000 E. Verwaltungssitz der Prov. C.; kath. Bischofssitz; Nahrungsmittelind., Teppichwebereien, Wollspinnereien und -webereien. - 912–1177 maurisch; 1257 Stadtrecht. - Got. Kathedrale (13. Jh.); Altstadt mit sog. „hängenden Häusern".

C., Hauptstadt der Prov. Azuay im südl. Ecuador, 2580 m ü. d. M., 272 000 E. Sitz eines kath. Erzbischofs, Univ. (gegr. 1868), Kunstakad., Konservatorium, Bibliotheken; Textilind., Herstellung von Strohhüten (Panamahüte), Schmuckwaren u. a.; Handelszentrum; ✈. - Gegr. 1557.

Cuernavaca [span. kuɛrna'βaka], Hauptstadt des mex. Staates Morelos, 1 540 m ü. d. M., 232 000 E. Kath. Bischofssitz; Univ. (gegr. 1939); Zuckerraffinerie, Herstellung von Tabak- und Papierwaren; Fremdenverkehr; Bahnlinie und Autobahn nach Mexiko, ✈. - War vermutl. Hauptstadt der Tlahuica. 1439 durch die Azteken unterworfen, 1521 von den Spaniern erobert. Seit 1834 Stadt. - Palast des H. Cortés (um 1530; heute Regierungsgebäude), Kathedrale (1529 ff.) mit Innenfresken aus dem 16. Jh. Im O der Stadt liegt die zweistufige Tempelpyramide Teopanzolco aus aztek. Zeit mit Resten zweier Tempel.

Cueva, Juan de la [span. 'kueβa], * Sevilla um 1543 oder 1550, † ebd. um 1610, span. Dichter. - Schrieb Liebesgedichte im Stile Petrarcas; in seinem dramat. Werk verwendete er erstmals volkstüml. Romanzen und Stoffe aus der span. Geschichte.

Cugnot, [Nicolas] Joseph [frz. ky'ɲo], * Void (Meuse) 25. Febr. 1725, † Paris 10. Okt. 1804, frz. Ingenieur. - Baute 1765 das erste (mit Dampfkraft betriebene) Automobil.

Cui, Cesar Antonowitsch ↑ Kjui, Zesar Antonowitsch.

Cuiabá, Hauptstadt des brasilian. Bundesstaates Mato Grosso, 213 000 E. Sitz eines kath. Erzbischofs; Univ. (gegr. 1970), wiss. Akad.; Handelszentrum am Rio Cuiabá; ✈. - Anfang des 18. Jh. gegründet.

Cuicuilco [span. kui'kuilko], älteste Tempelpyramide im Hochtal von Mexiko, am Nordrand der heutigen Stadt Tlalpan; die vierstufige Rundpyramide (Grundflächendurchmesser 115 m) war Mittelpunkt einer größeren Siedlung von 600 bis 200 v. Chr.

Cui bono? [lat.], „wem zum Vorteil?", Zitat in Ciceros Reden „Pro Milone" und „Pro Roscio Amerino".

Cuius regio, eius religio [lat. „wessen das Land, dessen die Religion"], Prinzip des Augsburger Religionsfriedens von 1555, das den Landesherren, auch den geistl. Fürsten, das Recht zusprach, das Bekenntnis ihrer Untertanen zu bestimmen *(Jus reformandi).*

Cukor, George [engl. 'kjuːkɔː], * New York 7. Juli 1899, † Los Angeles 24. Jan. 1983, amerikan. Filmregisseur. - Seit 1931 in Hollywood. Drehte „David Copperfield" (1935), „Die Kameliendame" (1936), „Ein neuer Stern am Himmel" (1954), „Machen wir's in Liebe" (1960), „My fair Lady" (1963).

Çukurova [türk. 'tʃukurɔ,va], Tiefebene im südl. Anatolien, westl. und nördl. des Golfes von İskenderun, ein durch die Flüsse Seyhan nehri und Ceyhan nehri aufgeschüttetes Schwemmland mit feuchtheißem Klima. Dicht besiedeltes Agrargebiet, u. a. Anbau von Baumwolle; zentraler Ort ist Adana.

Cul de Paris [frz. kydpa'ri „Pariser Gesäß"], Bez. für das etwa 1880–1900 unter dem Kleid unterhalb der Taille hinten getragene Polster.

Culex [lat.] ↑ Stechmücken.

Culham [engl. 'kʌləm], Ort in der engl. Gft. Oxfordshire, 10 km südl. von Oxford, 800 E. Kernforschungsinst.; bestimmt als Standort des EG-Kernfusionszentrums JET.

Culiacán, Hauptstadt des mex. Staates Sinaloa, in der Küstenebene, 263 000 E. Kath. Bischofssitz; Univ. (gegr. 1873); Leder- und Textilind., Zementfabrik, Nahrungs- und Genußmittelind.; nahebei Gold-, Silber- und Kupfererzbergbau. - Gegr. 1531 als **San Miguel de Culiacán.**

Cullinan [engl. 'kʌlɪnən], größter bekannter Diamant (1905 gefunden, 3 106 Karat), aus dem über 100 Steine geschliffen wurden; benannt nach seinem Fundort C., einem Bergwerksort in der Republik Südafrika.

Culm (Kulm, poln. Chełmno), poln. Krst., 37 km nö. von Bromberg, 15 000 E. Nahrungsmittel-, Holz- und Metallind. - 1065 erstmals erwähnt; 1215 Sitz eines Missionsbistums; 1233 Stadtprivileg (Culmer Recht); Mgl. der Hanse, 1466 an Polen, 1772 an Preußen, 1920 wieder an Polen. - Mehrere got. Kirchen, u. a. ehem. Kathedrale (13./14. Jh.), ehem. Franziskanerklosterkirche (13. Jh.), Renaissancerathaus (1567–72), Wehrmauern.

Culmer Handfeste, den Städten Culm und Thorn 1233 verliehenes Recht, das v. a. die Rechtsstellung der landbesitzenden Bürger regelte; bildete die Grundlage des **Culmer Rechts,** eines ma. Stadt- und Landrechts, vorwiegend im Bereich des Deutschordenslandes gebräuchlich.

Culmer Land (Kulmer Land), histor. Landschaft östl. der unteren Weichsel, Polen, umfaßt das fruchtbare Land innerhalb des Weichselbogens und mit der **Culmer Seenplatte** Teile des Preuß. Landrückens. - Das C. L. war poln. besiedelt und wurde von den Pruzzen beherrscht, die ab 1231 durch den Dt. Orden christianisiert wurden. Die am Ende des 13. Jh. einsetzende und noch im 14. Jh. verebbende dt. Besiedlung führte zur Gründung von Städten wie Culm. Nach 1309 wurde das C. L. immer stärker in den Staat des Dt. Ordens eingegliedert. Im 2. Thorner Frieden (1466) fiel das C. L. an Polen. In der Folgezeit wurde das Gebiet weitgehend polonisiert. Kam 1772 zu Preußen und gehört seit 1919/20 zu Polen, der östl. Teil seit 1945.

Culmer Recht ↑Culmer Handfeste.

Culpa [lat.], Schuld, Verschulden.

Culteranismo [span.], svw. ↑Gongorismus.

Cultismo [span.], svw. ↑Gongorismus.

Cultural lag [engl. 'kʌltʃərəl 'læg], kulturelle Verschiebung; von W. F. Ogburn geprägter Begriff, der die verspätete soziokulturelle Anpassung an die tatsächl. (v. a. vom techn. Fortschritt bestimmte) Entwicklung bzw. den unterschiedl. schnellen Wandel einzelner Kulturelemente bezeichnet; beruht auf der Auffassung, daß sich v. a. in der modernen Gesellschaft die „materielle Kultur" schneller verändert als die Sozialordnung.

Cumae (italien. Cuma), älteste, nach der Überlieferung um 750 v. Chr. gegr. griech. Kolonie in Italien (in der heutigen Prov. Neapel); von C. aus wurden Dikaiarcheia (526; = Pozzuoli) und Neapolis (= Neapel) gegr.; erlebte um 500 seine Blütezeit; zw. 424 und 421 von den Samniten erobert; geriet 338 unter röm. Einfluß, 334 Halbbürgergemeinde; 180 wurde das Lat. Amtssprache. - Zahlr. antike Reste; 1930 Freilegung der Orakelhöhle der ↑Sibylle (wahrscheinl. 5. Jh. v. Chr.).

Cumaná, Hauptstadt des Staates Sucre in NO-Venezuela, 148 000 E. Bischofssitz; Univ. (gegr. 1960); Zentrum der venezolan. Fischkonservenind.; Baumwollverarbeitung.- 1520 als **Nueva Córdoba** gegr., seit 1569 C.; mehrmals von Erdbeben betroffen.

Cumberland [engl. 'kʌmbələnd], engl. Herzogstitel; 1644 erstmals Prinz Ruprecht von der Pfalz verliehen, 1689 an Prinz Georg von Dänemark; seit 1799 im Haus Hannover erbl.; bed.:

C., Ernst August Herzog von C. und zu Braunschweig-Lüneburg, * Hannover 21. Sept. 1845, † Gmunden 14. Nov. 1923. - Einziger Sohn König Georgs V. von Hannover; hielt am Widerspruch gegen die preuß. Annexion Hannovers fest; 1884 im Hzgt. Braunschweig erbberechtigt, jedoch durch Beschluß des Bundesrats 1885 von der Nachfolge ausgeschlossen.

C., Wilhelm August Herzog von, * London 15. April 1721, † ebd. 31. Okt. 1765. - Sohn König Georgs I. von Großbrit.; warf 1746 den Stuartaufstand Karl Eduards nieder; im Siebenjährigen Krieg Oberbefehlshaber der brit.-hannoverschen Armee; 1757 bei Hastenbeck geschlagen und abberufen, nachdem er sich zur Räumung Hannovers bereit erklärte.

Cumberland Plateau [engl. 'kʌmbələnd 'plætoʊ], S-Teil der Appalachian Plateaus, USA; erstreckt sich über 700 km lang von NO nach SW, durchschnittl. 80 km breit, mit den tiefeingeschnittenen Tälern des Ohio und des Tennesse River.

Cumberland River [engl. 'kʌmbələnd 'rɪvə], linker Nebenfluß des Ohio, USA, entspringt auf dem Cumberland Plateau, mündet 20 km nö. von Paducah, etwa 1 100 km lang; Schleusen und Staudämme.

Cumberlandsoße [engl. 'kʌmbələnd] (Sauce à la Cumberland), kalte Soße aus Johannisbeergelee, Portwein oder Madeira, Senf, Zucker, Salz, Streifen von Zitronen- und Orangenschalen sowie Saft beider Früchte, Schalotten, Ingwer und Pfeffer; zu [kaltem] Wild oder Braten.

Cumbernauld [engl. 'kʌmbənɔ:ld], schott. Stadt (New Town) in der Region Strathclyde, 48 000 E. - 1955 zur Entlastung von Glasgow gegründet.

Cumbria [engl. 'kʌmbrɪə], Gft. in NW-England.

Cumbrian Mountains [engl. 'kʌmbrɪən 'maʊntɪnz] (Kumbr. Bergland), Gebirgsland in NW-England, überwiegend Heide mit Hochmooren und Rauhweiden. In eingetieften Tälern finden sich zahlr. durch Moränen abgedämmte Seen, die diesem Gebiet den Namen **Lake District** (Nationalpark) gaben; im Scafell Pike 978 m hoch.

cum grano salis [lat. „mit einem Körnchen Salz"], mit entsprechender Einschränkung, nicht ganz wörtl. zu nehmen.

cum infamia [lat.], mit Schimpf und Schande.

cum laude [lat. „mit Lob"], nach summa c. L. und magna c. L. die drittbeste Note in der Doktorprüfung.

Cummings, E[dward] E[stlin] [engl. 'kʌmɪŋz], * Cambridge (Mass.) 4. Okt. 1894, † Nord Conway (N. H.) 3. Sept. 1962, amerikan. Schriftsteller. - Radikaler Individualist und Pazifist, der in dem Roman „Der endlose Raum" (1922) aus eigener Erfahrung (wegen Spionageverdachts in frz. Haft) Gewalt und Menschenverachtung schildert. Bed. experimentelle Lyrik.

Cumol [griech.-lat.] (Isopropylbenzol), aus Benzol und Propen hergestellte organ. Verbindung, deren oxidative Zersetzung Aceton und Phenol liefert (C.-Phenol-Verfahren).

Cumont, Franz [frz. ky'mõ], * Aalst 3. Jan. 1868, † Brüssel 19. Aug. 1947, belg. Archäologe und Religionshistoriker. - 1896 Prof. der klass. Philologie in Gent, 1899 Museumskonservator in Brüssel, seit 1912 Privatgelehrter; grundlegende Arbeiten zur antiken Religionsgeschichte. - *Werke:* Die Mysterien des Mithra (dt. 1903), Die oriental. Religionen im röm. Heidentum (dt. 1910), Doura-Europos (1926), L'Égypte des astrologues (1927), Les mages hellénisés (2 Bde., 1938; mit J. Bidez), Lux perpetua (hg. 1949).

Cumulonimbus ↑ Wolken.

Cumulus ↑ Wolken.

Cuna, Indianerstamm der Chibcha-Sprachfam. in O-Panama, der seine eigenständige Kultur weitgehend bewahrt hat.

Cunard Steam-Ship Co. Ltd. [engl. kju:'nɑ:d 'sti:mʃɪp 'kʌmpənɪ 'lɪmɪtɪd], engl. Schiffahrtsgesellschaft, gegr. 1810 von Sir Samuel Cunard (* 1787, † 1865), Sir George Burns (* 1795, † 1890) u. a., bekannt geworden als Cunard Line, Sitz Liverpool.

Cunctator [lat. „Zauderer"], Beiname des röm. Staatsmannes und Feldherrn Quintus ↑ Fabius Maximus Verrucosus.

Cundinamarca, Dep. in Z-Kolumbien, 22 623 km², 1,3 Mill. E (1983); Hauptstadt Bogotá; liegt in der Ostkordillere und reicht nach W bis zum Río Magdalena.

Cunene, Fluß in SW-Angola, entspringt im Hochland von Bié, mündet als Grenzfluß gegen Namibia in den Atlantik, rd. 1 000 km lang; bildet im Unterlauf die 120 m hohen **Ruacanafälle** (Kraftwerk).

Cuneo, italien. Stadt in der Region Piemont, 75 km ssw. von Turin, 543 m ü. d. M., 56 000 E. Hauptstadt der Prov. C.; Bischofssitz; Baustoff- und Textilind., Seidenraupenzucht; internat. Jagdmesse. - Entstand im 12. Jh., kam 1382 zu Savoyen.

Cunha, Euclides da [brasilian. 'kuɲa], * Santa Rita do Rio Negro 20. Jan. 1866, † Rio de Janeiro 15. Aug. 1909 (ermordet), brasilian. Schriftsteller. - Autor stilist. glänzender, soziolog. und geograph. Bedingungen durchleuchtender Abhandlungen über brasilian. Probleme, u. a. „Os sertões" (1902) über eine (niedergeschlagene) Erhebung Unterprivilegierter in Canudos.

Cunhal, Álvaro Barreirinhas [portugies. ku'ɲal], * Coimbra 10. Nov. 1913, portugies. Politiker. - Rechtsanwalt; 1936 Mgl. des ZK der portugies. KP (KPP); 1939 Generalsekretär der KPP; 1949 verhaftet; 1961 Flucht ins Ausland, bis 1974 im Exil; Min. ohne Geschäftsbereich 1974/75.

Cunnilingus [lat.], Form des oral-genitalen Kontaktes, bei der die äußeren Geschlechtsorgane der Frau mit Mund und Zunge stimuliert werden. - ↑ auch Fellatio.

Cuno, Wilhelm, * Suhl 2. Juli 1876, † Aumühle bei Hamburg 3. Jan. 1933, dt. Wirtschaftsfachmann und Politiker. - Ab 1917 Mgl. des Direktoriums, 1918–22 Generaldirektor, nach 1923 Aufsichtsratsvors. der HAPAG; Teilnehmer an den Friedensverhandlungen 1918/19 und an internat. Konferenzen; bildete als Reichskanzler 1922 ein konservatives Kabinett (Regierung mit „diskontfähiger Unterschrift"); seine Versuche, eine Stabilisierung der Währung zu erreichen, scheiterten; beantwortete die frz. Ruhrbesetzung mit der Politik des passiven Widerstandes.

Cup [kap, engl. kʌp; zu lat. cupa „Tonne"], Pokal, Ehrenpreis (meist Wandertrophäe bei Sportwettkämpfen), z. B. *Davis-Cup* (Tennis), *Europa-Cup* (Fußball, Handball und in anderen Sportarten), *World-Cup* (Fußball); bei allen Spielen um einen C. scheidet der Verlierer aus, während der Sieger die nächste Runde erreicht.

Cupido, dem griech. Gott Eros entsprechender röm. Gott der Liebe. In der abendländ. Kunst häufig als kindl. Begleiter der Venus mit Pfeil und Bogen dargestellt.

Cupren [lat.], korkähnl. Substanz, Polymerisationsprodukt des Acetylens; zur Sprengstoffherstellung verwendet.

Cupressus [griech.-lat.], svw. ↑ Zypresse.

Cuprit [lat.] (Rotkupfererz), rotbraune bis metallgraue Kristalle bildendes Mineral, Cu_2O, Kupfer(I)-oxid; entsteht als Oxidationsprodukt in Kupferlagerstätten und ist weit verbreitet; bildet oft wichtige Kupfererzlager (Kupfergehalt 88 %) und geht leicht in Malachit über. Mohshärte 3,5 bis 4,0; Dichte 5,7 bis 6,2 g/cm³.

Cupro [lat.], Sammelbez. für alle nach

dem ↑Kupferoxid-Ammoniak-Verfahren auf Zellulosebasis hergestellten Endlosfäden; Ausgangsstoffe sind Baumwollfasern (↑Linters) oder Holzzellstoff.

Cuprum, lat. Name des Kupfers.

Cupula [lat.], svw. ↑Fruchtbecher.

Curaçao [kyra'sa:o], die größte der niederl. Inseln unter dem Winde, dem venezolan. Festland im W vorgelagert, 444 km², 60 km lang, bis 12 km breit, Hauptort Willemstad (50 000 E). C. ist gegliedert durch 2 flache Kuppen; vom Innern führen Täler steil zum Meer; trop. Trockenklima und dürftige Dornstrauch- und Sukkulentensavanne. 90 % der Bev. sind Schwarze. Amtssprache ist Niederl. Das Wirtschaftsleben wird von der Erdölind. beherrscht, daneben Abbau von Phosphaten; Fremdenverkehr. - 1499 von Alonso de Ojeda und Amerigo Vespucci entdeckt; 1634 an die niederl. Westind. Kompanie; 1791 der direkten Regierungskontrolle unterstellt. 1800–03 und 1807–16 brit. besetzt.

Curaçao Ⓦᶻ [kyra'sa:o], Likör, zuerst hergestellt in Amsterdam, aus den Schalen unreifer Pomeranzen (von der Insel C.), Brandy und Zucker.

Curare ↑Kurare.

Curator (Mrz. Curatores) [lat.], in der Antike Bez. für Inhaber von Sonderämtern (curae).

Curd, männl. Vorname, ↑Kurt.

Curé [ky're:; frz. „Seelsorger" (zu lat. cura „Sorge")], Bez. für den kath. Pfarrer in Frankr.

Curepipe [frz. kyr'pip], Stadt auf der Insel Mauritius, südl. von Port Louis, 57 000 E. Colleges, Bibliothek, botan. Garten; Nahrungsmittelind.; in der Umgebung große Teepflanzungen.

Curettement [frz. kyrɛt'mɑ̃], svw. ↑Kürettage.

Curia [lat.], im allgemeinsten Sinne der „Hof" als Gebäude, davon abgeleitet als Personenkreis und Institution; **curia regis:** Hoftag des Königs als oberster Lehnsherr, i. e. S. seine Verwaltungsbehörde *(magna curia);* später auch der Reichstag *(curia imperialis).* ◆ ↑Kurie.

Curia Rhaetorum, antike Stadt, ↑Chur.

Curiatier (lat. Curiatii) ↑Horatier.

Curie [frz. ky'ri], Marie (Maria), geb. Skłodowska, * Warschau 7. Nov. 1867, † Sancellemoz (Savoyen) 4. Juli 1934, frz. Chemikerin und Physikerin poln. Herkunft. - Prof. in Paris; erhielt für ihre Untersuchung der Strahlungsphänomene 1903 zusammen mit ihrem Mann und ihrem Lehrer A. H. Becquerel den Nobelpreis für Physik. Ihre grundlegenden Arbeiten auf dem Gebiete der Radiochemie, die Entdeckung des Radiums und Poloniums und Reindarstellung des Radiums trugen ihr 1911 auch den Nobelpreis für Chemie ein.

C., Pierre, * Paris 15. Mai 1859, † ebd. 19. April 1906, frz. Physiker. - Arbeiten über Struktur und Eigenschaften der Kristalle, in deren Verlauf er 1880 die Piezoelektrizität entdeckte. Bei der Beschäftigung mit Problemen des Magnetismus entdeckte er die Temperaturunabhängigkeit des Diamagnetismus und das nach ihm benannte ↑Curiesche Gesetz, ferner die bei der ↑Curie-Temperatur stattfindende Umwandlung des Ferromagnetismus in Paramagnetismus. Nach der Entdeckung des Radiums durch seine Frau Marie C. wies er durch magnet. Ablenkversuche nach, daß die radioaktiven Strahlen aus elektr. positiven und negativen Teilchen und einer neutralen Komponente bestehen müssen, und beobachtete ihre physiolog. Auswirkungen. Nobelpreis für Physik 1903 (zus. mit seiner Frau und A. H. Becquerel).

Curie [ky'ri:; nach M. und P. Curie], Einheitenzeichen Ci, im amtl. Verkehr nicht mehr zugelassene Einheit der Aktivität eines radioaktiven Strahlers; 1 Ci entspricht $3{,}7 \cdot 10^{10}$ Zerfällen pro Sek. ($= 3{,}7 \cdot 10^{10}$ Becquerel).

Curiesches Gesetz [ky'ri:], von P. Curie experimentell gefundenes Gesetz, nach dem bei vielen paramagnet. Stoffen die magnet. ↑Suszeptibilität χ der absoluten Temperatur T umgekehrt proportional ist: $\chi = C/T$

Marie Curie

Pierre Curie

(*C*: Curiesche Konstante). Das C. G. besagt, daß die Wärmebewegung der vollständigen Parallelstellung der elementaren magnet. Dipole im äußeren Feld entgegenwirkt.

Curie-Temperatur [ky'ri:; nach P. Curie] (Curie-Punkt), diejenige Temperatur, oberhalb der ein ferromagnet. Stoff seine ferromagnet. Eigenschaften verliert.

Curitiba, Hauptstadt des brasilian. Bundesstaates Paraná, 950 m ü. d. M., 843 000 E. Sitz eines Erzbischofs; zwei Univ. (gegr. 1912 bzw. 1959), Forsthochschule; Zentrum des Mate- und Holzhandels; bed. Ind.standort; Bahnverbindung mit Pôrto Alegre, São Paulo, den Kaffeeanbaugebieten im W des Bundesstaates und dem Exporthafen Paranaguá; ✈. - Entstand aus einer 1654 angelegten Goldsuchersiedlung; Hauptstadt seit 1854.

Curium [zu Ehren von M. und P. Curie], chem. Symbol Cm; künstl. dargestelltes, metall. Element aus der Gruppe der Actinoide; Ordnungszahl 96; bis heute sind 13 Isotope mit den relativen Atommassen 238 bis 250 bekannt, die alle redioaktiv sind.

Curling ['kø:rlıŋ, 'kœr...; engl.], aus Schottland stammende, dem Eisschießen ähnl. Sportart; 2 Mannschaften mit jeweils 4 Spielern versuchen, einen 20 kg schweren, polierten, an der Lauffläche abgeflachten und mit einem Griff versehenen Granitstein (C.stein; Umfang 91,44 cm) so über das Eis gleiten zu lassen, daß er dem Mittelpunkt des Zielkreises, von dem die Abwurfstelle 44,50 m entfernt ist, möglichst nahekommt. Die Spielfläche wird durch einen Mittelstreifen in 2 jeweils 4,75 m breite Bahnen geteilt. Um dem C.stein ein besseres Gleiten zu ermöglichen, darf das Eis unmittelbar vor ihm (jedoch nur jenseits der Mittellinie) mit einem Besen spiegelglatt gefegt werden.

Curriculum [engl.; zu lat. curriculum „Ablauf des Jahres, Weg"], Lehrplan, insbes. auf Grundlage von erstellten Lernzielen detailliert ausgearbeitete Unterrichtspläne mit Angabe der Teilziele, Unterrichtsmittel und -methoden sowie Erfolgskontrollen für ein Schul- bzw. Universitätsfach. Die heute übl. C.entwicklung durch Veränderung vorhandener (**Curriculumrevision**) oder Entwerfen neuer Curricula (**Curriculumkonstruktion**) wurde modellhaft von S. B. Robinsohn konzipiert: 1. Erfassung der Lebenssituationen, in denen die Lernenden zukünftig stehen, 2. Ermittlung der zu deren Bewältigung nötigen Qualifikationen; 3. Auswahl der zur Ausbildung dieser Qualifikation geeigneten Lerninhalte.

Curriculum vitae [lat.], Lebenslauf.

Currus [lat.], im antiken Rom Bez. für jede Art von Wagen.

Curry ['kari, 'kœri; zu Tamil kari „Tunke"] (Currypulver), dunkelgelbe, scharfpikante Gewürzmischung ind. Herkunft; von unterschiedl. Zusammensetzung (in der ind.-pakistan. Küche 12–30 Gewürze); Hauptbestandteile sind: Kurkuma, Kardamom, Cayennepfeffer oder Paprika, Koriander, Ingwer, Kümmel, Muskatblüte, Nelken, Pfeffer und Zimt; eigtl. ein Soßengewürz.

Curschmann, Heinrich, * Gießen 28. Juni 1846, † Leipzig 6. Mai 1910, dt. Mediziner. - Prof. in Leipzig; bed. Internist, Entdecker der **Curschmann-Spiralen** (spiralig gedrehte Schleimfäden) im Auswurf bei Bronchialasthma; konstruierte den **Curschmann-Trokar,** ein Instrument, mit dem bei Hautödemen die Flüssigkeit abgeleitet wird.

Cursor [engl. 'kə:sə], steuerbare Leuchtmarkierung auf dem Bildschirm eines Datensichtgeräts. An der Stelle, an der sich der C. befindet, wird das nächste Zeichen dargestellt.

Curtain-wall [engl. 'kə:tın,wɔ:l „Vorhangwand"], in der modernen Architektur Bez. für die vor das tragende Skelett vorgehängte Fassade. Sie besteht aus Einheitselementen (z. B. großen Platten, Glasscheiben), oft wird ein Sprossenwerk als Träger der Elemente verwendet.

Curtea de Argeş [rumän. 'kurtea de 'ardʒeʃ], rumän. Stadt am Argeş, 35 km nördl. von Peteşi, 25 000 E. Kulturelles und polit. Zentrum der Großen Walachei; Keramikind. - Im 14. Jh. Residenz der Fürsten der Walachei. - Bischofskirche (1512–17) mit Königsgräbern; Fürstenkirche (Mitte 14. Jh.) mit Wandmalereien aus der Erbauungszeit.

Curtis, King [engl. 'kə:tıs] eigtl. Curtis Ousley, * Fort Worth (Texas) 7. Febr. 1934, † New York 13. Aug. 1971 (erstochen), amerikan. Rockmusiker (Saxophonist, Gitarrist, Sänger). - Zunächst hervorragender Begleitmusiker zahlr. Popmusikgruppen und -interpreten; leitete später eine Soulmusik-Band.

Curtis [mittellat.], der Herrenhof des früheren MA; meist unbefestigt.

Curling

Curtis-Turbine [engl. 'kə:tɪs; nach dem amerikan. Konstrukteur C. Curtis, * 1860, † 1953] ↑ Dampfturbine.

Curtius, Ernst, * Lübeck 2. Sept. 1814, † Berlin 11. Juli 1896, dt. Historiker und Archäologe. - 1844 Prof. in Berlin, 1855–67 in Göttingen, seit 1868 in Berlin; Forschungsreisen nach Griechenland und Kleinasien; Leiter der ersten Ausgrabungskampagne in Olympia (bed. Funde: Hermes des Praxiteles und Skulpturen des Zeustempels).

C., Ernst Robert, * Thann (Elsaß) 14. April 1886, † Rom 19. April 1956, dt. Romanist. - Enkel von Ernst C.; u. a. Prof. in Heidelberg und Bonn. In seinem Standardwerk „Europ. Literatur und lat. MA" (1948) untersucht er das Weiterleben antiker literar. Formen. - *Weitere Werke:* Frz. Geist im 20. Jh. (1919 u. d. T. Die literar. Wegbereiter des neuen Frankr.), Maurice Barrès und die geistigen Grundlagen des frz. Nationalismus (1921), Dt. Geist in Gefahr (1933).

C., Julius, * Duisburg 7. Febr. 1877, † Heidelberg 10. Nov. 1948, dt. Jurist und Politiker. - Rechtsanwalt und Mgl. von Aufsichtsräten der Schwer-, Kali- und Waggonbauind.; 1920–32 MdR (DVP); 1926–29 Reichswirtschaftsmin., 1929–31 (als „Testamentsvollstrecker" Stresemanns) Reichsaußenmin., erreichte die Durchsetzung des Youngplanes und die Rheinlandräumung; sein Versuch einer dt.-östr. Zollunion scheiterte.

C., Ludwig, * Augsburg 13. Dez. 1874, † Rom 10. April 1954, dt. Archäologe. - U. a. Direktor des Dt. Archäolog. Instituts in Rom (1928–1937). Arbeiten v. a. zur antiken Kunst: „Die Wandmalerei Pompejis" (1929), „Das antike Rom" (1944), „Dt. und antike Welt" (Lebenserinnerungen, 1950).

C., Theodor, * Duisburg 27. Mai 1857, † Heidelberg 8. Febr. 1928, dt. Chemiker. - Prof. in Kiel, Bonn und Heidelberg; entdeckte den nach ihm benannten C.-Abbau von Carbonsäureaziden zu primären Aminen.

Curtius Rufus, Quintus, röm. Geschichtsschreiber der Kaiserzeit. - Verfaßte eine „Geschichte Alexanders d. Gr." in 10 Büchern, von denen die letzten 8 fast vollständig erhalten sind.

Curtiz, Michael [engl. 'kə:tɪz], eigtl. Mihaly Kertész, * Budapest 24. Dez. 1888, † Hollywood 10. April 1962, amerikan. Filmregisseur ungar. Herkunft. - Drehte seit 1925 in Hollywood über 100 Filme, bes. Filme aus dem Gangstermilieu; „20 000 Jahre in Sing-Sing" (1932), „Angels with dirty faces" (1938), „Mildred Pierce" (1945), „Wir sind keine Engel" (1954/55). Als sein Meisterwerk gilt „Casablanca" (1942).

Curzon [engl. kə:zn], Sir (seit 1977) Clifford, * London 18. Mai 1907, † ebd. 1. Sept. 1982, brit. Pianist. - Berühmt als Konzertpianist und Kammermusiker.

C., George Nathaniel, Marquess C. of Kedlestone (1921), * Kedlestone Hall (Derbyshire) 11. Jan. 1859, † London 20. März 1925, brit. Politiker. - 1886–94 konservativer Unterhaus-Abg., Vizekönig und Generalgouverneur von Indien 1898–1905; 1915 Lordsiegelbewahrer, 1916 Mgl. des Kriegskabinetts; bemühte sich als Außenmin. 1919–24 um eine poln.-russ. Grenzregelung (↑ Curzon-Linie); bereitete u. a. die Lösung des Ruhrkonfliktes zw. Deutschland und Frankr. vor.

Curzon-Linie [engl. kə:zn], Demarkationslinie zw. Sowjetrußland und Polen, die die interalliierte Konferenz von Spa 1920 in einer vom brit. Außenmin. G. N. Curzon unterzeichneten Depesche zur Annahme vorschlug; verlief von der Bahnlinie Dünaburg–Wilna–Grodno nach Brest, von dort längs des Bug bis über Krylów, quer durch Galizien über Rawa Ruska nach Przemyśl und weiter nach S; kam erst 1945 zur Geltung, als die Sowjetunion im wesentl. auf der Basis der C.-L. ihre Grenze zu Polen festlegte.

Cusanus, Nicolaus ↑ Nikolaus von Kues.

Cusanuswerk, Bischöfliche Studienförderung, 1956 gegr. Förderungswerk für kath. Studentinnen und Studenten. Neben Stipendien werden Bildungsveranstaltungen und wissenschaftl. Fachtagungen geboten. Die Mittel werden vom Bundeswissenschaftsministerium und vom Verband der Diözesen Deutschlands zur Verfügung gestellt. Sitz: Bonn.

Cusco ↑ Cuzco.

Cushing, Harvey [engl. 'kʊʃɪŋ], * Cleveland (Ohio) 8. April 1869, † New Haven (Conn.) 7. Okt. 1939, amerikan. Gehirnchirurg. - Prof. u. a. an der Harvard University. Er beschrieb das **Cushing-Syndrom,** ein Krankheitsbild, das bei übermäßiger Ausschüttung von Nebennierenrindenhormonen auftritt. Symptome: u. a. Fettleibigkeit, hoher Blutdruck mit abnormer Vermehrung der Erythrozyten, Leukozyten und Thrombozyten.

Custardapfel [engl. 'kʌstəd], Bez. für die apfelgroßen Früchte der ↑ Netzannone.

Custodia (Kustodie) [lat.], in der kath. Kirche Behältnis zur Aufbewahrung der geweihten großen Hostie.

Custoza (fälschl. Custozza), Teil der italien. Gemeinde Sommacampagna, Prov. Verona, in der nördl. Poebene; bekannt durch zwei östr. Siege: 1848 siegte Radetzky über König Karl Albert von Sardinien, 1866 während des Dt. Krieges Erzherzog Albrecht über A. F. La Marmora.

Cutaway ['kœtəve; engl. 'kʌtəweɪ] (Kurzform Cut), als offizieller Gesellschaftsanzug am Vormittag getragener, langer, schwarzer oder dunkler, vorn abgerundet geschnittener Sakko mit steigenden Revers.

Cuthbert, hl., † auf den Farne Islands 687, angelsächs. Mönch, Bischof von Lindisfarne (684–86). - 651 Mönch und später Prior in Melrose, dann in Lindisfarne; starb als Einsiedler. C. gilt als „Wundertäter von Britannien"; sein Grab ist seit 999 in der Kathedrale von Durham.

Cuticula ↑Kutikula.

Cutis (Kutis) [lat.], svw. ↑Haut.

Cuttack [kʌ'tæk], ind. Stadt im Bundesstaat Orissa, 350 km sw. von Kalkutta, 269 000 E. Verwaltungssitz eines Distrikts; Colleges, Reisforschungsinst.; wichtigster Ind.standort des Mahanadideltas. - Bis 1956 Hauptstadt von Orissa.

Cutter ['katər; engl.], Schnittmeister bei Filmen, Fernseh- und Videofilmen (und den evtl. getrennt laufenden Tonbändern) und Tonbändern des Hörfunks. Der C. (häufig die **Cutterin**) schneidet aus den Aufnahmen die brauchbaren Bildfolgen bzw. Abschnitte heraus und montiert sie in Zusammenarbeit mit dem Regisseur.

◆ eine bei der Herstellung von Wurst (v. a. Brühwurst), Fleischpasteten und Fischpasteten verwendete Maschine zum Feinstzerkleinern von Fleisch bzw. Fisch und Mischen mit Wasser.

Cuvée [ky've:; lat.-frz.], Mischung (Verschnitt) verschiedener Weine, bes. bei der Herstellung von Schaumweinen.

Cuvier, Georges Baron de [frz. ky'vje], * Montbéliard 23. Aug. 1769, * Paris 13. Mai 1832, frz. Naturforscher. - Prof. in Paris; begr. die vergleichende Anatomie und teilte das Tierreich in die vier Gruppen Wirbel-, Weich-, Glieder- u. Strahltiere ein („Le règne animal", 4 Bde., 1817). Auf der Grundlage vergleichender Osteologie (Knochenkunde) versuchte er, urzeitl. Wirbeltiere zu rekonstruieren, wodurch er zu einem der Begr. der Paläontologie wurde. Er vertrat eine Katastrophentheorie, nach der die Lebewesen period. durch universale Katastrophen vernichtet und danach neu erschaffen worden sein sollen.

François de Cuvilliés d. Ä., Runder Salon im Schloß Amalienburg im Nymphenburger Park, München (1734–39)

Cuvilliés, François de, d. Ä. [kyvi'je:], * Soignies (Hennegau) 23. Okt. 1695, † München 14. April 1768, dt. Bildhauer und Stukkator fläm. Herkunft. - Ausbildung bei J. Effner und bei F. Blondel d. J. in Paris. C. schuf symmetr. Bauten mit formenreicher Innendekoration (Stuck und Holzschnitzereien, Tapeten), Höhepunkte des dt. Rokokos. U. a. Aus-

Aelbert Cuyp, Ansicht von Dordrecht (undatiert). Kenwood bei London, Iveagh Bequest

bau von Schloß Brühl (1728–40), Ausstattung der Reichen Zimmer der Münchner Residenz (1729–34), Bau der Amalienburg in Nymphenburg (1734–39) und des [Alten] Residenz-(C.-)Theaters (1751–55) in München.

Cuxhaven [...fən], Krst. in Nds., am linken Ufer der Elbmündung, 57 600 E. Staatl. Seefahrtsschule. C. zählt zu den größten Fischereihäfen der BR Deutschland, Standort einer Hochseefischereiflotte; Schiffsmeldestation für Hamburg und den Nord-Ostsee-Kanal, Überseehafen, Fährverkehr nach Helgoland, den Nordfries. Inseln und Brunsbüttel. Seefischmarkt, Fischverarbeitung, Werften, Löschanlagen und Zulieferbetriebe. Fremdenverkehr (Seeheilbad). - Entstand aus einer Reihensiedlung von Lotsen, Gastwirten und Kaufleuten als sog. Kooghafen („Kuckeshaven" 1570). Ab 1890 Bau des Fischereihafens, ab 1896 des „Neuen Hafens" (1914 zum Amerikahafen erweitert). 1907 Stadt.

C., Landkr. in Niedersachsen.

Cuyp, Aelbert [niederl. kœÿp], * Dordrecht Okt. 1620, ▭ ebd. 15. Nov. 1691, niederl. Maler. - Erlangte Bedeutung mit seinen lichtdurchfluteten Stimmungslandschaften mit Vordergrundstaffage und verschwimmendem Horizont. V. a. Weidelandschaften, Hafen-, Stadtansichten im warmen Sonnenlicht. - Abb. S. 47.

Cuypers, Petrus [Josephus Hubertus] [niederl. 'kœÿpərs], * Roermond 16. Mai 1827, † ebd. 3. März 1921, niederl. Architekt. - 1872–79 erneuerte C. den Chorturm des Mainzer Domes in neuroman. Formen. Seine Hauptwerke sind das Rijksmuseum (1876–85) und der Hauptbahnhof (1881–89) in Amsterdam, die er im Renaissancestil errichtete.

Cuza, Alexandru Ioan [rumän. 'kuza], * Bîrlad 20. März 1820, † Heidelberg 15. Mai 1873, erster Fürst Rumäniens. - 1848 an der revolutionären Bewegung in der Moldau beteiligt; nahm am Kampf für die Vereinigung der Moldau und der Walachei teil; 1859 zum Fürsten der Moldau bzw. der Walachei gewählt; 1862 nahmen die unter ihm (als Alexander Johann I. von Rumänien) zusammengeschlossenen Vereinigten Fürstentümer den Namen Rumänien an; führte grundlegende liberale Reformen durch: u. a. Säkularisierung der kirchl. Güter 1863, Bodenreform 1864, Schaffung eines modernen Zivil- und Strafrechts, Univ.gründungen; 1866 zur Abdankung gezwungen.

Cuzco [span. 'kusko] (Cusco), Hauptstadt des Dep. C. im südl. Z-Peru, 600 km sö. von Lima, 3 410 m ü. d. M., 182 000 E. Kath. Erzbischofssitz; Universität (gegr. 1962), Musik-, Kunsthochschule, archäolog. und histor. Museum, Handelszentrum; Textilind., Düngemittelfabrik, Zuckerraffinerie; Fremdenverkehr. - Ende des 12. Jh. vom ersten Inka gegr. Nach der Eroberung von Chan-Chan (1460) die bedeutendste Stadt des präkolumb. S-Amerika; 1533 von F. Pizarro erobert. 1535 Brand; Wiederaufbau unter Beibehaltung des Stadtgrundrisses und Neubau einer Stadtmauer. - Von den im 16. und 17. Jh. z. T. überbauten Gebäuden der Inkazeit sind erhalten: Teile des Tempelkomplexes Coricancha (15. Jh.; wohl Tempel der Sonne, des Mondes und des Donnergottes). Unter der Kirche La Compañía liegt der Palast des Inka Huaina Cápac. Das ehem. Haus der Sonnenpriesterinnen (Acclai Huasi) ist heute Unterbau des Catalinaklosters; Zentrum blieb der ehem. Platz für religiöse Feste der Inkas, die Plaza de Armas, heute von der Kathedrale (1560–1654) und anderen Kirchen umgeben. - Abb. S. 50.

C. (Cusco), Dep. im südl. Z-Peru, 76 225 km², 832 500 (1981). Hauptstadt Cuzco.

CVJM, Abk. für: ↑ **C**hristlicher **V**erein **J**unger **M**änner.

CVP, Abk. für: **C**hristlichdemokrat. **V**olks**p**artei der Schweiz.

◆ Abk. für: **C**hristl. **V**olks**p**artei.

Cwmbran [engl. kʊm'brɑ:n], walis. Stadt (New Town) in der Gft. Gwent, 30 km nö. von Cardiff, 45 000 E. - Gegr. 1949 als neues Ind.zentrum.

Cyan [griech.], in der Farbenlehre und Farbenind. abkürzender Ausdruck für Cyanblau (grünstichiges Blau). C. ist einer der Grundfarbtöne für den Dreifarbendruck.

Cyanate [griech.], Salze und Ester der Cyansäure (HO – C≡N); einige Salze finden u. a. Verwendung als Herbizide.

Cyangruppe (Nitrilgruppe), die einwertige Gruppe – C≡N|; sie kommt als Anion (Cyanidion, CN^-) in den ↑ Cyaniden vor, in Verbindungen mit organ. Resten (↑ Nitrile) und als Ligand in Koordinationsverbindungen (hier als *Cyanogruppe* bezeichnet).

Cyanide [griech.], Salze der Blausäure; bes. die Alkali- und Erdalkalicyanide sind sehr giftig; techn. in großen Mengen bei der Cyanidlaugung sowie in der Galvanotechnik und in der Kunststoffindustrie.

Cyanidin [griech.] (Cyanidinchlorid), der in der europ. Pflanzenwelt (z. B. Mohn, Kornblume) am häufigsten vorkommende Farbstoff aus der Gruppe der Anthocyanidine.

Cyanidlaugung, Gold- und Silbergewinnungsverfahren, bei dem aus gemahlenem Erz die Edelmetalle als Cyankomplexe gelöst und elektrolyt. abgeschieden werden.

Cyanit [griech.], svw. ↑ Disthen.

Cyanophyta [griech.], svw. ↑ Blaualgen.

Cyanwasserstoffsäure, svw. ↑ Blausäure.

Cyatheagewächse [tsya'te:a, tsy'a:tea; griech./dt.] (Cyatheaceae), Fam. der Farnpflanzen mit etwa 700 Arten in 5 Gatt. in den Tropen und Subtropen Amerikas, Afrikas und Australiens; Baumfarne mit sehr großen, bis vierfach gefiederten Blättern; bekannte

Gatt. sind ↑Becherfarn, ↑Hainfarn.

Cyclamen [griech.], svw. ↑Alpenveilchen.

cyclisch ↑zyklisch.

cyclische Verbindungen (Cycloverbindungen), Sammelbez. für alle chem. Verbindungen, in denen drei oder mehr Atome zu ringförmigen Strukturen verknüpft sind. C. V. haben v. a. in der organ. Chemie Bed.; man unterscheidet **isocycl. Verbindungen** (carbocyclische Verbindungen, deren Ringe nur C-Atome enthalten) und **heterocycl. Verbindungen** (in deren Ringen ein oder mehrere C-Atome durch andere Elemente, z. B. Stickstoff, ersetzt sind). Nach der Ringgröße lassen sich die c. V. unterteilen in ↑alicyclische Verbindungen (deren Ringe zw. 3 und 30 C-Atome enthalten) und ↑makrocyclische Verbindungen (deren Ringe von mehr als 12 C-Atomen gebildet werden).

Cyclo-AMP (cAMP, cycl. AMP, Adenosin-3′,5′-monophosphat) [griech.], zu den Adenosinphosphaten zählende Substanz, die v. a. als Vermittler für die Wirkung vieler Hormone (Adrenalin, Glucagon, Vasopressin u. a.) auftritt. Entsteht aus dem als universeller Überträger chem. Energie fungierenden ATP unter Abspaltung von Pyrophosphat durch das (an den Membranen gebundene) Enzym Adenylatcyclase.

Cyclohexan [griech.] (Hexahydrobenzol, Naphthen), C_6H_{12}, gesättigter Kohlenwasserstoff; farblose, leicht brennbare Flüssigkeit; Vorkommen in Erdölen; C. wird, ebenso seine Derivate **Cyclohexanol** ($C_6H_{11}OH$) und **Cyclohexanon** ($C_6H_{10}O$) als Lösungsmittel für Fette, Harze, Wachse verwendet, ferner zur Herstellung von Adipinsäure und Caprolactam.

Cyclonium [griech.], Bez. für erstmals im Zyklotron erzeugte Isotope des Elements Promethium.

Cycloolefine [Kw.], ringförmige, ungesättigte Kohlenwasserstoffe mit einer Doppelbindung; allg. chem. Formel: C_nH_{2n-2}.

Cyclopolymerisation [griech.], Polymerisation von Acetylen und dessen Derivaten unter dem Einfluß selektiv wirkender Katalysatoren zu cycl. Kohlenwasserstoffen (↑Cupren).

Cyclops [griech.], Gatt. 0,6–5,5 mm langer Ruderfußkrebse mit vielen Arten in den Süßgewässern; wichtige Fischnahrung.

Cyclostomata [griech.], svw. ↑Rundmäuler.

Cygnus [griech.-lat.] ↑Sternbilder (Übersicht).

Cygnus A, Abk. Cyg A, die stärkste extragalakt. Radioquelle.

Cymbala [griech.-lat.], in der antiken und ma. Musik etwa handtellergroße, flache oder glockenförmige Becken, meist aus Metall.
◆ im MA ein Glockenspiel.
◆ (Cymbal, Cimbalom) Bez. für ↑Hackbrett. - ↑auch Zimbel.

Cymol [griech.-lat.] (p-Cymol), Benzolderivat, das in der Natur als Grundkörper vieler ↑Terpene auftritt und Bestandteil vieler äther. Öle ist; findet Verwendung als Lösungs- und Verdünnungsmittel für Farben und Lacke.

Cynara [griech.], Gatt. der Korbblütler mit etwa 10 Arten, darunter die ↑Artischocke.

Cynewulf ['ky:nəvʊlf, engl. 'kɪnɪwʊlf] (Kynewulf), altengl. Dichter der 2. Hälfte des 8. Jh. - Verf. von vier christl. Legendendichtungen („Juliana", „The ascension", „The fates of the Apostles" und „Elene").

Cynodon [griech.], svw. ↑Hundszahngras.

Cynthia, weibl. Vorname griech. Ursprungs; eigentl. bedeutet C. „die vom Berge Kynthos [auf der Insel Delos] Stammende" (Beiname der Göttin Artemis).

Cyperaceae [griech.], svw. ↑Riedgräser.

Cyprianus, Thascius Caecilius, hl., * Karthago um 200, † ebd. 14. Sept. 258, Bischof von Karthago (seit 248/49) und Kirchenschriftsteller. - Leitete die Kirche in zwei schweren Verfolgungen (Decius und Valerian). Bekannt durch seine Entscheidungen in der Bußfrage (Wiederaufnahme in die Kirche der in der Verfolgung Abgefallenen). - Fest: 16. Sept.

Cypripedium [griech.], svw. ↑Frauenschuh.

Cyproteronacetat [Kw.], synthet. Antiandrogen, das die Wirkung von Androgenen, v. a. des männl. Keimdrüsenhormons Testosteron aufhebt; wird in der Medizin u. a. zur Behandlung vorzeitig einsetzender Geschlechtsreife und der Hypersexualität verwendet.

Cyrankiewicz, Józef [poln. tsɨraŋ'kjɛvitʃ], * Tarnów (Galizien) 23. April 1911, poln. Politiker. - Seit 1935 Funktionär der Poln. Sozialist. Partei (PPS); im 2. Weltkrieg Widerstandskämpfer, 1941–45 KZ-Häftling in Auschwitz und Mauthausen; als Generalsekretär der PPS (seit 1945) maßgebl. an deren 1948 vollzogener Vereinigung mit den Kommunisten zur Vereinigten Poln. Arbeiterpartei beteiligt, deren Politbüro er bis 1971 angehörte; 1947–52 und 1954–70 Min.präs.; 1970–72 Staatspräs. (Vors. des Staatsrats).

Cyrano de Bergerac, Savinien de [frz. siranodbɛrʒə'rak], eigtl. Hector Savinien de Cyrano, * Paris 6. März 1619, † ebd. 28. Juli 1655, frz. Schriftsteller. - Mit Molière zus. Schüler Gassendis. Als typ. Vertreter des „esprit gaulois" kleidete er seine Satiren („Mondstaaten und Sonnenreiche", 1656, „Reise in die Sonne", 1662), mit denen er das Ideengut der frz. Aufklärung vorbereitete, in das neutrale Gewand burlesker Phantasie.

Cyrenaika (arab. Barka), Landschaft O-Libyens, erstreckt sich von der Küste bis in die Libysche Wüste.

Cyrillus und Methodius ↑Kyrillos und Methodios.

Cyrus, Name altpers. Könige, ↑Kyros.

Cys, Abk. für: ↑**C**ystein.

Cysat, Johann Baptist ['tsi:zat], * Luzern 1588 (1585?, 1587?), † ebd. 3. (17.?) März 1657, schweizer. Astronom. - 1618 machte er die ersten Kometenbeobachtungen mit dem Fernrohr und entdeckte den Orionnebel. C. beobachtete als erster einen von J. Kepler vorhergesagten Merkurdurchgang.

Cyst... ↑auch Zyst...

Cystein [griech.] (2-Amino-3-mercaptopropionsäure), Abk. Cys, lebenswichtige schwefelhaltige Aminosäure; kann leicht zum Disulfid ↑Cystin oxidiert werden, was für die Struktur von Eiweißkörpern von großer Bed. ist, da durch diesen Mechanismus verschiedene Peptidketten über ↑Disulfidbrücken verbunden werden können (z. B. beim Insulin). C. ist auch therapeut. wirksam gegen verschiedene Krankheiten, Schwermetallvergiftungen und Strahlungsschäden. Chem. Strukturformel:

$$HS-CH_2-\underset{\displaystyle NH_2}{\underset{|}{CH}}-COOH$$

Cystin [griech.], Disulfid des Cysteins; für den Aufbau vieler Proteine wichtige schwefelhaltige Aminosäure, die bes. in den Keratinen von Haaren, Federn, Nägeln, Hufen vorkommt.

Cystis ↑Zyste.

cyto..., Cyto... ↑zyto..., Zyto...

CZ, Abk. für: **C**etan**z**ahl (↑Cetan).

Czapski, Siegfried ['tʃap...], * Obra bei Posen 28. Mai 1861, † Weimar 19. Juni 1907, dt. Optiker. - Mitarbeiter und Nachfolger E. Abbes in Jena; machte Abbes wiss. Leistungen durch sein Buch „Die Theorie der opt. Instrumente nach Abbe" (1893) bekannt.

Czartoryski [poln. tʃartɔ'rɨski], litauisch-poln. Adelsgeschlecht, seit dem 15. Jh. nachgewiesen; leitete seine Herkunft von dem litauischen Großfürsten Gedimin her u. führte den Fürstentitel; gewann 1623 den Reichsfürstentitel; stand im 18. Jh. an der Spitze einer proruss. orientierten Adelspartei (Gegenpartei die Potocki); bed.:

C., Adam Jerzy (Georg) Fürst, * Warschau 14. Jan. 1770, † Montfermeil bei Paris 15. Juni 1861. - Gehörte seit 1801 zum engsten Freundes- und Beraterkreis des Kaisers Alexander I., verfolgte 1804–07 als stellv. russ. Außenmin. den Plan einer Wiederherstellung der poln. Einheit in Personalunion mit Rußland; 1831 von der russ. Reg. zum Tode verurteilt, weil er sich dem Aufstand seiner Landsleute als Präs. einer poln. Nationalreg. zur Verfügung gestellt hatte; floh nach Paris; dort Haupt der konservativ-aristokrat. Emigration.

Czech, Ludwig [tʃɛç], * Lemberg 14. Febr. 1870, † Theresienstadt 20. Aug. 1942, sudetendt. Politiker. - Seit 1920 Führer der sudetendt. Dt. Sozialdemokrat. Arbeiterpartei; 1929–38 Min. in mehreren tschechoslowak. Kabinetten; 1941 im KZ Theresienstadt inhaftiert.

Czenstochau ['tʃɛnstɔxaʊ] ↑Tschenstochau.

Czernin von und zu Chudenitz, Ottokar Theobald Graf ['tʃɛrni:n, tʃɛr'ni:n; 'ku:dənɪts], * Dimokur (= Dymokury) 26. Sept. 1872, † Wien 5. April 1932, östr. Politiker. - Rechnete als östr.-ungar. Min. des Äu-

Cuzco. Kathedrale

ßeren 1916–18 mit der Niederlage der Mittelmächte und arbeitete auf einen Verständigungsfrieden hin; bekämpfte den Reformplan Karls I., der auf einen nach Nationalitäten geordneten Bundesstaat gerichtet war; Hauptverantwortlicher für den Verlust außenpolit. Handlungsfreiheit Österreich-Ungarns.

Czernowitz ['tʃɛr...] ↑Tschernowzy.

Czerny ['tʃɛrni], Carl, * Wien 20. Febr. 1791, † ebd. 15. Juli 1857, östr. Komponist und Klavierpädagoge. - Schüler von Beethoven, Lehrer von Liszt; von seinen mehr als 1 000 Kompositionen behielten bis heute die didakt. Werke für Klavier unverminderte Bed., u. a. „Die Schule der Geläufigkeit".

C., Vincenz, * Trautenau bei Königgrätz 19. Nov. 1842, † Heidelberg 3. Okt. 1916, dt. Chirurg. - Prof. in Freiburg im Breisgau und Heidelberg; hervorragender Krebschirurg; Begründer des Krebsforschungsinstituts in Heidelberg.

Czibulka, Alfons Freiherr von ['tʃi:bʊlka, tʃi'bʊlka], * Schloß Radborsch in Böhmen 28. Juni 1888, † München 22. Okt. 1969, östr. Schriftsteller. - Schrieb humorvoll-volkstüml. Romane, Erzählungen und Biographien aus der Geschichte der Donaumonarchie; u. a. „Prinz Eugen" (Biogr., 1927), „Das Abschiedskonzert" (R., 1944), „Reich mir die Hand mein Leben" (R., 1956).

Cziffra [ungar. 'tsifrɔ], Géza von, * Arad (Rumänien) 19. Dez. 1900, östr. Filmregisseur ungar. Herkunft. - Bekannt durch Unterhaltungs- und Revuefilme, u. a. „Der weiße Traum" (1943), „Die Dritte von rechts" (1950).

C., György, * Budapest 5. Nov. 1921, ungar.-frz. Pianist. - Emigrierte 1956; internat. geschätzter Interpret (v. a. Chopin, Liszt).

Czinner, Paul ['tsɪnər], * Wien 30. Mai 1890, † London 22. Juni 1972, östr. Regisseur. - Berühmt durch Filme mit seiner Frau E. Bergner, u. a. „Fräulein Else" (1929), „Der träumende Mund" (1932).

D

D, der vierte Buchstabe des Alphabets, im Griech. δ (Delta), im Nordwestsemit. (Phönik.) Δ, Δ (Daleth). Der Name des Buchstabens geht wahrscheinl. auf das Bild einer offenen Zelttür zurück.

◆ (d) in der *Musik* die Bez. für die 2. Stufe der Grundtonleiter C-Dur, durch ♭-(b-) Vorzeichnung erniedrigt zu *des*, durch ♯ (Kreuz) erhöht zu *dis*.

◆ (Münzbuchstabe) ↑Münzstätten.

D, chem. Symbol für Deuterium.

D, Abk.:

◆ für lat. **D**atum, **D**ebet, **D**ecimus, **D**ecuria, **D**eus, **D**evotus, **D**ictator, **D**igesta, **D**ivis, **D**ominus u. a.

◆ (D, d) für ↑dextrogyr.

D, röm. Zahlzeichen für 500.

d, physikal. Symbol für das ↑Deuteron.

d, Einheitenzeichen für die Zeiteinheit Tag.

d, Vorsatzzeichen für den Vorsatz ↑Dezi...

d, mathemat. Zeichen für das Differential (↑Diffenrentialrechnung).

D., Abk.:

◆ für **D**octor theologiae (Ehrendoktor der ev. Theologie).

◆ für span. **D**on (Herr).

da, Vorsatzzeichen für ↑Deka...

d. a., Abk. für lat.: **d**icti **a**nni („besagten Jahres").

DAAD, Abk. für: ↑**D**eutscher **A**kademischer **A**ustausch**d**ienst.

DAB (D.A.B.), Abk. für: **D**eutsches **A**rzneibuch (↑Arzneibuch).

D'Abernon, Edgar Vincent, Viscount (seit 1926) [engl. 'dæbənən], * Slinfold (Sussex) 19. Aug. 1857, † Hove (Sussex) 1. Nov. 1941, brit. Diplomat. - 1920–26 Botschafter in Berlin; befürwortete Deutschlands Aufnahme in den Völkerbund und war Miturheber des Locarnopakts.

Dabit, Eugène [frz. da'bi], * Paris 21. Sept. 1898, † Sewastopol 21. Aug. 1936, frz. Schriftsteller. - Sein Roman „Hôtel du Nord" (1929) gilt als das Meisterwerk des [naturalist.] Populismus.

Dąbrowa Górnicza [poln. dɔm'brɔva gur'nitʃa] (dt. Dombrowa), poln. Stadt im oberschles. Ind.gebiet, 15 km nö. von Kattowitz, 300 m ü. d. M., 142 000 E. Bergbauschule; Steinkohlenbergbau; Glasind.; Hüttenwerk.

Dąbrowska, Maria [poln. dɔm'brɔfska], geb. Szumska, * Russowie bei Kalisz 6. Okt. 1889, † Warschau 19. Mai 1965, poln. Schriftstellerin. - Setzte die Tradition des poln. realist. Romans mit einfachen, lebensechten Familien- und Bauernromanen fort; u. a. „Die Landlosen" (R., 1925), „Nächte und Tage" (R., 4 Bde., 1932–34).

Dąbrowski (Dombrowski), Jan Henryk [poln. dɔm'brɔfski], * Pierszowice bei Krakau 2. oder 29. Aug. 1755, † Winnogóra bei Posen 6. Juni 1818, poln. General. - Teilnahme am Aufstand Kościuszkos (1794); kämpfte unter Napoleon I. für die Wiederherstellung Polens.

DAC, Abk. für engl.: **D**evelopment **A**ssistance **C**ommittee, Ausschuß für Entwicklungshilfe der OECD.

da capo [italien.], Abk. d. c., Anweisung, ein Musikstück vom Anfang zu wiederholen und bis zu dem Zeichen „fine" (𝄐 oder 𝄌, d. c. al fine) zu spielen.

Dacca [engl. 'dækə] (Dhaka), Hauptstadt von Bangladesch, im Ganges-Brahmaputra-Delta, 3,44 Mill. E. Kath. Erzbischofssitz; zwei Univ. (gegr. 1921 bzw. 1970), TU (gegr. 1961), Colleges, Forschungsinst. (u. a. für Malaria-, Atomenergie-, Juteforschung), Goethe-Inst.; Museen; Bibliotheken. Ind.- und Wirtschaftszentrum, größter Binnenhafen des Landes; internat. ✈. - Hauptstadt O-Bengalens (1608–39, 1660–1704), seit 1947 Hauptstadt Ost-Pakistans, seit Jan. 1972 Hauptstadt von Bangladesch. - Bed. Bauwerke sind u. a. das unvollendete Lal Bagh Fort (1678 ff.), die sog. Kleine und die sog. Große Karawanserei (beide 1663). Daneben besitzt D. u. a. über 700 Moscheen (älteste 1456 erbaut), einige Hindutempel; portugies. Kirche (1677).

Dach, Simon, * Memel 29. Juli 1605, † Königsberg (Pr) 15. April 1659, dt. Dichter. - Prof. für Poesie an der Univ. Königsberg; schrieb schlichte geistl. und weltl. Lieder und Gedichte; ob das Lied „Anke van Tharaw" von H. ↑Albert, der viele Lieder (auch Kirchenlieder) von D. vertonte, oder von D. selbst stammt, ist ungeklärt.

Dach, oberer Abschluß bzw. Überdekkung eines Gebäudes zum Schutz gegen Witterungseinflüsse, bestehend aus der tragenden Dachkonstruktion (**Dachstuhl**) und der Dachhaut.

Formen: Nach der Art der *D.fläche* unterscheidet man ungebrochene, gebrochene, gebogene und runde Dächer, nach der *D.neigung* das Terrassen-D., das Flach-D. und das Schräg- oder Steil-D. Hinsichtl. der *D.form* unterscheidet man: a) das **Sattel-** oder **Giebeldach** (häufigste D.form); die an den Schmalseiten des Hauses entstehenden Dreiecke werden als *Giebel* bezeichnet; b) das **Walmdach,** mit einer auf gleicher Höhe ringsum verlaufenden D.traufe; c) das **Krüppelwalm-** oder **Schopfwalmdach,** bei dem die Traufen der Giebelwalme höher liegen als die Traufen der Hauptdachflächen; d) das **Mansarddach;** e) das **Zwerchdach,** bei dem quer zum Haupt-D. ein weiteres Giebel-D. angesetzt ist; f) das **Pult-** oder **Halbdach** (halbes Sattel-D.); g) das **Ringpultdach** bei Rundbauten; h) das **Schleppdach;** i) das **Grabendach** sowie j) das **Shed-** oder **Sägedach,** bes. bei Ind.bauten; k) das **Tonnen-** oder **Bogendach;** l) das **Zelt-** oder **Pyramidendach.** Weitere D.formen sind das aus dem Zwerch-D. hervorgehende **Kreuzdach,** das **Rhomben-** und das **Faltdach,** das **Zwiebeldach (welsche Haube** oder **Dachhaube)** und das **Glockendach** sowie das **Kegel-** und das **Kuppeldach.** Eine moderne D.form ist das durchhängende oder gekrümmte **Hängedach.**

Dachkonstruktionen aus Holz, Stahlbetonfertigteilen, Stahl oder Leichtmetall und Stahl- bzw. Spannbeton. Zimmermannsmäßige D.konstruktionen sind das Sparren-D. und das Pfetten-D. Beim **Sparrendach** dienen je zwei durch Scherzapfen verbundene Sparren und ein Deckenbalken (D.balken) als Träger und bilden verschiebbare Dreiecksverbände. Beim **Pfettendach** liegen die mit Scherzapfen verbundenen Sparren auf parallel zum First verlaufenden Balken, den *Pfetten* (nicht tragend, sondern von Stuhlsäulen unterstützt; Queraussteifung durch Streben und Zangen). Auf die D.sparren werden außen die D.schalung bzw. die D.latten aufgenagelt, auf die dann die D.deckung kommt. Zur Überdachung sehr großer Räume werden Fachwerkkonstruktionen angewendet. Bei Stahlbetonbauten werden Wände und D. aus demselben Baustoff hergestellt. Hier ist v. a. das sehr wirtsch. **Schalendach** eine moderne Ausführungsart. Man unterscheidet Tonnen- und Schedschalen sowie einfach und doppelt gekrümmte Schalen. Mit doppelt gekrümmten Schalen können größte Kuppelbauten aus Spannbeton ausgeführt werden. D.konstruktionen aus Spannbeton werden für bes. große Spannweiten oder für weit auskragende Überdachungen (z. B. von Stadiontribünen) verwendet.

📖 *Meyer-Bohe, W.: Dächer. Stg. ³1979.*

◆ Gebirgsschichten, die unmittelbar über einem Abbauraum anstehen.

Dachau, Krst. in Bayern, am N-Rand des Dachauer Mooses, 505 m ü. d. M., 33 300 E. Bezirksmuseum; u. a. Kipper- und Fahrzeugbau. - 805 erstmals erwähnt; seit 1937 Stadt. Am Ortsrand befand sich eines der ersten nat.-soz. KZ (seit 1933; seit 1940 mit zahlr. Außenstellen). 1933–45 waren im KZ rd. 200 000 Menschen interniert, von denen zw. 1940/45 mindestens 34 000 umkamen. - Pfarrkirche (1625); Gedenkstätten beim KZ: Karmelitinnenkloster Kapelle der Todesangst Christi (1960), Sühnekloster Hl. Blut (1963/64), jüd. Gedenkstätte (1964), ev. Versöhnungskirche (1965–66).

D., Landkr. in Bayern.

Dachauer Moos, Niedermoorgebiet zw. Amper und Isar, auf der Münchner Ebene, Bayern, kultiviert seit etwa 1800.

Dachdeckung, die auf der Dachkonstruktion liegende, zur Abdichtung des Gebäudeinneren gegen Witterungseinflüsse dienende Dachhaut; auch Bez. für das Aufbringen dieser Dachhaut. Man unterscheidet *ableitende D.* (mit Dachziegeln u. a.) und *abdich-*

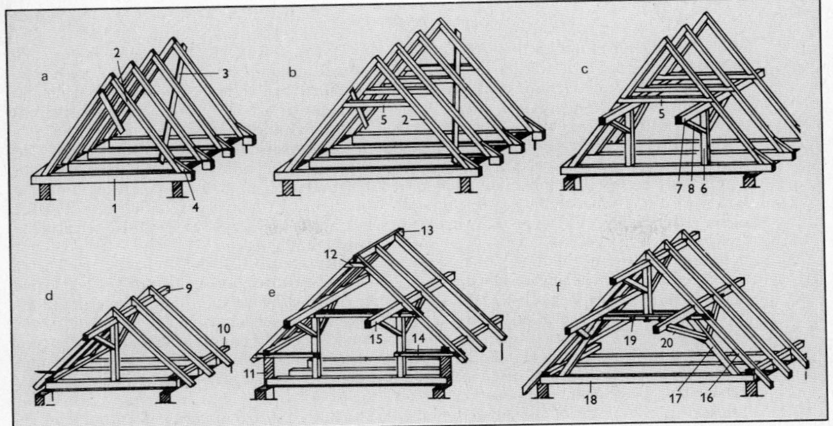

Dachkonstruktionen (oben). a Sparrendach, b einfaches Kehlbalkendach, c Kehlbalkendach mit zweifach stehendem Stuhl, d einfaches Pfettendach, e Pfettendach mit zweifach stehendem Stuhl, f Pfettendach mit zweifach liegendem Stuhl. 1 Dachbalken, 2 Sparren, 3 Windrispe, 4 Aufschiebling, 5 Kehlbalken, 6 Stuhlsäule (Stiel, Pfosten), 7 Rähm (Seitenpfette), 8 Bug, 9 Firstpfette, 10 Fußpfette, 11 Drempel (Kniestock), 12 einfache Zange, 13 Firstlatte (Firstbohle), 14 Doppelzange, 15 Mittelpfette, 16 Bindersparren, 17 Strebe, 18 Binderbalken (Bundbalken), 19 Zangen, 20 Schwenkbug

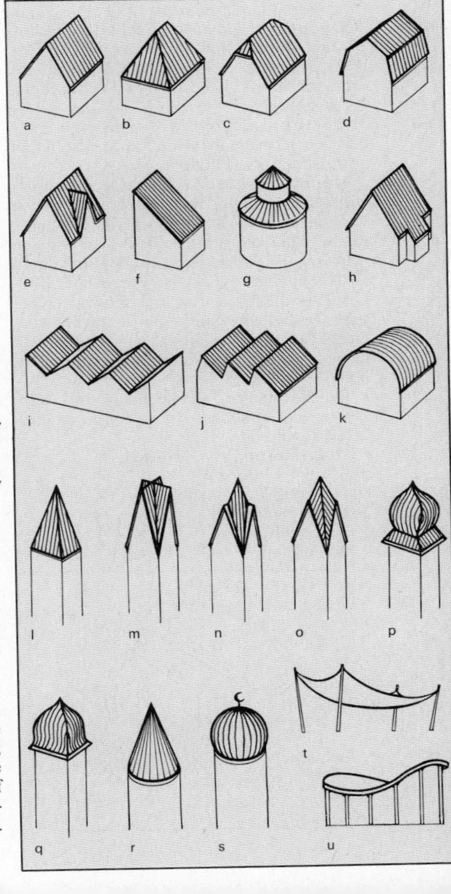

Dachformen (Mitte). a Satteldach (Giebeldach), b Walmdach, c Krüppelwalmdach (Schopfwalmdach), d Mansardgiebeldach, e Zwerchdach, f Pultdach, g Ringpultdach, h Schleppdach, i Grabendach, j Scheddach (Sägedach), k Tonnendach (Bogendach), l Zeltdach (Pyramidendach), m Kreuzdach, n Rhombendach, o Faltdach, p Zwiebeldach (welsche Haube), q Glockendach, r Kegeldach, s Kuppeldach, t durchhängendes und u gekrümmtes Hängedach

tende D. (mit Dachpappe, Folien u. a.); nach dem Material *harte* (aus Dachziegeln, Schiefer u. a.) und *weiche Eindeckungen* (aus Schilfrohr, Holz). Dachziegeleindeckungen sind am weitesten verbreitet.

Bei der *Schiefer-D.* verläuft die Schieferreihung in einem von der Dachneigung abhängigen Winkel; bei der *deutschen D.* werden die Schieferplatten fischschuppenartig verlegt; bei der *engl. D.* werden große, rechteckige Schieferplatten in horizontalen Reihen auf Latten genagelt. Wellplatten aus Asbestzement oder Kunststoff werden aufgeschraubt.

Vorgefertigte Dachplatten aus Bims-, Gas- oder Spannbeton u. a. werden sowohl auf Holz- als auch Stahldachkonstruktionen frei aufliegend verlegt. Dachpappe oder Glasfaservlies wird auf Holz genagelt oder (bei Massivdächern) aufgeklebt. Bei der Metalleindekkung werden Bleche aus Blei, Zink, Kupfer, verzinktem Eisen auf Holzschalungen oder Beton verlegt. Bei Dächern aus Spannbeton dient häufig die tragende Konstruktion gleichzeitig als Dachhaut.

Dachfirst (First, Firstlinie), oberste waagerechte Kante des geneigten Daches.

Dachgaupe (Dachgaube), Dachaufbau für stehendes Dachfenster, z. B. als Giebel-, Walm-, Schlepp-, Fledermausgaupe.

Dachgesellschaft, Gesellschaftsform, meist als AG oder GmbH, die der einheitl. Lenkung und Kontrolle eines Konzerns oder Trusts dient; besitzt regelmäßig Beteiligungen (oft mit Kapitalmehrheit) an den ihr angeschlossenen Unternehmen.

Dachhaut, äußerste Schicht des Daches.

Dachpappe, mit Teer oder Bitumen getränkte und beschichtete Rohfilzpappe, die mit Sand, Kies o. ä. bestreut ist; Verwendung als Dachbelag.

Dachreiter, schlankes, oft hölzernes Türmchen auf dem Dachfirst, v. a. Bestandteil von Zisterzienserkirchen.

Dachs (Meles), Gatt. der Marder mit der einzigen Art **Meles meles** in großen Teilen Eurasiens; etwa 70 cm körperlang, plump, relativ kurzbeinig, mit 15–20 cm langem Schwanz; Haarkleid dünn, mit langen, harten Grannenhaaren und wenig Unterwolle; Rükken grau, Bauchseite bräunl.-schwarz, Kopf schwarzweiß gezeichnet, sehr langschnäuzig; gräbt einen Erdbau mit zahlr. Ausgängen an lichten Waldrändern oder Feldgehölzen; Allesfresser. - Abb. S. 56.

Dachsbracke, aus hochläufigen ↑Brakken gezüchtete Rasse bis etwa 40 cm schulterhoher Jagdhunde.

Dachshund, svw. ↑Dackel.

Dachziegel. 1 Biberschwanz, 2 Nonne, 3 Mönch, 4 Flachdachpfanne, 5 Klosterpfanne, 6 Firstziegel

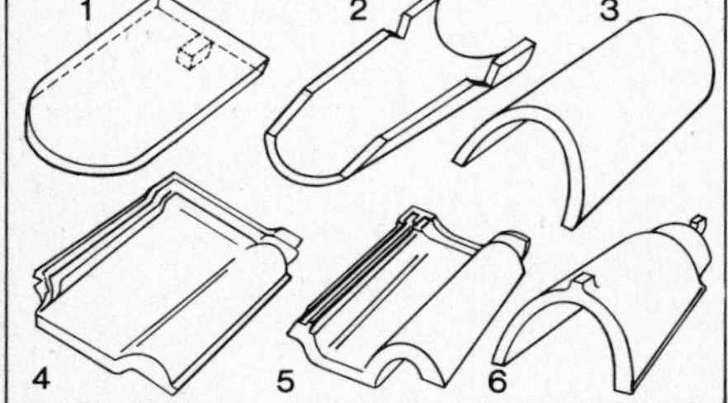

Dachstein, Hochgebirgsstock in den Nördl. Kalkalpen, Österreich, zw. dem Pötschenpaß im N und der Ramsau (Ennstal) im S, im Hohen D. 2 995 m hoch, mit Karrenfeldern, Höhlen und kleineren Gletschern.

Dachsteinhöhlen, Höhlensystem im Dachstein, sö. von Hallstatt, Österreich; am bekanntesten die 25 km lange **Mammuthöhle** (in mehreren Stockwerken, 800 bzw. 1 800 m erschlossen) und die 2 km lange **Rieseneishöhle** (Eisbildungen).

Dachstuhl ↑Dach.

Dachziegel, aus Lehm oder Ton geformte, durch Brennen verfestigte, wasserundurchlässige Bauelemente zur Eindeckung von Steildächern; man unterscheidet der Form nach Flach-, Hohl- und Falzziegel. Zu den ebenen **Flachziegeln** gehören *Biberschwanz* sowie *Schwalbenschwanzziegel.* Zu den **Hohlziegeln** *(Pfannen)* mit stark gekrümmten Flächen zählen: 1. rinnenförmige, kon. *Nonnen-* oder *Rinnenziegel* und *Mönch-* oder *Deckziegel;* 2. S-förmig gekrümmte *Hohlpfannen* mit rechts- oder linksseitiger Krempe, die über den Nachbarziegel greift (beiderseitige Krempe bei *Doppelkremper*). 3. *First-* und *Gratziegel* zur Eindeckung der Firste und Grate. Zu den **Falzziegeln** (ebene oder gekrümmte Querschnitte; einfache oder doppelte Falze am Kopf und/oder an den Seiten) zählen: 1. die flache *Falzplatte* und die hohlpfannenförmige *Flachdachpfanne* (beide mit doppelten Kopf- und Seitenfalzen, für flachere Dachneigungen geeignet); 2. die schwach gewölbten *Flachdachziegel* und *Flachpfannen;* 3. die mit zwei muldenförmigen Vertiefungen sowie zwei Kopf- und Seitenfalzen versehenen *Muldenfalzziegel;* 4. die *Klosterpfannen*, kombinierte Mönch-Nonnen-Ziegel mit Kopf- und Seitenfalz.

Dacia ↑Dakien.

Dacier, Anne [frz. da'sje], geb. Tanneguy-Lefebvre, * Saumur im März 1654, † Paris 17. Aug. 1720, frz. Gelehrte. - Zahlr. Klassikerausgaben, -übersetzungen und -kommentare (Anakreon, Aristophanes, Plautus, Terenz, „Ilias" und „Odyssee").

Dackel [urspr. oberdt. für Dachshund] (Dachshund, Teckel), urspr. bes. zum Aufstöbern von Fuchs und Dachs im Bau gezüchtete Rasse bis 27 cm schulterhoher, sehr kurzbeiniger ↑Bracken; mit zieml. langgestrecktem Kopf, Schlappohren, langem Rücken und langem Schwanz; nach der Haarbeschaffenheit unterscheidet man: **Kurzhaardackel** (Haare kurz, anliegend), **Langhaardakkel** (Haare lang, weich, glänzend), **Rauhhaardackel** (Haare rauh, etwas abstehend, v. a. an Schnauze und Augenbrauen verlängert).

Dacko, David [frz. da'ko], * 1930, zentralafrikan. Politiker. - 1959–66 Min.präs., 1960–66 gleichzeitig auch Präs. der Zentralafrikan. Republik; durch Militärputsch entmachtet, ab Sept. 1969 unter Hausarrest; seit 1976

persönl. Berater des Präs. und späteren Kaisers Bokassa und nach einem Putsch im Sept. 1979 dessen Nachfolger als Staatspräs.; im Sept. 1981 durch Militärputsch gestürzt.

da Costa, Gabriel, jüd. Religionsphilosoph, ↑Acosta, Uriel.

Dacron ® [Kw.], eine Polyesterfaser.

Dactylus [griech.], svw. ↑Finger.

Dada [frz.; zu kindersprachl. dada „Pferd"], internat. Kunst- und Literaturrichtung, entstanden unter dem Eindruck des 1. Weltkrieges. In Zürich (1916–18) fanden sich H. Arp, H. Ball, R. Huelsenbeck, M. Janco, T. Tzara u.a., deren Gemeinsamkeit v.a. in einer künstler.-polit. Haltung bestand. Ihr „Cabaret Voltaire" war Podium des Protestes gegen den „Wahnsinn der Zeit" (Arp); für „die grandiosen Schlachtfeste und kannibal. Heldentaten" (Ball) machte man das (Bildungs)bürgertum verantwortl. Dessen Kunstformen und ästhet. Wertmaßstäbe wurden deshalb für ungültig erklärt und provokative Anti-Programme mit Geräuschkonzerten, Lautgedichten, Textzusammenschnitten (Montagen) usw. veranstaltet. Dabei ließen die Dadaisten den Zufall walten, ebenso z.B. auch in der Namenswahl (Zufallsfund im Wörterbuch) oder bei den beliebten unkonventionellen Materialmontagen und Collagen. Ein bes. auffallendes Motiv der Kunst war die zeitkrit. Darstellung des Menschen als Maschine. Der *Berliner D.* (1918–20 mit Huelsenbeck, den Brüdern Herzfeld [Künstlernamen: W. Herzfelde und J. Heartfield], G. Grosz, R. Hausmann, H. Höch, W. Mehring und J. Baader) praktizierte in den Veranstaltungen des „Club D.", einer „Internat. D.-Messe" (Juni 1920) und der von Hausmann hg. Zeitschrift „Der D." eine zw. anarchist. und kommunist. Argumentation pendelnde Spielart. Der *Kölner D.* (1919/20 mit M. Ernst, J. Baargeld und Arp) gipfelte in der polizeil. geschlossenen Ausstellung „D.-Vorfrühling" im April 1920, die dann doch gezeigt werden durfte („D. siegt"). In Hannover und später Norwegen proklamierte K. Schwitters eine D.version, der er den Namen „Merz" gegeben hatte. Der *Pariser D.* (mit Tzara, Arp, L. Aragon, A. Breton, P. Éluard u.a.) ging im Surrealismus auf. - Abb. S. 57.

📖 *Huelsenbeck, R.: En avant D. Zur Gesch. des Dadaismus. Hamb. [3]1984. - Hansmann, R.: Am Anfang war D. Stg. [2]1980. - Philipp, E.: Dadaismus. Mchn. 1980.*

Dädalus [griech. „der Kunstfertige"] (Daidalos), in der griech. Mythologie kunstreicher Handwerker, Erfinder u. Baumeister. Wegen der Ermordung seines Neffen und Lehrlings Talos (oder Perdix) muß er nach Kreta zu König Minos fliehen, in dessen Auftrag er bei Knossos das Labyrinth als Wohnstätte des Minotauros erbaut. D. wird zus. mit seinem Sohn Ikarus gefangengehalten, entkommt jedoch und verläßt die Insel mit Hilfe kunstvoller Flugmaschinen, die er für sich und seinen Sohn verfertigt hat. Dieser stürzt bei der nach ihm ben. Insel Ikaria in die Ägäis. Nach röm. Sagenversion landet D. bei Cumae in Unteritalien.

Daddi, Bernardo, * Florenz zw. 1290/95, † um 1350, italien. Maler. - Führte den von Duccio geschaffenen Typus des „Andachtsbildes" in Florenz ein. Bed. Tafeln kleinen Formates, z.B. „Thronende Maria zw. Engeln und Heiligen" (1334; Uffizien).

Dadra and Nagar Haveli [engl. 'dædrə ənd 'nægə hə'vɛlɪ], zweitkleinstes der Unionsterritorien Indiens, 491 km², 104 000 E (1981). Am S-Ausgang des Golfes von Cambay gelegen; Hauptstadt Silvassa.

Daffinger, Moritz Michael, * Wien 25. Jan. 1790, † ebd. 22. Aug. 1849, östr. Miniaturmaler. - Bevorzugter Porträtist des östr. Hofes und Adels.

Dafni, griech. Gemeinde 10 km westl. von Athen, mit ehem. Klosterkirche (um 1080), einer Kreuzkuppelkirche mit auf 8 Wandpfeilern ruhendem Gewölbe (1960 restauriert); im Innern bed. Goldmosaiken (um 1100; z.T. restauriert).

Dafydd ap Gwilym [walis. 'davɪð ab 'gwɪlɪm], * Bro Gynin (Cardiganshire) zw. 1320/40, † zw. 1380/1400, walis. Dichter. - Wegweisend seine Wahl der [mittel]walis. gebildeten Umgangssprache für seine Natur- und Liebeslyrik; zählt zu den großen Dichtern des europ. MA.

DAG, Abk. für: ↑**D**eutsche **A**ngestellten-**G**ewerkschaft.

Dagens Nyheter [schwed. „Tagesneuigkeiten"], schwed. Zeitung, ↑Zeitungen (Übersicht).

Dagerman, Stig Halvard, eigtl. Jansson, * Älvkarleby bei Uppsala 5. Okt. 1923, † Danderyd bei Stockholm 4. Nov. 1954 (Selbstmord), schwed. Schriftsteller. - Im Mittelpunkt seines erzähler. und dramat. Werks stehen Menschen in verzweifelten Situationen, u.a. „Spiele der Nacht" (Nov., 1947), „Schwed. Hochzeitsnacht" (R., 1949).

Dagestan ↑Orientteppiche (Übersicht).

Dagestanische ASSR (Dagestan), autonome Sowjetrepublik innerhalb der RSFSR, zw. dem Großen Kaukasus im W und dem Kasp. Meer im O, 50 300 km², 1,72 Mill. E (1984), v.a. Awaren, Lesgier, Russen, Kalmücken u.a.; Hauptstadt Machatschkala. - Übergang vom kontinentalen zum subtrop. Klima. Häufig Gebirgssteppenvegetation, im N Halbwüstenvegetation. - In geschützten Tälern und an Gebirgsflanken Wein- und Obstanbau, im Gebirgsvorland Anbau von Gemüse, ferner Weizen, Mais und Sonnenblumen. Schafzucht oft als Wanderweide. - Erdöl- und Erdgasfelder (als Grundlage der Ind.) am Küstensaum des Kasp. Meeres.

Geschichte: Seit dem 4. Jh. gehörten die hier

siedelnden Völkerschaften zur Stammesvereinigung der Albaner. Im 4./5. Jh. Unterwerfung durch die Hunnen; Eindringen der Araber im 7. Jh. (Ausbreitung des Islams); Anschluß an Rußland 1813; Bildung der D. ASSR am 20. Jan. 1921.

Dagmar, weibl. Vorname, der um 1900 aus dem Dän. übernommen wurde.

Dagö (estn. Hiiumaa), zweitgrößte estn. Ostseeinsel, 965 km², Hauptort Kärdla; bis 54 m ü. d. M., im Inneren Moore und Wald. - Seit 1237 im Besitz des Dt. Ordens; 1560 dän., 1582 schwed. und 1721 russ.; kam 1920 zur Rep. Estland.

Dagoba [singhales.], Bez. für den ↑Stupa auf Sri Lanka.

Dagobert, alter männl. Vorname aus kelt. und althochdt. Bestandteilen („Dago-" gehört vermutl. zu kelt. *dago-* „gut"; „bert" ist althochdt. *beraht* „glänzend").

Dagobert, Name fränk. Könige aus dem Hause der Merowinger:

D. I., * zw. 605 und 610, † 19. Jan. 639. - Sohn Chlothars II.; 623 König von Austrien, seit 629 des Gesamtreiches; mußte 633/634 in Austrien seinen Sohn Sigibert III. als König einsetzen.

D. II., * 652, † 678 (679?) (ermordet). - Sohn Sigiberts III.; von Grimoald, dem Sohn Pippins d. Ä., der in einem Staatsstreich seinen eigenen Sohn, Childebert, zum König erhob, 662 nach Irland verbannt; 676 vom austras. Adel zurückgeholt.

Dagover, Lil [...vər], eigtl. Marie Antonia Sieglinde Marta Seubert, in 1. Ehe verh. Daghofer, * Madiun (auf Java) 30. Sept. 1887, † Grünwald bei München 23. Jan. 1980, dt. Schauspielerin. - Zunächst Star des dt. Stummfilms; 1931 von M. Reinhardt zu den Salzburger Festspielen engagiert; seither Engagements u. a. an Berliner Bühnen; zahlr. Filmrollen, u. a. „Die Buddenbrooks" (1959), „Die seltsame Gräfin" (1961).

Daguerreotypie [dagɛro...; frz./griech.], 1837 von dem frz. Maler J. Daguerre (* 1787, † 1851) erfundenes photograph. Verfahren; eine Silber- oder versilberte Kupferplatte mit einer lichtempfindl. Silberjodidschicht wird in der Camera obscura längere Zeit belichtet. Beim Entwickeln mit Quecksilberdämpfen scheidet sich an den vom Licht getroffenen Stellen nach Maßgabe der Belichtung ein weißer Niederschlag von Quecksilber ab. Nichtbelichtetes Silberjodid wird durch Fixieren in Natriumthiosulfat entfernt. Man erhält ein positives seitenverkehrtes Bild. - Als D. bezeichnet man auch das nach diesem Verfahren hergestellte Lichtbild.

Dachs

Dahl, Johan Christian Clausen, * Bergen 24. Febr. 1788, † Dresden 14. Okt. 1857, norweg. Maler. - Zus. mit seinem Freund C. D. Friedrich sowie C. G. Carus Vertreter der romant. Landschaftsschule in Dresden; neigte jedoch mehr zum Realismus als diese; Lehrer u. a. von K. Blechen und T. Fearnley.

Dahläkarchipel, äthiop. Inselgruppe im Roten Meer, 2 große und über 100 kleine, meist unbewohnte Inseln.

Dahlem, Franz, * Rohrbach (Lothringen) 14. Jan. 1892, † Berlin (Ost) 17. Dez. 1981, dt. Politiker (DDR). - Seit 1920 Mgl. der KPD (seit 1928 Mgl. des ZK); 1928–33 MdR; nach 1933 Emigrant; Teilnehmer am Span. Bürgerkrieg; 1941–45 im KZ Mauthausen; gehörte als Kaderleiter der KPD bzw. SED in der SBZ bzw. DDR bis 1952 den höchsten Parteigremien an; 1953 aller Parteifunktionen enthoben; 1956 rehabilitiert; 1957 erneut Mgl. des ZK.

Dahlerus, Birger, * Stockholm 6. Febr. 1891, † ebd. 8. März 1957, schwed. Industrieller. - Als Bekannter H. Görings übermittelte er 1939, kurz vor Kriegsausbruch, zw. Großbrit. und Deutschland persönl. Botschaften, die neben den offiziellen diplomat. Verhandlungen herliefen und zur friedl. Lösung der poln. Frage beitragen sollten.

Dahlie [nach dem schwed. Botaniker A. Dahl, * 1751, † 1780] (Georgine, Dahlia), Gatt. der Korbblütler mit etwa 15 Arten in den Gebirgen Mexikos und Guatemalas; Stauden mit spindelförmigen, knollig verdickten, gebüschelten Wurzeln, gegenständigen, fiederteiligen Blättern und großen, flachen, verschiedenfarbenen Blütenköpfchen. Die nicht winterharten **Gartendahlien** (Dahlia variabilis) sind beliebte Garten-, Schnitt- und Topfblumen. Kultiviert werden Sorten mit ungefüllten, halbgefüllten und gefüllten Blütenköpfchen.

Dahlke, Paul, * Streitz (Pommern) 12. April 1904, † Salzburg 24. Nov. 1984, dt. Schauspieler. - 1933–44 Engagement am Dt. Theater Berlin, danach in München; bekannt durch zahlr. Film- und Fernsehrollen.

Dahlmann, Friedrich Christoph, * Wismar 13. Mai 1785, † Bonn 5. Dez. 1860, dt. Politiker und Historiker. - 1812 Prof. in Kiel, seit 1829 in Göttingen, 1837 als Führer der ↑Göttinger Sieben des Landes verwiesen; 1842 Prof. in Bonn; trat als einer der Führer der kleindt. Partei in der Frankfurter Nationalversammlung hervor; wurde zum geistigen Vater der preuß. Schule in der dt. Historiographie, die eine kleindt. Lösung unter preuß. Hegemonie propagierte. Sein Hauptwerk ist „Quellenkunde der dt. Geschichte" (1830, fortgesetzt von G. Waitz u. a., [10]1969 ff., 5 Bde., Reg.-Bd.).

Dahn, Felix, * Hamburg 9. Febr. 1834, † Breslau 3. Jan. 1912, dt. Schriftsteller. - Prof. für Rechtswiss. in Würzburg, Königsberg (Pr) und Breslau; schrieb u. a. „Kleine Romane aus der Völkerwanderung" (13 Bde., 1882–1901) und den Roman „Ein Kampf um Rom" (4 Bde., 1876) über den Untergang des Ostgotenreichs.

Dahn, Stadt in Rhld.-Pf., im **Dahner Felsenland,** einer durch bizarre Felsen ausgezeichnete Landschaft zw. Queich und Wieslauter, 202 m ü. d. M., 4600 E. Schuh- und Holzind.; Fremdenverkehr. - D. entstand wohl im 10. Jh.; seit 1963 Stadt.

Dahoma ↑ Hölzer (Übersicht).

Dahome (frz. Dahomey [frz. daɔ'mɛ]), ehem. Reich an der Guineaküste, östl. des Reiches der Aschanti; seit Mitte des 17. Jh. ein Staatswesen, in dem eine Anzahl verwandter Stämme zusammenlebte; Militärdespotie; konnte seine Stellung bis zur Eroberung durch die Franzosen (1894) behaupten.

Dahomey [da(h)o'me:] ↑ Benin.

Dahrendorf, Ralf, * Hamburg 1. Mai 1929, dt. Soziologe und Politiker. - Seit 1958 Prof. in Hamburg, 1960 in Tübingen, 1966 in Konstanz; 1967–70 Präs. der Dt. Gesellschaft für Soziologie; seit 1974 Direktor der London School of Economics; bis 1960 Mgl. der SPD, trat 1967 in die FDP ein; 1969/70 als MdB parlamentar. Staatssekretär im Außenmin., 1970–74 dt. Vertreter bei der Kommission der Europ. Gemeinschaften in Brüssel; seit 1982 Vorstandsvors. der Friedrich-Naumann-Stiftung. Wiss. Arbeiten v. a. im Bereich der theoret. Soziologie, zur polit. Soziologie, zur Ind.- und Bildungssoziologie.

Dahschur [dax'ʃu:r], altägypt. Ruinenstätte auf dem Westufer des Nils, 25 km südl. von Kairo, mit zwei Pyramiden des Königs Snofru, ferner drei Pyramiden der 12. Dynastie aus Nilschlammziegeln.

Daidalos ↑ Dädalus.

Dáil Éireann [engl. daɪl'ɛərən], Name des Unterhauses der Republik ↑ Irland.

Daily Express [engl. 'dɛɪlɪ ɪks'prɛs „tägl. Expreß"], brit. Zeitung, ↑ Zeitungen (Übersicht).

Daily Mail [engl. 'dɛɪlɪ 'mɛɪl „Tagespost"], brit. Zeitung, ↑ Zeitungen (Übersicht).

Daily Mirror [engl. 'dɛɪlɪ 'mɪrə „Tagesspiegel"], brit. Zeitung, ↑ Zeitungen (Übersicht).

Daily Telegraph, The [engl. ðə 'dɛɪlɪ 'tɛlɪgrɑ:f „Tägl. Telegraph"], brit. Zeitung, ↑ Zeitungen (Übersicht).

Dada. Raoul Hausmann, ABCD (Ausschnitt; 1923). Privatbesitz

Daily-Telegraph-Affäre [engl. 'dɛɪlɪ 'tɛlɪgrɑ:f], Verfassungskrise, ausgelöst durch ein von der Londoner Zeitung „The Daily Telegraph" am 28. Okt. 1908 veröffentlichtes Interview mit Kaiser Wilhelm II., das in verfassungsmäßig korrekter Form Reichskanzler und Auswärtigem Amt vorgelegt worden war. Die Äußerungen wurden in Großbrit. als Provokation, in Deutschland als Ausdruck des „persönl. Regiments" scharf kritisiert. Die Affäre trug dazu bei, die Schwäche des monarch. Regiments sichtbar zu machen und die Tendenz zur Parlamentarisierung des dt. Verfassungslebens zu stärken.

Daimio, in Japan Bez. für die dem Ritterstand (Buke) angehörenden Großgrundbesitzer; hatten in ihren Gebieten die Gerichtshoheit und übten Zivil- sowie Militärverwaltung aus.

Daimler, Gottlieb [Wilhelm], * Schorndorf 17. März 1834, † Stuttgart-Bad Cannstatt 6. März 1900, dt. Maschineningenieur und Erfinder. - Entwickelte 1872 bei der Gasmotorenfabrik Deutz den Otto-Viertaktmotor zur Serienreife, 1882 mit W. Maybach in Cannstatt einen kleinen, schnellaufenden Fahrzeugmotor (Benzinmotor mit Glührohrzündung). In weiterentwickelter Form baute D. ihn 1885 erstmals in ein zweirädriges Holzgestell, 1886 in eine Kutsche und ein Boot ein. Schuf 1892 den Zweizylinder-Reihenmotor, baute seit 1899 auch Vierzylindermotoren.

Daimler-Benz AG, dt. Konzern des Kfz.- und des Motorenbaus, Sitz Stuttgart, 1926 durch Zusammenschluß der **Daimler-Motoren-Gesellschaft** (gegr. 1890 in Cannstatt) und der **Benz & Cie., Rhein. Gasmotorenfabrik Mannheim** (gegr. 1883, seit 1899 AG) entstanden; seit 1900 Verwendung des Namens **Mercedes** (nach dem Vornamen der Tochter von E. Jellinek, der die Konstruktion eines Daimler-Rennwagens anregte, der 1899 in Nizza siegte).

Dainos [litauisch], altlitauische anonyme Volkslieder; den D. verwandt sind die lett. **Dainas.**

Daisne, Johan [frz. dɛn], eigtl. Herman Thiery, * Gent 2. Sept. 1912, † Brüssel 9. Aug. 1978, fläm. Schriftsteller. - Seine Romane und Novellen spielen in Traumwirklichkeiten („mag. Realismus"); u. a. „Die Treppe von Stein und Wolken" (R., 1942), „Der Mann, der sein Haar kurz schneiden ließ" (R., 1948).

Daisy ['de:zi, engl. 'dɛɪzɪ], aus dem Engl. übernommener weibl. Vorname; eigtl. „Maßliebchen, Gänseblümchen".

Dajak, zusammenfassender Name der altmalaiischen Stämme auf Borneo. Die Dörfer liegen an Flüssen und bestehen z. T. aus bis zu 200 m langen, rechteckigen Pfahlbauten, in denen verwandte Familien zusammenwohnen. Weitverbreitet ist die Ahnenverehrung; früher kam Kopfjagd vor.

DAK, Abk. für: **D**eutsche **A**ngestellten-**K**rankenkasse.

Dakar, Hauptstadt der Republik Senegal, im W der Halbinsel Kap Vert, 979 000 E. Wirtschafts-, Kultur- und Verkehrszentrum des Landes; Sitz eines kath. Erzbischofs, Univ. (gegr. 1957), Institut Fondamental d'Afrique Noire, ozeanograph. Inst., Museen, Nationaltheater mit Nationalballett. V. a. Nahrungsmittelind., kunststoffverarbeitende sowie Textilind. Wichtigster Hafen des Landes; auch Fischereihafen mit großen Kühlanlagen; Eisenbahn ins Landesinnere; internat. ✈. - 1857 gegr., seit 1904 Hauptstadt von Frz.-Westafrika, seit 1958 von Senegal.

Daker (lat. Daci; Geten), indogerman. Volk, nördlichster Zweig der thrak. Volksgruppe; bewohnten seit dem 2. Jt. v. Chr. im Donau-Karpaten-Raum ein Gebiet, das etwa dem heutigen Rumänien entsprach.

Dakien (lat. Dacia; Dazien), Bez. der Gebiete zw. Donau, Theiß und Karpatenbogen, die seit dem 2. Jt. v. Chr. von den Dakern bewohnt wurden; von Trajan in zwei schweren Kriegen (101/102, 105/106) erobert, seit 106 röm. Prov. 271 unter dem Druck der Goten und freien Daker aufgegeben.

Dakisch, die indogerman. Sprache der thrak. Daker, die in der Antike im NO-Balkanraum (etwa dem heutigen Rumänien) gesprochen wurde und sehr nahe mit dem Thrakischen verwandt ist; D. ist nur aus spärl. Überresten bekannt.

Dakoromanismus [nlat.], rumän. Nationalbewegung, im 18. Jh. entstanden; propagierte 1848/49 die Schaffung eines „Großdak. Reiches" (Großrumänien); erreichte in den Friedensverträgen 1919/20 ihr Ziel.

Dakota, größte Gruppe der Siouxstämme im nördl. Prärie- und Plainsgebiet; urspr. seßhaft, betrieben Feldbau, gingen erst nach der Entstehung des nomad. Präriekriegertums teilweise zur Bisonjagd über.

Dakota Territory [engl. də'koʊtə 'tɛrɪtərɪ], histor. Verwaltungsgebiet der USA, 1861 eingerichtet; durch die Schaffung der Territorien Montana (1864) und Wyoming (1868) reduziert, 1889 in North Dakota und South Dakota aufgeteilt.

Dakryoadenitis [griech.], svw. ↑Tränendrüsenentzündung.

Dakryozystitis [griech.], svw. ↑Tränensackentzündung.

Daktyliothek [griech.], Sammlung von Gemmen, Kameen u. ä.

Daktylologie [griech.], Finger- und Gebärdensprache der Taubstummen und Gehörlosen.

Daktyloskopie [griech.], die Wiss. vom Hautrelief der Finger (allg. der inneren Handflächen und der Fußsohlen). Jeder Mensch hat eine für ihn charakterist., während des ganzen Lebens unveränderl. Struktur der Hautleisten an den Innenhandflächen und den Fußsohlen. Dies ließ die D. zu einer wichtigen kriminalist. Methode zur Erkennung und Überführung von Straftätern werden.

Daktylus [griech.], antiker Versfuß der

Daktyloskopie. Wirbel, Schleife und Bogen (von links) bildende Tastlinien in Fingerabdrücken

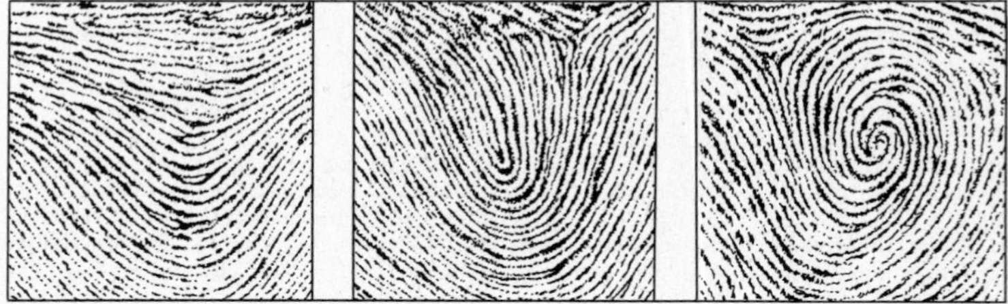

Form –́⏑⏑, mit Zusammenziehung der Senkung –́ – (↑Spondeus).

Dal, Wladimir Iwanowitsch, Pseud. Kasak Luganski, * Lugansk (= Woroschilowgrad) 22. Nov. 1801, † Moskau 4. Okt. 1872, russ. Schriftsteller. - Verf. folklorist. Skizzen; Hg. einer Sammlung von etwa 30 000 Sprichwörtern (1861/62) und des ersten erläuternden Wörterbuches der russ. Sprache (1863–66).

Daladier, Édouard [frz. dala'dje], * Carpentras (Vaucluse) 18. Juni 1884, † Paris 10. Okt. 1970, frz. Politiker. - 1919–58 Abg., gehörte zum linken Flügel der Radikalsozialist. Partei, 1927–31 deren Vors.; seit 1924 mehrfach Min.; 1933, 1934 sowie 1938–40 Min.präs.; betrieb zunächst eine Politik des Appeasements gegenüber Deutschland (Unterzeichnung des Münchner Abkommens); erklärte Deutschland 1939 den Krieg; 1940 verhaftet und vor Gericht gestellt; 1943–45 in Deutschland interniert; 1947–54 Präs. der Linksrepublikan. Sammlungsbewegung; 1953 bis 1958 Bürgermeister in Avignon; 1956–58 Fraktionsvors., 1957/58 Präs. der Radikalsozialist. Partei.

Dalai Lama [zu mongol. dalai „Ozean (des gelehrten Wissens)" und tibet. bla-ma „der Obere"], Titel des bedeutendsten tibet. Priesterfürsten im hierarch. System des ↑Lamaismus. Nach der Lehre des Buddhismus gilt der D. L. als die sich stets erneuernde Inkarnation eines Bodhisattwa, und zwar als diejenige des Awalokiteschwara. Er residierte in Lhasa. Im März 1959 floh der gegenwärtige 14. D. L. (* 1935, 1940 inthronisiert) vor den Chinesen nach Indien.

Dalälv, längster Fluß Schwedens, hat zwei Quellflüsse, **Västerdalälv** und **Österdalälv.** Der Västerdalälv entspringt an der norweg. Grenze, ist 183 km lang; der Österdalälv entspringt in Norwegen, durchfließt u. a. den Siljansee, ist 270 km lang und vereinigt sich bei Gagnef mit dem Västerdalälv. Der D. selbst ist 185 km lang und mündet bei Älvkarleby in den südl. Bottn. Meerbusen.

Dalarna, histor. Prov. im Übergangsbereich zw. M- und N-Schweden mit breiten Tälern und großkuppigen, meist bewaldeten Höhen. Die Wirtschaft basiert auf dem Bergbau (Kupfer und Eisen) und auf der Nutzung der großen Wälder; Fremdenverkehr; eigenständige Volkskunst, die sich sowohl in der Holzarchitektur als auch in Trachten und in der Gebrauchskunst bewahrt hat.

Dalasi, Abk.: D; Währungseinheit in Gambia; 1 D = 100 Bututs (b).

Dalayrac, Nicolas [frz. dalɛ'rak] ↑Alayrac, Nicolas d'.

Dalben [niederl.] (Duckdalben), Bündel von Pfählen, die, in den Meeres- oder Hafenboden gerammt, zum Festmachen von Schiffen und zum Schutz der Einfahrten dienen.

Dalberg, seit 1132 nachweisbares mittelrhein. Uradelsgeschlecht, 1653 in den Reichsfreiherrenstand erhoben; im 17. Jh. Teilung in eine Mainzer (D.-Dalbergsche Linie, 1848 erloschen) und eine Mannheimer Linie (D.-Herrnsheim, 1833 erloschen); bed.:

D., Emmerich Josef Herzog von (seit 1810), * Mainz 30. Mai 1773, † Herrnsheim (= Worms) 27. April 1833, bad. bzw. frz. Diplomat. - Sohn von Wolfgang Heribert Reichsfreiherr von D.; vermittelte die Heirat Napoleons I. mit Erzherzogin Marie Louise; unterzeichnete auf dem Wiener Kongreß die Ächtung Napoleons I., seit 1816 Staatsmin., Pair und Gesandter in Turin.

D., Karl Theodor Reichsfreiherr von ↑Karl Theodor (Reichsfreiherr von Dalberg), Kurfürst von Mainz.

Salvador Dalí, Die Beständigkeit der Erinnerung (1931). New York, Museum of Modern Art

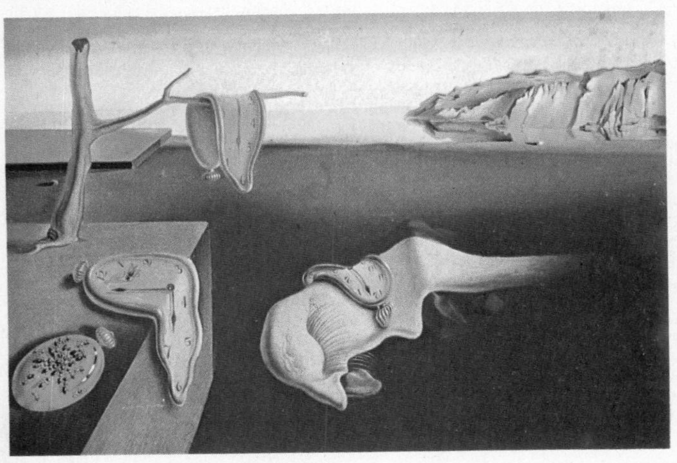

D., Wolfgang Heribert Reichsfreiherr von, * Herrnsheim (= Worms) 13. Nov. 1750, † Mannheim 27. Sept. 1806, Theaterintendant. - Bruder des Kurfürsten Karl Theodor; 1778–1803 Intendant des Mannheimer Nationaltheaters; ließ Schillers erste Dramen uraufführen („Die Räuber" 1782, „Die Verschwörung des Fiesko zu Genua", „Kabale und Liebe" 1784).

Dalbergie (Dalbergia) [nach dem schwed. Arzt N. Dalberg, * 1736, † 1820], Gatt. der Schmetterlingsblütler mit etwa 200 Arten in den Tropen; Bäume oder Sträucher mit unpaarig gefiederten Blättern; einige Arten liefern wertvolle Hölzer (Palisander, Cocobolo, Rosenholz).

d'Albert, Eugen [frz. dal'bɛ:r] ↑ Albert, Eugen d'.

Dalcroze, Émile [frz. dal'kro:z], schweizer. Gymnastikpädagoge, ↑ Jaques-Dalcroze, Émile.

Dale, Sir (seit 1932) Henry Hallett [engl. dɛɪl], * London 5. Juni 1875, † Cambridge 22. Juli 1968, brit. Physiologe und Pharmakologe. - Leiter des Nationalen Instituts für medizin. Forschung in London; erforschte die Wirkungsweise der in der Gynäkologie verwendeten Mutterkornalkaloide; erhielt für die Entdeckung der chem. Übertragung von Nervenimpulsen 1936 zus. mit O. Loewi den Nobelpreis für Physiologie oder Medizin.

d'Alembert, Jean Le Rond [frz. dalã'bɛ:r] ↑ Alembert, Jean Le Rond d'.

Daleminzier, sorb. Stamm, wohnte an der Elbe um Meißen, 929 von König Heinrich I. endgültig unterworfen, der die Burg Meißen als Militärstützpunkt errichtete.

Dalén, Nils Gustaf, * Stenstorp (Västergötland) 30. Nov. 1869, † Stockholm 9. Dez. 1937, schwed. Ingenieur. - Entwickelte ein Gerät zur Erzeugung von Acetylenlichtblitzen *(D.-Blinklicht)* für Leuchtbojen und Leuchtfeuer; 1912 Nobelpreis für Physik.

Dalfinger (Alfinger), Ambrosius, * Ulm vor 1500, † in Venezuela 1532, dt. Konquistador. - Seit 1526 Leiter einer Handelsniederlassung der Welser im heutigen Haiti; erster span.-kastil. Statthalter Venezuelas.

Dalhousie, James Andrew Broun Ramsay [engl. dæl'haʊzɪ], Marquess of (1849), * Dalhousie Castle bei Edinburgh 22. April 1812, † ebd. 19. Dez. 1860, brit. Politiker. - Generalgouverneur von Indien 1848–56; erweiterte den brit. Besitz in Indien durch Annexionen von Fürstentümern, in denen es keine männl. Erben gab.

Dalí, Salvador, * Figueras (Katalonien) 11. Mai 1904, span. Maler. - Kam 1927 nach Paris, 1929–34 Mitglied der Surrealistengruppe, 1940–48 in den USA, lebt in Port-Lligat (= Cadaqués; Costa Brava). Seine in einer virtuos-akadem. Technik ausgeführten, von einer surrealist. Irrationalität getragenen Bildphantasien sind assoziative Darstellungen von traumähnl. Situationen. Die aus bewußt nachvollzogenen, paranoiden Vorgängen gewonnenen Einzelbilder setzt D. in Entfremdung vermittelnde Simultanbilder um. Dabei bedient er sich einer von ihm selbst als „paranoisch-krit." bezeichneten Methode des simulierten Wahnsinns, um seiner Begeisterung für monarchist., religiöse und sexuelle Themen Ausdruck zu verleihen. Zahlr. als skandalös empfundene exzentr. und exhibitionist. Auftritte machten ihn zu einem der meistdiskutierten Künstler des 20. Jh. D. hat Anteil an Buñuels Filmen „Der andalus. Hund" und „L'âge d'or". Zahlr. Schriften, z. B. „La conquête de l'irrationel" (1935), „The secret life of S. D." (1942), „Journal d'un génie" (1964). - Abb. S. 59.

Dalila [da'li:la, dali'la:] ↑ Delila.

Dalimilchronik, alttschech. Reimchronik aus dem 14. Jh., als Verf. wurde fälschl. ein Kanoniker Dalimil aus Ostböhmen angenommen; reicht bis zum Jahr 1310.

Dalin, Olof von, * Vinberg (Halland) 29. Aug. 1708, † Drottningholm bei Stockholm 12. Aug. 1763, schwed. Schriftsteller und Geschichtsschreiber. - Hauptführer der älteren schwed. Aufklärung; schrieb witzige Gelegenheitspoesie, Dramen, Dichtungen im Volkston und verfaßte 1747–62 die erste bed. schwed. Geschichtsdarstellung in schwed. Sprache.

Dall'Abaco, Evaristo Felice, * Verona 12. Juli 1675, † München 12. Juli 1742, italien. Komponist und Violoncellist. - Seine Werke (u. a. Violinsonaten und -konzerte, Concerti grossi) gelten als vollendete Ausprägung des italien. Barock.

Dallapiccola, Luigi, * Pazin (Istrien) 3. Febr. 1904, † Florenz 19. Febr. 1975, italien. Komponist. - Einer der führenden zeitgenöss. Komponisten, in der von ihm verwendeten Zwölftontechnik der Wiener Schule nahe verwandt. Komponierte u. a. Opern („Nachtflug", 1940; „Ulisse", 1968), das geistl. Drama „Job" (1950), das Ballett „Marsia" (1948), Vokal-, Orchesterwerke, Kammer- und Klaviermusik.

Dallas [engl. 'dæləs], Stadt im nördl. Texas, am Trinity River, 901 000 E (Metropolitan Area 2,96 Mill. E). Sitz eines anglikan., eines kath. und eines methodist. Bischofs; zwei Univ. (gegr. 1911 bzw. 1956); eines der führenden Ind.- und Handelszentren im SW der USA; Zentrum eines Baumwollanbau- und Erdölgebietes; Modezentrum; Verkehrsknotenpunkt mit drei ✈. - 1841 gegründet.

dalli! [zu poln. dalej „vorwärts!"], ugs. für: schnell!

Dalmacija [serbokroat. ˌdalma:tsija] ↑ Dalmatien.

Dalmatia, röm. Prov., ↑ Dalmatien.

Dalmatica ↑ Dalmatika.

Dalmatien (serbokroat. Dalmacija), jugoslaw. Landschaft, umfaßt den Küstenstrei-

fen des Adriat. Meeres sowie die über 800 **Dalmatinischen Inseln,** reicht von der Insel Pag im NW bis zur Bucht von Kotor im SO (Luftlinie etwa 400 km, Küstenlinie über 1 000 km). Die Küste, reich an natürl. Häfen, ist durch den jähen Anstieg des Gebirges vom Hinterland stark isoliert. Ledigl. das Tal der Neretva reicht tief ins Binnenland hinein. Bed. ist neben der Landw. (u. a. Reben, Oliven, Feigen, Zitronen, Orangen) der Fischfang und der Fremdenverkehr (zahlr. Seebäder).
Geschichte: Das im 1. Jh. v. Chr. **Dalmatia** bezeichnete Gebiet zw. Cetina und Neretva wurde urspr. von illyr. Dalmatern bewohnt. Die röm. Intervention (ab 229 v. Chr.) endete 9 n. Chr. mit der Errichtung der Prov. Dalmatia. Bei der Teilung des röm. Reiches (395) kam D. zum Westreich, 535 zum Byzantin. Reich. Die seit Ende 6. Jh. einfallenden Slawen und Awaren eroberten im 7. Jh. große Teile. Im 11. Jh. versuchte Venedig, die Küstenstädte zu erobern (später griffen auch Ungarn, Bosnien und Serbien ein); im 15. Jh. wurden die Inseln und Küstenstädte von Venedig beherrscht (bis 1797). Im 16. Jh. eroberten die Osmanen einen Teil von D. 1815 kam es endgültig an Österreich (seit 1816 Kgr.), durch den Vertrag von Rapallo (1920) an Jugoslawien (ohne Zadar [Zara], Rijeka [Fiume] und einige Inseln). Im 2. Weltkrieg annektierte Italien den größten Teil von D., das nach 1945 wieder an Jugoslawien fiel.
🕮 *Stanić, M.: D. Mchn. 1984. - Wilkes, J. J.: Dalmatia. London 1969.*

Dalmatik [lat.], aus der ↑Dalmatika entwickeltes liturg. Gewand aus Seide in den liturg. Farben; in der kath. Liturgie vom Diakon über der Albe, bis 1960 vom Bischof unter der Kasel getragen.

Dalmatika [lat.], röm. (seit dem 2. Jh. n. Chr.?), nach dem vermutl. Herkunftsland Dalmatien bezeichnetes weites Obergewand mit roten Streifen, über der Tunika getragen, reichte bis in Schienbeinhöhe. Gehörte seit dem 3. Jh. zu den christl. liturg. Gewändern; im MA Teil des Krönungsornats.

Dalmatiner (Bengal. Bracke), Rasse bis 60 cm schulterhoher ↑Bracken, gekennzeichnet durch weiße Grundfärbung mit kleinen schwarzen oder braunen Flecken.

Dalmatiner, Wein aus der jugoslaw. Prov. Dalmatien; v. a. schwere, samtige Rotweine: *Dingač, Plavac, Prošec,* Rosé: *Ružica;* Weißwein: trockener *Žilavka.*

Dalmatinische Inseln ↑Dalmatien.

Dalmau, Lluis [katalan. dəl'mau̯], katalan. Maler des 15. Jh. - Nachweisbar 1428–60, schuf die Haupttafel des Altares de los Concelleres (1445; Barcelona, Museo de Arte de Cataluña); Vermittler der fläm. (van Eyck) Kunst nach Spanien.

Daloa, Hauptstadt des Dep. D. der Republik Elfenbeinküste, an der Fernstraße Abidjan-Kankan, 227 m ü. d. M., 70 000 E. Kath. Bischofssitz; Handelsplatz für Kaffee, Kakao; ✈.

Dalou, [Aimé-] Jules [frz. da'lu], * Paris 31. Dez. 1838, † ebd. 15. April 1902, frz. Bildhauer. - Realist. Porträtbüsten, Denkmäler und Reliefs; pathet. ist das Bronzemonument „Der Triumph der Republik“ (1899; Paris, Place da la Nation, Entwurf 1879).

dal segno [italien.], Abk. dal S., Anweisung in der Notenschrift, ein Musikstück „vom Zeichen“ 𝄋 ab zu wiederholen.

Dalsland, histor. schwed. Prov. zw. dem Vänersee im O und Bohuslän im W; größter Ort ist Åmål.

Dalton [engl. 'dɔːltən], Hugh, Lord (seit 1960) D. of Forest und Frith, * Neath (Glamorganshire) 26. Aug. 1887, † London 13. Febr. 1962, brit. Nationalökonom und Politiker. - Seit 1940 Min. für wirtsch. Kriegsführung, seit 1942 Präs. des Board of Trade; 1945–47 Finanzminister.
D., John, * Eaglesfield bei Cockermouth (Cumberland) um den 6. Sept. 1766, † Manchester 27. Juli 1844, brit. Naturforscher. - Erforschte die physikal. Eigenschaften von Flüssigkeiten und Gasen und entdeckte 1803 das später nach ihm benannte Gesetz über den ↑Partialdruck. 1803 stellte er auch seine chem. Atomtheorie auf, deren entscheidend neuer Gedanke war, daß die Atome verschiedener Elemente auch verschiedenes Atomgewicht, aber alle Atome eines Elementes das gleiche Atomgewicht haben.

Daltonismus [nach J. Dalton, der ihn an sich selber beobachtete und als erster beschrieb], Störung des Farbensinns, insbes. bezügl. der Farben Rot und Grün.

Dalton-Modell [engl. 'dɔːltən; nach J. Dalton] ↑Atommodell.

Daltonplan [engl. 'dɔːltən], Bez. einer Unterrichtsmethode, die Helen ↑Parkhurst seit 1903 zunächst für einklassige Volksschulen in Dalton (Mass.) entwickelte, später v. a. in New York auf der von ihr gegr. „Children's University“ anwendete; fand auch in Großbrit., Skandinavien und Japan Resonanz. Der D. ist ein Arbeitsunterricht und eine Vorform des programmierten Unterrichts.

Daltonsches Gesetz [engl. 'dɔːltən; nach J. Dalton] ↑Partialdruck, ↑Stöchiometrie.

Dalwigk, Carl Friedrich Reinhard D., Freiherr zu Lichtenfels, * Darmstadt 19. Dez. 1802, † ebd. 28. Sept. 1880, hess. Politiker. - Seit 1850 Außenmin., Min. des Großherzogl. Hauses und des Innern, 1852–71 Min.präs.; vertrat eine an Maßstäben des Systems Metternichs orientierte reaktionäre Politik; Gegner eines preuß. Führungsanspruchs in Deutschland und einer kleindt. Lösung.

Dam, [Carl Peter] Henrik, * Kopenhagen 21. Febr. 1895, † Kopenhagen 17. April 1976, dän. Biochemiker. - Prof. in Kopenhagen und am Rockefeller-Institut in New York; arbeite-

Damaskus mit der Omaijaden-Moschee

te über Vitamine, Sterine (insbes. Cholesterin), Fette und Lipide sowie über Probleme des Stoffwechsels und der Ernährung. 1934 entdeckte er mit A. E. Doisy das Vitamin K., wofür beide 1943 den Nobelpreis für Physiologie oder Medizin erhielten.

Daman, ehem. kleine portugies. Kolonie an der W-Küste Vorderindiens, 545 km², gehört zu dem ind. Unionsterritorium Goa, Daman and Diu.

Damanhur, ägypt. Stadt im nw. Nildelta, 171 000 E. Verwaltungssitz des Gouvernements Al Buhaira; Pharma- und Textilind.; Baumwoll- und Reismarkt; Bahnknotenpunkt. - Die altägypt. „Stadt des Horus" war in pharaon. Zeit eine polit. und religiös wichtige Stadt.

Damas, Léon-Gontran, * Cayenne (Frz.-Guayana) 28. März 1912, † Washington 22. Jan. 1978, guayan. Dichter. - Kam in den 30er Jahren nach Paris; Mitbegr. der ↑Négritude; (schrieb in frz. Sprache); nahm als erster afrikan. Tanzrhythmen in seine Lyrik auf.

Damhirsch

Damascenus, Johannes ↑Johannes von Damaskus.

Damaschke, Adolf, * Berlin 24. Nov. 1865, † ebd. 30. Juli 1935, dt. Sozialpolitiker und Nationalökonom. - Kämpfte v. a. als Vors. des Bundes Dt. Bodenreformer (seit 1898) für eine Reform der Besteuerung von Grund und Boden; schrieb „Die Bodenreform" (1902).

Damaskus, Hauptstadt Syriens, am O-Fuß des Antilibanon, 1,251 Mill. E. Sitz des griech.-orth. und des melchit. Patriarchen von Antiochia, eines syr.-kath. Erzbistums, eines maronit. Bistums, eines lat. Titularerzbistums, eines jakobit. Bistums und eines Archimandriten der armen. Kirche; Univ. (gegr. 1923), Nationalbibliothek und -museum; Musikakad., Polytechnikum. Typ. Oasenstadt mit Anbau von Mais, Hirse, Gemüse, Hanf, Luzerne; Öl-, Aprikosen-, Nußbaumkulturen. Nahrungsmittel- und Textilind. (v. a. Brokatwebereien), daneben Klingenherstellung und Zementfabrikation; Handel und Handwerk spielen eine große Rolle (jährl. internat. Messe). Straßenknotenpunkt, Bahnstation, internat. ✈.

Geschichte: Besteht seit dem 4. Jt. v. Chr.; um 1470 v. Chr. als Eroberung von Pharao Thutmosis III. erstmals erwähnt. Nach häufigem Besitzwechsel (u. a. 732 assyr., 605 babylon., im 6. Jh. pers., nach 333 zum Reich Alexanders d. Gr.), 64 v. Chr. röm. (222 n. Chr. Colonia, unter Diokletian Prov.hauptstadt). Seit dem 4. Jh. (griech.-orth.) Bischofssitz, 6.–16. Jh. Sitz eines jakobit. Metropoliten, wurde im 7. Jh. nestorian. Bistum, seit 1317 auch kath. Bistum, 635/636 von den Arabern erobert, 661–744 Residenz der omaijad. Kalifen, stand nach deren Sturz 750 meist unter der Herrschaft der in Kairo residierenden Tuluniden und Fatimiden; im 12. Jh. Zentrum des Kampfes der Atabeken von Mosul gegen die Kreuzfahrer. Nach neuer Blütezeit unter den Aijubiden (v. a. Saladin) Prov.hauptstadt der ägypt. Mamelucken nach 1260; 1399 von Timur-Leng geplündert; 1516 osman.; 1920 Hauptstadt des frz. Völkerbundmandats Syrien.

D. ist weitgehend von einer Mauer mit 7 Toren umgeben. Exzentr. Mittelpunkt ist die Omaijaden-Moschee (8. Jh.), die an der Stelle des röm. Jupitertempels steht; Palast Asim aus ottoman. Zeit (18. Jh.).

📖 *Dettmann, K.: D. Eine oriental. Stadt zw. Tradition u. Moderne. Erlangen 1969.*

Damaskusschrift, eine 1896 in Kairo entdeckte (daher Cairo Document, Abk. CD) und 1910 von S. Schechter veröffentlichte titellose Schrift aus der Zeit vor 68 n. Chr. in hebr. Sprache, von der man in ↑Kumran Bruchstücke zahlr. Handschriften gefunden hat. Der Titel D. geht auf die Erwähnung eines „Landes Damaskus" zurück.

Damast [italien.; nach Damaskus], jacquardgemusterte Bettbezugsstoffe aus merzerisierten Baumwollgarnen; eingewebte Muster in Kettatlasbindung, Grund in Schußatlasbindung.

Damaststahl (Damaszenerstahl) [nach Damaskus], Stahl für *Damaszenerklingen* (später für Gewehrläufe), besteht aus verschweißten und verdrillten Stahlstäben und Drähten unterschiedl. Härte und Dicke, die mehrmals gehämmert und gestreckt werden; zeichnet sich durch hohe Festigkeit und Elastizität aus. Die Verdrillung bedingt, daß bei Ätzung *(Damaszieren)* eine mosaikartige Musterung auftritt.

Damaszenerstahl [griech./dt.], svw. ↑Damaststahl.

Damaszieren [griech.], das Herstellen von ↑Damaststahl.
◆ fälschl. svw. ↑Tauschieren.

Damawand [pers. dæmɑˈvænd] ↑Demawend.

Dame [frz.; zu lat. domina „Hausherrin"], höfl. Bez. für Frau, bes. in der Anrede; um 1600 entlehnt, kam im 17. Jh. als Bez. für die feingebildete Geliebte, die „Herrin" auf; erst seit Ende des 18. Jh. auch in der Sprache der bürgerl. Gesellschaft. Im ma. Frankreich war die „dame" die Frau des Ritters (die des Knappen die „damoiselle"), wie überhaupt die Frau hohen Ranges. In Großbritannien ist „dame" die Anrede für die Frau oder Witwe eines Barons oder Ritters („knight") sowie Titel der Trägerinnen des Ordens des British Empire.
◆ wirkungsvollste Figur im Schachspiel.
◆ frz. Spielkarte; entspricht dem Ober der dt. Spielkarte; in der Rangfolge an 3. Stelle.
◆ ↑Damespiel.

Damenbart, leichtere Form männl. Gesichtsbehaarung bei Frauen v. a. auf der Oberlippe; symptomat. als Anzeichen einer Unterfunktion der Eierstöcke oder einer anderen hormonellen Störung (z. B. Cushing-Syndrom).

Damenbrett (Schachbrett, Agapetes galathea), etwa 4,5 cm spannender, auf den Flügeloberseiten schwarz und weiß (bis gelbl.) gefleckter Augenfalter in M-Europa.

Damenstift, seit dem ausgehenden MA Bez. für 1. ein adliges Nonnenkloster oder Kanonissenstift, das das klösterl. Leben aufgegeben hat; 2. ehemals kath. Frauenkloster, das in der Reformation in eine Versorgungsanstalt für (adlige) unverheiratete Frauen umgewandelt wurde; 3. von Anfang an als D. errichtete adlige Frauengemeinschaft.

Damenweg (frz. Chemin des Dames), etwa 30 km langer Weg auf einem Höhenrücken zw. den Flüssen Aisne und Ailette im frz. Dep. Aisne, nw. von Reims, urspr. von Ludwig XV. für seine Töchter angelegt. - Nach frz. Mißerfolg, hier im April/Mai 1917 die dt. Front zu durchbrechen, verlief bis Mai 1918 ein Abschnitt der Hauptkampflinie im Bereich des Damenwegs.

Damespiel (Damspiel, Dame), altes Brettspiel, das auf einem gewöhnl. aus 64 abwechselnd weißen und schwarzen Feldern bestehenden Brett von 2 Spielern mit je 12 Steinen gespielt wird. Die Spieler schieben ihre Steine jeweils auf den schwarzen Feldern ein Feld schräg *vorwärts.* Ein im Wege stehender gegner. Stein muß durch Überspringen weggenommen („geschlagen") werden. Sobald ein Stein die gegner. Grundlinie erreicht, wird er zur Dame (Doppelstein) und kann auf den schwarzen Feldreihen *vorwärts und rückwärts* ziehen und schlagen (auch über mehrere Felder hinweg).

Damhirsch [zu lat. dam(m)a, urspr. Bez. für rehartige Tiere] (Dama dama), etwa 1,5 m körperlanger und 1 m schulterhoher Hirsch in Kleinasien und S-Europa; im Sommer meist rotbraun mit weißl. Fleckenlängsreihen, im Winter graubraun mit undeutlicherer Fleckung; Unterseite weißl., Schwanz relativ lang; ♂ mit Schaufelgeweih; in M- und W-Europa eingeführt, meist in Gehegen.

Damian ↑Kosmas und Damian.

Damiani, Petrus ↑Petrus Damiani.

Damiette [damiˈɛt(ə)], Gouvernementshauptstadt in Ägypten, im Nildelta, 101 000 E. Textilind., Reismühlen, Schuhherstellung; Eisenbahnendpunkt, Schiffsverbindung nach Port Said. - Im 12. Jh. befestigt, 1219 und 1249 von den Kreuzrittern erobert.

Damiettearm [damiˈɛt(ə)], der östliche der beiden großen Mündungsarme des Nil.

Damm, ein meist aufgeschütteter, langgestreckter Erd- oder Steinkörper von trapezförmigem Querschnitt. **Erddämme** werden aus Erde, Sand oder Kies erstellt, **Steinschüttdämme** aus Steinen, Schotter, Geröll und gebrochenem Felsenmaterial. Als Dichtungsmaterialien werden Ton oder Lehm, Beton und Asphaltbeton verwendet. - Dämme dienen entweder als Unterbau von Verkehrswegen, als Deich oder als Stau-D. bei Talsperren.
◆ (Mittelfleisch, Perineum) durch Muskulatur und Bindegewebe unterlagerter Hautabschnitt zwischen Afteröffnung und Scheide bzw. Hodensack bei plazentalen Säugetieren (einschließl. Mensch) und Beuteltieren (fehlt bei den Kloakentieren).

Dammagruppe, Gebirgsstock in den östl. Berner Alpen, Schweiz, Wasserscheide zw. Rhone, Aare und Reuß, im *Dammastock* 3 630 m hoch; an seiner SW-Flanke der rd. 17 km² große **Rhonegletscher.**

Dammarafichte [malai.; dt.] (Agathis alba), immergrünes Araukariengewächs in SO-Asien; hoher Baum, dessen Harz als Manilakopal in den Handel kommt.

Dammer Berge, waldbedeckter Endmoränenzug in Niedersachsen; im Signalberg 146 m hoch.

Dämmerschlaf, medikamentös herbeigeführter schlafähnl. Zustand (Halbschlaf), in dem Sinneseindrücke und Schmerzen noch vorhanden sind, aber nicht mehr bewußt empfunden werden; dient u. a. zur Schmerzbekämpfung, z. B. während des Gebärens. - ↑auch Heilschlaf.

Dämmerung, die Übergangszeit zw. der vollen Taghelligkeit und der vollständigen Nachtdunkelheit bei Sonnenaufgang (**Morgendämmerung**) bzw. bei Sonnenuntergang (**Abenddämmerung**). Ihre Dauer ist von der geograph. Breite des Beobachtungsortes abhängig. Am Äquator ist sie sehr kurz, in Mitteleuropa beträgt sie etwa 2 Stunden. Die **astronom. Dämmerung** beginnt bzw. endet, wenn die Sonne 18° unter dem Horizont steht.

Dämmerungsschalter, elektron. Gerät zum automat. Ein- und Ausschalten elektr. Anlagen (z. B. der Straßenbeleuchtung) in Abhängigkeit von der Tageshelligkeit.

Dämmerungssehen (skotopisches Sehen), Anpassung der Netzhaut des Auges an herabgesetzte Lichtintensitäten; da Stäbchen die Sehfunktion übernehmen, werden keine Farben gesehen, jedoch geringste Lichtintensitäten wahrgenommen; die Sehschärfe ist auf ungefähr $^1/_{10}$ der Tagessehschärfe vermindert.

Dämmerungstiere, hauptsächl. während der abendl. und morgendl. Dämmerungszeit aktive Tiere mit bes. leistungsfähigen Augen. Orientierungshilfen bieten meist auch noch gut entwickelte Tastsinnes- und Gehörorgane. Typ. einheim. D. sind Mäuse, Ratten und Wildkaninchen.

Dämmerzustand, Stunden oder Tage, selten länger anhaltende Bewußtseinstrübung, kann sich in starker Erregtheit und Verwirrtheit, in ängstl. Grundstimmung und aggressivem Verhalten, schließl. in sinnlosen triebhaften Handlungen äußern, denen meist Erinnerungslosigkeit (Amnesie) folgt. Ein D. kann u. a. durch Epilepsie, Gehirnentzündung oder einen Gehirntumor ausgelöst werden oder psych. bedingt sein.

Dammfluß, Fluß, der sein Bett auf der Talsohle so weit erhöht hat, daß er zw. selbst aufgeschütteten Dämmen über dem Niveau der Talsohle fließt; z. B. Po, Mississippi.

Dämmplatten ↑Dämmstoffe.

Dammriß (Scheidendammriß), Einreißen des ↑Damms während des Geburtsvorganges, insbes. bei Durchtritt des kindl. Kopfes; bei 20–25 % aller Geburten. Um einen D. zu verhindern, werden die äußeren Dammuskeln der Mutter von der Scheide aus durchschnitten (**Dammschnitt**).

Dämmstoffe, Materialien, die zur Kälte- bzw. Wärmeisolation und zur Schalldämmung verwendet werden oder mit denen eine Ausbreitung von Feuchtigkeit verhindert werden kann. Wärme- und Schall-D. werden in loser Form (pulvrige oder körnige Schüttungen von Kieselgur, Vermiculite, Perlit, Torfmull, Schaumschlacke, Holzspänen, Korkschrot, Kunstharzschaumstoff-Flocken), als Wolle (Glas-, Schlacken-, Mineralwolle) oder Gespinst (aus Glasfasern u. a.) sowie in Form von Steinen, Matten, Platten (**Dämmplatten**) oder angepaßten Formstükken verwendet; Hohlräume können mit Kunststoffschäumen (z. B. Polyurethanschaum) ausgefüllt werden. Zur Dämmung gegen Feuchtigkeit eignen sich wasserdichte Zwischenschichten (meist in Mauerwerk, im Boden oder auf Dächern) aus nichtkorrodierendem Metall (z. B. Blei), bituminösen D., Kunststoffen oder geeignetem Mörtel.

Damnum [lat. „Schaden, Nachteil"], Differenz zw. Rückzahlungs- und Ausgabebetrag bei Verbindlichkeiten, die nicht Anleihen sind.

Damodar, rechter, rd. 590 km langer Nebenfluß des Hooghly, Indien, entspringt am N-Rand des Chota Nagpur Plateaus, mündet 55 km südl. von Kalkutta. Acht Staudämme garantieren gesicherte Flutkontrolle, Bewässerung und Stromgewinnung; wichtige Verkehrstrasse für Eisenbahn und Straße. - Im oberen D.tal liegen die ergiebigsten Kohlevorräte Indiens.

Damokles, Höfling Dionysios' I. oder II. von Syrakus (4. Jh. v. Chr.). Nach einer antiken Anekdote ließ Dionysios D., der ihn als glücklichsten Menschen gepriesen hatte, unter einem an dünnem Faden aufgehängten Schwert speisen, um ihm das Geschick der Tyrannen drast. zu zeigen (daher **Damoklesschwert** sprichwörtl. für eine stets drohende Gefahr).

Dämon [griech., eigtl. wohl „Verteiler, Zuteiler" (des Schicksals)], bei Homer in der Bed. „Gott" vorkommend, in der modernen Religionswiss. Bez. für eine bes. Klasse übermenschl., aber nicht göttlicher Mächte, die von den meisten Religionen als real und das menschl. Schicksal meist negativ [aber auch positiv] beeinflussend aufgefaßt werden.

Dämonismus [griech.], wiss. Bez. für den Glauben an Dämonen; auch Begriff für eine dem Animismus nahestehende religionsgeschichtl. Theorie, die im Glauben an Dämonen den Ursprung der Religion sieht.

Dämonologie [griech.], religionswiss., theolog. oder religiöse Lehre von den Dämonen.

Damon und Phintias, nach der Überlieferung ein Freundespaar aus dem Kreis der Pythagoreer am Hofe Dionysios' I. oder II. von Syrakus (4. Jh. v. Chr.), deren beispielhafte Freundestreue Schiller in der Ballade „Die Bürgschaft" behandelt.

Damophon, griech. Bildhauer der 2. Hälfte des 2. Jh. v. Chr. aus Messene. - Z. T. erhalten ist eine kolossale Kultgruppe (Demeter, Despoina, Artemis und Anytos) aus dem Heiligtum der Despoina bei Lykosura in Arkadien (Athen, Nationalmuseum).

Da Mosto (Ca' da M., Cademosto), Alvise, * Venedig 1432, † ebd. 18. Juli 1488, italien.

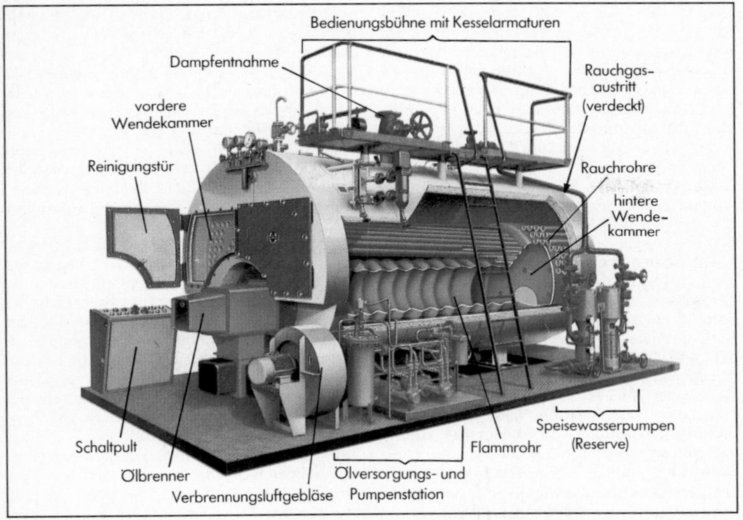

Dampfkessel mit einem Flammrohr und nachgeschalteten Rauchrohren

Seefahrer in portugies. Diensten. - Entdeckte vier der Kapverd. Inseln, kam über den Gambia hinaus zu den Bissagosinseln; sein Werk „Navigazioni" (1507) ist die einzige ausführl. wirtschaftsgeschichtl. Quelle der Zeit.

Dampf, gasförmiger Aggregatzustand eines Stoffes, der mit der flüssigen oder festen Phase des gleichen Stoffes in thermodynam. Gleichgewicht steht; zumeist versteht man darunter Wasserdampf. D. ist als Gas unsichtbar, sichtbarer Wasser„dampf" enthält bereits fein verteiltes, tröpfchenförmiges Wasser (Kondensat). D.dichte und D.druck (dargestellt durch die D.druckkurve) sind stark temperaturabhängig. Steht der gasförmige Aggregatzustand nicht im Gleichgewicht mit einer anderen Phase, so spricht man von *ungesättigtem D.*, sonst von *gesättigtem D.* (**Naßdampf, Sattdampf**). **Heißdampf** entsteht durch nachträgl. Erhitzen von gesättigtem Dampf.

Dampfbad, 10–20 Min. dauerndes Schwitzbad in mit Wasserdampf gesättigter Luft von 37 bis 60 °C. Der Dampf wird durch Düsen kontinuierl. (im Ggs. zur Sauna) zugeführt. Die Wirkung besteht in der Steigerung der Durchblutung und der Transpiration, die zu starken Wasserverlusten („Entschlakkung") und infolge der fehlenden Verdunstung zu einem stoffwechsel- und kreislaufbeeinflussenden Wärmestau führt, der durch anschließende Abkühlung unter der temperierten Dusche und im Kaltwasserbecken abgebaut werden muß.

Dampfdom (Dom), an der höchsten Stelle des Dampfkessels (bes. bei Lokomotiven) angebrachter kuppelförmiger Raum zum Sammeln des erzeugten Dampfes.

Dampfdruckerniedrigung, die Herabsetzung des Partialdruckes eines Dampfes durch Fremdstoffe, die sich in gelöster Form in der flüssigen Phase des verdampfenden Stoffes befinden. Der Dampfdruck der Lösung ist kleiner als der des reinen Lösungsmittels. Eine Folge der D. ist die Siedepunktserhöhung und die Gefrierpunktserniedrigung, die eine Lösung gegenüber dem reinen Lösungsmittel zeigt.

Dämpfen, das Einwirkenlassen von Dampf auf Textilstoffe, damit sich Spannungen innerhalb des Gewebes ausgleichen und der Stoff nicht mehr eingeht.

◆ Holzbehandlung mit feuchtem Dampf, um es vor dem Schälen und Biegen geschmeidig zu machen.

◆ Garen von Lebensmitteln durch heißen Wasserdampf. Die Nährstoffverluste sind geringer als beim Kochen.

Dampfer, svw. ↑Dampfschiff.

◆ nach der Seestraßenordnung jedes mit Maschinenkraft angetriebene Schiff.

Dämpfer, allg. eine Einrichtung zum Abschwächen von Stößen und Erschütterungen (Stoßdämpfer), von Schwingungen (Schwingungsdämpfer), der Schallerzeugung (Schalldämpfer, Abgasschalldämpfer) u. a.

◆ (Sordino) bei *Musikinstrumenten* die Vorrichtung zur Abschwächung der Tonschwingungen, wodurch die Klangfarbe oder auch (bei Blasinstrumenten mit Kesselmundstück) die Tonhöhe verändert werden kann, bei

Cembalo und Klavier auch zum Abbruch des Schwingungsvorganges gebraucht. Die D. der Streichinstrumente haben allgemein die Form eines kleinen Kammes, der mit seinen gespaltenen Zinken auf den Steg aufgesetzt wird. Bei Blechblasinstrumenten sind sie birnenförmig, aus Holz oder Leichtmetall, und werden in das Schallstück eingeführt. - ↑ auch Stopfen, ↑ Verschiebung.

Dämpfigkeit, Bez. für chron. Atembeschwerden bei Pferden, die durch Erkrankungen der Atem- und Kreislauforgane verursacht werden.

Dampfkessel (Dampferzeugungsanlagen), als D. gelten alle geschlossenen Gefäße, die den Zweck haben, Wasserdampf von höherer als atmosphär. Spannung zu erzeugen. Einfache Kessel werden meist bis 160 bar (≈ at) bei Temperaturen bis 600 °C betrieben, Zwangsdurchlaufkessel bis zum krit. Druck von 221,2 bar. Nach Bauart und Wirkungsweise unterscheidet man: 1. **Flammrohrkessel,** liegender, von befeuerten Flammrohren durchzogener Kessel für schwankende Dampfentnahme; 2. **Feuerbuchskessel,** bei dem der Feuerraum kistenförmig oder auch rund ist und von waagerechten (Quersiedern) oder senkrechten (Steilsiedern) wassergefüllten Rohren durchzogen wird (für Lokomotiven und Schiffe, sog. Innenfeuerung); 3. **Wasserrohrkessel,** mit schrägen (Schrägrohrkessel) oder senkrechten (Steilrohrkessel) mit Wasser gefüllten, als Netz angeordneten Rohren im Feuerraum. Das Wasser wird durch Flammenberührung und durch die Wärmestrahlung (Strahlungsheizfläche) zum Sieden gebracht. Im Kessel findet ein Wasserumlauf statt, das siedende Wasser und die Dampfblasen steigen im Kesselinnern auf, werden in obenliegenden Trommeln vom Dampf getrennt, das Wasser fällt durch außenliegende Fallrohre wieder nach unten in den Kessel zurück (natürl. Wasserumlauf); durch sog. Unterfeuerung beheizt; 4. **Zwangslaufkessel,** der Wasserumlauf wird durch Pumpen erzwungen (Zwangsumlaufkessel); dadurch leichte Regelbarkeit und Anpassung an unterschiedl. Verhältnisse. Bei Zwangsdurchlaufkesseln wird das Wasser nicht umgewälzt, sondern nur einmal durch den Kessel gepumpt und verdampft. - Die Beheizung der D. erfolgt mit festen Brennstoffen auf Rosten (Planroste, Treppenroste, Wanderroste, Zonenwanderroste u. a.), durch Kohlenstaubfeuerung, wobei der Kohlenstaub zusammen mit Luft in den Feuerungsraum eingeblasen und verbrannt wird, durch Öl- und Gasfeuerungen, durch Abhitze oder durch elektr. Strom. - Um den erzeugten Dampf (sog. Naßdampf) von Wassertröpfchen zu befreien und um höhere Dampftemperaturen (überhitzter Dampf, Heißdampf) zu erzielen, wird der Dampf durch Wärmeaustauscher (**Überhitzer**) überhitzt. - Abb. S. 65.

Dampfkochtopf (Dampfdrucktopf), ein mit Dampfüberdruck arbeitender Schnellkochtopf; ein mit Schraubdeckel fest verschließbares Stahl- oder Aluminiumgefäß, in dem Speisen in bed. kürzerer Zeit als in gewöhnl. Kochtöpfen gar werden; außerdem schonende Behandlung der Vitamine.

Dampfkompresse (Dampfumschlag), feuchtwarmer bis heißer Umschlag, der mit einem trockenen Flanelltuch abgedeckt wird; wirkt krampflösend bei Bronchialkatarrh, Koliken, Magengeschwür.

Dampfmaschine (Dampfkraftmaschine, Kolbendampfmaschine), Kraftmaschine, bei der der Druck, den Dampf auf einen oder mehrere Kolben ausübt, eine Bewegung des Kolbens und damit die Umwandlung der Druckenergie des Dampfes in mechan. Energie bewirkt. Der entweder nur auf die Deckelseite des Kolbens *(einfachwirkende D.)* oder abwechselnd auf Deckel- und Kurbelseite des Kolbens *(doppeltwirkende D.)* gegebene Dampf verschiebt den Kolben im Zylinder und treibt über die mit dem Kolben starr verbundene Kolbenstange den Kreuzkopf an. Die Schubstange wandelt die Hubbewegung von Kolben und Kreuzkopf in eine Drehbewegung der Kurbelwelle um. Auf der Kurbelwelle sitzt das Schwungrad, das infolge seiner großen Masse Drehzahlschwankungen der Kurbelwelle gering hält. Die Steuerung verbindet im richtigen Zeitpunkt den Arbeitsraum der D. mit dem Einlaßkanal für den Frischdampf und mit dem Auslaßkanal für den benutzten Dampf. D. werden als *Ein-* oder *Mehrzylinder-D.* gebaut. Bei einer **Tandem-Dampfmaschine** liegen die Zylinder hintereinander. Bei einer **Einfachexpansions-Dampfmaschine** wird das gesamte Druckgefälle des Dampfes in einem Zylinder in einer Stufe verarbeitet. **Verbund-Dampfmaschine** (**Compound-Dampfmaschine**) sind zwei- oder dreistufige Expansions-D., bei denen das Druckgefälle des Dampfes in mehreren Stufen nacheinander in Zylindern verschiedener Abmessungen (Hoch-, Mittel-, Niederdruckzylinder) verarbeitet wird. Bei **Auspuff-Dampfmaschinen** tritt der verarbeitete Dampf direkt ins Freie, bei **Kondensations-Dampfmaschinen** tritt er in einen bes. Raum (Kondensator) ein, in dem er durch Kühlen zu Wasser verdichtet wird. Bei der **Gegendruck-Dampfmaschine** tritt der Abdampf in einen Raum von höherem als Atmosphärendruck, um für Heiz- oder andere Zwecke entnommen zu werden. - Abb. S. 68.

📖 *Kompenhans, K.: Die D. Gesch. - Entwicklung - Funktion. Stg. 1983.*

Dampfnebel (Verdampfungsnebel), Nebelart, die durch Verdunstung entsteht, wenn sehr kalte Luft über eine relativ warme Wasserfläche streicht („Rauchen" der Wasseroberfläche, **arktischer Seerauch**). Im Sommer bildet sich eine Art D. häufig nach Gewittern über warmen, feuchten Oberflächen (regennasse Wiesen, Wäldern, Straßen).

Dampfnudeln, Hefeteigklöße, in Pfanne oder Topf mit Milch oder Wasser sowie etwas Fett eingesetzt und zugedeckt so lange gebakken, bis die Flüssigkeit verdampft ist und die D. unten leicht gebräunt sind.

Dampfschiff (Dampfer), Abk. D oder SS (engl. steamship), ein durch eine oder mehrere Dampfmaschinen oder Dampfturbinen angetriebenes Schiff. Die Dampfmaschinen wirken direkt auf die Antriebswelle von Schaufelrädern (bei [Schaufel]raddampfern) oder Schiffspropellern (bei Schraubendampfern), während Dampfturbinen (bei *Turbinenschiffen*, Abk. TS) nur unter Zwischenschaltung mechan. oder hydraul. Getriebe (zur Herabsetzung der Drehzahl) auf die Schraubenwelle[n] wirken. Gegenüber dem Dieselmotor hat die Dampfturbine die Vorteile geringeren Verschleißes und Schmiermittelverbrauchs sowie größerer Laufruhe. Bei Turbinenantrieb sind bes. Rückwärtsturbinen für die Rückwärtsfahrt erforderlich. Die Dampfkessel haben überwiegend Ölfeuerungen (früher Kohle).

Geschichte: Bereits 1681 machte D. Papin den Vorschlag, ein Schiff mit Hilfe der Dampfkraft anzutreiben. Die ersten prakt. brauchbaren D. waren der in England 1802 von Symington gebaute Heckraddampfer „Charlotte Dundas" und der von R. Fulton gebaute Seitenraddampfer „Clermont", der 1807 von New York bis Albany fuhr (Geschwindigkeit 4 kn, Maschinenleistung 20 PS), danach als Passagier-D. eingesetzt (Beginn der Dampfschiffahrt). Das erste Schiff, das zumindest teilweise mit Dampfkraft den Atlantik überquerte, war der dreimastige Dampfsegler „Savannah" (Stapellauf 1818, New York). Die ersten europ. D. wurden 1812 in England gebaut, die ersten D. auf Rhein und Elbe (1816/17) stammten ebenfalls aus England. Ab 1836 Bau des ersten Schraubendampfers in England; Schiffsschraube und stählerne Schiffsrümpfe setzten sich durch. 1843 lief das von J. K. Brunel und S. Russel erbaute eiserne Dampfschiff „Great Britain" vom Stapel (Länge 98 m, Breite 15 m, Wasserverdrängung 3 500 t, vier Dampfmaschinen mit insgesamt 2 000 PS, vierflügelige Schraube von 4,7 m Durchmesser). Große Vorteile (Kohlenersparnis u. a.) ergab die Einführung der Expansions- und Compounddampfmaschinen (1854). 1885 wurde der erste dt. Fischdampfer erbaut. Ab 1900 mußte die Kolbendampfmaschine der Dampfturbine weichen: 1897 baute C. A. Parsons sein mit einer 2 000-PS-Radialturbine angetriebenes Versuchsschiff „Turbinia" (Höchstgeschwindigkeit 34 kn). Von diesem Zeitpunkt an wurden v. a. die großen Überseeschiffe mit Dampfturbinen angetrieben.

🕮 *Meyer-Belith, F.: Schöne alte Dampfschiffe. Bayreuth 1980.*

Dampfstrahlpumpe ↑Pumpen.

Dampfturbine, Wärmekraftmaschine, in der die Druckenergie von hochgespanntem Heißdampf bei Durchströmen von Schaufelrädern in mechan. Arbeit umgewandelt wird. Bei den **Gleichdruckdampfturbinen (Aktionsdampfturbinen)** wird die Druckenergie nur in der Leiteinrichtung (Leitraddüsen) in kinet. Energie umgesetzt, vor und hinter dem nachfolgenden Laufrad bleibt der Druck gleich, was konstante Strömungsgeschwindigkeit relativ zur Laufradschaufel und damit konstanten Querschnitt im Laufradschaufelkanal bedeutet. Bei **Reaktionsturbinen** wird die Druckenergie an Leit- *und* Laufrad abgebaut, d. h. am Laufrad findet ein Druckabfall statt. Nach dem Dampfeintritt unterscheidet man

Dampfschiff. Der dreimastige Dampfsegler „Savannah" (1818)

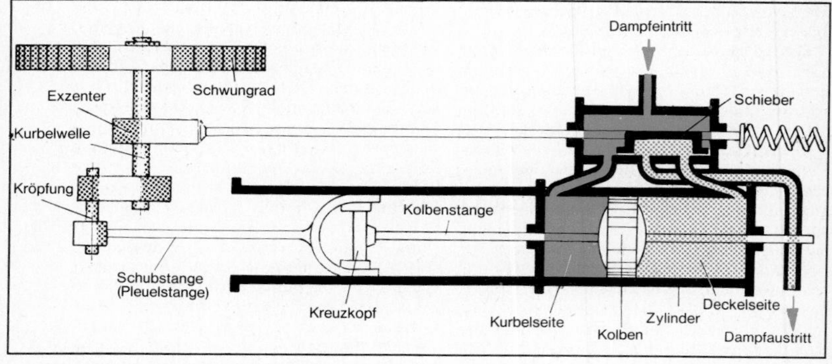

Dampfmaschine. Schematische Darstellung

Axialdampfturbinen (Dampf strömt in Richtung der Achse; häufigste Bauart) und **Radialdampfturbinen** (Durchflußrichtung radial). Letztere arbeiten mehrstufig mit feststehendem Leitrad und Reaktionsgrad (verarbeiteter Anteil des Druckgefälles) $r = 0{,}5$, aber auch als **Gegenlaufturbine** mit zwei in entgegengesetztem Drehsinn umlaufenden Rädern ohne feststehende Leitschaufeln in ihrem radialen Teil (**Ljungström-Turbine**); Reaktionsgrad $r = 1$. D. teilt man auch nach ihrem **Beaufschlagungsgrad** (Verhältnis des durch den zugeführten Dampf beaufschlagten Bogens des Laufradumfangs zum Gesamtumfang) ein in D. mit **Teil-** und **Vollbeaufschlagung** und nach ihrer Arbeitsweise in **Laval-Turbinen** (einstufige Gleichdruck-D. mit einkranzigem Laufrad und $r = 0$), **Curtis-Turbinen** (einstufige Gleichdruckaxial-D. mit Geschwindigkeitsstufung in einem zwei- oder dreikranzigem Laufrad mit Umlenkschaufeln und $r = 0$ bis $0{,}15$) und mehrstufige D. Der Wirkungsgrad einer D. beträgt bis zu 40%.
🕮 *Dietzel, F.: Dampfturbinen. Mchn. ³1980. - Müller, Karl J.: Therm. Strömungsmaschinen. Bln. u. a. 1978. - Martin, O.: Dampf- u. Gasturbinen. Bln. u. New York 1971.*

Dampfturbosatz, ein aus Dampfkessel, Dampfturbine und elektr. Generator bestehendes Maschinenaggregat in Dampfkraftwerken.

Dämpfung, durch Energieverlust (Übergang in andere Energieformen) verursachte Abnahme der Amplitude einer Schwingung (zeitl. D.) oder Welle (räuml. Dämpfung). Maß für die D. ist der Quotient zweier aufeinanderfolgender Amplituden. Man bezeichnet ihn als **Dämpfungsverhältnis,** seinen natürl. Logarithmus als **Dämpfungsdekrement** (logarithm. Dekrement). Häufig erfolgt die D. so, daß für die Amplitude zum Zeitpunkt t gilt: $A(t) = A_0 \cdot e^{-\delta t}$ (A_0 Amplitude zum Zeitpunkt $t = 0$). δ bezeichnet man als **Dämpfungskonstante** (Dämpfungsfaktor, Abklingkonstante).
◆ Vorrichtung zur Verringerung der Amplitude einer Schwingung oder Welle. Bei Meßinstrumenten mit bewegl. Teilen soll die D. ein zu langes Hin- und Herpendeln des Zeigers verhindern.
◆ das Verhältnis von Eingangs- zu Ausgangsgröße bei einer elektr. Schaltung.
◆ bei *Musikinstrumenten* ↑ Dämpfer.

Dampfwalze, früher im Straßenbau verwendete, mit einer Dampfmaschine angetriebene Straßenwalze.

Dampier, William [engl. 'dæmpjə], * East Coker (Somerset) Mai (?) 1652, † London März 1715, engl. Seefahrer und Südseeforscher. - Erreichte 1688 die W-Küste Australiens; gelangte 1699 erneut nach Australien, erforschte die nw. Küste Neuguineas, entdeckte u. a. Neubritannien.

Dampier [engl. 'dæmpjə], Hafenort, Wohnsiedlung in Westaustralien, rd. 200 km wsw. von Port Hedland, 3 500 E. Anreicherung und Export des Eisenerzes vom Mount Tom Price (392 km lange Erzbahn), Meerwasserentsalzungsanlage.

Damwild [lat./dt.], wm. Bez. für den ♀ und ♂ Damhirsch.

Dan, kleiner israelit. Stamm, als dessen Stammvater nach dem A. T. (1. Mos. 30, 3–6) D., der 5. Sohn Jakobs gilt.

Dan [jap.], Leistungsgrad in allen Budosportarten (↑ Budo); es gibt 10 Grade, die zum Tragen des zugeordneten Gürtels berechtigen (10 und 9 rosa oder rot, 8–6 rotweiß, 5–1 schwarz).

Dana, James [engl. 'dɛɪnə], * Utica (N. Y.) 12. Febr. 1813, † New Haven (Conn.) 14. April 1895, amerikan. Geologe. - Nahm an der „U. S. Exploring Expedition" um die Erde (1838–42) teil; Vertreter der Theorie, die die Gebirgsbildung auf eine Kontraktion der Erde zurückführt.

Danae ['da:na-e], Gestalt der griech. Mythologie. Ihr Vater Akrisios, dem ein Orakel den Tod von der Hand eines Enkels prophezeit hat, sperrt D. in einen ehernen Turm, wo Zeus ihr in Gestalt eines Goldregens beiwohnt und den Perseus zeugt. Mutter und Kind werden darauf in einem Kasten dem Meer übergeben und landen auf der Insel Seriphos. Das Schicksal D. wurde von Aischylos (Satyrspiel), Sophokles und Euripides (Tragödie) dichter. behandelt. R. Strauss komponierte die Oper „Die Liebe der D.". In der bildenden Kunst ist bekannt das Gemälde von Rembrandt (um 1636; Eremitage).

Danaer, in den Epen Homers Bez. für die Griechen in ihrer Gesamtheit.

Danaergeschenk, unheilbringendes Geschenk, ben. nach dem hölzernen („Trojanischen") Pferd, mit dessen Hilfe die Danaer (Griechen) Troja eroberten.

Danaiden, in der griech. Mythologie die 50 Töchter des Danaos, die auf Befehl ihres Vaters ihre Männer in der Hochzeitsnacht erdolchen. Alle außer Hypermnestra, die Lynkeus verschont, müssen in der Unterwelt Wasser in ein löchriges Faß (**Danaidenfaß**) schöpfen.

Danaiden (Danaidae) [griech.], v.a. in den Tropen und Subtropen verbreitete Fam. der Tagschmetterlinge. Ein bekannter Wanderfalter ist der etwa 9 cm lange **Monarch** (Danaus plexippus), der zur Überwinterung in großen Schwärmen von S-Kanada und den nördl. USA nach Mexiko fliegt.

Danakil (Afar), äthiopider Stamm in N-Äthiopien, eine kuschit. Sprache sprechende muslim. Hirtennomaden.

Danakilberge, Gebirgszug in N-Äthiopien und Dschibuti, verläuft über etwa 250 km parallel zur Küste des Roten Meeres, 20–80 km breit, bis 2 225 m hoch.

Danakiltiefland, Senkungsfeld in NO-Afrika, in Äthiopien und Dschibuti, vom Roten Meer durch die Danakilberge getrennt; umschließt zwei Depressionsgebiete.

Da Năng, Stadt in Vietnam, Hafen am Südchin. Meer, 492 000 E. Kath. Bischofssitz. Ind.zentrum; im Vietnamkrieg bed. Marine- und Luftstützpunkt der USA.

Danatbank, Kurzbez. für: ↑**Da**rmstädter und **Nat**ional**bank.**

Danckelman, Eberhard Frhr. von (seit 1695), * Lingen (Ems) 23. Nov. 1643, † Berlin 31. März 1722, brandenburg. Politiker. - Seit 1663 Erzieher, 1674 Ratgeber des Thronfolgers Prinz Friedrich III., nach dessen Reg.antritt (1688) prakt. leitender Min.; 1697 gestürzt und verhaftet; in einem Prozeß gerechtfertigt, 1707 aus der Haft entlassen; seit 1713 Berater Friedrich Wilhelms I.; veranlaßte die Gründung der Univ. Halle (1694) und der Akad. der Künste in Berlin (1696).

Dandin, ind. Dichter des 7./8. Jh. - Verfaßte in kunstvollem Sanskrit „Die Abenteuer der 10 Prinzen" (R., dt. 1902) sowie eine für die klass. ind. Literatur bed. Poetik (dt. 1890).

Dandolo, seit dem 10. Jh. nachweisbare Patrizierfamilie in Venedig, aus der vier Dogen hervorgingen; *Giovanni D.* (1280–89) und *Francesco D.* (1328–39); außerdem:

D., Andrea, * Venedig um 1307, † ebd. 1354. - Seit 1343 Doge, gewann den Türken einen günstigen Frieden ab und kämpfte gegen Genua.

D., Enrico, * Venedig um 1110, † Konstantinopel 14. Juni 1205. - Als Doge (seit 1192) bemüht, die Vormachtstellung Venedigs im östl. Mittelmeer zu festigen; erreichte im Verlauf des 4. Kreuzzugs die Eroberung Dalmatiens und Konstantinopels (1204).

d'Andrade, Francisco ↑Andrade, Francisco d'.

Dandy ['dɛndi, engl. 'dændɪ], Vertreter des Dandyismus; heute allg. im Sinne von Stutzer, Geck, Modenarr gebraucht.

Dandyismus [dɛndi-'is...], gesellschaftl. Erscheinung in der brit. Aristokratie seit Mitte des 18. Jh., im 19. Jh. auch in Frankr.; charakterisiert durch eine gleichgültig-überlegene Haltung in jeder Lebenssituation, eine müßiggänger., absichtl. zur Schau getragenen Unmotiviertheit und Ziellosigkeit des Seins und Handelns. Berühmteste Vertreter: G. B. ↑Brummel; literar. Vertreter u.a. O. Wilde, B. Disraeli, E. G. Bulwer-Lytton, A. de Musset, C. Baudelaire.

Danebrog (Danebroge) [dän.], Bez. für die dän. Flagge (weißes Kreuz in rotem Feld).

Danebrogorden, dän. ↑Orden.

Dänemark

(amtl. Vollform: Kongeriget Danmark), parlamentar. Monarchie in Nordeuropa, zw. 54° 34′ und 57° 45′ n. Br. sowie 8° 05′ und 12° 35′ (Ostseeinsel Bornholm 15° 12′) ö. L. **Staatsgebiet:** Bis auf die gemeinsame Landgrenze mit der BR Deutschland im S ist D. allseitig von Wasser umgeben. Im W stößt das Land an die Nordsee, im NW und NO an Skagerrak bzw. Kattegatt; der östl. Landesteil mit den Hauptinseln Seeland, Fünen, Lolland und Bornholm liegt in der westl. Ostsee. Zum Staatsgebiet gehören auch die ↑Färöer und ↑Grönland. **Fläche:** 43 076 km². **Bevölkerung:** 5,12 Mill. E (1984), 119 E/km². **Hauptstadt:** Kopenhagen. **Verwaltungsgliederung:** 14 Amtskommunen. **Amtssprache:** Dänisch. **Staatskirche:** Ev.-luth. Volkskirche. **Nationalfeiertag:** 5. Juni. **Währung:** Dän. Krone (dkr) = 100 Øre. **Internat. Mitgliedschaften:** UN, NATO, EG, OECD, Nord. Rat, Europarat, GATT. **Zeitzone:** MEZ.

Landesnatur: Kennzeichnend ist die Brückenlage zw. Mitteleuropa und dem eigtl. Skandinavien. D. besteht aus der Halbinsel Jütland und 474 Inseln ((etwa 100 bewohnt). Einer Landgrenze von nur 68 km im S steht eine

Küstenlänge von rd. 7 400 km gegenüber. Mit Ausnahme von Teilen Bornholms ist D. geomorpholog. eine Fortsetzung des Norddt. Tieflands; landschaftsprägend war v.a. die letzte Eiszeit: im W liegen die aus Geestinseln und eingeebneten Grundmoränenflächen bestehenden flachen jütländ. Heidegebiete, im O die stärker reliefierten Grundmoränenlandschaften (bis 173 m). Bes. differenziert sind die Küstenformen: An die Watten- und Marschküste des sw. Jütland schließt sich eine Ausgleichsküste mit dünenbesetzten Nehrungen und Moränenkliffs an. Die Küsten der Inseln haben vielfach Boddencharakter; an der O-Küste Jütlands setzt sich die Fördenküste Schleswig-Holsteins mit zahlr. guten Naturhäfen nach N fort.

Klima: Das Klima ist maritim-kühlgemäßigt; die Niederschläge variieren zw. 750 mm in SW-Jütland und etwa 450 mm im Bereich der Inseln.

Vegetation: Das Land gehört der Region des mitteleurop. Laubwaldes an. Typ. ist der Buchenwald (überwiegend in O-Jütland und auf den Inseln).

Tierwelt: Die Tierwelt unterscheidet sich kaum von der M-Europas. Auch hier ist der menschl. Eingriff deutl. bemerkbar. An Reh- und Rotwild sind größere Bestände erhalten geblieben.

Bevölkerung: Den größten Teil der Bev. bilden Dänen, neben einer dt. und schwed. Minderheit. Rd. 95% gehören der ev.-luth. Kirche an. D. ist relativ dünn besiedelt. Mehr als $^1/_4$ der Gesamtbev. lebt im Raum Kopenhagen. Allg. Schulpflicht besteht von 7–15 Jahren, soll aber unter Einschluß der vorschul. Erziehung auf insgesamt 12 Jahre ausgedehnt werden. Von bes. Bed. ist wie in allen skandinav. Ländern die Volkshochschule. Univ. befinden sich in Kopenhagen (gegr. 1479), Århus (gegr. 1928) und Odense (gegr. 1966), Univ.-Zentren in Roskilde und Ålborg sowie eine TU u. weitere Hochschulen in Kopenhagen.

Wirtschaft: Die landw. Nutzfläche nimmt nahezu 70% der gesamten Fläche ein. Der Anbau verlagert sich vom Hackfruchtanbau (v. a. Zuckerrüben) zum Getreideanbau (v. a. Gerste). Die tier. Produktion beansprucht z. Z. gut 90 % des Gesamtwertes der landw. Erzeugung (v. a. Schweine, Milch und Molkereiprodukte). Die besten Fangergebnisse der Fischerei werden in der Nordsee erzielt (Plattfische, Kabeljau, Heringe und Makrelen). Wichtigster Fischereihafen ist Esbjerg. Die Energiewirtschaft ist von Importen abhängig. Die Förderung aus Offshore-Bohrungen auf dem Nordseeschelf ist relativ gering. Ballungsschwerpunkt der Ind. ist der Raum Kopenhagen, doch werden Ind.ansiedlungen in der Prov. staatl. gefördert. Eine große Rolle spielt die Verarbeitung von Fleisch, Obst, Gemüse und Fisch, gefolgt von den Brauereien, Milchdauerwaren und Schnapsbrennereien.

Dänemark. Wirtschaftskarte

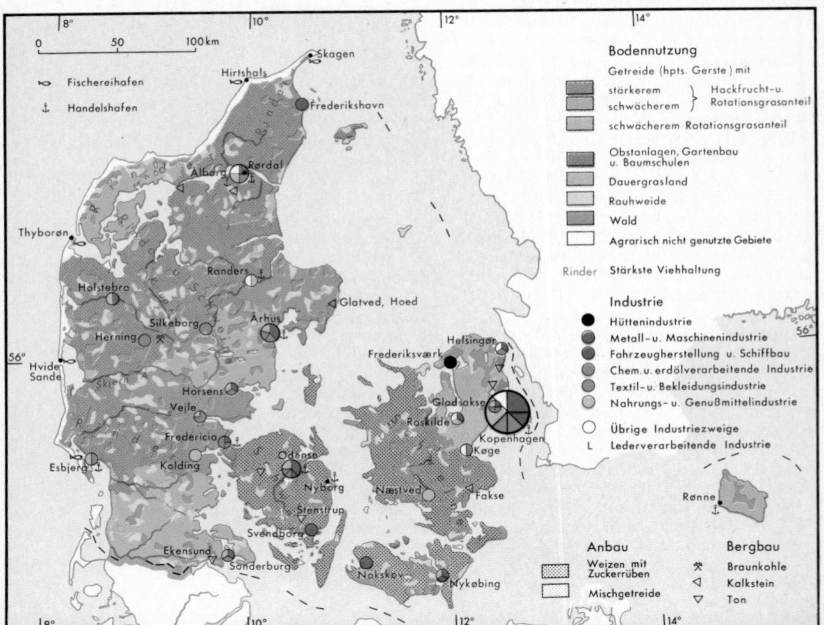

Wichtig sind die eisenschaffende und -verarbeitende Ind., der Schiffbau, die chem. Ind., die Holzverarbeitung (Möbel) sowie der Fremdenverkehr (hauptsächl. Touristen aus Schweden und der BR Deutschland).
Außenhandel: Wichtigster Handelspartner der EFTA-Länder ist Schweden, wichtigster der EG-Länder die BR Deutschland. Sie liefert u. a. Maschinen, Kfz., Eisen und Stahl, Kunststoffe und -harze nach D. und bezieht v. a. Maschinen, Fisch, Fleisch, Milchprodukte, Futtermittel und Möbel.
Verkehr: Die Insel- und Halbinsellage erfordert bes. für den Transitverkehr erhebl. Aufwendungen in Form von Brücken, Dämmen und Fähranlagen. Das Eisenbahnnetz hat eine Länge von 2931 km; das Straßennetz ist 69827 km lang, davon 518 km Autobahnen. Von den Fährverbindungen mit der BR Deutschland ist die Vogelfluglinie die wichtigste. Bed. Häfen sind Kopenhagen, Fredericia, Ålborg, Århus und Esbjerg. D. ist zu $^2/_7$ an der Fluggesellschaft Scandinavian Airlines System (SAS) beteiligt. Ein neuer Großflughafen auf Saltholm soll den überlasteten Kopenhagener ✈ ablösen. 11 weitere ✈ sind in Betrieb.
Geschichte: Als eigtl. Staatsgründer wird Gorm der Alte angesehen. Unter seinem Sohn Harald Blåtand, der D. und Norwegen vereinte, fand das Christentum endgültig Eingang. Vom 9. Jh. bis 1050 unternahmen dän. Wikinger ausgedehnte Beutezüge im Frankenreich, in Asturien, Portugal, auf den Balearen, in der Provence und in Italien. Bis 878 hatten sie drei Viertel von England erobert. Knut II., d. Gr., war schließl. König von D., England und Norwegen. Das Nordseegroßreich brach jedoch nach Knuts Tod (1035) zusammen. D. selbst geriet zeitweise durch Erbvertrag unter norweg. Herrschaft; es wurde von Aufständen und Thronwirren heimgesucht. Erst 1157 vermochte sich Waldemar I., d. Gr., als Alleinherrscher durchzusetzen. D. expandierte entlang der südl. Ostseeküste, Rügen (1169), Pommern (1184) und Estland (1219) wurden erobert. Nach der Schlacht bei Bornhöved (1227) gingen die unterworfenen Gebiete zum großen Teil verloren. Nach 100 Jahren (1241–1340) des Niederganges gelang es Waldemar IV. Atterdag, die meisten Pfandlehen einzulösen und D. erneut zu einen.
1387 wurde der Tochter Waldemars, Margarete I., zugleich in D. und Norwegen als Königin gehuldigt, zwei Jahre später auch in Schweden-Finnland. Formal bestand die 1397 geschlossene Kalmarer Union zwar bis 1523, fakt. brach aber Schweden-Finnland bereits 1448 aus. Bestimmend wurde nun die machtpolit. Rivalität zu Schweden. König Friedrich III. von D. führte gegen Schweden den Dreikronenkrieg (bis 1570). Sein Sohn Christian IV. unternahm 2 schwed. Feldzüge (1611–13 und 1643–45). Im Dreißigjährigen

DÄNISCHE KÖNIGE

Göttrik (Godfred)	†810
Gorm der Alte	†um 950
Harald Blåtand (= Blauzahn)	†um 986
Svend Gabelbart	986–1014
Harald	1014–1018
Knut II., d. Gr.	1018–1035
Hardknut	1035–1042
Magnus der Gute	1042–1047
Svend Estridsen	1047–1076
Harald Hein	1076–1080
Knut der Heilige	1080–1086
Olaf Hunger	1086–1095
Erich I. Ejegod	1095–1103
Niels	1104–1134
Erich II. Emune	1134–1137
Erich III. Lam	1137–1146
Svend, Knut, Waldemar (Nachfolgekriege)	1146–1157
Waldemar I., d. Gr.	1157–1182
Knut VI.	1182–1202
Waldemar II., der Sieger	1202–1241
Erich IV. Plovpenning	1241–1250
Abel	1250–1252
Christoph I.	1252–1259
Erich V. Klipping	1259–1286
Erich VI. Menved	1286–1319
Christoph II.	1319–1326 und 1330–1332
Waldemar III.	1326–1330
(Interregnum)	1332–1340
Waldemar IV. Atterdag	1340–1375
Olaf	1375–1387
Margarete I.	1376/87–1412
Erich VII.	1412–1439
Christoph III.	1440–1448
Haus Oldenburg	
Christian I.	1448–1481
Johann	1481–1513
Christian II.	1513–1523
Friedrich I.	1523–1533
Christian III.	1534–1559
Friedrich II.	1559–1588
Christian IV.	1588–1648
Friedrich III.	1648–1670
Christian V.	1670–1699
Friedrich IV.	1699–1730
Christian VI.	1730–1746
Friedrich V.	1746–1766
Christian VII.	1766–1808
Friedrich VI.	1808–1839
Christian VIII.	1839–1848
Friedrich VII.	1848–1863
Haus Glücksburg	
Christian IX.	1863–1906
Friedrich VIII.	1906–1912
Christian X.	1912–1947
Friedrich IX.	1947–1972
Margarete II.	seit 1972

Krieg, in den Christian als Haupt des niedersächs. Reichskreises eingriff, versuchten beide Staaten, vom Kontinent aus ihre Stellung gegen den Rivalen zu stärken, wobei Schweden sich durchsetzte. In den knapp 2 Jahrzehnten zw. 1643/60 wurde die machtpolit. Gewichtsverlagerung in Skandinavien zugunsten Schwedens festgelegt. D. verlor die Prov. Jämtland und Härjedalen, Bohuslän, Halland, Schonen und Blekinge sowie die Inseln Gotland und Ösel an Schweden. 1536 war in D. die luth. Reformation durchgeführt worden. 1660 erzwangen die beiden nichtadligen Stände gegen den Adel die Umwandlung D. in eine Erbmonarchie; 5 Jahre später wurde durch die Lex Regia (1665) der monarch. Absolutismus verfassungsrechtl. fixiert.

In der 2. Hälfte des 18. Jh. leiteten tatkräftige Min., die Grafen von Bernstorff und Struensee, D. im Geiste der Aufklärung durch eine große Reformperiode (Ständeausgleich, Entschärfung sozialer Spannungen, Bauernbefreiung 1788). Während der Napoleon. Kriege auf seiten Frankr. mußte D. 1814 Helgoland an Großbrit., Norwegen an Schweden abtreten.

1834 wurden 4 nach Zensuswahlrecht gewählte Provinzialstände eingerichtet. Der Konflikt zw. der dän. (Eiderdänen) und der dt. Nationalbewegung in Schleswig-Holstein führte zum Dt.-Dän. Krieg 1848–50, nach einer Zwischenlösung zum Dt.-Dän. Krieg 1864, in dem D. besiegt wurde; Schleswig, Holstein und Lauenburg gingen verloren.

Nachdem 1849 die absolute durch die konstitutionelle Monarchie abgelöst worden war, wurde nach der Katastrophe des Jahres 1864 die Verfassung 1866 wieder in konservativer Richtung abgeändert. Ergebnis einer beginnenden Zusammenarbeit zw. Links- und Rechtsparteien im Reichstag war die Verabschiedung eines sozialen Gesetzgebungswerkes ab 1891: Altersversorgung, staatl. Förderung des Krankenkassenwesens, Unfallversicherung, Staatszuschuß für die Arbeitslosenkassen. 1901 setzte sich der Parlamentarismus in D. endgültig durch.

Nach einer Abstimmung 1920 kam das überwiegend deutschsprachige Nordschleswig an das im 1. Weltkrieg neutrale D. Eine moderne soziale Reformpolitik, v. a. vertreten von Sozialdemokraten und Sozialliberalen, brachte D. den Ruf eines Wohlfahrtsstaates ein.

Auf Grund des Dt.-Brit. Flottenabkommens 1935 sah sich die dän. Reg. gezwungen, im Mai 1939 das dt. Angebot eines Nichtangriffspakts anzunehmen. Nach dem dt. Angriff vom 9. April 1940 und anschließender Besetzung wurden den Dänen die Reg.gewalt zunächst belassen. Doch auf Grund des zunehmenden Widerstandes erklärte die Besatzungsmacht am 29. Aug. 1943 den Ausnahmezustand. Die Führer des Widerstandes organisierten sich in London im „Dän. Rat".

Obwohl D. vergleichsweise geringe Kriegsschäden erlitten hatte, konnte die Wirtschaft nach der dt. Kapitulation erst durch die Marshallplanhilfe wieder in Gang kommen. D. trat zwar 1960 der EFTA bei, suchte aber 1961 und erneut 1967 um Aufnahme in die EWG nach. 1971 konnten die Beitrittsverhandlungen in Brüssel abgeschlossen werden und nach einer Volksabstimmung 1972 ist D. seit 1973 Mgl. der EG, deren Reformakte die Reg. Schlüter nach einem Referendum (Febr. 1986) ebenfalls beitrat. Im Jan. 1972 folgte die älteste Tochter Friedrichs IX. ihrem Vater als Margarete II. auf dem Thron. Nach Minderheitsreg. ab 1973 (bis 1975 liberal geführt, seitdem sozialdemokrat.) besaß D. 1978/79 eine Koalitionsreg. aus Sozialdemokraten und Liberalen (Venstre) mit A. Jørgensen als Min.-präs., der nach den Wahlen vom Okt. 1979 (erneut nach den Wahlen vom Dez. 1981) eine sozialdemokrat. Minderheitsreg. bildete. Im Sept. 1982 folgte eine Minderheitsreg. aus Konservativer Volkspartei, Venstre, Zentrumsdemokraten und Christl. Volkspartei unter P. Schlüter.

Die Faröer wurden 1948 eine „Selbstverwaltete Bev.gruppe im Kgr. D.". 1953 wurde Grönland gleichberechtigter Teil von D., 1979 erhielt es innere Autonomie.

Politisches System: Nach der Verfassung von 1953 ist D. eine Erbmonarchie (Haus Glücksburg, Linie Schleswig-Holstein-Sonderburg-Glücksburg) mit demokrat.-parlamentar. Reg.form. Das Thronfolgegesetz von 1953 gestattet die weibl. Thronfolge.

Staatsoberhaupt ist der König. Seine formelle Macht geht mit der notwendigen ministeriellen Gegenzeichnung seiner Handlungen in die alleinige Verantwortung der zuständigen Min. über. Im Staatsrat (König und Min.) wird über alle Gesetze und wichtigen Reg.-maßnahmen verhandelt. Die wichtigsten polit. Aufgaben des Königs sind die repräsentative Vertretung des Kgr. gegenüber anderen Staaten und die vorläufige Erlassung [verfassungskonformer] Gesetze, wenn das Folketing nicht zusammentreten kann. Jeder einzelne Min. des *Kabinetts* (Min.rats) ist als Ressortchef dem Parlament gegenüber verantwortl. und kann von diesem gestürzt werden. Der Premiermin. wird nach Absprache mit den Obmännern der Parteien vom König ernannt und kann seiner mögl. Abwahl durch Mißtrauensvotum den eigenen Antrag auf Neuwahlen entgegensetzen. Die *gesetzgebende Gewalt* liegt (abgesehen von den eben erwähnten Aufgaben des Königs) beim Einkammerparlament, dem Folketing mit 179 (darunter 2 auf den Färöern und 2 in Grönland) in allg. direkter, gleicher und geheimer Wahl auf 4 Jahre gewählten Abg. Es gibt einen verfassungsmäßig verankerten Volksentscheid und (zur Kontrolle des Staatsapparates durch das Parlament) einen „Ombudsman".

Parteien: Die im Folketing vertretenen Parteien sind die 1871 gegr. Sozialdemokrat. Partei (56 Sitze), die Konservative Volkspartei (42 Sitze), die 1872 gegr. Liberale Partei (Venstre; 41 Sitze), die 1959 gegr. Sozialist. Volkspartei (22 Sitze), die 1972 entstandene Fortschrittspartei (6 Sitze), die Zentrumsdemokraten (8 Sitze) und die 1905 gegr. Sozialliberale Partei (Radikale Venstre; 10 Sitze); die Linkssozialist. Partei hat 5, die Christliche Volkspartei hat 5 Sitze.
Dachverband der etwa 40 *Gewerkschaftsverbände* (in denen insgesamt rd. 1,5 Mill. Mgl. organisiert sind) ist die sog. Landsorganisationen i Danmark.
Verwaltung: D. ist in 14 Amtskommunen gegliedert, die durch einen gewählten Amtsrat verwaltet werden. Die rd. 275 Primärgemeinden haben Selbstverwaltungsrecht. Die Färöer haben einen weitgehend autonomen Status, eigene Legislative und Exekutive, Amtssprache und Währung. Seit 1979 hat Grönland einen Autonomiestatus. Die Rechte der dt. Minderheit in D. wurden wie die der dän. in der BR Deutschland 1955 durch gegenseitige Erklärungen der beiden Reg. gesichert.
Recht: Es gibt 85 Untergerichte, als Appellationsinstanz für Verfahren der Untergerichte und erste Instanz für schwerere Fälle 2 Landgerichte. Das Oberste Gericht (Højesteret) in Kopenhagen ist Berufungsinstanz für die Landgerichte. Außerdem gibt es ein Schiffahrts- und Handelsgericht sowie ein Arbeitsgericht.
Landesverteidigung: Die in die NATO integrierten Streitkräfte umfassen rd. 29 600 Mann (Heer 17 000, Luftwaffe 6 900, Marine 5 700).
Ꝏ *Dey, R.: D. Köln [4]1982. - Imhof, A. E.: Grundzüge der nord. Gesch. Darmst. 1970. - Lauring, P.: Gesch. Dänemarks. Dt. Übers. Neumünster 1964.*

Dänemarkstraße, Meeresteil des nördl. Atlantiks zw. Grönland und Island, etwa 300 km breit; reiche Fischgründe (v. a. Kabeljau und Rotbarsch).

Danewerk (Dannewerk, dän. Danevirke), Sammelbez. für frühgeschichtl. und ma. Befestigungsanlagen, die die Jüt. Halbinsel an der Schleswiger Landenge (zw. Treene und Schlei) nach S abriegeln; Zuordnung und genaue Datierung der einzelnen Bestandteile sind problemat.; entstand wohl seit Anfang des 9. Jh.; Wälle aus Erde und Holz mit Feldsteinverstärkungen, später Ziegelmauern; 1859/60 z. T. erneut für Verteidigungszwecke hergerichtet.

Danican [frz. dani'kã] ↑Philidor.

Daniel, männl. Vorname hebr. Ursprungs; eigtl. Bed. etwa „Gott ist mein Richter"; frz. Form Daniel, engl. Form Daniel, serbokroat. Form Danilo.

Daniel, Hauptgestalt des alttestamentl. **Danielbuches,** das von einem Anhänger der Makkabäer um 165 v. Chr. geschrieben wurde. Die Kapitel 1–6 berichten von einem D., der in Babylon am Hof Nebukadnezars II. in der Mitte des 6. Jh. gelebt haben soll. - Die Kapitel 7–12 bringen Visionen: die in Tiergestalt auftretenden Reiche der Babylonier, Meder, Perser und Diadochen (Griechen) werden durch Gottes Weltgericht vernichtet. Der Verfasser ruft mit dem D.buch Israel zu Treue und Glauben auf und kündigt die Errettung der Frommen, zum ersten Mal die Auferstehung der Toten und das Kommen des Reiches Gottes an. Dies beeinflußte jüd. und christl. Apokalypsen. In der *bildenden Kunst* wird der Prophet als Einzelfigur und v. a. als „D. in der Löwengrube" dargestellt.

Daniel (russ. Daniil) **Alexandrowitsch,** * 1261, † 1303, Fürst (seit 1276) von Moskau. - Sohn Alexander Newskis; machte Moskau zur ständigen Residenz; Stammvater der Moskauer Dyn. Danilowitsch, die Rußland im 14. und 15. Jh. einigte und bis zum Ende des 16. Jh. regierte.

Daniel, Juli Markowitsch [russ. dɐni'jelj], * Moskau 15. Nov. 1925, russ. Schriftsteller u. Übersetzer. - Veröffentlichte unter dem Pseud. Nikolai Arschak im Ausland; 1966 Verurteilung zu 5 Jahren Zwangsarbeit (1970 entlassen). Dt. erschien u. a. 1967 „Hier spricht Moskau" (En.).

Daniela (Daniella), aus dem Italien. übernommener weibl. Vorname (weibl. Form von Daniel).

Danielle (Danièle) [frz. da'njɛl], aus dem Frz. übernommener weibl. Vorname (weibl. Form von Daniel).

Daniel-Lesur [frz. danjɛllə'sy:r] ↑Lesur, Daniel.

Daniélou, Jean [frz. danje'lu], * Neuilly-sur-Seine 14. Mai 1905, † Paris 20. Mai 1974, frz. Jesuit und Kardinal (seit 1969). - Prof. für Dogmatik in Paris; führender frz. Konzilstheologe auf dem 2. Vatikan. Konzil.
Werke: Platonisme et théologie mystique (1944), Culture et mystère (1948), Bible et liturgie (1951).

Daniel-Rops [frz. danjɛl'rɔps], eigtl. Jean Charles Henri Petiot, * Épinal 19. Jan. 1901, † Chambéry 27. Juli 1965, frz. Schriftsteller. - Kath. Romancier, Essayist und Historiker; schrieb u. a. „Das flammende Schwert" (R., 1935), eine „Geschichte des Gottesvolkes" (1943), eine Studie über das Alltagsleben z. Z. Christi („Er kam in sein Eigentum", 1961) sowie den Essayband „Das Geheimnis des Geistes" (1956).

Däniken, Erich von, * Zofingen 14. April 1935, schweizer. Schriftsteller. - Schrieb sehr erfolgreiche, von der wiss. Fachwelt nicht anerkannte Bücher über Zeugnisse vom Besuch der Erde durch außerird. intelligente Wesen in früheren Jh., u. a. „Erinnerungen an die Zukunft" (1968), „Zurück zu den Sternen" (1969), „Beweise - Lokaltermin in fünf Kontinenten" (1977), „Im Kreuzverhör" (1978),

„Strategie der Götter“ (1982), „Habe ich mich geirrt?“ (1985).

Danilewski, Nikolai Jakowlewitsch [russ. dɐni'ljɛfskij], * Oberez (Gouv. Orel) 10. Dez. 1822, † Tiflis 19. Nov. 1885, russ. Kulturhistoriker. - Wegbereiter des jüngeren, militanten Panslawismus durch sein Werk „Rußland und Europa“ (1869), in dem er Rußland die Aufgabe der polit. Vereinigung aller Slawen und dem slaw. Kulturtyp unter russ. Führung die welthistor. Mission der Ablösung des alternden, vom german.-roman. Kulturtyp bestimmten Europa zuwies.

Dänische Krone, Abk.: dkr; Währungseinheit in Dänemark; 1 dkr = 100 Øre.

dänische Kunst, sie war immer stark nach W- und M-Europa orientiert; so dominierten Deutsche bes. als Bildschnitzer im späten MA, Niederländer z. Zt. Christians IV. und Franzosen in den ersten Jahren der 1754 gegr. Kopenhagener Akademie als Architekten.

Beispielhaft für die **Baukunst** ist die Vielzahl liniendurchwirkter Giebel an den Kirchen in Helsingør, eine Eigentümlichkeit, die in der Grundtvigkirche in Kopenhagen 1921 ff. bewußt aufgenommen wurde. Am Beginn stehen - abgesehen von frühen Stabkirchen (u. a. Marienkapelle in Lund [damals dän.], Anfang des 11. Jh.) - die Granitquaderkirchen Jütlands (Dom in Viborg, 1130 ff.) sowie Rundkirchen auf den Inseln. Rhein. Tuff ist das Material des Domes in Ripen, der wie der Dom in Lund in seinen Formen Nieder- und Mittelrhein Entscheidendes verdankt. Früh und selbständig entwickelt sich der Backsteinbau (Kirchen von Ringsted und Sorø um 1160), er nutzt lombard. Elemente, wahrt aber eine eigene Flächigkeit. Der Dom in Roskilde wurde im Anschluß an Arras und normann. Bauweise 1190 ff. in got. Stil erbaut. Spätere Kirchenbauten (alle in Backstein) sind meist Stützbasiliken mit verkürzten fensterlosen Obergaden oder Saalkirchen, die reich ausgemalt sind (Kalkmalerei vom 12. bis 16. Jh.). Der Profanbau, von wenigen massiven Burganlagen (bes. Spøtrup) abgesehen, zeigt Fachwerk, bevorzugt in der Traufenlage (bes. Naestved und Køge). Niederländ. Einfluß zeigt sich in den Schloßbauten, u. a. der Kronborg (1574–85, v. a. Baumeister A. van Obbergen), Frederiksborg (1602–22; H. van Steenwinckel d. Ä. und d. J.) ebenso wie im Bürgerbau. Im 17. Jh. weicht die vielgiebelige und im Zusammenspiel von Ziegel und Sandstein sehr farbige Bauart strengerer Form (v. a. Aufnahme der „Kolossalordnung“ mit vorgelegten Pilastern). Im 18. Jh. wirken u. a. L. Thura und N. Eigtved, dann bauen Franzosen im Louis-seize-Stil in Kopenhagen. Den sich anschließenden Klassizismus vertreten C. F. Hansen, C. F. Harsdorff sowie C. und T. E. Hansen (letztere v. a. im Ausland). Auch

Dänische Kunst. Dom in Roskilde (ab 1190; links); Bertel Thorvaldsen, Jason (1802/03). Kopenhagen, Thorvaldsens Museum (rechts)

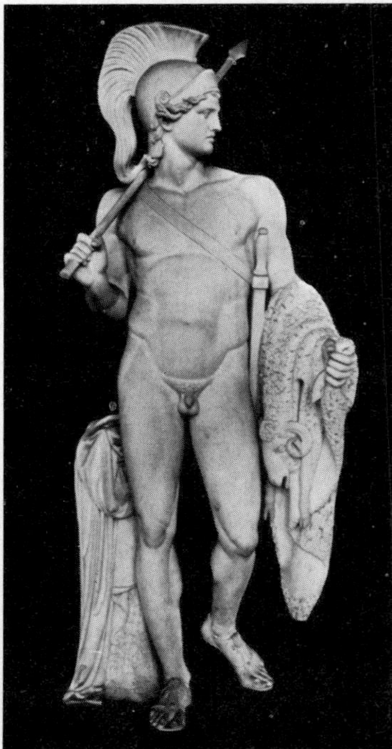

in der modernen Architektur zeigt die d. K. bed. Leistungen (z. B. Univ. Århus; Architekt A. Jacobsen).

Der große Name des beginnenden 19. Jh. ist der **Bildhauer** B. Thorvaldsen. Seine kühlen, glatten Marmorskulpturen gehören zu den auch zu seiner Zeit internat. anerkannten Hauptwerken des europ. Klassizismus und werden zugleich als charakterist. Schöpfungen dän. Eigenart in Anspruch genommen. Eigenständige Leistungen der dän. **Malerei** sind v. a. die dem Klassizismus bzw. Naturalismus verpflichteten Landschafts- und Architekturbilder sowie Porträts bes. N. A. Abildgaards, C. W. Eckersbergs, J. Juels und P. S. Krøyers. Das dän. **Kunstgewerbe,** zuerst die durch kultivierte Zeichnung ausgezeichnete Kopenhagener Porzellanmanufaktur, dann Silbergeräte und schließl. Möbel, erlangten europ. Ruf.

🕮 *Dansk Kunsthistorie. Billedkunst og skulptur. Kopenhagen 1972–74. 4 Bde.*

dänische Literatur,

Mittelalter, Reformation und Barock: Aus den „Gesta Danorum" des Saxo Grammaticus und den von A. S. Vedel († 1616) gesammelten *Folkeviser* lassen sich altdän. bzw. altnord. Heldenlieder rekonstruieren. Bischof A. Sunesøn († 1228) schreibt das lat. Schöpfungs- und Lehrgedicht „Hexaëmeron". Das Jütische Recht (1241) sowie eine Reimchronik (gedruckt 1495) sind die ersten Zeugnisse in dän. Sprache; als Begründer der dän. Schriftsprache gilt der Humanist C. Pedersen mit seiner vollständigen Bibelübersetzung von 1550, als Begründer der d. L. gilt A. C. Arrebo mit seinem „Hexaemeron" (1630 ff.).

Aufklärung und Empfindsamkeit: Die Zentralfigur der frühen Aufklärung, L. Baron von Holberg, begründet unter dem Einfluß des frz. und engl. Rationalismus die dän. Komödie und erhebt in seinen histor., satir. und moral. Werken das Dän. zur Literatursprache. Um 1740 formiert sich der Pietismus mit seinem Hauptvertreter H. A. Brorson. Um 1760 entwickelt sich in Kopenhagen im Kreis um Klopstock und Gerstenberg eine an der Ästhetik der dt. Empfindsamkeit orientierte Literatur. Der Klopstockschüler J. Ewald leitet die sog. *nord. Renaissance* ein. Sie umfaßt die Vertreter eines nationaldän., empfindsamen Rationalismus wie P. A. Heiberg und den Kritiker K. L. Rahbek sowie die Romantiker der nachfolgenden Generation. Der kosmopolit. J. I. Baggesen bleibt außerhalb dieser nat. Bewegung.

Romantik: H. Steffens stellt in seinen Kopenhagener Vorlesungen von 1802/03 Schellings Naturphilosophie und die Ideen der Jenaer Romantik vor. Diese neue Ästhetik findet v. a. in A. G. Oehlenschlägers Frühwerk bed. Niederschlag. Auf der Basis eines gemeinskand. und christl. Geschichtsbewußtseins wandelt N. F. S. Grundtvig die Universalromantik zur Nationalromantik, die u. a. auch B. S. Ingemanns Romane prägt.

Realismus: Der rasche Verfall der Romantik wird durch Oehlenschlägers Hinwendung zum klass.-humanist. Dramentyp Schillerscher Prägung begünstigt. Der Hegelianer J. L. Heiberg bestimmt die literar. Strömungen der folgenden Jahrzehnte maßgebl. Mit H. Hertz belebt er das dän. Theater durch die neue Gattung des Vaudevilles. Gleichzeitig entwickeln P. M. Møller, S. S. Blicher, C. Bagger, H. E. Schack und M. A. Goldschmidt eine bed. realist. Prosakunst, die in den Märchen und Romanen H. C. Andersens und in den Schriften S. Kierkegaards weltliterar. Bed. erreicht. F. Paludan-Müller versteht sein Werk ebenso wie Kierkegaard und Grundtvig als Abrechnung mit dem nihilist. Zeitgeist.

Naturalismus, Impressionismus und Symbolismus: G. Brandes, beeinflußt vom frz. Positivismus und vom Darwinismus, übernimmt mit seinen Vorlesungen 1871 Heibergs Funktion als richtungweisender Literaturästhetiker. Er fordert eine Einheit von Gesellschaft und Wirklichkeit in der Literatur. Allerdings vollzieht sich in der d. L. rasch ein Wandel vom Naturalismus zum Impressionismus, der in der Prosa bei J. P. Jacobsen erkennbar wird, in der Dekadenzdichtung von H. J. Bang gipfelt und von K. A. Gjellerup bis zum Symbolismus weitergeführt wird. Unter dem Einfluß der frz. Symbolisten steht die Lyrik von

Dänische Kunst. Christoffer Wilhelm Eckersberg, Anna Maria Magnani (1814). Privatbesitz

J. Jørgensen, V. Stuckenberg und S. Claussen. Neue psycholog. Erkenntnisse manifestieren sich in den Romanen von H. Kidde und H. Pontoppidan und in den Mythen J. V. Jensens.
Expressionismus, Neorealismus und Gegenwartsdichtung: Die Lyriker E. Bønnelycke, T. Kristensen, P. la Cour oder N. J. Petersen finden ebenso zu eigenen Formen wie die (Roman-)Schriftsteller M. Andersen-Nexø K. Becker, W. Heinesen oder J. Paludan. Die neuere dän. Dramatik vertreten K. Abell, C. E. M. Soya und K. Munk, dessen Schlüsseldramen als bed. Beitrag zur dän. Widerstandsliteratur gelten. Eine an klass. Erzählstilen orientierte Prosakunst entwickelte T. Blixen. Nach dem 2. Weltkrieg traten insbes. die Romanschriftsteller H.C. Branner, H. Scherfig und M. A. Hansen hervor, unter den Lyrikern O. Wivel und K. Rifbjerg.

📖 *Nord. Literaturgesch. Hg. v. M. Brøndsted. Dt. Übers. Mchn. 1982–84.*

dänische Musik, aus dem 12. Jh. sind Hymnen und Sequenzen überliefert, doch bedeutender sind die ep. berichtenden Volkslieder (Balladen). In den folgenden Jh. standen v. a. ausländ. Musiker im Vordergrund, unter ihnen A. P. Coclico, J. Dowland und H. Schütz, der 1633–44 zeitweise am dän. Hof wirkte. Als Organist wirkte D. Buxtehude in Helsingborg (1657) und Helsingør (1660). C. E. F. Weyse war Lehrer der bedeutendsten dän. Komponisten: J. P. E. Hartmann und N. W. Gade. Zu nennen sind auch F. Kuhlau, P. A. Heise, der Norweger J. S. Svendsen und als einer der wichtigsten skand. Komponisten nach Grieg C. A. Nielsen. Bed. Komponisten des 20. Jh.: K. Riisager, F. Høffding, O. Mortensen, J. Jersild und N. V. Bentzon.

dänische Sprache, zur Familie der nordgerman. Sprachen gehörende Sprache in Dänemark mit etwa 4,9 Mill. Sprechern. Sie gliederte sich im frühen MA aus dem Altnord. aus und durchlief in über tausendjähriger Geschichte Epochen, die als Runendänisch, Altdänisch und Neudänisch bezeichnet werden. - **Runendänisch** (800–1100): Diese Epoche deckt sich zeitl. weitgehend mit der der Wikingerzeit. Wichtigstes sprachl. Quellenmaterial dieser Zeit bilden die Runeninschriften im sog. jüngeren ↑Futhark. - **Altdänisch** (1100–1500): Die ersten schriftl. Denkmäler - Landschaftsrechte aus dem 13. Jh. - zeigen noch deutl. dialektale Eigenheiten. Kulturell vermittelnd und sprachl. ausgleichend wirkten insbes. die Kirche und der sich entfaltende Handel. - **Neudänisch** (ab 1500): Die polit. Entwicklungen beeinflußten die Grenzen des dän. Sprachgebietes: seit der dän. Union mit Norwegen (1380) wuchs der Einfluß der d. S. in Norwegen. Andererseits gingen mit dem Frieden von Roskilde 1658 die schwed. Prov. Dänemarks verloren, der südl. Teil Schleswigs ist seit der Reformation deutschsprachig. Als bestimmende Ereignisse standen am Anfang der Epoche die Einführung des Buchdrucks und die Reformation.

Dankert, Pieter, * Stiens (bei Leeuwarden) 8. Jan. 1934, niederl. sozialdemokrat. Politiker. - 1963–71 Vorstandsmgl. der PvdA, 1968–81 Abg. der 2. niederl. Kammer; seit 1979 Mgl. des Europ. Parlaments (Vizepräs. 1979–81, Präs. seit Jan. 1982).

Dannecker, Johann Heinrich von (seit 1808), * Stuttgart 15. Okt. 1758, † ebd. 8. Dez. 1841, dt. Bildhauer. - 1785–89 in Rom (Einfluß von A. Canova). 1828 Direktor der Kunstschule Stuttgart. Bed. Vertreter des dt. Klassizismus; u. a. Schillerbüsten (1794; Weimar, Thüring. Landesbibliothek, und 1805; Stuttgart, Staatsgalerie), religiöse und mytholog. Figuren.

D'Annunzio, Gabriele, seit 1924 Principe di Montenevoso, * Pescara 12. März 1863, † Cargnacco bei Gardone Riviera 1. März 1938, italien. Dichter. - Führte ein affairenreiches Leben zw. Luxus und Abenteuer. Bekannt seine Beziehung zu Eleonora Duse. Propagierte Italiens Kriegseintritt, nahm als Flieger am 1. Weltkrieg teil, besetzte 1919 als Anführer einer Freischar Fiume im Widerspruch zum Waffenstillstandsabkommen und räumte die Stadt erst nach 16 Monaten. In Mussolini sah er den Erfüller seiner polit. Ideen. Sein lyr. Hauptwerk sind die drei ersten Bücher der „Laudi" („Maia", „Elettra", „Alcyone", 1903/04), das 4. Buch erschien 1911 u. d. T. „Merope", das 5. 1933 u. d. T. „Canti della guerra latina". In seiner Lyrik stehen Geschmeidigkeit und Wohlklang neben hohlem Pathos. Von seinen Dramen ist „La figlia de Jorio" (1904), ein in der Gegenwart spielendes trag. Mysterienspiel, am bedeutendsten. Die Romane (u. a. „Lust", 1889) verherrlichen Sinnlichkeit und Übermenschentum. D'A. ist in Italien Hauptvertreter der Neuromantik und Dekadenzdichtung. Lebensgier, Eitelkeit, Ichsucht, Prunk der eigenen Lebensführung brachten sein virtuoses Werk ins Zwielicht, ebenso seine Nähe zum Faschismus.

Dante Alighieri, * Florenz Mai 1265, † Ravenna 14. Sept. 1321, italien. Dichter. - Sein literar. Werk reflektiert in einzigartiger Weise individuelles Leiden sowie Bildungshorizont und geistige Ordnung des MA. Lehrer des früh Verwaisten war der umfassend gebildete B. Latini (* um 1220, † um 1294). Dantes geistige Leidenschaft für Beatrice (Beatrice dei Portinari [?], † 1290), der er im Alter von neun Jahren zum erstenmal begegnete, findet ihren ersten Niederschlag in der Sammlung seiner Jugendlyrik u. d. T. „Vita nuova" (1292/93). Vor dem Hintergrund einer auf Vollkommenheit zielenden Zahlensymbolik verschmelzen Traum, Vision und Wirklichkeit zu einer ersten Ausgestaltung des neuen, außerordentl. Lebens im Zeichen der Stilisierung der Geliebten. - 1302 wird Dante von den wieder an die Macht gelangten Guelfen auf Grund seiner polit. Aktivitäten auf Seiten der Ghibellinen aus Florenz verbannt, ein ungerechtfertigtes und lebenslang durchlittenes Exil. Spätestens 1305 schließt er die Sammlung „Le rime" („Il canzoniere"; darunter die „Petrosen" an Donna Pietra) ab, die sich von den literar. Konventionen des Dolce stil nuovo weitgehend befreit haben. Sie dienen der unmittelbaren Vorbereitung des Hauptwerkes, der „Göttl. Komödie" („Divina Commedia"), deren Abfassung der Dichter wohl seit 1290 geplant und nach 1313 in der jetzigen Form bearbeitet hat; erst kurz vor seinem Tod ist das Werk abgeschlossen; das Beiwort „divina" tauchte erstmals 1555 auf. In der Form der Vision berichtet Dante in den drei aus dreizeiligen Strophen (Terzinen) bestehenden Teilen „Inferno" (34 Gesänge), „Purgatorio" (33) und „Paradiso" (33) von seiner Verirrung nach dem Tod Beatrices, aus der ihn zunächst Vergil als „figura" von Vernunft, Philosophie und antiker Bildung zu befreien versucht, indem er ihn durch Hölle und Läuterungsberg bis zum Paradies begleitet. Hier übernimmt Beatrice als Symbol der Offenbarung, des Glaubens und der Theologie die Führung des Dichters bis zur eigtl. Erfüllung der Vision, der unmittelbaren Schau Gottes. Der Text, der von inneren Qualen gesprengt zu werden droht, ist mit ungeheurer formaler, dabei zeichenhaft bedeutsamer Strenge gestaltet. Das Werk fußt auf antiken und ma. Traditionen und überwindet sie zugleich.

Weitere Werke: Il fiore (Sonettzyklus, entstanden um 1300, Zuweisung umstritten), Il convivio („Das Gastmahl"; eine unvollendete Enzyklopädie, entstanden 1306–08), De vulgari eloquentia („Über die Volkssprache"; philolog.-poetolog. Traktat, entstanden zw. 1304/08), De monarchia (polit.-philosoph. Traktat, entstanden zw. 1310/15), Le epistole (Briefe unterschiedl. Abfassungszeit, Ausgabe 1921), Quaestio de aqua et terra (naturphilosoph. Abhandlung, entstanden 1320).

📖 *Elwert, T. W.: Die italien. Lit. des MA. D. - Petrarca - Boccaccio. Mchn. 1980. - Leonhard, K.: D. A. Rbk. 1970. - Schneider, F.: D. Sein Leben u. sein Werk. Weimar [5]1960.*

Dante-Gesellschaften, 1. Vereinigungen zur Förderung des Verständnisses der Dichtung Dante Alighieris; u. a. wurde in Florenz 1888 die „Società Dantesca Italiana" gegr., sie brachte eine krit. Dante-Ausgabe heraus und begr. 1890 den „Bulletino" (seit 1920 „Studi Danteschi"). In Dresden bestand 1865–78 eine D.-G. („Jahrbuch der Dt. Dantegesellschaft", 1867–77), 1914 neugegr., Sitz Weimar („Dt. Dante-Jahrbuch", 1928 ff.); 2. ↑Società Dante Alighieri.

dantesk [italien.], in der Art Dantes, leidenschaftlich, großartig.

Danton, Georges Jacques [frz. dã'tõ], * Arcis-sur-Aube 28. Okt. 1759, † Paris 5. April 1794, frz. Revolutionär. - Zunächst Advokat; 1790 Mitbegr. des Klubs der Cordeliers, wo er sein Rednertalent entfaltete; seit 1791 Mgl. der Pariser Stadtverwaltung, trug wesentl. zu deren Radikalisierung, zur Erstürmung der Tuillerien und zum Sturz des Königtums bei; wurde als Justizmin. ab Aug. 1792 zur beherrschenden Figur in Frankr.; organisierte den revolutionären Terror, mobilisierte den frz. Widerstandsgeist und Patriotismus gegen die Intervention europ. Mächte; ab April 1793 führend im Wohlfahrtsausschuß; schlug eine kompromißbereitere Politik ein, wodurch er in scharfen Gegensatz zu Robespierre geriet; 1794 verhaftet, verurteilt und guillotiniert. - Sein Schicksal wurde mehrfach literar. gestaltet, u. a. in G. Büchners Drama „Dantons Tod" (1835).

Danubius (Danuvius), aus dem Kelt. stammender lat. Name zunächst des oberen und mittleren Laufes der Donau, seit etwa Mitte des 1. Jh. v. Chr. des gesamten Flusses.

Danzi, Franz, * Schwetzingen 15. Juni 1763, † Karlsruhe 13. April 1826, dt. Komponist. - Hofkapellmeister in Stuttgart und Karlsruhe. Mit Bühnenwerken (u. a. 16 Opern, Ballette) beeinflußte er seinen Freund C. M. von Weber.

Danzig (poln. Gdańsk), poln. Hafenstadt an der W-Küste der Danziger Bucht, 10 m ü. d. M, 465 000 E. Hauptstadt des Verw.-Geb. D.; Univ., TU, Hochschulen, u. a. für Medizin, Musik und bildende Künste; Bibliothek der Poln. Akad. der Wiss., Stadtbibliothek; Staatsarchiv; Museum, Theater. D., von jeher Umschlagplatz im Fernhandel, erstreckt sich v. a. mit seinen Hafenanlagen im Stadtteil **Neufahrwasser** an der Mündung der Toten Weichsel und Ind.vierteln zur Küste und ins Weichseldelta. Wichtigste Wirtschaftszweige

Danzig. Krantor

sind die hafenbezogene Ind. sowie Fischverarbeitung, Fettgewinnung und -verarbeitung, Mühlen u. a.; Fremdenverkehr.
Geschichte: Erstmals erwähnt 997, Sitz der slaw. Fürsten von D. Neben der slaw. Siedlung entstanden vermutl. um 1178 eine dt. Marktsiedlung und eine dt. Gemeinde (um 1240 Stadtrecht). Häufig war D. Streitobjekt zw. Polen, Brandenburg und dem Dt. Orden, der sich 1301/08 durchsetzte. Seit Ende 13. Jh. unterhielt D. ausgedehnte Handelsbeziehungen und arbeitete seit 1361 in der Hanse mit. Durch starken Zustrom stieg die Bev. bis 1400 auf etwa 10 000 meist dt. E an. Aufstände gegen den Dt. Orden zw. 1361/1416 wurden blutig niedergeschlagen. Unter poln. Oberhoheit (ab 1454/57) erhielt D. weitgehende Privilegien. D. wurde um 1600 zum größten Produktionszentrum (Schiffbau, Textilien, Möbel, Waffen) in Polen. Während der Reformationszeit wurde D. auf Dauer ev. 1793 kam es an Preußen und wurde 1807–14 Freistaat. 1814–24 und 1878–1919 Hauptstadt der preuß. Prov. Westpreußen. 1919/20 wurde D. Freie Stadt (↑Danzigfrage) mit Parlament (Volkstag) und Reg. (Senat). Die wirtsch. und polit. Isolierung und die Konkurrenz Gdingens verschlechterten D. Wirtschaftslage, v. a. nach 1929. 1933 errang die NSDAP die Mehrheit im Volkstag. Mit Kriegsbeginn am 1. Sept. 1939 wurde D. dem Dt. Reich angegliedert. Seit 1945 poln., wuchs es als bed. Industrie- und Hafenstadt mit Zoppot und Gdingen zur „Dreistadt" zusammen.
Nach dem 2. Weltkrieg teilweise Wiederherstellung der histor. bed. **Bauten,** v. a. der got. Kirchen, u. a.: Pfarrkirche Sankt Katharinen (13. Jh.; umgebaut im 15. Jh.), spätgot. Oberpfarrkirche Sankt Marien (1343–1502), spätgot. Kirche Sankt Nikolai (14./15. Jh.) sowie zahlr. Renaissanceprofanbauten. Die ehem. bürgerl. Wohnbauten des 16.–18. Jh. wurden nach ihrer Zerstörung unter Verwendung erhaltener Bauteile z. T. originalgetreu wiederaufgebaut; von den zahlr. ma. Torbauten ist das got. Krantor (1444) wiederaufgebaut; jetzt Schiffahrtsmuseum.
📖 *D. in acht Jh. Hg. v. B. Jähnig u. P. Letkemann. Bln. 1985.*
D., 1925 gegr., exemtes Bistum, dessen Grenzen sich mit denen der ehem. Freien Stadt D. decken. Das Bistum zählt (1971) bei einer Gesamtbevölkerung von 532 000 E 508 000 Katholiken.

Danziger Bucht (poln. Zatoka Gdańska), Bucht der Ostsee zw. der Halbinsel Samland im O und der Halbinsel Hela im W, mit der Hafengemeinschaft Danzig-Gdingen.

Danziger Goldwasser, wasserheller Likör, in dem feine Blattgoldstückchen schwimmen.

Danzigfrage, polit. Probleme, die durch die Sonderstellung Danzigs im Versailler Vertrag von 1919 entstanden. Die Errichtung eines poln. Staates mit freiem Zugang zum Meer führte zur Ausgliederung Danzigs aus dem Dt. Reich. Danzig wurde zur „Freien Stadt" erklärt und unter den Schutz des Völkerbundes gestellt. Dieser entsandte einen Hohen Kommissar (1937–39 C. J. Burckhardt) zur Schlichtung von Streitfällen mit Polen. Im Ausland wurde Danzig von Polen vertreten, zu dessen Zollgebiet es gehörte. Während die Eisenbahn von Polen verwaltet wurde, unterstanden Hafen und Wasserwege einem parität. Ausschuß. 1939 nahm Hitler die D. zum Vorwand für den Krieg gegen Polen.

Danzig-Westpreußen, 1939 aus dem Gebiet der Freien Stadt Danzig, dem ostpreuß. Reg.-Bez. Westpreußen (dann Marienwerder), dem 1919 poln. gewordenen Teil der Prov. Westpreußen und dem poln. Gebiet um Bromberg gebildeter Reichsgau; bestand bis 1945.

Daphne, Nymphe der griech. Mythologie. Auf der Flucht vor der Liebe des Apollon wird sie von ihrer Mutter Gäa (Erde) verschlungen und in einen Lorbeerbaum (dáphnē „Lorbeer") verwandelt. Die literar. Ausgestaltung erhielt der Stoff durch Ovids „Metamorphosen", der auch als Thema für mehrere Opern diente, u. a. von J. Peri (1598), H. Schütz (1627) und R. Strauss (1938).
Die bildner. Gestaltung der D. entwickelte im wesentl. zwei Typen: D. auf der Flucht vor Apollon (schon auf pompejan. Wandgemälden) und D. im Moment der Verwandlung zum Baum (am berühmtesten ist die Gruppe von Bernini, 1622/23; Rom, Villa Borghese).

Daphne [griech.], svw. ↑Seidelbast.

Daphnia [griech.], Gatt. der Wasserflöhe mit 4 einheim. Arten, von denen der **Große Wasserfloh** (D. magna; bis 6 mm groß) und der **Gemeine Wasserfloh** (D. pulex; bis 4 mm groß) vorwiegend in Tümpeln vorkommen; Verwendung als Fischfutter.

Daphnis, sizil. Hirte und Jäger der griech. Mythologie. Sohn des Hermes und einer Nymphe. Erfinder der bukol. Dichtung, Meister des Flötenspiels, das ihn Pan gelehrt hat. D. ist Urbild des Hirten in der Literatur der Antike (zuerst in dem Roman „D. und Chloe" von Longos) und der Schäferdichtung des 17. und 18. Jahrhunderts.

Da Ponte, Lorenzo, eigtl. Emanuele Conegliano, * Ceneda (= Vittorio Veneto) 10. März 1749, † New York 17. Aug. 1838, italien. Schriftsteller. - War u. a. kaiserl. Theaterdichter in Wien (1781–91); schrieb Libretti, von denen bes. seine Texte zu Mozarts Opern „Die Hochzeit des Figaro", „Don Giovanni", „Cosi fan tutte" überlebten.

Darbysten [dar'bɪstən], 1826 in Plymouth gegr. christl. Gemeinschaft von „Brüdern", die man „Plymouth-Brüder" nannte. Zu ihnen stieß 1830 der frühere anglikan. Pfarrer J. N. Darby (* 1800, † 1882), der bald ihr Führer wurde. Unter ihm erfolgte die Trennung von der anglikan. Staatskirche. Zum allsonntägl. Abendmahl werden nur die Würdigen zugelassen, die die baldige Wiederkunft Christi erwarten (etwa 500000 Mgl.).

Dardanellen [nach der antiken Stadt Dardanos], Meerenge in der Türkei, zw. Marmarameer und Ägäischem Meer, 65 km lang, 4–5 km (engste Stelle 1,3 km) breit. Mehrere Forts an den Küsten unterstreichen die strateg. Bedeutung.
Geschichte: In der Antike und im MA **Hellespont** gen., waren spätestens seit dem 3. Jt. v. Chr. Landbrücke zw. Europa und Asien wie Seeverbindung zw. Ägäis und Schwarzem Meer. 8./7. Jh. dichte Besiedelung im Zuge der griech. Kolonisationsbewegung; 480 v. Chr. setzte das Heer Xerxes' auf einer Schiffbrücke über die D., die nach den Perserkriegen unter die Kontrolle Athens gerieten, 405 v. Chr. jedoch wieder abgegeben werden mußten. 1354 osman. besetzt; nach der Eroberung Konstantinopels (1453) Befestigung der D. (Bau von ↑Çanakkale). Der **Dardanellenvertrag** von 1841 untersagte allen nichttürk. Schiffen die Durchfahrt. Obwohl die D.-befestigungen zu Beginn des 1. Weltkriegs veraltet waren, konnten die Türken 1915/16 die Angriffe der Alliierten zurückschlagen. 1920 unter Kontrolle einer Meerengenkommission gestellt; 1923 entmilitarisiert; nach dem Meerengenabkommen (1936) Neubefestigung durch die Türkei. - Abb. S. 80.

Dardaner, aus der „Ilias" bekanntes, offenbar thrak. Volk; auf den zum Stammvater der Könige von Troja gemachten Dardanos zurückgeführt, mit den Trojanern gleichgesetzt, galten als Bewohner der Landschaft Dardania im nordwestl. Kleinasien.
D., illyr. Volk zu beiden Seiten des Vardar um Scupi (Skopje); schloß sich 284–217 zu einem stärkeren staatl. Gebilde zusammen und dehnte sich bis zur Adria aus; 217 von Philipp V. von Makedonien unterworfen; seit 1. Jh. v. Chr. röm., im 1. Jh. n. Chr. zur Prov. Moesia; ab 297 eigene Prov. Dardania.

Dareikos [pers.-griech., nach Darius I.], meist bohnenförmige Münze der pers. Goldwährung, von 515 v. Chr. bis in die Zeit Alexanders d. Gr. geprägt.

Dareios, Name altpers. Könige, ↑Darius.

Dar-el-Beida, Ind.ort 20 km sö. von Algier mit dessen internat. ✈.

Daressalam (Dar-es-Salaam), größte Stadt von Tansania, an der Küste des Ind. Ozeans, 870000 E. Kultur-, Wirtschafts- und Verkehrszentrum Tansanias; kath. Erzbischofssitz, Univ. (gegr. 1961); College für Politik, Wirtschaft und Verwaltung, Inst. zur Erforschung des Swahili, Goethe-Inst., Nationalmuseum, Bibliotheken. Größtes Ind.zentrum des Landes und wichtigster Hafen (auch für die benachbarten Länder) mit Ölpier und Erdölpipeline in den Kupfergürtel Sambias; Fischereihafen; Eisenbahn ins Hinterland, internat. ✈. - Gegr. 1862 vom Sultan von Sansibar; 1884 errichtete die Dt.-Ostafrikan. Gesellschaft in D. einen Stützpunkt; 1889 wurde D. Garnison der dt. Schutztruppe, 1896 verlegte die dt. Verwaltung ihren Sitz von Bagamoyo nach D.; 1916 von brit. Truppen erobert. Ehem. Hauptstadt von Tansania.

Darfur, Plateaulandschaft im zentralen W der Republik Sudan, 500–1000 m ü. d. M., mit dem Vulkanmassiv des Gabal Marra; zentraler Ort ist Al Faschir; Regenfeldbau und Rinderhaltung. - Das Reich von D. wurde um 350 n. Chr. wohl von Meroe aus gegr.; ab 13. Jh. im Einflußbereich von Kanem-Bornu; ab 1603 selbständiges Sultanat; 1874 ägypt., 1899 angloägypt. Protektorat; seit 1916 sudanes. Provinz.

Dargomyschski, Alexandr Sergejewitsch, * Dargomysch bei Tula 14. Febr. 1813, † Petersburg 17. Jan. 1869, russ. Komponist. - Mit seinen Opern (Hauptwerk „Russalka", 1856) beeinflußte er die Entwicklung des melod. Rezitativs.

Darío, Rubén, eigtl. Félix Rubén García y Sarmiento, * Metapa (= Ciudad Darío, Nicaragua) 18. Jan. 1867, † León (Nicaragua) 6. Febr. 1916, nicaraguan. Dichter. - Diplomat; ausgehend von den frz. Parnassiens und Symbolisten (v. a. Verlaine), gelang ihm in seiner leidenschaftl. Lyrik eine Verschmelzung der vielfältigsten Elemente. Hauptvertreter des Modernismo mit nachhaltigem Einfluß auf die gesamte span. und hispano-amerikan. Dichtung; klass. reine Formen, bildhafte Sprache, neue metr.-rhythm. und melod. Elemente brachten eine Erneuerung span. Sprache und Dichtung.
Werke: Azul (Prosa und Verse, 1888), Prosas profanas (Ged., 1896), Cantos de vida y esperanza (Ged., 1905), Canto a la Argentina y otros poemas (Ged., 1910).

Darius (Dareios; altpers. Darajawausch „der das Gute festhält"), Name von Großkönigen der altpers. Dyn. der Achämeniden:
D. I., d. Gr., † 486 v. Chr., Großkönig (seit 522). - Sohn des Hystaspes (altpers. Wischtaspa) aus einer Nebenlinie des Geschlechtes, ∞ mit Atossa; ergriff 522 die Macht, die er durch Schaffung einer einheitl. Reichsverwaltung (20 Satrapien, dadurch Gleichschaltung der Reichsteile; Steuerordnung; Schaffung einer Währung; Bau eines Straßennetzes, „Königsstraße" von Susa nach Sardes) zu sichern suchte; unternahm 513 einen erfolglosen Zug gegen die Skythen; konnte Thrakien und Makedonien in den pers. Machtbereich eingliedern; seinen Versuch, nach Abfall der kleinasiat. Griechen (Ion. Aufstand 499–493) Griechenland zu unterwerfen (↑Perserkriege), konnte Athen in der Schlacht bei Marathon scheitern lassen (490).
D. II. Nothus, eigtl. Ochus, † Babylon 404

v. Chr., Großkönig (seit 423). - Seine Herrschaft war innenpolit. eine Zeit des Verfalls des Perserreiches; zahlr. Aufstände mußten niedergeschlagen werden; für die Einmischung zugunsten Spartas im Peloponnes. Krieg erhielt Persien Konzessionen in Kleinasien; 405 Abfall Ägyptens.

D. III. Codomannus, * um 380 v. Chr., † bei Hekatompylos (beim heutigen Damghan, Iran) im Juli 330, Großkönig (seit 336). - Neffe Artaxerxes' III.; nach mehreren Niederlagen (334 am Granikos; 333 bei Issos, 331 bei Gaugamela) gegen Alexander d. Gr. auf der Flucht ermordet.

Darjeeling [dɑːˈdʒiːlɪŋ], ind. Stadt in West Bengal, 2 200 m ü. d. M., 56 900 E. Hauptstadt eines Distrikts (mit Teeplantagen). Wegen seines milden Klimas und der günstigen topograph. Lage entwickelte sich D. zum Kur- und Erholungsort Brit.-Indiens; heute Touristenzentrum, Marktort und Schulzentrum.

Darlan, François [frz. darˈlã], * Nérac (Lot-et-Garonne) 7. Aug. 1881, † Algier 24. Dez. 1942, frz. Admiral. - Wurde 1939 Oberbefehlshaber der frz. Marine, 1940 Handels- und Marinemin. der Vichy-Reg.; 1941/42 zusätzl. Vizepräs. des Min.rats, Außen- und Informationsmin., kurzzeitig 1941 auch Innenmin. und anschließend Verteidigungsmin.; ab 1942 Oberkommandierender der frz. Streitkräfte; zeigte sich anfängl. zu einer takt. Kooperation mit den Deutschen bereit, schloß aber bei der Landung der Alliierten in N-Afrika im geheimen Einverständnis mit Pétain (offiziell seiner Ämter enthoben) einen Waffenstillstand; von einem Anhänger de Gaulles ermordet.

Darlegung (Vortrag, Partei[en]vortrag), im Prozeßrecht der von den Parteien in den Prozeß eingeführte Tatsachenstoff, ohne daß es darauf ankommt, ob dieser im einzelnen wahr oder unwahr, beweisbar oder nicht beweisbar ist.

Darlegungsstation, in dem von dem ↑ Verhandlungsgrundsatz beherrschten Teil des Prozeßrechts der Abschnitt der richterl. Tätigkeit, in dem der Richter die Darlegung der Parteien rechtl. bewertet. Ist die Darlegung des Klägers schlüssig und die des Beklagten erheblich, muß der Richter dem Klageantrag stattgeben. Genügt dagegen die Darlegung des Klägers zur Stützung seines Anspruchs nicht, so weist der Richter die Klage schon in der D. ab.

Darlehen, das Kreditgeschäft, bei dem der D.geber dem D.nehmer die **Darlehensvaluta,** ein bestimmtes Kapital (Geld oder andere vertretbare Sachen), zur zeitweiligen Nutzung überläßt. Der D.nehmer verpflichtet sich, Sachen von gleicher Art, Güte und Menge zurückzugewähren (§ 607 BGB). Das D. kann unentgeltl. oder gegen Entgelt (Zinsen) gewährt werden. Das D.verhältnis (ein Dauerschuldverhältnis) endet durch ordentl., beiden Teilen freistehende Kündigung mit einer Frist von drei Monaten (bei D. über 300,– DM), bei zinslosen D. außerdem durch jederzeit zulässige Rückerstattung des Kapitals.

Darlehensvaluta ↑ Darlehen.

Darlehnskassen, (meist staatl.) Institutionen, errichtet zu dem Zweck, die Kreditgewährung in Krisenzeiten oder während eines Krieges nach bestimmten Richtlinien zu übernehmen. Die D. gewährten Kredit gegen Verpfändung von Waren, Wertpapieren u. a. - ↑ auch Spar- und Darlehnskassen.

Darling [engl. ˈdɑːlɪŋ], rechter Nebenfluß des Murray in SO-Australien, längster Fluß Australiens mit stark schwankender Wasserführung; entspringt als **Macintyre River** in den Ostaustral. Kordilleren, im Oberlauf **Barwon** genannt, mündet westl. von Mildura, 2 720 km lang.

Darling [engl. ˈdɑːlɪŋ], Liebling.

Darling Ranges [engl. ˈdɑːlɪŋ ˈrɛɪndʒɪz], Gebirge im äußersten SW Westaustraliens, 320 km lang, im Mount Cook 580 m hoch; Bauxitabbau.

Darlington, Cyril Dean [engl. ˈdɑːlɪŋtən], * Chorley (Lancashire) 19. Dez. 1903, † 26. März 1981, brit. Botaniker. - Widmete sich der Erforschung der Chromosomen („The chromosome atlas of flowering plants", mit A. P. Wylie, 1956) und ihrem Verhalten bei der Meiose und studierte die Zusammenhänge zw. Vererbung, Entwicklung und Infektion.

Darlington [engl. ˈdɑːlɪŋtən], engl. Ind.-stadt in der Gft. Durham, 85 000 E. Stahlwerk, Dieselmotoren-, Werkzeugmaschinen-, Kugellager- und Strickgarnfabrik. - Sächs. Gründung; erhielt 1915 Stadtrecht. Zw. D. und Stockton-on-Tees verkehrte 1825 die erste öffentl. Dampfeisenbahn der Erde.

Darm (Intestinum, Enteron), Abschnitt des Darmtraktes zw. Magenausgang (Pylorus) und After bei den Wirbeltieren (einschließl. Mensch). Die D.länge beträgt beim lebenden erwachsenen Menschen (im natürl. Spannungszustand) etwa 3 m. Zur Vergrößerung der inneren (resorbierenden) Oberfläche

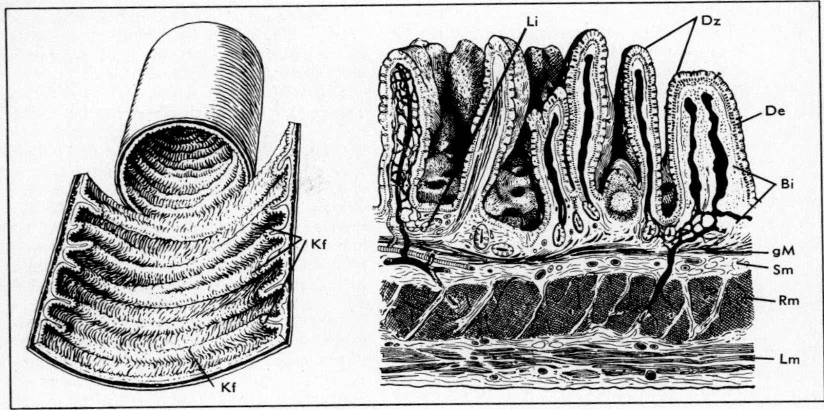

Darm. Links eröffnetes Dünndarmrohr mit den Kerckring-Falten (Kf); rechts ein Schnitt durch die mehrschichtige Dünndarmwand (Li Eingang zu einer Lieberkühn-Krypte mit den Lieberkühn-Drüsen, Dz Darmzotten, De Darmepithel, Bi Bindegewebe, gM Schicht glatter Muskelfasern, Sm Submukosa [Unterschleimhaut], Rm Ringmuskelschicht, Lm Längsmuskelschicht)

weist der D. Zotten (**Darmzotten**), Falten und Schlingen auf. - Mit der hinteren Bauchhöhlenwand ist der D. über ein dorsales und ein ventrales Aufhängeband (Mesenterium) verbunden, in denen die Gefäße und Nerven des D. verlaufen.

Die **Darmwand** besteht aus mehreren Schichten, aus der Darmschleimhaut, der Unterschleimhaut sowie aus der aus (glatten) Ring- und Längsmuskeln bestehenden glatten Muskelschicht. Über den D.kanal verlaufen von vorn nach hinten wellenförmige, autonome (vom vegetativen parasympath. und sympath. Nervensystem über ein Nervengeflecht zw. Ring- und Längsmuskelschicht gesteuerte) Muskelkontraktionen (**Darmperistaltik**), die den D.inhalt in Richtung After befördern und seine Durchmischung bewirken. Im D. erfolgt zum überwiegenden Teil die Aufschließung der Nahrung (er produziert zus. mit der Bauchspeicheldrüse die Hauptmenge an Verdauungsenzymen; ↑auch Verdauung) sowie nahezu die gesamte Resorption.

Der D. ist anatom. und funktionell in einen vorderen (Dünn-D.) und einen hinteren Abschnitt (Dick-D.) gegliedert. Im **Dünndarm** (Intestinum tenue), der sich an den Magenausgang anschließt, wird die Nahrung verdaut und resorbiert. Bei Säugetieren (einschließl. Mensch) verläuft der Dünn-D. in zahlr. Schlingen und gliedert sich in die folgenden Abschnitte: **Zwölffingerdarm** (Duodenum, Intestinum duodenum; beim Menschen etwa 30 cm lang, hufeisenförmig, mit ringförmigen Querfalten [Kerckring-Falten] und mit Zotten); **Leerdarm** (Jejunum, Intestinum jejunum; mit Kerckring-Falten, Zotten und Darmschleimhautdrüsen [Lieberkühn-Drüsen]); **Krummdarm** (Ileum, Intestinum ileum; ohne Kerckring-Falten). Leer- und Krumm-D. sind beim Menschen zus. etwa 1,5 m lang, ihr Mesenterium ist wie eine Kreppmanschette gekräuselt (Gekröse). - In den Anfangsteil des Dünn-D. mündet außer dem Ausführungsgang der Bauchspeicheldrüse auch der Gallengang, der eine Verbindung zur Leber herstellt. Der **Dickdarm** (Intestinum crassum), der vom Dünn-D. durch eine Schleimhautfalte (Bauhin-Klappe) abgegrenzt ist und Lieberkühn-Drüsen aufweist, dient v. a. der Resorption von Wasser, der Koteindickung und -ausscheidung. Er ist beim Menschen etwa 1,2–1,4 m lang. Bei manchen Tieren (z. B. bei Wiederkäuern) kann er dünner als der Dünn-D. sein. - Der Endabschnitt des Dick-D., der **Mastdarm** (Rektum, Intestinum rectum; beim Menschen 10–20 cm lang, mit ampullenartiger Auftreibung als Kotbehälter) wird manchmal auch als dritter Abschnitt des D. gewertet, der davor liegende Dickdarmanteil auch als **Grimmdarm** (Colon, Intestinum colon) bezeichnet. Letzterer hat beim Menschen einen rechtsseitig aufsteigenden (**aufsteigender Dickdarm,** Colon ascendens), einen querlaufenden (**Querdickdarm,** Colon transversum), einen linksseitig nach unten führenden (**absteigender Dickdarm,** Colon descendens) und (vor dem Übergang in den Mast-D.) einen S-förmig gekrümmten Abschnitt (**Sigmoid,** Colon sigmoideum). Die an Magen und Querdick-D. ansetzenden (ursprüngl. dorsalen) Anteile des Mesenteriums

sind beim Menschen stark verlängert, miteinander verklebt und durchlöchert. Sie hängen als **großes Netz** (Omentum majus) schürzenartig über die ganze Darmvorderseite (vor den Dünndarmschlingen) herab. - Am Übergang vom Dünn- zum Dick-D. findet sich häufig ein Blinddarm (oder mehrere).
📖 *Ritter, U.: Der Magen-D.-Kanal. Bad Bevensen 1981.*

Darmalge (Darmtang, Enteromorpha intestinalis), bis 2 m lange, sack- oder röhrenförmige Grünalge mit weltweiter Verbreitung im oberen Litoral (Uferbereich) der Meeresküsten und im Brackwasser; auch in Binnengewässern, die durch Kochsalz verunreinigt sind (z. B. Rhein und Werra).

Darmbad (subaquales Darmbad), während eines Voll- oder Dreiviertelbades mit einer in der Badewanne installierten Vorrichtung durchgeführte Spülung des Dickdarms mit körperwarmer physiolog. Kochsalzlösung unter Beigabe krankheitsspezif. Arzneimittel vom After her; bei chron. Verstopfung, chron. Dickdarmentzündung oder zur Entleerung und Reinigung des Darms vor Röntgenaufnahmen und Darmoperationen.

Darmbakterien ↑Darmflora.

Darmbein ↑Becken.

Darmbilharziose ↑Bilharziose.

Darmblutung, Blutung in das Darminnere, z. B. aus Schleimhautgefäßen und Darmgeschwüren, oder aus Hämorrhoidalknoten nach außen. Bei D. aus oberen Darmabschnitten ist der Stuhl schwarz gefärbt, bei Blutungen im Bereich von Dickdarm, Mastdarm oder After ist er durch hellrotes Blut gekennzeichnet.

Darmbrand (Darmgangrän), Absterben eines Darmabschnittes infolge Absperrung der versorgenden Blutgefäße (u. a. bei Brucheinklemmung, Darmverschlingung); führt zur Bauchfellentzündung, u. U. zum Darmdurchbruch.

Darmentzündung (Darmkatarrh, Enteritis), entzündl. Erkrankung des Darmkanals, meist des Dünndarms (Dünndarmentzündung, Dünndarmkatarrh). Geht die Erkrankung vom Magen aus, spricht man von einer **Gastroenteritis** (Magen-Darm-Katarrh), bei Beteiligung des Dickdarms von **Enterokolitis.** - Die D. ist meist eine akute bis subakute Erkrankung mit dem Hauptsymptom Durchfall, u. U. auch mit Übelkeit und Erbrechen. Ursache der D. sind v. a. allerg. Vorgänge, Gifte, Bakterien und Viren. Mit D. gehen einher: Cholera, Ruhr, Typhus, Paratyphus und Tuberkulose.

Darmfistel (Fistula intestinalis), bes. im Dünn- und Dickdarmbereich vorkommende, angeborene oder krankhaft (z. B. durch Perforation, Verletzung) entstandene bzw. operativ (künstl. D., **Anus praeternaturalis** z. B. bei Mastdarmkrebs) angelegte röhrenförmige Verbindung zw. einem Darmteil und der Körperoberfläche *(äußere D.)* oder zw. einzelnen Darmschlingen bzw. zw. Darm und anderen Hohlorganen (*innere D.*, z. B. bei Durchbruch einer Darmgeschwulst in die Blase).

Darmflora, Gesamtheit der im Darm von Tieren und dem Menschen lebenden Pilze und (v. a.) Bakterien (**Darmbakterien**). Die wichtigsten Vertreter der menschl. D. sind Enterokokken und Arten der Gatt Bacteroides, Lactobacillus, Proteus, Escherichia, Clostridium. Etwa $^1/_3$ des Gewichts der Fäkalien besteht aus toten und lebenden Bakterien (normale Bakterienzahl im Darm bei Mitteleuropäern etwa: 3 bis $4 \cdot 10^{11}$ pro Gramm Kot). Die Unterdrückung der natürl. D. bei Krankheitszuständen oder nach Antibiotikatherapie kann zu einer zusätzl. Infektion mit Fremdkeimen führen, was erhebl. Funktionsstörungen des Darms (oft mit Darmentzündung) verursachen kann. Die wichtigsten Funktionen der D. sind die Lieferung der Vitamine B_{12} und K, die Unterdrückung von Krankheitserregern (z. B. Cholera, Ruhr) durch Konkurrenz und die Hilfe beim Aufspalten einiger Nahrungsbestandteile (z. B. Zellulose).

Darmgangrän, svw. ↑Darmbrand.

Darmgeschwülste, gut- oder bösartige Neubildungen (Tumoren) des Darms. Bösartige D. (**Darmkrebs**) machen etwa 13 % aller Krebsgeschwülste aus. Sie treten vorwiegend im 6. Lebensjahrzehnt auf. Befallen werden v. a. der Mastdarm (über die Hälfte der Darmkrebserkrankungen) und der gekrümmte untere Dickdarm (etwa $^1/_5$ aller Darmkrebse). Sie führen zu Darmverengung, oft bis zum vollständigen Darmverschluß, mitunter auch zum Darmdurchbruch oder zu einer Darmfistel. Die Beschwerden sind anfangs wenig auffallend (z. B. Schleimabgang und häufiger Stuhldrang, Wechsel von Durchfall und Verstopfung); später mengt sich dem Stuhl Blut bei. Erst im vorgerückten Stadium der Erkrankung stellen sich Schmerzen ein. Bei frühzeitiger Diagnose ist eine Operation aussichtsreich.

Darmgeschwür (Darmulkus), Geschwür im Bereich des Darmkanals, meist als Folgeerscheinung entzündl. Darmerkrankungen wie Kolitis, Ruhr (im Dickdarm), Typhus (im unteren Dünndarm) und Darmtuberkulose (im Dünn- und Dickdarm).

Darmgrippe ↑Grippe.

Darminvagination (Darmeinstülpung), Einstülpung eines Darmabschnittes in den nächstbenachbarten (meist Einstülpung des unteren Dünndarms in den Blinddarm); häufigste Ursache von Darmverschluß bei Kindern und Greisen.

Darmkatarrh, svw. ↑Darmentzündung.

Darmkoliken (Darmkrämpfe), akut auftretende, heftige, krampfartige Schmerzen im Darmbereich; u. a. bei Blähsucht und Hindernissen in der Darmpassage.

Darmkrebs ↑Darmgeschwülste.

Darm-Leberbilharziose ↑Bilharziose.

Darmparasiten, bes. im Mittel- und Enddarm von Tier und Mensch schmarotzende Parasiten, die große Nahrungsmengen verbrauchen und unvollständig abgebaute, giftige Stoffwechselprodukte ausscheiden (z. B. Band- und Fadenwürmer).

Darmpech, svw. ↑Kindspech.

Darmperistaltik ↑Darm.

Darmresektion, operative Entfernung von Darmteilen bei Darmerkrankungen oder -verletzungen.

Darmsaft, v. a. von der Dünndarmschleimhaut abgesonderte und dann dünnflüssige, wasserklare bis hellgelbe, stark enzymhaltige, alkal. (bis etwa pH 8,3) Flüssigkeit, die die Verdauung vollendet; beim Menschen tägl. etwa 3 Liter.

Darmschleimhaut, aus dem drüsen- und schleimzellenreichen Darmepithel, einer Bindegewebsschicht und einer dünnen Schicht glatter Muskulatur (bewirkt die Zottenkontraktion) bestehende innere Wandschicht des Darms, deren Oberfläche meist durch Falten und Darmzotten stark vergrößert ist.

Darmstadt, Stadt in Hessen, am NW-Rand des Odenwaldes, 144 m ü. d. M., 136 800 E. Verwaltungssitz des Reg.-Bez. D. und des Landkr. D.-Dieburg, Sitz der Kirchenleitung der Ev. Landeskirche in Hessen und Nassau und der Gesellschaft für Schwerionenforschung; Europ. Raumfahrtbetriebszentrum mit dem Europ. Weltraumdaten- und Weltraumrechenzentrum; Dt. Rechenzentrum; Dt. Akad. für Sprache und Dichtung, P. E. N.-Zentrum der BR Deutschland; TH (gegr. 1836), Fachhochschule des Heeres, Museen, u. a. Landesmuseum, Hess. Staatsarchiv; Staatstheater. Verlage, Druckereien, Chemie-, Pharma-, Elektroind. u. a. - Gehörte urspr. zum geschlossenen Reichsgut um Frankfurt am Main. Nach mehreren Besitzwechseln wurde 1256 die Gft. Bessungen mit D. an die Grafen von Katzenelnbogen verlehnt. Diese verlegten ihre Residenz nach D. und erhielten 1330 für die bei der Wasserburg entstandene Siedlung das Recht zur Stadterhebung und das Marktrecht. Blühte nach 1567 als Residenz der Landgrafen von Hessen-D. auf. - D. wurde im 2. Weltkrieg stark zerstört; wiederaufgebaut wurden u. a. die Renaissancebauten der Schloßanlage mit dem barocken Neuschloß (1716–26), das Rathaus (1588–90). Klassizist. Ludwigskirche (1828–38), auf dem Luisenplatz die Ludwigssäule (1844). Die Mathildenhöhe wurde seit 1830 gestaltet, erhielt 1898/99 die Russ. Kapelle und wurde seit 1899 zur ↑Darmstädter Künstlerkolonie ausgebaut.

D., Reg.-Bez. in Hessen.

Darmstadt-Dieburg, Landkr. in Hessen.

Darmstädter Kreis, „empfindsamer" Freundeskreis in Darmstadt (etwa 1769–73); Treffpunkte waren die Häuser von A. P. von Hesse und J. H. Merck; weitere Mgl. waren neben F. M. Leuchsenring u. a. Herders Braut C. Flachsland und die Hofdamen H. von Roussillon und I. von Ziegler. Kontakt mit vielen Vertretern der zeitgenöss. Kultur, u. a. mit Herder und Goethe. Der Kreis gab Anregungen zu zahlr. Übersetzungen (z. B. europ. Volkslieder durch Herder) sowie zu eigener literar. und literaturkrit. Produktion.

Darmstädter Künstlerkolonie, von Großherzog Ernst Ludwig 1899 ff. nach Darmstadt berufene Architekten und Gebrauchsgraphiker, u. a. H. Christiansen (* 1866, † 1945), R. Bosselt (* 1871, † 1938), P. Bürck (* 1878, † 1947), L. ↑Habich, P. Huber (* 1878, † 1902), P. ↑Behrens und J. M. ↑Olbrich. Olbrich entwarf für die Ausstellungen auf der Mathildenhöhe die wichtigsten Bauten: Ernst-Ludwig-Haus, 7 Ausstellungsvillen (Wohnhäuser der Künstler), Ausstellungsgebäude mit dem Hochzeitsturm; durch die D. K. wurde Darmstadt zu einem Zentrum des Jugendstils.

Darmstädter und Nationalbank, Abk. Danatbank, dt. Kreditinstitut, entstanden 1922 durch Fusion der Nationalbank für Deutschland (gegr. 1881) mit der Bank für Handel und Industrie (Darmstädter Bank; gegr. 1853); ging 1932 in der Dresdner Bank AG auf.

Darmsteifung, bes. heftige, sehr schmerzhafte, durch die Bauchdecken hindurch tastbare oder äußerl. sichtbare Darmkontraktionen oberhalb einer vom Darmverschluß betroffenen Stelle.

Darmsteine, svw. ↑Kotsteine.

Darmstadt.
Hochzeitsturm auf der
Mathildenhöhe (1907/08)

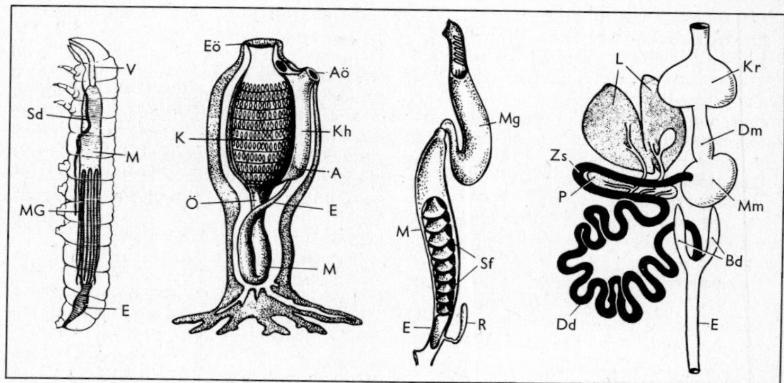

Darmtrakt (von links) der Raupe (einfaches, gerades Rohr), eines Manteltieres (Vorderdarm durch Ausbildung des Schlunds als Kiemendarm am mächtigsten entwickelt), eines Hais und eines Vogels (stark gegliederter Darmtrakt):
A After, Aö Ausströmungsöffnung, Bd Blinddarm, Dd Dünndarm, Dm Drüsenmagen, E Enddarm, Eö Einströmöffnung, K Kiemendarm, Kh Kloakalhöhle, Kr Kropf, L Leber, M Mitteldarm, MG Malpighi-Gefäße, Mg Magen, Mm Muskelmagen, Ö Speiseröhre (Ösophagus), P Bauchspeicheldrüse (Pankreas), R Rektaldrüse, Sd Speicheldrüse, Sf Spiralfalte, V Vorderdarm, Zs Zwölffingerdarmschleife

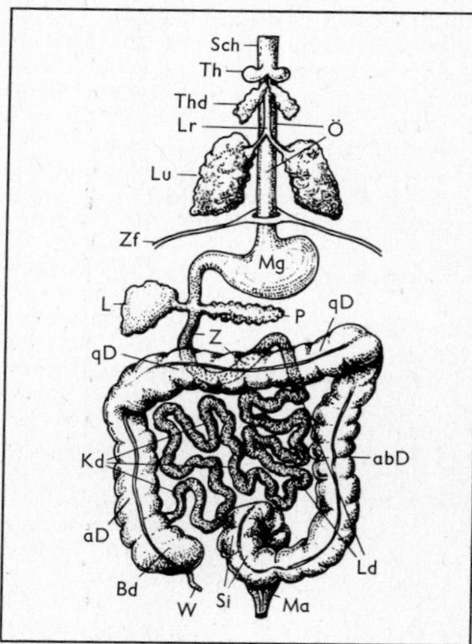

Darmtrakt des Menschen.
abD absteigender Dickdarm (Colon descendens), aD aufsteigender Dickdarm (Colon ascendens), Bd Blinddarm, Kd Krummdarm (Ileum), L Leber, Ld Leerdarm (Jejunum), Lr Luftröhre, Lu Lunge, Ma Mastdarm (Rektum), Mg Magen, Ö Speiseröhre (Ösophagus), P Bauchspeicheldrüse (Pankreas), qD querverlaufender Dickdarm (Colon transversum), Sch Schlund, Si Sigmoid (Colon sigmoideum), Th Schilddrüse (Thyreoidea), Thd Thymusdrüse, W Wurmfortsatz, Z Zwölffingerdarm, Zf Zwerchfell

Darmträgheit, svw. ↑Verstopfung.

Darmtrakt (Darmkanal), den Körper teilweise oder ganz durchziehendes, der Nahrungsaufnahme und Verdauung dienendes Organ bei vielzelligen Tieren und beim Menschen. Der D. beginnt mit der Mundöffnung und endet mit dem After. Einen afterlosen D. haben die Strudel- und Saugwürmer. Sie scheiden Unverdauliches durch den Mund wieder aus.
Meist weist der D. eine deutl. Dreigliederung auf: Der **Vorderdarm** (häufig mit Mundhöhle, Schlund, Speiseröhre) hat die Aufgabe, die Nahrung aufzunehmen, evtl. zu zerkleinern, aufzuweichen, auch vorzuverdauen und weiterzubefördern. Im **Mitteldarm,** der bei den Wirbeltieren hauptsächl. aus dem Dünndarm besteht und im übrigen häufig einen bes. erweiterten Abschnitt als Magen aufweist sowie verschiedene Anhangsorgane (Bauchspeicheldrüse, Leber) besitzt, wird die Nahrung enzymat. in einfache Verbindungen gespalten, die resorbiert werden. Im **Enddarm** werden die Nahrungsreste eingedickt (durch Resorption, v. a. von Wasser) und über den After ausgeschieden. Zum Enddarm wird auch die bei vielen Tieren ausgebildete ↑Kloake gezählt.
Ontogenet. betrachtet geht der D. aus dem

↑Urdarm hervor, ist also mit Ausnahme des (erst später sich ausbildenden) ektodermalen Vorder- und Enddarms entodermalen Ursprungs.
Die Länge des D. ist von der Ernährungsweise abhängig. Bei Fleischfressern ist der D. im Verhältnis zur Körperlänge am kürzesten (etwa 1 : 1 bis 4 : 1), bei Allesfressern ist er länger und erreicht bei Pflanzenfressern mit ihrer schwer aufschließbaren zellulosereichen Nahrung die relativ größten Längenwerte (bis etwa 25 : 1). Die Durchgangszeit der Nahrung durch den D. ist sehr unterschiedl. und u. a. von der Art der Nahrung abhängig. Die Zeitspanne zw. dem ersten Erscheinen der unverwertbaren Anteile einer Mahlzeit und deren endgültiger Ausscheidung aus dem D. beträgt beim Menschen 2–3 Tage.

Darmtuberkulose ↑Tuberkulose.

Darmverengung (Darmstenose), krankhafte Verengung der Darmlichtung mit erschwerter Passage des Darminhaltes durch mechan. Hindernisse (v. a. Geschwülste, Narben nach Geschwüren und Operationen, auch Fremdkörper und Kotsteine); verursacht Aufstoßen und Erbrechen, Verstopfung, Blähungen und kolikartige Leibschmerzen und kann schließl. zum Darmverschluß führen.

Darmverschlingung (Volvulus), selten auftretende Drehung einer Darmschlinge um ihre eigene Achse, um die Achse ihres Gekröses oder um eine andere Darmschlinge mit Abschnürung der Darmlichtung und Strangulation der Darmgefäße; kommt am Dünn- und Dickdarm (v. a. an dessen S-förmigem Abschnitt) vor. Folgen der D. sind Darmverschluß und Darmbrand.

Darmverschluß (Ileus), starke Verengung bzw. Verschluß der Lichtung eines Darmabschnitts; führt u. a. zu Kotrückstau, allg. Vergiftung und Bluteindickung, Herz- und Kreislaufschwäche mit den Symptomen Stuhl- und Windverhaltung, Unruhe, Schweiß, Durst, u. U. auch Kolikschmerz, Kollaps, Schock und Koterbrechen.

Darmzotten (Villi intestinales) ↑Darm.

Darna, Prov.hauptstadt, Küstenoase an der ostlyb. Küste, 26 000 E. - Das antike **Karnis** war eine griech. Gründung und die östlichste Stadt der Pentapolis. - Moschee mit 42 Kuppeln (1600).

Darnley, Lord Henry Stewart (Stuart) [engl. 'dɑːnlɪ], * Temple Newsam (Yorkshire) 7. Dez. 1545, † Edinburgh 10. Febr. 1567, 2. Gemahl der Königin Maria Stuart (seit 1565). - Entstammte einer Seitenlinie des schott. Königshauses; zunächst heiml. Eheschließung mit Maria Stuart, offizielle Trauung nach päpstl. Dispens; ermordete 1566 Riccio, den Sekretär seiner Gemahlin; von einer Verschwörergruppe unter J. H. Bothwell umgebracht.

Darre, baul. Anlage zum Trocknen (Dörren) von Körnern, Samen, Hopfen usw.

Darré, Richard Walther, * Belgrano bei Buenos Aires 14. Juli 1895, † München 5. Sept. 1953, dt. Agrarpolitiker. - 1933 Reichsleiter der NSDAP; schuf als Reichsernährungsmin. (ab 1933) den Reichsnährstand; veranlaßte das Reichserbhofgesetz von 1933; Verfechter einer rassist. Sozialromantik; ab 1934 Reichsbauernführer; 1942 aus allen Ämtern entfernt; 1945 verhaftet, 1949 zu 7 Jahren Haft verurteilt, 1950 entlassen.

Darrieus-Rotor [frz. da'rjø] ↑Windkraftwerke.

Darrieux, Danielle [frz. da'rjø], * Bordeaux 1. Mai 1917, frz. Schauspielerin. - Verkörpert den Typ der charmanten, eleganten Pariserin, u. a. in den Filmen „Der Reigen" (1950), „Rot und Schwarz" (1954), „24 Stunden im Leben einer Frau" (1969).

Darß, etwa 80 km² große Halbinsel an der Ostsee, nö. von Rostock, DDR.

darstellende Geometrie, Teilgebiet der angewandten Mathematik, das sich mit den Abbildungen des dreidimensionalen Raumes in eine Ebene, die Zeichenebene, befaßt. Das Abbildungsverfahren muß so beschaffen sein, daß räuml. Sachverhalte in der Zeichenebene richtig dargestellt werden, daß Aufgaben über die dargestellten räuml. Sachverhalte in der Zeichnung konstruktiv gelöst werden können und daß die Zeichenergebnisse wieder richtige Rückschlüsse auf den räuml. Sachverhalt gestatten. Wichtige Verfahren der d. G. sind: Zentral- und Parallelprojektion, Ein- und Zweitafelverfahren, Axonometrie und perspektive Abbildung.
Zu den wichtigsten Vorstufen der d. G. gehört A. Dürers „Underweysung der Messung mit dem Zirckel und Richtscheydt in Linien, Ebenen und gantzen Corporen" (1525), in der Abbildungsfragen und räuml. Darstellungen konstruktiv behandelt werden. Als eigtl. Begründer der d. G. gilt G. Monge, der in seinen „Leçons de géometrie descriptive" (1795) systemat. die Abbildung von Punkten, Linien, ebenen und gekrümmten Flächen und deren Schnitte und Schatten untersuchte.

darstellende Kunst, Schauspiel- und Tanzkunst, Pantomimik. - Mitunter werden zur d. K. auch noch (die traditionelle) Malerei und Plastik gezählt (bildende Kunst).

Darstellung, in der Quantenmechanik die Art der mathemat. Beschreibung der physikal. Zustände und Observablen (beobachtbare Größen und Eigenschaften), die von W. Heisenberg 1925 (Heisenberg-D.) und E. Schrödinger 1926 (Schrödinger-D.) in verschiedener Form entwickelt wurde. Beispiel für eine Quantentheorie in Heisenberg-D. ist die Heisenbergsche Matrizenmechanik. Beispiel für eine Quantentheorie in Schrödinger-D. ist die Wellenmechanik.

Darstellungsfunktion, nach K. Bühler Funktion der Sprache, die Sachwelt (Sachverhalt, Gegenstände der Rede) darzustellen; im

Ggs. zur **Ausdrucksfunktion** (Kundgabefunktion), wobei der Sender (Sprecher, Schreiber) sich selber zum Ausdruck bringt, und im Ggs. zur **Appellfunktion,** wobei der Empfänger (Hörer, Leser) angesprochen wird.

Dartmoor [engl. 'da:tmʊə], Bergland in der Gft. Devon, SW-England, gegliedert in 3 Verebnungsflächen (330, 265 und 30 m ü. d. M.), die von zahlr. Granitkanzeln („tors") überragt werden; im High Willhays 622 m hoch; mit Zwergstrauchvegetation, Moor und Heide; Fundamente prähistor. Wohnstätten, Straßen und Steinkreise; alte Schmelzöfen (12. Jh.) zeugen von der ehem. Bed. des Zinn- und Kupfererzbergbaus. - Das D. war seit sächs. Zeit ein königl. Forst, gehörte seit 1337 zu Cornwall und wurde 1951 ein Nationalpark. Das bekannte Gefängnis D. bei Princetown wurde während der Napoleon. Kriege für frz. Gefangene gebaut.

Darwen [engl. 'da:wɪn] ↑Blackburn.

Darwin [engl. 'da:wɪn], Sir (seit 1942) Charles Galton, * Cambridge 19. Dez. 1887, † ebd. 31. Dez. 1962, brit. Physiker. - Entwickelte 1914 eine dynam. Theorie der Streuung von Röntgenstrahlen an Kristallgittern; wichtige Arbeiten auf dem Gebiet der Optik, statist. Mechanik und Quantenmechanik.

Charles Robert Darwin (1874)

D., Charles Robert, * Shrewsbury (Shropshire) 12. Febr. 1809, † Down bei Beckenham (= London) 19. April 1882, brit. Naturforscher. - Sammelte für seine Naturforschung wegweisende Erfahrungen bei der Teilnahme an der Weltumseglung der „Beagle" vom 27. Dez. 1831 bis zum 2. Okt. 1836, die ihn nach S-Amerika, auf die Galápagosinseln, nach Tahiti, Neuseeland, Australien, Mauritius und Südafrika führte. Berühmt wurde D. durch seine ↑Selektionstheorie („On the origin of species by means of natural selection, or preservation of favoured races in the struggle for life", 1859). Tiergeograph. Beobachtungen an der südamerikan. Küste, bes. die Entdeckung von Varietäten einer Tiergruppe wie des Darwin-Finken auf den einzelnen Galápagosinseln, ließen ihn an der bis dahin unangefochtenen Vorstellung der Konstanz der Arten zweifeln. Er entwickelte die Hypothese der gemeinsamen Abstammung und der allmähl. Veränderung der Arten.

🕮 *Hemleben, J.: C. D. Rbk. 1968. - Wichler, G.: C. D., der Forscher u. der Mensch. Mchn. u. Basel 1963.*

Darwin [engl. 'da:wɪn], Hauptstadt des austral. Nordterritoriums auf einer Halbinsel der Küste von Arnhemland, 36 000 E. Sitz eines anglikan. und eines kath. Bischofs; Zentrum eines Viehzuchtgebietes; über den Hafen Verschiffung von Erz; internat. ✈.

Darwin-Finken [nach C. R. Darwin] (Galapagosfinken, Geospizini), 1835 von C. R. Darwin entdeckte Gattungsgruppe der Finkenvögel (Unterfam. Ammern) mit 14 Arten in 5 Gatt., die wahrscheinl. alle auf eine Ausgangsform auf dem südamerikan. Festland zurückgehen und nur auf den Galápagos- und Kokosinseln vorkommen. Durch unterschiedl. Ernährungsweisen entwickelten sich typ. Körner-, Weichfutter- und Insektenfresser, was sich in den unterschiedl. Schnabelformen äußert.

Darwinismus, von C. R. Darwin zur wiss. Fundierung der ↑Deszendenztheorie entwickelte Theorie des Überlebens der an die Umwelt am besten angepaßten Individuen (↑Selektionstheorie). Wirkungsgeschichtl. gewann diese Theorie Einfluß auf Kulturwiss. und [popular]-philosoph. Denken des 19. Jh., die sich an naturwiss. Methoden und Denkmodellen orientierten. Bes. Kennzeichen dieser am biolog. Modell erfolgten Umorientierung ist die Sinnentleerung der Geschehensabläufe. Darüber hinaus wirkten darwinist. Anschauungen beispielsweise als Element in der Ideologie des Nationalsozialismus nach. - ↑auch Sozialdarwinismus.

Darwin-Ohrhöcker [nach C. R. Darwin] (Darwin-Ohr, Apex auriculae [Darwini], Tuberculum auriculae [Darwini]), oft fehlende oder nur an einem Ohr auftretende kleine, knotenartige Verdickung am hinteren Innenrand der Ohrmuschel des Menschen; sie gilt als stammesgeschichtl. aus der Spitze des Säugetierohrs entstanden, d. h. als Atavismus.

Das, Insel im S des Pers. Golfes, 110 km

Darwin-Ohrhöcker. Verschiedene Stadien (von links): ausgerollt, randständig, innenständig

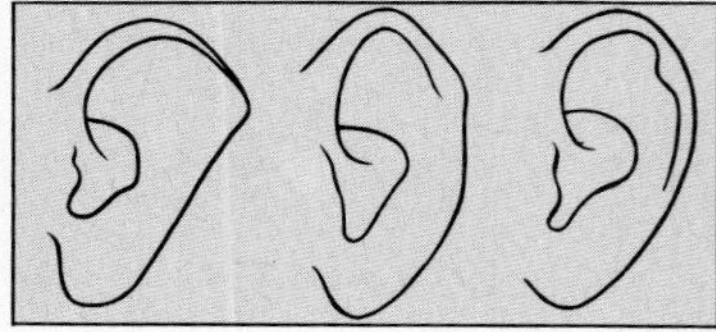

vom Festland entfernt, 2,5 km², gehört zu Abu Dhabi; große Erdöltanklager.

Dascht e Kawir (dt. auch Große Kawir), Salzwüste, die das nördl. Zentrum und den zentralen Osten Irans einnimmt.

Dasein, insbes. in der Existenzphilosophie verwendeter Begriff, v. a. wichtig bei Heidegger. Für ihn kennzeichnet D. als „Erschlossenheit des Seins" die Einzigartigkeit des Menschen, d. h. seine Fähigkeit, ein Verständnis von sich, seinem und allem anderen Sein zu haben.

Daseinsanalyse, Bez. L. Binswangers für die von ihm im Anschluß an E. Husserls Phänomenologie und M. Heideggers Fundamentalontologie entwickelte *tiefenpsycholog.* Konzeption; sie versucht, von einem aprior. entworfenen Verstehenshorizont her den hinter Symptomen verborgenen Vollzug (Geschehen) in den Blick zu bringen, in dem es dem menschl. Dasein in seinem Sein wesenhaft um sich selbst geht (Daseinsvollzug). In der Anwendung seiner Konzeption auf die *Psychiatrie* rückt daher bei Binswanger nicht nur der Krankheitsverlauf einschließl. seiner Symptome, sondern der gesamte bisher erfahrene Daseinsvollzug als Feld der Entstehung von Krankheitserscheinungen in den Blickpunkt, die als Weisen eines gestörten Daseinsvollzugs interpretiert werden.

Dass, Petter, * Nord-Herøy 1647, † Alstahaug (Nordland) im Aug. 1707, norweg. Dichter. - Pfarrer; schrieb ep., lyr. und religiöse Gedichte; am bekanntesten ist die realist. Verserzählung vom Leben der nordnorweg. Fischer „Die Trompete des Nordlands" (1739).

Dassault-Breguet Aviation, Avions Marcel [frz. av'jõmar'sɛl da'so brə'gɛ avjɑ'sjõ], frz. Unternehmen der Flugzeugbauind., entstanden 1971 durch Fusionen. Produktion von Flugzeugen, Flugkörpern und Bordwaffen.

Dässe, Stadt in N-Äthiopien, 2470 m ü. d. M., 76000 E. Verwaltungssitz der Prov. Wällo, landw. Handelszentrum.

Dassel, Rainald von † Rainald von Dassel.

Dasselbeulen, v. a. durch Larven der Hautdasseln in oder dicht unter der Haut hervorgerufene, äußerl. als beulenartige Hautverdickungen erkennbare, bis walnußgroße Bindegewebskapseln, die durch entzündl. Reaktion der Wirtshaut entstehen.

Dasselfliegen (Dasseln, Biesfliegen), zusammenfassende Bez. für Fliegen der Fam. Magendasseln und Oestridae, letztere mit den Unterfam. Rachendasseln, Nasendasseln und Hautdasseln. Etwa 10–18 mm große, oft hummelähnl. behaarte, überwiegend in Eurasien verbreitete Fliegen mit mehr oder weniger stark verkümmerten Mundwerkzeugen (nehmen als Vollinsekt keine Nahrung auf). Die Larven aller Arten leben entoparasit. in Körperhöhlen oder in der Unterhaut (wo sie † Dasselbeulen verursachen) von Säugetieren, v. a. Huftieren, selten auch des Menschen.

Dassin, Jules [engl. dɑː'sæn, frz. da'sɛ̃], * Middletown (Conn.) 18. Dez. 1912, amerikan.-frz. (seit 1954) Filmregisseur. - Bekannt v. a. durch die Filme „Stadt ohne Maske" (1948), „Rififi" (1955), „Sonntags nie" (1960), „Phaedra" (1962), „Topkapi" (1963). Ausdruck polit. Engagements waren „Black power" (1968) und „Die Probe" (1974), eine polit. Chronik der griech. Militärdiktatur.

Dasypodius, Konrad, eigtl. Hasenfratz, * Frauenfeld (Kt. Thurgau) um 1532, † Straßburg 26. April 1600, schweizer. Mathematiker und Astronom. - Berühmt wurde D. v. a. durch den Entwurf der astronom. Uhr am Straßburger Münster.

Daszyński, Ignacy [poln. da'ʃɨi̯ski], * Sbarasch (Galizien) 26. Okt. 1866, † Warschau 31. Okt. 1936, poln. Politiker. - 1890 Mitbegr. der Poln. Sozialdemokrat. Arbeiterpartei (PPSD); Abg. im östr. Reichsrat 1897–1918; 1918 kurze Zeit Chef der 1. [provisor.] poln. Reg.; 1920 stellv. Min.präs.; 1921–34 Vors. der Poln. Sozialist. Partei (PPS); 1928–30 Parlamentspräsident.

Dat, Donat, Dedicat [lat. „er gibt, weiht, widmet"], Abk. D. D. D., stereotype Widmungsformel, bes. auf lat. Inschriften bei Weihungen an Götter.

Date [engl. deɪt], Verabredung, Rendezvous.

Datei [lat.], für die Aufbewahrung geeignete Menge sachl. zusammengehörender Belege oder Dokumente, die nach mindestens einem Kriterium geordnet sind. D. herkömml. Art sind z. B.: Karteien, Belegordner und geordnete Bücherbestände. In der elektron. Datenverarbeitung werden die D. in eine maschinenlesbare Form gebracht und gespeichert.

Dateldienste, Bez. für das Dienstleistungsangebot der Dt. Bundespost zur elektron. Datenübertragung: neben dem Telefonnetz das *integrierte Text- und Datennetz* (IDN), das das TELEX-, das DATEX-L-, das DATEX-P- und das Direktrufnetz umfaßt.

Daten (Data) [lat.], Mrz. von † Datum. ◆ urspr. svw. geschichtl. Zeitangaben; heute allg. Bez. für die [Zahlen]werte der Merkmalsgrößen von [physikal.-techn.] Objekten *(Kenn-D.)*, Ereignissen, Prozessen und Abläufen (z. B. *Betriebs-D.* bei techn. Vorgängen und Geräten, *Bahn-D.* der Bewegungen von Himmels- und Raumflugkörpern) sowie von anderen Gegebenheiten (z. B. *Produktions-*, *Bevölkerungs-D.*). In der Mathematik werden als D. die zur expliziten Lösung bzw. Durchrechnung einer Aufgabe vorgegebenen Zahlenwerte (z. B. für die Koeffizienten von linearen Gleichungen) bezeichnet, in der Statistik hingegen die Ergebnisse einer Aufbereitung statist. Befunde. In der Informations- und Datenverarbeitung versteht man unter D. anfallende Informationen, die sich durch Zeichenfolgen eindeutig beschreiben bzw. in einer Form darstellen lassen, in der sie maschinell verarbeitet werden können.

Datenbank, Organisationsform für die zentralisierte Speicherung großer Datenbestände mit dem Ziel, Daten aus unterschiedl. Quellen einem (möglicherweise anonymen) Benutzerkreis für dessen Bedürfnisse der Informationsgewinnung verfügbar zu machen, ohne daß dieser über die interne Organisation im einzelnen Bescheid wissen muß. In der kommerziellen Datenverarbeitung versteht man unter einer D. die Zusammenfassung von Dateien, die die Basis für ein formalisiertes Informationssystem in einem abgeschlossenen Organisationsbereich werden sollen. - Der Aufbau integrierter Informationssysteme und D. im privaten und staatl. Bereich stellt die Rechtswiss. vor schwierige Probleme. Einerseits muß die Persönlichkeitssphäre des einzelnen, über den Daten gesammelt und ausgewertet werden, geschützt werden (Datenschutz); andererseits eröffnen sich bei Betrieb und Benutzung von D. Möglichkeiten für eine neuartige Form von Wirtschafts-(Computer-)Kriminalität.

Datenfernverarbeitung ↑Datenverarbeitung.

Datenflußplan, graph. Darstellung der an einem Programmablauf beteiligten Datenträger bzw. Speicher und Geräte.

Datenlogger [lat./engl.], Datenerfassungsgerät, das an einer größeren Zahl von Meßstellen anfallende [digitale oder analoge] Meßwerte in regelmäßigen Intervallen (Bruchteile von Sekunden) abfragt und registriert oder einer Rechenanlage (Prozeßrechner) zuführt.

Datennetz, System von Übertragungswegen (z. B. Breitbandübertragungswege) für den Datenverkehr zw. räumlich weit getrennten Datenstationen und Datenverarbeitungsanlagen (z. B. ↑DATEX).

Datenschutz, Bez. für die verschiedenen Rechte einer (nicht notwendigerweise) natürl. Person an den über sie ermittelten, gespeicherten, verarbeiteten und weitergegebenen Daten. Diese Rechte an Daten lassen sich als Persönlichkeitsrechte des Bürgers beschreiben. Die Rechtsgrundlage hierfür findet sich in Art. 2 Abs. 1 GG, wonach jeder Bürger das Recht auf freie Entfaltung seiner Persönlichkeit besitzt. D. bedeutet demnach Persönlichkeitsschutz an Daten. Die in soweit etwas irreführende Bez. hat sich allerdings eingebürgert und ist inzwischen auch in den allg. Sprachgebrauch eingegangen. Demgegenüber versteht man unter **Datensicherung** den körperl. und log. Schutz von Daten gegenüber Verlust, Zerstörung und unbefugtem Zugriff. Die Datensicherung dient deshalb mittelbar der Sicherstellung und Realisierung des D. Nach dem am 1. Jan. 1978 in Kraft getretenen Bundesdatenschutzgesetz (BDSG) ist jede Behörde und jeder Betrieb verpflichtet, einen ausreichenden D. zu garantieren. Dieses Datenschutzgesetz gilt nicht nur gegenüber dem Computer, sondern auch gegenüber einer herkömml. Datenverarbeitung, z. B. bei listenmäßig erfaßten Daten. Unternehmen mit

Datenverarbeitung. Moderne EDV-Großanlage mit Zentraleinheit (links), Konsole für den Operator (Mitte) und Lochkartenleser (rechts). Im Vordergrund eine Magnetplatteneinheit, im Hintergrund die Magnetbandeinheit

einer größeren Datenverarbeitungsabteilung sind gehalten, einen **Datenschutzbeauftragten** zu bestellen, der verpflichtet ist, den betriebl. D. in organisator. und rechtl. Hinsicht sicherzustellen. Zu seinen Aufgaben zählt insbes. die Inventarisierung der im Betrieb vorhandenen personenbezogenen Dateien sowie die Überwachung der ordnungsgemäßen Anwendung der verschiedenen Datenverarbeitungsprogramme. Im Bereich der öffentl. Verwaltung mußte nach dem BDSG ein *Bundesdatenschutzbeauftragter* bestellt werden; in den Bundesländern gibt es sog. *Landesdatenschutzbeauftragte.* Gleichzeitig sind die Länder verpflichtet, Aufsichtsbehörden zur Kontrolle des D. in der gewerbl. Wirtschaft zu errichten. Nach dem BDSG stehen dem Bürger verschiedene Rechtsbehelfe zur Durchsetzung seiner Persönlichtkeitsrechte gegenüber den Betreibern von Computern und Datenbanken zur Verfügung. Diese Rechtsbehelfe umfassen 1. ein Recht auf Auskunft über die gespeicherten Daten; 2. das Recht auf Datenberichtigung, wenn Informationen über den Bürger falsch, unvollständig oder zusammenhanglos gespeichert sind; 3. ein Recht auf Datensperrung, wenn sich weder die Richtigkeit noch die Unrichtigkeit der gespeicherten Daten feststellen läßt; 4. ein Recht auf Datenlöschung, wenn sich die Speicherung als rechtl. unzulässig herausgestellt hat.

Diese Rechtsbehelfe können heute als sog. Mindeststandards des D. angesehen werden und finden sich nahezu auch in allen vergleichbaren ausländischen Gesetzen bzw. Gesetzesvorschlägen.

Auernhammer, H.: Bundesdatenschutzgesetz. Köln [2]1981. - Simitis, S., u.a.: Kommentar zum Bundesdatenschutzgesetz. Baden-Baden [3]1981.

Datensichtgerät, svw. ↑Bildschirmgerät.

Datenspeicher, Vorrichtungen, die die bei der elektron. Datenverarbeitung anfallenden bzw. benötigten Daten sowie die zu ihrer Verarbeitung erforderl. Programme in digitaler (binärer) Form speichern. Man unterscheidet zwischen dem *internen Speicher* eines Computers und dem an den Computer als Peripheriegerät angeschlossenen *externen Speicher.* Als interne Speicher werden Halbleiterspeicher in miniaturisierter Bauweise (Chips) verwendet, bei denen die Binärwerte 0 und 1 z. B. mit Hilfe von (geladenen oder ungeladenen) Kondensatoren oder (stromführenden oder sperrenden) Dioden bzw. Transistoren realisiert werden (Speicherkapazität heute bis in den Megabitbereich). Sie können als Schreib-Lese-Speicher mit wahlfreiem Zugriff *(Direktzugriffsspeicher, RAM)* oder als *Festspeicher (ROM)* ausgelegt sein (↑auch PROM, ↑EPROM). Externe Speicher sind v.a. Magnetband- oder Magnetplattenspeicher unterschiedl. Art und Speicherkapazität (z. B. Festplatte, Floppy disk), ferner sog. opt. Speicherplatten (↑CD-ROM), neuerdings auch supraleitende Schichtspeicher.

Datentechniker ↑Operator.

Datenübertragungssystem, jedes nach einem digitalen telegraf. Verfahren arbeitende System zur Übermittlung von Informationen, die von Maschinen verarbeitet oder zur Verarbeitung durch Maschinen bestimmt sind. Um eine gute Zeitausnutzung zu erzielen, erfolgt die Speicherung der zu übertragenden Daten in Lochstreifen, Magnetplatten oder -bändern; die Schrittgeschwindigkeit (Datenübertragungsgeschwindigkeit) auf den Übertragungswegen liegt zw. 300 und 64 000 bit/s. Der Anschluß einer Datenendeinrichtung (Computer, Magnetbandgerät, Fernschreiber u.ä.) an das Übertragungsnetz erfolgt über eine sog. **Datenübertragungseinrichtung** (DÜE [der Dt. Bundespost]), beim Telefonnetz über ein **Modem,** das die digitalen Signale der Datenendeinrichtung in Analogsignale (für die Übertragung) umwandelt und umgekehrt (Modulation-Demodulation).

Datenverarbeitung (elektron. D.), Abk. **DV** bzw. **EDV,** i. w. S. jeder Vorgang, bei dem aus gegebenen Daten (Eingangsinformationen) auf Grund einer eindeutigen Verarbeitungsvorschrift bestimmte Ergebnisse (Ausgangsinformationen) gewonnen werden. Dabei können diese Daten bzw. Ergebnisse jede darstellbare Information wie Zahlenwer-

Datenverarbeitung. Aufbau einer EDV-Anlage (schematisch)

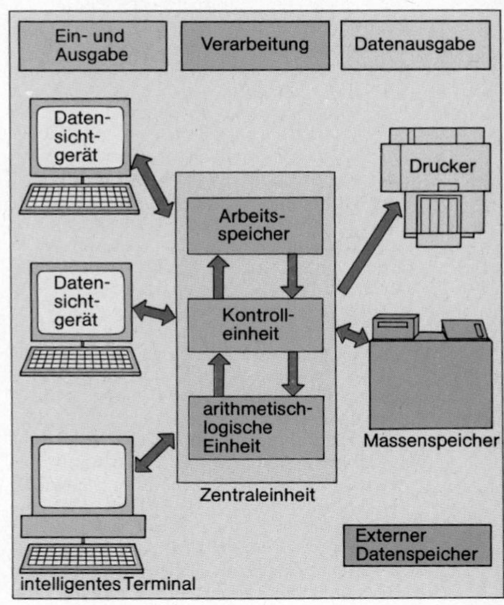

te, Texte, Bilder, elektr. Signale usw. sein. Der tatsächl. Ablauf der Verarbeitung hängt von der Art der Informationsdarstellung ab. Für den Fall, daß diese Informationen und Beziehungen zw. ihnen durch kontinuierl. veränderl. physikal. Größen dargestellt werden, spricht man von **analoger Datenverarbeitung** Diese Verarbeitungsform verliert zunehmend an Bed. Wird andererseits die Information durch Folgen von Zeichen aus einem endl. Zeichenvorrat (Alphabet i. w. S.) dargestellt, spricht man von **digitaler Datenverarbeitung.** Dabei ist die zugehörige Verarbeitungsvorschrift nicht notwendig eine Rechenvorschrift, sondern kann jede beliebige Folge von Einzelschritten und Entscheidungen sein, deren Durchführung die Lösung des Problems ergibt. Bei der digitalen D. wird jedes Datenelement, bei dem nur endl. viele „Werte" mögl. sind, durch digital dargestellte Information, d. h. durch endl. Zeichenfolgen beschrieben. Sind dagegen für ein Datenelement unendl. viele „Werte" mögl., müssen endl. viele, repräsentative herausgegriffen werden, die dann wie oben darstellbar sind. Jeder Wert wird unter Begehung eines gewissen Fehlers durch den ihm nächstliegenden Repräsentanten dargestellt *(digitalisierte Darstellung).* Besteht der Zeichenvorrat aus Z Zeichen, so kann man durch die Aneinanderreihung von N solchen Zeichen Z^N verschiedene Kombinationsmöglichkeiten schaffen, so daß bis zu Z^N „Werte" eines Datenelementes eindeutig beschrieben werden können, indem jedem Wert eine Kombination zugeordnet wird. Ist insbes. $Z = 2$, so spricht man von einer *binären Darstellung*, der durch die einfache techn. Realisierbarkeit ihrer Zeichen *(Binärzeichen, Bit)* eine bes. Bed. zukommt. Die Vorschrift, die die oben erwähnte Zuordnung festlegt, wird als *Codierungsvorschrift* (z. B. *Binärcode*) bezeichnet. Die zu verarbeitenden Daten können entweder auf geeigneten Geräten *(Datenerfassungsgeräte)* manuell erfaßt werden oder ergeben sich aus geeigneten Meß- und Aufzeichnungsgeräten. Werden diese Meßwerte unmittelbar verwertet und greifen die Ergebnisse steuernd in den Vorgang ein, so spricht man von **Prozeßdatenverarbeitung** (Realtime-Verarbeitung). Die Durchführung der Verarbeitungsvorschrift erfolgt auf der *D.anlage (Computer).* Dieses techn. System wird als **Hardware** bezeichnet. Diese ist aus elektron. sowie elektromagnet. und elektromechan. Elementen aufgebaut. Die Herstellung dieser Bauelemente hat sich im Laufe der letzten Jahrzehnte, entsprechend der technolog. Entwicklung, im Hinblick auf Größe, Leistungsaufnahme, Kosten, Zuverlässigkeit und Leistungsfähigkeit gewandelt. Dementsprechend spricht man von verschiedenen *Computergenerationen.* Elektron. Bauelemente werden beim Bau elektron. Schaltungen (digitale Schaltkreise) zur Darstellung und Manipulation von Größen, die digitale Werte annehmen können, verwendet. Die formalen Grundlagen sind durch die Schaltungsalgebra *(Boolesche Algebra)* gegeben. Funktionell gesehen besteht jeder Digitalrechner aus fünf Einheiten:

Eingabeeinheit: Verbindungsglied zw. Mensch und Rechner bzw. zw. Prozeß und Rechner. Über diese Einheit werden die zu verarbeitenden Daten und die Verarbeitungsvorschriften in den Rechner gebracht.

Ausgabeeinheit: stellt das zweite Verbindungsglied entsprechend der Eingabeeinheit dar und liefert die Ergebnisse zur weiteren Verwendung.

Arithmetisch-logische Einheit (Rechenwerke): führt die einzelnen Schritte durch, wie sie in der Verarbeitungsvorschrift definiert sind.

Speichereinheit: dient zur Speicherung der Verarbeitungsvorschrift, der Daten und der Ergebnisse (↑ Datenspeicher).

Kontrolleinheit (Steuerwerk): sorgt für die Koordination der Einheiten bei der Durchführung der Verarbeitungsschritte, die sie aus dem Speicher nimmt und interpretiert. Diese Kontrolleinheit kann die Durchführung aufgrund eines fest verdrahteten Schemas erledigen oder dieses Schema kann selbst in Form einer Verarbeitungsvorschrift auf der Grundlage einfacher Schritte realisiert sein *(Mikroprogrammierung).*

Wichtigstes Eingabegerät ist gewöhnl. die Tastatur mit dem Datensichtgerät (Bildschirm zur opt. Darstellung der eingegebenen Daten), das sog. Terminal. Ergänzend hinzukommen können der Lichtstift (zur direkten Beeinflussung, Auswahl u. a. der auf dem Bildschirm dargestellten Daten), das Datentableau (mit einem speziellen „Zeichenstift" bediente Eingabefläche) oder die sog. Maus, die, von Hand auf einem Datentableau oder auch nur auf der Tischplatte bewegt, das Ansteuern bestimmter Daten oder Programme ermöglicht. Weitere Eingabegeräte sind z. B. magnet. oder opt. Lesegeräte (zur Erfassung von Strichcodes oder auch von Klarschrift), z. T. auch noch Lochkarten- oder Lochstreifenleser. - Ausgabegeräte sind (neben dem Bildschirm) v. a. der Drukker und der Plotter, der die graph. Darstellung (z. B. auch von Konstruktionszeichnungen) ermöglicht. - Sind Ein- und Ausgabegeräte von der eigtl. D.anlage getrennt, so spricht man [bei größeren Distanzen] von **Datenfernverarbeitung.**

Der Begriff der Verarbeitungsvorschrift wird i. w. S. auch als *Programm* bezeichnet. Entsprechend heißen dann die Schritte der Verarbeitungsvorschrift *Programmschritte* oder *Befehle.* Diese Befehle werden ebenso wie Daten in die D.anlage eingebracht und in ihr dargestellt bzw. gespeichert. Eine Menge von Befehlen sowie die Regeln über ihren Aufbau und ihre Bed. bezeichnet man als **Programmiersprache.** Auf der Ebene des auf der Hardware

Durchführbaren spricht man von der *Maschinensprache.* Aufbauend auf dieser Ebene existieren weitere Hierarchien von Programmiersprachen bzw. Programmsystemen. Problemlösungen, die in solchen Sprachen als Verarbeitungsvorschriften formuliert sind, werden mittels geeigneter Programme direkt oder indirekt in die Maschinensprache übersetzt *(Übersetzungsprogramme).* Bekannte Programmiersprachen sind z. B. BASIC, FORTRAN, PL/1, COBOL u. a. Die Übersetzungsprogramme heißen in diesem Fall **Compiler.** Weiter existiert ein Programmsystem, das für den Ablauf und die Koordinierung der gesamten Anlage verantwortl. ist *(Betriebssystem).* Unter dem Begriff der **Software** versteht man dann jene Programme, die auf der Anlage verarbeitet werden.
Die elektron. D. hat in den letzten Jahren (v. a. durch die Entwicklung relativ kleiner, leistungsfähiger Computer) in nahezu allen Bereichen des tägl. Lebens Eingang gefunden. Das Anwendungsspektrum reicht von der privaten Nutzung eines Home- oder Personal-Computers über die Anwendung zur Textverarbeitung, Kalkulation, Lagerverwaltung u. a. im geschäftl. Bereich (kommerzielle D.), über die Verwaltung großer Datenmengen in Behörden, Banken, Versicherungen u. ä., die computergestützte Konstruktion (CAD) und Fertigung (CAM) im industriellen Bereich, den Einsatz in der medizin. Diagnostik (z. B. bei der Computertomographie), die automat. Regelung und Steuerung von Produktionsabläufen, die Automation von Überwachungs-, Steuerungs- und Navigationsvorgängen in der Luft- und Raumfahrt sowie in der Waffentechnik bis zu den vielfältigen Anwendungen in Wissenschaft und Forschung.

🕮 *Jannes, K. P., u. a.: Basiswissen EDV. Würzburg* [3]*1985. - Pongratz, R.: EDV Grundll. Vaterstetten 1985. - Sopart, C. M.: Grundwissen Computertechnik. Mchn. 1985. - Köhler, A. W.: Computer ABC. Basel u. a. 1984. - Einf. in die elektron. D. Hg. v. M. F. Wolters. Reinbek 1983. 4 Bde. - Bauknecht, K/Zehnder, C.: Grundzüge der D. Stg. 1980.*

DATEX [Kw. aus engl.: data exchange „Datenaustausch"], Kurzbez. für das Dienstleistungsangebot der Dt. Bundespost zur schnellen elektron. Datenübertragung; beim *DATEX-L-Netz* (L für Leitungsvermittlung) wird ein Leitungsweg vom Sender bis zum Empfänger (auch über Ländergrenzen hinweg) durchgeschaltet, die Daten werden in kontinuierl. Folge digital übertragen (z. B. 300, 2 400, 9 600 bit/s), beim *DATEX-P-Netz* (P für Paketvermittlung) erfolgt die Übertragung in Form kleiner „Datenpakete" (Übertragungsgeschwindigkeit zwischen den DATEX-P-Vermittlungsstellen 64 000 bit/s).

Datis, pers. Feldherr zu Beginn des 5. Jh. v. Chr. - Leitete im Auftrag Darius' I. 490 mit Artaphernes die Flottenexpedition gegen Griechenland, die zur Eroberung von Delos und Eretria, schließl. jedoch zur Schlacht bei Marathon führte.

Dativ [zu lat. (casus) dativus „Gebefall"], 3. Fall in der Deklination, Wemfall, mit der Funktion, anzugeben, wem sich die im Verb ausgedrückte Handlung zuwendet oder zu wem eine Beziehung hergestellt wird.

dato [lat.], heute.

Datowechsel, auf einen bestimmten Zeitpunkt nach dem Ausstellungstag zahlbar gestellter Wechsel.

Datscha [russ.] (Datsche), russ. Bez. für ein Landhaus [für den Sommeraufenthalt].

Dattel [griech.], [Beeren]frucht der ↑ Dattelpalme.

Datteln, Stadt am NO-Rand des Ruhrgebiets, NRW, 50–60 m ü. d. M., 37 000 E. Steinkohlenbergbau, Metall-, Maschinen-, Bauind.; Wasserstraßenkreuz des Dortmund-Ems-, Datteln-Hamm- und Wesel-Datteln-Kanals, Hafen. - 1147 erstmals erwähnt; Stadtrecht seit 1936.

Dattelpalme, (Phoenix) Gatt. der Palmen mit etwa 13 Arten im trop. und subtrop. Afrika und Asien; mit endständigem Büschel zurückgekrümmter, zweizeilig gefiederter Blätter und zweihäusigen Blüten in Blütenständen. Bekannteste Arten sind die Echte D. und deren vermutl. Stammpflanze, die **Walddattelpalme** (Phoenix sylvestris), heim. in Indien; als Zierbaum wird in Europa häufig die nur auf den Kanar. Inseln vorkommende **Kanarische Dattelpalme** (Phoenix canariensis) angepflanzt (Stamm dick, hell; Früchte klein, goldgelb).
◆ (**Echte Dattelpalme**, Phoenix dactylifera) von den Kanar. Inseln über Afrika und Indien bis Australien und Amerika (v. a. Kalifornien) verbreitete Kulturpflanze (Hauptanbaugebiete: Irak, Iran, Saudi-Arabien, Algerien, Ägypten, Marokko, Tunesien; in Europa werden die Früchte nur in S-Spanien und auf einigen griech. Inseln reif), wichtigster Oasenbaum Afrikas und SW-Asiens; zahlr. Sorten; wird 10–30 m hoch und über 100 Jahre alt, mit unverzweigtem, von Blattnarben rauhem Stamm; entwickelt pro Jahr 10–12 blaugrüne, 3–8 m lange, kurzgestielte, gefiederte Blätter sowie (aus fester, holziger Blattscheide) 6–12 reich verzweigte, langgestielte ♂ (mit über 1 000 Blüten) und ♀ Blütenrispen („Kolben"; mit etwa 100–200 Blüten). Die kugel- bis walzenförmigen, 3–8 cm langen, gelbgrünen oder rötl. bis dunkelbraunen Beerenfrüchte (**Datteln**) reifen nach 5–6 Monaten heran; sie enthalten einen längl., sehr harten Samen (**Dattelkern**) mit tiefer Längsfurche, sind reich an Kohlenhydraten (bis 70 % des Trockengewichts Invertzucker), Eiweiß, Mineralsalzen, Vitamin A und B und werden frisch oder getrocknet, gekocht oder gebacken (**Dattelbrot**) verzehrt, ihr Saft wird zu **Dattelsirup** und **Dattelhonig** eingedickt oder zu **Dattel-**

schnaps (Arrak) vergoren. Die Kerne enthalten bis 10 % Öl (**Dattelkernöl;** goldgelb) und 6 % Eiweiß und werden aufgequollen und zerkleinert als Futtermittel verwertet.
Geschichte: Mindestens seit dem 4. Jt. v. Chr. war die Echte D. sowohl in Babylonien wie in Ägypten bekannt, ebenso ihre Kultivierung durch künstl. Bestäubung. Im alten Ägypten wurde sie als heiliger Baum verehrt, war auch Symbol des Friedens, diente als Vorbild für die Palmensäule und seit der 4. Dyn. als Wappenpflanze Oberägyptens. Griechen und Römern galten die Zweige als Siegessymbol; diese Bed. wurde durch das Christentum übernommen.

Datteltrauben, volkstüml. Bez. für mehrere Weintraubensorten mit großen, fleischigen Beeren.

Datum [lat. „gegeben"], die Zeit- bzw. Tagesangabe nach dem Kalender; die Angabe von Tag, Monat und Jahr eines vergangenen oder zukünftigen Ereignisses.

Datumsdifferenz ↑Zeitrechnung, ↑auch Datumsgrenze.

Datumsgrenze, eine ungefähr dem 180. Längengrad östl. bzw. westl. von Greenwich folgende Linie, bei deren Überschreitung eine Datumsdifferenz von einem Tag auftritt. Von O nach W wird ein Kalendertag übersprungen, in umgekehrter Richtung wird ein Kalendertag doppelt gezählt.

Dau (Dhau, Dhaw) [arab.], ein zwei- bis dreimastiges Segelschiff mit dreieckigen oder trapezförmigen Segeln; Tragfähigkeit bis 400 t; dient in Arabien und Ostafrika den Eingeborenen in der Küstenschiffahrt.

Dauben, zugeschnittene und gehobelte, durch Dämpfen gewölbte Bretter zur Herstellung von Fässern.

Daubigny, Charles François [frz. dobi'ɲi], * Paris 15. Febr. 1817, † Auvers-sur-Oise 19. Febr. 1878, frz. Maler. - Mgl. der Schule von Barbizon, Einflüsse von Courbet und Millet. Melanchol.-herbe Landschaften in dunklen, erdigen Farben, u. a. „Das große Tal von Optevoz" (1857; Louvre), „Die Weinberge von Villerville" (1859; Marseille, Musée des Beaux-Arts).

DATUMSGRENZE
Jetzige Datumsgrenze
Histor. Datumsgrenze (b. 1845)
0 1000 2000 km
ASIEN
NORDAMERIKA
JAPAN
Kurilen
Aleuten
Montag
Sonntag
PHILIPPINEN
Marianen
Hawaii-In
Pazifik
Marshall-In
Borneo
Äquator
Neuguinea
INDONESIEN
Salomon-In
Java
Samoa-In
Fidschi-In
Tuamotu-In
Neukaledonien
AUSTRALIEN
Tasmanien
NEUSEELAND
östl. Länge v. Greenwich
westl. Länge v. Greenwich

Däubler, Theodor, * Triest 17. Aug. 1876, † Sankt Blasien 13. Juni 1934, dt. Dichter. - Unstetes Wanderleben; sein Gesamtwerk ist geprägt von Formenreichtum, rauschhaft-visionären Bildern, zarter, farbiger Sprache, pathet.-hymn. Ausdruckskraft. Seine Lyrik und Epen, bes. das lyr. Riesenepos „Das Nordlicht" (1910), ein kosm.-mytholog. Lehrgedicht, gehört dem Expressionismus an, den D. in Essays theoret. begründete. - *Weitere Werke:* Hesperien (Ged., 1915), Hymne an Italien (Ged., 1916), Der neue Standpunkt (Essays, 1916), Sparta (1923), Die Göttin mit der Fackel (R., 1931).

Theodor Däubler (Gemälde von Otto Dix; 1927)

Daud [da'u:t] (Dawud), arab. Namensform für David.

Daudet [frz. do'dɛ], Alphonse, * Nîmes 13. Mai 1840, † Paris 16. Dez. 1897, frz. Schriftsteller. - Vater von Léon D.; humorvoller Erzähler seiner Heimat, der Provence, v. a. mit den „Briefen aus meiner Mühle" (En., 1869). Weltruhm erlangte er v. a. durch seinen heiteren und doch melanchol. Roman „Wundersame Abenteuer des edlen Tartarin von Tarascon" (R., 1872), dessen Held der Typ des aufschneider. Südfranzosen ist.
D., Léon, Pseud. Rivarol, * Paris 16. Nov. 1867, † Saint-Rémy-de-Provence 1. Juli 1942, frz. Schriftsteller. - Einflußreichster Vertreter der Action française. Seine autobiograph. Schriften gewähren Einblicke (z. T. auch polem. verzerrt) in die literar. und polit. Strömungen seiner Zeit. Romane mit sozialer Tendenz.

Daud Khan, Mohammed [da'u:t], * Kabul 1908, † ebd. 27. April 1978, afghan. Politiker. - Vetter des Königs Mohammed Sahir; 1937 Oberbefehlshaber der Armee; nahm als Min.präs. 1953–63 die Reformpolitik König Aman Ullahs wieder auf; stürzte 1973 die Monarchie, rief die Republik aus und amtierte seitdem als Staatsoberhaupt, Reg.-chef, Verteidigungs- und Außenmin.; kam beim Militärputsch 1978 ums Leben.

Dauer, Alfons Michael, * Bamberg 16. April 1921, dt. Musikethnologe und Jazzforscher. - Schrieb die grundlegenden Arbeiten „Der Jazz. Seine Ursprünge und seine Entwicklung" (1958) und „Jazz – die mag. Musik" (1961).

Dauerauftrag, bes. Form des Überweisungsauftrages bei regelmäßig (monatl. oder vierteljährl.) zu leistenden, dem Betrag nach feststehenden Zahlungen.

Dauerausscheider (Bazillenausscheider, Bazillenträger), klin. gesunde Personen, die nach einer überstandenen Infektion dauernd *(permanente D.)* oder zeitweilig *(temporäre D.)* Krankheitserreger mit dem Stuhl, dem Harn oder mit dem Speichel bzw. mit Hustentröpfchen ausscheiden. Nach dem Bundes-SeuchenG besteht Meldepflicht für Dauerausscheider.

Dauerbruch ↑ Bruch.

Dauerdelikt, Straftat, durch die ein rechtswidriger Zustand begründet und willentl. aufrechterhalten wird (im Unterschied zum Zustandsdelikt): die Tathandlung ist zwar „beendet", das Delikt rechtl. jedoch noch nicht „vollendet" (z. B. bei Freiheitsberaubung, Hausfriedensbruch durch unbefugtes Verweilen in fremden Räumen).

Dauereier (Latenzeier, Wintereier), dotterreiche, relativ große Eier mit fester Hülle zum Überdauern ungünstiger Lebensbedingungen (Kälte, Trockenheit). D. bilden v. a. Strudelwürmer, Rädertierchen, Blattfußkrebse, Blattläuse und Insekten.

Dauerfeldbau, ohne Einschränkungen durch den Jahreszeitenrhythmus erfolgender Anbau von Nutzpflanzen, v. a. in den Tropen.

Dauerformen, (Dauertypen) oft fälschlicherweise auch als „lebende Fossilien" bezeichnete Organismen, die sich über erdgeschichtl. lange Zeiträume mehr oder minder unverändert bis heute erhalten haben, z. B. Ginkgobaum, Pfeilschwanzkrebse.

◆ svw. ↑ Dauerstadien.

Dauerfrostboden (ewige Gefrornis, Pergelisol, Permafrost), ständig tiefgründig gefrorener, nur im Sommer oberflächl. auftauender Boden im nivalen Klimabereich (Sibirien, Alaska); z. T. bis über 300 m mächtig.

Dauergewebe, Verbände pflanzl. Zellen, die ihre Fähigkeit zur Zellteilung verloren haben und je nach ihrer Funktion unterschiedl. ausgebildet sind. Von den kleinen, plasmareichen Meristemzellen unterscheiden sich die D.zellen durch Größe, Form, Wandstruktur, einen nur noch wandständigen Plasmabelag und eine oder mehrere Vakuolen. Manche D. sterben im Verlauf der funktionalen Ausdifferenzierung ab (z. B. Holz, Kork). D. sind: Grund-, Abschluß-, Absorptions-, Leit-, Festigungs- und Absonderungsgewebe.

Dauergrünland, landw. Nutzfläche, die im Ggs. zum Wechselgrünland (= Feld-Gras-

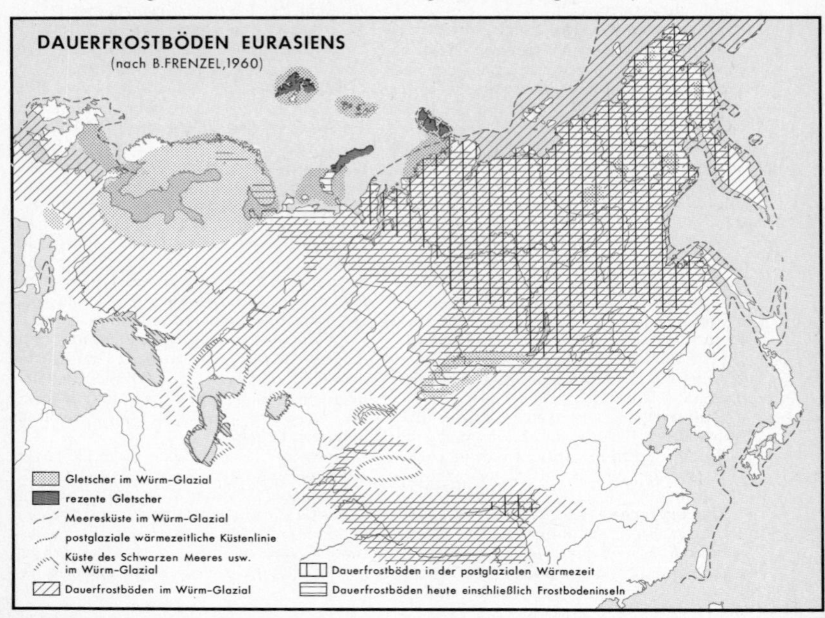

Wirtschaft) ständig als Wiese, Weide oder Mähweide genutzt wird.

Dauerkulturen, Kulturen von mehrjährigen Nutzpflanzen, v. a. Baum- und Strauchkulturen; u. a. Öl- und Dattelpalme, Zitrus- u. a. Obstpflanzen, Tee, Kaffee, Kakao, Wein, Hopfen, Zuckerrohr.

Dauerlauf, längerer [Übungs]lauf in gleichmäßigem, nicht allzu schnellem Tempo.

Dauerlaute, umfassende Bez. für alle Laute, die keine Verschlußlaute sind (z. B. Vokale, Reibelaute).

Dauermagnetwerkstoffe, magnet. harte Werkstoffe mit hoher Sättigungsmagnetisierung, die sich nur durch ein starkes, entgegengesetztes Feld beseitigen läßt.

Dauermarken, Briefmarken, die gewöhnl. über mehrere Jahre in unbegrenzter Auflage an allen Postschaltern eines Landes erhältl. sind.

Dauermodifikationen, durch Umwelteinflüsse bedingte Veränderungen (Modifikationen) an Pflanzen und Tieren, die in den Nachkommen der nächsten Generationen noch auftreten können.

Dauernutzungsrecht, das veräußerl. und vererbl., beschränkte dingl. Recht zur Nutzung von nicht zu Wohnzwecken dienenden Räumen.

Dauerprüfung, Prüfung von Materialeigenschaften bei Dauerbeanspruchung. Man unterscheidet: 1. Zeitstandversuch oder Standversuch unter stat. Beanspruchung, 2. Dauerschwingversuch unter period. wechselnder Beanspruchung.

Dauerschlafmittel ↑Schlafmittel.

Dauerschuldverhältnisse, Schuldverhältnisse, bei denen die Leistung nicht in einer einmaligen Handlung, sondern (wie bei Miete, Arbeitsverhältnis) in einem fortlaufenden Verhalten (Tun, Belassen, Unterlassen, Dulden) oder in wiederkehrenden einzelnen Leistungen besteht.

Dauerstadien (Dauerformen), gegen ungünstige Umweltbedingungen (Kälte, Hitze, Trockenheit, Sauerstoffmangel, Nahrungsmangel) bes. widerstandsfähige Stadien von Organismen. Die Bildung von D. beginnt meist mit einer starken Entwässerung der Zellen, oft wird eine feste Schale ausgebildet. Sie haben nur einen äußerst geringen, meist kaum meßbaren Stoffwechsel. Zu den D. zählen u. a. die Dauersporen der niederen Pflanzen und die meisten Pflanzensamen, bei den Tieren die Dauereier.

Dauerstrom, der in einem ringförmigen Supraleiter z. B. durch Induktion entstandene und dann wegen des verschwindend kleinen Widerstandes für lange Zeiten fließende elektr. Strom.

Dauerwaren, Lebensmittel, die durch Trocknen, Einsalzen, Räuchern, Sterilisieren, Konservieren, Gefrieren oder kurzzeitiges Erhitzen (H-Milch) lange Haltbarkeit besitzen.

Dauerwelle, relativ witterungsbeständige Wellung der Haare, die durch Einwirkung bestimmter Chemikalien (z. B. Thioglykolsäure) auf das über kleine Spulen (Wickler) gewickelte Haar erreicht wird (Kaltwelle).

Dauerwohnrecht, das veräußerl. und vererbl. beschränkte dingl. Recht zum Bewohnen oder zur sonstigen Nutzung einer Wohnung; Form der Dienstbarkeiten (§§ 31 ff. WohnungeigentumsG). Vom Wohnungsrecht unterscheidet es sich durch Veräußerlichkeit, Vererblichkeit und die Befugnis zur Weitervermietung und -verpachtung, vom Dauernutzungsrecht dadurch, daß es sich auf eine Wohnung (nicht auf andere Räume) bezieht. Das D. erlischt mit Fristablauf (falls vereinbart) sowie durch Aufhebung.

Dauerwurst, Wurst, deren Haltbarkeit durch Räuchern, Lufttrocknung und Feuchtigkeitsentzug erzielt wird, z. B. Salami.

Dauerzellen, Bez. für fertig ausgebildete, differenzierte Körperzellen im Ggs. zu den noch teilungsfähigen embryonalen Zellen.

Dauha, Ad, Hauptstadt des Scheichtums Katar auf der Arab. Halbinsel, an der O-Küste der Halbinsel Katar, 190 000 E. Handelszentrum, Fischerei; ✈. - 1823 erstmals belegt, 1872–1914 osman., seit 1916 Hauptstadt.

Daume, Willi, * Hückeswagen 24. Mai 1913, dt. Sportfunktionär. - 1950–70 Präs. des Dt. Sportbundes; seit 1957 Mitglied des Internat. Olymp. Komitees (NOK) für die BR Deutschland, 1966 Präs. des Organisationskomitees für die Olymp. Spiele 1972; 1972–76 Vizepräs. des Internat. Olymp. Komitees; seit 1979 Präs. der Dt. Olymp. Gesellschaft.

Daumen [zu althochdt. thumo, eigtl. „der Dicke, Starke"] (Pollex), erster (innerster), meist zweigliedriger Finger der vorderen Extremität vierfüßiger Wirbeltiere. Bei fast allen Herrentieren (einschließl. des Menschen) ist der D. den übrigen Fingern durch ein Sattelgelenk gegenüberstellbar (opponierbar), wodurch eine Greifhand entsteht.

Daumer, Georg Friedrich, * Nürnberg 5. März 1800, † Würzburg 13. Dez. 1875, dt. Religionsphilosoph und Dichter. - Prof. am Gymnasium in Nürnberg, zeitweise Erzieher Kaspar Hausers; nach seinem Übertritt zur kath. Kirche schrieb er unter dem Pseudonym Eusebius Emmeran; verfaßte von oriental. Formkunst bestimmte Gedichte und Erzählungen. - *Werke:* Hafis (1846–52), Die Geheimnisse des christl. Altertums (1847), Die Religion des neuen Weltalters (1850), Enthüllungen über Kaspar Hauser (1859), Das Christentum und seine Urheber (1864).

Daumier, Honoré [frz. do'mje], * Marseille 26. Febr. 1808, † Valmondois (Val-d'Oise) 10. Febr. 1879, frz. Maler und Karikaturist. - Als leidenschaftl. Republikaner begann er 1832, polit. Karikaturen für „La Caricature" zu zeichnen. Nach Verbot der Zeitung (1837) wich D. zur Gesellschaftssatire des

Blattes „Charivari" aus. Insgesamt erschienen rund 4000 Lithographien und etwa 1000 Holzschnitte von ihm, die bis heute nichts von ihrer Wirkungskraft verloren haben. Als Maler wurde D. erst im 20. Jh. entdeckt. Seine Bilder stehen in der barocken Tradition mit starken Helldunkeleffekten; die bekanntesten sind „Das Drama" (um 1856–60; München, Staatsgemäldesammlungen) und „Die Wäscherin" (1862; Paris, Louvre).

Däumling, daumengroße Märchenfigur von überlegener Schlauheit.

Daun (Dhaun), seit Mitte 15. Jh. nachweisbares mittelrhein. Adelsgeschlecht; 1655 Erhebung in den Reichsgrafenstand; übersiedelte nach Österreich; 1896 ausgestorben; bed.:
D., Leopold Graf von, Fürst von Thiano, * Wien 24. Sept. 1705, † ebd. 5. Febr. 1766, östr. Feldmarschall. - Kämpfte erfolgreich im Östr. Erbfolgekrieg; reorganisierte nach 1748 die östr. Armee; brachte im Siebenjährigen Krieg Friedrich II. die erste große Niederlage bei (Kolin, 1757) und erfocht 1758 den Sieg bei Hochkirch; bei Torgau 1760 geschlagen; 1762 Präs. des Hofkriegsrats.

Daun, Krst. in Rhld.-Pf., am S-Fuß der Hohen Eifel, 450–500 m ü. d. M., 6800 E. Heilbad (Herz-, Kreislauf-, Stoffwechselstörungen), Kneipp- und Luftkurort. - Urkundl. erstmals 1107 gen.; seit 1951 Stadt. - Pfarrkirche (13. und 15. Jh.).
D., Landkr. in Rheinland-Pfalz.

Daunen, svw. † Dunen.

Dauphin [do'fɛ̃; frz.], seit etwa 1130 Titel der Grafen von Vienne, Herren der Dauphiné; nach deren Erwerb durch die frz. Krone (1349) Titel des frz. Thronfolgers bis 1830 (in der Verfassung von 1791 durch die Bez. „Prince Royal" ersetzt).

Dauphiné [frz. dofi'ne], histor. Landschaft in SO-Frankr., erstreckt sich von der mittleren Rhone bis in die Hochalpen, zentraler Ort ist Grenoble.
In kelt. Zeit lebten hier v. a. die Allobroger mit der Hauptstadt Vienna (= Vienne) und die Vocontier. 121 v. Chr. wurde das Land röm. und gehörte seit 27 v. Chr. zur Prov. Narbonensis, seit 395 n. Chr. zur Prov. Viennensis. 933 kam es zum Kgr. Burgund. 1349–1460 war die D. Apanage des frz. Thronfolgers (daher Dauphin); 1560 kam sie zur frz. Krondomäne und wurde später eine Prov.; 1790 in die heutigen Dep. aufgeteilt.

Daus [zu lat. duo „zwei"], zwei Augen im Würfelspiel; As der Spielkarte.

Dausset, Jean [frz. do'sɛ], * Toulouse 19. Okt. 1916, frz. Hämatologe. - Prof. in Paris; bed. Arbeiten zur Hämatologie; entdeckte Blutgruppenmerkmale bei den weißen Blutkörperchen und bei den Blutplättchen; erhielt 1980 den Nobelpreis für Physiologie oder Medizin (zus. mit G. Snell und B. Benacerraf) für grundlegende Arbeiten auf dem Gebiet der Immungenetik.

Honoré Daumier, Das Drama (1856–60). München, Bayerische Staatsgemäldesammlungen

Dauthendey, Max[imilian] ['daʊtəndaɪ], * Würzburg 25. Juli 1867, † Malang (Java) 29. Aug. 1918, dt. Schriftsteller. - Begann mit formstrenger Lyrik im Stil Georges, dann Wendung zu sinnhaft-impressionist. Lyrik, die in klangl. Malerei alle Schranken zw. Wirklichkeit und Phantasiewelt aufhebt; in lebendigen Farben sind in seinen Romanen und Novellen mit Vorliebe exot. Stoffe gestaltet; auch Dramen. - *Werke:* Lusamgärtlein (Ged., 1909), Die acht Gesichter am Biwasee (Novellen, 1911), Raubmenschen (R., 1911).

DAV, Abk. für: **D**eutscher **A**lpen**v**erein e. V. († Alpenvereine).

Davao [span. da'βao], philippin. Stadt an der S-Küste Mindanaos, 611000 E. Hauptstadt der Prov. D.; Univ. (1946 gegr.); Verarbeitung und Verschiffung von Manilahanf und Nutzholz; Fischereihafen mit Konservenind. Perlfischerei.

Davenant (D'Avenant), Sir (seit 1643) William [engl. 'dævɪnənt], ≈ Oxford 3. März 1606, † London 7. April 1668, engl. Schriftsteller. - Wahrscheinl. Patensohn (oder unehel. Kind) von Shakespeare; rettete die engl. Theatertradition über die Zeit des puritan. Verbots durch Privataufführungen. Führte die Bühnenmaschinerie, Szenenbilder, weibl. Schauspieler sowie die Oper - nach italien. und frz. Vorbild - in England ein. Schrieb u. a. „The siege of Rhodes" (musikal. Trag., 1656).

Davenport, Charles Benedict [engl. 'dævnpɔːt], * Stamford (Conn.) 1. Juni 1866, † Huntington (N. Y.) 18. Febr. 1944, amerikan. Genetiker. - Prof. in Chicago; mit grundlegenden genet. Forschungen wies er die Gültigkeit der Mendelschen Regeln nach.

David ['da:fɪt, 'da:vɪt], männl. Vorname hebr. Ursprungs, eigtl. „der Geliebte, Liebling".

David ['da:fɪt, 'da:vɪt], erster eigentl. König von Israel-Juda (etwa 1000–970) und Gründer der judäischen Dynastie. - 1. Sam. 16 bis 2. Sam. 5 schildern seinen Aufstieg (Sagen und Berichte). D. eroberte mit List die Kanaanäerstadt Jerusalem, wohin er die Bundeslade als Zeichen der Gegenwart Gottes überführte, vereinigte die eroberten Gebiete der Kanaanäer, Philister, Syrer, Moabiter, Edomiter zu einem Großreich, schlug eine Revolte seines Sohnes Absalom nieder und setzte Salomo zu seinem Nachfolger ein.
Themen literar. Bearbeitung waren der Kampf D. mit dem Riesen Goliath (J. Du Bellay), die Verfolgung durch König Saul (H. Sachs, J. van den Vondel) und v.a. die Liebe zu Bathseba (H. Sachs, G. Peele, L. Feuchtwanger) und Abisag (A. Miegel, F. Th. Csokor). - In der bildenden Kunst wird D. dargestellt als königl. Sänger und Psalmist, als Prophet und als Vorfahre Christi in der Wurzel Jesse. Am berühmtesten wurden die Darstellungen des jugendl. D. von Donatello (um 1430; Florenz, Bargello), Verrocchio (um 1473–75; ebd.) und Michelangelo (1501–04; als Symbol der städt. Freiheit in Florenz vor dem Palazzo Vecchio; Original in der Accademia).

David, Ferdinand ['da:fɪt, 'da:vɪt], * Hamburg 20. Jan. 1810, † Klosters (Schweiz) 19. Juli 1873, dt. Violinist und Komponist. - Seit 1843 Violinlehrer am Konservatorium in Leipzig; komponierte u.a. Violinkonzerte, Sinfonien, Violinstücke, Lieder; ferner Bearbeitungen v.a. von Werken J. S. Bachs.

D., Gerard [niederl. 'da:vɪt], * Oudewater bei Gouda um 1460, † Brügge 13. Aug. 1523, fläm. Maler. - Seine Altarbilder Anfang des 16. Jh. zeigen Anmut und Feierlichkeit: „Madonna mit weibl. Heiligen" (1509; Rouen, Musée des Beaux-Arts), „Vermählung der hl. Katharina" (London, National Gallery). Die zahlr. Heiligenbilder zeigen Porträtzüge.

D., Jacques Louis [frz. da'vid], * Paris 30. Aug. 1748, † Brüssel 29. Dez. 1825, frz. Maler. - 1774–80 in Italien, stilist. Durchbruch zum Klassizismus, der sich in seinem „Schwur der Horatier" (1784; Paris, Louvre) manifestiert. Unter der Maske der Historienbilder wird hier mit moral. Pathos der Anspruch des Bürgertums auf polit. Rechte vorgetragen. D. wurde der gesuchteste Maler der Jakobiner; nach der Revolution wurde er Hofmaler Napoleons I. Meisterhafte Porträts („Die Marquise d'Orvillier", 1790; „Madame Sériziat", 1795; „Madame Récamier", 1800; alle Louvre); bed. Werke sind noch: „Der Tod Marats" (1793; Brüssel, Musées Royaux des

David. Bronzeplastik von Donatello (um 1432). Florenz, Bargello

Beaux-Arts), „Die Sabinerinnen" (1799; Louvre). - Abb. Bd. 1, S. 453.

D., Johann Nepomuk ['da:fɪt, 'da:vɪt], * Eferding 30. Nov. 1895, † Stuttgart 22. Dez. 1977, östr. Komponist. - Wirkte 1934–45 am Leipziger, 1945–48 am Salzburger Konservatorium, 1948–63 Prof. an der Musikhochschule Stuttgart. Seine stark kontrapunkt. Kompositionen (v.a. für Orgel [„Choralwerke"] und Chor sowie Kammermusik und Sinfonien) erweisen seine enge Bindung an die Musik des Barock (Bach) und Bruckners.

David [span. da'βið], Hauptstadt der Prov. Chiriqui in Panama, im pazif. Tiefland. 51◐ E. Kath. Bischofssitz; Handelszentrum.

David d'Angers, Pierre-Jean [frz. david-dã'ʒe], * Angers 12. März 1788, † Paris 5. Jan. 1856, frz. Bildhauer. - Dem Denkmal des Grand Condé für den Ehrenhof von Schloß Versailles (1817–1827) folgen 1830–48 eine lange Reihe monumentaler Porträtstatuen, bed. Porträtbüsten und -medaillons.

Davidstern ['da:fɪt, 'da:vɪt; nach König David] (Davidschild, hebr. Magen Dawid), Symbol in der Form eines Hexagramms (Sechsstern); im Judentum unter der Bez. D. erst vom MA an verbreitet; zu unterscheiden vom Pentagramm, dem Fünfstern; seit dem 19. Jh. religiöses Symbol des Judentums, seit 1897 Wahrzeichen des Zionismus. - Im Dritten Reich [meist gelbes] Erkennungszeichen mit der Aufschrift „Jude" (Judenstern), mußte von Juden seit 1941, in Frankr., den Niederlanden und in Belgien seit 1942 getragen werden. - 1948 in die Staatsflagge, die Handelsflagge und in die Flagge der Streitkräfte Israels aufgenommen; auch Emblem der jüd. Schwesterorganisation des Roten Kreuzes (Roter Davidstern).

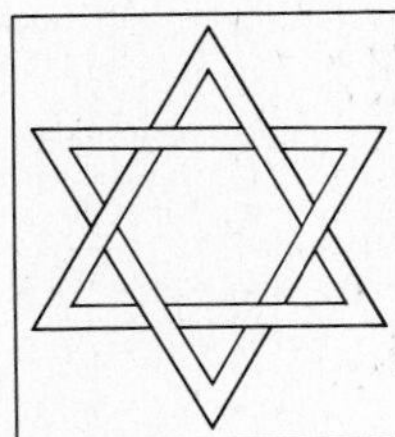

Davidstern

Davie, Alan [engl. 'dɛɪvɪ], * Grangemouth 1920, schott. Maler. - Hauptvertreter des abstrakten Expressionismus in England.

Davignon, Étienne Vicomte [frz. davi'ɲõ], * Budapest 4. Okt. 1932, belg. Diplomat. - Seit Jan. 1977 EG-Kommissar für internen Markt, Zollunion und Industrieangelegenheiten.

Davis [engl. 'dɛɪvɪs], Angela Yvonne, * Birmingham (Ala.) 26. Jan. 1944, schwarze amerikan. Soziologin und Bürgerrechtlerin. - 1969/70 Hochschullehrerin; militante Kämpferin für die Gleichberechtigung der Schwarzen in den USA; Mgl. der KP der USA seit 1968; 1970–72 inhaftiert.

D., Bette, eigtl. Ruth Elizabeth D., * Lowell (Mass.) 5. April 1908, amerikan. Schauspielerin. - Erlangte in zahlr. Charakterrollen durch sensiblen Spielstil internat. Ruhm, u. a. in den Filmen „Jezebel" (1938), „Alles über Eva" (1950), „Wiegenlied für eine Leiche" (1964), „War es wirklich Mord?" (1965), „Right of the way" (1983).

D., Sir (seit 1979) Colin, * Weybridge (Surrey) 25. Sept. 1927, brit. Dirigent. - U. a. 1971 Musikdirektor der Königl. Oper Covent Garden, seit 1983 Chefdirigent des Sinfonieorchesters des Bayer. Rundfunks; v. a. Mozart- und Berlioz-Interpret.

D., Jefferson, * Fairview (Ky.) 3. Juni 1808, † New Orleans (La.) 6. Dez. 1889, amerikan. Politiker. - 1845 als Mgl. der Demokrat. Partei in das Repräsentantenhaus gewählt; 1847–51 und 1857–61 Bundessenator; 1853–57 Kriegsmin.; 1861 auf 6 Jahre zum Präs. der Konföderierten Staaten von Amerika gewählt; führte die Südstaaten in den Sezessionskrieg; der Mitwisserschaft an der Ermordung Lincolns beschuldigt, 1865 gefangengenommen, 1868 amnestiert.

D., John, * Sandridge Park bei Dartmouth (Devonshire) um 1550, † vor Sumatra 29. oder 30. Dez. 1605, engl. Seefahrer. - Drang auf der Suche nach der Nordwestpassage auf drei Reisen zw. 1585/87 durch die später nach ihm ben. Straße in das Baffinmeer vor (73° n. Br.); entdeckte 1592 die Falklandinseln.

D., Miles, * Alton (Ill.) 25. Mai 1926, amerikan. Jazzmusiker. - Neben D. Gillespie einer der wichtigsten stilbildenden Trompeter des Modern Jazz; gründete, vom Bebop ausgehend, 1948 eine der einflußreichsten Formationen des Cool Jazz („Capitol Band"); spielte seit 1970 mit Jazz-Rock-Formationen.

D., Sammy, jun., * New York 8. Dez. 1925, amerikan. Tänzer, Sänger und Schauspieler. - Feierte seit 1956 Erfolge als Broadway-Star (u. a. „Porgy and Bess". 1959; „Golden boy", 1965) und gehört zu den begehrtesten Entertainern der USA.

Davis-Cup [engl. 'dɛɪvɪskʌp] (Davis-Pokal), von D. F. Davis (* 1879, † 1945) gestifteter Wanderpokal im Tennis. Der internat. Wettbewerb wird seit 1900 (mit Ausnahme der Jahre 1901, 1910, 1915–18 und 1940–45) jährlich ausgetragen. Jede Begegnung besteht aus vier Einzelspielen und einem Doppel.

Davisson, Clinton Joseph [engl. 'dɛɪvɪsn], * Bloomington (Ill.) 22. Okt. 1881, † Charlottesville (Va.) 1. Febr. 1958, amerikan. Physiker. - Entdeckte 1927 zus. mit L. H. Germer die Elektronenbeugung an Kristallgittern und erbrachte damit den Beweis für den 1923 von L. de Broglie postulierten Welle-Teilchen-Dualismus des Elektrons und für die Existenz von Materiewellen. Nobelpreis für Physik 1937 zus. mit Sir G. P. Thomson.

Davisstraße [engl. 'dɛɪvɪs], Meeresstraße des Nordatlantiks zw. Baffinland und Grönland, über 600 km lang, 300–650 km breit.

Davits ['de:vɪts; engl.], ausschwenkbare, paarweise angeordnete Hebevorrichtung für Arbeits- bzw. Rettungsboote auf Schiffen; gelegentl. auch einzeln (Davit) - Abb. S. 98.

Davos, Stadt im schweizer. Kt. Graubünden, in einem Hochtal in den Rät. Alpen, 1556 m ü. d. M., 10200 E. Schweizer. Forschungsinst. für Hochgebirgsklima und Tuberkulose; Luftkurort mit zahlr. Sanatorien (Lungenkrankheiten). - Kirche Sankt Johann Baptista in D.-Platz (13. Jh.), spätgot. Kirche Sankt Joder in D.-Dorf (1514).

Davout, Louis Nicolas [frz. da'vu], Herzog von Auerstaedt (1808), Fürst von Eckmühl (Eggmühl; 1809), * Annoux (Yonne) 10. Mai 1770, † Paris 1. Juni 1832, frz. Marschall (seit 1804). - Siegte 1806 bei Auerstedt und trug 1809 wesentl. zu den östr. Niederlagen bei Eggmühl und Wagram bei.

Davy [engl. 'deɪvɪ], Gloria, * New York 29. März 1931, farbige amerikan. Sängerin (Sopran). - Singt seit 1956 in der New Yorker Metropolitan Opera sowie in den europ. Musikzentren. Berühmt als Interpretin der Bess in Gershwins Oper „Porgy and Bess".

D., Sir (seit 1812) Humphry, * Penzance (Cornwall) 17. Dez. 1778, † Genf 29. Mai 1829, brit. Chemiker. - Begründer der Elektrochemie; isolierte die Elemente Kalium und Natrium durch Schmelzflußelektrolyse und wies die elementare Natur des Chlors nach. Er entwarf eine Theorie der Elektrolyse, entdeckte den Lichtbogen (1812) und konstruierte eine Gruben-Sicherheitslampe (1815).

Dawes, Charles Gates [engl. dɔːz], * Marietta (Ohio) 27. Aug. 1865, † Evanston (Ill.) 23. April 1951, amerikan. Finanzpolitiker (Republikaner). - Rechtsanwalt und Bankier; 1925–29 Vizepräsident, dann bis 1932 Botschafter in London. Erhielt zus. mit Sir J. A. Chamberlain 1925 den Friedensnobelpreis für die Ausarbeitung des **Dawesplans** vom 16. Aug. 1924, der die Zahlungen der dt. Reparationen nach dem 1. Weltkrieg regelte; der dt. Haushalt und die dt. Handelsbilanz sollten durch die Reparationen nicht gefährdet werden. Zunächst wurde die dt. Währung durch einen 800-Mill.-Kredit (Goldmark) stabilisiert, nach einer Anlaufzeit sollten die Reparationszahlungen in Höhe von etwa 2,4 Milliarden Goldmark pro Jahr beginnen. Der Plan wurde nach seinem Scheitern 1928 durch den Youngplan ersetzt.

Davits. Schematische Darstellung der Funktionsweise eines Davitarms

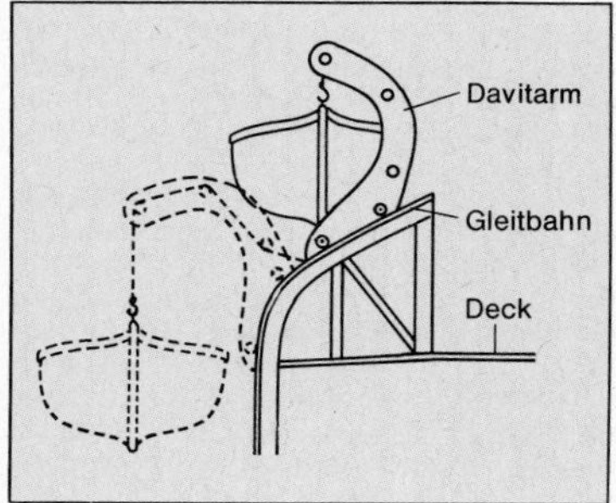

Dawid Garedscha, Komplex von mehreren hundert auf einer Strecke von 25 km in Felsen eingehauener Höhlenklöster südl. von Tiflis, Grusin. SSR. Die ältesten entstanden im 6. Jh. Einige Klöster des 10. bis 13. Jh. (u. a. Udabno, Bertubani) sind mit Wandmalereien, darunter auch Porträts, geschmückt.

Dawson [engl. dɔːsn] (früher D. City), kanad. Stadt an der Mündung des Klondike River in den Yukon River, 760 E. Museum, Variété. - 1896 nach Entdeckung der Goldfelder gegr., hatte während des Goldrauschs am Klondike River und Bonanza Creek 30000 E.

Dawson Creek [engl. 'dɔːsn'kriːk], kanad. Stadt 500 km wnw. von Edmonton, 11000 E. Zentrum eines Viehzucht- und Getreideanbaugebiets. Ausgangspunkt des Alaska Highway, Bahnstation, ✈.

Dax, frz. Stadt im Dep. Landes, 40 km nö. von Bayonne, 19000 E. Archäolog. Museum; Thermalbad (Rheuma und Leberleiden); Verarbeitung von Harz, Elektro- und Konservenind. - In der Römerzeit **Aquae Tarbellicae;** 1154 engl. Lehen, kam 1442 zur frz. Krondomäne; im 17. Jh. hugenott. Sicherheitsplatz. Vom 3. Jh. bis 1801 Bischofssitz. - Kathedrale (Ende 17. Jh.; vollendet 1894, mit W-Portal aus dem 13. Jh.).

Day, Doris [engl. deɪ], eigtl. D. Kappelhoff, * Cincinnati 3. April 1924, amerikan. Filmschauspielerin und Sängerin dt. Abstammung. - Spielte u. a. in „Der Mann, der zuviel wußte" (1956), „Bettgeflüster" (1959), „Ein Hauch von Nerz" (1961).

Dayan, Moshe [hebr. da'jan], * Deganya 20. Mai 1915, † Tel Aviv 16. Okt. 1981, israel. General und Politiker. - Als Generalstabschef der israel. Armee Oberbefehlshaber des Sinaifeldzugs 1956; 1959–64 als Mgl. der Mapai Landwirtschaftsmin.; 1964 Mitbegr. der Rafi-Partei (später in der Arbeiterpartei aufgegangen); 1967–74 Verteidigungsmin.; 1977–79 (nach Austritt aus der Arbeiterpartei) Außenminister.

Day-Lewis, Cecil [engl. 'deɪ'luːɪs], * Ballintogher (Irland) 27. April 1904, † London 22. Mai 1972, engl. Schriftsteller ir. Herkunft. - Gedankl., z. T. polit. engagierte Lyrik und Versepen, später bes. auch Naturgedichte; außerdem Romane („Child of misfortune", 1939), Essays.

Dayton [engl. deɪtn], Stadt in Ohio, USA, am Miami River, 193000 E. Metropolitan Area 827000 E. Univ. (gegr. 1850); theolog. Seminar, Kunstschule, Bibliothek. Maschinenbau, Kautschukverarbeitung, Herstellung von Flugzeug- und Autoteilen, Präzisionswerkzeugen u. a.; Druckereien und Verlage. 1796 gegründet.

dB, Kurzzeichen für: Dezibel (↑ Bel).

DB, Abk. für: ↑**D**eutsche **B**undesbahn.

D-Banken, Bez. für die früher bestehenden vier Berliner Großbanken nach ihren Anfangsbuchstaben: Dt. Bank, Disconto-Gesellschaft, Dresdner Bank, Darmstädter und Nationalbank.

DBB, Abk. für: **D**eutscher **B**eamten**b**und.

DBGM, Abk. für: **D**eutsches **B**undes**g**ebrauchs**m**uster.

DBP, Abk:
◆ für: **D**eutsche **B**undes**p**ost.
◆ für: **D**eutsches **B**undes**p**atent.

DBPa, Abk. für: **D**eutsches **B**undes**pa**tent angemeldet.

DC, Abk.:
◆ [engl. 'di:'si:] für: **D**ouglas **C**ommercial (Douglas Aircraft Company Inc.).
◆ [italien. dit'tʃi] für: ↑**D**emocrazia **C**ristiana.

d. c., Abk. für: ↑**d**a **c**apo.

D. C. [engl. 'di:'si:], Abk. für: ↑**D**istrict of **C**olumbia (Verwaltungsbezirk der USA).

DD, Abk. für: **D**octor **D**ivinitatis, engl. **D**octor of **D**ivinity; akadem. Grad eines Doktors der Theologie im engl. Sprachraum; wird dem Namen nachgestellt.

D-Day [engl. 'di:dɛɪ] (D-Tag), im engl. Sprachbereich Bez. für den Tag, an dem ein größeres militär. Unternehmen beginnt; auch in den NATO-Sprachgebrauch übernommen.

DDC [engl. 'di:di:'si:], Abk. für engl.: **D**irect **d**igital **c**ontrol, direkte digitale Regelung mit Hilfe eines elektron. Rechners (Prozeßrechner).

ddp ↑Nachrichtenagenturen (Übersicht).

DDR, Abk. für: **D**eutsche **D**emokratische **R**epublik.

DDT, Abk. für: **D**ichlor**d**iphenyl**t**richloräthan, ein hochwirksames Kontaktgift, das als universelles Schädlingsbekämpfungsmittel inzwischen in den meisten Ländern verboten ist. Es wird im Organismus der Lebewesen nicht abgebaut, sondern im Fettgewebe gespeichert. Im Verlauf der Nahrungskette kann es zu einer Anreicherung im tier. Organismus kommen. DDT führte weltweit zu resistenten Insektenstämmen, Gefährdung der Vögel (Sterilität und zu dünne Eierschalen) u. a. Beim Menschen führen 0,5 g zu Übelkeit und Kopfschmerzen. Chem. Strukturformel:

Cl–⟨benzene ring⟩–CH–⟨benzene ring⟩–Cl
Cl–C–Cl
Cl

De- [lat.], Vorsilbe mit der Bedeutung weg-, ent-, ab-; in der Chemie steht sie für die Eliminierung von Verbindungsbestandteilen, z. B. Dehydrierung, Desaminierung, Dehydrogenasen, Desoxyribose.

Deadline [engl. 'dɛdlaɪn], 1. letzter [Ablieferungs]termin für [Zeitungs]artikel, Redaktions-, Anzeigenschluß; 2. Stichtag; 3. äußerste Grenze (im Bezug auf die Zeit).

Deadweighttons [engl. 'dɛdwɛɪt,tʌnz „totes Gewicht Tonnen"], Abk. tdw, internat. häufig verwendete, aber nicht gesetzl. Maßeinheit zur Angabe der Tragfähigkeit (Nutzlast, Treibstoff, Besatzung usw.) von Schiffen. Meist entspricht 1 tdw = 1 016 kg.

Deák, Ferenc (Franz) [ungar. 'dɛa:k], * Söjtör 17. Okt. 1803, † Budapest 29. Jan. 1876, ungar. Politiker. - Führer der gemäßigten Reformer; im Reichstag Mitverfasser des liberalen Programms von 1847/48; 1848 Justizmin.; danach Symbol des passiven Widerstandes gegen Wien; sein „Osterartikel" (1865) und die von ihm gegr. gemäßigte Partei führten zum östr.-ungar. Ausgleich von 1867.

Dealer [engl. 'di:lə], illegal arbeitender Verteiler, v. a. von Drogen.

De Amicis [italien. de a'mi:tʃis], Anna Lucia, * Neapel um 1733, † ebd. 1816, italien. Sängerin. - Von Mozart anerkannte Sopranistin, die 1763 mit Johann Christian Bach in London auftrat.

D. A., Edmondo, * Oneglia (= Imperia) 21. Okt. 1846, † Bordighera 11. März 1908, italien. Schriftsteller. - Journalist. Seine „Skizzen aus dem Soldatenleben" (1868) wie seine Novellen (u. a. „Herz", 1886) waren vielgelesen.

James Dean (1955)

Dean, James [engl. di:n], eigtl. James Byron D., * Fairmont (Ind.) 8. Febr. 1931, † Salinas (Calif.) 30. Sept. 1955 (Autounfall), amerikan. Schauspieler. - Wurde u. a. durch die Filme „Jenseits von Eden" (1955), „... denn sie wissen nicht was sie tun" (1955), „Giganten" (1955) weltberühmt; bes. ein Idol der Jugend.

Dean [engl. di:n; zu lat. decanus (↑Dekan)], Bez. für den Pfarrer einer großen Kirche (cathedral; meistens, aber nicht unbedingt bischöfl. Residenz) in der anglikan. Kirche.

Dearborn [engl. 'dɪəbɔ:n], Stadt in Mich., USA, im sw. Vorortbereich von Detroit, 91 000 E. Eines der wichtigsten Zentren des Autobaues in den USA; Henry-Ford-Museum, Freilichtmuseum Greenfield Village.

Death Valley [engl. 'dɛθ'vælɪ], abflußloses Becken in O-Kalifornien, USA, etwa 220 km lang, bis 25 km breit, bis 86 m u. d. M., tiefster Punkt Nordamerikas mit sehr trockenem und heißem Klima.

Deauville [frz. do'vil], frz. Seebad an der Normandieküste, Dep. Calvados, 4700 E. Festspiele; Pferderennbahn.

Debakel [frz.], Zusammenbruch, Auflösung.

De Bakey, Michael Ellis [engl. də'bɛɪkɪ], * Lake Charles (La.) 7. Sept. 1908, amerikan. Chirurg. - Prof. in Houston (Texas); gilt als einer der bed. Herzchirurgen der Gegenwart (1966 implantierte er erstmals ein „künstl. Herz").

De Barbari, Iacopo ↑ Barbari, Iacopo de'.

Débat [frz. de'ba], frz. Bez. für die im MA verbreitete Form des ↑ Streitgedichts.

Debatte [frz.; eigtl. „Wortschlacht" (letztl. zu lat. battuere „schlagen")], öffentl., geregelte Aussprache in Rede und Gegenrede, v. a. in Parlamenten Mittel zur Darlegung, Klärung und gegebenenfalls Korrektur der Standpunkte der Fraktionen und zur Beeinflussung und Information der Öffentlichkeit.

De Beers Consolidated Mines Ltd. [engl. də'bɪəz kən'sɔlɪdɛɪtɪd 'maɪnz 'lɪmɪtɪd], größter Konzern für die Förderung und den Verkauf von Diamanten, Sitz Kimberley, Südafrika, entstanden 1891.

Debellationstheorie [lat./griech.], Zweistaatentheorie über den Fortbestand des Dt. Reiches (↑ Deutschland, Völkerrechtsstellung nach dem 2. Weltkrieg).

Debet [lat.], Bez. für die Soll-Seite der Konten und Journale; Ggs. ↑ Kredit.

debil [lat.], schwach, leicht schwachsinnig.

Debilität [lat.] (Debilitas mentalis), leichtester Grad einer angeborenen oder frühkindl. erworbenen Intelligenzstörung.

Debitoren [lat.], Schuldner, die Waren oder Dienstleistungen auf Kredit bezogen haben. Der Gläubiger führt ein D.konto, auf dem die Forderungen aus Lieferungen und Leistungen verbucht werden. Im Jahresabschluß werden die D. als Forderungen an Kundschaft bzw. an Kreditinst. ausgewiesen.

Debora (Deborah), aus der Bibel übernommener weibl. Vorname hebr. Ursprungs, eigtl. „Biene" (d. h. „die Fleißige").

Debora, israelit. Seherin, Prophetin und Richterin.

Deborin, Abram Moissejewitsch, eigtl. A. M. Ioffe, * Kaunas 16. Juni 1881, † Moskau 8. März 1963, sowjet. Philosoph. - In den 1920er Jahren führender marxist. Philosoph in der UdSSR, wurde 1931 wegen „trotzkist." Abweichung verfemt; 1961 rehabilitiert.

Debré, Michel [frz. də'bre], * Paris 15. Jan. 1912, frz. Jurist und Politiker. - Teilnahme an der frz. Widerstandsbewegung im provisor. Kabinett de Gaulle; 1948–58 Senator; seit 1963 mehrfach Abg. der Nat.-Versammlung (zuletzt seit 1973); 1958/59 Justizmin., 1959–62 Min.präs.; 1966–68 Wirtschafts- und Finanz-, 1968/69 Außen-, 1969–73 Verteidigungsminister.

Debrecen [ungar. 'dɛbrɛtsɛn] (dt. Debreczin), ungar. Stadt, im östl. Alföld, 198000 E. Drei Univ. (gegr. 1868, 1912 und 1951); Bibliothek, Museum, Theater, Zoo; Sternwarte. Kultur- und Wirtschaftszentrum eines reichen Agrargebietes, dessen Produkte in D. verarbeitet werden; Maschinen- und Fahrzeugbau; Thermalheilbad (67 °C heiße kochsalz-, jod- und bromhaltige Quelle). - Schon in vorgeschichtl. Zeit besiedelt. 1211 erstmals belegt; 1360 Stadtrechte; die Stadt wuchs zu einem bed. wirtsch., kulturellen und religiösen („kalvinist. Rom") Zentrum heran. - Klassizist. Große Kirche der Reformierten (1805), Kleine Kirche der Reformierten (1719–23), Sankt-Anna-Kirche (1721–45).

Debrecziner [...tsiːnər; nach der Stadt Debrecen (Debreczin)], grobe, herzhaft gewürzte Würstchen aus Schweinefleisch und Speck.

Debreu, Gerard [frz. də'brø], * Calais 4. Juli 1921, amerikan. Wirtschaftswissenschaftler frz. Herkunft. - Ab 1962 Professor für Wirtschaftswissenschaft, ab 1975 auch für Mathematik an der University of California, Berkeley. Hauptarbeitsgebiete D.s sind ökonom. Prognose-, Entscheidungs- und Gleichgewichtsmodelle. Für die „Einführung neuer analyt. Methoden in die volkswirtschaftl. Theorie und für eine rigorose Neuformulierung der Theorie des allg. Gleichgewichts" wurde D. 1983 mit dem sog. Nobelpreis für Wirtschaftswissenschaften ausgezeichnet. - *Hauptwerk:* Werttheorie (1959, Neuaufl. 1972, dt. 1976).

Debt management [engl. 'dɛt mænɪdʒmənt], Schuldenpolitik öffentl. Planträger.

Debugging [engl. di'bʌgɪŋ], in der Datenverarbeitung Bez. für die Suche und Beseitigung von Fehlern in Computerprogrammen oder elektron. Baugruppen.

Debussy, Claude [frz. 'dəby'si], * Saint-Germain-en-Laye 22. Aug. 1862, † Paris 25. März 1918, frz. Komponist. - In seinen Anfängen zeigt D. Verbindungen zur dt. Romantik, zu Chopin und (in der Harmonik) zu Wagner, daneben aber auch Einflüsse russ. und oriental. Musik. Der von ihm geschaffene impressionist. Stil stellt die Verbindung von der Musik des 19. zu der des 20. Jh. dar. Charakterist. ist ihre neue Klangsinnlichkeit mit einer noch tonalen Harmonik, in der aber traditionelle Bindungen in eine fließende, durchsichtige Klangfarblichkeit aufgelöst und zum Ausdruck größter Sensibilität werden. Seine bekanntesten Werke sind die Oper „Pelléas et Mélisande" (1902), das Mysterienspiel „Le martyre de Saint-Sébastien" (1911) sowie die Orchesterwerke „Prélude à l'après-midi d'un faune" (1894), „La mer" (1905), „Images" (darin die dreisätzige Suite „Ibéria", 1912).

Debüt [de'by:; frz.], erstes öffentl. Auftreten; **Debütant,** erstmals öffentl. Auftretender, Anfänger; **debütieren,** zum erstenmal öffentl. auftreten.

Debye, Peter (Petrus) [niederl. də'bɛi̯ə], * Maastricht 24. März 1884, † Ithaca (N. Y.) 2. Nov. 1966, amerikan. Physiker und Physikochemiker niederl. Herkunft. - Prof. in Zürich, Utrecht, Göttingen, Leipzig, Berlin und Ithaca. 1912 entwickelte er seine Theorien der spezif. Wärme fester Körper (Debyesche Theorie), der polarisierenden Wirkung elektr. Felder auf Moleküle sowie der Temperaturabhängigkeit der Dielektrizitätskonstante. Nach der Entdeckung der Röntgeninterferenzen durch M. von Laue entwickelte er 1915/16 mit P. Scherrer das sog. **Debye-Scherrer-Verfahren** zur Strukturuntersuchung von Kristallen in Pulverform durch Röntgenstrahlen. 1923 stellte er mit E. Hückel eine Theorie der Dissoziation und Leitfähigkeit starker Elektrolyte auf (**Debye-Hückelsche Theorie**). Nobelpreis für Chemie 1936.

Decamerone, Il [italien.; zu griech. déka „zehn" und hēméra „Tag"], zw. 1348/53 entstandene Novellensammlung von G. Boccaccio.

Decarboxylasen, zu den Lyasen (↑ Enzyme) gehörende große Gruppe von Enzymen, die aus Carboxylgruppen von organ. Verbindungen CO_2 abspalten; kommen in Bakterien, Pflanzen und (meist auch) im Organismus von Mensch und Tier vor.

Claude Debussy (um 1884)

Decarboxylierung, Abspaltung von CO_2 aus der Carboxylgruppe (–COOH-Gruppe) einer organ. Säure nach dem Reaktionsschema:

$$>C-C\begin{matrix}{}^{\nearrow O}\\{}_{\searrow OH}\end{matrix} \longrightarrow\ >C-H+CO_2$$

Die D. spielt beim Abbau von Amino- und Ketosäuren in lebenden Zellen mit Hilfe von Enzymen (Decarboxylasen) eine wichtige Rolle (Bildung der biogenen Amine).

Decca Ltd. [engl. 'dɛkə 'lɪmɪtɪd], brit. Gruppe der Elektro- und Phonoind., Sitz London, gegr. 1929.

Decca-Navigator-System [engl. 'dɛkə,nævɪgɛɪtə], von der Firma Decca entwickeltes Hyperbelnavigationsverfahren für Luft- und Seefahrt mit einer Reichweite von etwa 500 km. Eine Bodenstation besteht aus einem Leitsender und drei in 100–250 km Abstand sternförmig zu diesem angeordneten Nebensendern (Decca-Kette). Für die Ortung wird die Laufwegdifferenz vom Leit- und den Nebensendern zum Ortenden durch Phasenmessung ermittelt. Es ergibt sich ein fiktives Hyperbelnetz *(Nullhyperbeln)*, das in Navigationskarten in den Farben rot, grün und purpur eingetragen und durch Laufzahlen gekennzeichnet ist. Der Schnittpunkt zweier einzig möglicher Hyperbelstandlinien ist der Standort.

DECHEMA, Abk. für: **De**utsche Gesellschaft für **chem**isches **A**pparatewesen e. V.; 1926 gegr., Sitz in Frankfurt am Main; fördert den Erfahrungsaustausch zw. Chemikern und Ingenieuren sowie chem. Technologie und Verfahrenstechnik. Die D. veranstaltet alle drei Jahre in Frankfurt am Main eine Ausstellung für chem. Apparatewesen (ACHEMA).

dechiffrieren [deʃɪ...; frz.], entziffern, entschlüsseln.

De Chirico [italien. de'ki:riko], Andrea ↑ Savinio, Alberto.

De C., Giorgio ↑ Chirico, Giorgio de.

Dechsel (Texel, Deichsel, Dachs-, Breit-, Querbeil), beilähnl. Werkzeug zur Holzbearbeitung mit quer zum Holm stehendem, meist leicht gekrümmtem Blatt; sind seit dem Neolithikum bekannt.

Decidua [lat.] (Siebhaut), obere Schleimhautschicht der Gebärmutter bei vielen (als Deciduata bezeichneten) Säugetieren (einschließl. des Menschen). Bei Bildung einer Plazenta kommt sie in innigen Kontakt mit der äußeren Embryonalhülle (Chorion) und wird bei der Geburt (bzw. Menstruation) abgestoßen, wobei es zu größeren Blutungen kommt.

Děčín [tschech. 'djɛtʃi:n] ↑ Tetschen.

deciso [de'tʃi:zo; italien.], musikal. Vortragsbez.: bestimmt, entschieden.

Decius, Gajus Messius Quintus Trajanus, * Budalia bei Sirmium (= Sremska Mitrovica) um 200, ⚔ bei Abrittus (= Rasgrad) Juni 251, röm. Kaiser (seit 249). - Ordnete im Rahmen von Maßnahmen zur inneren Stabilisierung des Reiches die bis zu seinem Tode anhaltende, erste systemat. und sich auf das ganze Reich erstreckende Christenverfolgung an; fiel bei militär. Unternehmungen auf dem Balkan gegen Goten und Karpen.

Decius, Name eines seit dem 5. Jh. v. Chr. nachweisbaren röm. plebej. Geschlechts; bekannt durch 3 Mgl. gleichen Namens, die als Konsuln mit ihrem Opfertod durch Devotion den Ausgang einer Schlacht zu beeinflussen suchten bzw. zu beeinflussen versucht haben sollen: Publius Decius Mus (⚔ 340 v. Chr.), der bei Capua die röm. Niederlage gegen die Latiner verhindert haben soll, und dessen Sohn (⚔ 295 v. Chr.), der in der Schlacht gegen Umbrer, Etrusker, Samniten und Kelten bei Sentinum den Opfertod fand, während bei dessen Sohn (⚔ 279 v. Chr. oder † nach 265), der in der Schlacht bei Ausculum von Pyrrhus von Epirus geschlagen wurde, der Opfertod durch Devotion ungewiß ist.

Deck [niederdt.], urspr. Bez. für den waagrechten Abschluß eines Schiffsrumpfes; heute allg. Bez. für jede waagrechte Unterteilung des Schiffsrumpfes, auch Bez. für den freien Raum zw. zwei Decks.

Aufbau: Jedes D. besteht aus Stahlplatten oder Planken *(D.beplankung)*, die von den querschiffs eingesetzten *D.balken* (Formstahlträger) getragen werden. Die den Rumpf versteifenden D.balken werden bei größeren Schiffen durch längsschiffs verlaufende Träger *(D.unterzüge)* sowie durch zusätzl. *D.stützen* getragen. Die D. sind über Treppen, Aufzüge und Luken erreichbar, bei Roll-on-roll-off-Schiffen auch über Heckrampen und Seitenpforten.

Arten: Jedes Schiff hat ein oberstes durchlaufendes D. *(Ober- oder Haupt-D.)*, das den Schiffsrumpf begrenzt; es bildet den verstärkten oberen Festigkeitsverband. Haupt-D. und alle darüberliegenden D. besitzen eine Wölbung *(Decksbucht)* zum Wasserablauf. Die darunterliegenden *Zwischen-D.* sind beim Frachtschiff Ladungs-D. und beim Fahrgastschiff Wohn-D. mit Kabinen und Wirtschaftsräumen. Das *Freibord-D.* ist entweder das Ober-D. oder das darunterliegende Zwischen-D. Über dem Ober-D. befinden sich die *Aufbau-D.* mit Verhol- und Ankereinrichtungen. Auf den *Winden-D.* sind Ladeeinrichtungen angeordnet. Im Brückenaufbau gibt es das *Boots-D.* mit den Rettungsbooten, das *Brücken-D.* mit Navigationszentrale und Steuerstand sowie das *Peil-D.* als oberer Abschluß des Brückenaufbaus. Fahrgastschiffe haben ein *Promenaden-D.*, das den Passagieren als Promenade dient. - ↑auch Schiff.

Decke aus dicht verlegten Spannbetonplatten (a), Rippendecke aus vorgefertigten Stahlbetonbalken mit Füllkörper (b), Balkendecke aus dicht verlegten vorgefertigten Stahlbetonbalken (c), Rippendecke aus vorgefertigten Platten (Schalen) mit Rippen aus Ortbeton (d), Stahlbetonrippendecke (monolithisch) ohne Füllkörper (e)

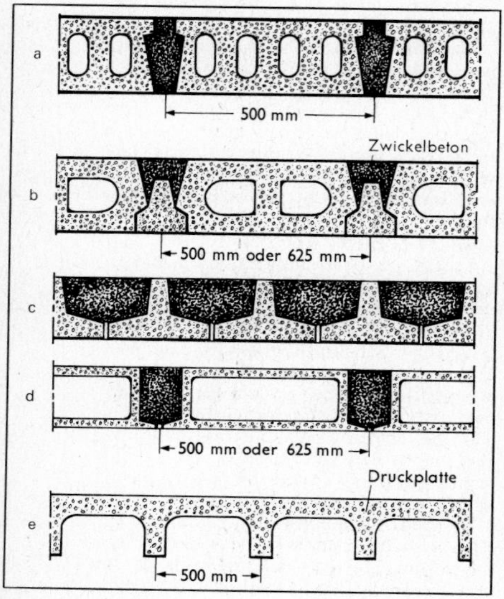

Deckblatt, das äußerste Blatt der Zigarre.

◆ svw. ↑Braktee.

Decke, aus Leinen, Baumwolle oder synthet. Garnen hergestelltes, abgemessenes Gewebe in verschiedenen Größen und zu verschiedenen Zwecken. Die Schlaf- oder Reise-D. (Plaid) wird als Zudecke verwendet.

◆ (Bett-D.) mit Federn, Wolle, synthet. Material u. a. gefüllte Zudecke.

◆ im *Bauwesen* Bez. für den oberen Abschluß eines Raumes bzw. eines Stockwerkes; meist Tragkonstruktion für den Fußboden des darüberliegenden Raumes. Neben Holz- und Stahl-D. gibt es Massivdecken aus Mauerwerk, Beton oder Stahlbeton. Die fertige D. besteht aus Roh-D. (stat. wirksamer Teil), Unter-D. (z. B. Putz, Gipsplatten) und Ober-D. (z. B. Estrich, Bodenbelag).

◆ Straßendecke, Fahrbahndecke.

◆ (Reifendecke) ↑Reifen.

◆ (vulkan. D.) ausgedehnte Gesteinsmasse, die beim Austritt bas. Schmelzen oder durch Anhäufung von vulkan. Tuff entsteht.

◆ (tekton. D.) in der *Geologie* eine flache Überschiebung; die Gesteine können von ihrem Ursprungsgebiet, der sog. Wurzelzone, viele km weit bewegt sein. Der Außenrand wird als **Deckenstirn** bezeichnet.

◆ bei Streich- und Zupfinstrumenten die obere Abdeckung des Korpus.

◆ wm. Bez. für: 1. die Haut aller Hirscharten; 2. das Fell von Bär, Wolf, Luchs, Wildkatze.

Deckelkapsel ↑Kapselfrucht.

Deckelschildläuse (Austernschildläuse, Diaspididae), sehr artenreiche, weit verbreitete Fam. der Schildläuse; der Rückenschild wird bei der Häutung nicht abgeworfen, so daß erwachsene D. von mehreren übereinanderliegenden, in Wachs eingebetteten

Schilden bedeckt sind; viele Arten sind Schädlinge an Obstbäumen, z. B. ↑Maulbeerschildlaus, ↑San-José-Schildlaus.

Deckelschlüpfer (Cyclorrhapha), Unterordnung der Fliegen mit etwa 30000 Arten; Larven verpuppen sich in ihrer letzten, erhärtenden Larvenhaut zur Tönnchenpuppe, die sich beim Schlüpfen der Imago längs einer bogenförmigen Bruchlinie deckelartig öffnet. Zu den D. gehören u. a. Schwebfliegen, Echte Fliegen, Schmeißfliegen, Dasselfliegen, Halmfliegen, Taufliegen.

decken (belegen), svw. begatten bei Haustieren. Bei Pferd und Esel spricht man von **beschälen,** bei Geflügel und anderen Vögeln von **treten.**

Deckengebirge ↑Gebirge.

Deckenmalerei, Bemalung oder Ausgestaltung mit Mosaiks der Decken oder Kuppeln von Sakral- und Profanbauten. D. wird als Raumabschluß (Antike, MA, Renaissance, Klassizismus) oder illusionist. Raumöffnung (Hellenismus, z. T. Manierismus, Barock und Rokoko) aufgefaßt. Im MA findet man plast. Bewegtheit im spätroman. Zackenstil in der Holzdecke der Michaelskirche in Hildesheim (um 1200) und statuar. Verfestigung in Wand- und Deckengemälden der Kreuz- und Katharinenkapelle in Karlstein (um 1350). In der Renaissance griff man auf die Einteilung der Antike mit klar in sich abgegrenzten Feldern zurück: Signorelli, Santuario dela Santa Casa in Loreto (um 1480); Pinturicchio, Santa Maria del Popolo in Rom (1505); Raffael in den Stanzen des Vatikans (1509–17); neuartige Betonung des Plastischen in Michelangelos Decke der Sixtin. Kapelle (1508–12). Der Illusionismus bei Giulio Romano (Palazzo del Tè in Mantua, um 1530), bei A. Mantegna und v. a. Corregio (Dom von Parma, 1526–30), P. Tibaldi (Palazzo Poggi in Bologna, nach 1552), Tintoretto (Venedig, Scuola di San Rocco, 1577–81), Veronese (Dogenpalast, 1580–85) ist ein Vorgriff auf den Barock, der die Forderungen der Zentralperspektive und der Liniendynamik erfüllt: P. da Cortona (Rom, Palazzo Barberini, 1632–39), A. Pozzo (Rom, Sant' Ignazio, um 1685). Von hier erfolgten wesentl. Einwirkungen auf den glanzvollen Abschluß illusionist. D. im östr. und süddt. Spätbarock: u. a. C. Carlone und G. Fanti (Wien, Oberes Belvedere, 1721/22), C. D. Asam (Ingolstadt, Sankt Maria Victoria, 1734), J. B. Zimmermann (Schloß Nymphenburg, 1756/57). Hier wird das Eindringen der Landschaft im Sinn eines neu erwachten Naturgefühls deutlich. Tiepolos Deckenfresken in der Würzburger Residenz (1751–53) sind ein einziger Zusammenklang von Plastizität, Raum, Farbe und Licht. Auch der Klassizismus schuf noch große D., z. B. M. Knoller (Neresheim; 1771–75), A. R. Mengs (Rom, Villa Albani, 1761). - Abb. S. 104.

📖 *Bauer, Hermann/Rupprecht, B.: Corpus der barocken D. in Deutschland. Mchn. 1976. - Horstmann, R.: Die Entstehung der perspektiv. D. Mchn. 1966.*

Deckennetzspinnen (Baldachinspinnen, Linyphiidae), bes. in den gemäßigten Regionen verbreitete Fam. bis 1 cm großer Spinnen mit etwa 850 Arten, davon knapp 100 einheimisch. Die meisten der in der Strauchregion lebenden Arten spinnen komplizierte Fangnetze.

Deckenschotter, Schotterablagerungen von den Schmelzwässern der Günz- und Mindeleiszeit im Alpenvorland; v. a. im Iller-Lech-Gebiet als Terrassen erhalten.

Deckentheorie, Theorie, die den Aufbau eines Gebirges erklärt, das zahlr. Überschiebungsdecken aufweist. 1883 für das südbelg. Kohlengebirge aufgestellt und schon bald auf die Alpen übertragen.

Deckepithel ↑Epithel.

Deckfarbe, Öl- oder Lackfarbe mit starkem Pigmentanteil und guter Deckfähigkeit.

Deckfedern (Tectrices), verhältnismäßig kurze Konturfedern des Vogelgefieders, die eine feste, mehr oder minder glatte Decke um den Vogelkörper bilden und zus. mit den Schwung- und Schwanzfedern den äußeren Umriß des Federkleides bestimmen.

Deckflügel, pergamentartig bis hart sklerotisiertes Vorderflügelpaar bei vielen Insekten, das v. a. dem Schutz der zarten Hinterflügel dient.

Deckfrucht (Überfrucht), landw. Bez. für eine Feldfrucht, in die eine Zwischenfrucht (Untersaat) eingesät ist. Die D. (z. B. Gerste, Winterroggen, Raps, Mohn, Lein) soll der (später ausgesäten) jungen Unterssat (z. B. Möhren, Klee, Kümmel) Schutz (z. B. vor austrocknenden Winden, zu praller Sonne) geben, ohne viel Licht wegzunehmen. Die D. wird zuerst geerntet.

Deckgebirge ↑Grundgebirge.

Deckgewebe, svw. ↑Epithel.

Deckglas, Bez. für Glasplättchen von 0,15–0,2 mm Dicke zum Bedecken von Präparaten auf dem Objektträger eines Mikroskops.

Deckhaar (Oberhaar), aus Leithaaren und Grannenhaaren bestehender, das Unterhaar überragender Anteil des Haarkleides der Säugetiere; besteht aus relativ steifen, borsten- bis stachelartigen Haaren.

Deckhengst, der zur Zucht eingesetzte Hengst.

Deckinfektionen, durch den Deckakt übertragbare Krankheiten: Bang-Krankheit, Brucellosen sowie Scheidenkatarrh und Bläschenausschlag.

Deckkette, bei Teppichen, die als Doppelplüschgewebe gewirkt sind, eine zusätzl. Kette, die verhindert, daß die V-Noppen nach unten herausgedrückt werden können.

Deckknochen (Hautknochen, Belegknochen, Bindegewebsknochen, Allostosen, se-

Deckenmalerei. Michelangelo, Erschaffung Adams (1511). Rom, Sixtinische Kapelle

kundäre Knochen), Knochen, die (im Unterschied zu den ↑Ersatzknochen) ohne knorpeliges Vorstadium direkt aus dem Hautbindegewebe hervorgehen ([en]desmale Knochenbildung); meist flächige, plattenförmige Knochen, die im allg. nahe der Körperoberfläche liegen. Zu den D. gehören bei den rezenten Wirbeltieren (einschließl. Mensch) u. a. Stirn-, Scheitel-, Nasenbein.

Deckname, fingierter Name, der die eigtl. Identität von Personen verdecken soll.

Decksbalken ↑Deck.

Deckung, in der *Wirtschaft* die Vermögenswerte, die zur Sicherung des Gläubigers dienen; insbes. wird unter D. die Sicherung des Banknotenumlaufs (Noten-D.) durch Reservehaltung in Form von Gold, Devisen, Handelswechseln u. a. verstanden.
◆ *Sport:* bei Mannschaftsspielen die Verteidigung gegen das gegner. Angriffsspiel; auch die verteidigenden Spieler; im Boxen das Schützen des Körpers gegen Schläge des Gegners.

Deckungsauflage, in der Verlagskalkulation die Auflage eines Verlagswerkes, die verkauft werden muß, damit die Einzelkosten und die anteiligen Gemeinkosten gedeckt werden.

Deckungsbeitrag (Bruttogewinn), Überschuß des Erlöses aus dem Verkauf eines Gutes über die variablen Stückkosten; dieser Überschuß ist der Bruttogewinn; er heißt D., weil er zur Deckung der fixen Kosten beiträgt, die gemäß dem Kostenverursachungsprinzip dem Gut nicht direkt zugeordnet werden können.

Deckungsfähigkeit, haushaltsrechtl. Zulässigkeit der Ausgleichung von Ausgaben, die zu Lasten eines erschöpften Haushaltstitels gemacht werden, mit Mitteln aus einem anderen Haushaltstitel.

Deckungsgeschäft, 1. beim *Handelskauf* das wegen Nichterfüllung der dem einen Vertragsteil obliegenden Leistung durch den anderen Vertragsteil mit einem Dritten vorgenommene Ersatzgeschäft, beim Verkäufer der Deckungsverkauf, beim Käufer der Dekkungskauf; 2. im *Börsenterminhandel* ein zur Erfüllung (Deckung) eines Blankogeschäftes getätigtes Geschäft, z. B. Erwerb von Wertpapieren, die vorher verkauft wurden, ohne im Besitz des Verkäufers zu sein (Leer- oder Blankoverkauf).

deckungsgleich, svw. kongruent (↑Kongruenz).

Deckungsgrad (Dominanz), in der Pflanzensoziologie der von Pflanzen einer bestimmten Art bedeckte prozentuale Anteil an der Standortfläche einer Pflanzengesellschaft.

Deckungsrücklage (Deckungsrückstellung, Deckungskapital), in der BR Deutschland die nach dem VersicherungsaufsichtsG vom 6. 6. 1931 bei Lebens-, Unfall-, Haftpflicht- und Krankenversicherungen in die Bilanz aufzunehmende Rückstellung für künftig fällig werdende Versicherungsleistungen. Die D. wird durch verzinsl. Ansammlung eines Teiles der Prämien gebildet, daher auch die Bez. **Prämienreserve.**

Deckungsstock, in der Versicherungswirtschaft auf der Aktivseite der Bilanz der Gegenposten zur Deckungsrücklage, für dessen Anlage und Gliederung bes. Vorschriften bestehen. Deckungsstockfähig sind mündelsichere Wertpapiere, lombardfähige Pfandbriefe und, mit Genehmigung der Aufsichtsbehörde, bestimmte Aktien und Schuldverschreibungen.

Deckungszusage, vorläufiges, dem eigentl. Versicherungsvertrag vorgeschaltetes Rechtsverhältnis, in dem der Versicherer vor Abschluß eines Vertrages einen vorläufigen Versicherungsschutz gewährt.

Deckwerk, im Wasserbau Böschungsschutz aus Steinschüttung oder Pflasterung.

Déclaration des droits de l'homme et du citoyen [frz. deklarɑ'sjõ de drwa dlɔm e dy sitwa'jɛ̃], von der frz. Nat.versammlung 1789 angenommene Erklärung der Menschen- und Bürgerrechte, die der Verfassung von 1791 vorangestellt wurde und auf die sich fast alle späteren europ. Verfassungen stützen. - ↑auch Menschenrechte.

Declaration of human rights [engl. dɛklə'rɛɪʃən əv 'hju:mən 'raɪts] ↑Menschenrechte.

Declaration of Independence [engl. dɛklə'rɛɪʃən əv ɪndɪ'pɛndəns], Unabhängigkeitserklärung; am 4. Juli 1776 vom Kongreß der 13 brit. Kolonien in Amerika, den späteren Vereinigten Staaten von Amerika, angenommen.

Declaration of Rights [engl. dɛklə'rɛɪʃən əv 'raɪts], Erklärung beider Häuser des engl. Parlaments mit Feststellung der Grundrechte des Bürgers (1689); Vorstufe zur ↑Bill of Rights.

Decoder, Gerät zum Entschlüsseln von (verschlüsselten) Nachrichten, Daten oder Informationen; auch elektron. Schaltung zum Wiedergewinnen von Einzelsignalen aus (modulierten) Summensignalen (z. B. Gewinnung der Rechts-Links-Information aus dem Multiplexsignal bei der Stereophonie).

decodieren (dekodieren), 1. eine Nachricht aus einem Code kleiner ↑Redundanz in einen Code größerer Redundanz übersetzen (umcodieren); 2. eine Nachricht mit Hilfe eines Codes entschlüsseln.

Decorated style [engl. 'dɛkərɛɪtɪd 'staɪl], Stilphase der engl. Gotik um 1250–1350, z. T. auch später angesetzt. Bes. in der Kirche der Westminster Abbey in London sowie in Bauteilen der Kathedralen von Exeter, Ely, Lincoln, Wells und York ausgeprägt. Nach den Maßwerkformen auch Unterteilung des D. s. in „geometrical" und „curvilinear". Kennzeichnend sind die Bereicherung der dekorativen Formen (Netz- und Sterngewölbe) und eine Tendenz zur Betonung der Horizontalen.

De Coster, Charles, * München 20. Aug. 1827, † Ixelles 7. Mai 1879, belg. Schriftsteller. - Sein bed. Prosaepos „Tyll Ulenspiegel und Lamm Goedzak ..." (abgeschlossen 1867 nach zehnjähriger Arbeit) greift auf flandr. Erzählgut zurück. Mit dieser Darstellung des Freiheitskampfes der Niederlande begründete De C. die moderne frz.sprachige Literatur Belgiens.

decrescendo [dekre'ʃɛndo; italien.], Abk. decresc., musikal. Vortragsbezeichnung: an Tonstärke geringer werden, leiser werdend. Zeichen >; Ggs. ↑crescendo.

Decretum [lat.] ↑Dekret.

Decretum Gratiani, um 1140 von dem Kamaldulensermönch Gratian in Bologna verfaßtes Lehrbuch des Kirchenrechts; bildet den ersten Teil des Corpus Juris Canonici.

Decumates agri [lat.] ↑Dekumatland.

Dedekind, Friedrich, * Neustadt am Rübenberge um 1525, † Lüneburg 27. Febr. 1598, dt. Schriftsteller. - Bekannt sein in lat. Distichen geschriebenes satir. Jugendwerk „Grobianus" (1549) über die Derbheit seines Zeitalters; ins Dt. übersetzt, vergröbert und erweitert von K. Scheidt; dann von D. selbst umgearbeitet: „Grobianus et Grobiana" (1554).
D., Richard, * Braunschweig 6. Okt. 1831, † ebd. 12. Febr. 1916, dt. Mathematiker. - Einer der Begründer der modernen Algebra; lieferte wichtige Beiträge zur Idealtheorie und zur Theorie der algebraischen Zahlen, entwickelte eine auf den Begriff des D.schen Schnittes aufgebaute Theorie der reellen Zahlen und gab mit Hilfe der in der Theorie der Abbildungen entwickelten Begriffe einen Existenzbeweis für unendl. Mengen sowie eine bes. Definition der Endlichkeit.

Dedekindscher Schnitt [nach R. Dedekind], Zerlegung einer geordneten Menge in eine Unterklasse A und eine Oberklasse B mit folgenden Eigenschaften: 1. A und B sind nicht leer; 2. jedes Element von M gehört zu (genau) einer Klasse; 3. wenn $a \in A$ und $b \in B$, so gilt stets $a < b$; 4. B besitzt kein erstes Element.

Dedikation [lat.], bei den Römern urspr. die Zueignung einer Sache, v. a. einer Kultstätte, an eine Gottheit; später christianisiert; auch Bez. für die Widmungsinschrift (D.titel) an einem Gebäude oder in einem Buch.

Dedikationsbild, v. a. in der Buchmalerei Darstellung der Überreichung eines Buches an eine lebende (hochgestellte) Person oder einen Heiligen.

De-Dion-Achse [frz. də'djõ; nach dem frz. Industriellen A. de Dion, * 1856, † 1946] ↑Fahrwerk.

dedizieren [lat.], widmen, schenken.

Deduktion [lat.], Ableitung einer Aussage aus anderen Aussagen (Hypothesen) mit Hilfe von log. Schlußregeln. Sind die Hypothesen wahre Aussagen, so heißt die D. ein deduktiver Beweis.

de Duve, Christian ↑Duve, Christian de.

Dee [engl. di:], Fluß in NO-Schottland, entspringt in den Cairngorm Mountains, mündet bei Aberdeen in die Nordsee; 140 km lang.

Deeping, [George] Warwick [engl. 'di:pɪŋ], * Southend-on-Sea 28. Mai 1877, † Weybridge 20. April 1950, engl. Schriftsteller. - Schrieb über 60 Unterhaltungsromane, u. a. „Hauptmann Sorrell und sein Sohn" (R., 1925).

Deep Purple [engl. di:p pə:pl „tiefer Purpur"], brit. Rockmusikgruppe (1968–76), die in der Spannung zw. den musikal. Konzepten des Pianisten und Organisten J. Lord (* 1941) und des Gitarristen R. Blackmore (* 1945) mit Classic-Rock und Hard-Rock erfolgreich war.

Deere & Co. [engl. 'dɪə ənd 'kʌmpənɪ], amerikan. Unternehmen des Nutzfahrzeugbaus (Traktoren, Land- und Baumaschinen), gegr. 1868 von John D. (* 1804, † 1886), Sitz Moline (Ill.); zahlr. Tochtergesellschaften.

Deesis [griech. „Bitte"], in Byzanz entstandene Darstellung des (im Jüngsten Gericht) thronenden Christus zw. Maria und Johannes dem Täufer als „Fürbittern"; seit Ende des 10. Jh. (Gebetbuch Ottos III., Schloß Pommersfelden) in die westl. Kunst übernommen.

DEFA, Abk. für: **De**utsche **F**ilm **A**G (heute: Deutsche Filmgesellschaft m.b.H.); besitzt in der DDR das Monopol zur Herstellung von Filmen.

de facto [lat.], tatsächlich; den gegebenen Tatsachen bzw. der ihnen beigemessenen Bedeutung zufolge und gerade nicht in Übereinklang mit der ↑de jure gegebenen Rechtslage.

De-facto-Regierung, im Völkerrecht eine Regierung, die unter Bruch der innerstaatl. Ordnung, d.h. durch Revolution, Staatsstreich oder militär. Besetzung durch einen Drittstaat zur Macht gelangt ist. Sie vertritt völkerrechtl. den Staat nach außen, schließt für ihn Verträge ab und kann Verpflichtungen übernehmen wie auch Rechte erwerben. Ein diplomat. Verkehr kann jedoch nur mit jenen Staaten fortgesetzt oder aufgenommen werden, welche sie anerkannt haben.

Defätismus (Defaitismus) [zu lat.-frz. défaite „Niederlage"], in Frankr. während des 1. Weltkriegs entstandene Bez. für eine Stimmung des Zweifels am militär. Sieg und die Bereitschaft zu einem Verständigungs- und Kompromißfrieden.

Defekt [lat.], Mangel, Schaden, Fehler, Ausfall; **defekt,** fehlerhaft, schadhaft.

◆ in der *Psychologie* der Ausfall körperl. oder psych. Funktionen, der eng umschriebene Störungen im Bereich des Bewußtseins, der Intelligenz oder des Handlungsvollzugs zur Folge hat. *D.handlungen* sind z.B. der durch Gleichgewichtsstörungen bedingte torkelnde Gang des Betrunkenen. Unter *D.psychosen* versteht man angeborene oder erworbene Geisteskrankheiten, die mit psych. D., insbes. mit Störungen der Intelligenz, verbunden sind.

◆ in der *Medizin* 1. Fehlen eines Organs oder Organteils; 2. Fehlen einer Sinnesfunktion.

Defektelektronen (Löcher), Bez. für diejenigen Quasiteilchen eines Festkörpers (insbes. Halbleiters), die den nicht mit Elektronen besetzten Zuständen des Valenzbandes zugeordnet werden können und die sich wie positiv geladene Elektronen verhalten.

defektiv [lat.], svw. fehlerhaft, unvollständig.

Defektivum [lat.], nicht in allen Formen auftretendes oder nicht an allen syntakt. Möglichkeiten seiner Wortart teilnehmendes Wort, z.B.: Leute (Substantiv ohne Singularform), hiesig (Adjektiv ohne prädikativen und adverbialen Gebrauch).

Defektleitung (Löcherleitung, p-Leitung), ein auf den Defektelektronen beruhender Ladungstransport (Stromfluß) v.a. in Halbleitern.

Defense Intelligence Agency [engl. dɪ'fɛns ɪn'tɛlɪdʒəns 'ɛɪdʒənsɪ], Abk. DIA, amerikan. Behörde, die die Aufgaben des früheren Counter Intelligence Corps (CIC) übernahm.

Defensionale [lat. „zur Verteidigung dienend(e Ordnung)"], erste umfassende Heeresordnung der schweizer. Eidgenossenschaft, 1668 entworfen, 1673 endgültig formuliert; wurde im 18. Jh. hinfällig.

Defensionen [lat.], Bez. für die regionalen Verteidigungsorganisationen, seit etwa 1550 gebildet; blieben bis 1806 erhalten, wo sie nicht nach 1648 durch den Aufbau stehender Heere zur Landmiliz wurden.

Defensivallianz, Verteidigungsbündnis, das im Falle des [nichtprovozierten] Angriffs eines oder mehrerer Staaten auf einen der Vertragspartner oder generell im Verteidigungsfall zu gegenseitigem Beistand verpflichtet.

Defensive [zu lat. defendere „wegstoßen"], Abwehr, Verteidigung.

defensives Fahren [lat./dt.], rücksichtsvolle, Risiken vermeidende Fahrweise, bei der eigene Rechte (z.B. Vorfahrt) der allg. Verkehrssicherheit freiwillig untergeordnet werden.

Defensor fidei ['fi:de-i; lat. „Verteidiger des Glaubens"], bis heute geführter Ehrentitel engl. Könige, 1521 von Papst Leo X. an Heinrich VIII. von England für dessen antiluth. Schrift verliehen; 1544 vom engl. Parlament erneut verliehen und für erbl. erklärt.

Deferegger Alpen, Teil der Zentralalpen, Österreich und Italien, mit dem **Defereggen,** der 40 km langen Talschaft des Defereggenbaches; Viehzucht; Fremdenverkehr.

Defferre, Gaston [frz. də'fɛ:r], * Marsillargues (Hérault) 14. Sept. 1910, † Marseille 7. Mai 1986, frz. Politiker. - 1944/45 und 1953–86 Bürgermeister von Marseille; 1945–58 und seit 1962 Abg. der Nat.versammlung; 1959–62 Senator; wurde 1962 Fraktionsvors. der SFIO; Präsidentschaftskandidat 1964/65 und 1969; Innenmin. 1981–84.

Defibrillation [lat.], Beseitigung des Herzkammerflimmerns durch Stromstöße (600–1 000 Volt).

Defibrinieren [lat.], Entziehen des Fibrins bzw. des Fibrinogens aus frisch entnommenem Blut durch Schütteln der Blutprobe mit Glasperlen oder, unter Zugabe von Thrombin, durch Rühren mit einem Glas- oder Holzstab, wobei sich Fibrinfasern bilden und absetzen.

deficiendo [defi:tʃɛndo; italien.], musikal. Vortragsbez.: an Tonstärke und Tempo nachlassend, abnehmend.

Deficit-spending [engl. 'dɛfɪsɪtˌspɛndɪŋ], in der Finanzwirtschaft die Erhöhung der öffentl. Ausgaben, obwohl die laufenden Deckungsmittel zur Finanzierung nicht ausreichen. Das entstehende Budgetdefizit wird wie beim Deficit-without-spending durch einen Kredit der Zentralbank gedeckt. Maßnahme der Konjunkturpolitik in einer Phase der Depression.

Deficit-without-spending [engl. 'dɛfɪsɪtwɪ'ðaʊt'spɛndɪŋ], in der Finanzwirtschaft die Verminderung der öffentl. Einnahmen durch eine Steuersenkung bei gleichbleibenden Ausgaben.

Defilee [lat.-frz.], Bez. für Vorbeimarsch an hochgestellten Persönlichkeiten, Parade; **defilieren,** vorbeimarschieren.

Definition [lat.], bereits bei Platon verwendetes log. Verfahren zur Bestimmung des Wesens von Dingen, Beziehungen, Eigenschaften bzw. zur Festlegung des Inhalts oder der Bed. von Begriffen (Termini), Wörtern und Zeichen. Als *log. Gleichung* setzt sich die D. aus dem zu Definierenden *(Definiendum)* und dem Definierenden *(Definiens)* zusammen. Folgende D.arten werden unterschieden: Die für die traditionelle Logik gebräuchlichste D. ist die **Realdefinition (Sachdefinition);** sie richtet sich auf Gegenstände und Eigenschaften (oder deren Klassen) und erfaßt deren Wesen; zu ihrer Aufstellung werden der Gattungsbegriff *(Genus proximum)* und der artbildende Unterschied *(Differentia specifica)* angegeben.

Ein Parallelogramm (Definiendum)	ist ein Viereck (Definiens)	mit zwei Paar parallelen Gegenseiten (artbildender Unterschied)

Definition. Beispiel

Eine Sonderform der Real-D. ist die **genetische Definition;** sie sagt über die Entstehung bzw. Herstellungsmöglichkeit eines Dinges aus (z. B. „Ein Kreis entsteht, wenn man einen Punkt in einer Ebene in gleichbleibendem Abstand um einen festen Punkt bewegt"). Die **Nominaldefinition (Begriffsdefinition)** gibt die Bed. der Dinge und ihrer Eigenschaften an; ausgesagt wird über sprachl. Zeichen (Symbole, Wörter, Sätze) bzw. über ihre gedankl. Abbilder (Begriffe). In der neueren Wissenschaftstheorie wird die Nominal-D. auf der Grundlage von Sprachphilosophie und formaler Logik in syntakt. und semant. D. unterteilt. Bei der **syntaktischen Definition** wird ein Zeichen (oder eine Gruppe davon) durch ein anderes Zeichen ersetzt; im Unterschied dazu wird bei der **semantischen Definition** der Sinn eines Zeichens oder Wortes festgelegt (deshalb auch **Feststellungsdefinition** gen., wenn die Bed. und somit der Gebrauch eines Wortes für ein bestimmtes Gebiet festgesetzt wird; z. B. „Unter einem Motorrad versteht man im Kfz.-Versicherungswesen ..."). Die semant. D. wird wiederum in analyt. und synthet. D. unterteilt. Die **analytische Definition** gibt den implizit in einem Wort enthaltenen Sinn explizit wieder (z. B. „Der Hund ist ein sterbliches Lebewesen mit 4 Beinen"). Die **synthetische Definition** bildet aus schon geläufigen Begriffen einen neuen oder aus einem unscharfen Begriff einen scharf abgegrenzten. Die **Zuordnungsdefinition** stellt durch Festsetzungen bestimmte Relationen zw. verschiedenen Zusammenhängen her. V. a. im Bereich der Aussagenlogik findet die **induktive Definition** Anwendung. Die **explizite Definition** hat den zu definierenden Begriff auf der linken Seite der Gleichung, während er bei der **impliziten Definition** noch mit anderen Begriffen zus. auftritt. Die **deskriptive Definition** kennzeichnet einen Gegenstand oder ein Objekt durch Benennung einer [unwesentl.] Eigenschaft, die allen Objekten einer Klasse zukommt, jedoch keinem einer anderen (z. B. „Der Mensch ist das Tier, das lacht").

Definitionsbereich, die Menge der Urbilder (Originalpunkte) bei einer Abbildung bzw. die Menge der Argumentwerte bei einer Funktion.

definitiv [lat.], endgültig.

De Fiori, Ernesto, * Rom 12. Dez. 1884, † São Paulo 24. April 1945, italien. Bildhauer. - Lebte seit 1914 in Deutschland, ging 1936 nach Brasilien. Herbe, in Umriß und Detaillierung stark vereinfachte Akte und Porträtbüsten (Bronze, Terrakotta, Holz).

defiziente Zahl [lat./dt.], natürl. Zahl, deren Doppeltes größer ist als die Summe aller ihrer positiven Teiler (z. B. 4 oder 8).

Defizienz [zu lat. deficere „abnehmen"], Endstückverlust bei einem Chromosom.

Defizit [frz.; zu lat. deficit „es fehlt"], im Haushaltsrecht ein Ausgabenüberschuß; in der Buchführung ein Fehlbetrag auf einem Kassenkonto.

Deflation [lat.], Abnahme des Preisniveaus infolge einer Verminderung des Geldumlaufs und einer Verlangsamung der Umlaufgeschwindigkeit. Ursache: Die Gesamtnachfrage (inländ. und ausländ. Nachfrage nach Konsum- und Investitionsgütern) ist geringer als das in der Volkswirtschaft verfügba-

re Güterangebot (**deflator. Lücke**). Eine D. kann u. a. herbeigeführt werden durch Maßnahmen der Fiskalpolitik (z. B. Steuererhöhung, Ausgabensenkungen), der Geldpolitik (z. B. Erhöhung der Mindestreservesätze, der Diskontsätze, der Abgabesätze am offenen Markt), der Außenwirtschaftspolitik (z. B. Erhöhung der Zölle, der Kontingente, Aufwertung). Konsequenzen der D. sind Rückgang der Produktion und der Beschäftigung.
◆ (Abblasung) abtragende Tätigkeit des Windes und Transport des lockeren, verwitterten Gesteinsmaterials durch ihn. Wo die D. bes. stark wirkt, bleiben Fels-, Stein- oder Kieswüsten zurück. Bei nachlassender Windkraft Ablagerung des Sandes zu Dünen.

deflatorische Lücke [lat./dt.] ↑Deflation.

Defloration [zu lat. deflorare „die Blüten abpflücken"] (Entjungferung), Zerstörung des Jungfernhäutchens (Hymen) durch Einführung des Penis in die Scheide beim ersten Geschlechtsverkehr (auch durch instrumentelle oder manuelle Manipulation). - ↑auch Deflorationsanspruch.

Deflorationsanspruch (Kranzgeld), der höchstpersönl. [vor Anerkennung oder Rechtshängigkeit unübertragbare und unvererbl.] Anspruch der verlassenen Braut auf Schadenersatz. Voraussetzungen: 1. früheres gültiges Verlöbnis; 2. Rücktritt seitens des Mannes ohne oder seitens der Frau aus wichtigem Grund; 3. Unbescholtenheit der Braut; 4. Geschlechtsverkehr; 5. ein immaterieller Schaden, z. B. verminderte Heiratsaussichten, der nach billigem Ermessen in Geld zu ersetzen ist (§ 1 300 BGB). Nicht Voraussetzung für den D. ist eine Defloration im medizin. Sinne.

Defoe, Daniel [de'fo:; engl. də'foʊ], eigtl. D. [De] Foe, * London Ende 1659 oder Anfang 1660, † ebd. 26. April 1731, engl. Schriftsteller. - Gründete mehrere Zeitschriften und verfaßte Flugschriften („The shortest way with dissenters", 1702), was ihn 1703 ins Gefängnis brachte; danach Spitzeldienste für die Regierung. Mit 60 Jahren veröffentlichte er seinen ersten Roman „The life and strange surprising adventures of Robinson Crusoe of York, mariner ..." (3 Teile, 1719/20, dt. 3 Teile, 1720/21; 1947 u. d. T. „Robinson Crusoe" [Teil 1 und 2]), der ihn schlagartig berühmt machte. Die Erlebnisse des schott. Seemanns Alexander Selkirk, der 4 Jahre auf einer einsamen Insel lebte, regten D. an, in Form eines Tagebuches das Leben eines Menschen außerhalb der Zivilisation zu beschreiben. D. schrieb hier wie in den folgenden Romanen aus puritan. Geisteshaltung und moral.-didakt. Zielsetzung. - *Weitere Werke:* Moll Flanders (R., 1722), Die Pest zu London (Bericht, 1722), Roxana (R., 1724).

Deformation [lat.] (Verformung), Gestalts- oder Volumenänderung eines Körpers unter Krafteinwirkung. Bei *elast. D.* werden die Atome oder Moleküle des betreffenden Körpers aus ihren Gleichgewichtslagen entfernt und kehren bei Aufhören der Kraftwirkung wieder dorthin zurück; *plast. D.* sind bleibende Verformungen; die Atome des Materials gelangen in neue Gleichgewichtslagen.
◆ in der *Medizin* bleibende Formveränderung des menschl. Körpers oder einzelner Körperteile; kann krankheitsbedingt (Deformität) oder durch künstl. Maßnahmen herbeigeführt sein.

deformieren [lat.], die Gestalt oder Form ändern, verunstalten, entstellen.

deformierte Kerne, Atomkerne, die in den verschiedenen Kernachsen verschieden große Durchmesser besitzen; d. K. treten bes. im Bereich der Metalle der seltenen Erden auf.

Deformierung [lat.], in der *Völkerkunde* Bez. für die Veränderung der natürl. Form von Körperteilen durch künstl. Einwirkung, aus rituellen oder mag. Motiven, z. B. Durchbohren von Ohrläppchen, Nasenflügeln und -scheidewand, Lippen und Kinn zur Aufnahme von Schmuckstücken, Einschnüren von Hals, Armen, Beinen oder Taille sowie des Schädels.

Deformität [lat.], Abweichung von der natürl. Form; Verunstaltung, Mißgestalt als Resultat einer Entwicklungsstörung (Mißbildung i. e. S.) oder als erworbene Formabweichung eines Organs bzw. Körperteils (z. B. Rückgratverkrümmung infolge Rachitis).

Defraudant [lat.], veraltet für: Betrüger, Schmuggler.

Defregger, Franz von, * Ederhof bei Stronach (Tirol) 30. April 1835, † München 2. Jan. 1921, östr. Maler. - Schuf Genrebilder; von seinen Historienbildern vom Tiroler Freiheitskampf gegen die Franzosen ist „Das letzte Aufgebot" (1872; München, Staatsgemäldesammlungen) bes. bekannt.

Defroster [engl.] (Entfroster), Scheibenheizanlage in Kraftfahrzeugen, die Beschlag- oder Eisbildung an den Scheiben verhindern bzw. entfernen soll. - ↑auch Abtauautomatik.

Degagement [degaʒə'mã; frz.], Zwanglosigkeit; Befreiung [von einer Verbindlichkeit].

Degas, Edgar [frz. də'gɑ], * Paris 19. Juni 1834, † ebd. 26. Sept. 1917, frz. Maler. - Wichtig wurden Einflüsse jap. Kunst und der Impressionisten. Seine Vorliebe galt den Reitplätzen, dem Ballettsaal, der Frau bei der Toilette. Das Graphische ist ein bed. Bestandteil der Kunst von D.; hohe Horizonte sind typisch für seine Bilder; erfaßt wird eine flüchtige Bewegungsgeste. Seit den 80er Jahren Pastellmalerei. D. schuf auch Zeichnungen, Radierungen und modellierte in der Spätzeit - bei zunehmender Erblindung - Statuetten. - Abb. S. 110.

De Gasperi, Alcide, * Pieve Tesino 3.

April 1881, † Sella di Valsugana 19. Aug. 1954, italien. Politiker. - 1911–18 Abg. im östr. Reichsrat; trat 1919 der Partito Popolare Italiano bei, ab 1921 deren Abg., 1922 Fraktionsführer, 1924 Generalsekretär; nach ihrem Verbot 1927 verhaftet und zu 4 Jahren Gefängnis verurteilt, nach 16-monatiger Haft entlassen; Mitbegr. der Democrazia Cristiana; Mgl. des Befreiungskomitees nach 1943; 1944/45 Außenmin.; 1945–53 Min.präs. (9 Kabinette), bis 1946 und ab 1951 zugleich als Außenmin.; schloß 1946 mit dem östr. Außenmin. Gruber ein Abkommen über die Autonomie Südtirols und gewann im Frieden von Paris 1947 die Souveränität für Italien zurück; prägte entscheidend das Bild der italien. Nachkriegspolitik; Vorkämpfer der wirtsch. und polit. Einigung W-Europas.

de Gaulle, Charles ↑ Gaulle, Charles de.

De Geer, Louis Gerhard Freiherr [schwed. də'jæ:r], * Finspång 18. Juli 1818, † Hanaskog 24. Sept. 1896, schwed. Politiker. - Justizstaatsmin. 1858–70 und 1875/76; gab den entscheidenden Anstoß zur Umwandlung des schwed. Vierständereichstags in ein Zweikammersystem (Ende 1865); schuf als Min.präs. 1876–80 das erste konstitutionelle Ministerium; führte die Religionsfreiheit ein; humanisierte 1864 das Strafrecht.

Degen, Helmut, * Aglasterhausen (Kraichgau) 14. Jan. 1911, dt. Komponist. - Komponierte Orchester-, Kammer-, Chormusik und Bühnenwerke, u. a. „Concerto sinfonico" (1947), „Johannes-Passion" (1962); schrieb „Handbuch der Formenlehre" (1957).

D., Jakob, * Liedertswill (Basel-Land) 17. Febr. 1760, † Wien 28. Aug. 1848, östr. Uhrmacher schweizer. Herkunft. - Stellte seit 1807 Versuche mit einem von Muskelkraft angetriebenen, von einem Ballon getragenen „Schwingenflieger" an.

Degen [italien.-frz.], Hieb- und Stichwaffe mit langer, schmaler und (seit dem 16. Jh.) gerader Klinge; im 16. und 17. Jh. vorwiegend als Kavaliers- und Duellwaffe; seit Anfang 19. Jh. nur noch von Offizieren getragen. - ↑ auch Fechten.

Degeneration [lat.] (Entartung), in der *Biologie* und *Medizin* die Abweichung von der Norm im Sinne einer Verschlechterung in der Leistungsfähigkeit und im Erscheinungsbild bei Individuen, Organen, Zellverbänden oder Zellen. Die D. kann beruhen auf einer Änderung der Erbanlagen auf Grund von Mutationen, Inzuchtschäden, Domestikation, Abbauerscheinungen (durch natürl. Verschleiß, Nichtgebrauch bestimmter Organe, Altern, Krankheiten). In der *patholog. Anatomie* werden unter D. Stoffwechselstörungen im zellulären Bereich verstanden, die meist mit einer Volumenzunahme von Zellen bzw. mit der Ablagerung bestimmter Stoffwechselprodukte in den Zellen einhergehen.

Degenfechten ↑ Fechten.

Degenhardt, Franz Josef, * Schwelm 3. Dez. 1931, dt. Schriftsteller und Liedersänger. - Rechtsanwalt; schreibt zeitkrit. Chansons, Hörspiele und Features; u. a. „Spiel nicht mit den Schmuddelkindern" (1967), „Im Jahr der Schweine" (1970), „Laßt nicht die roten Hähne flattern" (1974), „Der Wildledermantelmann" (1977); ferner die Romane „Zündschnüre" (1973), „Brandstellen" (1975) und „Die Abholzung" (1985).

D., Johannes Joachim, * Schwelm 31. Jan. 1926, dt. kath. Theologe. - Vetter von Franz Josef D.; seit 1974 Erzbischof von Paderborn.

Deggendorf, Stadt in Bayern, an der Donau, 314 m ü. d. M., 30 600 E. Verwaltungssitz des Landkr. D.; Textilind., Schiffswerft. - Die Altstadt entstand aus einer um 1002 von den Babenbergern angelegten Siedlung; seit 1316 Stadtrecht. - Barocke Pfarrkirche (1655–57), spätgot. Hl.-Grab-Kirche (1337–60), Rathaus (1535).

D., Landkr. in Bayern.

Degorgement [degɔrʒə'mã:; frz.] ↑ Schaumwein.

Degout [de'gu:; lat.-frz.], Ekel, Widerwille, Abneigung; **degoutant,** ekelhaft; **degoutieren,** anekeln, anwidern, etwas ekelhaft finden.

Degradation [lat.], der teilweise oder gänzl. Verlust der charakterist. Merkmale eines Bodentyps.

◆ im *kath. Kirchenrecht* der Entzug der Amtsvollmachten und die Zurückversetzung in den Laienstand als schwerste Strafe für Kleriker.

Degradierung [lat.] (Dienstgradherabsetzung), in der Wehrdisziplinarordnung (§ 57) vorgesehene Disziplinarmaßnahme bei Dienstpflichtverletzungen von Soldaten. Mit der D. (um einen oder mehrere Dienstgrade) ist eine i. d. R. dreijährige Beförderungssperre verbunden.

Degrelle, Léon [frz. də'grɛl], * Bouillon 15. Juni 1906, belg. Publizist und Politiker. - Gründete 1930 die rechtsradikale Rexbewegung; arbeitete seit 1940 mit den Deutschen zusammen, gründete und befehligte die Wallon. Legion an der O-Front; in Belgien zum Tode verurteilt, floh 1945 nach Spanien.

Degression [lat.] (Steuer-D.), in der Finanzwissenschaft die Abnahme des Steuersatzes bei abnehmendem zu versteuernden Einkommen, d. h., der Steuertarif beginnt mit dem höchsten Einkommen und dem höchsten Steuersatz.

De Groot, Hugh [niederl. də'xro:t] ↑ Grotius, Hugo.

de Gruyter & Co., Walter [de 'grɔʏtər] ↑ Verlage (Übersicht).

Degussa, dt. Unternehmen für das Schmelzen und Scheiden von edelmetallhaltigen Vorstoffen, von Edel- und anderen Metallen sowie zur Herstellung von metall. und chem. Erzeugnissen; Sitz Frankfurt am Main; gegr. 1873 als **De**utsche **G**old- **u**nd **S**ilber-

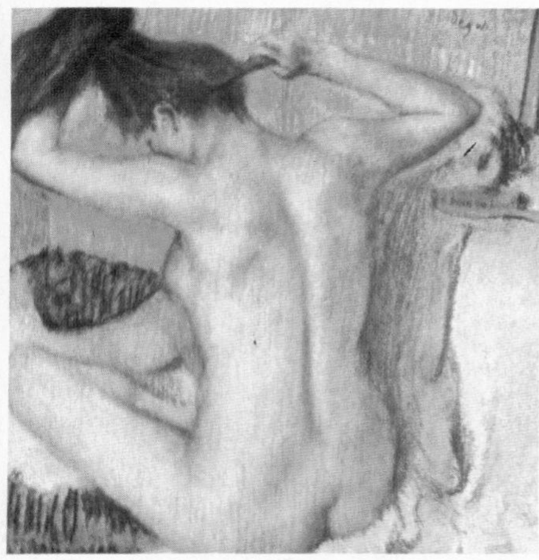

Edgar Degas, Junge Frau mit Kamm (um 1880). Leningrad, Eremitage

Scheideanstalt vormals Roessler.

de gustibus non est disputandum [lat.], Sprichwort: „Über den Geschmack kann man nicht streiten".

degustieren [lat.], svw. kostend prüfen.

Dehio, Georg, * Reval 22. Nov. 1850, † Tübingen 19. März 1932, dt. Kunsthistoriker. - U. a. Prof. in Straßburg; Verf. grundlegender Werke, v. a. zur dt. Kunst, u. a. „Die kirchl. Baukunst des Abendlandes" (zus. mit G. von Bezold, 2 Textbde., 8 Tafelmappen, 1884–1901), „Handbuch der dt. Kunstdenkmäler" (5 Bde., 1905–12; bekannt als „der Dehio", seither mehrmals neu aufgelegt), „Geschichte der dt. Kunst" (3 Textbde., 3 Tafel-Bde., 1919–26).

Dehler, Thomas, * Lichtenfels 14. Dez. 1897, † Streitberg 21. Juli 1967, dt. Jurist und Politiker. - 1924 Mitbegr. des Reichsbanners Schwarz-Rot-Gold; als aktiver Gegner des NS 1944 in ein Zwangsarbeitslager eingewiesen; 1949–67 MdB, 1949–53 Bundesjustizmin., 1953–56 Fraktionsvors. der FDP im Bundestag, 1954–57 Vors. der FDP, 1960–67 Vizepräs. des Bundestages.

Dehmel, Richard, * Wendisch-Hermsdorf 18. Nov. 1863, † Blankenese (= Hamburg) 8. Febr. 1920, dt. Dichter. - Pathetiker eines sozial betonten Naturalismus, zugleich geprägt vom Impressionismus und Vorläufer sowie Wegbereiter des Expressionismus. Thema seines Werkes ist die Macht des Eros, bes. in seiner leidenschaftl. Lyrik („Weib und Welt", 1896) und in seinem Hauptwerk, dem Roman in Romanzen „Zwei Menschen" (1903). Auch Dramen sowie Kindergeschichten und -gedichte (zus. mit seiner Frau Paula).

Dehn, Günther Karl, * Schwerin 18. April 1882, † Bonn 17. März 1970, dt. ev. Theologe. - 1911–30 Pfarrer in Berlin-Moabit, 1931–33 Prof. für prakt. Theologie in Halle, 1941/42 inhaftiert; 1946 Prof. in Bonn; bemühte sich v. a. um die Probleme der Arbeiterjugend. - *Werke:* Proletarierjugend (1912), Religiöse Gedankenwelt der Proletarierjugend (1923), Proletar. Jugend (1930), Gesetz oder Evangelium? (1936), Die zehn Gebote Gottes (1939), Predigt und Gottesdienst überholt? (1959).

Dehnung, Längenänderung eines festen Körpers (z. B. Draht) unter dem Einfluß von Zugkräften; auch Quotient ε aus Längenänderung Δl und urspr. Länge l des Körpers: $\varepsilon = \Delta l/l$. Mit der Längenänderung ist eine Querschnittsverminderung *(Querkontraktion)* verbunden; bei Druckbeanspruchung *(Stauchung)* entsprechend eine Querschnittszunahme *(Querdehnung)*.

Dehnungsfugen, Trennfugen (Bewegungsfugen) in Mauerwerk, in Beton- oder Stahlbauwerken zur Aufnahme der bei Erwärmung auftretenden Ausdehnungen der Baustoffe sowie zum Ausgleich von Spannungen, die infolge Temperaturschwankungen oder durch Schwinden oder Quellen der Baustoffe entstehen.

Dehnungsmeßstreifen (Dehnungsstreifen), Abk. DMS, [passiver] Geber für Feindehnungsmessungen, dessen wirksames Meßelement aus einem dünnen Widerstandsdraht besteht, der schleifen- oder zickzackförmig auf einem dehnbaren Papier- oder Kunststoffstreifen als Träger aufgekittet ist. Wird der D. auf ein Versuchsstück aufgeklebt, so macht er die bei Belastung an der Meßstelle auftretenden Dehnungen oder Stauchungen mit, was zu einer Längung [mit Querkontraktion] oder Verkürzung [mit Querstauchung] des Widerstandsdrahtes und als Folge davon zu einer Änderung des elektr. Widerstands führt. Die [relative] Widerstandsänderung ist dabei der Dehnung proportional.

Dehors [frz. də'ɔ:r], äußerer Schein, gesellschaftl. Anstand.

Dehra Dun, Stadt im ind. Bundesstaat Uttar Pradesh, 200 km nördl. von Delhi, 681 m ü. d. M., 212 000 E. Forstakad., Colleges, Sitz der ind. Landesvermessung und -aufnahme, Militärakademie; Museen.

Dehydrasen, veraltet für: ↑Dehydrogenasen.

Dehydratasen (Hydratasen, Hydrolyasen), zu den Lysasen gehörende Gruppe von Enzymen, die Abspaltung von Wasser aus organ. Hydroxyverbindungen bzw. Anlagerung von Wasser durch Aufbrechen von Doppelbindungen bewirken.

Dehydrierung, Abspaltung von Wasserstoff aus chem. Verbindungen und dessen Übertragung auf oxidierende Substanzen; biolog. äußerst wichtige Reaktion.

Dehydrogenasen [lat./griech.], wasserstoffabspaltende Enzyme mit großer Bed. für den Energiestoffwechsel der Organismen.

Deianira [daja..., deia...] (Deianeira), Gestalt der griech. Mythologie. Gemahlin des Herakles, der unter Qualen stirbt, nachdem D. an ihm arglos einen vermeintl. Liebeszauber vollziehen will, indem sie ihm ein mit dem Blute des von Herakles getöteten Nessus bestrichenes Hemd reicht.

Deich [zu niederdt. dik „Deich", eigtl. „Ausgestochenes"], aufgeschütteter Erddamm längs eines Flusses oder einer Meeresküste *(Fluß-D.* oder *See-D.)* zum Schutz tief liegenden Geländes gegen Überschwemmung, v. a. durch Hochwasser, an der Küste oft auch zur Landgewinnung. Das Land hinter dem D. wird als *Binnen[deich]land*, *Polder*, *Groden* oder *Koog* bezeichnet; das zw. D. und Wasser verbleibende Land nennt man *Außen[deich]land*, *Butenland* oder *Vorland*. Die Grundfläche eines D. wird als *D.basis*, *D.sohle* oder als *Maifeld* bezeichnet. Sturmflutfeste See-D. haben erhebl. größere Höhe und Breite als Fluß-D.; ihre Höhe ist durch den maßgebenden *Sturmflutwasserstand* festgelegt. Die höchste Stelle eines D. ist die *D.krone* oder *-kappe*. Die Außenböschung bes. bei See-D. ist flach geneigt, um die Energie der auflaufenden Wellen weitgehend zu schwächen. An den Füßen beider Böschungen befinden sich bei See-D. Bermen und an der Binnenseite ein *D.graben* (zur Fortleitung des abfließenden Niederschlagswassers); bei scharliegenden See-D. (ohne Vorland) wird die Außenberme durch das Deckwerk (Steinbank oder Stein-D.) gesichert.

Deichgenossenschaften (Deichverbände), Wasser- und Bodenverbände (Körperschaften des öffentl. Rechts), denen es obliegt, die Deiche herzustellen und in ordnungsgemäßem Zustand zu erhalten. Organe sind der Vorstand (Vorsteher) und der Ausschuß oder die Verbandsversammlung.

Deichrecht, die Gesamtheit der Vorschriften, die sich mit den Rechtsverhältnissen der Deiche befassen. Zum D. gehört insbes. die Regelung der **Deichlast,** d. h. der Verpflichtung zur Herstellung und Unterhaltung von Deichen, die Regelung des Eigentums an den Deichen und der Deichverbände. In der BR Deutschland fällt das D. in die Gesetzgebungskompetenz der Länder, die es teils in ihren Wassergesetzen, teils in eigenen Deichgesetzen geregelt haben. Zur Deicherhaltung verpflichtet sind die Eigentümer aller im Schutze der Deiche gelegenen Grundstükke (**Deichpflicht**). Die polizeil. Befugnisse zum Schutz der Deiche und sonstigen Anlagen üben die Aufsichtsbehörden der Deichverbände aus (**Deichpolizei**). Ist eine Deichanlage gefährdet, so haben alle Bewohner der bedrohten und nötigenfalls der benachbarten Gegend bei den Schutzarbeiten Hilfe zu leisten (**Wasserwehr**).

Deichsel, stangenförmiger Teil an Fahrzeugen zum Anhängen an Zugmaschinen oder zum Einspannen der Zugtiere.

Deichverbände ↑Deichgenossenschaften.

Deichvorland, vor einem Hauptdeich zw. Uferlinie und Küstenlinie liegendes, durch parallele Gräben entwässertes, begrüntes Land.

Deidesheim, Stadt in Rhld.-Pf., am Fuße der Haardt, 117 m ü. d. M., 3 200 E. Weinbau und -handel. - Besiedlung und Weinbau seit röm. Zeit; 1395 Stadtrecht. - Spätgot. Pfarrkirche (1440–80); Rathaus (16.–18. Jh.) mit Freitreppe (1724).

Dei gratia [lat. „von Gottes Gnaden"], Formel, mit der Kleriker ihre ausschließl. Abhängigkeit von Gott ausdrückten. Im FrühMA von den europ. Herrschern aufgegriffen, wurde die Formel Ausdruck des Gottesgnadentums der Monarchen.

deiktisch [griech.], Bez. für die sprachl. Ausdrücke mit hinweisender Funktion, z. B. im Dt. „dies" und „hier".

Deimos, griech. mytholog. Gestalt, Sohn des Ares; begleitet mit seinem Bruder Phobos seinen Vater, D. als Personifikation der Furcht, Phobos als Personifikation des Grauens.

Deich. Schematische Darstellung

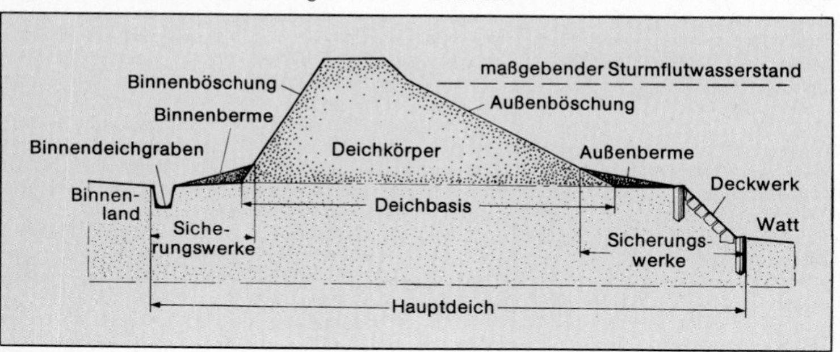

Deimos [griech., nach dem gleichnam. Begleiter des Ares (lat. Mars)], einer der beiden Marsmonde; mittlere Entfernung vom Mars 23 460 km; hat, wie **Phobos** (der zweite Mond), einen Durchmesser von 10–15 km.

Deismus [zu lat. deus „Gott"], eine bes. in England seit der Aufklärung zu Ende des 17. und im 18. Jh. begr. Religionsauffassung, die Gott zwar als Urgrund der Welt anerkennt, ihm aber als einem außerhalb der Geschichte existierenden Wesen jeden Eingriff in die Geschichte abspricht. Der D. propagierte eine sog. natürl. Religion, d. h. er ging davon aus, daß unabhängig von Kirchen und organisierten Religionsgemeinschaften mit ihren Dogmen allein aus der Natur (Schöpfung) und der im Menschen von Natur aus angelegten Moral Gott erkannt werden könnte. Hauptvertreter war der engl. Religionsphilosoph H. von Cherbury.

Deißmann, Adolf, * Langenscheid (Unterlahnkreis) 7. Nov. 1866, † Wünsdorf b. Berlin 5. April 1937, dt. ev. Theologe. - 1897 Prof. in Heidelberg, 1908–34 in Berlin; Forschungen zur griech. Sprache des N. T. und zur Theologie des Paulus; Mitbegr. der ökumen. Bewegung. - *Werke:* Bibelstudien (1895), Licht vom Osten (1908), Paulus (1911), Vom Mysterium Christi (1931; zus. mit C. G. K. Bell), Una Sancta (1937).

Deister, NW-SO verlaufender Höhenzug des Weserberglandes, Nds., sw. von Hannover, im Höfeler Berg bis 405 m hoch.

Deixis [griech.], hinweisende Funktion der Demonstrativpronomen.

Déjà-vu-Erlebnis [frz. deʒa'vy „schon gesehen"], eine Form der Erinnerungstäuschung, bei der der Eindruck entsteht, man habe das in einer an sich völlig neuen Situation Gesehene und Erlebte in gleicher Weise und in allen Einzelheiten schon einmal gesehen und erlebt; kommt in Erschöpfungszuständen, bei Psychosen und Neurosen vor.

Déjeuner [deʒø'ne:; lat.-frz., eigtl. „das Fasten brechen"], veraltete Bez. für [ausgiebiges] Frühstück.

de jure [lat.], formell; formalrechtl.; rechtl. betrachtet; von Rechts wegen; dem Buchstaben des Rechts nach; der formellen Rechtslage zufolge, jedoch ohne Rücksicht auf hierzu etwa in Widerspruch stehende tatsächl. Umstände.

Deka... [griech. „zehn"], Vorsatzzeichen da (früher dk, D), Vorsatz vor Einheiten, bezeichnet das 10fache der betreffenden Einheit, z. B. 1 dag (Dekagramm) = 10 g (Gramm).

Dekabristen [russ.] (Dezembristen), Teilnehmer eines nach dem Tod Alexanders I. im Dez. 1825 in Petersburg versuchten u. gescheiterten Militärputsches gegen die Selbstherrschaft des Zaren, dem 1826 ein ebenfalls vergebl. Aufstandsversuch in S-Rußland folgte. Die D. waren mit liberalen Reformideen erfüllte Adlige, meist jüngere Gardeoffiziere, die seit 1822 in 2 illegalen Geheimbünden vereinigt waren. Die schlecht vorbereitete Aktion konnte rasch unterdrückt werden. Von etwa 600 zur Rechenschaft Gezogenen wurden 121 verurteilt, davon 5 hingerichtet, die übrigen fast alle in sibir. Zwangsarbeit geschickt, die Überlebenden erst 1856 begnadigt.

Dekade [zu griech. déka „zehn"], eine Größe oder Anzahl von 10 Einheiten.
◆ Zeitraum von 10 Tagen, Wochen oder Jahren. Im frz. Revolutionskalender wurde jeder der 12 Monate (zu je 30 Tagen) in drei D. *(décades)* unterteilt.

Dekadenz [lat.-frz.], kultur- und geschichtsphilosoph. Terminus zur Bez. histor. Entwicklungen, von denen behauptet wird, sie bedeuteten einen stetigen Verfall. - Nach Ansätzen im 17. Jh. wurde durch Rousseau richtungweisend der Gegensatz zw. Natur und Zivilisation als Inhalt der D. thematisiert. In Deutschland wurde der D.begriff in seinem modernen Bedeutungsbereich v. a. durch Nietzsche („Der Fall Wagner", 1888) eingeführt; danach ist D. ein notwendiges Stadium des Entwicklungsprozesses des Lebens schlechthin, sei es des einzelnen, sei es der Epochen der Geschichte. In der Folgezeit wurde der Begriff hauptsächl. als ästhet. Kategorie verwendet, v. a. zur Kennzeichnung einer Entwicklungsrichtung innerhalb der europ. Literatur gegen Ende des 19. Jh. (Fin de siècle), der **Dekadenzdichtung.** Sie entstand aus dem Bewußtsein überfeinerter Kultur als Zeichen einer späten Stufe kulturellen Verfalls und gilt als letzte Übersteigerung der subjektiv-individualist. Dichtung des 19. Jh. (Byron, Poe, Baudelaire). Sie setzt die Welt des Sinnl.-Schönen, des moral. freien Kunsthaften gegenüber einer Welt festgefügter bürgerl. Moral- und Wertvorstellungen, das Seel., das traumhaft Unbestimmte, übersteigerte Feinfühligkeit und das angekränkelt Rauschhafte als uneingeschränkt gültig. In Frankr. wird die D. in Auseinandersetzung mit dem Naturalismus von J.-K. Huysmans („Da unten", 1891), proklamiert. Die übrigen frz. Symbolisten werden ihr ebenfalls zugerechnet (z. B. S. Mallarmé, P. Verlaine). Bed. ist auch der östr. Beitrag (P. Altenberg, A. Schnitzler, der frühe Hofmannsthal und der junge Rilke). In den anderen Ländern werden oft nur einzelne Autoren oder Werke der D. zugerechnet, so A. P. Tschechow (Rußland), H. Bang (Dänemark), O. Wilde (England), M. Maeterlinck und É. Verhaeren (Belgien), G. D'Annunzio (Italien), E. v. Keyserling, S. George, T. Mann (Deutschland).

🕮 *Horstmann, U.: Ästhetizismus und D. Mchn. 1983. - Frodl, H.: Die dt. D.dichtung der Jahrhundertwende. Wurzeln, Entfaltung, Wirkung. Diss. Wien 1963.*

dekadisch [griech.], auf die Zahl 10 bezogen.

dekadisches System ↑ Dezimalsystem.

Dekaeder [griech.], ein Körper, der von zehn [regelmäßigen] Vielecken begrenzt wird.

Dekalog [zu griech. déka „zehn" und lógos „Wort"], die zehn Gebote, die Moses nach dem Bericht des A. T. (2. Mos. 20, 2–17; 5. Mos. 5, 6–21) auf dem Sinai empfing.

Dekan [zu lat. decanus „Führer von zehn Mann"], in der kath. Kirche 1. der Vorsteher des Kardinalkollegiums; 2. der dienstälteste Richter der Sacra Romana Rota; 3. ein Würdenträger in Dom- und Stiftskapiteln. - In einigen ev. Landeskirchen und in der kath. Kirche („Dechant") ein Vorgesetzter von Pfarrern, meist dem Kreispfarrer entsprechend.

◆ der aus dem Kreis der Prof. für ein Jahr gewählte und mit der Geschäftsführung betraute Leiter einer Fakultät (einer Univ.).

Dekanat [lat.], Fakultätsverwaltung, die Dienststelle eines Dekans (Hochschulwesen).

◆ Untergliederung eines Bistums.

◆ Amt des Dekans.

dekantieren [frz.], Flüssigkeit vom Bodensatz abgießen, z. B. bei älteren Rot- und Portweinen.

Dekapolis [griech.], Bez. für Verbände griech. Städte in Lykien sowie Palästina; letztere, wohl 62 v. Chr. gegr., umfaßte eine wechselnde Zahl von Städten östl. des Jordans, die ihre Selbstverwaltung beibehielten; bestand bis Ende 2. Jh. n. Chr.

◆ Bez. für den 1354 geschlossenen Elsässer Zehnstädtebund, Zusammenschluß der Reichsstädte Colmar, Hagenau, Schlettstadt, Oberehnheim, Rosheim, Mülhausen (an seiner Stelle seit 1511 Landau), Kaysersberg, Münster, Türkheim und Weißenburg zum Schutz ihrer Reichsunmittelbarkeit.

Dekartellisierung [frz.] (Entkartellisierung), das Rückgängigmachen von Unternehmenszusammenschlüssen (in Form von Kartellen) und das Verbot neuer Kartellbildung. In Deutschland nach 1945 zunächst Durchführung einer D. und Dekonzentration durch die Alliierten. Später wurden diese Maßnahmen teilweise rückgängig gemacht.

Dekeleia [deke'laɪa, de'ke:laɪa] (neugriech. Dekelia [neugriech. ðɛ'kɛlja]), alter Ort in Attika; 30 km nördl. von Athen am S-Hang des Parnes gelegen; gehört zu den 12 ältesten Orten der Halbinsel; Reste der 413 v. Chr. zur Befestigung gegen Athen angelegten Mauern sind erhalten (**Dekeleischer Krieg** ↑ Peloponnesischer Krieg).

Dekhan, die eigtl. Halbinsel von Vorderindien. Der N ist durch ein lebhaftes Schollenmosaik gekennzeichnet, in dem W–O-verlaufende Strukturlinien die Anlage der Talzüge bestimmen. Der S besteht aus flachgewellten Hochflächen und weiten Mulden, in denen die Flüsse alle zur O-Küste, in den Golf von Bengalen, entwässern. Die Ränder sind zu küstenparallelen Gebirgen aufgewölbt. Die **Westghats,** die den W-Rand des D. über dem schmalen Küstenstreifen der Konkan- und Malabarküste bilden, sind eine annähernd geschlossene, rd. 1 800 km lange Gebirgsmauer mit Erhebungen bis über 2 600 m. Dagegen sind die **Ostghats** der vergleichsweise niedrige, im Mittel nur 500 m hohe (im Dewodi maximal 1 640 m hoch), durch breite Senken und Flußläufe unterbrochene O-Rand des D. gegen den Golf von Bengalen. Vorkommen von Eisenerz, Kupfer und Kohle. Der W und NW ist in einer Fläche von rd. 500 000 km² von vulkan. Deckenergüssen (Trapp) überzogen.

Dekker, Eduard Douwes [niederl. 'dɛkər], niederl. Schriftsteller, ↑ Multatuli.

D., Thomas [engl. 'dɛkə], * London um 1572, ▭ ebd. 25. Aug. 1632 (?), engl. Schriftsteller. - Verf. von Sittenstücken und Satiren über das Londoner Alltagsleben; „Schuster seines Glücks" (1600) ist eine seiner besten Komödien; seine Tragödie „The honest whore" (1604) gilt als Vorläuferin des bürgerl. Trauerspiels.

Deklamation [lat.], kunstgerechter Vortrag, bes. von Dichtungen; in der *Musik* die ausdruckshafte Wiedergabe eines Vokalwerkes; in der Instrumentalmusik die expressive Gestaltung einer Melodielinie; **deklamieren,** [kunstgerecht] vortragen; **Deklamatorik,** Vortragskunst.

Deklaration [lat.], im *Post-, Steuer- und Zollwesen:* Inhalts-, Wertangabe, Steuer-, Zollerklärung.

Im *Völkerrecht* die öffentl. bekanntgemachte Rechtshandlung eines Völkerrechtssubjektes, die dazu dient, der Völkerrechtsgemeinschaft eine bestimmte Tatsache oder eine bestimmte Haltung zur Kenntnis zu bringen (z. B. eine Kriegserklärung). Verfassungsgeschichtl. stellen D. Proklamationen allg. polit. Forderungen oder von Grundrechten dar: ↑ Declaration of Rights, ↑ Déclaration des droits de l'homme et du citoyen (1789), ↑ Menschenrechte.

Deklaration der Menschenrechte ↑ Menschenrechte.

deklaratorische Wirkung [lat./dt.], die Wirkung einer [privaten] Rechtshandlung oder eines Behördenaktes, durch die ein Recht oder Rechtsverhältnis ledigl. [als bestehend oder nicht bestehend] bestätigt, bezeugt, festgestellt oder anerkannt wird.

Deklassierung [lat.-frz.], in der Soziologie Bez. für die Mobilität von einer sozial bzw. ökonom. bestimmten Klasse in eine niedriger bewertete.

Deklination [lat.], der Winkelabstand eines Gestirns vom Himmelsäquator.

◆ (Mißweisung) Abweichung der Richtung einer Magnetnadel von der geograph. Nordrichtung.

◆ in der *Sprachwissenschaft* Formveränderung der deklinierbaren Wortarten (Substantiv, Artikel, Adjektiv, Pronomen, Numerale), durch die die grammat. Kategorien und die Beziehungen zw. den zusammengehörenden Gliedern eines Satzes in indogerman. Sprachen gekennzeichnet werden können. Die einzelnen D.formen drücken sich im Kasus (Fall) und Numerus (Zahl) aus, z. B.: des Hauses (= Genitiv Singular).

dekodieren ↑decodieren.

Dekokt (Decoctum) [lat.], Abkochung (Aufguß) zerkleinerter [Arznei]pflanzenteile mit der zehnfachen Gewichtsmenge Wasser in einem Wasserbad.

Dekolleté [dekɔl'te:; frz.; zu lat. collum „Hals"], Halsausschnitt am Kleid, der Nakken, Rücken, Schultern und/oder Brust mehr oder weniger entblößt.

Dekolonisation ↑Entkolonisation.

Dekompensation, das Zutagetreten einer latenten Organstörung durch den Wegfall einer Ausgleichsfunktion. So kommt es bei Herzklappenfehlern durch Mehrarbeit und verstärktes Wachstum des Herzmuskels zunächst nicht zum Herzversagen; dieser kompensator. Ausgleich ist jedoch nur bis zu einem gewissen Grad von Belastung möglich: Alter, körperl. Belastung oder eine Verstärkung der Organstörung führen zur Überlastung und schließl. zur D. des Herzens.

Dekomposition, Auflösung, Zersetzung.

Dekompositum, sprachl. Neu- oder Weiterbildung aus einer Zusammensetzung, entweder in Form einer Ableitung, z. B. *wetteifern* aus *Wetteifer*, oder in Form einer mehrgliedrigen Zusammensetzung, z. B. *Armbanduhr.*

Dekompression, in der *Technik* Bez. für den Druckabfall in einem techn. System.
◆ in der *Medizin* [allmähl.] Druckentlastung für den Organismus nach längerem Aufenthalt in Überdruckräumen (z. B. Taucherglokken). - Als D. wird auch die Senkung eines krankhaft erhöhten Hirndruckes (z. B. durch Eröffnung des Schädels und der harten-Hirnhaut) bezeichnet.

Dekontamination (Entgiftung), Beseitigung von neutronenabsorbierenden Verunreinigungen aus dem Brennstoff oder der Moderatorsubstanz eines Kernreaktors.
◆ (Entseuchung) Maßnahmen, durch die ein von ABC-Kampfstoffen verseuchtes Gebiet oder Objekt entgiftet wird, so daß Menschen und Tiere ohne Schutzvorrichtung mit ihm in Berührung kommen können.
◆ Beseitigung radioaktiver Verunreinigungen.

De Kooning, Willem [engl. də 'koʊnɪŋ, niederl. də 'ko:nɪŋ], * Rotterdam 24. April 1904, amerikan. Maler niederl. Herkunft. - Lebt seit 1926 in New York; bed. Vertreter des Action painting.

Dekor [lat.-frz.], Verzierung, Musterung von keram. Erzeugnissen und Glas.

Dekoration [lat.], Schmuck, Ausschmückung, Ausstattung; die Gesamtheit der angewandten schmückenden Formen (z. B. einer Festtafel, eines Festsaals), in der Architektur die schmückende Gliederung einer Fassade, in der Innen-D. u. a. die Ausgestaltung der Wände und Decken durch Malerei, Stuck u. a.; das Bühnenbild (und die Kostüme) einer Inszenierung; die Gestaltung von Schaufenstern.

Dekorationsstoffe (Dekostoffe), einfarbige oder bedruckte Stoffe für Vorhänge, Wandbespannungen u. ä.

Dekorierung [lat.-frz.], Verleihung von Orden, Ehrenzeichen oder Medaillen, auch Bez. für die Auszeichnungen selbst.

Dekort (Decort) [de'ko:r, ...'kɔrt; zu lat. decurtare „verkürzen"], Abzug vom Rechnungsbetrag wegen mangelhafter Verpakkung, Mindergewicht, Qualitätsmangel.

Dekorum [lat.], äußerer Anstand, Schicklichkeit *(das D. wahren).*

Dekostoffe, Kurzbez. für ↑Dekorationsstoffe.

De Kowa, Victor, eigtl. V. Kowarzik, * Hochkirch bei Görlitz 8. März 1904, † Berlin 8. April 1973, dt. Schauspieler. - Engagements in Dresden, Frankfurt am Main, Hamburg und Berlin, seit 1930 auch beim Film, häufig als Bonvivant und Liebhaber. 1962–66 Vors. der Gewerkschaft Kunst.

Dekrement [lat.], in der Medizin das Abklingen von Krankheitserscheinungen.
◆ (logarithmisches D.) ↑Dämpfung.

Dekret (Decretum) [lat.], Verfügung, Erlaß, Entscheidung nach richterl. Untersuchung; **dekretieren,** ein D. erlassen, anordnen, verordnen, verfügen, bestimmen.

Dekretalen [mittellat.], in der Geschichte des kath. Kirchenrechts päpstl. Entscheidungen zu konkreten Rechtsfällen; nach heute geltendem Kirchenrecht bes. feierl. Erlasse des Papstes, z. B. Heiligsprechungsbullen.

Dekubitus [lat.] (Wundliegen), Wundwerden von Haut mit entzündl. Veränderungen infolge länger anhaltenden Drucks oder Scheuerns und gleichzeitiger Mangeldurchblutung, z. B. bei Bettlägerigen an den der Unterlage aufliegenden Körperstellen.

Dekumatland [lat./dt.] (lat. decumates agri), bei Tacitus vorkommende Bez. für das zw. Rhein, Neckar und Main liegende, seit Ende 1. Jh. n. Chr. durch den Limes eingegrenzte Gebiet; gehörte zur Prov. Germania superior; wichtigste Siedlungen: Sumelocenna (Rottenburg am Neckar), Lopodunum (Ladenburg), Arae Flaviae (Rottweil); ging um die Mitte des 3. Jh. an die Alemannen verloren.

Dekurio [lat.], Bez. 1. für Mgl. des Rates (curia; daher auch curiales, bes. in späterer Zeit) in Städten röm. und latin. Rechts im Röm. Reich; 2. für Inhaber niederer Ränge bes. in der Reiterei des röm. Heeres.

Dekussation [lat.] (dekussierte Blattstellung, gekreuzt-gegenständige Blattstellung), Bez. für eine wirtelige Blattstellung, bei der jeder der aus zwei gegenüberstehenden Blättern bestehenden Wirtel gegenüber dem an der Sproßachse darunter- oder darüber stehenden um 90° gedreht steht.

dekuvrieren [frz.], aufdecken, entlarven.

del., Abk.:
◆ für: ↑**del**eatur.
◆ für: ↑**del**ineavit.

Delacroix, Eugène [frz. dəla'krwa], * Saint-Maurice bei Paris 26. April 1798, † Paris 13. Aug. 1863, frz. Maler. - Bewunderte Rubens und Rembrandt, in deren barocker Tradition sein Werk zu sehen ist; Gegner des Klassizisten Ingres, früh anerkannter Vertreter der frz. Romantik mit Bildern wie „Dante und Vergil" (1822), „Das Massaker von Chios" (1824). Eine stärkere Berücksichtigung der Lichtwirkungen nach Kennenlernen von J. Constables Werk: „Tod des Sardanapal" (1827), „Die Freiheit führt das Volk an" (1830; beide Louvre). Ergebnis einer Reise nach Marokko (1832) sind u. a. seine „Alger. Frauen im Harem" (1832; Louvre). Später zahlr. Wand- und Deckengemälde (u. a. Dekkengemälde in der Galérie d'Apollon im Louvre, 1851). Auch zahlr. Zeichnungen, einige Lithographien, nur wenige Porträts (George Sand, 1838; Chopin, 1838, Louvre; Selbstbildnisse, u. a. 1860, Uffizien). Illustrator von Goethes Faust, Verf. von Tagebüchern und krit. Schriften. - Abb. S. 116.

De la Gardie, Magnus Gabriel [...di], * Reval 15. Okt. 1622, † Venngarn (Uppland) 26. April 1686, schwed. Kanzler. - Günstling und Berater der Königin Christine bis 1653; seit 1660 Reichskanzler und (bis 1672) Mgl. der Vormundschaftsregierung; 1682 aus allen Ämtern entlassen; bed. Förderer von Wiss. und Kunst.

Delalande, Michel-Richard [frz. dəla'lã:d], * Paris 15. Dez. 1657, † Versailles 18. Juni 1726, frz. Komponist. - Beherrschte nach Lully das Musikleben am Hofe Ludwigs XIV.; komponierte rd. 80 Motetten für Soli, Chor und Orchester kleinere geistl. Kompositionen, Ballette und Divertissements.

de la Mare, Walter John [engl. dələ'mɛə], Pseud. W. Ramal, * Charlton (Kent) 25. April 1873, † Twickenham (= London) 22. Juni 1956, engl. Schriftsteller. - Phantasievolle Kinder- und Nonsense-Verse (u. a. „The burning glass", Ged., 1945) sowie phantast.-visionäre Gedichte, Romane und Erzählungen aus Bereichen jenseits der sinnl. Erfahrung. - Teilsammlungen in dt. Übers.: „Seltsame Geschichten" (dt. 1965; für Kinder), „Die Orgie, eine Idylle u. a. Erzählungen" (dt. 1965).

Delaney, Shelagh [engl. də'lɛɪnɪ], * Salford (Lancashire) 25. Nov. 1938, engl. Dramatikerin. - Behandelt in ihren an J. Osborne orientierten Dramen das Leben in den nordengl. Slums; u. a. „Bitterer Honig" (1958).

Delannoy, Jean [frz. dəla'nwa], * Noisy-le-Sec bei Paris 12. Jan. 1908, frz. Filmregisseur. - Dreht Filme mit künstler. Anspruch („Der ewige Bann", 1943, mit Cocteau; „Das Spiel ist aus", 1947; „Wie verlorene Hunde", 1955) und Unterhaltungsfilme (z. B. Krimis um „Kommissar Maigret").

de la Roche, Mazo [engl. dɛlə'rɔ:ʃ], * Newmarket (Ontario) 15. Jan. 1879, † Toronto 12. Juli 1961, kanad. Schriftstellerin. - Schrieb die aus 15 Romanen bestehende Familienchronik der Kolonistenfamilie der Whiteoaks (auch dramatisiert).

Delaroche, Paul [frz. dəla'rɔʃ], * Paris 17. Juli 1797, † ebd. 4. Nov. 1856, frz. Maler. - Einer der bekanntesten Historienmaler des 19. Jh., u. a. „Die Ermordung der Söhne Eduards IV." (1830; Louvre); auch beliebter Porträtist.

delatorisch [lat.], verleumder., angeberisch.

Delaunay, Robert [frz. dəlo'nɛ], * Paris 12. April 1885, † Montpellier 25. Okt. 1941, frz. Maler. - Ausgehend vom Kubismus (Serie „Saint-Séverin", 1909; erste Eiffelturmserie, 1909 ff.) zerlegt er die Farbeindrücke in reine Farben (↑Orphismus): Fensterserie (1912/13), „Sonnenscheiben" (1912 ff.), „Endlose Rhythmen" (1934 ff.). Er stellte in München mit dem ↑Blauen Reiter und im „Sturm" (Berlin 1913) aus. Auch seine Frau *Sonia D.-Terk* (* 1885, † 1979) schuf bed. orphist. Bilder. - Abb. S. 117.

Delaune (Delaulne, De Laune), Étienne [frz. də'lo:n], * Orléans um 1518, † Paris oder Straßburg 1583 (oder 1595), frz. Kupferstecher. - D. ist einer der wichtigsten manierist. Kleinmeister mit mytholog. Themen, Allegorien der Wiss. und Künste, der Elemente, Jahreszeiten und Planeten.

De Laurentiis, Dino [delau̯'rɛnti-is], * Torre Annunziata (Prov. Neapel) 8. Aug. 1919, italien. Filmproduzent. - Sein erster Welterfolg war „Bitterer Reis" (G. De Santis, 1948); später spektakuläre Großproduktionen wie „Krieg und Frieden" (K. Vidor, 1956), „Die Bibel" (J. Huston, 1966); bed. kommerziellen Erfolg brachten „Ein Mann sieht rot" (1974), „Mandingo" (1975), „Ragtime" (1981).

Delavigne [frz. dəla'viɲ], [Jean François] Casimir, * Le Havre 4. April 1793, † Lyon 11. Dez. 1843, frz. Schriftsteller. - Patriot. Gedichte, u. a. Elegiensammlung „Messen. Lieder" (1818–30), auch Dramen, u. a. „Die Sicilian. Vesper" (1819).

D., Germain, * Giverny (Eure) 1. Febr. 1790, † Montmorency bei Paris 30. Nov. 1868, frz. Schriftsteller. - Verf. von Vaudevilles, Komödien und Opernlibretti, u. a. zu Aubers Oper „Die Stumme von Portici" (1828).

Delaware [engl. 'dɛləwɛə], Bundesstaat im O der USA, an der Atlantikküste, 5 328 km², 606 000 E (1983), Hauptstadt Dover.

Landesnatur: D. liegt im O der Delmarva

Peninsula. Der größte Teil wird von Küstenebenen eingenommen, Hügel erreichen 134 m ü. d. M. Die Küste weist neben langen Sandstränden Nehrungen und Lagunen auf, die z. T. versumpft sind.
Klima: D. liegt in der Übergangszone zw. subtrop. und kontinentalem Klimabereich.
Bevölkerung, Wirtschaft, Verkehr: Rd. 83% der Bev. sind Weiße, rd. 16% Schwarze, daneben indian. und asiat. Minderheiten. Neben der Univ. in Newark (gegr. 1833) besteht ein State College in Dover (gegr. 1891). Die Bev. konzentriert sich im N im stark industrialisierten Raum Wilmington-Newark. - V. a. im S liegen die agrar. genutzten Gebiete. Hauptanbauprodukte sind Mais und Sojabohnen. Führender Ind.zweig ist die petrochem. Ind., gefolgt von der Stahlind. Der Fremdenverkehr spielt v. a. an der Küste eine Rolle. - Das Eisenbahnnetz hat eine Länge von rd. 466 km, das Straßennetz von rd. 10600 km. Wichtigster Hafen ist Wilmington; ein für Seeschiffe befahrbarer Kanal im N von D. verkürzt den Seeweg nach Philadelphia und Baltimore. D. verfügt über 12 ✈.
Geschichte: Zu den Entdeckern der Küste von D. zählen v. a. G. Caboto (1498) und G. da Verrazano (1524). Im 17. Jh. errichteten Engländer, Holländer und Schweden in dem von Indianern beherrschten Gebiet Siedlungen. 1682 wurde die engl. Kolonie D. W. Penn übertragen, der sie zunächst zusammen mit Pennsylvania verwaltete. Sie erhielt 1692 einen eigenen Gouverneur und erklärte sich 1776 zum selbständigen Staat. D. ratifizierte als erster Staat am 7. Dez. 1787 die Verfassung der USA.

Delaware [engl. 'dɛləwɛə] (Eigen-Bez.: Lenape), bed. Stammesverband der Küsten-Algonkin in New Jersey, Manhattan und im westl. Long Island, USA; betreiben Feldbau und Fischfang; ihre Stammesgeschichte findet sich im Walam Olum, einer Bilderhandschrift; starke Christianisierung durch die Herrnhuter Brüdergemeine.

Delaware River [engl. 'dɛləwɛə 'rɪvə], Fluß im O der USA; entspringt auf der W-Abdachung der Catskill Mountains; mündet in die **Delaware Bay** (Atlantik), 451 km lang; für Hochseeschiffe bis Trenton befahrbar.

Delbrück, weitverzweigte, wahrscheinl. aus Osnabrück stammende Familie; bed.:
D., Berthold, * Putbus 26. Juli 1842, † Jena 3. Jan. 1922, Sprachwissenschaftler und Indogermanist. - Großneffe von Rudolf von D., Vetter von Clemens von D.; seit 1870 Prof. in Jena. Hauptwerk „Vergleichende Syntax der indogerman. Sprachen" (1893–1900).
D., Clemens von (seit 1916), * Halle/Saale 19. Jan. 1856, † Jena 17. Dez. 1921, Politiker. - Großneffe von Rudolf von D.; preuß. Min. für Handel und Gewerbe (seit 1905); als

Eugène Delacroix, Die Freiheit führt das Volk an (Ausschnitt; 1830). Paris, Louvre

Staatssekretär des Innern (1909–16) und Vizepräs. des preuß. Staatsministeriums eigtl. Leiter der dt. Innenpolitik unter Bethmann Hollweg.

D., Hans, * Bergen/Rügen 11. Nov. 1848, † Berlin 14. Juli 1929, Historiker. - Großneffe von Rudolf von D.; seit 1896 Prof. in Berlin; 1882–85 freikonservatives Mgl. des preuß. Abg.hauses, 1884–90 MdR; seit 1883 Mit-Hg. der „Preuß. Jahrbücher", vertrat er als Allein-Hg. (seit 1889) liberal-fortschrittl. Auffassungen; stand den Kathedersozialisten nahe. *Werke:* Histor. und polit. Aufsätze (1886/87), Geschichte der Kriegskunst im Rahmen der polit. Geschichte (7 Bde., 1900–36), Weltgeschichte (5 Bde., 1923–28).

D., Max, * Berlin 4. Sept. 1906, † Pasadena (Calif.) 9. März 1981, amerikan. Biophysiker und Biologe dt. Herkunft. - Sohn von Hans D.; seit 1937 in den USA, seit 1947 Prof. in Pasadena; begr. und förderte mit seinen Untersuchungen die moderne Bakteriophagenforschung und die Molekularbiologie; D. und Luria legten die Grundlage für die Bakteriengenetik. 1946 entdeckte D. (mit W. T. Bailey jr.) die genet. Rekombination bei Bakteriophagen. Dafür erhielt er 1969 zus. mit Luria und A. D. Hershey den Nobelpreis für Physiologie oder Medizin.

D., Rudolf von (seit 1896), * Berlin 16. April 1817, † ebd. 1. Febr. 1903, Politiker. - Leitete (seit 1848 im preuß. Handelsministerium) bald die auf wirtsch. Vormachtstellung im Dt. Bund abzielende preuß. Zollvereinspolitik; 1867 Präs. des Bundeskanzleramts des Norddt. Bundes, seit 1871 des Reichskanzleramts; trat 1876 zurück; MdR 1878–81.

Delcassé, Théophile [frz. dɛlka'se], * Pamiers (Ariège) 1. März 1852, † Nizza 22. Febr. 1923, frz. Politiker. - Als Kolonialmin. 1894/95 einer der großen Repräsentanten des europ. Imperialismus; bemühte sich als Außenmin. (1898–1905) v. a. um Bündnispartner gegen das Dt. Reich; leitete die Entente cordiale ein und betrieb parallel eine Entspannung gegenüber Italien; 1911–13 Marinemin.; 1913/14 Botschafter am Zarenhof, 1914/15 erneut Außenminister.

Del Cossa, Francesco, * Ferrara 1436, † Bologna um 1478, italien. Maler. - Bis etwa 1470 in Ferrara, dann in Bologna tätig. Schuf bewegte Figuren in lichten, intensiven Farben. Sein Hauptwerk sind die Fresken der Monatsbilder März, April und Mai im Palazzo Schifanoia in Ferrara.

deleatur [lat. „es werde getilgt"], Abk. del., zeigt auf Korrekturbogen, meist mit dem Zeichen ₰ an, daß etwas getilgt werden soll.

Deledda, Grazia, * Nuoro (Sardinien) 30. Sept. 1871, † Rom 15. Aug. 1936, italien. Schriftstellerin. - Schilderte in Romanen und Novellen mit plast. Anschaulichkeit das harte Leben der Menschen ihrer sard. Heimat; Nobelpreis 1926.

Robert Delaunay, Hommage à Blériot (1914). Privatbesitz

Werke: Fior di Sardegna (R., 1892), Sard. Geschichten (1894), Elias Portolu (R., 1903), Der Efeu (R., 1906), Schilf im Wind (R., 1913), Marianna Sirca (R., 1915).

Delegation [lat.], Abordnung, Vertretung. 1. Im *öffentl. Recht:* Übertragung einer Kompetenz zum Erlaß von Gesetzen oder Verwaltungsakten durch ein staatl. Organ auf ein anderes; darf nur auf Grund verfassungsrechtl. oder gesetzl. Ermächtigung und nur durch Gesetz erfolgen; 2. im *Völkerrecht* die Bevollmächtigten eines Staates, die zu Unterhandlungen ins Ausland oder zu einer bestimmten Konferenz entsandt werden.

Delegationen, durch den östr.-ungar. Ausgleich von 1867 zur Mitwirkung an den „gemeinsamen Angelegenheiten" gewählte, pseudoparlamentar. Ausschüsse der Parlamente beider Reichshälften (je 60 Mgl.).

de lege ferenda [lat.], vom Standpunkt des künftigen Gesetzes, des künftigen Rechtszustandes aus; im Hinblick auf das künftige Gesetz.

de lege lata [lat.], vom Standpunkt des geltenden (erlassenen) Gesetzes, des bestehenden Rechtszustandes aus; im Hinblick auf das geltende Gesetz.

Delegierter [lat.], Mitglied einer Delegation, Abgeordneter, Beauftragter; **delegieren,** abordnen, beauftragen.

Delémont [frz. dəle'mõ; Delsberg], Hauptstadt des schweizer. Kt. Jura und des Bez. D., 431 m ü. d. M., 11 300 E. Zentraler Ort einer industriereichen Beckenlandschaft. - Erhielt 1289 Stadtrecht; seit Okt. 1978 Kt.-hauptstadt. - Kirche Saint-Marcel (1762–66), ehem. Bischöfl. Schloß (1716–21), Rathaus (1742–45) und Präfektur (1717).

Delft, niederl. Stadt 8 km sö. von Den Haag, 86 000 E. TH (gegr. 1842), Wasserbauversuchsanstalt, Niederl. Inst. für Flugzeugentwicklung; Sitz des Topograph. Dienstes, Museen, Bibliotheken, Theater. Fremdenverkehrszentrum, Wohnstadt und Standort zahlr. Ind.betriebe, u. a. die letzte der berühmten Fayencenmanufakturen. - Erhielt 1246 Stadtrechte; im 17. Jh. blühende Handelsstadt. - Got. Oude Kerk (13. Jh.); got. Nieuwe Kerk (14./15. Jh.) mit Glockenspiel und 108 m hohem Turm, Rathaus (1618) mit got. Belfried.

Delfter Fayencen [fa'jã:sn], Tonwaren mit bemalter Zinnglasur aus Delft, seit Anfang des 17. Jh. ist Blauweißdekor mit ostasiat. Motiven und Nachahmung chin. Geschirrformen charakterist.; Blütezeit Mitte des 17. Jh. bis Mitte des 18. Jahrhunderts mit bed. Export.

Delhi ['de:li], Unionsterritorium und Hauptstadt der Ind. Union, besteht aus Alt-D., Neu-D. und D.-Cantonment, 1 485 km², 6,22 Mill. E. - D. liegt in 215 m Höhe im Bereich der Wasserscheide zw. Indus- und Gangestiefland mit feuchten Sommern und kühlen, extrem trockenen Wintern. - Polit. Zentrum (eigtl. Hauptstadt ist Neu-D. [272 000 E]), Verwaltungsmittelpunkt von Indien sowie bed. Handels- und Wirtschaftszentrum im N der Union. Kath. Erzbischofssitz, Sitz zahlr. wiss. Gesellschaften und Inst.; Univ. mit zahlr. Colleges (gegr. 1922); mehrere Museen (u. a. Ethnolog. Museum) und Bibliotheken. Neben dem weit verbreiteten traditionellen Handwerk in der Altstadt Kleinmetall-, Nahrungsmittel- und Textilind. v. a. in den Vororten. - Zw. den Außenbezirken liegen agrar. genutzte Areale (Getreide- und Ölfruchtanbau, Zuckerrohr und Baumwolle). Gute Verkehrsverbindungen durch Bahn, Straße und Flugzeug mit allen Teilen Indiens; internat. ✈.

Geschichte: Im Gebiet von D. sind etwa 15 aufeinanderfolgende Stadtsiedlungen (etwa seit dem 5. Jh. v. Chr.) bekannt. Die Tradition unterscheidet 7 Städte: Lalkot oder Kila Raj Pithora (Rest einer im 8./9. Jh. von Tomar-Radschputen gegr. Stadt), Siri (gegr. von Ala Ad Din Childschi [♔ 1296–1316]), Tughlukabad (gegr. von Ghijath Ad Din Tughluk [♔ 1320–25]), Dschahanpanah (entstanden durch Ummauerung von Lalkot und Siri unter Muhammad Ibn Tughluk [♔ 1325–51]), Firusabad (erbaut von Firus Schah Tughluk [♔ 1351–88]), die Stadt Scher Schahs (nach völliger Zerstörung der Stadt durch Timur-Leng 1398 und Verlegung der Residenz nach Agra z. Z. der Lodidynastie durch Scher Schah Sur [♔ 1540–45] erneuert) und Schahdschahanabad (erbaut von Schah Dschahan [♔ 1628–58]). 1803–1947 unter brit. Herrschaft (seit 1911 Sitz der Reg. Brit.-Indiens), blieb bis 1858 Residenz der Moguln. D. ist reich an **Bauten** verschiedener Epochen: Aus der Maurjazeit (320–185) stammen zwei „Säulen des Aschoka", aus dem 12.–14. Jh. die Kuwwat-Al-Islam-Moschee und der Kutub Minar. Die letzte Blütezeit der islam. Kunst ist die Mogulepoche (1556 bis um 1700) mit dem Grabmal von Humajun (um 1564), dem Roten Fort, einer Festungs- und Palastanlage (1639–48), der großen Freitagsmoschee Dschami Masdschid (1650–56) und dem Safdar-Dschang-Mausoleum (um 1750). Neu-D. ist großzügig mit Anlagen und Parks als Gartenstadt gestaltet.

Deli, Gebiet in N-Sumatra in der östl. Küstenebene und dem westl. anschließenden Hügelland, um den Hauptort Medan; fruchtbare Böden, bed. Landw. (Plantagen und bäuerl. Betriebe). - Das Ft. D. stand vom 16. Jh. an unter der Oberhoheit von Aceh und wurde 1814 Sultanat.

Deliberativstimme [lat./dt.], Stimme, die bei einer Abstimmung nicht mitgezählt wird, deren Träger jedoch an der Beratung aktiv teilnehmen darf (z. B. Berliner Abgeordnete im Dt. Bundestag).

Delibes, Léo [frz. də'lib], * Saint-Germain-du-Val (= La Flèche, Sarthe) 21. Febr. 1836, † Paris 16. Jan. 1891, frz. Komponist. - Seine bekanntesten Werke sind die Oper „Lakmé" (1883, darin die „Glöckchenarie") sowie die Ballette „Coppélia (1870) und „Sylvia" (1876).

D., Miguel [span. de'liβes], * Valladolid 17. Okt. 1920, span. Schriftsteller. - Schreibt poet. Romane und Erzählungen, u. a. „Und zur Erinnerung Sommersprossen" (R., 1950), „Tagebuch eines Jägers" (R., 1955), „Wie der Herr befehlen" (R., 1958).

Delicious [de'li:tsiʊs, engl. dɪ'lɪʃəs], svw. Golden Delicious, ↑Äpfel (Übersicht) Bd. 2, S. 60.

Delijannis, Theodoros, * Kalawrita (Peloponnes) 19. Mai 1824, † Athen 13. Mai 1905 (ermordet), griech. Jurist und Politiker. - Zw. 1885 und 1903 viermal Min.präs.; seine agressive Politik führte 1886 zum Krieg mit der Türkei, der 1897 mit einer schweren griech. Niederlage endete.

delikat [lat.-frz.], auserlesen, lecker, wohlschmeckend (v. a. von Speisen); bis an die Grenzen des Schicklichen gehend, heikel; **Delikatesse,** Leckerbissen, Feinkost; Zartgefühl.

Delikt [lat.], rechtswidriges, schuldhaftes Verhalten, das im *Zivilrecht* eine Schadenersatzpflicht begründet und im *Strafrecht* mit einer Straffolge bedroht ist (Straftat). Je nachdem, ob das rechtswidrige Verhalten in einem positiven Tun oder einem Unterlassen besteht, unterscheidet man im Strafrecht zwischen **Begehungs-** und **Unterlassungsdelikt.** Dem **Tätigkeitsdelikt** steht das **Erfolgsdelikt** gegenüber, bei dem nicht nur das aktive Tun als solches, sondern ein durch die Handlung

verursachter Erfolg zur D.verwirklichung gehört. Während bei dem **Gefährdungsdelikt** bereits die Gefährdung eines geschützten Rechtsguts genügt, setzt das **Verletzungsdelikt** eine Rechtsgutverletzung voraus. **Sonderdelikte** können nur von bestimmten Personengruppen, z. B. von Beamten oder Soldaten begangen werden.
Im *Völkerrecht* ist „D." ein Tun oder Unterlassen, durch das ein Völkerrechtssubjekt in Ausübung seiner Hoheitsfunktion gegen eine Norm des Völkerrechtes verstößt und einem anderen Völkerrechtssubjekt dadurch Schaden zufügt.

Deliktsfähigkeit, Voraussetzung der Verantwortlichkeit für eine strafbare oder unerlaubte Handlung (z. B. Volljährigkeit, Strafmündigkeit, Zurechnungsfähigkeit, Urteilsfähigkeit [in der Schweiz]).

Delila [de'li:la, deli'la:] (Dalila), Philisterin, Geliebte des Samson, den sie an ihre Landsleute verriet (Richter 16,4 ff).

delineavit [lat. „er (sie) hat gezeichnet"], Abk. del., bezeichnet auf alten Kupferstichen den Zeichner.

Delinquent [lat.], Missetäter, Verbrecher.

Delirium [lat.] (Delir, delirantes Syndrom), schwere Bewußtseinstrübung, die sich in Sinnestäuschungen, Wahnvorstellungen, opt. Halluzinationen, ängstl. Erregung und Verwirrtheit (Desorientiertheit) mit Bewegungsunruhe äußert. Delirien können bei akuter Vergiftung (z. B. mit Alkohol), bei verschiedenen schweren Krankheiten (z. B. Hirnhautentzündung) auftreten. Eine Sonderform ist das **Delirium tremens** (Alkoholdelir, Säuferwahn), bei chron. Alkoholismus, aber auch durch erzwungene Alkoholabstinenz *(Entziehungsdelir)* ausgelöste akute Alkoholpsychose, u. a. mit opt. Halluzinationen („weiße Mäuse"); lebensbedrohend (Herz- und Kreislaufversagen, Krampfanfälle).

delisches Problem [nach einem würfelförmigen Apollonaltar auf Delos, der nach einem Orakelspruch verdoppelt werden sollte], das Problem, die Kantenlänge eines Würfels zu konstruieren, der das doppelte Volumen eines gegebenen Würfels haben soll. Diese Konstruktion ist mit Zirkel und Lineal allein nicht möglich.

Delisle, Guillaume [frz. də'lil], * Paris 28. Febr. 1675, † ebd. 25. Jan. 1726, frz. Kartograph. - Einer der Begründer der neuzeitl. Kartographie durch Entwurf von auf astronom. Ortsbestimmungen beruhenden Karten.

Delitzsch, Franz, * Leipzig 23. Febr. 1813, † ebd. 4. März 1890, dt. luth. Theologe. - Vater von Friedrich D.; 1844 Prof. in Leipzig, 1846 in Rostock, 1850 in Erlangen, 1867 wieder in Leipzig, Bed. exeget. Arbeiten zum A. T.; gründete 1886 das *Institutum Judaicum [Delitzschianum]. - Werke:* Bibl. Commentar über das A. T. (1864–75; zus. mit C. F. Keil), Jesus und Hillel (1866).

D., Friedrich, * Erlangen 3. Sept. 1850, † Langenschwalbach (= Bad Schwalbach) 19. Dez. 1922, dt. Altorientalist. - Sohn von Franz D.; 1877 Prof. in Leipzig, 1893 in Breslau, seit 1899 in Berlin. D. schuf die Grundlagen für die wiss. Altorientalistik („Assyr. Lesestücke", 1876; „Assyr. Grammatik", 1889; „Assyr. Handwörterbuch", 1894–96); war entscheidend am sog. Babel-Bibel-Streit um den Einfluß altoriental. Tradition auf das A. T. beteiligt († Panbylonismus).

Delitzsch, Krst. im Bez. Leipzig, DDR, 98 m ü. d. M., 28 000 E. Museum; Metall-, chem., Textil-, Zigarren- und Nahrungsmittelind. - 1145 erstmals genannt (**Delce**); um 1200 Stadtrecht. - Stadtpfarrkirche (15. Jh.), Schloß (16. Jh.).

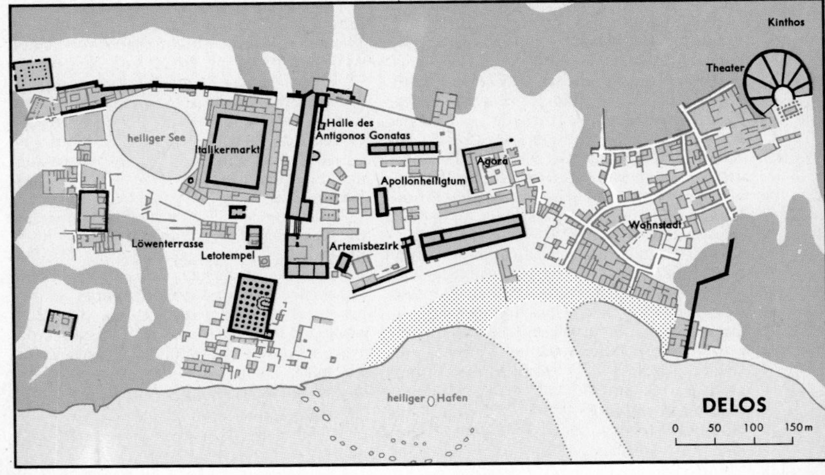

D., Landkr. im Bez. Leipzig, DDR.

Delius, Frederick [engl. 'di:ljəs], * Bradford 29. Jan. 1862, † Grez-sur-Loing (Seine-et-Marne) 10. Juni 1934, brit. Komponist. - Seine Kompositionen sind von einem stark harmon. bestimmten, esoter. Stil getragen; u. a. Oper „Romeo und Julia auf dem Dorfe" (1907, nach G. Keller), Chorwerk „Eine Messe des Lebens" (1909, nach F. Nietzsches „Zarathustra"), sinfon. Dichtungen, Konzerte.

D., F[riedrich] C[hristian], * Rom 13. Febr. 1943, dt. Schriftsteller. - Schreibt gesellschaftskrit. Lyrik und Prosa, auch satir. provokativ; „Kerbholz" (Ged. 1965), „Adenauerplatz" (R., 1984).

deliziös [lat.-frz.], köstlich, fein.

Delkredere [lat.-italien.], Haftung für den Eingang einer Forderung aus Handelsgeschäften; Haftung (Garantie, Bürgschaft, Schuldbeitritt) des Kommissionärs gegenüber dem Kommittenten bzw. des Handelsvertreters gegenüber seinem Prinzipal für Erfüllung der Verbindlichkeiten des jeweiligen Geschäftsgegners.

◆ Wertberichtigung für voraussichtl. Ausfälle von Außenständen (uneinbringl. und zweifelhafte Forderungen).

Delkredereprovision, bes. (zusätzl.) Provision, die dem Handelsvertreter bzw. Kommissionär neben der Provision für Abschluß bzw. Vermittlung der Geschäfte auf Grund der Übernahme des sie bes. belastenden Delkredere zusteht.

Dell'Abate, Nicolò, * Modena zw. 1509 u. 1512, † Fontainebleau 1571, italien. Maler. - In Modena, Bologna, seit 1552 in Fontainebleau (u. a. Ausmalung des Ballsaales nach Entwurfskizzen Primaticcios). Später Einbeziehung der Landschaft (niederl. Einfluß), u. a. bei „Raub der Proserpina" (Paris, Louvre), „Eurydike und Aristäus" (London, National Gallery); malte auch manierist. Porträts.

della Casa, Lisa ↑ Casa, Lisa della.

della Mirandola, Giovanni Pico ↑ Pico della Mirandola, Giovanni.

Della Porta, Giacomo, * Rom um 1540, † ebd. 1602, italien. Baumeister. - Vollendete nach Michelangelos Plänen die Paläste des Kapitolplatzes (1563 ff.) sowie 1573 ff. den Kuppelbau der Peterskirche nach dem Modell von Michelangelo (erhöhte die Kuppel) und schuf bed. frühbarocke Fassaden für die Kirche Il Gesù (1576 ff.) und die Chiesa della Madonna dei Monti (1580 f.).

D. P., Giambattista, * Neapel im Okt. oder Nov. 1535, † ebd. 4. Febr. 1615, italien. Gelehrter. - Sein Hauptwerk „Magia naturalis sive..." enthält u. a. eine Beschreibung der Camera obscura (ohne Linse); schrieb sprachgewandte Komödien nach lat. Vorbild.

D. P., Guglielmo, * Porlezza (Prov. Como) um 1500, † Rom Febr. 1577, italien. Bildhauer. - In Genua tätig, seit 1537 in Rom; zum Manierismus tendierende Marmor- und Bronzearbeiten, u. a. Grabmal für Papst Paul III. in der Peterskirche in Rom (1574).

Della Quercia, Iacopo ↑ Iacopo della Quercia.

Della Robbia, Luca, * Florenz 1400, † ebd. 14. Febr. 1482, italien. Bildhauer. - Vertreter der Florentiner Frührenaissance; Schöpfer der bed. marmornen Sängerkanzel für den Dom (1431–38, heute Dommuseum); für den Kampanile schuf er 5 Marmorreliefs (1437 ff.); sonst vorwiegend Terrakottareliefs in der sog. (jedoch nicht von ihm erfundenen) **Della-Robbia-Technik.** Die Terrakotten sind mehrfarbig oder in Weiß auf blauem Grund gehalten und mit Zinnglasur überzogen; v. a. Madonnen.

Della Torre, bed. Mailänder Familie des 13./14. Jh., die mehrfach mit den Visconti im Streit um die Vorherrschaft in der Stadt lag und eine führende Rolle in der guelf. Partei spielte.

Delmenhorst, Stadt in Nds., 10 km westl. von Bremen, 7 m ü. d. M., 71 600 E. U. a. Textilind. (Jute und Wolle) und Linoleumherstellung. - Die Burg D. wird 1254 erstmals erwähnt; die Burgsiedlung (seit 1285 belegt) erhielt 1371 Stadtrechte.

Del Monaco, Mario, * Florenz 27. Juli 1915, † Mestre bei Venedig 16. Okt. 1982, italien. Sänger (Tenor). - Seit 1946 einer der erfolgreichsten Heldentenöre.

Delon, Alain [frz. də'lõ], * Sceaux b. Paris 8. Nov. 1935, frz. Filmschauspieler. - Verkörpert meist den Typ des eiskalten Zynikers; bes. erfolgreich in den Filmen „Rocco und seine Brüder" (1960), „Der eiskalte Engel" (1967), „Vier im roten Kreis" (1970), „Der Chef" (1972), „Monsieur Klein" (1976), „Eine Liebe von Swann" (1984), „Parole de flic" (1985).

Delorme (de l'Orme), Philibert [frz. də'lɔrm], * Lyon zw. 1510 und 1515, † Paris 8. Jan. 1570, frz. Baumeister. - Begründer der zweiten frz. Renaissance; Erbauer von Schloß Anet (um 1544–55); erhielt von Heinrich II. 1547 den Auftrag für das Grabmal Franz' I. in Saint-Denis (Entwurf von D.); v. a. in Fontainebleau tätig (Ballsaal, Kapelle, Treppe).

Delors, Jacques [frz. də'lɔ:r], * Paris 20. Juli 1925, frz. Politiker. - 1981–84 Wirtschafts- und Finanzminister; ab 1985 Präs. der EG-Kommission.

Delos, griech. Insel sw. von Mikonos, eine der Kykladen; 3,6 km²; im Kinthos 113 hoch, unbewaldet und vegetationsarm. Größtes Ruinenfeld Griechenlands; Fremdenverkehr.

Geschichte: Älteste Siedlungsspuren reichen bis ins 3. Jt. v. Chr. zurück; seit dem 2. Jt. ist die Stadt D. nachweisbar. Kultstätten der großen Vegetations- und Fruchtbarkeitsgöttin (später mit Artemis identifiziert) und der hyperboreischen Jungfrauen; seit etwa 1000 Einführung des Apollonkults, der später die anderen Kulte verdrängte; spätestens seit

dem 7. Jh. religiöses Zentrum der ion. Inselgriechen; seit dem 6. Jh. wachsender Einfluß Athens, seit 477 Zentrum des Att.-Del. Seebundes, dessen Bundeskasse bis 454 (Überführung nach Athen) im Apollontempel aufbewahrt wurde; die neue Siedlung entwickelte sich zu einer der wichtigsten hellenist. Handelsstädte; 166 von Rom zum Zollfreihafen erklärt und an Athen zurückgegeben; entwikkelte sich zum größten Sklavenmarkt der Ökumene; 88 von der Flotte Mithridates VI. von Pontus geplündert, 69 von Piraten verwüstet; Neugründung von Korinth (44 v. Chr.); im MA nutzten Venezianer, Türken und die Bewohner der umliegenden Inseln die Bauten von D. als Steinbruch; seit 1873 wird D. ausgegraben und erforscht.
Kunst und Archäologie: Apollonheiligtum an der W-Küste (3 Tempel des 6. und 5. Jh., Schatzhäuser, monumentale Votive), Artemisbezirk mit Tempel (2. Jh.); nördl. vom Apollonheiligtum der Letotempel (6. Jh.) mit Löwenterrasse. Hafen und Warenmagazine wurden mehrmals erweitert, das Wohngebiet dehnte sich nach SO bis zum Kinthos aus (gut erhaltene hellenist. Häuser, z. T. mit bed. Mosaiken und Theater). Am Kinthos entstanden Tempel syr. und ägypt. Götter. - Abb. S. 119.

de los Ángeles, Victoria ↑Ángeles, Victoria de los.

Delp, Alfred, * Mannheim 15. Sept. 1907, † Berlin-Plötzensee 2. Febr. 1945, dt. kath. Theologe und Soziologe. - 1926 Jesuit; seit 1939 Mitarbeiter der „Stimmen der Zeit" in München, seit 1942 Mitarbeit am Entwurf einer christl. Sozialordnung für Deutschland, im Juli 1944 verhaftet, im Jan. 1945 vom Volksgerichtshof zum Tode verurteilt und später hingerichtet. - *Werke:* Trag. Existenz (1935), Der Mensch und die Geschichte (1943), Christ und Gegenwart (hg. 1949, 3 Bde.).

Delphi, griech. Dorf 120 km wnw. von Athen, 570–650 m ü. d. M., 2400 E. Fremdenverkehr (Ausgrabungsstätte).
Geschichte: Seit dem 2. Jt. v. Chr. Siedlung und Kultstätte (urspr. Verehrung der Erdmutter Gäa, seit dem 9./8. Jh. Apollonkult). Das Appollonheiligtum, die Pyth. Spiele, v. a. aber das Orakel, machten D. zu einer der bedeutendsten Kultstätten der Antike. Das Orakel, das wichtige polit. Entscheidungen treffen half und sozial- und individualeth. Normen verkündete, wirkte in der griech. Kleinstaatenwelt als verbindendes Element. - Urspr. im phok. Herrschaftsbereich, wurde D. im Verlauf von 3 hl. Kriegen (600–590, 448, 356–346) aus der Abhängigkeit der Phoker befreit und kam erst unter den Schutz der pyläisch-delph. Amphiktyonie, schließl. unter den Einfluß Makedoniens, 279 unter den des Ätol. Bundes; im 2. Jh. v. Chr. röm. Das Verbot der heidn. Kulte durch Kaiser Theodosius I. (um 390) bedeutete das Ende des Heiligtums und die Entvölkerung der Siedlung; 1892–1903 ausgegraben.
Kunst und Archäologie: Durch die Anlage des Apollonheiligtums (135 m × 190 m, seit der 2. Hälfte des 6. Jh. v. Chr. ummauert) führt die einst von Schatzhäusern (restauriert: Schatzhaus der Athener, dor., Anfang des 5. Jh.) u. a. gesäumte hl. Straße. Über dem Apollontempel (dor. Peripteros, 4. Jh. v. Chr.) liegt im W das Theater (2. Jh. v. Chr.) und das Stadion (5. Jh. v. Chr.), im O die Halle der Knidier (ehem. mit Gemälde von Polygnot, um 460 v. Chr.), die Kastalische Quelle, das Gymnasion (4. Jh. v. Chr.) und der Bezirk der Athena Pronaia mit älterem (7. Jh.) und jüngerem (4. Jh.) Tempel und Rundbau (Tholos, att., um 370 v. Chr.); daneben verschiedene kleinere Heiligtümer.
Kult und Mythologie: Nach der griech. Mythologie erschlug hier Apollon den Drachen Python. Im Apollontempel befanden sich der Omphalos (↑Nabel der Erde), ein Marmorblock, der als Mittelpunkt der Erde galt, und der Erdspalt, dem ein Luftstrom entstieg, der die Orakelpriesterin Pythia, auf ehernem Dreifuß über dem Erdspalt sitzend, zur Prophetie anregte. Das Orakel war ursprüngl. ein Losorakel und beruhte erst später auf der Inspirationsmantik der Pythia, deren von Apollon eingegebene Äußerungen von der Priesterschaft in Form metr., meist mehrdeutiger Sprüche verkündet wurden. - Abb. S. 122.
📖 *Themelis, P. G.: D. Die archäolog. Stätten u. das Museum. Wien u. Mchn. 1980. - Roux, G.: D. Orakel u. Kultstätten. Dt. Übers. Mchn. 1971.*

Delphin [griech.] ↑Sternbilder (Übersicht).

Delphinarium [griech.], Salzwasseranlage zur Haltung von Delphinen.

Delphine, (Delphinidae) Fam. 1–9 m langer Zahnwale mit etwa 30 Arten in allen Meeren; Schnauze meist mehr oder weniger schnabelartig verlängert; Rückenfinne meist kräftig entwickelt. Die geselligen, oft in großen Gruppen lebenden D. sind sehr lebhaft und flink und außerordentl. intelligent; sie verständigen sich durch akust. Signale. - Der bis 2,5 m lange, in allen warmen und gemäßigten Meeren vorkommende **Delphin** (Delphinus delphis) hat einen dunkelbraunen bis schwarzen Rücken, hellere, wellige Flankenbänder, einen weißen Bauch und eine schnabelartige, deutl. von der Stirn abgesetzte Schnauze. Vertreter der Gatt. **Tümmler** (Tursiops) leben v. a. in warmen Meeren. Am bekanntesten ist der **Große Tümmler** (Tursiops truncatus), bis 3,6 m lang, Oberseite bräunl.-grau bis schwarzviolett, Unterseite hellgrau bis weißl. Die Unterfam. **Glattdelphine** (Lissodelphinae) hat je eine Art im N-Pazifik und in den südl. Meeren; 1,8–2,5 m lang, Oberseite blauschwarz bis schwarz, Untersei-

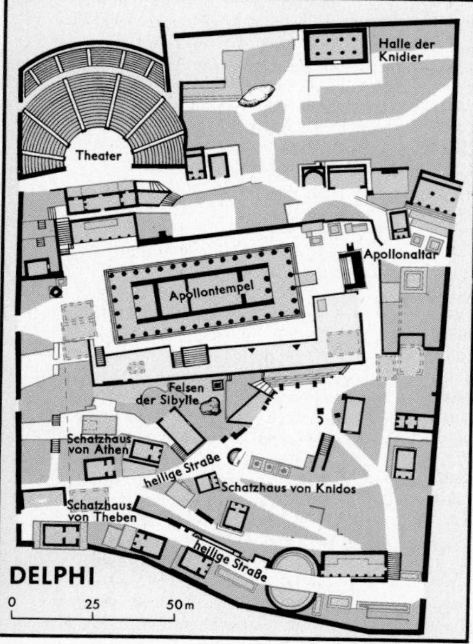

te weiß, Schnauze nach unten abgekrümmt, Rückenfinne fehlt. Die drei 3,6–8,5 m langen Arten der Gatt. **Grindwale** (Globicephala) kommen in allen Meeren vor; Körper schwarz, oft mit weißer Kehle, kugelförmig vorgewölbter Stirn und langen, schmalen Brustflossen. Der etwa 4,3–8,5 m lange **Gewöhnl. Grindwal** (Globicephala melaena) ist weltweit (Ausnahme Polarmeere) verbreitet. Der **Große Schwertwal** (Mörderwal, Orcinus orca) ist 4,5–9 m lang, hat eine hohe, schwertförmige, häufig über die Wasseroberfläche ragende Rückenfinne; Oberseite schwarz, Unterseite und ein längl. Überaugenfleck weiß. - Der Delphin galt als heiliges Tier Apollons, der den Beinamen Delphinos führte, sowie des Dionysos und der Aphrodite, die nach ihrer Geburt von einem Delphin ans Land gebracht wird. Poseidon setzt ihn zum Dank für seine Hilfe als Sternbild an den Himmel. - D. wurden in der kret.-myken. Kultur und bei den Griechen auf Fresken, Vasen, Schalen und Münzen dargestellt; in der frühchristl. Kunst Symbol Christi.

📖 *Gaskin, D. E.: The ecology of whales and dolphins. Portsmouth (NH) 1982.*

◆ ↑Flußdelphine.

Delphi. Tholos im heiligen Bezirk der Athena Pronaia (4. Jh.)

Delphinin [griech.], blauer Farbstoff des Rittersporns, besteht aus dem Aglykon Delphinidin und zwei Glycoseresten (Anthozyanfarbstoff).

Delphinschwimmen ↑Schwimmen.

Delphinus [griech.] ↑Sternbilder (Übersicht).

Delta [griech.], vierter Buchstabe des griech. Alphabets: Δ, δ.

Delta [nach der Form des griech. Buchstabens Delta: Δ] (Flußdelta), von vielen Armen zerschnittener, meist fächerförmiger Mündungsbereich eines Flusses.

Deltaflügel ↑Flugzeug.

Deltametall, Messinglegierung aus 54 bis 56 % Kupfer, 40 bis 42 % Zink und je 1 % Blei, Eisen, Mangan; korrosionsbeständig gegenüber Meerwasser, Verwendung v. a. im Schiffbau.

Deltaplan, größtes, auf Gesetz von 1957 beruhendes Wasserbauprojekt in den Niederlanden: Abriegelung der Meeresarme im Küstenbereich des Rhein-Maas-Deltas und der Oosterschelde zw. dem Nieuwe Waterweg bei Rotterdam und Walcheren im S als Schutz gegen Flutkatastrophen und zur Verkehrserschließung der Inseln in der Prov. Seeland; 1986 mit Fertigstellung des Sturmflutwehrs in der Oosterschelde abgeschlossen.

Deltgen, René, * Esch an der Alzette (Luxemburg) 30. April 1909, † Köln 29. Jan. 1979, dt. Schauspieler luxemburg. Herkunft. - Neben Bühnenrollen (in Berlin) v. a. zahlr. Filmrollen, u. a. in „Nachtwache" (1949); auch Fernsehfilme.

Deltoid [griech.] (Ochsenkopf, Windvogelviereck), ein im Ggs. zum Drachenviereck nichtkonvexes Viereck mit zwei Paaren gleich langer Nachbarseiten. Die Diagonalen stehen senkrecht aufeinander und schneiden sich außerhalb des D. Eine der Diagonalen ist Symmetrieachse, sie zerlegt das D. in zwei kongruente Dreiecke.

del Valle-Inclán, Ramón María, span. Schriftsteller, ↑Valle-Inclán, R. M. del.

Delvaux, Paul [frz. dɛlˈvo], * Antheit bei Huy 23. Sept. 1897, belg. Maler. - Surrealist; träumer.-halluzinator. Figurenbilder in klass. Landschaften und Architekturen. - Abb. S. 124.

Delwig, Anton Antonowitsch Baron [russ. ˈdjelvik], * Moskau 17. Aug. 1798, † Petersburg 26. Jan. 1831, russ. Dichter. - Schulfreund Puschkins, Dichter des L'art pour l'art; erhielt Anregungen aus der griech. Antike und der Volksdichtung.

Demag AG, dt. Unternehmen (seit 1926) zur Herstellung und zum Vertrieb von Maschinen und Anlagen, Hebezeugen, Fördermitteln u. a.; Sitz Frankfurt am Main.

Demagoge [zu griech. dēmagōgós „Volksführer"], seit dem 5. Jh. v. Chr. Bez. für Persönlichkeiten, deren Bed. für die Politik einzelner griech. Staaten weniger auf Amtsbefugnissen als sonstigen Möglichkeiten der Einflußnahme auf den Willen des Volkes beruhte.
◆ histor.-polit. Schlagwort für „Volksverführer", Volksaufwiegler.

Demagogenverfolgung, die reaktionären Maßnahmen der Gliedstaaten des Dt. Bundes im Vollzug der 1819 angenommenen Karlsbader Beschlüsse gegen die nat. und liberale Bewegung; u. a. verschärfte Zensur polit. Druckschriften; in Preußen weitaus am schärfsten durchgeführt.

Demagogie [griech.], Volksverführung in verantwortungsloser Ausnutzung von Gefühlen, Ressentiments, Vorurteilen und Unwissenheit durch Phrasen, Hetze oder Lügen.

De Man, Hendrik, * Antwerpen 17. Nov. 1885, † Murten (Schweiz) 20. Juni 1953, belg. Politiker und Sozialpsychologe. - Freund Liebknechts; 1933–41 Prof. in Brüssel, 1935/36 Arbeitsmin.; 1936–38 Finanzmin.; seit 1939 Präs. der belg. Arbeiterpartei; verließ 1941 Belgien nach dem gescheiterten Bemühen, mit den dt. Besatzungsbehörden zusammenzuarbeiten; 1946 in Abwesenheit wegen „Förderung der Absichten des Feindes" zu 20 Jahren Haft verurteilt; schrieb u. a. „Zur Psychologie des Sozialismus" (1926).

Demarch [griech.], in Athen der jährl. gewählte Vorsteher eines Demos, dessen Beschlüsse er auszuführen und das er gegenüber dem Staat zu vertreten hatte.

Demarche [deˈmarʃ[ə]; frz.], diplomat. Schritt, [mündl.] vorgetragener diplomat. Einspruch.

De Maria, Walter [engl. dəmɛˈrɪə], * Albany (Calif.) 1. Okt. 1935, amerikan. Konzeptkünstler. - Provozierende Land-art-Projekte, z. B. 1969 ff. Linienziehung in den Wüsten von drei Kontinenten (um die photograph. Aufnahmen davon dann ineinander zu kopieren), Bohrloch („Erdkilometer") in Kassel (Documenta 1977).

Demarkationslinie, eine meist durch einen Demarkationsvertrag festgelegte Grenzlinie zw. Staaten oder Bürgerkriegsparteien, die völkerrechtl. nicht als Staatsgrenze gilt, sondern als vorläufige Abgrenzungslinie von gegenseitigen Hoheitsbefugnissen oder Einflußsphären.

Demarkationsvertrag, im Wirtschaftsrecht Vertrag zw. zwei oder mehreren Unternehmen, durch den die Absatzgebiete bestimmter Produkte (z. B. bei elektr. Strom) genau festgelegt werden.

De Martino, Francesco, * Neapel 31. Mai 1907, italien. Jurist und Politiker. - Seit 1945 Mgl. der Partito Socialista Italiano (PSI), zu deren Vorstand er seit 1949 gehört; seit 1948 Abg., 1964–70 Generalsekretär des PSI; 1968/69 und 1970–72 stellv. Min.präs.; 1972–1976 erneut Generalsekretär des PSI.

demaskieren [frz.], die Maske abnehmen, entlarven.

Demawend (pers. Damawand), höchster Berg des Elbursgebirges, Iran, 5 601 m hoch, ständig schneebedeckt.

Demedts, André [niederl. dəˈmɛts], * Sint-Baafs-Vijve (Westflandern) 8. Aug. 1906, fläm. Schriftsteller. - Schrieb v. a. realist., psycholog. motivierte Romane, u. a. „Das Leben treibt" (1936), „Die Herren von Schoendaele" (1947–51), „Eine Nußschale voll Hoffnung" (1961).

Dementi [lat.-frz.; zu frz. démentir „ableugnen"], [amtl.] Richtigstellung; Widerruf; **dementieren,** eine Behauptung oder Nachricht [offiziell] berichtigen oder widerrufen.

Demenz [lat.] (Dementia, Anoia, Verblödung), erworbene, auf organ. Hirnschädigungen beruhende dauernde Geistesschwäche.

Demeter [griech., vielleicht „Erdmutter"], griech. Göttin des Ackerbaus und der Feldfrucht, Schwester des Zeus, Mutter der Persephone; von Homer wegen ihres bäuerl. Charakters nicht zu den olymp. Gottheiten gerechnet. Hauptkultstätte der D. war Eleusis. Bei den Römern entsprach ihr Ceres. - Das große Fest der D., die z. Z. der Aussaat gefeierten **„Thesmophorien",** an denen nur Frauen teilnehmen durften, war das am weitesten verbreitete Fest in Griechenland.

Demeter, Dimitrije, * Zagreb 21. Juli 1811, † ebd. 24. Juni 1872, kroat. Schriftsteller. - Schöpfer des kroat. Nationaltheaters, für das er Dramen, Libretti und Übersetzungen schrieb.

Demetrios, Name von Herrschern Makedoniens und Syriens in hellenist. Zeit; bed.: **D. I. Poliorketes** („der Städtebelagerer"), * etwa 336, † Apameia am Orontes um 282. - Mit seinem Vater Antigonos I. Herrscher (seit 306 König) über dessen asiat. Diadochenreich, König von Makedonien (seit 294); konnte Megara und Athen (307) gewinnen und errang 306 einen Seesieg über Ptolemaios bei Salamis (Zypern); suchte Rhodos 305/304 in einer mit allen Mitteln hellenist. Technik durchgeführten Belagerung zu nehmen; brachte 294 Makedonien in seine Hand, wurde 287 vertrieben; geriet 285 in die Gefangenschaft seines Schwiegersohnes Seleukos I., in der er starb.

D. I. Soter („der Retter"), ⚔ bei Antiochia am Orontes (= Antakya) 150, König des Seleukidenreiches in Syrien (seit 162). - Sohn Seleukos' IV.; floh 162 aus Rom und konnte seinen Vetter Antiochos V. beseitigen; fiel nach Niederwerfung einer Usurpation in Babylon, des Makkabäeraufstandes (160) und Eingreifen bei dynast. Streitigkeiten in Kappadokien (159) gegen Alexander Balas.

Demetrios von Phaleron (D. Phalereus), * etwa 350, † in Ägypten um 280, athen. Schriftsteller und Staatsmann. - Konnte Athen aus den Wirren seiner Zeit weitgehend heraushalten; durch Demetrios Poliorketes vertrieben, 307 Ratgeber am Hofe Ptolemaios' I.; philosoph., histor. und polit. Schriften.

Demetrius, aus dem Griech. übernommener männl. Vorname, eigentl. „Sohn der Demeter", russ. Form Dmitri.

Demetrius, russ. Großfürsten und Herrscher, ↑Dmitri.

Demilitarisierung ↑Entmilitarisierung.

De Mille, Cecil B[lount] [engl. dəˈmɪl], * Ashfield (Mass.) 12. Aug. 1881, † Hollywood 21. Jan. 1959, amerikan. Filmregisseur und Produzent. - Drehte vorw. monumentale Ausstattungsfilme mit bibl. bzw. antiken Themen, u. a. „Die Zehn Gebote" (1923, 1956), „Cleopatra" (1934), „Union Pacific/Die Frau gehört mir" (1938/39), „Die größte Schau der Welt" (1951).

Demimonde [frz. dəmiˈmõ:d], svw. ↑Halbwelt.

Deminutiv, svw. ↑Diminutiv.

Demirel, Süleyman, * İslâmköy bei Isparta 6. Okt. 1924, türk. Politiker. - Seit 1964 Vors. der Gerechtigkeitspartei; 1965–71, 1975–77, 1977/78 und 1979/80 Min.präs.; durch Militärputsch gestürzt.

demi-sec [frz. dəmiˈsɛk], nicht ganz trokken (bei Schaumwein).

Demission [lat.-frz.], der freiwillige oder erzwungene Rücktritt einer Regierung oder hoher Staatsdiener.

Demiurg [zu griech. dēmiurgós „Handwerker"], urspr. der Handwerker oder Gewerbetreibende; bei Platon ist der D. der „Baumeister" der Welt, der die chaot. Materie nach ewigen Ideen zum geordneten Kosmos formt. In der Religionswissenschaft kann mit D. eine Schöpfergestalt bezeichnet werden, die im Auftrag eines höheren Wesens den Schöpfungsplan ausführt.

Demmin, Krst. im Bez. Neubrandenburg, DDR, 17 300 E. Marktzentrum für das agrar. Umland. - Bereits um 1070 urkundl. erwähnt, um 1249 lüb. Stadtrecht. - Got. Pfarrkirche (14. Jh.).

D., Landkr. im Bez. Neubrandenburg, DDR.

Demobilisierung, die Aufhebung der ↑Mobilisierung.

Democrazia Cristiana [italien. demokratˈtsi:a krisˈtja:na], Abk. DC, christl.-demokrat. Partei Italiens; Nachfolgeorganisation der 1926 verbotenen Partito Popolare Italiano (PPI); ging 1942/43 unter Führung De Gasperis aus dem antifaschist. Widerstand hervor; fordert im Programm von 1943 Unabhängigkeit und Selbständigkeit von Kirche und Staat und ein stabiles parlamentar. System. Vereinigt als Massenpartei des polit. Katholizismus (1976: 38,7 % der Stimmen) Anhänger unterschiedlichster sozialer Herkunft und ist bes. für Flügelbindungen anfällig. Stellte in den zahlr. Reg. 1947–81 alle Min.präs. Führt nach dem Ende der Koali-

Paul Delvaux, Abendzüge (1957). Brüssel, Musées des Beaux-Arts

tions-Reg. unter Einschluß der Sozialisten („Öffnung nach links", seit 1963) seit 1976 eine (auch von den Kommunisten tolerierte) Minderheits-Reg.; das Verhältnis zw. den einzelnen Gruppen innerhalb der Partei blieb weiterhin labil mit erhebl. Auswirkungen auf die italien. Innenpolitik.

Demodikose [griech.] (Haarbalgmilbenausschlag, Demodicosis), v. a. bei Säugetieren (insbes. bei Hunden) auftretende Hautkrankheit, die durch Balgmilben der Gatt. Demodex verursacht wird. Es kommt zu Haarausfall und ausgedehnten schuppigen oder eitrigen Hautausschlägen.

Demodulation (Empfangsgleichrichtung), in der Funktechnik die Trennung einer die zu übermittelnden Signale enthaltenden niederfrequenten Schwingung (Sprache, Musik) von der hochfrequenten Trägerschwingung, der sie vor der Übertragung überlagert wurde. - ↑ auch Modulation, ↑ Quadrophonie.

Demographie [griech.], Untersuchung und Beschreibung von Zustand und zahlenmäßiger Veränderung einer Bevölkerung.

Demoiselle [frz. dəmoaˈzɛl; zu lat. domina „Herrin"], veraltet für: Fräulein.

Demokratie [griech. „Volksherrschaft"], **Begriff:** Kleisthenes wird als Urheber der athen. D. angesehen (508 v. Chr.), Wort und Begriff wurden jedoch erst später in der griech. Philosophie entwickelt. Entsprechend der Anzahl derer, die Herrschaftsgewalt ausübten, wurde im Ggs. zur Monarchie (Herrschaft eines einzelnen) und zur Aristokratie (Herrschaft weniger) als D. die Herrschaftsform bezeichnet, in der die Macht bei allen Bürgern lag. Bei den antiken Philosophen wurde D. überwiegend unter die entarteten Reg.formen eingereiht. Aristoteles, der sich als einer der ersten für die sozialen Grundlagen der Herrschaft interessierte, unterschied verschiedene Formen der D. Die bäuerl. D. war für ihn die annehmbarste. D., in denen Handwerker, Tagelöhner und Krämer den größten Einfluß besaßen, schätzte er weniger, und die schlechteste Form war für ihn die „äußerste D., in der alle ohne Unterschied im Genusse der staatsbürgerl. Rechte sind". Von Aristoteles bis ins 19. Jh. hielt sich die Vorstellung, daß eine aus monarch., aristokrat. und demokrat. Elementen gemischte Verfassung die beste sei. Prakt. Bed. gewann der D.begriff erst wieder seit der Frz. Revolution. Im 19. Jh. wurde er von den Radikalen und Sozialisten propagiert, im 20. Jh. übernahmen ihn auch früher antidemokrat. gesonnene liberale und konservative, sogar faschistoide Gruppen. Damit unterlag der Begriff D. einem Bed.wandel. Die Radikalen und Sozialisten betonten i. d. R. insbes. soziale Gleichheit und Beteiligung der Bürger an den Entscheidungen, während die Liberalen den D.begriff um bisher nicht enthaltene Prinzipien erweiterten, wie Rechtsstaatlichkeit, Repräsentativsystem, Grundrechte, Minderheitenschutz, Gewaltenteilung.

Grundprinzipien: Seit die D. von fast allen polit. Gruppen akzeptiert wurde, traten um so stärker die Differenzen der Gruppen und Bewegungen in der Ausdeutung des D.begriffs zutage. Dabei bleibt der D.begriff an Prinzipien, wie Volkssouveränität und Gleichheit gebunden, deren polit. Realisierung zu Gruppenkonflikten führen muß. Radikale Demokraten strebten nach direkter Volksherrschaft. Gemäßigte Radikale fordern bis heute die Wiederbelebung von Formen direkter D. und die Vergrößerung der Autonomie von Basisgruppen im System, um den Abbau von Herrschaft zu beschleunigen. Hilfsmittel dazu sind Urabstimmungen, Volksentscheide, Rotationsprinzip für alle öffentl. Ämter, Kontrollen und Öffentlichkeit aller Gremien. Doch selbst das weitergehende Konzept der ↑ Rätedemokratie kann mit seinem System gestaffelter Vertretungsgremien indirekte Willensbildung nicht ausschließen. Die Rückkopplung der Vertreter an den Volkswillen soll jedoch durch imperatives Mandat und Abberufungsrecht gegenüber den Abg. erfolgen. In der leninist. Ausprägung ist das Rätesystem überlagert vom „demokrat. Zentralismus" mit seiner Trennung der Diskussionsebene im Volk von der Entscheidungsebene in den Spitzengremien der Partei. Die liberalen Vorstellungen von D. hatten sich seit dem 19. Jh. v. a. auf die Einrichtungen zur Geltendmachung des Volkswillens konzentriert: verfassunggebende Gewalt des Volkes, Wahlen und Wahlrecht, Volksgesetzgebung und Referenden, Repräsentativsystem, Mehrheitsprinzip und seine Folgen für den Schutz der Minderheiten. Die wirtsch. und sozialen Grundlagen von D. wurden von der liberalen D.auffassung weniger untersucht.

Bis heute unterscheiden sich die D.vorstellungen durch das Ausmaß und die Mittel, mit denen die Herrschenden die soziale Gleichheit zu fördern versuchen. Ältere D.theoretiker wie J.-J. Rousseau und T. Jefferson befürworteten, die weitere, durch Industrialisierung und Ausbreitung des Kapitalismus begünstigte Entwicklung sozialer Unterschiede zu verhindern. Radikalsozialist. D.theoretiker sehen bis heute zur Herstellung der Gleichheit nur den Weg der Revolution und einer Diktatur des Proletariats. Zw. diesen beiden Wegen entstand der revisionist. Weg einer geplanten staatl. Gleichheitspolitik mit den wichtigsten Bereichen: 1. nivellierende (d. h. die Unterschiede einebnende) Sozialpolitik auf der Basis von Mittelstandsidealen; 2. Angleichung der Bildungschancen; 3. Schutz der Informationsfreiheit.

Formen: Die moderne D. ist überwiegend repräsentative D., in der der Volkswille durch eine Vertretungskörperschaft repräsentiert wird. Direkte D. in Form einer Volksversammlung aller stimmberechtigten Bürger hielt sich nur in einigen Schweizer Kantonen (Landsgemeinde); Formen plebiszitärer D. wie Volksbegehren oder Referendum sind ein Element einiger repräsentativer D. (z. B. Schweiz, Weimarer Repubik, 5. Republik in Frankr. [seit 1958]). Die repräsentativen D. entwickelten sich überwiegend aus ↑konstitutionellen Monarchien mit parlamentar. verantwortl. Exekutive; erst mit Einführung des allg. Wahlrechts können sie „demokrat." genannt werden. Daneben hielten sich einige dualist. Systeme mit strikterer Gewaltenteilung als im parlamentar. System: als ↑Direktorialsystem (Schweiz) oder als Präsidialsystem mit einem vom Volk gewählten Präs. und einer von der Exekutive streng getrennten Legislative (USA). Mischformen stellen parlamentar. Präsidialsysteme mit einer doppelten Exekutive dar: ein vom Volk gewählter Präs. und eine parlamentar. verantwortl. Reg. (Weimarer Republik, Finnland, Österreich, 5. Republik in Frankr.). Auch die kommunist. Staaten beanspruchen die Bez. D. Es gibt dort die Form der sowjet. D. und der Volks-D., in der die kommunist. Partei z. T. nicht allein herrscht, sondern in einem Blocksystem die Führungsrolle unter anderen Gruppen beansprucht (z. B. DDR, Polen).

Demokratisierungstendenzen: Angesichts des Scheiterns der D. in vielen Entwicklungsländern befaßt sich die Forschung zunehmend mit den in der Infrastruktur liegenden Voraussetzungen von D. Pro-Kopf-Einkommen, Entwicklung der Massenkommunikationsmittel, Verstädterung, Bildungsstand und Industrialisierung erweisen sich dabei als wichtige Faktoren. Doch selbst wenn diese Faktoren eine demokrat. Entwicklung begünstigten, hat sich D. häufig als instabil erwiesen, weil die Autoritäts-, Organisations- und Konfliktschlichtungsmuster in der Gesellschaft nicht mit dem polit. System übereinstimmten (z. B. die Weimarer Republik mit ihrer plebiszitärdemokrat. Verfassung über einer Gesellschaft mit autoritär organisierten Strukturen). Radikaldemokrat. Forderungen durch weltweite Protestbewegungen seit den 1960er Jahren haben alle liberalen repräsentativen D. vor die Notwendigkeit der Erneuerung gestellt. Die D.forschung beschäftigt sich deshalb heute auch mit der Verwirklichung dieser Demokratisierungsforderungen und kommt zu abgestuften Demokratisierungsmodellen für alle gesellschaftl. Bereiche von den Fabriken bis zu den Schulen. Dabei erweist sich, daß Demokratisierung auch in diesen Bereichen nur verwirklicht werden kann, wenn der Pluralismus der Willensbildung in den Organisationen (Parteien, Gewerkschaften, Kirchen usw.) gefördert wird.

🕮 *Kielmannsegg, P.: Nachdenken über die D. Stg. 1980. - Steffani, W.: Pluralist. D. Opladen 1980. - Leisner, W.: D. Selbstzerstörung einer Staatsform? Bln. 1979. - Demokratisierung in Staat u. Gesellschaft. Hg. v. M. Greiffenhagen. Mchn. 1973. - Duverger, M.: Demokratie im techn. Zeitalter. Dt. Übers. Mchn. 1979. - Narr, W. D./Naschold, F.: Einf. in die moderne polit. Theorie. Bd. 3: Theorie der D. Stg. ²1973.*

Demokratische Allianz (Alliance Démocratique), frz. antiklerikale Mitte-Rechts-Partei, gegr. 1901; spielte in der Dritten Republik eine wichtige Rolle als „Partei der Staats- und Min.präs."; gehörte nach 1945 dem Rassemblement des Gauches Républicaines an.

Demokratische Bauernpartei Deutschlands, Abk. DBD, 1948 in der SBZ gegr. Partei, die die Bauern der SBZ, später der DDR, für die Agrarpolitik der SED gewinnen sollte; polit. bedeutungslos.

Demokratische Partei (Democratic Party), polit. Partei in den USA. Geht zurück auf die Antiföderalisten, die als Gegner der Verfassung von 1787 die Kompetenzen der Einzelstaaten stärken wollten, und deren Nachfolger, die Republikaner (nicht ident. mit den heutigen Republikanern) unter T. Jefferson. Bildete sich 1828 unter Führung von A. Jackson. Die Vorherrschaft der (1854 gegr.) Republikan. Partei 1860–1932 konnte die D. P. nur vorübergehend brechen: 1885 und 1893 unter Präs. S. G. Cleveland, 1913 unter Präs. T. W. Wilson. Erst die große Wirtschaftskrise ab 1929 brachte den Umschwung. Die Präs. F. D. Roosevelt, H. S. Truman, J. F. Kennedy, L. B. Johnson und J. E. Carter kennzeichnen die demokrat. Vorherrschaft (Unterbrechung durch die Republikaner D. D. Eisenhower, R. M. Nixon, G. R. Ford und [seit 1981] R. W. Reagan). 1933–80 besaß die D. P. fast ununterbrochen die Mehrheit im Kongreß; 1980 verlor sie die Mehrheit im Senat, gewann sie 1986 jedoch wieder (z. Z. 55 von 100 Sitzen), im Repräsentantenhaus hat sie 259 von 435 Sitzen. Die D. P., die kein einheitl. polit. Programm hat, weist kaum ideolog. Unterschiede zu den Republikanern auf. Sie zeigt größere Bereitschaft zur nat. Sozial-, Schul- und Wirtschaftspolitik auch im Interesse der unteren Schichten der amerikan. Gesellschaft, die einen großen Teil ihrer Anhängerschaft stellen. - Die Parteiorganisation ist hauptsächl. auf lokaler, Bezirks- und bundesstaatl. Ebene aktiv, auf nat. Ebene prakt. nur bei den Präsidentschaftswahlen.

Demokratische Partei Saar, Abk. DPS, 1945 gegr. Partei; trat für die Rückgliederung des Saarlandes an Deutschland ein; 1951–55 verboten; wurde 1957 Landesverband der FDP.

Demokratischer Frauenbund Deutschlands, Abk. DFD, polit. Frauenorganisation der DDR, 1947 aus den 1945 gegr. antifaschist. Frauenausschüssen entstanden; Mgl. der Internat. Demokrat. Frauenföderation seit 1948; bestand in der **BR Deutschland** 1951–57 (verboten).

demokratischer Zentralismus, marxist.-leninist., seit 1917/20 für alle kommunist. Parteien verbindl. Leit- und Organisationsprinzip: Wählbarkeit aller leitenden Organe von unten nach oben und deren period. Rechenschaftslegung vor ihren Organisationen, straffe Disziplin und Unterordnung der Minderheit unter die Mehrheit, unbedingte Verbindlichkeit der Beschlüsse der höheren für die unteren Organe.

Demokratische Volkspartei, Abk. DVP, 1945 in Württemberg gegr. liberal-demokrat. Partei; ab 1948 für Württemberg und Baden FDP/DVP.

Demokratisierung [griech.] †Demokratie.

Demokrit, * Abdera (Thrakien) (?) 470, † um 380, griech. Philosoph. - D. arbeitete eine Atomtheorie aus, derzufolge alle Eigenschaften der Dinge auf Form, Lage und Größe von undurchdringl., unsichtbaren und unveränderl. Atomen zurückgeführt werden, die sich im leeren Raum bewegen. Nach D. besteht auch die Seele aus Atomen, die in den verschiedenen Organen des menschl. Körpers verschiedene Wirkungen wie Vernunft und Gefühl hervorrufen.

demolieren [lat.], zerstören.

Demonstration [lat.], anschaul. Beweisführung; [polit.] Kundgebung; **demonstrieren,** veranschaulichen, eine Kundgebung veranstalten bzw. an ihr teilnehmen; **demonstrativ,** beweisend, darlegend, hinweisend.

Demonstrationsrecht, das Recht, seine Meinung in einer Veranstaltung (Versammlung, Kundgebung) unter freiem Himmel kundzutun; dient v.a. der Kundgabe einer polit. Meinung (†Versammlungsgesetz).

Demonstrativadverb [lat.], hinweisendes Pronominaladverb, kann einen Ort (dort, her), eine Zeit (da, dann), die Art und Weise (so) oder den Grund angeben (daher, darum).

Demonstrativpronomen (Demonstrativum) [lat.], hinweisendes Fürwort, kennzeichnet ein Orts- oder Zeitverhältnis, z.B.: dieser, jener, derjenige, derselbe, solcher.

Demontage [...'ta:ʒə; frz.], Abbau von Anlagen, Maschinen; gradweiser Abbau von etwas Bestehendem (z.B. „soziale D.", D. einer Persönlichkeit); bes. Bez. für den Abbau von Maschinen und Ind.anlagen und deren Abtransport ins Ausland zur Wiedergutmachung von Kriegsschäden.

demoralisieren [frz.], zersetzen, entmutigen, die Sitte untergraben.

de mortuis nil nisi bene [lat.], „von den Toten [soll man] nur gut [reden]".

Demos [griech.] (Mrz. Demoi; dt. Demen), griech. Bez. für das Volk; in vorklass. und klass. Zeit die durch die Volksversammlung repräsentierte Gesamtgemeinde, bes. auch deren unterste Schicht, ferner eine Unterabteilung des Staates (Dorfgemeinde, Stadtbezirk).

Demoskopie [griech.] (Umfrageforschung) †Meinungsforschung; **Demoskop,** Umfrageforscher (Meinungsforscher); **demoskopisch,** durch Umfrageforschung (Meinungsforschung) ermittelt, Umfrageforschung (Meinungsforschung) betreffend.

Demosthenes, † Syrakus 413 v.Chr., athen. Feldherr. - Fügte im Peloponnes. Krieg mit der Landung an der W-Küste der Peloponnes (425) den Lakedämoniern schweren Schaden zu; brachte 413 Nikias, der Syrakus belagerte, Hilfstruppen; beim Rückzug eingeschlossen und gefangengenommen; mit Nikias in Syrakus hingerichtet.

D., * Paiania (Attika) 384, † auf Kalaureia (= Poros) 322 (Selbstmord), att. Rhetor und Staatsmann. - Urspr. Verfasser von Gerichtsreden. Trat seit etwa 355 als Politiker auf (61 z.T. gefälschte Reden erhalten); verfolgte stets das Ziel, die Poliswelt gegen die sich unter Philipp II. herausbildende makedon. Großmacht zu verteidigen (1., 2., 3. und 4. Philippika 349, 343, 341; Olynth. Reden 349/348), richtete sich damit zugleich gegen den zukunftweisenden panhellen. Gedanken. Als athen. Gesandter 346 notgedrungen am Frieden mit Makedonien beteiligt; klagte anschließend seine Mitgesandten an und brachte 339 einen Bund Athens mit Theben u.a. zustande, der jedoch 338 von Philipp bei Chaironeia vernichtet wurde. Nach dem Sieg des makedon. Feldherrn Antipater 322 von diesem verfolgt und in Athen wegen Verwicklung in einen Bestechungsprozeß zum Tode verurteilt.

Demotike [griech.] †neugriechische Sprache.

demotische Schrift, die jüngste Phase (etwa zw. 600 v.Chr. und 400 n.Chr.) der altägypt. Schrift (†ägyptische Schrift) und die entsprechende Sprachstufe (demot. Sprache). - Abb. Bd. 1, S. 98, Nummer 3.

Dempf, Alois, * Altomünster 2. Jan. 1891, † Eggstätt bei Prien a. Chiemsee 15. Nov. 1982, dt. Philosoph. - 1926 Prof. in Bonn, 1937 in Wien, 1949 in München; veröffentlichte zahlr. bed. Analysen der ma. und patrist. Philosophie. Versuchte eine Synthese von philosoph. Anthropologie, Soziologie und vergleichender Philosophiegeschichte.

Dempo, aktiver Vulkan im S Sumatras, Indonesien, im Barisangebirge, 3159 m hoch.

Dempster, Arthur Jeffrey [engl. 'dɛmpstə], * Toronto 14. Aug. 1886, † Stuart (Fla.) 11. März 1950, kanad. Physiker. - Konstruierte den ersten Massenspektrographen mit Richtungsfokussierung für langsame Ionenstrahlen; entdeckte das Uranisotop U^{235}

Demulgator [lat.], ein Stoff, der eine Emulsion entmischt; v.a. Sulfonsäuren.

Demus, Jörg, * Sankt Pölten 2. Dez. 1928, östr. Pianist. - Solist und Kammermusiker; auch Liedbegleiter.

Demut [eigtl. „Gesinnung eines Dienenden"], bereits in der Antike, bes. der griech., wurde D. in Ggs. zur Hybris, der Selbstüberhebung, gesetzt und als ehrfurchtsvolle Selbstbescheidung des Menschen gegenüber den Göttern und dem Schicksal verstanden. Das A. T. fordert D. als Ausdruck der grundsätzl. Abhängigkeit des Menschen von seinem göttl. Schöpfer. Im N. T. erhält die D. in der Selbsterniedrigung Jesu Christi ihr Leitbild und wird damit zum eth. Leitwert für die „Nachfolge Christi".

Demutsgebärde (Demutsstellung), Körperhaltung, die ein Tier annimmt, wenn es sich - z. B. im Rivalenkampf - geschlagen gibt. D. verhindern die ernsthafte Schädigung oder gar Tötung von Artgenossen. Sie sind angeboren und zeigen Haltungen, die den Körperumfang kleiner erscheinen lassen oder bes. verwundbare Körperstellen ungeschützt darbieten. - Auch in menschl. Verhaltensweisen zeigt sich die D., ritualisiert z. B. in bestimmten Begrüßungsformen: Verbeugung, Niederknien, Niederwerfen.

den, Abk. für: **Den**ier (↑Garnnumerierung).

Denar mit dem Kopf des Marcellus

Denar [zu lat. denarius, eigtl. „je zehn enthaltend"], 209 v. Chr. eingeführte wichtigste röm. Silbermünze; 16 Assen entsprechend, seit Mitte des 3. Jh. durch den sog. Antoninianus (215 bis etwa 293) verdrängt. 25 D. = 1 ↑Aureus.

◆ seit dem 7. Jh. Name für fränk. Silbermünzen; in der Karolingerzeit Hauptzahlungsmittel, oft auch Pfennig genannt.

denaturieren [lat.], Stoffe durch Zusätze so verändern, daß sie für bestimmte Zwecke nicht mehr verwendbar sind, meist als staatl. Maßnahme aus steuerl. Gründen; z. B. wird das als Brennsprit bestimmte Äthanol durch Zusatz von 0,2 bis 2 % Pyridin, Benzol, Methanol, Petroläther usw. ungenießbar gemacht (**vergällt**).

◆ Lebensmittel durch chem., physikal. oder mechan. Vorgänge verändern (z. B. Eiweiß durch Bestrahlen oder Erhitzen oder durch Zugabe von Säuren; führt zum Verlust bestimmter biolog. Eigenschaften).

Dendera (arab. Dandarah), Ort in Oberägypten, am linken Ufer des Nil, 6 km westl. von Kina, 21 500 E. Seit dem 3. Jt. v. Chr. bedeutendster Kultort der Göttin Hathor. Der aus dem letzten Jh. v. Chr. stammende Tempel ist sehr gut erhalten. Die Decke einer Osiriskapelle mit dem berühmten Tierkreis auf dem Dach ist heute im Louvre, Paris, andere Funde sind v. a. im Ägypt. Museum in Kairo.

Dendermonde (frz. Termonde), belg. Stadt, 25 km nw. von Brüssel, 2–6 m ü. d. M., 41 000 E. Textil-, Schuh-, Kartonagen- und Nahrungsmittelind. - 1233 Stadtrecht; seit 1577 zur neuzeitl. Festung ausgebaut (1704 geschleift). - Got. Onze-Lieve-Vrouwkerk (14.–16., 17. und 18. Jh.), Rathaus (1330, nach Brand 1914 erneuert), Belfried (1376).

Dendriten [zu griech. déndron „Baum"], verästelte, moos-, strauch- oder baumförmige Kristallbildungen auf Schichtfugen von Gesteinen (z. B. Solnhofener Plattenkalken) aus eisen- und manganhaltigen Lösungen (oft fälschl. für Pflanzenabdrücke gehalten).

◆ kurze, stark verzweigte Fortsätze einer ↑Nervenzelle.

Dendrochronologie [griech.] (Jahresringchronologie), die Wissenschaft, die sich mit der Datierung histor. und prähistor. Ereignisse durch die Untersuchung der Beschaffenheit und Struktur von Jahresringen in Bäumen und alten Hölzern befaßt.

Dendrologie [griech.] (Gehölzkunde), Wissenschaftszweig der angewandten Botanik, der sich v. a. mit Fragen der Züchtung und des Anbaus von Nutz- und Ziergehölzen befaßt.

Deneuve, Cathérine [frz. də'nø:v], eigtl. C. Dorléac, * Paris 22. Okt. 1943, frz. Filmschauspielerin. - Ihre Wandlungsfähigkeit kam bes. zum Ausdruck in „Belle de jour - Schöne des Tages" (1966), „Tristana" (1970), „Der Chef" (1972), „Straßen der Nacht" (1975), „Die letzte Metro" (1980).

Denga [russ.], erste, seit etwa 1380 geprägte russ. Silbermünze; 1700–1828 (mit Unterbrechung 1719–30) in Kupfer, als Zehndengastück in Silber; „kleine D." (Deneschka): das 1849–67 geprägte ½-Kopekenstück.

dengeln [zu althochdt. tangol „Hammer"], Sensen und Sicheln durch Hämmern auf einem kleinen Amboß oder mit Dengelmaschinen dünnschlagen (schärfen).

Denghoog ['dɛŋho:k], prähistor. Fundort bei der Gemeinde Wennigstedt (Sylt); Hügelgrab mit Ganggrab aus dem 3. Jt. v. Chr., zählt zu den bedeutendsten N-Europas.

Denguefieber ['dɛŋge; span./dt.] (Fünftagefieber, Siebentagefieber), akute Infektionskrankheit in trop. und subtrop. Gebieten, deren Erreger Dengueviren sind, die durch Aedesmücken auf den Menschen übertragen werden. Nach einer Inkubationszeit von 5–8 Tagen treten hohes Fieber und Schüttelfrost sowie Muskel-, Gelenk- und Kreuzschmerzen, später maserähnl. Hautausschlag auf.

Den Haag ↑Haag, Den.

Den Helder ↑Helder, Den.

Denier [dəni'e:; lat.-frz.] ↑Garnnumerierung.

Denier [frz. də'nje; lat.], Ende des 10. bis 15. Jh. Name für den ma. Denar in Frankr.; auch Name für die Almosenpfennige frz. Könige im 15. Jh. und die Billon- und Kupfermünzen von Karl IX. bis zu Ludwig XIV.

Denifle, Heinrich, eigtl. Josef Anton D., * Imst 16. Jan. 1844, † München 10. Juni 1905, östr. kath. Theologie- und Kulturhistoriker. - 1870 Dozent für Philosophie, später für Theologie in Graz, 1883 Unterarchivar im Vatikan. Archiv. Wichtige Arbeiten über Luther und dessen theolog. Quellen sowie zur Mystik und Universitätsgeschichte. - *Werke:* Chartularium universitatis Parisiensis (1889–97), Luther und Luthertum in der ersten Entwicklung quellenmäßig dargestellt (1904–09), Die dt. Mystiker des 14. Jh. (hg. 1951).

Denikin, Anton Iwanowitsch [russ. dɪ'nikin], * 4. Dez. 1872, † Ann Arbor (Mich.) 8. Aug. 1947, russ. General. - 1917 Oberbefehlshaber der Westfront; brachte im russ. Bürgerkrieg als Führer eines antibolschewist. Kampfverbandes Lenins Sowjetregime 1918 und 1919 in schwere Bedrängnis; emigrierte nach Niederlage und Auflösung seiner Truppen 1919/20.

Denis [frz. də'ni], frz. männl. Vorname; geht auf Dionysius zurück; weibl. Form **Denise.**

Denis, Maurice [frz. də'ni], * Granville 25. Nov. 1870, † Saint-Germain-en-Laye 13. Nov. 1943, frz. Maler und Graphiker. - Mitbegründer und maßgebl. Theoretiker der ↑Nabis; beeinflußt von Puvis de Chavannes, malte Figurenkompositionen in heller Farbskala, darunter zahlr. Wand- und Deckenbilder, u. a. in der Kirche in Le Vésinet (1901–03) und im Théâtre des Champs-Élysées (1912/13); bed. Jugendstil-Buchillustrationen.

D., Michael ['--], * Schärding 27. Sept. 1729, † Wien 29. Sept. 1800, östr. Dichter. - Übersetzte die Gesänge Ossians in Hexametern (1768/69); als „Sined der Barde" patriot. Bardendichtung in der Nachfolge Klopstocks.

Denitrifikation [lat./ägypt.-griech.] (Nitratatmung), in Böden und Gewässern von bestimmten Bakterienarten durchgeführte Atmung, bei der statt Sauerstoff Nitrate, Nitrite oder Stickstoffoxide verwendet werden; führt in schlecht durchlüfteten Böden zu erhebl. Stickstoffverlusten.

Denizli [türk. dɛ'nizli, '---], türk. Stadt, 190 km sö. von İzmir, 415 m ü. d. M., 135000 E. Hauptstadt des Verw.-Geb. D., Handelszentrum; Baumwollspinnerei, Lederverarbeitung. Nördl. von D. liegen ↑Pamukkale und das antike **Hierapolis,** nahebei das antike **Laodikeia am Lykos.**

Denkart ['de:n-kart; mittelpers. „Werk über die Religion"], das wichtigste und umfangreichste erhaltene Werk der mittelpers. zoroastr. Literatur, etwa im 9. Jh. entstanden.

Denken, die den Menschen auszeichnende psych. Fähigkeit bzw. Tätigkeit, sich mit der Menge der aus Wahrnehmungen gewonnenen (meist undifferenzierten) oder mittels Sprache vermittelten (meist [vor]strukturierten) Informationen über Wirklichkeiten (Realitäten) auseinanderzusetzen, sie unter bestimmten Gesichtspunkten und zu bestimmten Zwecken zu unterscheiden, sie miteinander und mit [in vorausgegangenen Denk- und Lernprozessen verarbeiteten und im **Gedächtnis** gespeicherten] Informationen zu vergleichen, zu werten und zu ordnen (bzw. zu strukturieren), um durch weitere analyt. und synthet. Denkoperationen (z. B. Abstraktion, Generalisation) das jeweils Wesentliche, Allgemeingültige, Zusammenhängende und Gesetzmäßige auszusondern. Auf dieser Grundlage können auch Theorien, Aussagesysteme, Modelle und Entwürfe von Wirklichkeit erstellt werden. Dabei ist zu unterscheiden zw. dem auf Erkenntnis ausgerichteten **spekulativen** bzw. **reflexiven Denken** und dem **konstruktiven Denken,** das ein entsprechendes Instrumentarium (z. B. Methoden und Verfahren in Technik, Medizin, Geisteswissenschaften) entwirft und bereitstellt, um Handlungen zu planen, Handlungsnormen (z. B. für das Zusammenleben in der Gemeinschaft) zu entwickeln und gesetzte Handlungsziele zu erreichen.

Denktypen: Intuitives Denken ist sprunghaft und durch plötzl. Einfälle gekennzeichnet, steht unter geringer Bewußtseinskontrolle, ist teils unbewußt; bei **diskursivem** (zergliederndem) **Denken** erfolgen die vom Bewußtsein kontrollierten Denkoperationen planvoll, method. und systemat.; **divergentes** (produktives bzw. schöpfer.) **Denken** kommt zu neuartigen, vom Gewohnten abweichenden (divergierenden) Erkenntnissen; **konvergentes Denken** ist ein reproduktives D.: Probleme werden durch Übernahme bzw. Anwendung von bereits Gedachtem gelöst.

Denken als psych. Prozeß setzt die Darstellung der eingegangenen Information als Denkgegenstand oder -inhalt voraus. Dies erfolgt in Form unterschiedl. strukturierter bzw. leistungsfähiger Codes. Beim **vorsprachl. Denken** als nichtsymbol. Denkform erfolgen Codierung und Speicherung von situationsbezogenen Handlungsmustern durch senso-motor. Codes; durch Übertragung auf neue Situationen oder Veränderung schon bestehender Handlungsmuster sind bereits einfache Denkleistungen (z. B. bei den Primaten) möglich; im **anschaul. Denken** werden die Denkinhalte in Form bildhafter Vorstellungen dargestellt. Im **abstrakten** (begriffl.) **Denken** erfolgt die Darstellung der Denkgegenstände durch symbol. (sprachl., numer.) Codes bzw. Zeichen[systeme], die relativ frei nach bestimmten Regelsystemen kombiniert werden können. Diese Form des D., dessen Reichweite ausschließl. durch die Regeln der Sprache und Logik begrenzt wird, ist offen für reflexives und konstruktives D. Über den Ablauf der Denkprozesse im einzelnen sind unterschiedl. philosoph. und psycholog. Theorien entwikkelt worden, v. a. zum Problem der Identität von D. und Sprache. Mit der ↑Trial-and-error-Maschine versucht man u. a., den Denkvorgang modellhaft darzustellen und elektron. zu simulieren.

🕮 *Vester, F.: Neuland des Denkens. Stg. [2]1981. - Bocheński, J. M.: Die zeitgenöss. Denkmethoden. Bern u. Mchn. [8]1980. - Lorenzen, P.: Method. D. Ffm. 1974.*

Denkendorf, Gemeinde 14 km sö. von Stuttgart, Bad.-Württ., 274 m ü. d. M., 9 400 E. Ehem. Chorherrenstift (gegr. 1129) mit roman. ehem. Stiftskirche (um 1200).

Denkmal, i. w. S. jedes Objekt, das von der Kulturentwicklung Zeugnis ablegt; i. e. S. Erinnerungsmal an eine Person bzw. Ereignis, auch in übertragenem Sinne (z. B. literar. D., Natur-D.) gebraucht. Die Errichtung eines D. setzt Persönlichkeitsbewußtsein voraus. Deshalb kennt eigtl. nur die Antike, abgesehen von einigen Herrschergestalten auch anderer Epochen, und dann erst wieder die Neuzeit seit Humanismus und Renaissance das D. Die prachtvollen Grabmäler vieler Kulturen (Megalithgräber, Kurgane, Pyramiden, Stupas) haben eher religiösen Charakter (Totenkult), histor. Ereignisse werden aber gelegentl. schon früh durch Inschrift oder Relief festgehalten (auf Stelen oder Felswänden). Die röm. Kunst entwickelt bes. Formen, das Reiterstandbild (Kaiser Mark Aurel, um 173 n. Chr.; heute auf dem Kapitolsplatz), die Siegessäule (Kaiser Trajan, 113 geweiht, und Mark Aurel, um 180) und den Triumphbogen. In der Renaissancezeit wird insbes. das Reiterstandbild aufgegriffen, das im Barockzeitalter als Herrscherbild sehr verbreitet ist (Großer Kurfürst in Berlin von A. Schlüter, 1698–1703; Kurfürst Johann Wilhelm in Düsseldorf von G. de Grupello, 1703–11). Ein frühes und seltenes D. für eine Persönlichkeit des kulturellen Lebens ist das 1621 für Erasmus von Rotterdam errichtete Monument in seiner Heimatstadt, dann der Rundtempel für Leibniz (1790 in Hannover). Das 19. Jh. entfaltet einen D.kult. Es entstehen u. a. G. Schadows Luther-D. in Wittenberg (1821), das Dürer-Monument in Nürnberg von G. D. Rauch (1837–40) sowie zahlr. Bismarck-D. Daneben erhalten histor. Ereignisse wie die Reichsgründung ihr D. (Niederwald-D. bei Rüdesheim am Rhein, 1883 von J. Schilling). Denkmalwürdig wird auch die polit. Tat des Bürgers („Bürger von Calais“ von Rodin, 1884–86), in Amerika erhält die New Yorker Freiheitsstatue von F. A. Bartholdi (1886) Symbolwert für die bürgerl. Freiheiten des einzelnen. Im 20. Jh. wird schließl. auch der

Denkmal. Reiterstandbild Mark Aurels (um 173 n. Chr.). Rom, Kapitolsplatz; Frédéric Auguste Bartholdi, Freiheitsstatue (1886; links)

arbeitende Mensch geehrt (C. Meunier, „Dockarbeiter", 1893; später zahlr. Standbilder in den sozialist. Staaten). Nach dem 1. und 2. Weltkrieg sind in den ehem. KZ Mahnmale errichtet worden; ein Mahnmal an den Krieg ist das D. der Zerstörung Rotterdams von O. Zadkine (1953). Das Luftbrücken-D. in Berlin-Tempelhof (1951, von E. Ludwig) erinnert an die Blockade Berlins (1948/49).

Denkmalpflege (Denkmalschutz), ihre Aufgabe ist es, den erhaltenen Besitz an kulturellen Gütern („Boden-, Bau- und Kulturdenkmäler") zu sichern und Mittel und Wege zu finden, sich gegen zuwiderlaufende Interessen (z. B. private und öffentl. Geschäftsinteressen, Stadt- und Verkehrsplanung) durchzusetzen bzw. einen Ausgleich zu erreichen. Die Sicherung der D. wird heute v. a. auch als Sicherung des histor. funktionalen Zusammenhangs verstanden, ohne den die Authentizität von histor. Bauten, Bauensembles oder Stadtvierteln nicht gewahrt werden kann.
Organisation: In der *BR Deutschland* wird die D. von den Bundesländern wahrgenommen. Ein zentrales Landesamt für D. mit dem Landeskonservator an der Spitze ist in der Regel direkt dem betreffenden Kultusministerium unterstellt. Die Landesämter treten anderen Behörden und Privatleuten zumeist gutachtend gegenüber. Außer der prakt. D. und zugleich als Grundlage für diese erfüllen sie die wissenschaftl. Aufgabe der Inventarisation. - Auch internat. Organisationen befassen sich mit der D., v. a. der Europarat, speziell dessen Rat für kulturelle Zusammenarbeit (CCC), die UNESCO sowie der 1965 auf Anregung der UNESCO gegr. International Council of Monuments and Sites (ICOMOS). Marksteine in der Entwicklung der D. sind 1964 die Charta von Venedig (nicht nur Schutz einzelner Monumente, sondern ganzer histor. Ensembles), 1969 die Resolution von Brüssel (Einbeziehung der D. in die Stadtplanung), 1973 die Resolutionen von Zürich (Integration der D. in den Bereich der Stadterneuerung), 1975 das Jahr des Denkmalschutzes.
Recht: Die durch den Einsatz *hoheitl. Mittel* bewirkte D. besteht zunächst in gewissen Beschränkungen für den Eigentümer des Denkmals: er bedarf der Genehmigung, wenn er den Gegenstand verändern, beseitigen oder zerstören will; Veräußerungen sind anzeigepflichtig. Welche Gegenstände im einzelnen diesen Beschränkungen unterliegen, läßt sich verbindl. festlegen durch Eintragung in ein amtl. Verzeichnis (**Denkmalbuch, Denkmalliste**).
In der BR Deutschland ist der Denkmalschutz durch Bundes- und Landesgesetze sichergestellt. Bundesrechtl. wird die Beschädigung öffentl. Denkmäler nach § 304 StGB bestraft. Das Gesetz zum Schutz dt. Kulturgutes gegen Abwanderung vom 6. 8. 1955 bestimmt, daß Kunstwerke, anderes Kulturgut bzw. Archivgut in ein Verzeichnis nat. wertvollen Kultur- bzw. Archivgutes aufgenommen wird und zur Ausfuhr der Genehmigung des Bundesministers des Innern bedarf. *Völkerrechtl. Verpflichtungen* ergeben sich für die BR Deutschland aus ihrem Beitritt zu der Haager Konvention zum Schutze der Kulturgüter im Falle eines bewaffneten Konfliktes vom 14. 5. 1954. Danach sind schon in Friedenszeiten bestimmte Schutzvorkehrungen zu treffen.
Im *östr. Recht* ist die D. im Denkmalschutzgesetz vom 25. 9. 1923 geregelt; sie wird vom Bundesdenkmalamt wahrgenommen.
In der *Schweiz* ist die D. in der Verfassung verankert (Art. 24 sexies BV). Einzelheiten sind im BG über Natur- und Heimatschutz vom 1. 7. 1966 enthalten.
Geschichte: Denkmalpfleger. Bemühungen um Baumonumente gehen bis in die Antike zurück. Der moderne Begriff der D. bildete sich als Ergebnis kulturphilosoph. Erkenntnisse bes. der Aufklärung, welche die geistigen und materiellen Erzeugnisse einer Kultur als Bausteine der menschl. Entwicklung erhalten wissen wollte, um auf dem Bewahrten weiterbauen zu können. Einen neuen Anstoß gab im 19. Jh. das Nationalbewußtsein der europ. Länder. Als nat. Monumente einer großen dt. Vergangenheit wurden vorwiegend ma. Burgen und Dome wiederhergestellt, ergänzt oder auch rekonstruiert. Nach dem 2. Weltkrieg mußte sich die D. neu orientieren, insbes. um bei der Raumordnung, der Stadt- und der Verkehrsplanung mitzuwirken. Heute treten dazu noch spezif. konservator. Probleme, die sich durch die Begleiterscheinungen der Industrialisierung (Abgase, Erschütterungen u. a.) ergeben. - ↑auch Restaurierung.
📖 *Siegel, M.: D. als öffentl. Aufgabe. Gött. 1985. - Fischer, Manfred, u. a.: Architektur u. D. Gräfelfing 1975. - Bollerey, F., u. a.: D. u. Umweltgestaltung. Gräfelfing 1975.*

Denkmalschutz, svw. ↑Denkmalpflege.

Denkökonomie, wissenschaftstheoret. Prinzip, das darauf zielt, wiss. Gegenstände möglichst vollständig auf einfachste Weise mit dem geringstmögl. Aufwand an Denkvorgängen zu erfassen und darzustellen.

Denkpsychologie, 1. Teilgebiet der allg. Psychologie, in dem auf experimentellem Wege das Denken analysiert wird; 2. Bez. für eine von O. Külpe begr., von der sog. Würzburger Schule fortgeführte psycholog. Richtung.

Denkschrift, amtl. oder in amtl. Form abgefaßter Bericht über eine polit. oder private Angelegenheit zur Vorlage bei einer zuständigen Instanz.

Denktaş, Rauf Raşit [türk. dɛnk'taʃ], * Baf 27. Jan. 1924, zypr. Politiker. - 1958–60 Vors. der Vereinigung türk. Institutionen auf Zypern; 1960 Präs. der türk. Kommunalkammer (Wiederwahl 1970); 1964–68 im Exil in der Türkei; 1973 Vizepräs. Zyperns, seit 1975 Präs. des „Türk. Föderationsstaates von Zypern". Als Führer der türk. Volksgruppe auf Zypern nahm D. an den Verhandlungen zw. den Volksgruppen teil; das von ihm und G. Kleridis ausgehandelte Modell (schwache Zentralreg. und 2 nach Volksgruppen getrennte Teilstaaten) scheiterte jedoch am Widerspruch Erzbischof Makarios'.

Denner, Balthasar, * Hamburg 15. Nov. 1685, † Rostock 14. April 1749, dt. Maler. - Tätig u. a. in Kopenhagen, London, Hamburg. Detailtreue, intensive Porträts im Rokokostil, bevorzugt auch alternder Menschen.

Denomination [lat.], aus dem angelsächs. Sprachraum kommende Bez. für die einzelnen christl. Religionsgemeinschaften (v. a. in den USA), entspricht dem im Dt. übl. Begriff „Konfession".

Denominativum [lat.], von einem Substantiv oder Adjektiv abgeleitetes Wort, z. B.: tröstlich von Trost.

Denotation [lat.], die Bedeutung, die ein Wort bzw. eine Form für alle Sprachteilhaber hat; die formale Beziehung zw. dem Zeichen (**Denotator**) und dem bezeichneten Gegenstand in der außersprachl. Wirklichkeit (**Denotat**).

Denpasar [indones. dɛm'pasar], Stadt auf Bali, Indonesien, Univ. (gegr. 1962); Zentrum der südl. Küstenebene der Insel; Fremdenverkehr; ✈.

Dens (Mrz. Dentes) [lat.], svw. Zahn.

Densität [lat.], svw. ↑Dichte.

Densitometer [lat./griech.] (Dichtemesser), ein Photometer, das zur Bestimmung der photograph. Dichte (z. B. der Schwärzung) einer belichteten und entwickelten photograph. Schicht dient.

dental [lat.], zu den Zähnen gehörend, die Zähne betreffend; in der Phonetik auch von Lauten gesagt, die mit Zunge und Zähnen erzeugt werden, z. B. [t, d] (Dentale).

Dentale [lat.], bei Reptilien und Säugetieren (einschließl. Mensch) einziger zahntragender Unterkieferknochen.

Dent & Sons Ltd., J. M. [engl. 'dʒɛɪ'ɛm 'dɛnt ənd 'sʌnz 'lɪmɪtɪd] ↑Verlage (Übersicht).

Dentin [lat.], svw. ↑Zahnbein.

Dentist [frz.; zu lat. dens „Zahn"], früher Berufsbez. für Zahnheilkundige ohne akadem. Ausbildung.

D'Entrecasteauxinseln [frz. dãtrəkas'to], zu Papua-Neuguinea gehörende Inselgruppe vulkan. Ursprungs vor der SO-Spitze von Neuguinea, etwa 3100 km², etwa 32000 Bewohner.

Denudation [lat.], im Ggs. zur Erosion mit ihrer Tiefenwirkung die flächenhafte Abtragung der Erdoberfläche durch Abspülung (Regen) und Massenselbstbewegung (Solifluktion, Bergsturz u. a.).

Denunziation [lat.], *allgemein:* svw. Namhaftmachung [polit.] Mißliebiger aus unehrenhaften Beweggründen; *strafrechtl.:* svw. falsche bzw. polit. Verdächtigung.

Denver [engl. 'dɛnvə], Hauptstadt des Bundesstaates Colorado, am O-Abfall der Rocky Mountains, 1609 m ü. d. M., 501000 E Sitz eines kath. Erzbischofs, eines anglikan. und eines methodist. Bischofs; Univ. (gegr. 1864), Teil der University of Colorado (gegr. 1861); bed. Handels- und Ind.zentrum mit Erdölraffinerie, elektron. Industrie; Verkehrsknotenpunkt internat. ✈. - D. entstand 1858 als Goldsucherlager; Hauptstadt des Territoriums Colorado seit 1867, des Bundesstaates seit 1881.

Denzinger, Heinrich, * Lüttich 10. Okt. 1819, † Würzburg 19. Juni 1883, dt. kath. Theologe. - 1844 Priesterweihe in Rom, 1848 Prof. für Exegese des N. T., 1854 für Dogmatik in Würzburg; sein Hauptwerk ist „Enchiridion Symbolorum et Definitionum ..." (1854), eine Sammlung der dogmat. Entscheidungen.

Deodorant [lat.-engl.], svw. ↑Desodorant.

Deo gratias [lat. „Gott sei Dank"], Dankesformel aus jüd. und frühchristl. Zeit, in der kath. Liturgie v. a. nach den Lesungen.

Deo optimo maximo [lat. „Gott, dem besten und größten"], Abk. D. O. M., Anfangsworte kirchl. Weiheinschriften.

Depardieu, Gerard [frz. dəpar'djø], * Chateauroux 27. Dez. 1948, frz. Filmschauspieler. - „Die Ausgebufften" (1974), „Die letzte Metro" (1980), „Die Frau nebenan" (1981), „Mein Onkel aus Amerika" (1981), „Danton" (1983), „Jean de Florette" (1986).

Departamento [lat.-span.], Verwaltungseinheit 1. Ordnung in den mittel- und südamerikan. Staaten El Salvador, Guatemala, Honduras, Nicaragua, Bolivien, Kolumbien, Paraguay, Peru und Uruguay. In Chile Verwaltungseinheit 2. Ordnung.

Departement [departə'mã:; schweizer. ...'mɛnt; lat.-frz.], räuml. oder funktionell abgegrenzte Verwaltungseinheit innerhalb einer Gesellschaftsorganisation öffentl. oder privaten Rechts. In *Frankr.* seit 1740 svw. Verwaltungskreis, dem ein Präfekt (préfet) mit einem gewählten Generalrat (conseil général) vorsteht. In der *Schweiz* nach Sachgebieten gegliederte Verwaltungseinheiten, auf welche die der Regierung (der Kantone [hier z. T. unter der Bez. Direktion] oder des Bundes) übertragenen Geschäfte verteilt werden. Der **Departementsvorsteher** ist als Chef des D. stets Mgl. der Regierung (↑auch Schweiz, polit. System).

Departementalsystem [lat./griech.], im Ggs. zum Ministerialsystem die unmittelbare Leitung der staatl. Verwaltung durch die oberste vollziehende Gewalt (Regierung). Der nach Sachgebieten in Departemente gegliederten Verwaltung obliegen grundsätzl. nur vorbereitende und vollziehende Funktionen sowie die Beaufsichtigung unterer Amtsstellen. Dem D. entspricht die Ausgestaltung der Regierung als Kollegialbehörde.

Departementsvorsteher ↑Departement.

Department [engl. dɪˈpɑːtmənt; lat.], in den USA 1. Bez. für Ministerium; 2. an Univ. svw. Fachbereich.

Dépendance [frz. depɑ̃ˈdɑ̃:s; lat.], Nebengebäude, bes. bei Hotels gebräuchlich.

Dependenzgrammatik [lat./griech.] (Abhängigkeitsgrammatik), Forschungsrichtung der modernen Linguistik, die es sich zur Aufgabe macht, die hinter der linearen Erscheinungsform der gesprochenen oder geschriebenen Sprache verborgenen strukturellen Beziehungen (Konnexionen) zw. den einzelnen Elementen im Satz darzustellen (meist in Form eines Stammbaums, ↑Stemma). Als regierendes Element des Satzes wird dabei gewöhnl. das Prädikat angesetzt, von dem unmittelbar oder mittelbar alle anderen Elemente abhängen (Abhängigkeitshierarchie). Beispiel: Äußere Erscheinungsform eines Satzes (lineare Redekette):

Peter besucht Michael. →

Innere Struktur (Abhängigkeitshierarchie):

besucht — Peter Michael — oder — besucht — Peter Michael

Die D. ist neben der ↑generativen Grammatik die bedeutendste der modernen Grammatiktheorien.

Depersonalisation [lat.] (Entpersönlichung), Zustand der Entfremdung gegenüber dem eigenen Ich und seiner Umwelt. Die Handlungen und Erlebnisse des Ich werden wie aus einer Zuschauerrolle beobachtet; tritt v. a. bei psych. Erschöpfung, Neurosen und bei beginnender Schizophrenie auf.

Depesche [frz.], ältere Bez. für die Schriftstücke (Instruktionen und Berichte), die ohne jede völkerrechtl. Einschränkung zw. einem Außenministerium und seinen diplomat. Vertretern gewechselt werden.

Depigmentation (Depigmentierung) [lat.], in der Medizin angeborener oder erworbener Schwund des Farbstoffs von Körperzellen, speziell in der Haut (↑Albinismus).

Depilation [lat.], svw. ↑Enthaarung.

deplaciert [deplaˈsi:rt, ...ˈtsi:rt; frz.], fehl am Platz, unangebracht.

Depolarisation, (D. des Lichts) die Aufhebung des Polarisationszustands des Lichts, z. B. durch Reflexion an diffus reflektierenden Flächen.

◆ in der *Biologie* und *Physiologie* jede Verminderung des Membranpotentials (Ruhepotentials) einer Nerven- oder Muskelzelle.

Deponens [lat.], Klasse von Verben in einigen indogerman. Sprachen, bes. im Lat. und Griech., mit passiven Formen, aber aktiver Bedeutung.

Deponent [lat.], im Recht: Hinterleger einer Sache.

deponieren [lat.], hinterlegen, zur Aufbewahrung geben; **Deposition,** Hinterlegung, Niederlegung einer bewegl. Sache; **Deponie,** Lagerplatz, zentraler Müllablageplatz.

Deport [lat.-frz.], Kursabschlag in Höhe des Unterschieds zw. Tages- und Lieferungskurs von *Effekten* im Termingeschäft; im *Devisenterminhandel* der Unterschied zw. dem Kassakurs und dem Terminkurs einer Währung, wenn diese per Termin unter dem Kassakurs gehandelt wird (Ggs. Report).

Deportation [zu lat. deportare „wegbringen"], die zwangsweise Verschickung von Menschen, sei es einzeln oder in Massen, aus ihren Wohnsitzen in vorbestimmte Aufenthaltsorte außerhalb des geschlossenen Siedlungsgebietes ihres Volkes durch ihren eigenen Staat oder eine fremde Besatzungsmacht. Die Deportierten verbleiben (anders als bei Ausweisung und Vertreibung) im Machtbereich des deportierenden Staates.
Als *strafweise Verbannung* ist die D. nach antiken Vorbildern seit dem 17. Jh. von den europ. Kolonialmächten angewandt worden (z. B. nach den Strafarbeitskolonien Australien und Frz.-Guayana). In Rußland bzw. der UdSSR wurde und wird die D. bei gewöhnl. und v. a. polit. Delikten verwendet. Als *ordnungsmäßige Kriminalstrafe* ist die D. völkerrechtl. zulässig. Die Allg. Menschenrechtskonvention der UN und das 4. Protokoll zur Europ. Menschenrechtskonvention von 1963 verbieten ledigl. „willkürl. Verbannung". Gegenüber nat., rass. oder polit. Minderheiten wird die D. sowohl im Frieden als bes. auch im Krieg angewandt (vor und während des 2. Weltkriegs in großem Umfang durch die UdSSR [z. B. Wolgadeutsche, Krimtürken, Ukrainer] und das nat.-soz. Deutschland [D. von über 4,5 Mill. Juden und 1 Mill. Polen]). Die D. von Minderheiten im Frieden ist durch Art. 26 der Allg. Menschenrechtskonvention, im Krieg durch Art. 49 des IV. Genfer Abkommens zum Schutze von Zivilpersonen in Kriegszeiten von 1949 verboten. Die *D. zur Zwangsarbeit* hat nach ihrer kolonialen Epoche in der kommunist. Planwirtschaft neuen Auftrieb erhalten, bes. während der Stalinschen Ära nach 1930. Das nat.-soz. Deutschland hat im 2. Weltkrieg etwa 5 Mill. Menschen zum Arbeitseinsatz deportiert (Displaced persons).

Depositen [zu lat. depositum „das Niedergelegte"], bei einem Verwahrer (z. B. einem Kreditinstitut) hinterlegte Wertsachen und -schriften. Im engeren, gebräuchlicheren Sinne: bei einem Kreditinstitut zum Zwecke der Aufbewahrung oder zur Abwicklung von Zahlungsverpflichtungen eingelegte Gelder *(Bringgelder)*, soweit sie nicht Spareinlagen sind. D. werden eingeteilt in Sichteinlagen *(tägl. fällige Gelder)* und befristete Einlagen

André Derain, Collioure (1904/05). Essen, Museum Folkwang

(Termingelder, Kündigungsgelder). Das **Depositengeschäft** ist heute neben dem Spareinlagengeschäft für eine Kreditbank die wichtigste Quelle zur Finanzierung des Kreditgeschäfts. Es umfaßt neben der Verwaltung von Termineinlagen die Annahme von Sichteinlagen, die auf Giro- und Kontokorrentkonten eingezahlt werden.

Depositenbanken, Bez. für Banken, die neben der Besorgung des Zahlungsverkehrs in erster Linie das Depositengeschäft und das kurzfristige Kreditgeschäft betreiben.

Depositenkassen, Zweigstellen eines Kreditinstituts (auch als Wechselstube, Zahlstelle, Nebenstelle bezeichnet) mit beschränkten Aufgaben und Vollmachten.

Depositenversicherung, Form der Einlagensicherung, die dem Schutz der bei Kreditinstituten eingelegten Gelder dient, z. B. der „Gemeinschaftsfonds des privaten Bankgewerbes".

Depositum fidei [...de-i; lat.] (Glaubenshinterlegung), Bez. der kath. Theologie (nach 1. Tim. 6, 20; 2. Tim. 1, 12 und 14) für das der Kirche anvertraute Glaubensgut („heilige Schriften und göttl. Tradition").

Depot [de'po:; zu lat. depositum „das Niedergelegte"], allgemein: Aufbewahrungsort von bewegl. Sachen, insbes. von wertvollen Gegenständen, Lager, Magazin.
◆ bei einem *Kreditinstitut* bankmäßig verwahrte Wertsachen und -schriften. Hier sind zu unterscheiden: Das **verschlossene Depot:** 1. verschlossene Verwahrstücke irgendwelcher Art, die der Bank von ihrem Kunden zur Verwahrung im Tresor übergeben worden sind. 2. gemietete Schrank- und Schließfächer zur Aufbewahrung von Wertgegenständen (Tresorgeschäft). Das **offene Depot:** Im offenen D. werden nur Wertpapiere verwahrt, die der Bank unverschlossen übergeben worden sind. **Depot A** (Eigen-D.): Die hier eingelegten Wertpapiere sind Eigentum des Bankiers bzw. ihm unbeschränkt verpfändet. **Depot B** (Fremd-D.): Enthält Wertpapiere, die vom Hinterleger ohne Verpfändungsermächtigung hinterlegt wurden. **Depot C** (Pfand-D.): Die hier verzeichneten Wertpapiere haften dem Drittverwahrer zur Sicherung des gesamten Rückkredits, den der Zwischenverwahrer zur Refinanzierung seiner Kundenkredite aufgenommen hat.
Bei der **Sonderverwahrung** muß der Verwahrer die Wertpapiere jedes Hinterlegers gesondert und auch von seinen eigenen Beständen getrennt aufbewahren. Der Hinterleger bleibt Eigentümer seiner Papiere. Jedoch ist der Verwahrer berechtigt, die Wertpapiere unter seinem Namen einem anderen anzuvertrauen (Drittverwahrung). Bei der **Sammelverwahrung** darf das Kreditinstitut vertretbare Wertpapiere ein und derselben Art ungetrennt von seinen eigenen Effektenbeständen und denen anderer Hinterleger aufbewahren oder einem Dritten zur Sammelverwahrung anvertrauen. Voraussetzung ist, daß eine ausdrückl. schriftl. Ermächtigung des Hinterlegers zur Sammelverwahrung vorliegt. Der Hinterleger verliert bei Übergabe seiner Papiere das Eigentum an den betreffenden Stücken und erwirbt statt dessen Miteigentum zu Bruchteilen an dem Sammelbestand derselben Art.
◆ Ablagerungen, die der Wein beim Gären im Faß oder auf der Flasche absetzt.

Depotfett [de'po:], v. a. im Unterhautgewebe und in der Bauchhöhle von Mensch und Wirbeltieren in Fettdepots bei Überangebot von Fett und Kohlenhydraten gespeichertes Reservefett.

Depotfunde [de'po:], vorgeschichtl. Sammelfunde von Gegenständen, die aus unterschiedl. Material (Stein, Metall, Ton) sein können, nach ihrer Zusammensetzung auch Hort-, Verwahr-, Massen-, Garnitur-, Schatz- oder Votivfunde genannt; als wichtige vorgeschichtl. Quellengattung für die Zeit vom Neolithikum bis zum frühen MA bekannt; bes. häufig aus der Bronzezeit überliefert; für die Erarbeitung der vorgeschichtl. Chronologie wichtig, weil die in ihnen zu findenden Gegenstände gleichzeitig in den Boden gelangten.

Depotgesetz [de'po:], Bez. für das Gesetz über die Verwahrung und Anschaffung von Wertpapieren vom 4. 2. 1937, zuletzt geändert 1974.

Depotpräparate [de'po:], Arzneimittel, die verzögert aufgenommen, abgebaut oder ausgeschieden werden; sie ermöglichen die einmalige Langzeitgabe größerer Arzneimittelmengen (z. B. Depot-Insulin).

Depotstimmrecht [de'po:] (Bankenstimmrecht), Bevollmächtigung eines Kreditinstituts, das Stimmrecht aus den bei ihm im Depot befindl. Aktien für den Kunden in der Hauptversammlung auszuüben.

Depotunterschlagung [de'po:], nach

§ 34 Depotgesetz mit Freiheitsstrafe bis zu fünf Jahren oder mit Geldstrafe bedrohte Straftat (rechtswidrige Verfügung eines Kaufmanns über ihm zur Verwahrung übergebene Wertpapiere).

Depravation [lat.], Verschlechterung, z. B. bei Krankheiten oder des Edelmetallgehalts von Münzen; Entartung.

Depression [frz.; zu lat. depressio „das Niederdrücken"], in der *Psychiatrie* als häufigste Form der seel. Störung Zustand gedrückter Stimmungslage, die u. a. mit verminderter Reizansprechbarkeit verbunden ist. Zu unterscheiden ist zw. einer **reaktiven Depression,** die durch äußere Anlässe ausgelöst wird und im allg. mit dem Wegfall der Ursache abklingt, und einer unabhängig von äußeren Anlässen auftretenden, bei †Psychosen vorkommenden Form der **endogenen Depression;** die Unterschiede zw. beiden Formen sind nicht immer eindeutig zu diagnostizieren.
◆ in der *Wirtschaft* Konjunkturphase, die durch bes. starke Abnahme der Produktion, der Beschäftigung, der Einkommen einschließl. der Gewinne und evtl. auch der Preise gekennzeichnet ist (†auch Rezession).
◆ in der *Astronomie* die negative Höhe eines unter dem Horizont befindl. Sterns.
◆ in der *Geomorphologie* Bez. für eine in sich geschlossene Hohlform der Landoberfläche, speziell für eine unter dem Meeresspiegelniveau liegende Einsenkung.

Depretis, Agostino, * Mezzana Corti Bottarone (= Verrua Po-Bottarone bei Pavia) 31. Jan. 1813, † Stradella (Lombardei) 29. Juli 1887, italien. Politiker. - 1876–78, 1878/79 und 1881–87 Min.präs. der italien. Linken.

Deprez, Marcel [frz. də'pre], * Aillant-sur-Milleron (Loiret) 19. Dez. 1843, † Vincennes 16. Okt. 1918, frz. Elektrotechniker. - Prof. in Paris; entwickelte verschiedene elektr. Instrumente. 1885 gelang ihm die Übertragung einer elektr. Leistung von 45 kW bei 5 000 Volt über eine Freileitungsstrecke von 112 km bei einem Wirkungsgrad von 45 %.

deprimieren [lat.], entmutigen, niederdrücken.

Deprivation [lat.], in der Psychologie Bez. für Mangel, Verlust, Entzug von etwas Erwünschtem. Die D. elementarer Funktionen (z. B. Bewegungsmangel) und Bedürfnisse (z. B. Liebesentzug) kann zu vorübergehenden oder andauernden Entwicklungsstörungen führen.

Depside [griech.], intermolekulare Ester aromat. Hydroxycarbonsäuren, besitzen meist Gerbstoffeigenschaften; Vorkommen bes. in Flechten.

Deputat [lat.], lohnsteuer- und sozialversicherungspflichtiges Arbeitsentgelt in Form von Sachleistungen, sog. Naturallohn. D. werden vorwiegend im Bergbau (D.kohle) und in der Land- und Forstwirtschaft (Vieh, Getreide, Holz u. a.) gewährt.
◆ die Anzahl der Pflichtstunden, die eine Lehrkraft zu geben hat.

Deputation [lat.], Abordnung, Entsendung einiger Mgl. aus einem Kollegium, einer größeren Versammlung, Körperschaft oder Genossenschaft zur Erledigung einzelner Angelegenheiten in deren Auftrag (†auch Reichstag).

Deputierter [lat.-frz.], Mgl. einer Abordnung (Deputation), das im Namen und Auftrag der Entsendenden handelt; in verschiedenen Ländern auch Bez. für die Mgl. der Volksvertretung.

De Quincey, Thomas [engl. də'kwɪnsɪ], * Manchester 15. Aug. 1785, † Edinburgh 8. Dez. 1859, engl. Schriftsteller. - Wurde bekannt mit „Bekenntnisse eines engl. Opiumessers" (1822, erweitert 1856), einer sensiblen autobiograph. Studie; auch bed. Essays.

DER, Abk. für: **D**eutsches **R**eisebüro GmbH.

Derain, André [frz. də'rɛ̃], * Chatou bei Paris 10. Juni 1880, † Garches bei Paris 8. Sept. 1954, frz. Maler. - Mitbegr. des †Fauvismus; beeinflußt von Cézanne und dem Kubismus; nach 1918 Vertreter eines klass. Realismus. Schuf auch Illustrationen, Kostümentwürfe (1919 für Diaghilews „Ballets Russes") sowie Plastiken. - *Werke:* Vorstadt von Collioure (1905), L'Estaque (1906, New York, Museum of Modern Art), Die alte Brücke bei Cagnes (1910, Washington, National Gallery of Art), Cadaques (1910, Basel, Kunstmuseum).

Dera Ismail Khan, pakistan. Stadt am rechten Indusufer, 240 km ssw. von Peshawar, 57 000 E. Agrarmarkt; Verkehrsknotenpunkt, Fähre über den Indus. - Gegr. Ende 15. Jh.

derangieren [derã'ʒiːrən; frz.], durcheinanderbringen, verwirren, verschieben.

Derbent [russ. dɪr'bjɛnt], sowjet. Stadt am W-Ufer des Kasp. Meeres, Dagestan. ASSR, 66 000 E. Landwirtschaftstechnikum; Weinbau, Wollspinnerei, Konservenkombinat. - 438 n. Chr. von den Sassaniden als Festung gegr.; kam 1806 endgültig an Rußland.

Derbent †Orientteppiche (Übersicht).

Derbholz, forstwirtsch. Bez. für Stamm- oder Astholz von mehr als 7 cm Durchmesser.

Derby [engl. 'dɑːbɪ], engl. Grafenwürde; 1138–1266 im Besitz der Familie de Ferrers, dann innerhalb der königl. Familie (Haus Lancaster) vergeben, 1485 an die Familie *Stanley* verliehen, die sie noch innehat; bed.:

D., Edward Geoffrey Smith Stanley, Earl of, * Knowsley (Lancashire) 29. März 1799, † ebd. 23. Okt. 1869, konservativer Politiker. - Vater von E. H. S. Stanley, Earl of D.; 1852, 1858/59 und 1866–68 Premiermin.; setzte die große Parlamentsreform durch.

D., Edward George Villiers Stanley, Earl of, * London 4. April 1865, † Knowsley (Lancashire) 4. Febr. 1948, konservativer Politiker. - 1916–18 und 1922–24 Kriegsmin.; führte im

1. Weltkrieg die allg. Wehrpflicht ein.

D., Edward Henry Smith Stanley, Earl of, * Knowsley (Lancashire) 21. Juli 1826, † ebd. 21. April 1893, Politiker. - 1848–69 konservatives Mgl. des Unterhauses, 1858/59 Kolonialmin., 1866–68 und 1874–78 Außenmin., trat 1880 zur Liberal Party über; 1882–85 erneut Kolonialminister.

Derby [engl. ˈdɑːbɪ], engl. Stadt 70 km nö. von Birmingham, 216 000 E. Verwaltungssitz der Gft. D.; anglikan. Bischofssitz; wiss.-techn. Forschungs- und Entwicklungszentrum der brit. Eisenbahnen; Flugzeugind.; Porzellanmanufaktur; ✈. - Bei D. befand sich das röm. Lager **Derventio;** 868 von den Dänen, 918 von Wessex erobert; 1204 Stadtrecht.

Derby [ˈdɛrbi, engl. ˈdɑːbɪ], nach dem 12. Earl of Derby, dem Veranstalter des ersten Rennens (1780) ben. Flachrennen für dreijährige Pferde in ↑Epsom and Ewell; urspr. über 1 800 m, seit 1784 über 2 400 m; später wurden Rennen für Dreijährige auch in anderen Ländern D. genannt; z. B. in Deutschland (seit 1869 in Hamburg-Horn). Der Begriff D. wurde auch für andere pferdesportl. Wettkämpfe übernommen (Traber-D., Fahr-D., Dressur-D., Spring-D.), übertragen für einen sportl. Wettkampf von bes. Interesse (z. B. Lokalderby).

Derbyporzellan [ˈdɛrbi, engl. ˈdɑːbɪ], Porzellan einer um 1750 in Derby gegr. Manufaktur, 1769 mit der Manufaktur von Chelsea vereinigt; in der Blütezeit 1770–1800 wurden Geschirre in antikisierenden Formen hergestellt; die reiche Figurenproduktion hat ihren künstler. Höhepunkt im Rokoko.

Derbyshire [engl. ˈdɑːbɪʃɪə], Gft. in M-England.

DERD, Abk. für: **D**arstellung **e**xtrahierter **R**adar**d**aten. Radaranzeige, bei der [Sekundärradar]signale digitalisiert auf Fernsprechleitungen zu den Regionalstellen der Flugsicherung übertragen und dort von einer Datenverarbeitungsanlage in eine für den Fluglotsen am Radarschirm interpretierbare Form umgewandelt werden. Auf diese Weise können Kontrolldaten (z. B. Rufzeichen, Flughöhe) auf dem Radarbildschirm eingeblendet werden, die sich mit den Radarbildern der Flugzeuge mitbewegen.

Đerdap [serbokroat. ˈdʒærdaːp] ↑Eisernes Tor.

Dereliktion [lat.] (Eigentumsaufgabe), 1. im *Zivilrecht* der Verzicht auf Eigentum, eine einseitige Verfügung. Infolge der D. wird die Sache herrenlos. An ihr kann neues Eigentum durch Aneignung begründet werden. 2. im *Völkerrecht* die Aufgabe eines Territoriums durch einen Staat in der Absicht, auf die territoriale Souveränität über dieses endgültig zu verzichten. Die D. führt dazu, daß das Gebiet zur **terra nullius** („niemandes Land") wird.

Derfflinger, Georg Freiherr von (seit 1674), * Neuhofen an der Krems 20. März 1606, † Gusow bei Frankfurt/Oder 14. Febr. 1695, brandenburg. Generalfeldmarschall (seit 1670). - 1632–48 in schwed. Diensten; 1655 vom Großen Kurfürsten zum rangältesten Generalwachtmeister ernannt; reorganisierte Nachschubwesen, Reiterei und baute eine Artillerie auf; Triumphe bei Fehrbellin (1675) und Tilsit (1679) gegen die Schweden.

Derivat [lat.], in der *Chemie* Abkömmling einer Verbindung, bei der ein oder mehrere Atome durch andere Atome oder Atomgruppen ersetzt sind.

◆ in der *Biologie* Bez. für Organbildungen, die aus einfacheren Bildungen eines früheren Entwicklungszustandes entstanden sind.

◆ in der *Grammatik* ein durch ↑Ableitung entstandenes Wort.

Derivation [lat.], in der *Sprachwissenschaft* ↑Ableitung.

Derketo, griech. Namensform der syr. Göttin ↑Atargatis.

Derkovits, Gyula [ungar. ˈdɛrkovitʃ], * Szombathely 13. April 1894, † Budapest 18. Juni 1934, ungar. Maler. - Autodidakt, beeinflußt von expressionist., nachexpressionist. und futurist. Ausdrucksmitteln; sein Thema ist der von Not und Gewalt bedrängte (proletar.) Mensch.

Derleth, Ludwig, * Gerolzhofen 3. Nov. 1870, † San Pietro di Stabio (Tessin) 13. Jan. 1948, dt. Dichter. - Streitbarer Katholik; zeitweise im George-Kreis; sein 15 000 Verse umfassendes myst. Epos „Der Fränk. Koran" (1. Teil 1933) schildert die Pilgerfahrt der menschl. Seele von Gott durch das ird. Dasein zu Gott zurück.

Derma [griech.], svw. ↑Haut.

dermal [griech.], die Haut betreffend, von der Haut stammend oder ausgehend.

Dermatitis [griech.] (Hautentzündung), akute entzündl. Reaktion der Haut mit Rötung, Wärme, Hautödem, u. U. auch Juckreiz, Bläschen- und Schuppenbildung.

Dermatologe [griech.], svw. Hautarzt.

Dermatologie [griech.], Lehre von den Hautkrankheiten, i. w. S. einschließl. der Lehre von den sich oft an der Haut manifestierenden Geschlechtskrankheiten (**Dermato-Venerologie**). Teil- oder Grenzgebiete, die auch von Dermatologen betreut werden, sind die **Phlebologie** (Venenkunde), die Männerheilkunde, die dermatolog. Kosmetik und die Pharmakologie der äußerl. anzuwendenden Arzneimittelformen.

Dermatom [griech.], in der *Chirurgie* Schneidinstrument zur Entnahme von Hautlappen für Zwecke der Transplantation.

◆ in der *Neurologie* Hautbezirk, der von den sensiblen Nervenfasern einer Rückenmarkswurzel versorgt wird.

Dermatomykosen [griech.], svw. ↑Hautpilzerkrankungen.

Dermatoplastik (Dermoplastik) [griech.], svw. ↑Hautplastik.

Dermatose [griech.], svw. ↑Hautkrankheit.

Dermatozoen [griech.], tier. Hautschmarotzer (z. B. Krätzmilben), die Hautkrankheiten bei Mensch und Tier hervorrufen.

Dermographismus [griech.] (Dermographie, Hautschrift), durch Gefäßreaktionen bedingte, vorübergehende Verfärbung der Haut nach mechan. Reizung (z. B. Bestreichen mit dem Fingernagel oder einem harten oder spitzen Gegenstand).

Dermoid [griech.], hautartiges bzw. mit Haut ausgekleidetes, Talg, auch Haare, Knorpel oder Zähne enthaltendes Fehlgebilde, meist in Form einer Zyste (**Dermoidzyste**); häufig im Bereich der Augenlider, an den Eierstöcken und in der Steißgegend.

Dermoplastik [griech.], die in den Körperformen und der Körperhaltung möglichst naturgetreue Darstellung eines Tieres, v. a. durch plast. Nachbilden der den jeweiligen Tierkörper charakterisierenden Muskelpartien anhand eines Tonmodells. Auf die danach hergestellte Kunststofform wird die gegerbte Tierhaut aufgeklebt.
◆ (Dermatoplastik) svw. ↑Hautplastik.

Dermota, Anton, * Kropa (Slowenien) 4. Juni 1910, östr. Sänger (lyr. Tenor). - V. a. Mozartsänger und Liedinterpret.

Dernbach (Dermbach), Balthasar von, * 1548, † 15. März 1606, Fürstabt von Fulda (1570–76 und seit 1602). - Setzte mit Hilfe der Jesuiten die kath. Restauration seines Stifts durch.

Dernbacher Schwestern (Arme Dienstmägde Jesu Christi), 1851 in Dernbach bei Montabaur gegr. kath. Schwesterngenossenschaft nach der Regel des hl. Vinzenz von Paul; arbeitet auf sozial-karitativem und pädagog. Gebiet. Generalmutterhaus in Dernbach; 1986 etwa 1 525 Schwestern in 127 Niederlassungen.

Dernburg, Bernhard, * Darmstadt 17. Juli 1865, † Berlin 14. Okt. 1937, dt. Politiker. - Leitete seit 1906 die Kolonialabteilung des Auswärtigen Amtes; 1907–10 Staatssekretär des neugebildeten Reichskolonialamts; 1919 Reichsfinanzmin. und Vizekanzler; 1919–30 MdR und führendes Mgl. der DDP.

Dernier cri [frz. dɛrnje'kri „letzter Schrei"], letzte Neuheit, v. a. in der Mode.

Derogation [lat.], die teilweise Aufhebung oder Ersetzung eines Gesetzes durch ein späteres ranggleiches oder ranghöheres Gesetz.

Déroulède, Paul [frz. deru'lɛd], * Paris 2. Sept. 1846, † Montboron (= Nizza) 30. Jan. 1914, frz. Schriftsteller und Politiker. - Militanter Nationalist, unversöhnl. Chauvinist, Antisemit und Antirepublikaner; gründete 1882 die Ligue des patriotes (nach 1905 deren Präs.); 1899 an einem Versuch beteiligt, Truppen zum Putsch zu überreden; 1900–05 verbannt; verfocht danach weiter den Revanchekrieg gegen Deutschland; patriot. Kriegs- und Soldatenlieder.

Derra, Ernst, * Passau 6. März 1901, † Weihermühle (Landkr. Mühldorf am Inn) 9. Mai 1979, dt. Chirurg. - Prof. in Düsseldorf; Pionier der modernen Herz- und Lungenchirurgie unter Verwendung der Herz-Lungen-Maschine.

Derris [griech.], Gatt. der Schmetterlingsblütler mit etwa 100 Arten, v. a. im trop. und subtrop. Afrika und Asien; die Wurzeln (**Derriswurzeln, Tubawurzeln**) einiger Arten enthalten u. a. den Giftstoff ↑Rotenon.

Derschawin, Gawrila Romanowitsch [russ. dɪr'ʒavin], * im Gouv. Kasan 14. Juli 1743, † Gut Swanka (Gouv. Nowgorod) 20. Juli 1816, russ. Dichter. - Schrieb vorwiegend Oden (u. a. „Gott", 1784; auch Preisgedichte auf Katharina d. Gr. und ihre Heerführer), deren Pathos durch Ironie jedoch abgeschwächt wird.

Dertinger, Georg, * Berlin 25. Dez. 1902, † Leipzig 21. Jan. 1968, dt. Journalist und Politiker. - 1945 Mitbegr. der CDU in der SBZ; förderte die Unterordnung der Partei unter die SED; Außenmin. der DDR 1949–53; 1954 wegen „Spionage" und „Verrat" zu 15 Jahren Zuchthaus verurteilt, 1964 begnadigt.

Derwall, Jupp (eigtl. Josef), * Würselen 10. März 1927, dt. Fußballtrainer. - 1978–1984 Trainer der dt. Fußballnationalmannschaft, die 1980 Europameister und 1982 Vizeweltmeister wurde.

Derwisch [pers. „Bettler"] (arab. Fakir), Angehöriger eines religiösen islam. Ordens. Lehren und Anschauungen der D. beruhen auf der islam. Mystik (↑Sufismus). Die D. suchen teils durch geistige Versenkung, teils durch asket. Übungen und andere Exerzitien die myst. Vereinigung mit Gott. Eine bed. Rolle spielen auch die gemeinsamen, in den einzelnen Orten unterschiedl. Riten, die oft mit Musik und Tanz verbunden sind. Die D. sorgten selbst für ihren Lebensunterhalt, häufig empfingen sie ihn aus frommen Stiftungen oder wurden von den Laienmitgliedern des Ordens unterstützt. Ehelosigkeit war nicht Pflicht, jedoch überwiegend üblich. Die D. hatten größeren Einfluß auf das religiöse und soziale Leben als die Berufstheologen.

Derwischorden, Zusammenschluß von Derwischen in ordensmäßigen Gemeinschaften (arab. „tarika"), die seit dem 12. Jh. nachweisbar sind. Die wichtigsten sind die Orden der Rifaija, Mewlewija, Bektaschi und Senussi. Heute wegen ihres Widerstandes gegen alle polit.-sozialen Reformen in fast allen arab. Ländern und in der Türkei verboten.

Déry, Tibor [ungar. 'de:ri], * Budapest 18. Okt. 1894, † ebd. 18. Aug. 1977, ungar. Schriftsteller. - 1919 Mgl. der KP in der Räterepublik Béla Kuns, nach deren Zusammenbruch bis 1937 im Ausland; 1945 als „kommunist.-revolutionärer Volksdichter" gefeiert, wegen „kleinbürgerl. Anarchismus" 1953 aus der Partei ausgeschlossen, 1957 als Mgl. des Petőfi-Kreises verurteilt, 1961 begnadigt. Der Roman „Der unvollendete Satz" (1947) schildert den Weg eines jungen Mannes aus großbürgerl. Haus zum Kommunismus. Satir. zu verstehen sind die utop. Romane „Herr G. A. in X." (1964) wie auch „Ambrosius" (1966).

Des, Tonname für das um einen chromat. Halbton erniedrigte D.

des., Abk. für: ↑**des**ignatus.

des..., Des... [frz.; zu lat. dis- „auseinander"], Vorsilbe von Zusammensetzungen mit der Bed. „ent..., Ent...", z. B. Des-illusion.

De Sabata, Victor, * Triest 10. April 1892, † Santa Margherita Ligure 11. Dez. 1967, italien. Dirigent. - 1927–57 an der Mailänder Scala, zuletzt als Chefdirigent; v. a. Interpret der Werke Verdis, Puccinis und Wagners.

Desaguadero, Río [span. 'rrio ðesaɣu̯a'ðero], einziger Ausfluß des Titicacasees, W-Bolivien, durchfließt den Altiplano, mündet 50 km ssw. von Oruro in den Poopósee, über 300 km lang.

Desai, Morarji Ranchhodji, * Bhadeli (Prov. Gujarat) 29. Febr. 1896, ind. Politiker. - Schloß sich 1930 Gandhi und der Kongreßpartei an; 1956–69 in verschiedenen Ministerien tätig; Führer des oppositionellen Parteiflügels der Kongreßpartei seit 1969; 1975–77 in Haft; bildete die Janata-Partei; 1977–79 Premierminister.

De Sanctis, Francesco, * Morra Irpina (= Morra De Sanctis bei Avellino) 28. März 1817, † Neapel 29. Dez. 1883, italien. Literarhistoriker. - 1856–59 Prof. in Zürich; seit 1871 Prof. in Neapel; 1861/62, 1878, 1879–81 Min. für Erziehung; mit seiner „Geschichte der italien. Literatur" (2 Bde., 1870–72) leitete er die moderne italien. Literaturkritik ein.

Desargues, Gérard (Girard) [frz. de'zarg], ≈ Lyon 2. März 1593, † ebd. 1662, frz. Mathematiker und Ingenieur. - Freund von R. Descartes. Entwickelte die Grundzüge einer projektiven Geometrie. - **Desarguesscher Satz:** Gehen die Verbindungslinien entsprechender Ecken zweier Dreiecke durch einen Punkt, so liegen die Schnittpunkte der Verlängerung entsprechender Seiten auf einer Geraden.

Desarguesscher Satz

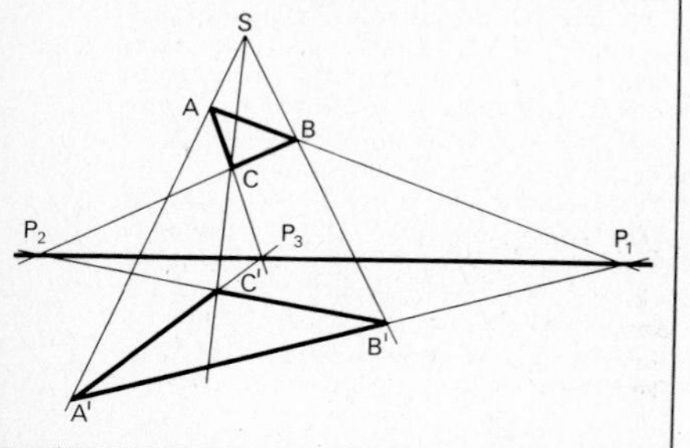

Desaster [italien.-frz.], Mißgeschick, Unglück, Zusammenbruch.

desavouieren [dezavu'i:rən; frz.], verleugnen, nicht anerkennen, im Stich lassen, bloßstellen.

Desbordes-Valmore, Marceline [frz. debɔrdval'mɔ:r], * Douai 20. Juni 1786, † Paris 23. Juli 1859, frz. Lyrikerin. - Verse von hoher Musikalität; sie sind ein Spiegelbild ihres schweren Lebens. - *Werke:* Élégies et romances (Ged. 1818), Les pleurs (Ged., 1833), Pauvres fleurs (Ged., 1839).

Descartes, René [frz. de'kart], latinisiert Renatus Cartesius, * La Haye-Descartes (Touraine) 31. März 1596, † Stockholm 11. Febr. 1650, frz. Philosoph, Mathematiker und Naturwissenschaftler. - 1614–29 auf Reisen durch ganz Europa; lebte seit 1629 in den Niederlanden und hielt sich seit Herbst 1649 auf Einladung von Königin Christine in Stockholm auf. D. geht es in seiner Philosophie zunächst um die erkenntnistheoret. eindeutig gesicherten Grundlagen menschl. Erkenntnisse, um ihre Gewißheit. Als unbezweifelbar gewiß gilt die durch method. Zweifel gewonnene Einsicht des ↑„Cogito ergo sum" (ich denke, also bin ich), d. h. die Selbstgewißheit und Selbständigkeit im Denken. Sie wird durch zwei Gottesbeweise und den Nachweis gesichert, daß Gott (den Menschen) nicht täuscht. Damit sind für D. aber auch die sog. „ersten Sätze" (z. B. die Naturgesetze) und „Klarheit" und „Deutlichkeit" der „Anschauung" als Gewißheitskriterien und method. Regel der Wahrheit abgesichert. Gegenstände dieser Anschauung sind Ideen, insbes. die „angeborenen Ideen". Die Annahme angeborener Ideen, d. h. einer erfahrungsunabhängigen Erkenntnisquelle, führt zum Begriff angeborener bzw. ewiger Wahrheiten, die schließl. einer aprior. orientierten Erklärung auch erfahrungsbestimmter Vorgänge dienen sollen. - Die Unterscheidung zweier Substanzen: „Res extensa" (Ausdehnung, Körper, Außenwelt) und „Res cogitans" (Geist, Innenwelt) der sog. metaphys. Dualismus D.', wird im neuzeitl. Denken zur Grundlage der (idealist.) Unterscheidung von Subjekt und Objekt. In der Physik formuliert D. zur Erklärung der sog. Korpuskularbewegung, auf die D. alles Geschehen zurückführt, einen der ersten Erhaltungssätze der Physik überhaupt. D. leugnet in Konsequenz seiner Korpuskulartheorie die Existenz von Atomen, greift der Sache nach aber zur Erklärung einiger Phänomene auf atomist. Vorstellungen zurück. In der Optik ist D. u. a. Mitentdecker des Brechungsgesetzes. Von größter Wirkung sind die Leistungen D. in der Mathematik, insbes. seine Grundlegung der ↑analytischen Geometrie. Als erster sieht er die Leistungsfähigkeit einer Gleichstellung von Geometrie und Algebra;

bed. im einzelnen sein Beitrag zur Theorie der Gleichungen.

Werke: Discours de la méthode (Abh. über die Methode; 1637), Meditationes de prima philosophia (Meditationen über die erste Philosophie; 1641), Principia philosophiae (Grundlagen der Philosophie; 1644), De homine (Über den Menschen; 1662). - Abb. S. 140.

🕮 *Cassirer, E.: D. Lehre, Persönlichkeit, Wirkung. Stockholm 1939. Nachdr. Hildesheim 1978. - Jaspers, K.: D. u. die Philosophie. Bln. ⁴1966. - Schmidt, Gerhard: Aufklärung u. Metaphysik. Die Neubegründung des Wissens durch D. Tüb. 1965.*

Descaves, Lucien [frz. de'ka:v], * Paris 18. März 1861, † ebd. 6. Sept. 1949, frz. Schriftsteller. - Wurde bekannt mit Militärsatiren („Sous-offs", R., 1889); weitere Erzählungen und Romane sowie erfolgreiche Dramen mit oft sozialer Thematik.

Deschamps, Eustache [frz. de'ʃɑ̃], * Vertus (Marne) um 1346, † um 1406, frz. Dichter. - Diplomat. Schrieb v. a. Balladen, oft mit zeitgeschichtl. Thematik; verfaßte die älteste frz. Poetik (1392).

Desch GmbH, Verlag Kurt ↑ Verlage (Übersicht).

Deschnjow, Semjon Iwanowitsch [russ. dɪʒ'njɔf], * um 1605, † 1672 oder 1673, russ. Kosak und Seefahrer. - Durchfuhr erstmals die Beringstraße und widerlegte damit die Auffassung, daß zw. Amerika und Asien eine Landverbindung bestehe; sein Bericht wurde erst 1736 bekannt.

Deschnjow, Kap, östlichster Punkt der UdSSR, auf der Tschuktschenhalbinsel, an der Beringstraße.

Descombey, Michel [frz. dekõ'bɛ], * Bois-Colombes 28. Okt. 1930, frz. Tänzer, Choreograph und Ballettmeister. - 1962–69 Ballettmeister der Pariser Oper, 1971–73 Ballettdirektor in Zürich, danach wieder in Paris, seit 1977 in Mexiko. Choreographien, u. a. „Symphonie concertante" (1962), „But" (1963), „Zyklus" (1968), „Études chorégraphiques" (1971), „Miroirs" (1971).

Desdemona, bei Shakespeare Gemahlin Othellos; von Jago verleumdet, von Othello getötet.

Desensibilisatoren, chem. Substanzen, die die Empfindlichkeit von photograph. Materialien herabsetzen, so daß die Entwicklung bei relativ hellem Dunkelkammerlicht erfolgen kann.

Desensibilisierung (Desallergisierung), in der *Medizin:* Schwächung oder Aufhebung der allerg. Reaktionsbereitschaft durch stufenweise gesteigerte Zufuhr des die Allergie verursachenden Reizstoffes; wird zur Therapie und Vorbeugung von allerg. Erkrankungen, z. B. Heuschnupfen, durchgeführt.

Deserteur [...'tøːr; lat.-frz.], Fahnenflüchtiger; ein Soldat, der seine Truppe oder militär. Dienststelle eigenmächtig verläßt oder ihr fernbleibt; **Desertion,** Fahnenflucht.

Desertifikation [lat.], Bez. für die permanente Ausbreitung von [Halb]wüsten.

Desful, Stadt in Iran, unterhalb des Austritts des Des aus dem Sagrosgebirge, 200 m ü. d. M., 110 000 E.; Handelszentrum eines Agrargebietes. - Brücke (260 n. Chr.).

Déshabillé [dezabi'je:; frz.], eleganter Morgenrock, auch -kleid (18. Jh.).

De Sica, Vittorio, * Sora 7. Juli 1902, † Paris 13. Nov. 1974, italien. Schauspieler und Regisseur. - Drehte in Zusammenarbeit mit C. Zavattini einige der wichtigsten Filme des italien. Neorealismus: „Fahrraddiebe" (1948), „Das Wunder von Mailand" (1950), „Umberto D." (1952), „Das Dach" (1956); bed. auch die film. Bearbeitung von Sartres Theaterstück „Die Eingeschlossenen" (1962).

Desiderat [zu lat. desiderare „wünschen"], vermißtes und zur Anschaffung in Bibliotheken vorgeschlagenes Buch; allg. Lücke, Mangel.

Desiderata, vermuteter Name der Tochter des Langobardenkönigs ↑ Desiderius. - Wurde 770 auf Betreiben Berthas, der Mutter Karls d. Gr., mit diesem vermählt, 771 zu ihrem Vater zurückgeschickt.

Desideria, weibl. Vorname, weibl. Form von ↑ Desiderius.

Desiderio da Settignano, * Settignano (= Florenz) zw. 1428 und 1431, † Florenz 16. Jan. 1464, italien. Bildhauer. - Schuf Marmorskulpturen von bes. Zartheit, v. a. Kinder- und Mädchenbüsten (u. a. „Sog. Marietta Strozzi", um 1460–64, Berlin-Dahlem). Sein Hauptwerk ist das Grabmal des Carlo Marsuppini in Santa Croce in Florenz (1455–66).

Desiderium [lat.], Wunsch, Verlangen; **pium desiderium,** frommer Wunsch.

Desiderius, männl. Vorname lat. Ursprungs, eigtl. wohl „der Erwünschte". Weibl. Form: Desideria, frz. männl. Form Désiré, frz. weibl. Form Désirée.

Desiderius, † Corbie 774, Herzog von Tuszien, letzter König der Langobarden (757–774). - Versuchte das fränk.-päpstl. Bündnis zu sprengen; nachdem Karl d. Gr. 771 seine Ehe mit ↑ Desiderata aufgelöst hatte, von diesem besiegt und in ein fränk. Kloster verbannt.

Design [engl. dɪ'zaɪn; zu lat. designare „bezeichnen"], Entwurf, Entwurfszeichnung, Gestaltgebung und die so erzielte Form eines Gebrauchsgegenstandes (einschließl. Farbgebung); bezeichnet insbes. die moderne, zweckmäßige, funktional-schöne Formgebung industrieller Produkte (↑ Industriedesign).

Designation [lat.], die Bestimmung einer Person für ein Amt, das erst mit Ausscheiden oder Tod des Inhabers übernommen werden kann.

designatus [lat.], Abk. des., designiert; für ein Amt, eine Würde bestimmt.

Designer [engl. dɪ'zaɪnə (↑ Design)],

René Descartes

Kurzbez. für Graphikdesigner, Industriedesigner oder Modedesigner.

Desillusion, Enttäuschung, Ernüchterung.

Desinfektion, Maßnahmen zur Abtötung oder zur Behinderung des Wachstums krankheitserregender Bakterien oder krankheitsübertragender Kleinlebewesen. Die gebräuchlichste Art der D. ist die Anwendung geeigneter Chemikalien, die die Bakterien durch ihre oxidierende (Chlorkalk, Wasserstoffperoxid, Kaliumpermanganat, Ozon u. a.) oder reduzierende Wirkung (z. B. Schwefeldioxid) bzw. durch Eingriff in den Stoffwechsel (Sulfonamide, gewisse Antibiotika) der betreffenden Mikroorganismen abtöten oder aber ihre Vermehrung behindern. Weiterhin wirken Schwermetallverbindungen, v. a. die des Quecksilbers und des Silbers, Derivate des Phenols und Alkohol in höheren Konzentrationen in der gleichen bakteriostat. Weise. Neben den chem. Methoden zur D. kann man Bakterienwachstum auch durch physikal. Methoden (Ultraschall, ultraviolettes Licht, hohe Temperaturen) behindern.

Desintegration, Auflösung eines Ganzen in seine Teile, Auflösung von Zusammenhängen; z. B. Auflösung der Struktur innerhalb eines sozialen Gebildes (z. B. D. der Familie).

Desinteressement [dezẽterɛs(ə)'mã:; lat.-frz.], Uninteressiertheit, Unbeteiligtheit, Gleichgültigkeit.

Désiré, frz. Form des männl. Vornamens ↑Desiderius.

Désirée, frz. Form des weibl. Vornamens Desideria (↑Desiderius).

Désirée Eugénie Bernardine, geb. Clary, * Marseille 8. Nov. 1777, † Stockholm 17. Dez. 1860, schwed. Königin. - Zunächst mit Napoleon Bonaparte verlobt; heiratete 1798 Jean-Baptiste Bernadotte, den späteren König Karl XIV. Johann von Schweden.

Deskription [lat.], allg. svw. Beschreibung; speziell die verbale oder numer. Beschreibung eines psycholog. Sachverhaltes mit Hilfe neutraler, nicht wertender Ausdrükke, die allg. verständl. sind; **deskriptiv,** beschreibend, z. B. d. Wissenschaften, d. Grammatik.

deskriptive Definition ↑Definition.

Deslandres, Henri Alexandre [frz. de'lã:dr], * Paris 24. Juli 1853, † ebd. 15. Jan. 1948, frz. Astrophysiker. - Er leistete bahnbrechende Arbeiten zur Physik der Sonne, v. a. zur Spektrographie des Sonnenlichtes.

Desmarets de Saint-Sorlin, Jean [frz. demarɛdsẽsɔr'lẽ], * Paris 1595, † ebd. 28. Okt. 1676, frz. Dichter. - Günstling Richelieus; bekämpfte den Jansenismus; sein Epos „Clovis ou la France chrétienne" (1657 und 1673) zeugt von seiner negativen Einstellung gegenüber der heidn. Antike.

Des Moines [engl. dɪ'mɔɪn], Hauptstadt von Iowa, USA, am D. M. River, 244 m ü. d. M., 191 000 E Sitz eines kath. und eines anglikan. Bischofs; Univ. (gegr. 1881); Sitz zahlr. Versicherungen, Druckereien und Verlage; Maschinenbau, Nahrungsmittel-, Pharma- u. a. Ind.; Verkehrsknotenpunkt, ✈. - 1843 als Fort gegründet.

Desmond, Paul [engl. 'dɛzmənd], eigtl. P. Breitenfeld, * San Francisco 25. Nov. 1924, † New York 30. Mai 1977, amerikan. Jazzmusiker. - Einer der wichtigsten Altsaxophonisten des Cool Jazz.

Desmoulins, Camille [frz. demu'lẽ], * Guise (Aisne) 2. März 1760, † Paris 5. April 1794, frz. Revolutionär und Schriftsteller. - Einer der Anstifter des Sturms auf die Bastille (1789); Hg. einflußreicher Pamphlete und Zeitschriften; radikaler Jakobiner, 1790 Mitbegr. des Klubs der Cordeliers; 1792 Generalsekretär unter G. J. Danton im Justizministerium; trat seit Ende 1793 der jakobin. Schrekkensherrschaft entgegen; auf Betreiben Robespierres mit Danton guillotiniert.

Desna, linker Nebenfluß des Djnepr, entspringt in den Smolensk-Moskauer Höhen, mündet nördl. von Kiew, 1 130 km lang.

Desnos, Robert, * Paris 4. Juli 1900, † Theresienstadt 8. Juni 1945, frz. Dichter. - Schrieb surrealist. Lyrik, u. a. „Die Abenteuer des Freibeuters Sanglot" (Ged., 1927), später Widerstandsgedichte. Starb kurz nach der Befreiung aus dem KZ Theresienstadt.

Desnoyers, Auguste Gaspard Louis Baron (seit 1828) [frz. denwa'je], eigtl. Boucher-D., * Paris 19. Dez. 1779, † ebd. 16. Febr. 1857, frz. Kupferstecher. - Arbeitete bes. nach Vorlagen von Raffael, Poussin und Ingres.

Desodorant (Deodorant) [frz./lat.], Stoff, der unangenehme Gerüche überdeckt oder beseitigt.

Desodorierung [frz./lat.], Geruchsbeseitigung; erfolgt u. a. durch Oxidation der Geruchsstoffe (Einsatz u. a. von Chlorkalk), durch Adsorption (Aluminiumhydroxid), bei der Körperpflege durch Mittel, die schweißzersetzende Bakterien hemmen.

desolat [lat.], öde, trostlos, miserabel.

Desorganisation, Zerrüttung; **desorga-**

nisieren, zerrütten, in Unordnung bringen.

Desorientierung, vorübergehende oder dauernde Unfähigkeit eines Individuums, seine Umwelt (räuml. D., zeitl. D.) oder seinen eigenen Standpunkt darin sinnvoll zu erfassen; kann u. a. bei Bewußtseinsstörungen, psychot. Innenerlebnissen, Halluzinationen auftreten.

Desorption ↑Sorption.

Desoxidation, Entzug von Sauerstoff aus organ.-chem. Verbindungen oder Metallschmelzen durch Desoxidationsmittel.

Desoxidationsmittel, chem. Elemente, Verbindungen oder Legierungen, die aus anderen Verbindungen oder Metallschmelzen Sauerstoff entfernen (anorgan. Reduktionsmittel).

Desoxy-, Bez. in chem. Namen; besagt, daß die vorliegende Verbindung durch Entfernung von Sauerstoff aus der Stammverbindung entstanden ist.

Desoxykortikosteron (Kortexon), Nebennierenrindenhormon mit Wirkung v. a. auf den Salzhaushalt.

Desoxyribonukleinsäure ↑DNS.

despektierlich [lat.], geringschätzig, verächtl., unehrerbietig, respektlos.

Desperado [lat.-span. „Verzweifelter"], das sich außerhalb jegl. Gesetze stellende Mgl. einer polit. extrem radikalen Gruppe; polit. Umstürzler.

◆ asozialer Vagabund, Gesetzloser, Bandit.

desperat [lat.], hoffnungslos, verzweifelt.

Despériers (Des Périers), Bonaventure [frz. depe'rje], * Arnay-le-Duc (Côte-d'Or) um 1500, † in SW-Frankreich Winter 1543/44 (Selbstmord), frz. Schriftsteller. - Schrieb 90 Schwänke (z. T. aus dem überlieferten Erzählgut) und vier humanist. Dialoge („Cymbalum mundi...", um 1537), die ihm die Feindschaft von Protestanten wie Katholiken einbrachten.

Despiau, Charles [frz. dɛs'pjo], * Mont-de-Marsan (Landes) 4. Nov. 1874, † Paris 28. Okt. 1946, frz. Bildhauer. - 1909–14 Gehilfe Rodins; schuf harmon., klass. Figuralplastik, auch Porträts.

Desportes [frz. de'pɔrt], François, * Champigneul-Champagne (Dep. Marne) 24. Febr. 1661, † Paris 20. April 1743, frz. Maler. - Glänzender Porträt- und Tiermaler; 1695/96 in Polen, porträtierte er König Johann III. Sobieski und dessen Familie; schuf Gobelinentwürfe.

D., Philippe, * Chartres 1546, † Bonport (Eure) 5. Okt. 1606, frz. Dichter. - Seine flüssig geschriebenen Gedichte stehen im Zeichen Ronsards und der Pléiade sowie italien. und span. Dichter; bed. Psalmenübers. (1603).

Despot [griech.], urspr. griech. Bez. für das Familienoberhaupt in patriarchal. Gesellschaftsstruktur; daneben Bez. des Herrn; umschreibt als polit.-eth. Schlagwort bes. den unrechtmäßigen Gewaltherrscher; abwertend Bez. für einen herrischen, tyrann. Menschen.

Despotie [griech.], urspr. griech. Herrschaftsbez., heute Bez. für eine Regierungsform, in der der persönl. unumschränkte Wille des Machthabers entscheidet; in der klass. Staatsphilosophie neben der Tyrannis Entartungsform der Monarchie bzw. aller Staatsformen; **Despotismus,** Zustand und System schrankenloser Gewaltherrschaft.

Desprez, Josquin ↑Josquin Desprez.

Desquamation [lat.] (Abschuppung), Absprengung von Gesteinsschuppen oder -schalen durch starke Tag-Nacht-Temperaturgegensätze.

Dessalines, Jean Jacques [frz. desa'lin], * Goldküste (Afrika) vor 1758, † Jacmel (Haiti) 17. Okt. 1806 (ermordet), Kaiser von Haiti. - Bis 1789 Sklave auf Hispaniola; beteiligte sich als General der haitian. Truppen an der Vertreibung der Briten 1797 und am Aufbau eines unabhängigen Staates der Schwarzen; 1803 Herr der ehem. frz. Kolonie Haiti; erklärte sich 1804 zum Kaiser.

Dessau, Paul, * Hamburg 19. Dez. 1894, † Berlin (Ost) 28. Juni 1979, dt. Komponist. - Emigrierte 1933, lebte zuerst in Paris, seit 1939 in New York und Hollywood, seit 1948 wieder in Berlin (Ost). Vertonte Texte seines Freundes Brecht, u. a. „Deutsches Miserere" (1944–47), Bühnenmusik zu „Mutter Courage und ihre Kinder" (1946), Opern „Die Verurteilung des Lukullus" (1951, Neufassung 1968) und „Puntila" (1966); auch Kantaten, Chöre und Lieder sowie Filmmusiken, Orchesterwerke und Kammermusik.

Dessau, Stadt im Bez. Halle, DDR, an der Mulde und Elbe, 62 m ü. d. M., 104 000 E. Staatl. Galerie; Landestheater, Landesbibliothek. Schwermaschinen- und Fahrzeugbau, elektrotechn. Ind., Reichsbahnausbesserungswerk u. a.; Bahnknotenpunkt; Elbhafen. - 1213 erstmals als Marktflecken genannt; nach der anhalt. Teilung von 1603 Hauptstadt von Anhalt-D. und Residenz, 1863 Hauptstadt des vereinigten Anhalt. 1925 siedelte sich in D. das Bauhaus unter W. Gropius an (bis 1932). - Georgenkirche (1712–17, nach Brand im 2. Weltkrieg wieder aufgebaut), die Schloß- und Stadtkirche (geweiht 1523) blieb Ruine; vom Residenzschloß (1530 ff.) wurde der W-Flügel erneuert.

Dessauer, Friedrich, * Aschaffenburg 19. Juli 1881, † Frankfurt am Main 16. Febr. 1963, dt. Biophysiker und Philosoph. - 1921 Prof. in Frankfurt am Main; 1924–30 MdR (Zentrum), aus polit. Gründen zur Aufgabe seines Lehrstuhls gezwungen, 1934 Prof. in Istanbul, 1937 Freiburg (Schweiz), 1953 Frankfurt. D. war einer der Pioniere der Röntgenmedizin und Strahlenbiophysik; widmete sich zahlr. philosoph. Fragen, insbes. der Einordnung der naturwiss.-techn. Erkenntnisse in das philosoph. Denken sowie der Stellung des Menschen zu Technik und Religion; u. a. „Lehrbuch der Strahlentherapie" (1925), „Philosophie der Technik" (1926), „Religion im Lichte der heutigen Naturwissenschaften" (1951), „Streit um die Technik" (1958).

Dessertweine [dɛ'sɛ:r], hochwertige süße Weine (wie Madeira, Portwein, Samos); auch svw. ↑Likörweine.

Dessi̱, Giuseppe, *Cagliari, 7. Aug. 1909, †Rom 6. Juli 1977, italien. Schriftsteller. - Seine psycholog. Erzählungen und Romane sind von seinen sard. Erfahrungen geprägt; u.a. „Das Lösegeld" (R., 1961), „Paese d'ombre"" (R., 1971).

Dessin [dɛ'sɛ̃:; lat.-frz.], Plan, Entwurf; fortlaufendes Stoffmuster, Mustervorlage.

Dessoir, Max [dɛso'a:r], *Berlin 8. Febr. 1867, † Königstein i. Ts. 19. Juli 1947, dt. Philosoph und Psychologe. - Seit 1897 Prof. der Philosophie in Berlin; arbeitete v.a. über Ästhetik, daneben auch über Grenzgebiete zw. Psychologie und Physiologie (führte den Begriff „Parapsychologie" ein). - *Werke:* Ästhetik und allgemeine Kunstwissenschaft (1906), Vom Jenseits der Seele (1918), Das Ich, der Traum, der Tod (1947).

Dessous [dɛ'su:; frz. „darunter"], Damenunterwäsche.

Destillation. Schema eines Destillierapparats

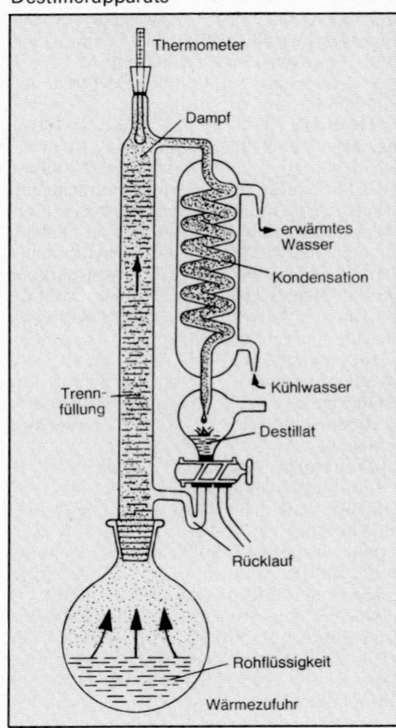

Destilla̱t [lat.], wiederverflüssigter Dampf bei der ↑Destillation.

Destillatio̱n [lat.], ein Verfahren zur Trennung oder Reinigung von Flüssigkeitsgemischen. Sie umfaßt die Verdampfung einer Flüssigkeit und die Kondensation der Dämpfe zum Destillat, das zusammen (**einfache Destillation**) oder nacheinander nach Siedebereichen getrennt (**fraktionierte Destillation**) aufgefangen wird. Die fraktionierte D. wird z. B. bei der Aufbereitung von Erdöl oder der Herstellung von Alkohol angewendet. Sie erlaubt durch wiederholtes Destillieren der bei verschiedenen Temperaturen aufgefangenen Teildestillate eine Reinigung von Gemischen bis zu einer Siededifferenz von 0,5–1 °C. Erst viele hintereinander ablaufende D.schritte ermöglichen eine exakte Auftrennung (**Rektifikation).** Temperaturempfindliche Stoffe werden bei Unterdruck destilliert (**Vakuumdestillation).** Bei der **azeotropen Destillation** werden azeotrope Gemische durch Zugabe einer geeigneten dritten Komponente zerlegt. - Bei der **Trockendestillation** werden feste Stoffe unter völligem Luftabschluß erhitzt und die flüchtigen Zersetzungsprodukte aufgefangen.

destilli̱ertes Wasser [lat./dt.], svw. ↑Aqua destillata.

Destouches, Philippe [frz. de'tuʃ], eigtl. P. Néricault, *Tours 9. April 1680, † Schloß Fortoiseau bei Villiers-en-Bière (Seine-et-Marne) 4. Juli 1754, frz. Dramatiker. - Erfolgreiche Charakterstücke, zunehmend lehrhaft; u. a. „Der Ruhmredige" (1732) und „Der Verschwender" (1736).

Destruktio̱n [lat.], Zerstörung; **destruktiv,** zerstörend, zersetzend.

Destruktio̱nstrieb, Drang nach Zerstörung (auch der eigenen Person); nach S. Freud eine Komponente des lebensfeindl. Todestriebes, der sich als Aggression oder als Lust am Zerstören äußert.

Destu̱r [arab. „Verfassung"], nationalist. Unabhängigkeitsbewegung in Tunesien, deren Name auf die Forderung nach einer Verfassung zurückgeht; 1920 formte sich die **Destur-Partei,** die die Autonomie verlangte. Der 1934 unter der Führung von H. Burgiba abgespaltetene radikale Flügel, die **Neo-Destur-Partei,** wurde von den Franzosen unterdrückt. Nach der Unabhängigkeitserklärung Tunesiens 1956 wurden D.-Partei und Neo-D.-Partei als **Parti Socialiste Destourien** (PSD) 1964 neu gegründet.

◆ nationalist. Partei (Constitutional Union Party) im Irak 1949–58, als monarchist. Sammlungspartei von Nuri As Said gegr.

Destutt de Tracy, Antoine Louis Claude Graf [frz. dɛstyt dətra'si], *Paris 20. Juli 1754, † ebd. 9. März 1836, frz. Philosoph und Politiker. - Vertrat eine psycholog.-sensualist. Ideenlehre; kam nach polit. Karriere 1789 als Adelsvertreter in die Generalstände; in der Restauration Pair von Frankreich.

Desultoren [lat.], röm. Kunstreiter, die während des Wettreitens von einem Pferd aufs andere sprangen; **desultorisch,** unbeständig, wankelmütig.

DESY ['de:zy, 'de:zi], Abk. für: ↑**D**eutsches **E**lektronen-**Sy**nchrotron.

deszendent (deszendierend) [lat.], absteigend.

Deszendent [lat.], in der *Astronomie* Gestirn im Untergang; auch Untergangspunkt eines Gestirns.
◆ in der *Genealogie* Nachfahre (Abkömmling) einer Person; Ggs.: Aszendent; **Deszendenz,** Verwandtschaft in absteigender Linie; Zusammenstellung aller Nachkommen einer Person: **Deszendenztafel.** - ↑auch Stammtafel.

Deszendenztheorie (Abstammungslehre, Evolutionstheorie), Theorie über die Herkunft der zahlr. unterschiedl. Pflanzen- und Tierarten einschließl. des Menschen, nach der die heute existierenden Formen im Verlauf der erdgeschichtl. Entwicklung aus einfacher organisierten Vorfahren entstanden sind. Über die Entstehung des Lebens selbst vermag die D. nichts auszusagen, steht aber im Ggs. zur Vorstellung von der Unveränderlichkeit bzw. Konstanz der Arten, die von einem göttl. Schöpfungsakt (oder mehreren) ausgeht. Nach der D. vollzog sich in langen Zeiträumen ein Artenwandel, wobei Mutation, Rekombination, die natürl. Auslese und die Isolation als wichtigste Evolutionsfaktoren wirksam waren.
Die Vorstellung einer kontinuierl. Entwicklung der Organismen auf der Erde ist schon sehr alt. Bereits griech. Naturphilosophen des Altertums (u. a. Empedokles, Anaximander von Milet, Demokrit) hatten Ansätze des Abstammungsdenkens in ihren Lehren. Als eigentl. Begründer der D. gilt J.-B. de Lamarck (↑auch Lamarckismus). Wissenschaftl. untermauert wurde die D. dann von C. Darwin mit der von ihm aufgestellten ↑Selektionstheorie. In Deutschland gehörten E. Haeckel (der den Menschen konsequent in das Evolutionsgeschehen einbaute, was C. Darwin vor ihm nur zögernd getan hatte) und A. Weismann zu den führenden Vertretern der D.

Détaché [deta'ʃe:; frz.], beim Spiel von Streichinstrumenten eine Strichart, bei der die einzelnen Töne sowohl durch den Wechsel von Ab- und Aufstrich als auch durch eine merkl. Zäsur beim Strichwechsel voneinander abgesetzt werden.

Detachement [detaʃ[ə]'mã:; frz.], veraltete Bez. für eine Truppenabteilung gemischter Waffen, die für bes. Aufträge abkommandiert wird.

Detail [de'taɪ; frz.], einzelne Teile eines größeren Ganzen, Einzelheiten, das einzelne; **detaillieren** oder **ins Detail gehen,** im einzelnen darlegen.

Detailhandel [de'taɪ; frz.], in der Schweiz svw. Einzelhandel.

Detektiv [engl.; zu lat. detegere „aufdekken"] (Privatdetektiv), jemand, der gewerbsmäßig Informationen beschafft und Auskunft erteilt über die geschäftl. und/oder persönl. Angelegenheiten anderer. Für den Betrieb von D.büros (Detekteien) haben in der BR Deutschland die Länder RVO erlassen.
Im *östr. Recht* unterliegt die Betätigung als D. der gewerbl. Konzessionierung. - In der *Schweiz* wird der Begriff D. auch als Amtsbez. für Angehörige des mit der Strafverfolgung betrauten Polizeipersonals verwendet.

Detektivroman, Sonderform des ↑Kriminalromans, bei der dem Detektiv die Aufhellung eines geheimnisvollen Verbrechens gelingt.

Detektor [lat.-engl.], allg. svw. Nachweis- oder Anzeigegerät, z. B. zum Nachweis von Strahlungen oder von [Elementar]teilchen.
◆ (Kristalldetektor) nicht mehr gebräuchl. Form einer Spitzendiode zur Hochfrequenz-Gleichrichtung (Demodulation hochfrequenter Schwingungen).
◆ nach einem elektro-pneumat., Induktions-, Ultraschall- oder Radarprinzip arbeitendes Gerät in Verkehrssignalanlagen zur zahlenmäßigen Erfassung des Verkehrsflusses und selbsttätigen Meldung an eine zentrale Steuerungseinrichtung.

Detektorempfänger, einfachste Form des Funkempfängers für Amplitudenmodulation; er besteht aus der Antenne, einem abstimmbaren Schwingkreis, Detektor und Kopfhörer.

Détente [de'tã:t; frz., zu lat. tendere „spannen"], im polit. Sprachgebrauch svw. Entspannung. - ↑auch Entspannungspolitik.

Deterding, Sir (seit 1920) Henri [Wilhelm August] [niederl. 'de:tərdɪŋ, engl. 'dɛtədɪŋ], *Amsterdam 19. April 1866, † Sankt Moritz 4. Febr. 1939, niederl. Industrieller. - 1902–36 Generaldirektor der Koninklijke Nederlandsche Petroleum Maatschappij; betrieb mit Erfolg die Zusammenarbeit mit der Standard Oil Co. und die Fusion mit der Shell Transport and Trading Co. zum Royal-Dutch-Shell-Konzern.

Detergenzien [engl.; zu lat. detergere „abwischen"], oberflächenaktive, hautschonende, seifenfreie Netz-, Wasch-, Reinigungs- und Spülmittel, z. B. Alkylaryl- und Fettalkoholsulfonate. In der BR Deutschland sind seit 1. 12. 62 nur noch „weiche" D. erlaubt, die in den biolog. Reinigungsstufen der Kläranlagen weitgehend von Mikroorganismen abgebaut werden können.

Determinante [lat.], mathemat. Ausdruck zur Auflösung linearer Gleichungssysteme. Die einfachste Form einer D. ist die aus 2^2 Zahlen bestehende *zweireihige D.* Es gilt:

$$\begin{vmatrix} a & b \\ c & d \end{vmatrix} = ad - bc$$

Determination [lat.], in der *Entwicklungsphysiologie* die Entscheidung darüber, welche genet. Potenzen einer zunächst embryonalen Zelle bei der anschließenden Differenzierung realisiert werden.
◆ in der *Psychologie* Bez. für das Bedingtsein aller psych. Phänomene durch physiolog., soziale (z. B. Milieu) oder innerseel. (z. B. Motivation) Gegebenheiten.

determinierter Automat [lat./griech.] ↑Automat.

Determinismus [lat.], 1. allg. die Lehrmeinung, nach der alles Geschehen in der Welt durch Gesetzmäßigkeiten (↑Kausalität) oder göttl. Willen (↑auch Prädestination) [vorher]bestimmt ist; 2. i. e. S. die Auffassung, daß der menschl. Wille immer durch (innere oder äußere) Ursachen vorbestimmt (determiniert) sei, es also eine Freiheit des Willens nicht gebe. - In der *Naturphilosphie* des 20. Jh. stand die Diskussion um den D. bzw. ↑Indeterminismus zeitweise im Zusammenhang mit der Auflösung des Kausalitätsbegriffs in der Quantentheorie und Elementarteilchentheorie sowie mit der Einsteinschen Relativitätstheorie.

Detlef (Detlev) [ˈdɛtlɛf, ˈdetlɛf], männl. Vorname, eigtl. niederdt. „Sohn des Volkes".

Detmold, Hauptstadt des Reg.-Bez. D. und des Kr. Lippe, in NRW, an der oberen Werre, 125–402 m ü. d. M., 66 700 E. Musikakad., Bundesforschungsanstalt für Getreideverarbeitung, Inst. für Schul- und Volksmusik, Verwaltungsakad.; Landestheater; Staatsarchiv, Landesbibliothek, Landes-, Freilichtmuseum; u. a. Möbel-, Metall-, Elektroind. - 783 zuerst erwähnt; vermutl. Mitte 13. Jh. als Stadt neu gegr. (Stadtrecht 1305 belegt, 1361 bestätigt). Seit etwa 1470 Residenz der Grafen zur Lippe, Hauptstadt des Landes Lippe bis 1933 bzw. 1947. - Spätgot. Stadtkirche (1547); das Residenzschloß (z. T. 1555–57) geht auf eine 1366 urkundl. erwähnte Wasserburg zurück.

D., Reg.-Bez. in NRW.

Detonation [lat.], chem. Reaktion explosiver Gemische (auch Kernreaktion), die sich – im Ggs. zur Explosion – mit extrem hoher Geschwindigkeit im Gemisch fortpflanzt (1 000 bis 10 000 m/s) und eine Stoßwelle bildet.

detonieren [lat.], schlagartig auseinanderplatzen (↑Detonation).
◆ in der *Musik:* die angeschlagene Stimmung verlassen, unrein singen oder spielen.

Detritus [lat.], frei im Wasser schwebende, allmähl. absinkende, unbelebte Stoffe aus abgestorbenen, sich zersetzenden Tier- oder Pflanzenresten.

Detroit [engl. dɪˈtrɔɪt], Hafenstadt in Mich., USA, am Detroit River, 1,20 Mill. E. (Metropolitan Area: 4,344 Mill. E). Sitz eines kath. Erzbischofs, eines anglikan. und eines methodist. Bischofs; zwei Univ. (gegr. 1877 bzw. 1933), kath. Institute of Technology, Kunsthochschule, College; Bibliothek, Museen; Zoo, Aquarium. D. ist die größte Automobilindustriestadt der Erde. Eisenbahn- und Straßenknotenpunkt; der Binnenhafen kann von Seeschiffen bis zu 25 000 t angelaufen werden. Dem Verkehr mit Kanada (Windsor) dienen Eisenbahnfähren, Tunnels und eine Brücke; ✈. - 1610 ließen sich frz. Händler an der Stelle der heutigen Stadt nieder; 1701 wurde von Franzosen das **Fort Pontchartrain du Détroit** gegr.; 1760 von den Briten erobert; 1796 an die USA abgetreten; 1805–47 Hauptstadt des Staates Michigan. - Die Innenstadt ist gekennzeichnet durch Überlagerung des urspr. Radialsystems mit einem Gitternetz.

Detroit River [engl. dɪˈtrɔɪt ˈrɪvə], Fluß in Nordamerika, verbindet den Lake Saint Clair mit dem Eriesee, Grenze zw. den USA und Kanada, 50 km lang; bed. Wasserstraße.

Dettingen a. Main, Ortsteil von Karlstein a. Main, Bay. - In der **Schlacht bei Dettingen** 1743 während des Östr. Erbfolgekrieges wehrte die „Pragmat." Armee unter Führung Georgs II. von Großbrit. einen Angriff des frz. Heeres siegreich ab.

Detumeszenz [lat.], Abschwellung; Rückgang einer Geschwulst.

detur! [lat.], Anweisung auf ärztl. Rezepten: „Man gebe!"

Deukalion, Gestalt der griech. Mythologie; Sohn des Prometheus. Entrinnt mit seiner Gemahlin Pyrrha der Sintflut, in der Zeus das frevelhafte Menschengeschlecht untergehen läßt, und landet nach neun Tagen auf dem Berg Parnaß (oder dem Athos bzw. dem Ätna).

Deus absconditus [lat. „der verborgene Gott"], in der ma. Theologie und bei Luther Bez. für den absolut transzendenten Gott, dessen Vorhaben unerforschl. sind und der mit menschl. Kategorien nicht zu erfassen ist.

Deus ex machina [lat. „der Gott aus der Maschine"], Bez. für eine Form der Lösung eines dramat. Knotens, die künstl. durch ein unerwartetes, manchmal unmotiviertes Eingreifen meist einer Gottheit oder anderer Personen erfolgt. - Bez. nach der kranähnl. Maschine des antiken Theaters, die das Herabschweben der Gottheit ermöglichte.

Deut (Doit, Duit) [niederl.], kleinste niederl. Kupfermünze des 16. Jh. im Wert von 2 Pfennig = $^1/_8$ Stüver; wegen der vielen Nachprägungen 1701 verboten; dann neu geprägt, bes. für Ostindien: 100 D. = 1 Rupie oder 1 Gulden.

deuter..., Deuter..., deutero..., Deutero... [griech.], Bestimmungswort von Zusammensetzungen mit der Bedeutung „zweiter, nächster, später"; gelegentl. zu **deut..., Deut...** verkürzt.

Deuterium [griech.], Zeichen D oder ^{2}H, schwerer Wasserstoff, Wasserstoffisotop mit der doppelten Atommasse des gewöhnl. Wasserstoffs; sein Kern (Deuteron) besteht aus einem Proton und einem Neutron. Die wichtigste Verbindung ist das ↑schwere Wasser.

deutero..., Deutero... ↑deuter...

Deuterojesaja, Bez. der alttestamentl. Wiss. für den anonymen Verfasser von Jes. 40–55, einem Textabschnitt, der nicht von dem Propheten Jesaja stammen kann (daher der Name D., der „zweite Jesaja"), dann auch für den bezeichneten Textabschnitt; entstanden um 550 v. Chr.

deuterokanonische Schriften, Bücher der Septuaginta, die im hebr. A. T. nicht enthalten sind; sie haben in der kath. Theologie kanon. Ansehen, in der ev. Theologie gelten sie als unkanon. und werden Apokryphen genannt.

Deuteromyzeten [griech.] (Deuteromycetes, Fungi imperfecti), systemat. Kategorie, in der diejenigen Pilze (rd. 20 000 aller bisher bekannten Pilzarten; ohne Rücksicht auf ihre Verwandtschaft) zusammengefaßt werden, die fast nur noch die ungeschlechtl. Nebenfruchtformen ausbilden. Viele D. haben prakt. Bed. u. a. in der techn. Mikrobiologie, indem sie Antibiotika liefern; bekannt sind D. auch als Parasiten bei Mensch und Tier. Zahlreiche D. sind Pflanzenschädlinge, andere bewirken das Verderben von Lebensmitteln und Rohstoffen.

Deuteron [griech.], physikal. Zeichen d; Atomkern des schweren Wasserstoffs (↑Deuterium); besteht aus einem Proton und einem Neutron; Masse 2,01355 Kernmasseneinheiten ($= 3,3433 \cdot 10^{-24}$ g), Spin 1 u. magnetisches Moment 0,8574 Kernmagnetonen. - Das D. ist der einfachste der zusammengesetzten Atomkerne. Er stellt das einzige Nukleonensystem dar, das quantenmechan. exakt berechenbar ist und dementsprechend durch Vergleich mit experimentellen Daten quantitative Schlüsse über die Kernkräfte zuläßt.

Deuteronomium [griech. „zweites Gesetz"], in der Vulgata und allg. in der Bibelwiss. Bez. für das 5. Buch Mose, das in seinem Hauptteil (Kapitel 12–27) Gesetze enthält, die auf Moses zurückgeführt wurden. Das D. bildete im 7. Jh. v. Chr. die Grundlage für die Kultreform des Königs Josia (♔ 639–609).

Deuterostomier [griech.] (Zweitmünder, Neumünder, Deuterostomia), Stammgruppe der bilateralsymmetr. gebauten Tiere, bei denen der Urmund im Verlauf der Keimesentwicklung zum After wird, während die Mundöffnung als Neubildung am anderen Ende des Urdarms nach außen durchbricht. Alle D. besitzen eine sekundäre Leibeshöhle (die manchmal wieder rückgebildet sein kann, z. B. bei den Manteltieren). Zu den D. zählen u. a. die Tierstämme ↑Stachelhäuter, ↑Chordatiere. - Ggs. ↑Protostomier.

Deutsch, Ernst, * Prag 16. Sept. 1890, † Berlin 22. März 1969, dt. Schauspieler. - Von M. Reinhardt 1917 nach Berlin verpflichtet, wo er als Charakterschauspieler auftrat; 1933 Emigration in die USA; auch Filmrollen.

D., Julius, * Lackenbach (Burgenland) 2. Febr. 1884, † Wien 17. Jan. 1968, östr. Politiker. - 1919–34 als Sozialdemokrat Nationalrat und Führer der militanten Gruppen der Partei, organisierte 1918–20 die Volkswehr, gründete 1923 den Republikan. Schutzbund, dessen Obmann bis 1934; leitete den gescheiterten Februaraufstand 1934; Flucht in die ČSR; kämpfte 1936–39 als General der internat. Brigaden im Span. Bürgerkrieg und lebte 1940–46 in den USA.

D., Niklaus Manuel, schweizer Maler und Dichter, ↑Manuel, Niklaus.

D., Otto Erich, * Wien 5. Sept. 1883, † ebd. 23. Nov. 1967, östr. Musikforscher. - Seine Arbeiten galten der Wiener Klassik, bes. aber F. Schubert, u. a. „Franz Schubert. Die Dokumente seines Lebens und Schaffens" (3 Bde., 1913–57).

deutsch, im Ggs. zu anderen Volks- oder Sprachbez. ist das Wort d. nicht von einem Stammes- oder Landesnamen abgeleitet. Etymolog. geht das Adjektiv d. (mittelhochdt. *diut[i]sch*, althochdt. *diutisc*) auf das german. Substantiv *thiot* („Volk") zurück und bedeutet also „zum Volk gehörig". In der Geschichte des Wortes spiegelt sich die Herausbildung eines gemeinsamen Sprach- und Volksbewußtseins wider: Das altfränk. *theudisk* („dem eigenen Stamm zugehörig") kam im Fränk. Reich im 7. Jh. auf, Ggs. war *walhisk* „welsch, roman." In der mittellat. Form *theodiscus* wurde das Wort auf die Sprache bezogen, *theodisca lingua* war unter Karl d. Gr. amtl. Bez. für die altfränk. Volkssprache. Im 9. Jh. begann die althochdt. Form *diutisc* mittellat. *theodiscus* zu verdrängen und wurde Gesamtbez. für die Stammessprachen im Ostfränk. Reich. Das Wort wurde dann auch noch mit *teutonicus*, dem man dieselbe Bed. gab (eigtl. „gallisch"), in Verbindung gebracht. Auf Grund dieser vermeintl. histor. Fundierung konnte d. später die Gesamtheit aller dt. Stämme bezeichnen, auch als es eine polit. Einheit nicht mehr gab. - Das Wort d. bezeichnete also in erster Linie die Sprache, es wurde dann (erstmals im „Annolied", wahrscheinl. zw. 1080 und 1085) auf die Träger der Sprache, das Volk, übertragen; ein Substantiv für das polit. Staatswesen dieses Volkes wurde aber erst spät gebildet und auch dann selten verwendet.

Deutsch Altenburg, Bad ↑Bad Deutsch Altenburg.

Deutschbalten (Balten), aus dem 19. Jh. stammende Bez. für die dt. Bewohner Livlands, Estlands und Kurlands bzw. der Staaten Estland und Lettland; bildeten seit ersten Siedlungen unter dem Dt. Orden im 13. Jh. eine ständ. verfaßte Oberschicht. Russifizierungsversuche des späten Zarenreichs veranlaßten einige zur Übersiedlung nach Deutschland. Nach Verträgen zw. Estland bzw. Lettland mit dem Dt. Reich 1939 wurden 15000 D. aus Estland und 55000 D. aus Lettland ins Dt. Reich umgesiedelt.

Deutsch-Britisches Flottenabkommen 1935, Abkommen, in dem sich Großbrit. mit einer maritimen Aufrüstung Deutschlands bis zu 35 % (Unterseebootstonnage bis zu 100 %) der Gesamttonnage der brit. Kriegsflotte einverstanden erklärte; 1939 von Hitler gekündigt.

Deutsch-Dänischer Krieg, 1848–50, entzündete sich an dem Versuch Dänemarks, das mit Holstein verbundene, nicht zum Dt. Bund gehörende Hzgt. Schleswig zu annektieren. - ↑auch Schleswig-Holstein (Geschichte).
◆ 1864 Krieg Preußens und Österreichs gegen Dänemark; führte nach dem Fall der starken Befestigungen von Düppel 1864 zum Frieden von Wien (preuß.-östr. Kondominium über Schleswig-Holstein bis 1866).

Deutsche Akademie, 1925–45 mit Sitz in München bestehende Einrichtung, Nachfolgeinstitution ist das ↑Goethe-Institut.

Deutsche Akademie der Naturforscher Leopoldina, 1652 gegr. älteste naturwiss.-medizin. Gesellschaft; befindet sich seit 1878 in Halle/Saale.

Deutsche Akademie der Wissenschaften zu Berlin (Akademie der Wissenschaften der DDR) ↑Akademien (Übersicht).

Deutsche Akademie für Sprache und Dichtung, Vereinigung [west]dt. Schriftsteller, Sprach- und Geisteswissenschaftler zur Pflege und Vermittlung dt. Sprache und Dichtung; gegr. 1949; Sitz Darmstadt. Die Akademie verleiht u. a. den ↑Georg-Büchner-Preis.

Deutsche Allgemeine Zeitung, Abk. DAZ, bis 1945 in Berlin erscheinende dt. Tageszeitung; ging auf die 1861 gegr. **Norddt. Allg. Zeitung** zurück, die, seit 1863 regierungsamtl. subventioniert, als „Sprachrohr" Bismarcks, dann bis 1918 als hochoffiziöses „Kanzlerblatt" galt; seit 1918 u. d. T. DAZ nat. ausgerichtet; 1925/26 in preuß., 1926/27 in Reichsbesitz; nach 1933 gleichgeschaltet.

Deutsche Angestellten-Gewerkschaft, Abk. DAG, dt. Gewerkschaftsverband für Angestellte, Sitz Hamburg; 1949 gegründet, in 11 Berufsgruppen (kaufmänn. Angestellte, Banken und Sparkassen, öffentl. Dienst, techn. Angestellte und Beamte, Versicherungsangestellte, Meister, Angestellte in Bergbau, Schiffahrt, Luftfahrt, Kunst und Medien) und 9 Landesverbände mit 69 Bezirksgeschäftsstellen gegliedert. *Bildungseinrichtungen* der DAG sind: Bildungswerk der DAG e. V. mit rd. 90 Schulen; Dt. Angestellten-Akademie mit Institutionen in Düsseldorf, Hamburg und Nürnberg und mit etwa 15 Neben- und Außenstellen für bes. Fortbildungsmaßnahmen, DAG-Technikum für das Fernstudium in Essen (Nebenstelle in Würzburg); Mgl.: rd. 500000.

Deutsche Angestellten-Krankenkasse, Abk. DAK, zweitgrößte Ersatzkasse der BR Deutschland (1986 rd. 4,5 Mill. Mgl.; über 6,5 Mill. Versicherte einschl. Familienangehörige); Name seit 1930; Sitz Hamburg.

Deutsche Arbeiterpartei ↑Nationalsozialistische Deutsche Arbeiterpartei.

Deutsche Arbeitsfront, Abk. DAF, nat.-soz. Organisation, die 1933 an die Stelle der Gewerkschaften (nach deren Zwangsauflösung) trat. Der NSDAP angeschlossener Verband, unterstand dem Reichsorganisationsleiter R. Ley. Die Mitgliedschaft war formell freiwillig, jedoch wurde starker Druck auf die Arbeitnehmer ausgeübt, der DAF beizutreten; gleichberechtigte Mgl. konnten neben Neueingetretenen sein: Angehörige der ehem. Gewerkschaften, der Angestelltenverbände und der Unternehmervereinigungen. Gesetzl. anerkannte ständ. Organisationen konnten der DAF korporativ angehören (Reichskulturkammer, Organisation der gewerbl. Wirtschaft, Reichsnährstand). Mgl. konfessioneller Arbeiter- oder Gesellenvereine konnten der DAF nicht beitreten. 1936 etwa 20 Mill. Mgl. War, gestützt auf das Vermögen der zwangsaufgelösten Gewerkschaften, Trägerin der „Nat.-soz. Gemeinschaft ‚Kraft durch Freude'" (KdF) (Gestaltung von Urlaub und Reisen, Durchführung der Volksbildung), des Heimstättensiedlungswerks, der Bank der Dt. Arbeit A. G., des Versicherungsringes der Dt. Arbeit GmbH. und einiger Verlage. 1945 aufgelöst.

Deutsche Bank AG, größte dt. private Kreditbank, gegr. 1870, Sitz Frankfurt am Main, Zentralen in Düsseldorf und Frankfurt am Main, Niederlassungen im ganzen Bundesgebiet. In Berlin (West) ist sie durch ihre Tochtergesellschaft, die **Deutsche Bank Berlin AG,** vertreten. Universalgroßbank im nat. und im internat. Bankgeschäft; bed. Beteiligungen (u. a. Daimler-Benz AG, Karstadt AG, Dt. Beteiligungsgesellschaft mbH).

Deutsche Bau- und Bodenbank AG, Spezialkreditinstitut für den Wohnungsbau und die Wohnungswirtschaft, gegr. 1923, Sitz Frankfurt am Main; überwiegend im Besitz des Bundes und des Landes NRW.

Deutsche Bergwacht ↑Bergwacht.

Deutsche Bibliographie, von der ↑Deutschen Bibliothek seit 1953 hg. Bibliographie des deutschsprachigen Schrifttums in mehreren Reihen.

Deutsche Bibliothek, 1947 gegr. zentrale Archivbibliothek in Frankfurt am Main (seit 1969 Anstalt des öffentl. Rechts). Sammelt und verzeichnet die nach dem 8. Mai 1945 in Deutschland verlegten und die im Ausland erschienenen deutschsprachigen Veröffentlichungen, die Übersetzungen dt. Werke in andere Sprachen und fremdsprachige Werke über Deutschland sowie die dt. Emigrantenliteratur 1933–45. Musiknoten und -tonträger werden durch ihre Außenstelle, das **Dt. Musikarchiv** in Berlin verzeichnet. Ablieferungspflicht der Verleger der BR Deutschland (vor 1969 freiwillig). Die D. B. ist eine Präsenzbibliothek; Publikationen: „Dt. Bibliographie, Bücher und Karten" (seit 1951), „Dt. Bibliographie, Zeitschriftenverzeichnis" (seit 1945), „Deutsche Bibliographie, Verzeichnis amtl. Druckschriften der Bundesrepublik Deutschland ..." (seit 1957) und als zweimonatl. Auswahlverzeichnis „Das dt. Buch" (seit 1953). - ↑auch Deutsche Bücherei.

Deutsche Bücherei, 1912 als Einrichtung des Börsenvereins der Dt. Buchhändler zu Leipzig eröffnetes Gesamtarchiv des deutschsprachigen Schrifttums. Sammelt und verzeichnet das gesamte seit 1913 in Deutschland innerhalb und außerhalb des Buchhandels erscheinende Schrifttum und die Musikalien mit dt. Titeln und Texten (seit 1943), die Übersetzungen deutschsprachiger Werke (seit 1941) sowie fremdsprachige Werke über Deutschland, die internat. Literatur auf dem Gebiet des Buch- und Bibliothekswesens, die Druckerzeugnisse der Kartographie, ferner die dt. Patentschriften (seit 1945) und dt. literar. Schallplatten (seit 1959). Hg. u. a. des „Dt. Bücherverzeichnisses" (seit 1911) und der „Deutschen Nationalbibliographie" (seit 1931). In die D. B. eingegliedert ist seit 1950 das Deutsche Buch- und Schriftmuseum.

Deutsche Buchhändlerschule, zentrale Ausbildungsstätte des dt. Buchhandels, gegr. 1946 in Köln, seit 1962 in Frankfurt am Main; unterhalten vom Börsenverein des Dt. Buchhandels.

Deutsche Bucht, Teil der sö. Nordsee zw. der W-Küste Jütlands und den Westfries. Inseln, besitzt seewärts keine natürl. Grenzen; Anrainer sind Dänemark, die BR Deutschland und die Niederlande. Ihren festländ. Küsten sind Wattengebiete, Dünen-, Marsch- und Geestinseln vorgelagert. Im Zentrum der bis 38 m tiefen D. B. liegt Helgoland. - Die D. B. unterliegt hohen Gezeiten und starken Gezeitenschwankungen; der Höchstwert des Gezeitenhubs wird in Wilhelmshaven mit 4,1 m zur Springtide erreicht.

Deutsche Bundesakte, die Verfassung des ↑Deutschen Bundes.

Deutsche Bundesbahn (Kurzbez.: Bundesbahn), Abk. DB, größtes Verkehrsunternehmen in der BR Deutschland. Unter dem Namen „DB" verwaltet die BR Deutschland das Bundeseisenbahnvermögen als nicht rechtsfähiges Sondervermögen des Bundes mit eigener Wirtschafts- und Rechnungsführung (§ 1 BundesbahnG vom 13. 12. 1951). Gegr. wurde die DB am 11. Okt. 1949 durch Erlaß des Bundesmin. für Verkehr (gemäß Art. 87 Abs. 1 GG), als wirtsch. Einheit entstand sie 1951 durch Zusammenschluß der in der brit.-amerikan. und der frz. Besatzungszone getrennt verwalteten Teile des Vermögens der Dt. Reichsbahn. Der Sitz des Vorstandes und der Hauptverwaltung ist Frankfurt am Main (seit 1. Okt. 1953; vorher Offenbach).

DEUTSCHE BUNDESBAHN

Bestände, Betriebs- und Verkehrsleistungen 1984

Streckenlänge in km	27 798
elektrifiziert	11 264
mehrgleisig	9 172
Bahnhöfe	2 914
Personalbestand	305 231
Beamte und Angestellte	179 706
Arbeiter	109 807
Fahrzeugbestand	
Triebfahrzeuge	8 913
elektrische Lokomotiven	2 624
Diesellokomotiven	4 058
Personenwagen	13 919
Güterwagen des öffentl. Verkehrs	261 518
private Güterwagen	49 931
Betriebsleistungen in Mill. Zugkilometern	
Reisezüge	39 075
Güterzüge	60 441
Verkehrseinnahmen in Mill. DM	
Personen- und Gepäckverkehr	4 653
Expreßgut- und Güterverkehr	8 446

Rechtl. und wirtsch. Struktur: Die DB kann im Rechtsverkehr unter ihrem Namen handeln, klagen und verklagt werden. Für die Verbindlichkeiten der DB haftet der Bund nur mit dem Bundeseisenbahnvermögen. Die DB ist wie ein Wirtschaftsunternehmen nach kaufmänn. Grundsätzen so zu führen, daß die Erträge die Aufwendungen einschließl. der erforderl. Rückstellungen decken. Dieses Ziel wurde trotz weitreichender Rationalisierungsmaßnahmen noch nicht erreicht. Trotz der Sonderstellung der DB sind die Bundesbahnbeamten unmittelbare Bundesbeamte (↑auch Beamte).

Organe der DB sind der Vorstand (6 Mgl.; Amtszeit fünf Jahre), dem die laufende Geschäftsführung obliegt, und der Verwaltungsrat (21 Mgl.; Amtszeit fünf Jahre). Dem Verwaltungsrat gehören je fünf Mgl. aus vier ständeähnl. Gruppen an, die vom Bundesrat, der Gesamtwirtschaft, den Gewerkschaften und vom Bundesminister für Verkehr vorgeschlagen werden. Der Verwaltungsrat beschließt u. a. über den Wirtschaftsplan, die Verwaltungsordnung, den Jahresabschluß, wichtige Beteiligungen, größere Kreditaufnahmen, grundsätzl. Fragen des Personalwesens, Bau und Stillegung wichtiger Bahnhöfe und Strecken, wesentl. organisator. Veränderungen und Tarife. Der Bundesminister für Verkehr verfügt jedoch über weitgehende Rechte in der Tarifgestaltung.

Deutsche Bundesbank, Zentralnotenbank der BR Deutschland und von Berlin (West), begründet durch das Gesetz über die D. B. (BundesbankG) vom 26. 7. 1957, Sitz am Sitz der Bundesregierung; solange dieser sich nicht in Berlin befindet, ist der Sitz Frankfurt am Main. Die D. B. ging aus der Bank deutscher Länder hervor. Sie ist eine bundesunmittelbare jurist. Person des öffentl. Rechts. Ihr Grundkapital von 290 Mill. DM steht dem Bund zu. Sie unterhält als Hauptverwaltungen Landeszentralbanken (LZB) in den Ländern. Daneben unterhält sie Zweiganstalten (Hauptstellen und Zweigstellen). Ihre Tätigkeit nahm sie am 1. Aug. 1957 auf.

Organe der D. B. sind der Zentralbankrat, das Direktorium und die Vorstände der Landeszentralbanken. Der Präsident und der Vizepräsident sowie die weiteren Mitglieder des Direktoriums werden vom Bundespräsidenten auf Vorschlag der Bundesregierung bestellt. Die Bundesregierung hat bei ihren Vorschlägen den Zentralbankrat (Direktorium und Präs. der Landeszentralbanken) anzuhören. Die Mitglieder werden in der Regel für acht Jahre bestellt (auch Landeszentralbanken).

Aufgaben: Die D. B. regelt mit Hilfe der währungspolit. Befugnisse den Geldumlauf und die Kreditversorgung der Wirtschaft mit dem Ziel, die Währung zu sichern, und sorgt für die bankmäßige Abwicklung des Zahlungsverkehrs im Inland und mit dem Ausland. Sie ist verpflichtet, unter Wahrung ihrer Aufgaben die allg. Wirtschaftspolitik der Bundesregierung zu unterstützen. Sie ist bei der Ausübung ihrer Befugnisse von Weisungen der Bundesregierung unabhängig. Die Mgl. der Bundesregierung haben das Recht, an den Beratungen des Zentralbankrates teilzunehmen.

Geschäftskreis: Die D. B. darf mit *Kreditinstituten* in der BR Deutschland u. a. folgende Geschäfte betreiben: Handel mit Zahlungsmitteln einschließl. Wechseln, Schecks u. a. und Wertpapieren; Gewährung von Darlehen gegen Pfänder (Lombardkredit); Annahme von Giroeinlagen; Verwahrung und Verwaltung von Wertgegenständen; Vornahme von Bankgeschäften im Verkehr mit dem Ausland. *Mit öffentl. Verwaltungen* darf sie u. a. folgende Geschäfte betreiben: Gewährung kurzfristiger Kredite an den Bund, die Bundesbahn, die Bundespost, den Ausgleichsfonds, das ERP-Sondervermögen, die Länder. Die erlaubten Geschäfte *mit jedermann* sind insbes. die im Auslandsverkehr und im Giroverkehr.

Währungspolit. Befugnisse: Die D. B. hat das ausschließl. Recht, Banknoten in der BR Deutschland auszugeben. Mit Hilfe der *Diskont-*, *Kredit-*, *Offenmarkt-* und *Mindestreservepolitik* beeinflußt sie den Geldumlauf und die Kreditgewährung. Die *Einlagenpolitik* betrifft die öffentl. Verwaltungen; sie gibt der D. B. die Möglichkeit, die flüssigen Mittel des Bundes, des Ausgleichsfonds, des ERP-Sondervermögens und der Länder auf zinslosen Girokonten zu halten. Auf den Handel mit ausländ. Zahlungsmitteln im Rahmen des Devisentermingeschäfts nimmt die D. B. durch ihre Festsetzung von Swapsätzen *(Swappolitik)* Einfluß.

Deutsche Bundespost (Kurzbez.: Bundespost), Abk. DBP, wichtigster Träger des Nachrichtenverkehrs in der BR Deutschland. Unter der Bez. „DBP" wird die Verwaltung des Post- und Fernmeldewesens in der BR Deutschland als Bundesverwaltung von dem Bundesminister für das Post- und Fernmeldewesen unter Mitwirkung eines Verwaltungsrates geleitet (§ 1 Abs. 1 Gesetz über die Verwaltung der DBP [Postverwaltungsgesetz, PstVerwG] vom 24. 7. 1953). Das Post- und Fernmeldewesen in Berlin (West) wird von dem Präsidenten der Landespostdirektion Berlin nach den Weisungen des Bundesministeriums für das Post- und Fernmeldewesen verwaltet. Das ehem. Dt. Sondervermögen Dt. Reichspost wurde mit Wirkung vom 24. Mai 1949 Vermögen des Bundes als Sondervermögen „DBP" mit eigener Haushalts- und Rechnungsführung. Gegr. wurde die DBP am 1. April 1950, nachdem 1947 im Vereinigten Wirtschaftsgebiet eine Hauptverwaltung für das Post- und Fernmeldewesen errichtet worden war.

Rechtl. und wirtsch. Struktur: Die DBP sowie die Landesdirektion Berlin (West) können im Rechtsverkehr unter ihren Namen handeln, klagen und verklagt werden. Die Beamten der DBP sind unmittelbare Bundesbeamte. Die DBP soll nach den Grundsätzen der Verkehrs-, Wirtschafts-, Finanz- und Sozialpolitik verwaltet werden; den Interessen der dt. Volkswirtschaft ist Rechnung zu tragen. Diese im Vergleich zur Dt. Bundesbahn stärkere Bindung an die polit. Instanzen der BR Deutschland hat ihren Grund im Postregal und im Postzwang.

Aufgabengebiete: Die DBP ist in erster Linie Trägerin des Nachrichtenverkehrs in der BR Deutschland. Daneben treten andere Dienstleistungsbereiche wie Kleingutverkehr, Postreisedienst, Postgirodienst, Postsparkassendienst u. a.

Organe: Die DBP verfügt über einen dreistufigen Aufbau. Oberste Bundesbehörde ist das Bundesministerium für das Post- und Fernmeldewesen, dem als mittlere Bundesbehörden die Oberpostdirektionen, die Landespostdirektion Berlin, das Fernmeldetechn. Zentralamt, das Posttechn. Zentralamt, das Sozialamt der DBP, die Ingenieurakademien der DBP und die Bundesdruckerei unterstehen. Untere Bundesbehörden sind sämtl. selbständigen Ämter des Post- und Fernmeldewesens. Der Voranschlag für das Rechnungsjahr wird im Einvernehmen mit dem Bundesfinanzministerium ausgearbeitet, vom Postverwaltungsrat festgestellt und dem Bundestag zur Kenntnis gebracht. Dem Verwaltungsrat der DBP gehören Mitglieder des Bundestags, des Bundesrats, der Gesamtwirtschaft, des Personals der DBP sowie Sachverständige auf dem Gebiet des Nachrichten- und Finanzwesens.

DEUTSCHE BUNDESPOST
Verkehrsleistungen und Bestandszahlen 1985

	Mill.
Postdienst	
Briefsendungen	12643
Paketsendungen	243
Zeitungen und Zeitschriften	1994
Postgirodienst	
Buchungen	2615
Konten am Jahresende	4,5
Guthaben auf den Konten (Jahresdurchschnitt) in DM	14917
Postsparkassendienst	
Konten am Jahresende	20,8
Guthaben auf den Konten (Jahresdurchschnitt) in DM	34764
Telegrafendienst	
Aufgegebene Telegramme	5,6
abgehende Telexverbindungen	
Inland	172
Ausland	80
Fernsprechdienst	
Ortsgespräche	17172
Ferngespräche	10444
Sprechstellen am Jahresende	37,9
darunter Hauptanschlüsse am Jahresende	25,8
Personalwesen	
Personalbestand im Jahresdurchschnitt	Anzahl: 505978

Die Ertragslage der DBP hat sich nach jahrelang übl. Defiziten durch Gebührenerhöhungen und Produktivitätsverbesserungen soweit verbessert, daß die v.a. im Fernmeldewesen erzielten Überschüsse mehr als ausreichen, das Defizit aus anderen Bereichen zu decken. Dieses Ungleichgewicht zw. den Ergebnissen aus dem Fernmeldewesen und den anderen Bereichen soll durch Verbilligungen der Dienstleistungen beim Fernmeldewesen gemildert werden.

Deutsche Burschenschaft ↑Burschenschaft.

Deutsche Centralbodenkredit AG, dt. Hypothekenbank, gegr. 1870, Sitz Berlin (West) und Köln; gehört zum Konzernbereich der Dt. Bank AG.

Deutsche Christen, kirchenpolit. Strömung, von verschwommenen Vorstellungen über Beziehungen zw. Christentum und völk. Ideen geprägt, mit rassist. bestimmter Ablehnung des A. T. Die **Kirchenbewegung Deutsche Christen,** auch „Thüringer D. C." genannt, bereits 1927 von Pfarrern S. Leffler (* 1900) und J. Leutheuser (* 1900, ⚔ 1942) gegr., sah im Nationalsozialismus ein Ergebnis des Heilshandelns Gottes. - Die **Glaubensbewegung Deutsche Christen,** 1932 durch den Berliner Pfarrer J. Hossenfelder (* 1892) gegr., versuchte, in einer „Reichskirche" die vom landesfürstl. Territorialismus überkommene Zersplitterung des dt. Protestantismus durch das „Führerprinzip" zu überwinden. Die Aufnahme von sog. Nichtariern in die Gemeinde wurde ausgeschlossen. - Zur Beschwichtigung der kirchl. Opposition im In- und Ausland stellte der 1933 zum Reichsbischof gewählte L. Müller Forderungen der D. C. wie Einführung des Arierparagraphen zurück. Nachdem die NSDAP die D. C. nicht mehr länger für nützl. hielt und unterstützte, zerfiel die Bewegung.

Deutsche Christlich-soziale Volkspartei, Abk. DCSVP, 1919 gegr. sudetendt. Partei zur Organisation der dt. kath. Mittelschichten in der Tschechoslowakei; wollte die Gleichberechtigung für die Deutschen durch konstruktive Mitarbeit im Staat erreichen; 1938 aufgelöst.

Deutsche Demokratische Partei, Abk. DDP, 1918 gegr. linksliberale Partei; sprach sich für die parlamentar., unitar. Republik, für Privatwirtschaft mit sozialer Bindung und Einheitschule aus. Maßgebl. Einfluß auf die Weimarer Verfassung; war 1919–32 (außer 1927/28) in allen Reichskabinetten vertreten. Die DDP stützte sich v.a. auf das mittelständ. städt. Bürgertum bei starkem Einfluß führender Bankiers. Nach Rückgang ihres Stimmenanteils von 18,6 % (1919) auf 4,8 % (1928) fusionierte ihre Mehrheit 1930 u.a. mit dem Jungdt. Orden zur erfolglosen **Deutschen Staatspartei,** die sich nach Zustimmung zum Ermächtigungsgesetz 1933 selbst auflöste.

Deutsche Demokratische Republik

(Abk.: DDR), Republik in M-Europa zw. 54° 41′ und 50° 10′ n. Br. sowie 9° 54′ und 15°02′ ö. L. **Staatsgebiet:** Die DDR erstreckt sich von der Ostseeküste im N bis auf den Kamm des Sächs. Erzgebirges im S; im O grenzt sie an Polen, im S an die ČSSR, im W an die BR Deutschland; innerhalb des Territoriums befindet sich Berlin (West). **Fläche:** 108333 km². **Bevölkerung:** 16,66 Mill. E (1984), 153,8 E/km². **Hauptstadt:** Berlin (Ost). **Verwaltungsgliederung:** 15 Bez., einschließl.

Berlin (Ost), die in 28 Stadt- und 191 Landkreise unterteilt sind. **Amtssprache:** Deutsch. **Nationalfeiertag:** 7. Okt. **Währung:** Mark der Dt. Demokrat. Republik (Kurzbez. Mark; M) = 100 Pfennig (PF); kein offizieller Kurs im innerdt. Handel. **Internat. Mitgliedschaften:** UN, COMECON, Warschauer Pakt. **Zeitzone:** MEZ.

Landesnatur: Die DDR hat Anteil am Norddt. Tiefland und der dt. Mittelgebirgsschwelle. An die Ostseeküste – Steilküste im W, Boddenküste im O – mit vorgelagerten Inseln (die größte ist Rügen mit 926 km²) schließt das Jungmoränengebiet des Balt. Höhenrückens an mit zahlr. Seen (Mecklenburgische Seenplatte). Nach S Übergang in das Altmoränenland mit Niederungen, Urstromtälern und trockenen Hochflächen (Platten, Ländchen). Begrenzt wird dieser Raum vom Südl. Landrücken, zu dem der Endmoränenzug des Fläming gehört. Es folgt die fruchtbare Bördenzone, die in der Leipziger Tieflandsbucht weit nach S ausgreift. Die westl. Gebirgsumrandung der DDR besteht aus dem O-Harz, dem Thüringer Wald und Teilen des Frankenwalds. Zw. Harz und Thüringer Wald ist die Schichtstufenlandschaft des Thüringer Beckens eingeschaltet. Die östl. Umrandung reicht vom Elstergebirge über das Erzgebirge mit dem Fichtelberg, der höchsten Erhebung des Landes (1 214 m) bis zum Elbsandsteingebirge mit dem Durchbruchstal der Elbe; zw. Elbe und Lausitzer Neiße breiten sich das Lausitzer Bergland und das Lausitzer Gebirge aus.

VERWALTUNGSGLIEDERUNG
(Stand Ende 1984)

Bezirke	Fläche km²	Einwohner (in 1 000)
Berlin	403	1 197
Cottbus	8 262	883
Dresden	6 738	1 783
Erfurt	7 349	1 237
Frankfurt	7 186	707
Gera	4 004	742
Halle	8 771	1 801
Karl-Marx-Stadt	6 009	1 889
Leipzig	4 966	1 384
Magdeburg	11 526	1 255
Neubrandenburg	10 948	620
Potsdam	12 568	1 122
Rostock	7 074	898
Schwerin	8 672	592
Suhl	3 856	550

Klima: Das Klima ist im W ozean., im O kontinentalen Einflüssen unterworfen; es bestehen erhebl. Unterschiede, v. a. in den kleingekammerten Landschaften der Mittelgebirgszone. Im Norddt. Tiefland fallen durchschnittl. 500–600 mm Niederschlag/Jahr, die höchsten Werte wurden im Harz am Brocken gemessen mit über 2 000 mm/Jahr.

Vegetation: Die DDR gehört zur mitteleurop. Zone der sommergrünen Laubwälder. In altbesiedelten Gebieten wurden die natürl. Waldbestände von der Landw. verdrängt. Auf sandigen Böden des Norddt. Tieflands dominiert ein Kiefern-Eichen-Wald. Auf Buchenwälder folgen in den Mittelgebirgen Mischwälder (v. a. Buchen und Fichten), die Kammlagen sind vielfach waldfrei, vereinzelt finden sich Moore.

Bevölkerung: Nach Kriegsende erhöhte sich die Bev.zahl infolge des Flüchtlingszustroms und der Umsiedlung aus dem O, nahm dann aber bis in die 2. Hälfte der 1970er Jahre laufend ab. Kriegsverluste und die starke Abwanderung von Arbeitskräften in die BR Deutschland bis 1961 hatten einen extrem hohen Anteil an älteren Jahrgängen sowie einen hohen Frauenüberschuß zur Folge, was einen starken Geburtenrückgang, hohe Frauenerwerbstätigkeit und Weiterarbeit der Rentner nach sich zog. Die regionale Verteilung der Bev. ist ungleichmäßig: Etwa nördl. der Linie Magdeburg–Dessau–Görlitz wird das Land vorwiegend agrar. genutzt, die Bev.-dichte liegt unter 100 E/km², abgesehen von Berlin (Ost) mit 2725 E/km². Im stark industrialisierten S ragen drei Ballungsräume heraus: Halle–Leipzig, Karl-Marx-Stadt–Zwikkau und der Raum Dresden. Hier leben 100–500 E/km². In der Lausitz lebt eine sprachl., kulturell weitgehend autonome Minderheit, die Sorben. - Den ev. Landeskirchen gehören rd. 50%, der kath. Kirche rd. 8% der Bev. an (Schätzungen). - 1948/49 begann die Übernahme von Inhalten und Organisationsmustern des sowjet. Bildungssystems. 1959 wurde die zehnjährige Schulpflicht und polytechn. Bildung eingeführt. Die Vorschulerziehung umfaßt Kinderkrippen und Heime für Kinder bis zum vollendeten 3. Lebensjahr sowie Kindergärten für 3–6jährige. Kernstück des allgemeinbildenden Schulwesens ist die zehnklassige polytechn. Oberschule. Die erweiterte Oberschule baut auf bes. Vorbereitungsklassen im 9. und 10. Schuljahr auf, umfaßt zwei Jahre und führt zum Abitur. Auch an Berufsschulen kann das Abitur zus. mit einer Facharbeiterprüfung abgelegt werden. Die DDR verfügt über 54 Hochschulen. - Das Gesundheitswesen ist gut ausgebaut (im Durchschnitt je ein Arzt für 450 Einwohner).

Wirtschaft: Die nach dem 2. Weltkrieg vor der gesamten dt. Wirtschaft stehenden Probleme der Überwindung der Kriegsfolgen waren für das Gebiet der heutigen DDR bes. groß. Der Zerstörungsgrad der Ind. betrug 45 % (im Gebiet der heutigen BR Deutschland rund 20 %), die Ind.produktion belief sich auf etwa 27 % des Niveaus von 1936. In den folgenden Jahren kamen dazu noch

die Belastungen durch Demontagen und Reparationen an die UdSSR. So wurden zahlreiche große Betriebe als „Sowjet. Aktiengesellschaften" (SAG) in das Eigentum der UdSSR überführt. Die Demontagen wirkten sich v. a. im Bereich der Infrastruktur (Eisenbahnschienen) lange nachteilig aus. Bis zur Gründung der DDR 1949 erfolgten bereits die ersten Weichenstellungen zur Schaffung eines sozialist. Wirtschaftssystems durch die Bodenreform (Enteignung der Großgrundbesitzer) und die Beschlagnahme des Eigentums von „Naziaktivisten, Kriegsverbrechern und Monopolisten", die zur Bildung der ersten Volkseigenen Betriebe (VEB) führten. Ab 1950 wurden auch die SAG in VEB umgewandelt. Für die Jahre 1949/50 wurde mit dem ersten Wirtschaftsplan der Übergang zu einer Planwirtschaft eingeleitet. Die Ausarbeitung eines „öffentl. Wirtschaftsplanes" durch den Staat wurde auch in der Verfassung der DDR (Art. 21) verankert.
Der *1. Fünfjahrplan* für 1951–55 orientierte die Wirtschaft v.a. auf die Beseitigung der als Folge des Krieges und der Spaltung Deutschlands entstandenen Disproportionen. Das bedeutete in erster Linie, Schwerind. und Infrastruktur zu entwickeln, zugleich andererseits, eine nur langsame Erhöhung des Lebensstandards der Bev. in Kauf zu nehmen. Die Leitung der Wirtschaft erfolgte durch die Staatl. Plankommission. Der Fünfjahrplan enthielt weitgehende quantitative Festlegungen, die den Betrieben als Normen für ihren Mengenausstoß vorgegeben wurden. 1952 wurde von der SED beschlossen, die „Grundlagen des Sozialismus" zu schaffen. Da diese Grundlagen nach marxist. Auffassung in erster Linie gesellschaftl. Eigentum an Produktionsmitteln erfordern, mußte die in der Ind. weitgehend schon vollzogene Enteignung auch in der Landw. durchgesetzt werden. 1952 wurden etwa 80 % des Bruttoprodukts der Ind. in volkseigenen und genossenschaftl. Betrieben erzeugt, wogegen in der Landw. noch über 87 % der Produktion in privaten Einzelwirtschaften erfolgte. Die Kampagne zur Bildung von Landwirtschaftl. Produktionsgenossenschaften (LPG) dauerte bis Ende 1960.
Mit dem *2. Fünfjahrplan* 1956–60 wurde versucht, die deutlich gewordenen Mängel in der Effektivität der Produktion zu beseitigen, ohne jedoch an dem starren administrativen Planungssystem wesentl. Änderungen vorzunehmen. Verglichen mit dem niedrigen Entwicklungsstand 1945 wurden bis 1959 zwar beachtl. Zuwachsraten erreicht, doch blieb der Lebensstandard der Bev. weit hinter dem in der BR Deutschland zurück. Die Lebensmittelkarten z. B. konnten in der DDR erst 1958 abgeschafft werden. Die damit zusammenhängende Abwanderung von Arbeitskräften, gerade auch von höher qualifizierten, stellte für die DDR zunehmend eine ökonom. Belastung dar.
Der bereits vor Ablauf des 2. Fünfjahrplans 1959 beschlossene Perspektivplan (*Siebenjahrplan* bis 1965) sollte in erster Linie zu einer Anhebung des Lebensstandards der Bev. auf das in der BR Deutschland erreichte Niveau führen. Die Zahl der Flüchtlinge nahm jedoch weiter zu, bis schließlich am 13. 8. 1961 durch die DDR die bis dahin offene Sektorengrenze zu Berlin (West) geschlossen wurde. 1962 wurden in Ind. und Handwerk 92,3 % des Bruttoprodukts in sozialist. und halbstaatl. Betrieben erzeugt. In der Landw., in der die Kollektivierungskampagne abgeschlossen war, wurden fast 90 % des Bruttoprodukts in LPG erzeugt. Auf Grund dieses Anteils des staatl. Sektors an der Gesamtproduktion erklärte die SED den „Sieg der sozialist. Produktionsverhältnisse".
In den Vordergrund der Bemühungen traten nun Reformen im Planungssystem. Ein „*Neues Ökonomisches System der Planung und Leitung*" (NÖSPL) wurde ausgearbeitet, das v. a. die Selbständigkeit der VEB erhöhte. Eine detaillierte mengenmäßige Vorgabe für die Produktion durch einen zentralen Plan hatte sich als für eine hochindustrialisierte Wirtschaft untauglich erwiesen. Mit dem NÖSPL wurde der zentralen Planung vorrangig die Aufgabe zugewiesen, die Perspektiven der wirtsch. Entwicklung festzulegen, deren Verwirklichung durch die VEB durch sog. „ökonom. Hebel" sichergestellt werden sollte. Diese ökonom. Hebel stellten wertmäßige Kennziffern dar, die die VEB zu effektiver Nutzung ihrer Produktionsmittel stimulieren sollten, indem sie v.a. auch die Prämienzahlungen an das Betriebsergebnis koppelten. Dieses „Prinzip der materiellen Interessiertheit" der Betriebe ist verbunden mit dem „Prinzip der Eigenerwirtschaftung der Mittel" durch die VEB: die für Ersatz- und Erweiterungsinvestitionen erforderl. Mittel müssen von den VEB selbst erwirtschaftet werden, sofern nicht der Staat aus strukturpolit. Gründen zusätzl. Mittel bereitstellt. Im übrigen kann die strukturelle Entwicklung durch eine je nach Zielsetzung in ihrer Höhe veränderbare Nettogewinnabgabe gesteuert werden. Um die Anhäufung überflüssiger Produktionsmittel zu verhindern bzw. eine bestmögl. Ausnutzung der vorhandenen Mittel zu erreichen, wurde als wichtigster ökonom. Hebel eine jährl. Abgabe auf die jeweils vorhandenen Betriebsmittel (Produktionsfondsabgabe) eingeführt. Innerhalb dieses Rahmens wurde bis Ende der 1960er Jahre stark experimentiert. Insbes. das System der Festsetzung der Ind.preise bereitete Probleme, da durch unterschiedlich rasche Entwicklung der Produktivität in den einzelnen Ind.zweigen das für die Ind.güter festgelegte Preisgefüge immer wieder überholt wurde. Im Übergang zu den 1970er

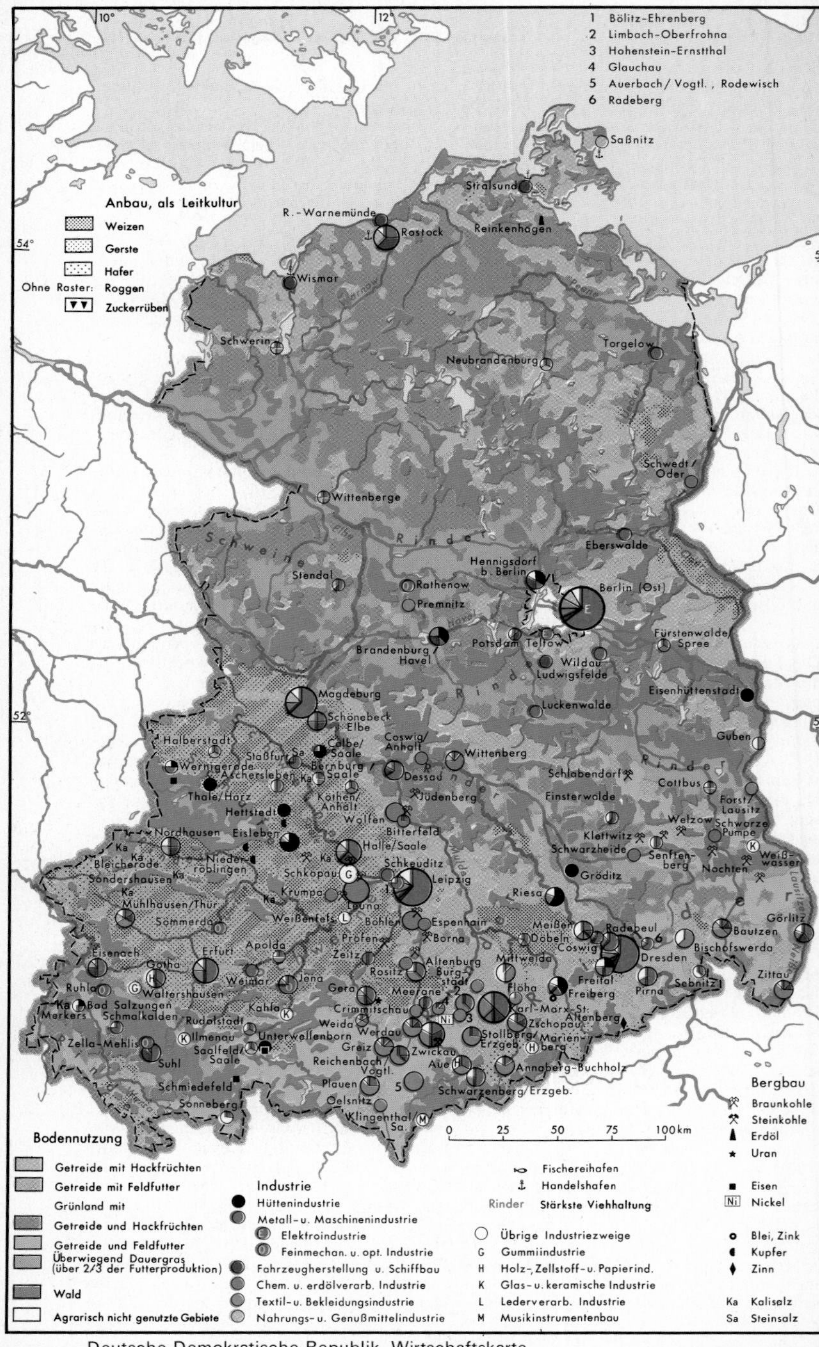

Deutsche Demokratische Republik. Wirtschaftskarte

Jahren wurde nach langen Auseinandersetzungen u.a. über das wünschenswerte Ausmaß der Selbständigkeit der Betriebe (und wohl auch unter dem Eindruck der Entwicklung in der ČSSR 1968) die Phase des Experimentierens weitgehend abgebrochen mit der Einführung des Ökonom. Systems des Sozialismus (ÖSS), das die Selbständigkeit der Betriebe u.a. durch die Verstärkung der Rolle der Vereinigungen Volkseigener Betriebe (VVB) als zw. dem zuständigen Ministerium und den VEB stehenden Organen wieder einengte. Bei den ökonom. Zielsetzungen trat die „ständige Erhöhung" des Lebensstandards der Bev. als von der SED bezeichnete „Hauptaufgabe" in den Vordergrund. Bes. Anstrengungen wurden in den 1970er Jahren unternommen, die Versorgung der Bev. mit Wohnraum zu verbessern.

Zwar ist es der DDR gelungen, einen – v.a. im Vergleich zu den anderen sozialist. Staaten – relativ hohen Lebensstandard der Bev. zu erreichen, ungelöst sind jedoch nach wie vor verschiedene Probleme, die sich aus dem Planungssystem selbst ergeben, v.a. die sog. „Produktion der tausend kleinen Dinge", d.h. die Versorgung mit kleinen, aber wichtigen Produkten (z.B. Knöpfen), die Qualität der Konsumgüter, bes. langlebiger techn. hochwertiger Produkte, die flexible Veränderung der Planung je nach den sich ändernden (modernen) Konsumbedürfnissen der Bevölkerung. Außerdem zeigte die Verteuerung zahlr. Rohstoffe auf dem Weltmarkt Schwächen im System künstl. staatlich fixierter Preise. Der erforderl. Mehraufwand an Devisen verringerte den Spielraum für andere Importe. Die Preise für bestimmte Konsumgüter durch Subventionen niedrig zu halten, verlangt immer stärkere Aufwendungen, die nur z.T. durch Einnahmen auf Grund entsprechend höherer Preise für Luxusartikel ausgeglichen werden können.

Außenhandel: Importiert werden v.a. Rohstoffe, exportiert überwiegend Fertigwaren, bes. der Investitionsgüterindustrie. Für die Abrechnung des Außenhandels wird als Einheit die Valuta-Mark (VM) verwendet. 1984 beliefen sich die Importe auf 83 501 Mill. VM, die Exporte auf 90 402 Mill. VM. Die wichtigsten Handelspartner sind die COMECON-Länder, darunter v.a. die Sowjetunion. Nach dem Außenhandelsumsatz steht die BR Deutschland hinter der Sowjetunion und der ČSSR an dritter Stelle.

Verkehr: Da auf dem Territorium der heutigen DDR die meisten Hauptverkehrslinien als Verbindungslinien zw. O und W des Dt. Reiches verliefen, mußte nach dem 2. Weltkrieg das Verkehrsnetz umstrukturiert werden. Wichtigster Verkehrsknotenpunkt ist Berlin (Ost), weitere bed. Sammelpunkte sind Leipzig und Dresden.

Kennzeichnend für den Gesamtverkehr ist die Vorrangstellung der Eisenbahn. Der Güterverkehr mit den COMECON-Staaten erfolgt in erster Linie auf dem Schienenweg. Das Schienennetz hat eine Länge von 14 226 km (1984; 1960: 16 174 km).

Der Ausbau des *Straßennetzes* wurde erst gefördert, nachdem die individuelle Motorisierung stark zugenommen hatte. Die DDR verfügt über ein Straßennetz von 13 164 km

Deutsche Demokratische Republik.
Gliederung des Bildungssystems

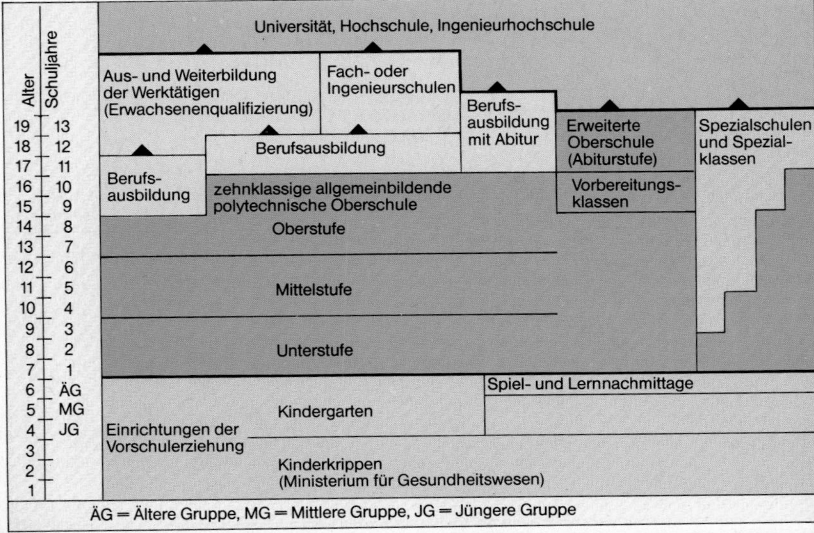

Staatsstraßen und 34 097 km Bezirksstraßen (1960: 12 335 km bzw. 33 144 km). Die geringe Bed. der *Binnenschiffahrt* ist auf den schlechten Zustand der Wasserstraßen und ihre ungünstige Lage zurückzuführen. Die wichtigsten Kanäle sind der Oder-Spree-Kanal (83,7 km Länge), der Oder-Havel-Kanal (82,8 km) und der Mittellandkanal (62,6 km); wichtigste schiffbare Flußstrecke ist der DDR-Elbeanteil mit 566,3 km Länge. Die DDR-*Handelsflotte* umfaßt (1984) 172 Schiffe mit 1 201 575 BRT. Bedeutendster Überseehafen ist Rostock. Im *Luftverkehr* ist es der DDR gelungen, mit der „Interflug" eine leistungsfähige Luftverkehrsgesellschaft aufzubauen, die 1984 über 65 Linien mit einer Länge von 145 172 km verfügte.
Im *Güterverkehr* der DDR wird die Transportleistung (in geleisteten Tonnenkilometern) zu 45,8 % von der Seeschiffahrt, zu 39,3 % von der Eisenbahn erbracht; bei der *Personenbeförderung* liegt die Eisenbahn mit 42,4 % der Beförderungsleistung (in geleisteten Personenkilometern) gegenüber dem Kraftverkehr (50,7 %) an zweiter Stelle.
Geschichte: Die DDR war zunächst ein Produkt der Besatzungspolitik (↑deutsche Geschichte). Wichtige Veränderungen in der sozioökonom. Struktur waren bereits vor Gründung der DDR vorgenommen worden (Bodenreform, Schulreform, Justizreform, Aufbau einer neuen Verwaltung und Zentralverwaltungswirtschaft, Enteignung und Verstaatlichung großer Teile der Ind.). Mit der SED war das entscheidende polit. Herrschaftsinstrument geschaffen worden, aus der SBZ die DDR zu entwickeln, mit der Dt. Wirtschaftskommission (1947) und dem 2. Dt. Volksrat (1949) entstanden bereits die Vorläufer eines Reg.- und eines parlamentar. Organs. Die Konstituierung des Dt. Volksrats als Provisor. Volkskammer und die Annahme der Verfassung (7. Okt. 1949) sowie die Bildung der Reg. Grotewohl (11. Okt. 1949) schlossen die „antifaschist.-demokrat. Revolution" ab. Mit der „Schaffung der Grundlagen des Sozialismus" begann dann die Periode der „sozialist. Revolution". Eine Verfassung bürgerl.-demokrat. Charakters wurde in Kraft gesetzt, zugleich wurde die Gesellschaft mehr und mehr nach dem sowjet. „Grundmodell des Sozialismus" organisiert. Die erste Zäsur war dabei der Beschluß der Parteien und Massenorganisationen, für die Volkskammerwahlen im Okt. 1950 eine Einheitsliste der Nat. Front zur völligen Gleichschaltung der bürgerl. Parteien aufzustellen, die nach offiziellem Wahlergebnis 99,7 % Zustimmung fand. Für die Phase des sozialist. Aufbaus, dem im Mai 1952 mit der Aufstellung nat. Streitkräfte, zunächst als kasernierte Volkspolizei, das entscheidende Machtmittel gegeben wurde, markierte die 2. Parteikonferenz der SED (Juli 1952) im Sinne des sowjet. Grundmodells die Zielpunkte: vorrangige Entwicklung der Schwerind., Bildung von landw. Produktionsgenossenschaften, verschärfter Klassenkampf gegen bürgerl. Mittelstand und Intelligenz, gegen Bauern und gegen die Kirchen, außerdem Hinwendung zu nat. Agitation und Propaganda.
Im Zuge der Verwaltungsreform vom 23. Juli 1952 wurden die 5 Länder Sachsen, Sachsen-Anhalt, Thüringen, Brandenburg und Mecklenburg aufgelöst und durch 14 Bezirke ersetzt. Die Politik des sozialist. Aufbaus wurde weder durch den Neuen Kurs (9. Juni 1953) noch durch den Aufstand des Siebzehnten Juni (1953) entscheidend verlangsamt. Auch die Konsequenzen der Entstalinisierung 1955/56 wurden in der DDR 1957/58 in Aktionen gegen „revisionist. Abweichler" (Prozesse gegen die Gruppe um Harich, Wollweber und Schirdewan) gewendet, die Parteifüh-

DEUTSCHE DEMOKRATISCHE REPUBLIK GESUNDHEITSWESEN

Jahr	Ärzte		Betten in Krankenhäusern	
	Anzahl	auf 10 000 Einwohner	Anzahl	auf 10 000 Einwohner
1952	13 740	7,5	193 893	106
1962	15 618	9,1	207 093	121
1972	28 590	16,8	186 075	114
1976	32 097	19,1	180 466	108
1977	31 776	19,0	178 555	107
1978	32 397	19,3	177 386	106
1979	33 089	19,8	176 300	105
1980	33 894	20,3	171 895	103
1981	34 626	20,7	171 157	102
1982	35 377	21,2	171 280	103
1983	36 181	21,7	170 996	102
1984	37 057	22,2	170 389	102

Quelle: Statist. Jb. der DDR 1984

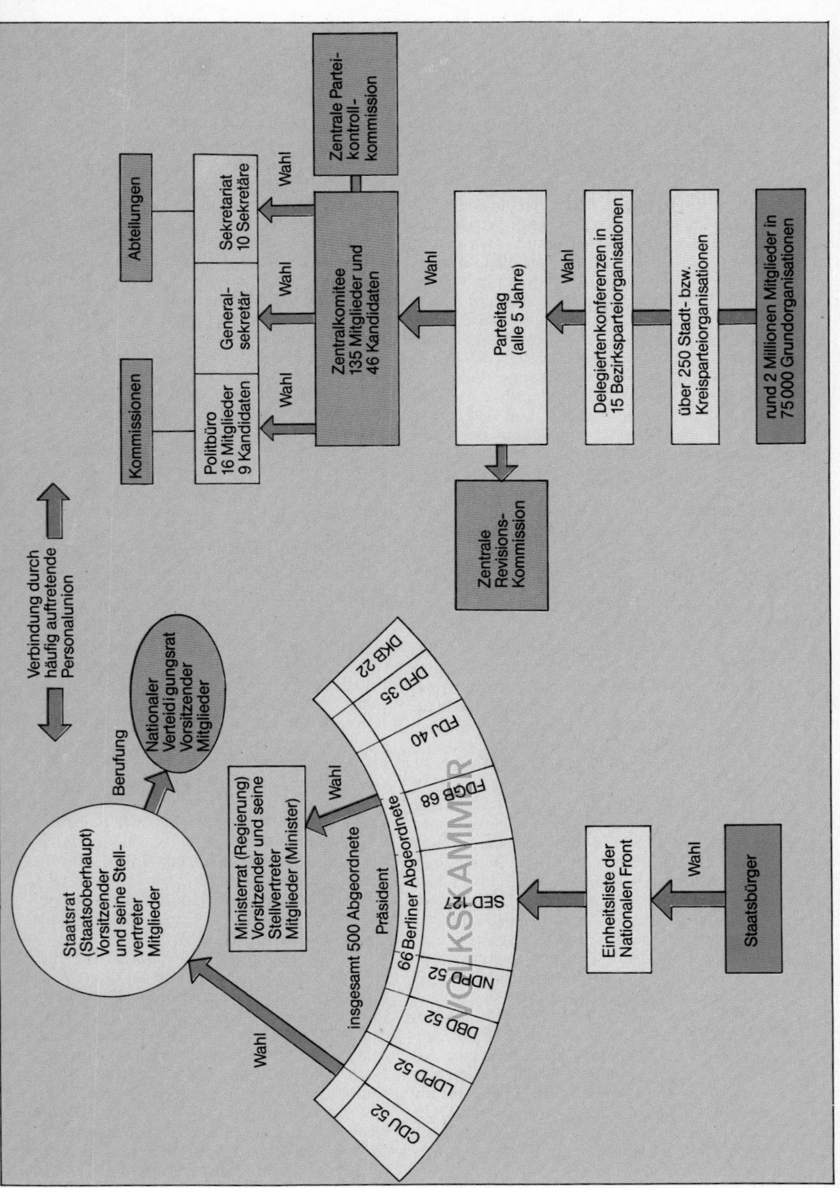

Deutsche Demokratische Republik. Aufbau des Regierungssystems und der Sozialistischen Einheitspartei Deutschlands

rung dadurch entscheidend stabilisiert. Ab 1956 beschleunigte die polit. Führung die Sozialisierung des Mittelstandes (Produktionsgenossenschaften des Handwerks, staatl. Beteiligung an Privatbetrieben, Kommanditgesellschaften des Handels) und verstärkte die Integration in den COMECON. Die ungünstigen Ausgangsbedingungen (schmale Energie- und Rohstoffbasis, Reparationen, Demontagen), zu hoch gesteckte Planziele v. a. in der Schwerind., die bürokrat. Wirtschaftsordnungspolitik, die einseitige Ausrichtung des Außenhandels auf die „sozialist. Staatengemeinschaft" und polit. Faktoren hatten den 1. Fünfjahrplan (1951–55) mit erhebl. Rückständen abschließen lassen und den 2. Fünfjahrplan so belastet, daß er abgebrochen und durch einen Siebenjahrplan (1959–65) ersetzt werden mußte. Mit der 1960 abgeschlossenen „Vollkollektivierung" der Landw. und der Abriegelung O-Berlins (13. Aug. 1961; Bau der Berliner Mauer) - und damit der DDR gegenüber der BR Deutschland insgesamt - infolge der Massenflucht aus der DDR sah W. Ulbricht, der 1960 größte Machtfülle erlangt hatte, die Voraussetzungen für den Sieg „der sozialist. Produktionsverhältnisse" gegeben.

Mit der Akzeptierung der Oder-Neiße-Linie im Görlitzer Abkommen (6. Juli 1950), der Mitgliedschaft im COMECON (29. Sept. 1950) u. der Mitbegründung des Warschauer Paktes (14. Mai 1955) entwickelte sich die DDR allmähl. vom Satelliten zum Juniorpartner der UdSSR. Dem entsprach die schrittweise Aufwertung der DDR durch die UdSSR: Die sowjet. Kontrollkommission wurde (28. Mai 1953) durch einen Hochkommissar ersetzt; am 25. März 1954 und 20. Sept. 1955 wurde die Souveränität der DDR von der UdSSR anerkannt (mit Ausnahme der den alliierten Berlinverkehr betreffenden Fragen) und am 12. März 1957 der Vertrag über die Stationierung der sowjet. Besatzungstruppen unterzeichnet, dem 1962 die Einführung der Wehrpflicht in der DDR folgte. Gleichzeitig wurde die Zweistaatentheorie formuliert, die seitdem die Deutschland- und Außenpolitik der DDR und der sozialist. Staaten trägt. Seit dem VI. Parteitag der SED 1963 begann mit dem Neuen Ökonom. System der Planung und Leitung der Volkswirtschaft (NÖSPL) eine Phase v. a. wirtsch. Reformexperimente. In ihr wurde die DDR eine Art Modell für die sozialist. Nachbarländer, was das Selbstbewußtsein der SED-Führung ebenso stärkte wie der Aufstieg der DDR zur stärksten Ind.macht des Ostblocks nach der UdSSR und zu einer der führenden Ind.-staaten der Erde.

Mit der Konzeption des „entwickelten gesellschaftl. Systems des Sozialismus" 1967–71, die einen Höhepunkt und gleichzeitig den Abschluß der Ära Ulbricht bildete, versuchte die SED, eine neuartige Kombination von kybernet. Systemdenken, Einsatz der Wiss. als Produktivkraft, wirtsch. Leistungsfähigkeit und polit. Sozialisation der Bev. zu entwickeln. Die im April 1968 durch Volksentscheid angenommene neue Verfassung glich mit mehreren Gesetzeswerken einer sozialist. Rechtsreform (1961–68) das bis dahin weitgehend noch bürgerl.-demokrat. Verfassungsrecht weitgehend der Verfassungswirklichkeit in der DDR an. Parallel zur Integration in das sozialist. Bündnissystem entwickelte die DDR ein System bilateraler „Freundschaftsverträge" (1964 mit der UdSSR, 1967 mit Polen, der Tschechoslowakei, Ungarn und Bulgarien), auf deren Grundlage weitere Abkommen über Handel, Verkehr, wiss. und kulturelle Verbindungen geschlossen worden sind. Heute wickelt die DDR, zweitstärkster Ind.staat des COMECON, rund drei Viertel ihres Außenhandels mit sozialist. Staaten ab. Internat. diplomat. Anerkennung blieb der DDR trotz einzelner Erfolge bis zur Wende der 1960er zu den 1970er Jahren v. a. wegen der Hallsteindoktrin versagt. Am 3. Mai 1971 übernahm E. Honecker anstelle von W. Ulbricht das Amt des 1. Sekretärs der SED. An der in den Jahren zuvor entwickelten Konzeption wurden einschneidende Veränderungen vorgenommen. So wurde eine Überbetonung der Rolle der Kybernetik auf Kosten des Marxismus-Leninismus kritisiert und auch das Ulbricht'sche Konzept einer „sozialist. Menschengemeinschaft" als zu harmon. Bild der gesellschaftl. Entwicklung verworfen. In der Wirtschaftspolitik rückte mit dem VIII. Parteitag der SED die „immer bessere Befriedigung der wachsenden Bedürfnisse der Bev." in den Vordergrund, in der Innenpolitik wurde zugleich ein zunehmend härterer Kurs gegen Kritiker eingeschlagen, der zu zahlr. Hausarresten, Verurteilungen (z. B. R. Bahro) und Abschiebungen (z. B. W. Biermann) in die BR Deutschland führte. Anläßl. des 30. Jahrestages der Gründung der DDR im Okt. 1979 wurden zahlr. (auch polit.) Häftlinge amnestiert und konnten z. T. (u. a. Bahro) in die BR Deutschland ausreisen.

Im Zuge der neuen Ostpolitik der BR Deutschland (Dt.-Sowjet. und Dt.-Poln. Vertrag 1970; Viermächteabkommen über Berlin 1971) kam es zu intensiven Kontakten zw. der DDR und der BR Deutschland (↑ auch Bundesrepublik Deutschland, Geschichte). Nach Abschluß des Grundvertrags (1972) wurde die DDR von fast allen Staaten diplomat. anerkannt und 1973 zus. mit der BR Deutschland in die UN aufgenommen. Die von der DDR letztl. auch in Reaktion auf die neue Ostpolitik verstärkt verfolgte Politik der Abgrenzung von der BR Deutschland führte seit 1971 zu zahlr. Namensänderungen von Institutionen, bei denen der Bestandteil „deutsch" ersetzt wurde, schließl. zum Verzicht auf den Begriff „dt. Nation" in der Verfassungsänderung von 1974, in der auch die unwiderrufl. Verbindung der DDR mit der UdSSR festgestellt ist. Im Okt. 1976 wurden wichtige Positionen in der staatl. Führungsspitze der DDR neu besetzt. Den Vorsitz im Staatsrat, der damit nach dem Machtverlust durch das Gesetz über den Min.rat der DDR (1972) wieder aufgewertet wurde, übernahm der Generalsekretär der SED, E. Honecker; W. Stoph, 1973–75 Staatsratsvors., wurde wieder (wie bereits 1964–73) Vors. des Min.-rats, während H. Sindermann von diesem Posten zu dem des Präs. der Volkskammer überwechselte. Nach Jahren eines relativ entspannten Verhältnisses zw. den beiden dt. Staaten verschärfte sich das Klima erst einige Zeit nach dem sowjet. Einmarsch in Afghanistan im Zusammenhang mit der Entwicklung um die freien Gewerkschaften in Polen seit Aug. 1980 erneut, obwohl die DDR-Führung negative Auswirkungen zu begrenzen suchte. In der Auseinandersetzung um die Stationierung der amerikan. Mittelstreckenraketen in Europa (Nov. 1983) wurde das Bemühen der DDR deutl., gegenüber der Sowjetunion begrenzt eigene Interessen geltend zu machen und das innerdt. Klima intakt zu halten bzw. zu verbessern (u. a. Besuch von H. Sindermann im Febr. 1986 in Bonn).

Politisches System: *Staatsform und Gesellschaftsordnung:* Nach der Verfassung (vom 6. April 1968, geändert 1972 und 1974) ist die DDR ein sozialist. Staat. Ausdruck und Inhalt sozialist. Staatlichkeit sind die Machtausübung durch alle Werktätigen, ein festes Bündnis der Arbeiterklasse mit den Genossenschaftsbauern und allen anderen Schichten des Volkes sowie das sozialist. Eigentum an den Produktionsmitteln. Die in der Verfassung eingeräumten Grundrechte (Art. 19–40) sind primär Mitwirkungs- und Mitgestaltungsrechte, erst in zweiter Linie verstehen sie sich als persönl. Entfaltungsrechte. Nicht allein dem eigenen Nutzen, sondern dem eigenen Nutzen in der sozialist. Gesellschaft sollen die Grundrechte dienen. Die polit. Machtausübung der Bürger vollzieht sich durch gewählte Volksvertretungen, die die Grundlage für das System der Staatsorgane bilden. Die aktive Mitgestaltung der Bürger an der Vorbereitung, Durchführung und Kontrolle von Entscheidungen der Staatsorgane ist Verfassungsnorm (Art. 5). Für die *Wirtschaftsordnung* bestimmt Art. 9 u. a.: „Die Volkswirtschaft der DDR ist sozialist. Planwirtschaft. Sie beruht auf dem sozialist. Eigentum an den Produktionsmitteln". Die staatl. Machtausübung in der DDR vollzieht sich auf der Grundlage des demokrat. Zentralismus.

Regierungssystem: Kollektives *Staatoberhaupt* ist der von der Volkskammer gewählte und ihr verantwortl. Staatsrat. Seine (legislativen und exekutiven) Kompetenzen wurden durch das Gesetz über den Min.rat von 1972 eingeschränkt. Der Vors. des Staatsrates (seit 1976: E. Honecker, SED) vertritt die DDR völkerrechtl. (Art. 66). Der Ministerrat (38 Mgl.), die Reg. der DDR, ist oberstes Organ der *vollziehenden (exekutiven)* Gewalt. Er leitet im Auftrag der Volkskammer die einheitl. Durchführung der Staatspolitik und organisiert die Erfüllung der polit., ökonom., kulturellen und sozialen sowie die ihm übertragenen Verteidigungsaufgaben und ist für seine Tätigkeit der Volkskammer verpflichtet; er wählt aus seiner Mitte ein Präsidium (15 Mgl.), das eigtl. Arbeitsorgan. Den Vorsitz im Präsidium führt der 1. Vors. des Min.rats (seit 1976 wieder W. Stoph, SED). Er wird von der stärksten Fraktion der Volkskammer vorgeschlagen und erhält von dieser den Auftrag zur Bildung des Min.rats, der daraufhin in seiner Gesamtheit für 5 Jahre von der Volkskammer gewählt wird. Nach Art. 48 ist die Volkskammer das oberste staatl. Machtorgan der DDR mit der alleinigen *verfassungs-* und *gesetzgebenden Kompetenz.* Für ihre Arbeit gilt der Grundsatz der Einheit von Beschlußfassung und Durchführung. Sie besteht aus 500 Abg. (434 werden in den 14 Bez. der DDR gewählt, die 66 Berliner Abg. werden seit 1979 nicht mehr von der Berliner Stadtverordnetenversammlung in die Volkskammer delegiert, sondern von der Bev. gewählt). Die Volkskammer wählt den Vors. und die Mgl. des Staatsrats und des Min.rats, den Vors. des Nat. Verteidigungsrats, den Präs. und die Richter des Obersten Gerichts sowie den Generalstaatsanwalt.

Parteien und Massenorganisationen: Es gibt 5 Parteien: die Sozialistische Einheitspartei Deutschlands (SED), die Christlich-Demokratische Union (CDU), die Liberaldemokratische Partei Deutschlands (LDPD), die Demokratische Bauernpartei Deutschlands (DBD) und die Nationaldemokratische Partei Deutschlands (NDPD). Dieses Mehrparteiensystem der DDR ist nicht als ein in Parteien ausgedrückter Ideenpluralismus zu verstehen. Alle Parteien bekennen sich in ihren Programmen zur sozialist. Gesellschaftsordnung. Die Aufgabe der 4 nichtsozialist. Parteien (CDU, LDPD, NDPD, DBD) besteht darin, die Interessen der durch sie repräsentierten Bev.-schichten im Rahmen der sozialist. Ideen zu vertreten. Gleichzeitig übernehmen sie gegenüber diesen Bev.schichten die Interpretation der gemeinsam mit der SED verfolgten Politik. Der Zusammenschluß der Parteien und Massenorganisationen (Freier Deutscher Gewerkschaftsbund [FDGB], Kulturbund der DDR, Freie Deutsche Jugend [FDJ], Demokrat. Frauenbund Deutschlands [DFD]) in der Nationalen Front der DDR ist eine Konsequenz des ideolog. erklärbaren und als Verfassungsnorm verankerten Führungsanspruchs der SED. Die Massenorganisationen

der DDR, deren Leitungsorgane überwiegend von Mgl. der SED besetzt sind, verstehen sich nicht als Interessengruppen (im Sinne organisierter Vertretung partikularer Interessen); ihre Integration in die Nat. Front und ihre Präsenz in den Vertretungskörperschaften des Staates verdeutlichen ihre Aufgaben, die in der Mitvertretung gesamtgesellschaftl. Interessen bestehen.
Verwaltung: In den Bezirken, Kreisen, Städten, Stadtbezirken, Gemeinden und Gemeindeverbänden werden örtl. Volksvertretungen gewählt, die auf der Grundlage der allg. Gesetze für ihr Gebiet verbindl. Beschlüsse fassen können (Art. 82). Zur Wahrnehmung ihrer Verantwortung bedienen sie sich gewählter Räte und verschiedener Kommissionen. Die Räte sind sowohl ihrer Volksvertretung als auch dem nächsthöheren Rat verantwortl. (doppelte Unterstellung).
Rechtswesen: Die der Rechtspflege zugewiesenen Aufgaben beziehen sich auf die Durchführung der *sozialistischen Gesetzlichkeit*, auf den Schutz und die Entwicklung der DDR und ihre Staats- und Gesellschaftsordnung, auf den Schutz der Freiheit, des friedl. Lebens, der Rechte und der Würde des Menschen. Der Wählbarkeit aller Richter, Schöffen und Mgl. gesellschaftl. Gerichte durch die Volksvertretung oder unmittelbar durch die Bürger entspricht ihre Abberufbarkeit durch die Wähler bei Verstößen gegen die Verfassung oder die Gesetze sowie bei gröbl. Pflichtverletzung (Art. 95). Die Rechtsprechung erfolgt durch das Oberste Gericht, die Bezirks- und Kreisgerichte und die gesellschaftl. Gerichte (Konfliktkommissionen in Betrieben und Verwaltungen, Schiedskommissionen in Wohngebieten der Städte und Gemeinden sowie in Produktionsgenossenschaften). Bei Militärstrafsachen üben unter dem Obersten Gericht die Militärobergerichte und Militärgerichte die Rechtsprechung aus (Art. 92). Die Staatsanwaltschaft wird vom Generalstaatsanwalt geleitet, ihm sind die Staatsanwälte der Bezirke, Kreise und des Militärs unterstellt, sie werden von ihm berufen und entlassen, sind ihm verantwortl. und an seine Weisungen gebunden. Der Generalstaatsanwalt ist der Volkskammer bzw. dem Staatsrat verantwortl. (Art. 98).
Landesverteidigung: In der DDR besteht allg. Wehrpflicht, die in der Nationalen Volksarmee (NVA) in 18monatiger Dienstzeit (2 Jahre bei Luftwaffe und Marine) abgeleistet werden kann. Die Gesamtstärke der NVA betrug 1985 rd. 174 000 Mann (Heer 120 000, Luftwaffe 39 000, Marine 15 000) zuzügl. 47 000 Mann Grenztruppen der DDR und 17 500 Mann Sicherheitstruppen. Die paramilitär. Kampfgruppen sind rd. 450 000 Mann stark.
Soziales: Das soziale Leistungssystem in der DDR hat sich zu einer einheitl. gelenkten Staatsbürgerversorgung entwickelt. Die Rahmenkollektivverträge und die Gestaltung der Tariflöhne der einzelnen Wirtschaftszweige werden von staatl. Organen in Übereinstimmung mit den zuständigen Gewerkschaftsorganen geregelt. Die Lohntarife im privaten Bereich werden durch Verträge zw. Gewerkschaft und der Industrie- und Handelskammer festgelegt. I. d. R. erfolgt die soziale Sicherung der gesamten Bev. durch die Sozialversicherung (ihr obliegen u. a. die Arbeitslosenversicherung, die Versorgung arbeitsunfähiger Kriegsopfer und ehem. Beamter sowie anderer nicht im Arbeitsprozeß stehender Gruppen). Sie wird vom FDGB und der Staatl. Versicherung der DDR wahrgenommen. Eine klare Trennung zw. sozialer Fürsorge und Sozialversicherung existiert in der DDR nicht. Auch auf dem Gebiet des Gesundheitsschutzes arbeiten Staat und Sozialversicherung eng zusammen.

Deutsche Demokratische Republik. Betriebe, Arbeiter und Angestellte sowie industrielle Bruttoproduktion nach Industriebereichen

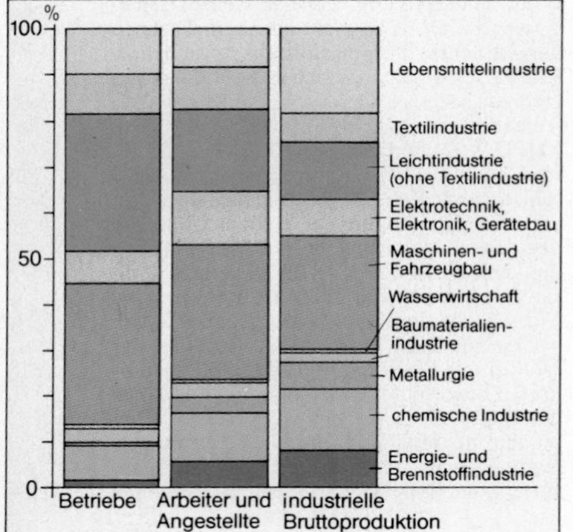

🕮 *DDR-Hdb. Hg. v. Bundesministerium f. Innerdt. Beziehungen. Leitung: H. Zimmermann. Köln ^{3}1985. - Behr, W.: BR Deutschland - DDR: Systemvergleich Politik, Wirtschaft, Gesellschaft. Stg. u. a. ^{2}1985. - Sperling, W.: Landeskunde DDR. Eine kommentierte Auswahlbibliographie. Erg.-Bd. 1978–1983. Mchn. 1984. - Weber, Hermann: DDR. Grundriß der Gesch. 1945–1981. Hannover 1982.*

Deutsche Dogge, Rasse bis 90 cm schulterhoher Doggen; Körper dicht und kurz behaart, kräftig, mit langgestrecktem, eckig wirkendem Kopf, deutl. Stirnabsatz, langen, spitz kupierten Stehohren und eckiger Schnauze mit Lefzen; Schwanz zieml. lang, rutenförmig; zahlr. Farbvarietäten; Wach-, Schutz- und Begleithund; benötigt viel Bewegung und eine energische Hand.

Deutsche Einigungskriege, Bez. für die drei Kriege, deren nat. integrierende Wirkung wesentl. zur kleindt. Einigung beitrug; Dt.-Dän. Krieg 1864, Dt. Krieg 1866, Dt.-Frz. Krieg 1870/71.

deutsche Farben, die im Zusammenhang mit der dt. Einheitsbewegung im 19. Jh. entstandenen Farben der dt. Fahne. Den Anstoß gaben die Uniformen des Lützowschen Freikorps: schwarz gefärbte Zivilröcke mit roten Samtaufschlägen und goldenen Knöpfen. Die Jenaer Burschenschaft setzte auf dem Wartburgfest 1817 ihre Tracht, Schwarz und Rot mit Gold durchwirkt, und ihre gleichfarbige Fahne für die dt. Burschenschaft durch. Durch das „Farbenlied" während der sog. Demagogenverfolgung entstand die Reihenfolge Schwarz-Rot-Gold, die zum Sinnbild der nat.staatl. Bewegung, dann auch der republikan. Zielvorstellungen wurde. 1848/49 zu den Bundesfarben und Farben des künftigen dt. Nationalstaats erklärt. Der Norddt. Bund wählte Schwarz-Weiß-Rot, angeblich gebildet aus den Farben Preußens (Schwarz-Weiß) und der Hansestädte (Weiß-Rot), nach heftigem „Farbenstreit" auf das Dt. Reich übertragen. Im Nov. 1918 wurden Schwarz-Rot-Gold die Reichsfarben der Republik; die Handelsflagge war ab 1919 Schwarz-Weiß-Rot (Reichsfarben im inneren oberen Geviert). Die Nationalsozialisten führten 1933 die schwarzweißrote Fahne wieder ein, neben der Hakenkreuzfahne (Parteifahne), die 1935 alleinige Nationalflagge wurde. Die Staatsfarben der BR Deutschland und der DDR sind wieder Schwarz-Rot-Gold.

Deutsche Forschungsgemeinschaft e. V., Abk. DFG, gemeinnützige Einrichtung der dt. Wiss. zur Förderung der Forschung in der BR Deutschland und in Berlin (West) sowie zur Sicherung der internat. Zusammenarbeit auf wiss. Gebiet; gegr. 1951. Sie verfügt vornehml. über Bundes- und Landesmittel und gewährt finanzielle Unterstützungen für Forschungsvorhaben oder -einrichtungen, plant und koordiniert neue Forschungsvorhaben, entwickelt Schwerpunktprogramme und richtet Sonderforschungsbereiche an den einzelnen Hochschulen ein.

Deutsche Forschungs- und Versuchsanstalt für Luft- und Raumfahrt e. V., Abk. DFVLR, 1968 gegr., aus der Dt. Gesellschaft für Flugwiss. e. V. sowie Luft- und Raumfahrt-Versuchsanstalten hervorgegangene wiss. Institution mit der Aufgabe, die Flug- und Raumfahrtwiss. v. a. auf dem Gebiet der angewandten Forschung zu fördern sowie Forschungseinrichtungen zu unterhalten und zu betreiben. Sitz Köln.

Deutsche Fortschrittspartei (1861–84), Abk. DFP, in Preußen durch verschiedene linksliberale und demokrat. Gruppen gegr. liberale Partei, in deren Führung Rittergutsbesitzer und Bildungsbürgertum dominierten; 1866 spaltete sich der rechte Flügel ab und wurde Kern der Nationalliberalen Partei; fusionierte 1884 mit der Liberalen Vereinigung in der Dt. Freisinnigen Partei, die als einzige bürgerl. Partei in Opposition zum System Bismarck blieb.

deutsche Frage, 1. die Probleme der territorialen, polit., wirtsch. und gesellschaftl. Organisation der bis 1806 im Hl. Röm. Reich verbundenen Territorien; abhängig nicht nur von innerdt. Gegensätzen, sondern auch von den europ. Mächtebeziehungen. 1848 setzte das offene Ringen zw. Kleindt. und Großdt. ein. Der preuß.-östr. Dualismus spitzte sich zu. Preußen als der stärksten Militär- und Wirtschaftsmacht gelang es, in drei [Einigungs]kriegen ab 1864 die d. F. im unvollendeten Nationalstaat des Dt. Reiches von 1871 vorläufig zu lösen.
2. Nach 1918 stellte sich die d. F. v. a. als Problem der östr. Anschlußbewegung. Doch war der Anschluß Österreichs und des Sudetenlandes 1938 nur Vorstufe für Hitlers Eroberungspolitik.
3. Seit 1945 wurde die d. F. als Problem der nat. und polit.-sozialen Organisation Deutschlands wieder primär zur internat. Frage. Im O-W-Gegensatz verfestigte sich die dt. Spaltung mit dem Ausbau unterschiedl. polit.-sozialer Systeme und der W- bzw. O-Integration der beiden dt. Staaten. Die Forderung der BR Deutschland nach Wiedervereinigung wurde mit der Vertragspolitik seit 1969 modifiziert, die auf ein geregeltes Nebeneinander (möglichst: Miteinander) der beiden dt. Staaten zielt.

Deutsche Freisinnige Partei, dt. Partei, entstand 1884 durch Zusammenschluß der Deutschen Fortschrittspartei mit der Liberalen Vereinigung; vertrat Interessen von Bank- und Handelskreisen und bed. Teilen des gewerbl. Mittelstandes; spaltete sich 1893 in die Freisinnige Vereinigung und die Freisinnige Volkspartei.

Deutsche Freischar, Abk. DF, seit 1927 Name eines 1926/27 aus Wandervogel- und Pfadfindergruppen zusammengeschlossenen mitgliedsstarken, christl. und kulturell orientierten Bundes der bündischen Jugend.

Deutsche Friedensgesellschaft - Vereinigte Kriegsdienstgegner e. V., Abk. DFG-VK, Sitz Essen; 1892 gegr. pazifist. Vereinigung (Dt. Friedensgesellschaft); 1933 aufgelöst, nach 1945 in den Westzonen und den Westsektoren Berlins wiedergegr.; 1968 Vereinigung mit der „Internationale der Kriegsdienstgegner" (IDK), 1974 mit dem „Verband der Kriegsdienstverweigerer" (VK); Präs. 1957–76 M. Niemöller.

Deutsche Friedensunion, Abk. DFU, 1960 gegr. Linkspartei, tritt für Verständigung mit den Staaten Osteuropas und mit der DDR ein und fordert die Abrüstung der BR

Deutschland; trat seit 1969 bei Wahlen direkt nicht mehr in Erscheinung.

Deutsche Front, 1933 gegr. Arbeitsgemeinschaft saarländ. Parteien vom Zentrum bis zur NSDAP; organisierte sich 1934 nach Auflösung der beteiligten Parteien als Einheitspartei, ging 1935 in der wiedergegr. NSDAP auf.

Deutsche Genossenschaftsbank, durch BG vom 22. 12. 1975 gebildete Körperschaft des öffentl. Rechts, Sitz Frankfurt am Main. Zentralbank zur Förderung des gesamten Genossenschaftswesens mit dem Recht, Zweigniederlassungen zu errichten. Am Grundkapital sind u. a. der Bund, die Länder, Genossenschaften und genossenschaftl. Zentralinstitutionen beteiligt. Vorgänger waren die **Dt. Zentralgenossenschaftskasse** (Deutschlandkasse; 1932–45) bzw. die **Dt. Genossenschaftskasse** (1949–75).

deutsche Geschichte, Zur Vorgeschichte ↑Europa (Vorgeschichte).

Entstehung des dt. Regnums: Aus den zahlr. german. Kleinstämmen der Zeit um Christi Geburt bildeten sich größere Stammesverbände *(gentes)* neu (z. B. Franken, Sachsen, Alemannen), z. T. wohl auch unter Einbeziehung roman. und kelt. Rest-Bev. Sie besetzten auch die Gebiete innerhalb der röm. Reichsgrenze und übernahmen Grundelemente der lat. Kultur sowie Reste der spätantiken Verwaltungs- und Wirtschaftsstrukturen. Die dt. Stämme, mit anderen Völkerschaften im Reichsverband Karls d. Gr. vereinigt, lösten sich aus diesem Verband in den Verträgen der Reichsteilungen (↑auch Fränkisches Reich) von Verdun (843), Meerssen (870) und Ribemont (880). *Ludwig* der Deutsche erhielt 843 das Ostfränk. Reich, 880 war mit dem Erwerb auch der W-Hälfte Lothringens im wesentl. die (bis 1648) gültige Grenze zw. Frankr. und Deutschland festgelegt. Unter Kaiser *Karl III.*, dem Dicken, gelang es vorübergehend noch einmal, die Einheit des Gesamtreichs wiederherzustellen (885–887). Während des späten 9. und frühen 10. Jh. erstarkten im Abwehrkampf gegen Ungarn und Slawen die dt. Stammesherzogtümer: Franken, Schwaben, Bayern und Sachsen. Mit der Wahl eines gemeinsamen Königs der dt. Stämme, *Konrad I.* (♔ 911–918), wurde die Unteilbarkeit des Ostfränk. Reiches festgelegt. 920 tauchte der Begriff *Regnum teutonicum* auf. Seit dem 11. Jh. wurde der noch nicht zum Röm. Kaiser gekrönte Herrscher *Rex Romanorum* (Röm. König) gen. Staatsrechtl. war durch die Nachfolge der im dt. Regnum gewählten Könige im röm. Kaisertum das *(Sacrum) Romanum Imperium* (Hl. Röm. Reich) entstanden und innerhalb dessen das Regnum, für das sich ohne verfassungsrechtl. Fixierung der Name Deutschland einbürgerte.

Zeit der Ottonen und Salier (919–1137): *Heinrich I.* (♔ 919–936), nur von Sachsen und Franken zum König erhoben, erlangte allmähl. dank seiner Erfolge nach außen (Sieg über die Ungarn bei Riade 933) die Anerkennung auch in Schwaben und Bayern. *Otto I.*, d. Gr. (♔ 936–973), führte das Werk seines Vaters in der Sicherung des Reiches nach außen und innen fort: An der O-Grenze wurden zwei Marken gegen die Slawen errichtet (936/937); die Slawen wurden zinspflichtig und dem christl. Glauben gewonnen (968 Gründung des Erzbistums Magdeburg, 973 des Bistums Prag). Gegen die Ungarn gelang 955 bei Augsburg ein entscheidender Sieg, im gleichen Jahr auch gegen die Slawen, die bayr. Ostmark wurde wiederhergestellt. 950 wurde Böhmen unterworfen. 963 mußte Polen die Oberhoheit des Reiches anerkennen. Stütze des Königs im Innern war der Episkopat, dessen Ernennung ganz in seiner Hand lag. Im otton.-sal. Reichskirchensystem wurde der Klerus vom Königtum in großem Umfang zu Verwaltungsaufgaben herangezogen und durch kirchl. Ämter entschädigt. 951/952 zog Otto erstmals nach Italien und nannte sich ohne Krönung *Rex Francorum et Langobardorum;* auf einem 2. Italienzug 961–965 wurde er in Rom zum *Röm. Kaiser* (Imperator Romanorum) gekrönt. Das Regnum Italiae umfaßte Ober- und Mittelitalien mit Ausnahme des päpstl. Herrschaftsgebiets. *Otto II.* (♔ 973–983) war um die Sicherung des vom Vater Erreichten bemüht, doch beim großen Slawenaufstand 983 gingen die billung. Mark und die Ostmark verloren. *Otto III.* (♔ 983–1002) vermochte sein Ziel einer Erneuerung (Renovatio) des Röm. Reiches (Deutschland und Italien sollten von Rom aus regiert werden) nicht zu verwirklichen. *Heinrich II.* (♔ 1002–24) wandte sich von den universalist. Plänen Ottos III. ab; konnte die kaiserl. Oberhoheit freil. weder gegen Polen noch gegen Ungarn behaupten. Innenpolit. stützte er sich verstärkt auf die Reichskirche. *Konrad II.* (♔ 1024–39), erster Angehöriger des fränk. oder sal. Herrscherhauses, gelang 1033 infolge eines Erbvertrages mit Rudolf III. von Burgund die Erwerbung des Kgr. Burgund (Arelat). Sein Sohn, *Heinrich III.* (♔ 1039–56), von der kluniazens. Erneuerungsbewegung stark geformt, nahm Einfluß auf die Reform von Kirche und Papsttum, das er aus der Abhängigkeit röm. Adelsfamilien befreite. Böhmen und Ungarn wurden unterworfen und zu Reichslehen erklärt. In der Zeit *Heinrichs IV.* (♔ 1056–1106) verstärkte sich die Gegnerschaft des Papsttums gegen jede Art des Einflusses von Laien auf kirchl. Angelegenheiten, schließl. auch gegen die königl. Kirchenherrschaft. Im Innern, wo sich Heinrich auf den niederen Adel, die Ministerialen und die Bürger der aufstrebenden Städte stützte, geriet er in Gegensatz zu den Fürsten. Nach dem Beginn des Investiturstreits (1075;

Verbot der Laieninvestitur) wurde 1076 von den dt. Bischöfen die Absetzung Papst Gregors VII. ausgesprochen, der mit dem Kirchenbann antwortete. Auf dem Höhepunkt der Auseinandersetzung entschloß sich Heinrich IV. 1077, vor Canossa die Lösung vom Bann zu erreichen, nachdem sich Papst und Fürsten zu einem Bündnis gegen ihn zusammengefunden hatten. Heinrich vermochte die Gegenkönige *Rudolf von Rheinfelden* (1077–80) und *Hermann von Salm* (1081–88) auszuschalten. Von seinen Söhnen, die sich gegen ihn empörten, *Konrad* 1093–98 in Italien, *Heinrich* mit den Fürsten 1105 in Deutschland, gelang letzterem als *Heinrich V.* (♕ 1106–25), nach vergebl. Versuch 1111, im Wormser Konkordat 1122 die Beendigung des Investiturstreits mit unterschiedl. Regelung in Deutschland und Italien, wo der König prakt. jeden Einfluß auf die Besetzung kirchl. Ämter verlor. Die im 12. Jh. erfolgte Auflösung der Großgrundherrschaften und ihrer Villikationen besserte die persönl. Rechtsstellung der Bauern (statt weitgehender Bindung an die Scholle relative Freizügigkeit). Neben die altadlige Reichsaristokratie traten seit Beginn des sal. Hauses zunehmend Ministerialen. Die Reichsministerialen wurden zur Hauptstütze des sal. und stauf. Königtums bei der Erfassung und Verwaltung des Reichsgutes. Seit dem 10./11. Jh. entstand die dt. Stadt. Im ersten steilen Aufstieg im 12. Jh. wurden die Städte zum wichtigen Instrument des Königtums und der dt. Dynasten beim Aufbau der Landesherrschaft. Das Bürgertum wurde zum hauptsächl. Träger der weiteren wirtsch. Entwicklung des MA.

Erstmals in freier Wahl, von nun an in Abkehr von Geblütsrecht und Designation, wurde *Lothar III.* von Supplinburg (♕ 1125–37) nach dem Aussterben der Salier zum König erhoben.

Zeit der Staufer (1138–1254): Von der kirchl. Partei wurde der Staufer *Konrad III.* (♕ 1138–52) gegen den von Lothar designierten Welfen Heinrich den Stolzen zum König gewählt. Konrads Neffe, *Friedrich I. Barbarossa* (♕ 1152–90), ließ bald eine neue Politik erkennen, die die alte Größe des röm. Kaisertums (1155 Kaiserkrönung in Rom) zum Ziel hatte, einschl. der Beherrschung Italiens, doch mußte Friedrich im Frieden von Konstanz 1183 die Selbständigkeit der lombard. Städte unter kaiserl. Oberhoheit anerkennen. Seine Machtgrundlage suchte der Kaiser neben dem Reichsgut in Italien und Deutschland durch Erwerbung stauf. Hausgüter zu sichern. In Deutschland wurde der mächtige Heinrich der Löwe von Friedrich 1178–81 seiner Lehen enthoben und unterworfen. Nach Barbarossas Tod auf dem von ihm angeführten 3. Kreuzzug 1189 fand das Reich seine größte territoriale Ausdehnung unter *Heinrich VI.* (♕ 1190–97), als diesem das Kgr. Sizilien zufiel. Doch stürzten das Mißlingen seines Erbreichsplans und sein früher Tod 1197 das Reich in das Verhängnis der Doppelwahl 1198 zw. dem jüngsten Sohn Friedrich Barbarossas, *Philipp* von Schwaben, und *Otto IV.* von Braunschweig, dem Sohn Heinrichs des Löwen. Als Philipp, mit Frankr. verbündet, den von England gestützten Otto zu besiegen schien, wurde er 1208 ermordet. Otto IV., 1209 zum Kaiser gekrönt, suchte die stauf. Politik wieder aufzunehmen; dagegen erfolgte 1212 die Erhebung des Sohnes Heinrichs VI. Der engl.-frz. Gegensatz v. a. war ausschlaggebend für die Entscheidung des dt. Thronstreits zugunsten *Friedrichs II.* (♕ 1212–50). Obwohl Friedrich nur 1212–20, 1235/36 und 1237 in Deutschland war, nahm er keinen geringen Einfluß auf die dt. Politik. Seine Bemühungen um Wiederherstellung und Ausbau des Reichsgutes wurden durch die Fürstenprivilegien (1220, 1231/32) zwar eingeschränkt, aber auch der Territorialpolitik der Reichsfürsten wurden damit Grenzen gesetzt, die erst mit dem Interregnum wegfielen. Die Wiederaufnahme der stauf. Politik in Oberitalien führte zur Entstehung der Parteien von Guelfen und Ghibellinen, die erneuerte Auseinandersetzung mit dem Papsttum zur Wahl der Gegenkönige *Heinrich Raspe* (1246) und *Wilhelm von Holland* (1247). Der Sohn Friedrichs, *Konrad IV.* (♕ 1250–54), starb im Kampf um das sizilian. Erbe, der letzte Staufer, *Konradin*, wurde 1268 in Neapel hingerichtet. Wie das stauf. Zeitalter in eindrucksvoller Kraftentfaltung mit im Vergleich zum W ausgeprägt konservativen Strukturen im polit. und sozialen Bereich das „hohe MA" zu verwirklichen vermochte, so war auch im geistig-kulturellen Leben Deutschlands das beharrende Moment deutl. erkennbar. Ein neues Element der Gesellschaft des Hoch-MA wurde das Rittertum bes. im Deutschland Friedrichs I. Minnesang und höfische Dichtung verliehen dem neuen Seinsgefühl des christl. Laien überzeitl. Ausdruck und durchdachten die diesseitige Erfahrungswelt mit metaphys. Ernst.

Spät-MA (1254–1517): Die nach dem Tode Wilhelms 1257 in einer Doppelwahl erhobenen *Richard von Cornwall* und *Alfons X.* von Kastilien und León vermochten sich in Deutschland nicht durchzusetzen. Erst *Rudolf I. von Habsburg* (♕ 1273–91), der gegen Ottokar II. von Böhmen gewählt wurde und diesen 1278 besiegen konnte, vermochte die Königsmacht wiederherzustellen und legte mit dem Erwerb der Hzgt. Österreich, Steiermark und Krain im O den Grund der habsburg. Hausmacht. Dem in Ablehnung einer frz. Thronkandidatur gewählten *Heinrich VII.* von Luxemburg (♕ 1308–13) gelang 1310 der Erwerb Böhmens für seinen Sohn Johann; der Versuch, 1310–13 die Reichsmacht in Italien wiederherzustellen, brachte ihm die Kaiserkrone (1312), scheiterte jedoch mit seinem Tod. In einer Doppelwahl 1314 wurden der Wittelsbacher *Ludwig IV.*, der Bayer (♔ 1314–47), und der Sohn Albrechts I., *Friedrich III.*, der Schöne, von Österreich (♔ 1314–30) gewählt, den Ludwig 1322 bei Mühldorf am Inn bezwingen konnte. Ludwigs Ausgreifen nach Italien (1323) führte zur letzten großen Auseinandersetzung zw. Kaisertum und Papsttum. Bei seinem Romzug 1327/28 erlangte Ludwig die Kaiserkrone aus der Hand des röm. Volkes. Die Ansprüche auf päpstl. Bestätigung ihrer Königswahl wiesen die Kurfürsten im Kurverein von Rhense 1338 zurück. Der Luxemburger *Karl IV.* (♔ 1346–78), bereits 1346 gegen die rigorose Hausmachtpolitik Ludwigs gewählt, konnte sich erst nach dessen Tod (1347) durchsetzen. Karl machte Böhmen zum Kernland des Reiches. Durch Erwerbung der Oberpfalz, Schlesiens und Brandenburgs stärkte er seine Hausmacht. 1355 wurde er zum Kaiser gekrönt. Die Goldene Bulle (1356) gewährleistete unzweifelhafte Königswahlen und schuf mit der Sicherung der Vorzugsstellung der Kurfürsten eine starke Klammer des Reichsverbandes. Im Laufe des 13./14. Jh. bildete sich die Stadtverfassung voll aus (↑auch freie Städte, ↑Reichsstädte). Seit dem 12. Jh. begannen die dt. Kaufleute intensiver am europ. Handel teilzunehmen. Die bedeutendste Stellung nahmen die Kaufleute der Seestädte (Nord- wie Ostsee) ein, die sich 1347–58 zur dt. Hanse zusammenschlossen. Der Ritterstand als der führende Stand des Hoch-MA unterlag mit dem Ende der Kreuzzüge, der Festigung der Landesherrschaft und dem Aufblühen der Städte in den anhebenden Ständekämpfen und verlor rasch auch seine kulturelle Bed. Doch waren ritterl. Ideale, Literatur und Lebensstil Leitbilder auch für das aufstiegsbeflissene Bürgertum. Spät-ma. Religiosität und religiöse Literatur erlangten ihren Höhepunkt in der dt. Mystik. Demgegenüber stagnierten die Wiss. infolge der scholast. Richtungsstreitigkeiten, die schnell in den unter landesherrl. Patronage errichteten Univ. Deutschlands (Prag 1348, Wien 1365, Heidelberg 1386, Köln 1388, Erfurt 1392) Eingang fanden.

Die durch seine Hausmachtpolitik im O bestimmte, in Reichsfragen weitgehend untätige und Reichspflichten vernachlässigende Herrschaft König *Wenzels* (♔ 1378–1400), des Sohnes Karls IV., führte dazu, daß die Lenkung der Reichspolitik vom königl. Hof an die Reichstage überging. Die 4 rhein. Kurfürsten setzten Wenzel ab (20. Aug. 1400) und erhoben ihren Parteigänger, den wittelsbach. Kurfürsten Ruprecht III. von der Pfalz, zum König *Ruprecht* (♔ 1400–10), doch erwies sich die Basis seines im Vergleich zur luxemburg. Hausmacht kleinen Territoriums als zu gering, um die Königsherrschaft im Reich auszuüben. Nach der Doppelwahl der beiden Luxemburger (Jobst von Mähren und Brandenburg und Sigismund von Ungarn) verhalf nur Jobsts jäher Tod *Sigismund* (♔ 1410–37) zur allg. Anerkennung als Röm. König. Er war entschieden der Reichspflicht ergeben. Die auch im persönl. Einsatz Sigismunds gelungene Überwindung des Abendländ. Schismas und die unter seiner Schutzherrschaft erfolgende Berufung des Konstanzer Konzils und des Basler Konzils, schließl. die Kaiserkrönung 1433 führten jedoch nicht zum erstrebten Erfolg, einer Stärkung der Königsgewalt. Eine schwere Belastung war zudem die dem Konstanzer Konzil zugefallene, Sigismund als künftigen König von Böhmen unmittelbar berührende Entscheidung über die der Ketzerei verdächtigen Lehren des Prager Magisters J. Hus. Seine Verurteilung und Verbrennung lösten den bewaffneten Aufstand des Hussitismus gegen Sigismund aus (Hussitenkriege 1419–36). Wegen der benötigten Hilfe des Reiches, insbes. der Kurfürsten, für seine Politik mußte er Reichsbefugnisse preisgeben. Auf Grund der Bestrebungen des Kurfürstenkollegs, seinen steilen Machtanstieg im Reich zu konservieren, wurde das Königtum auf den Reichstagen 1434, 1435 und 1437 erstmals mit Vorstellungen einer Reichsreform konfrontiert. Kaiser *Friedrich III.* (♔ 1440–93) war untätig im Reich, sperrte sich aber gegen jede Minderung der kaiserl. Gewalt und damit gegen eine Reichsreform. Nur die gegen Türken und Ungarn erforderl. Reichshilfen zwangen ihn einzulenken, was seit der Wahl seines Sohnes *Maximilian I.* (♔ 1493–1519) zum Röm. König (1486) und dessen sofort einsetzender Italienpolitik zu direkten Verhandlungen mit den Reichsständen führte. Neben dem Ewigen Landfrieden war die Übernahme der Friedensgewalt im Reich durch die Reichsstände die wichtigste Änderung. Durch die Errichtung eines vom König unabhängigen Reichskammergerichts und die sich fortan verfestigende reichsständ. Exekution der Wahrung des Landfriedens verblieb dem König nurmehr die Friedenshoheit im Reich. An die Landesherrschaften war gleichzeitig die Rechtspflege übergegangen. Das „Hl. Röm. Reich Dt. Nation“ hatte damit eine dualist. Form: Kaiser und Reichsstände standen einander gegenüber. Dieser Dualismus setzte sich in den Territorien fort, so daß sich allenthalben die Landstände weiter ausbildeten. Der Versuch, die Reichsreformgesetze auch für die Eidgenossenschaften verbindl. zu machen, brachte dem Reich den Verlust der Schweiz. Im O sicherte Maximilian durch Eheverbindungen seiner Enkel den Anspruch auf künftigen Erwerb Böhmens und Ungarns für sein Haus, gab dafür den preuß. Ordensstaat auf, indem er förml. den 2. Thorner Frieden anerkannte. Aus der Ehe seines Sohnes Philipp des Schönen mit der span. Prinzessin Johanna der Wahnsinnigen entstand die habsburg. Machtausdehnung. Im Aufstieg des oberdt. Kapitals gewann dessen berühmtester Vertreter, J. Fugger, der Reiche, als Finanzier der Habsburger auch polit. Einfluß. Zugleich kündigte sich immer stärker die soziale Unruhe der Bauernschaft an, die seit der Bundschuhbewegung in den 1490er Jahren eine ernstzunehmende soziale Kraft darstellte. Die Hanse erhielt wie im 14. auch im 15. Jh. keine Unterstützung vom Reich, als die nord. Staaten erstarkten und sich mit Erfolg bemühten, die hans. Privilegien zu schmälern und die Niederländer gegen die Hanse auszuspielen. In den Bergbau- und Hüttenzentren wuchs durch den hohen Bedarf an Arbeitskräften ein nicht bodenständiges, von Löhnen abhängiges Proletariat heran, das ein neues Element sozialer Unruhe war und im Bauernkrieg 1525 als revolutionäre Kraft eine beträchtl. Rolle spielte. Auf geistigem Gebiet war die Emanzipations Deutschlands im 15. Jh. vorangeschritten durch die Gründung weiterer Univ., die die Träger des Humanismus wurden. Diese weitreichende geistige Bewegung verdankt ihre Durchsetzung und Verbreitung auch der Erfindung des Buchdrucks durch J. Gutenberg.

Reformation und Gegenreformation (1517–1648): Den Ausgangspunkt der Reformation bildeten Luthers 95 Thesen vom 31. Okt. 1517, zu deren rascher Verbreitung v.a. die Luther anfangs fast durchgängig zustimmenden Humanisten beitrugen. Luthers Landesherr, Kurfürst Friedrich der Weise von Sachsen, setzte durch, daß Luthers Fall anstatt vor rein geistl. Gerichten in Rom auf dem Reichstag in Worms 1521 entschieden wurde. Luther konnte vor dem Reichstag begründen, weshalb er den Widerruf seiner Lehren verweigerte; er wurde im Wormser Edikt als Ketzer in die Reichsacht erklärt, von seinem Landesherrn auf der Wartburg aber in Sicherheit gebracht. Während Kaiser *Karl V.* (♔ 1519–56) 4 Kriege gegen Franz I. von Frankr. führte (1521–26, 1527–29, 1534–36 und 1542–44), fielen in Deutschland wichtige Entscheidungen. Das Landesfürstentum ging gestärkt aus der Sickingenschen Fehde 1522/23 hervor, ebenso 1524/25 aus dem Bauernkrieg, der größten revolutionären Massenbewegung der dt. Geschichte. Reichsritterschaft und Bauern schieden als polit. Faktoren aus der Reichsgeschichte aus. Zur Durchführung des Wormser Edikts schlossen sich die kath. Stände in zwei Bündnissen zusammen, in dem von Regensburg (1524) und dem von Dessau (1525). Damit begann eine planmäßige „Gegenreformation" und mit dem Gotha-Torgauer Bündnis (1526) die polit. Parteibildung der Religionsverwandten. Gegen den Beschluß der Durchführung des Wormser Edikts auf dem Reichstag zu Speyer 1529 unterzeichneten die ev. Reichsstände unter Führung Philipps I. von Hessen eine Protestation (nach der die Evangel. seither Protestanten gen. wurden). Neben der Lehre Luthers breitete sich im oberdt. Raum die Zwinglis aus. Nach der Rückkehr des 1530 in Bologna vom Papst zum Kaiser gekrönten Karl V. nach Deutschland wurde 1530 der Reichstag in Augsburg abgehalten (↑auch Augsburger Bekenntnis, ↑Confessio tetrapolitana), dessen Ausgang den letzten Ausschlag zum Abschluß des Schmalkald. Bundes (1531) der prot. Stände gab. Die sich verfestigenden luth. Landeskirchen grenzten sich scharf gegen radikale Strömungen, seit 1527 bes. gegen das Täufertum ab, doch mit der Katastrophe von Münster (1534/35) hatte die Reformation einen ersten Rückschlag in der Wiederherstellung der kath. Ordnung zu verzeichnen. Karl V. entschloß sich 1546 zum militär. Vorgehen gegen die im Schmalkald. Bund geeinten luth. Reichsstände. Obwohl der Schmalkald. Krieg für Karl V. in der Schlacht bei Mühlberg (24. April 1547) siegreich endete, vermochte er diesen Erfolg polit. nicht zu nutzen. Einer monarch. Reichsreform widersetzten sich auch die kath. Reichsstände, und das Augsburger Interim konnte der Wiederherstellung der kirchl. Einheit des Reiches nicht dienen. Am Ende der großen religiösen und polit. Bewegung der Reformation stand der Augsburger Religionsfriede von 1555 und damit die endgültige konfessionelle Spaltung Deutschlands. Karl V., der die Entwicklung im Reich nicht hatte steuern können, zog sich 1555/56 resignierend zurück. Die burgund. Erblande kamen an seinen Sohn, Philipp II. von Spanien, die Kaiserwürde ging an seinen Bruder *Ferdinand I.* (♔ 1531/56–64).

Gegen den in Lutheraner und Kalvinisten geteilten Protestantismus, der im Verhältnis zum Katholizismus im Reich das Übergewicht hatte und vereinzelt auch in die habsburg. Erblande eindrang, erfolgte die Ausbildung der Gegenreformation, als deren polit. Zentrum Österreich und Bayern einen geschlossenen Block im S des Reiches bildeten. Unter führender Beteiligung der Jesuiten wurde sie polit. nur allmähl. wirksam, da Ferdinand I. durch die Türkengefahr außenpolit. beschäftigt war und *Maximilian II.* (♔ 1564–76) dem Protestantismus zuneigte. Erst in der Regierungszeit *Rudolfs II.* (♔ 1576–1612) verschärfte der vom Kaiser unterstützte und deshalb erstarkende Katholizismus seine Maßnahmen. Im Anschluß an den Reichstag von 1608 bildete sich unter kurpfälz. Leitung die prot. Union, der 1609 - unter bayr. Führung - die kath. Liga gegenübertrat. Auch Kaiser *Matthias* (♔ 1612–19) konnte die konfessionellen Gegensätze nicht abbauen, und die entschieden kath. Haltung *Ferdinands II.* (♔ 1619–37), seit 1617 König von Böhmen,

DEUTSCHE KÖNIGE UND KAISER

Dynastie		
Karolinger	Ludwig II., der Deutsche*	843–876
	Karlmann (von Bayern)*	876–880
	Ludwig III., der Jüngere*	876–882
	Karl III., der Dicke	876/881–887
	Arnulf (von Kärnten)	887/896–899
	Ludwig IV., das Kind*	900–911
Konradiner	Konrad I., der Jüngere*	911–918
Liudolfinger	Heinrich I.*	919–936
	Otto I., d. Gr.	936/962–973
	Otto II., der Rote	973/967–983
	Otto III.	983/996–1002
	Heinrich II., der Heilige	1002/14–1024
Salier	Konrad II.	1024/27–1039
	Heinrich III.	1039/46–1056
	Heinrich IV.	1056/84–1106
Rheinfeldener	(Rudolf von Rheinfelden [G]	1077–1080)
Lützelburger	(Hermann von Salm [G]	1081–1088)
Salier	(Konrad, Sohn Heinrichs IV. [G]	1087–1098)
	Heinrich V.	1106/11–1125
Supplinburger	Lothar III. (von Supplinburg)	1125/33–1137
Staufer	Konrad III.*	1138–1152
	Friedrich I. Barbarossa	1152/55–1190
	Heinrich VI.	1190/91–1197
	{ Philipp (von Schwaben)*	1198–1208
Welfen	{ Otto IV. (von Braunschweig)	1198/1209–1218
Staufer	Friedrich II.	1212/20–1250
	(Heinrich [VII.] [G]	1220–1235)
Ludowinger	(Heinrich Raspe von Thüringen [G]	1246–1247)
Staufer	Konrad IV.*	1250–1254
Holland	Wilhelm*	1248–1256
Plantagenets	{ Richard von Cornwall*	1257–1272
Burgunder	{ Alfons (X. von Kastilien und León)*	1257–1273
Habsburger	Rudolf I.*	1273–1291
Nassauer	Adolf*	1292–1298
Habsburger	Albrecht I.*	1298–1308
Luxemburger	Heinrich VII.	1308/12–1313
Habsburger	{ Friedrich III., der Schöne*	1314–1330
Wittelsbacher	{ Ludwig (V.) IV., der Bayer	1314/28–1347
Luxemburger	Karl IV.	1346/55–1378
Schwarzburger	(Günther [G]	1349)
Luxemburger	Wenzel*	1378–1400
Wittelsbacher	Ruprecht von der Pfalz*	1400–1410
Luxemburger	{ Jobst (von Mähren)*	1410–1411
	{ Sigismund	1410/33–1437
Habsburger	Albrecht II.*	1438–1439
	Friedrich (IV.) III.	1440/52–1493
	Maximilian I.	1493/1508–1519
	Karl V.	1519/30–1556
	Ferdinand I.	1531/56–1564
	Maximilian II.	1564–1576
	Rudolf II.	1576–1612
	Matthias	1612–1619
	Ferdinand II.	1619–1637
	Ferdinand III.	1637–1657
	Leopold I.	1657–1705
	Joseph I.	1705–1711
	Karl VI.	1711–1740
Wittelsbacher	Karl VII. Albrecht	1742–1745
Habsburg-Lothringer	Franz I. Stephan	1745–1765
	Joseph II.	1765–1790
	Leopold II.	1790–1792
	Franz II.	1792–1806

DEUTSCHE KÖNIGE UND KAISER (Forts.)

Dynastie		
Hohenzollern	Wilhelm I.	1871–1888
	Friedrich (III.)	1888
	Wilhelm II.	1888–1918

Die Herrschertitel lauteten:
1. **König der Franken (rex Francorum),** hier des Ostfränk. Reiches seit 843. - 2. **König der Römer (rex Romanorum),** seit dem 11. Jh. zunehmend gebräuchl. für den noch nicht zum Kaiser gekrönten Herrscher. - 3. **Röm. Kaiser (imperator Romanorum)** für das Deutschland, Italien und ab 1032/33 Burgund (von letzterem später nur noch Teile) umfassende Hl. Röm. Reich. - 4. **Erwählter Röm. Kaiser (imperator Romanorum electus),** seit 1508 für den regierenden Kaiser (nur in Verbindung mit diesem Herrschertitel seit 1508 auch rex Germaniae). - 5. **Dt. Kaiser,** 1871–1918.
Zeichen: { = Doppelwahl; * = nur König; [G] = Gegenkönig/König nur zu Lebzeiten des Vaters.

führte 1618/19 über den Böhm. Aufstand unmittelbar zum Ausbruch des Dreißigjährigen Krieges. Beendet wurde er durch den 1648 unter Garantie Frankr. und Schwedens geschlossenen Westfäl. Frieden, dessen Bed. v. a. darin bestand, daß mit dem Sieg des fürstl. Libertätsprinzips die Territorialisierung des Reiches in fast 300 landeshoheitl. Einzelstaaten legalisiert wurde. Die Gewalt des Kaisers blieb fortan auf die formelle Lehnshoheit, einzelne Reg.- und Privatrechte beschränkt. Das Kurfürstenkolleg wurde erweitert: Für die Pfalz wurde eine 8., für Hannover 1692 eine 9. Kur eingerichtet.

Zeitalter des Absolutismus (1648–1789): Eine zentrale Aufgabe der Politik nach dem Westfäl. Frieden war die Überwindung der sozialen und wirtsch. Katastrophe, insbes. der Bev.verluste des Dreißigjährigen Krieges. Staatl. gelenkte Peuplierungspolitik, landw. Förderungsprogramme, Wiederbelebung des Handwerks in den Städten und verbesserte Möglichkeiten für den Handel bildeten Hauptpunkte des wirtsch. Wiederaufbauprogramms, das unmittelbar in kameralist. und merkantilist. Wirtschaftsformen überleitete. Parallel dazu war in den dt. Territorien die Tendenz zur Ausbildung des absolutist. Fürstenstaats zu beobachten, die allerdings nicht einheitl. verlief. Der moderne, zentral regierte, antiständ. Staat fand eigtl. nur in Brandenburg seit Friedrich Wilhelm, dem Großen Kurfürsten (♔ 1640–88), seine Verwirklichung. Die Militarisierung des sozialen und polit. Lebens in Brandenburg-Preußen ermöglichte den Aufstieg dieses Staates zunächst zu führender Stellung in Norddeutschland und schließl. zur Großmacht, die in konsequenter Ausnutzung wechselnder Bündnismöglichkeiten in dem labilen Staatensystem Europas expandierte und dadurch den preuß.-östr. Dualismus im Reich begr. Der Frieden von Oliva (1660) garantierte die Souveränität des Kurfürsten von Brandenburg im Hzgt. Preußen. 1701 erhob sich Friedrich III. von Brandenburg als Friedrich I. zum König in Preußen (♔ bis 1713). Gleichzeitig stieg Österreich nach dem Sieg über die Türken 1683 zur europ. Großmacht auf. Damit war die Ausgangsbasis für das europ. Gleichgewichtssystem des 18. Jh. und seine krieger. Verwicklungen erreicht. In der Zeit Kaiser *Leopolds I.* (♔ 1657–1705) wurde das Reich durch die Wechselwirkung zw. der Türkengefahr und der Expansionspolitik König Ludwigs XIV. von Frankr. (↑ auch Rheinbund [1658–68]) bedroht. Nach dem Niederl.-Frz. Krieg, 1672 durch einen frz. Angriff von dt. Boden aus eingeleitet und 1674 zum Reichskrieg ausgeweitet, mußten sich Kaiser und Reich 1679 dem Frieden von Nimwegen anschließen, die Augsburger Allianz (1686) richtete keinen Damm gegen die Ausbreitung Frankr. auf (Reunionen, 1681 Wegnahme Straßburgs). Nach dem Pfälz. Erbfolgekrieg konnte es vielmehr 1697 im Frieden von Rijswijk den erreichten Besitzstand in der Hauptsache wahren, die Eroberung des Elsaß wurde sanktioniert. Der säkulare Gegensatz Bourbon-Habsburg erreichte einen neuen Höhepunkt ab 1701 im Span. Erbfolgekrieg. Nach den Frieden von Utrecht (1713), von Rastatt und von Baden (1714) sah sich Kaiser *Karl VI.* (♔ 1711–40) im Besitz der bisher span. Niederlande. Der bourbon-habsburg. Konflikt, der sich im Poln. Thronfolgekrieg (1733–35) erneut im gesamteurop. Maßstab manifestierte, mündete nach dem Erlöschen des habsburg. Mannesstamms (↑ auch Pragmatische Sanktion) in den Östr. Erbfolgekrieg (1740–48), den Existenzkampf der Großmacht Österreich, die im 1. und 2. Schles. Krieg an das zum Rivalen gewordene Preußen Friedrichs II. eines ihrer reichsten Länder verlor. Behielt schließl. das habsburg. Erbhaus durch die Kaiserwahl des Gemahls der Maria Theresia, *Franz I. Stephan* (♔ 1745–65), auch die vornehmste Stellung im Reich, so konnte es den preuß.-östr. Dualismus nicht mehr überwinden, er verfestigte sich vielmehr im Siebenjährigen Krieg (1756–63) und wurde im Fürstenbund von 1785 und in den Poln.

Teilungen erneut virulent. Im friderizian. Preußen, im Österreich Kaiser *Josephs II.* (♕ 1765–90), im Bayern des Kurfürsten Maximilian III. Joseph, in der Kurpfalz und in Bayern unter Karl Theodor sowie im Baden des Markgrafen Karl Friedrich, aber auch in zahlr. anderen Territorialstaaten prägte sich die Verbindung von Absolutismus und Aufklärung aus.

Das Ende des Reiches, die Napoleon. Epoche und die Gründung des Dt. Bundes (1789–1815): Angesichts der polit.-sozialen Bedrohung durch die Frz. Revolution trat der preuß.-östr. Gegensatz zurück. Kaiser *Leopold II.* (♕ 1790–92), und König Friedrich Wilhelm II. von Preußen (♕ 1786–97) vereinbarten 1791 die Pillnitzer Konvention, die zur Intervention in Frankr. aufrief und es den Girondisten ermöglichte, das revolutionäre Frankr. zum „Kreuzzug gegen Throne und Paläste“ fortzureißen (20. April 1792 frz. Kriegserklärung). Unter dem Druck der Koalitionskriege (das linke Rheinufer fiel 1801 im Frieden von Lunéville an Frankr.) wurde die Auflösung des Reiches eingeleitet, dessen polit. und rechtl. Grundlagen, schon 1795 von Preußen im Basler Frieden preisgegeben, der Reichsdeputationshauptschluß 1803 weitgehend zerstörte: Durch Säkularisation und Mediatisierung wurden Kurköln und Kurtrier beseitigt, 4 neue Kurfürstentümer entstanden: Hessen (-Kassel), Baden, Württemberg und Salzburg. Die auf die östr. Niederlage von 1805 folgende 2. Phase der territorialen Flurbereinigung und der Aushöhlung der Reichsidee mit der Erhebung Bayerns und Württembergs zu Kgr., Badens und Hessen-Darmstadts zu Groß-Hzgt. von Napoleons I. Gnaden gipfelte in der Gründung des Rheinbunds (1806). Das frz. Ultimatum, das *Franz. II.* (♕ 1792–1806) zur Niederlegung der Kaiserkrone zwang (6. Aug. 1806), gab dem Hl. Röm. Reich den Gnadenstoß. Nach dem 4. Koalitionskrieg (1806/07), mit der Katastrophe Preußens bei und nach Jena und Auerstedt und dem Frieden von Tilsit, sah sich bei der Ausweitung des Rheinbundes der Großteil Deutschlands der europ. Hegemonie Frankr. unterworfen. In Österreich erlebte die Reformpolitik der Erzherzöge Karl und Johann und des Min. J. P. von Stadion nur eine kurze Phase der Erfüllung bis zur militär. Niederlage (1809) und dem Aufstieg Metternichs. In Preußen wurde in den polit.-gesellschaftl.-militär. Reformen der Stein und Hardenberg, der Humboldt, Scharnhorst, Gneisenau und Boyen nur ein bruchstückhafter Umbau von Staat und Gesellschaft verwirklicht. Auf die durch Napoleons I. Niederlage im russ. Feldzug ausgelösten, militär. erfolgreichen Befreiungskriege folgte im Wiener Kongreß zwar eine Neuordnung Mitteleuropas, aber statt der Erfüllung nat.staatl. Hoffnungen nur ein völkerrechtl. Verein, der Dt. Bund.

Restauration und Revolution (1815–49): Mit den Ideen der Restauration, der Grundlage des sozial-konservativen „Systems“ Metternichs, vermochten die monarch.-konservativ orientierten Politiker des Dt. Bundes der zur Mitbestimmung drängenden bürgerl. Gesellschaft die Stirn zu bieten. Typ. für das damit entstehende Spannungsfeld von Staat und Gesellschaft des dt. Vormärz wurde der Frühkonstitutionalismus. Der Gedanke der nat. Einheit und der Ruf nach Verwirklichung des Rechts- und Verfassungsstaats wurden durch die Karlsbader Beschlüsse (1819) unterdrückt, erhielten aber durch die frz. Julirevolution (1830) neue Impulse. Bildeten sich in dieser Situation die ersten Ansätze dt. Parteien, so gingen soziale und wirtsch. Initiativen (Errichtung des Dt. Zollvereins 1833/34) vom Staat und seiner Bürokratie aus. Das Übergreifen der mit der frz. Februarrevolution 1848 einsetzenden Bewegung auf Deutschland in Gestalt der v. a. vom bürgerl. Mittelstand getragenen Märzrevolution ließ das Metternichsche System einstürzen und mündete in die Frankfurter Nationalversammlung. Diese wie die provisor. Zentralgewalt des Reichsverwesers Erzherzog Johann waren jedoch machtlos im Zwiespalt zw. großdt. und kleindt. gegenüber den auf Bürokratie und Armee gestützten bisherigen Machthabern. Die Ablehnung der Kaiserkrone durch König Friedrich Wilhelm IV. von Preußen bedeutete das Scheitern der bürgerl. Revolution, die Aufstände in Sachsen, Baden und der Pfalz wurden niedergeworfen.

Industrialisierung und bürgerl. Nationalbewegung (1850–71): In der auf die Revolutionszeit folgenden Reaktionsperiode wurden die alten verfassungsrechtl. Zustände des Dt. Bundes nach dem Scheitern der Paulskirche und dem preuß. Rückzug vor dem östr. Ultimatum (Olmützer Punktation) wiederhergestellt. Doch sah sich die autoritär-bürokrat. preuß. Regierung in der Verfassungsfrage zu Konzessionen an die liberal-nat. Bewegung gezwungen. Während v. a. in den süddt. Staaten die Reaktion nur zögernd einsetzte, wurde in der Habsburgermonarchie der Scheinkonstitutionalismus von 1849 annulliert und ein Neoabsolutismus errichtet. In dieser Situation verfassungspolit. Rückschritts gingen entscheidende Änderungsimpulse von der Wirtschaftsentwicklung und dem zw. Preußen und Österreich erneut aufbrechenden dt. Dualismus aus. Die Führung in der dt. Frage beanspruchte auf Grund seines wirtsch. und militär. Potentials Preußen, wo das Erstarken des Liberalismus im Kampf um Reorganisation und Kontrolle der preuß. Armee zum preuß. Verfassungskonflikt zw. Krone und Abg.haus führte. Auf dem Höhepunkt der Krise wurde 1862 Bismarck als Kandidat der Militärpartei zum Min.präs. berufen. Er zielte auf den Bruch des Dt. Bundes und eine Neugründung

Das Deutsche Reich
1871-1918
0 50 100 150 200km
Freie Städte
Grenze des Deutschen Reiches
A. Herzogtum Anhalt
B. Fürstentum Birkenfeld (zu Oldenburg)
BR. Herzogtum Braunschweig
H. Fürstentümer Hohenzollern
H. L. Herzogtum Lauenburg (1876 zu Schleswig-Holstein)
L.-D. Fürstentum Lippe-Detmold
LIE. Fürstentum Liechtenstein
S.-L. Fürstentum Schaumburg-Lippe
W. Fürstentum Waldeck
M.-SCHW. Grhzm. Mecklenburg-Schwerin
M.-STR. Grhzm. Mecklenburg-Strelitz

durch Preußen. Den von Österreich einberufenen Frankfurter Fürstentag 1863 (zur Beratung des östr. Bundesreformplans) brachte er zum Scheitern. Die schleswig-holstein. Frage und der Dt.-Dän. Krieg 1864 führten die beiden dt. Vormächte noch einmal zusammen. Preußens Vorgehen im Konflikt um Schleswig-Holstein (Besetzung Holsteins) und das von Bismarck dem Bundestag vorgelegte Reformprogramm (Neubildung des Bundes ohne Österreich) führte zum Dt. Krieg 1866, zu dessen wichtigsten innerdt. Folgen die Ausschließung Österreichs aus dem dt. Staatenverband und die Bildung des Norddt. Bundes gehörten. Gegen den drohenden Verlust seiner europ. Hegemonialstellung engagierte sich Frankr. in der dt. Frage so stark, daß hier jeder Fortschritt das polit. Gefüge des Kaisertums Napoleons III. zusätzl. erschüttern mußte. Eine diplomat. Prestigefrage, die span. Thronkandidatur eines Hohenzollernprinzen, gab im Juli 1870 Anlaß zum Dt.-Frz. Krieg 1870/71. Die Veröffentlichung der Emser Depesche rief in Deutschland die im preuß. Interesse liegende nat. Reaktion gegen Frankr. hervor. Der Krieg vollendete die kleindt. Reichsbildung durch Beitritt der süddt. Staaten (Kaiserproklamation 18. Jan. 1871).

Industrielle Massengesellschaft und unvollendeter Verfassungsstaat (1871–90): Die Wirtschafts- und Innenpolitik nach 1871 setzte jenen Weg der liberalen Kompromisse fort, der seit 1866/67 mehr oder weniger konsequent beschritten worden war. Bismarck regierte mit den liberal-konservativen Mehrheiten im Reichstag und im preuß. Abg.haus, ohne von ihnen abhängig zu werden. Zum Bild des liberalen Zeitalters gehört freil. neben der „inneren Reichsgründung" auch der Kulturkampf gegen den polit. Katholizismus, der die Liberalen ideolog. auf das System Bismarcks festlegen sollte. Die große Depression seit 1873 veränderte das polit. und wirtsch. Klima. Unter Ausnutzung der wirtsch. Malaise der liberalen Ära brachte Bismarck die organisierten Interessen des Großgrundbesitzes und der Schwerind. hinter seinen Kurs der Orientierung auf das konservative Preußen, der Abwehr von Liberalismus und Parlamentarismus und der repressiven Lösung der sozialen Frage (Sozialistengesetz, 1878; Annahme [1879] eines gemäßigten, bis 1890 rasch steigenden Schutzzolls). Bezahlt wurde diese Lösung des dt. Verfassungsproblems durch eine strukturelle Schwächung von Parlament und Parteien und durch Entfremdung der Arbeiterbewegung vom preuß.-dt. Obrigkeitsstaat, die auch die konstruktive Sozialpolitik der 1880er Jahre (↑auch Sozialversicherung) nicht mehr rückgängig machte. Während der Tod Kaiser *Wilhelms I.*, die Reg. der 99 Tage *Friedrichs III.* und die Thronbesteigung *Wilhelms II.* (1888) nicht als histor. Zäsur ins Auge fallen, markierte der Sturz Bismarcks mehr noch außenpolit. als im Innern das Ende einer Epoche. Grundlage seiner Außenpolitik war die Idee des Gleichgewichts der europ. Mächte, wechselseitiger Sicherheit und des Interessenausgleichs. Auf dieser Basis ist sein Bündnissystem zu verstehen (Dreikaiserbund 1873 und 1881, Zweibund 1879, Dreibund 1882, Mittelmeerabkommen und Rückversicherungsvertrag 1887), als ein Schwebezustand offener diplomat. Allianzen zur Vermeidung des Kriegsfalles. Diese Politik, die ihren größten Erfolg, freil. auch ihren Wendepunkt mit dem Berliner Kongreß 1878 erreichte, litt indessen unter entscheidenden Belastungen.

Imperialismus und 1. Weltkrieg (1890–1918): Die große Verfassungskrise der 1890er Jahre, gekennzeichnet durch die Diskussion um das „persönl. Regiment" Wilhelms II., verwies auf jenen unbewältigten gesellschaftl. Wandlungsprozeß, den der Übergang vom Agrar- zum Ind.staat hervorrief. Ein konstruktiver Ansatz zu innerer Entspannung lag anfangs in dem „Neuen Kurs" der Innenpolitik (Fortsetzung staatl. Sozialpolitik zur Lösung der Arbeiterfrage, sozialpolit. Versöhnungskurs). Caprivis Politik traf auf den Widerspruch des agrar. Konservatismus, der, da Wilhelm II. Caprivi auch wegen seiner Sozialpolitik das Vertrauen entzog, wesentl. zu seinem Sturz (1894) beitrug. Der 2. Phase der Innenpolitik des Neuen Kurses fehlte die klare Grundlinie. Der Widerspruch zw. dem konservativen Kurs des preuß. Staatsministeriums (Miquel) und der Notwendigkeit, im Reich die Kräfte des allg. Stimmrechts (Zentrum) zu berücksichtigen, vermehrte die Schwierigkeiten der Reg. Während der innenpolit. Ära Posadowsky-Wehner wurde das Zentrum – mit Ausnahme der Phase der Bülowschen Blockpolitik – Reg.partei, doch ohne daß die enge Abhängigkeit der Reg. von der Sammlungsmehrheit die Tendenz fortschreitender Parlamentarisierung annahm. Die Folgen des Rückhangs der polit.-demokrat. gegenüber der wirtsch.-techn. Entwicklung gewannen an Intensität. Das persönl. Regiment Wilhelms II. wurde mehr und mehr eingeschränkt, ohne daß Parlament und Parteien in das Vakuum nachstießen. Der Reichstagsauflösung 1906 folgte das Experiment des Bülow-Blocks, das aber an dem ungelösten Problem einer Reform des preuß. Wahlrechts und an dem der Reichsfinanzreform scheiterte (1909). T. von Bethmann Hollwegs Innenpolitik 1905–14 war gekennzeichnet von Reformansätzen, die jedoch entweder zu spät kamen oder nur Teilreformen waren. Dem Scheitern der preuß. Wahlrechtsreform (1910) stand der Aufstieg der Sozialdemokratie zur stärksten Reichstagsfraktion 1912 gegenüber. Die Zabern-Affäre 1913 erhellte die realen Machtverhältnisse und den Primat der Militärmacht im preuß.-dt. Staat. Auch die dt. Außenpolitik schien einen „neuen Kurs“ zu steuern, wie die fast gleichzeitige Kündigung des Rückversicherungsvertrags mit Rußland und der Abschluß des Helgoland-Sansibar-Vertrags 1890 vermuten ließen. Die Krügerdepesche des Kaisers legte 1896 den machtpolit. Gegensatz zu Großbrit. bloß, der auf handels- und kolonialpolit. Rivalität zurückging und, da brit. Bündnisangebote in Berlin abweisend behandelt wurden (1898–1900), seinen gefährlichsten Ausdruck in der dt.-brit. Flottenrivalität fand. Unter dem Druck handels- und finanzpolit. Interessen gab die dt. Außenpolitik endgültig die kontinentaleurop. Orientierung der Bismarck-Ära auf. Der Ruf nach dem „Platz an der Sonne“ (Bülow) wurde zum Ausdruck des Anspruchs auf Gleichberechtigung als überseeische Weltmacht. Die weltpolit. Gruppierung wurde seit der Jh.wende v. a. durch die Einbeziehung Großbrit. und Deutschlands in zwei gegensätzl. Lager gekennzeichnet: Entente (später Tripelentente) bzw. Zweibund (der Dreibund wurde durch die stille Teilhaberschaft Italiens am Dreiverband zur hohlen Form). Die Marokkokrisen 1905 und 1911 erwiesen Projekte eines dt.-russ.-frz. Kontinentalbundes als Illusion und zeigten die Isolierung der dt. Diplomatie. Mit weitreichenden Folgen scheiterte 1912 in der Haldane-Mission der letzte Versuch dt.-brit. Verständigung. Seit 1911 sah das Dt. Reich seinen Entwicklungsspielraum auf den SO eingeschränkt, wo die bosn. Annexionskrise (1908/09) das Überlappen der Einflußsphären der europ. Großmächte erwies und über die Balkankriege (1912/13) zu der Krisensituation führte, aus der nach dem Mord von Sarajevo der 1. Weltkrieg (1914–18) ausgelöst wurde. Nach dem Scheitern der Siegstrategien der Mittelmächte und der Alliierten 1915/16 führten auch in Deutschland die wachsende Kluft zw. Kriegsbelastung und Friedenschancen seit dem Frühjahr 1916 zum Ende des Burgfriedens. Während die parlamentar. Linke die Beendigung des Krieges verlangte und auf Einlösung des Versprechens verfassungspolit. „Neuorientierung“ pochte, sahen die Gruppierungen der Rechten bis in das Zentrum hinein im Anschluß v. a. an die innenpolit. höchst aktive, halbdiktator. 3. Oberste Heeresleitung (Hindenburg, Ludendorff) und ihre Siegstrategie, verbunden mit maßlos übersteigerten Kriegszielversprechungen, die Alternative zum Kurs innerer Reform. Erst die Stoßwellen revolutionärer Explosionen 1918 veränderten die innere Kräfteverteilung in Deutschland. Schließl. führte die Ausweglosigkeit der militär. Lage, verbunden mit den Friedensversprechungen der Vierzehn Punkte des amerikan. Präs. W. Wilson, Ende Sept. 1918 zur polit. Wende und zur Bildung einer erstmals aus Parlamentariern bestehenden Reg. unter Prinz Max von Baden, deren Hauptaufgabe die Beendigung des Krieges wurde. Die Novemberrevolution war Ergebnis des Zusammenbruchs und beschleunigte nur in geringem Maß dessen Verlauf. Die Hohenzollernmonarchie war diskreditiert durch die Führungsschwäche des Obrigkeitsstaats im Krieg und das Entweichen Wilhelms II. in die neutralen Niederlande. Doch täuschte das Bild einer Revolution. Auf der Grundlage gegenseitiger Absicherung mit der Armee schaltete der Rat der Volksbeauftragten die konkurrierende polit. Willensbildung durch das System der Arbeiter-und-Soldaten-Räte aus, verzichtete auf rigorosen Austausch der Beamtenschaft in Staatsverwaltung und Justiz und überließ Gewerkschaften und Unternehmern die Neuordnung des sozialpolit. Bereichs in Quasi-Autonomie. Entscheidend war, daß die Mehrheitssozialisten konsequent auf Errichtung des bürgerl.-parlamentar. Verfassungsstaats abzielten. In den Wahlen zur Nat.versammlung erhielten die Partner der Weimarer Koalition, die die Reg. übernahm, eine $^3/_4$-Mehrheit und konnten weitgehend die Kompromißstruktur der Weimarer Reichsverfassung (11. Aug. 1919) festlegen.

Die Weimarer Republik (1918–33): Im Ablauf der Geschichte der 1. dt. Republik lassen sich 3 Phasen unterscheiden: 1. Die Periode der Rekonstruktion, im Innern geprägt von der Schwäche der die Republik tragenden Parteien und von bürgerkriegsähnl. Angriffen auf die Republik von links (1919–23) und rechts (Kapp-Putsch 1920, Hitlerputsch 1923), begleitet von (seit 1922) galoppierender Inflation, Kapitalmangel und Zerrüttung der Wirtschaft. Außenpolit. bestimmten Geist und Buchstabe des Versailler Vertrags (28. Juni 1919) die Behandlung des besiegten Deutschland, wobei unter den Siegermächten charakterist. Abstufungen sichtbar wurden, die sich angesichts der frz. Ruhrbesetzung 1923 zum offenen brit.-frz. Gegensatz steigerten. Das Verhältnis zu Sowjetrußland wurde im Rapallovertrag 1922 bereinigt. 2. Die Periode der Stabilisierung auf der Grundlage der Währungsneuordnung im Nov. 1923 (Rentenmark) und der Neuordnung der Reparationen entsprechend der wirtsch. Leistungsfähigkeit Deutschlands (Dawesplan 1924). 1925 schuf der Locarnopakt (G. Stresemann) die Basis eines Systems kollektiver Sicherheit, 1926 konnte der Eintritt in den Völkerbund folgen, doch hat insgesamt die Außenpolitik der Republik, zw. O und W, zw. Kooperation und Revision schwankend, die Dynamik des extremen Nationalismus im Innern nicht auffangen können. Hindenburgs Wahl zum Reichspräs. als Kandidat der Rechten nach Eberts Tod 1925 erwies sich schon als sichtbarer Ausdruck demokrat. Schwäche. Der als endgültige Regelung der Reparationen gedachte Youngplan 1929 führte zur verschärften Aktion des Rechtsradikalismus. 3. Die Periode

der Auflösung der Republik 1930–33, gekennzeichnet durch autoritäre, auf das Notverordnungsrecht des Reichspräs. gestützte, parlamentar. zunächst durch Sozialdemokraten und Zentrum tolerierte (H. Brüning), ab 1932 allein vom Vertrauen Hindenburgs und durch die Unterstützung der Reichswehr und der organisierten Interessen des Großgrundbesitzes getragenen Reg. (F. von Papen und K. von Schleicher).
Verlauf und Ergebnis dieser Staats- und Gesellschaftskrise standen vor dem Hintergrund der Weltwirtschaftskrise, die seit 1929 das dt. Wirtschaftsleben und die Investitionen lähmte, die Zahl der Arbeitslosen auf über 6 Mill. hinaufschnellen ließ und die Radikalisierung der polit. Gegensätze vorantrieb, der Aktivität und dem Entscheidungsspielraum einflußreicher antirepublikan. Gruppen und Politiker, darunter insbes. organisierten Interessen der ostelb. Großagrarier, in zweiter Linie auch der Banken und der Schwerind. vorrangige Bed. gab. Nachdem Schleichers Pläne einer „Front der Gewerkschaften" unter Einschluß einer von ihm intendierten Spaltung der NSDAP über G. Strasser gescheitert waren, wurde Hitler am 30. Jan. 1933 Chef eines Präsidialkabinetts.
Das Dritte Reich (1933–45): Legitimiert von einer obrigkeitsstaatl. orientierten Staatsrechtslehre, wurde das Präsidialkabinett Hitler mit Hilfe scheinlegaler Maßnahmen und offener Rechtsbrüche in 3 Stufen zur Einparteien- und Führerdiktatur: 1. enorme Machtsteigerung der Exekutive mit Mitteln des Präsidialregimes; erneute Auflösung des Reichstags; Einschränkung der Pressefreiheit; endgültige Gleichschaltung Preußens; Ausnahmezustand und Aufhebung der Grundrechte nach dem Reichstagsbrand; staatsstreichförmige Unterwerfung der Länder nach den noch halbfreien Reichstagswahlen vom 5. März 1933; Ermächtigungsgesetz vom März 1933 als Legalitätsfassade. 2. Liquidierung des Rechtsstaats: „Säuberung" des Beamtenapparats und der Justiz von Demokraten und Deutschen jüd. Abstammung; Zerschlagung der Gewerkschaften, demokrat. Berufsverbände und aller nichtnat.-soz. Parteien; gesetzl. Verankerung des Einparteienstaats. 3. Aufbau des totalitären Staats. Der Reichswehr gelang es, ihr Monopol als Waffenträger gegen die Sturmabteilung (SA) durchzusetzen, wobei der von der Reichswehr gedeckten Abrechnung Hitlers mit der parteieigenen Bürgerkriegsarmee der SA in der Mordaktion vom 30. Juni 1934 (sog. Röhm-Putsch) auch frühere Widersacher des Regimes zum Opfer fielen. Die Wehrmacht, seit Hindenburgs Tod (1934) auf Hitler vereidigt, verlor ihre bisherige polit. Kontroll- und Garantiefunktion und wurde nach der von Hitler und Himmler inszenierten Führungskrise 1938 (W. von Fritsch) weitgehend Instrument nat.-soz. Kriegs- und Vernichtungspolitik. Am kompromißlosesten manifestierte sich das totalitäre System im SS-Staat, dessen Kern das System von Judenverfolgung und KZ war. Demütigung, Entrechtung, Verfolgung der Juden (Judengesetze; Kristallnacht, 9./10. Nov. 1938), ihre Vertreibung und schließl. planvolle, kalt-bestial. Vernichtung (sog. Endlösung der Judenfrage) war unverblümt proklamiertes Kampfziel. Die nat.-soz. Wirtschaftspolitik ging zunächst davon aus, die traditionelle kapitalist. Struktur und effiziente Wirtschaftsbürokratie nutzend, alle Kräfte auf Kriegsvorbereitung und Sicherung der Nahrungsmittelbasis zu lenken, erweiterte aber seit 1936 durch Gründung weitverzweigter Reichs-Unternehmen, Vierjahresplan und (seit 1941/42) Mobilisierung für Kriegswirtschaft den staatskapitalist. Bereich. Methoden, Motive und Ziele des Widerstandes waren verschieden, teils gegensätzl. Neben den alten Gegnern des NS auf der polit. Linken standen desillusionierte Konservative. Opposition wurde auch innerhalb der Kirchen wirksam (Bekennende Kirche). 1938 und seit 1942/43 standen Militärs im Zentrum konspirativer Planungen zur Beseitigung des Systems. Das am 20. Juli 1944 gescheiterte Attentat auf Hitler zog die grausame Rache der SS nach sich. Die Außenpolitik des Hitlerstaats, die wesentl. Kriegspolitik war, leitete aus der Anfangsphase der Beschwichtigung und Überrumpelung, nachdem die Gefahrenzone bewaffneter Intervention von außen durchlaufen war, seit 1935 in unverhüllt aggressive Politik über. Mit dem Austritt aus dem Völkerbund (1933) und der Aufgabe des Abrüstungsgedankens wurde die außenpolit. Neuorientierung eingeleitet. Im Innern täuschte die Rückgewinnung des Saargebiets (1935) über die schwierige außenpolit. Lage des Regimes hinweg. Den eigtl. Durchbruch erreichte Hitler erst durch das Dt.-Brit. Flottenabkommen 1935, das die folgenschwere brit. Politik des Appeasement einleitete und die Einführung der Wehrpflicht (16. März 1935) indirekt sanktionierte. Mit der Besetzung der entmilitarisierten Rheinlande (1936) stellte Hitler die Garantiemächte des Locarnopakts vor vollendete Tatsachen. Seitdem wurde die Achse Berlin-Rom mit zunehmender Wirkung auf kleinere Staaten ausgebaut (Stahlpakt 1939) und im Antikominternpakt (1936) mit Japan ergänzt (1940 durch den Dreimächtepakt zur „Achse Berlin-Rom-Tokio" erweitert). Der Anschluß Österreichs (Einmarsch 12. März 1938) und die Einverleibung des Sudetenlands, sanktioniert durch das Münchner Abkommen 1938, gehörten bereits zur unmittelbaren Kriegsvorbereitung. Hinter der Annexion der Tschechoslowakei (16. März 1939) wurde der Expansionswille des NS-Regimes unübersehbar deutl. Mit dem trotz brit. Garantieerklärung (31. März

1939), aber mit Rückendeckung durch den Dt.-Sowjet. Nichtangriffspakt (23. Aug. 1939) unternommenen Angriff auf Polen entfesselte Hitler den 2. Weltkrieg. Der Kriegsausgang, mit sinnlosen Blutopfern bis zum letzten hinausgeschoben (Gesamtkapitulation der dt. Wehrmacht am 7./8. Mai 1945 nach Hitlers Selbstmord am 30. April 1945), besiegelte das Ende des dt. Nationalstaats in der Form, die er 1867/71 erhalten hatte. Ermordung von 5,5 Mill. Juden, mehr als 20 Mill. Tote in der UdSSR, 4,5 Mill. in Polen, 1,7 Mill. in Jugoslawien, 800 000 in Frankr., 400 000 in Großbrit., 7,6 Mill. Tote in Deutschland, mehr als doppelt so viele Flüchtlinge, Verstümmelung und Teilung des Landes – das war die Bilanz der NS-Diktatur.

Die Teilung Deutschlands (1945–49): Gemäß den Vereinbarungen der Jalta-Konferenz (Febr. 1945) verkündete die Berliner Viermächteerklärung vom 5. Juni 1945 die „Übernahme der obersten Reg.gewalt hinsichtl. Deutschlands" durch die USA, die UdSSR, Großbrit. und Frankr., die Einteilung in 4 Besatzungszonen und die Bildung des Alliierten Kontrollrats als oberstes Organ der Reg. Deutschlands durch die 4 Siegermächte. Österreich wurde in seine Eigenstaatlichkeit zurückgeführt. Berlin bildete eine bes. Einheit unter Viermächteverwaltung. Die Grundlinien der alliierten Deutschlandpolitik legte das Potsdamer Abkommen (2. Aug. 1945) fest, in dem die USA, die UdSSR und Großbrit. die Abtrennung der dt. Ostgebiete festlegten, in Abkehr von Zerstückelungsplänen früherer Kriegszielpolitik aber vereinbarten, Deutschland westl. der Oder-Neiße-Linie als wirtsch. Einheit zu behandeln und einige dt. zentrale Verwaltungsstellen zu bilden, was jedoch die sich überkreuzenden Interessen der Siegermächte verhinderten. Bestimmend wurde der sich verschärfende Ost-West-Gegensatz, der in den kalten Krieg mündete.

Die Entwicklung von Wirtschaft und Gesellschaft führte deshalb von 1945 ab unter dem bestimmenden Einfluß der jeweiligen Besatzungsmächte zur Entstehung zwei getrennter sozioökonom. Systeme in der SBZ und in den Westzonen. Eine schwere Belastung für den wirtsch. Wiederaufbau stellten v. a. in den ersten Nachkriegsjahren Reparationen und Demontagen dar. Die Folgen von Flucht und Vertreibung 16,5 Mill. Deutscher aus Osteuropa, v. a. aus den dt. Ostgebieten, warfen weittragende Probleme der Eingliederung, v. a. in die westdt. Gesellschaft, auf. Dem Potsdamer Abkommen gemäß leiteten die Siegermächte zur Bestrafung des NS und zur Ausschaltung seines Fortlebens sowie der ihn im dt. Volk begünstigenden Kräfte die Nürnberger Prozesse sowie Entnazifizierung und Reeducation ein. Zur innenpolit. Grundlage der Spaltung Vierzonendeutschlands in zwei Gesellschafts- und Wirtschaftsordnungen wurde die Entstehung auf gegensätzl. Wertvorstellungen beruhender Parteiensysteme, Hand in Hand mit dem Neuaufbau von Verwaltung und Regierung. In der SBZ leitete die Sowjet. Militäradministration in Deutschland (SMAD) im Juni/Juli 1945 die Bildung eines Blocksystems ein mit der Zulassung von 4 Parteien (KPD, CDU, LDPD, SPD), denen sich die Gründungen kommunist., christl., liberaler und sozialdemokrat. Parteien in allen Zonen noch 1945 zuordneten, ohne daß es zur Entstehung gesamtdt. Parteiorganisationen gekommen wäre. Auch in der Aufgliederung der Besatzungszonen in Länder machte die SBZ den Anfang (1945), die Westzonen folgten 1945–47. Im April 1946 erfolgte die Vereinigung von KPD und SPD der SBZ zur Sozialist. Einheitspartei Deutschlands (SED). In den Westzonen entstand ein pluralist. Parteiensystem, in dem die CDU/CSU und SPD dominierten. Nach dem Scheitern des Versuchs, gemeinsame Maßnahmen der Siegermächte zur Bewältigung der dt. Wirtschaftsprobleme zu vereinbaren, schritten die USA und Großbrit. zur wirtsch. Vereinigung ihrer Besatzungszonen in Gestalt der Bizone (1. Jan. 1947; am 8. April 1949 durch Anschluß der frz. Besatzungszone zur Trizone erweitert), der durch Konstituierung eines Wirtschaftsrats (25. Juni 1947), später eines Exekutiv- und eines Länderrats, Elemente der Staatlichkeit verliehen wurden. Auf Gründung und Ausbau der Bizone antwortete die SED im Dez. 1947 mit dem Dt. Volkskongreß für Einheit und gerechten Frieden, der als verfassunggebende Körperschaft den Dt. Volksrat (März 1948) bildete; mit der Dt. Wirtschaftskommission (14. Juni 1947) war in der SBZ

Staatsoberhäupter

Dt. Reich - *Reichspräsidenten:*	
Friedrich Ebert	1919–25
Paul von Hindenburg	1925–34
Adolf Hitler („Führer und Reichskanzler")	1934–45
Karl Dönitz	1945
BR Deutschland - *Bundespräsidenten:*	
Theodor Heuss	1949–59
Heinrich Lübke	1959–69
Gustav W. Heinemann	1969–74
Walter Scheel	1974–79
Karl Carstens	1979–84
Richard Frhr. von Weizsäcker	seit 1984
Dt. Demokrat. Republik	
Wilhelm Pieck *(Präsident)*	1949–60
Walter Ulbricht *(Vors. des Staatsrats)*	1960–73
Willi Stoph *(Vors. des Staatsrats)*	1973–76
Erich Honecker *(Vors. des Staatsrats)*	seit 1976

bereits ein zentrales Exekutivorgan geschaffen worden. Der Konflikt um die im Juni in W und O separat durchgeführte Währungsreform steigerte sich bis zur Berliner Blockade und wirkte als Katalysator des Vollzugs der Staatsgründungen unter Führung der Siegermächte. Das von dem im Sept. 1948 konstituierten Parlamentar. Rat am 8. Mai 1949 verabschiedete, am 12. Mai von den Militärgouverneuren genehmigte Grundgesetz (GG) für die BR Deutschland wurde am 23. Mai 1949 verkündet. Die östl. Seite zog nach: Die vom Verfassungsausschuß der Dt. Volksrats ausgearbeitete Verfassung der DDR wurde vom 3. Dt. Volkskongreß angenommen (30. Mai 1949) und vom 2. Dt. Volksrat verabschiedet (7. Okt. 1949).

Seit 1949: Seit der Gründung der beiden dt. Staaten vollzieht sich die d. G. in getrennten Bahnen: als Geschichte der ↑ Bundesrepublik Deutschland und der ↑ Deutschen Demokratischen Republik. Von Anfang an standen sie sich als Konkurrenz zweier gegensätzl. Gesellschaftssysteme gegenüber. Die schrittweise Erlangung der Souveränität der beiden Staaten bis zur Mitte der 1950er Jahre vollzog sich mit der West- bzw. Ostintegration in NATO bzw. Warschauer Pakt, in Montanunion bzw. COMECON. Mitte der 1950er Jahre erreichte die Verfestigung der dt. Zweistaatlichkeit ein Stadium, das die Anläufe der Siegermächte zur Realisierung der Viermächteverantwortung scheitern ließ. Nach dem Fehlschlagen der Politik der Stärke der BR Deutschland gegenüber der DDR, das in der Hinnahme der Errichtung der Berliner Mauer durch die westl. Alliierten offenbar geworden war, wurde die Einstellung der bundesdt. Außenpolitik auf die Gegebenheiten der dt. Spaltung und den Abbau der Konfrontation mit der DDR und dem Warschauer Pakt schon von L. Erhard und G. Schröder 1966 (Friedensnote) eingeleitet, doch erst die von W. Brandt initiierte Außenpolitik der Großen Koalition wagte den Dialog mit der DDR. Dem Abschluß des zw. beiden dt. Staaten ausgehandelten Grundvertrags, mit dem die Hallsteindoktrin, die die DDR zeitweilig isoliert hatte, endgültig aufgegeben wurde, folgte die diplomat. Anerkennung der DDR durch fast alle Staaten, und beide dt. Staaten traten 1973 den UN bei. Im Bestreben, die nat. Eigenständigkeit zu unterstreichen (Politik der Abgrenzung), verzichtete die DDR seit den 1970er Jahren zunehmend auf den Nationalitätszusatz „deutsch", zuletzt bei der Verfassungsänderung 1974 (u. a. Streichung des Begriffs „dt. Nation"). Im Nov. 1978 wurde ein Dokument über die Feststellung und Markierung der innerdt. Grenze unterzeichnet. Im Zuge einer erneuten Verschärfung in den Beziehungen zw. den beiden dt. Staaten seit Mitte 1980 stellt die DDR wieder verstärkt ihre Forderungen nach völliger völkerrechtl. Anerkennung durch die BR Deutschland in den Vordergrund.

🕮 *Craig, G.: D. G. 1866–1945. Dt. Übers. Mchn. 1985. - Neue d. G. Hg. v. P. Moraw, V. Press u. W. Schieder. Auf 10 Bde. berechnet. Mchn. 1984ff. - Bracher, K. D.: Die Auflösung der Weimarer Republik. Königstein/Ts. 1984. - Wehler, H.-U.: Das Dt. Kaiserreich 1871–1918. D. G. Bd. 9. Gött. 51983. - Ploetz, K.: D. G. Epochen u. Daten. Freib. 31982. - Grosser, A.: Deutschlandbilanz. Gesch. Deutschlands seit 1945. Dt. Übers. Mchn. 71980. - Brandi, K.: D. G. im Zeitalter der Reformation u. Gegenreformation. Ffm. 1979. - Baethgen, F.: Deutschland u. Europa im Spät-MA. Bln. 21978. - Rauh, M.: Die Parlamentarisierung des Dt. Reiches. Düss. 1977. - Forsthoff, E.: Dt. Verfassungsgesch. der Neuzeit. Stg. 41975. - Kaack, H.: Gesch. u. Struktur des dt. Parteiensystems. Opladen 1971. - Holborn, H.: D. G. in der Neuzeit. Dt. Übers. Mchn. 1970–71. 3 Bde. - Stegmann, D.: Die Erben Bismarcks. Köln 1970. - Moderne dt. Sozialgesch. Hg. v. H.-U. Wehler. Köln 31970. - Broszat, M.: Der Staat Hitlers. Grundlegung u. Entwicklung seiner inneren Verfassung. Mchn. 1969. - Probleme der Reichsgründungszeit 1848–1879. Hg. v. H. Böhme. Köln 1968.*

Deutsche Gesellschaften, Bez. für im 18. Jh. entstandene Vereine zur Pflege der Poesie und Sprache; getragen von aufklärer. Impulsen, gestützt auf Traditionen der Sprachgesellschaften und Akademien des 17. Jh. Richtunggebend war Gottsched bzw. die Leipziger „Dt. Gesellschaft" (gegr. 1717 als „Deutschübende poet. Gesellschaft"); bes. berühmt die D. G. Mannheim (gegr. 1775).

Deutsche Gesellschaft für chemisches Apparatewesen e. V. ↑ DECHEMA.

Deutsche Gesellschaft für Luft- und Raumfahrt e. V., Abk. DGLR, 1967 durch Zusammenschluß der Wiss. Gesellschaft für Luft- und Raumfahrt und der Dt. Gesellschaft für Raketentechnik und Raumfahrt e. V. entstandene Fachvereinigung zur Förderung von [Groß]forschungsprojekten auf den Gebieten der Luft- und Raumfahrt; Sitz Berlin (West), Geschäftsstelle Bonn.

Deutsche Gesellschaft für Soziologie, dt. wiss. Gesellschaft, gegr. 1909 (u. a. von M. Weber, W. Sombart, F. Tönnies), aufgelöst 1933, 1945 wieder ins Leben gerufen; Sitz München.

Deutsche Gesellschaft zur Rettung Schiffbrüchiger, Abk. DGzRS, 1865 gegr. Gesellschaft, die alleinige Trägerin des zivilen Seenotrettungsdienstes an der Nord- und Ostseeküste der BR Deutschland ist; Sitz Bremen.

deutsche Gewerkschaften, die wichtigsten Gewerkschaften in der BR Deutschland sind der Dt. Gewerkschaftsbund (DGB) mit rund 8 Mill. Mgl., die Dt. Angestellten-

Gewerkschaft (DAG; rd. 499 000 Mgl.) und der Dt. Beamtenbund (DBB; rd. 820 000 Mgl. [jeweils zum 31. 12. 1981]); in der *DDR* sind fast 9 Mill. Mgl. in 15 Einzelgewerkschaften des Freien Dt. Gewerkschaftsbundes (FDGB) organisiert. - Zur Geschichte und Programmatik ↑Gewerkschaften.

Deutsche Gildenschaft ↑Gildenschaft.

Deutsche Girozentrale - Deutsche Kommunalbank, dt. Kreditinstitut, Anstalt des öffentl. Rechts, gegr. 1918, Sitz Frankfurt am Main. Zentralinstitut der dt. Sparkassenorganisation.

Deutsche Glaubensbewegung ↑deutschgläubige Bewegungen.

Deutsche Grammophon GmbH, Abk. DGG, dt. Unternehmen zur Produktion und zum Vertrieb von Schallplatten, gegr. 1898; Sitz Hamburg.

Deutsche Hochschule für Körperkultur, Abk. DHfK, 1950 in Leipzig eröffnete Lehrstätte zur Ausbildung von Sportlehrern und Trainern in der DDR.

Deutsche Journalisten-Union, Abk. dju, 1951 gegr. Berufsgruppe der Journalisten in der IG Druck und Papier; heutiger Name seit 1960.

Deutsche Jugendkraft e. V., Abk. DJK, Mgl. im Dt. Sportbund (Anschlußorganisation); Rechtsnachfolger des 1920 in Würzburg gegr. und 1935 verbotenen „DJK-Reichsverbandes für Leibesübungen in kath. Vereinen"; Sitz Düsseldorf.

Deutsche Jungdemokraten, der ↑Freien Demokratischen Partei nahestehende Jugendorganisation.

Deutsche Katholische Jugend (Bund der Dt. Kath. Jugend) ↑katholische Jugend.

Deutsche Kolonialgesellschaft, Abk. DKG, im Dt. Reich einflußreiche Organisation zur Propagierung der kolonialen Expansion; entstand 1887 durch Vereinigung der **Gesellschaft für dt. Kolonisation** mit dem 1882 durch Ind. und Banken gegr. **Dt. Kolonialverein.**

deutsche Kolonien, Bez. für den (zeitgenöss. meist als **Schutzgebiete** gen.) überseeischen Besitz des Dt. Reiches. Während unter Bismarck für den Erwerb von Kolonien außerökonom. Motive überwogen, v.a. als Kompensationsobjekte sowie als Mittel nat. Integration, verfolgte man seit 1898 auch ökonom. Ziele: Verbreiterung der Rohstoffbasis für die dt. Wirtschaft, Erwerb von Handels- und Flottenstützpunkten. Als 1. Kolonie entstand **Dt.-Südwestafrika,** das 1884 zum Schutzgebiet erklärt und ab 1898 von einem Gouverneur verwaltet wurde. Der 1. Gouverneur von **Kamerun** und **Togo** wurde 1885 ernannt (getrennte Verwaltung seit 1891), von **Dt.-Ostafrika** 1891. Weitere Kolonien: **Dt.-Neuguinea** (Kaiser-Wilhelms-Land [Nordostneuguinea] und **Bismarckarchipel**) und die **Marshallinseln** (1885), **Nauru** (1888) sowie die **Marianen, Karolinen, Palauinseln** und ein Teil der Samoainseln (1899). **Kiautschou** wurde 1898 für 99 Jahre von China gepachtet. Nach dem 1. Weltkrieg waren die d. K. rechtl. Mandatgebiete des Völkerbundes, fakt. jedoch Kolonialbesitz der Mandatsmächte. Dt.-Ostafrika wurde brit. (Tanganjika, seit 1964 [zus. mit Sansibar] Rep. Tansania) und belg. (Ruanda-Urundi, seit 1962 Rep. Rwanda bzw. Rep. Burundi), Dt.-Südwestafrika ging an die Südafrikan. Union und wurde 1950 (als Südwestafrika, seit 1968 Namibia) von diesem annektiert. Kamerun kam unter frz. (östl. Teil) und brit. Verw. (seit 1972 Vereinigte Rep. Kamerun). Der Westteil Togos wurde 1920 brit. (seit 1952 zu Ghana), der Ostteil frz. Mandat (seit 1960 Rep. Togo). Nordostguinea mit dem Bismarckarchipel wurde 1920 austral. (seit 1975 zu Papua-Neuguinea), die übrigen Inseln jap. (seit 1947 amerikan.) Treuhandgebiet. Australien, Neuseeland und Großbrit. waren Mandatsmächte für Nauru (seit 1968 Rep.) und das heutige Westsamoa, Kiautschou kam 1922 wieder zu China.

Deutsche Kommunistische Partei, Abk. DKP, von Funktionären der (seit 1956) verbotenen KPD 1968 gegr. kommunist. Partei in der BR Deutschland; will sich von der KPD durch die Anerkennung der Verfassungsordnung des GG sowie durch den Verzicht auf die vom Bundesverfassungsgericht als mit dem GG unvereinbar bezeichneten polit. und organisator. Prinzipien unterscheiden; Parteivors. seit 1973 H. Mies (* 1929); rd. 43 000 Mitglieder.

deutsche Kunst, die durch die Mittellage der dt. Kunstlandschaften bedingten vielfältigen Einflüsse sowie landschaftl. Eigenständigkeiten verleihen ihr eine schwer zu systematisierende Mannigfaltigkeit.

Mittelalter: Während die ↑karolingische Kunst Deutschland und Frankr. umfaßte, bildeten sich die Anfänge der d. K. mit der Reichsbildung unter den Ottonen heraus. In der otton. Kunst entstand eine selbständige d. K., die zugleich ihren ersten Höhepunkt darstellte. Die Baukunst der **Romanik** übernahm den bis in got. Zeit verbindl. karoling. Kirchentypus der dreischiffigen, häufig doppelchörigen Basilika mit Querschiff bzw. Querschiffen und ausgeschiedener Vierung in festem Maßsystem (Sankt Michael in Hildesheim, 1033 geweiht). Charakterist. sind die ausgewogene Gruppierung der Bauteile, die Rhythmisierung durch Stützenwechsel und die Vorliebe für geschlossene Wandflächen; eine neue Erfindung war das Würfelkapitell. Hervorragend war auch die otton. Buch- und Wandmalerei (Reichenauer Schule), die Goldschmiedekunst (Basler Antependium Heinrichs II., vermutl. 1019 gestiftet, heute Paris, Musée de Cluny) und die Bronzebildnerei (Bernwardstür, 1015 [↑bernwardinische

Kunst]). Auch in der Epoche der Salier war Deutschland in der Baukunst führend. Mit dem Speyerer Dom (begonnen 1030) entstand ein bed. roman. Bau von bisher unbekanntem Ausmaß mit reicher Wandgliederung durch Lisenen und Blendarkaden. Bahnbrechend war die techn. Leistung der Einwölbung (Kreuzgratgewölbe) des breiten Mittelschiffs (um 1180 ff.). Die Tendenz zur Monumentalisierung zeigte sich auch in der Plastik der Romanik (Imad-Madonna in Paderborn, um 1060). In der Baukunst der Stauferzeit blieben die Geschlossenheit des Baukörpers und die Schwere der Bauten im Innern bestehen, im Ggs. zu Frankr., wo zu dieser Zeit die Gotik entstand. Das Rippengewölbe wurde erst nach der Mitte des 12. Jh. übernommen. Die Gliederung des vieltürmigen Außenbaus wurde weiter differenziert (Dome von Worms, 1171 ff., und Bamberg, nach 1185–1237). Meisterwerke brachte die spätstauf. Plastik hervor, die im Übergang von der Romanik zur **Gotik** steht. Die in Straßburg (Südportal und Engelspfeiler, um 1230), Bamberg (Adamspforte, Bamberger Reiter, vor 1237) und Naumburg (Stifterfiguren und Lettner, um 1249 ff.) von an frz. Bauhütten geschulten Meistern geschaffenen Figurenzyklen zeigen eine eigenwillige Verarbeitung der got. Vorbilder; ihre Bindung an die Architektur war freier, Ausdruck und Gestik oft herber; seel. Bewegtheit wurde in höchster Vollendung gestaltet. In der Baukunst fand die frz. Gotik nur langsam Eingang. Die Trierer Liebfrauenkirche und die Marburger Elisabethkirche (beide um 1235 ff.) waren die ersten Kirchen in Deutschland in rein got. Formensprache, jedoch nicht an der frz. Hochgotik, sondern an der Frühgotik orientiert; unfrz. war die Raumkonzeption sowohl der Trierer (Zentralbau) als auch der Marburger Kirche, die als erste got. Hallenkirche für die dt. Spätgotik bedeutungsvoll war. Um die Mitte des 13. Jh. wurde mit den Neubauten des Kölner Doms und des Straßburger Münsters auch in Deutschland die frz. Kathedralgotik aufgegriffen und verbreitet (Freiburger Münster), begleitet von einer Blüte der dt. Glasmalerei v. a. im 14. Jh. Im 14. und 15. Jh. war die Halle bevorzugter Kirchentyp. Die **Spätgotik** nahm ihren Ausgang von dem Hallenchor der Heiligkreuzkirche in Schwäbisch Gmünd (H. Parler, 1351). Baumeister werden nun namentl. faßbar. P. Parler schuf das erste monumentale Netzgewölbe der dt. Baukunst (Prager Dom). U. von Ensingen führte den Bau des Ulmer Münsters weiter. In Bayern errichteten H. Stethaimer (Landshut, Sankt Martin, um 1380 ff.) und J. Ganghofer (München, Frauenkirche, 1468–88) Hallenkirchen in Backstein. - Neben sakralen Bauaufgaben gewann die profane Baukunst zunehmend an Bed. Das seit dem 13. Jh. durch das einfache Reihenhaus geprägte Bild dt. Städte wurde durch mehrgeschossige Repräsentationsbauten bereichert; vielgestaltige Bürgerpalais, Handels- und Rathäuser sind Zeugen aufstrebender Bürgerkultur (Aachen, Braunschweig, Breslau, Lüneburg, Stralsund, Tangermünde, Thorn u. a.). Mauern, Tore und Türme gaben einer jeden Stadt individuelles Gepräge. In der Plastik wurden im späten 13. und frühen 14. Jh. die Portalprogramme der frz. Kathedralen übernommen (Straßburg, Köln, Regensburg, Freiburg im Breisgau). Gleichzeitig entwickelte sich in Deutschland unter Lösung von der Architektur das Andachtsbild (z. B. Pieta, Christus-Johannes-Gruppe). Eine Belebung erfuhr die Bauskulptur in der 2. Hälfte des 14. Jh. durch P. Parler, der ihr einen neuen Realismus verlieh. Den Übergang zum 15. Jh. bestimmte die internat. Strömung des „Weichen Stils" (Schöne Madonnen). Das 15. Jh. wurde zu einer der produktivsten Epoche der u. a. von N. Gerhaert beeinflußten dt. Bildhauerei. Der Schnitzaltar erlebte bes. in Süddeutschland eine Hochblüte (H. Multscher, M. Pacher, Niclas Hagnower, V. Stoß, T. Riemenschneider, G. Erhart und Meister H. L.). Im Norden wirkte B. Notke. Die Flügel der spätgot. Schnitzaltäre waren häufig mit Tafelgemälden geschmückt, eine Gattung, die im 13. Jh. entstanden war. Bes. Bed. hatte in der 2. Hälfte des 14. Jh. die böhm. Tafelmalerei (Meister Theoderich), die auf das gesamte dt. Gebiet einwirkte, z. B. auf Meister Bertram in Hamburg. Andere Zentren waren Köln, wo S. Lochner auf dem Werk des Meisters der hl. Veronika aufbauen konnte, und der Oberrhein, wo K. Witz mit starkem Wirklichkeitssinn an der Erfassung der plast. menschl. Gestalt im Raum arbeitete. In der 2. Hälfte des 15. Jh. machte sich - wie schon bei L. Moser - niederländ. Einfluß bemerkbar, bes. in der Kölner Schule (Meister des Marienlebens), aber auch in den Werken des Hausbuchmeisters, M. Schongauers, H. Pleydenwurffs, M. Wolgemuts u. a. Einen wichtigen Beitrag lieferte die d. K. mit der Entwicklung der Druckgraphik (Meister der Spielkarten, Hausbuchmeister, Meister E. S. und v. a. M. Schongauer).

Renaissance: Der Begriff wird für die dt. K. des 16. Jh. mit Vorbehalt gebraucht, da die Renaissance auch weiterhin stark von got. Stilelementen beeinflußt war. Die Architekturgeschichte des 16. Jh. war vorwiegend durch den Profanbau geprägt, der schon im 15. Jh. an Bed. gewann. Neben got. Zierformen traten Elemente der italien. Renaissance sowie die Ornamentik des niederländ. Manierismus. An zahlr. Bürger- und Rathäusern sowie Schlössern (Heidelberg, Ottheinrichsbau, 1556–66) ist die Auseinandersetzung mit Gotik und Renaissance festzustellen. Gleichzeitig mit den noch in der got. Tradition stehenden Schnitzwerken A. Pilgrams und H. Leinbergers entstand als erster monumentaler

Bronzeguß der dt. Renaissance das Sebaldusgrab von P. Vischer d. Ä. in Nürnberg (Sebalduskirche, 1507–19). Die Maler dieser Zeit gehörten zu den schöpferischsten Künstlern der d. K. überhaupt. Während Grünewald mit den Mitteln von Licht und Farbe Altarwerke von visionärer Ausdrucksgewalt schuf, die noch aus der got. Vorstellungswelt erwuchsen, brachte Dürer von seinen Italienreisen die neuartige Auffassung von Kunst und Künstlertum mit, wie sie sich in seinen zahlr. Selbstbildnissen manifestiert. Er beherrschte souverän alle Gattungen der Malerei und der Graphik, die er zu einer unerreichten Formvollendung führte. Zahlr. weitere Künstler, zw. diesen beiden Polen angesiedelt, sorgten für den künstler. Reichtum der ersten Jahrzehnte des 16. Jh.; zu nennen sind v. a. L. Cranach d. Ä., H. Baldung, H. Holbein d. J. und A. Altdorfer, das Haupt der sog. Donauschule. Diese Blütezeit dt. Malerei fand keine Nachfolge. Niederländ. und italien. Strömungen sind Grundlage der dt. manierist. Malerei, die sich bes. an den Höfen von München (F. Sustris, P. Candid) und Prag (H. von Aachen, J. Heintz, B. Spranger) entfalteten; auch die Plastik war von Niederländern (H. Gerhard, A. de Fries) und von in Italien geschulten Künstlern (H. Reichle) geprägt; daneben eigenständige (manierist.) Arbeiten v. a. J. Zürns und L. Münstermanns.

Barock: Schöpfer. Ansätze dt. Barockkunst im frühen 17. Jh. - u. a. in der Architektur durch E. Holl (Augsburger Rathaus, 1615–20), in der Plastik durch G. Petel, in der Malerei durch A. Elsheimer (Landschaften), J. Liss, J. H. Schönfeld (Figurenbild), G. Flegel (Stilleben) - wurden durch den Dreißigjährigen Krieg unterbrochen. Erst seit 1680, als im übrigen Europa bereits der Spätbarock begann, entwickelte sich der dt. Barock nun kontinuierl. fort, getragen durch das absolutist. Fürstentum und die kath. Kirche. Beherrschende Gattung war die Architektur. Die Bauten der östr. Baumeister J. B. Fischer von Erlach (Karlskirche in Wien, 1716–22), J. L. von Hildebrandt (Oberes Belvedere in Wien, 1721–23), J. Prandtauer (Stift Melk, 1702 ff.) sowie in Berlin A. Schlüters Berliner Schloß (1698 ff.) entstanden in Auseinandersetzung mit dem röm. Hochbarock. In Dresden schufen D. Pöppelmann den Zwinger (1711 ff.), Höhepunkt barocker Architektur schlechthin, und G. Bähr die prot. Frauenkirche (1726 ff.). C. und K. I. Dientzenhofer prägten das barocke Stadtbild Prags (Sankt Nikolaus auf der Kleinseite, 1703 ff.), J. Dientzenhofer erbaute die Klosterkirche Banz (1710–19). J. B. Neumann schuf in der Würzburger Residenz eine der großartigsten Treppenhausanlagen; für den Kirchenbau fand er unübertroffene Lösungen in der Durchdringung von Lang- und Zentralbau (Vierzehnheiligen, 1743 ff.; Neresheim, 1745 bzw. 1750 ff., das man wegen seiner klassizist. Elemente dem Spätbarock zurechnen kann). Bed. Barockbaumeister waren außerdem die Brüder Asam (Weltenburg, 1716–18, Johann-Nepomuk-Kirche, München, 1733 ff.), J. M. Fischer (Zwiefalten, 1739 ff., Ottobeuren, 1748 ff.), D. Zimmermann (Steinhausen bei Schussenried, 1727–33). Dem **Rokoko** zuzurechnen sind das von G. W. von Knobelsdorff 1745–47 errichtete Schloß Sanssouci bei Potsdam, die Wieskirche von D. Zimmermann (1745 ff.) und die Amalienburg von F. Cuvilliés d. Ä. (1734–39). Die barocken Bauwerke verbanden sich mit Plastik und Malerei zu grandiosen Gesamtkunstwerken. Das gilt bereits für den Dresdner Zwinger (plast. Schmuck von B. Permoser). Einige Baumeister waren auch als Bildhauer tätig, z. B. A. Schlüter. Zu den hervorragendsten Bildhauern des 18. Jh. gehört auch G. R. Donner in Wien (Neumarktbrunnen, 1737 ff.). Der plast. Ausgestaltung des Kircheninnern (Stukkaturen, Bauplastik) widmete sich bes. im süddt. Raum eine Fülle von Talenten, z. B. J. B. Zimmermann, E. Q. Asam, R. Egell, J. M. Feuchtmayer und nicht zuletzt I. Günther. Ihre Werke gehören z. T. dem Rokoko an. J. B. Straub tendierte im klassizist. bestimmten Alterswerk zum Spätbarock. Die illusionist. Deckenfresken erweitern den Raum ins Unendliche (u. a. J. M. Rottmayr, F. A. Maulpertsch, C. D. Asam, J. Zick, J. B. Zimmermann). Die bedeutendste Deckenmalerei schuf der Italiener G. B. Tiepolo im Treppenhaus der Würzburger Residenz (1715–53).

Klassizismus und Historismus: Wegbereiter klassizist. Architektur in Deutschland waren F. W. von Erdmannsdorff, der entscheidende Anregungen aus England mitbrachte, und C. G. Langhans (Brandenburger Tor, 1788 ff.). Die Entwürfe seines Schülers F. Gilly zeigen kühne kub. Formen. Wichtige klassizist. Baumeister waren auch L. von Klenze in München, F. Weinbrenner in Karlsruhe und K. F. Schinkel in Berlin, der beliebig klassizist. oder got. Formverkleidungen für seine Bauten verwendete und damit bereits den Historismus, der für das weitere 19. Jh. charakterist. war, vertrat. Nach der Neugotik lebte die italien. Renaissance wieder auf und gegen Ende des Jh. auch der Barock. Neue Bauaufgaben wurden das Theater und das Museum. Die Plastik beschränkte sich auf Porträtbüsten, Grab- und Denkmäler (G. von Schadow, A. von Hildebrand). Für die Maler der 1. Hälfte des 19. Jh. wurde Rom Ausbildungs- und Wirkungszentrum; nach A. R. Mengs („Parnaß", 1760/61; Rom, Villa Albani) Vorlauf sammelten sich hier die Deutschrömer (J. A. Koch) und die Nazarener, die die religiöse Malerei in Freskenzyklen erneuern wollten. Im Norden wurde im Umkreis von C. D. Friedrich und P. O. Runge ein neues, von der literar. Romantik beeinflußtes Naturgefühl in sym-

Oben: Sankt Michael (1010–33). Hildesheim; Mitte links: Speyerer Dom (1030 begonnen); rechts: Tilman Riemenschneider, Engelkonzert (Ausschnitt; um 1500). Berlin-Dahlem; unten: Tilman Riemenschneider, Apostel (Ausschnitt; um 1500). München, Bayer. Nationalmuseum

bol. Landschaftskompositionen wiedergegeben. Bei M. von Schwind zeigte sich Romantik märchenhaft, bei L. Richter und C. Spitzweg biedermeierl. Nach Mitte des Jh. wurde das Historienbild durch A. von Menzel mit neuem Realismus belebt; gleichzeitig setzte sich die direkte Naturwiedergabe als ausschließl. maler. Darstellungsproblem durch (W. Leibl, H. Thoma), z. T. verbunden mit idealist. und symbolist. Tendenzen (A. Böcklin, A. Feuerbach, H. von Marées). Gegen das Jh.ende entwickelten Maler wie M. Slevogt, M. Liebermann und L. Corinth einen dt. Impressionismus.

20. Jahrhundert: Der Jugendstil vollzog mit seiner Absicht der künstler. Durchformung des gesamten menschl. Lebensraums eine entschiedene Abwendung vom Historismus. Jugendstilarchitekten wie A. Loos, P. Behrens, J. Hoffmann, B. Pankok, R. Riemerschmid und der in Deutschland arbeitende Belgier H. C. van de Velde bereiteten durch ihre Auffassung funktionalen Bauens die Voraussetzungen für die Skelett-Glas-Bauweise des Bauhauses (1919–33) vor, mit dessen Ideen die dt. Architektur nach dem 1. Weltkrieg internat. Bed. errang. W. Gropius, B. Taut u. a. hatten bereits vor dem 1. Weltkrieg die Grundlagen der Bauhaus-Architektur entwickelt (Werkbundausstellung Köln 1914). Den Anschluß an den internat. Standard fand die dt. Architektur erst wieder mit der Berliner Philharmonie (1960–63) von H. B. Scharoun. Ebenso legten die Jugendstilarchitekten den Grund für die Erneuerung des Designs aller Gegenstände des tägl. Gebrauchs, was das Bauhaus in seiner Idee der Verbindung von Handwerk (Industrie) und Kunst aufgriff. - Um 1905 setzte sich der Expressionismus gegen den ästhetisierenden Jugendstil durch. Sein Anliegen waren die Autonomie und psych. Aussagekraft der Farbe als Mittel der Darstellung seel. Spannungen (E. L. Kirchner, E. Heckel, K. Schmidt-Rottluff, M. Pechstein, O. Mueller, E. Nolde). Ihm nahe standen in der Plastik E. Barlach und W. Lehmbruck. Die Hinwendung zur abstrakten Kunst geschah unter dem Drängen der russ. Avantgarde in Deutschland: Um 1910 erarbeitete W. Kandinsky die ersten gegenstandslosen Bilder. Auch F. Marc, mit dem er den „Blauen Reiter" gründete, arbeitete in Richtung auf Abstraktion. Auf breiterer Basis etablierte sich die dt. abstrakte Malerei jedoch erst nach dem 1. Weltkrieg, als sich nicht zuletzt aus internat. Anregungen (de Stijl, Suprematismus und Konstruktivismus) eine systemat. Bildtektonik, u. a. im Bauhaus, ausprägte (L. Feininger, O. Schlemmer, P. Klee; C. Buchheister, F. Vordemberge-Gildewart, W. Dexel, W. Baumeister u. a.). Gleichzeitig arbeiteten Künstler wie G. Grosz, O. Dix, M. Beckmann, K. Hubbuch, auch K. Kollwitz einen gesellschafts- und sozialkrit. Realismus aus. Auf die Verunsicherung bürgerl. Denkens zielten die Dada-Künstler mit gattungssprengenden Collagen und Materialbildern, Nonsenslyrik und Aktionen (H. Arp, M. Ernst, R. Hausmann, K. Schwitters, H. Höch, anfangs auch J. Heartfield). Der aus Dada hervorgehende Surrealismus (Arp, Ernst) war bereits zur Emigration gezwungen und wirkte sich v. a. in Paris kontinuierl. bis in die zweite Jh.hälfte aus (in der d. K. u. a. von R. Oelze, H. Bellmer und M. Zimmermann weitergeführt). Die Vielfalt der künstler. Richtungen wurde im Dritten Reich zugunsten eines ideolog. Neoklassizismus unterdrückt, die abstrakte Kunst als „entartet" verfemt und eine Vielzahl von abstrakten bzw. sozialkrit.-realist. Künstlern in die Illegalität bzw. Emigration getrieben. Nur wenige Künstler (z. B. G. Kolbe) sahen sich in ihren künstler. Möglichkeiten nicht beengt. Nach 1945 wurde in der *BR Deutschland* zunächst die Kontinuität der abstrakten Kunst wieder aufgenommen, wobei internat., v. a. frz. Kontakte neu belebt wurden (H. Hartung als Vertreter der École de Paris, Wols u. a. Tachisten). Es folgte die abstrakte Plastik, z. T. noch dem Figürlichen verbunden, z. T. als Objektkunst aus Fundstücken, z. T. als Fortführung konstruktivist. Ansätze als Versuch, Raum, Umraum und Zeit zu definieren (O. H. Hajek, E. Hauser, N. Kricke), seit den 60er Jahren auch mit Mitteln wie Bewegung, Licht, Wasser. In den 60er Jahren ist unter dem Einfluß von Hard edge, Minimal-art und Op-art auch in der Malerei ein Interesse an neokonstruktivist. Ideen zu verzeichnen (L. Quinte, P. Palermo, W. Gaul, G. Fruhtrunk, G. K. Pfahler), v. a. sind sie und auch die 70er Jahre aber geprägt durch eine neue, radikale Gegenständlichkeit, wobei Einflüsse der amerikan. Pop-art und der Rückgriff auf die Dada-Materialkunst der zwanziger Jahre zusammentreffen (B. Schultze, D. Roth, M. Buthe). Vertreter von Konzeptkunst, Happening, „Spurensicherung", „individueller Mythologie" sind J. Beuys, J. Gerz, F. E. Walther, K. Rinke, N. Lang, T. Ullrichs, A. D. Trantenroth. Maler wie R. Girke und die Künstler der Gruppe „Zero" bringen myst. und naturromant. Erlebnisse ins Kunstwerk ein. Demgegenüber sind die zahlr. Neorealisten und phantast. Realisten fast ausschließl. auf die konventionellen Gattungen Malerei und Graphik beschränkt (Gruppe „Zebra", J. Grützke, K. Klapheck, W. Petrick u. a.), greifen aber z. T. Anregungen aus der Photographie auf (G. Richter, L. M. Wintersberger, P. Wunderlich). - Die Kunst der *DDR* steht unter dem Leitbegriff des sozialist. Realismus, mit dem geschichtl. Realitäten bildner. erfaßt, gesellschaftl. Zusammenhänge dargestellt und die arbeitenden Menschen in den Mittelpunkt der Aussage gerückt werden sollen. Vertreter der Plastik: F. Cremer; der Malerei: O. Nagel, L. Grundig, W. Sitte.

🕮 *Architektur in Deutschland: BR u. Westberlin. Hg. v. H. Bofinger u. a. Stg. u. a. 1979. - Malerei nach 1945 in Deutschland, Österreich u. der Schweiz. Hg. v. W. Schmied. Ffm. u. a. 1974. - Reitzenstein, A. Frhr. v.: Dt. Baukunst. Stg. [4]1964. - Weigert, H.: Gesch. der d. K. Ffm. 1963. 2 Bde. - Fischer, Otto: Gesch. der dt. Malerei. Mchn. [3]1956. - Feulner, A./Müller, Theodor: Gesch. der dt. Plastik. Mchn. 1953.*

Deutsche Landsmannschaft ↑Landsmannschaft.

Deutsche Landwirtschafts-Gesellschaft, Abk. DLG, Vereinigung von Landwirten und Wissenschaftlern zur Förderung der Entwicklung der dt. Landwirtschaft; gegr. 1885 in Berlin, 1947 in Stuttgart neu gegr.

Deutsche Lebens-Rettungs-Gesellschaft e.V., Abk. DLRG, gegr. 1913 in Leipzig, Sitz Bonn; gemeinnützige Einrichtung, die mit freiwilligen Helfern arbeitet. Aufgaben sind Schaffung und Förderung aller Möglichkeiten, die der Bekämpfung des Ertrinkungstodes dienen (Ausbildung von Rettungsschwimmern, Rettungswachtdienst u. a.).

Deutsche Legion (The Kings's German legion), aus Angehörigen der 1803 von Napoleon I. aufgelösten hannoverschen Armee gebildeter Freiwilligenverband in brit. Diensten; 1808–14 vorwiegend auf der Pyrenäenhalbinsel eingesetzt, 1815 an der Schlacht bei Belle-Alliance beteiligt, 1816 aufgelöst.

Deutsche Linoleumwerke AG, ehem. Name der ↑DLW Aktiengesellschaft.

deutsche Literatur, umfaßt im weitesten Sinne alles in dt. Sprache Geschriebene; in der heute übl. engeren Bed. bezeichnet der

Deutsche Kunst.
Oben: Albrecht Dürer, Oswolt Krel (1499). München, Alte Pinakothek; unten links: Stephan Lochner, Rosenhagmadonna (um 1448). Köln, Wallraf-Richartz-Museum; unten rechts: Caspar David Friedrich, Kreidefelsen auf Rügen (1818). Winterthur, Stiftung Oscar Reinhart

oben: Kurt Schwitters, Merzbild 15 A – Das Sternbild (1920). Düsseldorf, Kunstsammlung Nordrhein-Westfalen; rechts: Wols (Wolfgang Schulze), Die Vögel (1949). Privatbesitz; unten links: Wolfgang Mattheuer, Hinter den sieben Bergen (1973). Leipzig, Museum der bildenden Künste; unten rechts: Lothar Quinte, Pulsar blau (1972). Karlsruhe, Technische Universität

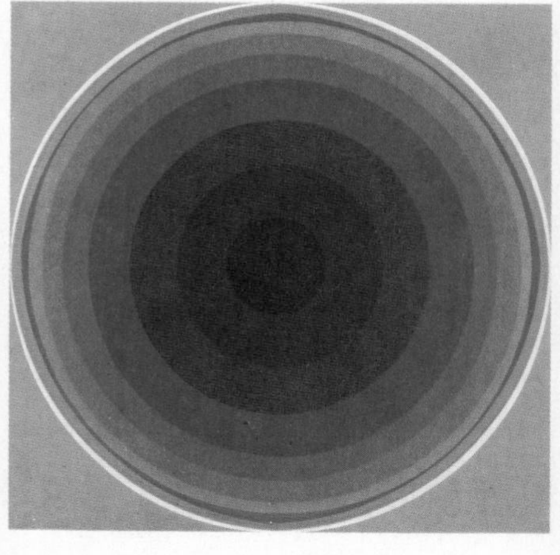

Begriff die schriftl. überlieferte dt. Dichtung.
Frühes Mittelalter (750–900: Karolingik; 900–1050: Ottonik; 1050–1150: Salik): Der Verfall der Laienschulen in der Zeit der letzten Merowinger führte zum Bildungsmonopol der röm. Kirche; die Autoren der folgenden Epoche waren v.a. Mönche, Literatursprache war das Lat.; Schriften in althochdt. Sprache entstanden als Hilfen für die Beschäftigung mit der antiken Literatur (Glossare, Interlinearversionen) und als Versuche, christl. Gedankengut zu vermitteln („Wessobrunner Gebet", 770/90; „Muspilli", Anfang des 9. Jh.; in altsächs. Sprache das Leseepos „Heliand", um 830). Nur das „Ältere Hildebrandslied" (810/820) ist noch weitgehend unberührt vom neuen Glauben. Otfrid von Weißenburgs Bemühung, mit seinem gelehrten „Evangelienbuch" (863/71) die Gleichwertigkeit der dt. gegenüber der lat. Sprache zu beweisen, blieb in der Zeit der Ottonen mit ihren röm. Interessen ohne Wirkung. Die vierzeiligen Strophen des Werks aus vierhebigen Reimversen wurden aber später zum Grundmaß der mittelhochdt. Dichtung. Erst mit dem „Ezzolied" (1063) und dem „Annolied" (wahrscheinl. zw. 1080 und 1085) setzte die Überlieferung dt. Dichtung wieder ein (nun in frühmittelhochdt. Sprache), die für ein Jh. im Zeichen der von Cluny ausgehenden Kirchenreform stand. Gleichzeitig vollzog sich aber mit der Wiederbelebung der Städte und der Bildung des Rittertums ein sozialer Strukturwandel, der sich in den ritterl. oder held. Stoffen der noch von geistl. Interessen geprägten Epen („Kaiserchronik", zw. 1135/55; „Alexanderlied" des Pfaffen Lamprecht, um 1150; „Rolandslied" des Pfaffen Konrad, um 1170) auch literar. ankündigte.
Hohes Mittelalter (auch Staufik, ritterl. oder höf. Epoche, 1170–1250/1300): Sozialer Aufstieg und internat. Kommunikation durch die Kreuzzüge (seit 1096) ermöglichten dem Ritterstand Emanzipation von kirchl. Vorherrschaft und Ausbildung einer eigenen weltl. Kultur, deren Ideal der Ritterlichkeit den ma. Dualismus von Diesseits und Jenseits zu überbrücken suchte. In diesem Sinne wurden auch altgerman. Stoffe umgedichtet („Nibelungenlied", um 1200). Hier wie in anderen bed. Epen - insbes. von Heinrich von Veldeke („Eneit", 1170/90) und den an frz. Vorbildern geschulten Epen von Hartmann von Aue („Iwein", um 1200), Wolfram von Eschenbach („Parzifal", 1200/10) und Gottfried von Straßburg („Tristan und Isolt", um 1210) - wurde eine möglichst dialektfreie, formal geglättete Sprache gepflegt. War die Minne in der mittelhochdt. Epik wesentl. Thema, so wird sie für die Lyrik zum namengebenden Zentrum. In der Ambivalenz dieses Begriffes zw. höchster Vergeistigung und äußerster Sinnlichkeit konnte sich ritterl. Selbstverständnis exemplar. darstellen. Das heute noch geläufige Stilideal von Naturtreue und Gefühlstiefe hat hier seinen Ursprung. Die kleineren Höfe wurden zu Zentren der Kultur, die lyr. Geliebte war meist als Entsprechung der Gattin des Lehnherrn zu denken. Demgemäß wurde Liebe als Vasallentreue gedeutet und Vasallentreue als Liebe. Nach eigenständiger Liebeslyrik v.a. des von Kürenberg entwickelte sich unter dem Einfluß der provenzal. Troubadourdichtung der hohe Minnesang, dessen Repräsentanten v.a. Hartmann von Aue, Heinrich von Morungen und Reinmar der Alte waren. Höhepunkt war die Lyrik Walthers von der Vogelweide, der neben Lied (Wechsel, Tagelied, Kreuzlied) und Leich die Spruchdichtung (für seine stauf. Parteinahme) weiterentwickelte. Schon Walthers Wendung zur niederen Minne kann ebenso wie die Parodien Neidharts (von Reuental) als Hinweis auf den beginnenden Niedergang der ritterl. Idealkultur gedeutet werden. Die lehrhafte Epik des bürgerl. Konrad von Würzburg steht am Beginn einer neuen Epoche.
Spätes Mittelalter (1300–1500): Dem weiteren Aufstieg der Städte in dieser Zeit der Umschichtungen entsprach eine Verbürgerlichung der Kultur, deren Kennzeichen Stilmischungen (Frauenlob) und Hang zum Realen oder Nützlichen (Hugo von Trimberg, Hans Rosenplüt) waren. Die Lyrik erstarrte im silbenzählenden Meistersang (Hans Folz) oder entwickelte sich zur Auflösung überkommener Formen (Oswald von Wolkenstein), die dem neuen Individualismus und Realismus entgegenkam. Bedeutendste Leistung der Epoche ist die Ausbildung einer dichter. dt. Prosa, die durch Verbreiterung der Schicht der Lesekundigen und die Erfindung des Buchdrucks (um 1440) begünstigt wurde und entscheidende Impulse durch die Predigten der Mystiker (Eckhart, Seuse, Tauler) erhielt.
Renaissance, Humanismus und Reformation (1470–1600): Die bereits ma. Sehnsucht nach geistl. Erneuerung fand in der „humanitas" der röm. Antike ihr Ziel. Für Italien war solcher Rückgriff Ausdruck nat. Selbstbesinnung, für die in Deutschland der polit. Hintergrund fehlte. So wurde hier die eigene Reformation für die Literatur von größerer Bedeutung. Die Dichtung der Humanisten war elitäre, neulat. Gelehrtendichtung (Celtis, Frischlin, Reuchlin), neben der sich aber spätma.-volkstüml. Literatur (S. Brant, Volksbücher wie „Till Eulenspiegel", 1515, und „Historia von D. Johann Fausten", 1587) weiterbehauptete. Hans Sachs verschmolz ma. Fastnachtsspiel und Humanistendrama zum Meistersingerdrama. U. von Hutten, der antiluther. T. Murner, T. Naogeorgus und der Satiriker J. Fischart waren Vertreter eines dritten, agitator.-kirchenpolit. Elementes. Die Bed. von Luthers dialektausgleichender Bibelübersetzung (1522–33) für die neuhochdt. Kunstpro-

sa läßt sich nicht überschätzen, während J. Wickrams Ansätze zu einem dt. Kunstroman durch den Erfolg des übersetzten frz. Amadisromans nicht weiterverfolgt wurden.
Barock (1600–1700): Die auf Rhetorik sich gründende normative Poetik (M. Opitz, „Buch der von dt. Poeterey", 1624) des höf. bestimmten literar. Barock entsprach dem Autoritätsgeist des Absolutismus, war aber auch Vorbedingung für den Anschluß der d. L. an das europ. Niveau (Petrarkismus bei Opitz, P. Fleming, Marinismus bei C. Hofmann von Hofmannswaldau). Der unüberbrückbare Widerspruch von christl.-moral. Anspruch und Realpolitik, der im 30jährigen Krieg zerstörer. Ausdruck fand, wurde zum erstenmal als trag. Konflikt empfunden und gab Anstoß zur Begründung des dt. Trauerspiels (Heinrich Julius von Braunschweig, A. Gryphius, D. C. von Lohenstein, C. Weise). Lebenshunger und -genuß wurde christl. Stoizismus entgegengesetzt. Das jesuit. Drama der Gegenreformation war neulat. Dichtung (J. Bidermann). Exemplarische Gattung der Epik war der heroisch-galante Roman (P. von Zesen, Anton Ulrich von Braunschweig), als dessen Höhepunkt Lohensteins Roman „Arminius" (1689/90) gilt. Dem höf. Roman stellte sich der urspr. span. pikareske Roman entgegen, in Deutschland aufgenommen von Grimmelshausen. Er denkt, wie die Satire C. Reuters, in seiner Weiterentwicklung zu bürgerl. Realismus durch J. Beer über den Barock hinaus. Der Einfluß der Sprachreflexionen des dialekt. Mystikers J. Böhme und die Theorien der dichter. Techniken (G. P. Harsdörffer) ermöglichten ein hohes Sprachbewußtsein, von dem v. a. die barocke Lyrik getragen wurde. Böhmes Bestimmung der Dichtung als Erkenntnis begründete den hohen Anspruch von und an Dichtung in Deutschland. Seine Lehre von der Natursprache nahmen P. von Zesen und J. Klaj auf. C. R. von Greiffenberg dichtete ausschließl. religiöse Sonette, bevorzugte Gattung barokker Lyrik (Gryphius, Fleming, Dach). Q. Kuhlmanns Gedichte werden heute als experimentelle Lyrik verständlicher. In der Form barock, im Inhalt vorweisend auf die Erlebnislyrik der Goethe-Zeit, war die Dichtung J. C. Günthers Übergangserscheinung.
Aufklärung, Empfindsamkeit und Sturm und Drang (1700–1785): Mit seinen sensiblen, aber präzisen Naturbeschreibungen verließ B. H. Brockes die Position der kirchl. Offenbarungslehre. Solcher Bruch wurde zum wesentl. Merkmal der neuen Verstandeskultur, die die Welt als prinzipiell durch Vernunft erklärbar vorstellte. „Kritik" war ihr Leitbegriff. Sie war Leistung eines sich aus Prediger-, Gelehrten- und Beamtenschichten konstituierenden Bildungsbürgertums. Selbst die unter dem Einfluß der Höfe sich ausbildende Rokokodichtung wurde unter der allg. Vorherrschaft aufklärer. Geisteshaltung verbürgerlicht (J. W. L. Gleim, C. F. Gellert, J. E. Schlegel, J. W. von Goethe). In der Lyrik des Rokoko herrschten die anakreont. Hauptthemen Liebe, Wein, Geselligkeit vor (F. von Hagedorn, Gleim, J. P. Uz, der junge Lessing, der junge Goethe). Unmittelbarer griff die klassizist. Poetik mit ihrer Forderung nach Einfachheit und ihrer Gleichsetzung von Natürlichkeit und Wahrscheinlichkeit die höf. Kultur an. Die Stilideale entnahm J. C. Gottsched der frz. Literatur (1730). Sie blieben auch nach ihrer wirkungsvollen Kritik durch J. J. Bodmer und J. J. Breitinger (1740) von Bedeutung für die Ausbildung eines seriösen dt. Theaters (Gottsched, J. E. Schlegel), in dem der Mensch als Wesen dargestellt werden konnte, das sich durch eigenen Willen und Vernunft vervollkommnet (G. E. Lessing, C. M. Wieland). Mit der bürgerl. Heldin eines Trauerspiels (1755) überging Lessing die Gottschedsche Ständeklausel; dem Dogmatismus der kirchl. Orthodoxie setzte er das Toleranzgebot seines „Nathan" (1779) entgegen, dessen freie Menschlichkeit in der Humanitätsidee der Weimarer Klassik entfaltet wurde. Gegen die Verkrustung des luth. Protestantismus wandte sich auch die wesentl. Züge der Mystik aufnehmende pietist. Bewegung, die mit ihrer Betonung des individuellen Seelischen dem polit. unterdrückten Bürgertum Gegenbilder wie Fluchtweg bot (J. G. Schnabel, „Die Insel Felsenburg", 1731–43). Säkularisiert schlug sich solcher Subjektivismus in der Dichtung der Empfindsamkeit nieder (1740–80), die in Idylle (J. H. Voß) und engl. beeinflußtem Roman (Gellert; S. von Laroche) gesellschaftskrit. Haltung nicht ausschloß und von Wieland zur psycholog. Erzählkunst des Bildungsromans („Agathon", 1766/67) weitergeführt wurde. Die religiös motivierte Seelenzergliederung steigerte die Möglichkeiten des autobiograph. Romans (H. Jung-Stilling) und noch die bedeutenderen Romane des Sturm und Drang (Goethe, „Werther", 1774; K. P. Moritz, „Anton Reiser", 1785/90) profitierten entscheidend von der pietist. Technik der Selbstanalyse. - In der Lyrik entrückte F. G. Klopstock das persönl. Erlebnis ins Erhabene, für das er eine pathetisch-unalltägl. Sprache formte. Der Tonus des inspiriert Erhabenen führte ihn seit 1754 zur Auflösung der ohnehin in dt. Sprache nicht völlig nachvollziehbaren antiken Versmaße in freie Rhythmen. Ihm eiferten die Autoren des Göttinger Hainbundes nach, die sich aber auch dem schlichteren Lied zuwandten (L. H. C. Hölty, C. und F. L. Graf zu Stolberg), in dessen Ausprägungen durch M. Claudius tendenziell der Widerspruch von Volkstümlichkeit und Volkskunst gelöst wurde, ebenso wie im Werk J. P. Hebels und in der erneuerten Ballade von G. A. Bürger, dessen Dichtung schon ganz dem Sturm

und Drang (1767–85) zugehört. Diese kulturpessimist. Bewegung radikalisierte den Subjektivismus der Empfindsamkeit in seiner Auffassung vom überlegenen „Originalgenie". Aus der Natur wird die Legitimation für den Kampf um Freiheit des Einzelnen (Goethe, „Götz von Berlichingen", 1773; Schiller, „Die Räuber", 1781), um polit. Freiheit (Schiller, „Fiesko"; 1783, „Kabale und Liebe", 1784) und um Aufhebung der Standesschranken (J. M. R. Lenz) gezogen. Dem ausgeprägten Konfliktbewußtsein kam die Form des Dramas entgegen, das sich, Shakespeare folgend, von der kompositor. Strenge des frz. Dramas völlig löste. Die Betonung des Irrationalen in Begriffen wie Ahnung, Herz und Trieb wurde durch Realismus in der Beobachtung und beginnende psycholog. Begründung der Charaktere aufgefangen. - Unter dem Einfluß des wiederentdeckten Volksliedes (J. G. Herder) wurde das individueller Auffassung entgegenkommende Lied zur Hauptform der Lyrik. Politisch ohne die erhoffte Wirkung, gab die Bewegung poetolog. Anregungen und Tendenzen an Klassik und Romantik weiter (A. von Arnim und C. Brentano, „Des Knaben Wunderhorn", Sammlung dt. lyr. Volksdichtung, 1806–08; J. und W. Grimm, „Kinder- und Hausmärchen", seit 1812).

Zeit der Klassik und Romantik: Als Weimarer Klassik wird das Werk von Schiller und Goethe zw. 1786–1832 bezeichnet. Dem Gefühl der Krise moralisch-polit. (Frz. Revolution) wie poetolog. Werte begegneten sie mit Objektivierung der Kunst-, Natur- und Gesellschaftsauffassungen des Sturm und Drang, die sich auch in Schillers histor. und Goethes naturwiss. Studien ausdrückte. Maß und Selbstbeschränkung sollte die Versöhnung von Sinnlichem und Geistigem leisten, wie sie im appollin. Schönheitsideal der griech. Antike vollzogen schien. Auf Darstellung des Allgemeinen durch Herausarbeitung des Typischen in der Erscheinung des Einzelnen zielen die klass. Dramen Goethes („Iphigenie auf Tauris", 1787; „Torquato Tasso", 1790; „Faust I", 1806) wie auch die Ideendramen Schillers („Wallenstein"-Trilogie, 1800; „Maria Stuart", 1800; „Wilhelm Tell", 1804), wenn in ihnen auch die Idee der Freiheit andere Akzente setzt. Unübersehbar neigt beider Sprache darum zur Sentenz. - Radikaler als Schiller verfolgte H. von Kleist die unerbittl. Konsequenz log. Prinzipien in seinen Erzählungen („Die Marquise von O...", gedruckt 1808, „Michael Kohlhaas", gedruckt 1810) und Dramen („Prinz Friedrich von Homburg", gedruckt 1821). Eine vielleicht noch weitergehende Verbindung von Kunst und zeitgenöss. Philosophie vollzog das Werk von F. Hölderlin. In seinem lyr. Entwicklungsroman „Hyperion" (1797–99) sah der Dichter in der als sich veräußernder Geist erhabenen Natur noch einen möglichen Ausweg aus der enttäuschenden polit. Realität. Dem hohen Anspruch der Dichtung als Einheit von Religion, Kunst, Wissenschaft und Philosophie gemäßer war die Entfaltung eines neuen (aufgeklärten) sprachl. Mythos aus der Verschmelzung antiker und christl. Bilder, die er in Oden, Elegien und Hymnen versuchte. - Mit Goethes „Wilhelm Meister" (1795/96; 1821) und Jean Pauls Werk gewann auch der dt. Roman Anschluß an das europ. Niveau. Der atomist. Stil fand Zusammenhalt im Humor als umgekehrter Erhabenheit, um den Jean Paul die Kant-Schillerschen Überlegungen erweiterte. - Mit der Entdeckung der Geschichte als Kontext aller Werte und damit ihrer Relativierung, wie sie in der Frz. Revolution deutlich wurde, hob sich die Romantik (1798–1835) von der gleichzeitigen Klassik ab. Die Gegenwart wurde damit problematisiert, das Einzelne erschien nicht mehr als Repräsentant des Allgemeinen. Sehnsucht nach der Einheit des Goldenen Zeitalters, nur im träumenden Bewußtsein des künstler. Menschen noch vollziehbar, wurde zum durchgängigen Thema. An die Stelle der Wirklichkeit trat die Wirklichkeit der Poesie, die unter diesem Druck der Universalität zur Auflösung der Gattungen drängte, wie sie u. a. in den Romanen von Novalis, L. Tieck, Brentano, A. von Arnim und J. von Eichendorff oder den „Nachtwachen des Bonaventura" zu finden ist. Die Entfesselung der Phantasie erlaubte auch die Gestaltung des Unbewußten, Dämonischen oder Magischen als gleichberechtigter Wirklichkeit (E. T. A. Hoffmann, Arnim), die romant. Ironie in vielfache, sich durchdringende Ebenen aufbrach. Die formale und sprachl. Virtuosität (C. Brentano) zielte in der Lyrik auf volksliedhafte Töne (Eichendorff).

19. Jahrhundert. Weitere Entwicklung: Biedermeier (1820–50) und Junges Deutschland (1830–50) waren zwei verschiedene literar. Reaktionen auf die Restauration des Absolutismus. Der Dualismus von Anspruch und Wirklichkeit wurde von den biedermeierl. Autoren (F. Raimund, F. Grillparzer, A. von Droste-Hülshoff, N. Lenau, E. Mörike, A. Stifter) für unüberwindbar gehalten. Melanchol. Resignation, Beschränkung auf den engeren Bezirk des Alltags waren der Preis für das Festhalten am harmon. Ideal. Die Jungdeutschen stellten sich dagegen dem polit. und sozialen Kampf, für dessen literar. Ausgestaltung die romant. Ironie zur Satire hin weiterentwickelt wurde (H. Heine). Neben Heine begründen F. Freiligrath und G. Herwegh die polit. Lyrik des dt. Liberalismus. Konsequenter Realismus und Materialismus kennzeichnet die großen Dramen von C. D. Grabbe und G. Büchner, deren Illusionslosigkeit sie von den Jungdeutschen trennt. Sie ist auch Kennzeichen des bürgerl. Realismus (1850–90) nach dem Fehlschlagen der Märzrevolution. Er zielte auf unparteiische Schilderung der Wirklichkeit auf der Grundlage der Fortschritte in Naturwiss. und Technik; obwohl F. Hebbel ein bed. dramat. Werk vorlegte, charakterisiert daher der ep. Grundzug den Realismus. Bevorzugte Gattung wurde die durch stärkere Beachtung von Umwelt und Detail verbreiterte Novelle (T. Storm, G. Keller, C.F. Meyer), dann auch der Roman (Keller, T. Fontane, Meyer, W. Raabe). Die Resignation angesichts der polit. und sozialen Lage schlug sich in der distanzierenden Funktion des Humors nieder (F. Reuter, Raabe). Der Naturalismus (1880–1900) versuchte mit sozialkämpfer. Einstellung und reportagehafter Wirklichkeitsgestaltung die Distanz zwischen Kunst und „Natur" zu verringern. Der Mensch wurde dargestellt als Produkt materieller Kräfte. Großstadtmilieu, die Welt der Arbeiter wurden für die Dichtung erschlossen (L. Anzengruber, J. Schlaf, G. Hauptmann). Der Bruch mit dem Formenkanon wurde in der Lyrik von A. Holz bes. fruchtbar.

20. Jahrhundert: Noch gleichzeitig mit dem Naturalismus wurden Gegenströmungen maßgeblich, für die Bez. wie Impressionismus, Neuromantik, literar. Jugendstil verwendet worden sind. Sie lassen sich im weitersten Sinne als Symbolismus (1890–1920) beschreiben. Die Diskussion der Kunst als Form stand im Vordergrund. Die Lyrik der frz. Symbolisten wurde in Übersetzungen zugängl. gemacht (R. Dehmel, S. George). Auf konservative Erneuerung zielte die Lyrik von George, der aber ebenso wie R. M. Rilke und H. von Hofmannsthal die ästhetizist. Linie verließ und der Dichtung eth. und quasi-religiöse Aufgaben zuwies. Für die Epik gelang T. Mann die Synthese von neueren Tendenzen und realist. Tradition, die auch in den psycholog. Erzählungen von A. Schnitzler wirksam blieb. Die naturalist. Anklage der bürgerl. Moral fand ihre Fortsetzung in den Dramen F. Wedekinds wie in der Dramatik des Expressionismus (1910–25; E. Barlach, G. Kaiser, C. Sternheim, E. Toller, der frühe Brecht). Die Krise des Imperialismus führte die Expressionisten zur Negation der bisherigen Entwicklung. „Menschheitsdämmerung" hieß der bezeichnende Titel einer Lyriksammlung, deren Stil Ellipse, Interjektion, Assoziation bestimmten (G. Benn, G. Trakl). Der Dadaismus führte die Wort- und Wertauflösung noch weiter. In den epocheübergreifenden Romanen von H. Mann, A. Döblin, H.H. Jahnn und in Österreich F. Kafka blieb expressionist. Erbe wirksam. Seit 1925 wurde der Gruppenpluralismus der bürgerl. Gesellschaft auch in der Literatur so wirksam, daß eine befriedigende Epochenbez. noch nicht geleistet worden ist; der Begriff *Neue Sachlichkeit* (C. Zuckmayer, E. Jünger) umfaßt nur wenige Aspekte des literar. Spektrums. Die Revolutionierung des physikal. Weltbildes, das Mißbehagen an den bestehenden Organisationsformen der Gesellschaft, die Bedrohungen, Verfolgungen und Kriege zumindest nicht verhinderten, führte zur Erkenntnis existentiellen Ausgesetzseins (Kafka in Österreich), dem Ästhetisierung des Lebens (T. Mann, in der Schweiz R. Musil, in Österreich H. Broch, H. von Doderer), wiss. Utopie (H. Hesse) oder Parteinahme für eine Klasse (B. Brecht) entgegengesetzt wurden. Der Nationalsozialismus zerstörte die Kontinuität der dt. L., die nur als Exilliteratur (1933–45) fortgeführt werden konnte.

Die Literatur nach 1945: Die Aufteilung in Besatzungszonen nach dem Kriege vollzog, was die Machtübernahme durch die Nationalsozialisten angebahnt hatte: eine Trennung in zwei dt. Literaturen.

V. a. nach Berlin (Ost) kehrten zahlr. Emigranten zurück (A. Seghers, L. Renn, A. Zweig, S. Hermlin, B. Brecht aus dem westl. Ausland, aus der UdSSR J. R. Becher, W. Bredel, F. Wolf, A. Kurella, E. Weinert). Im Anschluß an die sozialist.-realist., proletar.-revolutionäre Vorkriegsdichtung folgte nach einer Phase der Auseinandersetzung mit dem Faschismus die Hinwendung zum Aufbau des Sozialismus (O. Gotsche, E. Strittmatter), die Ausbildung des literar. Programms eines sozialist. Realismus. 1959 ↑Bitterfelder Weg („Dichter in die Fabrik"): E. Neutsch, F. Fühmann, Heiner Müller. Mitte/Ende der 60er Jahre langsamer Durchbruch einer Literatur der Dialektik zwischen gesellschaftl. Komplexen, sozialist. Wirklichkeit und individueller Problematik (J. Bobrowski, H. Kant, D. Noll, C. Wolf u. a.).

Einen Spezialfall deutsch-deutscher Literaturgeschichte stellen der in die DDR übergesiedelte P. Hacks, die aus unterschiedl. Gründen in den Westen gewechselten M. Bieler, P. Huchel, U. Johnson, W. Kempowski, H. M. Novak, C. Reinig, G. Zwerenz u. a., der erst kürzl. ausgebürgerte W. Biermann, oder die freiwillig/unfreiwillig ausgesiedelten V. Braun, T. Brasch, S. Kirsch, R. Kunze u. a. dar.

Die Entwicklung im westl. Deutschland verlief, wo nicht rückgreifend oder neu entdekkend (G. Benn, E. Canetti, H. Kasack, M. L. Kaschnitz, E. Langgässer, N. Sachs) über eine Kahlschlag- und Antikriegsphase (A. Andersch, H. Böll, W. Borchert, H. E. Nossack, W. Schnurre, W. Weyrauch) in den 50er Jahren in eine Phase tiefer Unsicherheit, vager Utopisierung und/oder Innerlichkeitsflucht. Hier wären viele Autoren der „Gruppe 47" um H. W. Richter zu nennen, neben schon genannten I. Aichinger, I. Bachmann, G. Eich, ferner K. Krolow; von ihnen durch die Betonung des Grotesk-Absurden unterschieden G. Grass und W. Hildesheimer; zur Entwicklung des Zeitromans trugen u. a. Grass, Böll, H. E. Nossack und S. Lenz bei; Einzelgänger sind P.

Celan, die eigenwilligen Arno Schmidt und W. Koeppen. Nach 1962 erfolgte etwa gleichzeitig mit einer verspäteten experimentellen, konkreten Literatur (M. Bense, L. Harig, H. Heissenbüttel, F. Mon) ein Wechsel zu konkreter Stofflichkeit, neuem Realismus, dokumentar. Literatur und polit. Engagement (H. M. Enzensberger, R. Hochhuth, H. Kipphardt, M. Walser, P. Weiß; dann P. O. Chotjewitz, F. C. Delius, E. Fried, F. X. Kroetz, D. Wellershoff), aber auch die Ausbildung einer neuen Sensibilität (J. Becker, H. Fichte, R. Wolf, G. Wohmann), schließen die „Gruppe 61" (M. v. d. Grün, H. G. Wallraff u. a.) und 1970 der „Werkkreis Literatur der Arbeitswelt" sehr verspätet auch in der BR Deutschland an die Tradition der Arbeiterdichtung an. - ↑ auch österreichische Literatur, ↑ schweizerische Literatur.

🕮 *Autorenlex. dt.-sprachiger Lit. des 20. Jh. Hg. v. M. Braunbeck. Rbk. 1984. - Lennartz, F.: Dt. Schriftsteller des 20. Jh. im Spiegel der Kritik. Stg. 1984. 3 Bde. - Martini, F.: Dt. Literaturgesch. Stg. [18]1984. - Loewy, E.: Lit. unterm Hakenkreuz. Ffm. 1983. - Brinkmann, R.: Expressionismus. Stg 1980. - Kindlers Lit.gesch. der Gegenwart. Ffm. 1980. 12 Bde. - Wapnewski, P.: D. L. des MA. Gött. [4]1980. - Gesch. der d. L. vom 18. Jh. bis zur Gegenwart. Hg. v. V. Zmegac. Königstein i. Ts. [1-2]1980–84. 3 Bde. in 4 Tlen. - Schütz, E. H./Vogt, J.: Einf. in die d. L. des 20. Jh. Wsb. 1977–80. 3 Bde. - Boor, H. de/Newald, R.: Gesch. der d. L. v. den Anfängen bis zur Gegenwart. Mchn. [1-10]1966–85. 8 Bde. - Gesch. der d. L. von den Anfängen bis zur Gegenwart. Hg. v. K. Gysi u. a. Bln. 1961–76. 12 Bde. - Die d. L. Hg. v. W. Killy u. a. Mchn. [1-2]1965–84. 7 Bde. in 11 Tlen.*

Deutsche Lufthansa AG, Abk. DLH, dt. Luftverkehrsunternehmen, Sitz Köln; 1926 aus der Junkers Luftverkehrs AG und der Aero Lloyd-AG entstanden; 1953 als AG für Luftverkehrsbedarf (Luftag) wieder gegr., seit 1954 heutige Firma; Grundkapital zu 74 % im Besitz des Bundes. Eine der Tochtergesellschaften ist die **Condor Flugdienst GmbH,** Sitz Neu-Isenburg (Durchführung von Charterflügen).

Deutsche Mark, Abk. DM, Währungseinheit der BR Deutschland, die nach der Währungsreform (20. Juni 1948) an die Stelle der Reichsmark trat. Die DM hat 100 Dt. Pfennige. Eine bestimmte Relation der DM zum Feingold wurde gesetzl. nicht vorgeschrieben. - Die Bez. „D.M." galt 1948–64 auch für die Währungseinheit der DDR.

Deutsche Merkur, Der („Der Teutsche Merkur"), 1773–89 von C. M. Wieland in Weimar hg. literar. Monatsschrift; 1790–1810 fortgeführt u. d. T. „Der Neue Teutsche Merkur".

deutsche Messe (ev. Messe), auf Grund einer Schrift M. Luthers (1526) üblich gewordene Bez. für in dt. Sprache verfaßte ev. Gottesdienstordnungen der Reformationszeit.

deutsche Mundarten, das dt. Sprachgebiet ist in viele kleine oder größere Mundarträume untergliedert. Gegenüber der Hochsprache spielen sie v. a. im oberdt. Raum (Süddeutschland, Österreich und Schweiz) noch eine größere Rolle; eine scharfe Trennung zw. Hochsprache und Mundart findet man im Niederdt., ebenso in der Schweiz, wo die Mundart auch im öffentl. Leben verwendet wird. Manche mitteldt. Mundarten nähern sich sehr stark der Hochsprache, während in Österreich sich immer mehr ein oft auch als literar. Stilmittel benutzter fließender Übergang zw. Hochsprache und Mundart herausbildet.

Entstehung der deutschen Mundarten

Die Ursprünge der heutigen Mundartlandschaften sind in der Völkerwanderungszeit zu suchen, als sich die großen Stämme der Franken, Alemannen, Sachsen, Thüringer und Baiern herausbildeten. Die alten Stammeslandschaften stimmen aber mit den heutigen Mundartlandschaften nicht mehr überein; sprachl. und histor.-polit. Entwicklungen haben die Mundartlandschaften umgestaltet. Die wichtigste Grenze zw. den d. M. entstand durch die 2. oder hochdt. ↑ Lautverschiebung. Sie ist das wichtigste Einteilungsprinzip der Mundarten: *Niederdeutsch* nennt man die Mundarten, die die Lautverschiebung nicht mitgemacht haben, *Mitteldeutsch* diejenigen, die nur z. T. von ihr betroffen wurden, die *oberdeutschen* Mundarten haben sie vollständig durchgeführt. Die Grenze zw. Niederdt. und Mitteldt. verläuft nördl. Aachen, Köln, Kassel, Nordhausen, Dessau, Wittenberg, Frankfurt/Oder. Mitteldt. und Oberdt. werden durch die Linie nördl. Zabern, Karlsruhe, Heilbronn, südl. Heidelberg, Würzburg, Meiningen, Coburg, Plauen, Eger getrennt. - Eine weitere großräumige Erscheinung, die die dt. Dialektlandschaft gestaltet hat, ist die binnenhochdt. (oder binnendt.) Konsonantenschwächung, durch die p und b, t und d, k und g zusammengefallen sind. Sie ist v. a. im Ostmitteldt. verbreitet und kennzeichnet das Obersächs. und Schlesische. - Die neuhochdt. Diphthongierung nahm im äußersten SO des dt. Sprachraums ihren Anfang und erfaßte die ober- und mitteldt. Mundarten mit Ausnahme des Alemannischen. Neben diesen großräumigen Sprachbewegungen trugen viele Entwicklungen auf kleinerem Raum zur Entstehung der heutigen Mundartlandschaften bei. Sie reichen über die Staatsgrenzen hinaus, das Niederfränk. wird in N-Deutschland und den Niederlanden, Alemann. in SW-Deutschland, der Schweiz und W-Österreich, das Bair. in Bayern, Österreich und Südtirol gesprochen. Da Staatsgrenzen verkehrshemmend sind, wirken sie sich nach einer gewissen Zeit aus, z. B. an der dt.-niederl. Grenze. Von den sprachl. Strömungen im

DEUTSCHE MUNDARTEN DER GEGENWART

Niederdeutsch
West-mitteldeutsch } Hoch-deutsch
Ost-mitteldeutsch
Oberdeutsch
Friesisch
Mundartgrenzen
Staatsgrenzen
0 50 100 150 km

Binnenland sind verkehrsferne Rückzugsgebiete (Reliktlandschaften) nicht oder erst viel später erfaßt worden. Solche Rückzugsgebiete sind z. B. manche Alpentäler (das Wallis, das Ötztal). Ein großer Teil der ostdt. Mundarten ist seit 1945 verschwunden.

Die deutschen Mundartlandschaften
Das **Niederdeutsche** hat die 2. Lautverschiebung nicht mitgemacht; es ist in 3 große Räume gegliedert: Niederfränk., Niedersächs. und Ostniederdeutsch. Das *Niederfränkische* wird am Niederrhein gesprochen und hat sich im 13. bis 16. Jh. zu einer eigenen Schriftsprache entwickelt. Das *Niedersächsische* (oder Westniederdt.) wird in Westfäl., Ostfäl. und Nordniedersächs. unterteilt. Kennzeichnend für das Westfäl. sind die Diphthonge (z. B. haun „Huhn“) und die Aussprache von sch als sk oder s-ch. Das Ostfäl. wurde stark vom angrenzenden Ostmitteldt. beeinflußt. Zum Nordniedersächs. gehören die fries.-nordnie-

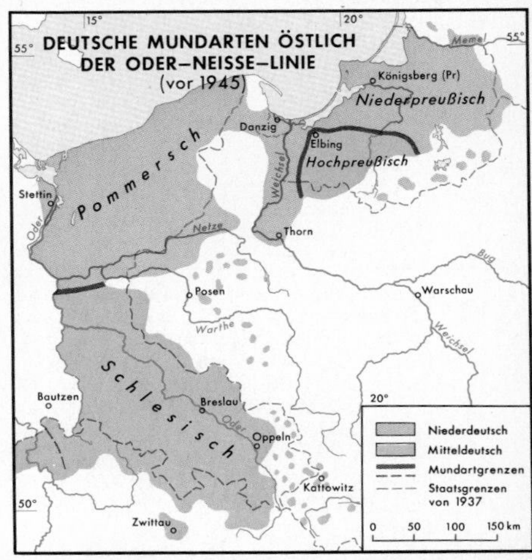

DEUTSCHE MUNDARTEN
(Übersicht)

1. Niederdeutsch
   - Niederfränkisch
   - Niedersächsisch
     - Westfälisch
     - Ostfälisch
     - Nordniedersächsisch
       - Holsteinisch
       - Schleswigisch
   - Ostniederdeutsch
     - Märkisch-Brandenburgisch
       - Nordmärkisch
       - Mittelmärkisch
       - Mittelpommersch
     - Mecklenburgisch
       - Vorpommersch
     - Pommersch (Ostpommersch)
     - Niederpreußisch
2. Mitteldeutsch
   - Westmitteldeutsch
     - Mittelfränkisch
       - Ripuarisch
       - Moselfränkisch
     - Rheinfränkisch
       - Rheinpfälzisch
       - Hessisch
   - Ostmitteldeutsch
     - Thüringisch
       - Obersächsisch (Sächsisch, Meißnisch)
       - Osterländisch
       - Erzgebirgisch
     - Schlesisch
       - Neiderländisch
     - Lausitzisch
     - Hochpreußisch
3. Oberdeutsch
   - Südfränkisch (Südrheinfränkisch)
   - Ostfränkisch (Mainfränkisch)
   - Bairisch
     - Südbairisch
     - Südmittelbairisch
     - Mittelbairisch
     - Nordbairisch
   - Schwäbisch-Alemannisch
     - Schwäbisch
     - Niederalemannisch
       - Elsässisch
     - Hochalemannisch
     - Höchstalemannisch.

ders. Mischsprache in Ostfriesland, Holstein. und Schleswig., wobei sich das Holstein. u. a. durch stimmhaft gesprochenes b, d, g für p, t, k, klarer abhebt. Zum *Ostniederdeutschen* gehören Märk.-Brandenburg., Mecklenburg., Pommersch und Niederpreußisch. Das Märkisch-Brandenburg. zeigt sehr viele sprachl. Bezüge zur Heimat der Siedler, die im 12. Jh. aus dem niederl. Raum, bes. Südbrabant, kamen. Das westl. der Oder gelegene Mittelpommersch geht immer mehr ins Märk.-Brandenburg. über. Das Mecklenburg. mit dem Vorpommerschen bildet einen relativ scharf abgegrenzten Mundartraum; auch hier sind die starken Zusammenhänge mit dem Westfäl. durch Siedlungsbewegungen zu erklären. Das Pommersche (Ostpommersche) östl. der Oder hat im nördl. Teil die Formen heff „habe" und brauder „Bruder", im südl. Teil hebb und brooder. Ost- und Westpreußen gehören (mit Ausnahme des Hochpreuß.) zum Niederpreuß., wobei der östl. Teil starke schriftsprachl. Einflüsse zeigt.

Niederdeutsch sprachen auch die seit etwa 1200 in das Baltikum eingewanderten Deutschen (Baltendeutsch), und zwar die mittelniederdt. Verkehrssprache. Nach 1600 wurde bei den Baltendeutschen als Kanzleisprache das Hochdeutsche eingeführt, das dann in den mündl. Gebrauch überging.

Das **Mitteldeutsche** enthält sowohl nieder- als auch oberdt. Merkmale, stellt aber einen selbständigen Sprachraum mit auch eigenen Merkmalen dar, z. B. Entwicklung von -nd- zu -ng- (hingen „hinten"). Das *Westmitteldt.* wird nach dem Grad, in dem die hochdt. Lautverschiebung durchgeführt wurde, untergliedert: Das Mittelfränk. mit dem Ripuarischen um Köln und dem Moselfränk. um Trier-Koblenz und in Luxemburg hat die Lautverschiebung am wenigsten mitgemacht; das Rheinfränk. hat die Lautverschiebung weiter durchgeführt, man spricht im Ggs. zum Mittelfränk. *das* statt *dat*, unverschoben bleiben *pund* und *appel*. Vom westl. Rheinfränk., dem Rheinpfälz., das die Rheinpfalz, das Saarland, den Mainzer Raum und den Odenwald umfaßt, unterscheidet sich das Hess. im nördl. Teil um Fulda dadurch, daß es die neuhochdt. Diphthongierung nicht durchgeführt hat. Die westmitteldt. Landschaften sind im wesentl. altes Siedelland, während das *Ostmitteldt.* durch die ostdt. Kolonisation entstanden ist; Ausnahme ist Thüring., es ist aber mit dem Obersächs. fast zu einer Einheit zusammengewachsen. Gemeinsam mit dem Obersächs. hat es z. B. das anlautende f- statt pf- (z. B. *fund* „Pfund"), zugleich eines der wichtigsten Kennzeichen des Ostmitteldeutschen. Stärker ausgeprägte Landschaften innerhalb des Obersächs. sind das Osterländ. und das Erzgebirgische. Östl. an das Obersächs. schließt sich das Schles. und Lausitzische an. Eine Sonderstellung nimmt das Neiderländ. im Gebiet der (heute) poln. Städte Glogau und Fraustadt ein; es ist durch die vielen Diphthonge gekennzeichnet. Eine weitere mitteldt. Mundart ist das Hochpreuß. im südl. West- und Ostpreußen.

Gemeinsames Merkmal des **Oberdeutschen** ist die mehr oder weniger vollständige Durchführung der hochdt. Lautverschiebung. Es wird in die vier großen Räume Südfränk., Ostfränk., Bair. und Alemann. eingeteilt. Die

Verschiebung des p zu pf unterscheidet das *Südfränk.* (oder Südrheinfränk.) um Karlsruhe-Heilbronn vom Rheinfränk.; dies gilt auch für das *Ostfränk.* (oder Mainfränk.) um Würzburg, Bayreuth, Nürnberg und Bamberg. Das *Bair.* nimmt den gesamten SO des dt. Sprachraums ein und erstreckt sich über Bayern (ohne Franken und Schwaben), Österreich (ohne Vorarlberg), Südtirol sowie einige Sprachinseln. Gemeinsame Merkmale des Bair. sind z. B. alte, über das Got. aus dem Griech. kommende Wörter wie Ergetag „Dienstag" und Pfinztag „Donnerstag". Das Südbair. hat als einzige dt. Mundart die hochdt. Lautverschiebung vollständig durchgeführt, so daß k als Affrikata kch gesprochen wird. Die im Südbair. nicht durchgeführte Konsonantenschwächung erscheint im Mittelbair. und im Nordbairischen. *Schwäb.-Alemann.* spricht man in Schwaben, Württemberg, Südbaden, im dt.sprachigen Elsaß, der dt.sprachigen Schweiz und Vorarlberg. Die Grenze zum Bair. bildet ungefähr der Lech. Kennzeichnend für das Schwäb. sind die starke Näselung und die nur halb diphthongierten Zwielaute, für das Niederalemann. die Monophthonge. Das Hochalemann. wird im dt.sprachigen Teil der Schweiz (nur Basel hat starken niederalemann. Einschlag) und in Vorarlberg gesprochen; charakterist. ist die Aussprache des anlautenden k als ch (z. B. chind „Kind"). Die Mundart der S-Schweiz, insbes. des Kt. Wallis, bezeichnet man als Höchstalemannisch. Es ist die altertümlichste dt. Mundart, in der z. B. die althochdt. Flexionsendungen noch erhalten sind. Durch die Siedlungsbewegungen („Walserwanderungen") verbreitete sich diese Mundart in verschiedene Gegenden der Schweiz (bes. Graubünden), Norditaliens und ins östr. Vorarlberg.

Niebaum, H.: Dialektologie. Tüb. 1983. - Schirmunski, V. M.: Dt. Mundartkunde. Dt. Übers. Bln. 1962. - Martin, B.: Die d. M. Marburg [2]1959.

deutsche Musik, Mittelalter: die Anfänge der d. M. sind Ergebnisse der Auseinandersetzung heidn.-german. mit der christl.-mittelmeer. Musik. Mit der Kunst der ↑Troubadours und ↑Trouvères wurde die Grundlage für die um 1150 einsetzende höf. Kunst des ↑Minnesangs geschaffen, dessen Höhepunkt um und kurz nach 1200 lag, u. a. mit Heinrich von Morungen, Reinmar dem Alten und Walther von der Vogelweide. Der Übergang der Kunst der Minnesänger auf die der im 15./16. Jh. hervortretenden Meistersinger kennzeichnet die Wende von der Hof- zur Stadtkultur; Zentren waren u. a. Mainz, Colmar, Augsburg, Nürnberg (H. Sachs). Der Dichter und Sänger Oswald von Wolkenstein stellte die Verbindung zur westl. Chansonkunst her. - Bereits seit dem MA läßt sich eine lebhafte Praxis der Instrumentalmusik v. a. bei den sog. Spielleuten nachweisen. Eine bes. Bedeutung hatte v. a. das Orgelspiel. Als Liedkomponisten traten um und nach 1500 u. a. hervor Adam von Fulda und der Flame H. Isaac.

Reformation: Die Meister der Reformationszeit waren weitgehend von Josquin Desprez beeinflußt, u. a. L. Senfl, S. Dietrich und J. Walter, der zus. mit Luther mit dem „Geystl. gesangk Buchleyn" (1524) das erste große Werk ev. Kirchenmusik schuf. In Leipzig druckte M. Vehe das erste kath. Gesangbuch („New Gesangbuchlein", 1537).

Die ganze europ. Musik des 16. Jh. war von der Vorherrschaft der ↑Polyphonie geprägt, doch trat langsam eine Wandlung des Satzprinzips in Richtung der Monodie ein. In der Spannung zw. (niederl.) polyphoner und (italien.) homophoner Gestaltung standen die Kompositionen der 2. Hälfte des 16. Jh., u. a. bei Orlando di Lasso. Die italien. Musik gewann die Vorherrschaft, zahlr. ihrer Vertreter waren in Deutschland tätig. H. L. Haßler, der erste große dt. Musiker, war in Italien ausgebildet. - Eine spezif. dt. Eigenleistung war im 17. Jh. die Orchester-Tanzsuite. Hauptvertreter waren J. H. Schein, M. Franck und S. Scheidt. Die Orgelmusik nahm entscheidenden Aufschwung durch den Niederländer J. P. Sweelinck, auf dessen Schüler sich die norddt. Schule gründete: J. Praetorius, S. Scheidt, P. Siefert, M. Schildt, H. Scheidemann. Über D. Buxtehude und G. Böhm wirkte diese Schule ebenso wie J. Pachelbel auf J. S. Bach. Bereits in der ersten Hälfte des 17. Jh. waren neue Einflüsse vom Cembalospiel der engl. Virginalisten und bes. von G. Frescobaldi gekommen, dessen Schüler J. J. Froberger eine eigene süddt. Tradition des Orgel- und Klavierspieles ausbildete. Weitere Vertreter waren J. K. Kerll, Georg und Gottlieb Muffat.

Barock: Die Herrschaft der Vokalpolyphonie ging um 1600 zu Ende. Als erster dt. Beitrag zu der in Florenz entstandenen Oper gilt die verlorene szen. Komposition „Dafne" (1627) von H. Schütz. In den süddt. Musikzentren Wien und München, aber auch in Dresden (J. A. Hasse) beherrschte die italien. Oper weitgehend die Bühnen. In Mittel- und Norddeutschland war man dagegen um die Ausbildung einer nat. dt. Oper bemüht. Wichtige Vertreter waren J. Theile, S. Kusser und R. Keiser. - Die Wende vom 17. zum 18. Jh. brachte für die d. M. einen Höhepunkt mit den Werken von J. S. Bach, G. F. Händel und G. P. Telemann. Während der Ruf Bachs zu seinen Lebzeiten weitgehend auf Deutschland beschränkt blieb, genoß Händel als einer der ersten dt. Komponisten europ. Ansehen. Stark von der italien. Musik beeinflußt, wandte er sich v. a. der Oper und dem Oratorium zu, hinterließ aber auch eine Fülle von kammermusikal. Werken und Orchesterstücken.

Vorklassik: Die Abwendung vom Pathos des Barock vollzog sich im Bereich der Oper auf dem Boden der italien. Tradition, so v. a. bei J. A. Hasse und N. Jommelli. Bei C. W. Gluck führte der Weg in seinem reformierenden Schaffen zur frz. Oper, in der sich der Musiker der dramat. Idee unterwirft. Während vereinzelte Bemühungen um die Schaffung einer ernsten dt. Oper ohne nachhaltigen Erfolg blieben, gewann das dt. Singspiel (mit gesprochenen Dialogen) größere Bedeutung. J. A. Hiller gilt als eigtl. Schöpfer dieser Gattung, die zum Ausgangspunkt der dt. Spieloper wurde und dem sich u. a. noch die Namen von G. A. Benda, K. Ditters von Dittersdorf („Doktor und Apotheker") und Mozarts „Entführung aus dem Serail" verbinden.
Das Liedschaffen rückte nach der „liederlosen" Zeit zw. 1620 und 1730 wieder in den Vordergrund. Die „erste Berliner Liederschule" 1750–80 stand unter Führung von C. G. Neefe. Eine „zweite Berliner Liederschule" führte mit J. A. P. Schulz, J. F. Reichardt und C. F. Zelter in das 19. Jh. hinüber.
Bereits in der ersten Hälfte des 18. Jh. wurde der traditionelle Kompositionsstil aufgegeben. Grundlage des neuen Stils waren Formen und Kompositionstechniken der italien. und frz. Musik, denen sich dt. Züge im „vermischten Geschmack" verbanden. Führende Zentren waren die Höfe von Wien und Mannheim sowie der Hof Friedrichs II. in Berlin. Führende Vertreter in Wien waren G. C. Wagenseil, G. Reutter und G. M. Monn. Eine große Bedeutung kommt aber v. a. den böhm. Musikern zu. Sie waren es auch, die der ↑ Mannheimer Schule europ. Ruf verschafften. Gründer dieser Schule, die einen eigenen Instrumentalstil entwickelte und konsequent weiterführte, war J. Stamitz (aus Böhmen). Wichtigste Vertreter waren F. X. Richter, I. Holzbauer und C. Stamitz. Konservativere Züge zeigte die Berliner (auch „Norddt.") Schule, die zur Entwicklung der instrumentalen Formen wie auch zum „empfindsamen Stil" wichtige Beiträge leistete. Der selbst ausübend und komponierend tätige König verband seiner Kapelle so namhafte Musiker wie J. J. Quantz, C. P. E. Bach, J. G. und C. H. Graun und F. Benda.
Klassik: Mit der Wiener Klassik übernahm die d. M. erstmals die unangefochtene Vorherrschaft in Europa. Sie ist verbunden mit den Namen von J. Haydn, W. A. Mozart und L. van Beethoven. Hauptverdienst von Haydn war die Ausbildung der klass. Sonatensatzform, in der er das themat. Material in einer vorher nicht gekannten Weise verarbeitete. Streichquartett, Sinfonie und Klaviersonate, Gattungen desselben Kompositionsprinzips, wurden Träger einer Musik, die sich ganz aus ihren früheren Banden gesellschaftl.-dienender Abhängigkeit löste und den Werten ihrer Eigengesetzlichkeit Form und Ausdruck verlieh. Das Genie Mozart vervollkommnete sich seit frühester Jugend auf Reisen in alle europ. Musikzentren und verband die verschiedensten Einflüsse bei vollendeter Gleichgewichtigkeit aller musikal. Elemente. Er schuf auf allen Gebieten der Musik Werke von höchstem Rang: Kammermusik, Orchesterwerke, Instrumentalkonzerte und kirchenmusikal. Werke. In seinen Bühnenwerken führte er die Gattungen von Opera seria, Opera buffa und Singspiel auf den Höhepunkt. Beethoven gelangte v. a. in der Instrumentalmusik durch stärkste formale Konzentration zu musikal. Aussagen von ungewöhnl. Tiefe und Intensität. Von einem aufklärer. Idealismus getragen, verstand er es, bei aller Individualität der Tonsprache seinen Werken den Charakter des menschl. allgemeinverbindl. Gültigen zu geben.
Romantik: Abseits des aristokrat. Musiklebens arbeitete in Wien F. Schubert, der Hauptmeister des dt. romant. Liedes. Das dt. Liedschaffen des 19. Jh. bis ins 20. Jh. hinein basiert nahezu vollständig auf seinen Werken. In seiner Instrumentalmusik (Sinfonien, Kammermusik, Sonaten) stand er dagegen im Banne Beethovens. C. M. von Webers „Freischütz" brachte 1821 mit der romant. Oper die völlige Lösung von fremden Einflüssen. Neben Weber sind L. Spohr und H. Marschner, als Vertreter der kom. Oper A. Lortzing, O. Nicolai, F. von Flotow u. P. Cornelius zu nennen. - In der ersten Hälfte des 19. Jh. wurde erstmals deutl. die ernste von der heiteren Musik geschieden. Während den Klassikern die Tanzkomposition durchaus noch vertraut war, nahm sie als tieferstehende Gattung ihren eigenen Weg, in den Anfängen hervorragend vertreten durch J. Lanner sowie Johann Strauß Vater und Sohn, denen der Walzer seine Blüte verdankte.
Im Bereich der Instrumentalmusik blieben klassizist. Tendenzen auch nach der Wiener Klassik noch lange wirksam; so bei F. Mendelssohn-Bartholdy, in dessen Werk sich klass. und romant.-lyr. Elemente verbinden. R. Schumanns von phantast. und lyr. Stimmungen geprägten Klavierstücke verkörpern am deutlichsten die romant. „Zerrissenheit" der Musiker jener Zeit. Bed. sind auch seine in der Nachfolge Schuberts stehenden Lieder, während seine Orchester- und Kammermusik weitgehend zurücktritt. In stark klassizist. Bindung stand J. Brahms, dessen Werke zu den Hauptwerken jener Epoche gehörten. F. Liszt, der zu einem Teil der d. M. zuzurechnen ist, beschritt in seinen sinfon. Dichtungen einen Weg, der im Bereich der Oper bei R. Wagner seine Entsprechung fand, in der er das Prinzip der Nummernopern zugunsten des durchkomponierten Musikdramas aufgab. Sehr stark von Wagner beeinflußt war A. Bruckner; M. Reger gelangte zu einer Synthese spätromant. Harmonik mit Formen des

Barock u. der Klassik. In der direkten Nachfolge von Liszt und Wagner ist R. Strauss zu sehen, der in Zusammenarbeit mit H. von Hofmannsthal das große Musikdrama Wagners weiterentwickelte. Neben Strauss ist v. a. der Bruckner-Schüler G. Mahler zu nennen, der die Tradition seines Lehrers weiterführte.
Moderne: Den Übergang bildete die „Wiener Schule", deren Begründer A. Schönberg die Grenzen der Tonalität verließ und zum System der Zwölftonmusik gelangte. Aus seinem Schülerkreis traten bes. A. Berg, A. Webern und H. Eisler hervor. Während Berg in bewußtem Anschluß an die Wiener Traditionen nach neuen Wegen suchte und eine eigene Bedeutung v. a. im Bereich der Opernmusik gewann, wurde Webern in Fortsetzung und stilist. Vollendung der Techniken seines Meisters zum Mentor einer Generation, die sich hauptsächl. der seriellen Musik verschrieb. Eisler dagegen entwickelte v. a. in der Vokalmusik neue Formen und Mittel und wurde (neben P. Dessau) zum wichtigsten Repräsentanten einer Musik mit revolutionärem Inhalt. Eine Ausnahmestellung nahm P. Hindemith ein, der Atonalität und Zwölftonmusik mied und an Bach und Reger orientiert war. In ähnl. Richtung verlief das Schaffen von C. Orff, J. N. David, H. Reutter, W. Egk, K. Höller, G. Bialas und H. Genzmer. Der im Stil der Wiener Schule beginnende Webernschüler K. A. Hartmann fand nach 1945 unter dem Einfluß Strawinskis in einer den „variablen Metren" Blachers nahestehenden Rhythmik eine konstruktive Basis für seine expressionist. Tonsprache. Sein Altersgenosse W. Fortner wandte sich nach 1945 der Zwölftontechnik zu, während sein Schüler H. W. Henze bei traditioneller Verpflichtung über die ganze Vielfalt der Techniken von der tonalen bis zur seriellen Musik verfügt. B. Blachers „variable Metren" wurden von seinem Schüler G. Klebe übernommen, der sich auch Webern und der seriellen Musik anschloß. B. A. Zimmermann versuchte, in seinem Werk die Konzeption einer Vergangenheit, Gegenwart und Zukunft vereinigenden „Kugelgestalt" der Zeit zu realisieren. Der völlige Bruch mit jeder Tradition kennzeichnet das Schaffen von K. Stockhausen und des in Deutschland wirkenden argentin. Komponisten M. Kagel, die unter den Komponisten der jüngeren Generation vielleicht am konsequentesten in ihren Bemühungen im Bereich der experimentellen Musik sind. In neuester Zeit werden neben der Fortführung experimenteller Ansätze und der Verarbeitung außereurop. Einflüsse vermehrt Tendenzen einer Rückkehr zu einer musikal. Ausdruckssprache sichtbar. Außer Stockhausen seien als Vertreter heutiger d. M. genannt H. U. Engelmann, H. Otte, W. Killmayer, D. Schnebel, H. Lachenmann, A. Reimann, H.-J. Hespos, J. G. Fritsch, P. M. Hamel, W. Rihm und die Komponisten der DDR F. Geißler, S. Matthus, T. Medek, U. Zimmermann und P. H. Dittrich.

📖 *Renner, H.: Gesch. der Musik. Stg. 1985. - Moser, H. J.: Gesch. der M. Hildesheim Neuaufl. 1968. 3 Bde.*

deutsche Mystik ↑ Mystik.

Deutsche Nationalbibliographie, das Neuerscheinungsverzeichnis der Dt. Bücherei in Leipzig.

Deutsche Nationalpartei ↑ deutschnationale Bewegung.

Deutsche Notenbank ↑ Staatsbank der Deutschen Demokratischen Republik.

Deutschenspiegel, um 1275 verfaßtes Rechtsbuch, dem die Umarbeitung einer oberdt. Übersetzung des Sachsenspiegels zugrunde liegt; verwendet vorwiegend Augsburger sowie röm. und kanon. Recht.

Deutsche Olympische Gesellschaft, Abk. DOG, gegr. 1951, Sitz Frankfurt am Main; tritt für Pflege, Vertiefung und Verbreitung des olymp. Gedankens ein.

deutsche Ostgebiete, Sammelbez. für die Gebiete des Dt. Reiches in den Grenzen von 1937, die 1945 von der UdSSR und Polen annektiert wurden (↑ auch Potsdamer Abkommen). Sie umfassen mit Ostpreußen, der Grenzmark Posen-Westpreußen sowie den östl. der Oder-Neiße-Linie gelegenen Teilen von Pommern, Brandenburg, Schlesien und Sachsen 24 % des Reichsgebietes von 1937 mit einer Bev. von rd. 9,8 Mill. (1944). - Zur völkerrechtl. Problematik ↑ Deutsch-Sowjetischer Vertrag, ↑ Deutsch-Polnischer Vertrag, ↑ Görlitzer Abkommen.

deutsche Ostsiedlung, zusammenfassender Begriff für die Verbreitung dt. Volkstums und dt. Kultur in den Gebieten östl. der als Folge der Völkerwanderung entstandenen ethn. Grenzen zw. german. (später dt.) und slaw. Stämmen in M-Europa im MA und in der Neuzeit. Die d. O. setzte um die Mitte des 8. Jh. im O-Alpengebiet ein, getragen vom Stammes-Hzgt. und der Kirche Bayerns. Die Vernichtung der Awaren durch Karl d. Gr. und die Errichtung der Pannon. Mark ermöglichten eine großzügige Fortsetzung der Siedlung. Der Einbruch der Magyaren Ende 9. Jh. bedeutete nur im Donaugebiet einen schweren Rückschlag. Im NO hatte das Karolingerreich westl. von Elbe und Saale die eingedrungenen Slawen integriert; die Marken jenseits der Flüsse dienten nur der Grenzsicherung und gingen um 900, endgültig nach ihrer Erneuerung durch die Ottonen im N infolge der Slawenaufstände (983/1066) verloren. Im S-Abschnitt konnte sich die Markenorganisation zw. Saale und Bober bzw. Queis halten. Neben einer dt. Besetzung herrschaftl.-militär. und kirchl. Zentralorte kam es aber zu keiner nennenswerten bäuerl. Siedlung. Diese ging nur im O-Alpengebiet und an der Donau weiter. Östl. der Saale begann die d. O. erst im 12. Jh., eingeleitet bes. durch die wettin. Markgrafen, die Verwalter des stauf. Reichsgutes im Vogtland, die Bischöfe und Klöster. Im N stand die 1. Hälfte des 12. Jh. noch im Zeichen der Grenzsicherung, der auch die Siedlung diente. Verträge mit den zur Christianisierung bereiten Slawenfürsten leiteten die Befriedung ein, für die der Wendenkreuzzug (1147) eine schwere, aber bald überwundene Belastung darstellte. Dem Gebietserwerb der Erzbischöfe von Magdeburg, der Grafen von Holstein und der Markgrafen von Brandenburg folgten rasche Siedlungswellen. Die sich dem Reich anschließenden Fürsten von Mecklenburg und Rügen öffneten im 13. Jh. ihre Länder dt. Siedlern. Weiter im O waren es einheim. Fürsten, die durch polit. und familiäre Anlehnung an Deutschland ihre Herrschaft und Selbständigkeit zu sichern suchten. In Polen und Ungarn, die schon im 11. Jh. die dt. Oberhoheit abschütteln konnten, fand dennoch im 13. Jh. ein starker Zustrom dt. Bürger und Bauern statt. Durch Hzg. Konrad I. von Masowien wurde 1225 der Dt. Orden ins Culmer Land gerufen; im eigtl. Preußen folgte die d. O. der militär. Inbesitznahme durch den Dt. Orden. Der Vorgang der d. O. war in den Anfängen eine Art Gruppenlandnahme, die östl. der Elbe der militär. Eroberung folgte. Vom 12. Jh. ab war sie ein partnerschaftl.-vertragsrechtl. geregeltes Unternehmen zugunsten beider Teile, vereinbart zw. Landgeber (Landes- bzw. Grundherr) und Siedler bzw. Bürger. Siedlungsunternehmer (Lokatoren) holten gegen bes. Vergünstigungen bäuerl. oder bürgerl. Siedler, organisierten die Ansiedlung und leiteten das Gemeinwesen. Die Ansiedlung erfolgte „nach dt. Recht" (noch bevor es im Reich ein gesamtdt. Recht gab), das persönl. Freiheit, weitgehende Verfügbarkeit des Besitzes, feste Zinsabgaben statt Dienstleistungen und eigene Gerichtsbarkeit beinhaltete. Die städt. Neubürger behielten ihr Recht aus den bereits konstituierten Städten des W oder erhielten es nach deren Vorbild verliehen.

Die Besiedlung des dt. NO wurde mit Beginn der Neuzeit von Brandenburg-Preußen aus fortgesetzt (Neumark, Ostpommern, Weichselgebiete, Ostpreußen). Eine planmäßigere, staatl. gelenkte Besiedlung setzte unter dem Großen Kurfürsten im Havelland, in Pommern und Ostpreußen ein. Bes. Bed. kam der Aufnahme von Glaubensflüchtlingen zu (Hugenotten, Schweizer, Pfälzer, Salzburger). Friedrich d. Gr. dehnte die Bev.- und Siedlungspolitik auf Schlesien und Westpreußen aus, v. a. aber wurden Oder-, Warthe- und Netzebruch urbar gemacht.

In Ungarn löste das Zurückweichen der Türken nach den Türkenkriegen 1683–1718 eine großangelegte staatl. Siedlungspolitik aus. Erste dt. Siedlungen entstanden in M-Ungarn, in der sog. Schwäb. Türkei zw. unterer Drau und Donau sowie im Gebiet um Satu Mare und Carei (Sathmarer Schwaben). Weitaus planmäßiger war seit den 1760er Jahren das große Siedlungswerk Maria Theresias und Josephs II. im Banat (Banater Schwaben), wo neben Bauern auch ein städt. Bürgertum Fuß fassen konnte. Weitere Siedlungsaktionen wurden in der Batschka (etwa 1748–70 und 1784–87), in O-Galizien (seit 1781) und danach in der Bukowina durchgeführt. Nach Rußland (Wolgagebiet um Saratow, Schwarzes Meer, Krim, Kaukasus, später Bessarabien u. a.) zogen viele Bauern, nachdem Katharina II. mit ihrem Ansiedlungsmanifest (1763) Kolonisten große Vergünstigungen zugesagt hatte.

🕮 *D. O. in MA u. Neuzeit. Köln u. a. 1971. - Gause, F.: Ma. d. O. Stg. 1969. - Kuhn, W.: Gesch. der d. O. in der Neuzeit. Köln u. Graz 1955–57. 2 Bde.*

Deutsche Partei, Abk. DP, Name der Nationalliberalen Partei in Württemberg 1866–1918.

Deutsche Partei, Abk. DP, nat. konservative Partei, bildete sich 1947 aus der 1945 gegr. Niedersächs. Landespartei; in Schleswig-Holstein und Hamburg an Koalitionen mit CDU, FDP und BHE beteiligt, stellte in Niedersachsen 1955–59 den Min.präs.; 1949–60 in der Bundesregierung vertreten; 1957 Zusammenschluß mit der Freien Volkspartei; 1961 Zusammenschluß der Rest-DP mit dem Gesamtdt. Block/BHE zur Gesamtdt. Partei.

Deutsche Pfandbriefanstalt, führende dt. Grundkreditanstalt des öffentl. Rechts zur Förderung des Wohnungsbaus und zur Finanzierung öffentl. Investitionen beim Wohnungs- und Städtebau; Sitz Wiesbaden und Berlin (West); 1922 als **Preuß. Landespfandbriefanstalt** gegründet.

deutsche Philologie, 1. i. w. S. Begriff für dt. Sprach- und Literaturgeschichte, Literaturwissenschaft und Volkskunde (als nationalsprachl. und histor. begrenzter Teil der german. Philologie). Als Universitätsdisziplin unterteilt in ältere d. P. (MA) und neuere d. P. (seit dem 16. Jh.); 2. i. e. S. als ausgesprochene Textwissenschaft (Textphilologie, Textkritik) verstanden (↑auch Germanistik).

deutsche Philosophie, Mittelalter: Anfänge der d. P. entstanden mit dem Ausbau des Unterrichtswesens unter Karl d. Gr. und seiner unmittelbaren Nachfolger. Sie sind gekennzeichnet durch eine erste Bekanntschaft mit Traditionen der griech.-röm. Philosophie. Notker Labeo schuf als erster eine dt. philosoph. Terminologie, die jedoch ohne Nachfolge blieb. Erst seit dem 12. Jh. bildete sich eine zunehmend eigenständigere Philosophie aus. Philosoph. Ansätze des 11. bis 13. Jh. sind bestimmt durch die auch theoret. geführte Auseinandersetzung im Zusammenhang mit dem Konflikt zw. Papsttum und Reich und durch die Einführung der aristotel. Schriften. Otto von Freising - ähnlich wie Joachim von Fiore - versuchte, die chronolog. Geschichtsschreibung um geschichtsphilosoph. Aspekte zu erweitern. - Die weitere Entwicklung ist 1. von der (durch lat. Begrifflichkeit geprägten) theolog. ↑Scholastik und 2. von der Mystik bestimmt. Albertus Magnus gilt als der erste bed. christl. Vertreter des Aristotelismus des MA. Er leitete die Differenzierung zw. den aristotel. und neuplaton. Elementen der Tradition ein, gab entscheidende Anstöße zur Ausbildung der scholast. Methode und löste richtungweisend die Frage, wie das Verhältnis zw. Offenbarung und Vernunft zu bestimmen sei; hierbei setzte er natürl. Religion und geoffenbarte Religion, Philosophie und Theologie in einem hierarch. aufgebauten System zueinander in Beziehung. Sein Schüler Thomas von Aquin gab diesen Ansätzen ihre entscheidende, über Jh. hinaus wirksame Prägung. - Ansätze zu einer Sprachlogik finden sich in der „Grammatica speculativa"

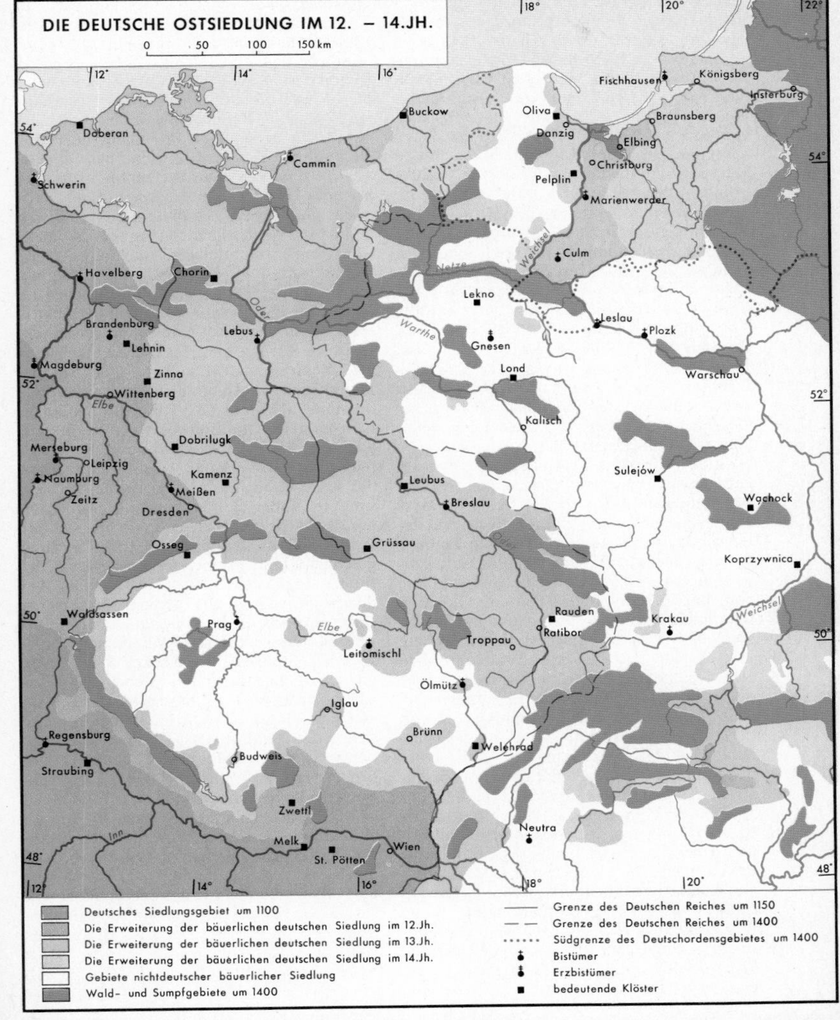

des Thomas von Erfurt um 1400. - Die (von relativ breiten Schichten der Bevölkerung getragene) dt. Mystik erreichte mit Meister Eckhart ihren Höhepunkt, der myst., neuplaton. Elemente mit scholast. Begrifflichkeit zu einer weit über seine Zeit hinausreichenden Einheit verband. Tauler und Seuse, seine Schüler, führten sie fort. In der „Theologia Teutsch" des „Frankfurters", eines Priesters des Dt. Ordens, fand sie ihren weithin wirksamen Niederschlag. - Nikolaus von Kues versuchte, die gesamteurop. Vorherrschaft des Aristotelismus zu brechen und die neuen weltl. Wissenschaften mit Traditionen des Pythagoreismus, Neuplatonismus, der Mystik des Dionysios Areopagita und Eckharts zu verbinden. - G. Biel verschaffte dem Konzeptualismus von Duns Scotus und W. von Ockham Eingang in die deutsche Philosophie.

Neuzeit: Luther entwickelte an der Wende vom MA zur Neuzeit kein in sich geschlossenes philosoph.-theolog. System. Melanchthon versuchte, die theolog., philosoph. u. anthropolog. Aussagen Luthers unter Zuhilfenahme aristotel. Kategorien zu systematisieren. Das hatte in seiner Nachfolge eine weitgehende Wiederherstellung der aristotel. Scholastik auch an den prot. Universitäten zur Folge. Daneben lebte die Mystik auch im prot. Bereich in naturphilosoph., theo- und pansoph. Vorstellungen und Spekulationen wieder auf. Ihre Vertreter: C. Schwenckfeld, S. Frank, V. Weigel und - von weitreichender Wirkung - J. Böhme, der das Theodizeeproblem ebenso vorausnimmt wie Hegels dialekt. Deutung der Geschichte. Daneben steht die Naturphilosophie von Paracelsus. - Der Niederländer H. Grotius sowie Althusius und Pufendorf tragen zur Entwicklung des modernen, von theolog. Begründungen (weitgehend) freien ↑Naturrechts bei, das eine wichtige Rolle bei der Begründung der ↑Aufklärung spielte. Leibniz, der die wissenschaftl. Universalität zurückzugewinnen versuchte, erstrebte die Synthese von theolog.-scholast. und neuzeitl.-naturwissenschaftl., bzw. von teleolog. und mechanist. Denken. Mit Leibniz beginnt die Aufklärung in Deutschland; doch sie blieb zunächst ohne eigtl. Nachfolge. C. von Wolff systematisierte die Leibnizsche Philosophie, die in dieser Gestalt zur herrschenden Schulphilosophie an den Universitäten wurde. A. G. Baumgarten, Schüler Wolffs, begründete die Ästhetik neben Logik und Ethik als selbständige Wissenschaft. J. C. Gottsched übertrug Ansätze der Wolffschen Philosophie auf die Literaturkritik. Am Rande der orthodoxen Schulphilosophie arbeiteten C. A. Crusius, der Mathematiker L. Euler, J. H. Lambert und J. N. Tetens. - Die Aufklärung erhielt erst wieder in Lessing einen Vertreter von internationalem Rang. Den Höhepunkt der Philosophie der Aufklärung und zugleich ihre Wende bezeichnet die Philosophie Kants. Sie zielt auf eine Synthese von Empirismus und Rationalismus und die Überwindung einer gegenstandsbezogenen rationalen Metaphysik mit ihren Konsequenzen für die Ethik und ist der Ausgangspunkt des ↑deutschen Idealismus und der modernen erkenntnistheoret. Entwicklungen. Gegen die Philosophie Kants opponierten F. C. Oetinger, v.a. aber Hamann, F. H. Jacobi und Herder. Hamann ist mit seiner Gefühls- und Glaubensphilosophie von starkem Einfluß auf Sturm und Drang, auf Schiller, sowie auf die Romantik. Herder, ebenfalls von großem Einfluß auf die Romantik, begründete die dt. Geschichtsphilosophie. - Die jüngeren an Kant orientierten dt. Philosophen entwickelten unter Berufung auf Kant selbst eine neue, nunmehr von der Subjektivität ausgehende Metaphysik. So entwarf Fichte seine Philosophie der absoluten Subjektivität und radikalen Freiheit. F. W. Schelling, der sich zunächst an Fichte anschloß, wollte dann aber den allzu subjektiven Idealismus mit der Objektivität verbinden, die das System Spinozas auszeichnet. Hegel erkannte insbes. die Geschichte des Geistes, des Absoluten, als einen sich dialektisch vollziehenden Prozeß (↑Dialektik). Hegels unmittelbare Nachfolger J. K. Rosenkranz, J. E. Erdmann, K. Fischer als Historiker der Philosophie, F.T. Vischer als Ästhetiker und Lorenz von Stein als Staatsrechtler gerieten aber bald in Vergessenheit. Dagegen gelangte die „Hegelsche Linke" über ihre Zentralgestalt K. Marx, der Ansätze Feuerbachs aufnahm, zu weltgeschichtl. Bedeutung (↑Marxismus). Einen radikalen Bruch mit der Tradition der Metaphysik stellt auch der philosoph. Pessimismus A. Schopenhauers dar. Nur scheinbar hebt sich dagegen der sog. „Vitalismus" F. Nietzsches ab. Ein weiterer Abbau der Metaphysik ergibt sich bei W. Dilthey: Die Philosophie löst sich für ihn in Weltanschauungen auf, die es in ihren geschichtl. Dimensionen mit geisteswiss. Methoden zu verstehen gilt (↑Historismus). Andererseits lieferten die Naturwissenschaften starke Anstöße in Richtung auf einen naturwiss. Materialismus; seine Vertreter: J. Moleschott, L. Büchner, E. Haeckel. R. H. Lotze und z. T. E. von Hartmann versuchten, spekulative Philosophie mit naturwiss. Theorie zu vereinen. Gegen diese Strömungen formierte sich in der 2. Hälfte des 19. Jh. der ↑Neukantianismus als sog. Marburger Schule (H. Cohen, P. Natorp, E. Cassirer) und die sog. südwestdt. oder badische Schule (u. a. W. Windelband, H. Rickert) mit dem Versuch, Philosophie als Wissenschaftstheorie für den natur- wie geisteswiss. Bereich zu begründen. Von ihm stark beeinflußt sind E. Troeltsch und M. Weber. - Abseits von der Schulphilosophie leistete G. Frege seinen grundlegenden Beitrag zur modernen Logik. - Gegen den Neukantianismus bildete sich der sog. Wiener Kreis um L. Wittgenstein, O. Neurath, M.

Schlick und R. Carnap, der gekennzeichnet ist durch seinen (log.) Positivismus mit einer mathematisierten Logik (↑auch analytische Philosophie) und die Ablehnung jeder Metaphysik, sowie der Empiriokritizismus von R. Avenarius und E. Mach. N. Hartmann versuchte den Aufbau einer „regionalen Ontologie". E. Husserl strebte durch die von ihm begründete Phänomenologie die Überwindung des Empirismus, v. a. des herrschenden Psychologismus an. M. Scheler entwarf auf phänomenolog. Grundlage eine personale Wertethik. Sein Versuch der Begründung einer philosoph. Anthropologie unter Einbeziehung naturwiss. Erkenntnisse wird u. a. von H. Plessner fortgeführt. - Die Existenzphilosophie, von M. Heidegger und K. Jaspers vertreten, erreichte im 2. Drittel des 20. Jh. eine große Wirkung (bes. auch in Frankreich). Ansätze der Existenzphilosophie nahmen krit. auf u. a. K. Löwith und H. G. Gadamer, der im Rückgriff auf Dilthey und im Anschluß an Heideggers Daseinsanalytik eine ↑Hermeneutik zu begründen versucht. - E. Bloch wollte v. a. dem doktrinären Marxismus die fehlende eschatolog. Dimension der „Utopie" und „Hoffnung" zurückgewinnen. Daneben stehen die krit.-sozialphilosoph. Untersuchungen der sog. Frankfurter Schule (Horkheimer, Adorno, Habermas). Der aus den angelsächs. Ländern zurückwirkende ↑Neopositivismus gewinnt Einfluß u. a. auf H. Scholz und auf die im Anschluß an H. Dingler von P. Lorenzen entwickelte „operative Logik".

Stegmüller, W.: Hauptströmungen der Gegenwartsphilosophie. Stg. 6–7 1978–85. 3 Bde. - Löwith, K.: Von Hegel zu Nietzsche. Stg. 8 1981. - Albrecht, H.: D. P. heute. Bremen 1969. - Die d. P. Hg. v. K. Zweiling. Bd. 1: 1895–1917. Bd. 2: 1917–1945. Bd. 3: Nach 1945. Bln. 1961–62.

Deutsche Post, Abk. DP, 1. Träger des Post- und Fernmeldewesens im Vereinigten Wirtschaftsgebiet bis 1949; 2. Träger des Post- und Fernmeldewesens in der DDR, als jurist. Person vom Ministerium für Post- und Fernmeldewesen geleitet; gegliedert in 15 Bezirksdirektionen für das Post- und Fernmeldewesen mit dem Sitz in den Bezirkshauptstädten.

Deutsche Presse-Agentur GmbH ↑Nachrichtenagenturen (Übersicht).

Deutscher Akademischer Austauschdienst e. V., Abk. DAAD, Selbstverwaltungsorganisation der dt. wiss. Hochschulen und Vereinigungen der Kunst-, Musik- und theolog. Hochschulen zur Förderung des internat. Austauschs von Wissenschaftlern und Studenten; Sitz Bonn.

Deutscher Alpenverein e. V. ↑Alpenvereine.

Deutscher Anwaltverein e. V., Abk. DAV, seit 1871 bestehender (1947 neugegr.) Verein zur Wahrung, Pflege und Förderung aller berufl. und wirtschaftl. Interessen der Rechtsanwaltschaft; Sitz Bonn. Der DAV ist gegliedert in örtl. **Anwaltvereine.** Seine Gesetzgebungs- und Fachausschüsse nehmen zu Gesetzentwürfen Stellung.

Deutscher Bauernbund, Abk. DB, 1885 gegr. wirtschaftspolit. Organisation zur Vertretung der bäuerl. Interessen, ging 1893 im Bund der Landwirte auf; 1909 wiederbegr., zerfiel 1927.

Deutscher Bauernverband e. V. (Vereinigung der dt. Bauernverbände), Abk. DBV, freiwillige Vereinigung der landw. Erzeuger unter Wahrung der parteipolit. und konfessionellen Neutralität, Sitz Bonn; Spitzenverband der Landesbauernverbände und der landw. Fachverbände. Aufgaben: Förderung, Beratung und Betreuung seiner Mgl. in wirtsch. und wirtschaftspolit. Fragen, Wahrung der Interessen gegenüber Regierung und staatl. Stellen, Pflege der Beziehungen zum Ausland.

Deutscher Beamtenbund - Bund der Gewerkschaften des öffentlichen Dienstes, Abk. DBB, gewerkschaftl. Spitzenorganisation der Beamten, Beamtenanwärter und Ruhestandsbeamten der BR Deutschland, Sitz Bonn-Bad Godesberg. Der DBB umfaßt rd. 800 000 Mgl. (1985) in 44 Mgl.verbänden; Nachfolgeorganisation des 1918 mit gleichem Namen gegr. gewerkschaftl. Zusammenschlusses der dt. Beamten.

Deutscher Bildungsrat, ein von Bund und Ländern der BR Deutschland 1965 eingesetztes Gremium (Regierungskommission mit 4 Bundes- und 11 Ländervertretern, 3 Vertretern kommunaler Spitzenverbände und einer **Bildungskommission** von 18 Experten). Die Bildungskommission hat Empfehlungen, Berichte und von ihr angeforderte Gutachten herausgebracht. 1970 wurde der „Strukturplan für das Bildungswesen" verabschiedet, auf dem seitdem alle Bildungsplanung aufbaut.

Deutscher Bücherbund KG, dt. Buchgemeinschaft, in Stuttgart, von G. von Holtzbrinck 1938 gegr.; 1960 und 1966 durch Übernahmen erweitert.

Deutscher Bühnenverein e. V., Kartellverband dt. Bühnenleiter und Bühnenrechtsträger, Sitz Köln; bestand 1846–1935, wieder gegr. 1945. Bei Tarifverträgen ist er Verhandlungspartner der Genossenschaft Dt. Bühnen-Angehörigen.

Deutscher Bund, Zusammenschluß der souveränen dt. Fürsten und freien Städte zu einem Staatenbund; gegr. auf dem Wiener Kongreß 1815; zunächst 38, 1817 39, zuletzt 33 Mgl., die nach innen souverän, jedoch an die Mehrheitsbeschlüsse des D. B. gebunden waren. Organ des Bundes war die in Frankfurt am Main unter östr. Vorsitz tagende Bundesversammlung aller Gesandten, deren Arbeitsfähigkeit in der Praxis von der östr.-preuß. Zusammenarbeit abhängig war. Unter dem

Einfluß Metternichs und mit preuß. Zustimmung wurde der D. B. seit 1819, verstärkt nach 1830, ein Instrument zur Unterdrückung der Einheits- und Verfassungsbewegung. Als Institution von der Revolution 1848 überrollt, wurde der D. B. 1850 wiederhergestellt. Der sich seitdem verschärfende östr.-preuß. Gegensatz führte zum Ende des D. B. Nach dem Dt. Krieg 1866 wurde er aufgelöst.

Deutscher Bundesjugendring, Abk. DBJR, 1949 gegr. gemeinnützige Arbeitsgemeinschaft von 17 großen, auf Bundesebene tätigen Jugendverbänden, 2 Anschlußverbänden (Arbeitskreis zentraler Jugendverbände, Junge Europ. Föderalisten) und 11 Landesjugendringen; Sitz Bonn; Aufgaben: v. a. Vertretung der Interessen der Jugend, insbes. gegenüber Parlament und Reg., Einflußnahme auf die Jugendpolitik und die Entwicklung der Jugendgesetzgebung, Förderung der Persönlichkeit, insbes. des sozialen und demokrat. Verhaltens, Bekämpfung militarist., nationalist., rassendiskriminierender und totalitärer Tendenzen.

Deutscher Bundestag ↑Bundestag.

Deutscher Bundeswehrverband e. V., 1956 gegr. Organisation zur Wahrnehmung der allg., sozialen und berufl. Interessen von Berufssoldaten, Zeitsoldaten, Wehrpflichtigen, ehem. Soldaten sowie ihrer Familienangehörigen und Hinterbliebenen.

Deutscher Caritasverband e. V., Abk. DCV, die von den dt. kath. Bischöfen anerkannte institutionelle Zusammenfassung und Vertretung der kath. Karitas in Deutschland; Sitz Freiburg im Breisgau; Mgl. der Arbeitsgemeinschaft der Freien Wohlfahrtspflege und der Caritas Internationalis; 1897 in Köln gegr.; föderativ aufgebaut; widmet sich allen Aufgaben sozialer und karitativer Hilfe (Krankenhäuser u. a. Anstalten, Heime, Kindergärten, Fürsorgeeinrichtungen u. a.).

Deutscher Depeschen Dienst GmbH ↑Nachrichtenagenturen (Übersicht).

Deutsche Rechtspartei, Abk. DR, 1946 gegr. kleine Sammelpartei konservativmonarchist., antidemokrat. Gruppen, die sich formell vom NS distanzierten; zerfiel durch die Abspaltung des neofaschist. Flügels, der 1949 die Sozialist. Reichspartei gründete, und durch den Übertritt des Großteils ihrer Mgl. zur Deutschen Reichspartei (1949/50).

Deutsche Reichsbahn, Abk. DR, 1. öffentl., alle Ländereisenbahnen umfassendes Verkehrsunternehmen im Dt. Reich. Die DR entstand als Reichseisenbahn am 1. April 1920 durch Staatsvertrag mit den acht Ländern mit Staatsbahnbesitz. 1924 kam es zu der Umwandlung der DR zum selbständigen Wirtschaftsunternehmen. Die DR hatte den Status eines Sondervermögens und führte ihren Betrieb unter Aufsicht des Reichsverkehrsmin. unter Wahrung der Interessen der dt. Volkswirtschaft nach kaufmänn. Gesichtspunkten. Organe waren der Verwaltungsrat mit 18 Mgl. und der Vorstand mit einem Generaldirektor an der Spitze (Präsidialsystem). 1939 erneute Eingliederung der DR als Bestandteil der Reichsverwaltung. Der Generaldirektor wurde Reichsverkehrsminister. Die Besatzungsmächte übernahmen 1945 die Leitung des Eisenbahnwesens. Die Strecken der DR (Betriebslänge 1936: 55491 km) befanden sich zu über 50 % auf dem Gebiet der heutigen BR Deutschland, zu knapp 30 % auf dem Gebiet der heutigen DDR und zu rund 18 % in den dt. Ostgebieten. 2. In der DDR vom Ministerium für Verkehrswesen geleitetes staatl. Unternehmen des öffentl. Eisenbahnverkehrs. *Verwaltungsaufbau:* Zentrale Leitungsorgane im Ministerium für Verkehrswesen (Hauptverwaltung als Führungsorgan und zentrale Abteilungen); zentrale Dienststellen, die dem Ministerium für Verkehrswesen unmittelbar unterstellt; von Präsidenten geleitete Reichsbahndirektionen (Bez. Berlin, Cottbus, Dresden, Erfurt, Greifswald, Halle, Magdeburg, Schwerin); Reichsbahnämter; örtl. Dienststellen der Hauptdienstzweige.

Deutsche Reichspartei, Abk. DRP, 1946 gegr. rechtsradikale Partei (1949: 5 Bundestagsmandate); schloß sich 1950 mit Teilen der Dt. Rechtspartei zus.; ab 1952 größte rechtsradikale Organisation in der BR Deutschland mit Zentren in Niedersachsen und Rheinland-Pfalz, ging 1964 (rd. 10000 Mgl.) in der ↑Nationaldemokratischen Partei Deutschlands auf.

Deutsche Reichspost, seit 1871 Träger des Postwesens im Dt. Reich mit Ausnahme der Postreservate Bayern und Württemberg, deren Postverwaltungen bis 1919 ihre Selbständigkeit behielten. Durch das ReichspostfinanzG vom 18. 3. 1924 wurde das Sondervermögen „D. R." geschaffen, das aus dem Reichshaushalt ausgegliedert wurde und über eigene Haushalts- und Rechnungsführung verfügte. Nachfolgeorganisationen wurden die ↑Deutsche Bundespost und die ↑Deutsche Post.

Deutscher Entwicklungsdienst, Abk. DED, gemeinnützige, 1963 gegr. GmbH mit Sitz in Berlin (West). Aufgaben: Entsendung von Entwicklungshelfern v. a. für die Bereiche Gesundheitswesen, Sozialarbeit, Schulwesen, landw. Entwicklung, techn.-handwerkl. Programme.

Deutscher Evangelischer Kirchentag, Bez. für Großveranstaltungen der ev. Kirchen. 1949–85 fanden 20 Kirchentage statt, abwechselnd mit dem Dt. Katholikentag. Der D. E. K. ist v. a. Organ der Laienbewegung; er wurde Forum für das Gespräch zw. den verschiedenen theolog. Richtungen und erfuhr eine zunehmende Öffnung für gesellschaftspolit. und ökumen. Fragen.

deutsche Revolution, Bez. für die Revolution 1848 in den Staaten des Dt. Bundes (↑ Märzrevolution).

Deutscher Flottenverein, Abk. DFV, 1898 gegr. Verein, verfolgte als Hauptziel, den Seemachtgedanken propagandist. zu verbreiten, den Reichstag zu umfassenden finanziellen Bewilligungen zu bestimmen; 1914 rd. 1,1 Mill. Mgl.; spielte nach 1918 keine bed. Rolle mehr; 1934 aufgelöst.

Deutscher Fußball-Bund, Abk. DFB, gegr. 1900 in Leipzig, wiedergegründet 1949 in Stuttgart, Sitz Frankfurt am Main; rd. 4,6 Mill. Mgl.

Deutscher Gemeindetag ↑ kommunale Spitzenverbände.

Deutscher Genossenschafts- und Raiffeisenverband, 1971 durch Fusion des Dt. Genossenschaftsverbands (Schulze-Delitzsch) e. V. und des Dt. Raiffeisenverbands e. V. entstandener Dachverband, Sitz Bonn. - ↑ auch Genossenschaft.

Deutscher Gewerkschaftsbund, Abk. DGB, 1919–33 Dachorganisation der christl.-nat. Gewerkschaften (Gesamtverband der christl. Gewerkschaften, Gesamtverband Dt. Angestellten-Gewerkschaften [Gedag], Gesamtverband Dt. Beamten-Gewerkschaften; die Hirsch-Dunckerschen Gewerkvereine traten schon 1919 wieder aus); Sitz Berlin; 1930 rund 1,4 Mill. Mitglieder.

Deutscher Gewerkschaftsbund, Abk. DGB, gewerkschaftl. Dachverband (nicht rechtsfähiger Verein) mit 17 Einzelgewerkschaften (seit dem 1. 4. 1978), Sitz Düsseldorf. 1949 durch Zusammenschluß der Gewerkschaftsbünde der amerikan., brit. und frz. Besatzungszonen (↑ Gewerkschaften) mit der Maßgabe gegr., an die Stelle der Richtungsgewerkschaften der Weimarer Zeit eine einheitl. und kampfstarke parteipolit. unabhängige Gewerkschaftsbewegung treten zu lassen, die nach dem Industrieverbandsprinzip (ein Betrieb - eine Gewerkschaft) gegliedert sein sollte und neben den arbeits- und sozialrechtl. Funktionen einen ihrer Mitgliederstärke angemessenen Einfluß auf die Gestaltung von Staat und Gesellschaft nehmen sollte. *Oberstes Organ* ist der alle 3 Jahre stattfindende **Bundeskongreß** („Parlament der Arbeit"), der die 9 Mgl. des Geschäftsführenden Bundesvorstands wählt, die zus. mit den Vors. der Einzelgewerkschaften den Bundesvorstand bilden, der den DGB nach innen und außen vertritt. Höchstes Gremium zw. den Kongressen ist der **Bundesausschuß,** der aus 100 von den Einzelgewerkschaften zu entsendenden Mgl., dem Bundesvorstand und den Landesbezirksvorsitzenden besteht. Der **Bundesvorstand** ist an die Satzung sowie die Beschlüsse von Bundeskongreß und -ausschuß gebunden. Vors. ist seit 1982 E. Breit. Regional ist der DGB in 9 Landesbezirke

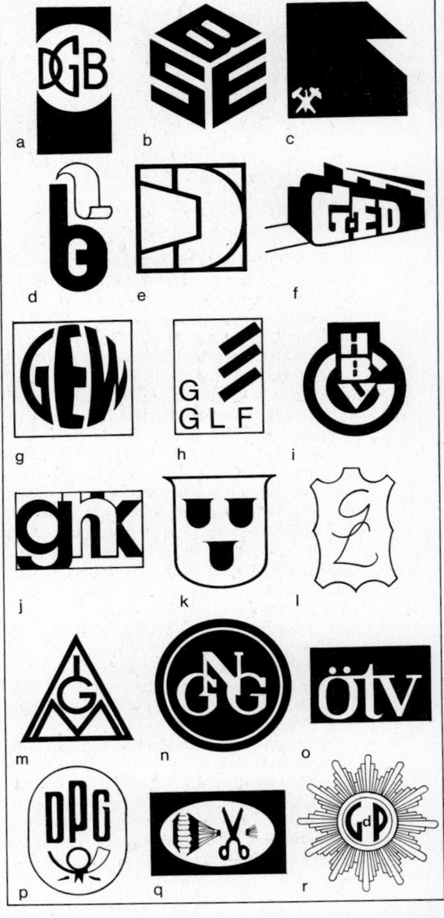

Deutscher Gewerkschaftsbund. Symbole (a Deutscher Gewerkschaftsbund; b IG Bau, Steine, Erden; c IG Bergbau und Energie; d IG Chemie, Papier, Keramik; e IG Druck und Papier; f Gewerkschaft der Eisenbahner Deutschlands; g Gewerkschaft Erziehung und Wissenschaft; h Gewerkschaft Gartenbau, Land- und Forstwirtschaft; i Gewerkschaft Handel, Banken und Versicherungen; j Gewerkschaft Holz und Kunststoff; k Gewerkschaft Kunst; l Gewerkschaft Leder; m IG Metall; n Gewerkschaft Nahrung, Genuß, Gaststätten; o Gewerkschaft Öffentliche Dienste, Transport und Verkehr; p Deutsche Postgewerkschaft; q Gewerkschaft Textil-Bekleidung; r Gewerkschaft der Polizei

Mitglieder der Einzelgewerkschaften (Stand 31. Dez. 1984)	(in Tsd.)
IG Bau-Steine-Erden	517,0
IG Bergbau und Energie	360,0
IG Chemie-Papier-Keramik	638,2
IG Druck und Papier	142,3
Gewerkschaft der Eisenbahner Deutschlands	364,0
Gewerkschaft Erziehung und Wissenschaft	196,7
Gewerkschaft Gartenbau, Land- und Forstwirtschaft	41,9
Gewerkschaft Handel, Banken und Versicherungen	363,3
Gewerkschaft Holz und Kunststoff	147,2
Gewerkschaft Kunst	29,6
Gewerkschaft Leder	49,1
IG Metall	2497,7
Gewerkschaft Nahrung – Genuß – Gaststätten	263,9
Gewerkschaft Öffentliche Dienste, Transport und Verkehr	1168,3
Gewerkschaft der Polizei	164,9
Deutsche Postgewerkschaft	455,7
Gewerkschaft Textil – Bekleidung	260,2
DGB insgesamt	7660,3

gegliedert: Baden-Württemberg, Bayern, Berlin (West), Hessen, Niedersachsen (einschließl. Bremen), Nordmark (Schleswig-Holstein und Hamburg), Nordrhein-Westfalen, Rheinland-Pfalz und Saarland. Hauptaufgabenbereich der 17 Einzelgewerkschaften ist die Tarifpolitik; sie entscheiden auch - nach Urabstimmungen - über Streiks. Die wichtigsten *Publikationsorgane* des DGB sind die „Welt der Arbeit", die „Gewerkschaftl. Monatshefte", die „WSI-Mitteilungen" des von ihm unterhaltenen „Wirtschafts- und Sozialwiss. Instituts des Dt. Gewerkschaftsbunds GmbH", Sitz Düsseldorf, sowie die Funktionärszeitschrift „Die Quelle". - Zur Entwicklung der Programmatik des DGB ↑Gewerkschaften.

🕮 *Gewerkschaftsjahrbuch 1986. Daten, Fakten, Analysen. Hg. v. M. Kittner. Köln 1986. - Otto, B.: Gewerkschaftsbewegungen in Deutschland. Köln 1975. - Schuster, D.: Die dt. Gewerkschaften seit 1945. Stg. [2]1974. - Briefs, G. A.: Gewerkschaftsprobleme in unserer Zeit. Beitrr. zur Standortbestimmung. Ffm. [2]1968. - Streithofen, H.: Wertmaßstäbe der Gewerkschaftspolitik. Hdbg. 1967.*

Deutscher Handwerkskammertag, Spitzenverband der Handwerkskammern in der BR Deutschland, Sitz Bonn; oberste Koordinierungsstelle der Handwerksorganisation und handwerkl. Gesamtvertretung.

deutscher Idealismus, die von Kant ausgehende, durch J. G. Fichte, Schelling, Hegel ausformulierte und mit Schopenhauer endende philosoph. Bewegung zw. 1790 und 1830. Kennzeichnend ist die Bemühung, das Faktische nicht als ein Gegebenes hinzunehmen, sondern es als etwas zu verstehen, das erst auf Grund menschl. - und zwar geistiger - Leistungen als ein bestimmter Gegenstand unterscheidbar („konstruiert") oder zu einem bestimmten Gegenstand geworden ist. Er begreift die Wirklichkeit von der Idee, vom absoluten Geist her und sieht dessen Bewegung durch das Gesetz der Dialektik bestimmt.

Deutscher Industrie- und Handelstag, Abk. DIHT, Dachorganisation der 81 Industrie- und Handelskammern in der BR Deutschland und Berlin (West), Sitz Bonn. *Aufgaben:* Förderung und Sicherung der Zusammenarbeit der Industrie- und Handelskammern, Vertretung der Belange der gewerbl. Wirtschaft, Repräsentation der dt. Wirtschaft im Ausland. *Organe:* Vollversammlung, Hauptausschuß, Vorstand, Ausschüsse. 1861 als Dt. Handelstag gegründet.

Deutscher Journalisten-Verband e. V., Abk. DJV, Spitzenorganisation und Vertretung der 12 Landesverbände der Journalisten in der BR Deutschland und Berlin (West); Sitz Bonn; 1949 gegr.; Aufgabe: Wahrnehmung und Förderung aller berufl., rechtl. und sozialen Interessen der hauptberufl. für Presse, Hörfunk, Fernsehen und andere Publikationsmittel tätigen Journalisten sowie Beratung und Unterstützung der Landesverbände in diesen Fragen.

Deutscher Jugendliteraturpreis, vom Bundesministerium für Jugend, Familie, Frauen und Gesundheit der BR Deutschland gestifteter Literaturpreis, der seit 1956 jährl. von einer vom „Arbeitskreis für Jugendliteratur" (München) eingesetzten Jury vergeben wird.

Deutscher Juristentag e.V., 1860 gegründet, 1949 neu gegr. Verein mit Sitz in Bonn, der v. a. den Zweck verfolgt, „auf wiss. Grundlage die Notwendigkeit von Änderungen und Ergänzungen der dt. Rechtsordnung zu untersuchen ..."; Veranstalter der Dt. Juristentage.

Deutscher Kinderschutzbund e.V., Abk. DKSB, 1953 als Nachfolgeorganisation des „Vereins zum Schutze der Kinder vor Ausnützung und Mißhandlung" (1898–1933) gegr. Verein, Sitz Hannover; Landes- und Ortsverbände in allen Bundesländern; rd. 20000 Mgl.; Aufgaben: u. a. Aufklärungsarbeit über die Bed. der frühen Kindheit für die gesamte Lebensentwicklung; Einwirken auf Gesetzgebung und Öffentlichkeit zur Schaffung einer kindergerechten Umwelt.

Deutscher Krieg 1866, Krieg Preußens und seiner Verbündeten (Italien, einige norddt. Kleinstaaten) gegen Österreich mit Hannover, Sachsen, beiden Hessen, Nassau und allen süddt. Staaten im Juni/Juli 1866. Die

Auseinandersetzungen um Schleswig-Holstein und die Bundesreform führten zu dem von Preußen beabsichtigten und vorbereiteten Krieg um die Vorherrschaft in Deutschland. Die Entscheidung fiel durch den preuß. Sieg über die östr. Nordarmee bei Königgrätz (3. Juli 1866). Österreich wurde aus der dt. Politik ausgeschlossen; es verlor Venetien und alle Rechte in Schleswig-Holstein. Dieses, Hannover, Kurhessen, Nassau und Frankfurt wurden von Preußen annektiert, das nun die polit.-militär. Führung in Deutschland hatte.

Deutscher Kulturbund ↑Kulturbund der DDR.

Deutscher Kunstverlag GmbH ↑Verlage (Übersicht).

Deutscher Lehrerverband, Abk. DLV, 1969 gegr. Dachorganisation allgemeiner Lehrerverbände, Sitz Bonn-Bad Godesberg; dem DLV gehören u. a. der Dt. Philologenverband, der Verband Dt. Realschullehrer, der Dt. Verband der Gewerbelehrer und der Bayer. Lehrer- und Lehrerinnenverband an.

Deutscher Lehrerverein, 1881–1933 bestehender Dachverband der dt. Volksschullehrer, Nachfolgeorganisation des Allg. Dt. Lehrervereins (1848–54).

deutscher Michel, spött. Bez. für den Deutschen; in der Karikatur weist bes. das Kennzeichen der Zipfelmütze auf seine Verschlafenheit; begegnet in Sebastian Francks

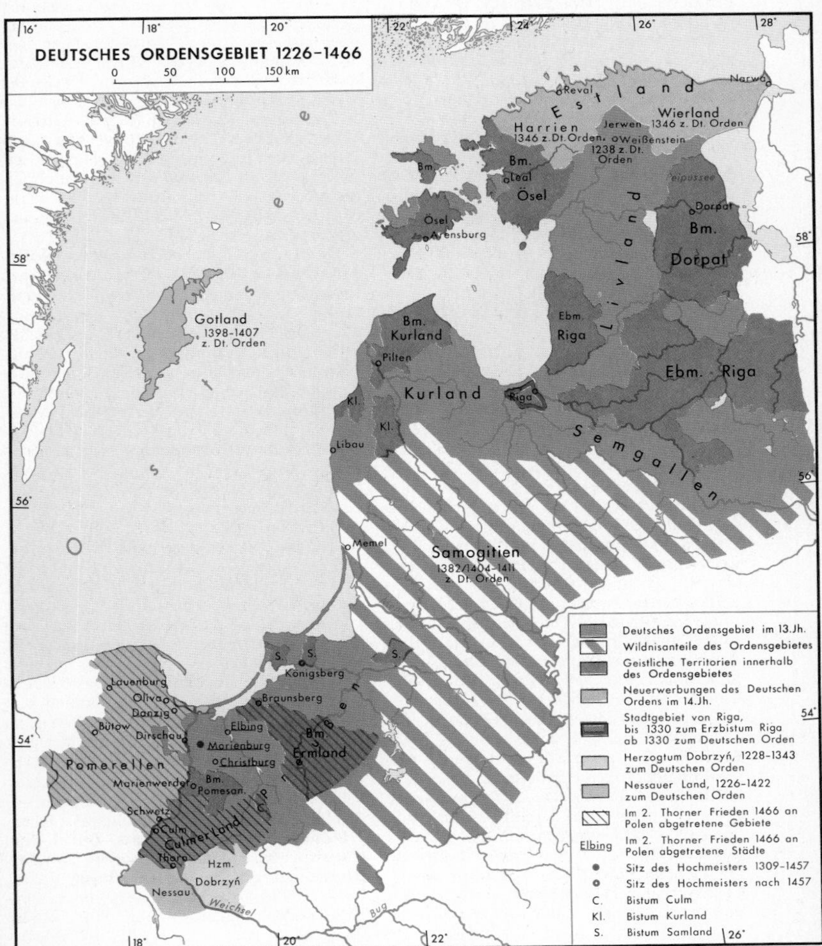

„Sprichwörtersammlung" (1541) in der Bed. eines ungebildeten, einfältigen Menschen; in den 30er und 40er Jahren des 19. Jh. in die polit. Auseinandersetzungen übernommen und als Spottname für den gutmütigen, aber einfältigen Deutschen gebraucht, der sich seiner Machthaber nicht zu erwehren weiß.

Deutscher Naturschutzring e.V. - Bundesverband für Umweltschutz, Abk. DNR, 1950 gegr. Dachverband (Sitz München), der sich mit Naturschutz, Landschaftsschutz, Landschaftspflege und der Erhaltung der natürl. Umwelt befassende Organisationen in der BR Deutschland zusammenfaßt, ihre Arbeit und Zielsetzung koordiniert und mit ihnen gemeinsame Aktionen durchführt. Dem DNR sind 87 Verbände mit rd. 3 Mill. Mgl. angeschlossen.

Deutscher Normenausschuß, Abk. DNA, ↑DIN Deutsches Institut für Normung e.V.

Deutscher Orden (Dt. Ritter-Orden, Deutschherren), neben Templer- und Johanniterorden bedeutendster geistl. Ritterorden des MA, entstand aus einer 1190 während der Belagerung von Akko durch Lübecker und Bremer Bürger gestifteten Hospitalgenossenschaft; 1198/99 in einen geistl. Ritterorden umgewandelt (Ordenszeichen: schwarzes Kreuz auf weißem Mantel). Zentrum seiner Wirksamkeit (v.a. Kampf gegen die „Heiden") war zunächst das Hl. Land. 1291 wurde der Sitz des Hochmeisters von Akko nach Venedig verlegt, 1309 nach Marienburg (Westpr.). Unter dem bed. Hochmeister Hermann von Salza (1209–39) war der Grund zum Deutschordensstaat gelegt worden, als Hzg. Konrad I. von Masowien dem D. O. 1225 als Gegenleistung für die Bekämpfung der heidn. Pruzzen (Preußen) das Culmer Land schenkte (↑auch Ostpreußen, Geschichte). Durch Vereinigung mit dem Schwertbrüderorden (1237) faßte der D. O. auch in Livland Fuß. 1309 erwarb er Pomerellen mit Danzig, 1346 Estland, 1398 Gotland, 1402 die Neumark. Zugleich entwickelte er sich zu einem wichtigen Produktions- und Handelsfaktor im Ostseeraum (Getreide, Holzerzeugnisse, Bernstein). Nach der Christianisierung Litauens infolge der poln.-litauischen Personalunion (1386) geriet der D. O. in zunehmende Feindschaft zu Polen, dem das Ordensheer bei Tannenberg (15. Juli 1410) unterlag (Abtretung des Landes Dobrzyń und Schamaitens im 1. Thorner Frieden 1411). Als Folge verschärfte sich im Innern die Opposition der großen Handelsstädte (1454 Abfall des Preuß. Bundes). Der 2. Thorner Friede (1466) beschränkte das der poln. Lehnshoheit unterstellte Ordensterritorium auf den östl. Teil Preußens (Hochmeistersitz Königsberg [Pr]). Dieser wurde 1525/61 in die zum poln. Lehnsverband gehörigen weltl. Hzgt. Preußen und Kurland umgewandelt. - Im Hl. Röm. Reich bestanden die Ordensbesitzungen (v. a. in der Pfalz, im Elsaß, in Franken, Thüringen und Schwaben) unter dem Deutschmeister bis zur Aufhebung des D. O. durch Napoleon I. 1809 weiter; 1834 in Österreich erneuert, 1929 in einen geistl. Orden umgewandelt, 1938–45 aufgehoben.

Aufbau: Oberhaupt des D. O. war der *Hochmeister*, der der Kontrolle des Generalkapitels unterlag und an den Beirat der 5 *Großgebietiger* gebunden war. Diese waren der *Großkomtur* (i. d. R. Statthalter und Vertreter des Hochmeisters), der oberste *Marschall* (zuständig für das Heerwesen), der *Treßler* (Schatzmeister), der *Trapier* (Leiter des Bekleidungswesens) und der *Spittler* (Vorsteher des Spitalwesens). Polit. dem Hochmeister vielfach nebengeordnet waren die Provinzialoberen: der *Deutschmeister* (seit 1494 Reichsfürst, seit 1525 Administrator des Hochmeisteramts, daher später - seit 1834 offiziell - *Hoch- und Deutschmeister* gen.) sowie der *Landmeister* in Livland und (bis 1309) in Preußen. Größere Ordensgebiete waren als *Balleien* unter einem *Landkomtur* zusammengefaßt, kleinste Einheit war die *Kommende (Komturei)* unter einem *Komtur*. - Karte S. 197.

📖 *Boockmann, H.: Der D.O. Zwölf Kap. aus seiner Gesch. Mchn. ²1982.*

Deutscher Paritätischer Wohlfahrtsverband, Abk. DPWV, 1924 gegr., konfessionell und polit. neutrale Dachorganisation der freien Wohlfahrtspflege, Sitz Frankfurt am Main; Mgl. sind rd. 3 000 rechtl. selbständige Organisationen, die in den verschiedenen Bereichen sozialer Hilfen tätig sind; gliedert sich in 10 Landesverbände und 100 bundesweit tätige überregionale Mgl.-organisationen.

Deutscher Presserat, Organ der freiwilligen Selbstverwaltung und Selbstkontrolle der dt. Presse, gegr. 1956; Sitz Bonn-Bad Godesberg; setzt sich aus 10 vom DJV gewählten Vertretern der Journalisten und 10 Vertretern der Zeitungs- und Zeitschriftenverleger zusammen; Aufgaben: Schutz der Pressefreiheit, Beseitigung von Mißständen im Pressewesen, Beobachtung der strukturellen Entwicklung der dt. Presse; Vertretung der Presse gegenüber Regierung, Parlament und Öffentlichkeit.

Deutscher Reformverein, als Gegengewicht zum kleindt.-liberal bestimmten Nationalverein 1862 in Frankfurt am Main gegr. polit. Organisation zur Vertretung der Reform des Dt. Bundes im östr.-großdt. Sinne; löste sich, ohne große Wirkung in der Öffentlichkeit erreicht zu haben, auf, nachdem die kleindt. Lösung sich 1866 durchgesetzt hatte.

Deutscher Richterbund, Bund der Richter und Staatsanwälte in der Bundesrepublik Deutschland, Abk. DRB, Spitzenorganisation der Vereine von Richtern und Staatsanwälten, Sitz Düsseldorf. Ziele des 1909 gegr. und nach Unterbrechung durch die NS-Zeit 1949 wieder ins Leben gerufenen DRB sind die Förderung der Gesetzgebung, der Rechtspflege und der Rechtswissenschaft, die Wahrung der richterl. Unabhängigkeit und der unparteiischen Rechtsprechung sowie die Förderung der berufl., wirtsch. und sozialen Belange der Richter und Staatsanwälte.

Deutscher Ring ↑Versicherungsgesellschaften (Übersicht).

Deutscher Ritter-Orden ↑Deutscher Orden.

Deutscher Sängerbund e.V., Abk. DSB, 1862 in Coburg gegr., nach 1945 verboten, 1949 in Göppingen neu gegr., Sitz Köln; Mgl. sind 18 Einzelbünde und die in ihnen vereinigten etwa 15 000 Chöre sowie dt. Sängervereinigungen des Auslandes.

Deutscher Schäferhund, Rasse bis 65 cm schulterhoher, wolfsähnl. Schäferhunde mit kräftigem, langgestrecktem Körper, langer, keilförmiger Schnauze, dreieckig zugespitzten Stehohren und buschig behaartem Schwanz; Fell mit mittellangen, derben Deckhaaren und dichter Unterwolle; Färbung unterschiedl.; Schutz-, Polizei-, Blindenhund.

Deutscher Schutzbund, 1919–33 zusammenfassende Organisation der grenz- und auslandsdt. Verbände (1929 rd. 120) mit revisionist.-großdt. Zielsetzung; wirkte v. a. bei den Grenzabstimmungen im Gefolge des Versailler Vertrags.

Deutscher Sparkassen- und Giroverband e.V., Spitzenverband der dt. Sparkassenorganisation, Sitz Bonn. 1924 entstanden durch Zusammenschluß des Dt. Zentralgiroverbandes (gegr. 1916), des Dt. Sparkassenverbandes (gegr. 1884) und des 1921 gegr. Dt. Verbandes der Kommunalen Banken; 1953 neu gegründet. Der Verband unterstützt die allg. Grundsätze der Geschäftspolitik dt. Sparkassen, vertritt die Interessen der Sparkassenorganisation gegenüber der Öffentlichkeit und den behördl. Stellen und übernimmt die Schulung des Sparkassenpersonals und die Ausbildung von Nachwuchskräften.

Deutscher Sportbund, Abk. DSB, Dachorganisation des gesamten Sports in der BR Deutschland, gegr. 1950 in Hannover, Sitz Berlin (West).

Deutscher Sprachatlas, Abk. DSA, zunächst Forschungsinst. für dt. Sprache an der Univ. Marburg a. d. Lahn, gegr. 1876 von G. Wenker, seit 1956 „Forschungsinst. für dt. Sprache - D. S.“. Zentrale Aufgabe ist die Erforschung der gesprochenen dt. Sprache auf der Basis der Dialekte. Die wichtigsten Forschungsunternehmungen sind: 1. Der „Laut- und Formenatlas der dt. Mundarten“, begonnen von F. Wrede, fortgeführt von M. Mitzka und B. Martin, kurz D. S. genannt (1927–56 veröffentlicht); 2. der „Dt. Wortatlas“ (Abk. DWA), von W. Mitzka 1939/40 begr., verzeichnet das regional begrenzte Vorkommen bestimmter Wörter für dieselbe Sache (1951–80: 22 Bände). Das Inst. gibt jetzt auch „Regionale Sprachatlanten“ heraus.

Deutscher Sprachverein (Allg. Dt. Sprachverein), 1885 gegr.; strebte Normbildung für Reinheit, Richtigkeit, Schönheit der dt. Sprache an; war von Anfang an nicht frei von nationalist. Übertreibungen (Kampf gegen „Verwelschung“ und „falsche Sprachgesinnung“) und Pedanterie (bes. in der Fremdwortbekämpfung). Der D. S. gab die „Zeitschrift des Allg. D. S.“ heraus (seit 1886, ab 1891 mit wiss. Beiheften, seit 1925 unter dem Titel „Muttersprache“). Neugründung des Vereins 1947 in Lüneburg unter der Bez. **Gesellschaft für dt. Sprache.**

Deutscher Städtetag ↑Kommunale Spitzenverbände.

Deutscher Taschenbuch Verlag GmbH & Co. KG ↑Verlage (Übersicht).

Deutscher Tierschutzbund e.V., Abk. DTSchB, 1948 gegr. Spitzenorganisation aller Tierschutzvereine in der BR Deutschland und Berlin (West); Sitz Frankfurt am Main.

Deutscher Turn- und Sportbund, Abk. DTSB, Dachorganisation aller Sportfachverbände in der DDR; gegr. 1957 in Berlin (Ost), Sitz: Berlin (Ost).

Deutscher und Österreichischer Alpenverein ↑Alpenvereine.

Deutsche Rundschau, kulturpolit. Monatsschrift; 1874 von J. Rodenberg in Berlin gegr.; 1919–42 (aufgelöst) von R. Pechel geleitet, der ihr Hg. auch 1946–61 war; 1964 eingestellt.

Deutscher Verband Technisch-Wissenschaftlicher Vereine, Abk. DVT, 1916 gegr., in der BR Deutschland 1948 neu gegr. Dachverband von z. Z. 98 ingenieur- und naturwiss. Gesellschaften und Vereinen; Sitz Düsseldorf. Ziele sind Förderung der techn. Wiss., Vereinheitlichung gemeinsamer techn. Grundlagen und die Mitarbeit an der Gesetzgebung auf dem Gebiet der Technik.

Deutscher Volkshochschul-Verband e.V. ↑Volkshochschule.

Deutscher Werkbund, Abk. DWB, 1907 in München gegr. Vereinigung von Architekten, Designern, Vertretern des Handwerks, der Ind. u. a. Zielvorstellungen waren Formniveau, Material- und Werkgerechtigkeit der Produkte; Veranstalter bed. Ausstellungen, u. a. 1914 in Köln, 1927 in Stuttgart (Weißenhofsiedlung), 1930 in Paris. 1947 wiedergegr., Sitz Düsseldorf.

Deutscher Wetterdienst, Abk. DWD, seit 1952 bestehende, zum Geschäftsbereich des Bundesmin. für Verkehr gehörende Bundesanstalt, Sitz Offenbach am Main; mit der Wahrnehmung aller öffentl. wetterdienstl. Aufgaben betraut. Der DWD unterhält Wetterbeobachtungs- und -meldedienst, Vorhersagedienste (synopt. Dienst, Wirtschafts-, Flug-, Seewetterdienst), Klimadienste, einen medizinmeteorolog. und einen agrarmeteorolog. Dienst. Regionale Aufgaben werden vom Seewetteramt Hamburg und 11 weiteren Wetterämtern sowie den nachgeordneten meteorolog. Stationen wahrgenommen.

Deutscher Wissenschaftsrat ↑Wissenschaftsrat.

Deutscher Zollverein, Zusammenschluß dt. Bundesstaaten mit dem Ziel einer wirtsch. Einigung durch Abbau von Zöllen und anderen wirtsch. Hemmnissen. Nach Vorstufen (preuß. Zollgesetz 1818, bayer.-württemberg. Zollverein, Zollverein zw. Preußen und Hessen-Darmstadt, Mitteldt. Handelsverein zw. Sachsen, Hannover, Kurhessen und den thüring. Staaten [alle 1828]) trat 1834 der D. Z. in Kraft. Mgl.: Preußen, Hessen-Darmstadt, Bayern, Württemberg, Kurhessen, Sachsen und die thüring. Staaten; Hannover ab 1854. Der östr. Versuch einer großdt. Zollvereinigung (1849/50) scheiterte. Der D. Z. (seit 1868 mit einem Zollparlament) wurde eine Vorstufe des Dt. Reichs von 1871.

Deutsches Archäologisches Institut, Abk. DAI, wiss. Korporation und Bundesbehörde in der Zuständigkeit des Auswärtigen Amtes, Sitz Berlin (West); gegr. 1874. Das DAI vergibt Stipendien und führt Grabungen durch (am bekanntesten: Olympia, Pergamon, Kerameikos in Athen, Samos, Tiryns, Boğazkale, Milet); es hat Zweigstellen in Rom, Athen, Istanbul, Kairo, Madrid, Bagdad und Teheran.

Deutsches Arzneibuch, Abk. DAB (D.A.B.), ↑Arzneibuch.

Deutsches Atomforum e.V., 1959 gegründeter Verein zur Förderung der Forschungs- und Entwicklungsarbeit auf dem Gebiete der Kernenergie und ihrer Anwendung für friedl. Zwecke sowie der Information der Öffentlichkeit; Sitz Bonn.

Deutsches Bundespatent ↑Patentrecht.

Deutsche Schillergesellschaft, literar.-wiss. Vereinigung; Sitz Marbach am Neckar. 1895 als „Schwäb. Schillerverein" (ab 1946 „D. S.") gegr. zum Zweck der 1903 erfolgten Gründung des ↑Schiller-Nationalmuseums ebd. Gründung des Dt. Literaturarchivs im Schiller-Nationalmuseum 1955.

Deutsche Schlafwagen- und Speisewagen-GmbH, Abk. DSG, gegr. 1949, Sitz Frankfurt am Main; Stammkapital voll im Besitz der Dt. Bundesbahn. Betrieb von Schlaf- und Liegewagen, Speisewagen, Bahnhofsgaststätten, Verpflegung von Reisenden in den fahrenden Zügen.

deutsche Schrift ↑Fraktur, ↑Sütterlin, L.

Deutsches Eck, Landzunge in Koblenz am Zusammenfluß von Rhein und Mosel, Rhld.-Pf., benannt nach einem Deutschordenshaus; früher mit Kaiser-Wilhelm-Denkmal (1897), heute Mahnmal für die dt. Einheit.

Deutsches Elektronen-Synchrotron (DESY), Forschungszentrum für Grundlagenforschung auf dem Gebiet der Elementarteilchenphysik in Hamburg; gegr. 1959 als Stiftung der BR Deutschland und der Freien und Hansestadt Hamburg. Seit 1964 Betrieb eines 7-GeV-Elektronen-Synchrotrons (**DESY**), seit 1974 eines 2 × 4,5-GeV-**Do**ppel**ri**ng**s**peichers (**DORIS**), seit 1978 einer 2 × 19-GeV-**P**ositron-**E**lektron-**T**andem-**R**ingbeschleuniger-**A**nlage (**PETRA**; Umfang 2,3 km). Im Bau ist eine Elektron-Proton-Speicherringanlage (**H**adron-**E**lektron-**R**ing**a**nlage, **HERA**), in der Elektronen von 30 GeV und Protonen von 820 GeV gespeichert und dann zur Kollision gebracht werden sollen (Umfang 6,3 km).

Deutsches Gesundheitsmuseum (Dt. Bundeszentrale für Gesundheitsaufklärung), 1949 gegr. Verein zur Aufklärung über Gesundheitspflege und Hygiene und zur gesundheitl. Volkserziehung; Sitz Köln-Merheim; untersteht dem Bundesmin. für Familie, Jugend und Gesundheit.

Deutsches Grünes Kreuz, 1950 in der BR Deutschland gegr. gemeinnütziger Verein, der sich v. a. für planmäßige Schadensverhütung auf dem Gebiet des Gesundheitswesens einsetzt; Sitz Marburg.

Deutsche Shakespeare-Gesellschaft [ˈʃeːkspiːr], gegr. 1864 mit Sitz in Weimar. Setzt sich für die Förderung der Kenntnis Shakespeares, der engl. Sprache und Kultur ein. 1963 Gründung der D. S.-G. West, Sitz Bochum.

Deutsches Historisches Institut ↑historische Institute.

Deutsches Hydrographisches Institut, Abk. DHI, 1945 in Hamburg gegr. Institut für ozeanograph. und meteorolog. Forschungen zur Sicherung der Schiffahrt. Aufgaben u. a.: Bearbeitung von Seekarten, Stromatlanten, Leucht- und Funkfeuerverzeichnissen, Berechnung von Gezeitentafeln, Überprüfung naut. Instrumente; unterhält Sturmflutwarndienst für die dt. Küsten und Eismeldedienst für die Schiffahrt. Gibt das „Naut. Jahrbuch" heraus.

Deutsches Institut für Fernstudien, Abk. DIFF, ↑Fernstudium.

Deutsches Institut für Internationale Pädagogische Forschung, Abk. DIPF, von den Ländern finanzierte Stiftung öffentl. Rechts, Sitz Frankfurt am Main; gegründet 1964; empir. pädagog. Forschungen.

Deutsches Institut für Wirtschaftsforschung (DIW), Institut (e.V.) zur Erforschung wirtsch. Zustände und Entwicklungen im In- und Ausland; gegr. 1925, Sitz Berlin (West).

Deutsches Jugendherbergswerk ↑Jugendherbergen.

Deutsches Krebsforschungszentrum, Abk. DKFZ, 1964 als Stiftung des öffentl. Rechts gegr., finanziell u. a. durch private Stiftungen getragene Forschungsstätte in Heidelberg, die die Aufgabe hat, Ursachen, Entstehung, Verhütung und Bekämpfung der Krebskrankheit zu erforschen.

Deutsches Literaturarchiv ↑Schiller-Nationalmuseum.

Deutsches Museum von Meisterwerken der Naturwissenschaft und Technik (Dt. Museum) ↑Museen (Übersicht).

Deutsches Nachrichtenbüro GmbH, Abk. DNB, 1933 durch Zusammenlegung von Continental Telegraphen Compagnie, Wolffs Telegraphen-Büro und Telegraphen-Union gegr.; verbreitete bis April 1945 alle amtl. Nachrichten.

Deutsches Patentamt ↑Bundesämter (Übersicht).

Deutsche Sporthilfe ↑Stiftung Deutsche Sporthilfe.

Deutsche Sporthochschule Köln, 1947 als „Sporthochschule Köln" durch C. Diem mit Unterstützung der Stadt Köln gegr. (Ausbildung von staatl. anerkannten Diplomsportlehrern); seit 1970 wiss. Hochschule des Landes Nordrhein-Westfalen.

deutsche Sprache, zur german. Gruppe der indogerman. Sprachen gehörende Sprache, die außer in der BR Deutschland, der DDR, in Österreich und der dt.sprachigen Schweiz auch in Südtirol, im Elsaß, in Luxemburg und kleineren Gebieten Belgiens gesprochen wird, zudem gibt es auch in O-Europa noch Gebiete mit dt.sprachiger Bev.; auch bei Auswanderergruppen hat sich die d. S. z.T. erhalten, z.B. in N-Amerika (Pennsylvaniadeutsch), S-Amerika und Afrika (eine der Amtssprachen in Namibia); die Zahl der Sprecher beträgt heute rd. 100 Mill.

Die heutigen Grenzen des dt. Sprachgebiets sind sehr jung. Bis zum 8. Jh. erstreckte sich das Dt. im O nur bis etwa an die Elbe und die Saale, Obersachsen und Schlesien waren ebenso slaw. besiedelt wie Teile des heutigen Österreich. Im S gehörten die langobard. Teile Oberitaliens zum dt. Sprachgebiet, die heutige Inner- und Südschweiz war rätoroman., große Teile des westl. Frankr. waren dt. oder gemischt roman.-deutsch. Zu Beginn der althochdt. Zeit war das dt. Sprachgebiet also wesentl. kleiner als heute und dehnte sich mehr nach S und W aus. Schon damals waren die Sprachgrenzen in Bewegung. Mit Beginn der dt. Ostsiedlungen breitete sich die d. S. weit nach O aus. Seit dem 12. Jh. wurde in Schleswig und in den nördl. Gebieten östl. der Elbe dt. gesprochen. Seit dem 13. Jh. kamen Deutsche nach Ostpreußen und ins Baltikum. Auch in Böhmen drang das Dt. vor, bes. im Sudetenland.

In der Neuzeit wurde das Dt. an verschiedenen Stellen zurückgedrängt. Das Niederländ. bildete bis zum 16. Jh. eine eigene Hochsprache aus und spaltete sich vom Dt. ab. An der Westgrenze (z. B. in Metz) sowie z. T. in der Schweiz wird jetzt frz. gesprochen. Die größten Einbußen erlitt das dt. Sprachgebiet durch die Folgen des 2. Weltkriegs.

Die Epochen der deutschen Sprachgeschichte

Die wichtigste ältere Einteilung sprach von einer althochdt. (750–1100), mittelhochdt. (1100–1500) und einer neuhochdt. Periode, wobei in erster Linie lautl. Kriterien maßgebl. waren und der Beginn des Neuhochdt. mit Luther angesetzt wurde. Heute sieht man meist Spät-MA und Reformationszeit als selbständige Epoche an und läßt das Neuhochdt. erst mit M. Opitz oder dem Westfäl. Frieden beginnen.

Althochdeutsch (750–1050): Die Voraussetzungen für die Entstehung der d. S. aus mehreren german. Dialekten finden sich in den polit., kulturellen und sozialen Verhältnissen des Früh-MA. Die polit. Voraussetzung, ein Raum, in dem eine Verkehrsgemeinschaft entstehen konnte und der in der Sprache vereinheitlichend wirkt, wurde durch das Frankenreich unter Karl d. Gr. geschaffen. Der Ostteil des Frankenreiches, der die german. sprechenden Stämme umfaßte, bildete den Rahmen, in dem in den folgenden Jh. eine überregionale d. S. entstehen konnte. Auch die kulturellen Voraussetzungen sind wesentl. mit dem Frankenreich verknüpft. Die Bildungsreform Karls d. Gr. schloß auch eine Reform des Kirchen- und Schulwesens ein. Um eine christl. Durchdringung des ganzen Volkes zu erreichen, mußte die Kluft zw. lat. Bildungs- und fränk. Volkssprache überwunden werden. Das war Aufgabe der Priester, denen Karl immer wieder die Predigt in der Volkssprache befahl. Aus diesen Bestrebungen heraus entstanden auch die vielen althochdt. Übersetzungen kirchl. Texte. Die Christianisierung des dt. Wortschatzes ist die große Leistung der Mönche, die in althochdt. Zeit die sprachl. Mittel für den lat. Wortschatz erarbeiten mußten. Den neuen Wortschatz erhielt man durch Wortentlehnungen aus dem Lat. oder Griech. (z. B. Kirche, Bischof, Kreuz, Mönch, Kloster), häufiger aber durch Lehnprägungen, das sind Neuprägungen mit Hilfe von Bestandteilen dt. Wörter, wobei bereits bestehenden german. Wörtern ein neuer Sinn gegeben wurde (z. B. Gott, Schöpfer, Gnade) oder neue Wörter nach dem Vorbild der lat. Kirchensprache gebildet wurden (z. B. Überfluß nach lat. superfluitas). Klöster wie Fulda (Hrabanus Maurus), Lorsch, Weißenburg im Elsaß (Otfrid), Sankt Gallen, Reichenau, Wessobrunn, Murbach, Sankt Emmeran, Mondsee sowie die Bischofssitze Salzburg, Regensburg und Freising spielten als die eigtl. Bildungszentren eine große Rolle in der althochdt. Sprachentwicklung. - In der sprachl. Form des Althochdt. ist die Klangfülle der Wörter auffallend, die durch die volltönenden Vokale der Nebensilben bedingt ist und eine Vielfalt im Formensystem ermöglicht. Das wichtigste Ereignis in der althochdt. Lautentwicklung ist die 2. oder hochdt. Lautverschiebung, die das Dt., bes. das Hochdt., von den anderen german. Sprachen abhebt. - Am Ende der althochdt. Sprachperiode steht Notker Labeo, der sich in seiner Sprache bereits völlig frei bewegt und der durch eine Synthese von gelehrter und volkstüml. Sprache die Grundlage für das Dt. schafft.

Mittelhochdeutsch (1050–1350): Die wesentl. sprachgeschichtl. Leistung des Mittelhochdt. liegt in der Festigung der in den voraufgehenden Jh. entstandenen Sprache und zugleich in ihrer Ausgestaltung zu einer Kultursprache, die bereits den Anforderungen der verschiedenen Literaturgattungen und Sozialschichten angepaßt werden konnte. Während in althochdt. Zeit der gelehrte Mönch Hauptträger dieser Sprache war, tritt jetzt der Geistliche in der Gemeinde und der Volksprediger, v. a. aber der weltl. Dichter und Ritter hinzu, die alle in jeder neuen Situation und literar. Form die Sprache für diesen Bereich ausgestalten und formen. Voraussetzung für dieses Bemühen war das neue Selbstbewußtsein des Deutschsprechenden; man hat die Schönheit und Ausdrucksfähigkeit der Muttersprache kennengelernt und ist bereit, sie nicht nur neben dem Latein gelten zu lassen, sondern sie selbst, auch in der Dichtung, zu verwenden. Dieses Selbstbewußtsein entspricht den polit. Verhältnissen des Hoch-MA, in dem die erfolgreiche Politik der Kaiser, bes. der Sachsen- und Staufenkaiser, zur nat. Hochstimmung führt. Die Stammesinteressen treten hinter der polit. und kulturellen Einheit des Reiches zurück. Diese Blüte dauert jedoch nur kurze Zeit, denn der Zerfall des Reiches im Interregnum und im Spät-MA zieht auch den Zerfall der mittelhochdt. schriftsprachl. Einheit nach sich. Die Idee einer gemeinsamen d. S. ist aber bei aller polit. Zersplitterung erhalten geblieben. - Für die Sprachentwicklung sind in dieser Zeit das höf. Rittertum und die Mystik von bes. Bedeutung. Die engen Beziehungen zum frz.-provenzal. Rittertum und die Kreuzzüge fördern die Übernahme einer großen Zahl von Lehnwörtern, von denen ein Teil heute noch lebt (Lanze, Tanz, Flöte, Turnier); außer einzelnen Wörtern wurden aber auch frz. Wortbildungselemente ins Dt. übernommen, z. B. die Suffixe -ieren und -ie (parlieren, Partie), die noch heute in der dt. Wortbildung produktiv sind. Auf einem ganz anderen Gebiet bereichert die Mystik die d. S.: Die Mystiker müssen erst für das „Unsagbare", das Verhältnis des Menschen zu Gott, sprachl. Mittel finden, um ihre Gedanken und Erlebnisse verständl. machen zu können, z. B. Wörter wie Einkehr, Einfluß, einförmig, gelassen. Bes. die Abstraktbildungen mit -heit, -keit, -ung und -lich (Geistigkeit, Weisheit, Anschauung, wesentlich) sowie Substantivierungen (Ichheit, das Sein) haben die d. S. so stark beeinflußt, daß noch heute der Wortschatz der Philosophie und Psychologie zum Großteil auf damals geprägten Bildungen beruht. - Die sprachl. Struktur des Mittelhochdt. weist deutl. Unterscheidungsmerkmale gegenüber dem Althochdt. auf. Die Vokale der Nebensilben werden zu -e- abgeschwächt (geban : geben); die Vokale der Tonsilben werden umgelautet, wenn i oder j folgt (mahtig : mähtec „mächtig"). Im Konsonantismus tritt die Auslautverhärtung der weichen Verschlußlaute ein (Genitiv leides : Nominativ leit). In der Formenlehre wirkt sich die Abschwächung der Nebensilbenvokale auf die Flexionsformen aus, wodurch viele Formen nicht mehr unterschieden werden können. Auch die syntakt. Struktur wird davon betroffen, da die Funktion der Endungen nun auf den Artikel und das Pronomen übergeht.

Frühneuhochdeutsch (1350–1650): Wichtige Anhaltspunkte für den Beginn um 1350 sind der Aufstieg der Luxemburger und das Auftauchen sprachl. Neuerungen in den Urkunden der Reichskanzlei, der vorläufige Abschluß der dt. Ostsiedlung und der Aufstieg der Univ., für das Ende dieser Periode um 1650 der Westfäl. Friede und der Beginn der neuen grammat. und sprachpfleger. Bemühungen des 17. Jh. In den Territorien des Reiches entstanden fürstl. Kanzleien, die durch die zunehmende Umstellung der Verwaltung und Rechtsprechung auf schriftl. Urkunden an Bed. gewannen. Von der Kanzleisprache gehen Impulse zu einer neuen schriftsprachl. Einheit aus. Die großen Kanzleien werden langsam zu Vorbildern, so daß einige Schreibsprachen entstehen, die wenigstens in ihrem Bereich überregionale Geltung haben, bes. die Prager Kanzlei der Luxemburger, die kaiserl. Kanzlei der Habsburger, deren Sprache man unter Maximilian das „Gemeine Dt." nannte, die sächs. oder meißn. Kanzlei der Wettiner sowie die Kanzleien von Nürnberg, Augsburg, Köln, Trier usw. Der städt. Bürger ist Hauptträger der frühneuhochdt. Sprache, die vom nüchternen Stil der Geschäftswelt geprägt ist und keine ritterl. Ideale mehr spüren läßt. Für die Verbreitung der neuen Sprachformen war die Erfindung des Buchdrucks entscheidend. Auf der Höhe der frühneuhochdt. Zeit bringt Luther seine Bibelübersetzung heraus. Wenn Luther auch, um in möglichst vielen Gegenden verstanden zu werden, viele oberdt. Elemente aufnimmt, so ist seine sprachl. Heimat doch das Ostmitteldeutsche. Das meißn. Dt. hatte die Führung übernommen. Die mittelhochdt. Literatursprache beruhte auf dem Oberdt., die Grundlage für das Frühneuhochdt. und das Neuhochdt. bildet dagegen das Ostmitteldeutsche. - Die sprachl. Struktur des Frühneuhochdt. unterscheidet sich vom Mittelhochdt. durch einige Lautveränderungen, die sich in einem längeren Zeitraum durchsetzten: Die neuhochdt. Diphthongierung (mîn : mein; hûs : Haus); die Monophthongierung der alten Diphthonge (guot : gut; güetec : gütig); die Vokale der kurzen offenen Stammsilben werden gedehnt (lĕben : lēben). Durch die Abschwächung der Endsilbenvokale werden die Deklinationsklassen immer mehr verwischt, was zu einer Vernachlässigung der Kasus (Fälle), bes. des Genitivs, zugunsten präpositionaler Fügungen führt.

Neuhochdeutsch (seit 1650): Nach dem Dreißigjährigen Krieg ist bei den Kräften, die zur endgültigen Formung der d. S. in ihrer heutigen Gestalt beigetragen haben, ein Neubeginn festzustellen. Schon im 16. Jh. begannen die bes. von Pädagogen angeregten Versuche, die sprachl. Struktur neu zu erforschen. Die ersten Arbeiten, die man als Grammatik anerkennen kann, sind die „Teutsche Sprachkunst" (1641) und die „Ausführl. Arbeit von der Teutschen Haubt Sprache" (1663) von J. G. Schottel; er vertrat bereits die Meinung, daß die dt. Gemeinsprache über den Landschaften stehen müsse. Die Grammatiker des 17. und 18. Jh., außer Schottel bes. Gottsched und J. Bödiker, versuchten, Regeln für die dt. Gemeinsprache aufzustellen und sie durch die Schule weiterzuverbreiten. Die Lexikographen, bes. J. C. Adelung und J. H. Campe, trugen zur Vereinheitlichung der Wortformen und der Rechtschreibung bei. Trotz aller Einheitsbestrebungen blieb das Oberdt. bis ins ausgehende 18. Jh. weitgehend selbständig in seiner sprachl. Entwicklung. Als die Aufklärung die konfessionellen Gegensätze zurücktreten ließ und mit Wieland, Lessing, Klopstock und Goethe nord- und mitteldt. Dichter eine allg. angesehene Literatur schufen, setzte sich die von ihnen gebrauchte Sprachform durch. Die sich die ganze neuhochdt. Epoche hinziehenden Bemühungen um eine Regelung der dt. Rechtschreibung hatten 1901 Erfolg, nachdem K. Duden mit seinem Wörterbuch bahnbrechend gewirkt hatte. Ungefähr zur gleichen Zeit erfolgte durch T. Siebs die Regelung der Aussprache, die aber heute nicht mehr in jeder Beziehung als Norm angesehen wird. - Die Strukturveränderungen des Neuhochdt. gegenüber dem Frühneuhochdt. betreffen v. a. die Flexionsformen, während die Laute nahezu unverändert blieben bzw. nur orthograph. anders wiedergegeben werden. Die Entwicklung im Frühneuhochdt. fortsetzend, steht beim Substantiv die Unterscheidung Singular-Plural weiter im Vordergrund, ebenso der Ersatz des Genitivs und Dativs durch die Akkusativ- oder Präpositionalgefüge. Beim Verb schwinden die Konjunktivformen immer mehr; wo der Konjunktiv nötig ist, z. B. bei unsicherer Aussage, wird er durch Modalverben ausgedrückt. Die schwache Konjugation ist im Vormarsch, neue Verben werden nur noch schwach gebeugt. Der ge-

Zur Struktur der deutschen Sprache

Entwicklung der Laute:

Vokale

westgerman.	althochdt.	mittelhochdt.	neuhochdt.
kurz:			
a	a	a	a
e (Umlaut)	e	e	e, ä
ë	e	e	e
i	i	i	i
o	o	o	o
u	u	u	u
lang:			
ā	â	â	a
ē	ia	ie, î	ie (gesprochen î)
ī	î	î	ei
ō	uo	uo	u
ū	û	û	au
ū	û	û	(u)
ai	ei	ei	ei, ai
ai	ê	ê	e
au	ou	ou	au
au	ô	ô	o
eu	iu	iu (gesprochen û)	eu
eo	io	ie	ie (gesprochen î)

Konsonanten

stimmhafte Verschlußlaute			
d	t	t	t
b	b (p)	b, p (Auslaut)	b
g	g (k)	g, c (Auslaut)	g
g, w	g, w	g, w	g, w
stimmlose Verschlußlaute			
t	z, tz, zz	z, tz, zz	z, tz, ss, ß, s
p	pf (p), f (ff)	pf (p), ff (f)	pf (p), ff (f)
k	k, c, hh	k, ch	k, ch
qu, k	qu, k	qu, k	qu, k
stimmlose Reibelaute			
s	s	s, sch	s, sch
þ	d	d, t (Auslaut)	d
v	v, f	v, f	v, f
h	h	h, ch	h, ch
h, w, f, hw	h, w, f	h, w, f	h, w, f
stimmhafte Reibelaute			
r, s	r, s	r, s, sch	r, s, sch
d	t	t	t
ƀ	ƀ, b	b, p (Auslaut)	b
ǥ	ǥ, g	g, c (Auslaut)	g
ǥ, w	g, w	g, w	g, w
Sonore			
r, l, m, n, w, j (unverändert)			

meinsame Nenner aller Änderungen im Formenbau ist die Systematisierung der Sprache und die Einordnung der Formen in ein System nach dem Prinzip der Analogie.

Rechtschreibung: Die dt. Rechtschreibung, ein Anliegen erst der normativen neuhochdt. Epoche, ergibt in ihrer Mischung von histor. und phonolog. Schreibung viele Inkonsequenzen. Hauptprobleme sind die Kennzeichnung der Vokallänge, Vokalkürze und Vokalqualität, die Großschreibung und die Zusammenschreibung. Die *Vokallänge* kann ausgedrückt werden durch Verdoppelung des Vokals bei a, e, o (Staat), durch Dehnungs-h (fahren), durch die Schreibung ie beim I-Laut (dienen), sie kann aber auch unbezeichnet bleiben (Lid, Brot, Schule). Die *Vokalkürze* bleibt entweder unbezeichnet (Wald) oder sie wird durch Verdoppelung des folgenden Konsonanten bzw. ck, tz gekennzeichnet (satt, Becken). Die offene oder geschlossene *Qualität* eines Vokals wird beim E-Laut durch die Schreibungen e oder ä festgehalten (Seele-Säle, wehren-währen, Ehre-Ähre). Alle genannten Möglichkeiten dienen oft zur Bedeutungsdifferenzierung (Lid-Lied, Moor-Mohr, Lärche-Lerche). Dies gilt auch für die etymolog. oder geograph. bedingten Doppelformen ei-ai und eu-äu (Weise-Waise, greulich-gräulich). - Die Substantive werden im Dt. als einziger Sprache groß geschrieben. Bes. Schwierigkeiten ergeben sich u. a. daraus, daß auch substantivisch gebrauchte Wörter der anderen Wortarten groß geschrieben werden (das Singen), daß Substantive in Verbindung mit einem Verb (mir ist angst) oder nach Präpositionen (auf seiten) oft so an Eigenwert verlieren, daß sie klein geschrieben werden. - Die *Getrennt-* oder *Zusammenschreibung* ist nicht eindeutig festgelegt. Als Grundregel gilt, daß Wörter, die gedankl. zusammengehören und ihre Eigenständigkeit als Satzteil verloren haben, zusammengeschrieben werden.

Morphologie: Im Dt. gibt es vier Fälle und zwei Numeri (Singular und Plural). Für die *Deklination* des Substantivs gibt es drei Gruppen, eine sog. *starke, schwache* und eine *gemischte* Deklination. Die Deklinationsklassen des Substantivs reichen zur Kennzeichnung der Funktion des Wortes im Satz nicht mehr aus, diese Aufgabe haben daher die Artikel und Attribute übernommen. Beim Artikel und bei den meisten Pronomen ist das Dt. System der Kasusmorpheme vollständig:

	Singular			Plural
	m.	f.	n.	m. f. n.
Nominativ	-r	-e	-s	-e
Genitiv	-s	-r	-s	-r
Dativ	-m	-r	-m	-n
Akkusativ	-n	-e	-s	-e

(m. = Maskulinum; f. = Femininum; n. = Neutrum). Bei den Verben unterscheidet man sog. *starke, schwache* und *unregelmäßige* Verben. Die starken Verben verändern im Präteritum den Stammvokal und bilden das 2. Partizip auf -en, die schwachen bilden bei gleichbleibendem Stammvokal das Präteritum mit -t und das 2. Partizip auf -(e)t.

Syntax: Im Dt. können mehrere Hauptsätze als Satzreihe nebengeordnet werden, wobei freie Satzmorpheme (z. B. denn, aber) den Zusammenhang klären können. Es können aber auch Nebensätze in einem Satzgefüge einem Hauptsatz oder einem anderen Nebensatz untergeordnet werden; das Abhängigkeitsverhältnis wird dabei von der Konjunktion und nicht mehr - wie z. B. im Lat. - von der Verbform gekennzeichnet.

Unter d. S. versteht man i. e. S. die allg. dt. Hochsprache (Standardsprache) oder Schriftsprache. Wesentl. Teil der d. S. sind aber auch die Umgangssprache, die Mundarten, die landschaftl. geprägten Formen der Hochsprache und die Fachsprachen. Durch den ständigen Austausch sowie durch die gemeinsame Grundlage in der Sprachgeschichte und im grammat. System bilden diese Sprachformen zusammen die Gesamtheit der d. S. Die Mundarten, aus denen die Hochsprache hervorgegangen ist, liefern der Hochsprache immer neues Wortgut und tragen so zur Erweiterung des Wortschatzes und der Ausdrucksmittel bei, andererseits übernehmen sie von der Hochsprache v. a. moderneres Wortgut. Aus Fachbereichen, die in der Allgemeinheit größere Bed. gewinnen, gelangen oft Wörter in die Allgemeinsprache; bes. produktiv ist der Wortschatz der Sportsprache, der in vielen anderen Bereichen, etwa der Politik, in übertragener Bed. verwendet wird. Fachwörter, die in die Allgemeinsprache gelangt sind, ändern oft ihre Bed., da hier keine so genaue Begriffsbestimmung mehr nötig ist.

Die Beziehungen der d. S. zu den Nachbarsprachen ist durch die große Neigung des Dt. gekennzeichnet, fremdes Wortgut aufzunehmen. Zu manchen Zeiten wucherten die Fremdwörter so stark, daß als Gegenbewegung die Forderung nach „Reinheit der Sprache" erhoben wurde. Die Diskussion um die Fremdwörter ist bis heute ein Hauptproblem der dt. Sprachpflege geblieben.

📖 *Admoni, W.: Der dt. Sprachbau. Dt. Übers. Mchn. [4]1982. - Polenz, P.: v.: Gesch. der d. S. Bln. [9]1978. - Glinz, H.: Die innere Form des Deutschen. Bern u. Mchn. [6]1973. - Brinkmann, H.: Die d. S. Gestalt u. Leistung. Düss. [2]1971. - Eggers, H.: Dt. Sprachgesch. Rbk. [1-4]1968–77. 4 Bde.*

Deutsches Rechenzentrum ↑Gesellschaft für Mathematik und Datenverarbeitung mbH Bonn.

deutsches Recht, das etwa seit dem 10. Jh. aus dem Kreis der dt. Stämme hervorgegangene, durch zahllose Einflüsse aus verschiedensten, einander überlagernden Kultu-

ren und gesellschaftl. Bereichen geprägte und durch Rezeption röm. Rechts fortentwickelte Recht; auf dem Gebiet des Privatrechts im engeren wiss. Sprachgebrauch Gegensatz zum röm. Recht; Glied der german. Rechtsfamilie. Im **MA** entwickelten sich die Stammesrechte durch die Gesetzgebung der Landesfürsten und Städte (bekannt sind v. a. die Stadtrechte von Köln, Lübeck, Magdeburg) zu Land- und Stadtrechten weiter. Insbes. in den Stadtrechten der *Hanse* wurden die auf eine bäuerl.-adlige Gesellschaft zugeschnittenen alten Volksrechte zu Verkehrs- und Handelsrechten fortgebildet. Die Schwäche des Reiches bewirkte eine große Rechtszersplitterung: Die Reichsgesetzgebung mußte sich aus polit. Gründen auf die Sicherung des Landfriedens (Strafrecht) und die Regelung von Verfassungsfragen (bedeutsamstes Gesetz: die Goldene Bulle von 1356) beschränken.
Im **15.** und **16. Jh.** kam es auf dem Gebiet des *Privat- und Prozeßrechts* zur Rezeption des röm.-italien. und kanon. Rechts (Corpus Juris Civilis). Eine eigenständige dt. *Staatsrechtswissenschaft* entstand anläßlich der Auseinandersetzung zw. Reich und Papsttum im 15. Jh. Im *Strafrecht* wirkte seit dem 15. Jh. oberitalien. Recht auf Deutschland und führte zur Entstehung des gemeinen dt. Strafrechts (Peinl. Halsgerichtsordnung [Carolina] Kaiser Karls V. von 1532).
Im **18./19. Jh.** führten Aufklärung und der Einfluß des Naturrechts zu einer „Gegenrezeption", die dem dt. R. wieder stärkere Geltung verschaffte. Das Allgemeine Landrecht [für die preuß. Staaten] löste sich fast völlig vom röm. Recht. Im 19. Jh. gelangte das röm. Recht durch die „Romanisten" der histor. Rechtsschule (F. C. von Savigny, B. Windscheid) noch einmal zu großem Ansehen, während die „Germanisten" dieser Schule (G. Beseler, O. von Gierke) sich große Verdienste um die Herausarbeitung eines „gemeinsamen dt. Privatrechts" und die Bestandsaufnahme der deutschrechtl. Institute erwarben. Die durch die Reichsgründung von 1871 gewonnene weitgehende Rechtseinheit leitete die Phase der großen Kodifikationen ein (Strafgesetzbuch, Reichsjustizgesetze, Bürgerl. Gesetzbuch). *Prozeß-* und *Strafrecht* dieser Epoche sind der Ideologie des Liberalismus verpflichtet (Öffentlichkeit und Mündlichkeit des Verfahrens, Schwurgerichte, im materiellen Strafrecht der Grundsatz nullum crimen, nulla poena sine lege), das *Staats-* und *Verwaltungsrecht* der konstitutionellen Monarchie. Die wirtsch. und sozialen Umwälzungen des **20. Jh.** haben im *Privatrecht* neue Rechtsgebiete, wie Arbeits- und Wirtschaftsrecht, entstehen lassen und alte, wie das Boden- und Mietrecht, mit starken sozialen Bindungen versehen. Das *öffentl. Recht* hat v. a. im Bereich des Sozialrechts, des Wirtschafts-, Kultur-, Sozialverwaltungs- und Planungsrechts eine beträchtl. Ausdehnung erfahren. Im *Staatsrecht* spiegelte sich der Übergang zum demokrat. Sozial- und Rechtsstaat. Das *Strafrecht* ist in der Loslösung von alten Wertvorstellungen begriffen. Alle Rechtsgebiete werden fortschreitend von supranat. Recht beeinflußt und z. T. überlagert.
📖 *Mitteis, H./Lieberich, H.: Dt. Privatrecht. Mchn. [9]1981. - Wieacker, F.: Privatrechtsgesch. der Neuzeit unter bes. Berücks. der dt. Entwicklung. Gött. [2]1967. - Amira, K. v.: German. Recht. Bearb. v. K. A. Eckhardt. Bln. [4]1960–67. 2 Bde.*

Deutsches Reich, fälschl. Bez. für ↑Heiliges Römisches Reich (bis 1806).
◆ amtl. Bez. des dt. Staates von 1871 bis 1945. - Zur Geschichte ↑deutsche Geschichte.

Deutsches Reisebüro GmbH, Abk. DER, Sitz Frankfurt am Main, Tochtergesellschaft der Dt. Bundesbahn, gegr. 1917; Verkauf von Fahrausweisen und Flugscheinen sowie sämtl. Reisebürogeschäfte; Vertretungen im In- und Ausland.

Deutsches Reiterabzeichen, Abk. DRA, 1931 gestiftetes Leistungsabzeichen in den Klassen Bronze, Bronze mit Silberkranz (Wiederholungsabzeichen), Silber und Gold; wird von der Dt. Reiterl. Vereinigung vergeben. Jugendliche vom 12. bis zum vollendeten 18. Lebensjahr erhalten das Dt. Jugend-R. in zwei Klassen (Bronze und Silber).

Deutsches Rotes Kreuz ↑Rotes Kreuz.

Deutsches Sportabzeichen, vom Dt. Sportbund als Auszeichnung für gute, vielseitige körperl. Leistungsfähigkeit verliehenes Leistungsabzeichen (als „Dt. Sportabzeichen", „Dt. Jugendsportabzeichen" und „Dt. Schülersportabzeichen"). Das D. S., 1912 von Carl Diem in Deutschland eingeführt, wird in 3 Klassen verliehen (Gold, Mindestalter 40 Jahre, für Frauen 35; Silber, Mindestalter 32 Jahre, für Frauen 28; Bronze, Mindestalter 18 Jahre). - Abb. S. 206.

Deutsches Studentenwerk e. V., Abk. DSW, 1957 aus dem „Verband dt. Studentenwerke" hervorgegangene Selbsthilfeeinrichtung der Studenten; Sitz Bonn. Aufgaben: v. a. wirtsch. Förderung.

Deutsche Staatsbibliothek, Bibliothek in Berlin (Ost), ↑Bibliotheken (Übersicht).

Deutsches Theater, seit 1883 Bez. des Theaters in der Berliner Schumannstraße, 1894 von O. Brahm übernommen (unpathet. Ensemblekunst, v. a. zeitgenöss. naturalist. Dramatik), 1905–32 von M. Reinhardt geleitet, Weltruhm (Shakespeareinszenierungen, auch naturalist. Dramen) v. a. in der Zeit bis zum 1. Weltkrieg. 1934–44 war H. Hilpert, seit 1926 Regisseur unter Reinhardt, Intendant. Gilt heute als **Deutsches Theater Berlin** als das bedeutendste Theater der DDR (Neuinterpretationen von Klassikern, zeitgenöss. Dramatik), Intendanz 1946–63 W.

Langhoff, 1963–70 W. Heinz, 1970–72 H. A. Perten, 1972–82 G. Wolfram, 1982–84 R. Rohmer, seit 1984 D. Mann.

deutsches Volk ↑Deutschland (Bevölkerung).

Deutsches Volkskundemuseum ↑Museen (Übersicht).

Deutsches Volksliedarchiv, wiss. Zentralinstitut in Freiburg im Breisgau für die Sammlung, Dokumentation, Erforschung und Edition des dt.sprachigen Volksliedes und seiner internat. Bezüge in textl. und musikal. Hinsicht. 1914 von J. Meier ins Leben gerufen, seit 1953 dem Land Bad.-Württ. unterstelltes staatl. Institut.

Deutsches Weinsiegel, Gütezeichen auf Weinflaschen; von der Dt. Landwirtschafts-Gesellschaft (DLG) seit 1950 verliehen. Siegel in Rot und Gelb (für Diabetikerweine).

Deutsches Weintor ↑Deutsche Weinstraße.

Deutsches Wörterbuch, von Jacob und Wilhelm Grimm begonnenes Wörterbuch, das den dt. Wortschatz seit dem 16. Jh. in alphabet. Reihenfolge verzeichnet. Nach 1838 begonnenen Vorarbeiten erschien 1852 die erste Lieferung. J. Grimm stellte das D. W. bis zum Stichwort „Frucht" fertig, der Buchstabe D wurde von seinem Bruder Wilhelm verfaßt. Die grundlegende Anlage des Werkes als histor. Wörterbuch mit Bedeutungsangaben, Etymologien und Belegstellen blieb unter den Fortsetzern bestehen. Seit 1908 erschien das D. W. als Unternehmen der Preuß. Akademie der Wiss. Von A. Hübner wurde das D. W. ab 1929 auch method. nach neuen Prinzipien histor. Lexikographie umgestaltet. Seit 1946 wird es von der Dt. Akad. der Wiss. zu Berlin (in Berlin [Ost]) und einer Arbeitsstelle in Göttingen bearbeitet. 1961 wurde es vollendet und ist mit 16 in 32 Bänden das umfangreichste histor. Wörterbuch. Schon vor Fertigstellung wurde die Neubearbeitung der Bände A–F begonnen.

Deutsches Sportabzeichen in Gold

Deutsches Zentralarchiv, Zentralarchiv der DDR, ↑Zentrales Staatsarchiv.

Deutsche Turnerschaft ↑Turnbewegung.

Deutsche Verkehrs-Kredit-Bank AG, Abk. DVKB, Tochtergesellschaft der Dt. Bundesbahn und zugleich deren Hausbank, Sitz Frankfurt am Main und Berlin (West); Erledigung aller bankmäßigen Geschäfte für die DB, Durchführung des Frachtstundungsverfahrens, Unterhalten von Wechselstuben an Bahnhöfen u. a.

Deutsche Verlags-Anstalt GmbH ↑Verlage (Übersicht).

Deutsche Volkspartei, Name von Parteien:

◆ (1868–1910: Süddt. Volkspartei), Abk. DtVP, dt. Partei mit demokrat., antipreuß. und föderalist. Zielsetzung, auf Württemberg, Bayern und Baden beschränkt; fusionierte 1910 mit den freisinnigen Parteien zur Fortschrittl. Volkspartei.

◆ 1896 durch Zusammenschluß der Dt. Nationalpartei und dt., 1894 in Kärnten und Prag gegr. Parteien entstandene östr. Partei; bezeichnete sich als deutschnat. und sozialreformer.; Hauptträger des Dt. Nationalverbandes (↑deutschnationale Bewegung).

◆ (1918–33), Abk. DVP, 1918 als Nachfolgerin der Nationalliberalen Partei gegr. rechtsliberale Partei; v. a. von Schwer- und Exportind., Banken und Reichslandbund gestützt; kämpfte in ihrer Anfangsphase v. a. gegen alle sozialen Auswirkungen der Novemberrevolution 1918, gegen Rätesystem und Sozialisierung; vertrat im Sinne des „Primats der Außenpolitik" und der nat. Machtstaatsidee die Revision des Versailler Friedensvertrags; behielt zur Republik und zur parlamentar. Reg.-form ein ambivalentes Verhältnis; betrieb bis 1930 eine konstruktive Koalitionspolitik (u. a. in der Großen Koalition 1923 und 1928–30), verlor nach 1929 einen großen Teil ihrer Wähler und die Unterstützung der Großind.; mußte sich 1933 auflösen.

Deutsche Volkswirtschaftliche Gesellschaft e. V., Sitz Hamburg, gegr. 1946. Zielsetzung ist die Verbreitung und Vertiefung des Verständnisses volkswirtsch. Zusammenhänge, Entwicklung und Lehre zeitgemäßer Formen der Menschenführung u. a.; führt in ihrer Akad. für Führungskräfte der Wirtschaft Kolloquien und Seminare durch.

Deutsche Weinstraße, Straße von Bockenheim an der Weinstraße bis zum **Deutschen Weintor** bei Schweigen, Rhld.-Pf., erste dt. Touristikstraße (1936).

Deutsche Welle ↑Rundfunkanstalten (Übersicht).

Deutsche Werft AG, Sitz Hamburg, gegr. 1918, hat ihr Anlagevermögen an die ↑Howaldtswerke-Deutsche Werft, Hamburg und Kiel, verpachtet.

Deutsch Eylau (poln. Iława), Stadt sw. von Allenstein, Polen', 195 m ü. d. M., 22 000 E. Wassersportzentrum am Geserichsee; Holzverarbeitung. - 1305 vom Dt. Orden nach Culmer Recht gegr., gehörte zum Ordensstaat bzw. zum Hzgt. Preußen.

Deutsche Zeitung ↑Zeitungen (Übersicht).

Deutsche Zentrumspartei ↑Zentrum.

Deutsch-Französischer Krieg 1870/71, diplomat. Anlaß (span. Thronkandidatur eines Hohenzollern, Emser Depesche) entsprungener, letztl. um das Übergewicht in Europa geführter Krieg (frz. Kriegserklärung: 19. Juli 1870). Der dt. Sieg von Sedan (2. Sept. 1870) bedeutete das Ende des Frz. Kaiserreiches. Gegen die nach Ausrufung der frz. Republik (4. Sept.) aufgebotenen Massenheere fiel die militär. Entscheidung erst im Jan. 1871 vor dem eingeschlossenen Paris. In Paris erhob sich März–Mai 1871 die ↑Kommune. Vorfriede von Versailles (26. Febr. 1871); am 10. Mai 1871 Frankfurter Friedensvertrag: frz. Kriegsentschädigung von 5 Mrd. Francs, Abtretung von Elsaß und Lothringen. Die dt. Reichsgründung unter preuß. Führung ging unmittelbar aus dem zum Nationalkrieg gewordenen Kampf hervor.

Deutsch-Französischer Vertrag (Élysée-Vertrag), 1963 von Adenauer und de Gaulle unterzeichneter Freundschaftsvertrag; kam zustande im Zuge der von den Unterzeichnern betriebenen Verständigungspolitik; legt im einzelnen u. a. fest: regelmäßige Konferenzen der Außenmin. und zuständigen Behörden beider Staaten, Konsultationen der Außenmin. vor jeder Entscheidung in allen wichtigen außenpolit. Fragen, um ein weitgehend gemeinsames Handeln zu sichern, Zusammenarbeit in allen wichtigen Bereichen der Wirtschaftspolitik, Bemühung um eine gemeinsame militär. Konzeption, Verstärkung des Jugendaustausches.

Deutsch-Französisches Jugendwerk, Abk. DFJW, auf Grund des Dt.-Frz. Vertrages 1963 errichtete Organisation zur Förderung der Beziehungen zw. der dt. und der frz. Jugend.

deutschgläubige Bewegungen, Sammelbez. für Gruppen, Organisationen oder Strömungen, die das Christentum als der dt. „Wesensart" fremd ablehnen oder völkisch einengen. Herders Gedanke, daß „jede Nation Gott auf die ihr eigenste Weise liebe", wurde im 19. und 20. Jh. zur Deutung des Religionsphänomens und zur Konzeption eines gegenschristl. Programms verwendet. Erste Gruppenbildung durch F. Lange 1894 *(Deutschbund)*. M. Ludendorff gründete 1926 den *Tannenbergbund* (1937 *Bund für Dt. Gotterkenntnis;* 1961 als Tannenbergbund verboten). 1933 versuchten der frühere Indienmissionar und Tübinger Religionswissenschaftler J. W. Hauer und E. Graf Reventlow mit der *Dt. Glaubensbewegung* erfolglos den Durchbruch zur Massenbewegung; nach 1945 bedeutungslos.

Deutsch-Hannoversche Partei, Abk. DHP, konservativ-föderalist. Partei 1869–1933; strebte nach der preuß. Annexion von Hannover (1866) die Restauration der welf. Dyn. (daher Welfenpartei gen.), nach 1918 ein selbständiges Hannover bzw. Niedersachsen an; zeitweise mit anderen Parteigruppen verbunden. 1945 trat an ihre Stelle die Niedersächs. Landespartei bzw. die Dt. Partei.

Deutschherren (Dt. Herren) ↑Deutscher Orden.

Deutschkatholizismus, von dem suspendierten kath. Kaplan J. Ronge (* 1813, † 1887) 1844 aus Protest gegen die Wallfahrt zum hl. Rock in Trier ins Leben gerufene Bewegung mit dem Ziel der Bildung einer dt. Nationalkirche: romfreie Kirche, kein Zölibat, Einigung aller dt. Stämme, ob ev. oder kath., in einer Kirche, Tilgung des Erbsündedogmas, Reduktion der Sakramente. Nach der Revolution von 1848 von der Reaktion zerschlagen; Reste sammelten sich 1859 in den Freireligiösen Gemeinden.

Deutschkonservative Partei, Abk. DKP, 1876 gegr. Partei; verstand sich als agrar.-christl., monarchist. und antiliberal orientierte Standesvertretung des preuß. Großgrundbesitzes; hatte polit. Einfluß v. a. im preuß. Abg.haus durch das Dreiklassenwahlrecht; im Reichstag 1887–90 („Kartell") mit 80 Mandaten vertreten; 1918 waren führende Mgl. der DKP Mitbegr. der DNVP.

Deutsch Krone [poln. Wałcz), Stadt westl. Schneidemühl, Polen', 120 m ü. d. M., 21 000 E. Verarbeitung agrar. Produkte.

Deutsch Kurzhaar, Rasse bis 70 cm schulterhoher, kurzhaariger, temperamentvoller Jagdhunde (Gruppe Vorstehhunde); Kopf mit deutl. Stirnabsatz, kräftiger Schnauze und Schlappohren; Schwanz kurz kupiert, waagrecht abstehend; Fell meist grauweiß mit braunen Platten und Abzeichen oder hell- bis dunkelbraun, z. T. mit Platten und Flekken.

Deutschland, im folgenden wird unter D. das Staatsgebiet des Dt. Reichs in den Grenzen von 1937 verstanden.

Landesnatur: Eine zonale Dreigliederung der Großlandschaften unterscheidet von S nach N: Hochgebirge, Mittelgebirge, Tiefland. - Das Hochgebirge zw. Bodensee und Salzach gehört den Nördl. Kalkalpen an und erreicht in der Zugspitze 2 962 m ü. d. M. Ihm vorgelagert ist das zum großen Teil von der Eiszeit geformte Alpenvorland, das sich bis zur Donau erstreckt. - Zum Mittelgebirge gehören das südwestdt. Schichtstufenland und die mitteldt. Gebirgsschwelle. Die auffallendste Einheit ist im SW der Oberrheingraben (mit dem vulkan. Kaiserstuhl), gesäumt von Randgebirgen, zu denen im O Schwarzwald und

Odenwald, getrennt durch die Kraichgaumulde, im W die Vogesen (Frankr.) und der nördl. anschließende Pfälzer Wald zählen. An die herausgehobenen Randgebirge schließen Stufenländer an aus Schichten der Trias und des Jura mit dem Albtrauf im O, einer bes. markanten Schichtstufe. Vulkan. Ursprungs sind die Hegauberge. Zw. Fränk. Jura, Bayer. und Oberpfälzer Wald liegt die Senke der Oberpfalz. Die Mittelgebirgszone hat ein sehr lebhaftes Relief: alte Rumpfflächen und tiefeingeschnittene Täler prägen im W das Bild. Dem Rhein. Schiefergebirge mit Hunsrück, Eifel, Taunus und Westerwald schließt sich das Hess. Bergland beiderseits der Fulda an; es zerfällt in viele kleinere Einheiten (Vogelsberg, Meißner, Habichtswald, Rhön u. a.). Auch das Weserbergland beiderseits der Weser ist stark gegliedert (Wiehengebirge, Teutoburger Wald, Deister, Süntel u. a.). Das Thüringer Becken wird im N vom Harz, im S vom Thüringer Wald und Frankenwald begrenzt. An das Fichtelgebirge schließt das Sächs. Bergland an. Die Sudeten werden durch größere Senken in einzelne Gebirgsteile gegliedert. Vulkanismus ist verbreitet u. a. in der Eifel, im Westerwald, Vogelsberg und in der Rhön. - Das Norddt. Tiefland greift weit in die Mittelgebirge hinein mit der Kölner, Münsterländer, Leipziger und Breslauer Bucht. Seine Landschaft ist von der Eiszeit geprägt mit den Endmoränenzügen des Fläming und Balt. Höhenrückens, mit Niederungen und Urstromtälern. Die von den Ost- und Nordfries. Inseln gesäumte Nordseeküste ist flach, dahinter liegen Marsch- und Geestlandschaft. An der Ostsee finden sich Förden- und Bodden-, auf Rügen z. T. Steilküste. Das **Gewässernetz** wird im wesentl. gegliedert durch die Einzugsgebiete der zur Nord- und Ostsee entwässernden Ströme (Rhein, Weser, Elbe, Oder) sowie - von diesem getrennt durch die europ. Wasserscheide - dem Einzugsgebiet der Donau, die dem Schwarzen Meer zufließt. Die Flüsse sind wichtige Schiffahrtswege, verbunden und ergänzt durch ein Netz von Kanälen. Talsperren dienen der Wasserstandsregelung, der Elektrizitätsgewinnung, der Versorgung mit Trink- und Brauchwasser. Die Seen sind meist eiszeitl. Ursprungs (bes. ausgeprägt im Norddt. Tiefland).

Klima: D. liegt im kühleren Teil der gemäßigten Zone und nimmt eine Mittelstellung zw. ozean. Klima im W und kontinentalem im O ein. Der Unterschied zw. N und S wird durch die Höhenlage der südl. Landesteile abgeschwächt. Westl. Winde bringen genügend Feuchtigkeit vom Ozean, Niederschläge fallen zu allen Jahreszeiten. Als Wärmeinseln heben sich einige Becken heraus, z. B. das Oberrhein. Tiefland. Durch die Häufigkeit der Westwinde haben die W-Seiten der Gebirge höhere Niederschlagsmengen als ihre O-Seiten. Eine gewisse Regelmäßigkeit zeigen die im Mai (Eisheilige) und Juni (Schafskälte) auftretenden Kälterückfälle; Ende Sept. oder im Okt. bringt der Altweibersommer trockene und warme Tage; zu Beginn des Winters führt das Weihnachtstief zu Tauwetter.

Vegetation: D. gehört zur mitteleurop. Zone der sommergrünen Laubwälder. Der urspr. Bestand ist weitgehend verändert durch Rodung und Umwandlung in Nutzwälder. Viele Kulturpflanzen wurden eingeführt (Kartoffel, Tomate, Mais, Tabak, Paprika).

Tierwelt: Der ursprüngl. Bestand ist weitgehend verändert. Viele Großtiere sind ausgerottet oder werden nur noch in Naturschutzgebieten gehegt. Jagdbar sind v. a. Hirsch, Reh, Wildschwein, Feldhase. Sehr vielfältig ist die Vogelwelt; zahlr. Kulturflüchter wurden durch Kulturfolger ersetzt. Der Fischbestand ging durch zunehmende Verschmutzung der Gewässer zurück.

Bevölkerung: Für das MA sind als dt. Bev. die in M-Europa ansässigen westgerman. Stämme zu bezeichnen. Die Wahl eines gemeinsamen Königs der dt. Stämme (seit 919) und die daraus folgende Unteilbarkeit des Ostfränk. Reiches waren Ausdruck eines polit. Zusammengehörigkeitsbewußtseins, das schon vorher in der Selbstbez. „deutsch" seine sprachl. Entsprechung gefunden hatte. Die dt. Bev., die seit der Karolingerzeit zahlenmäßig ständig angewachsen war (um 1000 rd. 10 Mill., um 1340 rd. 13 Mill.), wurde Mitte des 14. Jh. um 30–50 % durch die Pest dezimiert. Größere Auswirkungen auf die im 16. Jh. einsetzende relative Überbevölkerung hatten Seuchen und Hungersnöte ebensowenig wie der Bauernkrieg, der mindestens 100 000 Menschen das Leben kostete. Mit 30–50 % (bei rd. 15 Mill. 1620) lagen die Bev.verluste im Dreißigjährigen Krieg wesentl. höher. Sie bedingten vielfach Bev.verschiebungen. Der Verwüstung weiter Landstriche wurde durch die Bev.- und Siedlungspolitik dt. Landesherren begegnet. Eine erneute Bev.bewegung setzte mit der 2. dt. Ostsiedlung ein. Seit dem ausgehenden 18. Jh. machte sich eine relative Überbevölkerung, jedoch zugleich eine tiefgreifende Massenarmut bemerkbar. Um 1800 zählte die dt. Bev. (in den Grenzen von 1914) rd. 24,5 Mill., 1850 35,4 Mill., 1913 schon 67 Mill. Gebremst wurde die rapide Bev.zunahme durch die Auswanderungen: 1830–70 wanderten allein nach Übersee (bes. nach Nordamerika), über 2,5 Mill. Deutsche aus. Zw. 1871 und 1910 waren es 2,7 Mill. Deutsche, die legal nach Übersee, auch teilweise in die dt. Kolonien auswanderten; die Zahl der illegalen Auswanderer war etwa ebenso hoch. Der steile Wirtschaftsaufschwung, v. a. nach dem Dt.-Frz. Krieg 1870/71, minderte die Bed. der Auswanderung und lockte viele Einwanderer in die dt. Ind.reviere, bes. Polen, Italiener und Arbeiter aus Österreich-Ungarn. Folge der Bev.zunahme und der Industrialisierung war eine wachsende Verstädterung. Während um 1800 fast 90 % der dt. Bev. auf dem Lande oder in Kleinstädten unter 5000 E lebten, betrug der Anteil der Stadtbev. 1871 etwa 36 %, 1900 sogar 60 %. Der Bev.verlust durch den 1. Weltkrieg betrug mehr als 5,5 Mill., wobei die militär. Verluste (rd. 2,4 Mill.) von den Auswirkungen verminderter Geburtenziffern und vermehrter Sterbeziffern noch übertroffen wurden. In den auf Grund des Versailler Vertrages abgetretenen Gebieten lebten 1910 etwa 3,5 Mill. Menschen (von rd. 6,5 Mill.), die Deutsch als ihre Muttersprache angaben; viele von ihnen kehrten in das Dt. Reich zurück; 1925 gab es 1,1 Mill. Deutsche im Reichsgebiet, die vor 1914 außerhalb der Nachkriegsgrenzen gelebt hatten. Erst Mitte der 30er Jahre wurde die Bev.zahl von 1913 erreicht, obwohl ein Auswanderungsverlust nur bis zur Mitte der 20er Jahre zu verzeichnen war. Schon ab 1925 überwog die Einwanderung, v.a. auch durch dt. Rückwanderer aus Übersee (1925–33 rd. 350000). Die Verlangsamung des Bev.wachstums führte nach 1933 zu verschiedenen bevölkerungspolit. Maßnahmen und zu großen Umsiedlungsaktionen (sog. „Heimführung" dt. Bev.gruppen aus O- und SO-Europa) während des 2. Weltkrieges; zw. 1939 und 1944 wurden etwa 960000 Deutsche umgesiedelt. Nach dem 2. Weltkrieg lebten 1950 in der BR Deutschland und der DDR etwa 12,3 Mill. Vertriebene, davon 9 Mill. aus den ehem. dt. Ostgebieten und Polen sowie rd. 3 Mill. aus der Tschechoslowakei; darüber hinaus in der BR Deutschland 122700 Westvertriebene (fast 67000 aus Österreich, 5700 aus dem Saargebiet, 2500 aus der Schweiz, 36000 aus dem übrigen Europa, und 11500 aus Übersee). Der Zustrom der Vertriebenen und Flüchtlinge aus den 1939 nicht zum Dt. Reich gehörenden Gebieten vermochte die Verluste durch den 2. Weltkrieg (rd. 7,6 Mill., davon 3,8 Mill. militär.) nicht auszugleichen. Nach dem Kriege setzte sich das Wachstum der dt. Bev. nur zögernd fort. Während die Zuwanderung der Heimatvertriebenen und Flüchtlinge für die SBZ bzw. DDR mit rd. 4,4 Mill. bis 1950 sogar einen relativ stärkeren Zuwachs bedeutete, veränderte die schon 1945/46 einsetzende Fluchtbewegung v.a. jüngerer und mittlerer Jahrgänge aus der SBZ die Altersstruktur so entscheidend, daß deren Geburtenüberschüsse seit 1945 immer unter denen der Westzonen lagen, 1946–50 sogar negativ waren. Die Zahl der in die Westzonen Geflüchteten betrug in den Jahren 1945–49 rd. 1,3 Mill. Seit 1950 wanderten knapp 3,7 Mill. DDR-Bürger in die BR Deutschland, während 1950–69 etwa 0,3 Mill. aus der BR Deutschland in die DDR zogen. 1951–69 kamen in die BR Deutschland rd. 310000 dt. Aussiedler (dazu etwa 100000 aus O- und SO-Europa). Der Einwanderung Deutscher aus dem übrigen Ausland stand eine etwa gleich große Auswanderung gegenüber; die Gesamteinwanderung übertraf jedoch die Auswanderung (Wanderungsgewinn 1950–69 etwa 2,5 Mill.).

Zur weiteren Entwicklung ↑Bundesrepublik Deutschland (Bevölkerung), ↑Deutsche Demokratische Republik (Bevölkerung).

Wirtschafts- und Sozialgeschichte: Während der Völkerwanderung setzten sich auf dem Gebiet von D. größere Stammesverbände fest. Die zahlenmäßig geringe Bev. (um 500 n. Chr. etwa 2,8 E pro km^2) lebte von der Landw., wobei die Viehzucht gegenüber dem Ackerbau überwog. Die soziale Organisation war schon recht differenziert: Neben den (anfängl. überwiegenden) freien Bauern gab es Unfreie in unterschiedl. stark ausgeprägten Abhängigkeitsverhältnissen. Die Bev. lebte fast ausschließl. in kleinen Dörfern mit gemeinschaftl. Grundeigentum, das zwar im Prozeß der Herausbildung und Festigung des Feudalismus stark abgebaut wurde, sich aber in Resten (z.B. Allmende) bis in neuere Zeit hielt.

In der Zeit von 600 bis 1200 vermehrte sich die Bev. um etwa das 20fache. Dieses starke Bev.wachstum hatte eine wesentl. Intensivierung der Landw. zur Voraussetzung. Mit dem Übergang zur Dreifelderwirtschaft verschob sich das Schwergewicht der Produktion zum Getreideanbau. Auch techn. Verbesserungen der landw. Geräte in diesem Zeitraum trugen zur Steigerung des Bodenertrags bei. Darüber hinaus mußte weitere Nutzfläche durch Rodung gewonnen werden. Für die Veränderung der Sozialstruktur in dieser Zeit, die v.a. in der endgültigen Durchsetzung der Grundherrschaft bestand, waren mehrere Faktoren maßgebend, deren Bed. und Verhältnis zueinander im einzelnen umstritten ist. Von ausschlaggebender Wichtigkeit aber war die mit der landw. Produktion notwendig einhergehende Bindung an den Boden, die eine Unterbrechung der Arbeit für die Leistung des Kriegsdienstes erschwerte. Dies sowie die Entwicklung der Kriegstechnik erzwang eine Art „Arbeitsteilung" zw. Produzenten und Kriegern, die von den Produzenten miternährt werden mußten (Entstehung eines „Militäradels").

In den ersten Jh. des 2. Jt. fanden große wirtsch. und soziale Umgestaltungen statt. Aus den gegen Ende des 1. Jt. entstandenen Märkten entwickelten sich rasch aufblühende Städte, in denen bald 10 bis 15 % der Bev. lebten, die Bed. des Geldes stieg gegenüber dem Naturaltausch, der Handel gewann an Boden. Voraussetzung für diese Entwicklungen war eine solche Erhöhung der agrar. Produktion, daß auch ein entsprechend höherer Anteil der Gesamtbev., der nicht in der Landw. tätig war, mit Nahrungsmitteln versorgt werden konnte. In diesen Jh. wurde Ertragssteigerung durch Nutzbarmachung

auch von Mooren durch die wachsende Bev., Verbesserung der Düngung, zunehmenden Einsatz von Eisengerätschaften u. a. erreicht. Der Ertrag stieg zum ersten Male deutl. über das für die Ernährung selbst unmittelbar erforderl. Quantum. Da die von den Bauern zu leistenden Abgaben traditionell festlagen, ergab sich daraus eine Steigerung des Lebensniveaus der Bauern, während die Grundherren v. a. über die Belastung von Märkten und Handel mit Zöllen und Abgaben ihr Einkommen zu erhöhen suchten. Die ökonom. stärkere Position der Bauern in Verbindung mit der Möglichkeit, Überschüsse auf dem Markt zu verkaufen, erlaubte ihnen in größerem Umfang, sich von den Frondiensten durch Geldleistungen an die Grundherren freizukaufen. Auch die Abgaben wurden zunehmend von Naturalien in Geld umgewandelt. Dies hatte wiederum belebende Rückwirkungen auf den Handel und auch auf die Städte, in denen das Handwerk, das im Früh-MA noch keine selbständige Rolle spielte, einen raschen Aufschwung nahm. Im Ergebnis dieser Prozesse war die Leibeigenschaft fakt. weitgehend aufgelöst, ein lebhafter Binnen- und Fernhandel (↑ auch Hanse) entstanden. Auch die Städte konnten bei zunehmendem Reichtum der Kaufleute und Handwerker größere Selbständigkeit gegenüber den (weltl. und geistl.) adligen Stadtherren erringen.
Im 12. und 13. Jh. entstanden die Zünfte. Die Handwerker waren mit der Aufgabe eigener landw. Produktion darauf angewiesen, kontinuierlich hinlängl. Absatzbedingungen auf den Märkten vorzufinden. Deshalb war die Beschränkung des Zugangs zu den einzelnen Handwerkszweigen für sie lebensnotwendig (Einschränkung der Konkurrenz durch Zunftzwang). V. a. in Städten, die Umschlagplätze des Fernhandels waren, insbes. in den Hansestädten, hatten die Kaufleute bzw. ihre Gilden jedoch größeren wirtsch. und damit auch polit. Einfluß als die Handwerker.
Die ökonom. Entwicklung des 14. und 15. Jh. wurde durch die Pest stark negativ beeinflußt. Die Bev.zahl ging v. a. in den Städten rasch zurück. Handel und Arbeitsteilung fielen zunächst wieder hinter den erreichten Stand zurück. Dies schuf aber mit der Erhöhung der vorhandenen Produktionsmittel und mit der Zunahme der verfügbaren Edelmetalle pro Kopf der Bev. neben dem Aufblühen des Silberbergbaus mit die Voraussetzung für einen raschen Aufschwung v. a. des Handels gegen Ende des 15. Jh. Eine der wichtigsten mit der gewachsenen Bed. des Handels einhergehenden Änderungen waren die ersten Ansätze zur Einführung des Verlagssystems. In dieser Entwicklung wird vielfach eine der wichtigsten Keimformen des Kapitalismus gesehen. Als „frühkapitalist." wird häufig auch die ökonom. Rolle der reichen Kaufleute bezeichnet, die ab dem 15. Jh. - in teilweiser Übernahme von Erfahrungen in den italien. Stadtstaaten - über die reinen Handelsgeschäfte hinaus Finanzgeschäfte vornahmen, die ihnen auch zu großem polit. Einfluß verhalfen (z. B. Fugger).
Der Bev.rückgang (vom letzten Viertel des 14. Jh. bis zum letzten Viertel des 15. Jh. etwa 15–20 %) führte auf dem Land zwar zur Schrumpfung der landw. genutzten Fläche und zur Aufgabe von Siedlungen auf ungünstigen Böden, aber auch zu einem Preisverfall für Getreide. Zw. den fallenden Preisen der Agrarprodukte und den gleichbleibenden oder steigenden Preisen der gewerbl. Erzeugnisse entstand eine Schere. Von dieser Agrarkrise waren auch die Grundherren betroffen, die die Minderung ihrer Einkommen durch stärkere Belastung der Bauern, insbes. durch Erhöhung bzw. Wiedereinführung der Frondienste auszugleichen suchten, was v. a. in den ostelb. Gebieten mit der sog. „Zweiten Grundherrschaft" gelang. Der wachsende Druck auf die Bauern führte zu einer umfangreichen Landflucht („Stadtluft macht frei"). Damit konnte zwar der Bev.rückgang in den Städten rasch wieder ausgeglichen werden, auf dem Land aber festigte sich, zumal nach dem Scheitern des Bauernkriegs 1525 das Feudalsystem, das bis zur Bauernbefreiung im 19. Jh. fortbestand.
Für die Entwicklung des 16.–18. Jh. spielten auch für D. die Auswirkungen der geograph. Entdeckungen eine zumindest beschleunigende Rolle. Der Handel nahm starken Aufschwung, die Menge der verfügbaren Edelmetalle erhöhte sich sprunghaft, was einen raschen Anstieg des gesamten Preisgefüges zur Folge hatte. Die davon ausgehenden belebenden Wirkungen für die Entwicklung des Handwerks und die Herausbildung kapitalist. Verhältnisse durch die Akkumulation größerer Vermögen waren in D., bedingt durch die territoriale Zersplitterung, die Verlagerung der Handelswege und den Dreißigjährigen Krieg jedoch weit schwächer als in anderen Ländern, v. a. in England und Frankr. Die Notwendigkeit der Überwindung der Kriegsfolgen, aber auch das Interesse an der Erhöhung der militär. Stärke waren wesentl. Triebkräfte für eine in der zweiten Hälfte des 17. Jh. einsetzende merkantilist. Wirtschaftspolitik der Fürsten (↑ Merkantilismus). Insbes. die gewerbl. Warenproduktion wurde durch Schutzzölle und Subventionen gefördert. In der Landw. dauerte es, je nach Ausmaß der durch den Dreißigjährigen Krieg entstandenen Verwüstungen, bis weit in das 18. Jh., bis der „Vorkriegsstand" in der Zahl der Bauernhöfe wieder erreicht war. Neuerungen bestanden zunächst nur in der Einführung neuer Früchte, insbes. der Kartoffel. In der zweiten Hälfte des 18. Jh. wurde zwar darüber hinaus neuer Boden urbar gemacht und die Bodennutzung intensiviert (z. B. verbesserte

Dreifelderwirtschaft durch Anbau von Blattfrüchten auf dem Brachfeld), doch ging insgesamt die Erhöhung der landw. Produktion vom Ende des Dreißigjährigen Krieges bis 1800 nicht über das Wachstum der Bev. hinaus. Die Grundherrschaft hielt sich, z. T. noch in ihrer Stellung gestärkt durch zunehmende Bodenknappheit, wenn auch in regional unterschiedl. Formen (in Ostelbien als Gutsherrschaft).

Auch in D. wurden während des 18. Jh. die Voraussetzungen für die industrielle Revolution durch die Förderung der gewerbl. Warenproduktion, z. T. auch in Form von staatl. Manufakturen, und durch die Lockerung der Bindung der Landbev. an den Boden geschaffen. Um 1800 wurde jedoch insgesamt das Gewerbe etwa zur Hälfte noch durch Handwerker betrieben; rd. 43 % entfielen auf die Produktion im Verlagssystem, nur rd. 7 % auf Manufakturen. Gegenstand der Produktion waren zu mehr als der Hälfte Textilien. Die techn. Neuerungen, deren Anwendung die industrielle Revolution v. a. kennzeichnet, bzw. die mit ihrer Anwendung verbundene Einführung des Fabriksystems kamen in D. erst mit Beginn des 19. Jh. - in Auswertung der in Frankr. und v. a. Großbrit. längst gemachten Erfahrungen - zur Wirkung. Verstärkt wurde dieser Rückstand noch durch die aus der Zersplitterung D. resultierenden Hemmnisse, v. a. durch die Zollschranken, die die Herausbildung eines aufnahmefähigen Binnenmarktes nahezu unmögl. machten. In dem Maße aber, in dem diese Hemmnisse (z. B. durch die Bildung des Dt. Zollvereins 1834) überwunden wurden, erstarkten auch die Bestrebungen zu ihrer Beseitigung.

Seitens der Fürsten kam dem das Interesse an einer letztl. nur auf ökonom. Stärke zu gründenden militär. Stärke entgegen, zumal die militär. Niederlagen gegen das revolutionäre Frankr. die Überlegenheit des neuen Systems schlagkräftig unter Beweis gestellt hatten. Aus dieser Interessenübereinstimmung zw. dem aufblühenden Unternehmertum und Teilen des Adels entstand die spezif. Form der Industrialisierung D. (oft als „Revolution von oben" bezeichnet). Die industrielle Revolution, die sich im wesentl. in der ersten Hälfte des 19. Jh. vollzog, bedeutete für die Bev. die rascheste und einschneidendste Veränderung ihrer Lebensbedingungen in der gesamten dt. Wirtschafts- und Sozialgeschichte. Einerseits wurde die Landbev. nach und nach aus den feudalen Abhängigkeitsverhältnissen befreit - wobei sich dieser Prozeß am längsten in den ostelb. Gebieten hinzog -, andererseits wurden durch ihre Einbeziehung als Lohnarbeiter in das Fabriksystem die traditionellen Bindungen zerstört. Die Verarmung der Landbev. erreichte in D. zwar nicht die Ausmaße wie zuvor in Großbrit., doch führte auch hier der Wegfall der mit der alten Sozialstruktur auf dem Dorf verbundenen sozialen Sicherung zur Verelendung großer Teile der Bev. und zu der die Innenpolitik der nächsten Jahrzehnte stark beeinflussenden sog. sozialen Frage.

Mit den Agrarreformen, der Verbesserung des Transportwesens v. a. durch den Eisenbahnbau in den 1840er Jahren, der Vereinheitlichung des Rechts waren durch staatl. Maßnahmen die wesentl. Voraussetzungen für einen raschen industriellen Aufschwung D. gegeben, der durch die Reichsgründung, indirekt auch durch die frz. Reparationen nach dem Dt.-Frz. Krieg 1870/71 starke Impulse erhielt. Trotz der auf die sog. Gründerzeit folgenden tiefen Wirtschaftskrise von 1873, die in eine bis 1894/95 andauernde Depression mündete, erhöhte sich das reale Volkseinkommen in D. von 1871 bis 1914 um etwa 200 %. Bes. rasch entwickelten sich Maschinen-, Stahl-, Elektro- und chem. Ind. Den durch die Industrialisierung entstandenen sozialen Problemen wurde früh (wiederum „von oben") durch eine für die damalige Zeit beispielhafte Sozialgesetzgebung Rechnung getragen (↑ auch Sozialversicherung).

Bei Ausbruch des 1. Weltkrieges war D. eines der am stärksten industrialisierten Länder. Daß der ökonom. Aufschwung in D. vergleichsweise spät erfolgt war, D. deshalb bei der Aufteilung der Welt unter die Ind.staaten durch Bildung von Kolonien „zu spät" gekommen war, wird z. T. als eine der Ursachen für den 1. Weltkrieg angesehen. Ökonom. führte der 1. Weltkrieg für alle beteiligten Ind.staaten (mit Ausnahme der USA) und erst recht für das unterlegene D. zu einem Rückschlag. Der Abzug von Arbeitskräften aus der Produktion bzw. der Verlust arbeitsfähiger Männer durch die Kriegsereignisse, die Konzentration auf die Produktion militär. Güter, verbunden mit der ökonom. Schwächung durch die auf Grund des Versailler Vertrages zu leistenden Reparationen und die Gebietsverluste, führten zu einer anhaltenden Schwächung der dt. Wirtschaft. Nur mühsam gelang es, das schon durch die Staatsschuldverschreibungen während des Krieges in Unordnung geratene Geldsystem mit der anschließenden galoppierenden Inflation wieder unter Kontrolle zu bekommen (Einführung der Rentenmark im Okt. 1923). Der kurze Aufschwung von 1926/27 mündete in eine noch größere Depression, die in D. nicht nur durch äußere Einflüsse der Weltwirtschaftskrise verursacht war. Die Arbeitslosenzahlen stiegen sprunghaft an. Im Mai/Juli 1931 brach das Bankensystem zusammen. 1932 lag die Ind.produktion in D. um 40 % unter der von 1929. Im Winter 1932/33 überstieg die Zahl der Arbeitslosen 6 Mill., obwohl der konjunkturelle Tiefpunkt bereits im Sommer 1932 überwunden war. Der vorher eingeleitete wirtsch. Aufschwung beschleunigte sich nach

der nat.-soz. Machtergreifung durch eine waghalsige Wirtschaftspolitik, die durch starke Staatsverschuldung die Nachfrage stärkte, ab 1935 v. a. auf die Vollbeschäftigung gerichtet war. Bis 1937 wurde diese zwar erreicht, doch stand der Staatshaushalt Anfang 1939 mit einer Verschuldung von über 40 Mrd. RM vor dem Bankrott.
Mit den raschen territorialen Eroberungen zu Beginn des 2. Weltkrieges nahm die industrielle Produktion einen starken Aufschwung, der - zunehmend auf die Kriegsproduktion ausgerichtet - zu einem guten Teil von der Ausbeutung der Rohstoffe und Arbeitskräfte der besetzten Gebiete getragen wurde. Der Ausfall von als Soldaten eingesetzten Arbeitskräften konnte bis 1943/44 durch die Arbeit von Frauen und die Zwangsarbeit von Kriegsgefangenen weitgehend ausgeglichen werden. Ab 1943 begann sich jedoch der Verlust an Menschen und der Ausfall von Produktionsanlagen durch Bombeneinwirkung bemerkbar zu machen. Eine noch straffer dirigist. Lenkung der gesamten Wirtschaft vermochte den Produktionsrückgang nur zu verzögern. Die völlige Konzentration auf die Erfordernisse der Kriegführung bedeutete für die Bev. eine rapide Verschlechterung ihrer Versorgung. Im Ergebnis des 2. Weltkrieges waren in D. rd. ein Drittel der Produktionsmittel vernichtet, fast alle größeren Städte durch Luftangriffe in Mitleidenschaft gezogen, die Häuser teilweise bis zu 90 % zerstört, das Geldwesen völlig zerrüttet. Die Versorgung der Bev. mit Nahrungsmitteln sank 1945 (und weiter in den ersten Jahren danach) unter das Existenzminimum.
Zur weiteren Entwicklung ↑Bundesrepublik Deutschland (Wirtschaft), ↑Deutsche Demokratische Republik (Wirtschaft).
Völkerrechtliche Stellung nach dem Zweiten Weltkrieg: Nach der bedingungslosen Kapitulation der dt. Wehrmacht am 8. und 9. Mai 1945 hörte der 1867 gegründete und von 1871 bis 1945 „Dt. Reich" genannte dt. Staat als Völkerrechtssubjekt nicht zu existieren auf: 1. Das dt. Staatsvolk blieb erhalten. 2. Das Staatsgebiet bestand als ein der krieger. Besetzung durch die Alliierten unterworfenes Gebiet fort. In der *Berliner Erklärung* vom 5. Juni 1945 betonten die Alliierten ausdrücklich, keine Annexionen vornehmen zu wollen. Die bedingungslose Kapitulation der dt. Wehrmacht bewirkte keine Gebietsabtretung. 3. Auch eine Staatsgewalt bestand fort, wenn auch nur auf den unteren Ebenen. In mehreren ausländ. Gerichtsentscheidungen nach 1945 wurde die Weiterexistenz des Dt. Reiches als Völkerrechtssubjekt anerkannt.
Im *Potsdamer Abkommen* vom 2. Aug. 1945 stimmten die beiden westl. Alliierten dem sowjet. Vorschlag hinsichtl. der endgültigen Übergabe der Stadt Königsberg (Pr) und des anliegenden Gebietes an die UdSSR vorbehaltl. einer Friedensregelung zu. Die übrigen dt. Gebiete jenseits von Oder und Neiße einschließl. des Gebiets der früheren Freien Stadt Danzig wurden unter poln. Verwaltung gestellt. Die endgültige Festlegung der W-Grenze Polens wurde bis zu der Friedenskonferenz zurückgestellt. Nach Auffassung der UdSSR hat das Potsdamer Abkommen die betreffenden Gebiete an Polen bzw. die UdSSR zediert. Diese Auffassung stützt sich auf einige widersprüchl. Passagen des Abkommens, in denen von „früher dt. Gebieten" und von der „Ausweisung Dt." u. a. aus „Polen" die Rede ist. Die Gründung der BR Deutschland und der DDR im Jahre 1949 führte zu einer nicht mehr einheitl. beurteilten Situation. Anhänger der **Identitätstheorie** erklären, daß das Dt. Reich in einer der beiden Republiken oder geteilt in beiden fortbestehe. Nach der **Bürgerkriegstheorie** befindet sich die DDR in einem Prozeß der Ablösung vom Dt. Reich, nach der **Sezessionstheorie** ist dieser Prozeß bereits abgeschlossen (auch **Schrumpfstaattheorie**). Nach der **Teilstaats-, Teilordnungs-** oder **Dachtheorie** sind die BR Deutschland und die DDR Teilordnungen unter dem Dach des fortbestehenden Dt. Reiches, dessen völkerrechtl. Hoheitsgewalt von jeder der beiden Republiken für ihren Bereich ausgeübt wird. Nach der **Dismembrationstheorie** ist das Dt. Reich mit Gründung der beiden dt. Teilstaaten untergegangen; sie sind dessen gleichberechtigte Nachfolger. Die Staatenpraxis ist uneinheitl. Die DDR vertritt seit 1952 den Standpunkt der Dismembrationstheorie. In der BR Deutschland ist die Identitätstheorie vorherrschend, aus der auch der Alleinvertretungsanspruch abgeleitet wurde. Die Rechtsprechung bedient sich vorwiegend der Dachtheorie.
Auf Grund des Deutschlandvertrages wurde in der BR Deutschland ab 5. Mai 1955 das Besatzungsregime beseitigt. Das Besatzungsstatut wurde bis auf die Besatzungsvorbehalte, die sich v. a. auf Berlin und D. als Ganzes beziehen, aufgehoben. Durch Deklaration vom 25. März 1954 beendete die UdSSR das Besatzungsregime in der DDR. Der völkerrechtl. Status der DDR, die jahrelang nur von Ostblockstaaten anerkannt war, war bis zum Grundvertrag und der Aufnahme beider dt. Staaten in die UN (1973) umstritten. Seit dem Grundvertrag wird die DDR von der BR Deutschland als Staat, nicht aber als Ausland, d. h. völkerrechtl. als Staat anerkannt. Beide Parteien haben sich ihre Auffassung zur Rechtslage D. in der Präambel ausdrückl. vorbehalten. Die durch den Vertrag eingeleitete völkerrechtl. Anerkennung der DDR durch dritte Staaten bewirkt nicht, daß die BR Deutschland die DDR im Verhältnis zu sich als Völkerrechtssubjekt ansehen müßte. Nach dem Urteil des Bundesverfassungsgerichts vom 31. Juli 1973, das die Übereinstim-

mung des Grundvertrags mit dem GG feststellte, sind beide Staaten „Teile eines noch immer existierenden, wenn auch handlungsunfähigen, weil noch nicht reorganisierten umfassenden Staates Gesamtdeutschland mit einem einheitl. Staatsvolk".
Aus der Identität der BR Deutschland mit dem Dt. Reich ergibt sich, daß 1. ein Problem der ↑Staatensukzession nicht auftaucht, 2. Vorkriegsverträge des Dt. Reiches für die BR Deutschland weitergelten, 3. die BR Deutschland für die völkerrechtl. und innerstaatl. Schulden des Dt. Reiches haftet (↑Londoner Schuldenabkommen), 4. die einheitl. dt. Staatsangehörigkeit weiterbesteht, auch wenn in beiden Teilen D. unterschiedl. Regelungen getroffen worden sind.
Aus der Teilidentität ergibt sich andererseits, daß die BR Deutschland nicht Verpflichtungen und Rechte für das Dt. Reich begründen, insbes. nicht einen Friedensvertrag abschließen kann. Deshalb ist auch weder in dem Dt.-Sowjet. Vertrag noch in dem Dt.-Poln. Vertrag, in denen die BR Deutschland die Oder-Neiße-Linie als poln. W-Grenze anerkennt, eine Anerkennung der fakt. Annexion der dt. Ostgebiete erfolgt. Damit ist zumindest jurist. der Weg zu einer gewaltlosen Wiedervereinigung offen gehalten worden. - ↑auch Berlin.

Deutschlandfunk ↑Rundfunkanstalten (Übersicht).

Deutschlandlied („Deutschland, Deutschland über alles ..."), Text 1841 von Hoffmann von Fallersleben auf Helgoland gedichtet, Melodie (die östr. Kaiserhymne „Gott erhalte Franz den Kaiser") komponiert von J. Haydn (1797). 1922–45 dt. Nationalhymne; seit 1952 wird in der BR Deutschland als offizielle Hymne nur die 3. Strophe („Einigkeit und Recht und Freiheit ...") gesungen.

Deutschlandsberg, Bezirkshauptstadt im östr. Bundesland Steiermark, am Austritt der Laßnitz in die Koralpe, 638 m ü. d. M., 7 400 E. Elektroind., Schuhfabrik, holzverarbeitende Ind.; in der Umgebung Weinbau (Schilcherrebe).

Deutschlandsender, dt. Rundfunksender; 1927 bei Königs Wusterhausen in Betrieb genommen; 1933 konstituiert mit der Aufgabe, ein Repräsentativprogramm des dt. Rundfunks zu verbreiten; 1939–45 nach Herzberg an der Elster verlegt; Neueröffnung 1948 beim Berliner Rundfunk (SBZ); Neugründung 1949; 1971 umbenannt in „Stimme der DDR".

Deutschlandvertrag (Generalvertrag, auch Bonner Konvention), Vertrag über die Beziehungen zw. der BR Deutschland und den drei westl. Besatzungsmächten, abgeschlossen am 26. Mai 1952 in Bonn. Der D. regelt das Ende des Besatzungsregimes in der BR Deutschland und gab dieser die Rechte eines souveränen Staates. Er entstand im Zusammenhang mit den amerikan. Bemühungen um einen dt. Militärbeitrag. Die drei Mächte sicherten sich die sog. ↑Besatzungsvorbehalte. Der D. verpflichtete alle Unterzeichner auf das gemeinsame Ziel der Wiedervereinigung Deutschlands in Freiheit und eines frei vereinbarten Friedensvertrages für ganz Deutschland. Der D. wurde ergänzt durch den *Truppenvertrag* (Rechte und Pflichten der ausländ. Streitkräfte), den *Finanzvertrag* (Unterhalt dieser Streitkräfte) sowie den *Überleitungsvertrag* (Regelung aus Krieg und Besatzung entstandener Fragen). Nach dem Scheitern der Europ. Verteidigungsgemeinschaft (EVG) trat der D. mit dem Beitritt der BR Deutschland zur NATO am 5. Mai 1955 in Kraft.

Deutsch Langhaar, Rasse bis 70 cm schulterhoher, kräftiger und langhaariger Jagdhunde (Gruppe Vorstehhunde) mit langgestrecktem Kopf, Schlappohren und lang behaartem Schwanz; Fell meist einfarbig braun (z. T. mit hellem Brustfleck) oder weiß mit braunen Platten oder Flecken; v. a. zum Aufstöbern von Tieren in Bruch und Moor.

Deutschmeister ↑Deutscher Orden.

deutschnationale Bewegung, zusammenfassende Bez. für die v. a. am dt. Nationalgedanken ausgerichteten polit. Gruppen in Österreich-Ungarn, die sich nach 1866/71 von den traditionellen großdt. Ideen ab- und radikaleren nat. Vorstellungen zuwandten, doch nicht zu einheitl. Vorgehen gelangten. Das Linzer Programm der d. B. entstand 1882 unter maßgebl. Einfluß G. von Schönerers, dessen sich radikalisierende Anhänger bald als Alldeutsche bezeichnet wurden. Die liberal beeinflußte, auch als dt.-freiheitl. bezeichnete Mehrheit der d. B. bildete die Dt. Nationalpartei (1887 bis um 1895) und die Dt. Volkspartei (1896 gegr.), 1910 den Dt. Nationalverband (1911: 104 Sitze im Reichsrat), der 1920 hauptsächl. in der Großdt. Volkspartei aufging.

Deutschnationaler Handlungsgehilfenverband, Abk. DHV, 1893 gegr. bürgerl., nat., antisemit. Berufsverband; seit 1918/19 als Angestelltengewerkschaft stärkste Gewerkschaftsorganisation der kaufmänn. Angestellten; führend im Gesamtverband Dt. Angestellten-Gewerkschaften innerhalb des DGB; näherte sich immer mehr der NSDAP; 1933 gleichgeschaltet, 1934 aufgelöst.

Deutschnationale Volkspartei, Abk. DNVP, im Nov. 1918 als Sammelbecken verschiedener rechter Gruppierungen (Dt.konservative, Freikonservative, Christlichsoziale Partei, Dt. völk. Partei) gegr. nat.konservative Partei. Ihre Programmatik war autoritärmonarch., christl.-nat., industriell und großagrar.; der polit. Einfluß kam insbes. aus Großgrundbesitz und Schwerind., von denen die Finanzierung der Partei weitgehend abhing. Anhängerschaft: v. a. Bauern, Beamte und ehem. Offiziere, Ärzte, Rechtsanwälte, prot. Pfarrer, Professoren. Die Partei hatte einen weitgefächerten Presse- und Propagandaapparat. Nachdem die DNVP bis 1924 mit dem baldigen Ende der Republik gerechnet hatte, trat sie in einer Periode der Anpassung (1924–28: stärkste bürgerl. Reichstagsfraktion) in bürgerl. Kabinette ein. 1928–33 folgten unter der Führung Hugenbergs völk. Radikalisierung im Sog des NS, das Bündnis mit Hitler (Harzburger Front) und der Zerfall der DNVP. Nach dem Eintritt in das Kabinett Hitler im Jan. 1933 löste sich die Partei im Juni 1933 selbst auf.

Deutschordensburgen, zunächst im Weichselbereich angelegte Burgen des Dt. Ordens (u.a. Nessau bei Thorn 1230, Thorn 1231, Marienwerder 1233, Marienburg [Westpr.] 1274 [1309–1457 Hochmeistersitz]), dann in Ostpreußen (u.a. Heilsberg 1242, Memel 1252, Königsberg 1255, Allenstein 1348, Neidenburg 1382) und in Kurland, Livland und Estland (u.a. Riga 1330, Reval 1346; östlichste und nördlichste D. war Narwa). Etwa 1280–1300 wurde der klass. Typus der D. ausgebildet, Blütezeit war das 14. Jh.; Burg und Kloster sind zu einer Einheit verschmolzen, an die Kirche schließt das Geviert des „Konventhauses“ an; dazu kommen Wehrtürme, Ringmauern, Torbefestigungen und der charakterist. Dansker (Abortturm).

Deutschordensdichtung, Sammelbez. für mittelhochdt. und lat. Dichtungen von Angehörigen des Dt. Ordens oder ihm nahe stehenden Verfassern. Blüte Ende des 13. Jh. bis etwa 1400. Den Höhepunkt der glorifizierenden Geschichtsdichtung bildet die „Kronike von Pruzinlant“ des Nikolaus von Jeroschin (1. Hälfte des 14. Jh.).

Deutsch-Ostafrika ↑deutsche Kolonien.

Deutschösterreich, Bez. für das geschlossene dt. Siedlungsgebiet (später auch mehrheitl. dt. bewohnt) der zisleithan. Reichshälfte. Bei der Auflösung Österreich-Ungarns 1918 konstituierte die provisor. dt.-östr. Nationalversammlung nach dem nat. Selbstbestimmungsrecht D. (Nieder-, Oberösterreich, Salzburg, Vorarlberg, Tirol, Kärnten und Steiermark) und erklärte den Anschluß an die dt. Republik. Die Siegermächte diktierten demgegenüber im Frieden von Saint-Germain-en-Laye 1919 die Bildung der Republik Österreich.

Deutsch-Polnischer Nichtangriffspakt 1934, von Hitler persönl. herbeigeführtes Verständigungsabkommen vom 26. Jan. 1934, das die Vertragspartner zunächst auf 10 Jahre zum direkten friedl. Ausgleich der dt.-poln. Differenzen verpflichtete; diente einer Vertagung der Auseinandersetzung über die poln. W-Grenze, führte das Dt. Reich aus seiner außenpolit. Isolierung zur erfolgreichen Taktik zweiseitiger Allianzen und lockerte die frz. Bündniskonstellation; von Hitler am 28. April 1939 gekündigt.

Deutsch-Polnischer Vertrag (Warschauer Vertrag), im Zusammenhang mit dem Dt.-Sowjet. Vertrag geschlossener, am 7. Dez. 1970 unterzeichneter Vertrag über „die Grundlagen der Normalisierung“ der Beziehungen zw. der BR Deutschland und der VR Polen, demzufolge die Oder-Neiße-Linie die „westl. Staatsgrenze der VR Polen“ bildet, in dem die „Unverletzlichkeit“ der „bestehenden Grenzen“ der beiden Staaten „jetzt und in der Zukunft“ bekräftig wird und der die Vertragspartner „zur uneingeschränkten Achtung ihrer territorialen Integrität“ verpflichtet und erklärt, daß beide Parteien „gegeneinander keinerlei Gebietsansprüche haben und solche auch in Zukunft nicht erheben werden“; enthält eine Gewaltverzichtsklausel, die Bereitschaftserklärung zur „vollen Normalisierung und umfassenden Entwicklung ihrer gegenseitigen Beziehungen“, und die Feststellung, daß früher geschlossene zwei- oder mehrseitige Verträge der Partner von diesem Vertrag nicht berührt werden. Trat nach der Ratifizierung durch den Bundestag am 3. Juni 1972 in Kraft.

Deutschrömer, Bez. für eine Gruppe dt. Künstler, die in der 1. Hälfte des 19. Jh. in Rom arbeitete. Im Mittelpunkt stand J. A. Koch; Treffpunkt war das Casino Massimo, das sie 1817 ff. mit Fresken ausstatteten (u.a. P. von Cornelius, Koch, J. F. Overbeck, J. Schnorr von Carolsfeld). Zur „2. Generation“ gehören A. Böcklin, A. Feuerbach, H. von Marées.

Deutsch-Sowjetischer Nichtangriffspakt, am 23. Aug. 1939 in Moskau für 10 Jahre abgeschlossener und sofort in Kraft gesetzter Vertrag mit geheimem Zusatzprotokoll. Die Partner sicherten sich auch für den Fall, daß sich einer von ihnen zu einem Angriff auf einen Dritten entschließen sollte, wechselseitig Neutralität zu. Das geheime Zusatzprotokoll beinhaltete die Möglichkeit der Teilung Polens, der Einbeziehung Finnlands, Estlands, Lettlands und Bessarabiens in die sowjet., der Litauens mit Wilna in die dt. Macht- und Interessensphäre. Erleichterte Hitler die Entfesselung des 2. Weltkrieges und öffnete der UdSSR den Weg nach M-Europa.

Deutsch-Sowjetischer Vertrag (Moskauer Vertrag), am 12. Aug. 1970 in Moskau im Zuge der Entspannungspolitik mit der Zielsetzung der europ. Sicherheit abgeschlossener, 1972 in Kraft getretener Gewaltverzichtvertrag zw. der BR Deutschland und der UdSSR. Die Vertragspartner verpflichten sich in Übereinstimmung mit der UN-Charta zum Verzicht auf Gewaltanwendung und -androhung „in ihren gegenseitigen Beziehungen“ wie in Fragen, „die die Sicherheit in Europa und die internat. Sicherheit berühren". Sie stellen fest, daß sie „die territoriale Integrität aller Staaten in Europa in ihren heutigen Grenzen uneingeschränkt" achten, „keine Gebietsansprüche gegen irgend jemand haben und solche in Zukunft auch nicht erheben werden"; ausdrückl. wird die Unverletzlichkeit der Oder-Neiße-Linie als der W-Grenze Polens sowie der Grenze zw. der BR Deutschland und der DDR deklariert. Früher abgeschlossene zwei- und mehrseitige Verträge und Vereinbarungen sollen unberührt bleiben. Die polit. Bed. des Vertrages liegt darin, daß er die nach 1945 geschaffenen territorialen Verhältnisse in O- und M-Europa fakt. anerkennt und die BR Deutschland aus der Frontstellung gegen die UdSSR herausführte. Er bot der BR Deutschland die polit. Grundlage für den Abschluß der Verträge mit Polen, der DDR und der ČSSR sowie für das Berlinabkommen der Vier Mächte.

Deutsch-Südwestafrika ↑deutsche Kolonien.

Deutschunterricht, Unterricht in der dt. Sprache und Literatur. Seit dem frühen 19. Jh. zentraler Bestandteil des Unterrichts an allen allgemeinbildenden Schulen des dt. Sprachraums und an den dt. Auslandsschulen; als fremdsprachl. Unterricht in den höheren Schulen der meisten europ. Länder übl. Die *Sprachbildung* erfolgt durch Anleitung zum Lesen und Schreiben, Vermittlung von Grammatik, Rechtschreibung und Zeichensetzung, Förderung der mündl. und schriftl. Ausdrucksfähigkeit (Diskussion, Aufsatz) durch Sprachreflexion. Die *literar. Bildung* erfolgt in Auseinandersetzung mit Texten jegl. Art (dt. und außerdt. Literatur, Zeitungs-, Werbetexte u. a.) durch Lektüre und Interpretation mittels Sprachanalyse und soziolog. Betrachtungen mit dem Ziel, literar. und textkrit. Verständnis zu vermitteln und zu fördern.

deutschvölkische Bewegung, entwickelte sich seit 1914 durch Fusion der Deutschsozialen Partei mit der Dt. Reformpartei in der **Deutschvölkischen Partei** (DvP), dem Wortführer eines aggressiven Nationalismus und Antisemitismus; die DvP wurde 1918 in die Deutschnationale Volkspartei überführt; Erbe des 1919 vom Alldt. Verband als Sammelbecken völk. Organisationen gegr. **Deutschvölk. Schutz- und Trutzbundes** (1922 verboten) war die **Deutschvölk. Freiheitspartei,** die nach dem Hitler-Putsch mit den Nationalsozialisten die **Nationalsozialist. Freiheitspartei** bildete, von der sich die **Deutschvölk. Freiheitsbewegung** abspaltete. Die d. B. gehörte zu den geistigen Wegbereitern des Nationalsozialismus, wenngleich ihre eigene polit. Bed. gering blieb.

Deutsch-Wagram, Marktgemeinde in Niederösterreich, 20 km nö. von Wien, 5 100 E. - Um 1260 als **Wagrain** erstmals genannt, seit Mitte des 16. Jh. heutiger Name; Schlachtort in den Napoleon. Kriegen (5./6. 7. 1809). Zw. Florisdorf (= Wien) und D. W. wurde 1838 die erste östr. Eisenbahnlinie eröffnet.

Deutung, auf wenigen Anhaltspunkten beruhende, nicht sichere Schlußfolgerung aus einer Beobachtung oder einem Tatbestand.

Deutz, seit 1888 Stadtteil von Köln.

Deutzie (Deutzia) [nach dem Amsterdamer Ratsherrn J. van der Deutz, * 1743, † 1788 (?)], Gatt. der Steinbrechgewächse mit etwa 60 Arten in O-Asien und dem südl. N-Amerika; Sträucher mit ei- oder lanzettförmigen, gekerbten oder gesägten, anliegend behaarten Blättern; Blüten weiß oder rötl. in Blütenständen oder einzeln; z. T. beliebte Gartensträucher in vielen Zuchtformen.

Deux-Sèvres [frz. dø'sɛ:vr], Dep. in Frankreich.

de Valera, Eamon ↑Valera, Eamon de.

Devalvation (Devaluation) [lat.], svw. ↑Abwertung.

Devardasche Legierung [nach dem italien. Chemiker A. Devarda, * 1859, † 1944], Legierung aus 50 % Cu, 45 % Al und 5 % Zn; Reduktionsmittel.

Developer [engl. dɪ'vɛləpə], svw. ↑Entwickler.

Development Assistance Committee [engl. dɪ'vɛləpmənt ə'sɪstəns kə'mɪtɪ],

Deventer. Bergkirche

Abk. DAC, Unterorganisation der OECD mit Sonderstatus. Aufgabe: Koordinierung und Prüfung der Entwicklungshilfe der Hauptgeberländer.

Deventer, niederl. Stadt an der IJssel, 64500 E. Altkath. Bischofssitz; städt. Museum; Spielzeugmuseum; Marktstadt; Baumwollind., Teppichherstellung, Maschinenbau, Nahrungsmittelind.; Fremdenverkehr; Flußhafen. - Erstmals 956 als Stadt erwähnt; im 13./14. Jh. bed. Handels- und Hansestadt. - Spätgot. Sankt-Lebuinus-Kirche (15. und 16. Jh. mit roman. Krypta (11. Jh.), spätgot. Waage (1528) mit Freitreppe (1643/44). - Abb. S. 215.

Deverbativum [lat.], Substantiv oder Adjektiv, das von einem Verb abgeleitet ist, z. B.: *Eroberung* von erobern, *findig* von finden.

Deviation [lat.], Abweichung der Magnetnadel eines Schiffsmagnetkompasses von der magnet. N-Richtung, verursacht durch schiffseigene magnet. Störfelder.

◆ die Abweichung der Flugbahn eines Geschosses von der theoret. Bahnkurve v. a. infolge Windbeeinflussung und der durch die Erdrotation bedingten Coriolis-Kraft.

◆ in der *Biologie* die (erbl. festgelegte) Abweichung vom typ. Entwicklungsprozeß der entsprechenden systemat. Gruppe während der Individualentwicklung einer Art.

◆ in der *Medizin* Abweichung von der natürl. Lage oder Verlaufsrichtung eines Organs oder Körperteils, z. B. bei Zähnen, die nicht im Zahnbogen stehen.

◆ (Devianz) in der *Psychologie* und *Soziologie* Abweichung von der [z. B. sexuellen, polit.] Norm.

Devise [frz., eigtl. „abgeteiltes Feld eines Wappens", in dem ein Spruch stand (zu lat. dividere „teilen")], Denk-, Sinn- oder Wahlspruch.

◆ *(Heraldik)* ↑Wappenkunde.

◆ Glück bedeutende Regierungslosung ostasiat., v. a. chin. und jap. Herrscher.

Devisen [zu ↑Devise, da auf den ersten Auslandswechseln ein Spruch stand], auf fremde Währung lautende, von Inländern unterhaltene Guthaben einschließl. in fremder Währung ausgeschriebener Wechsel und Schecks, jedoch ohne ausländ. Münzen und Banknoten (**Sorten**). Der D.handel findet auf dem D.markt, insbes. an den D.börsen statt. Der sich dabei herausbildende Kurs (**Devisenkurs,** Wechselkurs) ist meist definiert als Preis der Inlandswährung für eine Einheit ausländ. Währung (**Preisnotierung**), seltener (z. B. in Großbrit.) als die für eine Einheit inländ. Währung zu zahlende Menge ausländ. Währung (**Mengennotierung**). Da D.geschäfte als ↑Kassageschäfte und ↑Termingeschäfte abgeschlossen werden können, bietet sich die Möglichkeit zu *D.spekulation* und zur Kurssicherung durch ein ↑Swapgeschäft.
Zw. dem D.kurs und dem Ex- und Import besteht ein enger Zusammenhang, da vom D.kurs die Preise der Exportgüter (Importgüter) auf den ausländ. (inländ.) Märkten abhängen, durch *D.kursänderungen* (↑Wechselkurs) also die Export- und Importmengen beeinflußt werden, umgekehrt Devisenzu- und abflüsse mit den Export-(Import-)Mengen zu- bzw. abnehmen. Exportüberschuß führt bei der in der Zahlungsbilanz enthaltenen Gegenüberstellung von Devisenzu- und -abgängen (**Devisenbilanz**) zu einem Überwiegen der Zugänge *(aktive D.bilanz)*, ein Importüberschuß zu höheren D.abgängen *(passive D.bilanz)*. Dabei ist eine aktive (passive) D.bilanz gleichbedeutend mit einer Erhöhung (Verminderung) des Bestandes einer Volkswirtschaft an internat. Zahlungsmitteln (**Devisenreserven,** Währungsreserven).

Devolutionskrieg [lat./dt.], erster Eroberungskrieg Ludwigs XIV. von Frankr. (1667/68) mit dem Ziel, einen Teil der span. Niederlande zu annektieren; benannt nach dem sog. Devolutionsrecht (erbrechtl. Vorrang der Kinder aus 1. Ehe), demgemäß Ludwig XIV. nach dem Tod seines Schwiegervaters Philipp IV. von Spanien 1665 Ansprüche auf die südl. Niederlande erhob; mußte sich im Aachener Frieden 1668 mit Eroberungen im Hennegau und in Flandern begnügen.

Devon [nach der engl. Gft. Devonshire], geolog. Formation des Paläozoikums.

Devonshire [engl. 'dɛvnʃɪə], Adelstitel der engl. Familie Cavendish, seit 1618 Träger des Titels eines Earls of D., seit 1694 eines Herzogs von D.; bed.:

D., Spencer Compton Cavendish, Herzog von, * Holker Hall (Lancashire) 23. Juli 1833, † Cannes 24. März 1908, Politiker. - 1857–91 Mgl. des Unterhauses; 1880 Min. für Indien, 1882–85 Kriegsmin.; führte ab 1875 die Liberalen, ab 1886 die liberalen Unionisten.

Devonshire [engl. 'dɛvnʃɪə], Gft. in SW-England.

devot [lat.], unterwürfig, demütig, gottergeben, fromm.

Devotio moderna [lat. „neue Frömmigkeit"], eine der dt. Mystik verwandte religiöse Erneuerungsbewegung des 14./15. Jh. Die D. m. zielte auf eine persönl., innerl. Frömmigkeit (meditative Bibellesung; myst. Versenkung in das Leiden Christi). Prakt.-eth. Ziele rückten in den Vordergrund. Von Deventer in den Niederlanden aus verbreitete sich die Bewegung über ganz Europa. Wichtigstes Werk aus dem Geist der D. m. ist die „Nachfolge Christi" (Sammlung von 4 Traktaten, vor 1427 entstanden, Thomas a Kempis zugeschrieben).

Devotion [lat.], Unterwürfigkeit, Ergebenheit, Frömmigkeit, Andacht.

◆ bei den Römern bes. die Weihung der eigenen Person und die des Feindes an die unterird. Götter (Manen, Tellus); die geweihte Person suchte im Kampf den Opfertod.

Devotionalien [lat.], Gebrauchsgegenstände der persönl. Frömmigkeit, z. B. Bilder und plast. Darstellungen von Göttern, Tempeln und Heiligen, Rosenkränze, Weihwasserkessel.

Devrient [de'fri:nt, de'frɪnt, dəvri'ɛ̃:], dt. Schauspielerfamilie fläm. Herkunft; bed.:

D., Eduard, * Berlin 11. Aug. 1801, † Karlsruhe 4. Okt. 1877, Schauspieler und Theaterleiter. - Regisseur am Dresdner, 1852–70 Intendant am Karlsruher Hoftheater; schrieb „Geschichte der dt. Schauspielkunst" (1848–74).

D., Ludwig, * Berlin 15. Dez. 1784, † ebd. 30. Dez. 1832, Schauspieler. - Spielte seit 1805 auf zahlr. dt. Bühnen, von Iffland 1814 an das Berliner Nationaltheater engagiert. Berühmter Charakterdarsteller (Falstaff, König Lear, Shylock, Franz Moor); befreundet mit E. T. A. Hoffmann.

Dew [pers.], im Parsismus Bez. für die bösen Dämonen und Teufel.

Dewa [Sanskrit], in der wed. Religion allg. Bez. für „Gottheit".

Dewanagari [Sanskrit; Bed. letztl. ungeklärt], wohl im 17. Jh. aufgekommene Bez. (älter ↑ Nagari) für die für Hindi und andere neuind. Sprachen und meist für das Sanskrit verwendete Schrift. - ↑ auch indische Schriften.

Dewar, Sir (seit 1904) James [engl. 'dju:ə], * Kincardine on Forth (Fife) 20. Sept. 1842, † London 27. März 1923, brit. Chemiker und Physiker. - Seine bedeutendsten Arbeiten betrafen die Verflüssigung der permanenten Gase. 1898 gelang ihm die Erzeugung von flüssigem, 1899 die von festem Wasserstoff.

Dewar-Gefäß [engl. 'dju:ə; nach Sir J. Dewar], innen verspiegeltes Vakuummantelgefäß zur Aufbewahrung tiefgekühlter Materialien; auch als Thermosflasche zum Warm- oder Kalthalten von Lebensmitteln verwendet.

Dewet (de Wet), Christiaan Rudolph, * Leeuwkop bei Smithfield (Oranjefreistaat) 7. Okt. 1854, † Klipfontein (De Wetsdorp) 3. Febr. 1922, Burengeneral. - Kämpfte im 1. Freiheitskrieg der Buren in Transvaal; berühmter Oberbefehlshaber der Truppen des Oranjefreistaats (1900–02) im Burenkrieg.

Dewey [engl. 'dju:ɪ], John, * Burlington (Vt.) 20. Okt. 1859, † New York 1. Juni 1952, amerikan. Philosoph, Pädagoge und Psychologe. - 1894 Prof. in Chicago, 1904 in New York; 1937 Leiter der Untersuchungskommission gegen Trotzki in Mexiko. Gilt als bedeutendster Vertreter des amerikan. ↑ Pragmatismus. Ausgehend von darwinist. und materialist. Vorstellungen, stellt D. die Wiss. radikal in den Dienst der Verbesserung der sozialen Verhältnisse. Philosophie (Denken, Erfahrung, Erkenntnis) entsteht nach D. aus sozialen Konflikten, dient als Instrument zu ihrer Bewältigung und soll zum theoret. Teil einer sozial orientierten Pädagogik werden. Ziel der Erziehung muß die Setzung von Handlungsmöglichkeiten sein, um den Erfahrungsprozeß des Individiuums fortzuführen und die Bildung seiner Persönlichkeit zu fördern. Als Psychologe gilt D. zus. mit W. James u. a. als einer der Begründer und bedeutendster Vertreter des frühen, darwinist. orientierten Funktionalismus. Als Sozialkritiker befürwortete er die Sozialisierung der kapitalist. Wirtschaft. - *Werke:* Psychology (1887), Schule und öffentl. Leben (1900), Wie wir denken (1910), Demokratie und Erziehung (1916), Die menschl. Natur (1922), Logic (1938).

D., Thomas Edmund, * Owosso (Mich.) 24. März 1902, † Bal Harbour (Fla.) 16. März 1971, amerikan. Jurist und Politiker. - Bekannt wegen seines erfolgreichen Vorgehens als Staatsanwalt 1935–37 gegen das organisierte Verbrechen in New York; 1943–54 Gouverneur des Staates New York; unterlag 1944 und 1948 als republikan. Präsidentschaftskandidat.

De Witt, Johan ↑ Witt, Johan de.

Dexel, Walter, * München 7. Febr. 1890, † Braunschweig 8. Juni 1973, dt. Maler und Gebrauchsgraphiker. - Konstruktivist. Arbeiten.

Dexiographie [griech.], Schreibrichtung von links nach rechts.

Dextran ® [lat.], synthet. Blutplasma; entsteht durch bakterielle Polymerisation von Traubenzucker; heute auch zu nichtmedizin. Zwecken verwendet (Klebstoff, Filme).

Dextrine [lat.], Sammelbez. für höhermolekulare Kohlenhydrate, die beim unvollständigen Abbau von Stärke, Zellulose u. a. Polysacchariden entstehen; in Wasser meist lösl. Sie werden heute techn. v. a. aus Kartoffeln (Stärkegummi) gewonnen; sie dienen z. B. zur Herstellung von Klebstoffen und als Verdikkungsmittel für Druckfarben.

dextrogyr [lat.; griech.], Zeichen d, D oder D, die Ebene des polarisierten Lichts nach rechts drehend.

Dextrose [lat.], svw. ↑ Glucose.

Dézaley [frz. deza'lɛ], Spitzenlage feiner, trockener, würziger Weißweine der Schweiz aus der Fendantrebe (↑ Gutedel).

Dezember [lat., zu decem „zehn"], der 12. Monat des Jahres mit 31 Tagen, urspr. der 10. Monat der röm. Jahresordnung. Der Name D. ist im Dt. seit Mitte des 16. Jh. belegt.

Dezemberverfassung, Bez. für die vom Verfassungsausschuß des zisleithan. Reichsrats ausgearbeiteten, 1867 von Kaiser Franz Joseph in Kraft gesetzten (bis 1919 gültigen) 7 liberalen Grundgesetze; führte endgültig das konstitutionelle Reg.system in Österreich ein.

Dezemvirn [zu lat. decemviri „zehn Männer"], im antiken Rom Beamten- oder Priesterkollegium von 10 Mgl. zur Entlastung der ordentl. Magistrate; insbes. *Decemviri le-*

gibus scribundis: nach unsicherer annalist. Überlieferung 451 v. Chr. mit außerordentl. Vollmachten zur Aufzeichnung des geltenden Gewohnheitsrechtes (Zwölftafelgesetz) eingesetztes Kollegium.

Dezennium [lat.], Jahrzehnt, Zeitraum von 10 Jahren.

dezent [lat.], zurückhaltend, unauffällig; zart; gedämpft.

Dezentralisation, 1. in der Verwaltung die Übertragung von staatl. Verwaltungsaufgaben auf Körperschaften mit Selbstverwaltungsrecht, z. B. auf örtl. Behörden; 2. in der Betriebswirtschaftslehre organisator. Verteilung (Gliederung) von Funktionen (Aufgaben) auf verschiedene Stellen in der Weise, daß gleichartige Aufgaben nicht zusammengefaßt, sondern stellenweise (-mäßig) getrennt sind.

Dezernat [zu lat. decernat „er (der Sachbearbeiter) soll entscheiden"], Bez. für einen organisator. abgegrenzten Teil einer Behörde mit bes. Sachzuständigkeit; von einem **Dezernenten** geleitet.

Dezi... [zu lat. decem „zehn"], Vorsatz vor physikal. Einheiten, Vorsatzzeichen d; bezeichnet das 10^{-1}fache (den 10. Teil) der betreffenden Einheit.

Dezibel [...'bɛl, ...'be:l] ↑ Bel.

dezidieren [lat.], entscheiden, bestimmen; **dezidiert,** entschieden, bestimmt.

dezimal [lat.], auf die Grundzahl 10 bezogen.

Dezimalbruch, Bruch, dessen Nenner 10 oder eine Potenz von 10 ist; z. B. $\frac{3}{10}$, $\frac{12}{1000}$; man kann ihn mit Hilfe eines Kommas als Dezimalzahl schreiben (z. B. 0,3; 0,012).

Dezimale [lat.], eine Ziffer der Ziffernfolge, die rechts vom Komma einer Dezimalzahl steht.

Dezimalklassifikation, Abk. DK, von dem amerikan. Bibliothekar M. Dewey (* 1851, † 1931) 1876 für Bibliotheken entwikkelte Systematik zur Klassifizierung von Schrifttum nach dem Prinzip der Zehnerteilung (0–9). 10 Hauptklassen (0 Allgemeines, 1 Philosophie, Psychologie, 2 Theologie, 3 Sozialwiss., Recht, Verwaltung, 4 Sprachwiss., 5 Mathematik, Naturwiss., 6 exakte Wiss., angewandte Wiss., Medizin, Technik, 7 Kunst, Spiel, Sport, 8 Belletristik, Literaturwiss., 9 Geographie, Geschichte) mit jeweils bis zu 10 Abteilungen, jede Abteilung mit bis zu 10 Sektionen usw., z. B. 6: exakte Wiss., 62: Ingenieurwesen, 621: Maschinenbau. Ein alphabet. Index erschließt die Schlagwörter. Weiter entwickelt zur *Internat. D.* (engl. **Universal Decimal Classification,** Abk. UDC, dt. Abk. DK). Neuerungen umfassen v. a. die Einführung allg. und bes. Anhängezahlen sowie von Beziehungs-, Beiordnungs- und Erstrekkungszeichen. - Nur bedingt für die Datenverarbeitung geeignet.

Dezimalsystem (dekad. System, Zehnersystem), von den Indern stammendes und durch die Araber nach Europa gekommenes Stellenwertsystem mit der Grundlage der Zahl „Zehn", in dem die Zahlen mit Hilfe der zehn Zahlzeichen (Ziffern)

$$0, 1, 2, 3, 4, 5, 6, 7, 8, 9$$

dargestellt werden; jede dieser Ziffern hat außer ihrem Eigenwert *(Ziffernwert)* noch einen von ihrer Stellung abhängigen *Stellenwert;* diese Stellenwerte nehmen von rechts nach links jeweils um den Faktor „Zehn" zu; ganz rechts stehen (bei ganzen Zahlen) die Einer, links davon die Zehner, die Hunderter usw.; z. B.

$$20\,457 = 7 \cdot 1 + 5 \cdot 10 + 4 \cdot 100 + 0 \cdot 1\,000 + {} + 2 \cdot 10\,000.$$

Die dezimale Schreibweise kann man auf alle reellen Zahlen ausdehnen; man setzt dazu rechts von den Einern ein Komma und schreibt die Bruchteile der Zahlen als Zehntel, Hundertstel usw. auf der ersten, zweiten usw. Stelle rechts vom Komma; z. B.

$$5{,}708 = 5 \cdot 1 + 7 \cdot 10^{-1} + 0 \cdot 10^{-2} + 8 \cdot 10^{-3}.$$

Dezimalzahl, im Dezimalsystem dargestellte Zahl.

Dezime [lat.], Strophenform aus 10 trochäischen Vierhebern.

◆ in der *Musik* ein Intervall von 10 diaton. Stufen (Oktave und Terz).

Dezimeterwellen, elektromagnet. Wellen mit Wellenlängen zw. 1 m und 10 cm bzw. mit Frequenzen zw. 300 MHz und 3 GHz (Ultrahochfrequenz, UHF); sie werden v. a. bei Fernsehübertragungen und beim Radar verwendet.

dezimieren [lat.], bei den Römern für Feigheit oder Meuterei geübte Strafe, jeden 10. Mann hinzurichten; das Wort wurde im 17./18. Jh. aus dem Lat. mit derselben Bed. entlehnt; später allg.: große Verluste zufügen; verringern.

Dezisionismus [zu lat. decisio „Entscheidung"], die Weigerung, bestimmte Entscheidungen, die für unser Handeln erforderl. sind, zu begründen *(prakt. D.)* oder die Meinung, daß eine solche Begründung unmögl. sei *(theoret. D.).*

Dezisivstimme [lat./dt.], entscheidende Stimme; allg. jede Stimme, die bei einer Abstimmung mitgezählt wird. I. e. S. die Stimme - meist des Vors. eines Abstimmungsgremiums -, die auf Grund bes. Satzungsbestimmung bei Stimmengleichheit den Ausschlag gibt.

DFB, Abk. für: ↑ **D**eutscher **F**ußball-**B**und.

DFG, Abk. für: ↑ **D**eutsche **F**orschungsgemeinschaft e. V.

DFU, Abk. für: ↑ **D**eutsche **F**riedens**u**nion.

dg, Einheitenzeichen für die Masseneinheit Dezigramm ($^1/_{10}$ g).

DGB, Abk. für: ↑ **D**eutscher **G**ewerkschafts**b**und.

d. H., nach Jahreszahlen Abk. für: „der Hedschra". - ↑auch Zeitrechnung.

Dhahran [dax'ra:n], Stadt in Saudi-Arabien, an der Küste des Pers. Golfes, 13 000 E. Zentrum der Erdölfelder an der O-Küste Saudi-Arabiens; Hochschule für Erdöl- und Montanwiss.; internat. ✈. - Bed. Beispiele moderner Architektur sind das Empfangsgebäude des Flughafens (fertiggestellt 1961; Architekt M. Jamasaki) sowie die Gebäudegruppe der Hochschule (Architekten Candill, Rowlett, Scott).

Dhaka, neue amtl. Schreibweise von ↑Dacca.

Dharma [Sanskrit „Halt, Gesetz"] (Pali Dhamma), zentraler Begriff ind. Religionen und Philosophie. 1. Im Hinduismus sind der D. die in der Religion begr. sittl. Gebote, bes. die Pflichten der einzelnen Kasten. 2. Nach der Lehre des Buddhismus besteht die Erscheinungswelt aus einer Anzahl von Dingen (den *dharmas*), die einem natürl. Gesetz unterliegen. Außerdem ist D. die Lehre des Buddha.

Dhau, svw. ↑Dau.

d'Hondtsches Höchstzahlverfahren (d'Hondtsches System) [niederl. tɔnt], von dem Prof. der Rechtswissenschaft an der Univ. Gent, Victor d'Hondt (* 1841, † 1901) entwickelter Berechnungsmodus für die Verteilung der Sitze in Vertretungskörperschaften (Parlamenten, Gemeindevertretungen) bei der Verhältniswahl. Dabei werden die für die einzelnen Wahlvorschläge (Parteien, Listen) abgegebenen gültigen Stimmen nacheinander durch 1, 2, 3 usw. geteilt, bis aus den gewonnenen Teilungszahlen so viele Höchstzahlen ausgesondert werden können, wie Sitze zu vergeben sind. Jeder Wahlvorschlag erhält so viele Sitze, wie Höchstzahlen auf ihn entfallen. Dieser Verteilungsmodus begünstigt in gewissen Umfange die größeren Parteien und trägt dadurch zur Stabilität bei. Das bisher in der BR Deutschland sowohl bei den Bundestagswahlen als auch bei den Landtags- und Kommunalwahlen angewandte d'H. H. wurde z. T. vom ↑Niemeyer-Verfahren abgelöst.
Beispiel: Im Wahlkreis sind 10 Abg. zu wählen. Bei der Wahl werden für die Partei A 4 160, die Partei B 3 380 und für die Partei C 2 460 Stimmen abgegeben:

Teiler	Partei A	Partei B	Partei C
1	4 160 (1)	3 380 (2)	2 460 (3)
2	2 080 (4)	1 690 (5)	1 230 (7)
3	1 386 (6)	1 126 (8)	820
4	1 040 (9)	845 (10)	615
5	832	676	492

Demgemäß erhalten die Parteien A und B je 4, die Partei C erhält 2 Sitze.

Dhul Fikar [ðʊlfi'ka:r] (türk. Zulfakar, Zulfikar), Name eines Schwertes des Propheten Mohammed, das als Reliquie gehütet wurde. Das Schwert kam zunächst in den Besitz des Ali und gilt als Symbol seiner Auserwähltheit unter den Schiiten; oft als Vorname verwendet.

Dhünntalsperre ↑Stauseen (Übersicht).

di- [griech.], Bez. der chem. Nomenklatur mit der Bedeutung zwei.

Dia, Kurzwort für ↑Diapositiv.

dia..., Dia... (di..., Di...) [griech.], Vorsilbe von Zusammensetzungen mit der Bedeutung „durch, hindurch, zwischen, auseinander".

Diabas [griech.] (Grünstein), dem Basalt entsprechendes altes Ergußgestein; Hauptbestandteile sind Plagioklas und Augit, durch Chloritisierung grünl. gefärbt; als Schotter und Architekturstein verwendet.

Diabelli, Anton, * Mattsee bei Salzburg 5. Sept. 1781, † Wien 8. April 1858, östr. Komponist und Musikverleger. - Komponierte u. a. 2 Opern, 17 Messen und andere Kirchenmusik, Orchester- und zahlr. bis heute v. a. für den Unterricht benutzte Klavierstücke.

Diabetes [griech., eigtl. „die Beine spreizend" (wegen des verstärkten Harnflusses)]

Diabetes mellitus. Wahrscheinlichkeit einer ererbten diabetischen Belastung je nach Vorkommen von Zuckerkrankheit bei Blutsverwandten

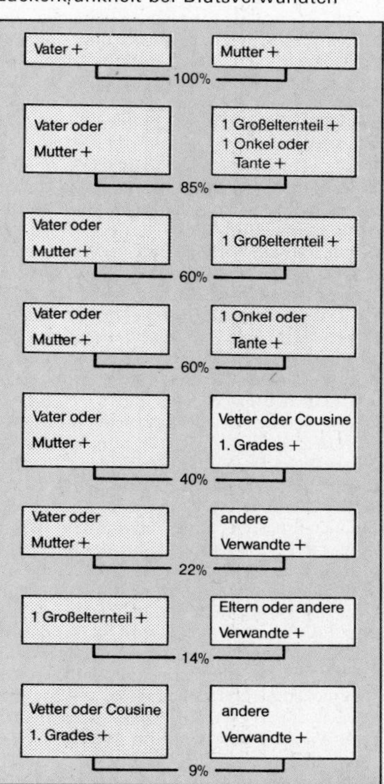

(Harnruhr), vermehrte Ausscheidung von Urin, die unterschiedl. Ursachen haben kann (D. mellitus, D. insipidus, D. renalis); **Diabetiker,** an Zuckerkrankheit Leidender.

Diabetes insipidus [griech./lat.] (Wasserharnruhr), krankhafte Steigerung (Ursache ist eine Schädigung oder Fehlfunktion des Hypothalamus-Hypophysenhinterlappen-Systems, der Produktionsstelle des antidiuret. Hormons Vasopressin) der Harnausscheidung bis auf 5–20 l tägl. mit einem Urin, der im Ggs. zum Diabetes mellitus keine patholog. Bestandteile enthält, sondern (infolge verminderter osmot. Konzentrationsleistung der Niere) bis zu einem spezif. Gewicht von höchstens 1,005 g/cm^3 verdünnt ist.

Diabetes mellitus [griech./lat.] (Zuckerkrankheit, Zuckerharnruhr), chron. Stoffwechselstörung, bei der es durch unzureichende Insulinproduktion der Bauchspeicheldrüse zu einer Erhöhung des Blutzuckerspiegels, gewöhnl. auch zum Anstieg des Harnzuckers kommt. Gleichzeitig ist der Fett- und Eiweißstoffwechsel gestört.
Die meisten Fälle von D. m. sind auf eine anlagebedingte Erschöpfung der hormonbildenden Bauchspeicheldrüse zurückzuführen (gewöhnl., anlagebedingt-erbl. oder *primärer D. m.*). 1–5 % der Fälle werden entweder durch Tumoren oder Entzündungen der Bauchspeicheldrüse verursacht oder durch eine Überfunktion jener Hormondrüsen, die Gegenspielerhormone des Insulins produzieren, wie etwa die Hirnanhangsdrüse, die Nebennierenrinde und die Schilddrüse *(sekundärer D. m.)*.
1–4 % aller Menschen sind zuckerkrank, die Hälfte davon unerkannt. 4–14 % der Gesamtbev. haben einen verdeckten *(latenten)* D. m., d. h., ihr Blut- und Harnzucker ist gewöhnl. normal, verändert sich jedoch abnorm unter Zuckerbelastung. Die Häufigkeit der vererbbaren diabet. Anlage wird heute auf 10–25 % der Gesamtbev. geschätzt. Für die Zukunft wird eine Zunahme der diabet. Anlage vorausgesagt, v. a. mit entsprechender Zunahme des **Altersdiabetes,** der 75 % aller Fälle von D. m. ausmacht.
Das wichtigste Krankheitszeichen des D. ist der erhöhte Harnzucker. Traubenzucker ist ein normaler Bestandteil des Blutes. Der Blutzuckerspiegel liegt im nüchternen Zustand bei 60–110 mg-% (60–110 mg/100 cm^3). Da die Niere normalerweise nur als Überlaufventil fungiert und mehr als 99 % des abgefilterten Zuckers wieder zurückgewinnt, erscheinen nüchtern nur minimale Zuckerspuren im Urin. Erst bei einem Blutzuckerspiegel von über 170 mg-% kommt es zur Überschreitung der Nierenschwelle und damit zur Zuckerausscheidung. Für die Konstanterhaltung des Blutzuckerspiegels sorgen außer der Niere eine zentralnervöse Steuerung, verschiedene Hormone, die über das Blut auf das Glykogendepot Leber und die zuckerkonsumierenden Muskeln einwirken, und schließl. „Zuckerfühler", die den Zuckerspiegel fortlaufend zur Zentrale melden. Dadurch können außergewöhnl. Belastungen, wie z. B. eine Zuckermahlzeit, rasch ausgeglichen werden.
Während verschiedene Hormone den Zuckerspiegel erhöhen, ist nur das Bauchspeicheldrüsenhormon Insulin imstande, ihn zu senken; daher führt Insulinmangel zum Blutzuckeranstieg und damit auch zur Vermehrung des Harnzuckers. Neben einem absoluten Insulinmangel gibt es auch einen relativen Insulinmangel infolge unzureichender Hormonwirkung. Man nimmt daher an, daß die Erscheinungen des D. m. nicht nur durch Versagen der Bauchspeicheldrüse entstehen können, sondern auch durch Insulinhemmkörper oder durch Beeinträchtigung der peripheren Insulinwirkung.
Neben dem charakterist. Blutzuckeranstieg kommt es bei Insulinmangel v. a. zu einer Beeinträchtigung des Fettstoffwechsels. Der Fettaufbau ist gestört, und anstelle von Zukker werden Fette und Eiweiße abgebaut, bis größere Mengen kurzkettiger organ. Säuren aus dem Fettstoffwechsel ins Blut übertreten, die nicht weiter verbrannt werden können. Solche Säuren (wie die Betaoxybuttersäure und die Acetessigsäure) führen zu einer gefährl. Übersäuerung des Bluts und der Gewebe (↑Azidose). Große Atmung, fruchtartiger Mundgeruch und zuletzt tiefe Bewußtlosigkeit kennzeichnen dieses sog. diabetische Koma (**Coma diabeticum**). Der starke Zuckeranstieg und Zuckerverlust schwemmt mit dem Harn tägl. bis zu 8 Liter Flüssigkeit und entsprechend viele Salze aus. Dadurch kommt es bei fortdauerndem Insulinmangel zu einer gefährl. Verstärkung des Komas mit Blutdruckabfall und Kreislaufzusammenbruch.
Manche Früherscheinungen der Zuckerkrankheit sind unmittelbar auf die Stoffwechselstörung, andere auf die Zucker- und Wasserverluste zurückzuführen (vermehrter Durst, häufiges Wasserlassen, auch nachts, Müdigkeit und Abgeschlagenheit, Juckreiz und Neigung zu Hautinfektionen). Fettleibigkeit geht dem D. m. in rund 50 % der Fälle voraus, und nicht selten werden anfangs auch Zeichen einer vorübergehenden Unterzuckerung durch gesteigerte Zuckerverwertung beobachtet (Heißhunger, Schweißausbrücke, Schwäche und Zittern, Kopfschmerz, Schwindel, Leistungsabfall und Konzentrationsschwäche).
Die Behandlung des D. m. erfolgt bei einem Drittel aller Diabetiker allein mit Diät, bei einem weiteren Drittel mit Tabletten, das letzte Drittel muß mit Insulininjektionen behandelt werden. In 10–15 % der Fälle führt Insulin zu allerg. Reaktionen. Die wichtigste Nebenwirkung ist jedoch die Unterzuckerung (Hypoglykämie). Sinkt der Blutzucker unter

40 mg-%, so kommt es nach Kopfschmerzen, Schwächegefühl, Abnahme der Konzentrationsfähigkeit, Schläfrigkeit und Sehstörungen über Zittern, Heißhunger und Schwitzen schließl. zu Krämpfen und Bewußtlosigkeit. Abhilfe können Kohlenhydrate schaffen, in ernsten Fällen eine intravenöse Glucoseinjektion. Diät und geregelte Lebensweise sind für alle Diabetiker, auch für die latent kranken, von entscheidender Bedeutung. Die Diät des D.kranken soll v.a. kalorien- und fettarm sein. Um stoßartige Belastungen des Stoffwechsels und der Blutzuckerregelung zu vermeiden, sollten 6 Mahlzeiten über den Tag verteilt werden. - Abb. S. 219.

🕮 *Petrides, P., u.a.: D. m. Mchn. [5]1985. - Hürter, P.: Diabetes bei Kindern und Jugendlichen. Bln. u.a. [3]1985.*

Diabetes renalis [griech./lat.] (Diabetes innocens, Nierenharnruhr), erbl., gutartige Nierenfunktionsstörung, bei der infolge Schädigung des Kanälchenepithels der Niere Zukker im Harn ausgeschieden wird (bei meist normalem Blutzuckerspiegel).

diabolisch [griech.], teuflisch; **Diabolie,** teufl. Verhalten, gemeine Bosheit.

Diabolo, Geschicklichkeitsspiel, bei dem man einen sanduhrförmigen Körper mit einer an zwei Handgriffen befestigten Schnur in Rotation versetzt, in die Höhe schnellen läßt und wieder aufzufangen versucht.

Diabolus [griech. „Verleumder"], der ↑Teufel.

Diacetale ↑Acetale.

Diacetyl (Butandion-(2, 3)), ein wasserlösl. Diketon (↑Ketone). D. ist in Kaffee, Kakao, Bier, Honig und Butter enthalten und dient in der Lebensmittelind. als Aromastoff.

Diachronie [griech.], Darstellung der histor. Entwicklung einer Sprache; Ggs. ↑Synchronie.

Diadem. Französische Arbeit vom Anfang des 19. Jh. (Gold, Amethyste, Perlen). Pforzheim, Schmuckmuseum

Diadem [griech.], hinten offener Stirn- oder Kopfreif aus Edelmetall, meist mit Edelsteinen und Perlen geschmückt. Urspr. ein Stirnband, bei den Griechen Ehrenzeichen für Wettkampfsieger und Priester; als verziertes Purpurband Teil des pers. Krönungsornats (um die Tiara geschlungen); Zeichen hellenist. Herrscherwürde (weiße, verzierte Binde), später auch der röm. und byzantin. Kaiserwürde (verziertes Purpurband). Außer Herrscher- auch Hoheitszeichen, z. B. werden in der bildenden Kunst Engel, Sibyllen oder antike Göttinnen mit D. dargestellt.

Diadochen [zu griech. diádochos „Nachfolger"], Bez. für die auf Alexander d. Gr.

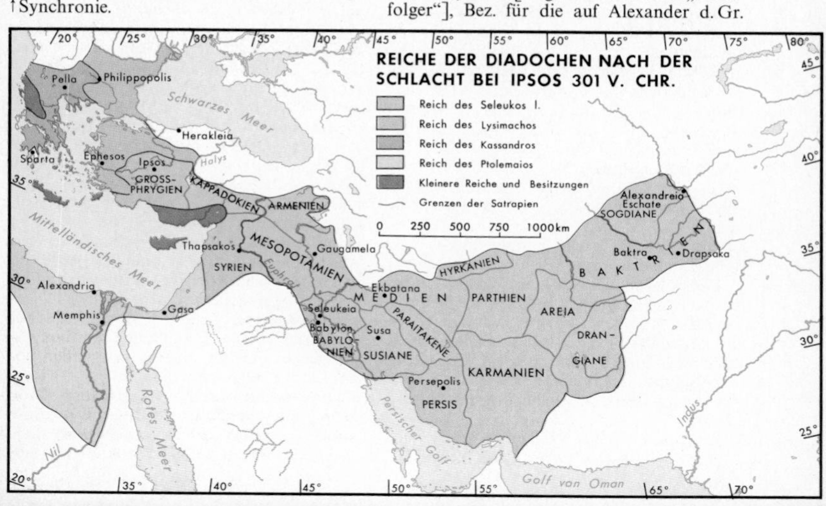

folgenden Mgl. der ersten hellenist. Herrschergeneration (Antipater, Antigonos, Ptolemaios, Perdikkas, Eumenes, Seleukos, Lysimachos, Kassander, Demetrios Poliorketes) im Unterschied zu den folgenden Epigonen. Die Absicht, nach Aufteilung der gewonnenen Territorien als Statthalter des Reiches eine mehr oder weniger selbständige Herrschaft zu errichten, führte ab 323 zu den **Diadochenkriegen** und zur Schaffung voneinander unabhängiger Monarchien (seit 306), der sog. **Diadochenreiche;** Ende der D.zeit 301 bzw. 281.

Diadumenos [griech.], in der Antike Statue eines jungen Mannes, der sich zum Zeichen des Sieges die Stirnbinde (Diadem) umlegt; insbes. die Statue des Polyklet von Argos (um 425 v. Chr.).

Diagenese, Umbildung lockerer Sedimente in feste Gesteine durch Druck, Temperatur, chem. Lösung ohne wesentl. Änderung des urspr. Gefüges und Mineralbestands; nicht immer scharf zu trennen von der ↑Metamorphose.

Diaghilew, Sergei, * Kaserne Selischtschew (Gouv. Nowgorod) 31. März 1872, † Venedig 19. Aug. 1929, russ. Ballettimpresario. - Gründete 1909 die in Paris und Monte Carlo stationierten „Ballets Russes". Als Leiter des weltberühmten Ensembles erlangte er für das Ziel einer integralen Tanzkunst die Mitwirkung bed. Tänzer und Choreographen (Nijinski, Balanchine), Komponisten (Debussy, Strawinski, R. Strauss, Milhaud, Prokofjew), Maler (Picasso, Matisse, Utrillo) und Autoren (Cocteau).

Diagnose [griech.], in der *Medizin* die Erkennung und systemat. Bez. einer Krankheit unter Abgrenzung gegen ähnl. Erkrankungen als Voraussetzung für eine möglichst gezielte Behandlung und zuverlässige Voraussage über den zu erwartenden Krankheitsverlauf einschließl. der voraussichtl. Heilungsaussichten.

◆ in der *Psychologie* die Feststellung und Klassifikation von Verhaltensmerkmalen und -störungen auf Grund von beobachteten oder durch spezielle Untersuchungsmethoden gefundenen und auf ihre Ursachen hin untersuchten Symptomen.

◆ in der *Biologie* kurze Beschreibung der charakterist. Merkmale einer systemat. Einheit.

Diagnostik [griech.], in der Medizin die Lehre und Kunst der Diagnosestellung.

Diagonale [griech.], im Vieleck (Polygon) die Verbindungsstrecke zweier nicht benachbarter Ecken; bei Vielflächnern (Polyedern) unterscheidet man **Raumdiagonalen,** durch das Innere eines Körpers verlaufende Verbindungslinien zweier Ecken, und **Flächendiagonalen,** die D. einer Begrenzungsfläche.

Diagonalreifen ↑Reifen.

Diagonalverfahren (Cantorsches D.), von G. Cantor entwickeltes Verfahren zum Beweis der Abzählbarkeit der Menge der rationalen Zahlen *(1. Cantorsches D.)* bzw. zum Beweis dafür, daß die Menge der reellen Zahlen nicht abzählbar ist *(2. Cantorsches D.).*

Diagramm [griech.], graph. Darstellung von Größenverhältnissen (Zahlenwerten) in leicht überblickbarer Form, z. B. als **Stabdiagramm** (nebeneinandergestellte, in ihrer Länge den zu vergleichenden Größen proportionale Strecken oder Rechtecke) oder als **Kreisdiagramm** (in Sektoren unterschiedl. Größe unterteilter Kreis). Ein spezielles D. ist das ↑Ablaufdiagramm (Flußdiagramm), durch das der Ablauf eines Rechenprozesses übersichtl. dargestellt wird. Als D. bezeichnet man auch die graph. Darstellung einer funktionalen Abhängigkeit in einem Koordinatensystem (Kurvendiagramm).

◆ in der *Botanik* Bez. für einen schemat. Blütengrundriß und eine schemat. Abbildung der Blattstellung in einer Ebene.

Diagraph [griech.] (Perigraph), Gerät zum Zeichnen von Umrissen beliebiger Körper (z. B. von Schädeln) und von Kurven in einer Ebene.

Diakon [´––, ––´; zu griech. diákonos „Diener"], im N. T. (Apg. 6, 1–6; Phil. 1, 1; 1. Tim. 3, 8–13) und in der altchristl. Kirche dem Bischof untergeordneter Gehilfe beim Gottesdienst und Armenpfleger, verliert seit dem 5. Jh. an Bedeutung; im MA ist „D." nur ein Weihegrad. Seit der Reformation erfolgte in den ev. Kirchen eine Neubelebung des diakon. Amtes. Entscheidend für die Stellung des D. als Laiengehilfe in der Inneren Mission, in karitativer und sozialer Arbeit war das Wirken des ev. Theologen J. H. Wichern, der 1842 seinem bei Hamburg 1833 errichteten „Rauhen Haus", einer Anstalt für sittl. gefährdete Jugendliche, ein „Gehilfeninstitut" zur Ausbildung von D. anschloß. In der kath. Kirche ist das Amt des D. nach dem 2. Vatikan. Konzil erneuert worden: es können nun auch verheiratete Männer (mindestens 35 Jahre alt) mit Zustimmung ihrer Ehefrauen zum D. geweiht werden (nach einer Diakonatsweihe ist die Eheschließung eines D. ausgeschlossen). Voraussetzungen für die Weihe sind theolog. Grundkenntnisse, dreijährige Mitgliedschaft in einem Diakonatskreis, Kurse und Praktika. Befugt, alle liturg. Handlungen selbständig vorzunehmen, mit Ausnahme der dem geweihten Priester vorbehaltenen Eucharistiefeier und der Spendung des Bußsakraments.

Diakonikon [griech.], Raum innerhalb der byzantin. Kirchen, in dem die liturg. Gewänder und Geräte aufbewahrt werden und die Kleriker sich ankleiden.

Diakonisches Werk - Innere Mission und Hilfswerk der Evangelischen Kirche in Deutschland, 1957 durch Fusion von Hilfswerk der EKD und

Innerer Mission entstanden. - J. H. Wichern wollte im 19. Jh. durch die Innere Mission den Gedanken der sozialen Hilfe als die Grundfunktion der Kirche neben der Verkündigung sowohl im kirchl. als auch im gesellschaftl. Bereich neu beleben. Der 1849 gegr. „Centralausschuß für Innere Mission der dt. ev. Kirche" einigte die freien Vereine und Anstalten und betreute die sozialen Felder, die die Kirche mit ihren geordneten Ämtern nicht erreichte. 1945 wurde das Hilfswerk der EKD gegr.; Aufgaben: Gemeindediakonie; Anstaltsdiakonie; ökumen. Diakonie: Dienste in Übersee, „Brot für die Welt" usw.; Mitarbeit in der Sozialpolitik als Spitzenverband der Bundesarbeitsgemeinschaft der freien Wohlfahrtspflege. Dem Diakon. Werk gehören 1977 21 000 hauptberufl. Mitarbeiter an, die in rd. 3 800 Krankenhäusern, über 7 000 Kindergärten, 8 300 Einrichtungen der sog. „halboffenen Hilfe" (Sozialarbeit i. w. S.) und 568 Aus- und Fortbildungsstätten arbeiten.

Diakonisse [griech.], eigtl. die weibl. Entsprechung zu Diakon; heute: sozialpfleger. ausgebildete, in Schwesterngemeinschaft lebende Frau. Seit 1947 gibt es einen „Weltbund von Diakonissengemeinschaften, Diakonia".

diakritisch, zur (weiteren) Unterscheidung dienend.

diakritisches Zeichen (Diakritikum), zur weiteren Unterscheidung von geschriebenen Zeichen, bes. von Buchstaben in Alphabetschriften und von Lautsymbolen in Lautschriften, dienend. - ↑auch Zur Einrichtung des Buches, 2. Schreibung, Bd. 1, S. 254.

Dialekt [griech.], Mundart (im Ggs. zur Standardsprache). Zu den dt. Dialekten ↑deutsche Mundarten.

Dialektgeographie, philolog. Fachgebiet, das die räuml. Verbreitung verschiedener Mundartformen einer Sprache erforscht. Ergebnis der Forschungen auf dem Gebiet der D. sind die Dialekt- oder Sprachatlanten.

Dialektik [griech.], eigtl. „Kunst der Unterredung"; das method. [philosoph.] Bemühen um Aufweis und Überwindung von Widersprüchen im Denken und Sein. In der griech. Philosophie die Kunst, durch geschickte Unterscheidungen auch widersprüchl. erscheinende Lehren akzeptabel zu machen: so bei Zenon, dem „Erfinder" der D., auch bei den Sophisten, wogegen Platon die D. von Eristik unterscheidet. Bei Aristoteles bezeichnet D. die Methode, über die Wahrheit oder Falschheit der für wahr gehaltenen Meinungen zu entscheiden. Im Anschluß an die Stoiker nennt Cicero den scharf und knapp formulierten Disput D., in dem durch den Aufweis der Folgen einer Meinung und ihres Gegenteils über deren Wahrheit oder Falschheit entschieden werden soll. Ähnl. ist auch die Methode der ma. Scholastik. Im ausgehenden MA werden D. und Logik dagegen im allg. gleichgesetzt. Für Kant ist die D. die „Logik des Scheins", da sie durch das In-Beziehung-setzen bereits bekannter Begriffe, ohne die Erfahrung zu berücksichtigen, zu Erkenntnissen gelangen wolle. Schelling verbindet als erster explizit das Wort „D." mit dem schon von Fichte eingeführten dialekt. Dreischritt von **These** über die **Antithese** zu der sie beide aufhebenden **Synthese.** Hegel erklärt D. zur der Metaphysik entgegengesetzten, absoluten Methode des Erkennens als innerer Gesetzmäßigkeit der Selbstbewegung des Denkens und der Wirklichkeit (Identität von Denken und Sein). Damit ist D. das innere Bewegungsgesetz nicht nur der Begriffe, sondern auch des histor. und gesellschaftl. Seins. Marx griff das Hegelsche Verständnis von D. auf, befreite sie jedoch ihres idealist. Gehaltes und wandte sie zur Deutung der ökonom. und gesellschaftl. Verhältnisse an. Dabei werden insbes. die Wechselwirkungen von gesellschaftl. „Sein", den Produktionsverhältnissen und dem „Bewußtsein", dem Verständnis v. a. von der Gesellschaft selbst, untersucht und als „dialekt." bezeichnet. Engels stellt der **„subjektiven D."** des Begreifens eine **„objektive D."** der Dinge selbst entgegen, die nicht nur die Bewegung der Gesellschaft, sondern auch der Natur regelt. Hieraus entwickelte er einen dialektischen Materialismus, der zur Grundlehre des ↑Marxismus wurde.

📖 *Konzepte der D. Hg. v. W. Becker u. a. Ffm. 1981. - Viertel, W.: Eine Theorie der D. Königstein i. Ts. 1983. - Hegselmann, R.: Formale D. Hamb. 1985. - Hubig, C.: D. u. Wiss.logik. Bln. 1978. - Adorno, T. W.: Negative D. Ffm. Neuausg. 1975.*

dialektischer Materialismus ↑Marxismus, ↑auch Materialismus.

dialektische Theologie, theolog. Richtung im Protestantismus, die nach dem 1. Weltkrieg von den Theologen K. Barth, F. Gogarten, E. Brunner, E. Thurneysen und R. Bultmann begr. wurde. Sie beruht auf der These von der absoluten Transzendenz Gottes, die von keinem theolog., philosoph., eth. oder religiösen Bemühen des Menschen begriffl. gefaßt und erreicht werden kann. Im Anschluß an die Existenzphilosophie S. Kierkegaards wird der unaufhebbare Gegensatz zw. Gott und Mensch, Zeit und Ewigkeit hervorgehoben. Die Überschreitung dieser Grenze, vor die sich der Mensch gestellt sieht, ist ihm weder durch Anstrengung seines Intellekts noch durch eth. Vervollkommnung möglich. Dieser gemeinsame Ansatz war nicht mehr gegeben, als Barth anderen Hauptvertretern der d. T. vorwarf, sie begründeten ihre Theologie erneut auf Voraussetzungen, die sie im Menschen selbst (d. h. anthropolog.) zu finden meinten.

Dialektologie [griech.], svw. ↑Mundartforschung.

Dialog [griech.], von 2 oder mehreren Personen abwechselnd geführte Rede und Gegenrede; auch Zwiegespräch, Wechselrede, im Ggs. zu Monolog. Als *literar. Gestaltungselement* ist der D. von wesentl. Bed. für Bühnenwerke (z. B. D.stück), insbes. für das Drama, wo er Aufbau und Fortgang der Handlung bestimmt; in ihm werden die Personen charakterisiert, die Konflikte entwickelt und ausgetragen; im Film als wichtiger Bestandteil des Drehbuchs oft von sog. D.autoren verfaßt. In der Epik gehört der direkt oder als Bericht wiedergegebene D. zu den Grundformen des Erzählens. Als *literar. Kunstform* wurde der D. in der klass. griech. und röm. Literatur v. a. von Sophisten und Sokratikern, Platon, Cicero, Seneca und Lukian entwickelt. Platon begründete das [Streit]gespräch mit Frage, Antwort und Widerlegung als Methode philosoph. Erkenntnis (**sokrat., platon. Dialog**); Cicero entfaltete den **peripatet. Dialog,** bei dem die Gesprächspartner jeweils verschiedene Denkpositionen und philosoph. Schulen vertreten. Im **lukian. Dialog** werden kulturelle Zustände satir. dargestellt. Bes. übl. im MA war das Lehrgespräch aus längeren, nur gelegentl. von Zwischenfragen unterbrochenen Abhandlungen. Schriftl., in der Volkssprache überlieferte D.form des MA ist das Streitgedicht. Häufige Verwendung der D.form bei den Humanisten, in der europ. Aufklärung, im Sturm und Drang sowie in der dt. Klassik, seltener im 19. und 20. Jahrhundert.
◆ in der *Logik* ein System von Regeln, nach denen Aussagen behauptet und bestritten werden können.

Dialogbetrieb, Betrieb einer Rechenanlage in der Weise, daß die Benutzer auf Grund von Zwischenergebnissen den weiteren Verlauf der Rechenarbeit in flexibler Weise bestimmen können. Ein Dialogsystem soll nicht nur passiv auf die Befehle des Benutzers reagieren, sondern aktiv an der Problemlösung mitwirken, d. h., Denkprozesse beim Menschen und pseudokognitive Rechenprozesse beim Computer sollen miteinander verzahnt werden. Schwerpunkte des D. liegen bei der Entwicklung graph. Entwurfs- und Konstruktionsverfahren, beim computerunterstützten Planen und Entscheiden sowie auf dem Gebiete der Textverarbeitung und des programmierten Unterrichts.

dialogische Logik ↑ Logik.

Dialogisierung [griech.], Aufteilung eines fortlaufenden essayist. Textes auf mehrere Sprecher zum Zweck der Belebung des Vortrags, bes. im Rundfunk (↑ Feature); Bühnenbearbeitung eines ep. Textes.

Dialyse [griech.], Entfernung lösl. Stoffe mit niedriger Molekülmasse aus Lösungen hochmolekularer Stoffe. Die Lösung wird in eine *Dialysierzelle* gebracht, in der sie durch eine halbdurchlässige Membran, z. B. Pergament, von daran vorbeifließendem Wasser getrennt ist. Die niedermolekularen Stoffe können durch die Membran in das Wasser diffundieren, die hochmolekularen Stoffe bleiben zurück.
◆ in der *Medizin* svw. Blut-D. (↑ künstliche Niere).

Dialysegerät, svw. ↑ künstliche Niere.

Diamagnetismus, Sammelbez. für eine Reihe magnet. Erscheinungen, die dadurch verursacht werden, daß äußere Magnetfelder die Bewegungen von geladenen Teilchen (vorzugsweise Elektronen) in einem Stoff beeinflussen, und dadurch in diesem magnet. Momente induzieren.

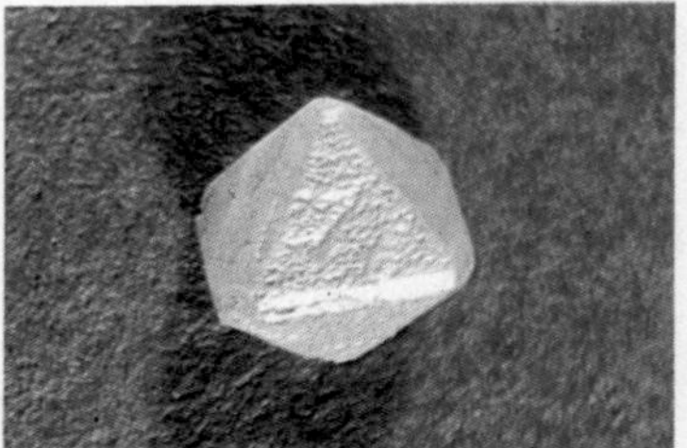

Diamant in rohem (oben) und in geschliffenem Zustand

Diamant [zu griech. adámas „Stahl, Diamant" (eigentl. wohl „Unbezwingbarer"), härtestes und sehr wertvolles Mineral, chem. die kub. Modifikation des reinen Kohlenstoffs; kristallisiert in Oktaedern, Rhombendodekaedern, aber häufig auch in krummflächigen Formen; Mohshärte 10,0, Dichte 3,50–3,52 g/cm^3. Die wertvollsten D. sind völlig durchsichtige, farblose und stark lichtbrechende Kristalle. Neben den farblosen D. finden sich auch bräunl., grau, grünl., seltener auch blau oder rot angefärbte D.; die bekanntesten gefärbten sind die dunkelgrau bis schwarz gefärbten sog. **Karbonados.** Die Gewichtseinheit ist das **Karat** (= 200 mg). Der größte bisher gefundene D. (Cullinan-D.) wog 3 106 Karat. - Zur Verwendung als Schmuckstein wird der D. durch den Brillantschliff (↑ Brillant) in seiner Oberfläche so gestaltet, daß die Lichtreflexion an den Schliffflächen optimal und damit bes. effektvoll für das Auge ist. Der weitaus größte Teil des an den Hauptfundstätten (Zaïre, Amazonas, Südafrika) gefundenen Materials ist wegen seiner mangelnden Klarheit als Schmuckstein nicht zu verwenden. Diese, als **Bort** bezeichneten Sorten, machen etwa 95% der gewonnenen D. aus und finden wegen ihrer Härte vielfache Verwendung als Bohr- und Schneidematerialien. Für diesen Zweck benötigte D. geringerer Karatzahl können heute durch verschiedene Hochdruckverfahren synthet. hergestellt werden, wobei Drücke von etwa 10 Gigapascal (rund 100 000 atm) und Temperaturen bis zu 3 000 °C angewendet werden. Die künstl. Bortkristalle (*Industrie-D.*, synthet. D.), die ein Höchstgewicht von 20 mg erreichen, sind wegen ihrer großen Sprödigkeit und rauheren Oberfläche dem geschürften Bort in der industriellen Verwendung überlegen.

Die Welterzeugung an D. betrug 1980 rd. 31 Mill. Karat; die Hauptförderländer waren die UdSSR (10,9 Mill. Karat), Zaïre (10,2 Mill. Karat), Südafrika (8,5 Mill. Karat).

Vorkommen und Gewinnung: Das Vorkommen von D. in sog. primären Lagerstätten (Südafrika, Zaïre, UdSSR) beruht darauf, daß in röhrenförmigen Schloten in der Erdoberfläche mit Kohlenstoff vermengter ↑Kimberlit u. a. emporgequetscht wurde, wobei die dabei herrschenden Hochdruck- und Hochtemperaturbedingungen die Bildung in diesen Intrusionen ermöglichten. In den sekundären Lagerstätten kommt der D. in losen und verfestigten Ablagerungen (**Edelsteinseifen**) vor, die durch Verwitterung primärer Vorkommen entstanden (Namibia, Ghana u. a.); hier werden D. oft zus. mit anderen Edelsteinen sowie Gold durch Aufgraben und Auswaschen gewonnen. Zur Gewinnung von 1 g D. müssen 10–100 t Gestein gefördert und aufbereitet werden.

Geschichte: Seit dem 4. Jh. v. Chr. werden D. in Griechenland erwähnt; Herkunftsland war Indien. Seit dem 6. Jh. war D.pulver als Schleifmittel in Gebrauch. Das Schleifen und Polieren kam nach 1330 in Venedig auf. Um 1530/40 wurde das Schneiden der Steine eingeführt, umfaßte aber anfängl. nur die Bearbeitung unvollkommener Kristallflächen und wurde erst später zur Verstärkung des Glanzes verwendet. Der Brillantschliff wurde um 1650 entwickelt. - ↑auch Schmucksteine.

📖 *Lange-Mechlen, S.: Diamanten. Stg. [3]1982. - Der D. Mythos, Magie u. Wirklichkeit. Hg. v. J. Legrand. Freib. 1981.*

◆ zweitkleinster typograph. Grad, nur 4 Punkt hoch. In England und in den USA bezeichnet man den 4½-Point-Schriftgrad als **Diamond.**

Diamantbarsche (Enneacanthus), Gatt. bis etwa 10 cm langer Sonnenbarsche in klaren Gewässern des östl. und sö. N-Amerikas; Körper kurz, hochrückig, seitl. stark zusammengedrückt; als Kaltwasseraquarienfisch beliebt ist der **Diamantbarsch** (Enneacanthus obesus) mit großem, schwarzem, beim ♂ golden umrahmtem Fleck auf den Kiemendeckeln.

Diamantenbörse, Börse, an der v. a. geschliffene Diamanten gehandelt werden; Träger der D. sind Diamantenschleifer, der Handel und Börsenmakler. Im Ggs. zu anderen Warenbörsen werden Diamanten körperl. gehandelt; jeder Stein erhält seinen eigenen Preis.

diamantene Hochzeit, Bez. für den 60. Hochzeitstag.

Diamantfahrzeug, eine der Hauptrichtungen des Buddhismus.

Diamantfink (Steganopleura guttata), etwa 12 cm großer Prachtfink, v. a. in SO-Australien; Rücken graubraun, Kopf hellgrau mit schwarzem Augenstreif; Schnabel und Bürzel rot; Unterseite weiß mit schwarzem Brustband, das sich an den Flanken mit weißen Flecken fortsetzt; beliebter Stubenvogel.

Diamantspat ↑Korund.

Diamanttinte, Ätzmittel für Glas; besteht aus Flußsäure, Bariumsulfat, Fluoriden.

Diamat, Abk. für: **dia**lektischer **Mat**erialismus (↑Marxismus, ↑Materialismus).

diametral [griech.], an den Endpunkten eines Durchmessers durch einen Kreis oder eine Kugel gelegen; entgegengesetzt, gegenüberliegend.

Diamine, organ. Verbindungen, die zwei Aminogruppen ($-NH_2$) im Molekül enthalten; wichtige Ausgangsstoffe zur Herstellung von Kunststoffen, z. B. Nylon.

Diamond, Neil [engl. ˈdaɪəmənd], * Coney Island (N. Y.) 24. Jan. 1945, amerikan. Popmusiker (Gitarrist und Sänger). - Hatte v. a. 1966–72 mit bluesartigen Songs zahlr. Hits; schrieb auch erfolgreiche Titel für andere Sänger und Gruppen; auch Filmmusik.

Diana, röm. Göttin der Jagd, der griech. Artemis gleichgesetzt.

Diane de Poitiers [frz. djandəpwaˈtje], * 3. Sept. 1499, † Schloß Anet (Eure-et-Loir) 22. April 1566, Herzogin von Valentinois (seit 1547). - Seit 1536 Mätresse des späteren Königs Heinrich II. von Frankr., spielte polit. durch ihren großen Einfluß auf ihn eine bed. Rolle, bestärkte ihn in der Verfolgung der Hugenotten und begünstigte die Partei der Guisen; nach Heinrichs II. Tod (1559) durch Katharina von Medici vom Hof verwiesen.

Dianthus [griech.] ↑Nelke.

Diapason [griech.], in der antiken griech. und ma. Musik Bez. für die ↑Oktave.

◆ in Frankr. Bez. für ↑Mensur (Orgelpfeife, Blasinstrument), Stimmton, Stimmgabel; in Großbrit. Bez. für das Prinzipalregister der Orgel.

Diapause, meist erbl. festgelegter, jedoch durch äußere Einflüsse (u. a. Temperaturerniedrigung, Abnahme der Tageslänge) ausgelöster Ruhezustand (stark herabgesetzter Stoffwechsel, Einstellung sämtl. äußerer Lebenserscheinungen) während der Entwicklung vieler Tiere, der in verschiedenen Entwicklungsstadien (z. B. im Larven- oder Puppenstadium) vorkommen kann. Bes. wichtig ist die D. für Tierarten, die häufig ungünstige Umweltbedingungen überdauern müssen.

Diapedese [griech.], Durchtritt, v. a. von weißen Blutkörperchen durch die unverletzte Wandung der Blutkapillaren ins umliegende Gewebe.

diaphan [griech.], durchscheinend.

Diaphanradierung (Glasklischee), ungenau als Art der Radierung bezeichnetes photograph. Verfahren, bei dem auf eine mit dunklem Kollodium beschichtete Glasplatte eine Zeichnung eingeritzt wird, die dann wie ein Photo-Negativ auf Papier kopiert wird. D. wurden u. a. von C. Corot und C. F. Daubigny hergestellt.

Diaphora [griech.], 1. in der antiken Rhetorik der Hinweis auf die Verschiedenheit zweier Dinge; 2. rhetor. Figur: Wiederholung desselben Wortes oder Satzteiles mit meist emphat. Verschiebung der Bedeutung.

Diaphorese [griech.], Hautausdünstung; i. e. S. svw. ↑Schweißsekretion.

Diaphoretika [griech.], svw. ↑schweißtreibende Mittel.

Diaphragma [griech.], halbdurchlässige Membran, die infolge ihrer Porengröße nur für bestimmte Anteile eines an sie angrenzenden Gas- oder Flüssigkeitsgemisches durchgängig ist. Verwendung für die Dialyse (Elektrodialyse) und für Diffusionsverfahren.

◆ in der *Anatomie* Bez. für: 1. Scheidewand in Körperhöhlen; 2. svw. ↑Zwerchfell.

◆ in der Vorstellung der alten griech. Kartographen ein Wassergraben (Mittelmeer–Schwarzes Meer–Phasis [= Rioni]), der die flache Erdscheibe in zwei Hälften trennt.

Diaphragmaverfahren ↑Chloralkalielektrolyse.

Diaphyse [griech.], langgestreckter Mittelteil der Röhrenknochen bei Wirbeltieren.

Diapir [griech.] ↑Salzstock.

Diapositiv (Dia), transparentes photograph. Positiv zur Projektion oder Betrachtung in durchfallendem Licht; zeichnet sich gegenüber dem Papierbild durch bessere Farbbrillanz und größeren Tonwertreichtum aus.

Diaprojektor ↑Projektionsapparate.

Diärese (Diäresis) [griech. „Trennung"], Bez. für die getrennte Aussprache von zwei nebeneinanderstehenden, scheinbar einen Diphthong bildenden Vokalen, gelegentl. mit Trema, z. B. naiv, Zaïre.

◆ in der griech.-röm. *Verslehre* Verseinschnitt, der mit dem Ende eines Fußes bzw. einer ↑Dipodie zusammenfällt. - Ggs. ↑Zäsur.

◆ in der *Medizin* Zerreißung eines Blutgefäßes mit Blutaustritt in die Umgebung.

Diarium [lat.], Tagebuch.

Diarrhö [griech.], svw. ↑Durchfall.

Diarthrose (Diarthrosis), svw. ↑Gelenk.

Diaspor [griech.], farbloses oder rötl. glänzendes, durchscheinendes Mineral, AlO(OH). Dichte 3,3 bis 3,5 g/cm^3; Mohshärte 6 bis 7. D. kristallisiert rhomb. und ist ein wesentl. Bestandteil des Bauxits.

Diaspora [zu griech. diasporá „Zerstreuung"], Bez. für eine religiöse (auch nationale) Minderheit sowie für deren Situation.

Diasporajudentum, die Gesamtheit der außerhalb des Staates Israel (sowohl des alttestamentl. als auch des modernen Staates) lebenden Juden.

Diastasen [griech.], svw. ↑Amylasen.

Diastema [griech.], svw. ↑Affenlücke.

Diastole [-´--, --´-; griech.], in der antiken Metrik Bez. für die metr. bedingte Dehnung einer kurzen Silbe am Wortanfang.

◆ die mit der ↑Systole rhythmisch wechselnde Erschlaffung der Herzmuskulatur (↑Herz).

Diät [zu griech. díaita „Lebensweise"], von der normalen Ernährung mehr oder weniger stark abweichende Kostform, die bei bestimmten körperl. Zuständen, wie z. B. Krankheit, Rekonvaleszenz, Übergewicht u. a., verordnet wird, um das Stoffwechselgeschehen therapeut. zu beeinflussen.

Diäten [frz., zu mittellat. dieta „festgesetzter Tag, Versammlung" (zu lat. dies „Tag")], finanzielle Entschädigung der Parlaments-Abg. Die D. sind kein Entgelt oder Gehalt, sondern eine [zu versteuernde] pauschalierte Aufwandsentschädigung, die den Verdienstausfall ausgleichen und die Unabhängigkeit der Abgeordneten sichern soll. D. wurden im Dt. Reich erstmals eingeführt durch Gesetz vom 21. 5. 1906; in der BR Deutschland durch das AbgeordnetenG vom 18. 2. 1977 neu geregelt. Nach *östr. Recht* beziehen nach dem Gesetz vom 29. 2. 1956 National- und Bundesräte Aufwandsentschädigungen. Da die *Schweiz* keine Berufsparlamentarier kennt, erhalten die Mgl. des Nationalrats und des Ständerats nur eine geringfügige Entschädigung.

Diätetik [griech.], Lehre von der vernunftgemäßen, d. h. gesunden körperl. und seel.-geistigen Lebensweise.

◆ in der *Medizin* die Lehre von der richtigen Ernährung, insbes. Kranker.

Diatexis [griech.], fortgeschrittenes Stadium der ↑Ultrametamorphose, in dem auch die dunklen Minerale (z. B. Biotit, Hornblende) aufgeschmolzen werden.

diatherman [griech.], für Infrarotstrahlen (Wärmestrahlen) durchlässig.

Diathermie [griech.] (Wärmedurchdringung), therapeut. Anwendung hochfrequenter Wechselströme zur intensiven Erwärmung bestimmter Gewebsabschnitte im Körperinneren; wird zur Schmerzlösung, zur Behandlung von Krampfzuständen an inneren Organen und zur Anregung des Stoffwechsels eingesetzt.

Diathese [griech.], in der Medizin bes. anlagebedingte Bereitschaft des Organismus zu bestimmten krankhaften Reaktionen.

Diäthyläther (Äthyläther, Äther), wasserhelle Flüssigkeit von süßl. Geruch, die leicht verdunstet und sich leicht entzündet bzw. mit Luft hochexplosive Gemische bildet; wichtiges Lösungsmittel. Früher als Narkosemittel verwendet, da er eine lähmende Wirkung auf das zentralnervensystem hat. Chem. Formel: $C_2H_5-O-C_2H_5$

Diäthylenglykol (Diglykol), farblose, süßl. schmeckende Flüssigkeit; wird u.a. als Feuchthaltemittel (z.B. für Tabak), als Lösungsmittel und als Bestandteil von Gefrierschutzmitteln verwendet. Chem. Formel: $HO-C_2H_4-O-C_2H_4-OH$.

Diatomeenschlamm, biogenes Sediment, Ablagerungen von Schalen der Kieselalgen (Diatomeen) in meist kühlerem Wasser

Diatonik [griech.], Ordnungsprinzip, nach dem eine Tonleiter aus Ganz- und Halbtönen aufgebaut ist; seit der griech. Antike eines der Tongeschlechter neben Chromatik und Enharmonik. Seit dem MA bildet die Oktave den Rahmen für diaton. Skalen; in diesen ist die Oktave grundsätzl. in fünf Ganz- und zwei Halbtöne unterteilt (Dur-, Molltonleiter, Kirchentonarten). Als **diaton. Intervalle** werden Intervalle bezeichnet, die aus den diaton. Skalen abgeleitet sind: reine Quarte, Quinte, Oktave, große und kleine Sekunde, Terz, Sexte, Septime.

Diatretglas [zu griech.-lat. diatretus „durchbrochen"], Prunkglas, das von einem Glasnetz überzogen ist; dieses Netzwerk, durch Stege mit der inneren Glaswand verbunden, ist nicht aufgeschmolzen, sondern ausgeschliffen.

Diatribe [griech. „Zeitvertreib, Unterhaltung"], antike Bez. für eine Art der volkstüml. Moralpredigt, die in unsystemat., witziger Weise ein breites Publikum ermahnen und belehren will; im wesentl. aus der Popularphilosophie der kyn. Wanderredner des Hellenismus entstanden

Diatryma [griech.], Gatt. ausgestorbener, bis 2 m hoher, flugunfähiger, räuber. Riesenvögel aus dem Eozän N-Amerikas und M-Europas; gewaltiger Schädel mit einem bis 40 cm langen Schnabel.

Diätsalz, natrium- und kaliumchloridarmes Salzgemisch als Ersatz bei kochsalzarmer Diät.

Diaz, Armando [italien. 'di:ats], * Neapel 5. Dez. 1861, † Rom 29. Febr. 1928, italien. Marschall (seit 1924). - 1917 Nachfolger Cadornas als Generalstabschef; stabilisierte die Front an der Piave, leitete 1918 die italien. Schlußoffensive (Schlacht bei Vittoria Veneto); 1922–24 Kriegsminister.

D. (Dias), Bartolomeu [portugies. 'diɐʃ], * um 1450, † nahe dem Kap der Guten Hoffnung Ende Mai 1500, portugies. Seefahrer. - Drang 1487/88 im Auftrag Johanns II. auf der Suche nach dem Seeweg nach Indien über die afrikan. W-Küste nach S vor und umsegelte die von ihm Kap der Stürme gen. S-Spitze Afrikas (Kap der Guten Hoffnung); begleitete Vasco da Gama 1497/98 auf dessen 1. Indienfahrt; befehligte unter Cabral ein Schiff, das auf dem Weg nach Indien unterging.

Díaz, Porfirio [span. 'dias], * Oaxaca de Juárez 15. Sept. 1830, † Paris 2. Juli 1915, mex. Politiker. - Mestize; kämpfte gegen Klerikale, Franzosen und Kaiser Maximilian; führend in den folgenden Bürgerkriegen; 1877–80 und 1884–1911 Präs., mit diktator. Macht ausgestattet; begünstigte Großgrundbesitzer und amerikan. Großkapital, was 1910 zur Revolution führte und ihn 1911 zur Abdankung zwang.

Díaz del Castillo, Bernal [span. 'diað ðɛl kas'tiʎo], * Medina del Campo zw. 1492 und 1500, † in Mexiko um 1560 oder um 1582, span. Soldat und Chronist. - Nahm als Vertrauter von Cortés an der Eroberung Mexikos (1514–21) teil; bed. Werk über die Eroberung von Mexiko (1632 veröffentlicht).

Diazo- [Kw.], Bez. der chem. Nomenklatur für die Atomgruppierung $-N=N-$ bzw. $=N^{\oplus}=N^{\ominus}$ oder $-N^{\oplus}\equiv N$ (bei Endständigkeit).

Diazokörper [Kw.], Stoffwechselprodukte, die bei bestimmten fieberhaften

Diatretglas mit Schriftzeile unterhalb des Randes (4. Jh. n. Chr.). Köln, Römisch-Germanisches Museum

Erkrankungen im Urin stark vermehrt auftreten und sich mit der Ehrlich-Probe nachweisen lassen.

Diazomethan, CH_2N_2, einfachste, aliphat. Diazoverbindung; sehr giftiges und explosives, gelbes Gas; wegen seiner hohen chem. Reaktionsfähigkeit als Methylierungsmittel u.a. für Carbonsäuren und Phenole verwendet.

Diazoniumverbindungen (Diazoniumsalze), Gruppe salzartiger organ. Verbindungen, die sich bei ↑Diazotierung primärer aromat. Amine (oder organ. [Farb]stoffe mit diazotierungsfähiger Aminogruppe) ergeben; allg. chem. Formel: $[R-N^{\oplus}\equiv N]^+X^-$, wobei R meist ein Arylrest und X^- ein negativ geladenes Ion ist. D. werden u.a. zur Herstellung von Azofarbstoffen verwendet.

Díaz Ordaz, Gustavo [span. 'dias 'ɔrðas], * San Andrés Chalchicomula (= Ciudad Serdán [Puebla]) 12. März 1911, † Mexiko 15. Juli 1979, mex. Politiker. - 1958–64 Innenmin.; 1964–70 Staatspräsident.

Diazotierung [Kw.], die Umsetzung primärer aromat. Amine mit salpetriger Säure zu Diazoniumverbindungen, Zwischenprodukte bei der Herstellung der wichtigen Gruppe der Azofarbstoffe.

Diazotypie [Kw.] (Ammoniak-Kopierverfahren, Ozalidverfahren), Lichtpausverfahren für transparente Strichvorlagen, das sich die Lichtempfindlichkeit aromat. Diazoverbindungen zunutze macht.

Diazoverbindungen [Kw.], (aromat. D.) Sammelbez. für die sich vom Kation $[Aryl\text{-}N_2]^+$ ableitenden Diazoniumssalze und die *Diazokörper* der Formel $Aryl-N=N-X$, worin X ein Halogen, $-OH$, $-CN$, $-S-Alkyl$, $-SO_3Na$ u.a. sein kann. ◆ (aliphat. D.) leicht zersetzl. aliphat. organ. Verbindungen, die eine endständige, formal zweiwertige Gruppe N_2 besitzen.

Díaz Rodríguez, Manuel [span. 'diar rrɔ'ðriɣes], * Caracas im Febr. 1871, † New York 24. Aug. 1927, venezolan. Schriftsteller. - Bed. Modernist der lateinamerikan. Literatur; gesellschaftskrit. Romane, Novellen, krit. Essays, Reiseberichte und Erzählungen.

Diba, Farah ↑Farah Diba.

Dibbelmaschine ['dɪbl; engl. dibble „Pflanzholz, Setzholz"], Sämaschine, die das Saatgut in Reihen mit größeren Abständen (häufchenweise) ablegt.

dibbeln, mit der Dibbelmaschine säen.

Dibelius, Martin, * Dresden 14. Sept. 1883, † Heidelberg 11. Nov. 1947, dt. ev. Theologe. - 1915 Prof. für N. T. in Heidelberg. Begründer neutestamentl. ↑Formgeschichte. *Werke:* Die Formgeschichte des Evangeliums (1919), Jesus (1939), Botschaft und Geschichte (2 Bde., hg. 1953–56).

D., Otto, * Berlin 15. Mai 1880, † ebd. 31. Jan. 1967, dt. ev. Theologe. - 1921 Mgl. des Oberkirchenrats, 1925 Generalsuperintendent der Kurmark; 1933 als Mgl. der Bekennenden Kirche suspendiert; 1945–66 Bischof der Ev. Kirche von Berlin-Brandenburg, 1949–61 Vorsitzender des Rates der EKD, 1954–61 einer der fünf Präsidenten des Ökumen. Rates der Kirchen.
Werke: Das Vaterunser (1903), Staatsgrenzen und Kirchengrenzen (1921), Grenzen des Staates (1949), Vom ewigen Recht (1950), Ein Christ ist immer im Dienst (1961), Obrigkeit (1963).

Diboran ↑Borane.

Dibrachys [griech.], in der griech.-röm. Metrik Folge zweier kurzer Silben (⏑⏑).

Dibranchiata [griech.] ↑Kopffüßer.

Dicalciumphosphat, svw. Calciumhydrogenphosphat (↑Calciumphosphate).

Dicarbonsäuren, organ. Säuren mit zwei COOH-Gruppen im Molekül, z.B. Oxalsäure, Weinsäure u.a. Verschiedene D., z.B. ↑Adipinsäure haben großtechn. Bed. bei der Herstellung synthet. Fasern.

Dicenta y Benedicto, Joaquín [span. di'θenta i βene'ðikto], ≈ Calatayud (Aragonien) 3. Febr. 1863, † Alicante 20. Febr. 1917, span. Schriftsteller. - Stellte in erfolgreichen Dramen erstmals die Probleme der span. Arbeiterschaft dar, z.B. „Juan José" (1895).

Dichlormethan (Methylenchlorid), farblose, stabile, unbrennbare Flüssigkeit, dient als Lösungsmittel, bes. für Kunststoffe, Fette und Öle, Kühlmittel und infolge seiner starken Verdunstungsneigung als lokales Betäubungsmittel in der Medizin.

dichotom [griech.], gabelig (z.B. d. Verzweigung); zweiwertig, in zweierlei Art auftretend (z.B. die elektr. Ladung).

Dichotomie [griech.] (Gabelung, dichotome Verzweigung), im allg. Sprachgebrauch svw. Zweiteilung, Gliederung in zwei Begriffe oder Bereiche. In der Biologie die gabelige Verzweigung der Sproßachse, bei der sich der Vegetationspunkt in zwei neue, gleichwertige Vegetationspunkte aufteilt. - Ggs.: ↑seitliche Verzweigung; ↑auch Rhizom.

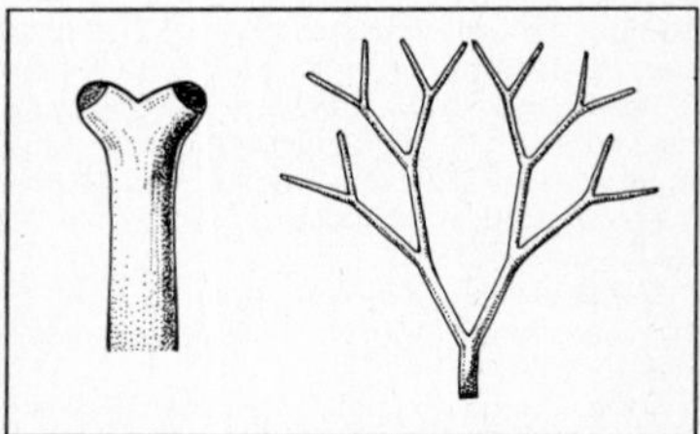

Beispiele einer Dichotomie in zwei gleichstarke Gabeläste

Dichroismus [dikro...; griech.] ↑Pleochroismus.

dichrom [griech.], zweifarbig.

Dichromasie (Dichromatopsie) [griech.], Form der ↑Farbenfehlsichtigkeit, bei der nur zwei der drei „Grundfarben" wahrgenommen werden.

Dichromate (früher Bichromate), Salze der Dichromsäure $H_2Cr_2O_7$, relativ giftig; starke Oxidationsmittel.

dicht, in der *Mineralogie* bezeichnet d. Mineralaggregate aus feinen, nicht einzeln erkennbaren Körnern (im Ggs. zu *derben* Aggregaten, in denen Kristalle ohne Ausbildung ebener Flächen gegeneinander gewachsen sind).

Dichte, (Massendichte, spezifische Masse) Formelzeichen ϱ, der Quotient aus Masse m und Volumen V eines Körpers: $\varrho = m/V$. Außer vom Material des Körpers hängt die D. auch von Druck und Temperatur ab (insbes. bei Gasen und Flüssigkeiten). SI-Einheit der D. ist das Kilogramm durch Kubikmeter (kg/m³). Weitere Einheiten:

$$1\,\text{g/cm}^3 = 1\,\text{kg/dm}^3 = 1\,000\,\text{g/l} = 1\,000\,\text{kg/m}^3.$$

Als **Normdichte** ϱ_N bezeichnet man die auf den Normzustand (0° C, 1,01325 bar = 760 Torr) bezogene Dichte.

Dichte einiger fester und flüssiger Stoffe in g/cm³ bei 20 °C:

Aluminium	2,699
Beton	1,5–2,4
Blei	11,35
Eis (bei 0 °C)	0,917
Eisen	7,86
Fette	0,90–0,95
Gold	19,3
Holz (trocken)	0,4–0,8
Quecksilber	13,54
Sand (trocken)	1,5–1,6
Schaumstoff	0,02–0,05
Uran	18,7
Wasser	0,998
Wasser (bei 4 °C)	1,000

Dichte einiger Gase in g/l bei 1,01325 bar = 760 Torr und 0 °C (Normdichte)

Helium	0,1785
Luft	1,2930
Methan	0,7168
Sauerstoff	1,42895
Stickstoff	1,2505
Wasserstoff	0,0988

◆ (optische Dichte) ↑Brechung.

◆ (Densität) Maß für die Schwärzung bzw. Anfärbung (Farbdichte) einer entwickelten photograph. Schicht (bzw. mehrerer Farbschichten).

◆ (Dichtezahl, Dichteziffer) Angabe in der *Statistik*, die das Verhältnis von statist. Massen zu Flächeneinheiten oder anderen Einheiten im Mittel angibt (z. B. *Bevölkerungs-D.* als Einwohnerzahl je km², *Kraftfahrzeug-D.* als Zahl der Kfz. je 1 000 E).

Dichtemesser, svw. ↑Densitometer.

Dichterakademie, zu den frühesten Akademien und Sprachgesellschaften zählten die D., z. B. die Académie française (1635) oder die Accademia dell'Arcadia (Rom, 1690); erste dt. Gründung 1926 in Berlin als „Abteilung für Dichtung" der Preuß. Akad. der Künste. 1949 Gründung der Deutschen Akademie für Sprache und Dichtung, Darmstadt, 1950 der Sektion „Dichtkunst und Sprachpflege" der Deutschen Akademie der Künste, Berlin (Ost).

Dichterkreis, lockerer, gegenüber der Dichterschule weiter gespannter Zusammenschluß von Dichtern zu einer Gruppe, sei es aus lokal bedingten Ursachen oder landschaftl. Zusammengehörigkeit, sei es auf Grund altersmäßiger oder freundschaftl. Verbundenheit, auch aus Gründen gleicher Weltanschauung, geistiger oder künstler. Verwandtschaft, z. B. die beiden *Halleschen D.*, der *Göttinger Hain.* Zur umfassenderen Dichterschule zählten das *Junge Deutschland* und die *Schwäb. Dichterschule.* In ihrer Bed. z. T. noch ungeklärt sind die vielen neuen D. seit 1945, z. B. die *Gruppe 47*, der *Darmstädter Kreis*, die *Stuttgarter Schule*, die *Gruppe 61*, der italien. *Gruppo 63* oder der *Werkkreis Literatur der Arbeitswelt.*

Dichterkrönung, seit dem 14. Jh. offizielle Auszeichnung eines Dichters ohne festes Ritual, meist Krönung mit Lorbeer und Ernennung zum „poeta laureatus", „poeta caesareus", „poeta imperialis" durch Papst, Kaiser oder König. In England (seit Eduard IV.) war die D. mit einem dotierten Hofpoetenamt verbunden, im dt. Bereich (seit 1487, Friedrich III.) berechtigte sie zu Vorlesungen über Dichtkunst und Rhetorik an einer Universität. Die Tradition hielt sich bis ins 18. Jahrhundert.

dichtester Wert (Modalwert), in der Statistik jedes Maximum einer Häufigkeitsverteilung.

Dichtezahl ↑Dichte (Statistik).

Dichteziffer ↑Dichte (Statistik).

Dichtung, allg. die **Dichtkunst;** speziell das einzelne **Sprachkunstwerk.** Zunehmende Verwendung dieses Begriffs seit dem 18. Jh.; zunächst in der Bed. „Fiktion" (Goethe, „D. und Wahrheit"); die geläufigere Verdeutschung von „ars poetica" war damals noch Poesie oder Dichtkunst, Poesie wurde jedoch im 19. Jh. zunehmend auf lyr. Werke eingeschränkt. Seit der Neuzeit werden neben „D." verwendet: Dichtkunst, Sprachkunst[werk], Wortkunst[werk], literar. Kunstwerk, Poesie (z. B. konkrete Poesie), schöne Literatur (Belletristik). Von den anderen Künsten unterscheidet sich die D. dadurch, daß sie an das Medium Sprache gebunden ist. Die philosoph. und literaturwiss. Überlegungen über die D. als ästhet. Kunstwerk können immer nur Annäherungen erbringen, je nach den Werken, die als Beispiel dienen. Zur Eigenart der D. gehören Metaphorik, Mehrdeutigkeit, Vieldimensionalität. Tiefenschichtung der Sprachgestalt, so daß immer wieder neue Aspekte und andere Akzente in ihr wahrgenommen werden können. Diese Vielfalt der D. erschwert auch ihre *literaturwiss. Klassifikation.* Die seit dem 18. Jh. (Gottsched) übl. Dreiteilung der Dichtungsgattungen in Lyrik, Epik und Dramatik wird immer wieder durch grenzüberschreitende Formen in Frage gestellt. Neben diese formale Einteilung tritt eine Unterscheidung nach inhaltsbezogenen Begriffen: lyr., episch, dramat.; der Versuch, D. auf diese „Naturformen" (Goethe) oder „Grundbegriffe" (Staiger) zurückzuführen, erfolgte aus der Erkenntnis, daß es keine gattungstyp. Reinformen gebe, sondern immer nur Mischformen verschiedener Grundhaltungen (z. B. lyr. oder episches Drama, dramat. oder lyr. Roman). Für die *Abgrenzung* zw. dichter. und anderen literar. Formen, zw. D. und Literatur, impliziert der Begriff „Literatur" die schriftl. Fixierung (Geschriebenes, Gedrucktes) im Ggs. zur D., die es auch unabhängig von der Niederschrift geben kann (Volks-D.). Nach der Definition der D. als fiktionaler Sprachschöpfung sind Didaktik, Rhetorik (Predigt, Rede) und Kritik reine Zweckformen und keine D. Zw. den verschiedenen Formen der D. gab es immer wieder veränderte *Rangordnungen:* Im MA z. B. galt das Epos als höchste Kunstform, im 19. Jh. genoß das Drama das höchste Ansehen, die Romantik würdigte erstmals die Volks-D., und der Roman wurde erst im Laufe des 19. Jh. als D. anerkannt. Die *Wirkung* einer D. kann sich je nach Zeit und Publikum verändern, z. B. kann das soziale oder gesellschaftl. Anliegen eines Werkes als entscheidender oder unwesentl. Faktor betrachtet werden. Die *Sprache* der D. kann sich mehr oder weniger von der Alltagssprache entfernen; Zeiten mit einer bes. ausgeprägten D.sprache (mittelhochdt. Blütezeit, Barock, Goethezeit) wurden von Perioden abgelöst, in denen die möglichst getreue Anlehnung an die Umgangssprache, an Dialekte (Dialekt-D., Mundart-D.) dichter. Wahrheit gewährleistet werden sollte. Die *Entstehung* von D. wurde in verschiedenen Zeiten verschieden erklärt: Durch Inspiration (Sturm und Drang, Romantik) oder mit Hilfe von lehr- und lernbaren Regeln (Meistersang, Barock, Aufklärung). Die gesellschaftl. Bedingungen ihres Entstehens sind in unterschiedl. Maß greifbar, unmittelbar sind z. B. der feudale Hintergrund der höf. ma. D. oder die bürgerl. Voraussetzungen von Meistersang, Aufklärungsliteratur und Empfindsamkeit des 18. Jh. oder die Lebensbedingungen, die der Arbeiter-D. des 19. Jh. zugrunde liegen.

📖 *Dilthey, W.: Das Erlebnis u. die D. Gött. [16]1985. - Kayser, W.: Das sprachl. Kunstwerk. Bern u. Mchn. [18]1978. - Seidler, H.: Die D. Wesen, Form, Dasein. Stg. [2]1965.*

Dichtung, in der Technik Vorrichtung zur Verhinderung des Übertritts von gasförmigen, flüssigen oder festen Stoffen durch Fugen oder Risse. *Lager-* und *Wellen-D.* sollen Schmiermittelaustritt und Zutritt von Fremdstoffen verhindern. Zum Abdichten ruhender Teile werden **Berührungsdichtung** als ebene *Flach-D.* (*Weich-D.* z. B. aus Gummi, Kunststoff, Asbest, Leder; *Hart-D.* z. B. aus Blei, Kupfer, Aluminium, Kupferasbest) verwendet. Benennung nach abzudichtenden Teilen (z. B. *Zylinderkopf-D.*, *Gehäuse-D.*). Zum Abdichten von Wellen benutzt man z. B. **Stopfbuchsdichtungen,** bei denen ein Ring eine Pakkung aus D.material in axialer Richtung so stark preßt, daß sich der Packungsring radial an die bewegte Stange oder Welle abdichtend anlegt (z. B. Hydraulikzylinder). **Radialdichtringe** (für drehbewegte Teile) besitzen Manschetten aus Gummi oder Kunststoff, deren Dichtlippen durch Schlauchfedern radial an die abzudichtende Welle gepreßt werden (**Simmerringe** Ⓦⓩ). Zum Zurückhalten von

Dichtung. Zylinderkopfdichtung (links); Simmerring

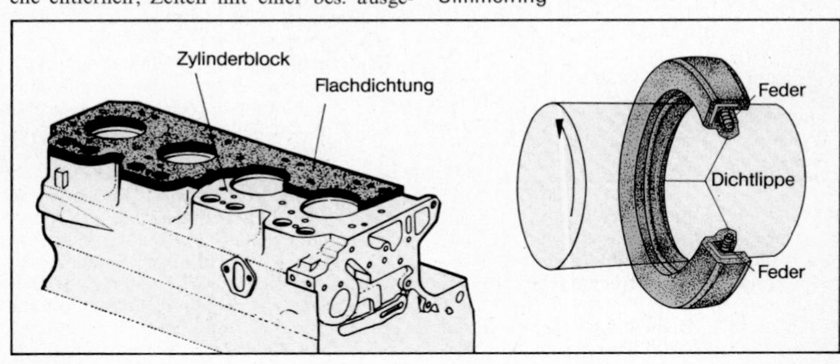

Schmieröl verwendet man bei hochtourigen Wellen **Spritzringe,** die das Öl durch Fliehkraftwirkung abschleudern, oder ein gegensinnig zur Drehrichtung auf die Welle aufgeschnittenes *Rückfördergewinde,* durch das das Öl zurückgefördert wird.

Dichtungsmittel, Zusatzstoffe zum Beton *(Beton-D.),* Mörtel oder Putz, die diese Baustoffe wasserabweisend machen.

Dick, Eisik Meir, eigtl. Isaac Meir D., *Wilna 1807, †ebd. 24. Jan. 1893, jidd. Schriftsteller. - D. gilt mit seinen Romanen (über das jüd. Volksleben) als erster bed. Vertreter der weltl. jidd. Literatur.

Dickblatt (Crassula), Gatt. der Dickblattgewächse mit etwa 300 Arten, v. a. in S-Afrika (in M-Europa 3 Arten); Kräuter, Stauden oder bis 3 m hohe Sträucher, mit meist dickfleischigen, gegenständigen Blättern und kleinen Blüten in Blütenständen; beliebte Zierpflanzen.

Dickblattgewächse (Crassulaceae), Fam. der zweikeimblättrigen Pflanzen mit über 400 Arten, v. a. in trockenen Gebieten, bes. S-Afrikas, Mexikos und der Mittelmeerländer; in M-Europa etwa 20 Arten in den Gatt. ↑Dickblatt, ↑Fetthenne, ↑Hauswurz; viele beliebte Zierpflanzen, z. B. ↑Brutblatt, ↑Echeveria, ↑Kalanchoe, ↑Äonium.

Dickdarm ↑Darm.

Dickdarmentzündung (Kolitis, Colitis), mit Durchfall einhergehende, meist durch Bakterien verursachte Entzündung des Dickdarms.

Dicke Berta [nach Bertha Krupp von Bohlen und Halbach, *1886, †1957], volkstüml. Bez. der Kruppschen 42-cm-Mörser *(Gamma-* und *M-Geräte).*

Dickel, Friedrich, *Vohwinkel 9. Dez. 1913, dt. Politiker. - Seit 1931 Mgl. der KPD, emigrierte 1933; 1936/37 Teilnahme am Span. Bürgerkrieg; baute seit 1947 in der SBZ/DDR die Volkspolizei auf; seit 1963 Innenmin. und Chef der Volkspolizei; seit 1965 Generaloberst, seit 1967 Mgl. des ZK der SED und Abg. der Volkskammer.

Dickens, Charles [engl. 'dɪkɪnz], Pseud. Boz, *Landport bei Portsmouth 7. Febr. 1812, †Gadshill Place bei Rochester 9. Juni 1870, engl. Schriftsteller. - Begann als Journalist und schrieb ausgezeichnete Reportagen; berühmt wurde er durch die humorist. „Pickwick papers" (1836/37 in Fortsetzungen erschienen, dt. u. d. T. „Die Pickwickier ..."); anschließend arbeitete D. an mehreren Fortsetzungsromanen gleichzeitig (meist für Familienzeitschriften); 1841 und 1867/68 unternahm er Amerikareisen. Seine Vorliebe für Originale (Schulung an Smollett und Fielding), sein engagiertes Eintreten für die sozial Benachteiligten, seine oft pathet., zu Schwarzweißmalerei neigende, oft sympath.-simple Erzählweise machten ihn zu einem der beliebtesten Autoren seiner Zeit. D. gilt auch als der erste Vertreter des sozialen Romans, der mit der Anprangerung sozialer Mißstände in seinen Werken Anlaß zu verschiedenen Reformen gab.

Weitere Werke: Oliver Twist (R., 1838), Leben und Schicksale Nikolas Nickelby's und der Familie Nickelby (R., 1838/39), Der Raritätenladen (R., 1841), Ein Weihnachtslied (E., 1843), Leben und Abenteuer Martin Chuzzlewits (R., 1843/44), David Copperfield (R., 1850), Bleakhaus (R., 1853), Harte Zeiten (R., 1854), Zwei Städte (R., 1859), Große Erwartungen (R., 1861).

🕮 *Mackenzie, J./Mackenie, N.: D. Dt. Übers. Ffm. 1983. - Gelfert, H. D.: Die Symbolik im Romanwerk von C. D. Stg. 1974.*

Dickenson, Vic (Victor) [engl. 'dɪkɪnsn], *Xenia (Ohio) 6. Aug. 1906, †New York 16. Nov. 1985, amerikan. Jazzmusiker (Posaunist). - Gilt als einer der führenden Posaunisten des Mainstream Jazz.

Dickenwachstum, Bez. für die Vergrößerung des Durchmessers von Sproß und Wurzeln der Pflanzen. Das *primäre D.* (kommt v. a. bei zweikeimblättrigen Pflanzen und Nacktsamern vor) beruht auf zeitl. begrenzten Zellteilungen, die vom Vegetationspunkt ausgehen und die Sproßachse verbreitern. - *Sekundäres D.* schließt sich stets an das primäre D. an und endet erst mit dem Absterben der Pflanze. Es beruht auf der Tätigkeit eines (im Querschnitt) ringförmig angeordneten Bildungsgewebes, das durch Zellteilungen nach innen und außen neue Zellen abgibt. Die nach innen abgegebenen Zellen verholzen und bilden das Festigungsgewebe, während die nach außen abgeschnürten Zellen den Bast bilden.

Dickfußröhrling (Roßpilz, Boletus calopus), Röhrenpilz; Fruchtkörper (im Sommer und Herbst) bitter, ungenießbar (schwach giftig), mit hell- bis olivgrauem Hut; Röhren bei Druck blau anlaufend; Stiel nach oben zu gelb, unten dunkelkarminrot mit gelblichweißem bis rötl. Adernetz.

Dickhäuter (Pachydermata), veraltete Sammelbez. für Elefanten, Nashörner, Tapire und Flußpferde.

Dickinson, Emily [Elizabeth] [engl. 'dɪkɪnsn], *Amherst (Mass.) 10. Dez. 1830, †ebd. 15. Mai 1886, amerikan. Lyrikerin. - Ihr durch streng puritan.-nüchternes Denken geprägtes Werk lebt aus naiver, undogmat. Gläubigkeit, läßt jedoch auch Skepsis und Verzweiflung erkennen. Nur 7 Gedichte erschienen zu ihren Lebzeiten, postum: „Poems" (3 Bde., hg. 1890, 1891 und 1896), „The single hound" (hg. 1914), „Further poems" (hg. 1929), „Unpublished poems" (hg. 1932), „Bolts of melody" (hg. 1945). Ausgewählte Gedichte in dt. Übers. erschienen 1956 („Der Engel in Grau"), 1959 („Gedichte") und 1970 („Gedichte"); bed. Briefwechsel.

Dickkolben, svw. ↑Amorphophallus.

Dickkopffalter (Dickköpfe, Hesperiidae), mit etwa 3000 Arten weltweit verbreiteter Fam. meist 2–3 cm spannender Schmetterlinge; Flügel meist grau, braun, bräunlichgelb bis rötl., mit weißen Flecken oder dunkler Zeichnung.

Dickkopffliegen (Blasenkopffliegen, Conopidae), mit etwa 500 Arten weltweit verbreitete Fam. häufig wespenartig gezeichneter Fliegen; Hinterleib am Ende häufig etwas eingerollt, oft mit Wespentaille.

Dickmilch, svw. ↑Sauermilch.

Dick-Read, Grantly [engl. dɪk'ri:d], * Beccles (Suffolk) 26. Jan. 1890, † Wroxham (Norfolk) 11. Juni 1959, brit. Gynäkologe. - Propagierte die körperl.-seel. Vorbereitung der schwangeren Frau auf die Entbindung zur Erleichterung des Geburtsvorgangs, u. a. mit seinem Buch „Der Weg zur natürl. Geburt" (1944).

Dickrübe, volkstüml. Bez. für verschiedene Rübensorten, v. a. für die Runkelrübe.

Dickte, Bez. für die unterschiedl. „Dicke" (= Breite) von Drucktypen.

Dick und Doof in dem Film „Rache ist süß" (1934)

Dick und Doof (engl. Laurel and Hardy), berühmtestes amerikan. [Stumm]filmkomikerpaar (Dick: Oliver [Norvelle] Hardy [* 1892, † 1957]), Doof: Stan Laurel, eigtl. Arthur Stanley Jefferson [* 1890, † 1965]), die durch naiv-konsequentes Verhalten das Chaos des Alltäglichen aufdecken, z. B. in „Das automat. Gewehr" (1932).

Dickung, in der Forstwirtschaft Bez. für eine natürl. Wuchsklasse eines Waldbestandes: junger Kulturwaldbestand, bei dem die Bäumchenkronen sich berühren und die ersten unteren Äste absterben.

Dicotyledoneae [griech.], svw. ↑Zweikeimblättrige.

Dickkopffliege

Dictum [lat.], Spruch, Ausspruch, Wort.

Dicyandiamid, $H_2N-C(=NH)-NH-CN$, ungiftiges Vorprodukt bei der Herstellung von Melamin, das z. B. zu Formaldehyd-Kondensationsharzen weiterverarbeitet wird (Duroplaste).

Didache [griech.] (Apostellehre, Zwölfapostellehre), älteste urchristl. „Gemeindeordnung" mit Bestimmungen über Leben, Gottesdienst und Leitung der Gemeinde; das griech. Original entstand wohl im 2. Jh. im syr.-palästinens. Grenzgebiet.

Didaktik [griech.], allg. Wissenschaft und Lehre vom Lehren und Lernen überhaupt, i. e. S. Theorie der Lehr- bzw. Bildungsinhalte, ihrer Struktur, Auswahl und Zusammensetzung. Im 20. Jh. hat man die Lehr- bzw. Bildungsinhalte problematisiert und neu zu begründen versucht, andererseits das Lehr- und Lerngeschehen (den Unterricht) zum Gegenstand der Reflexion gemacht und zu operationalisieren versucht. Beide Ansätze münden in einer „Curriculumrevision" und dem Entwurf eines neuen durchdachten Gefüges von Lehrgängen, deren Lernziel und Lernwege bis ins Einzelne geplant sind.

didaktische Dichtung ↑Lehrdichtung.

didaktischer Apparat, die für den Unterricht benötigten Hilfsmittel.

Didaskalia [griech. „Unterweisung"], eine Art Kirchenordnung aus dem frühen 3. Jh., in griech. Sprache abgefaßt.

Didaskalien [griech.], Bez. für die seit dem 5. Jh. v. Chr. angelegten chronolog. Listen über die Aufführungen chor. Werke, mit Angaben über „Chorführer" (Chorege oder Didaskalos), Schauspieler, Beurteilung u. a.

Didelphier (Didelphia) [griech.], Unterklasse der Säugetiere mit der einzigen Ordnung ↑Beuteltiere.

Diderot, Denis [frz. di'dro], * Langres 5. Okt. 1713, † Paris 31. Juli 1784, frz. Schriftsteller und Philosoph. - Sohn eines Messerschmieds; Autodidakt, vermittelte als Herausgeber und Autor der frz. „Encyclopédie" (1751–72) insbes. durch seine programmat.

Artikel der Aufklärung wesentl. Impulse. Ursprüngl. war D. stark beeinflußt durch engl. Traditionen (Shaftesbury, Locke), später durch den krit. Skeptizismus Bayles und materialist. Positionen, von denen seine deist. Phase abgelöst wurde. Neben ästhet. und literaturtheoret. Schriften schrieb D. zahlr. philosoph. Abhandlungen, z. B. gegen Pascal die „Pensées philosophiques“ (1746), die „Pensées sur les aveugles“ (1749), daneben philosoph. Dialoge. D. war auch ein Meister der Erzählkunst bes. in kleinen Genrebildern und in erot. Romanen u. a.: „Die indiskreten Kleinode“ (1748), „Die Nonne“ (1796). Mit seinen im bürgerl. Milieu spielenden Schauspielen „Der natürl. Sohn“ (1757), „Der Hausvater“ (1758) schuf D. in Frankr. die Gatt. des Rührstücks und des bürgerl. Trauerspiels. D. übte insbes. in Deutschland großen Einfluß aus. Sein Weltbild fand eine Fortsetzung in der Naturphilosophie des 19. Jh.

🕮 *Stackelberg, J.: v.: D. Zürich 1983. - Mornet, D.: D. D., l'homme et l'œuvre. Paris Neuausg. 1966.*

Dido (Elissa), Gestalt der röm. Mythologie, Prinzessin von Tyros in Phönikien; aus der Heimat vertrieben, gelangt sie nach Nordafrika, wo sie die Burg Byrsa, das spätere Karthago, errichtet. Gab sich selbst den Tod, um sich der Werbung des Lyderkönigs Iarbas zu entziehen, nach anderer Version, als sie von ↑Äneas verlassen wird.

Didot [frz. di'do], frz. Buchdrucker-, Verleger- und Schriftgießerfamilie des 18. und 19. Jh. - Der Begründer, **François Didot** (* 1689, † 1757), stand unter dem Einfluß des Stempelschneiders P. Grandjean. Sein Sohn **François Ambroise Didot** (* 1730, † 1804) gilt als Schöpfer der **Didotantiqua,** einer Schrift mit dicken Grund- u. feinen Haarstrichen; er vervollkommnete das System der typograph. Punkte (**Didotsystem**) und druckte etwa 100 Ausgaben frz. Autoren. Sein Sohn **Pierre Didot** (* 1761, † 1853) folgte 1789 seinem Vater François Ambroise D. und schuf Prachtausgaben lat. und frz. Klassiker, bes. die „Éditions du Louvre“ (z. B. 1801–05: Racine). Sein Bruder **Firmin Didot** (* 1764, † 1836) übernahm die Schriftgießerei, gab der D.antiqua die endgültige Gestalt und verbesserte 1795 die Stereotypie. Sein Vorname wurde Bestandteil des Firmennamens: **Firmin-Didot & Cie.**

Didym [griech.], Legierung hauptsächl. aus Praseodym und Neodym.

Didyma, antike Ruinenstätte (W-Türkei) eines zu Milet gehörenden Apollonheiligtums (**Didymaion**) mit berühmtem Orakel; bis 494 v. Chr. (Zerstörung durch die Perser) unter der dynast. Priesterkaste der Branchiden. Der riesige Tempelneubau, unter Seleukos I. um 300 v. Chr. begonnen, blieb im 2. Jh. unvollendet liegen; er wurde als Festung und Kirche benutzt (1453 Einsturz durch ein Erdbeben); Ausgrabungen seit 1895.

Didymos, alexandrin. Philologe der Mitte des 1. Jh. v. Chr. - Faßte die textkrit., erklärenden und lexikal. Arbeiten der alexandrin. Philologen zus. (angebl. 3 500 Bücher); erhalten ist v. a. ein Teil seines Kommentars zu Demosthenes.

Didymus [griech.], svw. ↑Hoden.

Diebenkorn, Richard Clifford [engl. 'di:bənkɔ:n], * Portland (Oreg.) 22. April 1922, amerikan. Maler. - Großzügig angelegte Landschaften und Figurenbilder.

Diebitsch, Johann Graf (seit 1829), russ. Iwan Iwanowitsch Dibitsch-Sabalkanski, * Groß Leipe (Schlesien) 13. Mai 1785, † Kleczewo bei Pułtusk 10. Juni 1831, russ. Feldmarschall (seit 1829). - Trat 1801 aus preuß. in russ. Offiziersdienste, schloß 1812 mit General Yorck von Wartenburg die Konvention von Tauroggen; seit 1824 Chef des Generalstabs.

Diebskäfer (Ptinidae), mit etwa 600 Arten weltweit verbreitete Fam. 1–5 mm großer, meist rotbrauner bis brauner, nachtaktiver Käfer mit gedrungenem, häufig ovalem bis kugeligem Körper und auffallend langen Fühlern und Beinen; Schädlinge v. a. an Getreide, Lebensmitteln und Textilien; von den 23 mitteleurop. Arten ist am bekanntesten der ↑Messingkäfer.

Diebstahl, Wegnahme einer fremden bewegl. Sache in der Absicht, sie sich rechtswidrig zuzueignen.

Der **einfache Diebstahl** (§ 242 StGB) ist mit

Hans-Jürgen Diehl, Infusion (1967). Privatbesitz

Freiheitsstrafe bis zu fünf Jahren oder mit Geldstrafe bedroht. Die D.handlung besteht in der Wegnahme; Wegschaffen vom Tatort ist nicht erforderl., Verstecken in den Räumen des Bestohlenen genügt. Ein **schwerer Diebstahl** (§ 243 StGB) - Freiheitsstrafe von drei Monaten bis zu zehn Jahren - liegt i. d. R. vor, wenn der Täter in einen umschlossenen Raum einbricht (**Einbruchdiebstahl**), einsteigt (**Einsteigdiebstahl**), mit einem falschen Schlüssel (**Nachschlüsseldiebstahl**) oder einem ähnl. Werkzeug eindringt, eine Sache stiehlt, die durch ein Behältnis oder eine andere Schutzvorrichtung bes. gesichert ist, gewerbsmäßig stiehlt, einen **Kirchendiebstahl** oder einen **Ausstellungsdiebstahl** begeht, Hilflosigkeit, einen Unglücksfall oder eine allg. Notlage ausnutzt. Der **Rückfalldiebstahl**, d. h. der nach zweimaliger rechtskräftiger Verurteilung begangene weitere D., wird seit 1969 nach den für alle Straftaten geltenden Bestimmungen über den Rückfall geahndet. - Als bes. Form des D. werden der **Bandendiebstahl** und der D. unter Mitführung einer Waffe oder eines sonstigen zur Überwindung von Widerstand geeigneten Werkzeugs mit einer Freiheitsstrafe von sechs Monaten bis zu zehn Jahren (§ 244 StGB), die **Stromentwendung** mit Geld- oder Freiheitsstrafe bis zu fünf Jahren (§ 248c StGB) bedroht. Der **Gebrauchsdiebstahl**, d. h. die unbefugte Ingebrauchnahme eines Kraftfahrzeuges oder Fahrrades (§ 248b StGB) sowie der **Haus-** und **Familiendiebstahl** (§ 247 StGB) werden nur auf Antrag verfolgt. **Feld-** und **Forstdiebstahl** werden nach landesrechtl. Feld- und Forstpolizeigesetzen geahndet. - Ähnl. rechtl. Bestimmungen gelten in *Österreich* und in der *Schweiz*.

Diebstahlversicherung (Einbruchdiebstahlversicherung), Zweig der Sachversicherung, der Versicherungsschutz gegen Schäden durch Einbruchdiebstahl, Einsteigdiebstahl, Nachschlüsseldiebstahl gewährt.

Dieburg, Stadt in Hessen, an der Gersprenz, 144 m ü. d. M., 13 000 E. Fachhochschule der Bundespost, kleinere Mittelbetriebe. - Röm. Straßenknotenpunkt; bei der 1169 erstmals erwähnten Wasserburg D. entstand die heutige Vorstadt **Altenstadt**; 1277 erhielt D. Stadtrecht. - Wallfahrtskirche (13. und 14. Jh.), Herrenhaus (19. Jh.; ehem. ma. Wasserburg).

Dieckmann, Johannes, * Fischerhude bei Bremen 19. Jan. 1893, † Berlin 22. Febr. 1969, dt. Politiker. - Seit 1919 Funktionär der DVP, enger Mitarbeiter Stresemanns; nach 1945 in der SBZ Mitbegr. der LDPD; 1948–50 sächs. Justizmin.; seit 1949 Präs. der Volkskammer der DDR und stellv. Vors. der LDPD, 1960–69 zugleich einer der Stellvertreter des Vors. des Staatsrats.

Dieckmann-Reaktion (Dieckmann-Kondensation) [nach dem dt. Chemiker W. Dieckmann, * 1869, † 1925], eine intermolekulare Kondensationsreaktion von Dicarbonsäureestern zu carbocyl. Verbindungen (cycl. Ketocarbonsäureester) in Gegenwart von Natriumäthylat.

Diedenhofen ↑Thionville.

Diederichs, Eugen [ˈ- - -], * Gut Löbitz bei Naumburg/Saale 22. Juni 1867, † Jena 10. Sept. 1930, dt. Verleger. - Gründete 1896 einen Verlag, seit 1904 mit Sitz in Jena. Seine verleger. Initiative war zeitgenöss. geistigen Strömungen ebenso offen wie dem kulturellen Erbe; buchkünstler. anspruchsvolle Ausgaben sowie z. T. große Sammlungen auf philosoph., kulturphilosoph. und histor. sowie belletrist. Gebiet.

D., Georg [ˈ- - -], * Northeim 2. Sept. 1900, † Laatzen 19. Juni 1983, dt. Politiker (SPD). - In Niedersachsen 1947–74 MdL, 1957–61 Sozialmin. 1961–70 Min.-präs.

D., Helene [ˈ- - -] ↑Voigt-Diederichs, Helene.

D., Luise [ˈ- - -] ↑Strauß und Torney, Lulu von.

D., Nicolaas [afrikaans ˈdiːdərəks], * Ladybrand (Oranjefreistaat) 17. Nov. 1903, † Pretoria 21. Aug. 1978, südafrikan. Politiker. - 1958–67 Wirtschafts-, 1967–75 Finanzmin., seit 1975 Staatspräs. der Republik Südafrika.

Diederichs Verlag, Eugen ↑Verlage (Übersicht).

Diefenbaker, John George [engl. ˈdiːfənbɛɪkə], * Normanby Township (Ontario) 18. Sept. 1895, † Ottawa 16. Aug. 1979, kanad. Politiker. - Jurist; 1940 ins Unterhaus gewählt; 1956–67 Vors. der Progressive Conservative Party; 1957–63 Premierminister.

Dieffenbachia (Dieffenbachie) [nach dem östr. Botaniker J. Dieffenbach, * 1796, † 1863], Gattung der Aronstabgewächse mit rd. 30 Arten im trop. und subtrop. Amerika; zahlreiche buntblättrige Arten und Kulturformen sind beliebte Blattpflanzen; meist sehr giftig.

Diego Cendoya, Gerardo [span. ˈdi̯eɣo θenˈdoja], * Santander 3. Okt. 1896, span. Lyriker. - Einer der maßgebenden Vertreter der modernen span. Lyrik; dt. Auswahl „Gedichte" (span. und dt. 1965).

Diego Garcia [span. ˈdi̯eɣo garˈθia] ↑Chagos Islands.

Diégo-Suarez [frz. djegosɥaˈrɛːz] ↑Antsiranana.

Diehards [engl. ˈdaɪhɑːdz], nach dem Beinamen des 57. brit. Infanterieregiments (etwa: „wehrt Euch bis zum letzten Atemzug"), Bez. für polit. extrem konservative Gruppen; zuerst 1910/11 auf den rechten Flügel der brit. Konservativen angewandt.

Diehl, Hans Jürgen, * Hanau 22. Mai 1940, dt. Maler. - Polit. und gesellschaftskrit. Engagement (Berliner krit. Realismus), v. a. gemalte Photomontagen. - Abb. S. 233.

Diekirch, luxemburg. Stadt an der Sauer, 5 600 E. Verwaltungssitz des Kt. D.; Fremdenverkehr. - Stadtrecht seit 1260. - Reste röm. Thermen; Pfarrkirche (10., 15./16. Jh.), neuromant. Sankt-Lorenz-Kirche (1868).

Dieldrin [Kw., nach O. Diels und K. Alder], ein chloriertes Naphthalinderivat, das als Insektizid gegen Bodenschädlinge, Malariamücken, Heuschrecken, Termiten, Schaben u. a. angewandt wird. Seit 1977 in der BR Deutschland verboten.

Diele, langes, schmales [Fußboden]brett.
◆ hinter der Wohnungstür gelegener Vorraum; heute auch in Zusammensetzungen wie Tanzdiele, Eisdiele.
◆ (niederdt. Däle, Deele) großer Raum (urspr. Haupt- bzw. einziger Raum) des niederdt. Bauern- und Bürgerhauses.

Dielektrikum [di-e'lɛk...; griech.], elektr. nicht leitender Stoff (Isolator), der ein elektr. Feld im Ggs. zu einer geerdeten Metallplatte nicht abschirmt, sondern hindurchläßt. Ein D. zw. den Platten eines Kondensators vergrößert dessen Kapazität um einen vom Material des D. abhängigen Faktor ε_r, der **relativen Dielektrizitätskonstante** oder **Dielektrizitätszahl** (ε_r für Luft: 1,00058; Wasser 81; keram. Stoffe: bis 10000). Die Kapazität C eines Kondensators im Vakuum ist: $C = \varepsilon_0 A/d$ (Plattenfläche A, Plattenabstand d); $\varepsilon_0 = 8{,}86 \cdot 10^{-12}$ F/m (Farad/Meter) ist eine Naturkonstante und wird als **Dielektrizitätskonstante des Vakuums, Influenzkonstante** oder **elektr. Feldkonstante** bezeichnet.

Dielektrometrie [di-e...; griech.], ein auf der Messung der Dielektrizitätskonstanten beruhendes Verfahren der qualitativen und quantitativen chem. Analyse, insbes. zu Wassergehaltsbestimmungen.

Diels, Hermann, * Biebrich (= Wiesbaden-Biebrich) 18. Mai 1848, † Berlin 4. Juni 1922, dt. klass. Philologe. - Seit 1882 Prof. in Berlin; bed. Übersetzer und Hg. antiker Texte, bed. „Die Fragmente der Vorsokratiker" (3 Bde., mit Index von W. ↑ Kranz 1903).
D., Ludwig, * Hamburg 24. Sept. 1874, † Berlin 30. Nov. 1945, dt. Botaniker. - Sohn von Hermann D.; Direktor des Botan. Gartens und Museum und Prof. in Berlin; arbeitete über Systematik und Pflanzengeographie.
D., Otto, * Hamburg 23. Jan. 1876, † Kiel 7. März 1954, dt. Chemiker. - Prof. in Berlin und Kiel; entdeckte u. a. das Kohlensuboxid (1906) und das Grundskelett der Steroide. 1928 entwickelte er zus. mit K. Alder die für die Synthese carbocycl. Verbindungen wichtige ↑ Diensynthese, wofür beide 1950 den Nobelpreis für Chemie erhielten.

Diels Butterbirne [nach dem dt. Arzt A. Diel, * 1756, † 1839] ↑ Birnen (Übersicht, Bd. 1, S. 599).

Diem, Carl, * Würzburg 24. Juni 1882, † Köln 17. Dez. 1962, dt. Sportwissenschaftler und Sportschriftsteller. - Mitbegründer der Dt. Hochschule für Leibesübungen Berlin (1920), Begründer der Dt. Sporthochschule Köln (1947); Organisator der Olymp. Spiele 1936 in Berlin. Verfaßte u. a. „Weltgeschichte des Sports und der Leibeserziehungen" (2 Bde., 1960).

Diemel, linker Nebenfluß der Weser, entspringt im Hochsauerland, mündet bei Bad Karlshafen; 105 km lang; am Oberlauf gestaut (beliebtes Erholungsgebiet).

Diemeltalsperre ↑ Stauseen (Übersicht).

Điên Biên Phu [vietnames. diən biən fu], Ort in Vietnam, im Bergland des westl. Tonkin, 300 km wnw. von Hanoi. - 1953 von den Franzosen als Sperre gegen den Nachschub des Vietminh ausgewählt und besetzt. Die Kapitulation der frz. Truppen 1954, die von den Vietminh eingeschlossen und von der Luftversorgung abgeschnitten waren, gilt als die entscheidende frz. Niederlage in der 1. Phase des Vietnamkriegs.

Diencephalon (Dienzephalon) [di-ɛn...], svw. Zwischenhirn (↑ Gehirn).

Diene [griech.], ungesättigte aliphat. Kohlenwasserstoffe, die im Molekül zwei C=C-Doppelbindungen enthalten; allg. Formel C_nH_{2n-2}. D. mit konjugierten Doppelbindungen sind techn. wegen ihrer großen Neigung zur Polymerisation bei der Kunststoffherstellung wichtig.

Dienst, allg. die Erfüllung von Pflichten; im religiösen Bereich der Gottes-D.; im karitativen Bereich der D. am Nächsten; im berufl. Bereich die Verrichtung der zu erbringenden Leistung.
◆ in der got. *Baukunst* dünnes Säulchen oder Halbsäulchen, im Querschnitt viertel-, dreiviertelkreis- oder birnenförmig, das, einzeln oder zu mehreren gebündelt, der Wand (**Wanddienst**) oder einem Pfeiler vorgelagert bzw. um diesen herumgeführt ist (**Dienstbündel**). Die stärkeren **alten Dienste** tragen die Quer- und Längsgurte, die **jungen Dienste** die Rippen oder rippenähnl. Profile.

Dienstadel, Gruppe des Adels, die ihre soziale Stellung dem Dienstverhältnis zu einem übergeordneten Dienstherrn (z. B. dem König) verdankt und sich in gesellschaftl. Ansehen und bevorzugter Rechtsstellung dem „alten" Adel annähert und dann ihm einfügt (Erbadel wird).

Dienstag, die dt. Bez. für den zweiten Tag der Woche (lat. Martis dies „Tag des Mars"): abgeleitet von dem niederrhein., latinisiert als Mars Thingsus bezeugten Beinamen des german. Kriegsgottes (als Heger des Things); östl. des Lech wird der D. Ertag (aus érintag „Tag des Ares") genannt.

Dienstalter, die von einem Beamten im öffentl. Dienst zurückgelegte Dienstzeit. Zu unterscheiden sind das **allg. Dienstalter,** das mit der ersten Verleihung eines Amtes (Anstellung) beginnt, und das **Besoldungsdienstalter,** das i. d. R. am Ersten des Monats, in dem der Beamte das 21. Lebensjahr vollendet, beginnt.

Dienstaufsicht, in der öffentl. Verwaltung der BR Deutschland das Recht und die Pflicht der höheren Behörde und des Dienstvorgesetzten, die Tätigkeit der nachgeordneten Behörde bzw. der ihm unterstellten Angehörigen des öffentl. Dienstes zu überwachen (Ämter- und Personalaufsicht).

Dienstaufsichtsbeschwerde (Aufsichtsbeschwerde), in der BR Deutschland ein formloser, bei der übergeordneten Behörde einzulegender ↑Rechtsbehelf (ohne aufschiebende Wirkung), der sich gegen das Verhalten der untergeordneten Behörde richtet.

Dienstbarkeit (Servitut), dingl. Recht zur [zeitl. oder inhaltl.] beschränkten Nutzung eines Grundstücks, beim **Nießbrauch** auch einer bewegl. Sache oder eines Rechts. Bei der **beschränkten persönl. Dienstbarkeit** (§§ 1090–1093 BGB) handelt es sich um eine bes. Form der Grund-D., die jedoch nicht dem Eigentümer eines anderen Grundstücks, sondern einer bestimmten anderen Person zusteht; deshalb sind Übertragung u. Belastung sowie Vererbung grundsätzl. ausgeschlossen. Arten der D. sind neben dem Nießbrauch **Grunddienstbarkeit** (ein dem jeweiligen Eigentümer eines Grundstücks zustehendes Recht zur begrenzten Nutzung eines anderen Grundstücks), Dauerwohnrecht, Dauernutzungsrecht.
Die D. des *östr.* und des *schweizer. Rechts* entspricht im wesentl. der dt. Regelung.

Dienstbeschädigung, 1. im *Beamtenrecht* gesundheitl. Schädigung, die sich ein Beamter bei Ausübung oder aus Veranlassung des Dienstes zuzieht. Hat die D. seine Dienstunfähigkeit zur Folge, so ist der Beamte in den Ruhestand zu versetzen und hat Anspruch auf Ruhegehalt; 2. im *Wehrrecht* gesundheitl. Schädigung eines Soldaten, die durch eine Dienstverrichtung, einen während der Ausübung des Wehrdienstes erlittenen Unfall oder durch die dem Wehrdienst eigentüml. Verhältnisse herbeigeführt worden ist *(Wehr-D.);* es besteht Anspruch auf Versorgung.

Dienstbezüge der Beamten ↑Besoldung.

Diensteid ↑Amtseid.

Dienstenthebung ↑vorläufige Dienstenthebung.

Diensterfindungen ↑Arbeitnehmererfindungen.

dienstfähig, gesundheitl. (geistig und körperl.) für den Dienst bei den Streitkräften geeignet (diensttauglich).

Dienstflagge, das amtl. Hoheitszeichen einer Behörde oder anderer staatl. Institution (z. B. Streitkräfte); in der BR Deutschland sind zu unterscheiden Bundes-D. (schwarz-rot-gold, in der Mitte goldener Schild mit Bundesadler) und D. der Länder.

Dienstflucht ↑Fahnenflucht.

Dienstgerichte, bes. Verwaltungsgerichte zur Ausübung der Disziplinargerichtsbarkeit über Richter und Staatsanwälte sowie zur Entscheidung über die Versetzung von Richtern im Interesse der Rechtspflege, bei Richtern auf Lebenszeit oder auf Zeit über die Nichtigkeit oder Rücknahme ihrer Ernennung, über ihre Entlassung, ihre Versetzung in den Ruhestand wegen Dienstunfähigkeit u. a. Zuständig für die *Richter im Bundesdienst* mit Ausnahme der Richter des Bundesverfassungsgerichts ist das als bes. Senat des Bundesgerichtshofs gebildete *D. des Bundes.* In den *Ländern* bestehen D. und Dienstgerichtshöfe bei den Land- bzw. Oberlandesgerichten.

Dienstgipfelhöhe, Flughöhe, in der das Steigvermögen eines Flugzeugs noch einen bestimmten Minimalwert aufweist (im allg. 0,5 m/s).

Dienstgrad, persönl. verliehene militär. Rangbez.; D. entstanden - immer zahlreicher werdend - seit der 2. Hälfte des 17. Jh. In der BR Deutschland obliegt die Festsetzung der D.bez. dem Bundespräs., die Zuordnung der D. zu den einzelnen Laufbahnen und die Beförderung regelt die Soldatenlaufbahnverordnung. **Dienstgradabzeichen** (Rangabzeichen), Abzeichen zur Kennzeichnung der verschiedenen D.; an der Uniform auf Schulterstücken oder -klappen, Ärmeln, Kragen getragen; in Metall oder Stoff mit teils unterschiedl. Farbgebung ausgeführt. - ↑auch Übersicht.

Dienstgradherabsetzung, svw. ↑Degradierung.

Dienstherr, jurist. Person des öffentl. Rechts mit eigener Personalhoheit: Bund, Länder, Gemeinden und Gemeindeverbände sowie sonstige Körperschaften, Anstalten und Stiftungen des öffentl. Rechts.

Diensthunde, svw. ↑Polizeihunde.

Dienstleistungen, ökonom. Güter, die wie Waren (Sachgüter) der Befriedigung menschl. Bedürfnisse dienen. Im Unterschied zu den Sachgütern sind D. jedoch nicht lagerfähig; Produktion und Verbrauch von D. fallen zeitlich zusammen. Diese „unsichtbaren" Leistungen werden von privaten Unternehmen und öffentl. Stellen erbracht (**Dienstleistungsbetriebe**). Im Rahmen der volkswirtschaftl. Gesamtrechnung werden D. neben den Sektoren Land- und Forstwirtschaft und warenproduzierendes Gewerbe als dritter Wirtschaftsbereich erfaßt (tertiärer Sektor). Zu den D. gehören Handel und Verkehr, private D. (z. B. Banken, Versicherungen, Beherbergungsgewerbe, Wissenschaft, Kunst, Gesundheitswesen, Sport) und die öffentl. Verwaltung. Der Beitrag des tertiären Sektors insgesamt (einschließl. Handel und Verkehr) zum Bruttoinlandsprodukt hat in den letzten Jahren ständig zugenommen.

Dienstleistungsbilanz, Teilbilanz der Zahlungsbilanz, in der die Einnahmen einer Volkswirtschaft aus Dienstleistungsverkäufen an ausländ. Wirtschaftssubjekte (unsichtbare Exporte) und die Ausgaben der Volkswirtschaft für Dienstleistungskäufe von ausländ. Wirtschaftssubjekten (unsichtbare Importe) für eine Periode erfaßt werden (Reiseverkehr, Transporte, Lizenzen, Patente u. a.).

Dienstleistungsgeschäft, kapital- und vermögensmäßig indifferente Geschäfte eines Kreditinstitutes, die auf Grund von Kundenaufträgen teils entgeltl. (gegen Provisionen oder Gebühren), teils unentgeltl. abgewickelt werden (z. B. Überweisungen, Depotgeschäft, Vermögensverwaltungsgeschäft, An- und Verkauf von Edelmetall, Devisen).

Dienstleute ↑Ministerialen.

Dienstmannen ↑Ministerialen.

Dienstmarke, Briefmarke, die von der Post ohne Bezahlung oder gegen Verrechnung an Behörden zur Freimachung der Dienstpost ausgegeben wird.
◆ Ausweisplakette der Kriminalbeamten und der Polizeibeamten in Zivil.

Dienst nach Vorschrift, Wahrnehmung der dienstl. Obliegenheiten unter peinl. genauer Beachtung der dienstl. Vorschriften mit der Folge, daß die Leistungen sinken und Verzögerungen eintreten („Bummelstreik“). Die Zulässigkeit des D. n. V. ist umstritten (Umgehung des für Beamte geltenden Streikverbots).

Dienstposten, der einem Beamten dienstl. übertragene Aufgaben- und Funktionsbereich (Amt im organisator., funktionellen Sinn).

Dienstrecht ↑öffentlicher Dienst.

Dienstsiegel (Amtssiegel), von einer Behörde verwendetes Siegel zur Beglaubigung von Schriftstücken (↑auch Bundessiegel).

Dienststrafe ↑Disziplinarmaßnahmen.

Dienstunfähigkeit, die durch ein körperl. Gebrechen oder durch Schwäche der körperl. oder geistigen Kräfte hervorgerufene dauernde Unfähigkeit eines Beamten, seine Dienstpflichten zu erfüllen; zieht Versetzung in den Ruhestand nach sich.

Dienstvereinbarung, vertragsartige Regelung mit rechtl. Bindungswirkung zw. einer öffentl. Dienststelle und der Personal-

DIENSTGRADBEZEICHNUNGEN

Dienstgrad-gruppen	BR Deutschland Heer/Luftwaffe	BR Deutschland Marine	Schweiz Heer	Österreich Heer
Generale (Admirale)	General Generalleutnant Generalmajor Brigadegeneral	Admiral Vizeadmiral Konteradmiral Flottillenadmiral	General* Korpskommandant Divisionär Brigadier	 General Generalmajor Brigadier
Stabs-offiziere	Oberst Oberstleutnant Major	Kapitän zur See Fregattenkapitän Korvettenkapitän	Oberst Oberstleutnant Major	Oberst Oberstleutnant Major
Hauptleute	Hauptmann	Kapitänleutnant	Hauptmann	Hauptmann
Leutnante	Oberleutnant Leutnant	Oberleutnant zur See Leutnant zur See	Oberleutnant Leutnant	Oberleutnant Leutnant
Unter offiziere (mit Portepee)	Oberstabs-feldwebel Stabsfeldwebel Hauptfeldwebel Oberfeldwebel Feldwebel	Oberstabs bootsmann Stabsbootsmann Hauptbootsmann Oberbootsmann Bootsmann	Adjutant Unteroffizier Feldweibel bzw. Fourier	Vizeleutnant bzw. Offizier-stellvertreter Oberstabswacht-meister Stabswachtmeister Oberwachtmeister Wachtmeister (Feuerwerker)
(ohne Portepee)	Stabsunteroffizier Unteroffizier	Obermaat Maat	Wachtmeister Korporal	Zugsführer Korporal
Mann-schaften	Hauptgefreiter Obergefreiter Gefreiter	Hauptgefreiter Obergefreiter Gefreiter	 Gefreiter	 Gefreiter (Vormeister)

*bei einem größeren Truppenaufgebot von der Bundesversammlung gewählt.

vertretung über soziale Angelegenheiten der Bediensteten.

Dienstvergehen, schuldhafte Verletzung der einem Beamten, Richter oder Soldaten obliegenden Dienstpflichten; kann mit Disziplinarmaßnahmen geahndet werden.

Dienstverhältnis, 1. Inbegriff der personenrechtl. Beziehung zw. Dienstnehmer (Arbeitnehmer, öffentl. Bediensteter) und Dienstgeber (Arbeitgeber, Dienstherr). Zu unterscheiden sind privatrechtl. D., die auf Vertrag beruhen und vorbehaltl. gesetzl. und tarifl. Regelungen auch inhaltl. durch Vertrag bestimmt werden, und öffentlich-rechtl. D., die nur durch Verwaltungsakt begründet und auch inhaltl. nicht durch Vertrag bestimmt werden können. 2. nach überwiegendem Sprachgebrauch die Rechtsbeziehungen zw. öffentl. Bedienstetem und Dienstherrn.

Dienstverpflichtung, durch Art. 12a GG im Rahmen der Notstandsverfassung vorgesehene Inanspruchnahme unterschiedl. Personenkreise zu bestimmten Diensten. *Zu jeder Zeit* können Männer vom vollendeten 18. Lebensjahr an zum Dienst in den Streitkräften, im Bundesgrenzschutz oder in einem Zivilschutzverband verpflichtet werden. *Im Verteidigungsfall* können Wehrpflichtige, die weder zum Wehr- noch zum Ersatzdienst herangezogen worden sind, durch Gesetz oder auf Grund eines Gesetzes zu zivilen Dienstleistungen für Zwecke der Verteidigung einschließl. des Schutzes der Zivilbevölkerung in privatrechtl. Arbeitsverhältnisse verpflichtet werden. Frauen vom vollendeten 18. bis zum 55. Lebensjahr können zu Dienstleistungen, unter Ausschluß des Dienstes mit der Waffe, herangezogen werden. Zur Sicherstellung des Bedarfs an Arbeitskräften im Bereich der Streitkräfte, ihrer Versorgung und der öffentl. Verwaltung sowie im Bereich von Versorgung und Schutz der Zivilbevölkerung kann jeder Deutsche verpflichtet werden, seinen Arbeitsplatz nicht aufzugeben. *Für die Zeit vor dem Verteidigungsfall* ist eine über Wehr- bzw. Ersatzdienst hinausgehende D. nur unter bestimmten Voraussetzungen möglich.

Christoph Dientzenhofer, Fassade der Nikolauskirche auf der Kleinseite in Prag (1703–11)

Dienstvertrag, der gegenseitige Vertrag, durch den sich der eine Teil zur Leistung körperl. oder geistiger Arbeit, der andere Teil zur Leistung einer Vergütung verpflichtet (§ 611 BGB). - *Hauptarten:* 1. der freie D., bei dem der Vertragspartner (z. B. Arzt) im wesentl. frei seine Tätigkeit gestalten und seine Arbeitszeit bestimmen kann; 2. der Arbeitsvertrag zur Leistung abhängiger, weisungsgebundener Arbeit in einem fremden Betrieb; 3. der D., der eine Geschäftsbesorgung zum Gegenstand hat. - Vom D. zu unterscheiden sind: 1. ↑Werkvertrag; 2. Dienstverschaffungsvertrag (jemand verpflichtet sich, einem anderen die Dienste eines Dritten zu verschaffen); 3. Dienstleistungen des Ehegatten oder der Kinder auf Grund familienrechtl. Mitarbeitspflicht; 4. öffentl.-rechtl. Dienstverhältnisse. - *Rechte und Pflichten:* 1. Der zum Dienst Verpflichtete hat die Arbeit regelmäßig persönl. zu leisten. Er muß die Weisungen des Dienstherrn beachten. Neben der eigentl. Dienstleistungspflicht (Arbeitspflicht) besteht bei dauernden Dienstverhältnissen eine Treuepflicht. Bei schuldhafter Nichterfüllung der Dienstleistungs- oder der Treuepflicht kann der Dienstherr die Lohnzahlung ganz oder teilweise verweigern, auf Erfüllung klagen, Schadenersatz verlangen und u. U. fristlos kündigen. - 2. Die Vergütung besteht regelmäßig in Geld. Bei Verletzung der Fürsorgepflicht des Dienstherrn kann der Dienstverpflichtete auf Erfüllung klagen, die Arbeit verweigern, bei Verschulden des Dienstherrn Schadenersatz verlangen, in schweren Fällen fristlos kündigen. - *Beendigung:* Das Dienstverhältnis endet bei: 1. Ablauf der vereinbarten Zeit; 2. Erledigung der Arbeit oder sonstiger Zweckerreichung; 3. einverständl. Aufhebung; 4. Tod des Dienstverpflichteten; 5. (u. U.) Aussperrung; 6. Kündigung.
Nach *östr. Recht* ist D. der gemäß § 1151 ABGB zwischen einem Dienstnehmer und einem anderen abgeschlossene Vertrag. In der *Schweiz* heißt der D. seit der Teilrevision des OR von 1971 *Einzelarbeitsvertrag.* Seine Regelung entspricht im wesentl. dem dt. Recht.

Dienstvorschriften, 1. im *Militärrecht* Vorschriften des Bundesministers der Verteidigung über die Ausführung des militär. Dienstes. Neben den für alle Waffengattungen geltenden Zentralen D. (ZDv) gibt es bes. D. für das Heer (HDv), die Luftwaffe (LDv) und die Marine (MDv); 2. im *Arbeitsrecht* svw. Arbeitsordnung.

Dienstweg, im *öffentl. Recht* der für die Weiterleitung amtl. Mitteilungen und Weisungen vorgeschriebene Weg innerhalb von Behörden und von Behörde zu Behörde. Einem allg. Grundsatz entsprechend schreibt § 12 der Gemeinsamen Geschäftsordnung der Bundesregierung vor, daß im gesamten mündl. und schriftl. Dienstverkehr grundsätzl. der D. einzuhalten ist und daß Entwürfe, Berichte, Vorlagen, Meinungsäußerungen u. a. dem nächsten Vorgesetzten zuzuleiten und vorzutragen sind, wenn der Weitergebende nicht selbst entscheidet.

Diensynthese (Diels-Alder-Reaktion, Dien-1,4-Addition), eine v. a. zur Synthese carbocycl. Verbindungen angewendete chem. Reaktion zw. einer Dienkomponente (mit mindestens zwei konjugierten Doppelbindungen) und einem Partner mit einer Mehrfachbindung, die durch benachbarte Gruppen, z. B. Carbonylgruppen, aktiviert ist *(dienophile Komponente):*

Dienkomponente + dienophile Komponente ⇌ Addukt

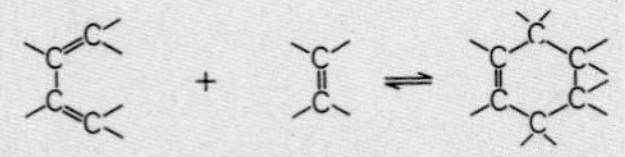

Dientzenhofer, Baumeisterfamilie des 17./18. Jh. aus Bayern, die die letzte Phase des barocken Sakralbaues in Süddeutschland prägte. Bed. Vertreter sind neben Kilian Ignaz die Brüder:

D., Christoph, * Sankt Margarethen bei Rosenheim 7. Juli 1655, † Prag 20. Juni 1722. - Einer der ersten dt. Baumeister, der von der barocken Bauweise Guarinis und Borrominis ausging; u. a. Langhaus der Nikolauskirche auf der Prager Kleinseite (1703–11).

D., Georg, * Bad Aibling 1643, † Waldsassen 2. Febr. 1689. - Bürger in Amberg, wo er 1684 den Nordflügel des Jesuitenkollegs errichtete; Hauptwerk die Wallfahrtskapelle „Kappel", ein Zentralbau mit drei Konchen.

D., Johann, * Sankt Margarethen bei Rosenheim 25. Mai 1663, † Bamberg 20. Juli 1726. - Errichtete als Stiftsbaumeister in Fulda 1704–12 den Neubau des Doms, 1707–13 die fürstäbtl. Residenz, als Hofbaumeister des Fürstbischofs Lothar Franz von Schönborn 1711–16 das Schloß Weißenstein in Pommersfelden, 1710–19 die Klosterkirche in Banz. Sein röm. beeinflußter Hochbarock war von großem Einfluß auf B. Neumann.

D., Johann Leonhard, * Sankt Margarethen bei Rosenheim 20. Febr. 1660, † Bamberg 26. Nov. 1707. - Hofbaumeister im Dienst des Fürstbischofs Lothar Franz von Schönborn (1695–1703 bischöfl. Residenz in Bamberg). Auch Konventsbauten: Ebrach (1686 ff.), Schöntal (1700 ff.), Banz (1698–1705); Kirche Sankt Michael in Bamberg (1696–1702).

D., Kilian Ignaz, * Prag 1. Sept. 1689, † ebd. 18. Dez. 1751. - Sohn von Christoph D.; angeregt von Fischer von Erlach und L. von Hildebrandt, bes. Zentralbauten; Villa Amerika (1730) und Sankt Johann am Felsen in Prag (1731 ff.), Sankt Maria Magdalena in Karlsbad (1732–35), Ursulinenklosterkirche in Kuttenberg (1737 ff.), Chor, Kuppel und Turm von Sankt Nikolaus auf der Kleinseite in Prag (1737–52).

Dienzephalon [di-ɛn...] ↑ Gehirn.

Diepgen, Eberhard, * Berlin 13. Nov. 1941, dt. Politiker (CDU). - Rechtsanwalt; seit 1971 Mitglied des Berliner Abgeordnetenhauses und des Landesvorstandes, seit Dez. 1980 Vorsitzender der CDU-Fraktion; seit Dez. 1983 als Nachfolger R. von Weizsäckers CDU-Landesvorsitzender und seit Febr. 1984 Regierender Bürgermeister von Berlin.

D., Paul, * Aachen 24. Nov. 1878, † Mainz 2. Jan. 1966, dt. Medizinhistoriker. - Prof. in Berlin und Mainz; veröffentlichte u. a. eine 5bändige „Geschichte der Medizin" (1913–28).

Diepholz, Krst. in Niedersachsen, an der Hunte, 39 m ü. d. M., 14 600 E. Verwaltungssitz des Landkr. D.; nahebei Erdölfeld. - Die Burg D. wurde zw. 1120 und 1160 erbaut, die Siedlung D. erhielt 1380 Stadtrechte; 1929 erneute Stadtrechtsverleihung. - Saalkirche (1801–06); Burg (12. Jh.; mit Rundturm).

D., Landkr. in Niedersachsen.

Dieppe [frz. djɛp], frz. Hafenstadt und Seebad an der Normandieküste, Dep. Seine-Maritime, 36 000 E. Hydrographenschule; Fährverkehr nach England; Werften, Pharma- und fischverarbeitende Ind. - D. ist seit dem 10. Jh. belegt, erhielt um 1200 Stadtrecht; kam 1204, endgültig 1435 an Frankr. Im 14.–16. Jh. wichtiger Seefahrer-, Hafen- und Handelsplatz, im 16. Jh. eines der Zentren des frz. Protestantismus. Bei D. am 19. Aug. 1942 verlustreicher, sogleich zurückgeschlagener Landungsangriff von 5 000 Mann alliierter Truppen. - Kathedrale Saint-Jacques (13.–16. Jh.) mit Renaissanceausstattung und Hl.-Grab-Kapelle (15. Jh.); Schloß (14.–17. Jh.).

Diergole [di-ɛr...; griech.] (Biergole), Raketentreibstoffe aus zwei getrennt aufbewahrten flüssigen Komponenten, die erst zur Reaktion zusammengeführt werden.

Diervilla [diɛr...; nach dem frz. Arzt M. Dierville (18. Jh.)], Gatt. der Geißblattgewächse mit 3 Arten im östl. N-Amerika; sommergrüne Sträucher mit gegenständigen Blättern und grünl. bis schwefelgelben Blüten in Trugdolden. Anspruchslose, winterharte Garten- und Parksträucher.

Dies [lat.], der Tag, in der Rechtssprache

Termin, Zeitpunkt; **Dies academicus,** an der Univ. vorlesungsfreier Tag, an dem akadem. Feiern und öffentl. Vorträge stattfinden; **Dies ad quem,** Endtermin; **Dies a quo,** Anfangstermin; **Dies ater,** Unglückstag; **Dies dominica,** Sonntag (Tag des Herrn); **Dies ferialis** oder **feriatus,** Feier-, Festtag; **Dies natalis,** Geburtstag; **Dies supremus,** Jüngster Tag.

Diesel, Rudolf, * Paris 18. März 1858, † (ertrunken im Ärmelkanal) 29. Sept. 1913, dt. Ingenieur. - Studierte Maschinenbau an der TH München und erhielt dort die Anregung zur Konstruktion einer Wärmekraftmaschine von möglichst hohem Nutzeffekt; entwickelte 1893–97 in Zusammenarbeit mit der Maschinenfabrik Augsburg und der Firma F. Krupp den Dieselmotor. Er baute den ersten Kleindieselmotor sowie Dieselmotoren für Lastwagen und Lokomotiven.

Dieselkraftstoff [nach R. Diesel], Gemisch aus schwer entflammbaren Kohlenwasserstoffen, die bei der Erdöldestillation zw. 200 und 350 °C ausdestillieren; Cetanzahl mindestens 45.

Dieselmotor [nach R. Diesel], Verbrennungskraftmaschine, die mit Dieselkraftstoff betrieben wird; hohe Verdichtung der Luft im Zylinder (bis 25:1) erzeugt Temperaturen von 700–900 °C. In die erhitzte Luft wird zerstäubtes Schweröl eingespritzt, das sich sofort entzündet und den Kolben abwärts treibt. D. können sowohl als Vier- wie als Zweitakter arbeiten; in beiden Fällen komprimiert der Kolben bei einem Aufwärtsgang die Luft und erhitzt sie. Der D. ist die Wärmekraftmaschine mit dem höchsten therm. Wirkungsgrad (35 bis 46 %). Unterschiede in der Konstruktion ergeben sich bes. durch die unterschiedl. Zusammenführungen von Kraftstoff und Luft (Direkteinspritzung, Wirbelkammer-, Vorkammermotoren u. a.). - ↑auch Abb. S. 242.

Dieselöl, svw. Dieselkraftstoff.

Dies fasti [lat.], in der altröm. Religion Tage, an denen das göttl. Recht (fas) eine profane Tätigkeit zuließ.

Dies irae, dies illa [lat. „Tag des Zornes, jener Tag"], Sequenz in Messen für Verstorbene.

Diesis [griech.], in der Musik Bez. für das Vorzeichen Kreuz (♯) bzw. für die vorzunehmende Erhöhung um einen Halbton, die dadurch angezeigt wird.

Dies nefasti [lat.], in der altröm. Religion Bez. für die Tage, an denen keine weltl. Geschäfte und bes. keine Gerichtsverhandlungen stattfinden durften.

Dießen a. Ammersee, Marktgemeinde in Bayern, am SW-Ufer des Ammersees, 538–600 m ü. d. M., 7 600 E. Fremdenverkehr. - Um 1100 Gründung des Frauenklosters Sankt Stephan, um 1122/32 des Chorherrenstifts. Der Ort erhielt 1326 Marktrechte; 1803 wurde das Stift säkularisiert. - Kirche des ehem. Augustiner-Chorherren-Stifts (1732–39); Kirche Sankt Georgen (15. Jh.).

Rudolf Diesel (oben), der erste Dieselmotor (1897; unten)

Diessenhofen, Hauptort des Bez. D. im schweizer. Kt. Thurgau, am Hochrhein, 406 m ü. d. M., 2 500 E. - 1178 gegr. und mit Stadtrecht versehen; 1803 wurde D. erst Schaffhausen, später dem Thurgau zugeteilt. - Pfarrkirche (15. Jh.), zahlr. spätgot. Häuser, Reste der ma. Stadtbefestigung.

Diesterweg, Adolph, * Siegen 29. Okt. 1790, † Berlin 7. Juli 1866, dt. Pädagoge. - Von Pestalozzi beeinflußt. Gab seit 1827 die „Rhein. Blätter für Erziehung und Unterricht" heraus und veröffentlichte neben Lehrbüchern Bücher und Schriften zur Bildungspolitik; 1847 aus polit. Gründen vom Dienst (als Seminardirektor) suspendiert und 1850 in den Ruhestand versetzt; seit 1858 als Mgl. der Fortschrittspartei im preuß. Abgeordnetenhaus, wo er insbes. gegen die volksschulfeindl. preuß. Regulative von 1854 den Kampf aufnahm. Sein „Wegweiser zur Bildung für Lehrer und die Lehrer werden wollen" (1834/35; 1838 u. d.T. „Wegweiser für dt. Lehrer") war ein Standardwerk.

Diesterweg, Verlag Moritz ↑Verlage (Übersicht).

Dieter (Diether), alter dt. männl. Vorname (althochdt. diot „Volk" und heri „Heer").

Dieterich, Johann Christian, * Stendal 25. Mai 1722, † Göttingen 18. Juni 1800, dt. Verleger. - Gründete 1766 in Göttingen die **Dieterich'sche Verlagsbuchhandlung,** in der der „Göttinger Musenalmanach", Werke u. a. von Lichtenberg, G. A. Bürger, des Göttinger Hains, von C. F. Gauß, A. L. Schlözer und den Brüdern Grimm erschienen. Heute in Leipzig (seit 1897) und Wiesbaden (seit 1946).

Dieterle, Wilhelm (William), * Ludwigshafen am Rhein 15. Juli 1893, † Hohenbrunn bei München 8. Dez. 1972, amerikan. Schauspieler und Regisseur dt. Herkunft. - Seit 1921 beim Film, seit 1927 auch als Regisseur, u. a. „Fräulein Julie" (1922), „Menschen am Wege" (1923), „Das Wachsfigurenkabinett" (1924), „Faust" (1926), „Die Heilige und ihr Narr" (1929); ging 1930 in die USA, wo er v. a. mit biograph. Filmen Erfolg hatte. Nach seiner Rückkehr in die BR Deutschland übernahm D. die Leitung der Bad Hersfelder Festspiele (1961–65); danach Gastregisseur an zahlr. Bühnen.

Diether, männl. Vorname, ↑Dieter.

Diether von Isenburg, * um 1412, † Aschaffenburg 6. Mai 1482, Erzbischof und Kurfürst (seit 1459) von Mainz. - Seine Wahl zum Erzbischof wurde vom Papst nicht anerkannt; er unterlag in der Mainzer Stiftsfehde dem Erzbischof Adolf von Nassau und trat 1463 zurück; nach dessen Tod als Erzbischof bestätigt; gründete 1477 die Univ. Mainz.

Dietkirchen ↑Limburg a. d. Lahn.

Dietlind (Dietlinde, Dietlindis), alter dt. weibl. Vorname (althochdt. diot „Volk" und althochdt. linta „Schild" [aus Lindenholz]).

Dietmar, alter dt. männl. Vorname, eigtl. etwa „der im Volke Berühmte" (althochdt. diot „Volk" und -mar „groß, berühmt").

Dietmar von Aist (Eist), mittelhochdt. Minnesänger des 12. Jh. - Das überlieferte Werk umfaßt sowohl archaische Reimpaarstrophen oder Langzeilenstrophen als auch Stollenstrophen; es reicht themat. von den für den frühen Minnesang charakterist. Frauenklagen bis zu ritterl. Werbestrophen des hohen Minnesangs.

Dietmar von Merseburg ↑Thietmar von Merseburg.

Dietramszell, bayr. Gemeinde bei Bad Tölz, 4100 E. Bed. barocke Klosterkirche (1729–41), Fresken und Stukkaturen von J. B. Zimmermann; außerdem barocke Pfarrkirche (1722 geweiht), Wallfahrtskirchen Maria im Elend (1690; 1791 erneuert) und Sankt Leonhard (1769–74).

Dietrich, alter dt. männl. Vorname, eigtl. etwa „Herrscher des Volkes" (althochdt. diot „Volk" und german. rik- „Herrscher, Fürst, König"); latinisierte Form der got. Entsprechung zu D.: *Theoderich, Theodericus.*

Dietrich, Name von Herrschern:

Magdeburg:

D. von Portitz, gen. Kagelwit, * 1300, † 17. (18.?) Dez. 1367, Erzbischof, Kanzler und Ratgeber Kaiser Karls IV. - 1353 Bischof von Minden, 1361 Erzbischof von Magdeburg; stand seit 1347 im Dienst Karls IV.; leitete 1360 die böhm. Kanzlei; seit 1362 Stellvertreter des Kaisers im Reich und Mitregent in Brandenburg.

Meißen:

D. (II.) der Bedrängte, † 17. Febr. 1221, Markgraf von Meißen und der Ostmark. - Erwarb 1210 die Ostmark und die Niederlausitz; eigtl. Schöpfer des wettin. Territorialstaats.

Dietrich von Bern, german. Sagengestalt, überliefert in trag. Umdichtung des Schicksals des Ostgotenkönigs Theoderich d. Gr., des Begründers der Gotenherrschaft in Italien („Bern" entstand aus „Verona"); in zahlr. Epen eine Idealgestalt des Rittertums.

Dietrich von Niem (Nieheim), * Brakel bei Höxter um 1340, † Maastricht Ende März 1418, dt. kirchenpolit. Schriftsteller. - Verfaßte mehrere Schriften über das abendländ. Schisma und den Konzilsgedanken. Auf dem Konstanzer Konzil veröffentlichte er verschiedene Gutachten.

Dietrich, Adolf, * Berlingen (Thurgau) 9. Nov. 1877, † ebd. 4. Juni 1957, schweizer. naiver Maler. - Tierbilder, Landschaften und [Selbst]porträts.

D., Albert, * Schweidnitz (Schlesien) 4. März 1873, † Stuttgart 1. Sept. 1961, dt. Pathologe. - Prof. in Köln und Tübingen; Forschungen auf dem Gebiet der bösartigen Geschwulstbildungen, der ansteckenden Krankheiten und der Thrombose.

D., Hermann Robert, * Oberprechtal bei Hornberg 14. Dez. 1879, † Stuttgart 6. März 1954, dt. Jurist und Politiker. - 1918–20 bad. Außenmin.; 1919–33 Mgl. der Weimarer Nationalversammlung bzw. MdR; Reichsernährungsmin. 1928–30, Wirtschafts- bzw. Finanzmin. 1930–32, zugleich Vizekanzler; leitete 1946/47 den Zweizonen-Ausschuß für Ernährung und Landwirtschaft.

D., Marlene, eigtl. Maria Magdalena von Losch, * Berlin 27. Dez. 1901, dt.-amerikan. Filmschauspielerin und Sängerin. - Wurde berühmt als Lola-Lola mit dem Chanson „Ich bin von Kopf bis Fuß auf Liebe eingestellt" in dem Film „Der blaue Engel" (J. von Sternberg, 1929). Ging danach in die USA, wo sie - zunächst als Vamp eingesetzt, wie z. B. in „Marokko" (1930), „Shanghai-Expreß" (1932), „Der große Bluff" (1939) - zum Weltstar wurde. Später auch Charakterrollen, z.B. in „Zeugin der Anklage" (1957), „Das Urteil von Nürnberg" (1961). Lehnte 1934 das Angebot Goebbels' zur Rückkehr nach Deutschland ab; seit 1937 amerikan. Staatsbürgerschaft; trat vielfach öffentl. gegen den NS auf. In den 50er und 60er Jahren weltweite Tourneen mit Chansons und Antikriegsliedern (u. a. P. Seegers „Sag' mir, wo die Blumen sind"), 1960 auch in der BR Deutschland; übernahm nach über 15jähriger Pause 1978 eine Rolle in D. Hemmings' „Schöner Gigolo, armer Gigolo". - Abb. S. 249.

Dieselmotor. Schnittmodell eines modernen Dieselmotors für Personenkraftwagen

D., Otto, * Essen 31. Aug. 1897, † Düsseldorf 22. Nov. 1952, dt. Journalist und Politiker. - Wurde 1931 Pressechef der NSDAP; seit 1938 Pressechef der Reichsregierung und Staatssekretär im Reichspropagandaministerium; im Krieg Leiter der Pressestelle im Führerhauptquartier; 1949 zu 7 Jahren Gefängnis verurteilt, 1950 begnadigt.

Dietrich [scherzhafte Übertragung des Vornamens], zu einem Haken gebogener Draht, der als Nachschlüssel zum Öffnen einfacher Schlösser dient.

Dietterlin, Wendel, eigtl. W. Grapp, * Pfullendorf 1550 oder 1551, † Straßburg 1599, dt. Maler. - Bed. sein Vorlagenstichwerk für Fassaden[malerei], das die dt. manierist. Architektur des Frühbarock stark beeinflußte.

Dietz, Ferdinand (F. Tietz), ≈ Holschitz (= Holešice, Nordböhm. Gebiet) 5. Juli 1708, † Memmelsdorf bei Bamberg 17. Juni 1777, dt. Bildhauer. - Bekannt für seine heiter-

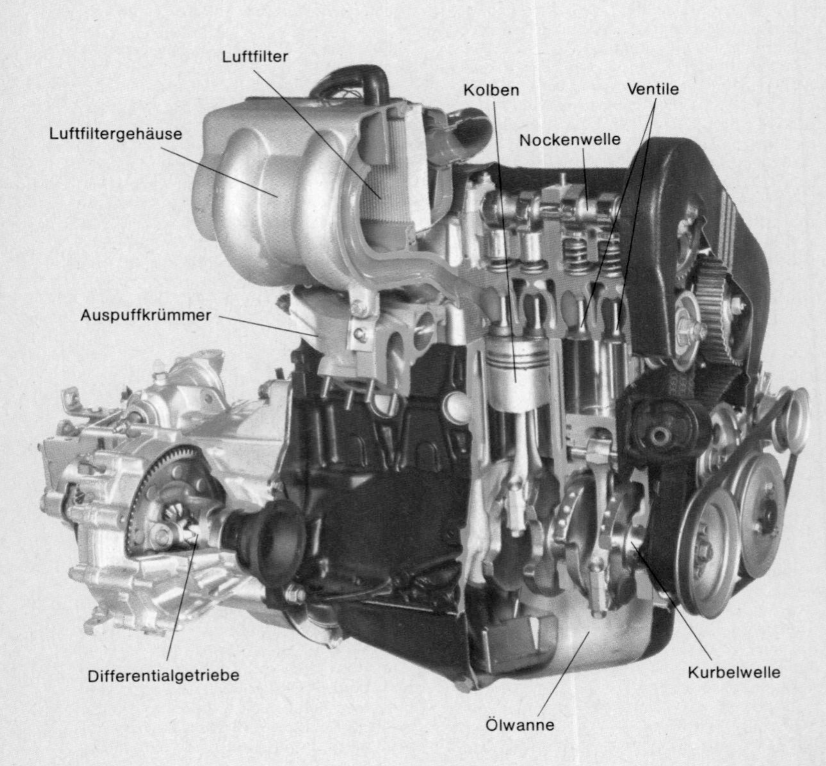

galanten Rokokogarten- und -brunnenplastiken für die Schlösser Seehof bei Bamberg (1747 ff.) und Veitshöchheim bei Würzburg (1763–68; Originale im Mainfränk. Museum in Würzburg).

Dietze, Constantin von, * Gottesgnaden (= Schwarz-Gottesgnaden) bei Calbe/Saale 9. Aug. 1891, † Freiburg im Breisgau 18. März 1973, dt. Nationalökonom. - In der NS-Zeit wiederholt verhaftet; 1955–61 Präses der Synode der EKD; Prof. in Freiburg seit 1937; Hauptarbeitsgebiet: Agrarpolitik. - *Werke:* Wirtschaftsmacht und Wirtschaftsordnung (1947), Nationalökonomie und Theologie (1947), Grundzüge der Agrarpolitik (1967).

Dietzenschmidt, Anton, urspr. Schmidt, * Teplitz (= Teplice) 21. Dez. 1893, † Esslingen am Neckar 17. Jan. 1955, dt. Schriftsteller. - Schrieb v. a. Legendenspiele.

Dietzfelbinger, Hermann, * Ermershausen (Ufr.) 14. Juli 1908, † München 15. Nov. 1985, dt. ev. Theologe. - 1955 Landesbischof der Ev.-Luth. Kirche in Bayern. 1967–73 Vorsitzender des Rates der EKD. - *Werke:* Die Kirche in der Anfechtung (1953), Lehre-Dienst-Verkündigung (1955), Zum Selbstverständnis des Pfarrers heute (1965), So der Herr will und wir leben (1970).

Dieu et mon droit [frz. djøemõ'drwa „Gott und mein Recht"], auf Richard Löwenherz zurückgehende Devise im brit. Königswappen.

Dieu le veut! [frz. djøl'vø „Gott will es!"], Kampfruf der Kreuzfahrer auf dem ersten Kreuzzug; eigtl. altfrz. **Deus lo vult.**

Diez, Friedrich Christian, * Gießen 15. März 1794, † Bonn 29. Mai 1876, dt. Romanist. - Prof. in Bonn; trat mit Arbeiten über die Troubadours hervor und bewies in seiner bahnbrechenden „Grammatik der roman. Sprachen" (1836–44), daß alle roman. Sprachen auf das Vulgärlat. zurückgehen. Bed. auch sein „Etymolog. Wörterbuch der roman. Sprachen" (1853).

Diez, Stadt in Rhld.-Pf., an der Mündung der Aar in die Lahn, 110 m ü. d. M., 9 000 E. U. a. Kalkwerk, Glühlampenfabrik, Glasind.; Fremdenverkehr. - 790 erstmals bezeugt; erhielt mit der Burg D. 1329 Stadtrecht; bis 1968 Kreisstadt. - Schloß (14./15. Jh., der Bergfried 11. Jh.); Fachwerkhäuser (16./17. Jh.), Rathaus (1610); Über der Lahn Schloß **Oranienstein** (1672–84). - Abb. S. 245.

Diez, ehem. dt. Gft. in Rhld.-Pf., an der unteren Lahn; geht auf das im Hoch-MA entstandene Territorium der Grafen von D. (1386 erloschen) zurück; fiel an die Grafen von Nassau, 1806/15 an das Hzgt. Nassau.

Diffamierung (Diffamation) [lat.], Verleumdung; Verbreitung übler Nachrede; **diffamieren,** verleumden, in übles Gerede bringen.

Differdange [frz. difɛr'dã:ʒ] ↑ Differdingen.

Differdingen (amtl. Differdange), luxemburg. Stadt, 20 km sw. von Luxemburg, E. Zentrum der Eisen- und Stahlind.

different [lat.], verschieden; ungleich, unterschiedlich.

Differential [lat.], ↑ Differentialgetriebe. ◆ ↑ Differentialrechnung.

Differentialdiagnose, in der Medizin die Unterscheidung einander ähnl. Krankheitsbilder auf Grund bestimmter, charakterist. Symptome.

Differentialgeometrie, Teilgebiet der Mathematik, in dem die Beschreibung und Untersuchung geometr. Sachverhalte mit Hilfe der Differentialrechnung erfolgt.

Differentialgetriebe, ein Getriebe, bei dem aus zwei gleichzeitig eingegebenen [verschieden schnell erfolgenden] Drehbewegungen eine dritte Drehbewegung resultiert, so daß sich aus den Drehzahlen der beiden Eingangswellen eine von den Übersetzungsverhältnissen abhängige Summen- oder Differenzdrehzahl an der Ausgangswelle ergibt. Jedes Umlauf- oder Planetengetriebe kann als D. dienen.

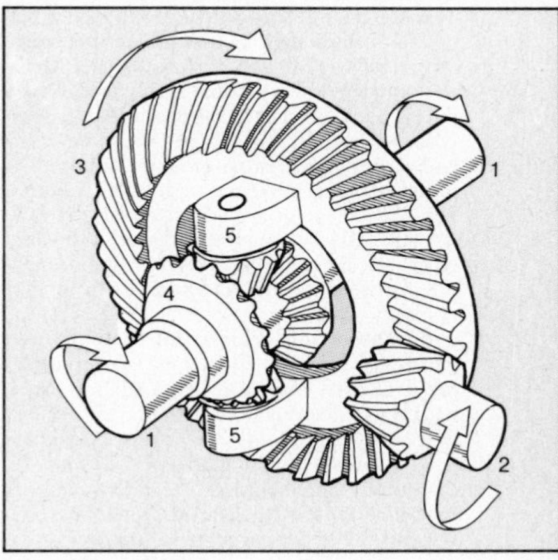

Differentialgetriebe.
1 Radantriebswellen (Seitenwellen), 2 Antriebskegelrad (Kraftübertragung vom Motor über die Kardanwelle), 3 Tellerrad, 4 Kegelräder für den Radantrieb, 5 Ausgleichskegelräder

Einen Sonderfall des D. stellt das in Kraftfahrzeugen verwendete **Ausgleichsgetriebe (Differential)** dar, ein Kegelrad- oder Stirnradplanetengetriebe zur gleichmäßigen Verteilung des Eingangsdrehmoments (vom Motor) auf die beiden zur selben Achse gehörenden Antriebsräder unabhängig von deren Drehzahl. Damit können die Antriebsräder bei Kurvenfahrt trotz unterschiedl. Weg schlupfrei abrollen.

Wirkungsweise: Das Antriebskegelrad treibt ein großes Tellerrad an, das lose auf der einen Halbachse sitzt, aber fest mit dem Käfig verbunden ist, in dem Treibräder und Ausgleichsräder gelagert sind. Bei *Geradeausfahrt* sind diese *Ausgleichsräder* gegenüber dem Käfig *in Ruhe*, so daß beide Halbachsen mitgenommen werden und sich mit gleicher Drehzahl wie das große Tellerrad drehen. Bei *Kurvenfahrt* ändert das eine Treibrad seine Umfangsgeschwindigkeit gegenüber dem der anderen Halbwelle; die Ausgleichsräder drehen sich um die eigene Achse. Das D. ist dann von Nachteil, wenn ein Antriebsrad auf glattem, das andere auf griffigem Untergrund steht. Rutscht beim Anfahren ein Rad durch, so bewegt sich das auf griffigem Boden stehende Rad nicht. Diesen Nachteil beseitigt die **Differentialsperre** (bes. bei geländegängigen Fahrzeugen übl.). Sie verbindet entweder beide Halbachsen miteinander oder kuppelt eine Antriebswelle fest mit dem Käfig. Bei Mehrachsantrieb oder Allradantrieb findet man häufig auch **Verteilergetriebe** mit Ausgleichsgetriebe zw. den einzelnen Antriebsachsen, wobei sich durch entsprechende Zahnradabmessungen das Drehmoment zu den einzelnen Achsen entsprechend der Achslast verteilen läßt. Hierbei ist eine D.sperre unbedingt erforderl., da sonst ein einziges durchdrehendes Antriebsrad alle anderen Antriebsräder stillegen würde.

Differentialgleichung, Bestimmungsgleichung für eine Funktion, in der außer der gesuchten Funktion selbst mindestens eine ihrer Ableitungen vorkommt. Handelt es sich um eine Funktion einer Variablen ($y = f(x)$), so spricht man von *gewöhnl. D.*, bei Funktionen mehrerer Veränderlicher von *partiellen D.* Die höchste auftretende Ableitungsordnung der gesuchten Funktion ist die Ordnung der D. Funktionen, die die D. erfüllen, nennt man Lösungen oder Integrale. Beispiele für D. sind die gewöhnl. D. erster Ordnung $y' = y$, deren Lösungen von der Form $y = C \cdot e^x$ sind, und die gewöhnl. D. zweiter Ordnung $y'' + k^2 y = 0$, deren Lösungen von der Form $y = C_1 \cdot \cos kx + C_2 \cdot \sin kx$ sind. Die freien Konstanten C bzw. C_1 und C_2 bezeichnet man als **Integrationskonstanten.**

Differentiallohnsystem ↑Prämienlohnsystem.

Differentialprinzipien ↑Extremalprinzipien.

Differentialrechnung, Teilgebiet der Mathematik, neben der analyt. Geometrie und der linearen Algebra die wichtigste Grundlage der höheren Mathematik. Eine Vielzahl mathemat. Probleme und physikal. Fragestellungen führt auf Gleichungen, in denen Quotienten von Differenzen (Differenzenquotienten) auftreten, wobei der Nenner bzw. Zähler und Nenner gegen Null streben (↑Grenzwert). Ein einfaches Beispiel ist die Berechnung der Geschwindigkeit in einem bestimmten Zeitpunkt. Der Übergang von der Durchschnittsgeschwindigkeit (als Quotient von zurückgelegtem Weg und dazu benötigter Zeit) zur Momentangeschwindigkeit stellt einen solchen Übergang vom Differenzenquotienten zum sog. Differentialquotienten dar, der als Grenzwert zu bestimmen ist.

Eine reellwertige Funktion $y = f(x)$ der reellen Variablen x, die in der Umgebung von x_0 definiert ist, nennt man an der Stelle x_0 *differenzierbar* und $f'(x_0)$ die *Ableitung* der Funktion $f(x)$ an der Stelle x_0, wenn gilt:

$$\lim_{x \to x_0} \frac{f(x) - f(x_0)}{x - x_0} = f'(x_0).$$

Den im Intervall $\Delta x = x - x_0$ linearen Anteil des Zuwachses bezeichnet man als **Differential** df der Funktion f. Den Ausdruck $f' = \frac{df}{dx} = \frac{dy}{dx}$ bezeichnet man als **Differentialquotienten** der Funktion $f(x)$.

Die Ableitungen wichtiger Funktionen sind:

$$(x^r)' = r x^{r-1} \quad (r \text{ reell}),$$
$$c' = 0 \quad (c = \text{const}),$$
$$(e^x)' = e^x,$$
$$(\ln|x|)' = \frac{1}{x} \quad (x \neq 0),$$
$$(\sin x)' = \cos x,$$
$$(\cos x)' = -\sin x.$$
$$(\tan x)' = \frac{1}{\cos^2 x} = 1 + \tan^2 x,$$
$$(\cot x)' = -\frac{1}{\sin^2 x} = -(1 + \cot^2 x),$$
$$(a^x)' = a^x \cdot \ln a \quad (a > 0),$$
$$(\log_a x)' = \frac{1}{x \cdot \ln a}.$$

Da $f'(x)$ selbst wieder eine Funktion ist, kann sie gegebenenfalls weiter differenziert werden, das führt auf die zweite Ableitung $f''(x) = y''$, schließlich auf die n-te Ableitung

$$f^{(n)}(x) = y^{(n)} = \frac{d^n y}{dx^n}.$$

Geometr. läßt sich $f'(x)$ deuten als die Steigung der Tangente des Graphen von $y = f(x)$ an der Stelle x gegen die Abszissenachse. Hat man reelle Funktionen zweier reeller Veränderlicher ($z = f(x, y)$) zu differenzieren, so bildet man *partielle Differentialquotienten*, indem man jeweils eine Veränderliche bei der Ableitung als konstant betrachtet. Für die *partiellen Ableitungen* der Funktion $z = f(x, y)$ an der Stelle $P_0 = (x_0, y_0)$ schreibt man:

$$f_x(P_0) = \lim_{x \to x_0} \frac{f(x, y_0) - f(x_0, y_0)}{x - x_0} = \frac{\partial f}{\partial x}(P_0)$$
$$f_y(P_0) = \lim_{y \to y_0} \frac{f(x, y_0) - f(x_0, y_0)}{y - y_0} = \frac{\partial f}{\partial y}(P_0)$$

Als *vollständiges (totales) Differential* bezeichnet man dabei den Ausdruck

$$df = \frac{\partial f}{\partial x}\,dx + \frac{\partial f}{\partial y}\,dy.$$

Die Grundlagen der D. gehen zurück auf G. W. Leibniz, I. Newton und J. Gregory, die sie, unabhängig voneinander, in der 2. Hälfte des 17. Jh. schufen.

Differentialrente, zusätzl. Einkommen, das auf Grund unterschiedl. Produktionskosten den Produzenten mit den geringeren Durchschnittskosten zufließt, sofern der Marktpreis gleich den Grenzkosten des am ungünstigsten produzierenden Unternehmens ist.

Differentialsperre ↑Differentialgetriebe.

Differentialtransformator, hauptsächl. in der Meßtechnik verwendeter Transformator mit zwei zur Sekundärwicklung symmetr. angeordneten Wicklungen auf der Primärseite. Die beiden Wicklungen sind so geschaltet, daß sie in entgegengesetzter Richtung von Strömen durchflossen werden. Sind die Stromstärken der in ihnen fließenden Ströme gleich groß, so ist die Sekundärwicklung spannungslos; andernfalls ist die an der Sekundärspule abgreifbare Spannung ein Maß für die Differenz der Stromstärken.

Differentiation [lat.], in der Petrologie Entmischung eines Magmas infolge fortschreitender Kristallisation, z. T. mit Anreicherung von Erzen.

differentielle Psychologie [lat./griech.], von W. Stern eingeführte Bez. für den Bereich der Psychologie, der das Erleben und Verhalten des Individuums vorwiegend unter dem Aspekt der individuellen Unterschiede (persönl. Eigenheiten, soziale Herkunft u. a. spezif. Merkmale) betrachtet. Eine bed. Rolle spielt dabei die vergleichende Betrachtung verschiedener sozialer Gruppen (Alter, Geschlecht, soziale Schicht).

Differenz [lat.], Meinungsverschiedenheit; Uneinigkeit, Streit.

◆ Ergebnis einer Subtraktion; mathemat. Ausdruck der Form $a - b$.

Differenzarbitrage ↑Arbitrage.

Differenzenquotient, Bez. für den Quotienten

$$\left(\frac{\Delta y}{\Delta x}\right)_{x=x_0} = \frac{y_1 - y_0}{x_1 - x_0} = \frac{f(x_0+h) - f(x_0)}{h},$$

wobei $y = f(x)$ eine in der Umgebung von x_0 stetige Funktion ist; läßt man h gegen 0 streben, so wird der D. zum Differentialquotienten $\frac{dy}{dx}$, falls der Grenzwert existiert.

Differenzenrechnung, Teilgebiet der Mathematik, das sich v. a. mit den Grundlagen und Methoden der Approximation, der näherungsweisen numer. Differentiation und Integration von Funktionen und mit der näherungsweisen Lösung von Differentialgleichungen, Anfangs- und Randwertproblemen befaßt.

Diez mit Schloß (14./15. Jh.)

Differenzenverfahren, Verfahren zur angenäherten numer. Lösung von Anfangs-, Rand- und Eigenwertproblemen gewöhnl. oder partieller Differentialgleichungen.

Differenzgeschäft, ein Geschäft über Waren oder Wertpapiere, das nicht durch Lieferung erfüllt werden soll, sondern durch Zahlung des Unterschiedsbetrags zw. dem vereinbarten Preis und dem Börsen- oder Marktpreis, den die Waren oder Wertpapiere zu einem bestimmten Zeitpunkt haben. Sofern nicht berechtigte wirtsch. Interessen mit ihm verfolgt werden (z. B. nach §§ 50 ff. BörsenG für den Börsenterminhandel), ist es *Spielgeschäft* (vgl. § 764 BGB).

differenzierbar [lat.] ↑Differentialrechnung.

differenzieren [lat.], unterscheiden; abstufen, trennen, verfeinern.

◆ den Differentialquotienten einer Funktion gemäß den Regeln der ↑Differentialrechnung bilden.

Differenziergerät (Differentiator), Gerät zur Bestimmung der Tangente oder zum Zeichnen der Differentialkurven einer gezeichnet vorliegenden Kurve.

Differenzierung [lat.], allg.: Unterscheidung, Abweichung, Abstufung, Verfeinerung.

◆ in der *Entwicklungsphysiologie* Bez. für den Vorgang während des Wachstums eines Lebewesens, durch den sich zwei gleichartige embryonale Zellen, Gewebe oder Organe in morpholog. und physiolog. Hinsicht in verschiedene Richtungen entwickeln. Die D. wird durch die unterschiedl. Aktivität der Gene gesteuert und von Umweltfaktoren beeinflußt.

◆ in der *Psychologie* (v. a. in der Entwicklungspsychologie) Bez. für den Vorgang der von einem ganzheitl. Anfangszustand ausgehenden Ausbildung einer immer größeren Mannigfaltigkeit, z. B. von spezif. Eigenschaften, Funktionen.

◆ (soziale D.) Prozeß der Auflösung eines mehr oder weniger homogenen Gesellschaftsganzen in eine Vielzahl heterogener Teilsysteme, die spezielle Funktionen erfüllen; gründet in der modernen Industriegesellschaft auf der ökonom. Arbeitsteilung.

Differenzton, beim gleichzeitigen Hören zweier etwa gleich starker Töne mit den Frequenzen f_1 und f_2 auftretende Erscheinung: Es werden Töne mit in Wirklichkeit nicht abgestrahlten Frequenzen

$$F_k = mf_1 \pm nf_2 \ (m, n = 1, 2, 3, ...)$$

gehört. Das Zustandekommen dieser „akust. Täuschung" rührt von der Nichtlinearität der Basilarmembran des Ohrs her; auch in Mikrophonen können D. entstehen.

Differenzträgerverfahren, beim Fernsehen übl. Methode der Übertragung der Tonfrequenzen durch eine Trägerwelle, deren Frequenz um 5,5 MHz über der des Bildträgers liegt (CCIR-Norm für 625 Zeilen). Beim Empfang werden Bild- und Tonträgersignale gemeinsam verstärkt, die Differenzfrequenz von 5,5 MHz ausgesiebt, als frequenzmodulierte Tonträgerfrequenz weiter verstärkt und schließlich demoduliert.

differieren [lat.], verschieden sein, einen Unterschied zeigen, voneinander abweichen.

diffizil [lat.-frz.], schwierig, peinlich, heikel.

Diffraktion [lat.], svw. ↑Beugung.

diffus [lat.], unregelmäßig zerstreut, nicht scharf begrenzt, ohne bevorzugte Ausbreitungs- oder Strahlenrichtung, z. B. **diffuses Licht** bei dunstiger Atmosphäre oder indirekter Beleuchtung, gekennzeichnet durch fehlende Schattenbegrenzungen.

Diffusion [lat.], physikal. Ausgleichsprozeß, in dessen Verlauf Teilchen (Atome, Moleküle, Kolloidteilchen) infolge ihrer Wärmebewegung (↑Brownsche Molekularbewegung) auf unregelmäßigen Zickzackwegen von Orten höherer Konzentration zu solchen niederer Konzentration gelangen, so daß Dichte- bzw. Konzentrationsausgleich erfolgt. So diffundieren zwei Gase ineinander, bis die Teilchen jeder Sorte gleichmäßig im Raum verteilt sind. Die D. von Teilchen tritt auch - etwa 10^5 mal langsamer - in Flüssigkeiten und - noch langsamer - in festen Körpern auf sowie als **Oberflächendiffusion** an ihrer Oberfläche, allg. an der Grenze zweier Phasen (**Grenzflächendiffusion**). Die D. von Ionen erfolgt allg. langsamer als die neutraler Teilchen. Ein Ortsaustausch gleicher Teilchen, der z. B. anhand von radioaktiven Isotopen nachgewiesen werden kann, wird als **Selbstdiffusion** bezeichnet. Bei der ↑Osmose oder bei der ↑Dialyse tritt eine einseitige D. (*Transfusion* bzw. *Effusion*) durch eine poröse Wand zw. zwei Lösungen auf. Der bei der D. zweier Gase ineinander auftretende Wärmeeffekt (**Diffusionsthermoeffekt**) bewirkt z. B., daß sich ein leichtes Gas über einem schwereren bei der D. erwärmt, während das schwerere sich um den gleichen Wärmemengenbetrag abkühlt. - ↑auch ambipolare Diffusion.

In der Technik wird die D. v. a. zur Gastrennung ausgenutzt. Bes. wichtig wurde die durch D. bewirkte Isotopentrennung der beiden Uranisotope U 235 und U 238.

◆ in der *Biologie* spielt die D. bei vielen Lebensvorgängen eine entscheidende Rolle, insbes. werden Stoffaufnahme oder -abgabe (Wasseraufnahme bei Pflanzen, Sauerstoffaufnahme und Kohlendioxidabgabe in der Lunge) und Sauerstofftransport oft durch D. bzw. ↑Osmose durchgeführt.

◆ in den *Sozialwissenschaften* Bez. für den Verbreitungsprozeß von Strukturelementen einer Gesellschaft oder Gruppe auf andere, wobei es sich um die Verbreitung von Kulturelementen (kulturelle D.), von Kommunikationsinhalten u. a. handeln kann.

Diffusionsatmung, Gasaustausch bei Lebewesen durch Diffusionsvorgänge. Pflanzen, Einzeller sowie kleine oder sehr primitive Tiere (z. B. Hohltiere) haben ausschließl. D., die über keine bes. Atmungsorgane, sondern über die Körperoberfläche erfolgt.

Diffusionspotential (Flüssigkeitspotential), an der Phasengrenze zweier Elektrolytlösungen verschiedener Konzentration oder Zusammensetzung auftretende Potentialdifferenz (Größe einige mV bis etwa 100 mV), deren Ursache die unterschiedl. Beweglichkeit und unterschiedl. verlaufende Diffusion der Kationen und Anionen ist.

Diffusor [lat.], Abschnitt eines Strömungskanals, dessen Querschnitt sich allmähl. erweitert, so daß die vom engen zum weiten Querschnitt erfolgende Strömung eine Geschwindigkeitsverminderung bei gleichzeitigem Druckanstieg erfährt, d. h. Geschwindigkeit in Druck umgesetzt wird (Umkehrung einer Düse).

Difluordichlormethan [...di,klo:r...], CF_2Cl_2, ein farbloses, ungiftiges und unbrennbares Gas, unter der Bez. *Freon-12* Ⓦᶻ oder *Frigen* Ⓦᶻ als Kältemittel in Kältemaschinen, als Lösungsmittel, als Treibgas für Aerosole in Zerstäubern, als Feuerlöschmittel u. a. verwendet.

Digamma, doppeltes Gamma, sechster Buchstabe des älteren griech. Alphabets (Ϝ), gewöhnl. mit dem Lautwert [u̯] oder [w]; im klass. Griech. verschwunden.

Digenea (Digena) [griech.], etwa 4 800 Arten umfassende Ordnung bis 40 mm langer, abgeflachter oder walzenförmiger Saugwürmer mit Generations- und Wirtswechsel; hierher gehören z. B. die Leberegel.

Digenie [griech.], svw. ↑Amphigonie.

Digenis Akritas, Held eines byzantin. volkstüml. Versromans aus dem 11./12. Jh.; Schauplätze sind die mit den Arabern umkämpften Reichsgrenzen in Kappadokien und im Euphratgebiet; die Handlung spielt im 10. Jh. (Urfassung verloren).

Digerieren [lat.], Ausziehen lösl. Bestandteile eines Stoffgemisches durch Übergießen mit einem geeigneten Lösungsmittel und anschließendes Dekantieren.

Digest [engl. 'daɪdʒɛst; zu lat. digesta, eigtl. „eingeteilte (Schriften)"], period. erscheinende Veröffentlichung, die durch Nachdruck von Aufsätzen, Artikeln und Buchauszügen einen Überblick über ein bestimmtes Fach oder Wissensgebiet gibt, meist über allg. Wissenswertes informiert.

Digesten [lat.], Teil des ↑Corpus Juris Civilis.

Digestion [lat.], svw. ↑Verdauung.
◆ in der *Pharmazie* ↑Extraktion.

Diggelmann, Walter Matthias, * Zürich 5. Juli 1927, † Zürich 29. Nov. 1979, schweizer. Schriftsteller. - Verf. von Erzählungen und melanchol.-iron. gesellschaftskrit. Romanen; auch Bühnenstücke, Hör- und Fernsehspiele. - *Werke:* Freispruch für Isidor Ruge (R., 1967), Die Vergnügungsfahrt (R., 1969), Ich heiße Thomy (R., 1973), Reise durch Transdanubien (En., 1974), Aber den Kirschbaum, den gibt es (R., 1975), Der Reiche stirbt (R., 1977), Stephan (R., 1978).

Digger [engl.], urspr. Bez. für Indianer, die v. a. von ausgegrabenen Wurzeln lebten, i. w. S. Ausgräber, „Spatenforscher".

Digimatik [Kw. aus **digi**tale Mathe**matik**], Wiss. von der digitalen Informationsverarbeitung, einschließl. der speziellen Mathematik dieses Gebiets.

digital [lat.], in der *Medizin* 1. mit dem Finger erfolgend, z. B. betasten, untersuchen; 2. die Finger oder Zehen betreffend, z. B. Arteriae digitales, die Fingerarterien.
◆ in der *Datenverarbeitung* oder *Meßtechnik:* Daten oder Meßwerte in Ziffern, d. h. in Schritten darstellend; im Ggs. zu analog, stufenlos, stetig.

Digital-Analog-Umsetzer (Digital-Analog-[Um]wandler), Gerät zur Umwandlung eines in Form einer digitalen Ziffernfolge angelieferten Wertes in eine ihm proportionale Analoggröße (z. B. eine elektr. Spannung, eine Verschiebung oder eine Winkelstellung).

Digitaldarstellung, jede Form einer Darstellung von Daten, insbes. von Zahlen, durch eine geordnete Folge diskreter Symbole aus einem endl. Alphabet (↑Informationstheorie). Jede D. einer Zahl (**digitale Zahlendarstellung**) wird durch eine natürl. Zahl $p \geq 2$, genannt die **Basis,** charaktisiert und durch ein aus p Zeichen bestehendes Alphabet erzeugt, dessen Zeichen als **Ziffern** bezeichnet werden. Die wichtigsten D. (digitale Zahlensysteme) sind jene zur Basis 2 (Dualsystem) und 10 (Dezimalsystem).

Digitalempfänger ↑Hörfunk.

Digitalis [lat.], svw. ↑Fingerhut (Pflanzengattung).

Digitalisglykoside, Kurzbez. Digitalis, starke, herzwirksame Drogen aus den Blättern verschiedener Arten des Fingerhuts, die zus. mit den ↑Digitaloiden als **Herzglykoside** bezeichnet werden. Für die Wirkung der D. ist die Steigerung der Kontraktionskraft des Herzmuskels charakteristisch.

Digitaloide [lat./griech.], in ihrer chem. Struktur und Wirkung den Digitalisglykosiden ähnl. pflanzl. Substanzen, die u. a. in Strophantusarten, im Maiglöckchen, in der Meerzwiebel und im Adonisröschen vorkommen.

Digitalrechner (Ziffernrechner), allg. Bez. für jedes Gerät zur Lösung mathemat. formulierbarer Aufgaben, in dem die Rechengrößen ziffernmäßig (digital) dargestellt werden und ihre Darstellung und Verknüpfung in schrittweisen, voneinander getrennten (diskreten) Operationen erfolgt. Heute werden fast ausschließl. programmgesteuerte elektron. D. verwendet, bei denen sowohl die Daten als auch die Programme digital dargestellt werden.

Digitalschallplatte ↑Schallplatte.

Digitaluhr, elektron. Uhr, die die Uhrzeit ziffernmäßig und in Schritten (digital) anzeigt.

digitigrad [lat.], auf den Zehen gehend; von Tieren *(Zehengängern; Digitigrada)* gesagt, die den Boden nur mit den Zehen berühren; z. B. Hunde, Katzen.

Digitoxin [lat./griech.], $C_{41}H_{64}O_{13}$, wichtiges therapeut. genutztes Digitalisglykosid mit langanhaltender Wirkung.

Digitus [lat.], in der Anatomie Bez. für Finger bzw. Zehe.

Diglossie [griech.], Zweisprachigkeit.

Diglykol, svw. ↑Diäthylenglykol.

Digne [frz. diɲ], frz. Stadt 55 km ssö. von Gap, 15 000 E. Verwaltungssitz des Dep. Alpes-de-Haute-Provence Bischofssitz; Holzind. - Als **Dinia** Hauptort der kelt. Bodontier, in röm. Zeit **Dea Augusta;** hatte seit dem 13. Jh. Selbstverwaltung. - Ehem. Kathedrale Notre-Dame-du-Bourg (um 1200–14. Jh.) im roman.-provenzal. Stil.

Dihang, ein Quellfluß des ↑Brahmaputra.

DIHT, Abk. für: ↑**D**eutscher **I**ndustrie- und **H**andels**t**ag.

dihybrid, sich in zwei erbl. Merkmalen unterscheidend.

Dihydroxyaceton (Propandiol-1,3-on-2), Monosaccharid mit 3 C-Atomen (sog. Ketotriose); dient in der kosmet. Ind. zur Hautbräunung ohne Sonneneinwirkung. Chem. Strukturformel:

$$OH-CH_2-CO-CH_2-OH.$$

Dijodtyrosin (3,5-Dijod-4-hydroxyphenylalanin, Jodgorgosäure), als Vorstufe von ↑Thyroxin und Trijodthyronin in der Schilddrüse vorkommende Aminosäure; Arzneimittel bei Schilddrüsenüberfunktion.

Dijon [frz. di'ʒõ], frz. Stadt im westl. Saônebecken, 245 m ü. d. M., 141 000 E. Verwaltungssitz des Dep. Côte-d'Or; Hauptstadt der Region Burgund; Bischofssitz; Univ. (gegr. 1722), TH für Landw.; Akad. der Wiss. und Literatur (gegr. 1740); Museen, Bibliothek; botan. Garten; gastronom. Messe; Fremdenverkehr. - Wichtiger Verkehrsknotenpunkt, Handels- und Marktzentrum mit Nahrungsmittel-, Fahrzeug-, Flugzeug- und Musikinstrumentenind.; Hafen am Kanal von Burgund, ✈. - Das galloröm. **Divio** ist seit dem 2. Jh. nachweisbar; kam 479 unter burgund., 534 unter fränk. Herrschaft; 737 von den Arabern, 888 von den Normannen zerstört; kam 1016 an die Herzöge von Burgund, die es zu ihrer Hauptstadt (1182 Stadtrecht) machten; unter frz. Herrschaft (ab 1477) bis zur Frz. Revolution Hauptstadt der Prov. Burgund. - Got. Pfarrkirche Notre-Dame (Baubeginn um 1230), Kathedrale Saint-Bénigne (1281–1394), Kirche Saint-Michel (15./16. Jh.), ehem. Palais der Hzg. von Burgund (1682 ff., heute Kunstmuseum).

Dike [griech.], bei den Griechen die Personifikation und Schirmerin von Recht und Ordnung.

Diklinie [griech.], Getrenntgeschlechtigkeit bei Blüten, die nur Staubblätter oder nur Fruchtblätter tragen, d. h. eingeschlechtig sind. - ↑auch Monoklinie.

dikotyl [griech.], zwei Keimblätter aufweisend, zweikeimblättrig; von Pflanzen gesagt; **Dikotyledonen (Dikotylen)**, svw. ↑Zweikeimblättrige.

Diktaphon [lat./griech.], svw. ↑Diktiergerät.

Diktat [lat.], Niederschrift, Nachschrift; aufgezwungene, harte Verpflichtung.

Diktator [lat., zu dictare „befehlen"], im republikan. Rom außerordentl. Magistrat zur Überwindung von Notstandssituationen; mußte von einem der beiden Konsuln ernannt werden; durfte nicht länger amtieren als der Konsul, der ihn ernannt hatte.
◆ der Inhaber diktator. Gewalt (↑Diktatur).

Diktatur [lat.], Amt des altröm. ↑Diktators.
◆ die Konzentration der öffentl. Gewalt in der Hand eines Mannes (Diktator) oder einer Personengruppe (z. B. Partei) als befristete verfassungsmäßige Institution zur Überwindung einer inneren oder äußeren Krisenlage oder als Form unbeschränkter Herrschaft ohne zeitl. Grenzen. Beide Typen entwickelten sich in klass. Form in der röm. Republik. Die moderne Entwicklung der D. setzt mit der Frz. Revolution ein, zunächst als zeitweilige Aufhebung der Gewaltentrennung; seit Napoleon I. erscheint D. als selbständige Form der Herrschaft (↑auch Cäsarismus, ↑Bonapartismus), der man im Unterschied zur Tyrannis oder Despotie eine histor. Mission zuschreibt. Die modernen Verfassungsstaaten haben für Kriegszeiten ihren Reg.chefs diktator. Vollmachten übertragen. Die Problematik dieser beschränkten D. (auch Notstandsgewalt) liegt darin, daß die Ausschaltung demokrat. Kontrolle die Entwicklung der D. vom Notinstitut zum Herrschaftssystem fördert - zumindest bei vorwiegend inneren polit.-sozialen Strukturkrisen.

Diktatur des Proletariats, Form der polit. Herrschaft der Arbeiterklasse; von L.A. Blanqui 1837 geprägter Begriff; von K. Marx zur Kennzeichnung der Übergangsphase zw. der proletar. Revolution und der klassenlosen, herrschaftsfreien Gesellschaft benutzt (↑auch Marxismus); von den Parteien des Eurokommunismus intensiv diskutiert.

Diktiergerät [lat./dt.] (Diktaphon), Aufnahme- und Wiedergabegerät für gesprochene Texte, mit Netz- oder Batteriebetrieb. Die Schallaufzeichnung erfolgt über Mikrophon auf magnet. Tonträgern, die nach Löschen eines aufgenommenen Textes (durch Entmagnetisieren) wieder neu, damit prakt. unbegrenzt oft besprechbar sind. Das Abhören erfolgt über Kopfhörer oder Lautsprecher. Das D. ist meist mit verschiedenen Schaltmöglichkeiten (Schnell- und Langsamgang für Rück- und Vorlauf, Fußhebelschaltung) und Zusatzeinrichtungen (z. B. Fernsprechanschluß) versehen.

Diktion [lat.], Ausdrucksweise, Schreibstil.

Diktum [lat.], pointierter Ausspruch.

Diktys von Kreta, angebl. Verf. eines Tagebuchs über den Trojan. Krieg, dessen lat. Bearbeitung (von L. Septimius, 4. Jh.) eine Hauptquelle der ma. Trojaromane wurde.

Đilas, Milovan [serbokroat. 'dzilas], * Polja bei Kolašin (Montenegro) 12. Juni 1911, jugoslaw. Politiker und Schriftsteller. - Ab 1932 in der KPJ, ab 1938 Mgl. des ZK, ab 1940 des Politbüros, im 2. Weltkrieg Partisan; 1945 Min., Sekretär und 1953 Vizepräs. des Politbüros; maßgebl. Theoretiker des Titoismus; 1954 Haft und Verlust aller Ämter wegen öffentl. Kritik am kommunist. System; schrieb im Gefängnis (1954/55 und erneut ab 1957) die polit. Bücher „Die neue Klasse" (dt. 1958) und „Gespräche mit Stalin" (dt. 1962); nach Freilassung und erneuter Verhaftung und Verurteilung (1961) 1966 begnadigt; schrieb danach „Der junge Revolutionär ..." (1973), „Der Krieg der Partisanen" (1977), „Tito. Eine krit. Biographie" (1980), „Jahre der Macht" (1982), „Ideen sprengen Mauern" (1984), „Menschenjagd. Vier Romane" (1985).

Dilatation [lat.], svw. Dehnung; auch Bez. für das Verhältnis des Längenzuwachses zur ursprüngl. Länge sowie für die relative Raumausdehnung.

◆ in der *Medizin* 1. die normale (physiolog.) Erweiterung eines Hohlorgans zur Anpassung an einen erhöhten Füllungsdruck *(tonogene D.)*, z. B. bei Magen, Harnblase und v. a. beim Herzen; 2. die krankhafte Ausdehnung eines Hohlorgans, wie z. B. bei Magen, Darm, Herz und Blutgefäßen infolge Muskelerschlaffung bei übermäßiger Wandbelastung *(myogene D.)*; 3. die künstl. Erweiterung eines Organkanals, z. B. des Gebärmutterhalskanals oder der verengten Harnröhre mit Hilfe eines ↑ Dilatators.

Dilatator [lat.], in der *Anatomie* Kurzbez. für: Musculus dilatator, Erweiterungsmuskel für Organe des menschl. und tier. Körpers. ◆ v. a. in der *Gynäkologie* gebrauchtes sonden- oder stiftförmiges (z. B. Hegar-Stifte), auch spreizbares Instrument verschiedener Stärke zur künstl. Dehnung bzw. Erweiterung von Hohlorganen oder Organkanälen.

dilatorisch [lat.], aufschiebend, schleppend, hinhaltend.

dilatorische Einrede ↑ Einrede.

Dilemma [griech.], Zwangslage, Wahl zw. zwei [unangenehmen] Möglichkeiten. ◆ log. Schlußform mit zweiteiligem Obersatz nach dem Muster: Wenn *A* wäre, müßte entweder *B* oder *C* sein; es ist jedoch weder *B* noch *C*; also ist *A* überhaupt nicht. Enthält der Obersatz 3, 4 oder viele Möglichkeiten, werden die Schlußformen **Tri-, Tetra-** bzw. **Polylemma** genannt.

Arten, darunter der als Gewürz- und Heilpflanze bekannte, häufig angebaute **Echte Dill** (Anethum graveolens) aus SW-Asien, stark duftendes Kraut mit 3–4fach fein gefiederten Blättern (jung als Gewürz für Salate, Suppen, Soßen), gelbl. Blüten mit großen, bis 50strahligen Dolden und [Spalt]früchten.

Dillenburg, Stadt in Hessen, im Dilltal, 218–300 m ü. d. M., 23 100 E. Oranien-Nassauisches Museum; Hess. Landesgestüt; u. a. Metall- und Textilind. - Die Stadt (seit 1344) entwickelte sich im Schutz der um 1240 errichteten Burg (im 16. Jh. zur Festung ausgebaut, 1760 zerstört). - Wahrzeichen der Stadt ist der historisierende Wilhelmsturm (1872–75, an Stelle der Burg); Pfarrkirche (1489–1501 neu errichtet.

Dillenia [nlat.] (Dillenie), svw. ↑ Rosenapfelbaum.

Dillingen a. d. Donau, Stadt in Bayern, am N-Rand des Donaurieds, 433 m ü. d. M., 15 600 E. Verwaltungssitz des gleichnamigen Landkr.; Akad. für Lehrerfortbildung; Museum. - 1111 erstmals erwähnt. Die Burg wird 1220 genannt, der Ort ist 1258 befestigte Stadt. 1258 kamen Burg und Stadt an das Bistum Augsburg; Univ. (1554–1804, bis 1971 Philosoph.-Theolog. Hochschule); 1803 an Bayern. - Studienkirche (1610–17), Franziskanerinnen-Klosterkirche (1736–38), Schloß (vom 15.–18. Jh. mehrfach umgebaut).

D. a. d. D., Landkr. in Bayern.

Marlene Dietrich

Wilhelm Dilthey

Walt Disney (um 1955)

Dilettant [italien., zu lat. delectare „ergötzen"], Nichtfachmann, Laie; zunächst (18. Jh.) Bez. für den nicht berufl. geschulten Künstler bzw. Kunstliebhaber aus Zeitvertreib, dann auf alle Bereiche ausgedehnt; heute meist in negativem Sinn. **Dilettantismus,** Oberflächlichkeit, Spielerei, auch Pfuscherei; **dilettantisch,** unfachmännisch, unzulänglich.

Dill, rechter Nebenfluß der Lahn, entspringt nw. von Dillenburg, mündet bei Wetzlar, 54 km lang.

Dill (Anethum), Gatt. der Doldengewächse mit 2 vom Mittelmeer bis Indien verbreiteten

Dillingen/Saar, Stadt im Saarland, an der Mündung der Prims in die Saar, 182 m ü. d. M., 20 300 E. Metallverarbeitende Ind. - Bis zum 16. Jh. im Besitz der Herren von Siersberg; 1766 an Frankr., 1816 an Preußen. - Schloß (17./18. Jh.).

Dilthey, Wilhelm, * Biebrich (= Wiesbaden-Biebrich) 19. Nov. 1833, † Seis bei Bozen 1. Okt. 1911, dt. Philosoph. - 1866 Prof. in Basel, 1868 in Kiel, 1871 in Breslau, 1882 in Berlin. Begründer der Erkenntnistheorie der Geisteswiss. und einer der Hauptvertreter der hermeneut. Wiss. („histor. Schule"). D.

versuchte, eine „Erfahrungswiss. der geistigen Erscheinungen" (1910) aufzubauen und method. zu sichern: Im Unterschied zu den Naturwiss., in denen unabhängig vom menschl. Handeln gegebene Ereignisse durch theoret. Entwürfe (Hypothesen) systematisiert und erklärt werden, muß der Geisteswissenschaftler seinen Gegenstandsbereich, die symbol. Zusammenhänge der gesellschaftl. und geschichtl. Wirklichkeit des Menschen, in denen er selbst steht, durch Nachvollziehen dieser Lebensäußerungen verstehen. Entsprechend baute D. eine verstehende Psychologie auf, in der nicht vom Experiment, sondern vom erfühlenden und dann zergliedernden Intellekt ausgegangen werden müsse.
Werke: Das Leben Schleiermachers (1870, [2]1922), Einleitung in die Geisteswiss. (1883), Ideen über eine beschreibende und zergliedernde Psychologie (1894), Das Erlebnis und die Dichtung (1906), Der Aufbau der geschichtl. Welt in den Geisteswiss. (1910), Von dt. Dichtung und Musik (hg. 1933).

Dilution [lat.], in der Homöopathie aus den Urtinkturen durch (in Dezimalpotenzen fortschreitende) Verdünnung gewonnene flüssige Arzneimittel.

diluvial [lat.], das Diluvium betreffend.

Diluvium [lat. „Überschwemmung, Sintflut"], ältere Bez. für das ↑Pleistozän.

Dilwara, Ruinenstätte auf dem Guru Sikhar (höchster Berg der Aravalli Range), Rajasthan, Indien. Berühmt wegen der Dschainatempel aus weißem Marmor mit filigranartigem Dekor (11.–13. Jh.).

dim, Abk. für: ↑**Dim**ension.

dim. (dimin.), Abk. für: ↑**dim**inuendo.

Dimension [lat.], allg. Ausdehnung, Ausmaß; Bereich.
◆ in der *Geometrie* die kleinste Anzahl von Koordinaten, mit denen die Punkte der geometr. Grundgebilde beschrieben werden können; ein Punkt hat die D. Null, eine Linie die D. 1, eine Fläche die D. 2, der gewöhnl. Raum die D. 3; die Punkte eines n-dimensionalen Raumes benötigen n Koordinaten $(x_1, \ldots, x_n)$ zu ihrer Beschreibung. In einem Vektorraum V versteht man unter einer D. die Maximalzahl linear unabhängiger Vektoren; sie wird mit dim V bezeichnet und ist gleich der Anzahl der Vektoren einer Basis von V.
◆ (Dimensionsprodukt) die qualitative Darstellung einer *physikal. Größe* aus den für die Beschreibung des betreffenden Teilgebiets der Physik gewählten Grundgrößenarten in der Form eines Potenzproduktes mit [meist] ganzzahligen Exponenten. Wählt man z. B. als Grundgrößenarten die Länge (L), die Masse (M) und die Zeit (T), dann ergibt sich für die kinet. Energie W gemäß ihrer Definitionsgleichung $W = \frac{1}{2}mv^2$ das Dimensionsprodukt:

$$\dim [W] = M \cdot L^2 \cdot T^{-2}.$$

Sind bei einem so erhaltenen D.produkt alle Exponenten Null, so bezeichnet man diese Größenart als dimensionslos oder als eine von der Dimension 1.

dimer [griech.], zweiteilig, zweigliedrig.

Dimerisation (Dimerisierung) [griech.], Zusammenlagerung von zwei gleichartigen Molekülen.

Dimeter [griech.], Vers, der aus zwei metr. Einheiten gebildet ist.

Dimethylsulfat, $SO_2(O \cdot CH_3)_2$, farbloses, sehr giftiges Öl, wichtiges Methylierungsmittel in der organ. Chemie.

Dimethylsulfoxid, DMSO, $CH_3-SO-CH_3$, farb- und geruchlose, ungiftige Flüssigkeit, die sich durch ein hohes Lösungsvermögen u. a. für organ. Stoffe und Kunststoffe auszeichnet; wird v. a. als Lösungsmittel verwendet, daneben auch als Frostschutzmittel; durchdringt sehr leicht die Haut und erleichtert die Resorption von Arzneimitteln durch die Haut.

diminuendo [italien.], Abk. dim., musikal. Vortragsbez.: schwächer werdend. Zeichen $>$; Ggs.: ↑crescendo.

Diminution [lat.], in der *Musik* 1. die Verkürzung einer Note in der ↑Mensuralnotation. 2. die proportionale Verkürzung der Notendauern einer Melodie, eines Themas u. ä., z. B. im Kanon oder in der Fuge (meist Verkürzung um die Hälfte). 3. die Verzierung einer Melodie durch Zerlegen größerer Notenwerte in eine Folge von kleineren.

Diminutiv (Diminutivum, Deminutiv[um]) [lat.], Verkleinerungsform eines Substantivs, in der dt. Hochsprache gebildet durch die Suffixe „...chen" und „...lein", z. B. Öfchen, Bächlein.

Dimitri ↑Dmitri.

Dimitrijević, Dragutin [serbokroat. diˌmitrijɛvitɕ], gen. Apis, * Belgrad 17. Aug. 1876, † bei Saloniki 26. Juni 1917, serb. Offizier und Verschwörer. - Als Verfechter eines radikalen großserb. Nationalismus maßgebl. beteiligt an der Ermordung des serb. Königs Alexander I. Obrenović und seiner Frau Draga (1903); als Chef des Geheimbundes „Schwarze Hand" (ab 1911) Organisator des Attentats auf den östr.-ungar. Thronfolger Franz Ferdinand in Sarajevo 1914; später verhaftet, 1917 zum Tode verurteilt und hingerichtet.

Dimitrovgrad, Stadt in der jugoslaw. Republik Serbien, 440 m ü. d. M., 5 500 E. Wichtigster Straßen- u. einziger Eisenbahngrenzübergang zw. Jugoslawien und Bulgarien.

Dimitrow, Georgi Michailowitsch, * Kowatschewiza bei Radomir 18. Juni 1882, † Moskau 2. Juli 1949, bulgar. Politiker. - Ab 1902 Mgl. der Sozialdemokrat. Partei; 1919 Mitbegr. der bulgar. KP; Teilnahme an Aufständen in Bulgarien (1923); emigrierte nach Moskau, Wien, Berlin, hier 1933 in den Prozeß um den Reichstagsbrand verwickelt, mußte 1934 jedoch freigesprochen werden; 1935–43 Generalsekretär der Komintern in Moskau, 1937–45 Abg. des Obersten Sowjets; 1944 Rückkehr nach Bulgarien; ließ 1946 die VR Bulgarien ausrufen; 1946–49 Min.präs.; 1948 Generalsekretär der bulgar. KP.

Dimitrowgrad (bis 1972 Melekess), sowjet. Stadt im Gebiet Uljanowsk, RSFSR, 106 000 E. Technika, Forschungsinst. für Kernreaktoren; Theater; Maschinenbau, Textil- und Nahrungsmittelind.; Anlegeplatz. - 1714 gegr., seit 1919 Stadt.

D., bulgar. Stadt am Mittellauf der Maritza, 51 000 E. - Nach 1947 entstandener bed. Ind.-standort (Zement-, Asbest-, Chemie- und Konservenkombinat).

Dimmer [engl.], svw. ↑Helligkeitsregler.

Dimona, Stadt im Negev, Israel, 27 000 E. Chem. und metallverarbeitende Ind., Kernkraftwerk. - 1955 gegr., planmäßige Anlage.

Dimorphie [griech.] ↑Polymorphie.

Dimorphismus [griech.], das Auftreten derselben Tier- oder Pflanzenart in zwei verschiedenen Formen (Morphen); z. B. ↑Geschlechtsdimorphismus, ↑Saisondimorphismus.

DIN ↑DIN Deutsches Institut für Normung e. V.

Dina (Dinah), weibl. Vorname hebr. Ursprungs, eigtl. „die Richterin".

Dinant [frz. di'nã], belg. Stadt an der Maas, 12 000 E. Fremdenverkehr; v. a. bekannt für seine Messingwaren (**Dinanderie,** ab 12. Jh.). - Die zum Bistum Lüttich gehörende Stadt war seit dem 14. Jh. Mgl. der Hanse. - Frühgot. Liebfrauenkirche (13. Jh.).

Dinar [arab.; zu ↑Denar], urspr. die Goldeinheit der verschiedenen arab. Münzsysteme in Asien, Ägypten, Nordafrika und Spanien bis zum 13. und 15. Jh.; seit etwa 695 bekannt.

◆ pers. Rechnungsmünze des 17.–19. Jh.

◆ in Zusammensetzungen Bez. für Währungseinheiten in Algerien, Irak, Jemen (Demokrat. VR), Jordanien, Jugoslawien, Kuwait, Libyen, Tunesien.

Dinariden (Dinarische Alpen), stark verkarstetes Gebirgssystem in Jugoslawien und Albanien, erstreckt sich von Ljubljana bis zum Drin, im Durmitor 2 522 m hoch; Fortsetzung der Ostalpen.

dinarische Rasse, in den Gebirgen M- und S-Europas, in den östl. Alpen, im Karpatenbogen und in der W-Ukraine verbreitete Menschenrasse. Charakterist. Merkmale sind schlanker, hagerer, hoher Körperwuchs, braune Augen und Haare, Hoch- und Kurzköpfigkeit, abgeflachtes Hinterhaupt, Adler- oder Hakennase, mittelhelle Haut.

DIN Deutsches Institut für Normung e. V. (bis Sept. 1975: Dt. Normenausschuß, Abk. DNA); Sitz Berlin (West); setzt durch Gemeinschaftsarbeit aller Beteiligten Normen - v. a. im Bereich der Technik - fest, veröffentlicht sie und vertritt sie in Deutschland und dem Ausland gegenüber. Organe sind u. a. Fachnormen- und Arbeitsausschüsse, die mit Zustimmung der beteiligten Fachkreise (insbes. Erzeuger, Verbraucher und Wiss.) gebildet werden und die Normungsarbeit durchführen. Nach Prüfung bezügl. bereits bestehender Normen und nach vereinheitlichender Überarbeitung verabschiedet die Normenprüfstelle die erstellten Normen unter dem DIN-Zeichen (**DIN**) in Form von Normblättern; das DIN-Zeichen darf nur zur Kennzeichnung von Erzeugnissen verwendet werden, die den DIN-Normen in allen Punkten entsprechen u. den sonstigen Gebrauchsanforderungen genügen.

Dine, Jim [engl. 'daɪn], * Cincinnati (Ohio) 16. Juni 1935, amerikan. Maler. - Übermalte Assemblagen mit „Fundstücken", oft Fragmente europ. Bildungsguts; auch als Graphiker z. T. der Pop-art nahe; außerdem Happeningkünstler.

Diner [frz. di'ne:; zu vulgärlat. disjejunare „zu fasten aufhören"], frz. Bez. für die Hauptmahlzeit, im allg. abends eingenommen. Im dt. Sprachgebrauch Bez. für ein festl. Essen.

Diners Club Inc. [engl. 'daɪnəz 'klʌb ɪn'kɔ:pərɛɪtɪd], älteste und weltweit verbreitete Kreditkartenorganisation, Sitz New York, gegr. 1951.

DIN-Formate ↑Papierformate.

Ding ↑Thing.

Ding, allg. svw. Gegenstand, Objekt; im philosoph. Sprachgebrauch i. e. S. der Träger (Substanz) von Eigenschaften.

Ding an sich, in der Philosophie Kants der Begriff von einem Sein, das als „Grund

Jim Dine, Schuh (1961). Privatbesitz

der Erscheinungen" unabhängig von der sinnl. Wahrnehmung nicht erkannt, wohl aber gedacht werden kann.

Dingel (Dingelorchis, Limodorum), Gatt. der Orchideen in M- und S-Europa mit der einzigen kalkliebenden Art **Limodorum abortivum;** Erdorchidee ohne grüne Blätter, mit dunkelviolettem Stengel und bis 4 cm breiten, langgespornten, hellvioletten Blüten in mehrblütiger Traube; in lichten, trockenen Kiefernwäldern.

Dingelstedt, Franz Freiherr von (seit 1876), * Halsdorf (Hessen) 30. Juni 1814, † Wien 15. Mai 1881, dt. Theaterleiter und Schriftsteller. - 1851–57 Intendant des Münchner Hoftheaters, 1857–67 des Weimarer Hoftheaters, dann in Wien an Hofoper (bis 1870) und Burgtheater (ab 1870). Bed. Shakespeare- und Hebbelinszenierungen. Polit.-satir. Gedichte mit z. T. sozialrevolutionärer Tendenz; auch Romane und Dramen.

Dinggedicht, im Ggs. v. a. zur Stimmungslyrik eine lyr. Ausdrucksform, der ein Gegenstand oder Lebewesen Anlaß zu distanziert betrachtender Darstellung gibt, wodurch symbol. oder metaphor. Deutung des „Dings" mögl. wird. Erste Vertreter der Gattung: Mörike („Auf eine Lampe") und C. F. Meyer („Der röm. Brunnen"), dann v. a. Rilke (u. a. „Der Panther").

Dinghofer, Franz, * Ottensheim bei Linz 6. April 1873, † Wien 12. Jan. 1956, östr. Politiker. - 1918 Präs. der provisor. Nationalversammlung Deutschösterreichs; ab 1920 Führer der Großdt. Volkspartei (1934 verboten); 1926/27 Vizekanzler, 1927/28 Justizmin.; 1928–38 Präs. des östr. Obersten Gerichtshofs.

Dingi (Dingey, Dinghi, Dinghy, Dingy) [Hindi], kleines Beiboot auf Kriegsschiffen und Jachten.

◆ kleines Sportsegelboot (↑ auch Finn-Dingi).

Ding La, 5 885 m hoher Gebirgspaß in SW-Tibet; über ihn führt der höchste Karawanenweg des Transhimalaja.

Dingler, Hugo, * München 7. Juli 1881, † ebd. 29. Juni 1954, dt. Philosoph und Wissenschaftstheoretiker. - 1920 Prof. in München, 1932–34 in Darmstadt. Entfaltete eine method. Begründung der exakten Naturwiss. (Mathematik, Physik) mit einer operationalist. Theorie (↑ Operationalismus), derzufolge Gegenstände der Wiss. nicht beschrieben werden, sondern Regeln gefordert werden, unter deren Befolgung diese Gegenstände erzeugt werden können. - *Werke:* Die Grundlagen der Naturphilosophie (1913), Die Grundlagen der Physik (1919), Der Zusammenbruch der Wissenschaft (1926), Geschichte der Naturphilosophie (1932), Grundriß der method. Philosophie (1949), Aufbau der exakten Fundamentalwissenschaft (hg. 1964).

dinglicher Anspruch ↑ dingliche Rechte.

dinglicher Arrest ↑ Arrest.

dingliche Rechte (Sachenrechte, Rechte an Sachen), Vermögensrechte, die eine unmittelbare Herrschaft über eine Sache (ausnahmsweise ein Recht) gewähren. Im Ggs. zu den ↑ obligatorischen Rechten sind sie [von jedermann zu achtende] absolute Rechte (z. B. Eigentum). Ihre Verletzung begründet einen **dinglichen Anspruch,** bei Verschulden des Verletzers auch einen Schadenersatzanspruch wegen unerlaubter Handlung. Regelmäßig sind die d. R. bei bewegl. Sachen mit dem Besitz verbunden, bei unbewegl. Sachen im Grundbuch eingetragen.

dingliches Rechtsgeschäft, ein Rechtsgeschäft, durch das ein dingl. Recht übertragen, belastet, inhaltl. abgeändert oder aufgehoben wird.

Dinglinger, Johann Melchior, * Biberach an der Riß 26. Dez. 1664, † Dresden 6. März 1731, dt. Goldschmied. - Meister des Dresdner Barocks; schuf u. a. „Das Goldene Kaffeezeug" (1701), „Der Hof-Staat zu Delhi ..." (1701–08, die erste große Chinoiserie in Deutschland mit 132 Figuren) und die Gruppe „Bad der Diana" (1704) sowie Juwelengarnituren für August den Starken (alle Dresden, Grünes Gewölbe).

Dingo [austral.] (Warragal, Canis familiaris dingo), austral. Wildhund von der Größe eines kleinen Dt. Schäferhundes mit zieml. kurzem, meist rötlich- bis gelbbraunem Fell und relativ buschigem Schwanz. Der D. ist vermutl. eine verwilderte primitive Haushundeform; heute in freier Wildbahn fast ausgerottet.

Dingolfing, Stadt in Bayern, an der unteren Isar, 364 m ü. d. M., 14 200 E. U. a. Automobilind. - 769/771 erstmals erwähnt; im 13. Jh. begannen die Wittelsbacher mit der Anlage einer Burg mit Burgsiedlung; erhielt 1274 Stadtrechte. - Pfarrkirche (1467 ff.), Herzogsburg (15. Jh.), Reste der Stadtmauer.

Dingolfing-Landau, Landkr. in Bayern.

Dingpunkt, bei einer opt. Abbildung ein Punkt des abzubildenden Gegenstandes.

Dingweite, bei einer opt. Abbildung die Entfernung des Objektes von der dingseitigen Hauptebene des abbildenden Systems.

Dingwort, svw. ↑ Substantiv.

Din Ilahi ↑ Akbar.

Dinis (Diniz) [portugies. də'niʃ] ↑ Dionysius, König von Portugal.

Dinitrokresol (4,6-Dinitroorthokresol), sehr giftiges Kresolderivat; dient zur Schädlings- und Unkrautbekämpfung; Holzimprägnierungsmittel.

Dinitrophenol, Phenol mit zwei Nitrogruppen; wichtiges Holzkonservierungsmittel; Verwendung auch als Farbindikator im pH-Bereich 2,0 bis 4,7.

Dinka, Nilotenstamm in S-Sudan, am oberen Nil; Hirtennomaden mit Feldbau (Hirse) und Fischer.

Dinkel (Spelt[weizen], Spelz, Schwabenkorn, Triticum spelta), anspruchslose, winterharte Weizenart mit meist unbegrannter (**Kolbendinkel**), aber auch begrannter Ähre (**Grannendinkel**) und brüchiger Spindel (wird daher oft grün geerntet; ↑Grünkern); Körnerfrucht fest von Spelz umschlossen, liefert Mehl von hohem Backwert. - In der späten Jungsteinzeit in ganz Europa verbreitet, heute nur noch vereinzelt angebaut.

Dinkelsbühl, Stadt in Bayern, an der Wörnitz, 442 m ü. d. M., 10 500 E. Museum; Pinselherstellung, Holz-, Leder- und Textilind.; Femdenverkehr. - 1188 als stauf. Stadt belegt; ab 1273 Reichsstadt (bis 1803). 1541 trat D. der Augsburger Konfession bei. - Ma. Stadtbild: Stadtmauer mit Wehrgang, 4 Toren, Mauertürmen, Doppelgraben und Zwinger. Fachwerkhäuser (16. und 17. Jh.), altes Rathaus (14. Jh.), Adlerapotheke (1747), Deutschordenshaus (1761–64); Stadtpfarrkirche Sankt Georg (1448–99). - Abb. S. 254.

DIN-Kraftstoffverbrauch, Kraftstoffbedarf eines Kfz., vermehrt um einen Zuschlag von 10 %, gemessen unter folgenden Bedingungen: halbe Nutzlast, $^3/_4$ der Höchstgeschwindigkeit (maximal 110 km/h), Hin- und Rückfahrt auf Meßstrecke von 10 km Länge bei Windstille. Angabe in Liter pro 100 km, Abweichung ± 5 %.

DIN-Leistung, bei einer Verbrennungskraftmaschine die am Schwungrad unter normalen Betriebsbedingungen verfügbare Nutzleistung, wobei alle Ausrüstungsteile (Lüfter, Wasserpumpe bzw. Kühlluftgebläse, Kraftstoffpumpe, Kraftstoffansaug- bzw. -einspritzanlage, unbelastete Lichtmaschine, Auspuffanlage) vom Motor selbst betrieben werden müssen (vgl. DIN 70 020).

Dinner [engl. 'dɪnə (zu ↑Diner)], engl. Bez. für die Hauptmahlzeit (im allg. abends).

Dinnerjacket [engl. 'dɪnə,dʒækɪt], engl. Bez. für Smoking.

Dinoflagellaten [griech./lat.] (Peridiniales), Bez. für: 1. in der *Zoologie* Ordnung der Flagellaten; 2. in der *Botanik* Klasse der Algen; meist einzellige, mit zwei ungleich langen Geißeln ausgestattete Organismen, v. a. im Plankton des Meeres, aber auch im Süßwasser; primitive Arten haben keine Zellwand, die höher entwickelten einen komplizierten, dreiteiligen Zellulosepanzer. Charakterist. ist der ungewöhnl. große Kern (Dinokaryon); Fortpflanzung meist durch schräge Längsteilung. Einige Arten rufen das ↑Meeresleuchten hervor.

Dinosaurier [zu griech. deinós „gewaltig" und saũros „Eidechse"] (Riesensaurier, Drachenechsen, Dinosauria), zusammenfassende Bez. für die beiden ausgestorbenen Kriechtierordnungen Saurischier und Ornithischier. Die D. sind seit der Trias bekannt; ihre größte Verbreitung hatten sie zur Jura- und Kreidezeit; gegen Ende der Kreidezeit starben sie aus. Ihre Gesamtlänge betrug 30 cm bis 35 m. Der Körper hatte meist einen kleinen Kopf sowie langen Hals und Schwanz. - Die D. waren urspr. räuber. Fleischfresser, die sich auf den Hinterbeinen fortbewegten, wobei die Vorderbeine oft sehr kurz waren und Greifhände hatten. Erst im späteren Verlauf der Entwicklung wurden viele Arten zu Pflanzenfressern, die sich wieder auf 4 Beinen fortbewegten und gegen Angriffe räuber. D. häufig gepanzert oder mit hornförmigen Auswüchsen versehen waren.

Dinotherium [zu griech. deinós „gewaltig" und thērion „Tier"], Gatt. mittel- bis elefantengroßer Rüsseltiere in Eurasien, seit dem Miozän bekannt, im Pleistozän ausgestorben; mit vermutl. gut entwickeltem Rüssel und sehr verlängerten, nach unten oder leicht nach hinten gerichteten unteren Schneidezähnen (Stoßzähnen).

DIN-Phon ↑Phon.

Dinslaken, Stadt in NRW, an der Emschermündung in den Rhein, 12–68 m ü. d. M., 60 500 E. Burghofbühne, Trabrennbahn; Steinkohlenbergbau, Metall- und Textilind. - D. erhielt 1273 Stadtrecht. Mit Kleve kam D. 1609/66 an Brandenburg. - Reste einer Hallenkirche (um 1490).

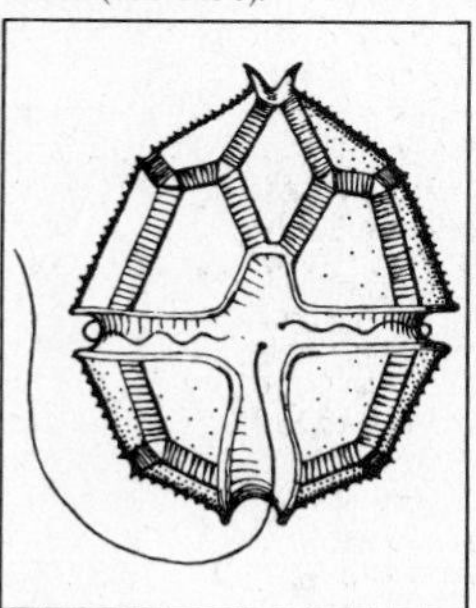

Dinoflagellaten.
Peridinium tabulatum

Diode [griech.], elektron. Bauelement, dessen Widerstand in so hohem Grade von der Polarität der angelegten elektr. Spannung abhängt, daß ein Stromfluß prakt. nur in einer Richtung erfolgen kann. D. dienen als elektr. Ventile; techn. Ausführung: Hochvakuumröhren oder Halbleiterbauelemente mit (mindestens) einer Sperrschicht.

Hochvakuumdioden benutzen die Glühemission einer geheizten Kathode zur Aussendung von Elektronen in einen evakuierten Raum, aus dem sie dann bei Anlegen einer Spannung über eine kalte Gegenelektrode (Anode) abgeführt werden können. Der so entstehende Strom kann nur in einer Richtung fließen, und zwar von der Kathode (Minuspol) zur Anode (Pluspol).

Dinkelsbühl mit Rothenburger Tor (um 1380)

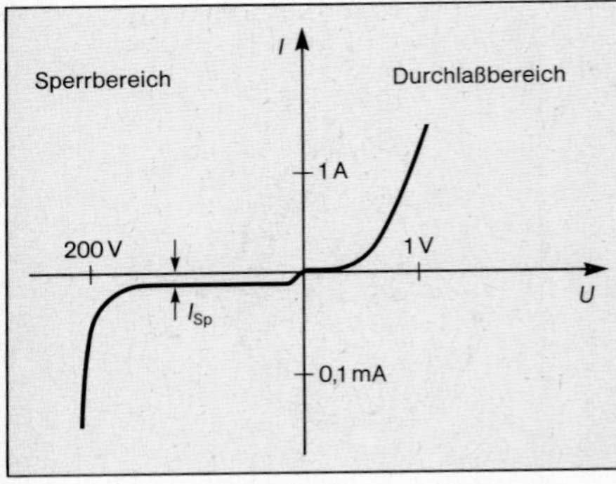

Diode. Strom-Spannungs-Verhältnisse einer Halbleiterdiode. Bei zu großen negativen Spannungen treten Durchbruchserscheinungen auf

Halbleiterdioden nutzen die elektr. Eigenschaften von p-n-Übergängen, bei denen die Stromstärke I von der anliegenden Spannung U gemäß der **Diodengleichung**

$$I = I_{\mathrm{Sp}} \left[\exp\left(\frac{eU}{kT}\right) - 1\right]$$

abhängt. Der Sperrsättigungsstrom I_{Sp} ist von den Dotierungsverhältnissen in den einzelnen Schichten und von der Temperatur abhängig.

Diodor (Diodorus Siculus), griech. Geschichtsschreiber des 1. Jh. v. Chr. aus Sizilien. - Lebte z. Z. Cäsars in Rom, wo er seine „Bibliothḗkē", eine komplizierte Weltgeschichte in 40 Büchern, schrieb, von denen 15 erhalten sind; wertvoll wegen der sonst nicht überlieferten benutzten Quellen.

Diogenes von Sinope, gen. der „Kyniker", * um 400, † wohl zw. 328 und 323, griech. Philosoph. - Vertreter des ↑ Kynismus; durch zahlreiche Anekdoten bekannt (D. in der Tonne); kritisierte in seinem provokator. einfachen und asket. Leben unreflektierte Bedürfnisbefriedigung, unvernünftige Konventionen und gesellschaftl. Zwänge.

Diogenes Laertios, griech. Philosoph des 2./3. Jh. - Sein Hauptwerk „Über Leben und Meinungen berühmter Philosophen" (10 Bücher) ist die einzige erhaltene Geschichte der Philosophie in der Antike.

Diogenes Verlag ↑ Verlage (Übersicht).

Diokles, syrakusan. Politiker im 5. Jh. v. Chr. - Auf sein Betreiben wurde 412 der Staat in eine radikale Demokratie umgewandelt; wegen militär. Versagens 408 (Verlust von Himera) verbannt; später kult. verehrt.

D., griech. Mathematiker um 100 v. Chr. - Löste die archimed. Aufgabe, eine Kugel durch eine Ebene in gegebenem Verhältnis zu teilen, und das ↑ delische Problem der Würfelverdoppelung mittels der von ihm erfundenen Zissoide.

Diokletian (Gajus Aurelius Valerius Diocletianus), * in Dalmatien etwa 240, † Salona (= Solin bei Split) 313/316, röm. Kaiser (seit 284). - Als Befehlshaber der Garde wohl am 17. Nov. 284 in Nikomedia (= İzmir) zum Kaiser ausgerufen, fand nach Ausschaltung des Carinus 285 allg. Anerkennung. Bis 298 Sicherung der röm. Position an Rhein und Donau, NW-Gallien und England, Ägypten und Persien. Zugleich Maßnahmen zur inneren Stabilisierung: 1. 285 Ernennung Maximians zum Mitkaiser, 293 Bildung der ↑ Tetrarchie, daneben ideolog. Fundierung des Kaisertums (Dominat); 2. Vollendung des Steuersystems von „iugatio" (für Bodenbesitz) und „capitatio" (für anderen Besitz); Einführung des 5- bzw. 15jährigen Steuerzyklus (Indiktion); Münzreform; Festsetzung von Höchstpreisen für Waren und Dienstleistungen (301); 3. Aufteilung der bestehenden Prov.; 4. endgültige takt. Gliederung der Armee in Grenztruppen und mobile Reichsarmee; Verbot des Christentums und des Manichäismus (303). Am 1. Mai 305 Rücktritt mit Maximian.

-diol, Bez. der chem. Nomenklatur, die in organ. Verbindungen das Vorhandensein von zwei Hydroxylgruppen kennzeichnet.

Diolen ® [Kw.], sehr reißfeste Polyester[spinn]faser, die beständig gegen organ. und mineral. Säuren ist.

Diomede Islands [engl. 'daɪəmiːd 'aɪləndz], Inselgruppe in der Beringstraße, besteht aus den Inseln **Ratmanov** (UdSSR) und **Little Diomede Island** (USA); zw. beiden verläuft die Datumsgrenze.

Diomedes, zwei Gestalten der griech.

Mythologie. 1. Sohn des Tydeus, König von Argos. D. ist vor Troja einer der stärksten Kämpfer der Griechen. - 2. Sohn des Ares, König von Thrakien. Besitzt menschenfressende Rosse, denen er von Herakles zum Fraß vorgeworfen wird.

Dion, * 409, † 354, syrakusan. Politiker. - Schwager und Schwiegersohn Dionysios I., Anhänger und Freund Platos seit 388; versuchte nach 367 mit dessen Hilfe eine innere Reform des Staates herbeizuführen, scheiterte aber; 366–357 verbannt; nach seiner Rückkehr zum Strategen gewählt, geriet er immer mehr auf die Bahn der Tyrannis.

-dion, Bez. der chem. Nomenklatur, die das Vorhandensein von zwei Ketogruppen (=C=O) kennzeichnet.

Dione, Titanin der griech. Mythologie. Tochter des Uranos und der Gäa, nach anderer Tradition Nymphe, Tochter des Okeanos und der Tethys. Von Zeus Mutter der Aphrodite.

Dione [griech., nach der gleichnamigen Titanin], ein Mond des Planeten Saturn. Entfernung vom Planeten 6,33 Saturnradien = 377 000 km, Umlaufzeit $2{,}737^d$, Durchmesser 1 120 km, Dichte 1,43 g/cm^3.

Dionissi, * um 1440, † nach 1502, russ. Maler. - D., seine Werkstatt und seine Söhne stehen in der Tradition A. Rubljows; seine Figuren sind langgestreckt und graziös. U. a. Fresken, Ikonen und Ikonostase im Therapontoskloster (Bezirk Wologda; 1500–02).

Dionysios, Name von Herrschern:

D. I., * etwa 430, † im Frühjahr 367, Tyrann von Syrakus (seit 405). - Setzte 406 seine Ernennung zum obersten Heerführer und 405 die offizielle Zuerkennung tyrannenähnl. Macht durch; baute nach Friedensschluß mit den Karthagern 405 die eigene Machtstellung gegen innere und äußere Gegner aus; brachte in einem neuen Krieg gegen Karthago (398–392; weitere Karthagerkriege 382–374 und 367) zwei Drittel Siziliens in seine Hand; dehnte bis 386 seinen Machtbereich auf S-Italien aus; suchte seinen Hof auch zum geistigen Mittelpunkt der griech. Welt zu machen.

D. II., * etwa 397, Todesjahr unbekannt, Tyrann von Syrakus (seit 367). - Die Regierungsgeschäfte lagen in den Händen Dions; 361/360 nach mehreren Besuchen Platons Bruch zw. diesem und D. II.; ab 357 auf Unteritalien beschränkt, vermochte er in Syrakus 347 erneut Fuß zu fassen; ging nach endgültiger Vertreibung 344 nach Korinth ins Exil.

Dionysios der Perieget [peri-e'ge:t], griech. Schriftsteller der 1. Hälfte des 2. Jh. n. Chr. aus Alexandria. - Seine „Erdbeschreibung“ war noch im MA als Schulbuch im Gebrauch; lateinische Fassungen von Avienus und Priscianus.

Dionysios von Halikarnassos, griech. Rhetor und Geschichtsschreiber des 1. Jh. v. Chr. - Lebte seit 30 v. Chr. in Rom; schrieb bis 7 v. Chr. „Antiquitates Romanae“, eine für Griechen bestimmte Geschichte Roms von der Frühzeit bis zum 1. Pun. Krieg in 20 Büchern (1–10 vollständig erhalten).

Dionysios Areopagita, angebl. erster Bischof von Athen (im 1. Jh.). - Mgl. des Areopags; wurde von Paulus bekehrt. - Unter dem Namen D. A. und unter Berufung auf Apg. 17, 34 veröffentlichte ein griech. schreibender christl. Schriftsteller des 5. oder 6. Jh., der *Pseudo-D. A.*, eine Reihe theolog.-myst. Schriften und Briefe und erlangte damit beinahe apostol. Ansehen mit großem Einfluß insbes. auf die Mystik.

Dionysios Thrax, griech. Grammatiker des 2. Jh. v. Chr. - Schuf die älteste bekannte griech. Grammatik mit Einfluß auf den gesamten späteren Lehrbetrieb.

dionysisch ↑apollinisch-dionysisch.

Dionysius, männl. Vorname griech. Ursprungs, eigtl. „der dem Gott Dionysos Geweihte“.

Dionysius (Diniz, Dinis), * Lissabon 9. Okt. 1261, † Santarém (Estremadura) 7. Jan. 1325, König von Portugal (seit 1279). - Sohn Alfons' III.; zahlr. Reformen und Förderungsmaßnahmen (u. a. Zurückdrängung kirchl. Ansprüche); förderte Rechtspflege und Wiss. (Stiftung der Univ. Lissabon 1290; 1308 nach Coimbra verlegt); schuf die Grundlagen der Nationalsprache.

Dionysos (auch Bakchos; lat. Bacchus), griech. Gott des Weines und der Fruchtbarkeit, Sohn des Zeus und der Semele. Sein Attribut ist der mit Efeu und Reben umkränzte Thyrosstab. In seinem ekstat. und orgiast. Kult zerreißen seine Verehrerinnen, die Mänaden, junge Tiere und verzehren deren rohes Fleisch. Die griech. „Widersachermythen“ - die Sagen vom traurigen Schicksal jener, die es wagten, die Verbreitung seines Kultes unterbinden zu wollen -, das Fehlen des Gottes in der Götterreihe bei Homer, die orgiast. Prägung seines Kultes und das Aufwachsen des Knaben D. im fernen Fabelland Nysa sind Hinweise auf die nichtgriech. Herkunft des Gottes. - D. wird gerne in der griech. Vasenmalerei dargestellt, bis ins 5. Jh. v. Chr. bärtig und in langem Gewand, dann als jugendl. Gott, auch in anderen Kunstgattungen, bes. auf Friesen. In der Renaissance Thema von Skulptur (Michelangelo, „Trunkener Bacchus“, 1497/98; Florenz, Bargello) und Malerei (Tizian, „Bacchus und Ariadne“, 1523; London, National Gallery; Velazquez, „Der Triumph des Bacchus“, um 1629; Madrid, Prado). - Die berühmteste der Opern zur D.sage ist „Ariadne auf Naxos“ von R. Strauss (1912). - Abb. Bd. 1, S. 286.

diophantische Gleichung [nach Diophantos von Alexandria], eine Gleichung $f(x_1, x_2, ..., x_n) = 0$, für die nur ganzzahlige Lösungen $x_1, x_2, ..., x_n$ gesucht werden. Die lineare d. G. $ax_1 + bx_2 = c$ mit ganzzahligen Koeffizienten a, b, c besitzt z. B. genau dann ganzzahlige Lösungen, wenn a und b teilerfremd sind.

Diophantos von Alexandria, griech. Mathematiker der 2. Hälfte des 3. Jh. n. Chr. - Der bedeutendste Algebraiker der Antike. Er leitete allg. Regeln zum Rechnen mit Potenzen und zum Lösen von Gleichungen mit mehreren Unbekannten ab und begründete die mathemat. Symbolik durch Einführung fester Zeichen für die Unbekannte und ihre Potenzen sowie für die Subtraktion.

Dioptas [griech.], smaragdgrünes, durchscheinendes Mineral, $Cu_6[Si_6O_{18}] \cdot 6\,H_2O$, das trotz geringer Härte wegen seines kräftigen Feuers zu den Edelsteinen gezählt wird. Dichte 3,3 g/cm^3, Mohshärte 5,0.

Diopter [griech.], Vorrichtung zur Bestimmung einer Ziellinie, z. B. aus Kimme und Korn oder aus Sehschlitzen bestehend.

Dioptrie [griech.], Einheitenzeichen dpt, gesetzl. Einheit der Brechkraft von opt. Systemen (Linsen, Linsenkombinationen usw.). - *Festlegung:* 1 Dioptrie (dpt) ist gleich der Brechkraft eines opt. Systems mit der Brennweite 1 m in einem Medium der Brechzahl 1.

dioptrisch, nur brechende Elemente (Linsen, Prismen) enthaltend (z. B. dioptr. Fernrohre).

Dior, Christian [frz. djɔ:r], * Granville 21. Jan. 1905, † Montecatini 24. Okt. 1957, frz. Couturier. - Gründete 1946 einen Salon in Paris. Er lancierte die lange Mode, den „New Look", die A- und die H-Linie.

Diorama [griech.], plast. wirkendes Schaubild, bei dem Gegenstände vor einem gemalten oder photographierten Rundhorizont aufgestellt sind und teilweise in diesen übergehen. Dadurch wird ein großer Raum oder eine freie Landschaft vorgetäuscht.

Diori, Hamani [frz. djɔ'ri], * Soudouré (Niger) 16. Juni 1916, nigerischer Politiker. - Lehrer; seit 1958 Min.präs., seit 1960 zugleich Staatspräs. der Republik Niger; 1974 durch Militärputsch gestürzt; 1974–80 inhaftiert.

Diorit [griech.], körniges, meist helles, grünlichgraues Tiefengestein; Hauptbestandteile sind Plagioklas, Hornblende, Biotit, Quarz und Augite.

Dioskuren [griech. Dióskouroi „Söhne des Zeus"], in der griech. Mythologie die göttl. Zwillinge Kastor (lat. Castor) und Polydeukes (lat. Pollux). Bei dem Versuch, die Töchter des Leukippos zu rauben, wird Kastor getötet; um die Zwillinge nicht zu trennen, läßt Zeus sie je einen Tag in der Unterwelt und im Olymp verbringen. Der überaus populäre Kult der D., die man v. a. als Helfer in Seenot anrief, war, von Sparta ausgehend, in ganz Griechenland und Italien verbreitet. - Dargestellt sind die D. schon auf griech. Vasen, in der röm. Kunst u. a. als Freiplastik. In der Neuzeit ist wohl die berühmteste Darstellung der D. „Der Raub der Töchter des Leukippos" von Rubens.

Dioskurides von Samos, griech. Mosaikkünstler des späten 2. Jh. v. Chr. - Wurde bekannt durch seine Signatur auf zwei pompejan. Mosaikbildchen mit Komödienszenen.

Dioskurides (Dioskorides), Pedanios, griech. Arzt und Pharmakologe des 1. Jh. n. Chr. aus Anazarbos (Kilikien). - Verf. einer Arzneimittellehre („Materia medica"), die bis in die Neuzeit maßgebl. Handbuch der abendländ. Medizin blieb und außerdem eine wichtige Quelle für die Botanik der Antike ist.

Diotima, aus dem Griech. übernommener weibl. Vorname, eigtl. „die Gottgeweihte". Bekannt v. a. durch die D. in Platons „Symposion" und in Hölderlins „Hyperion".

Diouf, Abdou [frz. djuf], * Louga 7. Sept. 1935, senegales. Politiker. - 1962 und 1968–70 Planungs- und Industriemin.; 1970–80 Min.-präs.; seit 1981 Staatspräs. (seit 1982 auch Präs. der Föderation Senegambia).

Dioxan [griech.], farblose, brennbare, chem. sehr stabile Flüssigkeit; wichtiges Lösungsmittel für Zelluloseprodukte, Fette, Öle, Wachse, Lacke und Harze.

Dioxide, Verbindungen, in deren Molekülen jeweils ein Atom mit zwei Atomen Sauerstoff verbunden ist, z. B. CO_2 (Kohlendioxid), PbO_2 (Bleidioxid).

Dioxine [griech.], stark giftige organ. Verbindungen; Verwendung als Herbizide, die im Boden lange unzersetzt verbleiben; extrem giftig ist das als ↑ Seveso-Gift bekannte 2,3,7,8-Tetrachlordibenzo-p-dioxin.

diözesan [griech.], zu einer Diözese gehörig, die Diözese betreffend; **Diözesan,** Angehöriger einer Diözese.

Diözesanrat, in der röm.-kath. Kirche 1. Kollegium, das in Diözesen, in denen es kein Domkapitel gibt, dessen Rechte und Funktionen wahrnimmt; 2. in den dt. Diözesen Rat des Laienapostolats auf Diözesanebene zur Beratung des Bischofs.

Diözese [zu griech. dioíkēsis „Verwaltung(sbezirk)"], röm. Regionalbezirk; in früherer Zeit Teile einer Prov. umschreibend; durch die Reformen Diokletains der zw. (verkleinerten) Prov. und Präfektur eingeschaltete Verwaltungsbezirk (insgesamt 12). ◆ (Bistum) als Organisationsform der röm.-kath. Kirche des lat. Westens eine von einem Bischof geleitete Gemeinschaft von Gläubigen, die wesentl. Teil der Kirche ist und, durch den Bischof mit dem Papst und den Gliedern des Bischofskollegiums verbunden, in ihrem Bereich die Kirche repräsentiert. Die Errichtung der D. erfolgt durch die zuständige kirchl. Autorität i. d. R. auf territorialer Grundlage, wobei für die Größenordnung nur prakt., nach Raum und Zeit veränderl. Gesichtspunkte maßgebend sein können. - Zu den D. im deutschsprachigen Raum ↑ katholische Kirche (Übersicht).

Diözie [griech.] (Zweihäusigkeit), Form der Getrenntgeschlechtigkeit (Diklinie) bei [Blüten]pflanzen: die Ausbildung der ♂ und ♀ Blüten ist auf zwei verschiedene Individuen einer Art verteilt (die Pflanzen sind *diözisch* oder *zweihäusig*); z. B. bei Eibe und Weiden. - ↑auch Monözie.

Dipeptidasen, Enzyme, die gewisse Dipeptide hydrolyt. in die beiden Aminosäuren spalten.

Diphenyl, $C_6H_5-C_6H_5$, naphthalinartig riechende organ. Verbindung, die bei der Destillation des Steinkohlenteers anfällt; u. a. Konservierungsmittel für Zitrusfrüchte.

Diphenylarsinchlorid, $(C_6H_5)_2AsCl$, im 1. Weltkrieg unter der Bez. *Clark I* verwendeter Blaukreuz-Kampfstoff.

Diphenylarsincyanid, $(C_6H_5)_2AsCN$, im 1. Weltkrieg unter der Bez. *Clark II* verwendeter Blaukreuz-Kampfstoff.

Diphenyläther (Diphenyloxid), $C_6H_5-O-C_6H_5$, in der Parfümerie sehr viel verwendeter, billiger Riechstoff (v. a. für Seifen).

Diphosphat, Kurzbez. für: Calciumhydrogenphosphat (↑Calciumphosphate).

Diphtherie [zu griech. diphthéra „(präparierte) Tierhaut, Leder" (wohl wegen der hautartigen Beläge)] (Diphtheria, Diphtheritis), anzeigepflichtige akute Infektionskrankheit (bes. bei Kindern) mit charakterist., entzündl., membranartigen Belägen auf den Schleimhäuten v. a. des Nasen-Rachen-Raums, tox. Allgemeinerscheinungen (Blässe, Erbrechen, Ödeme) und Neigung zu Herzkomplikationen, bei Kleinkindern zum Ersticken. - *Erreger* der D. ist das Corynebacterium diphtheriae. Seine hochgiftigen Stoffwechselprodukte (D.toxin) können zur tox. D. mit hohem Fieber, schnellem und unregelmäßigem Puls und Kreislaufkollaps führen. Bei dieser seltenen Form der D. ist der Hals durch entzündl. Schwellungen im Bereich der Lymphknoten unförmig verdickt.
Die Ansteckung erfolgt gewöhnl. durch Tröpfcheninfektion. Nach einer Inkubationszeit von 2–5 Tagen beginnt die D. mit allg. Krankheitsgefühl, leichtem Fieber und Schluckbeschwerden. Bei der *lokalisierten D.* kommt es zu umschriebenen Entzündungserscheinungen an den Mandeln, im Rachen und in den oberen Luftwegen (Rachen- und Kehlkopf-D.). Andere Formen der lokalisierten D. sind die *Nasen-D.* bei Säuglingen und Kindern, ferner die v. a. in Kliniken auftretende *Wund-D.* sowie die seltenere *Nabel-D.* des Neugeborenen und die diphtherische Mittelohrentzündung.
Zu den *Spätfolgen* der D. zählen v. a. die häufigen Herzmuskelschäden in der zweiten bis dritten Krankheitswoche, die bei Rekonvaleszenten zum plötzl. Herztod führen können, ferner Nierenschäden und Nervenlähmungen. Bei einer frühzeitigen Behandlung kann das freie D.toxin mit antitox. D.serum neutralisiert werden. Vorbeugung ist durch aktive Immunisierung mit entgiftetem Toxin möglich (↑Impfplan). - Krankheitsbilder mit Rachenentzündungen und Membranbildungen hat erstmals der röm. Arzt Galen (2. Jh. n. Chr.) beschrieben. Der D.erreger wurde 1873 erstmals von E. Klebs beobachtet. 1890 isolierte E. von Behring das D.serum, 1907 führte T. Smith die aktive Immunisierung ein.
🕮 *Behring, E. v.: Die Gesch. der D. Wsb. 1983.*

Diphthong [griech.] (Zwielaut, Doppellaut), Verbindung zweier unmittelbar aufeinanderfolgender Vokale derselben Silbe, z. B. der D. au [aʊ] in Haut [haʊt].

diphyletisch, zweistämmig; von Organismen oder Organismengruppen (systemat. Kategorie) gesagt, die sich stammesgeschichtl. von zwei nicht miteinander verwandten Ausgangsformen herleiten lassen.

Dipl., Abk. für: ↑**Dipl**om (bei Titeln).

Diplegie [griech.], doppelseitige Lähmung des gleichen Körperabschnitts.

Diplodocus [griech.], Gatt. bis 25 m langer und bis 5 m hoher Dinosaurier im obersten nordamerikan. Jura; Körper mit sehr langem Schwanz, langem Hals und kleinem, langgestrecktem Schädel.

Diplohaplonten [griech.] (Haplodiplonten), Organismen, bei denen eine diploide Generation mit einer haploiden abwechselt (↑Generationswechel). So wird z. B. bei höheren Algen, Pilzen und Farnen ein diploider Sporophyt ausgebildet, der aus zahlr. diploiden Sporenmutterzellen nach Reduktionsteilung viele haploide Zellen bildet, die dann zu einem haploiden Gametophyten heranwachsen.

Dioskuren. Peter Paul Rubens, Raub der Töchter des Leukippos (1617)

diploid [griech.], mit doppeltem Chromosomensatz versehen, einen Chromosomensatz aus Paaren homologer Chromosomen besitzend (nämlich denen der mütterl. und väterl. Keimzelle). Ggs. ↑haploid; ↑auch polyploid.

Diplokokken (Diplococcus) [griech.], Gatt. der (grampositiven) Milchsäurebakterien; paarweise auftretende Kugelbakterien; wichtigste, eine gefährliche Lungenentzündung verursachende Vertreter sind die ↑Pneumokokken.

Diplom [zu griech. díplōma „Handschreiben auf zwei zusammengelegten Blättern"], 1. in der *Geschichtswiss.* ↑Urkunde; 2. heute v.a. die Urkunde über die Verleihung eines akadem. Grades bzw. dieser Grad selbst (sowie einiger nicht akadem. staatl. und privater Abschlüsse). Urspr. Abschlußexamen techn. Hochschulen, dann allg. Hochschulabschluß naturwiss.-techn. und wirtschafts- und sozialwiss. u.a. Studiengänge.

Diplomat [griech.-frz., zu frz. diplomatique „urkundlich" (wegen des Beglaubigungsschreibens)], höherer Beamter des auswärtigen Dienstes bzw. des diplomat. Dienstes, der im allgemeinen auf Auslandsmissionen die Interessen seines Staates bei einem anderen Staat bzw. internat. Organisationen (bzw. die Interessen internat. Organisationen) vertritt oder im Außenministerium (bzw. den Zentralbehörden internat. Organisationen) bei der Vorbereitung internat. Entscheidungen mitwirkt.

Diplomatie [griech.-frz.], i.w.S. Bez. für internat. Beziehungen oder Außenpolitik; i.e.S. 1. Tätigkeit, die der Vorbereitung außenpolit. Entscheidungen und ihrer Durchführung auf friedl. Wege dient; 2. Methode und Lehre der Wahrnehmung außenpolit. Interessen; 3. Gesamtheit der Diplomaten; 4. berufl. Laufbahn des Diplomaten. - Etwa seit 1400 v.Chr. lassen sich für den Vorderen Orient „diplomat." Beziehungen nachweisen. In der griech. u. röm. Antike entwickelte sich ein ausgedehntes Gesandtschaftswesen, im Byzantin. Reich ein spezieller diplomat. Dienst mit ausgefeiltem Protokoll. Italien. Stadtstaaten schufen im 15. Jh. ständige diplomat. Vertretungen. Aus der beginnenden Neuzeit stammen auch die Bez. für Diplomaten (einheitl. Klassifikation 1815/18), die Ausbildung des Gesandschaftsrechts und der diplomat. Korrespondenzformen. Nach der Ära der „klass. D." (17.–19. Jh.) hat die D. heute an Gewicht verloren.

Diplomatik [griech.-frz.] ↑Urkundenlehre.

diplomatisch, die Diplomatik betreffend, urkundlich; die Diplomatie, den Diplomaten betreffend; klug berechnend, geschickt handelnd.

diplomatische Beziehungen, im Völkerrecht der ständige Kontakt zw. Völkerrechtsubjekten durch diplomat. Vertretungen. Inhalt der d.B. ist die Vertretung der auswärtigen Politik der Staaten untereinander im weitesten Sinne, so daß darin auch handelspolit., militär. und kulturpolit. Kontakte enthalten sind. Die Aufnahme von d.B. kann ein Akt der Anerkennung, aber auch ein Ausdruck der Verbesserung der polit. oder - nach Beendigung des Kriegszustandes - der wieder beginnenden friedl. Beziehungen (Friedenszustand) zw. den Staaten sein. Der Abbruch der d.B. erfolgt durch eine entsprechende einseitige Erklärung und Rückberufung des diplomat. Vertreters bzw. bei Eintritt des Kriegszustandes automatisch.

diplomatischer Dienst, Bez. für den Teil der Staatsorganisation, der die auswärtigen Angelegenheiten wahrzunehmen hat *(auswärtiger Dienst).*

diplomatischer Schutz, im Völkerrecht jene Tätigkeit, durch welche einem Staatsangehörigen, gewöhnl. durch seinen Heimatstaat, Hilfe bei völkerrechtswidrigem Handeln eines andern Staates gewährt wird. Die Ausübung des d.S. bedeutet keine Einmischung in die inneren Angelegenheiten des anderen Staates.

diplomatisches Korps [ko:r] (frz. Corps diplomatique, Abk. C. D.), seit der Zeit Maria Theresias (1754) gebräuchl. Bez. für die Gesamtheit der bei einem Staatsoberhaupt akkreditierten (beglaubigten) Chefs diplomat. Missionen (i.w.S. auch einschließl. der Angehörigen des höheren Dienstes, ihrer Ehefrauen, minderjährigen Söhne und nicht verheirateten Töchter, soweit sie im Haushalt des Diplomaten leben). Das d.K. tritt bei bestimmten zeremoniellen Anlässen oder im Falle von Kollektivdemarchen (z.B. bei der Verletzung von Privilegien eines seiner Mgl.) geschlossen auf. An seiner Spitze steht der rangälteste Missionschef als ↑Doyen, wenn dieses Amt nicht kraft Tradition oder Konkordat dem Apostol. Nuntius zusteht.

Diplonten (Diplobionten) [griech.], Bez. für Tiere und Pflanzen, deren Zellen mit Ausnahme der haploiden Gameten zeitlebens einen diploiden Chromosomensatz aufweisen; D. sind fast alle tier. Mehrzeller und Blütenpflanzen. Ggs. ↑Haplonten.

Diplophase [griech.], Entwicklungsphase bei Organismen, die vom befruchteten Ei bis zur Reduktionsteilung der Meiose reicht. Während dieser Phase haben alle Körperzellen den doppelten (diploiden) Chromosomensatz.

Diplopoda [griech.], svw. ↑Doppelfüßer.

Dipodie [griech.], Bez. für zwei zu einer metr. Einheit zusammengefaßte Versfüße; gilt in der griech. Metrik in jamb., trochäischen und anapäst. Versen als Maßeinheit.

Dipol, allg. eine Anordnung zweier gleich großer elektr. Ladungen (elektr. D.) oder magnet. Pole (magnet. D.) entgegengesetzter Polarität in geringem Abstand voneinander. Ein magnet. D. wird z. B. durch einen stabförmigen Permanentmagneten gebildet. Als D. wird auch eine in der Mitte gespeiste, stabförmige Antenne bezeichnet (Dipolantenne).

dippen [engl.], die Schiffsflagge (Nationalflagge) zur Begrüßung eines anderen Schiffes oder einer Flagge an Land etwa halb niederholen und sie, nachdem der Gruß (ebenfalls durch Dippen) erwidert worden ist, wieder aufziehen.

Dippoldiswalde, Krst. im Bez. Dresden, DDR, 360 m ü. d. M., 6 500 E. Ingenieurschule für Lebensmittelind., Mühlenbauertechnikum. - Vor 1218 in planmäßiger Anlage zur Stadt ausgebaut. - Spätgot. Stadtkirche Sankt Marien und Laurentius (15. Jh.), Nikolaikirche (wohl 13. Jh.), Schloß (16. Jh.), spätgot. Rathaus.

D., Landkr. im Bez. Dresden, DDR.

Dipsomanie [griech.] (periodische Trunksucht, Quartalsaufen), period. auftretende, u. U. Tage oder Wochen anhaltende Trunksucht aus äußerem oder innerem Anlaß (z. B. Verstimmungen bei manisch Depressiven, Psychopathen, Neurotikern und Epileptikern).

Diptam [mittellat.] (Brennender Busch, Dictamnus albus), von M- und S-Europa bis N-China verbreitetes, in Deutschland nur selten auf Trockenhängen und in lichten Wäldern vorkommendes, kalkliebendes Rautengewächs; bis 1 m hohe, zitronenartig duftende Staude mit gefiederten Blättern und etwa 5 cm großen, weißen bis rötl., rotgeaderten Blüten in Trauben. Die an heißen Tagen bes. stark verdunstenden äther. Öle lassen sich entzünden.

Diptera (Dipteren) [griech.], svw. ↑Zweiflügler.

Dipteros [griech.], griech. Tempeltypus des ion. Bereichs, bei dem die Cella von doppelter Säulenreihe umgeben ist.

Diptychon [griech. „doppelt gefaltet"], zusammenklappbares Paar von Täfelchen aus Elfenbein, Holz oder Metall, deren Innenseiten mit Wachs zum Einritzen der Schrift überzogen waren. Die Außenseiten wurden seit dem 4. Jh. mit Reliefs geschmückt, z. T. wertvolle Zeugnisse spätröm. und frühchristl. Kunst. Sie wurden z. B. von Konsuln anläßl. amtl. Handlungen verschenkt, im liturg. Gebrauch dienten sie dem Verzeichnen von Namen Lebender, derer man gedenken wollte. - Abb. S. 260.

◆ seit dem MA Bez. für einen zweiflügeligen reliefierten oder bemalten kleinen Altar.

Dipylon [griech. „Doppeltor"] (thrias. Tor, Kerameikostor), das Haupttor Athens, im NW-Abschnitt des Themistokleischen Mauerrings (479 v. Chr., Neubau 4. Jh. v. Chr.). Das D. überlagert Teile der Kerameikosnekropole des 8. bis 6. Jh., Fundort der **Dipylonvasen** mit geometr. Bemalung (D.stil).

Dirac, Paul Adrien Maurice [engl. dɪˈræk], * Bristol 8. Aug. 1902, † Tallahassee (Fla.) 20. Okt. 1984, brit. Physiker. - Führend an der Begründung und dem Ausbau der Quantentheorie beteiligt. Von W. Heissenbergs Ansätzen ausgehend, gelangte er 1925 unabhängig von M. Born und P. Jordan zu einer Formulierung der Quantenmechanik, die sich von der speziellen Darstellung durch Matrizen löste. Mit der D.-Gleichung gelang ihm die Formulierung einer relativist. Quantenmechanik des Elektrons. Nobelpreis für Physik 1933 zus. mit E. Schrödinger.

Dirac-Gleichung [engl. dɪˈræk], die von P. A. M. Dirac 1928 aufgestellte partielle Differentialgleichung erster Ordnung in den Ableitungen nach den Ortskoordinaten (x_1, x_2, x_3) und der Zeit ($t = x_4/ic$). Sie ist gegenüber Lorentz-Transformationen invariant und liefert den jeweiligen quantenmechan. Zustand eines einzelnen Elektrons, insbes. ohne weitere Zusatzannahmen den Spin und das magnet. Moment des Elektrons.

Directoire [frz. dirɛkˈtwa:r], frz. Kunst- und Modestil während des Direktoriums (1795–99). Der D.stil steht zw. Louis-seize und Empire. Sparsame antike Ornamentik, die Kombinationen von weiß und gold, große freie Flächen in der Innenarchitektur; in der Mode: hochgegürtete Taille, Chemiseschnitt, fließende helle Stoffe, der Anzug besteht aus Pantalons, Rock und Redingote.

direkt [lat.], gerade, unmittelbar.

direkte Aktion (frz. action directe), vom revolutionären Syndikalismus und Anarchosyndikalismus seit Ende des 19. Jh. propagierte Methode des sozialen und polit. Kampfes; durch eine Taktik des permanenten Konflikts (passiver Widerstand, Boykott, Demonstration, Streik) sollte der Klassencharakter der bürgerl. Gesellschaft enthüllt und die Integration der Arbeiter in diese verhindert werden; spielt in der polit. Taktik der Neuen Linken eine wesentl. Rolle.

direkte Bluttransfusion ↑Bluttransfusion.

Direkteinspritzung ↑Einspritzmotor.

direkte Rede (Oratio recta), unmittelbare und unveränderte Wiedergabe der Aussage eines Sprechenden, durch Anführungszeichen gekennzeichnet.

direkte Steuern, Steuern, die direkt von derjenigen Person erhoben werden, die nach dem Willen des Gesetzgebers die Steuer auch tragen soll (z. B. Einkommensteuer, Vermögensteuer, Erbschaftsteuer).

Direktion [lat.], eigtl. „Richtung"; [Geschäfts]leitung, Vorstand.

Direktionsrecht (Weisungsrecht), aus dem Arbeitsverhältnis entspringendes Recht des Arbeitgebers, dem Arbeitnehmer hinsichtl. des Inhalts der Arbeitsleistung (Art, Umfang, Ort und Zeit) und der Ordnung des Betriebes Weisungen zu erteilen, soweit nicht eine Regelung durch Gesetz, Tarifvertrag, Betriebsvereinbarung oder einzelvertragl. Abmachung erfolgt ist.

Direktive [lat.-frz.], Weisung, Verhaltensregel.

Direktmandat ↑Wahlen.

Direktor [lat.], 1. Bez. für den Stelleninhaber der obersten Instanz einer Unternehmensleitung, wobei es sich um einen alleinigen Leiter oder um das Mgl. eines Direktoriums handeln kann. In Großbetrieben ist dem *Werks-D.* bzw. *Abteilungs-D.* ein *General-D.* übergeordnet. - 2. im *Schulwesen* Amtsbez. für die Leiter von Gymnasien, berufl. Schulen u. a. - 3. Amtsbez. von Beamten.

Direktor [lat.], Bestandteil einer Längsstrahlantenne; bewirkt eine verstärkte Abstrahlung in einer bestimmten Richtung.

Direktorialsystem [lat./griech.], Bez. für eine Reg.form, in der ein Kollegium anstelle eines Einzelnen (Reg.chefs) an der Spitze der Exekutive steht. Das Direktorium ist dabei weitgehend von parlamentar. Körperschaften unabhängig (z. B. in der Schweiz).

Direktorium [lat.] (frz. Directoire), oberste Reg.behörde in Frankr., die nach dem Sturz Robespierres 1795 bis zum Staatsstreich Napoléon Bonapartes 1799 bestand und diesem Abschnitt der Frz. Revolution den Namen gab. Die Verfassung von 1795 verwirklichte eine Gewaltenteilung, führte erstmals eine Legislative mit zwei Kammern (Rat der Alten, Rat der 500) ein, die das fünfköpfige D. wählten. Dieses ernannte und kontrollierte die Minister.

Diptychon. Sogenanntes Barberini-Diptychon (6. Jh.). Paris, Louvre

Direktschnittplatte ↑Schallplatte.

Direktsendung ↑Live-Sendung.

Direktumwandlung ↑Energiedirektumwandlung.

Direktwerbung, Werbung, die sich persönl. ansprechender Werbemittel bedient (z. B. Werbebriefe, Werbegeschenke).

Direttissima [lat.-italien.], Route, die ohne Umwege zum Gipfel eines Berges führt.

Dirham [arab. (zu ↑Drachme)], Abk. DH, Währungseinheit in Marokko; 1 DH = 100 Centimes.

Dirichlet, Peter [diri'kle:], eigtl. Lejeune-D., * Düren 13. Febr. 1805, † Göttingen 5. Mai 1859, dt. Mathematiker frz. Abstammung. - D. untersuchte u. a. die Primzahlverteilung in arithmet. Folgen (↑auch Dirichletscher Satz) und führte analyt. Methoden in die Zahlentheorie ein. Weitere grundlegende Arbeiten betrafen die Variationsrechnung und Potentialtheorie (D.sches Prinzip und Randwertproblem), die Funktionentheorie, die Theorie der unendl. Reihen und der Fourier-Reihen sowie die bestimmten Integrale.

Dirichletscher Satz [diri'kle:; nach P. Dirichlet], Satz von den Primzahlen einer arithmet. Folge: k sei eine natürl. Zahl, a eine zu k teilerfremde ganze Zahl. Dann enthält die arithmet. Folge $\{kn + a\}$ ($n = 0, 1, 2, 3, \ldots$) unendl. viele Primzahlen.

Dirigent [lat.], Leiter eines Chores, Orchesters oder der Aufführung eines musikal. Bühnenwerkes. Seine Aufgabe besteht darin, durch Zeichengebung (im Orchester mit dem Taktstock in der rechten Hand) Tempo und Akzente anzugeben sowie (häufiger mit der linken Hand) Dynamik und Ausdruck zu bestimmen und so sein Ensemble zu einer Werkinterpretation zu führen, die den Absichten des Komponisten möglichst nahekommen sollte.

Dirigismus [lat.], Wirtschaftsordnung, die Eingriffe des Staates zuläßt; i. e. S.: ein System mit nicht marktgerechten Lenkungsmaßnahmen; i. w. S. (etwa im Neoliberalismus) spricht man schon von D., wenn der Staat auch nur marktgerechte Mittel zur Wirtschaftspolitik einsetzt (Interventionismus im Ggs. zur freien Marktwirtschaft). Instrumente des D. sind z. B. Preispolitik (Lohn- und Preisstopp), Devisenbewirtschaftung.

Dirk, niederdt. Kurzform des männl. Vornamens ↑Dietrich.

Dirks, Walter, * Hörde (= Dortmund) 8. Jan. 1901, dt. Publizist. - Erhielt als Gegner des NS zeitweise Schreibverbot; arbeitete 1935–43 für die „Frankfurter Zeitung"; Vertreter eines christl. Sozialismus; nach 1945 Mitbegr. und Mithg. der „Frankfurter Hefte"; 1956–67 Leiter der Hauptabteilung Kultur am Westdt. Rundfunk.

Dirne, urspr. Bez. für Jungfrau, Mädchen (heute noch mundartl., z. B. im norddt. „Deern" oder bayr.-östr. „Dirndl"), im 16. Jh.

Bedeutungswandel im Sinne von Hure.

Dirschau ↑Tczew.

Dirt-Track-Rennen [engl. 'dəːttræk „Schlackenbahn", eigtl. „Schmutzbahn"] ↑Speedwayrennen.

Dis, Tonname für das um einen chromat. Halbton erhöhte D.

dis..., Dis... [lat.], Vorsilbe von Zusammensetzungen mit der Bedeutung „zwischen, auseinander, weg", auch in verneinendem Sinn gebraucht.

Disaccharide ↑Kohlenhydrate.

Disagio [dɪs''aːdʒo; italien.] (Abgeld, Abschlag), Spanne, um den ein Kurs von dem Nennbetrag oder der Parität nach unten abweicht, z. B. als Emissions-D. bei der Ausgabe von Schuldverschreibungen.

Disciples of Christ [dɪ'saɪplz əv 'kraɪst; engl. „Schüler Christi"], 1811 von dem presbyterian. Pfarrer T. Campbell in den USA gegründete Freikirche, die den Baptisten in der Lehre von der Erwachsenentaufe nahesteht. Die D. o. C. orientieren sich allein am Bibeltext. Die Gemeinschaft, die Mgl. des Ökumen. Rates der Kirchen ist, zählt rd. 2 Mill. Mgl.

Disco-Sound [engl. 'dɪskosaʊnd], Ende der 1970er Jahre aufgekommene Bez. für eine weitverbreitete Variante der Popmusik, die v. a. für Diskotheken konzipiert ist; gekennzeichnet durch „gefällige" Arrangements, die die Aggressivität und den Elan von Rock- und Soulmusik überspielen sowie durch äußerst einfache Rhythmik und Anspruchslosigkeit der Texte, die den D.-S. als Tanzmusik ausweisen.

Discountgeschäft [dɪs'kaʊnt; zu engl. discount „Preisnachlaß"], Einzelhandelsgeschäft, das den Verkauf nicht preisgebundener Produkte, insbes. von Lebensmitteln, mit hohen Rabatten unter Fortfall des Kundendienstes betreibt.

Discoverer [engl. dɪs'kʌvərə „Entdekker"], Name einer Serie verschiedenartiger militär. Versuchssatelliten der USA.

Disengagement [engl. dɪsɪn'gɛɪdʒmənt], schlagwortartige Bez. aller Pläne, die seit Ende der 1950er Jahre ein Auseinanderrücken der westl. und östl. Streitkräfte in M-Europa bewirken sollen.

Disentis (amtl. Disentis/Mustér), Gemeinde im schweizer. Kt. Graubünden, im Tal des Vorderrheins, 1143 m ü. d. M., 2300 E. Kurort mit stärkster radioaktiver Quelle der Schweiz; Wintersportplatz. - Das im 7. Jh. gegr. Paßkloster D. ist die älteste bestehende, noch heute bed. Benediktinerabtei der Schweiz. Es erhielt 1048 von Heinrich III. die Reichsunmittelbarkeit, der Abt die Reichsfürstenwürde. - Barocke Abteikirche (1696–1712).

Diseuse [di'zøːzə; lat.-frz.], Sprecherin, Vortragskünstlerin im Kabarett; männl. Form: *Diseur.*

Disharmonie, Mißklang; Uneinigkeit.

disjunkte Mengen [lat./dt.] ([element]-fremde Mengen), Mengen, die kein Element gemeinsam haben, deren Durchschnitt also die leere Menge ist.

Disjunktion [lat.], in der [mathemat.] Logik eine Alternative bildende Zusammensetzung zweier Aussagen durch „entweder-oder".

◆ Trennung eines tier- oder pflanzengeograph. Verbreitungsgebietes in mehrere, nicht zusammenhängende Teilgebiete.

disjunktiv [lat.], ausschließend.

Diskant [mittellat.], eine vom 15. Jh. bis zum beginnenden 17. Jh. gebräuchl. Bez. für die oberste Stimme eines mehrstimmigen Vokalsatzes, darin ident. mit Superius, Sopran u. ä. Um 1600 wurde die Bez. auch für das höchste Instrument der in Chören gebauten Instrumente gebraucht.

Diskantschlüssel, Sopranschlüssel, der C-Schlüssel auf der untersten Notenlinie.

Diskette, svw. ↑Floppy disk.

Diskjockey ['dɪskʒɔke; engl.], jemand, der in Rundfunk oder Fernsehen und bes. in Diskotheken Schallplatten präsentiert.

Disko [dän. 'disgo], grönländ. Insel vor der W-Küste der Hauptinsel, 130 km lang, 30–120 km breit, bis über 1900 m hoch, z. T. vergletschert. Hauptort ist Godhavn.

Diskographie [griech.], Schallplattenverzeichnis mit allen zur Ermittlung einer Schallplatte nötigen Daten.

diskoidal [...ko-i...; griech.], scheibenförmig.

Diskont [italien.; zu mittellat. discomputare „abrechnen"], der beim Verkauf einer zu einem späteren Zeitpunkt fälligen Forderung vom Nominalbetrag vorweg abgezogene Zinsbetrag. Er stellt eine spezielle Form des Zinses dar, der dem Käufer in Form des Abzugs vom Nominalwert sofort gutgeschrieben wird, v. a. beim Verkauf bzw. Ankauf (**Diskontierung**) von Wechseln, Schatzwechseln, unverzinsl. Schatzanweisungen und Währungsschecks. Das D.geschäft der Banken hat in erster Linie den Ankauf von Handelswechseln zum Gegenstand. Die Berechnung des D. erfolgt mittels Zinsrechnung „von Hundert", wobei das Jahr mit 360 Tagen und jeder Monat mit 30 Tagen angenommen wird. Der in Rechnung gestellte **Diskontsatz** liegt meistens 0,5 % bis 1,5 % über dem D.satz der Landeszentralbank. - ↑auch Diskontpolitik.

Diskonten (Diskontpapiere), inländ. Handels- oder Warenwechsel bzw. Bankakzepte, die von Kreditinstituten gekauft oder am Geldmarkt gehandelt werden.

Diskonthäuser (Diskontbanken) ↑Banken (Großbritannien).

diskontinuierlich, unzusammenhängend, unterbrochen; mit zeitl. oder räuml. Unterbrechungen aufeinanderfolgend.

Diskontinuität, Zusammenhangslosig-

keit; räuml. oder zeitl. unterbrochener, unstetiger Zusammenhang; Unstetigkeit.
◆ (ungeschriebener) Grundsatz des Parlaments- und Verfassungsrechts der BR Deutschland und Österreichs, wonach im Parlament (Bundestag, Landtag) eingebrachte Gesetzesvorlagen, Anträge, Anfragen usw. automat. ihre Erledigung finden, wenn die Wahlperiode endet. Sie müssen erneut formgerecht eingebracht werden, wenn sich das neugewählte Parlament mit ihnen befassen soll. Im Unterschied hierzu sind in der Schweiz die während einer Legislaturperiode des National- oder Ständerates nicht mehr erledigten Geschäfte vom neugewählten Rat zu übernehmen und zu Ende zu führen.

Diskontinuitätsflächen, in der *Meteorologie* Bez. für Unstetigkeits- oder Grenzflächen in der Atmosphäre, an denen sich bestimmte meteorolog. Elemente (Temperatur, Feuchte, Wind) sprunghaft ändern.

Diskontinuum, allg. etwas nicht lückenlos Zusammenhängendes; auch ein in viele Einzelbestandteile auflösbares Ganzes, z. B. die raumgitterartige Anordnung der Atome in Kristallen.

Diskontpolitik, wirtschaftspolit. Instrument der Zentralbank, durch Veränderung des Diskontsatzes und der Höhe des den Banken eingeräumten Diskontkredits die volkswirtschaftl. verfügbare Geldmenge zu beeinflussen. Erhöhung des Diskontsatzes und Einschränkung der Diskontkredite (**restriktive Diskontpolitik**) verteuert für die Banken die Kredite, führt damit zu einem geringeren Umfang der Kreditvergabe durch die Banken und bewirkt so eine Einschränkung der verfügbaren Geldmenge und entsprechend auch der effektiven Nachfrage. Im umgekehrten Fall spricht man von einer **expansiven Diskontpolitik.**

Diskontsatz ↑Diskont.

Diskordanz [lat.], in der *Genetik* das Nichtübereinstimmen von Merkmalen und Verhaltensweisen bei Zwillingen, auf Grund dessen eine Eineiigkeit ausgeschlossen werden kann.
◆ ungleichförmige (diskordante) Auflagerung eines Sedimentgesteins auf seinem Liegenden.
◆ in der *Musik* svw. Mißklang.

Diskos von Phaistos, 1908 im Palast von Phaistos auf Kreta gefundene, kreisrunde Tonscheibe (Durchmesser 15,8 bis 16,5 cm, Dicke 1,6–2,1 cm). Seite A enthält 123 Stempelungen in 31 Zeichengruppen, Seite B 119 Stempelungen in 30 „Wörtern" in spiraliger Anordnung. Nicht entziffert, datiert um 1600 v. Chr.; vermutl. kretisch-minoischer Herkunft.

Diskothek [zu griech. dískos „Scheibe" und thḗkē „Behältnis"], Schallplattensammlung, -archiv, auch Tonbandsammlung.
◆ Tanzlokal mit Schallplatten- bzw. Tonbandmusik (verbunden mit Lichteffekten).

diskreditieren [lat.-frz.], in Verruf bringen, verdächtigen.

Diskrepanz [lat.], Unstimmigkeit.

diskret [lat.-frz.], verschwiegen; rücksichtsvoll, taktvoll; **Diskretion,** Verschwiegenheit, Takt, Rücksichtnahme.
◆ in *wiss. Terminologie:* durch endl. Intervalle voneinander getrennt (im Ggs. zu kontinuierlich), z. B. die Spektrallinien bei den d. Spektren der Atome oder die natürl. Zahlen, die eine d. Zahlenfolge bilden.

Diskriminante [lat.], math. Ausdruck, der Auskunft über einen bestimmten math. Sachverhalt gibt. So hat z. B. die D. der quadrat. Gleichung $ax^2+bx+c = 0$ die Gestalt b^2-4ac; hier können drei Fälle für den Wert der D. auftreten: 1. die D. ist positiv; dann hat die quadrat. Gleichung zwei verschiedene reelle Lösungen; 2. die D. ist negativ; dann sind die beiden Lösungen konjugiert komplex; 3. die D. verschwindet; dann gibt es nur eine [Doppel]lösung.

Diskriminanzanalyse [lat./griech.] (Unterscheidungsanalyse), Verfahren der analyt. Statistik. Sind von zwei oder mehr statist. Grundgesamtheiten Stichproben bekannt, so liefert die D. optimale Trennungskriterien in Form von bestimmten linearen Funktionen der Stichprobenwerte (sog. **Diskriminanzfunktionen**), die es erlauben, daß weitere Stichproben einer dieser Grundgesamtheiten mit bestimmter Wahrscheinlichkeit zugeordnet werden können.

Diskos von Phaistos. Seite B

Diskriminator [lat.], Gerät (oder elektron. Schaltung), das zw. mehreren ihm zugeleiteten [elektr.] Größen eine Auswahl trifft. Ein **Spannungsdiskriminator** unterscheidet z. B. verschieden hohe Spannungsimpulse, von denen nur solche, die einen bestimmten

Schwellenwert übersteigen, weitergeleitet oder registriert werden (**Schwellen- oder Einseitendiskriminator**).

◆ (Modulationswandler) in der *Hochfrequenztechnik* eine elektron. Schaltung zur Umwandlung frequenzmodulierter Hochfrequenzspannung in amplitudenmodulierte Spannungen.

diskriminieren [lat.], herabsetzen, verächtlich machen; verdächtigen; **Diskriminierung,** Herabwürdigung, Verdächtigung, Verächtlichmachung.

◆ in den *Sozialwissenschaften* die (auf Grund polit., ökonom., rass. oder ethn. Unterscheidungsmerkmale) negative Beurteilung und Behandlung sozialer Minderheiten, denen Eigenschaften und Verhaltensweisen zugeschrieben werden, die nicht notwendig tatsächl. gegeben sind. Diskriminierung, eng verbunden mit sozialen Vorurteilen, bedient sich dabei verschiedener Strategien, wodurch diskriminierte Gruppen in sozialer Distanz gehalten werden.

Diskriminierungsverbot, Verbot der ohne sachl., von der Rechtsordnung gebilligten Grund vorgenommmenen nachteiligen Ungleichbehandlung. Nach Art. 3 GG sind alle Menschen vor dem Gesetz gleich. Niemand darf wegen seines Geschlechts, seiner religiösen oder polit. Anschauungen, seiner Abstammung, Rasse, Sprache, Heimat und Herkunft und seines Glaubens benachteiligt werden. Ähnl. Bestimmungen enthält die Europ. Menschenrechtskonvention vom 4. 11. 1950. Wirtschaftl. D. spricht das Kartellgesetz aus. In zahlr. völkerrechtl. Verträgen sind D. festgelegt worden, deren Durchsetzung jedoch häufig fraglich ist. - Für das *östr.* und *schweizer. Recht* gilt im wesentlichen Entsprechendes.

Walt Disney. Micky Maus und Pluto

Diskurs [lat.], erörternder Vortrag; i. e. S. Bez. für eine method. aufgebaute Abhandlung.

diskursiv [lat.], Bez. für ein method. fortschreitendes, das Ganze aus seinen Teilen aufbauendes Denken und Reden. - Ggs.: intuitiv.

Diskus [griech.], scheibenförmiges Wurfgerät, heute meist ein Holzkörper mit Metallreifen und Metallkern (Durchmesser 22 cm, Gewicht 2 kg für Herren, bzw. 18 cm und 1 kg für Damen). Beim **Diskuswurf** wird der D. aus einem Wurfkreis (Durchmesser 2,50 m, durch 70 bis 80 mm hohen Metallring begrenzt) geschleudert. - Der Wurf mit dem D. war in der Antike eine beliebte sportl. Disziplin und Bestandteil des ↑Pentathlons. - Weltrekord: 71,50 m (Frauen, 1980), 70,86 m (Männer, 1976).

◆ (Discus) in der *Anatomie* Bez. für: 1. **Discus articularis,** die blutgefäß- und nervenfreie Gelenkscheibe, die in manchen Gelenkhöhlen zum Ausgleich von Unebenheiten der Gelenkflächen dient, wie z. B. im Brustbein-Schlüsselbein-Gelenk; 2. **Discus intervertebralis,** svw. Bandscheibe.

Diskuswurfring

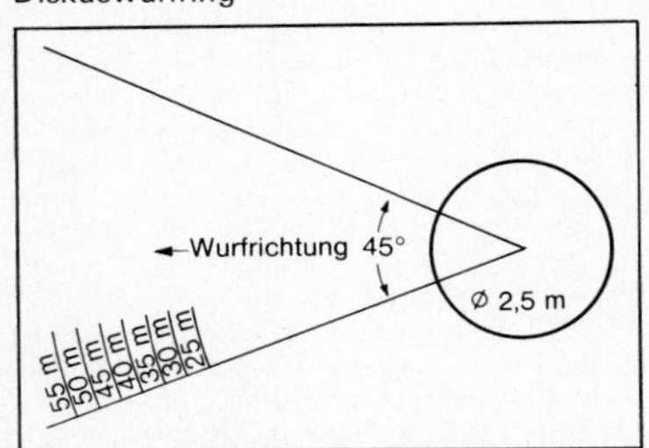

Diskus. Aufbau und Maße

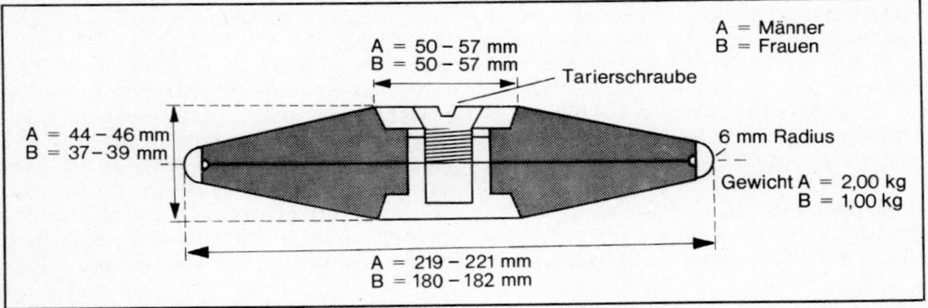

Diskusfische (Diskusbuntbarsche, Pompadourfische, Symphysodon), Gatt. bunt gefärbter Buntbarsche von nahezu scheibenförmiger Körpergestalt in fließenden Gewässern S-Amerikas; anspruchsvolle Warmwasseraquarienfische. Man unterscheidet 2 Arten: **Diskus** (**Echter Diskus,** Symphysodon discus), im Amazonas und Nebenflüssen, bis 20 cm lang, und **Symphysodon aequifasciata** (9 gleichmäßig entwickelte schwärzl. Querbänder); 3 Unterarten: **Grüner Diskus** (Symphysodon aequifasciata aequifasciata), **Brauner Diskus** (Symphysodon aequifasciata axelrodi) und **Blauer Diskus** (Symphysodon aequifasciata haraldi). - Abb. S. 266.

Diskussion [lat.; zu discutere „(eine zu erörternde Sache) zerlegen"], Erörterung, Meinungsaustausch, Aussprache; **diskutieren,** Meinungen austauschen, besprechen, streiten; **diskutabel,** erwähnenswert, annehmbar.

Dislokation [lat.], Störung der urspr. Lagerung von Gesteinen.

◆ räuml. Verschiebung, Versetzung von Atomen in einem Kristallgitter.

◆ in der *Medizin* Bez. für die Veränderung einer normalen Lage (Verschiebung oder Verdrehung), insbes. von Knochen nach Verrenkung oder von Knochenbruchenden nach Knochenbruch.

Dislozierung [lat.], Festlegung der Verteilung von Truppenteilen, Stäben und militär. Dienststellen in einem bestimmten Raum durch die militär. Führung.

Dismembration [lat.], im Völkerrecht die Verselbständigung von Staatsteilen durch Aufgliederung (Auflösung) eines Staates (etwa durch Umwandlung eines Bundesstaates in einen Staatenbund), wobei das bisherige Völkerrechtssubjekt untergeht.

Disney, Walt [engl. 'dɪznɪ], eigtl. Walter Elias D., * Chicago 5. Dez. 1901, † Burbank (Calif.) 15. Dez. 1966, amerikan. Filmproduzent. - Als Trickfilmzeichner 1926 mit der Figur der Micky Maus erfolgreich, dann auch mit Donald Duck (seit 1937), Goofy u. a.; 1937 erster abendfüllender farbiger Zeichentrickfilm („Schneewittchen und die 7 Zwerge"), später u. a. „Fantasia" (1941), „Bambi" (1941), „Cinderella" (1949), „Peter Pan" (1953), „Mary Poppins" (1964); auch Filme mit Dokumentarfilmcharakter („Die Wüste lebt", 1953) sowie einige Spielfilme. - Abb. S. 249 und S. 263.

Disneyland [engl. 'dɪznɪlænd], von W. Disney in Anaheim bei Los Angeles sowie in Florida beim Cap Canaveral errichtete Vergnügungsparks, mit Szenerien aus Märchen, Abenteuer, Folklore und Technik.

disparat [lat.], verschieden, unvereinbar, sich widersprechend; **Disparität,** Ungleichheit.

Dispatcher [dɪs'pɛtʃər; engl.], Inhaber einer bes. Koordinations-, Kontroll- und Steuerungsfunktion oder -stelle. Die Aufgabe des D. besteht z. B. darin, den Arbeitskräfte- und Betriebsmitteleinsatz laufend zu überwachen, den Produktionsprozeß unter Einschluß der Materialbereitstellung termingerecht zu planen und zu steuern sowie Engpässe und Leerläufe möglichst schnell zu beseitigen.

Dispater [lat.], bei den Römern die Bez. für den griech. Unterweltsgott Hades.

Dispens [lat.], 1. (Dispensation) in der Schule die Befreiung eines Schülers von der Teilnahme am Unterricht. 2. Befreiung von zwingenden Vorschriften im Einzelfall (z. B. im Baurecht).

◆ in der *röm.-kath. Kirche* die durch die zuständige Autorität erteilte Befreiung von der Verpflichtungskraft einer rein kirchl. Rechtsnorm in begründetem Sonderfall.

Dispensairemethode [frz. dispɑ̃'sɛ:r; lat./griech.], Verfahren der vorbeugenden ärztl. Beobachtung und Betreuung bestimmter Bevölkerungsgruppen; v. a. in osteurop. Ländern und in der DDR praktizierte Form des Gesundheitsschutzes.

Dispensatorium [lat.], alte Bez. für ein Arzneibuch.

dispensieren [lat.], befreien, beurlauben.

◆ eine Arznei zubereiten und abgeben.

dispergieren [lat.], zerstreuen, verbreiten, fein verteilen.

Dispergierung [lat.], Herstellung einer Dispersion aus gemahlenen Mineralgemischen in einem flüssigen Medium (Wasser) zur Flotation; die dabei verwendeten **Dispergatoren** sind Zusätze von Wasserglas, Natronlauge oder ähnl. zur Flotationstrübe, um die Wasserbenetzbarkeit der festen Bestandteile zu erhöhen.

Dispermie [griech.] ↑Polyspermie.

Dispersion [lat.], (disperses System) ein aus zwei oder mehreren Phasen bestehendes Stoffsystem (Mischung), bei dem ein Stoff (das **Dispergens,** die **disperse Phase**) in einem anderen (dem **Dispersionsmittel**) in feinster Form verteilt (dispergiert) ist. Sowohl die Teilchen der dispersen Phase als auch das D.mittel können dabei fest, flüssig oder gasförmig sein. Je nach Teilchengröße unterscheidet man **molekulardisperse Systeme** (Durchmesser unter 1 nm), **kolloiddisperse Systeme** (Durchmesser 1–100 nm) und **grobdisperse Systeme** (Durchmesser über 100 nm). Beispiele für D. sind Suspensionen, Emulsionen, Aerosole (Nebel) und Rauch.

◆ in der *Wellentheorie* i. e. S. Bez. für die Abhängigkeit der Ausbreitungsgeschwindigkeit v einer Wellenbewegung (und damit auch des zugehörigen Brechungsindex n des Ausbreitungsmediums) von der Wellenlänge bzw. von der Frequenz; z. B. die D. des Lichtes, die sich bei der Brechung von Licht als eine Zerlegung in einzelne Spektralfarben (sog. Brechungs-D.) äußert. I. w. S. auch die Wellenlängenabhängigkeit einer beliebigen physikal. Größe bzw. Erscheinung, z. B. die D. der Permeabilität bzw. der Doppelbrechung.

Dispersionsfarbe, svw. Binderfarbe.

Dispersionsfarbstoffe, wasserunlösl. Farbstoffe, die mit Dispergiermitteln eine Dispersion bilden und Chemiefasern durch Bildung fester Lösungen in der Faser färben.

Dispersionskräfte, zwischenmolekulare Kräfte (Van-der-Waals-Kräfte), die nur in Erscheinung treten, wenn sie nicht von stärkeren Bindungskräften, z. B. von solchen zw. entgegengesetzten elektr. Ladungen überdeckt werden. Die D. beruhen auf zeitl. Veränderungen der Ladungsverteilungen innerhalb an sich neutraler und chem. weitgehend unangreifbarer Moleküle, wobei diese durch ihre intramolekulare Ladungsverschiebung jeweils für Bruchteile von Sekunden zu Dipolen werden und eine Anziehungskraft auf die Nachbarmoleküle ausüben.

Dispertpräparate [lat.], Bez. für im Trockenverfahren hergestellte, pulverförmige Auszüge aus Pflanzenteilen oder tier. Organen.

Displaced Persons [engl. dɪs'pleɪst 'pəːsnz „verschleppte Personen"], Abk. DP (D. P.), Personen fremder Staats- oder Volkszugehörigkeit, die während des 2. Weltkriegs von den Deutschen oder deren Verbündeten aus ihrer Heimat verschleppt wurden oder die Flüchtlinge waren und sich bei Kriegsende im ehem. dt. Reichsgebiet aufhielten (etwa 8,5 Mill.). Sie wurden von Hilfsorganisationen der UN betreut und zum größten Teil repatriiert oder in andere Staaten umgesiedelt. Die in der BR Deutschland verbliebenen DP genießen einen bes. Rechtsstatus als heimatlose Ausländer.

Display [engl. dɪs'pleɪ; zu lat. displicare „entfalten"], Aufsteller; Dekorationsmittel zur Schaufenstergestaltung; bei Markenartikeln meist vom Produzenten der Ware, sonst auch vom Handel hergestellt.
◆ in der *Datenverarbeitung* und *Meßtechnik* Gerät oder Bauteil zur opt. Darstellung einer Information in Form von Ziffern, Buchstaben, Zeichen oder graph. Elementen.

Disponenden [lat.], unverkauftes Kommissionsgut, dessen weiterer Lagerung beim Sortimentsbuchhändler der Verleger zustimmt.

Disponent [lat.], kaufmänn. Angestellter in gehobener Stellung, der z. B. für die termingerechte Abwicklung von Aufträgen verantwortl. ist.

disponieren [lat.], verfügen, anordnen; **disponibel,** verfügbar.

Dispositio [lat.] ↑ Urkunde.

Dispositio Achillea, hohenzoller. Hausgesetz, 1473 von Kurfürst Albrecht Achilles erlassen, das die Nachfolge regelte; brachte, im sog. Regensburger Teilungsvertrag von 1541 zur Norm erhoben, das Prinzip der Unteilbarkeit Brandenburgs im Hause Hohenzollern.

Disposition [lat.], allg. Anordnung, Gliederung; Verfügung; Neigung, Anlage, Fähigkeit; (jemanden) **zur Disposition stellen,** in den einstweiligen Ruhestand versetzen.
◆ in der *Psychologie* allg. Bez. für jede relativ dauerhafte Neigung eines Individuums, auf bestimmte Umweltbedingungen in einer bestimmten Art und Weise zu reagieren. D. können anlagebedingt oder erworben sein bzw. auf ein Zusammenwirken von Anlage- und Umweltfaktoren zurückgeführt werden.
◆ in der *Medizin* svw. Anfälligkeit, d. h. vom Alter, Geschlecht, Ernährungszustand u. a. Faktoren abhängige Neigung des Organismus für bestimmte Erkrankungen.
◆ im *wirtschaftl. Sinne* die Verfügung bzw. Entscheidung über den Einsatz von Arbeitskräften, Maschinen, Material usw. (allg. über die Verwendung von Produktionsfaktoren).
◆ bei der *Orgel* Bez. für die Art und Anordnung der den Manualen und dem Pedal zugeordneten Register sowie die verschiedenen Registerkombinationen.

Dispositionsfonds, im Staatshaushalt eingesetzte Ausgaben, die ohne nähere Angabe des Verwendungszwecks veranschlagt sind (z. B. Repräsentationsfonds) und über die der Berechtigte (z. B. Min.) frei verfügen kann.

Dispositionskredit, Kontokorrentkredit auf einem Lohn- oder Gehaltskonto, der dem Kunden meist formlos eingeräumt wird.

Dispositionsmaxime (Verfügungsgrundsatz), die Prozeßmaxime, daß die Parteien über Beginn, Gegenstand und Ende des Prozesses bestimmen (disponieren). Das Gericht wird nur tätig, wenn (durch Klageerhebung), soweit (im Rahmen der gestellten Anträge) und solange (also nicht mehr nach Klage- oder Rechtsmittelrücknahme, Vergleich, beiderseitiger Erledigungserklärung) die Parteien Rechtsschutz begehren.

Dispositionspapiere (Traditionspapiere), durch Indossament übertragbare Wertpapiere (Konnossemente, Lade-, Lagerscheine), deren Übergabe die gleichen rechtl. Wirkungen hat wie die der Handelsware selbst.

dispositives Recht [lat./dt.] (nachgiebiges, abänderl., ergänzendes Recht; ius dispositivum), Rechtsvorschriften, deren Anordnungen im Ggs. zum zwingenden Recht abdingbar sind. Sie gelten nur, wenn die Beteiligten eine andere Regelung nicht getroffen haben, z. B. die Vorschriften über die gesetzl. Erbfolge. Sofern nicht gegen die guten Sitten verstoßen wird, darf vom d. R. grundsätzl. unbeschränkt abgewichen werden.

Disproportion, Mißverhältnis.

Disproportionierung [lat.], chem. Reaktion, bei der Moleküle mittleren Oxidationsgrades in Moleküle höherer und niedriger Oxidationsstufe aufgespalten werden.

Disput [lat.], Wortwechsel.

Disputation [lat.; zu disputare „nach allen Seiten erwägen"], gelehrtes [öffentl.] Streitgespräch v. a. im MA.

Disqualifikation, Untauglichkeitserklärung; Ausschluß von sportl. Wettkämpfen wegen regelwidrigen Verhaltens; **disqualifizieren,** [vom Wettkampf] ausschließen.

Disraeli, Benjamin [engl. dɪzˈrɛɪli], Earl of Beaconsfield (seit 1876), * London 21. Dez. 1804, † ebd. 19. April 1881, brit. Schriftsteller und Politiker. - Aus reicher Familie israel.-jüd. Herkunft, 1817 anglikan. getauft. Seit 1837 als Tory im Unterhaus, betrieb die Sammlung von Krone, Landbesitz und Kirche gegen die Unternehmer. Sein Kampf für den Getreideschutzzoll brachte ihn in die Führungsgruppe der Tories. 1852, 1858/59 und 1866–68 Schatzkanzler. D. bedeutendste innenpolit. Leistung war die weitreichende Wahlrechtsreform von 1867. Seine Amtszeit als Premiermin. (1868 und 1874–80) stand im Zeichen des aufkommenden Imperialismus: Sicherung Indiens und des Seewegs dorthin, Widerstand gegen die russ. Ansprüche auf dem Balkan, Erwerb Zyperns. In seinen Tendenzromanen vertrat er Toleranz und sozialen Fortschritt; u. a. „Coningsby oder die neue Generation" (1844), „Sybil oder die beiden Nationen" (1845), „Tankred oder der neue Kreuzzug" (1847).

Dissens [lat.], die mangelnde Einigung der Parteien beim Vertragsschluß (Ggs.: Konsens); der Vertrag gilt grundsätzl. als nicht zustande gekommen.

Dissenters [engl. dɪˈsɛntəz „Andersgläubige"; zu lat. dissentire „abweichender Meinung sein"] (Nonconformists), im 17. und 18. Jh. in Großbrit. Bez. für ev. Religionsgemeinschaften, die sich nach der Restauration der Stuarts der Wiedereingliederung in die Kirche von England widersetzten (Baptisten, Kongregationalisten, Methodisten, Presbyterianer, Quäker, Unitarier u. a.). Nach anfängl. Verfolgung erlaubte ihnen die Toleranzakte (1689) die freie Gottesdienstausübung; Ausnahme: Unitarier (und röm. Katholiken).

Dissertation [lat.] (Inauguraldissertation), zur Erlangung des Doktorgrades verfaßte wiss. Abhandlung. Erster Teil der Promotion (es folgt eine mündl. Prüfung, „Rigorosum"). Die D. ist vor Aushändigung des Doktordiploms gedruckt bzw. vervielfältigt und gebunden vorzulegen. Die Anforderungen an eine D. sind sehr unterschiedlich.

Dissidenten [lat.], Getrennte, Andersdenkende. Diejenigen, die sich außerhalb einer Religionsgemeinschaft stellen, Religionslose. Allg. diejenigen, die von einer offiziellen Meinung abweichen; heute v. a. Bez. für Menschen, die in sozialist. Staaten für die Verwirklichung der Bürger- und Menschenrechte eintreten.

Dissimilation [lat.], in der *Biologie* energieliefernder Abbau körpereigener Substanz in lebenden Zellen der Organismen. Biochem. handelt es sich um die stufenweise Zerlegung hochmolekularer organ. Stoffe (z. B. Fette, Kohlenhydrate) zu niedermolekularen Endprodukten (auf oxidativem Weg z. B. zu CO_2, Wasser). Die dabei freiwerdende Energie wird zu verschiedenen Lebensprozessen benötigt (z. B. Synthesen, Bewegungen, Wärmeerzeugung). Laufen die D.prozesse in Gegenwart von Sauerstoff ab, so bezeichnet man sie als ↑Atmung, bei Sauerstoffabwesenheit dagegen als ↑Gärung.

Diskusfische. Echter Diskus

Disthen

Distelfalter

◆ in der *Soziologie* Bez. für den zur Assimilation gegenläufigen Prozeß der Aufrechterhaltung oder Wiedergewinnung eigenen Gruppenbewußtseins bei ethn. oder rass. Minderheiten, die größeren Einheiten eingegliedert waren; führt i. d. R. zur Bildung von Kulturinseln, die den Keim für umfassendere soziokulturelle Konflikte in sich bergen können.
◆ in der *Phonetik* lautl. Vorgang: zwei gleiche oder ähnl. Laute werden sich unähnlicher.

Dissipation [lat.], Übergang irgendeiner Energieform in Wärmeenergie.

Dissipationssphäre, äußerste Schicht der Atmosphäre (in über 800 km Höhe).

Dissonanz [lat.], eine [charakterist.] Tonverbindung, im Ggs. zur Konsonanz in der tonalen Musik und in der überlieferten Harmonielehre ein Zusammenklang, der eine Auflösung fordert. Die atonale Musik des 20. Jh. versucht, den qualitativen Unterschied von Konsonanz und D. aufzuheben, indem sie Konsonanz und D. gleichwertig behandelt.

dissozial, auf Grund eines bestimmten Fehlverhaltens nicht oder nur bedingt in der Lage, sich in die Gesellschaft einzuordnen.

Dissoziation [lat.], in der *Chemie* Aufspaltung von Molekülen in kleinere Moleküle, Radikale, Ionen und Atome. Bei der **elektrolyt. Dissoziation** zerfallen die Moleküle in elektr. verschieden geladene Bestandteile (Ionen); **therm. Dissoziation:** meist reversible Aufspaltung der Moleküle bei ihrer Wärmebewegung.
◆ in der *Psychologie* Bez. für den Prozeß der Auflösung bzw. des Zerfalls von assoziativen Denk-, Vorstellung- und Verhaltensverbindungen durch Vergessen bzw. Verlernen.

distal [lat.], in der Biologie und Medizin: 1. weiter von der Körpermitte bzw. charakterist. Bezugspunkten entfernt liegend als andere Körper- oder Organteile; 2. bei Blutgefäßen: weiter vom Herzen entfernt liegend. - Ggs.: proximal.

Distanz [lat.], Abstand, Entfernung; v. a. in sportl. Wettbewerben gebräuchl., in der Leichtathletik, im Pferderenn- und Radsport Bez. für die zurückzulegende Strecke; im Boxsport: vorgesehene Rundenzahl eines Kampfes, auch der Abstand zw. den Boxern im Kampf, wie er von der Reichweite bestimmt wird; übertragen gebraucht für: Reserve, Zurückhaltung; **distanzieren,** [im Wettkampf] überbieten, hinter sich lassen; [von etwas] abrücken.
◆ (soziale Distanz) in der *Sozialpsychologie* Einstellung zu Objekten, v. a. Personen, die sich gegen einen zu engen Kontakt richtet.

Distanztiere, in der Verhaltensforschung Tiere, die einen bestimmten Abstand *(Individualabstand)* voneinander halten (**Distanzierungsverhalten**), der jedoch triebabhängig ist und in bes. Situationen (z. B. bei der Balz, einer Gefahr) aufgegeben werden kann. - Ggs.: Kontakttiere.

Di Stefano, Giuseppe, * Motta Sant'Anastasia bei Catania 24. Juli 1921, italien. Sänger (Tenor). - Gast an allen bed. Opernhäusern der Welt (u. a. New Yorker Metropolitan Opera, Mailänder Scala); hervorragender Interpret lyr. italien. Partien.

Distel, (Carduus) Gatt. der Korbblütler mit etwa 100 Arten in Eurasien (6 Arten in Deutschland) und Afrika; 0,3–2 m hohe Kräuter oder Stauden mit stacheligen Blättern und purpurfarbenen oder weißen Röhrenblüten in meist großen Blütenköpfen; Früchte mit Haarkelch; häufigste Art in M-Europa ist die **Nickende Distel** (Carduus nutans) mit purpurfarbenen Blüten.
◆ volkstüml. Bez. für stachelige Korbblütler aus verschiedenen Gatt. (z. B. Kratzdistel, Kugeldistel, Eberwurz).

Distelfalter (Vanessa cardui), mit Ausnahme von S-Amerika weltweit verbreiteter, etwa 5 cm spannender Fleckenfalter mit brauner, schwarzer und weißer Fleckung auf den gelbbraunen Flügeln. Die Raupen leben v. a. an Disteln.

Distelfink, svw. ↑Stieglitz.

Distelorden (The Most Ancient and Most Noble Order of the Thistle), brit. Orden, ↑Orden (Übersicht).

Disthen [griech.] (Cyanit), blaues, weißes oder rosafarbenes Mineral, $Al_2[O|SiO_4]$ oder $Al_2O_3 \cdot SiO_2$; Dichte 3,5 bis 3,7 g/cm³; Mohshärte 4,5 bis 7,0; kommt v. a. in kristallinen Schiefern vor.

Distichon [griech.], Gedicht oder Strophe von zwei Zeilen, v. a. das **eleg. Distichon,** die Verbindung eines daktyl. Hexameters mit einem daktyl. Pentameter: „Ím Hexámeter stéigt des Spríngquells flǘssige Sáule, Ím Pentámeter dráuf fállt sie melódisch heráb" (Schiller, „Das D.").

distinguiert [...'gi:rt; lat.-frz.], ausgezeichnet, vornehm; **Distinktion,** Auszeichnung, Ansehen, [hoher] Rang.

Distler, Hugo, * Nürnberg 24. Juni 1908, † Berlin 1. Nov. 1942 (Selbstmord), dt. Komponist. - Wirkte als Organist, Lehrer und Chorleiter in Lübeck, Stuttgart und Berlin. Seine Vokalkompositionen (u. a. Chorwerke, z. B. „Dt. Chormesse", 1932) sind stilist. durch die Vereinigung von Prinzipien vorwiegend barocker Vokalmusik mit einer rhythm. und tonal neuartigen Schreibweise geprägt; auch Instrumentalmusik.

Distorsion [lat.], in der *Medizin* svw. ↑Verstauchung.
◆ ↑Abbildungsfehler.

Distribution [lat.], Verteilung, Aufteilung; Auflösung.
◆ in der *Sprachwissenschaft* die Summe aller Umgebungen, in denen ein sprachl. Element vorkommt im Gegensatz zu jenen, in denen es nicht vorkommen kann.
◆ (distributive Aufmerksamkeit) in der *Psychologie* verteilte oder aufgespaltene Auf-

merksamkeit, die es erlaubt, mehrere Reize oder Vorstellungsinhalte gleichzeitig aufzunehmen.

◆ in der *Volkswirtschaftslehre* die Einkommens- und Vermögensverteilung.

Distributionsformel, die Worte, mit denen in den christl. Kirchen und Gemeinschaften das Abendmahl (die Eucharistie) gespendet wird.

Distributionskosten (Verteilungskosten), Bez. für Vertriebskosten und Rabatte.

distributiv [lat.], gesagt von einer algebraischen Struktur mit zwei zweistelligen Verknüpfungen, in der die Distributivgesetze gelten; allg. verteilend, zerlegend.

Distributivgesetze, Bez. für die beiden Gesetze

$$a \sqcap (b \sqcup c) = (a \sqcap b) \sqcup (a \sqcap c),$$
$$a \sqcup (b \sqcap c) = (a \sqcup b) \sqcap (a \sqcup c),$$

die in einer algebraischen Struktur S mit den beiden zweistelligen Verknüpfungen $\sqcap$ und $\sqcup$ gelten können (mit $a, b, c \in S$). In der Menge der reellen Zahlen gilt ein Distributivgesetz der Art:
$a \cdot (b + c) = (a \cdot b) + (a \cdot c)$.

Distributivum [lat.], Zahlwort, das das sich wiederholende Herausnehmen aus einer größeren Anzahl bezeichnet; im Dt. gekennzeichnet durch „*je*".

District of Columbia [engl. 'dıstrıkt əv kə'lʌmbıə] (Abk. D. C.), dem Kongreß der USA unmittelbar unterstehender Verwaltungsbez. am linken Ufer des unteren Potomac River, USA, 174 km^2. 1791 als neutrales, zu keinem Bundesstaat gehörendes Territorium geschaffen, in Form eines Quadrats, Seitenlänge 10 Meilen (etwa 16 km), dessen Diagonalen N–S und W–O gerichtet sind. Seit 1846 bildet der Potomac River die südl. Grenze des D. C., der heute ident. mit der Stadt Washington ist. Erst seit 1961 dürfen die Bewohner an Präs.wahlen teilnehmen.

Distrikt [lat.], Bezirk; Abteilung; abgeschlossener Bereich.

Disulfidbrücke (Cystinbrücke), Bez. für eine durch zwei Schwefelatome vermittelte Bindung der Form –S–S– (**Disulfidbindung**) von Polypeptidketten in zahlr. Eiweißstoffen.

Disziplin [lat.], Wissenszweig, Fachgebiet, im 14./15. Jh. aus lat. disciplina („Schule, Wissenschaft, schul. Zucht") entlehnt.

◆ [innere] Zucht, Beherrschtheit, Selbstzucht, die jemanden zu bes. Leistungen befähigt.

◆ Teilbereich des Sports; Sportart.

Disziplinargerichtsbarkeit [lat./dt.], Sondergerichtsbarkeit in Angelegenheiten des Disziplinarrechts. Die D. über Beamte obliegt bes. Verwaltungsgerichten, den Disziplinargerichten, über Richter wird sie von den ↑Dienstgerichten ausgeübt. Die Disziplinargerichte sind zuständig für die Entscheidungen im förml. Disziplinarverfahren und für die richterl. Nachprüfung der auf Grund der Disziplinarordnungen ergehenden Anordnungen und Entscheidungen der Dienstvorgesetzten. Sie können sämtl. gesetzl. vorgesehenen Disziplinarmaßnahmen verhängen. Die D. über Bundesbeamte wird ausgeübt durch das **Bundesdisziplinargericht** in Frankfurt am Main (12 Kammern mit je einem Vorsitzenden und 2 Beamtenbeisitzern) und die **Disziplinarsenate** des Bundesverwaltungsgerichts in Berlin (West), diejenige über Landes- und Kommunalbeamte durch Disziplinargerichte der Länder. Als Rechtsmittelgericht funktionell zuständig ist das Bundesverwaltungsgericht (Disziplinarsenate). Als Disziplinargerichte der Länder fungieren in erster Instanz **Disziplinarkammern** oder **Disziplinarstrafkammern;** Berufungsgerichte in Landesdisziplinarsachen sind die Disziplinarsenate, Disziplinarhöfe oder Dienststrafhöfe. - ↑auch Wehrdisziplinarordnung.
Im *östr. Recht* ist eine eigtl. D. nur für Richter eingerichtet. Über Dienstvergehen von Beamten entscheiden bes. Disziplinarkommissionen. In der *Schweiz* besteht auf Bundesebene nur eine beschränkte D. durch das Bundesgericht; im übrigen entscheiden über Disziplinarstrafen gegen Beamte die Verwaltungsbehörden des Bundes und der Kantone.

disziplinarisch [lat.], die [dienstl.] Zucht, Strafgewalt betreffend.

Disziplinarmaßnahmen [lat./dt.] (früher: Disziplinarstrafen, Dienststrafen), Zucht- und Erziehungsmittel, die zu dem Zweck verhängt werden, die Integrität, das Ansehen und die Funktionsfähigkeit einer Einrichtung oder eines Berufsstandes zu wahren. Gegen einen Beamten, Richter oder Soldaten kann eine D. verhängt werden, wenn er sich eines Dienstvergehens schuldig gemacht hat. D. sind: Verweis (Tadel eines bestimmten Verhaltens), Geldbuße (bis zur Höhe der einmonatigen Dienstbezüge), Gehaltskürzung (um höchstens ein Fünftel und auf längstens 5 Jahre), Versetzung in ein Amt derselben Laufbahn mit geringerem Endgrundgehalt, Entfernung aus dem Dienst, Kürzung oder Aberkennung des Ruhegehalts.

Disziplinarrecht [lat./dt.], der Teil des Beamtenrechts, der die Frage regelt, wann ein Beamter im staatsrechtl. Sinne ein Dienstvergehen begeht und welche Disziplinarmaßnahmen verhängt werden können *(materielles D.)* sowie welches Verfahren bei der Aufklärung und Ahndung von Dienstvergehen einzuhalten ist *(formelles D.)*.

Disziplinarverfahren [lat./dt.], Verfahren zur Aufklärung und Ahndung von Dienstvergehen von Beamten, Richtern und Soldaten. Werden Tatsachen bekannt, die den Verdacht eines Dienstvergehens rechtfertigen, veranlaßt der Dienstvorgesetzte die erforderl. Ermittlungen (Vorermittlungen). Das förml. D. gliedert sich in die Untersuchung und das

Verfahren vor den Disziplinargerichten. Es wird eingeleitet durch schriftl. Verfügung (Einleitungsverfügung) der Einleitungsbehörde; auch der Beamte selbst kann die Einleitung des förml. D. gegen sich beantragen, um sich von dem Verdacht eines Dienstvergehens zu reinigen. Gleichzeitig mit oder nach Einleitung des förml. D. kann die Einleitungsbehörde den Beamten vorläufig seines Dienstes entheben. Die Untersuchung wird durch einen zum Untersuchungsführer bestellten unabhängigen Beamten oder Richter durchgeführt. Die Hauptverhandlung ist grundsätzl. nicht öffentlich.
In *Österreich* wird das D. gegen Richter vom Oberlandesgericht, gegen höhere Richter vom Obersten Gerichtshof, gegen Beamte von Disziplinarkommissionen durchgeführt. Das Verfahren entspricht der dt. Regelung. In der *Schweiz* führen auf Bundesebene die eidgenöss. Gerichte für ihre Beamten, der Bundesrat und die von diesem bezeichneten nachgeordneten Amtsstellen für die übrigen Bundesbeamten sowie das Bundesgericht (verwaltungsrechtl. Kammer) das D. durch, das aus Untersuchung und Entscheid besteht.

diszipliniert [lat.], an Zucht und Ordnung gewöhnt, streng erzogen.

Ditfurth, Hoimar von, * Berlin 15. Okt. 1921, dt. Schriftsteller. - Prof. für Psychiatrie und Neurologie in Heidelberg. Schrieb mehrere naturwiss. Bestseller, u. a. „Kinder des Weltalls" (1970), „Im Anfang war der Wasserstoff" (1972), „Zusammenhänge. Gedanken zu einem naturwiss. Weltbild" (1974), „Der Geist fiel nicht vom Himmel" (1976); außerdem „So laßt uns denn ein Apfelbäumchen pflanzen. Es ist soweit" (1985). Auch Rundfunkvorträge und Fernsehsendungen.

Dithionate [griech.] ↑Schwefelsauerstoffsäuren.

Dithmarschen [ˈdɪt..., ˈdiːt...], Landkr. in Schleswig-Holstein.

D., Landschaft an der W-Küste von Schl.-H., zw. Eider und Elbe; landschaftsbestimmend sind Marsch und Geest; von W greift die Meldorfer Bucht weit in das Land hinein. Die fruchtbare Marsch (Feldgemüsebau, Blumenzucht) ist Jungsiedelland. Hauptorte der Marsch sind Wesselburen, Büsum und Marne, der Geest Heide und Meldorf. Erdölfelder und Raffinerie bei Heide.

Geschichte: Anfang des MA ein in 4 Siedlungsräume gegliederter Sachsengau; wurde im Zusammenhang mit der fränk. Eroberung Sachsens christianisiert; kam im 11. Jh. unter bischöfl. brem. Hoheit. Vom 13. Jh. an wahrte die Bauernrepublik D. eine weitgehende Selbständigkeit. 1434/35 setzte sich die Kirchspielorganisation durch. D. konnte sich auch gegen die dän. Könige, die 1474 D. als Lehen erhielten, behaupten (Sieg des Volksheeres bei Hemmingstedt 1500). Im 16. Jh. wurden die Geschlechter (-Verbände) entmachtet. 1532 wurde die Reformation eingeführt, 1559 unterwarfen der dän. König und die beiden Gottorfer Herzöge das Land. 1581 in eine südl. dän. Hälfte und eine nördl. Gottorfer Hälfte geteilt, ab 1773 ebenfalls unter dän. Oberhoheit. D. bewahrte jedoch seine Selbstverwaltung. Die Kirchspielverfassung überstand auch die preuß. Annexion von Schleswig und Holstein (1866).

Dithyrambus [griech.], enthusiast.-ekstat. Chorlied, verbunden mit dem Kult des Dionysos. Klass. Form erreicht der D. bei Arion, bed. D.dichter des 5. Jh. sind Bakchylides und Pindar. Die Einbeziehung ep. Stoffe führte zur Entfaltung der Tragödie (neben dem rein chor. D.). - Als **dithyrambisch** werden hymn.-ekstat. Verse in freien Rhythmen bezeichnet.

dito [lat.-italien. „besagt"], Abk. do. oder dto., gleichfalls, dasselbe.

Ditters von Dittersdorf, Karl, * Wien 2. Nov. 1739, † Schloß Rothlhotta bei Nové Dvory (Mittelböhm. Gebiet) 24. Okt. 1799, östr. Komponist. - Sein Werk umfaßt Oratorien, zahlr. Sinfonien, Solokonzerte, Kammermusik und v. a. rund 40 Opern und Singspiele (u. a. „Doktor und Apotheker", 1786).

Dittmann, Wilhelm, * Eutin 13. Nov. 1874, † Bonn 7. Aug. 1954, dt. Politiker. - MdR ab 1912 für die SPD; stimmte als einer der Wortführer des linken Parteiflügels ab 1915 gegen die Kriegskredite; Mitbegr. der USPD und ihr Vorstands-Mgl.; 1918 inhaftiert; Mgl. des Rats der Volksbeauftragten; MdR 1920–

Otto Dix, Bildnis der Schriftstellerin Sylvia von Harden (1926)

33; widersetzte sich der Verschmelzung der USPD mit der KPD, führte als Vors. die restl. USPD 1922 zur SPD zurück; emigrierte 1933 in die Schweiz.

Ditzen, Rudolf, dt. Schriftsteller, ↑Fallada, Hans.

Diu, 50 km² große, ehem. portugies. Insel vor der S-Küste der ind. Halbinsel Kathiawar, gehört zum ind. Unionsterritorium Goa, Daman and Diu.

Diurese (Diuresis) [griech.], i. w. S. die Harnausscheidung durch die Nieren; i. e. S. die gesteigerte Harnausscheidung, etwa bei Diabetes insipidus oder nach Verabreichung von harntreibenden Mitteln.

Diuretika [griech.] (harntreibende Mittel), Sammelbez. für Arzneimittel, die eine vermehrte Salz- und Wasserausscheidung herbeiführen; werden bes. bei der Behandlung von Ödemen und Bluthochdruck angewandt.

Diva [lat.-italien. „die Göttliche"], gefeierte Schauspielerin oder Sängerin.

divergent [lat.], gesagt von einer Folge oder unendl. Reihe, die keinem endl. Grenzwert zustrebt. - Ggs.: konvergent.

Divergenz [lat.], allg. Auseinandergehen, Abweichen; Meinungsverschiedenheit; **divergieren,** abweichen, anderer Meinung sein, auseinanderstreben.

◆ (evolutive D.) im *Tier-* und *Pflanzenreich* die allmähl., durch Selektion verursachte Abweichung systemat. Einheiten von ihrer ursprüngl., gemeinsamen Stammform.

◆ in der *Mathematik* Bez. für das Nichtvorhandensein von Grenzwerten bei Folgen, Reihen oder bestimmten Integralen.

◆ in der *Meteorologie* der Zustand im Strömungsfeld der Atmosphäre, bei dem in einem Gebiet in der Zeiteinheit mehr Luft ab- als zufließt (im Ggs. zur Konvergenz). Die Wetterentwicklung am Boden wird von den D. der Luftströmung der höheren Atmosphärenschichten beeinflußt.

◆ (D. gerichtl. Entscheidungen) Abweichen einer gerichtl. Entscheidung in derselben Rechtsfrage von einer bereits gefällten Entscheidung eines anderen Spruchkörpers (Senat, Kammer) desselben Gerichts (**Innendivergenz**) oder von der Entscheidung eines anderen Gerichts (**Außendivergenz**).

divers [lat.], verschieden; **Diverses,** Verschiedenes, Allerlei.

Diversant [lat.] ↑Diversion.

Diversifikation (Diversifizierung) [lat.], gezielte Ausweitung des Produktions- und/oder des Absatzprogramms auf bisher nicht angebotene Erzeugnisse, die aber in sinnvollem Zusammenhang mit den bisher erzeugten bzw. abgesetzten Produkten stehen.

Diversion [lat.], im kommunist. Sprachgebrauch Bez. klassenfeindl. [Sabotage]tätigkeit, die auf die Schädigung der sozialist. Staatsmacht, insbes. ihrer Volkswirtsch. oder Verteidigungskraft, gerichtet ist; in der SBZ/DDR (wie in allen Ländern des Ostblocks) Straftatbestand: Die Strafandrohung gegen **Diversanten** reicht von 3 Jahren Freiheitsstrafe bis zur Todesstrafe.

Diversityempfang [daɪˈvəːsɪtɪ; engl. „Verschiedenheit"], Verfahren im Überseefunkverkehr zur Verringerung der durch Schwund (Fading) verursachten Störungen bes. im Kurzwellenbereich. Man benötigt zwei Empfangsantennen, die etwa vier Wellenlängen voneinander entfernt sind.

Divertikel (Diverticulum) [lat.], angeborene oder erworbene sackförmige Ausstülpung von Wandteilen eines Hohlorgans, z. B. der Speiseröhre, des Magens, der Harnblase und am häufigsten des Dickdarms.

Divertimento [lat.-italien. „Vergnügen"] (frz. Divertissement), seit Ende des 17. Jh. Bez. für unterhaltende Musik verschiedenster Art, in der 2. Hälfte des 18. Jh. meist mehrsätziges, suiten- oder sonatenartiges Instrumentalwerk.

◆ in der Fuge eine freier gearbeitete Episode zw. den streng themat. Teilen.

◆ Gesangs- und v. a. Balletteinlagen in frz. Opern des 17. und 18. Jh., die auch selbständig aufgeführt wurden.

divide et impera [lat. „teile und herrsche"], angebl. polit. Maxime des antiken Rom, Herrschaft durch Spaltung und unterschiedl. Rechtsverhältnisse der Gegner zu gewinnen und aufrechtzuerhalten; ob sie auf den frz. König Ludwig XI. zurückgeht, ist nicht zu beweisen.

Dividend [lat.], die Zahl, die durch eine andere (den **Divisor**) geteilt werden soll: Dividend geteilt durch Divisor = Quotient.

Dividende [lat.-frz.; eigtl. „das zu Teilende"], aus dem Bilanzgewinn einer Kapitalgesellschaft auf die Kapitalanteile gezahlte Vergütung, insbes. Gewinnanteil der Aktie in Prozent des Nennwertes (**Nominaldividende**). Wertpapiere, auf die Gewinnanteile ausgezahlt werden (**Dividendenpapiere, Dividendenwerte**) stehen im Ggs. zu den Rentenwerten, auf die eine feste Zinsvergütung gezahlt wird. Die Höhe der D. wird nach dem Vorschlag der Verwaltung von der Hauptversammlung (Gesellschafterversammlung) festgesetzt. Die Auszahlung erfolgt gegen Vorlage des **Dividendenscheins.** Der den Aktien beigefügte Gewinnanteilscheinbogen (**Dividendenbogen**) enthält 10–20 D.scheine (**Kupons**), die am Fälligkeitstag abgetrennt und zur Einlösung eingereicht werden. Der letzte Abschnitt des Bogens ist der Erneuerungsschein (**Talon**), auf den ein neuer D.scheinbogen ausgegeben wird. Die Aktien werden vom 2. Börsentag nach der Hauptversammlung an mit **Dividendenabschlag** (d. h. Kursminderung in Höhe der Netto-D.), „ex D.", gehandelt. Vorzugsaktien sind häufig mit dem Anspruch auf eine gegenüber den Stammaktien erhöhte D. ausgestattet.

dividieren [lat.], eine Division durchführen.

Dividivi [indian.-span.] (Libidibi), Bez. für die kastanienbraunen, längl., Gerbstoffe liefernden Hülsenfrüchte des im trop. Amerika heim. Caesalpiniengewächses Caesalpinia coriaria; seit Beginn des 19. Jh. in Indien kultiviert.

Divina Commedia [italien. „Göttliche Komödie"], Hauptwerk des italien. Dichters ↑Dante Alighieri.

Divination [zu lat. divinatio „Sehergabe"], die Fähigkeit, den Willen der Gottheit zu erkennen sowie die Zukunft zu erforschen. Dabei ist zu unterscheiden zw. einer rituellen Orakelgebung, die meist in den Händen von Priestern oder Zauberern liegt, und dem unabhängig von einem religiösen Amt oder einer religiösen Funktion einem Menschen eignenden Charisma, der von diesem Menschen nicht gewollten und gepflegten „Gabe" zu sehen.

Divine Light Mission [dɪ'vaɪn 'laɪt 'mɪʃn; engl. „Göttliches-Licht-Mission"], hinduist. Reformbewegung. Im Mittelpunkt steht die Verehrung des Guru Maharaj Ji (* etwa 1958), der sich 1970 in Neu-Delhi als Inkarnation früherer Heilbringer ausgab und verkündete, der Welt den Frieden zu schenken. Die D. L. M. hat v. a. in den USA und in Europa meist unter Jugendlichen ihren größten Zulauf. Im Mittelpunkt des (meist in klösterlichen Wohngemeinschaften organisierten) Lebens der Mitglieder der D. L. M. steht die Meditation mit stark antirationalen Tendenzen. 1974 wurde eine Divine United Organisation (Abk. DUO) gegr., die die religiösen Ziele der D. L. M. durch rein kommerzielle Betriebe ergänzt. Die Zahl der Anhänger der D. L. M. wird auf mehrere Mill. geschätzt.

Divinität [lat.], Göttlichkeit, Gottheit.

Divis [lat.], Trennungs- oder Bindestrich.

Division [zu lat. divisio „Teilung"], eine der vier Grundrechenarten; allgemeiner eine Operation in einem Körper K, bei der zu zwei Elementen $a \in K$, $b \in K$ $(a \neq 0)$ das Element $x \in K$ bestimmt wird, das die Relation $a \cdot x = b$ erfüllt; es existiert genau ein x in K, näml. $x = a^{-1} \cdot b$; man bezeichnet x als den Quotienten von b und a und schreibt ihn auch: $x = b/a = b : a$. Die D. kann als Umkehrung der Multiplikation gedeutet werden.

Division [lat.-frz.], Großverband des Heeres zur Lösung takt. Aufgaben im konventionellen und im atomaren Gefecht, zusammengesetzt aus allen Waffengattungen des Heeres. In der Bundeswehr ist die D. ein Führungsstab geworden mit verschiedenen Spezial-, Unterstützungs- und Versorgungseinheiten als **Divisionstruppen** und mit nach Auftrag wechselnder Zahl unterstellter Brigaden.

Divisionär [lat.-frz.], bes. schweizer. Bez. für den Befehlshaber einer Division.

División Azul [span. diβi'sjon a'θul] ↑Blaue Division.

Divisor [lat.] ↑Dividend.

Divodurum ↑Metz.

Divus [lat. „der Vergöttlichte"] (weibl. Form: Diva), Bez. für die vom Senat nach dem Tod zu Göttern erhobenen röm. Kaiser (erstmals für Cäsar, 42 v. Chr.).

Diwan [pers.-türk.], Sammlung oriental. lyr. und panegyr. Gedichte, entweder eines bestimmten Verfassers oder der Autoren eines bestimmten Stammes. Der bekannteste D. ist der des pers. Dichters Hafes (* um 1325, † 1390), auf den Goethe in seinem „Westöstl. Divan" (1819) Bezug nimmt.

◆ oberste Verwaltungsbehörden im Kalifenreich; in vielen islam. Ländern bis in die neuere Zeit Bez. für Ministerien und hohe Gerichtshöfe; urspr. „Verwaltungsurkunde".

◆ urspr. Empfangsraum mit Liegesofas, dann Bez. für das Sofa.

Diwanija, Ad, Hauptstadt des Verw.-Geb. Al Kadisijja im südl. Mesopotamien, Irak, 61 000 E. Verwaltungs- und Handelszentrum eines wichtigen Agrargebietes. - Entstand um 1854 als Zollstelle.

Dix, Otto, * Untermhaus (= Gera) 2. Dez. 1891, † Singen (Hohentwiel) 25. Juli 1969, dt. Maler und Graphiker. - 1927–33 Prof. an der Kunstakad. Dresden. Schuf in den 20er und zu Beginn der 30er Jahre aggressive Bilder und Graphiken, die v. a. Krieg und soziales Elend anprangern, sowie oft entlarvende Porträts, Gruppenbildnisse und Akte; z. T. werden auch groteske Elemente deutlich. 1934 mit Mal- und Ausstellungsverbot belegt; viele seiner Werke wurden aus öffentl. Galerien entfernt, die Hauptwerke zum großen Teil verbrannt. Später v. a. Landschaften und religiöse Themen. 1950 Prof. an der Kunstakad. Düsseldorf. - *Werke:* Streichholzhändler (1920, Stuttgart, Staatsgalerie), Bildnis der Eltern des Künstlers II (1924, Hannover, Städt. Galerie), Großstadt (1927/28, Essen, Museum Folkwang), Der Krieg (1929–32, Dresden, Staatl. Kunstsammlungen). - Abb. S. 92 und S. 269.

dixi [lat. „ich habe gesprochen"], svw. genug! Ende einer Rede.

Dixieland [engl. 'dɪksɪlænd], [scherzhafter] Name für die Südstaaten der USA. Die Herkunft des Namens ist umstritten; häufig von der Mason and Dixon Line abgeleitet, die im 19. Jh. als Trennungslinie zw. den sklavenfreien Staaten des N und den sklavenhaltenden Staaten des S angesehen wurde.

Dixieland [engl. 'dɪksɪlænd] (Dixielandjazz, Dixielandstil, Dixie), ein zu Ende des 19. Jh. aus der Nachahmung des ↑New-Orleans-Jazz durch weiße Musiker entstandener Jazzstil, der sich diesem gegenüber in seiner rhythm. Grundhaltung und durch das Ausbleiben der Bluestonalität (↑Blues) unterscheidet. In den 1920er Jahren mündete der D. in den ↑Chicagostil.

Dixon [engl. diksn], Bill (William Robert), * Nantucket 5. Okt. 1925, amerikan. Jazzmusiker. - Wirkte als Trompeter und Flügelhornist v. a. im Bereich des ↑Free Jazz.

D., Dean, * New York 10. Jan. 1915, † Zug 4. Nov. 1976, amerikan. farbiger Dirigent. - Seit 1949 in Europa, u. a. 1961–74 Chefdirigent des Hess. Rundfunks.

Diyarbakır [türk. di'jarbakɨr], türk. Stadt am oberen Tigris, 236 000 E. Hauptstadt des Verw.-Geb. D., Sitz eines jakobit. Bischofs; Zentrum eines Agrargebiets; Textil-, Nahrungsmittel- und Papierind., Bahnstation; ✈. - Die byzantin. Festung **Amida** wurde 640 arab., 1517 osman. Seit Ende des 16. Jh. heutiger Name. - 5 km lange Stadtmauer mit 4 Toren und 72 Türmen, Große Moschee (um 1090), Karawanserei (1575).

d. J., Abk. für: **d**er **J**üngere.
◆ Abk. für: **d**ieses **J**ahres.

Dj... ↑auch Dsch...

Djajapura ↑Jayapura.

Djakarta ↑Jakarta.

Djaus [Sanskrit „Himmel"], Himmelsgott der wed. Mythologie.

Djebel ['dʒebɛl] (Dschebel; arabisch Dschabal), Bez. für Berg in Marokko, Algerien, Tunesien.

Djelleh [austral.] (Austral. Lungenfisch, Neoceratodus forsteri), bis 2 m langer, oberseits olivfarbener bis brauner, unterseits silbrigweißer bis blaßgelbl., urtüml. Lungenfisch in den Süßgewässern O-Australiens; kann in kleinsten Wasseransammlungen mit Hilfe seiner einen Lunge überleben.

Djemila [dʒe'mi:la] (arabisch Dschamilah), Ruinenstätte des um 100 n. Chr. gegr. röm. Cuicul nö. von Sétif, Algerien.

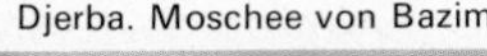
Djerba. Moschee von Bazim

Djerba ['dʒɛrba] (arabisch Dscharbah), tunes. Insel im Mittelmeer, 514 km², Hauptort Houmt-Souk. Neben Berbern lebt eine jüd. Volksgruppe auf D.; Oasenwirtschaft mit Streusiedlungen und Dattelpalmhainen, Gartenkulturen mit Gemüse- und Obstbau, Weingärten; Olivenölmühlen, Weberei, Töpferei; Austern- und Schwammfischerei; wichtiges tunes. Fremdenverkehrsgebiet. 6,4 km langer Straßendamm zum Festland, der wohl schon von den Phönikern angelegt wurde; ✈.

Djérissa [dʒe'risa] (arabisch Dscharisah), Bergwerkssiedlung in NW-Tunesien, 35 km vor der alger. Grenze, 4 500 E. Wichtigstes tunes. Eisenerzbergwerk, Schmalspurbahn nach Tunis.

DJH, Abk. für: **D**eutsche **J**ugend**h**erberge (↑Jugendherberge).

Djibouti [frz. dʒibu'ti] ↑Dschibuti.

Djilas, Milovan ↑Đilas, Milovan.

Djoser, ägypt. König (um 2600 v. Chr.) der 3. Dynastie. - Erbauer der ältesten Pyramide, der Stufenpyramide von Sakkara.

Djouf, El [ɛl'dʒuf], weit ausgedehnte, flache Beckenlandschaft in der westl. Sahara. Salzmine (Tagebau). - Bereits in der Altsteinzeit besiedelt.

DKP, Abk. für: **D**eutsche **K**ommunistische **P**artei.

DKW, Abk. für: **D**ampf**k**raft**w**agen (später gedeutet als: **D**as **K**leine **W**under); Pkw-Marke, die seit 1928 von der Zschopauer Motorenwerke AG, Berlin-Spandau, hergestellt wurde. 1932 Zusammenschluß von DKW und anderen Auto-Firmen zur Auto-Union AG.

dl, Einheitenzeichen für Deziliter (1/10 Liter).

DLG, Abk. für: **D**eutsche **L**andwirtschafts-**G**esellschaft.

DLRG, Abk. für: **D**eutsche **L**ebens-**R**ettungs-**G**esellschaft e. V.

DLW Aktiengesellschaft, dt. Unternehmen der chem. und Textilind., Sitz: Bietigheim, gegr. 1899 (bis 1969: Dt. Linoleumwerke AG); Produkte u. a.: Bodenbeläge, Folien, Roh- und Filzpappen.

dm, Einheitenzeichen für Dezimeter (10 cm).

DM, Abk. für: ↑**D**eutsche **M**ark.

d. M., Abk. für: **d**ieses **M**onats.

DM-Eröffnungsbilanz, erste, in DM aufgestellte Bilanz nach der Währungsreform; handelsrechtl. Regelung nach dem DM-BilanzG vom 21. 8. 1949 mit dem Ziel, eine neue Grundlage für geschäftl. Erfolgsrechnungen und Kreditverhandlungen zu schaffen, einerseits durch Neufestsetzung der Kapitalverhältnisse, andererseits durch eine neue Bewertung (insbes. zu Wiederbeschaffungskosten) für eine steuerl. Erfolgs- und Vermögensrechnung.

Dmitri, russ. Form des männl. Vornamens ↑Demetrius.

Dmitri Iwanowitsch (Demetrius), * 19. Okt. 1582, † Uglitsch 15. Mai 1591, jüngster Sohn des Moskauer Großfürsten und Zaren Iwan IV., von der russ.-orth. Kirche heiliggesprochen (1606). - Kam auf so rätselhafte Weise ums Leben, daß zw. 1603 und 1612 mindestens drei Thronprätendenten (als Pseudodemetrius) unter seinem Namen auftreten konnten.

Dmitri Iwanowitsch Donskoi [dan'skɔj], * 12. Okt. 1350, † 19. Mai 1389, Großfürst von Moskau (seit 1359). - Vermochte Herrschaftsanspruch und -gebiet gegenüber den Ft. Wladimir, Rjasan und Twer stark zu erweitern; führte die Russen 1380 zum ersten Sieg über ein tatar. Heer in offener Feldschlacht unweit des Don (daher sein Beiname).

Dmowski, Roman [poln. 'dmɔfski], * Kamionek bei Warschau 9. Aug. 1864, † Drozdowo bei Łomża 2. Jan. 1939, poln. Politiker. - Vertreter eines aggressiven „allpoln." Nationalismus mit scharf antidt. und antisemit. Frontstellung; befürwortete - schließl. erfolglos - im Ggs. zu Piłsudski, eine Politik der Aussöhnung mit dem russ. Staat auf panslawist. und nationaldemokrat. Basis; erreichte bis Ende 1917 die offizielle Anerkennung des von ihm gegr. Poln. Nationalkomitees durch die westl. Alliierten; ab 1919 poln. Delegationsleiter auf der Pariser Friedenskonferenz; 1923 Außenminister.

Dmytryk, Edward [engl. 'dmɪtrɪk], * Grand Forks (Kanada) 4. Sept. 1908, amerikan. Filmregisseur. - Bekannt v.a. durch „Kreuzfeuer" (1947), „Die Caine war ihr Schicksal" (1954); zahlr. Western („Warlock", 1959) u.a. Filme („Blaubart", 1972).

DNA, Abk. für engl.: **D**esoxyribo**n**ucleic **a**cid († DNS).

DNasen [de-ɛn'a...], Abk. für: **D**esoxyribo**n**ukle**asen**, in allen Zellen vorkommende Enzyme, die † DNS durch hydrolyt. Spaltung der Phosphordiesterbindungen abzubauen vermögen; die D. werden daher zur Klärung von Strukturfragen verwandt.

Dneprodserschinsk, sowjet. Stadt am westl. Ufer des Dnjepr, Ukrain. SSR, 268 000 E. Hochschule und Technikum für Metallurgie; Eisenhüttenwerk (seit 1889); Hafen. - Mitte des 18. Jh. gegr., seit 1926 Stadt.

Dnepropetrowsk, sowjet. Gebietshauptstadt in der Ukrain. SSR, am Dnjepr, 1,14 Mill. E. Univ. (1918 gegr.), mehrere Hochschulen, u.a. für Bergbau und Metallurgie, und Forschungsinstitute, Museen, drei Theater, Philharmonie. Bed. Zentrum der eisenschaffenden und eisenverarbeitenden Ind., ferner chem., Baustoff-, holzverarbeitende und Nahrungsmittelind.; Hafen, Bahnknotenpunkt, ✈. - Entstanden 1783.

Dnjepr, drittlängster Fluß Europas, in der UdSSR, entspringt in den Waldaihöhen, bildet 115 km lang die Grenze zw. Weißruss. und Ukrain. SSR, mündet in den tief ins Land reichenden **Dnjepr-Bug-Liman,** einer Bucht des Schwarzen Meeres, 2 200 km lang, Einzugsgebiet: 503 000 km². Schiffbare Flußlänge: 1 990 km; Mitte/Ende März (im Oberlauf: Mitte April) bis in den Dez. eisfrei. Verbindung zur Weichsel durch den **Dnjepr-Bug-Kanal,** einer Wasserstraße, die Nebenflüsse des Pripjet und des Bug benützt, sowie Verbindung zur Memel. In der Ukrain. SSR eine Stauseenkette (mit Wasserkraftwerken).

Dnjestr, im Altertum **Tyras,** Fluß in der UdSSR, in der Ukrain. und Moldauischen SSR, entspringt in den Waldkarpaten, mündet in den **Dnjestrliman** (seine ertrunkene Mündung), der durch eine Barre vom Schwarzen Meer getrennt wird; 1 352 km lang, Einzugsgebiet: 72 100 km², schiffbar ab Galitsch, Ende März bis Anfang Dez. eisfrei.

DNS (DNA), Abk. für: **D**esoxyribo**n**ukleinsäure (engl. desoxyribonucleic acid); in allen Lebewesen vorhandener Träger der † genetischen Information mit der Fähigkeit zur ident. Verdoppelung († DNS-Replikation); Molekülmasse 6–10 Mill.; besteht aus zwei spiralig angeordneten Ketten von Nukleotiden, die durch 4 verschiedene, sich in unterschiedl. Reihenfolge wiederholende Basen über Wasserstoffbrücken (in der Kopplung Adenin-Thymin und Guanin-Zytosin) miteinander verbunden sind. Die Basenfolge bestimmt dabei den genet. Code († Proteinbiosynthese). Durch Aufspaltung der Doppelspirale und Anlagerung von Komplementärnukleotiden werden neue DNS-Fäden gebildet. - DNS wurde 1869 von dem Schweizer Biochemiker F. Miescher entdeckt; das Raummodell der DNS wurde 1953 von J. D. Watson, F. H. C. Crick und M. Wilkins aufgestellt. - Abb. S. 275.

📖 *Saenger, W.: Principles of nucleic acid structures. Bln. u.a. 1983. - Bresch, C./Hausmann, R.: Klass. u. molekulare Genetik. Bln. u.a. ³1972.*

DNS-Replikation (DNS-Reduplikation), Verdopplung (ident. Vermehrung) der genet. Substanz in lebenden Zellen. Der Verdopplungsmechanismus ist durch die Struktur des DNS-Moleküls in Form der Doppelhelix vorgegeben. Die beiden Stränge der DNS trennen sich voneinander, indem die Wasserstoffbrücken zw. den Basenpaaren aufgelöst werden. Jeder Einzelstrang dient als Matrize für die Synthese des komplementären Strangs. Nach Beendigung der DNS-R. besteht jeder Doppelstrang zur Hälfte aus altem und zur Hälfte aus neuem Material *(semikonservative Replikation).* Man nimmt heute an, daß die erst im Jahre 1971 entdeckte Polymerase III das gesuchte DNS-replizierende Enzym ist. - Abb. S. 275.

DNVP, Abk. für: **D**eutsch**n**ationale **V**olks**p**artei.

Do, seit dem 17. Jh. die erste der Solmisationssilben (↑Solmisation) anstelle des älteren ut. In Italien und Spanien Bez. für den Ton C (in Frankr. vorwiegend ut).

do., Abk. für: ↑**d**it**o**.

d. O., Abk. für: **d**er **O**bige.

DOB, in der Textilbranche übl. Abk. für **D**amen**o**ber**b**ekleidung.

Dobbermann, Jakob, *Kassel 1682, †ebd. 1745, dt. Elfenbeinplastiker. - Schuf techn. vorzügl. Elfenbeinarbeiten in einem eklekt. Stil, bibl. und mytholog. Reliefs nach italien. Werken und Medaillonbildnisse.

Döbel (Aitel, Dickkopf, Rohrkarpfen, Leuciscus cephalus), bis 60 cm langer und bis 3 kg schwerer Karpfenfisch, v. a. in den Fließgewässern Europas und Vorderasiens; Körper langgestreckt, großschuppig.

Döbeln, Krst. im Bez. Leipzig, DDR, 170–248 m ü. d. M., 27 000 E. Theater; Metallind. - Seit dem 14. Jh. Stadt. - Stadtkirche Sankt Nikolai (1333 begonnen, ab 1479 umgebaut). **D.,** Landkr. im Bez. Leipzig, DDR.

Döbereiner, Johann Wolfgang, *Bug bei Hof 13. Dez. 1780, †Jena 24. März 1849, dt. Chemiker. - Prof. in Jena; machte wichtige Untersuchungen über die katalyt. Wirkung der Platinmetalle *(D.sches Platinfeuerzeug)*. Durch Aufstellung seiner „Triadenregel" leistete er eine wichtige Vorarbeit für das Periodensystem der chem. Elemente.

Doberlug-Kirchhain, Stadt im Bez. Cottbus, DDR, an der Kleinen Elster, 94 m ü. d. M., 9 200 E. Gerbereien, Lederverarbeitung. - D.-K. entstand 1950 durch Zusammenschluß der beiden Städte Doberlug (bis 1939 Dobrilugk; 1005 erstmals genannt) und Kirchhain (1234 erstmals belegt). - Die Klosterkirche des ehem. Zisterzienserklosters Dobrilugk wurde um 1220 erbaut; frühbarokkes Schloß (17. Jh.).

Dobermann [nach dem Hundezüchter K. F. L. Dobermann, *1834, †1894] (Dobermannpinscher), aus Pinschern gezüchtete Rasse bis 70 cm schulterhoher Haushunde; Haar kurz, hart, glatt, fest anliegend; Züchtungen meist in Schwarz oder Braun mit scharf abgesetzten, rostroten Abzeichen.

Döblin, Alfred, *Stettin 10. Aug. 1878, †Emmendingen 26. Juni 1957, dt. Schriftsteller und Arzt. - Seit 1931 Neurologe und Psychiater in Berlin, 1933 Flucht nach Frankr., 1940 in die USA, 1941 Konversion vom Judentum zur kath. Kirche. War den wechselnden Stilphasen seit Beginn des Jh., aber auch Autoren wie J. Joyce und J. Dos Passos im einzelnen verpflichtet. „Berlin Alexanderplatz" (1929) wurde schon früh als einer der bedeutendsten realist. Romane des 20. Jh. anerkannt; er zeichnet sich aus durch die Vielfalt der Stilformen und -elemente, der Mischung von Zeitbezüglichem und alttestamentl. Anspielungen. Bed. auch seine Beiträge zum Entwicklungs-, zum histor., zum psycholog.-gesellschaftskrit. und Heimkehrerroman („Hamlet oder Die lange Nacht nimmt ein Ende", 1956). Unter seinen expressionist. Frühwerken ist „Die Ermordung einer Butterblume" (En., 1913) hervorzuheben.
Weitere Werke: Das Land ohne Tod (Romantrilogie, 1937–48), November 1918 (Romantrilogie, 1948–50), Die Zeitlupe (Essays, hg. 1962).

Alfred Döblin (1928)

Dobo ↑Aruinseln.

Döbraberg, höchster Berg des Frankenwaldes, Bayern, 795 m ü. d. M.

Dobroljubow, Nikolai Alexandrowitsch, *Nischni Nowgorod (= Gorki) 5. Febr. 1836, †Petersburg 29. Nov. 1861, russ. Literaturkritiker. - Forderte eine radikal sozialkrit. Literatur.

Dobromierz [poln. dɔ'brɔmjɛʃ] ↑Hohenfriedeberg.

Dobrovský, Josef, *Gyarmat bei Győr (Ungarn) 17. Aug. 1753, †Brünn 6. Jan. 1829, tschech. Slawist. - Jesuit; gilt als Begründer der slaw. Philologie und als eigtl. Urheber eines neuen tschech. Nationalbewußtseins.

Dobrudscha (rumän. Dobrogea), Gebiet zw. der untersten Donau und dem Schwarzen Meer in Rumänien und Bulgarien, gliedert sich in einen bis 467 m hohen N-Teil und einen 170–200 m hohen S-Teil, von cañonartigen Schluchten durchschnitten, von Löß überdeckt; Steilabfall gegen das Schwarze Meer. Das Klima ist kontinental. In der D. leben neben Rumänen und Bulgaren zahlr. Minderheiten (Türken, Ungarn, Griechen, Deutsche, Zigeuner, Tataren, Juden). Der Anbau von Getreide und die Viehzucht haben überregionale Bed. Weinbaugebiete im N und bei Murfatlar; Fischerei in Strandseen und an der Küste. Aufbereitung und Verarbeitung der Bodenschätze (Eisenerz, kupferhaltiger Pyrit, Schwerspat, Granit, Kaolin); metallurg. und chem. Ind.; Fremdenverkehr (Seebäder).
Geschichte: Im 2. Jt. v. Chr. von Dako-Geten (thrak. Stämmen) bewohnt; im 7./6. Jh. v. Chr. griech. Städtegründungen an der Küste; im 1. Jh. n. Chr. von den Römern erobert. 6.–

14. Jh. unter der Herrschaft von Wandervölkern, des Byzantin. Reiches und lokaler Despoten; 1388 der Walachei angeschlossen, ab 1417 osman. 1878 fiel der nördl. (größere) Teil an Rumänien. Der südl. Teil (der sog. Cadrilater) wurde nach 1913 gleichfalls Rumänien zugesprochen, das 1940 der Abtretung an Bulgarien zustimmen mußte.

Doce, Rio [brasilian. 'rriu 'dosi], Zufluß zum Atlantik in SO-Brasilien, entspringt am SO-Rand der Serra do Espinhaço, mündet 100 km nördl. von Vitória, 1 000 km lang. Das Flußbecken wurde ab Anfang des 19. Jh. von dt. und italien. Siedlern kolonisiert.

DNS. Doppelspirale (Doppelhelix) des DNS-Moleküls (rechts) und Schema der DNS-Replikation durch Spaltung des Doppelstranges (links)

Docendo discimus [lat.], auf Seneca d. J. zurückgehendes Zitat: „durch Lehren lernt man".

Dochmiasis [griech.] ↑ Hakenwurmkrankheit.

Docht [zu althochdt. tāht, eigtl. „Zusammengedrehtes"], meist aus Baumwolle gefertigte Brennstoffzuführung in Kerzen, Öllampen u. a., oft imprägniert (Brennstoff wird gefördert durch Kapillarwirkung); auch zur Schmierölzuführung verwendet (**Dochtschmierung**).

Dock [engl. oder niederl.], Großanlage in Werften und Häfen zur Trockenlegung von Schiffen für Reinigungs-, Erhaltungs- und Reparaturarbeiten. 1. **Trockendock,** ein durch D.tore verschließbares, betoniertes Becken. Die D.sohle liegt unter dem Wasserspiegel, das eindockende Schiff schwimmt ein, das

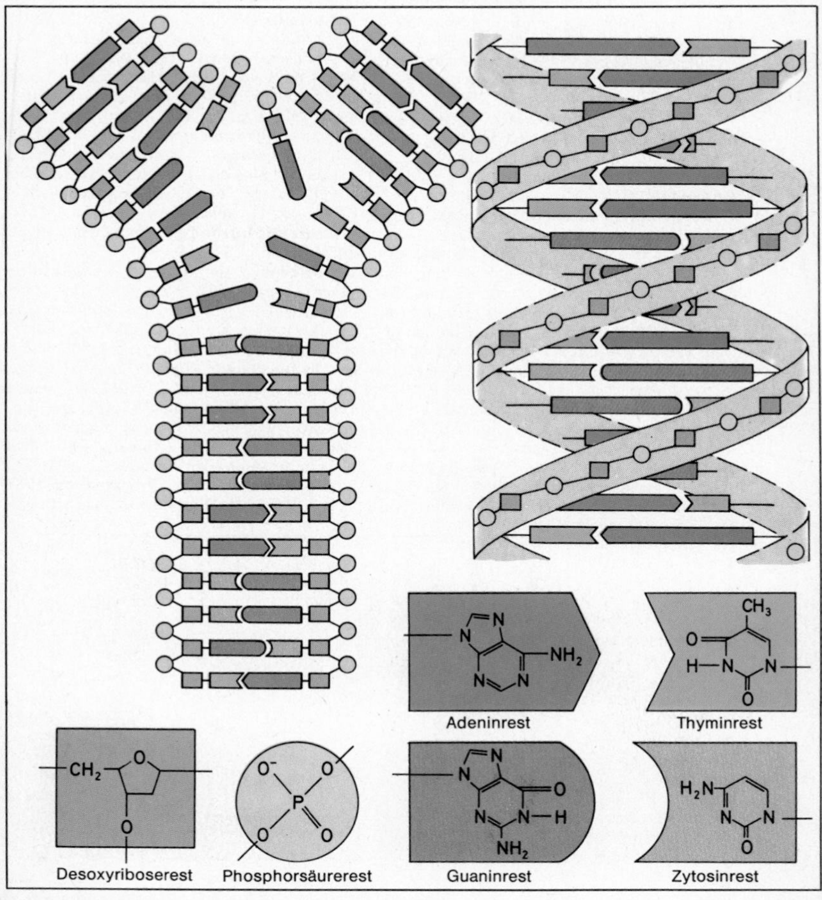

geschlossene D. wird leergepumpt, das Schiff senkt sich auf die Kielpallen ab und liegt trocken. 2. **Schwimmdock,** ein hohlwandiger Schwimmkörper. Boden- und Seitentanks werden beim Absenken des D. geflutet, das Schiff schwimmt ein, das D. wird leergepumpt und hebt sich unter das Schiff.

Docking [engl. 'dɔkɪŋ], die Ankoppelung eines Raumfahrzeuges an ein anderes.

Dọcta ignorạntia [lat. „gelehrte Unwissenheit"], durch Nikolaus von Kues geprägter Ausdruck zur Charakterisierung des Wissens, das nie vollständig sein könne, zugleich Titel seines ersten philosoph. Hauptwerks.

Documẹnta, eine seit 1955 alle 4–5 Jahre in Kassel veranstaltete internat. Ausstellung bildender Kunst der Gegenwart. Die D.-Ausstellungen der Jahre 1955, 1959, 1964 und 1968 wollten einen Überblick geben. Die folgenden Ausstellungen stellten sich Themen, 1972 „Befragung der Realität - Bildwelten heute", 1977 „Die Kunst in den Medien, die Medien in der Kunst". 1982 stand die Malerei, bes. die neoexpressiven Strömungen der 80er Jahre, im Mittelpunkt.

Document humain [frz. dɔkymãy'mɛ̃ „menschl. Dokument"], von H. Taine 1866 geprägte Bez. für die Romane Balzacs. Wurde zum Schlagwort für den Naturalismus, im Roman naturwiss. Methodik anzuwenden.

Documents against payment [engl. 'dɔkjʊmənts ə'gɛnst 'pɛɪmənt „Dokumente gegen Zahlung"], Abk. d/p; eine der wichtigsten Arten der Zahlungsabwicklung im Welthandel: Der Käufer ist verpflichtet, bei Erhalt der Versanddokumente Zahlung zu leisten; die Übergabe der Dokumente garantiert ihm den tatsächl. Versand der Ware.

Dodds [engl. dɔdz], Johnny, * New Orleans 12. April 1892, † Chicago 8. Aug. 1940, amerikan. Jazzmusiker (Klarinettist). - Bruder von Warren („Baby") D.; sein Stil beeinflußte zahlr. jüngere Musiker.

D., Warren („Baby"), * New Orleans 24. Dez. 1898, † Chicago 14. Febr. 1959, amerikan. Jazzmusiker (Schlagzeuger). - Bruder von Johnny D.; gehörte zu den stilbildenden Schlagzeugern des New-Orleans-Jazz.

Dodekaẹder [griech.] (Zwölfflach, Zwölfflächner), von zwölf Flächen begrenzter Körper; das von zwölf kongruenten, regelmäßigen Fünfecken begrenzte regelmäßige **Pentagondodekaeder** (meist kurz D. genannt) ist einer der fünf ↑ platonischen Körper.

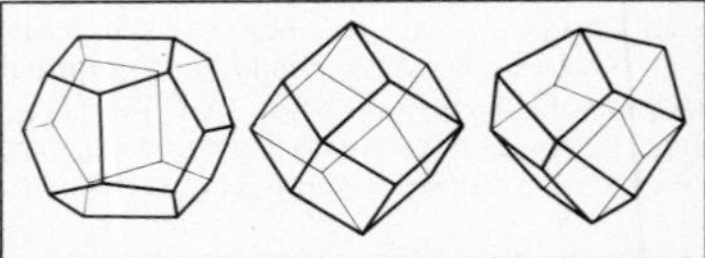

Dodekaeder (von links): Pentagondodekaeder, Rhombendodekaeder, Deltoiddodekaeder

Dodekanẹs [griech. „Zwölfinseln"] (auch Südl. Sporaden), griech. Inselgruppe im sö. Ägäischen Meer, von Patmos im N bis Kasos im S, von Astipaläa im W bis Rhodos im O, etwa 50 größere und kleinere, weitgehend gebirgige Inseln; Anbau von Wein, Oliven, Zitrusfrüchten u. a., Fischfang, Schwammfischerei, vielseitiges Handwerk; v. a. auf Rhodos bed. Fremdenverkehr. - Rhodos gilt erst nach der italien. Besetzung (1812–47) als den D. zugehörig.

Dodekaphonie [griech.] ↑ Zwölftontechnik.

Dọderer, Heimito von, * Weidlingau bei Wien 5. Sept. 1896, † Wien 23. Dez. 1966, östr. Schriftsteller. - Nach den psycholog. und schicksalhaften Romanen „Die Strudlhofstiege" (1951) und „Die Dämonen" (1956) wurde bes. der farcenhafte Roman „Die Merowinger oder Die totale Familie" (1962) mit seiner Tendenz zur Absurdität, zu Sprachspiel und grotesker Überzeichnung wichtig. Der auf vier Teile konzipierte „Roman No 7" (Teil 1: „Die Wasserfälle von Slunj", 1963; Teil 2: „Der Grenzwald", als Fragment hg. 1967) steht für die von D. gesuchte neue Möglich-

Dock. Oben: Prinzip des Trockendocks (a geflutet, b gelenzt); unten: Prinzip des Schwimmdocks

keit des Realismus. Bed. für das Verständnis seines Werks und seiner Person sind seine Tagebücher („Tangenten", 1964).
Weitere Werke: Ein Mord, den jeder begeht (R., 1938), Ein Umweg (R., 1940), Die erleuchteten Fenster ... (R., 1950), Grundlagen und Funktion des Romans (Essay, 1959), Repertorium (hg. 1969), Die Wiederkehr des Drachens (Essays, hg. 1970).

Döderlein, Albert, * Augsburg 5. Juli 1860, † München 10. Dez. 1941, dt. Gynäkologe. - Prof. in Groningen, Tübingen und München. Erkannte die für das Scheidenmilieu wichtigen und gegen von außen eindringende Krankheitserreger wirksamen Milchsäurebakterien (**Döderlein-Stäbchen**).

Dodo [portugies.] ↑Dronten.

Dodoma [doʊ'doʊma:], Hauptstadt von Tansania und Verwaltungssitz einer Region, 1 130 m ü. d. M., 46 000 E. Sitz eines anglikan. und eines kath. Bischofs; geolog. und bergwirtschaftl. Forschungsinst., meteorolog. Station; Handelszentrum in einem Erdnuß- und Hirseanbaugebiet, einziges Weinbaugebiet in O-Afrika; Verkehrsknotenpunkt an der Bahnlinie Daressalam–Kigoma; ✈.

Dodona (neugriech. Dodoni), antike Ruinenstätte in Epirus, Griechenland, 15 km ssw. von Ioannina. Berühmte Orakelkultstätte des Zeus (und der Dione) mit hl. Eiche. Kleiner Tempel (4. Jh.); Funde von Weihegaben (u. a. Bronzestatuetten und Schrifttäfelchen). Theater aus dem 4./3. Jh. - Abb. S. 278.

Doelenstück [niederl. 'du:lən], svw. ↑Schützenstück.

Doesburg, Theo van [niederl. 'du:zbʏrx], eigtl. Christian Emil Marie Küpper, * Utrecht 30. Aug. 1883, † Davos 7. März 1931, niederl. Maler und Kunsttheoretiker. - Mitbegr. und einer der Wortführer der Gruppe „De Stijl". Nahm an Dada teil, lehrte am Bauhaus. Er versuchte, in seinen Projekten eine Synthese von Malerei und Architektur zu realisieren auf der Grundlage reiner geometr. Formen. Er prägte auch den Ausdruck „konkrete Kunst"; bed. Anteil an der Entwicklung der neuzeitl. Typographie. - Abb. S. 280.

DOG, Abk. für: **D**eutsche **O**lympische **G**esellschaft.

Dogaressa [lat.-italien.], Titel der Frau des Dogen.

Dogcart [engl. 'dɔgkɑ:t, eigtl. „Hundekarren"], meist einspänniger, zweirädriger [Jagd]wagen.

Doge ['do:ʒə, italien. 'dɔ:dʒə; zu lat. dux „Führer"], Bez. für das Staatsoberhaupt der ehem. Republiken Venedig und Genua. In *Venedig* 697 entstandenes Amt; wuchs nach der Lösung Venedigs von Byzanz im 9. Jh. zur Machtbasis umfassender monarch. Hoheitsgewalt; der D. konnte nach 1032 abgesetzt werden; seit dem 12. Jh. war er an die Mehrheitsbeschlüsse der unter seinem Vorsitz tagenden Signoria gebunden; ab 1229 Ausschluß der Söhne des D. zu seinen Lebzeiten von öffentl. Ämtern, Regelung seiner Einkünfte und Überprüfung der Amtsführung jedes verstorbenen D. (gegebenenfalls Belastung seiner Familie mit Strafe); Schaffung des Rates der Zehn, dessen Kontrolle und Strafgewalt der D. völlig unterworfen wurde; schließl. nur noch im Kriege unbeschränktes Amt; 1797 aufgehoben. - 1177 vollzog erstmals ein D. durch den Wurf eines kostbaren Ringes in die Fluten die bekannte Vermählung des D. mit dem Meer. - In *Genua* 1339 geschaffenes Amt; ab 1528 war der D. nur noch für 2 Jahre aus den Reihen des Großen Rates wählbar und bis Anfang 17. Jh. auf weitgehend repräsentative Funktionen eingeschränkt; 1797 erstmals, nach Wiederaufleben 1802–05 endgültig beseitigt.

Dogenpalast ['do:ʒən] (Palazzo Ducale), am Markusplatz in Venedig gelegener Palast; der heutige Bau wurde nach 1340 begonnen und hat im frühen 17. Jh. seine wesentl. Gestaltung erhalten. - Abb. S. 278.

Doggen [zu engl. dog „Hund"], Rassengruppe großer, kräftiger, meist einfarbig gelber oder gestromter, kurz- und glatthaariger Haushunde mit gedrungenem Körper, verkürztem, breitgesichtigem Kopf und fahnenloser Rute; zu den D. gehören u. a.: Deutsche Dogge, Bordeauxdogge, Boxer, Bulldogge, Leonberger, Mastiff, Mops, Tibetdogge.

Doggenhai ↑Stierkopfhaie.

Dogger [engl.] (Brauner Jura), mittlere Abteilung des Juras; enthält Eisenerze.

Doggerbank, zw. Dänemark und der O-Küste Englands in der zentralen Nordsee liegende Sandbank, die bis 13 m u. d. M. aufsteigt; rd. 300 km lang und 120 km breit; ausgezeichnete Fischgründe. - In der Seeschlacht auf der D. (24. Jan. 1915) zw. brit. und dt. Schlachtkreuzern erlitten die dt. Aufklärungsstreitkräfte eine Niederlage.

Dögling ↑Entenwale.

Dogma (Mrz. Dogmen) [griech. „Beschluß, Grundsatz, Lehrsatz"], verbindl., festgeprägte, normative Glaubensaussage. In der *kath.* Theologie wird ein D. als ein von Gott offenbarter Glaubenssatz angesehen, dessen Leugnung die Trennung von der kirchl. Gemeinschaft zur Folge hat. Diese Auffassung wird im wesentl. damit begründet, daß bei der Verkündung der Dogmen der Hl. Geist der Kirche beistehe und damit ein irrtumsloses Zeugnis ermögliche. Die *ev.* Kirchen gehen davon aus, daß nur die Bibel als von Gott geoffenbart zu gelten habe; gleichzeitig ist von den Reformatoren (Luther und Calvin) betont worden, daß die altkirchl. Bekenntnisschriften die bibl. Aussagen zutreffend wiedergeben. Sofern solche bekenntnismäßigen Aussagen die von Gott geoffenbarte Wahrheit aussprechen, sind sie verbindl.; sofern diese Aussagen jedoch Aussagen der Kirche sind, sind sie fehlbar und nicht irrtumsfrei. Mit diesem Ansatz wird die kath. Geltung der Dogmen relativiert.

Dogmatik [griech.] (dogmat. Theologie), in der Theologie der christl. Kirchen die wiss. Beschäftigung mit den Dogmen. Die D. bemüht sich um die Erforschung und Darstellung der Dogmen, um die Glaubensinhalte der Kirche zu erfassen. Dabei ist sie nicht voraussetzungslos, sondern fühlt sich an die in diesen Dogmen ausgesprochenen Wahrheiten gebunden. In der ev. Theologie ist D. - mit gleicher Zielsetzung - eine Teildisziplin der systemat. Theologie.

Dogmatismus [griech.], Terminus zur Bez. solcher philosoph. und religiöser Einstellungen, die Begründungen von Behauptungen schuldig bleiben bzw. die Begründungspflicht bezüglich dieser Behauptungen bestreiten.
◆ *sozialpsycholog.* eine von Vorurteilen gekennzeichnete Einstellung, vereint mit starker Autoritätsgläubigkeit; unbedingter Glaube an die Wahrheit bestimmter Aussagen (Dogmen), der gleichzeitig deren krit. Überprüfung verhindert.
◆ *ideolog.* eine unhistor., abstrakte Denkweise, ohne konkrete Bedingungen und prakt. Erfahrungen zu berücksichtigen.

Dogmengeschichte, wiss. Disziplin der Theologie mit der Aufgabe, Entstehung und Geschichte der Dogmen darzustellen, um die Frage zu beantworten, wie es zu den heute von den christl. Kirchen vertretenen Lehren und den für die Fixierung ihres Glaubens verkündeten Dogmen gekommen ist und was diese Dogmen für den einzelnen bedeuten.

Dohle (Turmdohle, Corvus monedula), etwa 30 cm großer Rabenvogel, v. a. in parkartigen Landschaften und in lichten Wäldern Europas, W-Asiens und NW-Afrikas; Oberseite meist schwarz mit grauem Nacken, Unterseite dunkelgrau; Teilzieher, vergesellschaftet sich im Winter oft mit Saatkrähen.

Dohna, edelfreies Geschlecht aus dem Pleißner Land, 1127 erstmals urkundl. erwähnt, 1144 (oder 1156)–1402 Burggrafen; 1648 kaiserl. Anerkennung als „Reichsburggrafen und Grafen" ohne Reichsstandschaft; teilte sich in eine kath.-schles. Linie, die 1711 erlosch, und eine prot.-preuß. Linie (seit 1469), die noch heute existiert und sich in die Zweige *Lauck*, *Reichertswalde*, *Schlobitten* und *Schlodien* teilte, die 1840 zur „Gesamtgrafschaft Dohna" durch Preußen vereinigt wurden; bed.:

D., Alexander, Burggraf und Graf zu D.-Schlobitten, * Finkenstein (Gem. Gellen, Westpreußen) 29. März 1771, † Königsberg (Pr) 21. März 1831. - Jurist; gehörte den Reformern um Stein und Hardenberg an; 1808–10 Innenmin.; gründete 1813 mit Clausewitz die preuß. Landwehr.

Dohnanyi [do'na:ni], Hans von, * Wien 1. Jan. 1902, † KZ Sachsenhausen 8. oder 9. April 1945, dt. Jurist u. Widerstandskämpfer. - Sohn von E. von Dohnányi, Schwager D. Bonhoeffers; im Reichsjustizministerium und im Stab der Abwehr des OKW tätig. Führend an den Widerstandsaktionen 1939/40 und 1943 (Verhaftung April 1943) beteiligt; nach Standgerichtsverfahren im KZ Sachsenhausen zum Tode verurteilt und hingerichtet.

D., Klaus, von, * Hamburg 23. Juni 1928, dt. Politiker. - Sohn von Hans von D.; seit 1957 Mgl. der SPD, MdB seit 1969; 1968/69 Staatssekretär im Bundeswirtschaftsministe-

Dodona. Statuette einer lakonischen Läuferin (um 550 v. Chr.). Athen, Nationalmuseum

Dogenpalast

rium, 1969–72 parlamentar. Staatssekretär beim Bundesmin. für Bildung und Wissenschaft; 1972–74 Min. dieses Ressorts; 1976–81 Staatsmin. im Auswärtigen Amt; 1979–81 Landesvors. der SPD in Rhld.-Pf.; seit Juni 1981 Erster Bürgermeister der Freien und Hansestadt Hamburg.

Dohnányi [ungar. 'dɔxnaːnji], Christoph von, * Berlin 8. Sept. 1929, dt. Dirigent. - Sohn von H. von Dohnanyi; 1968–77 Generalmusikdirektor der Städt. Bühnen in Frankfurt am Main, 1977–84 Intendant der Hamburgischen Staatsoper, seitdem Chefdirigent des Cleveland Orchestra.

D., Ernst (Ernö) von, * Preßburg 27. Juli 1877, † New York 9. Febr. 1960, ungar. Pianist und Komponist. - Als Pianist und Dirigent u. a. in Berlin, Budapest, ab 1948 in den USA (Miami, Florida) tätig. Seine spätromant., formal klass. Kompositionen umfassen alle Gattungen. Am bekanntesten wurden die Pantomime „Der Schleier der Pierette" (1910) und die Rhapsodie „Ruralia hungarica" (1926).

Dohrn, Anton [Felix], * Stettin 29. Dez. 1840, † München 26. Sept. 1909, dt. Zoologe. - Begründer (1870) und Leiter der zoolog. Station in Neapel; arbeitete über Krebs- und Gliedertiere.

Doisy, Edward Albert [engl. 'dɔɪzɪ], * Hume (Ill.) 13. Nov. 1893, † Saint Louis 23. Okt. 1986, amerikan. Biochemiker. - Prof. in Saint Louis (Mo.); war maßgebend an der Erforschung der Geschlechtshormone und des Vitamins K beteiligt. 1929 gelang seiner Arbeitsgruppe die Isolierung des Östrons. Später arbeitete D. an der Konstitutionsaufklärung von Vitamin K; für diese Arbeit erhielt er 1943 zus. mit C. P. H. Dam den Nobelpreis für Physiologie oder Medizin.

Do it yourself! [engl. 'duː ɪt jɔː'sɛlf „tu es selbst!"], nach dem 1. Weltkrieg von der Ind. in den USA geprägtes Schlagwort (später auch in Europa propagiert) für handwerkl. Selbsthilfe.

Doketismus [zu griech. dokeĩn „scheinen"], theolog. Auffassung über Wesen und Wirken Jesu, die seine ird. Existenz zum bloßen Schein erklärt. So ist Jesus nach doket. Auffassung immer Gott geblieben, seine menschl. Existenzweise hat sein Wesen nicht berührt. Insbes. im altkirchl. Gnostizismus wurden doket. Anschauungen vertreten.

Dokkum [niederl. 'dɔkəm], niederl. Stadt 20 km nö. von Leeuwarden, 12 300 E. Maschinenbau, Textil- und Nahrungsmittelind. - 754 wurde Bonifatius bei D. ermordet. D. entwikkelte sich in der Folge zum Wallfahrtsort. - Sankt-Bonifatius-Kirche (15. Jh.).

Doktor [mittellat., zu lat. docere „lehren"], Abk. Dr., höchster akadem. Grad, stets mit Zusatz, urspr. der Fakultätsbezeichnung. Die Erlangung des D.grades erfolgt durch die Promotion, bestehend aus Dissertation und Rigorosum (mündl. Prüfung) in zwei oder drei Fächern. Die D.prüfung kann mit genügend (rite), gut (cum laude), sehr gut (magna cum laude) oder ausgezeichnet (summa cum laude) bestanden werden. Der D.grad kann wieder entzogen werden, wenn er durch Täuschung erworben wurde oder sich der Graduierte eines akadem. Grades unwürdig gezeigt hat.

Die **Ehrendoktorwürde** (Doktor honoris causa, Abk. Dr. h. c., Doktor ex honore, Abk. Dr. e. H., Doktor Ehrenhalber, Abk. Dr. E. h., in der ev. Theologie Doktor mit der Abk. D.) wird auf Grund eines Fakultätsbeschlusses ohne Promotionsverfahren verliehen für hervorragende wiss. oder andere Leistungen.

Geschichte: In der röm. Antike und im frühen MA bezeichnet D. jeden Lehrer oder Gelehrten, dann Universitätsgrad (im 12. Jh. Schaffung von Prüfungsordnungen). Synonym mit Magister, auch Lizentiat gebraucht, setzte sich aber schließl. gegenüber diesen Titeln durch. Der Magister- bzw. Doktorgrad schloß i. d. R. die Lehrbefugnis (licentia docendi) ein, für die v. a. in dt.sprachigen Ländern seit dem 18. Jh. ein weiteres Examen (↑ Habilitation) verlangt wird. Der D.grad verschaffte im MA die persönl. Vorrechte des niederen Adels.

Recht: Der D.titel ist entgegen einer weitverbreiteten Ansicht nach höchstrichterl. Rechtsprechung (Bundesverwaltungsgericht, Entscheidungen vom 24. 10. 1957 und 11. 4. 1969; Bundesgerichtshof, Beschluß vom 19. 12. 1962) nicht Bestandteil des Namens. Auf Eintragung des Titels in die Namensspalte des Personalausweises besteht kein Anspruch. - Anders als nach dt. Recht besteht nach *östr. Recht* ein Rechtsanspruch darauf, in allen amtl. Urkunden, Zuschriften usw. mit dem D.grad bezeichnet zu werden. In der *Schweiz* gilt der rechtmäßig verliehene D.titel als Kennzeichen der Persönlichkeit und untersteht damit dem rechtl. Schutz der Persönlichkeit. - ↑ auch akademische Grade (Übersicht).

◆ svw. Arzt.

Doktorand [mittellat.], Student, der an seiner Doktorarbeit arbeitet.

Doktor Eisenbart (Doktor Eisenbarth) ↑ Eisenbarth, Johann Andreas.

Doktorfische (Seebader, Chirurgenfische, Acanthuridae), Fam. der Knochenfische (Ordnung Barschartige) mit rd. 100 Arten in allen trop. Meeren, v. a. an Korallenriffen; auf der Schwanzwurzel meist beiderseits ein starrer oder bewegl., knöcherner, ungewöhnl. scharfer Dorn („Doktormesser", eine aus einer Schuppe entstandene Bildung), mit dessen Hilfe sich die D. äußerst wirksam verteidigen; z. T. beliebte Seewasseraquarienfische. Bekannt ist u. a. die Gatt. **Halfterfische** (Maskenfische, Zanchus) mit zwei bis 20 cm langen Arten; mit schwarzer, weißer und gelber Querbänderung, Schnauze röhrenförmig ausgezogen, weiße Rückenflosse stark verlängert und bandförmig. Als **Segelbader** (Segelfische) werden die beiden Gatt. Acanthurus und Zebrasoma bezeichnet. Bis über 60 cm lang wird der **Weißschwanzdoktorfisch** (Acanthurus matoides); der **Weißkehlseebader** (Acanthurus leucosternon) ist überwiegend hellblau mit schmalen, gelben Längsstreifen und hat einen schwarzen Kopf mit blau gesäumter Maskenzeichnung und eine weiße Schnauze. Die Gatt. **Nashornfische** (Einhornfische, Naso) hat 12 Arten mit nach vorn gerichtetem Nasenhorn; am bekanntesten ist der aschgraue **Nashornfisch** (Naso unicornis) mit bläul. gerandeter Rücken- und Afterflosse.

Doktrin [lat.], Lehre, Lehrsatz, Theorie; **doktrinär,** einseitig auf einen bestimmten Standpunkt festgelegt.
◆ polit. Grundsatz; im Bereich der internat. Politik ein von einer Reg. oder einem Staatsmann öffentl. verkündetes Prinzip, das der künftigen Politik des betreffenden Staates zugrunde liegen soll (z. B.: Monroe-Doktrin, Hallstein-Doktrin); auf ideolog. Gebiet auch Bez. für bestimmte polit. Denk- und Handlungsweisen (**Parteidoktrin**).

Dokument [lat.], Urkunde, Schriftstück, Beweismittel; in der Dokumentation auch Bez. für Filme, Lochkarten, Akten u. a.

Dokumentarfilm (dokumentar. Film), ein Film, der nicht wie der Spielfilm von einer mehr oder weniger fiktiven Handlung getragen wird, sondern Realität wiederzugeben bestrebt ist, wobei diese durchaus durch passende künstl. erstellte Szenen ergänzt werden kann. Insbes. die Menschen in ihren Bezügen zur Umwelt (Landschaft, Tier, Arbeitswelt usw.) in alltägl., ereignisreichen oder polit. bedeutsamen Situationen sind Gegenstand. - Der D., der seit Beginn der Filmgeschichte Bildungs-, aber auch Propagandamittel ist, entwickelt sich in den 1920er Jahren zum künstler., formal anspruchsvollen Film, v. a. in den USA mit R. Flaherty, in Großbritannien mit J. Grierson, in der Sowjetunion mit D. Wertow. Aus dem Programm der Filmtheater weitgehend verdrängt, kommt der D. im Fernsehen zur Geltung.

Theo van Doesburg, Kontra-Konstruktion, Privathaus (1923). Privatbesitz

Dokumentarliteratur, sich ausdrücklich auf Fakten und erreichbare Dokumente stützende und diese zitierende Literatur. Sie prägte sich bes. im Feature und im Dokumentartheater aus, in der Prosa eigtl. erst seit den 60er Jahren (A. Kluge „Lebensläufe", T. Capote, „Kaltblütig", beide 1962); vielfach wird Reportage und Protokoll als literar. Form gewählt. Ziel ist größtmögliche Authentizität im Dienst gesellschaftskrit., sozialen und polit. Engagements.

Dokumentartheater, Stilrichtung des modernen Theaters, charakterisiert durch Verwendung von dokumentar. Material (Akten, Protokolle, zeitgenöss. Presseberichte, Einblendungen von Filmszenen, Photos, Tonbändern usw.). Höhepunkte bilden die Inszenierungen E. Piscators Ende der 20er Jahre und die Dokumentarstücke der 60er Jahre, beginnend mit R. Hochhuths „Stellvertreter" (E. Piscator, 1963).

Dokumentation [lat.], Zusammenstellung, Ordnung und Nutzbarmachung von Dokumenten jeder Art, z. B. Urkunden, Akten, Zeitschriftenaufsätze, ↑Information (Information und Dokumentation).
◆ eine Zusammenstellung von Dokumenten.
◆ Ausdruck von etwas, beweiskräftiges Zeugnis („D. internat. Zusammenarbeit").

Dokumentenfilm, niedrig empfindl., feinstkörniger Film, u. a. zur Herstellung von [mikro]photograph. Kopien nach Schriftstücken.

Dokumentenpapier, alterungsbeständiges Papier.

Dolby-System ®, ein von R. M. Dolby erfundenes elektron. Verfahren zur Verbesserung des Rauschabstandes (Dynamik) bzw. Verminderung des Störpegels um 10–15 dB. Durch eine komplementär arbeitende Kompressorstufe (zur Anhebung niedriger Signalpegel) im Aufnahmeteil und eine Expansionsstufe im Wiedergabeteil eines Tonbandgerätes (insbes. auch Kassettenrecorder) werden techn. bedingte Störgeräusche weitgehend unterdrückt.

dolce far niente ['dɔltʃe 'fa:r ni'ɛnte; italien. „süß (ist es), nichts zu tun"], Maxime eines müßiggänger. Lebensstils.

Dolce stil nuovo [italien. 'doltʃe 'stil 'nu̯ɔ:vo „süßer neuer Stil"], Stilrichtung der italien. Liebeslyrik in der 2. Hälfte des 13. Jh.; formal noch in der Tradition der höf. Troubadourlyrik und ihrer italien. Epigonen, unterschieden aber durch Aufnahme philosoph. und religiöser Elemente aus Platonismus, Thomismus und franziskan. Mystizismus sowie durch eine unmittelbar aus dichter. Inspiration resultierende Aussage. Die angesprochene Frau wird zum religiös-myst. Symbol. Hauptvertreter sind G. Cavalcanti und Dante („La vita nuova", zw. 1292/95), Nachwirkungen bes. bei Petrarca.

Dolce vita ['dɔltʃe 'vi:ta, italien. „süßes Leben"], ausschweifendes und übersättigtes Müßiggängertum.

Dolch, kurze Stoßwaffe mit feststehender, spitzer, meist zweischneidiger Klinge. Schon seit dem Jungpaläolithikum (Knochen- und Stein-D.) bezeugt; später aus Kupfer oder Bronze; gehörte im MA zur Ritterrüstung und war Jagdwaffe; wird noch heute als Militärwaffe (Offiziers- und Schmuckwaffe) getragen. Als bes. Form entwickelte sich in Italien das dreischneidige spitze **Stilett.**

Dolchstab (Stabdolch, Dolchaxt, Schwertstab), bes. in M-, N- und W-Europa beliebter frühbronzezeitl. Schlagwaffentyp mit einer rechtwinklig an einem Holz- oder Metallschaft befestigten Kupfer- oder Bronzeklinge.

Dolchstoßlegende, die seit dem Herbst 1918 in Deutschland sich ausbreitende These, daß für den Kriegsausgang nicht das militär. Kräfteverhältnis an der Front, sondern das Versagen der Heimat („Dolchstoß in den Rücken der siegreichen Truppen") verantwortl. sei; wurde trotz ihrer sachl. Unhaltbarkeit (D.-Prozeß 1925) zum konstitutiven Element einer Rechtfertigungsideologie der preuß.-dt. Militärs (Hindenburg, Ludendorff); von der konservativen und nat.-soz. Opposition als Propagandaparole gegen die Weimarer Republik und die „Novemberverbrecher" verwandt.

Dolchwespen (Scoliidae), Fam. bis 6 cm langer, wespenähnl. Hautflügler mit über 1 000 Arten, v. a. in den Tropen (2 Arten in M-Europa); in den Mittelmeerländern, Südtirol, Ungarn und großen Teilen Frankr. kommt die Art **Gelbstirnige Dolchwespe** (Scolia flavifrons) vor, mit fast 5 cm Länge (♀) die größte europ. Hautflüglerart.

Dolci, Danilo [italien. 'doltʃi], * Sesana (= Sežana) bei Triest 28. Juni 1924, italien. Sozialreformer. - Teilt freiwillig Entbehrung und Not der Bewohner der ärmsten Gebiete Siziliens und kämpft gegen deren soziales und moral. Elend; schrieb zahlr. soziolog. Untersuchungen über diese Probleme.

Dolde ↑ Blütenstand.

Doldenblütler, (Umbelliflorae) Ordnung der Blütenpflanzen mit zykl., meist vier- bis fünfzähligen, kleinen Blüten, meist in Dolden oder Köpfchen; 7 Fam. u. a. Doldengewächse, Araliengewächse, Hartriegelgewächse, Tupelobaumgewächse.

◆ svw. ↑ Doldengewächse.

Doldengewächse (Doldenblütler, Apiaceae, Umbelliferae), Fam. der zweikeimblättrigen Pflanzen mit etwa 300 Gatt. und über

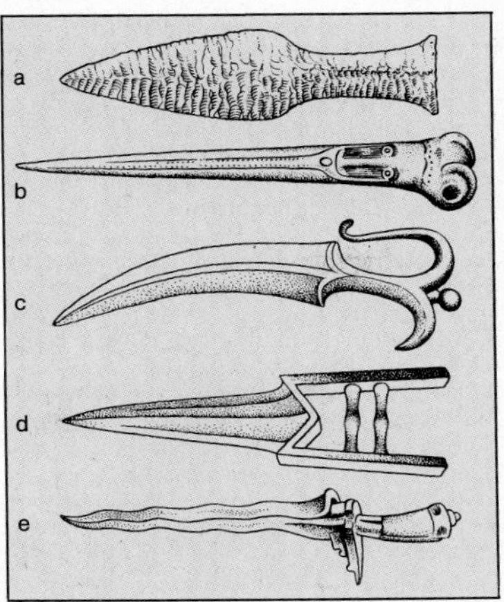

Dolch. a Steindolch (2000 v. Chr.), b Knochendolch (Neuguinea), c Krummdolch (Indien), d Katar (Indien), e Kris (Indonesien)

3 000, weltweit in außertrop. Gebieten verbreiteten Arten; meist Kräuter oder Stauden mit hohlen, meist gerillten und knotig verdickten Stengeln und wechselständigen Blättern; Blüten meist klein, weiß, in einfachen oder zusammengesetzten Dolden. Zahlr. Arten werden als Gemüse-, Gewürz-, Heil- oder Zierpflanzen kultiviert (z. B. Sellerie, Fenchel, Möhre, Anis, Kümmel, Liebstöckel).

Doldenköpfchen ↑ Blütenstand.

Doldenrebe (Scheinrebe, Ampelopsis), Gatt. der Weinrebengewächse mit etwa 20 Arten im subtrop. Asien und östl. N-Amerika; sommergrüne, mit Ranken kletternde Sträucher.

Doldenrispe ↑ Blütenstand.

Doldentraube ↑ Blütenstand.

Doldinger, Klaus, * Berlin 12. Mai 1936, dt. Jazzmusiker (Tenorsaxophon, Klarinette, Klavier). - Gründete 1961 ein eigenes Quartett; verbindet v. a. in der Gruppe „Passport" (seit 1971) Elemente des Free Jazz und der Popmusik.

Dole [frz. do:l], frz. Stadt, Dep. Jura, 45 km sw. von Besançon, 231 m ü. d. M., 27 000 E. Pasteur-Museum; Fahrzeugbau, Mühlen- und Konservenind. - Seit dem 12. Jh. Hauptstadt der Franche-Comté, kam mit dieser 1384 zum Herzogtum Burgund; fiel 1477 an das Haus Habsburg; 1674 von Frankr. erobert. - Kirche Notre-Dame (16. Jh.).

dolendo (dolente) [italien.], musikal. Vortragsbez.: traurig, schmerzlich, klagend.

Dölger, Franz Joseph, * Sulzbach a. Main 18. Okt. 1879, † Schweinfurt 17. Okt. 1940, dt. kath. Religions- und Kirchenhistoriker. -

1911 Prof. in Münster, 1926 in Breslau, 1929 in Bonn. Sein Arbeitsgebiet war die Erforschung der Beziehungen von Antike und Christentum. Mitbegr. des „Reallexikons für Antike und Christentum" (RAC). - *Werk:* Antike und Christentum (1929–50).

Dolgoruki [russ. dɐlga'rukij] (Dolgorukow), russ. Fürstengeschlecht aus dem Stamm der Rurikiden; trat im 16. Jh. in den Dienst der Moskauer Großfürsten, nahm zeitweise die erste und bis 1917 eine gehobene Stellung im russ. Adel ein.

Doline [zu slowen. dolina „Tal"] (Erdfall), schlot-, trichter- oder schüsselartige Vertiefung der Erdoberfläche, entstanden durch Auflösung von Kalk- und Salzgesteinen mit Nachsinken oder plötzl. Einstürzen der Schichten über dem Lösungshohlraum.

Dollar [engl.-amerikan.; zu niederdt., niederl. daler „Taler"], Zeichen $, seit dem ersten Münzgesetz der USA (2. April 1792) Hauptwährungseinheit der USA (US-$), geschaffen nach dem Vorbild des Peso („mex. oder span. D."). - In Zusammensetzungen Bez. für die Währungseinheiten zahlr. Länder, z. B. Australien, Honduras, Hongkong, Kanada, Liberia, Malaysia, Neuseeland, Singapur. - ↑auch Weltwährungssystem.

Dollaranleihen, svw. ↑Dollarbonds.

Dollarbonds (Dollaranleihen), außerhalb der USA aufgelegte und auf $ lautende Anleihen.

Dollarimperialismus, in Anlehnung an die klass. Theorie des Imperialismus gebrauchtes Schlagwort, demzufolge sich die USA noch heute ähnl. wie einst auch die europ. Kolonialmächte ihrer wirtsch. Übermacht bedienen, um mit der sog. **Dollar-Diplomatie** unterentwickelte Gebiete direkt durch Rüstungs- und Entwicklungshilfe oder indirekt durch Beherrschung von Märkten und Ind. sowie Verflechtung mit bodenständigen Oligarchien in wirtsch. und/oder polit. Abhängigkeit zu halten.

Dollarstandard ↑Weltwährungssystem.

Dollart, Meeresbucht an der fries. Nordseeküste im Bereich der Emsmündung, Niederlande und BR Deutschland, durch Meereseinbrüche im Spät-MA entstanden (u. a. Marcellusflut 1362).

Dollbord [niederdt.], obere Planke auf dem Bootsbord; im D. ist die Dolle angebracht, eine drehbare eiserne Gabel zur Aufnahme der Riemen.

Dollfuß, Engelbert, * Texing (Niederösterreich) 4. Okt. 1892, † Wien 25. Juli 1934, östr. Politiker. - 1931 Landwirtschaftsmin.; ab 1932 als Vertreter der Christlichsozialen Partei Bundeskanzler und Außenmin.; schuf nach Ausschaltung des Parlaments, Verbot der kommunist. und der nat.soz. Partei 1933 ein autoritäres Regierungssystem, das er durch Gründung eines parteiähnl. Kampfverbandes, der Vaterländ. Front, und durch Ausarbeitung einer ständ. Verfassung abzustützen suchte; gewaltsame Ausschaltung der östr. Sozialdemokratie 1934; außenpolit. Anlehnung an Ungarn und das faschist. Italien (Röm. Protokolle, März 1934); starb als Opfer eines gescheiterten nat.-soz. Putsches.

Dollinger, Werner, * Neustadt a. d. Aisch 10. Okt. 1918, dt. Politiker (CSU). - Seit 1953 MdB; 1962–66 Bundesschatzmin., Nov.–Dez. 1966 auch Bundesmin. für wirtsch. Zusammenarbeit; seit 1963 stellv. Vors. der CSU; 1966–69 Bundesmin. für das Post- und Fernmeldewesen; seit Okt. 1982 Bundesmin. für Verkehr.

Döllinger, Ignaz von (seit 1860), * Bamberg 28. Febr. 1799, † München 10. Jan. 1890, dt. kath. Theologe und Kirchenhistoriker. - 1823 Prof. in Aschaffenburg, 1826 in München. Wurde wesentl. beeinflußt von der von Frankr. nach Deutschland übergreifenden kirchl. Erneuerung und deren Verbindung mit der kath. Romantik. Als ultrakonservativer Publizist umstritten, als Kirchenhistoriker von Rang ausgewiesen, erreichte er den Höhepunkt seines Einflusses als Berater der dt. Bischöfe (auf der ersten dt. Bischofskonferenz 1848 in Würzburg) und als Wortführer der kath. Rechten in der Paulskirche (1848). D. geriet seit den 1860er Jahren in wachsenden Gegensatz zur röm. Kurie. Erklärte nach dem 1. Vatikan. Konzil, insbes. das Dogma von der Unfehlbarkeit des Papstes nicht akzeptieren zu können. Damit gab er der Kirche der Altkatholiken ihre theolog. Grundlage. D. wurde 1871 exkommuniziert. - *Werke:* Die Reformation (1846–48), Christentum und Kirche ... (1860), Kirche und Kirchen, Papsttum und Kirchenstaat (1861).

📖 *Brandmüller, W.: Ignatz v. D. am Vorabend des I. Vatikanums. St. Ottilien 1978.*

Dolly (Doly, Doll), engl. Kurz- bzw. Koseform des weibl. Vornamens Dorothy.

Dolman (Dolama, Dolaman) [türk.], Überrock in der alttürk. Nationaltracht; vorn offen, mit Pelz besetzt.

◆ kaftanähnl. Frauengewand (Balkan).

◆ schoßlose Jacke der Ungarn, bes. Husarenjacke.

Dolmen [frz.; zu breton. taol „Tisch" und maen „Stein"], vorgeschichtl. Grabkammer von rundl. oder vieleckigem Grundriß, meist aus 4–6 senkrecht aufgestellten Trag- und 1–2 Decksteinen errichtet; urspr. mit einem Erd- oder Steinhügel bedeckt; bes. in W- und N-Europa Grabtyp der Megalithkulturen.

Dolmetscher [zu türk. tilmač „Mittelsmann"] (Diplom-D.), Beruf mit Universitätsstudium oder Fachschulbesuch.

Dolní Věstonice [tschech. 'dɔlnji: 'vjɛstɔnjitsɛ] (dt. Unter-Wisternitz), am Nordfuß der Pollauer Berge (Südmähren, ČSSR) im Löß gelegene, 1922 entdeckte Fundstelle einer jungpaläolith. Mammutjäger-Freilandstation des östl. Gravettien.

Dolomit [nach dem frz. Geologen D. de Gratet de Dolomieu, * 1750, † 1801], farbloses, weißes oder bräunl. Mineral aus Calcium- und Magnesiumcarbonat, $MgCO_3 \cdot CaCO_3$; bildet trigonalrhomboedr. Kristalle sowie dichte, körnige Massen; Dichte 2,8 g/cm³; Mohshärte 3,5 bis 4,0.
◆ aus D. bestehendes Sedimentgestein.

Dolomiten (italien. Dolomiti), Teil der Südl. Kalkalpen, Italien, etwa 150 km lang und 80 km breit, in der Marmoladagruppe bis 3 342 m hoch. Mit bizarren Felstürmen aus hartem Dolomit oder Riffkalkgestein, dazwischen reizvolle Talungen und kleine Beckenlandschaften. Bed. Fremdenverkehr.

Dolomitkalk, Baukalk, durch Brennen von Dolomit unterhalb der Sintertemperatur und anschließendes Löschen hergestellt.

Dolor (Mrz. Dolores) [lat.], svw. Schmerz; in der Mrz. v. a. svw. Wehen.

dolore (con dolore, doloroso) [italien.], musikal. Vortragsbez.: mit Schmerz, klagend.

Dolores [span.], aus dem Span. übernommener weibl. Vorname, der gekürzt ist aus „Nuestra Señora de los Dolores" („unsere Frau der Schmerzen"), dem Beinamen Marias.

Dolphy, Eric [engl. 'dɔlfɪ], * Los Angeles 20. Juni 1928, † Berlin 29. Juni 1964, amerikan. Jazzmusiker (Altsaxophonist, Flötist und Baßklarinettist). - Gilt als einer der schöpferischsten Improvisatoren im Bereich zwischen Hard-Bop und Free Jazz.

Dolus [lat. „List"], 1. im strafrechtl. Sinne svw. Vorsatz; 2. im Zivilrecht svw. Arglist.

Dom [portugies. dõ; zu lat. dominus „Herr"], portugies. Titel vor männl. Taufnamen, urspr. der königl. Familie und dem Adel vorbehalten; weibl. Form: **Dona.**
D. [frz. dõ], in Frankr. und Belgien Titel und Anrede für einen Ordenspriester, der nicht einem Bettelorden angehört.

Dom [zu lat. domus (ecclesiae) „Haus (der Kirche)"], zunächst Bez. für die Bischofskirche und die Wohnungen des Klerus; im heutigen Sprachgebrauch werden im allg. bes. große Kirchen, v. a. die Bischofskirche, „D." genannt.
◆ drehbare Kuppel einer Sternwarte.
◆ in der *Tektonik* gewölbeartige Sattelstruktur, im Ggs. zur muldenförmigen **Schüssel.**

D. O. M., Abk. für lat.: **D**eo **O**ptimo **M**aximo („Gott, dem Besten und Allmächtigen"), Formel bei christl. Grabinschriften, seit der Renaissance belegt, eine Umformung der antiken Weiheformel I. O. M. (Iovi Optimo Maximo „Jupiter, dem ...").

Domagk, Gerhard ['do:mak], * Lagow (Brandenburg) 30. Okt. 1895, † Burgberg (Schwarzwald-Baar-Kreis) 24. April 1964, dt. Pathologe und Bakteriologe. - Prof. in Münster und Direktor der Farbenfabriken Bayer AG; führte die Sulfonamide in die Chemotherapie der bakteriellen Infektionen ein (zus. mit F. Mietzsch und J. Klarer) und entwickelte u. a. Tuberkulostatika. D. erhielt 1939 den Nobelpreis für Physiologie oder Medizin.

Domäne [frz.; von lat. dominium „Herrschaftsgebiet"], allg. Bez. für Herrschaftsgebiet; Staatsgut, Staatsbesitz. Die D. war seit der fränk. Landnahme das der unmittelbaren Verfügungsgewalt des Königs unterstehende Königsgut (verwaltet unter Aufsicht von Königsboten, später Hausmeiern). Infolge der fortschreitenden Verlagerung dieses Domanialbesitzes vom Reich zu den Territorialstaaten wurde D.besitz zu Kammergut (Schatull-, Tafelgut). Dieser landesherrl. Grundbesitz (in Brandenburg-Preußen seit dem 17. Jh. rd. $^1/_3$ des Staatsgebietes) vergrößerte sich durch die Säkularisationen z. Z. der Reformation und 1803. Die Erträge bildeten bis zur erneuten Trennung von fürstl. Hausgut und Staatsbesitz Anfang des 19. Jh. eine der Haupteinnahmen des Fiskus. Heute haben D. kaum noch finanzpolit. Bedeutung.
◆ in der *Festkörperphysik* Bez. für einen makroskop. Bereich in einem kristallinen Festkörper, in dem eine seine bes. Eigenschaften charakterisierende Stoffgröße überall den gleichen Wert hat.

Domat, Jean [frz. dɔ'ma], * Clermont-Ferrand 30. Nov. 1625, † Paris 14. März 1696, frz. Jurist. - Einer der ersten Vertreter des Naturrechtsdenkens in Frankr.; Vorkämpfer des Jansenismus, eng befreundet mit B. Pascal; hatte maßgebl. Einfluß auf den späteren Code civil.

Domatien [...tsiən; griech.] (Einz. Domatium), Bez. für kleine Hohlräume, die durch artspezif. Bildungen an Pflanzenteilen entstehen; im Unterschied zu den ↑Gallen werden D. nicht durch Parasiten hervorgerufen. D. dienen symbiont. Organismen (z. B. Milben) als Unterschlupf.

Dombrowski, Jan Henryk ↑Dąbrowski, Jan Henryk.

Domenica, italien. Form des weibl. Vornamens Dominika.

Domenichino [italien. domeni'ki:no],

Dolmen

eigtl. Domenico Zampieri, * Bologna 28. (?) Okt. 1581, † Neapel 6. April 1641, italien. Maler. - 1602 Gehilfe von A. Carracci in Rom (Fresken im Palazzo Farnese); D. klassizist. Stil wird gelockert durch seine zahlr. unmittelbar empfundenen Landschaftsmotive. Monumentale vielfarbige Fresken (u. a. Grottaferrata, Santa Maria, 1609/10; Rom, San Andrea della Valle, 1624–28), auch Gemälde („Diana auf der Jagd", 1617; Rom, Galleria Borghese).

Domenico di Bartolo, * Asciano bei Siena (= San Giuliano Terme) um 1400, † Siena im Jan. 1447, italien. Maler. - Vertreter der Frührenaissance in Siena, vielleicht in Florenz ausgebildet; im Frühwerk Einfluß Masaccios.

Domenico Veneziano, * Venedig kurz nach 1400, ▭ Florenz 15. Mai 1461, italien. Maler. - Vertreter der florentin. Frührenaissance, nur wenige Werke erhalten, u. a. Marienaltar aus Santa Lucia dei Magnoli, Florenz (zw. 1442/48; Mitteltafel in den Uffizien, Predellenteile u. a. in Berlin-Dahlem). Aus seiner Spätzeit (nach 1455) stammen wohl die Fresken in Santa Croce, Florenz, die lange A. del Castagno zugeschrieben wurden.

Domesday Book [engl. 'du:mzdeɪ 'bʊk „Gerichtstagsbuch"], Bez. für die Landesbeschreibung Englands aus dem 11. Jh.; Zusammenfassung der auf Anordnung Wilhelms des Eroberers 1086/87 durchgeführten allg. Bestandsaufnahme des Landbesitzes in den einzelnen Gft. (shires) unter Zugrundelegung einer Einteilung nach Grundherrschaften (manors), bei Angabe der Besitzer von 1066 und von 1087; diente als Grundlage der königl. Verwaltung und Gerichtsbarkeit.

Domesnäs, Kap, Kap am Rigaischen Meerbusen, UdSSR, N-Spitze Kurlands.

Domestici [lat.], in der Spätantike Bez. für private Begleiter von Kaisern, seit dem 3. Jh. auch für Beamte als Berater höherer Magistrate; Amtszeit im allg. 3 Jahre.

Domestik (Domestike) [frz.; zu lat. domesticus „zum Hause gehörig"], Dienstbote.
◆ im *Radrennsport* Bez. für einen Rennfahrer, der als Mgl. einer Mannschaft in erster Linie zum Sieg des erklärten Spitzenstars beiträgt.

Domestikation [frz.; zu lat. domesticus „zum Hause gehörig"], allmähl. Umwandlung von Wildtieren in Haustiere durch den Menschen. Der Mensch hält zu seinem Nutzen über Generationen hinweg Tiere, die veränderten Lebensbedingungen, z. B. durch die Ernährung oder die Beeinflussung der Partnerwahl, unterworfen sind. Durch letzteres ersetzt er die natürl. Selektion durch eine künstl., nach bestimmten Richtlinien vorgenommene Auslese. Als Folge davon ergeben sich physiolog. und morpholog. Veränderungen, die sich im Laufe der Generationen genet. fixieren. Ferner kann durch den Wegfall der natürl. (die Variationsbreite einengenden) Selektion die volle Variationsbreite der Tiere zur Geltung kommen, so daß die Formenmannigfaltigkeit zunimmt. Damit sind alle Voraussetzungen für zielbewußte, nach bestimmten Merkmalen ausgerichtete Züchtungen gegeben.
Auf Grund der bei der D. auftretenden morpholog. Merkmalsänderungen kann man feststellen, seit wann Tiere domestiziert werden. Der Hund ist das älteste Haustier (ältester Fund: 12. Jt. v. Chr., Nordostirak); es folgen Schaf und Ziege (8800 v. Chr., Naher Osten), Hausschwein (8000 v. Chr., Krim), Hausrind (6500 v. Chr., Griechenland), Hauspferd (3000 v. Chr., Ukraine). Die D. begann in der Jungsteinzeit.

📖 *Nachtsheim, H./Stengel, H.: Vom Wildtier zum Haustier. Bln. ³1977.*

domestizieren [lat.-frz.], Haustiere aus Wildformen züchten (↑ Domestikation); übertragen für: zähmen, heimisch machen.

Domfreiheit, einst selbständiges Rechtsgebiet, bes. innerhalb einer Stadt, das frei war von der regulären Gerichtsbarkeit und in der ein Domstift als Inhaber der Immunität die Rechtswahrung innehatte; meist um die Domkirche gelegen.

Domikalgewölbe [lat./dt.] (angevin. Gewölbe), Kreuzrippengewölbe mit stark überhöhtem Scheitel; trat zuerst im 12. Jh. auf (in Anjou); abgewandelt in Westfalen und Niedersachsen.

Domin, Hilde, eigtl. H. Palm, * Köln 27. Juli 1912, dt. Lyrikerin. - Gibt in behutsamer Sprache ihrem Erstaunen über die einfachen Dinge Ausdruck („Nur eine Rose als Stütze", 1959; „Rückkehr der Schiffe", 1962; „Hier", 1964; „Ich will dich", 1970). Auch Prosa („Von der Natur nicht vorgesehen", 1974; „Das zweite Paradies", R., 1986) und Übersetzungen.

dominant [lat.] ↑ Dominanz.

Dominante [zu lat. dominans „herrschend"], in der *Charakterkunde* Bez. für eine bestimmende oder vorherrschende Eigenschaft bzw. Eigenschaftsgruppe im Persönlichkeitsbild eines Menschen.
◆ in der *Ökologie:* die in einer Tier- oder Pflanzengesellschaft vorherrschende Art.
◆ in der *Musik* einerseits der 5. Ton einer Dur- oder Molltonleiter, andererseits der über diesem Ton errichtete Durdreiklang.

Dominantseptakkord, Dreiklang auf der Dominante mit der dissonierenden kleinen Septime; strebt nach Auflösung in der Tonika.

Dominanz [lat.], in der *Psychologie* Bez. für das Verhalten einer Person, das auf Beherrschung und Kontrolle anderer Personen gerichtet ist.
◆ in der *Genetik* Übergewicht eines (als **dominant** bezeichneten) Allels gegenüber der Wirkung des anderen (rezessiven) Allels; das dominante Allel wird somit weitgehend merkmalbestimmend. Beim Menschen werden u. a.

die Allele für Nachtblindheit und Kurzfingrigkeit dominant vererbt.

Dominat [lat.], Bez. für die sich aus dem röm. Prinzipat allmähl. (seit Ende 1. Jh. n. Chr.) entwickelnde Herrschaftsform; bildete eine Analogie zum Herr-Sklaven-Verhältnis zw. Herrscher und Untertan heraus; fand letzte Vollendung als absolute, göttl. sanktionierte Gewalt unter Diokletian.

Domingo, Plácido, * Madrid 21. Jan. 1941, mex. Sänger span. Herkunft. - Zählt seit 1966 zu den gefeierten Tenören.

Dominica

(engl. dɔmɪ'ni:kə; amtl. Vollform: Commonwealth of D.) Republik im Bereich der Westind. Inseln, bei 15° 25′ n. Br. und 61° 20′ w. L. **Staatsgebiet:** Umfaßt die gleichnamige Insel. **Fläche:** 751 km². **Bevölkerung:** 75 000 E (1981), 99,7 E/km². **Hauptstadt:** Roseau. **Amtssprache:** Englisch. **Nationalfeiertag:** 3. Nov. **Währung:** Ostkarib. Dollar (EC$) = 100 Cents. **Internat. Mitgliedschaften:** UN, Commonwealth, CARICOM. **Zeitzone:** MEZ −5 Std.

Landesnatur: Die zu den Windward Islands gehörende, nur wenig erschlossene Insel ist vulkan. Ursprungs mit Höhen bis zu 1 447 m.
Klima: Die jährl. Niederschläge liegen zw. 1 800 mm an der Küste und über 6 500 mm im Landesinneren. Die mittleren Monatstemperaturen schwanken zw. 25 °C und 32 °C.
Vegetation: Immergrüner Regenwald.
Bevölkerung: Die meist kath. Bev. besteht fast ausschließl. aus Negern und Mulatten.
Wirtschaft, Außenhandel: Wichtigster Wirtschaftszweig ist die Landw., die für den Export Bananen, Zitrusfrüchte, Vanille u. a. kultiviert. Seit wenigen Jahren spielt der Fremdenverkehr eine Rolle.
Verkehr: Wichtig ist die Küstenschiffahrt; ✈ bei Marigot.
Geschichte: Von Kolumbus 1493 entdeckt; im 17./18. Jh. zw. Briten und Franzosen umstritten; erst während der Napoleon. Kriege sicherte sich Großbrit. die Insel endgültig; ab 1956 selbständige Kolonie mit Kabinettsreg.; 1967–78 Mgl. der Westind. Assoziierten Staaten; unabhängige Rep. seit 3. Nov. 1978.
Polit. System: Nach der Verfassung von 1978 ist D. eine Republik im Commonwealth mit einem parlamentar. Reg.system. *Staatsoberhaupt* ist der Präs.; er ist zugleich oberster Inhaber der *Exekutive*, die er jedoch im allg. auf Rat des Premiermin. mit seinem Kabinett ausübt; die *Legislative* liegt beim Parlament (House of Assembly), bestehend aus dem Präs. und dem Abg.haus (21 gewählte Mgl., 9 ernannte Mgl.). Die wichtigsten im Parlament vertretenen *Parteien* sind die D. Labour Party und die D. Freedom Party (seit 1980 Reg.partei).

dominieren [lat.], vorherrschen; beherrschen.

Dominik, Hans, * Zwickau 15. Nov. 1872, † Berlin 9. Dez. 1945, dt. Schriftsteller. - Schrieb populärwiss. techn. Bücher und erfolgreiche Zukunftsromane mit z. T. nationalist. und rassist. Tendenzen, z. B. in „Die Spur des Dschingis Khan" (1923), „Der Wettflug der Nationen" (1933), „Atomgewicht 500" (R., 1935).

Dominikaner (lat. Ordo [Fratrum] Praedicatorum „Predigerorden"; Abk. O. P.), nach den Franziskanern der zweite Bettelorden, gegr. von dem Spanier Dominikus, der 1216 von Papst Honorius III. die Erlaubnis zur Gründung eines Ordens erhielt, der in Predigt, wiss. Beschäftigung mit Theologie und in der Ketzerbekehrung seine Hauptaufgaben sah. Die D. stellten im MA die päpstl. Hoftheologen; ihre berühmtesten Gelehrten waren Albertus Magnus und Thomas von Aquin. Die Tatsache, daß die D. seit 1232 führend in der Inquisition tätig waren, belastete ihr Ansehen; daher ihre wortspielartige Benennung mit „Domini canes" („Spürhunde des Herrn"). - Die D. tragen weißen Habit mit Kapuze und einen schwarzen Mantel. 1986 gab es rd. 7 000 Dominikaner in rd. 600 Niederlassungen.
Die **Dominikanerinnen** leben nach z. T. unterschiedl. Regeln in strenger Abgeschlossenheit und bilden einen Zweiten Orden neben den D. Außerdem gibt es noch einen Dritten Orden, der v. a. in den Städten karitativ tätig wurde. Aus ihm entstanden im 19. Jh. größere Kongregationen, die in Schule, Sozialfürsorge und in der Mission tätig wurden.
📖 *Lohrum, M.: Dominikus. Mainz 1984. - Hertz, A., u. a.: Dominikus und die D. Freib. 1981. - Berg, D.: Armut u. Wiss. Düss. 1976.*

Dominikanerkardinal (Paroaria dominicana), etwa 18 cm langer Singvogel (Unterfam. Kardinäle), v. a. in buschigen Gegenden O-Brasiliens; Kopf und Kehle blutrot, Oberschnabel schiefergrau, Körperoberseite aschgrau, Unterseite weiß; beliebter Stubenvogel.

Dominikanerwitwe (Vidua macroura), in Afrika verbreitete Art der ↑Witwen; etwa 33 cm langer, rotschnäbeliger Webervogel; ♂♂ im Hochzeitskleid mit vier etwa 25 cm langen, bandförmigen mittleren Schwanzfedern und schwarzweißem Gefieder, ♀ unauffällig braun.

Dominikanische Republik

(amtl. Vollform: República Dominicana), Staat im Bereich der Westind. Inseln, zw. 17° 30′ und 20° n. Br. sowie 72° und 68° 30′ w. L. **Staatsgebiet:** Umfaßt den östl. Teil der Antilleninsel Hispaniola und grenzt im W an Haiti. **Fläche:** 48 442 km² (nach anderen Angaben 48 734 km²). **Bevölkerung:** 6,0 Mill. E (1983), 123,5 E/km². **Hauptstadt:** Santo

Domingo. **Verwaltungsgliederung:** 26 Prov., Distrito Nacional (Hauptstadtbezirk). **Amtssprache:** Spanisch. **Staatsreligion:** Röm.-kath. **Nationalfeiertag:** 27. Febr. (Unabhängigkeitstag). **Währung:** Dominikan. Peso (dom$) = 100 Centavos. **Internat. Mitgliedschaften:** UN, OAS, SELA. **Zeitzone:** Eastern Standard Time, d. i. MEZ -6 Std.

Landesnatur: D. ist gegliedert durch mehrere NW-SO-verlaufende Gebirgszüge und Längssenken des Kordillerensystems. In der Cordillera Central liegt die höchste Erhebung der Westind. Inseln (Pico Duarte [früher Pico Trujillo], 3 175 m ü. d. M.). Der S-Küste ist bes. bei Santo Domingo eine Küstenebene vorgelagert.
Das **Klima** steht unter dem Einfluß des Passats, bestimmt durch den Wechsel einer winterl. Trocken- mit einer sommerl. Regenzeit. Die Gebirgszüge erhalten bis über 2 000 mm Niederschlag/Jahr, die Längssenken etwa 1 000 mm.
Die **Vegetation** zeigt eine Abfolge von der Sukkulenten- und Dornstrauchvegetation bis zum regen- oder immergrünen Bergwald sowie Nebelwald. In tieferen Lagen ist die natürl. Vegetation weitgehend zerstört, abgesehen von den semiariden Gebieten.
Rd. 60 % der **Bevölkerung** sind Mulatten, 29 % Weiße, 11 % Schwarze. Im N leben noch kleinere Indianergruppen. Die D. R. gehört zum span. geprägten Kulturraum Westindiens. 98 % der Bev. sind Katholiken. 1970 betrug die Analphabetenquote 33 %; der Besuch der Volksschule ist obligatorisch. Neben fünf Lehrerseminaren verfügt die D. R. über fünf Univ., darunter die älteste amerikan. Univ. in Santo Domingo (gegr. 1538).
Wirtschaft: 88,5 % aller landw. Betriebe verfügen nur über Anbauflächen unter 6,3 ha, auf denen v. a. für die Selbstversorgung Reis, Mais, Gemüse, Kartoffeln, Erdnüsse u. a. angebaut werden. Großgrundbesitz herrscht in den Tieflandgebieten vor (v. a. Zuckerrohr). Bananen, Kaffee, Tabak und Fleisch sind nach dem Zucker, der in 16 Raffinerien gewonnen wird, wichtige Exportprodukte. - Gold, Silber, Nickel, Bauxit, Gips und Steinsalz werden abgebaut.
Außenhandel: Exportiert werden Zucker, Ferronickel, Kakao, Kaffee, Tabak, Bauxit, Melasse, Bananen u. a., importiert Maschinen, chem.-pharmazeut. Produkte, Nahrungsmittel, Fahrzeuge u. a. Wichtigste Lieferländer sind USA, die Niederl. Antillen und Japan.
Verkehr: Die staatl. Eisenbahnstrecke ist 142 km lang, private Strecken dienen dem Zuckerrohrtransport (1 600 km). Das Straßennetz ist 17 227 km lang. Wichtigste Häfen sind Santo Domingo mit Río Haina, San Pedro de Macorís und La Romana. Zwei nat. Fluggesellschaften bedienen Puerto Rico, Curaçao, Aruba und die USA, bzw. das Inland. Internat. ✈ ist Santo Domingo, ein weiterer in Bau in Puerto Plata.
Geschichte: Bisher ungeklärt ist die Herkunft der Casimira, Träger des ältesten Komplexes der D. R. (um 5000–2500 v. Chr.). Höhepunkt der voreurop. Entwicklung war die aus der Kultur der (seit 700 n. Chr. aus Venezuela über die Kleinen Antillen eingewanderten) Aruak entstandene Tainokultur (hier Boca-Chica-Phase gen.). Kolumbus entdeckte die Insel Hispaniola 1492, 1493 begann die europ. Besiedlung; die durch Versklavung und Seuchen rasch zurückgehende einheim. Bev. wurde ab 1505/18 weitgehend durch schwarze Sklaven ersetzt. 1697 mußte Spanien den westl. Teil der Insel an Frankr. abtreten (↑ Haiti, Geschichte), 1795 auch den östl. Teil. 1808 konnten die span. Kreolen mit brit. Unterstützung die Haitianer vertreiben, 1821 wurde der span.sprachige Teil der Insel jedoch von Haiti erneut unterworfen. Erst 1844 konnten die Haitianer endgültig vertrieben werden. 1861–65 gehörte die D. R. wieder (wie nach 1808) zu Spanien. Nach 1865 erneut selbständig, fand das Land unter steten Präs.krisen kaum Ruhe. 1907 sicherten sich die USA die Aufsicht über die Zolleinkünfte des Landes, 1916–24 besetzten sie das Land und übernahmen die Exekutive. 1930 riß der Oberbefehlshaber der von den USA aufgestellten und ausgebildeten Armee, R. L. Trujillo y Molina, die Macht an sich. Er und seine Familie beherrschten das Land bis 1962, als seine Söhne eine Liberalisierung zugestehen mußten. Die folgenden Wahlen gewann der linksorientierte Exilpolitiker G. J. Bosch, der aber 1963 einer Militärjunta weichen mußte. Der Militärputsch von 1965 löste einen Bürgerkrieg aus, den erst eine US-amerikan. (später lateinamerikan. Einheiten) Militärintervention im Rahmen der OAS beendete. Eine provisor. Reg. übernahm die Exekutive und bereitete Neuwahlen vor, aus denen der gemäßigt-konservative J. V. Balaguer 1966 als neuer Präs. hervorging. Durch den Auszug der stärksten Oppositionspartei, der Partido Revolucionario Dominicano (PRD) G. J. Boschs aus dem Parlament (1967) und deren Boykott der Parlaments- und Präs.wahlen 1970 verlor die autoritäre Politik Balaguers zunehmend an demokrat. Legitimation. Mit Ausnahme einer kleinen rechtsorientierten Gruppe boykottierten auch 1974 alle Oppositionsparteien die Präs.wahlen, in denen Balaguer erneut wiedergewählt wurde. Die Wahlen vom Mai 1978 beendeten die Reg. von Balaguer und seiner PR: Die PRD errang in der Abg.kammer die absolute Mehrheit (im Senat behielt die PR noch die Mehrheit); ihr Kandidat S. A. Guzmán Fernández wurde zum neuen Präs. gewählt. Nach dem erneuten Wahlsieg der PRD vom Mai 1982 wurde S. Jorge Blanco Präsident. Ihn löste nach den Wahlen 1986 J. V. Balaguer ab.

Politisches System: Nach der Verfassung von 1966 ist die D. R. eine Präsidialdemokratie. *Staatsoberhaupt* und als Reg.chef oberster Träger der *Exekutive* ist der Präs., der vom Volk auf 4 Jahre gewählt wird. Er ernennt und entläßt die Mgl. des Kabinetts und die Gouverneure der Prov., ist Oberbefehlshaber der Armee und Polizei. Die *Legislative* liegt beim Nationalkongreß, der sich aus Senat (27 Mgl.) und Abg.kammer (91 Sitze) zusammensetzt. Senatoren und Abg. werden auf 4 Jahre gewählt und bilden gemeinsam die Nat.-versammlung, die den Präs. proklamiert. Von den *Parteien* sind die beiden im Parlament vertretenen die wichtigsten: Die 1963 gegr. Partido Reformista (PR) unter Leitung von J.V. Balaguer, 1978–86 in der Opposition, und die Partido Revolucionario Dominicano (PRD), die 1978–86 in der Abg.kammer die absolute Mehrheit besaß und auch den Präs. stellte. In verschiedenen *Gewerkschafts*organisationen sind etwa 10% der Erwerbstätigen organisiert. An der Spitze der *Verwaltung* der 26 Prov. stehen Gouverneure, die vom Präs. ernannt werden. Die *Recht*sprechung orientiert sich am frz. Vorbild. Die *Streitkräfte* umfassen rd. 23 000 Mann (Heer: 14 000, Marine: 4 500, Luftwaffe: 4 500). Paramilitär. Kräfte sind rd. 10 000 Mann stark.

🕮 *Grabendorff, W.: Bibliogr. zu Politik u. Gesellschaft der D. R. Mchn. 1973. - Blume, H.: Die Westind. Inseln. Braunschweig 1968.*

Dominikus, männl. Vorname lat. Ursprungs, eigtl. „zum Herrn gehörend"; span. Form Domingo, frz. Form Dominique, engl. Form Dominic.

Dominikus, hl., * Caleruega (Prov. Burgos) um 1170, † Bologna 6. Aug. 1221, span. Ordensgründer. - Entstammte dem angesehenen Geschlecht der Guzmán. Studierte in Palencia. 1195 Kanoniker am Domstift von Osma. Schloß sich in Südfrankr. dem Bekehrungswerk für Katharer und Waldenser an, das er mit neuen Methoden weiterführte. Zw. 1206 und 1217 entwickelte sich daraus eine Predigergemeinschaft (↑ Dominikaner). Heiliggesprochen 1234. - Fest: 8. [7.] Aug.

Dominion [engl. dəˈmɪnjən; zu lat. dominium „Herrschaftsgebiet"], Bez. für das bes. staatsrechtl. Verhältnis brit. Kronländer zum Mutterland; seit 1947 zunehmend ersetzt durch bloße Mitgliedschaft im British Commonwealth of Nations. - ↑ Britisches Reich und Commonwealth.

Dominique [frz. dɔmiˈnik], frz. Form des Vornamens Dominikus (bzw. Dominika).

Dominium [lat.], im röm. Recht das unbeschränkte private Eigentumsrecht an Grund und Boden; seit fränk. Zeit allg. Bez. für Herrschaft; seit Entstehung der Territorialstaaten bedeuteten: **Dominium [altum]** die Landesherrschaft, **Dominium humile** die niedere Herrschaftsgewalt der Landstände; im MA bezeichneten: **Dominium directum** Obereigentum, **Dominium feodale** das Recht des Lehnsherrn am Lehen, **Dominium utile** das Nutzungsrecht und Untereigentum des Vasallen.

Dominium maris Baltici [lat. „die Herrschaft über das Balt. Meer"], in der 2. Hälfte des 16. Jh. geprägtes polit. Schlagwort, mit dem v. a. die Herrschaft über die Schifffahrtswege zur und in der Ostsee gemeint war; 1648–1721 von Schweden erreicht.

Domino, Antoine „Fats", * New Orleans 26. Febr. 1928, amerikan. Rockmusiker (Pianist und Sänger). - Rhythm-and-Blues-Musiker; 1949–60 zahlr. Hits; auch Mitwirkung in Filmen; 1967/68 Comeback.

Domino [italien.; zu lat. dominus „Herr"], urspr. Kapuzencape der italien. Geistlichen. Seit dem 16. Jh. langer schwarzseidener Maskenmantel mit Kapuze; auch der Maskenträger selbst.

◆ von 2 bis 4 Spielern gespieltes Legespiel mit gewöhnl. 28 längl. **Dominosteinen,** die durch einen Strich in 2 Hälften geteilt sind. Jede der Hälften zeigt eine durch Punkte (Augen) ausgedrückte Zahl von 0 (Blank) bis 6, wobei jede Zahl einmal doppelt (Pasch) und einmal mit jeder anderen Zahl vorkommt. Beim Spiel müssen an den als ersten ausgelegten Stein von den Spielern abwechselnd Steine mit passenden Augen angelegt werden. - D. war bereits den Chinesen (vor beinahe 1 000 Jahren), Arabern und Ägyptern bekannt.

Dominus (Domnus) [lat. „Herr"], in der lat. Sprache der kath. Kirche Bez. für Gott, „den Herrn". Heilige und [geistl.] Obere (Bischöfe, Priester) werden ebenfalls D. genannt.

◆ Bez. für jeden Inhaber einer Herrschaftsgewalt im alten Rom; entwickelte sich aber nach Augustus mehr und mehr zur Umschreibung kaiserl. Gewalt; seit Diokletian wurde der Kaiser offiziell als D. angeredet.

Dompfaff

Dominus vobiscum [lat. „der Herr sei mit euch"], in der kath. Liturgie der Gruß des Priesters an die Gemeinde, die mit „et cum spiritu tuo" („und mit deinem Geiste") antwortet.

Domitian (Titus Flavius Domitianus), * Rom 24. Okt. 51, † ebd. 18. Sept. 96 (ermordet), röm. Kaiser (seit 81). - Besiegte 83 die Chatten (Beginn der Anlage des german. Limes zw. Neuwied und Donau zur Sicherung des Vorfeldes, Erhebung der Militärbezirke Ober- und Untergermanien zu selbständigen Prov.); verlustreiche Kämpfe an der unteren Donau gegen das Dakerreich; Sicherung Pannoniens, Aufgabe Britanniens; Durchbruch des autokrat. Herrschaftsprinzips; erbitterte Kämpfe mit der Senatsopposition, Verfolgung ideolog. oppositioneller Elemente (Stoiker, Christen).

Domitilla, Flavia, Enkelin des Kaisers Vespasian, Gemahlin des röm. Konsuls Titus Flavius Clemens; unter Domitian wegen Gottlosigkeit verbannt oder hingerichtet; von der späteren Legende zur christl. Märtyrerin und Stifterin der D.-Katakombe gemacht.

Domizil [lat.], Wohnsitz, Wohnhaus; Zahlungsort bei Wechseln.

Domizilwechsel, Wechsel, der an einem anderen Ort als dem Wohnsitz des Bezogenen zahlbar gestellt ist.

Domkapitel, geistl. Kollegium, dem die Durchführung eines feierl. Gottesdienstes in der Dom- oder Kathedralkirche aufgetragen ist. Das D. hat Beratungsrecht in der Leitung der Diözese. Es übernimmt diese Leitung vorübergehend nach dem Tode eines Bischofs. Außerdem steht ihm ein Mitwirkungsrecht bei der Wahl eines neuen Bischofs zu.

Domleschg, unterster, zw. 600 und 700 m ü. d. M. gelegener Talabschnitt des Hinterrheins, Schweiz; ehemals große Bed. als Durchgangsweg zu wichtigen Pässen.

Domnick, Hans, * Greifswald 31. Mai 1909, † San Diego 6. Febr. 1982, dt. Filmregisseur und Prozuzent. - Bruder von Ottomar D.; drehte zahlr. Spielfilme (mit Curt Goetz), u. a. „Das Haus in Montevideo" (1951), „Hokuspokus" (1953); auch preisgekrönte Dokumentarfilme, z. B. „Traumstraße der Welt" (1959 und 1964).

D., Ottomar, * Greifswald 20. April 1907, dt. Nervenarzt und Filmregisseur. - Bruder von Hans D.; drehte Dokumentarfilme über moderne Kunst; 1957 den Spielfilm „Jonas", danach abstrakte Spielfilme, u. a. „ohne datum" (1962), „N. N." (1968). Erinnerungen: „Haupt- und Nebenwege ..." (1977).

Domodossola, italien. Stadt in Piemont, an der Simplonstrecke, 277 m ü. d. M., 20 300 E. Archäolog. Museum, geophysikal. Observatorium. - Als **Oscela** in röm. Zeit Hauptort der Lepontier. Fiel 1381 an die Visconti, 1559 an Spanien, 1714 an Österreich, 1735 an Savoyen.

Domopera [italien.], in Italien urspr. Bauhütte eines Domes, heute Bez. für Dommuseum.

Domostroi [russ. dɐma'stroj „Hausordnung"], schriftl. Denkmal des 16. Jh. in lebendiger russ. Umgangssprache, Lehrbuch für das religiöse, polit., soziale und häusl. Leben der städt. Oberschicht.

Domowoi [russ. dɐma'vɔj; zu dom „Haus"], slaw. Hausgeist, der Herd und Stall schützt; gedacht als unscheinbares, altes, graues Männlein.

Dompfaff (Blutfink, Gimpel, Pyrrhula pyrrhula), in vielen Rassen vorkommender Finkenvogel in weiten Teilen Eurasiens; etwa 15 cm groß mit schwarzer Kopfkappe, weißem Bürzel, oberseits blaugrauem (♂) bzw. graubraunem (♀), unterseits leuchtend rosenrotem (♂) bzw. trüb rötlichbraunem (♀) Gefieder. - Abb. S. 287.

Dompteur [dɔmp'tøːr, frz. dõ:'tœr; zu dompter (lat. domitare) „zähmen"] (weibl. Form **Dompteuse**), Tierbändiger[in].

Domschulen, im MA bei Kathedralkirchen bestehende Schulen. Dienten v. a. der Heranbildung von Geistlichen. Führten meist bis zum Trivium (Grammatik, Rhetorik, Dialektik). Alle Studien waren auf die Theologie ausgerichtet. Mit Aufkommen der Univ. und städt. Lateinschulen im 12. Jh. bedeutungslos.

Domus [lat.], Haus.

Don [lat.-span. „Herr"], in Spanien Höflichkeitstitel, dem Taufnamen vorangesetzt; weibl. Form: **Doña.**

◆ in Italien ehemals Ehrentitel des Papstes, später aller Geistlichen, dann auch vom Adel gebraucht; weibl. Form: **Donna.**

Don (im Altertum **Tanais**), Zufluß des Schwarzen Meeres, entspringt auf der Mittelruss. Platte, UdSSR, fließt an ihrem O-Rand entlang, dann in weitem Bogen zum Asowschen Meer, mündet 6 km westl. von Asow. 1870 km lang, Einzugsgebiet: 442 500 km^2. Wichtige Binnenwasserstraße mit Kanalverbindung zur unteren Wolga; im Unterlauf gestaut.

Donald, männl. Vorname kelt. Ursprungs; bedeutet etwa „Weltherrscher".

Donald Duck [engl. 'dɔnld 'dʌk], Titelfigur einer Comic-Serie (1938 ff.) von W. Disney; ein Enterich (im Matrosenanzug), der seine ständigen Mißerfolge auf der Jagd nach leichtem und raschem Erfolg in Aggressionen und Machtansprüchen entlädt.

Doñana [span. do'ɲana], Nationalpark in Spanien, im Mündungsgebiet des Guadalquivir, größtes europ. Vogelschutzgebiet.

Donar, altgerman. Gott, ↑Thor.

Donatello, eigtl. Donato di Niccolò di Betto Bardi, * Florenz um 1386, † ebd. 13. Dez. 1466, italien. Bildhauer. - Bahnbrechender Vertreter der Florentiner Frührenaissance; Marmor- u. Bronzearbeiten, auch Terrakotten und Holzplastiken. Er schuf die erste

freistehende Figur der Neuzeit, das erste weltl. Porträt und das erste Reiterdenkmal seit der Antike. Sein persönl. Stil, angeregt u. a. durch das Studium röm. Sarkophagreliefs, wurde für lange Zeit schulbildend und wirkte selbst in der Malerei (Mantegna). Das ma. Heiligenbild (hl. Ludwig von Toulouse, für Or San Michele, nach 1420, heute im Museum von Santa Croce) steht neben der heidn. Nacktheit eines David (um 1430; Florenz, Bargello); „Judith mit dem Haupt des Holofernes" figuriert vor dem Palazzo Vecchio (vor 1460) als Allegorie der Stadtrepublik Florenz; das Reiterdenkmal des Gattamelata (1447–53) in Padua ist ein profanes histor. Monument, das nur noch entfernt an die ma. Skaligergräber Veronas erinnert.
Weitere Werke: Die Nischenstatuen des hl. Markus und des hl. Georg (1411/12 bzw. 1415; Florenz, Or San Michele; Marmororiginal des Georg heute im Bargello); in der Domopera von Florenz: Sitzstatue des Evangelisten von der Domfassade (vor 1415), sog. Zuccone (Hiob?) und Jeremias (1423–25 bzw. 1435) vom Kampanile, Sängertribüne des Doms (1433–39); Verkündigungstabernakel in Santa Croce, Florenz (um 1435), in Siena „Tanz der Salome", Relief vom Taufbecken (1425 bis 1428; Dombaptisterium), in Padua Hochaltar des „Santo" (1446–50). - Abb. S. 96.

Donatio [lat.], im röm. Recht Bez. für jede Art von Schenkung.

Donatismus, im 4. Jh. n. Chr. in Nordafrika entstandene christl. Sekte, benannt nach ihrem hervorragendsten Führer Donatus (seit 313 Bischof von Karthago). Die **Donatisten** forderten rigoros eine strenge Kirchenzucht und vertraten die Auffassung, die Wirksamkeit der Sakramente hinge von der sittl. Qualität des Geistlichen ab, der sie vollzieht. So sei beispielsweise die von einem „unwürdigen" Priester vollzogene Taufe unwirksam. Ihr entschiedenster Gegner war Augustinus. Seit Anfang des 5. Jh. verschwand der D. fast ganz.

Donatoren [zu lat. donator „Spender"], in der *Halbleiterphysik* in einem Kristall aus vierwertigen Atomen (meist Si, Ge) eingebaute fünfwertige Fremdatome (z. B. As). Die Arsenatome besitzen je 5 Valenzelektronen, wovon nur 4 zur Bindung benötigt werden. Das fünfte Elektron ist frei beweglich; der mit As-Atomen verunreinigte (dotierte) Kristall ist *n[egativ]-leitend.*
◆ Atome oder Moleküle, die beim Ablauf einer chem. Reaktion Elektronen oder Ionen abgeben.

Donatus, männl. Vorname lat. Ursprungs, eigtl. „der [von Gott] Geschenkte".

Donatus von Karthago, † in Gallien oder Spanien um 355 n. Chr., Bischof von Karthago. - Seit 313 Führer der nach ihm benannten donatist. Kirche Nordafrikas.

Donatus, Aelius, röm. Grammatiker des 4. Jh. - Im Unterrichtswesen der Spätantike und des MA waren seine Grammatikbücher („Ars minor" für Anfänger und „Ars maior" für Fortgeschrittene) maßgebend; Terenzkommentare.

Donau, zweitgrößter Strom Europas, entsteht aus dem Zusammenfluß von Brigach und Breg bei Donaueschingen, BR Deutschland, mündet in Rumänien in das Schwarze Meer, 2850 km (nach andern Angaben 2860 km) lang. Das Einzugsgebiet umfaßt etwa 817000 km². Die Strecke bis Wien wird Oberlauf, die zw. Wien und dem Eisernen Tor Mittellauf, die von dort bis zur Mündung Unterlauf genannt. Der Lauf ist charakterisiert durch den Wechsel von Beckenlandschaften und Durchbruchstalstrecken. Im Oberlauf kommt es zur D.versickerung, bei der D.wasser dem Rhein unterird. zufließt (Aachtopf). Bis Regensburg fließt die D. nach NO und bildet die Grenze zw. Alpenvorland im S und Schwäb. und Fränk. Alb im N; dann biegt sie am Rande der Böhm. Masse nach SO um und schneidet etwa ab Passau in deren randl. Gebiete ein. Nach Durchfließen des Tullner Feldes erfolgt der Durchbruch zum Wiener Becken, das bei Hainburg an der Donau durch die Ungar. Pforte wieder verlassen wird; der Strom spaltet sich in mehrere Arme auf, die die Große und Kleine Schütt umschließen und sich bei Komárno wieder vereinigen. Bei Vác wird die Laufrichtung um 90° nach S geändert. Die D. durchfließt nun das Große Ungar. Tiefland und wird von der Fruška gora in sö. Richtung abgedrängt. Im Eisernen Tor durchbricht sie das karpat. Gebirgssystem, tritt dann in die Walachei ein und bildet östl. von Galatz ein 4300 km² großes Delta. - Die D. ist wichtig als Wasserstraße (vom Delta bis Kelheim sind 2512 km für Schiffe bis 1350 t Tragfähigkeit schiffbar), deren Bed. nach Fertigstellung des Rhein-Main-D.-Großschiffahrtswegs noch wachsen wird, sowie für die Energiewirtschaft. Die relativ ausgeglichene Wasserführung dank zahlr. und großer Nebenflüsse (u. a. Inn, Theiß, Save) erlaubte den Bau zahlr. Staustufen und Kraftwerke.
Geschichte: Im 7. Jh. v. Chr. erschlossen die Griechen den Unterlauf der D., den sie **Istros** nannten, bis zum Eisernen Tor. Die obere D. (**Danubius**) bildete seit Oktavian die N-Grenze des Imperium Romanum; nur Trajan griff mit der Eroberung Dakiens über die D. hinweg. Behielt eine wichtige Vermittlerrolle zw. weström. und oström. Reichsteil. Als Kreuzfahrerstraße erneut von zentralem Interesse, sank ihre Bed. mit dem Niedergang des Byzantin. Reiches und den slaw. Reichsgründungen in SO-Europa. Bildete für die Osmanen eine strateg. Achse ihres europ. Reiches, wie in umgekehrter Stoßrichtung für Österreich nach den Türkensiegen seit 1683. 1830 setzte nach der Liberalisierung von Han-

del und Schiffahrt auf der D. durch den Frieden von Adrianopel (1829) und mit der Gründung der Ersten D.-Dampfschiffahrts-Gesellschaft (1829) die Dampfschiffahrt ein.
Völkerrecht: Völkerrechtl. ist die D. ein internationalisierter Fluß. Der Pariser Frieden von 1856 sicherte allen, auch den Nichtuferstaaten, das Recht der freien Schiffahrt auf der D. zu. Auf der Pariser Konferenz von 1865 wurde die **Europ. Donaukommission,** deren Befugnisse nach der Aufnahme Rumäniens von der Mündung bis Galatz reichten, als prakt. ständiges Organ eingerichtet. Oberhalb von Galatz wurden die D. der Zuständigkeit der **Internat. Donaukommission** unterstellt (bis 1940). Eine endgültige Regelung enthielt die **Pariser Donaukonvention** von 1921. Nach Beendigung des 2. Weltkriegs war der Rechtsstatus der D. insbes. zw. der UdSSR und den Westmächten umstritten. Die **Belgrader Donaukonvention** vom 18. 8. 1948 wurde von der UdSSR, Bulgarien, Ungarn, Rumänien, der Ukraine, der Tschechoslowakei u. Jugoslawien gegen die Stimmen der USA, Frankr. und Großbrit. beschlossen. Grundsätzl. war in dem Vertrag eine einheitl. D.kommission der Donauanliegerstaaten vorgesehen; jedoch wurden für die Abschnitte von der Mündung des Sulinakanals bis einschließl. Braila und des Eisernen Tores Stromsonderverwaltungen gebildet, deren Tätigkeit der Regelung zw. den jeweils beteiligten Uferstaaten (UdSSR/Rumänien, Rumänien/Jugoslawien) vorbehalten war. Österreich trat der Konvention 1960 bei; ein ständiger Beobachter der BR Deutschland nimmt an den Sitzungen der Kommission teil.

Donau-Dampfschiffahrts-Gesellschaft ↑ Erste Donau-Dampfschiffahrts-Gesellschaft.

Donaueschingen, Stadt in Bad.-Württ., am Zusammenfluß von Brigach und Breg, 680–825 m ü. d. M., 18 000 E. Fürstl.-Fürstenberg. Sammlungen, Hofbibliothek; u. a. Brauerei, Textilind., größte Zuchtviehauktion Südbadens; Fremdenverkehr; alljährl. Musiktage und Reitturnier. - Zuerst 889 genannt. 1488 von den Grafen von Fürstenberg erworben; erhielt 1810 Stadtrecht. - Pfarrkirche (1724–47) mit barocker Doppelturmfassade; das Schloß wurde 1893 ff. umgebaut; sog. „Donauquelle“ im Schloßpark.

Donaueschinger Musiktage, seit 1950 alljährl. Konzertveranstaltungen in Donaueschingen zur Pflege zeitgenöss. Tonkunst; Fortsetzung der „Kammermusikfeste“ von 1921–26.

Donaufürstentümer, Mitte 19. Jh. aufkommende Bez. für die Ft. Moldau und Walachei.

Donau-Iller, Region in Bad.-Württ.

donauländischer Kreis, in der älteren Forschung verwendete Sammelbez. für verschiedene Kulturen und Gruppen des Neolithikums in M- und SO-Europa, die der bandkeram. Kultur und ihren Nachfolgekulturen zugerechnet wurden; Hauptmerkmal: Spiral- und Mäanderverzierung.

Donaumonarchie, Bez. für das Kaisertum ↑ Österreich und ↑ Österreich-Ungarn.

Donaumoos, leicht nach N abfallende Niedermoorlandschaft südl. der Donau, zw. Neuburg a. d. Donau und der Mündung der Ilm in die Donau, Bayern.

Donauraum, Bez. für die Länder an der mittleren und unteren Donau.

Donauried, von der Donau durchflossene Landschaft in Bayern, zw. Ulm und Donauwörth, nach der Donauregulierung (1806–72) agrar. genutzt.

Donau-Ries, Landkr. in Bayern.

Donauschule, für stilist. Parallelentwicklungen 1500–50 im bayr.-östr. Donaugebiet geprägter kunsthistor. Begriff. Es setzte

Donaudurchbruch bei Weltenburg

sich ein deutl. Realismus durch (kleine Figuren von Bauern und Soldaten), eine bes. Rolle spielte die Aufnahme der Landschaft in die Kunst der D. Am Beginn stehen J. Breu d. Ä., R. Frueauf d. J., der junge Cranach, Hauptvertreter ist A. Altdorfer in Regensburg (Altar von Sankt Florian), dann v. a. W. Huber in Passau. Bildhauer der D. war u. a. H. Leinberger in Landshut.

Donauschwaben, 1922 geprägter zusammenfassender Begriff für die Deutschen beiderseits der mittleren Donau im ehem. ungar. Staatsgebiet.

Donau-Schwarzmeer-Kanal, Schifffahrtskanal in Rumänien, zw. Cernavodă (Donau) und dem Schwarzen Meer bei Konstanza, 64 km lang, 70 m breit, 2 Schleusen.

Donauwörth, Krst. in Bayern, an der Mündung der Wörnitz in die Donau, 403 m ü. d. M., 17600 E. Pädagog. Stiftung Cassianeum; Waggon-, Maschinen-, Flugzeugbau, Puppenherstellung. - Als **Weride** 1030 erstmals genannt. 1049 wurde bei D. das Kloster zum Hl. Kreuz gegr.; 1191 Sitz einer stauf. Vogtei; 1301/48 Reichsstadt. Die auf Grund des Abweichens der mehrheitlich prot. Bev. vom Status des Augsburger Religionsfriedens 1607 verhängte Reichsacht wurde 1608 von Bayern vollstreckt und D. wurde in dessen Pfandbesitz gebracht. - Spätgot. Stadtpfarrkirche (1444–61), ehem. Benediktinerklosterkirche Hl. Kreuz (1717–25).

Donawitz ↑Leoben.

Donbass, bedeutendstes Steinkohlenbergbaugebiet im europ. Teil der UdSSR, im Bereich der Donezplatte. In Verbindung mit der Eisenerzlagerstätte von Kriwoi Rog entwickelte sich der D. zu einem der wichtigsten russ. Ind.gebiete.

Don Bosco ↑Bosco, Giovanni.

Don Carlos ↑Carlos, span. Infant.

Doncaster [engl. 'dɔŋkəstə], engl. Stadt in der Metropolitan County South Yorkshire, 81600 E. Museum, Kunstgalerie; jährl. Pferderennen. Bau von Traktoren, Landmaschinen, Glasherstellung, chem. Ind. - Erhielt 1194 Stadtrecht.

Donders, Frans Cornelis, *Tilburg 27. Mai 1818, † Utrecht 24. März 1889, niederl. Physiologe und Ophthalmologe. - Prof. in Utrecht; arbeitete v. a. auf dem Gebiet der physiolog. Optik und führte in die prakt. Ophthalmologie zylindr. und prismat. Brillen ein.

Donez [russ. da'njɛts], rechter Nebenfluß des unteren Don, UdSSR, entspringt im S der Mittelruss. Platte, mündet 100 km nö. von Rostow am Don, 10 km lang, April bis Nov. eisfrei; östl. von Charkow gestaut.

Donezk [russ. da'njɛtsk] (1924–1961 Stalino), sowjet. Gebietshauptstadt im O der Ukrain. SSR, 1,064 Mill. E. Univ., mehrere Hochschulen, Museen, Theater, Philharmonie; botan. Garten. Bed. Kohlenbergbau- und Ind.zentrum im Donbass. Bahnknotenpunkt, ✈. - Entstand 1869 in Verbindung mit dem Bau eines Hüttenwerkes.

Donezplatte [russ. da'njets], Höhenzug südl. des mittleren und unteren Donez, UdSSR, rd. 370 km lang, 160 km breit, bis 367 m hoch. Steinkohlen- und Steinsalzabbau.

Dong, Abk. D, Währungseinheit in Vietnam; 1 D = 10 Chao = 100 Sau.

Dongen, Kees van [niederl. 'dɔŋə], *Rotterdam 26. Jan. 1877, † Monte Carlo 28. Mai 1968, frz. Maler niederl. Herkunft. - Farbintensive Bilder (Fauvismus) aus der mondänen Welt und dem Artistenmilieu.

Dongsonkultur, nach dem Fundort Đông-So'n, 10 km nnö. von Than Hoa, in Vietnam benannte „bronzeeisenzeitl." Kultur; blühte seit der 2. Hälfte des 1. Jt. v. Chr. bis zum 1. Jh. n. Chr. im östl. Hinterindien und wirkte bis Indonesien; kennzeichnend sehr gut gegossene Bronzewaffen und bes. Bronzetrommeln.

Dönhoff, 1282 erstmals erwähntes, noch heute existierendes westfäl. Uradelsgeschlecht aus der Gft. Mark; im 14. Jh. in Livland ansässig; erwarb in Ostpreußen reichen Güterbesitz; 1633 Reichsgrafen; bed.:

D., Marion Gräfin, *Schloß Friedrichstein bei Löwenhagen (Ostpreußen) 2. Dez. 1909, Publizistin. - Ab 1946 Redakteurin der Wochenzeitung „Die Zeit", deren Chefredakteurin 1968–72, Hg. seit 1973; zahlr. Bücher.

Dönitz, Karl, *Berlin 16. Sept. 1891, † Aumühle (bei Hamburg) 24. Dez. 1980, dt. Großadmiral (seit 1943). - Im 1. Weltkrieg U-Boot-Kommandant; leitete seit 1936 Aufbau und strateg.-takt. Ausrichtung der dt. U-Boot-Waffe; als Oberbefehlshaber der Kriegsmarine (1943) enger Mitarbeiter Hitlers; bildete, von Hitler zum Nachfolger als Reichspräs. bestimmt, am 2. Mai 1945 in Schleswig-Holstein eine „Geschäftsführende Reichsregierung" unter der Leitung von J. L. Schwerin von Krosigk; mit dieser am 23. Mai 1945 verhaftet; 1946 vom Internat. Militärgerichtshof in Nürnberg zu 10 Jahren Gefängnis verurteilt.

Donizetti, Gaetano, *Bergamo 29. Nov. 1797, † ebd. 8. April 1848, italien. Komponist. - Komponierte 74 Opern, die sich durch ansprechende Melodik, dramat. Kraft und empfindungsreiche Tiefe auszeichnen. Am bekanntesten wurden „Der Liebestrank" (1832), „Lucia di Lammermoor" (1835) und „Die Regimentstochter" (1840).

Donjon [dõ'ʒõ:; lat.-frz.], wehrhafter Wohnturm einer Burg; taucht im 10./11. Jh. in der normann. Burgenarchitektur N-Frankr., Englands (keep) und S-Italiens auf, Weiterentwicklung der Turmhügelburg (Motte); unterscheidet sich vom Bergfried durch die Wehr- und Wohnfunktion.

Don Juan [dɔn xu'an, dɔn 'ju:an; span.

dɔŋ 'xɥan; frz. dõ'ʒɥã], umgangssprachl. abgeblaßt zur Bedeutung „Frauenheld“, „Schürzenjäger“; urspr. Gestalt span. Romanzen. Die literar. Gestalt wird durch Tirso de Molina geprägt zum Typus des reichen, skrupellosen und gottlosen Verführers und Mörders, der auf der Flucht nach seinem letzten Abenteuer am Grabmal eines Verstorbenen diesen zu einem Gastmahl einlädt; bei der Gegeneinladung in der Gruft des Verstorbenen zieht dieser D. J. in die Hölle hinab. Spätere Gestaltungen u. a. von Molière, T. Corneille, C. Goldoni, Byron, E. T. A. Hoffmann, C. D. Grabbe, P. Mérimée, A. Dumas d. Ä., P. Heyse, M. de Unamuno, H. de Montherlant, J. Anouilh und M. Frisch. Bedeutendste Bearbeitung für die Musikbühne: Mozarts „Don Giovanni“ (1787; Libretto von L. Da Ponte), bedeutendste philosoph. Interpretation von Kierkegaard („Entweder-Oder“, 1843).

Donkosaken ↑Kosaken.

Donkosakenchor, aus ehem. Angehörigen der „Weißen Armee“ 1920 gegr. Männerchor; große Erfolge auf Gastspielreisen unter der Leitung von S. Jaroff (* 1896, † 1985), danach unter G. Margitich.

Dönmeh [dœn'mɛ; türk. „Heimgekehrte“], Name für die Anhänger einer jüd.-islam. Bewegung, die als Nachfolgebewegung des ↑Sabbatianismus im Osman. Reich entstand.

Donna [lat.-italien.] ↑Don.

Donnan, Frederick George [engl. 'dɔnən], * Colombo (Sri Lanka) 6. Sept. 1870, † Canterbury 16. Dez. 1956, brit. Chemiker. - Prof. in Liverpool und London. Arbeitete v. a. über die Theorie der Lösungen. Das nach ihm benannte **Donnan-Gleichgewicht** beschreibt die Ionenverteilung in zwei durch eine semipermeable (halbdurchlässige) Membran voneinander getrennten Lösungen, das sich einstellt, wenn die Membran für das Lösungsmittel u. einige, aber nicht alle Ionenarten durchlässig ist; wichtig bei der Ionenverteilung in Blut und Nerven sowie für die Aufnahme von Nährsalzen durch Pflanzen.

Donne, John [engl. dʌn, dɔn], * London im Jan. oder Febr. 1572 oder 1573, † ebd. 31. März 1631, engl. Dichter. - Seine Lyrik, in der sich erhabenes Pathos und eine gewöhnl. Alltagssprache auf eigenartige Weise verbinden, ist vom Vanitas- und Memento-mori-Gedanken und von religiöser Sehnsucht geprägt; auch bed. Prediger.

Donner, Georg Raphael, * Eßling (= Wien) 24. Mai 1693, † Wien 15. Febr. 1741, östr. Bildhauer. - Hauptmeister eines klassizist. bestimmten Barock; Schüler G. Giulianis. Bevorzugte den Bleiguß. - *Werke:* Marmorfiguren, Schloß Mirabell in Salzburg (1726), Hl. Martin vom ehem. Hochaltar (1733–35) im Dom von Preßburg, Mehlmarktbrunnen (1737–39; die Bleioriginale im Östr. Barockmuseum) in Wien, sowie Kanzelreliefs und „Pieta“ im Dom in Gurk (1740/41).

Donner, krachendes und rollendes Geräusch als Folge eines Blitzes. Die äußerst starke Erhitzung der Luft im Blitzkanal bewirkt ihre explosionsartige Ausdehnung; die Druckwelle pflanzt sich als Schall fort.

Donnerkeil, (Donnerstein, Donnerbeil) volkstüml. Bez. für prähistor. Werkzeuge. ◆ volkstüml. Bez. für das versteinerte, keilförmige Gehäuseende eines Belemniten.

Donnermaschine (Bronteion), der akust. Darstellung des Donners im Theater dienender großer, mit Paukenfell bezogener Resonanzkasten.

Donnersberg, mit 687 m höchste Erhebung des Nordpfälzer Berglandes und der Pfalz mit 6,6 km langer Ringwallanlage aus der La-Tène-Zeit; Aussichts- und Fernsehturm.

Donnersbergkreis, Landkr. in Rhld.-Pf.

Donnersmarck, adliges Geschlecht, ↑Henckel von Donnersmarck.

Donnerstag, der 4. Tag der Woche, nach dem german. Gott Donar benannt (althochdt. Donares tag). - Der D. stand lange mit dem Sonntag in Konkurrenz (Feier des Fronleichnamsfestes und der Engelämter, auch Christi Himmelfahrt und Gründonnerstag).

Donoso, José, * Santiago de Chile 5. Okt. 1925, chilen. Schriftsteller. - Gestaltet vor dem Hintergrund spätfeudalist. Dekadenz eine chaot. Kräften ausgelieferte Welt voller Phantastik und Banalität. Nach Erzählungen und Kurzromanen wie „Ort ohne Grenzen“ (1966) erschien als Hauptwerk „Der obszöne Vogel der Nacht“ (1970).

Donoso Cortés, Juan Francisco María de la Salud, Marqués de Valdegamas, * Valle de la Serena (Badajoz) 6. Mai 1809, † Paris 3. Mai 1853, span. Politiker, Staatsphilosoph und Schriftsteller. - Jurist, Cortesmitglied; urspr. liberal; legte seine den Traditionalismus in Spanien prägende Kulturkritik, Staats- und Gesellschaftsauffassung 1851 im „Versuch über den Katholizismus, den Liberalismus und Socialismus“ (dt. 1854) nieder; sah die Zukunft bestimmt vom Kampf zw. Katholizismus und Sozialismus.

Donovan [engl. 'dɔnəvən], eigtl. D. Philip Leitch, * Glasgow 10. Mai 1946, brit. Popmusiker (Gitarrist und Sänger). - Urspr. Protestsänger, wandte sich dem Folk-Rock zu; wurde 1967 Symbolfigur von Hippies und Flowerpower.

Donquichotterie [dõkiʃɔtə'ri:; span.-frz.], Torheit aus weltfremdem Idealismus, aussichtsloses Unternehmen (nach Don Quijote).

Don Quijote (Don Quixote, Don Quichotte) [dɔn ki'xo:te, span. doŋki'xote], Titelheld des Romans „Don Quixote ...“ von Miguel de Cervantes Saavedra (2 Teile, 1605–15), der Anlaß zu zahlr. Nachahmungen in den europ. Literaturen gab, z. B. durch S. Butler und H. Fielding, C. Sorel und C. M. Wieland.

Opern u.a. von H. Purcell und J. Massenet, sinfon. Dichtung von R. Strauss.

Donskoi, Mark [russ. dan'skɔj], * Odessa 6. März 1901, † Moskau 21. März 1981, sowjet. Filmregisseur. - Bed. v.a. die Verfilmung von Gorkis Autobiographie „Gorkis Kindheit" (1938), „Unter Menschen" (1939), „Meine Universitäten" (1940). Schuf mit „Der Regenbogen" (1944) eines der bedeutendsten film. Zeugnisse der europ. Widerstandsbewegung gegen den NS. Weitere Gorki-Verfilmungen, u.a. „Die Mutter" (1956).

Doolittle, Hilda [engl. 'du:lıtl], bekannt unter den Initialen H. D., * Bethlehem (Pa.) 10. Sept. 1886, † Zürich 27. Sept. 1961, amerikan. Lyrikerin. - Lebte in London, wo sie sich unter dem Einfluß von E. Pound früh den Imagisten anschloß und formstrenge Lyrik schrieb, bes. aus der Welt der Antike.

Doolittle, Doctor [engl. 'dɔktə 'du:lıtl], Titelgestalt einer Reihe phantast.-humorvoller Kinderbücher des angloamerikan. Schriftstellers H. Lofting (* 1886, † 1947).

Doorn, niederl. Gemeinde 16 km sö. von Utrecht, 10600 E. - Im Schloß Huis te D. lebte 1919–41 der dt. Kaiser Wilhelm II. im Exil.

Doors, The [engl. ðə'dɔ:z „die Pforten"], amerikan. Rockmusikgruppe (1965–73); ihre Musik umfaßte Blues, Hard-Rock und Acid-Rock; wurde auch bekannt durch die aggressiv-obszönen Bühnenshows des Songtexters und Sängers J. Morrison (* 1943, † 1971).

Dopa, [Kw. aus: 3,4-**D**ihydr**o**xy**p**henyl**a**lanin], eine Aminosäure, die aus Tyrosin durch Einführung einer weiteren Hydroxylgruppe entsteht. D. ist Ausgangssubstanz für die Bildung biolog. wichtiger Substanzen. So entstehen aus D. Melanine. Durch Decarboxylierung entsteht aus dem D. das Hydroxytyramin (**Dopamin**), die Muttersubstanz der Hormone Adrenalin und Noradrenalin.

Dopen [engl.], svw. ↑ Doping.

Döpfner, Julius, * Hausen bei Bad Kissingen 26. Aug. 1913, † München 24. Juli 1976, dt. kath. Theologe, Erzbischof von München und Freising. - 1948 Bischof von Würzburg, 1957 Bischof von Berlin, 1958 Kardinal, 1961 Erzbischof von München und Freising. Vorsitzender der Bayer. und der Dt. Bischofskonferenzen.

Doping [engl.; zu dope „zähe Flüssigkeit, Narkotikum" (von niederl. doop „Soße")] (Dopen), unerlaubte Anwendung von Anregungsmitteln zur vorübergehenden Steigerung der sportl. Leistung; nach den internat. Wettkampfregeln verboten. Zahlr. D.mittel mit kurzer Wirkungsdauer sind durch Speichel- und Harnanalysen nachweisbar. Die anabolen Steroide, die v.a. in Kraftsportdisziplinen verwendet werden, entziehen sich einer solchen Kontrolle, da sie bereits während des Trainings eingenommen werden. Im *Pferde-* und *Hundesport* ist es nach der Rennordnung untersagt, den Tieren in den letzten 48 Stunden vor dem Rennen leistungssteigernde oder -mindernde Medikamente zu verabreichen.

Doppe, kon. Messingstab, auf den Schmucksteine zur Bearbeitung gekittet werden.

Doppel, Wettbewerb v.a. im Tennis, Tischtennis und Badminton, bei dem 2 Spieler eine Mannschaft bilden: Herren-D., Damen-D. und gemischtes Doppel (Mixed, je eine Dame und ein Herr bilden eine Mannschaft).

Doppeladler, stilisierter Adler mit zwei voneinander abgewandten Köpfen, entstanden durch Zusammenschieben zweier Adler (Heraldik); Kaiserabzeichen im Byzantin. Reich, im 15. Jh. von den russ. Zaren übernommen.

Doppelaxt, Axt mit 2 symmetr., Rücken an Rücken angeordneten Schneiden mit mittelständigem Schaftloch, zumeist in Bronze; in Mesopotamien schon im 4. Jt. v. Chr. nachgewiesen; Waffe, aber auch in kult. Bed., kam über Troja nach Kreta; wird dort in der minoischen Kultur des 2. Jt. zum wichtigen Kultsymbol; in N-Europa im 3. Jt. v.a. in S-Skandinavien und im westl. N-Deutschland aus Stein.

Doppelbefruchtung, svw. ↑ doppelte Befruchtung.

Doppelbesteuerung (Mehrfachbesteuerung), mehr als einmal vorgenommene Besteuerung ein und desselben Wirtschaftsgutes bzw. ein und desselben wirtsch. Vorganges innerhalb eines Staates oder durch mehrere Staaten. Zur Vermeidung der D. verschiedener Staaten werden **Doppelbesteuerungsabkommen** abgeschlossen, um ein sachgemäßes, auf Gegenseitigkeit gegr. System von Steuerverzichten aufzustellen, das die Eigenarten der verschiedenen Steuersysteme berücksichtigt. Dabei werden verschiedene Prinzipien angewendet: 1. Besteuerungsrecht durch den Staat, in dem der Steuerpflichtige seinen Wohnsitz hat (**Wohnsitzprinzip**); 2. Besteuerungsrecht durch den Staat, dem das Steuerobjekt wirtsch. zugehört (**Ursprungsprinzip**). In der Praxis haben sich folgende Methoden entwickelt: 1. Aufteilung der Besteuerungsrechte aus der Veranlagung; bei der Teilung des Steuergutes wird das Steuergut (z. B. Einkommen, Vermögen) in seine Bestandteile (z. B. Einkunftsarten) zerlegt; die Staaten teilen diese Teile so unter sich auf, daß nur einem von ihnen die Besteuerung gestattet ist (**Freistellungsmethode**). Diese Methode herrscht in den innerhalb Kontinentaleuropas geschlossenen D.abkommen vor. 2. Anrechnung der im Ausland bereits bezahlten Steuern; hier bleibt die Bemessungsgrundlage ungeschmälert, nur wird bei der **Anrechnungsmethode** im Endergebnis die Steuerschuld aufgeteilt. Diese Methode wird vorwiegend in den angloamerikan. Staaten verwendet; sie wird auch im dt. Außensteuerrecht alternativ zur Freistellungsmethode angewendet. Das

Doppelkapelle von Schwarz-Rheindorf (= Bonn; 1151 geweiht)

dt. **Außensteuerrecht** ist im wesentl. im AußensteuerreformG vom 8. 9. 1972 geregelt, das in Art. 1 (sog. AußensteuerG) Maßnahmen zur Beseitigung ungerechtfertigter Steuervorteile durch Mißbrauch internat. Steuergefälle vorsieht, durch Art. 2–4 die steuerl. Wettbewerbsfähigkeit bei Auslandsinvestitionen durch Vergünstigungen im Körperschaftssteuer-, Gewerbesteuer- und Bewertungsrecht fördert.

Doppelbindung, chem. Bindung zw. zwei Atomen durch zwei, beiden Atomen angehörende Elektronenpaare (z. B. bei C=C, C=O, C=S, S=O usw.). Organ. Verbindungen mit D. (z. B. ↑Alkene) sind meist sehr reaktionsfähig und haben häufig techn. Bed., z. B. zur Herstellung von Polymerisaten (Kunststoffen).

Doppelblindversuch ↑Blindversuch.

Doppelbock ↑Bier (Übersicht Biersorten).

Doppelboot, Bootsform, bei der zwei Einbäume durch darübergelegte Balken fest verbunden sind; weitgehend kentersicher; meist mit Plattform und großem Mattensegel. Vorkommen: Südasien, Polynesien.

Doppelbrechung, Bez. für die bei vielen Kristallen auftretende Erscheinung, daß ein einfallender Lichtstrahl in zwei Teilstrahlen, den *ordentl.* und den *außerordentl. Strahl* zerlegt wird. Die beiden Teilstrahlen sind senkrecht zueinander linear polarisiert und verlassen den Kristall getrennt voneinander. Zur Erzeugung linear polarisierter Strahlung mit Hilfe der D. dient das ↑Nicolsche Prisma. Außer der natürl. D. gibt es noch die durch verschiedene äußere Einwirkungen (z. B. Druck, Zug oder Deformation bei normalerweise nicht doppelbrechenden Körpern) bewirkte künstl. (akzidentielle, temporäre) D.; sie wird als **Deformations-** oder **Spannungsdoppelbrechung** bezeichnet.
◆ (elektr. Doppelbrechung) ↑Kerr-Effekt.
◆ (magnet. Doppelbrechung) ↑magnetooptische Effekte.

Doppelbruch, in der Mathematik Bez. für einen Bruch, in dessen Zähler oder/und Nenner wieder Brüche vorkommen.

Doppelbüchse ↑Büchse.

Doppeldecker, Flugzeug, das zwei übereinander angeordnete Flügel besitzt.

Doppelehe ↑Bigamie.

Doppelendball, zw. Fußboden und Dekke mit Leder- und Gummisträngen befestigtes Trainingsgerät des Boxers.

Doppelfehler, 1. beim Tennis Fehler und damit verbundener Punktverlust durch Verschlagen der erlaubten beiden Aufschläge; 2. beim Volleyball gleichzeitig begangener Fehler zweier gegner. Spieler.

Doppelflinte ↑Flinte.

Doppelflöte (Doppelpfeifeninstrument), in der Instrumentenkunde Oberbegriff für die Verbindung zweier [Block]flöten oder Schalmeien zu einem Instrument. Die beiden Pfeifen können voneinander getrennt (↑Aulos), miteinander verbunden oder in dasselbe Stück Holz gebohrt sein. Aus der Anordnung der Grifflöcher ergibt sich entweder ein unabhängiges Spiel der beiden Pfeifen oder parallele Mehrstimmigkeit (Akkordflöte). In der Orgel ist D. (Duiflöte) ein Register im 4- oder 8-Fuß mit doppelten Labien und Kernspalten.

Doppelfüßer (Diplopoda), Unterklasse der Tausendfüßer mit über 7 000, bis etwa 28 cm langen, pflanzenfressenden Arten.

Doppelgänger, Person, die einer anderen zum Verwechseln ähnlich sieht, bes. auch ein halluzinator. Phänomen, kann eine Depersonalisationserscheinung sein. Im *Okkultismus* wird die Erscheinung der eigenen Person als Teil der vom Körper zeitweilig losgetrennten verstofflichten Seele aufgefaßt. Im *Volksglauben* gilt das Erscheinen des D. als Todesvorzeichen. Bes. Formen des D.tums finden sich im ↑Nagualismus und im ↑Totemismus. Literar. Gestaltung bei E. T. A. Hoffmann, Jean Paul, A. von Droste-Hülshoff.

Doppelgeschlechtlichkeit, svw. ↑Bisexualität.

Doppelgläser, böhm.-schles. Ziergläser des ausgehenden 17. und 18. Jh., zumeist Becher, aber auch Teller. Sie bestehen aus zwei ineinanderpassenden Gläsern, deren zueinandergerichtete Flächen bemalt, radiert und mit Blattgoldfolien belegt sind.

Doppelgriff, beim Spiel von Streichinstrumenten das gleichzeitige Greifen von Tönen auf zwei oder mehr Saiten.

Doppelhelix (Watson-Crick-Spirale), Bez. für die Struktur des DNS-Moleküls (↑DNS).

Doppelkapelle, Anlage zweier Kulträume übereinander. Beide Räume können durch eine mittlere Öffnung miteinander verbunden sein. Bei diesem Typus umstehen in der Regel 4 Stützen den Raumschacht. Auf Pfalzen, Burgen, in Schlössern oder Bischofsresidenzen befindet sich die „capella privata" des Hausherrn im Obergeschoß, die „capella publica" im Untergeschoß.

Doppelkloster, Zusammenfassung einer Mönchs- und Nonnengemeinschaft zu einer baul. und rechtl. Einheit, vom ma. Reformmönchtum gefördert, später wieder aufgegeben.

Doppelkokosnuß, svw. ↑Seychellennuß.

Doppelkolbenmotor, [Zweitakt]motor, bei dem zu einem gemeinsamen Verbrennungsraum zwei Arbeitskolben gehören.

Doppelkopf, dem Schafkopf ähnelndes, aus Norddeutschland stammendes Kartenspiel mit 4 oder 5 Teilnehmern und 2 Spielen zu 24 Karten.

Doppellängslenkerachse ↑Fahrwerk.

Doppelmonarchie, Bez. für ↑Österreich-Ungarn.

Doppelnelson, Griff beim Ringen, ↑Nelson.

Doppelnutzung, (Doppelfruchtanbau, Doppelkultur) in der *Landwirtschaft:* gleichzeitiger Anbau von zwei Kulturpflanzen auf derselben Fläche zur Sicherung und Steigerung des Ertrags; z. B. Anbau von Körnermais mit empfindl. Gurken.

◆ in der *Tierzucht:* Zweckpaarung von Tieren, mit dem Zuchtziel, bes. leistungsfähige Nutztiere zu erhalten.

Doppelpunkt ↑Interpunktion.

Doppelquerlenkerachse ↑Fahrwerk.

Doppelsalze, Verbindungen, die entstehen, wenn aus einer Lösung oder Schmelze zwei Salze in einem einfachen stöchiometr. Verhältnis unter Bildung eines bes. gemeinsamen Gitters auskristallisieren, z. B. Alaun $KAl(SO_4)_2 \cdot 12\,H_2O$ aus $K_2SO_4 + Al_2(SO_4)_3$ + Wasser. In Lösung zerfallen D. infolge elektrolyt. Dissoziation wieder in die urspr. Ionen.

Doppelsame (Diplotaxis), Gatt. der Kreuzblütler mit etwa 35 Arten in M-Europa und vom Mittelmeer bis Indien; Kräuter mit weißen oder gelben Blüten; Samen in den Schoten in 2 Längsreihen angeordnet.

Doppelschicht, in der Elektrizitätslehre Bez. für zwei eng benachbarte Flächen gleicher Flächenladungsdichte von entgegengesetztem Vorzeichen (**elektr. Doppelschicht**). Zwei [gedachte] eng beieinanderliegende parallele Flächen mit entgegengesetzt gleichen magnet. Ladungen bezeichnet man als **magnet. Doppelschicht**: ihr Magnetfeld entspricht dem einer stromdurchflossenen Windung, die die Fläche umschließt.

Doppelschichtfilm, Film mit Emulsion aus zwei Schichten unterschiedl. Empfindlichkeit, wodurch die Gradation verlängert und der Belichtungsspielraum vergrößert wird.

Doppelschlag (italien. gruppetto; frz. doublé; engl. turn), musikal. Verzierung, bei

der die Hauptnote in einer Viererfigur durch die Ober- und Untersekunde umspielt wird; Zeichen: ∾.

Doppelschleichen (Wurmschleichen, Amphisbaenidae), Fam. der Echsen mit rd. 100, etwa 8–80 cm langen, meist rötl. oder bräunl. Arten im trop. und subtrop. Amerika, in Afrika, S-Spanien und dem äußersten W Asiens; Körper sehr langgestreckt, zylindr., meist ohne Beschuppung; Haut meist tief quergeringelt; Extremitäten fast immer fehlend, Becken- und Schultergürtel stark, z. T. völlig rückgebildet; Schädel sehr kompakt, mit weitgehenden Knochenverschmelzungen und doppeltem Hinterhauptsgelenkhöcker; Augen weitgehend rückgebildet, unter der Haut liegend, Ohr ohne äußere Öffnung. Man unterscheidet 3 Unterfam.: ↑Handwühlen, ↑Spitzschwanz-Doppelschleichen und die D. i. e. S. (Amphisbaeninae). Letztere sind durch die 20 cm lange Maur. Netzwühle (Blanus cinereus) auch in Europa vertreten.

Doppelschlußgenerator, Gleichstrommaschine zur Stromerzeugung; besitzt zwei Erregerwicklungen, eine parallel zur Ankerwicklung, die zweite in Reihe mit der Ankerwicklung, um erzeugte Spannung belastungsunabhängig zu halten.

Doppelkolbenmotor (schematisch)

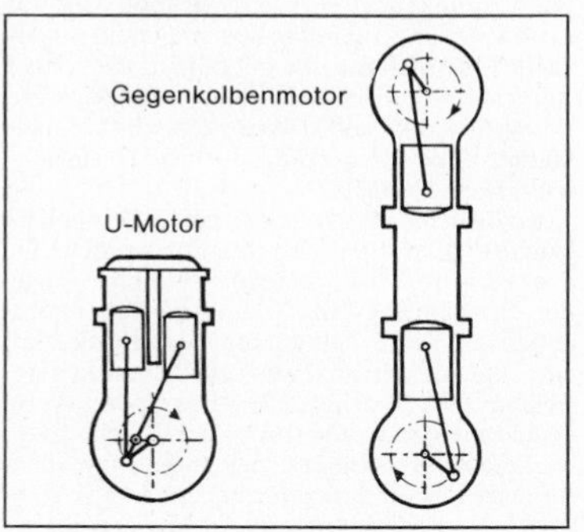

Doppelschnepfe (Gallinago media), etwa 30 cm großer, in N-Europa und NW-Asien beheimateter Schnepfenvogel; unterscheidet sich von der nah verwandten Bekassine v. a. durch langsameren, schwerfälligen Flug und stärkere Weißzeichnung an den Schwanzkanten; Zugvogel.

Doppelschwänze (Diplura), Ordnung der Urinsekten mit etwa 500 Arten (in Deutschland etwa 10); kleine, farblose, zarthäutige, versteckt lebende, etwa 5–50 mm große Bodentiere ohne Augen; die beiden Schwanzanhänge (Cerci) fadenförmig lang oder taster- bzw. zangenförmig.

doppelschweres Wasser, T_2O, Wasser mit dem Wasserstoffisotop ↑Tritium.

Doppelspat ↑Calcit.

Doppelstaater (Mehrstaater), jemand, der zugleich die Staatsangehörigkeit verschiedener Staaten besitzt. In der *Schweiz* wird der D. **Doppelbürger** genannt.

Doppelstärkengläser, svw. Zweistärkengläser (↑Brille).

Doppelsteppstich, Stichbildung bei der einfachen Nähmaschine. Ober- und Unterfaden müssen sich in der Mitte der beiden Stofflagen verschlingen, da sonst keine haltbare Naht zustande kommt.

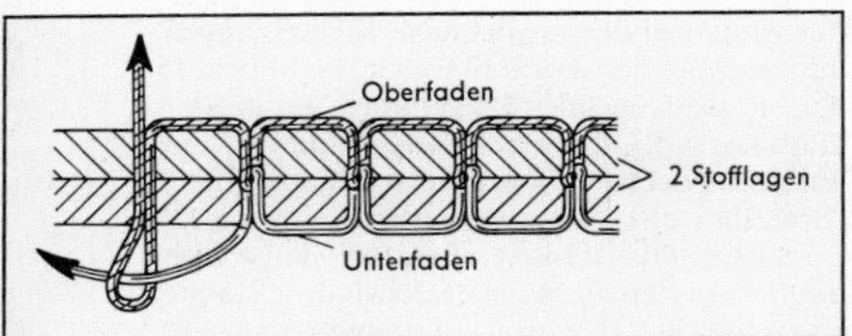

Doppelsteppstich

Doppelsterne, sehr nahe beieinander stehende Sterne: 1. **optische Doppelsterne,** die räuml. nicht beieinander, sondern nur zufällig in fast gleicher Visionsrichtung stehen; 2. **physische Doppelsterne,** die durch gegenseitige Masseanziehung um einen gemeinsamen Schwerpunkt kreisen. Diese Gruppe wird auf Grund ihrer Erkennbarkeit aufgeteilt in **visuelle Doppelsterne,** die mit dem bloßen Auge oder dem Fernrohr noch als zwei Einzelsterne erkennbar sind, und **spektroskopische Doppelsterne,** deren Duplizität nur im Sternspektrum feststellbar ist.

doppelte Befruchtung (Doppelbefruchtung), im Pflanzenreich nur bei den Bedecktsamern vorkommende spezielle Form der Befruchtung: Im haploiden Pollenkorn entstehen durch Teilung eine vegetative und eine kleinere generative Zelle, letztere teilt sich in zwei Spermazellen. Ein Spermakern verschmilzt mit dem Kern der Eizelle zum diploiden **Zygotenkern,** der andere mit dem diploiden sekundären Embryosackkern zum triploiden **Endospermkern.** Aus der befruchteten Eizelle entsteht der Embryo, aus dem später die Keimpflanze hervorgeht, aus dem Endospermkern und dem restl. Plasma des Embryosacks geht das Nährgewebe des Samens hervor.

doppelte Buchführung (Doppik) ↑Buchführung.

doppelte Moral, Bez. für eine Ethik, die gleiches Verhalten mit zweierlei Maßstäben mißt, etwa für: Mann - Frau, Künstler - Bürger; Politik, Wirtschaft - Privatleben. Urspr. zur Befreiung der „Staatsräson" von eth. Forderungen gedacht (Machiavelli); heute wird entweder die Allgemeingültigkeit sittl. Normen gefordert oder die Situationsbezogenheit des Verhaltens betont.

doppelte Wahrheit, Lehre, nach der zwei gegensätzl. Aussagen über einen Sachverhalt zugleich wahr sein können, und zwar die eine philosophisch, die andere theologisch; von der kath. Kirche offiziell abgelehnt. Das Problem trat erneut auf, als Galilei 1613 erklärte, zw. dem „Buch der Natur" und dem „Buch der Offenbarung" könne es keinen Widerspruch geben. Sachl. geht es bei der Frage nach der d. W. um die Frage nach dem Verhältnis von Wissen und Glaube.

Doppeltier (Diplozoon paradoxum), bis etwa 1 cm langer, parasit. Saugwurm auf den Kiemen von Süßwasserfischen, bei denen er Blutarmut verursacht; die Jungtiere leben einzeln, nach der Begattung jedoch verwachsen jeweils zwei der (zwittrigen) Tiere kreuzweise zeitlebens miteinander.

Doppeltsehen (Doppelsehen, Diplopie), Wahrnehmen von zwei Bildern ein und desselben Gegenstandes. **Beidäugiges Doppeltsehen (binokulares Doppeltsehen)** liegt vor, wenn der beobachtete Gegenstand nicht wie beim normalen Sehen (Einfachsehen) auf korrespondierenden Netzhautstellen beider Augen abgebildet wird und die mit beiden Augen aufgenommenen Seheindrücke deshalb nicht zu einem einzigen Bild verschmelzen können; so z. B. bei verschiedenen Stellungsanomalien der Augen, v. a. bei Lähmungen äußerer Augenmuskeln. Störungen des binokularen Sehens infolge übermäßigen Alkohol- oder Drogengenusses bzw. starker Übermüdung führen zum Auftreten von Doppelbildern (auch bei Linsentrübung).

Doppelvasallität, bes. Form des Lehnswesens, bei der der Vasall von mehreren Herren Lehen nahm.

Doppelvergaser ↑Vergaser.

Doppelversicherung, Mehrfachversicherung, bei der dasselbe Interesse gegen dieselbe Gefahr bei mehreren Versicherern versichert ist und entweder die Versicherungssummen zusammen den Versicherungswert übersteigen oder aus anderen Gründen die Summe der Entschädigungen den Gesamtschaden überschreitet. Im Schadenfall haften die Versicherer in Höhe des entstandenen Schadens gesamtschuldnerisch für die Beträge, deren Zahlung ihnen nach ihren jeweiligen Verträgen obliegt.

Doppelvierer ↑Vierer.

Doppelwahl, in weltl. und geistl. Institutionen, Territorien und Staaten mit Nachfolgeordnung durch Wahl die zwiespältige Entscheidung des wählenden Gremiums infolge Stimmengleichheit oder Nichtanerkennung des Mehrheitskandidaten durch die Minderheit.

Doppelwendellampe (D-Lampe), Glühlampe mit einem doppelt gewendelten Faden. Durch Doppelwendel werden die Wärmeverluste der Lampe reduziert bzw. eine Temperatursteigerung erzielt und die Lichtausbeute um etwa 10–20 % erhöht.

Doppelzackenschrift ↑Tonfilm.

Doppelzentner, Einheitenzeichen dz; im amtl. und geschäftl. Verkehr in der BR Deutschland nicht mehr zugelassene Gewichtseinheit; 1 dz = 100 kg.

Doppelzweier ↑Zweier.

Döpper (Schellhammer), Schlagwerkzeug zur Bildung des Schließkopfes (**Schließkopfdöpper**) oder zum Gegenhalten am Setzkopf (**Gegenhalter, Setzkopfdöpper**) beim Nieten.

Doppik [Kw.], selten für: doppelte Buchführung.

Doppler-Effekt [nach dem östr. Physiker C. Doppler, * 1803, † 1853], die Erscheinung, daß bei jeder Art von Welle (Schallwelle, Lichtwelle) eine Änderung der Frequenz bzw. der Wellenlänge eintritt, sobald sich Beobachter und Wellenerreger relativ zueinander bewegen. So erscheint z. B. der Ton der Hupe eines sich nähernden Kraftfahrzeugs einem stillstehenden Beobachter höher als beim stehenden Fahrzeug (der höhere Ton entspricht der höheren Frequenz der Schallwellen), er erscheint umgekehrt tiefer, wenn sich das Kraftfahrzeug vom Beobachter entfernt; im Augenblick des Vorbeifahrens erfolgt ein Umschlagen der Tonhöhe von einem höheren zu einem tieferen Ton. Ursache dieses **akust. Doppler-Effekts** ist die Tatsache, daß den Beobachter unterschiedl. viele Schwingungen pro Zeiteinheit erreichen, je nachdem, ob sich der Abstand zw. ihm und der Schallquelle vergrößert, verkleinert oder gleich bleibt.
Neben dem akust. D.-E. ist der **opt. Doppler-Effekt** von bes. Bed. Die Frequenzänderung äußert sich hier in einer Verschiebung der Spektrallinien, z. B. des Lichts, das von einem sich relativ zur Erde bewegenden Himmelskörper ausgestrahlt wird. Bewegt dieser sich auf den Beobachter zu, so tritt eine Verschiebung der Spektrallinien zu Violett hin auf, bewegt er sich von ihm weg, so beobachtet man eine Rotverschiebung.

Dopplerit [nach C. Doppler], dunkelbraune bis schwarze Torf- bzw. Braunkohlenart.

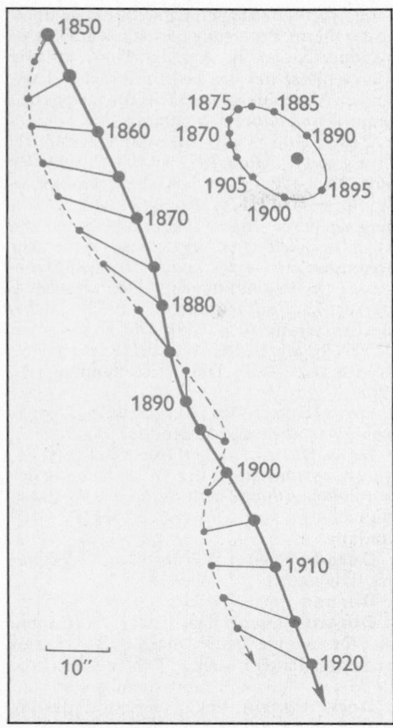

Doppelsterne. Eigenbewegung von Sirius in den Jahren 1850–1920 (ausgezogene Linie) sowie die Bewegung eines begleitenden Sterns (gestrichelte Linie) sowie die relative Bahn des Begleiters um Sirius (rechts oben)

Doppler-Radar [nach C. Doppler], funktechn. Anlage an Bord von Flugzeugen zur Funknavigation, d. h. zur Bestimmung und Anzeige der Grundgeschwindigkeit (Horizontalkomponente der Fluggeschwindigkeit bezügl. der Erdoberfläche) und der Abdrift. Von zwei Sendern werden scharf gebündelte elektromagnet. Wellen (Frequenz zw. 8 und 14 GHz) in verschiedene Richtungen ausgesandt und an der Erdoberfläche reflektiert. Zw. ausgesandten und reflektierten Wellen treten bei einem sich relativ zur Erde bewegenden Flugzeug infolge des Doppler-Effektes Frequenzverschiebungen auf, die an Bord gemessen und ausgewertet werden.

Doppler-Sonographie [nach C. Doppler], Verfahren der Ultraschalldiagnostik, das den Doppler-Effekt (zum Studium von Bewegungsvorgängen reflektierender Strukturen) ausnutzt.

Doppler-Verbreiterung [nach C. Doppler], die auf dem Doppler-Effekt beruhende Verbreiterung von Spektrallinien infolge der therm. Bewegung der strahlenden Atome oder Moleküle. Aus der D.-V. können Rückschlüsse auf die Temperatur des strahlenden Mediums gezogen werden (spektroskop. Temperaturbestimmung).

Dor, Milo, eigtl. Milutin Doroslovac, * Budapest 7. März 1923, östr. Schriftsteller serb. Herkunft. - Lebt in Wien, schreibt in dt. Sprache aktuelle Romane und Erzählungen; eines seiner Hauptmotive ist die Machtlosigkeit des einzelnen gegenüber organisiertem Terror; auch Dramen, Hörspiele, Witzsammlungen, Übersetzungen. *Werke:* Tote auf Urlaub (R., 1952), Nichts als Erinnerung (R., 1959), Die weiße Stadt (R., 1969), Menuett (Farce, 1974), Alle meine Brüder (R., 1978), Der letzte Sonntag (R., 1982).

Dora (Dore), Kurzform der weibl. Vornamen ↑Dorothea und ↑Theodora.

Dora Baltea, linker Nebenfluß des Po, Italien, entspringt auf der W-Abdachung der Montblancgruppe, fließt durch das Aostatal, mündet östl. von Chivasso in den Po; 160 km lang.

Dorado [span.] (Schwertfisch) ↑Sternbilder (Übersicht).

Dorado [span.] ↑Eldorado.

Dorant (Orant) [mittellat.], volkstüml. Bez. für verschiedene Pflanzen (z. B. Ackerlöwenmaul, Blauer Eisenhut, Echter Salbei), die als dämon- und zauberabwehrend galten.

Dora Riparia, linker Nebenfluß des Po, Italien, entspringt in den nördl. Cott. Alpen, mündet bei Turin in den Po; 125 km lang.

Dorat, Claude Joseph [frz. dɔ'ra], * Paris 31. Dez. 1734, † ebd. 29. April 1780, frz. Schriftsteller. - Schrieb Fabeln, Episteln, Lieder, Tragödien und Komödien.

Dorati, Antal [do'ra:ti, engl. dɔ:'rɑ:tɪ], * Budapest 9. April 1906, amerikan. Dirigent ungar. Herkunft. - Ging 1933 nach Frankr., 1938 über Australien in die USA. Er leitete verschiedene Orchester in Dallas, Minneapolis, Washington, London und Detroit.

Dorchester [engl. 'dɔ:tʃɪstə], engl. Stadt 40 km westl. von Bournemouth, 14 000 E. Verwaltungssitz der Gft. Dorset; Militärmuseum; Brauereien und Druckereien. - 3 km sw. von D. liegt **Maiden Castle,** ein vorgeschichtl. Erdwerk.

Dordogne [frz. dɔr'dɔɲ], Dep. in Frankreich.

D., rechter Nebenfluß der Garonne, Frankr., entspringt im Zentralmassiv, mündet nördl. von Bordeaux, 490 km lang.

Dordrecht, niederl. Stadt im Rhein-Maas-Delta, 108 000 E. Höhere techn. Binnenschiffahrtsschule, Reichsmuseum, Spielzeugmuseum u. a., Gemäldegalerie, Bibliothek; eine der ältesten Hafen- und Handelsstädte der Niederlande, Schiffbauind., Elektro-, Glas-, Nahrungs- und Genußmittelind.; Fremdenverkehr. - Unter dem Namen **Thuredrit** um 1138 erstmals genannt; Stadt seit 1220. In D. fand im Juli 1572 die erste freie Versammlung der holländ. Stände statt. - Grote Kerk (13.–15. Jh.) mit unvollendetem W-Turm, Chorgestühl (1538–42) und Wandmalereien (16. Jh.); klassizist. Rathaus (1835–43). Zahlr. Wohn- und Lagerhäuser mit got. und Renaissancefassaden.

Dordrechter Synode, die vom 13. Nov. 1618–29. Mai 1619 in Dordrecht tagende Synode aller größeren reformierten Kirchen mit Ausnahme der Hugenotten. Ihr Ergebnis war eine Bekräftigung der Prädestinationslehre Calvins und eine Verurteilung der Arminianer.

Doré, Gustave [frz. dɔ're], * Straßburg 6. Jan. 1832, † Paris 23. Jan. 1883, frz. Zeichner für den Holzschnitt und Graphiker. - Illustrierte etwa 90 Bücher der Weltliteratur, u. a. Rabelais: „Gargantua et Pantagruel" (1851), Balzac: „Contes drôlatiques" (1855), Dante: „L'Enfer" (1861), Bürger: „Münchhausen" (1862), Cervantes: „Don Quichotte" (1854). Sein Stil ist voll romant. überquellender Erzählfreude. Er bearbeitete auch sozialkrit. Themen, schuf Karikaturen sowie Gemälde und Plastiken.

Dore, Mont [frz. mõ'dɔ:r], Vulkanmassiv mit dem **Puy de Sancy,** 1 886 m hoch, höchster Teil des Zentralmassivs, Frankreich.

Dorer ↑Dorier.

Dorestad [niederl. 'do:rəstɑt], frühma. Handelsplatz, nördl. von Wijk bij Duurstede (Niederlande) an der Gabelung des Alten Rheins und des Lek; 670 erstmals erwähnt, erreichte zw. 750 und 850 seine Blütezeit als Hauptumschlagplatz des fries. Handels im Karolingerreich; 834–863 mehrfach durch die Normannen verwüstet.

Dorf, eine ständig bewohnte, geschlossene Siedlung der Landbev. mit dazugehöriger Nutzfläche (**Dorfmark, Dorfflur**), bes. Sozialstruktur sowie eigener Verwaltung (**Land-** oder **Dorfgemeinde**). Nach der grundherrl. Theorie bestanden als Urformen des D. kleinere, lockere Siedlungsgemeinschaften, die - gleich ob im grundherrl. Fronhofsverband oder genossenschaftl. organisiert - Probleme des ländl. Alltags sowie gemeinschaftl. Aufgaben (bes. Flurordnung, Nutzung des Gemeinbesitzes) zu regeln hatten. Aus dem genossenschaftl. Nutzungsverband sowie aus der Auseinandersetzung mit dem D.herrn entwickelte sich die sog. Realgemeinde, die als Wirtschafts- und Sozialverband Orts- und Rechtlergemeinde war und erst zu Beginn des 19. Jh. von der polit. Gemeinde, die mehrere Orte umfassen konnte, abgelöst wurde. Die Entwicklung des D. erfolgte nicht kontinuierl.; die ältesten dt. D. liegen im Altsiedelgebiet (W-Deutschland; 5.–8. Jh.). Diese Einzelhofsiedlungen, **Weiler** oder **Drubbel** genannt, wurden in nachkaroling. Zeit zum un-

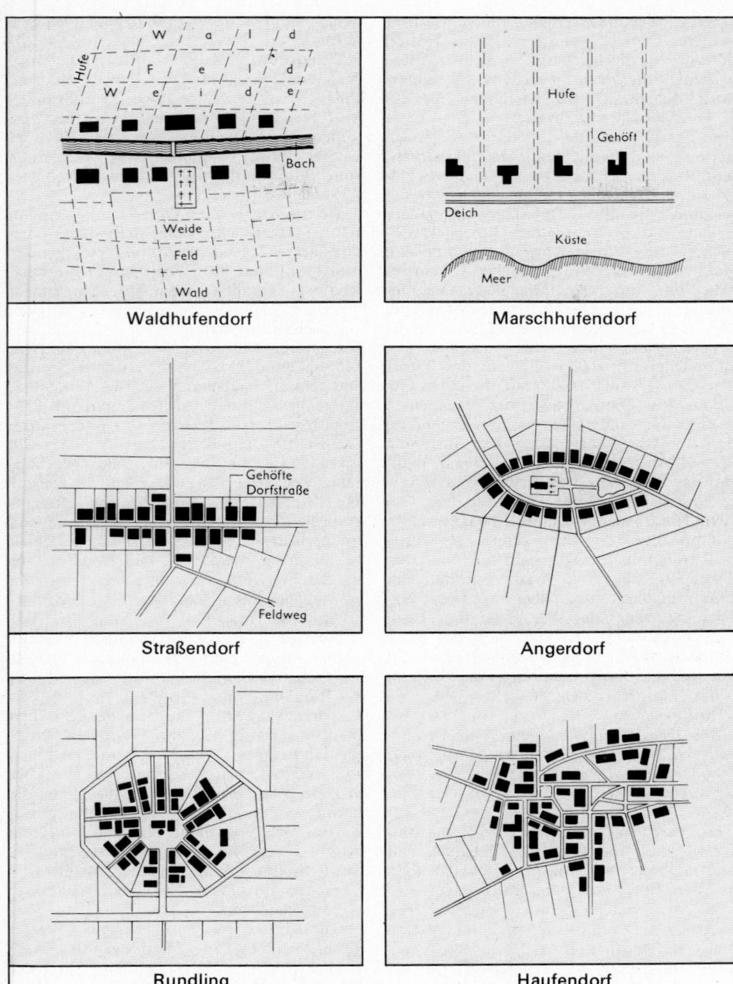

Dorfformen

regelmäßigen, dichter bebauten D. (**Haufendorf**) zusammengefaßt. Andere, durch Konzentration entstandene D.formen der hochma. Kolonisation sind v.a. **Waldhufendorf** und **Marschhufendorf,** im Bereich der dt. Ostsiedlung **Rundling** und **Straßendorf;** letztere wurden v.a. auch im 18. Jh. angelegt. Im allg. herrschte eine von Ort zu Ort verschiedene, breite Skala des Zusammenspiels von D.genossenschaft und D.herrschaft, die v.a. grundherrschaftl. bestimmt war. So übte in den gemischten und zersplitterten Dörfern S- und SW-Deutschlands meist der die D.- und Gemeindeherrschaft aus, der anteilsmäßig die meisten grundherrl. Untertanen im D. hatte. Als Rechte und Funktionen der D.herrschaft galten u.a. Bestellung oder Bestätigung der Amtsträger in der Gemeinde, Polizeihoheit sowie Aufsicht über die dörfl. Rechts- und Wirtschaftsordnung (D.ordnung, Weistum). In der Sozialstruktur des D. ist vollberechtigtes Gemeindemitglied der Bauer, v.a. als Inhaber einer vollbäuerl. Stelle. Die Besitzer kleinerer Stellen, wie die Seldner, Kötter, Häusler, Gärtner hatten meist keinen Anteil an den dörfl. Nutzungsrechten. Die unterbäuerl. Schicht, wie die Tagelöhner, Mietleute, Dienstboten usw. waren im allg. keine Mgl. der D.gemeinde, innerhalb derer sich meist eine Oberschicht, die **Dorfehrbarkeit,** herausbildete, der die dörfl. Ämter vorbehalten waren. Grundherrl. Amtsträger war der **Schultheiß** (Schulze); Amtsträger der bäuerl. Gemeinde dagegen war der D.meister (Gemeinmeister, Bürgermeister, Bauermeister, Mahlmeister), der von der ganzen D.gemeinde gewählt wurde; er rief u. a. die D.versammlung ein, führte den Vorsitz im D.gericht, verwaltete das D.vermögen und besetzte die niederen Ämter und Dienste. Neben den D.vorsteher trat das Kollegium der Vierer oder Zwölfer, die Vorläufer des heutigen Gemeinderates. Die Aufgaben der D.gemeinde bestanden vorrangig in der Wahrnehmung ihrer Rechtsbefugnisse und in der Ausübung ihrer Selbstverwaltungsrechte, wie z. B. Wahrung des D.friedens, Feuerschutz, Wasserversorgung, Überwachung von Maß und Gewicht. Hatte sich seit dem MA die herrschaftl. Komponente stetig durchgesetzt, so wurde die Autonomie der Gemeinde v. a. durch den absolutist. Staat empfindl. eingeschränkt; mit Einführung der Munizipalverfassung zur Napoleon. Zeit sank das D. zum staatl. Verwaltungsbezirk herab. An die Stelle der Realgemeinde trat die bloße Einwohnergemeinde. Seit der Dt. Gemeindeordnung von 1935 gibt es das D. alten Typs nicht mehr.

📖 *Brüggemann, R./Riehle, R.: Das D. Ffm. 1986. - Ilien, A./Utz, J.: Leben auf dem D. Sozialgesch. des D. u. zur Sozialpsychologie seiner Bewohner. Wsb. 1978. - Das D. der Eisenzeit u. des frühen MA. Hg. v. H. Jankuhn u. a. Gött. 1977.*

Dorfkirche, volkskundl. oder kunsthistor. Bez. für das dörfl. Kultgebäude, und zwar unabhängig von seiner kirchl. Stellung als Pfarr-, Filial- oder Mutterkirche bzw. Kapelle. Vorwiegender Typus ist der einschiffige Saalbau. Die D. steht häufig in räuml. Verbindung mit dem Friedhof.

Dörfler, Peter, * Untergermaringen bei Kaufbeuren 29. April 1878, † München 10. Nov. 1955, dt. Schriftsteller. - Kath. Priester; wichtig v. a. seine von lebendiger Kraft erfüllten Heimatromane und Kalendergeschichten in der Art J. P. Hebels. - *Werke:* Der Kinderkreuzzug (Dr., 1905), Der ungerechte Heller (R., 1920), Die Papstfahrt durch Schwaben (R., 1923), Die Allgäu-Trilogie (R.-Trilogie: Der Notwender, 1934; Der Zwingherr, 1935; Der Alpkönig, 1936).

Dorflinde, eine vielerorts, auch in Städten und Märkten, als Mittelpunkt des (früheren) Rechts- und Gemeinschaftslebens auf dem Gerichtsplatz oder der dörfl. Versammlungs- oder Feststätte gepflanzte und gepflegte Linde.

Dorgelès, Roland Maurice [frz. dɔrʒə'lɛs], eigtl. R. Lécavelé, * Amiens 15. Juni 1885, † Paris 18. März 1973, frz. Schriftsteller. - Schrieb reportagehafte (Anti-)Kriegsromane, u. a. „Die hölzernen Kreuze" (1919), autobiograph. Erinnerungen „Geschichten vom Montmartre" (1928) und Bohemeromane.

Doria, bed. genues. Familie, deren Anfänge bis 1110 zurückreichen; stellten eine Vielzahl hervorragender Anführer der genues. Flotte; mußten im Streit um die Vorherrschaft in der Stadt Genua mehrfach verlassen; blieben 1339–1529 von jeder polit. Tätigkeit ausgeschlossen; bed.:

D., Andrea, * Oneglia (= Imperia) 30. Nov. 1466, † Genua 25. Nov. 1560, italien. Seeheld und genues. Staatsmann. - 1512 an die Spitze der genues. Flotte berufen; kämpfte seit 1522 in den beiden ersten Kriegen zw. König Franz I. von Frankr. und Kaiser Karl V. (1521–29) auf seiten Frankr. und seiner italien. Verbündeten; wechselte 1528 auf die Seite des Kaisers und entschied damit diesen 2. Krieg; erkämpfte im Sept. 1528 den Einzug in Genua und erneuerte dessen oligarch. Verfassung; behielt sich diktator. Gewalt vor, während der Doge alle 2 Jahre wechselte; von Karl V. mit dem Ft. Melfi belehnt und zum kaiserl. Großadmiral ernannt.

Dorian [engl. 'dɔːrɪən], weibl. und männl. engl. Vorname, eigtl. „Bewohner der (griech. Landschaft) Doris". Bekannt v. a. aus O. Wildes Roman „Dorian Gray".

Dorier (Dorer), Name des in der dorischen Wanderung vom 12. Jh. v. Chr. an in Griechenland eingewanderten Stammes; nahmen vom alban.-dalmatin. Küstengebiet aus über M-Griechenland die Argolis, von da aus die gesamte Peloponnes in Besitz und drangen von dort über Sporaden, Kykladen und Kreta bis SW- und S-Kleinasien vor. Seit dem 8. Jh. wurde Sparta zur einigenden Kraft des dor. Elements und prägte dessen nat. Charakter ständig weiter aus.

Doriot, Jacques [frz. dɔ'rjo], * Bresles (Oise) 26. Sept. 1898, † Menningen (bei Meßkirch) 22. Febr. 1945, frz. Politiker. - Abg. der KPF seit 1924, 1934 aus der KPF und der 3. Internationalen ausgeschlossen; gründete 1936 den rechtsradikalen Parti Populaire Français; vertrat 1940 die enge Anlehnung der Vichy-Reg. an Deutschland; kämpfte mit der von ihm gegr. **Légion Tricolore** auf dt. Seite gegen die UdSSR.

Doris, weibl. Vorname, Kurzform von ↑Dorothea oder ↑Theodora.

Doris, antike Landschaft in M-Griechenland im Quellgebiet des Kephisos mit den Städten Boion, Kytinion, Erineos und Pindos, daher auch polit. als Tetrapolis („Vierstädtegebiet") bezeichnet.

DORIS, Abk. für **Do**ppel**ri**ng**s**peicher am DESY (↑Deutsches Elektronen-Synchrotron).

dorische Dialekte, Dialektgruppe der griech. Sprache im Altertum; sie umfaßt die Mundarten der Argolis, Lakoniens, Messeniens, Megaras und der von diesen Landschaften ausgehenden Kolonien, vornehml. der ägäischen Inselwelt und Siziliens. Das Hauptmerkmal der d. D. ist ihre Altertümlichkeit (Bewahrung des alten gemeingriech. *ā* und des Digamma).

dorische Ordnung, antike ↑Säulenordnung.

dorischer Kirchenton, auf dem Grundton d stehende ↑Kirchentonart.

dorische Wanderung, Bez. für die Besitznahme griech. Gebiete (bes. der Peloponnes) durch die Dorier vom 12. Jh. v. Chr. an, letzte Phase der ägäischen Wanderung.

Dormagen, Stadt in NRW, am linken Rheinufer, 45 m ü. d. M., 57 100 E. Chem. Großind., Metallwaren-, Maschinenbau- und Baustoffind. - In röm. Zeit **Durnomagus;** seit 1969 Stadt.

Dormitorium [lat.], Schlafsaal eines Klosters oder auch der Teil eines Klosters, in dem die Einzelzellen der Mönche bzw. Nonnen liegen.

Dorn, auf einem Teil der Länge kegelförmiger Rundstahl, z. B. zum Aufweiten von Löchern, zum Herausschlagen von Nieten, als Biegeunterlage.

◆ ↑Dornen.

Dornach, Hauptort des Bez. Dorneck im schweizer. Kt. Solothurn, 8 km südl. von Basel, 334 m ü. d. M., 5 400 E. Metallind. - Ehem. Pfarrkirche (15. und 18. Jh. mit Wandmalereien des 16. Jh.), Goetheanum (Freie Hochschule für Anthroposophie).

Dornapfel, svw. ↑Stechapfel.

Dornaugen (Acanthophthalmus), Gatt. etwa 4–15 cm langer, fast wurmförmiger Schmerlen in den Süßgewässern S-Asiens; mit gelbl. oder orangefarbener bis roter und dunkelbrauner bis tiefschwarzer Ringelung und Querbänderung; mit je einem aufrichtbaren Dorn unter den von einer durchsichtigen Haut überzogenen Augen.

Dornauszieher, bronzene Sitzfigur eines Knaben, der einen Dorn aus seiner linken Fußsohle entfernt (röm. Kopie des 1. Jh. v. Chr. von einem hellenist. Original des späten 3. Jh. v. Chr., Rom, Konversatorenpalast). Weitere (rudimentäre) Kopien erhalten.

Dornbaumwälder, an lange Trockenperioden angepaßte Wälder der gemäßigt trockenen Tropen und Subtropen mit krummstämmigen, immergrünen Dornbäumen. Das meist lichte Unterholz setzt sich aus Sukkulenten und Dornsträuchern zusammen.

Dörnberg, Wilhelm Freiherr von, * Hausen bei Bad Hersfeld 14. April 1768, † Münster 19. März 1850, dt. General und Politiker. - Wurde berühmt als führender Freiheitskämpfer gegen die Napoleon. Herrschaft auch in den Befreiungskriegen; 1809 Initiator eines hess. Aufstandes gegen die Franzosen, der mißlang.

Dornbirn, Bezirkshauptstadt in Vorarlberg, 10 km südl. von Bregenz, 452 m ü. d. M., 38 700 E. Mittelpunkt des Vorarlberger Textilgewerbes mit Export- und Mustermesse; Fremdenverkehr. - 895 als **Torrinpuirron** erstmals genannt; seit 1901 Stadt. - Klassizist. Stadtpfarrkirche (1839/40) mit isoliert stehendem Glockenturm, Pfarrvikariatskirche Sankt Christoph (1964), Rotes Haus (Fachwerkbau, 17. Jh.).

Dornbock (Weidenbock, Rhamnusium bicolor), etwa 2 cm großer gelbroter Bockkäfer mit bläul. Flügeldecken; Halsschild mit kegelförmigen Seitenhöckern; bes. in morschen Weiden- und Pappelstämmen.

Dornburg/Saale, Stadt im Bez. Gera, DDR, über der Saale, 333–433 m ü. d. M., 1 100 E.; Luftkurort. - 937 ist erstmals eine Reichsburg und Königspfalz belegt. - Drei nebeneinanderliegende Schlösser: das nördl. oder alte Schloß (10. und 15. Jh.), das Rokokoschlößchen (1736–47) und das südl. Schloß (Renaissance, 1539; jetzt Goethe-Gedenkstätte).

Dornbusch, sehr dichte, 3–5 m hohe Gehölzformation der semiariden Tropen und Subtropen mit Akazien, Sukkulenten u. a.

Dörnchenkorallen (Antipatharia), Ordnung der Blumentiere mit über 100 Arten, v. a. in trop. Meeren; bilden meist reich verzweigte, etwa 2,5 bis 100 cm hohe Kolonien mit nicht verkalktem, hornartigem, dunklem bis schwarzem, stark bedorntem Skelett.

Dorndreher, svw. ↑Neuntöter.

Dornen, zu spitzen, an Festigungsgewebe reichen (häufig verholzten) Gebilden umgewandelte Pflanzenorgane (oder Teile von ihnen). Im Unterschied zu den Stacheln sind an der Bildung von D. nicht nur epidermale, sondern auch tiefere Schichten beteiligt; man unterscheidet: **Sproßdornen** (Kurztriebe sind verdornt; z. B. bei Weißdorn, Schlehe), **Blattdornen (Dornblätter**; das ganze Blatt oder ein Teil davon verdornt; z. B. bei Berberitze), **Nebenblattdornen (Stipulardornen**; Nebenblätter sind zu D. umgebildet, z. B. bei Kakteen und einigen Akazien).

Dorner, Hermann, * Wittenberg 27. Mai 1882, † Hannover 6. Febr. 1963, dt. Segelflugpionier. - D. baute 1907 ein Gleitflugzeug, 1909 einen Motoreindecker, 1921/22 mit G. Madelung und A. Pröll das Segelflugzeug „Vampyr", das zum Vorbild für den weiteren Segelflugzeugbau wurde.

Dornfarn (Dorniger Wurmfarn, Dryopteris carthusiana), Wurmfarnart mit bis 50 cm langen, doppelt gefiederten, dünn gestielten Blättern an kurzen, stark beschuppten Rhizomen; verbreitet in feuchten Wäldern der gemäßigten und kühlen Teile der nördl. Erdhalbkugel.

Dornfliegen (Oxycera), Gatt. etwa 7 mm langer ↑Waffenfliegen; Schildchen (Scutellum) mit 2 Dornen, Hinterleib auffallend gelb.

Dornfortsatz (oberer D., Processus spinosus), meist nach hinten gerichteter, unpaarer, dorsaler Fortsatz des oberen Wirbelbogens (Neuralbogens) der Wirbel von Wirbeltieren (einschließl. Mensch). Die Dornfortsätze sind am Rücken längs der Wirbelsäule als Höckerreihe (Rückgrat) tastbar.

Dorngrasmücke (Sylvia communis), etwa 14 cm großer Singvogel (Fam. Grasmükken), v. a. in offenen, buschreichen Landschaften Eurasiens; ♂ mit hellgrauer Kopfkappe, weißer Kehle, rostfarbener Ober-, hellrötl. Unterseite und langem Schwanz mit weißer Außenkante; ♀ farbl. matter mit bräunl. Kopf.

Dornhaie, (Squalidae) Fam. langgestreckter, schlanker, weltweit verbreiteter Haie mit rund 50, etwa 25–120 cm großen Arten mit kräftigem Stachel vor jeder der beiden Rückenflossen; Afterflosse fehlt. Die bekannteste Art (im N-Atlantik häufigster Hai) ist der **Gemeine Dornhai** (Squalus acanthias) an den Küsten Europas (einschließl. westl. Ostsee und Mittelmeer), NW-Afrikas, Islands, Grönlands; Oberseite grau mit kleinen, hellen Flecken, Bauchseite weiß; beide Rückenflossenstacheln mit Giftdrüse; bildet große Schwärme. Eine weitere bekannte Art ist der bis etwa 45 cm lange **Schwarze Dornhai** (Etmopterus spinax), im Atlantik und Mittelmeer; samtartig schwarz, Bauchseite infolge kleiner Leuchtorgane grünlich schimmernd.
◆ svw. ↑Stachelhaie.
◆ (Unechte D., Dalatiidae) weltweit verbreitete Fam. der Haie mit etwa 8, rund 45–800 cm langen Arten mit nur einem (oft auch fehlenden), vor der ersten Rückenflosse gelegenem Stachel, ohne Afterflosse; manche Arten besitzen ein außergewöhnl. starkes Leuchtvermögen. Eine bekannte Art ist der 3–4 m lange **Grönlandhai** (Eishai, Somniosus microcephala) in arkt. Meeren; Körper braungrau, Flossen relativ klein, Schwanzflosse nur schwach asymmetrisch.

Dornier, Claude, genannt Claudius D. [dɔrni'e:], * Kempten (Allgäu) 14. Mai 1884, † Zug 5. Dez. 1969, dt. Flugzeugkonstrukteur. - Gründer einer Flugzeugwerft in Friedrichshafen (1914), in der er v. a. Ganzmetallflugzeuge baute. Aus dem Flugboot „Wal" (1922) entwickelte er den „Superwal", die Do 18 und das zwölfmotorige Großflugzeug Do X (1928). Im 2. Weltkrieg fanden verschiedene Typen als Aufklärungs- und Kampfflugzeuge Verwendung (u. a. Do 17, der „fliegende Bleistift"). Nach dem 2. Weltkrieg wurden in den Werken der heutigen **Dornier GmbH** u. a. Kurzstartflugzeuge (Do 27, Do 28), der Senkrechtstarter Do 31 und der Alpha Jet gebaut; jüngste Neuentwicklung ist das zweimotorige Mehrzweckflugzeug Do 228.

Dorniger Wurmfarn, svw. ↑Dornfarn.

Dorno, Carl, * Königsberg (Pr) 3. Aug. 1865, † Davos 22. April 1942, dt. Bioklimatologe. - Gründete 1907 das Physikal.-Meteorolog. Observatorium Davos; entwickelte wichtige Meßgeräte (Frigorimeter, Pyrheliograph) und neue Untersuchungsmethoden.

Dornröschen, Gestalt des Volksmärchens; eine Königstochter wird durch den Kuß eines Prinzen aus 100jährigem Zauberschlaf erweckt. In Frankr. im 14. Jh. belegt; bekannt v. a. die Fassungen von C. Perrault und der Brüder Grimm; Titelgestalt eines Balletts von P. Tschaikowski und einer Märchenoper von E. Humperdinck.

Dornschrecken (Tetrigidae), Fam. der Heuschrecken mit etwa 700 Arten, v. a. in den Tropen (in M-Europa etwa 6 Arten); 7–15 mm große Insekten, bei denen der rükkenseitige Teil des 1. Brustsegments in einen langen, spitzen Fortsatz ausgezogen ist.

Dornschwanzagamen (Dornschwänze, Uromastyx), Gatt. etwa 30–80 cm langer, kräftiger, etwas abgeplatteter, meist pflanzenfressender Agamen mit kleinem, rundl. Kopf und relativ kurzem, sehr muskulösem Schwanz mit in Ringen angeordneten kräftigen Dornen; 12 Arten im nördl. Afrika und in SW-Asien. Als Terrarientiere bekannt sind u. a.: **Afrikan. Dornschwanz** (Uromastyx acantinurus), etwa 40 cm lang. Färbung meist schwärzl. mit gelber und rötl. Zeichnung; **Ind. Dornschwanz** (Uromastyx hardwickii), bis etwa 40 cm lang, überwiegend gelblichbraun mit kleinen dunklen Schuppen; **Ägypt. Dornschwanz** (Uromastyx aegyptius), bis etwa 80 cm lang, überwiegend braun bis olivgrün.

Dornschwanzhörnchen (Anomaluridae), Fam. der Nagetiere mit etwa 13 Arten in den Regenwäldern und bewaldeten Savannen des trop. Afrika südl. der Sahara; mit etwa 7–45 cm Körperlänge und etwa ebenso langem Schwanz; an der Unterseite der Schwanzwurzel scharfkantige, nach hinten gerichtete Hornschuppen als Kletterhilfe; längs den Körperseiten verläuft vom Hals bis zur Schwanzwurzel eine Flughaut, die Gleitflüge mögl. macht.

Dornschwanzleguane (Urocentron), Gatt. kleiner, plumper Leguane mit etwas abgeflachtem, stark bestacheltem Schwanz; 4 Arten im trop. Südamerika, v. a. im Amazonasbecken.

Dornstrauchsavanne, niedrige Vegetationsformation der Tropen, bestehend aus einer nicht geschlossenen Grasdecke und weit auseinander stehenden, etwa 1–3 m hohen Dornsträuchern, -bäumen und Sukkulenten.

Dornteufel (Wüstenteufel, Moloch, Moloch horridus), etwa 20 cm lange, relativ plumpe Agamenart (einzige Art der Gatt.) in Wüsten und Steppen M- und S-Australiens; mit variabler, kontrastreicher Zeichnung (weißl., gelbe, rostrote und braune Farbtöne); Körper, Schwanz und Beine mit großen, harten Stacheln besetzt, im Nacken ein mit zwei bes. großen Stacheln versehener Buckel, der bei Schreckstellung aufgerichtet wird und einen Kopf vortäuscht.

Dornzikade (Dornzirpe, Centrotus cornutus), eine der wenigen in Europa vertretenen Arten der Buckelzikaden; 8–9 mm lang, schwarz bis rauchgrau, mit dicht weiß behaarten Brustseiten und glasig durchsichtigen, braun geäderten Flügeln; Vorderrücken bukkelig gewölbt, mit bis zum Körperende reichendem, scharf gekieltem Fortsatz und beiderseits mit kräftigem Dorn.

Doroschenko, ukrain. Familie, brachte seit dem 17. Jh. namhafte Politiker und Gelehrte hervor; bed. die Kosakenhetmane **Michailo D.** († 1628), Hetman der „registrierten" ukrain. Kosaken (1625–28) sowie **Petro D.** (* 1627, † 1698), Hetman der rechtsufrigen Ukraine (1665–76), und der Politiker und Historiker **Dmitro (Dmytro) D.** (* 1882, † 1951), 1917 Mgl. des Ukrain. Zentralrats, 1918 Außenminister.

Dorothea, weibl. Vorname griech. Ursprungs; eigtl. „Gottesgeschenk". Engl. Form Dorothy, frz. Dorothée.

Dorothea, hl., nach der Legende Jungfrau und Märtyrerin in der Verfolgung in Kappadokien unter Kaiser Diokletian; wird mit Äpfeln und Blumen dargestellt. Patronin der Wöchnerinnen und Gärtner. - Fest: 6. Febr.

Dorothée [frz. dɔrɔ'te], frz. Form des weibl. Vornamens ↑ Dorothea.

Dorothy [engl. 'dɔrəθɪ], engl. Form des weibl. Vornamens ↑ Dorothea.

Dorpat, Stadt am Embach, Estn. SSR, 170 km sö. von Reval, 104 000 E. Älteste Univ. im Bereich der UdSSR (1632 gegr.). Estn. Landwirtschaftsakad.; Museen, Theater; botan. Garten; Landmaschinen-, Apparate- und Gerätebau, Nahrungsmittel- und Textilind.; Bahnknotenpunkt. - Im 10./11. Jh. als estn. Siedlung unter dem Namen **Tarpatu** bekannt; 1030 als Stadt unter dem Namen **Jurjew** erwähnt, erbaut von Jaroslaw Mudry; 1215 vom Schwertbrüderorden erobert und in D. umbenannt; 13.–16. Jh. Hansestadt; 1582–1600 und 1603–1625 poln., 1600–03 und 1625–1704 schwed. Nach dem Brand von 1775 Wiederaufbau der Stadt im klassizist. Stil (Rathaus, Univ.). 1920 zur Rep. Estland.

dörperliche Poesie [zu mittelhochdt. dörper „Bauer"], Bez. für Formen mittelhochdt. Lyrik, in denen eine derb-groteske bäuerl. Welt bzw. der Bauerntölpel als Gegenbild zur höf. Kultur (des Minnesangs) bzw. des höf. Ritters aufgestellt wird. Begründer und Hauptvertreter ist Neidhart von Reuental.

Dörpfeld, Friedrich Wilhelm, * Wermelskirchen 8. März 1824, † Ronsdorf (= Wuppertal) 27. Okt. 1893, dt. Pädagoge. - Vater von Wilhelm D.; 1849–79 Volksschullehrer in Barmen (= Wuppertal). Trat für die (ev.) Konfessionsschule ein (mit genossenschaftl. Verfassung) und förderte als Herbartianer den Unterricht in den „Realien" und eine method. Stoffbehandlung.

D., Wilhelm, * Barmen (= Wuppertal) 26. Dez. 1853, † auf Lefkas 25. April 1940, dt. Archäologe. - Seine präzise Detailbeobachtung und Interpretation von Grabungsbefunden (v. a. Olympia 1877–81, Troja, Pergamon und Tiryns) machten ihn zum Begründer moderner Grabungsmethoden wie bauwiss. Forschung. Leitete 1887–1911 das Dt. Archäolog. Institut in Athen. Schrieb „Alt-Olympia" (2 Bde., 1935) und andere bed. Werke über die antike Baukunst.

Dörren ↑ Trocknen.

Dörrie, Doris, * Hannover 26. Mai 1955, dt. Filmregisseurin. - Drehte „Mitten ins Herz" (1983), „Im Innern des Wals" (1985), „Männer" (1985), „Paradies" (1986).

dorsal [zu lat. dorsum „Rücken"], in der *Anatomie:* zum Rücken, zur Rückseite gehörend, am Rücken, an der Rückseite gelegen; Ggs.: ↑ ventral.

◆ in der *Phonetik* svw. mit dem Zungenrücken (Dorsum) artikuliert.

Dorsale [lat.], [hölzerne] Rückwand des Chorgestühls; auch Wandbehang.

Dorsch, Käthe, * Neumarkt i. d. Opf. (in der Oberpfalz) 29. Dez. 1890, † Wien 25. Dez. 1957, dt. Schauspielerin. - Kam 1919 als Soubrette nach Berlin; 1937–40 am Berliner Staatstheater, seit 1940 am Burgtheater in Wien. Glanzrollen: Maria Stuart, Elisabeth, Frau John („Die Ratten"), Frau Alving („Gespenster"), Orsina („Emilia Galotti"). Filmrollen u. a. in „Eine Frau ohne Bedeutung" (1936), „Komödianten" (1941).

Dorsche (Schellfische, Gadidae), überwiegend in kalten und gemäßigt warmen Meeren vorkommende Fam. der ↑ Dorschfische mit über 50, bis 1,8 m langen Arten. Wirtsch. am bedeutendsten sind u. a.: **Kabeljau** (Gadus morrhua), bis 1,5 m lang, im N-Atlantik bis in die arkt. Gewässer Europas; olivbräunl. bis grünl., mit messingfarbener Marmorierung und einer mittelständigen Bartel am Unterkiefer; wird bis 40 kg schwer. Sein noch nicht geschlechtsreifes Jugendstadium sowie dessen kleinwüchsigere (bis etwa 60 cm lange und 3,5 kg schwere) Ostseeform *(Ostseedorsch)* werden als **Dorsch** bezeichnet. Der **Schellfisch** (Melanogrammus aeglefinus) wird bis 1 m lang und kommt v. a. in den Schelfregionen des europ. und nordamerikan. N-Atlantiks vor; oberseits graubraun, seitl. und unterseits weiß; wird bis 12 kg schwer. Im N-Atlantik lebt der bis 1,2 m lange **Köhler** (Gründorsch, Pollachius virens); mit dunkelgrünem bis schwärzl. Rücken und grauen bis weißen Körperseiten. Er kommt als **Seelachs**

in den Handel; frisch oder geräuchert, gefärbt wird er als Lachsersatz verwendet. Der bis knapp 2 m lange **Leng** (Langfisch, Molva molva) kommt im nö. Atlantik und in der westl. Ostsee vor; Oberseite braun bis grau, Bauch weißl.; wird häufig zu Klippfisch verarbeitet. Der **Pollack** (Steinköhler, Pollachius pollachius) wird bis 1 m lang und kommt an den Küsten W-Europas bis N-Afrikas vor; Rükken dunkel graubraun, Seiten messingfarben, Bauch weißl., weit vorspringender Unterkiefer ohne Barteln. Im N-Atlantik und auch in der westl. Ostsee lebt der etwa 40–50 cm lange **Wittling** (Merlan, Merlangius merlangus); grünl. silberglänzend, mit bräunl. Rükken und schwarzem Fleck an der Wurzel der Brustflossen. Einzige im Süßwasser lebende Art ist die ↑Aalquappe.

Dorschfische (Dorschartige, Gadiformes, Anacanthini), Ordnung der Knochenfische mit über 200, fast ausschließl. im Meer lebenden Arten; Flossen weichstrahlig, ohne Stacheln, Bauchflossen stets kehl- oder bruständig; After-, Schwanz- und Rückenflosse urspr. ein einheitl. durchlaufender, langer Flossensaum; Schwimmblase geschlossen, ohne Luftgang. Bekannteste Fam. sind ↑Dorsche, ↑Seehechte, ↑Gebärfische und ↑Grenadierfische.

Dorset [engl. 'dɔːsɪt], Gft. in Großbrit.

Dorsey [engl. 'dɔːsɪ], Jimmy, eigtl. James D., * Shenandoah (Pa.) 29. Febr. 1904, † New York 12. Juni 1957, amerikan. Jazzmusiker (Klarinettist, Altsaxophonist und Orchesterleiter). - Leitete 1928–35 eines der populärsten Orchester der Swingära.

D., Tommy, eigtl. Thomas D., * Shenandoah (Pa.) 19. Nov. 1905, † Greenwich (N. Y.) 26. Nov. 1956, amerikan. Jazzmusiker (Posaunist, Trompeter, Orchesterleiter). - Bruder von Jimmy D.; in den 30er Jahren einer der führenden Jazzposaunisten des Chicagostils.

dorsiventral (dorsoventral) [lat.], spiegelbild.-symmetr. bei unterschiedl. Rücken- und Bauchseite; bezogen auf Lebewesen.

dorsoventrad [lat.], in Richtung vom Rücken zum Bauch hin verlaufend bzw. liegend; bezogen auf Organe oder Körperteile eines Lebewesens.

Dorst, Tankred, * Sonneberg 19. Dez. 1925, dt. Schriftsteller. - Schreibt iron.-satir. zeitkrit. Dramen; internat. erfolgreich das Antikriegsstück „Große Schmährede an der Stadtmauer" (1962) und das als Dokumentarstück angelegte Revolutionsdrama „Toller" (1968; 1969 als Fsp. u. d. T. „Rotmord"). - *Weitere Werke:* Die Kurve (1962), Freiheit für Clemens (1962), Die Mohrin (1964), Sand (1971), Eiszeit (1973), Auf dem Chimborasso (1975), Die Reise nach Stettin (1984).

Dorsten, Stadt in NRW, am N-Rand des Ruhrgebiets, 30–40 m ü. d. M., 72 100 E. Steinkohlenbergbau, Eisenverarbeitung, Baustoffind. - 889 zuerst erwähnt, 1251 zur Stadt erhoben; im 15. Jh. Mgl. der Hanse.

Dorsum [lat.], in der Anatomie Bez. für: 1. Rücken; 2. Rückseite bzw. Oberseite eines Körpers, Körperteils oder Organs.

Dorticós Torrado, Osvaldo, * Cienfuegos 17. Juni (?) 1919, † Havanna 23. Juni 1983, kuban. Politiker. - 1959–76 Staatspräs., seit 1964 gleichzeitig Wirtschaftsmin.; seit 1976 Mgl. des Staatsrats und einer der stellv. Min.-präs., seit 1980 zugleich Justizminister.

Dortmund, Stadt in NRW, im östl. Ruhrgebiet, 62–250 m ü. d. M., 280 km² groß, 571 300 E. Max-Planck-Inst. für System- und Ernährungsphysiologie, Univ. (gegr. 1966), Musikhochschule, Fachhochschulen, Sozialakademie, Inst. für Spektrochemie und angewandte Spektroskopie, Kohlenstoffbiolog. Forschungsstation, Inst. für Zeitungsforschung, Inst. für Unfallforschung und Arbeitsschutz, Ev. Landeskirchenmusikschule; Bibliotheken, Theater, Wirtschaftsarchiv; Museen; Getreide- und Produktenbörse, Pferderennbahn; botan. Garten, Tierpark. - Die Wirtschaft ist stark von der eisen- und stahlschaffenden Ind. geprägt, daneben Großbrauereien, Zechen (z. T. Hydroförderung), Großhandelsunternehmen, Banken, Versicherungen. Bahn- und Straßenknotenpunkt; Hafen mit 10 Becken.

Geschichte: Gegen Ende 9. Jh. zuerst erwähnt; besaß 990 Marktrecht; 1152 befestigte städt. Siedlung (Burgus); wurde einzige Reichsstadt im westfäl. Raum, nahm am Westfäl. und am Rhein. Städtebund teil, war Mgl. der Hanse und besaß Bed. für die Reichsgeschichte des Hoch-MA; schloß sich 1570 der Reformation endgültig an, sank ab Mitte 16. Jh. zu einer Ackerbürgerstadt herab; kam 1803 zu Nassau, 1808 zum Großherzogtum Berg, 1815 zu Preußen; ab Mitte 19. Jh. rasche Aufwärtsentwicklung zur Ind.stadt. 1928 Eingemeindung der Stadt **Hörde** (1198 erstmals erwähnt; erstes Stadtrecht 1340).

Bauten: Nach Kriegseinwirkungen wiederaufgebaut wurden u. a. die Reinoldikirche (1260–80), die Marienkirche (um 1220), die Kirche Sankt Petri (1320 ff.). Zu den modernen Bauten gehören u. a. die Nikolaikirche (1930), die Westfalenhalle (1949–52), das Stadttheater (1956–65) und die Landesbibliothek (1949–51).

Dortmund-Ems-Kanal, 1892–99 erbauter Kanal, der unter Benutzung der kanalisierten Ems das Ruhrgebiet mit der Nordsee verbindet; 269 km lang, für Schiffe bis 1 350 t befahrbar. Über Kanäle auch mit Rhein, Mittellandkanal und Weser verbunden.

Doryphoros [griech.], in Marmorkopien überlieferte Bronzestatue eines speertragenden Athleten (Achilleus?), Hauptwerk des Polyklet (um 440 v. Chr.).

Dos [lat.], im röm. Recht die Mitgift der Ehefrau.

Dose [niederl., eigtl. „Koffer"] (Büchse),

eckiges, rundes ovales Gefäß mit Deckel aus Porzellan, Metall, Glas, Alabaster, Schmuckstein, Elfenbein, Holz, auch Kunststoff; v. a. im 18. Jh. oft reich verziert (Miniaturporträts in Emailmalerei).
◆ in der *Lebensmitteltechnik* Behälter aus Metall oder Kunststoff. **Metalldosen** werden aus Eisen- oder Aluminiumblechen hergestellt, die durch Verzinnen, Lackieren, Plattieren u. a. gegen korrosiv wirkende Füllgutbestandteile geschützt werden müssen.

Dosenschildkröten, (Amerikan. D., Terrapene) Gatt. landbewohnender Sumpfschildkröten in N-Amerika; Panzerlänge bis etwa 17 cm; Bauchpanzer mit Quergelenk, beide Hälften nach oben klappbar, um so hintere und vordere Panzeröffnung zu verschließen; u. a. die **Karolina-Dosenschildkröte** (Terrapene carolina).
◆ (Asiat. D.) svw. ↑Scharnierschildkröten.

Dosimeter [griech.] (Dosismeßgerät), Gerät zur Bestimmung der Strahlendosis. Gebräuchlich ist vor allem das luftgefüllte **Ionisationsdosimeter** (**Füllhalterdosimeter**), ein etwa 1,5 cm dickes, rd. 10 bis 15 cm langes Elektrometer, das, vor Arbeitsbeginn auf etwa 150 V aufgeladen, durch den Grad seiner Entladung die Menge der aufgetroffenen radioaktiven Strahlung angibt, jedoch keine Aussage über Art und Energie der Strahlung erlaubt. Das **Filmdosimeter** (**Filmplakette**) enthält eine photograph. Schicht hinter mehreren verschieden dicken, nebeneinanderliegenden Absorbern, so daß aus dem Grad der Schwärzung der Filmschicht die Menge und die Energie der während einer bestimmten Zeit (z. B. ein Arbeitsmonat) aufgetroffenen Strahlung abgeschätzt werden kann.

Dosis [griech. „Gabe"], (Strahlendosis) Maß für die einem Körper zugeführte Strahlungsmenge. Die **absorbierte Dosis** oder **Energiedosis** ist definiert als der Quotient $D = \Delta W/\Delta m$, wobei ΔW die Energie bedeutet, die von der Strahlung auf das Material der Masse Δm übertragen wird. Als **Äquivalentdosis** (für den Strahlenschutz) bezeichnet man das Produkt $D_q = q \cdot D$ aus der Energie-D. D und einem von Art und Energie der Strahlung abhängigen Faktor q. Der Wert dieses Faktors wurde aus biolog. Erkenntnissen festgelegt, und zwar $q = 1$ für Photonen und Elektronenstrahlen, $2 \leqq q \leqq 10$ für Neutronen (je nach Energie), $q = 10$ für Alpha-, Protonen- und Deuteronenstrahlen, $q = 20$ für schwere Kerne. SI-Einheit der Energiedosis ist das ↑Gray (Gy), SI-Einheit der Äquivalentdosis das ↑Sievert (Sv). Die **Ionendosis** ist definiert als der Quotient $\Delta Q/\Delta m_L$, wobei ΔQ die Ladung der in einer Luftmenge der Masse Δm_L erzeugten Ionen eines Vorzeichens ist. SI-Einheit der Ionen-D. ist das Coulomb/kg. Die in der Biologie benutzte **relative biolog. Wirksamkeitsdosis** (**RBW-Dosis**) ist die Energie-D. einer mit 250 kV erzeugten Röntgenstrahlung, die dieselbe biolog. Wirkung hervorruft, wie die Energie-D. der untersuchten Strahlenart. Die **Toleranzdosis** ist die lt. Strahlenschutzbestimmung festgelegte höchstzulässige D. für bestimmte Personengruppen oder Arbeitsbereiche.
◆ in der *Medizin* die ärztl. bemessene oder verordnete Menge eines Stoffes, z. B. die Menge eines Arzneimittels, oder einer Strahlung.

Dosisleistung (Energiedosisrate, Energiedosisleistung), die auf die Zeiteinheit bezogene Strahlendosis (↑Dosis). SI-Einheit ist das Gray/Sekunde (Gy/s).

Dos Passos, John [engl. dɔs ˈpæsoʊs], * Chicago 14. Jan. 1896, † Baltimore 28. Sept. 1970, amerikan. Schriftsteller. - In Paris im Kreis um Gertrude Stein; bis 1934 aktiver Kommunist. Wurde durch den desillusionierenden Antikriegsroman „Drei Soldaten" (1921) berühmt. In „Manhattan Transfer" (R., 1925) charakterisiert er Personen aus allen Gesellschaftsschichten New Yorks unter virtuoser Verwendung verschiedener Techniken (wirkte damit auf Sartre und Döblin). Die Romantrilogie „USA" („Der 42. Breitengrad", 1930; „1919", 1932; „Die Hochfinanz", 1936) setzt sich krit. mit den führenden Schichten der USA auseinander. Später Wendung zum Konservatismus.

Dos Santos, Nelson Pereira, * 22. Okt. 1928, brasilian. Filmregisseur. - Mitinitiator der seit 1957 bestehenden polit.-kulturellen Filmbewegung „Cinema Novo" in Brasilien. Bed. realist. Filme über das Leben in Rio de Janeiro: „Rio 40" (1956), „Rio, Nordzone" (1957).

Dossi, Dosso, eigtl. Giovanni di Luteri, * Ferrara um 1490, † ebd. 26. Juli 1542, italien. Maler. - 1512 am Hof von Mantua, ab 1516 an dem von Ferrara. Führender Maler der ferrares. Schule des Manierismus, beeinflußt v. a. von Giorgione, Tizian und Raffael. Malte religiöse und mytholog. Darstellungen in leuchtendem Kolorit mit fast romant. anmutenden Landschaften, auch vorzügl. Bildnisse.

Dossier [frz. doˈsje; zu dos „Rücken" (nach der Beschriftung)], Aktenheft, Aktenbündel; Schriftstück.

Dost [zu mittelhochdt. doste „Büschel"] (Origanum), Gatt. der Lippenblütler mit etwa 10 Arten, v. a. im Mittelmeergebiet; Stauden oder Halbsträucher. Einzige einheim. Art ist der auf Trockenrasen und an Waldrändern wachsende **Gemeine Dost** (Echter D., Wilder Majoran, Origanum vulgare): bis 40 cm hohe Staude mit zahlr. Öldrüsen, kleinen Blättern und fleischfarbenen bis karmin- oder braunroten Blüten in rispigen Blütenständen.

Dostal, Nico, * Korneuburg 27. Nov. 1895, † Salzburg 27. Okt. 1981, östr. Komponist. - Komponierte zahlr. Operetten, u. a. „Clivia" (1933), „Die ungar. Hochzeit" (1938), „Rhapsodie der Liebe" (1963) sowie Filmmusiken.

Dost Mohammed Khan (arab. Dust Muhammad) * um 1793, † Herat 9. Juni 1863, Gründer der Baraksaidynastie von Afghanistan. - Herrschte seit 1823 in Kabul, das 1839 von Großbrit. erobert wurde; bis 1842 interniert, nahm den Titel eines Emirs an.

Fjodor Michailowitsch Dostojewski (um 1875)

Dostojewski, Fjodor Michailowitsch, * Moskau 11. Nov. 1821, † Petersburg 9. Febr. 1881, russ. Dichter. - Belinski erregte D. Interesse für den atheist. Sozialismus und förderte sein erfolgreiches Erstlingswerk, den Briefroman „Arme Leute" (1846). Wegen Teilnahme an Treffen des utop.-sozialist. Petraschewski-Kreises zum Tode verurteilt, kurz vor der Hinrichtung zu 4jähriger Verbannung nach Sibirien begnadigt; danach Abwendung von bisherigen Idealen; Teilnahme am literar. Leben der Zeit; zeitweise im Ausland, u. a. wegen hoher Spielschulden; Kontakte zu den Slawophilen; Forum seiner panslawist. Ideen wurde seine Zeitschrift „Tagebuch eines Schriftstellers" (4 Bde., 1873–81); 1880 berühmte Rede anläßlich des Puschkin-Jubiläums in Moskau. Schrieb v. a. unter dem Einfluß Gogols und der „natürl. Schule"; bes. aber Schillers, dessen Idealismus auf den auch an Nietzsche orientierten Roman „Die Brüder Karamasow" (1879/80, darin „Die Legende vom Großinquisitor") wirkte. Charakterist. für D. die christl. und allg. [religions]philosoph., soziale und polit. Problematik. Seine ep. Erzählweise wird durch intensive Monologe und Dialoge (durch die das Bewußtsein seiner Charaktere vermittelt wird) akzentuiert; Traumerlebnisse spielen oft für die Charakterisierung der Gestalten eine wesentl. Rolle. Als Schöpfer des psycholog. Romans von bed. Einfluß auf die Weltliteratur. Zu den bekanntesten Werken zählen ferner „Raskolnikow" (1866, auch u. d. T. „Schuld und Sühne"), „Der Idiot" (1868/69) und „Die Dämonen" (1871/72). Zu den Hauptwerken zählen ferner „Helle Nächte" (E., 1848), „Aufzeichnungen aus einem Totenhaus" (1860–62), „Erniedrigte und Beleidigte" (R., 1861), „Der Spieler" (R., 1867), „Der Jüngling" (R., 1875), „Die Sanfte" (Nov., 1876), „Der Traum eines lächerl. Menschen" (Nov., 1877).

🕮 *Dostoevsky as revolutionary. Hg. u. ins Engl. Übers. v. L. Knapp. New York 1985. - Jones, J.: Dostoevsky. Oxford 1983. - Braun, M.: D. Gött. 1976.*

Dotation (Dotierung) [lat.], [planmäßige] Zuweisung von Geldmitteln oder anderen Vermögenswerten; auch svw. Mitgift.

dotieren [lat.], ausstatten, stiften, bezahlen (v. a. als Gehalt).

Dotierung [lat.], der Einbau von Fremdatomen in Halbleitermaterial (als Donatoren oder Akzeptoren) oder Phosphore zur gezielten Veränderung der elektr. Leitfähigkeit bzw. Lumineszenz († Halbleiter).

Dotter (Eidotter, Vitellus, Lecithus), in Zellen des Eierstocks oder eines gesonderten Dotterstocks gebildete und im Ei eingelagerte körnige, schollenförmige oder tröpfchenartige Reservestoffe, die sich v. a. aus Eiweiß, Fetten, Kohlenhydraten, Lipoiden und Lipochromen zusammensetzen. Der D. ist die Nährsubstanz für die Entwicklung des Embryos, bei dem er in einem Dottersack gespeichert werden kann.

Dotterblume (Caltha), Gatt. der Hahnenfußgewächse mit etwa 20 außertrop. Arten. Einzige in M-Europa auf feuchten Böden wachsende Art ist die **Sumpfdotterblume** (Butterblume, Caltha palustris); mit niederliegenden, aufsteigenden oder aufrechten, bis 50 cm hohen, hohlen Stengeln und glänzend grünen, herzförmigen bis kreisrunden oder nierenförmigen, am Rand gekerbten oder gezähnten Blättern; Blüten mit fünf dottergelben, glänzenden Kelchblättern.

Dottergang (Ductus omphaloentericus), in einer stielartigen Verbindung verlaufender enger Kanal zw. Darm und Dottersack bei Embryonen.

Dotterhaut (Dottermembran, Eihaut, Oolemma, Membrana vitellina), von der tier. und menschl. Eizelle selbst gebildete, das Eiplasma umgebende, meist sehr dünne primäre Eihülle. Die D. wird oft erst unmittelbar nach der Befruchtung des Eies gebildet.

Dotterkreislauf (omphaloider Kreislauf), der Ernährung des Wirbeltierembryos dienender Teil des Blutkreislaufs, dessen Gefäße sich in der Wandung des Dottersacks kapillar verzweigen; von hier wird das Blut in Dottervenen, die Nährmaterial aus dem Dottersack aufgenommen haben, zum Embryo zurückgeführt.

Dotterkugel, svw. † Eigelb.

Dottersack (Saccus vitellinus, Lecithoma), den Dotter umhüllendes, kugeliges bis langgestrecktes Anhangsorgan bei Embryonen der Fische, Amphibien, Reptilien, Vögel, Kloaken- und Beuteltiere. Der D. steht durch den Dottergang mit dem Darm des Embryos in Verbindung. Bei den sich aus dotterfreien Eiern entwickelnden ↑Plazentatieren einschließl. des Menschen ist der D. nur noch ein stammesgeschichtl., doch für die embryonale Blutbildung noch äußerst wichtiges Relikt.

Dotterweide, Kulturform der Weißweide (↑Weide).

Dotterzellen, Bez. für die großen, dotterreichen Furchungszellen am vegetativen Pol sich inäqual furchender Eier.

Dottore [lat.-italien. „Doktor"], kom. Figur der Commedia dell'arte, der geschwätzige pedant. Gelehrte (Jurist, Arzt, Philosoph) aus Bologna mit schwarzem Gewand und hohem Hut.

Dou, Gerard (Gerrit) [niederl. dɔu̯], * Leiden 7. April 1613, ▭ ebd. 9. Febr. 1675, niederl. Maler. - Schüler Rembrandts (1628–31), dessen Leidener Frühstil D. Werk weithin prägte; Bildnisse, Einzelfiguren mit stilllebenhaftem Beiwerk, oft im Kerzen- oder Laternenlicht. Begründer und Hauptvertreter der Leidener Feinmalerei.

Douai [frz. dwɛ], frz. Bergbau- und Ind.-stadt, Dep. Nord, 42 600 E. Bergbauschule; astronom. Forschungsstelle; Zentrum des nordfrz. Kohlenreviers mit Stahl- und Automobilind. - Ende des 12. Jh. Stadtrecht. Nach wechselvoller Geschichte 1712 endgültig an Frankr. Die 1562 gegr. Univ. wurde 1888 nach Lille verlegt. - Got. Kirche Notre-Dame (13. Jh. ff.), Rathaus (z. T. 15. Jh.) mit 64 m hohem Glockenturm.

Douane [frz. dwan], frz. Bez. für Zoll, Zollamt, Zollverwaltung; **Douanier**: Zollbeamter.

Douaumont [frz. dwo'mõ], im 1. Weltkrieg zerstörter ostfrz. Ort im Dep. Meuse, 8 km nnö. von Verdun-sur-Meuse, mit riesigem Gräberfeld und Beinhaus; Fort D. war wegen seiner beherrschenden Lage in der Schlacht von Verdun hart umkämpft.

Double ['du:bəl; zu lat. duplus „doppelt"], Ersatzdarsteller, der bei Beleuchtungs-, Kostüm- oder Stellproben, auch in gefährl. Szenen anstelle des Hauptdarstellers eingesetzt wird.

Doublé [du'ble:; lat.-frz.] (Dublee, Or doublé), durch galvan. Verfahren, Plattierung oder Sudverfahren dünn mit Feingold überzogene Kupferlegierung; vorwiegend in der Uhren- und Schmuckindustrie.

Doubleday & Co. Inc. [engl. 'dʌbldɛɪ ənd 'kʌmpənɪ ɪn'kɔ:pərɛɪtɪd] ↑Verlage (Übersicht).

doublieren [lat.-frz.], mit ↑Doublé versehen.

◆ (rentoilieren) ein Gemälde mit einer zweiten Leinwand oder einer zweiten Holztafel (auch Sperrholzgitter) unterspannen.

Doublon [frz. du'blõ], Goldmünze, ↑Dublone.

Doubs [frz. du], Dep. in Frankreich.

D., linker Nebenfluß der Saône, entspringt im frz. Jura, bildet streckenweise die frz.-schweizer. Grenze, mündet bei Verdun-sur-le-Doubs; 430 km lang.

Dougga [frz. dug'ga], Dorf in Tunesien, 5 km sw. von Teboursouk, mit der Ruinenstätte des antiken **Thugga**. Numid. Stadt (4.–1. Jh.; Mausoleum erhalten). Aus dem 2. und 3. Jh. n. Chr. stammen Theater, Kapitol, Tempel und Thermen, Häuser mit reichem Mosaikschmuck. Burg (byzantin.; 6. Jh.).

Douglas [engl. 'dʌgləs], aus dem Engl. übernommener männl. Vorname kelt. Ursprungs (zu ir. dub[h]glas „dunkelblau").

Douglas [engl. 'dʌgləs], schott. Adelsgeschlecht; nachweisbar ab 1175; spielt seit Ende 13. Jh. eine wichtige Rolle in der schott. Geschichte; erwarb 1389 die Würde eines Earl of Angus, 1553 die eines Earl of Morton; die Hauptlinie, die *„schwarzen D."*, starb 1488 aus, die Nebenlinie, die *„roten D."*, erbte die Herrschaft. 1857 fiel der Besitz durch Heirat an die Earls of Home. Bed.:

D., Archibald, Earl of Angus, * 1489, † 1557, Vormund König Jakobs V. von Schottland. - Haupt der engl. Partei am schott. Hofe, heiratete 1514 Margarete Tudor (Schwester Heinrichs VIII. von England und Witwe Jakobs IV.), von der er sich bald wieder trennte; 1528–43 nach England verbannt.

D., James, Earl of Morton (seit 1553), * um 1516, † Edinburgh 2. Juni 1581, Regent von Schottland (1572–78). - Schlug als Führer der prot. Lords gegen Maria Stuart deren Heer 1568; 1581 wegen angebl. Mitschuld an der Ermordung Darnleys hingerichtet.

Kirk Douglas

Douglas, Kirk [engl. 'dʌgləs], eigtl. Issur Daniil Demski, * Amsterdam (N. Y.) 9. Dez. 1916, amerikan. Filmschauspieler und Produzent. - Hauptrollen u. a. in „Die Glasmenagerie" (1950), „Reporter des Satans" (1951), „Der weite Himmel" (1952), „Vincent van Gogh" (1956), „Zwei rechnen ab" (1957), „Das Arrangement" (1969).

Douglas [engl. 'dʌgləs], Hauptstadt der

Insel Man, an der O-Küste, 19900 E. Hafen; Seebad. - Ab 1804 Residenz des Generalgouverneurs von Man.

Douglas Aircraft Co. Inc. [engl. 'dʌgləs 'ɛəkrɑ:ft 'kʌmpənɪ ɪn'kɔ:pərɛɪtɪd], amerikan. Unternehmen der Flugzeug- und Raumfahrtind.; gegr. 1920 von D. W. Douglas (* 1892, † 1981); Sitz Santa Monica (Calif.). Bekannte Flugzeuge: DC 3 „Dacota" (1936), DC 6, DC 7, DC 8 (1959), DC 9 (1965), DC 10 (1970), C 124 „Globemaster". Raketen, u. a. „Saturn", „Delta", „Nike Zeus". 1967 Fusion mit der McDonnell Co. zur **McDonnell-Douglas Corporation.**

Douglasfichte ['du:...], svw. ↑ Douglasie.

Douglas-Home, Alexander Frederick (Alec), Earl of Home [engl. 'dʌgləs'hju:m], * London 2. Juli 1903, brit. Politiker (Konservative Partei). - 1931–45 und 1950/51 Mgl. des Unterhauses, 1945 parlamentar. Staatssekretär des Foreign Office, 1951–63 und seit 1974 Mgl. des Oberhauses, 1957–60 dessen Führer, 1955–60 Commonwealth-, 1960–63 Außenmin.; nach Verzicht auf seine Adelstitel erneut Mgl. des Unterhauses 1963–74; 1963/64 Premiermin., 1963–65 Führer der Konservativen, 1964/65 Oppositionsführer im Unterhaus; 1970–74 Außen- und Commonwealthminister.

Douglasie [du'gla:ziə; nach dem brit. Botaniker D. Douglas, * 1798, † 1834] (Douglastanne, Douglasfichte, Pseudotsuga taxifolia), bis 100 m hoch werdendes, raschwüchsiges Kieferngewächs im westl. N-Amerika; Krone kegelförmig mit quirligen, waagerechten Ästen; Borke braun, in der Jugend glatt, im Alter tief rissig und sehr dick; Nadeln fast zweizeilig gestellt, weich, grün und unterseits mit zwei weißl. Streifen; Fruchtzapfen hängend, hellbraun, längl., 5–10 cm lang; wertvoller Forst- und Parkbaum; das (helle) Holz wird als Bau- und Möbelholz (**Oregon pine**) genutzt.

Douglas Range [engl. 'dʌgləs 'rɛɪndʒ] ↑ Alexander-I.-Insel.

Douglas-Raum [engl. 'dʌgləs; nach dem schott. Arzt J. Douglas, * 1675, † 1742] (Excavatio rectouterina), grubenartige Vertiefung zw. Blase und Mastdarm bzw. Gebärmutter und Mastdarm im kleinen Becken der Frau in der sich bei entzündl. Prozessen, wie z. B. an Blinddarm, Gebärmutter oder Eierstökken, häufig der Eiter ansammelt (**Douglas-Abszeß**).

Douglass, Frederick [engl. 'dʌgləs], eigtl. Frederick Augustus Washington Bailey, * Tuckahoe (Md.) im Febr. 1817, † Washington 20. Febr. 1895, amerikan. Journalist und Abolitionist. - Lebte zunächst als Sklave, floh 1838 nach N und wurde bald einer der hervorragendsten Vertreter der Bewegung zur Abschaffung der Sklaverei (Abolitionismus) in Wort und Schrift.

Douglastanne ['du:...], svw. ↑ Douglasie.

Doumer, Paul [frz. du'mɛ:r], * Aurillac (Cantal) 22. März 1857, † Paris 7. Mai 1932 (erschossen), frz. Politiker. - Ab 1888 wiederholt radikalsozialist. Abg. (bis 1912); u. a. 1896–1902 Generalgouverneur in Indochina, 1895/96, 1921/22 und 1925/26 Finanzmin., Präs. der Republik (seit 1931).

Doumergue, Gaston [frz. du'mɛrg], * Aigues-Vives (Gard) 1. Aug. 1863, † ebd. 18. Juni 1937, frz. Politiker. - 1893–1910 radikalsozialist. Abg., ab 1910 Senator; 1902–10 Min. in verschiedenen Ressorts, 1913/14 Min.präs. und Außenmin.; 1924–31 Präs. der Republik; 1934 Min.präs. eines Kabinetts der „Nat. Einheit".

Douro [portugies. 'doru] ↑ Duero.

Douro Litoral [portugies. 'doru litu'ral], histor. Prov. im westl. Hochportugal im Bereich des Dourounterlaufs und seiner Nebenflüsse. Intensive Landw., v. a. Anbau von Mais, daneben Roggen, Kartoffeln, Gemüse, Weinbau, Ölbaum- und Korkeichenhaine; Rinderhaltung. Hauptind.standorte sind Porto, Porto de Leixões und Matosinhos.

do ut des [lat. „ich gebe, damit du gibst"], röm. Formel für gegenseitige Verträge, Austauschgeschäfte, übertragen auch in der religiösen Sphäre für eine Haltung, die bestimmte Leistungen (z. B. Opfer) nur um einer erwarteten Gegenleistung der Gottheit willen erbringt.

Doutiné, Heike, * Zeulenroda 3. August 1945, dt. Schriftstellerin. - Schreibt gesellschaftskrit. Gedichte, Erzählungen und Romane (u. a. „Wanke nicht, mein Vaterland", 1970, „Berta", 1974, „Wir zwei", 1976, „Der Hit", 1982); „Blumen begießen, bevor es regnet (Ged., 1986).

Douvermann, Heinrich ['daʊver...], * Holten (= Dinslaken) um 1480, † wohl vor 1544, dt. Bildschnitzer. - 1517 Bürger in Kalkar. Schuf u. a. den Marienaltar der Stiftskirche in Kleve (1510–13), den Siebenschmerzenaltar der Pfarkirche Sankt Nikolai in Kalkar (1519 ff.) und den Marienaltar des Domes in Xanten (um 1535); entwickelte einen Stil phantasiereicher Naturalistik.

doux [du:; lat.-frz.], Fachausdruck bei Wein und Schaumwein im Sinne von süß.

Dover [engl. 'doʊvə], engl. Hafenstadt und Seebad an der Kanalküste, Gft. Kent, 32800 E. Zollstation; wichtigster brit. Passagier- und Posthafen für den Transkanalverkehr. - Das röm. **Dubris** war der wichtigste Hafen für die Verbindung zum Kontinent. Seit sächs. Zeit Stadtrecht, einer der Cinque Ports, von Wilhelm dem Eroberer befestigt; bis 1923 brit. Kriegshafen.

D., Hauptstadt des Bundesstaates Delaware, USA, 17500 E. College; Zentrum eines Obst- und Gemüseanbaugebietes. - 1717 angelegt; Hauptstadt seit 1777, Stadtrecht seit 1829, City seit 1929.

Dover, Straße von [engl. 'doʊvə] (Straße von Calais), Meeresstraße zw. Frankr. und England, verbindet den Kanal mit der Nordsee; an der schmalsten Stelle zw. Calais und Dover 35 km breit, 185 km lang.

Dovifat, Emil ['do:vi...], * Moresnet (Prov. Lüttich) 27. Dez. 1890, † Berlin 8. Okt. 1969, dt. Publizistikwissenschaftler. - 1928–61 Prof. in Berlin, Gründer und Direktor des Instituts für Publizistik; nach 1945 Mitbegr. der CDU in Berlin und der Freien Univ.; Autor und Hg. zahlr. Schriften.

Dovrefjell, Gebirgsmassiv im zentralen Norwegen, bis 2 286 m hoch (Snøhetta). Über das D. gingen seit alter Zeit die Verbindungswege zw. S-Norwegen und Trøndelag, zu deren Schutz vier Königshöfe angelegt wurden.

Dow Chemical Co. [engl. 'daʊ'kɛmɪkəl 'kʌmpənɪ], amerikan. Chemiekonzern, Sitz Midland (Mich.), 1897 durch Fusion entstanden. Hauptproduktgruppen: Chemikalien und Metalle, Kunststoffe und Verpackungsmaterial, Dünger, Insektizide und Kosmetika.

Dow-Jones-Index [engl. daʊ'dʒoʊnz], internat. beachteter, von der Firma Dow, Jones & Co. ermittelter Aktienindex der New Yorker Börse, seit 1897 aus der Notierung 30 führender Ind.aktien und anderer maßgebl. Werte berechnet.

Dowland, John [engl. 'daʊlənd], * Dalkey bei Dublin Dez. 1562 oder Westminster um 1562/63, ▭ London 20. Febr. 1626, engl. Lautenist und Komponist. - Seine Werke (u. a. mehrstimmige Gesänge, Pavanen für Laute und Violen oder Violinen) zeichnen sich durch einen kontrapunkt. kunstvoll gearbeiteten Satz, ausdrucksvolle Harmonik und Melodik und großen Wohlklang aus.

down [engl. daʊn], umgangssprachl. für: sich körperl., seel. auf einem Tiefpunkt befindend, erschöpft, zerschlagen, ermattet, niedergeschlagen, bedrückt.

Down [engl. daʊn], ehem. Gft., heute Distrikt im sö. Nordirland.

Downing Street [engl. 'daʊnɪŋ 'stri:t], nach dem engl. Diplomaten Sir G. Downing (* 1623, † 1684) benannte Straße in London, in der sich der Amtssitz des brit. Premiermin. (10 D. S.), das Schatzamt und das Foreign Office befinden.

Down-Syndrom [engl. daʊn; nach dem brit. Arzt J. L. H. Down, * 1828, † 1896], svw. ↑ Mongolismus.

Downtown [engl. 'daʊntaʊn], Bez. für die City der nordamerikan. Großstadt.

Dowschenko, Alexandr Petrowitsch, * Sosniza (Ukraine) 11. Sept. 1894, † Moskau 25. Nov. 1956, sowjet. Filmregisseur. - Weltruf bes. durch die Filme „Arsenal" (1928) und „Die Erde" (1930); bed. auch „Schtschors" (1939), „Die Schlacht um die Ukraine" (Dokumentarfilm, 1943), „Die Welt soll blühen" (1949); auch Schauspieler, Drehbuchautor und Verf. von Erzählungen.

Doxa [griech. „Meinung, Ruhm"], in der Bibel in der Bedeutung „Herrlichkeit (Gottes)" gebraucht.

Doxale [griech.-mittellat.], spätma. Bez. für den Lettner, dann für das Gitter, das anstelle des Lettners in der Barockzeit den Chor vom Mittelschiff einer Kirche trennte.

Doxographie [griech.], Bez. für die systemat. oder chronolog. Darstellung der älteren griech. philosoph. Lehren [dóxai], bis hin zur Zeit des jeweiligen **Doxographen** (= Wissenschaftshistorikers). - Übl. seit Aristoteles.

Doxologie [griech.], Lobspruch, Lobpreisung der Herrlichkeit Gottes. Die bekannteste Form einer D. ist das „Ehre sei dem Vater und dem Sohn und dem Hl. Geist".

Doyen [doa'jɛ̃:; frz.; von mittellat. decanus „Dekan"], im Völkerrecht derjenige diplomat. Vertreter in einem bestimmten Staat, der bei dessen Staatsoberhaupt zeitl. am längsten akkreditiert ist; in Staaten, in denen ein Nuntius akkreditiert ist, übt dieser i. d. R. Funktionen des D. aus; vertritt das diplomat. Korps in bestimmten Fällen als Sprecher.

Doyle, Sir (seit 1902) Arthur Conan [engl. dɔɪl], * Edinburgh 22. Mai 1859, † Crowborough (Sussex) 7. Juli 1930, engl. Schriftsteller. - Schrieb Detektivromane, die Weltruhm erlangten; im Mittelpunkt stehen Sherlock Holmes, der Meisterdetektiv, und sein Freund Dr. Watson; u. a. „Studie in Scharlachrot" (1887), „Abenteuer des Doktor Holmes" (1892) und „Der Hund von Baskerville" (1902).

Dozent [zu lat. docere „lehren"], Abk. Doz., Hochschullehrer (an Univ., Hochschulen, Fachhochschulen). An Univ. Hochschullehrer, der noch nicht Prof. ist, Lebenszeitbeamter oder Beamter auf Zeit (z. B. 6 Jahre). Mit keiner beamtenrechtl. Stellung ist der Titel des **Privatdozenten** verbunden. Zum Privat-D. wird ernannt, wer mit erfolgreicher Habilitation die Lehrbefugnis (Venia legendi) für ein bestimmtes Fach erworben hat.

Dozentur [lat.], Lehrbefugnis eines Dozenten.

dozieren [lat.], lehren, lehrhaft vortragen.

DP, Abk.:
◆ für: ↑ **D**eutsche **P**ost.
◆ für: ↑ **D**eutsche **P**artei.

d/p [engl. 'di: 'pi], Abk. für: ↑ **D**ocuments against **p**ayment.

dpa ↑ Nachrichtenagenturen (Übersicht).

dpt, Einheitenzeichen für ↑ Dioptrie.

DR, Abk. für: **D**eutsche **R**eichsbahn.

Dr., Abk. für: ↑ **D**okto**r**.

d. R., Abk. für: **d**er **R**eserve.

Dra, Oued [frz. wɛd'dra], Wadi in Marokko, etwa 1 200 km lang; entsteht am S-Abhang des Hohen Atlas, durchbricht den Antiatlas; im danach breiter werdenden Tal Oasenwirtschaft; erreicht zeitweilig den Atlantik 130 km sw. von Sidi Ifni.

Drach, Albert, * Wien 17. Dez. 1902, östr.

Schriftsteller. - Wurde v. a. durch „Das große Protokoll gegen Zwetschkenbaum" (R., 1964) bekannt, die tragikom. Geschichte des Schmul Leib Zwetschkenbaum; Dramen und Erzählungen.

Drache ↑Sternbilder (Übersicht).

Drache [zu griech. drákōn (lat. draco) „Drache", eigtl. „der starr Blickende"], ein sowohl in der religiösen Vorstellungswelt als auch in den Sagen vieler Völker auftretendes übermenschl. Mischwesen, dessen tier. Gestalt Schlange, Krokodil, Pferd, Fisch und Vogel zugrunde liegen können. Der D., oft feuerspeiend gedacht, gilt meist als widergöttl. und menschenfeindlich. Dem mit der Tötung des Ungeheuers endenden D.kampf kommt daher in Mythos und Legende große Bedeutung zu; im christl. Bereich gelten der Erzengel Michael und der hl. Georg als D.töter. Bekannte D. in verschiedenen Mythologien sind Leviathan, Python, Tiamat, Writra. - Eine bes. Verehrung genießt der D. (chin. lung) in der klass. chin. Mythologie. Hier gilt er als Sendbote des Himmels, Donner-, Wolken- und Regengott („D. des Westens [Blauer D.]", „D. des Ostens [Weißer D.]") und steht in engem Zusammenhang mit der Urmutter, deren versteinerten Schoß er durchbrach und so die Geburt des ersten Menschen ermöglichte.

◆ Bez. für das ↑Wikingerschiff.

Drachen [Nebenform von ↑Drache], an einer langen Schnur oder dünnem Draht gehaltener Flugkörper, eine mit Papier, Kunststoffolie oder Stoff überspannte Holzkonstruktion (auch andere Materialien), die durch Schrägstellung gegen die Luftströmung Auftrieb erhält. Die Kunst des D.baus ist in China seit dem 5. Jh. v. Chr. nachweisbar (vermutl. aber bed. älter). Als Spielzeug tauchten D. im 15. Jh. in N-Europa auf. Seit den 70er Jahren des 19. Jh. wurden auch D.flugzeuge mit Motoren gebaut, den Brüdern O. und W. Wright gelang es 1904, daraus das erste sichere Flugzeug (Doppeldecker) zu entwickeln.

Drachenapfelbaum (Dracontomelum), Gatt. der Anakardiengewächse mit etwa 10 Arten in SO-Asien; hohe Bäume mit großen Fiederblättern und großen, grünl., glockigen Blüten in Rispen. Die rundl., säuerl. schmeckenden Steinfrüchte (**Drachenapfel**) werden zum Würzen von Fischspeisen verwendet.

Drachenbaum (Dracaena draco), Agavengewächs auf den Kanar. Inseln; Strauch oder bis etwa 20 m hoher, stark verzweigter, mehrere hundert Jahre alt werdender Baum mit schopfartig angeordneten Blättern, kleinen, grünlichweißen Blüten und kirschengroßen, rotgelben, saftigen Beerenfrüchten. Das Harz (**Drachenblut**) wurde früher als roter Farbstoff und als Arzneimittel verwendet.

Drachenboot, Kielboottyp der internat. Bootsklassen mit Kajüte, drei Mann Besatzung; Bootslänge 8,90 m, Besegelungsfläche 22 bis 26 m².

Drachenechsen, svw. ↑Dinosaurier.

Drachenfels, zum Rhein hin steil abfallende Bergkuppe des Siebengebirges, sö. von Königswinter, 321 m hoch; Quellkuppe aus Trachyt; z. T. Weinbau („Drachenblut"); auf dem Gipfel die Ruine (seit 1642) einer Burg (vor der Mitte des 12. Jh. durch den Kölner Erzbischof Arnold angelegt); Ausflugsziel.

Drachenfische, (Trachinidae) Fam. bis etwa 45 cm langer Barschfische mit 4 Arten im Pazifik und Atlantik (einschließl. Mittelmeer, Schwarzes Meer, Nordsee, Ostsee); an europ. Küsten kommen v. a. die Petermännchen vor.

◆ zusammenfassende Bez. für 3 Fam. der Lachsfische; *Schuppenlose D.* (Melanostomiatidae) mit etwa 115 Arten; *Schuppen-D.* (Stomiatidae) mit etwa 10 Arten (z. T. auch im Mittelmeer); *Schwarze D.* (Idiacanthidae) mit 5 Arten.

Drachenfliegen, um 1960 in den USA entwickelte Flugsportart mit sog. Hängegleitern. Das Standardfluggerät besteht aus einem deltaförmigen, von einem Aluminiumgerüst gehaltenen Tragsegel und einem durch Stahlseile mit den Enden des Quer- und Längsholmes verbundenen Steuertrapez. Der in Gurten hängende Pilot kann durch Bewegen des Trapezes Anstellwinkel und Seitenlagen des rd. 18–20 kg schweren **Flugdrachens** (oder auch **Deltafliegers**) variieren. Gestartet wird von Bergkanten oder Abhängen; D. kann auch mit Skiern oder auf Gewässern (von Motorbooten gezogen) betrieben werden. Weltmeisterschaften seit 1975.

Drachenflosser (Großer D., Pseudocorynopoma doriae), bis 8 cm langer Salmler in den Süßgewässern S-Brasiliens und NO-Argentiniens; Warmwasseraquarienfisch.

Drachenkopf (Dracocephalum), Gatt. der Lippenblütler mit etwa 40 Arten im Mittelmeergebiet und in Asien sowie 4 Arten in N-Amerika; Stauden mit blauen, purpurfarbenen oder weißen Blüten in Blütenständen. In Deutschland kommt wild nur der **Nordische Drachenkopf** (Dracocephalum ruyschiana) mit ganzrandigen Blättern vor.

Drachenköpfe (Skorpionsfische, Seeskorpione, Scorpaenidae), mit zahlr. Arten in allen Meeren verbreitete Fam. der Knochenfische; u. a. Meersau, Rotbarsch, Rotfeuerfische, Segelfisch, Gespensterfisch.

Drachenlilie (Dracaena), Gatt. der Agavengewächse mit etwa 80 Arten in den Tropen und Subtropen Asiens, Australiens und Afrikas; bekannteste Art: ↑Drachenbaum.

Drachenviereck, svw. ↑Rhomboid.

Drachenwurz (Schlangenkraut, Sumpfwurz, Kalla, Calla), Gatt. der Aronstabgewächse mit der einzigen Art *Calla palustris,* v. a. in Waldsümpfen und an Teichrändern Eurasiens und N-Amerikas; niedrige, giftige

Stauden mit rundl. herzförmigen Blättern und kolbenförmigen, grünl. Blütenständen, die je von einer innen weißen und außen grünen Blütenscheide umhüllt werden; aus den Blüten entwickeln sich rote Beerenfrüchte.

Drachmann, Holger [dän. 'dragman'], * Kopenhagen 9. Okt. 1846, † Hornbæk (Seeland) 14. Jan. 1908, dän. Dichter. - Unter dem Einfluß von G. Brandes zunächst demokrat., dann radikal nationalist. Lyriker.

Drachme [griech., eigtl. „eine Handvoll (Münzen)"], in der *Antike* Gewichts- und Rechnungseinheit sowie Bez. bes. für Silber-, seltener für Goldmünzen eines bestimmten, regional je nach Münzfuß verschiedenen Gewichtes; 6000 D. = 1 Talent zu 60 Minen. Im *MA* Bez. für die in den Kreuzfahrerstaaten geprägten Nachahmungen des arab. Dirhams; seit 1831 Währungseinheit Griechenlands.

Draco [griech.-lat. „Drache"] ↑Sternbilder (Übersicht).

Draconiden [griech.-lat.] (Giacobiniden), ein period. im Okt. auftretender Meteorstrom.

Dracula, Titelheld eines Romans von B. Stoker, der in der Figur des D. dt. Berichte aus Siebenbürgen über Grausamkeiten des walach. Fürsten ↑Vlad Ţepeş mit Vampirlegenden verknüpfte; diente als Vorlage für F. W. Murnaus Film „Nosferatu" (1922). Seit 1931 einer der Prototypen des Horrorfilms; bed. D.-Filme: „Vampyr" (C. T. Dreyer, 1932), „Dracula" (T. Fisher, 1958), „Tanz der Vampire" (R. Polanski, 1966), „Warhols Dracula" (A. Warhol, 1974), „Nosferatu - Phantom der Nacht" (W. Herzog, 1979).

Draga, * Gornji Milanovac 23. Sept. 1867, † Belgrad 11. Juni 1903 (ermordet), Königin von Serbien. - Bürgerl. Herkunft; ab 1900 ∞ mit König Alexander I. Obrenović, der stark unter ihrem Einfluß stand.

Drachenfliegen

Ruine Burg Drachenfels

Dragoner des 7. Preußischen Regiments (1786). Farblithographie von Hermann Kretzschmer (1866)

Dragée [dra'ʒe:; frz.; zu griech.-lat. tragemata „Naschwerk"], mit einem Zuckerüberzug oder ähnlichem versehene Arzneiform.

Dräger, [Alexander] Bernhard, * Howe (= Hamburg) 14. Juni 1870, † Lübeck 12. Jan. 1928, dt. Ingenieur und Industrieller. - Gründete 1902 das D.-Werk in Lübeck; entwickelte Gasschutz-, Sauerstoff-, Narkose- und Helmtauchgeräte, Operationsgeräte, Schweiß- und Schneidbrenner.

Draggen [niederdt.] ↑Ankereinrichtung.

Dragodoktrin, auf den argentin. Außenmin. L. M. Drago (* 1859, † 1921) zurückgehende Völkerrechtstheorie (erstmals 1902 angewandt), die die Anwendung von Gewalt gegenüber einem Staat zur Eintreibung von Staatsanleihen (nicht aber von sonstigen Staatsschulden) verbietet.

Dragoman [arab.], heute selten verwendete Bez. für Dolmetscher oder Fremdenführer; früher Bez. für den Mittler zw. im Nahen Osten amtierenden diplomat. und konsular. Vertretern und einheim. Behörden.

Dragonaden [frz.], Maßnahmen zur Verfolgung und gewaltsamen Bekehrung der Hugenotten ab 1681/85: Protestanten erhielten gegenüber Katholiken die doppelte Anzahl an einquartierten Dragonern, die auch zu Mißhandlungen ermuntert wurden.

Dragoner [frz.; zu griech.-lat. draco „Drache"], Ende 16. Jh. aus den Arkebusieren hervorgegangene Reitertruppe, bis Mitte 17. Jh. meist als berittene Infanterie im Kampf zu Fuß eingesetzt; erreichte erst Anfang 18. Jh. die volle Anerkennung als Kavallerietruppe. - Abb. S. 311.

Dragster [engl. 'drɛgstər], formelfreier Spezialrennwagen für Geschwindigkeitsrekorde über kurze Distanzen. Bei den v. a. in den USA veranstalteten **Drag Racings** werden auf glatter Bahn Geschwindigkeiten bis zu 400 km/h erzielt.

Dragut, eigtl. Torghud Ali Pascha (arab. Turghud Ali), * bei Muğla 1485, ⚔ Saint Elmo (Malta) 23. Juli 1565, Kapitän (Reis) der türk. Flotte (ab 1546) und Bei von Tripolis (ab 1551). - Diente unter Barbarossa Chair Ad Din, gefürchteter Gegner A. Dorias; vertrieb 1551 die Malteser aus Tripolis.

Draht, metall. Erzeugnis, das aus Stangenmaterial durch Drahtziehen (**gezogener Draht**), bei Drähten von mehr als 5 mm Durchmesser meist durch Walzen hergestellt wird (**Walzdraht**). Drähte mit nicht kreisförmigem Querschnitt bezeichnet man als **Form-, Fasson-** oder **Dessindrähte.** Eine bes. Gruppe stellen die **Kunststoffdrähte** dar, die nach dem Schmelzspinnverfahren aus Polyvinylchlorid (PVC-D.), aus Polyamiden (z. B. Perlon, Nylon), Polyurethanen u. a. hergestellt werden.

◆ (Drall, Drehung) in der *Textiltechnik* Bez. für die [Ver]drehung der Garne und Zwirne.

Drahtemail, Technik der Emailkunst, bei der ein auf den Grund gelöteter 0,2–1 mm dicker Draht (Silber oder Gold) erhöht stehen bleibt und die Zeichnung bildet, während das Email einsinkt.

Drahtfunk, Übertragung von Rundfunkprogrammen über ein Leitungsnetz bei schlechten Empfangsbedingungen.

Drahtgewebe (Metalltuch, Siebtuch), auf Drahtwebmaschinen hergestellte Gewebe, meist in Leinwand- oder Köperbindung.

Drahtglas, Sicherheitsglas mit stark verminderter Splitter- und Schneidwirkung; aus Gußglas durch Einwalzen von Drahtgewebe oder -geflecht in die noch heiße Glasmasse hergestellt. **Drahtornamentglas** weist auf einer Seite Ornamente auf.

Drahthaar, Bez. für das rauhe, harte Haarkleid bestimmter Hunderassen (z. B. Deutsch Drahthaar), das durch Ausbildung borstenähnl., starrer Deckhaare (Grannenhaare), die die dichte Unterwolle überragen, entsteht.

Drahtlenkung, Lenkverfahren für Flugkörper und Torpedos; das Projektil bleibt auch nach dem Start zur Übertragung von Lenkbefehlen mit der Lenkeinrichtung durch den Lenkdraht verbunden.

Drahtornamentglas ↑Drahtglas.

Drahtschmiele ↑Schmiele.

Drahtseil, aus wendelförmig zusammengewundenen *(verseilten)* Drähten bestehendes Seil, zur Übertragung von Zugkräften. Da die beim Kaltziehen von Drähten durch Kaltverfestigung erreichbare Zugfestigkeit um so höher ist, je kleiner der Drahtdurchmesser ist, ist die Bruchlast eines aus Einzeldrähten zusammengesetzten D. höher als die einer massiven, nicht biegsamen Zugstange gleichen Gesamtquerschnitts. Man unterscheidet laufende Seile (z. B. **Kran-, Aufzug-, Förderseile, Zugseile** von Bahnen) und stehende Seile (z. B. **Abspann-, Führungsseile, Schwebebahnseile**). Laufende Seile (laufendes Gut) entstehen dadurch, daß einige Drähte zu einer **Litze** zusammengedreht und dann mehrere Litzen um eine **Seele** (Herz) aus Faserstoff (Hanfseele) oder eine **Herzlitze** aus Stahldrähten (Stahlseele) „geschlagen" (ge-

Drahtseil. Beispiele für verschiedene Draht- und Litzenanordnungen (Querschnitt)

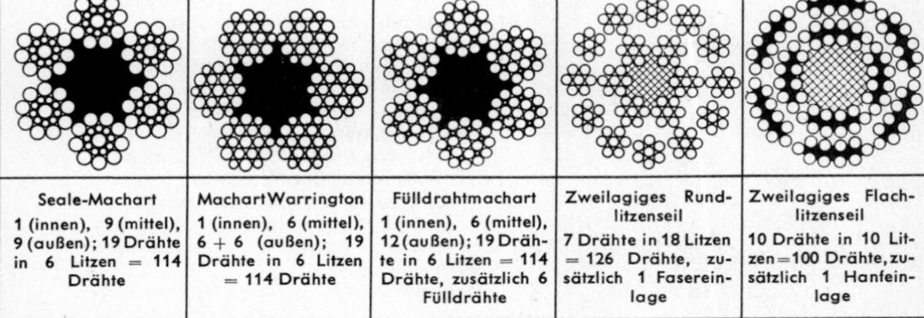

drillt) werden. Je nach Seilmachart sind die Litzen im D. im **Kreuzschlag,** d. h. mit einer Drehrichtung entgegengesetzt zu den Einzeldrähten (Kreuzschlagseil), oder im **Gleichschlag,** d. h. im gleichen Drehrichtungssinn (Gleichschlagseil), gewickelt; **Rundlitzenseile** sind aus Litzen von ovalem Querschnitt aufgebaut. D. in **Parallelmachart** haben zur Verringerung des Verschleißes verschiedene Steigung, aber gleiche Windungshöhe bzw. Schlaglänge der einzelnen Drähte. Hierzu gehören die **Seale-** und **Warrington-Seile;** sie besitzen ebenso wie Seile in **Fülldrahtmachart** Drähte verschiedenen Durchmessers. **Kabelschlagseile** sind statt aus Litzen aus feindrähtigen Seilen gedreht. Stehende Seile (stehendes Gut) bestehen entweder aus spiralförmig gewickelten Runddrähten (**Spiralseil**) oder spiralförmig gewickelten Litzen (**Litzenspiralseil**). Vielfach liegen außen über den Runddrähten Profildrähte in Z-Form (**verschlossenes Seil**) oder auch zw. den Runddrähten Profildrähte in I-Form (**halbverschlossenes Seil**).

Drahtseilbahn ↑Seilbahn.

Drahtseilriese, von Berg zu Tal gespanntes Drahtseil mit Gehänge zum Materialtransport im Gebirge.

Drahtstift, aus hartgezogenem Stahl-, Eisen- oder Kupferdraht hergestellter kleiner Nagel mit Spitze.

Drahtwürmer, langzylindr., gelbbräunl. Larven der Schnellkäfer mit glattem hartem Chitinpanzer.
◆ (weiße D.) Larven bestimmter Fliegenarten oder -gruppen, z. B. der Stilettfliegen.

Drahtziegelgewebe (Ziegeldrahtgewebe), Drahtgeflecht mit aufgepreßten scharfgebrannten Ziegeltonkörpern; Verwendung als Putzträger und zur feuerhemmenden Ummantelung von Trägern.

Drain [drɛːn, drɛ̃ː; engl.-frz.] (Drän), Gummi- oder Glasröhrchen zur Ableitung (**Drainage**) von Wundabsonderungen, Flüssigkeiten und Gasen aus Körperhöhlen nach Verletzung, Operation oder Abszeßöffnung.

Drainage [drɛˈnaːʒə; engl.-frz.] (Dränage), svw. ↑Dränung.
◆ in der *Medizin* ↑Drain.

Drais, Karl Freiherr D. von Sauerbronn, * Karlsruhe 29. April 1785, † ebd. 10. Dez. 1851, dt. Erfinder. - Konstruierte 1813/14 einen vierrädrigen Wagen und 1817 ein einspuriges Zweirad, beide unter dem Namen Draisine bekannt.

Draisine [drɛˈziːnə, draɪ...; nach K. Freiherr Drais von Sauerbronn], (Laufrad, Zweirad) von K. Drais erfundenes zweirädriges Straßenfahrzeug, auf dem man sich sitzend und mit den Füßen am Boden abstoßend fortbewegte; bes. in Großbrit. und Frankr. sehr beliebt. - Abb. S. 314.
◆ zu Streckenkontrollen verwendetes kleines Schienenfahrzeug.

Drake, Sir (seit 1580) Francis [engl. drɛɪk], * Crowndale (Devonshire) zw. 1539 und 1545, † vor Portobelo (Panama) 28. Jan. 1596, engl. Admiral und Seeheld. - Gilt als einer der Begr. der engl. Seeherrschaft; unternahm als Freibeuter und Führer des unerklärten engl. Kleinkrieges gegen Spanien Fahrten nach Guinea und kaperte die span. Silberflotte. Umsegelte zw. 1577 und 1580 als erster Engländer die Erde; 1587 überfiel er Teile der span. Flotte im Hafen von Cádiz, zerstörte 30 Schiffe sowie für die span. Armada bestimmten Nachschub; wehrte als Vizeadmiral 1588 den Versuch der Armada ab, England anzugreifen.

Drakensberge, Gebirge in Südafrika, erstreckt sich etwa 1 100 km lang in NO-SW-Richtung vom südl. Wendekreis bis in die südl. Kapprovinz; im Thabana Ntlenyana 3 482 m hoch.

Drakestraße [engl. drɛɪk], Meeresstraße zw. Südamerika und den Süd-Shetland-Inseln, über 600 km breit; verbindet den S-Atlantik mit dem S-Pazifik.

Drakon (Draco), athen. Gesetzgeber des 7. Jh. v. Chr. - Als Thesmothet („Gesetzgeber“) 624 (oder 621) mit Veröffentlichung der gültigen Strafbestimmungen beauftragt; schränkte die private Blutrache zugunsten der Rechtsfindung durch staatl. Gerichte ein, für deren Urteile bes. harte Normen (**drakon. Gesetze**) festgelegt wurden; unterschied zw. vorsätzl. und unbeabsichtigter Tötung.

Drakunkulose (Dracunculosis) [griech.-lat.], vorwiegend in den Tropen vorkommende Wurmerkrankung bei Menschen, Pferden, Rindern, Hunden, die durch den **Medinawurm** (Dracunculus medinensis) verursacht wird. Die Infektion erfolgt durch Aufnahme larveninfizierter Krebschen beim Trinken. Nach etwa einem Jahr verursachen die Weibchen durch Abscheidungen taubeneigroße Hautgeschwüre (**Medinabeulen**) an Armen und Beinen, die nach 2–3 Wochen aufbrechen.

Drall, allg. Bez. für die Verdrehung oder Drillung eines längl. Körpers in sich; auch Bez. für die Drehbewegung (Rotation) eines Körpers um eine körpereigene Achse.
◆ schraubenlinienförmige Züge im Lauf von Feuerwaffen, durch die dem Geschoß eine Drehbewegung um seine Längsachse aufgezwungen wird; dadurch größere Stabilität beim Flug und große Treffsicherheit.
◆ svw. ↑Drehimpuls.

Dralon ® [Kw.], licht-, wetter-, hitze- und chemikalienbeständige, knitterfeste ↑Polyacrylnitrilfaser.

Drama, griech. Stadt, 115 km nö. von Saloniki, 37 000 E. Hauptort des Verw.-Geb. D.; orthodoxer Erzbischofssitz; Zentrum des griech. Tabakhandels und eines agrar. intensiv genutzten Gebietes.

Drama [griech. „Handlung“], literar. Großform, in der eine in sich abgeschlossene

Draisine von Karl Freiherr Drais von Sauerbronn

Handlung durch die daran unmittelbar beteiligten Personen in Rede und Gegenrede (Dialog) als unmittelbar gegenwärtig auf der Bühne dargestellt wird. Das D. gehört damit zum Bereich des Dramatischen als der dritten der Naturformen der Dichtung; es verwirklicht sich i.d.R. erst mit der szen. Aufführung; es wendet sich an den Zuschauer; das sog. Lesedrama stellt daher, ebenso wie das Stegreifspiel, einen Grenzfall dar. Neben dem Dialog haben Kommentare der Handlung durch einen Prolog (häufig im D. des MA und der Renaissance) oder einen durch die Handlung führenden Erzähler (in einigen Formen des ep. Theaters) sowie der Monolog bzw. das Beiseitesprechen nur nebengeordnete Bedeutung. Die Personen als Träger der dramat. Handlung können Charaktere im Sinne individueller Persönlichkeiten sein (im neuzeitl. D.), sie können ebenso als feste Typen (häufig im Lustspiel, z. B. in der Commedia dell'arte) oder als Repräsentanten abstrakter Wesenheiten und Ideen (häufig im D. des MA oder des Barocks) aufgefaßt sein. Das D. ist doppelten Ursprungs: Es wurzelt einmal im menschl. Spieltrieb, in der improvisierten Darstellung einfacher, meist derbkom. Handlungen und den damit verbundenen Vermummungen und Tänzen, zum anderen im kult. Bereich; hier knüpft das D. an liturg. Begehungen und chor. Aufführungen an. Durch die Aufnahme mimet. Elemente in die liturg. Feier entsteht das eigtl. Drama.

Theorie des Dramas

Am Anfang steht in Europa die „Poetik" des Aristoteles, dessen entscheidende Aussagen über Wirkstruktur und Bauprinzipien der Tragödie in der Neuzeit z. T. in irrtüml. Interpretation wieder aufgegriffen und zu einem Kodex verbindl. Regeln umgestaltet wurden, so in den Poetiken des Humanismus (J. C. Scaliger), der italien. und frz. Renaissance (L. Castelvetro, P. Ronsard), des dt. Barock (M. Opitz) u. des Klassizismus (N. Boileau-Despréaux; J. C. Gottsched). Durch Herder und den Sturm und Drang verlor die Aristotel. „Poetik" zwar grundsätzl. an Bed., blieb aber weiter bis in die Gegenwart (W. Schadewaldt, B. Brecht) ein wichtiger Bezugspunkt der dramaturg. Diskussion. Eine geringere Rolle spielte dagegen die „Ars poetica" des Horaz. Immer wieder erörtert wurden v. a. folgende Punkte der Aristotel. „Poetik":

1. Der Begriff der **Mimesis,** der in der Renaissance als bloße „Nachahmung" mißverstanden wurde, während Aristoteles Mimesis auch als bewußt vorweggenommene Darstellung idealer Situationen versteht.

2. Die aristotel. Wirkungsästhetik der Tragödie mit ihren Grundstrukturen **Furcht und Mitleid** und **Katharsis,** deren Auslegung bis heute umstritten sind. Bei Aristoteles ist Katharsis, indem sie „Jammer" („éleos") und „Schauder" (phóbos) auslöst, eine „Reinigung" des Zuschauers „von derartigen Affekten". Jammer und Schauder werden bei ihm in erster Linie als psych. Erregungszustände aufgefaßt. Die übl. Wiedergabe von griech. „éleos" und „phóbos" durch lat. „misericordia" und „metus" (Mitleid und Furcht) bedeutet eine Neuinterpretation des Aristoteles. Der Begriff wurde eth. gedeutet als Reinigung von den Leidenschaften, die in der Tragödie dargestellt werden. Diese Umdeutung wurde von P. Corneille aufgegriffen, von G. E. Lessing dagegen kritisiert. Für ihn ist der entscheidende Affekt, den die Tragödie beim Zuschauer auslöst, das Mitleid, dem die Furcht ledigl. untergeordnet ist. Unter Katharsis versteht er die Verwandlung der durch die Tragödie erregten Affekte in „tugendhafte Fertigkeiten". In der Moderne stehen sich die Theorie Schadewaldts und Brechts gegenüber. Schadewaldt kehrt zur psycholog.-psychotherapeut. Auffassung des Aristoteles zurück. während Brechts Theorie des ↑epischen Theaters von der Deutung Lessings ausgeht und die Ablösung der auf emotionaler Basis beruhenden Katharsis des einzelnen durch rationale und kritische Reaktionen fordert, die an ein spezifisches Klasseninteresse gebunden sind.

3. Die Regeln über die Ausdehnung und Gliederung der dramat. Handlung. Auf die Forderung nach Geschlossenheit (Einheit) und äußerer Begrenztheit der dramat. Handlung durch Aristoteles geht der zuerst von Castelvetro formulierte, z.T. auf einem Mißverständnis beruhende Grundsatz der **drei Einheiten** zurück. **Einheit des Ortes** bedeutet die Unverrückbarkeit des Schauplatzes einer Handlung, **Einheit der Zeit** die angestrebte Übereinstimmung von Spielzeit und gespielter Zeit, **Einheit der Handlung** die Geschlossenheit und Konzentration der Handlung selbst, d.h. keine Episoden oder Nebenhandlungen, die nicht mit der Haupthandlung in Verbindung stehen. Während die Einheit der Handlung nie bestritten wurde, waren die

Einheiten des Ortes u. der Zeit mannigfachen theoret. Auseinandersetzungen unterworfen. Dabei beruhte die Berufung auf Aristoteles auf einem philolog. Irrtum. Von einer Einheit des Ortes ist bei ihm nirgends die Rede. Die Forderung nach Begrenzung der Spielzeit (ein Tag von 24 Stunden) meint ledigl. die notwendige äußere Begrenztheit der Handlung. Ungeachtet der falschen Interpretation bewirken die Einheiten des Ortes und der Zeit im Drama der Renaissance und des Klassizismus (Corneille, F. B. Racine) eine äußerste Konzentration des Geschehnisablaufs und eine Verinnerlichung der Handlung. Diese Forderung vertrat in Deutschland als erster Gottsched, doch bereits Lessing wandte sich gegen Gottscheds Dogmatismus und die mechan. Anwendung der drei Einheiten. Mit Herder und der Dramaturgie des Sturm und Drang, die sich auf Shakespeare und dessen Drama der **offenen Form** (was bedeutet, daß literar. Werke keinen streng gesetzmäßigen Regeln unterworfen sind) beruft, verschwindet die Forderung nach den Einheiten des Orts und der Zeit aus den Poetiken. Sie werden jedoch im Sinne ihrer ästhet. Funktion (so beim Drama der **geschlossenen Form** (das sind Kunstwerke von streng gesetzmäßigem, oft symmetr. Bau, überschaubarer Anordnung aller Elemente um eine prägende Leitlinie und entsprechend konsequenter Funktionalität aller Teile) auch später immer wieder beachtet (z. B. Goethe, „Iphigenie auf Tauris").

4. Die Regeln über die Charaktere, die nach Aristoteles der Handlung untergeordnet sind. Seine Forderung der Darstellung des Schicksals hervorragender Persönlichkeiten, an denen die trag. **Fallhöhe** (der trag. Fall eines Helden werde desto tiefer empfunden, je höher dessen sozialer Rang sei) sichtbar werden könne, führte zur **Ständeklausel** der Poetik der Renaissance und des Klassizismus. Nach ihr können in der Tragödie Hauptpersonen nur von hohem, in der Komödie dagegen von niederem Stand sein. Diese Forderung wurde im bürgerl. Trauerspiel überwunden. Wurden Widerstände gegen die D.theorien der Renaissance und des Klassizismus bereits im Sturm und Drang, später in der Romantik deutl., so setzten sich die v. a. an Ibsens analyt. Gesellschaftsstücken geschulten Dramatiker des Naturalismus bewußt über alle Regeln hinweg („Die Menschen auf der Bühne sind nicht der Handlung wegen da, sondern die Handlung der Menschen auf der Bühne wegen ...", A. Holz). Die klass. Einteilungskategorien in ↑Akte ist nun völlig überwunden. Die Lehre des Aristoteles von der Dreiteilung einer Handlung bedingte im neuzeitlichen D. (v. a. in Spanien) eine dreiaktige Bauform, während die fünfaktige auf eine Forderung des Horaz zurückgeht. Damit war eine gewisse Starrheit im Handlungsablauf vorgeprägt, die im modernen Theater zugunsten einer lockeren Aneinanderreihung einzelner Szenen überwunden wird, selbst wenn diese Akteinteilung äußerl. beibehalten wird.

Geschichte des Dramas

Das griech.-röm. Drama: Es entsteht im Rahmen des Dionysoskultes; Vorform der Tragödie ist der Dithyrambus, die chor. Aufführung zu Ehren des Dionysos. Durch die Aufnahme ep. Stoffe aus der griech. Heldensage und die Einführung der Schauspieler entsteht die Tragödie. Sie bleibt äußerl. an den Dionysoskult gebunden (Aufführung im Rahmen der jährl. att. Dionysien), aber inhaltl. säkularisiert sie sich und so tritt der Chor gegenüber den Partien der Schauspieler mehr und mehr in den Hintergrund. Entstehungsgeschichtlich mit der Tragödie verknüpft ist das Satyrspiel, während die Komödie ihren Ursprung im Maskenzug („kõmos") hat, genauer: durch eine Verbindung dieser Maskenzüge mit vorliterar. Stegreifspielen.

Das Drama des MA: Das geistl. Spiel des MA, das den Gläubigen christl. Heilsgeschehen in dramat. Gestaltung vorführt, entwikkelt sich im Rahmen der kirchl. Liturgie aus dem Tropus. Der Ostertropus, der den Gang der Marien zum Grabe gestaltet, bildet den Ausgangspunkt für die Entstehung des Osterspiels. Beide werden Vorbild für das Weihnachtsspiel. Andere Formen des geistl. Spiels entwickeln sich im Rahmen von Prozessionen. Die wachsende Verselbständigung des Spiels innerhalb der liturg. Feier und die Zunahme burlesker Szenen führen schließl. zu seiner Verbannung aus der Kirche auf die Marktplätze; gleichzeitig setzt sich die Volkssprache an Stelle der lat. Sprache durch. Der Übergang zur Nationalsprache führt zu nat. Sonderentwicklungen: das dt. Passionsspiel, in Frankr. das Mysterienspiel, in England das Prozessionsspiel und die Moralität; in Spanien bleibt das Auto sacramental bis ins 18. Jh. hinein lebendig. Neben dem geistl. Spiel entwickelt sich seit dem 15. Jh. ein kurzes, possenhaft-satir. weltl. Lustspiel: die dt. Fastnachtsspiele, die niederl. Kluchten und Sotternien und die frz. Sottien. Ansätze zu einem ernsten weltl. D. finden sich im SpätMA nur in den Niederlanden (Abele Spelen).

Das neuzeitl. Kunstdrama: Die Anfänge des neuzeitl. Kunst-D. nach antikem Vorbild liegen in Italien; unter dem Einfluß der Komödien des Plautus und Terenz entstehen die Renaissancekomödie (L. Ariosto, il Bibbiena, N. Machiavelli) und nach dem Vorbild Senecas die Renaissancetragödie (G. Trissino, „Sophonisbe", 1515, dt. 1818). Hier finden sich zum ersten Male die dramaturg. Formelemente vereint, die das europ. Kunst-D. bis ins 18. Jh. (und z. T. darüber hinaus) charakterisieren. Daneben tritt das Schäferspiel (T. Tasso, „Aminta", 1580). Außerdem entsteht die Oper, das Ballett und das höf. Festspiel (Trionfo). In Spanien, Deutschland und den

Niederlanden dominieren während des 16. Jh. noch die überlieferten Formen des D., in Spanien macht Calderons weltl. Theater eine Ausnahme, in Deutschland zeigen Humanistendrama, prot. Schuldrama, Jesuitendrama neue Ansätze, im 17. Jh. dann das schles. Kunstdrama. Dagegen entstehen in Frankreich und England bereits im 16./17. Jh. Formen eines von Berufsschauspielern getragenen Nationaltheaters. Der höf. orientierten (Absolutismus) frz. „haute tragédie" (Corneille, Racine) des 17. Jh. steht das von einer breiten und wohlhabenden bürgerl. Schicht getragene elisabethan. Theater Englands gegenüber, dessen Blütezeit ins ausgehende 16. Jh. fällt (T. Kyd, R. Greene, C. Marlowe, Shakespeare). Auch hier steht am Anfang die von Seneca beeinflußte Renaissancetragödie nach italien. Vorbild (T. Sackville), aber es setzt sich die „Historie" durch, das D. besteht in einer Art geschichtl. Bilderbogen mit lockerer Szenenfolge. Als eigtl. Schöpfer des dt. Nationaltheaters im 18. Jh. kann Lessing gelten, der, von pedant. Nachahmung frei, mit „Minna von Barnhelm" (1767), „Emilia Galotti" (1772) und „Nathan der Weise" (1779) je ein Musterbeispiel für ein Lustspiel, ein Trauerspiel und ein Schauspiel in dt. Sprache geschaffen hat. Einen Durchbruch bedeutet der Sturm und Drang mit der Rezeption Shakespeares; die Entwicklung vollzieht sich vom Ideendrama der Weimarer Klassik über das bürgerl. Trauerspiel (C. F. Hebbel) zum Milieudrama (H. Ibsen, G. Hauptmann), vom Geschichtsdrama (Schiller, F. Grillparzer) zum sozialen Drama (G. Hauptmann, „Die Weber", 1892). Das D. im frühen 20. Jh. ist durch eine Reihe antirealist.-antinaturalist. Versuche gekennzeichnet. Dabei spielen, neben der Wiederbelebung traditioneller Dramentypen wie der antiken Tragödie (P. Ernst), der ma. Moralität (H. von Hofmannsthal, „Jedermann", 1911) oder des span. Auto sacramental (Hofmannsthal, „Das Salzburger große Welttheater", 1922; P. Claudel, „Der seidene Schuh", 1929) und der Orientierung an außereurop. Formen des D. wie des japan. No-Spieles (W. B. Yeats), die verschiedenen Arten der Aufnahme lyr. (Hofmannsthal, „Der Thor und der Tod", 1900) und ep. Strukturen in das D. eine bed. Rolle, wobei das ep. Theater (die Lehrstücke B. Brechts) durchaus die Tendenzen des Humanismus und des dt. Idealismus fortsetzen. Dagegen löst sich das absurde Theater von allen Bindungen. Soziale und gesellschaftskrit. Themen greift das Dokumentartheater, das Straßentheater und das sozialkrit. Volksstück (Ö. von Horváth, F. X. Kroetz) wieder auf.

🕮 *Pfister, M.: Das D. Stg. u. Mchn. ⁴1984. - Asmuth, B.: Einf. in die Dramenanalyse. Stg. ²1984. - Einf. ins D. Hg. v. N. Greiner u. a. Mchn. 1982. 2 Bde. - Dt. Dramentheorien. Hg. v. R. Grimm. Wsb. ³1981. 2 Bde. - Hdb. des dt. Dramas. Hg. v. W. Hinde. Düss. 1980. - Koopmann, H.: D. der Aufklärung. Mchn. 1979. - Dietrich, M.: Das moderne D. Stg. ³1974.*

Dramatik [griech.], die dramat. Dichtkunst.

◆ Spannung, bewegter Ablauf.

Dramatisierung [griech.], Bearbeitung eines i. d. R. ep. Stoffes für das Theater.

Dramaturg [griech., eigtl. „Schauspielmacher"], künstler.-wiss. Mitarbeiter bei Theater, Film, Hörfunk und Fernsehen. Arbeitet an der Aufstellung des Spielplans mit, macht die Bühnenbearbeitungen und hält gegebenenfalls den Kontakt mit den Autoren, redigiert Programmhefte und Theaterzeitschriften, unterstützt den Regisseur, berät Bühnenbildner und Kostümbildner.

Dramaturgie [griech.], Kurzbez. für das dramaturg. Büro bzw. die dramaturg. Abteilung (z. B. einer Rundfunkanstalt).

◆ Lehre von der äußeren Bauform und den Gesetzmäßigkeiten der inneren Struktur des Dramas, ↑Drama (Theorie des Dramas).

Dramburg (poln. Drawsko Pomorskie), Krst. im Verw.-Geb. Köslin, Polen▾, 8 700 E. Saatzuchtstation. - Gegr. 1297 als brandenburg. Stadt **Drawenburg**.

Drammen, norweg. Stadt sw. von Oslo, Hauptstadt des Verw.-Geb. Buskerud, 138 km², 51 000 E. Handels- und Ind.zentrum, Bahn- und Straßenknotenpunkt, Hafen (v. a. Holzexport).

Dramolett [griech.-frz.], kurzes dramenähnl. Bühnenspiel.

Dränage [...ʒə] ↑Drainage, ↑Dränung.

Drang, elementares, vom Individuum als Trieb, Begierde oder Strebung erfahrbares Antriebserlebnis; kann in allg. Form als Daseins- oder Lebens-D., im bes. als Tätigkeits- oder Erlebnis-D. und im erweiterten Sinn auch als inhaltlich gerichtete Strebung (Gestaltungs-D.) auftreten.

Dransfeld, Hedwig, * Hacheney bei Dortmund 24. Febr. 1871, † Werl 13. März 1925, dt. Politikerin. - Führende Vertreterin der kath. Frauenbewegung, 1919 Mgl. der Weimarer Nat.versammlung, ab 1920 MdR (Zentrum).

Dränung (Dränage, Drainage) [engl.-frz.], Entwässerung von Bodenschichten durch ein meist in 80 bis 180 cm Tiefe verlegtes System von **Dräns** (Tonrohre von 4 bis 20 cm Durchmesser, gelochte Betonrohre, geschlitzte Kunststoffrohre, Faschinen, Grobschotter u. a.). **Saugdräns** leiten das zusickernde Wasser in **Sammeldräns,** von denen es in einen Vorfluter gelangt.

Draperie [zu frz. drap „Tuch"], kunstvoller Faltenwurf.

◆ strahlenförmige Polarlichterscheinung.

Draper-Katalog [engl. 'dreɪpə; nach dem amerikan. Astronomen H. Draper, * 1837, † 1882], vom Harvard-Observatorium erstellter Sternkatalog mit Spektraltypangaben für 225 300 Sterne des Nord- und Südhimmels. Erweiterung des D.-K. wird **Draper-Extension** genannt.

Drau, rechter Nebenfluß der Donau, in Italien, Österreich und Jugoslawien, 749 km lang, Einzugsgebiet 40 400 km²; entspringt in Südtirol; nach Aufnahme der Mur bildet sie auf 150 km die Grenze zw. Jugoslawien und Ungarn. Die D. wird durch Engen in Abschnitte gegliedert: **Pustertal** oberhalb von Lienz mit den Hauptorten Bruneck und Toblach, **Oberdrautal** zw. Tiroler Tor und Sachsenburg, **Unterdrautal** oberhalb von Villach, **Rosental** zw. den Mündungen von Gail und Gurk, **Jauntal** bis zur östr.-jugoslaw. Grenze.

Draufgabe, 1. (Draufgeld, Anzahlung, Aufgeld, Angeld, Handgeld, Arrha) Zahlung beim Abschluß eines Vertrages; gilt als Zeichen des Vertragsabschlusses (§ 336 BGB) und ist im Zweifel auf die vom Geber geschuldete Leistung anzurechnen oder, wenn das nicht geschehen kann, bei der Erfüllung des Vertrages zuzrückzugeben; 2. svw. Zugabe.

Draupnir, in der nord.-german. Mythologie der von den Zwergen geschmiedete Zauberring Odins (Wodans), von dem jede neunte Nacht acht gleichschwere Ringe abtropfen.

drawidische Sprachen, isolierte Familie von etwa 30 Sprachen und Dialekten (Tamil, Telugu, Kanaresisch, Malajalam, Tulu, Gondi, Kui, Oraon [Kurukh], Brahui usw.) mit über 100 Mill. Sprechern, die, abgesehen von Sprachinseln im N (Brahui) u. O Vorderindiens nur in S-Indien und Ceylon gesprochen werden.

Dreadnought [engl. 'drɛdnɔ:t „Fürchtenichts"], brit. [Groß]linienschiff mit 10 Geschützen Kaliber 30,5 cm, 1905/06 gebaut; wurde zur Bez. der auch von anderen Staaten gebauten Schlachtschiffe (Großkampfschiffe) dieser Art.

drechseln, Holz, Elfenbein, Horn u. a. auf einer der Drehbank ähnl. Drechselbank zu rotationssymmetr. Formen bearbeiten; die Bearbeitungswerkzeuge werden von Hand geführt. Kunstvolle Drechslerarbeiten findet man in Form von Balustern, im Kunstgewerbe (neben gedrechselten Beinen v. a. an Möbeln des 17. und 18. Jh.) in Form von Trinkgefäßen, Leuchtern, Dosen, Spielzeug, Figuren von Brettspielen.

Drees, Willem, * Amsterdam 5. Juli 1886, niederl. Politiker. - Seit 1919 Mgl. der Sociaal-Democratische Arbeiderspartij in Nederland (SDAP), 1933–40 Abg. in der 2. Kammer; im 2. Weltkrieg in der Widerstandsbewegung tätig; 1940/41 deportiert; Sozialmin. 1945–48; gründete 1946 als Nachfolgeorganisation der SDAP die Partij van de Arbeid (PVDA); Min.präs. 1948–58; verließ 1971 die PVDA.

Dregger, Alfred, * Münster 10. Dez. 1920, dt. Politiker (CDU). - Jurist; 1956–70 Oberbürgermeister von Fulda; MdL in Hessen 1962–72, 1967–82 Landesvors. der hess. CDU, seit 1969 im Bundesparteivorstand der CDU; seit 1972 MdB; seit 1982 Vors. der CDU/CSU-Bundestagsfraktion.

Dregowitschen (russ. Dregowitschi), ein alter, an der Beresina (zw. Pripjet und Dwina) ansässiger ostslaw. Volksstamm.

Dr. E. h., Abk. für: **D**okto**r** **E**hren **h**alber.

Drehachse, der geometr. Ort aller Punkte, die bei einer Drehung in Ruhe bleiben.

Drehautomat, selbständig arbeitende und sich selbst steuernde Drehmaschine, die die für die Herstellung eines Drehteils erforderl. Arbeitsgänge und Leerläufe ausführt. Wichtigstes Konstruktionselement ist die Steuerung, die mit Hilfe von mechan., hydraul. oder elektron. Elementen sowohl die Operationen für das Drehen selbst als auch die Hilfsoperationen (bei Halbautomaten nur z. T.) wie Zuführen und Spannen des Materials, Vorschieben des Werkzeugschlittens, Schalten der Arbeitsspindel- und Steuerwellendrehzahlen, des Revolverkopfs bzw. der Spindeltrommel, Zurückziehen des Werkzeugs und Lösen des Materials ausführt.

Drehbank (Drehmaschine), Werkzeugmaschine zur spanabhebenden Bearbeitung, bei der das Werkstück eine drehende Bewegung ausführt, das Werkzeug (Drehstahl) längs oder quer (plan) zur Drehachse des Werkstücks verschoben wird; Drehachse meist waagerecht. Drehbänke ermöglichen die Herstellung beliebig geformter Rotationsflächen und das Schneiden von Gewinden. Bei der **Leit-** u. **Zugspindeldrehbank** weist das Maschinenbett an seinem (vom Dreher aus gesehen) linken Ende den fest angebrachten *Spindelstock* mit der Arbeitsspindel, rechts den beim Spannen zw. Spitzen beliebig verstellbaren *Reitstock* auf. Zw. beiden kann der *Support* zur Werkzeugführung bewegt werden. Im Spindelstock ist die Arbeitsspindel gelagert, deren Drehzahl durch ein Getriebe einstellbar ist; Antrieb durch Elektromotor. Die *Arbeitsspindel* trägt zum Aufspannen des Werkstücks ein *Spannfutter* oder eine *Planscheibe* mit verschiebbaren Klauen. Zum Drehen zw. Spitzen wird in die Arbeitsspindel eine Körnerspitze eingesetzt (**Spitzendrehbank**). Zur Werkzeugführung trägt das Maschinenbett den längs zur Drehachse bewegl. *Bettschlitten*, auf dem der *Planschlitten (Querschlitten)* quer zur Drehachse verschiebbar ist. Auf diesem sitzt der zum Drehen kegeliger Flächen in einem beliebigen Winkel zur Drehachse einstellbare *Drehschlitten (Oberschlitten)* mit dem Werkzeughalter *(Stahlhalter)*. Vorschub- und Einstellbewegung der drei Schlitten durch Betätigung entsprechender Kurbeln. Bei Einschalten der *Zugspindel* erfolgt der Vorschub selbstätig. Der Reitstock nimmt die längsverschiebbare *Pinole* auf, in die zum Drehen zw. Spitzen eine Körnerspitze, zum Bohren aber Bohr- und Drehwerkzeuge eingesetzt werden können. **Universal-**

drehbänke besitzen Zusatzeinrichtungen für alle Dreharbeiten (Längs- und Plandrehen, Kegeldrehen, Gewindeschneiden, Bohren, Reiben). **Plan-** bzw. **Kopfdrehbänke** sind ohne Reitstock, aber mit einer großen Planscheibe ausgerüstet. **Revolverdrehbänke** tragen auf dem Längsschlitten oder anstelle des Reitstocks einen Werkzeugträger *(Revolverkopf)*, dessen verschiedene Werkzeuge nacheinander, teilweise auch gleichzeitig in Arbeitsstellung gebracht werden können. **Kopierdrehmaschinen** formen die Konturen des Werkstücks durch eine elektr. oder hydraul. Steuerung der Werkzeugbewegung nach Schablonen oder Mustern. Selbsttätig arbeitende und sich steuernde Drehmaschinen werden als **Drehautomaten** bezeichnet. Arbeitsgänge und Bewegungen werden über Steuerwellen mit Kurven oder Nocken, bei **NC-Drehmaschinen** (Numerical-control-Drehmaschinen) und **CNC-Drehmaschinen** (Computerized-numerical-control-Drehmaschinen) numerisch gesteuert. **Karusseldrehmaschinen** besitzen für die Bearbeitung schwerer Werkstücke eine waagerecht liegende Planscheibe, die sich um eine senkrechte Achse dreht.

📖 *CNC-Ausbildung für die betriebl. Praxis. Hg. v. IFAO. Tl. 3: CNC-Drehen. Mchn. 1985. - König, W.: Drehen, Fräsen, Bohren. Düss. ²1984. - Danowsky, H.: Taschenbuch des Drehers. Bln. ⁴1981.*

Drehbewegung ↑Bewegung.

Drehbuch, textl. Grundlage für die Gestaltung eines Films oder einer Fernsehproduktion. Vorstufen sind das **Exposé** mit der Beschreibung der Filmidee und des Handlungsablaufs, das **Treatment,** in dem der Handlungsablauf bereits szen. gegliedert ist und die wichtigsten opt. und akust. Vorstellungen aufgezeichnet sind, sowie das **Rohdrehbuch,** das alle vom **Drehbuchautor,** teils auch von Regisseur, von Redakteuren u. ä. konzipierten Details aufführt. Das endgültige D. hält in einer schemat. „Bildpartitur" synchronist. u. synopt. (linke Spalten opt., rechte Spalten akust. Elemente) den Text, Angaben zu Bewegungen, Ton, Beleuchtung, Kulissen, Requisiten, Aufnahmetechnik usw. fest; dabei wird der Gesamtablauf des Films in durchgehend numerierte Einstellungen und Bilder (Szenen) gegliedert. Das D. bildet heute vielfach die Grundlage für die Gewährung von staatl. Produktionszuschüssen.

Drehempfindung, in der Physiologie die bei Drehung des Körpers um seine Längsachse auf Grund der Reaktionen des Vestibularapparates im Innenohr ins Bewußtsein tretenden Reflexe bzw. deren Auswirkungen. Bei plötzl. Beenden einer raschen Drehbewegung des ganzen Körpers entsteht das Gefühl einer entgegengesetzten Drehbewegung und es kommt zu **Drehschwindel.**

Drehen, wichtiges Verfahren der spanenden Bearbeitung auf der ↑Drehbank.

Drehergewebe, zarte, durchsichtige oder poröse Gewebe in Dreherbindung, deren Fäden sich nicht verschieben lassen, da sich die Kettfäden gegenseitig umschlingen.

Drehfeld, ein elektr. oder magnet. Feld, dessen Feldstärkerichtung mit konstanter Winkelgeschwindigkeit um eine Achse rotiert.

Drehfestigkeit (Torsionsfestigkeit), Widerstand eines Körpers gegen eine Kraft, die den Körper zu verdrehen versucht.

Drehflügelflugzeug ↑Hubschrauber.

Drehfrucht (Streptocarpus), Gatt. der Gesneriengewächse mit etwa 90 Arten in Afrika und SO-Asien; meist zottig oder wollig behaarte, bis 40 cm hohe Kräuter mit einem einzigen großen Blatt oder wenigen grundständigen Blättern; Blüten purpurfarben, blau oder weißl.; zahlr. Arten als Topfpflanzen im Handel.

Drehgestell, bei Schienenfahrzeugen ein zwei- oder dreiachsiges Fahrgestell mit zapfenförmiger vertikaler Achse in seiner Mitte (**Drehzapfen**), auf der sich der Fahrzeugkasten (mit der Drehpfanne) abstützt.

Drehherzmücke (Kohlgallmücke, Contarinia nasturtii), etwa 2 mm lange, gelblichbraune Gallmücke, deren ♀♀ durch Ablage ihrer Eier bes. an Kohlsorten schädl. werden. Die Larven saugen an den Blattstielen der Herzblätter, was zu Wachstumsstörungen der Pflanzen führt: Krümmungen, Verdrehungen und Kräuselungen der Blätter (**Drehherzigkeit**), Ausbleiben von Kopfbildungen.

Drehhornantilopen (Drehhornrinder, Tragelaphini), Gattungsgruppe der Horntiere (Unterfam. Waldböcke) mit 8 Arten in Afrika; u. a.: **Nyala** (Tragelaphus angasi) in SO-Afrika; 1,3–1,6 m lang, bis 1,1 m schulterhoch; Körper rauchgrau (♂) oder kastanienbraun (♀) mit weißen Querstreifen. Als Kudus bezeichnet werden zwei graue, grau- oder rötlichbraune Arten der Gatt. Tragelaphus: **Großer Kudu** (Tragelaphus strepsiceros; in Z-, O- und S-Afrika) und **Kleiner Kudu** (Tragelaphus imberbis; in O-Afrika). Die **Elenantilope** (Taurotragus oryx) ist 2,3–3,5 m lang und 1,4–1,8 m schulterhoch; meist hellbraun mit weißl. Querbinden und oft schwarzen Abzeichen; Hörner beim ♂ bis 1,2 m lang. In Äquatorialafrika lebt der **Bongo** (Taurotragus eurycerus); 1,7–2,5 m lang, 1,1 (♀) bis 1,4 (♂) m schulterhoch; Fell leuchtend rotbraun, Körperseiten mit weißen Querbinden, an Beinen, Hals und Kopf weiße Bänder und Flecken.

Drehimpuls (Drall, Impulsmoment), Formelzeichen $\boldsymbol{L}$, bei einem sich drehenden starren Körper das Produkt aus dem Trägheitsmoment I bezügl. der Drehachse und der Winkelgeschwindigkeit $\boldsymbol{\omega}$:

$$\boldsymbol{L} = I\boldsymbol{\omega}.$$

Der D. ist ein Vektor, dessen Richtung mit der Richtung der Drehachse zusammenfällt. Die SI-Einheit des Drehimpulses ist 1 Js. Der

D. entspricht bei der Drehbewegung dem ↑Impuls bei der fortschreitenden Bewegung (Translationsbewegung). In einem physikal. System, auf das keine äußeren Kräfte wirken, ist der D. konstant *(Satz von der Erhaltung des D.)*.

Drehkäfer, svw. ↑Taumelkäfer.

Drehkolben ↑Drehkolbenverdichter.

Drehkolbenmotor, svw. ↑Rotationskolbenmotor.

Drehkolbenpumpe ↑Pumpen.

Drehkolbenverdichter (Umlaufverdichter), Verdichter, bei dem ein umlaufender Verdrängerkörper (Drehkolben) eine abgetrennte Gasmenge auf einen höheren Druck fördert und verdichtet; Fortfall von Ventilen und Kurbeltrieb, relativ hohe Undichtigkeitsverluste. D. lassen sich nach Anzahl der Wellen in *Zweiwellenverdichter* und *Einwellenverdichter* einteilen.

Drehkondensator, Kondensator mit stetig veränderbarer Kapazität; dient v.a. zur Abstimmung von Schwingungen, d.h. zur Frequenzwahl, in Funksendern und [Rund]-funkempfängern. D. bestehen aus einem ruhenden (Stator) und einem um eine Achse drehbaren Plattensatz (Rotor). Die Plattensätze greifen ineinander, sind aber durch einen Luftzwischenraum (beim **Luftdrehkondensator**) oder durch Isolierfolien voneinander getrennt.

Drehkran ↑Krane.

Drehkrankheit, (Drehsucht, Coenurosis) durch die Blasenfinne (↑Drehwurm) des Quesenbandwurms verursachte, im allg. tödl. Erkrankung des Zentralnervensystems von Säugetieren (bes. bei Hausschafen) mit charakterist. Gleichgewichtsstörungen (v.a. Drehbewegungen).

◆ ↑Taumelkrankheit.

Drehleier (Radleier, frz. vielle), seit dem 10. Jh. bekanntes Streichinstrument mit fidel-, lauten- oder gitarreähnl. Korpus, dessen Saiten (2 oder 4 in Quinten gestimmte Bordunsaiten und 1 oder 2 durch Tangententasten verkürzbare Melodiesaiten) von einem oberhalb des Stegs aus dem Korpus herausragenden Scheibenrad gestrichen werden.

Drehmagnetinstrument, elektr. Meßinstrument, das keine Richtkraftfeder und keine Stromzuführung zu bewegl. Teilen benötigt, weshalb das Meßwerk solcher Instrumente unempfindlich gegen Stöße ist.

Drehmaschine ↑Drehbank.

Drehmoment, Formelzeichen $\boldsymbol{M}$, Maß für die Drehwirkung einer an einem drehbaren starren Körper angreifenden Kraft. Der Betrag M des Drehmomentes ist dabei gleich dem Produkt aus dem Betrag F der angreifenden Kraft und dem senkrechten Abstand d ihrer Wirkungslinie vom Drehpunkt:

$$M = F \cdot d.$$

Vektoriell ist das Drehmoment definiert als das *Vektorprodukt* aus der Kraft $\boldsymbol{F}$ und dem vom Drehpunkt zum Angriffspunkt der Kraft gezogenen Vektors $\boldsymbol{r}$: $\boldsymbol{M} = \boldsymbol{F} \times \boldsymbol{r}$. Das D. ist demnach ein Vektor, der senkrecht auf der

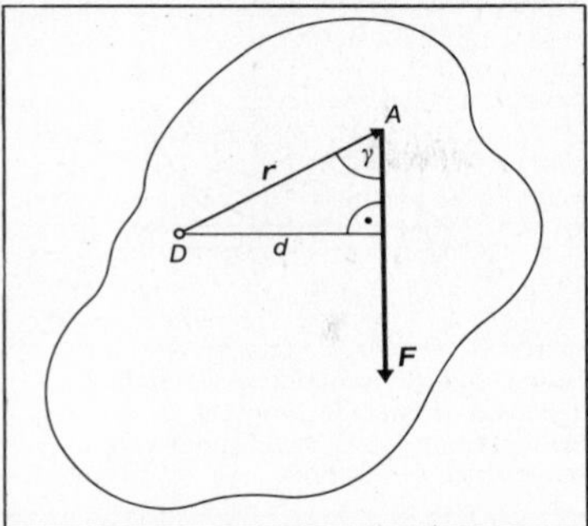

durch die Vektoren $\boldsymbol{F}$ und $\boldsymbol{r}$ aufgespannten Ebene steht und dessen Betrag gleich der Fläche des von $\boldsymbol{F}$ und $\boldsymbol{r}$ aufgespannten Parallelogramms ist. SI-Einheit des D. ist 1 N · m.

Drehmomentenwandler, allg. jedes Getriebe, das zw. Eingangs- und Ausgangswelle eine Veränderung (meist Vergrößerung) des eingegebenen Drehmoments bewirkt; vielfach jedoch auch Bez. für das gleiche Aufgaben erfüllende Strömungsgetriebe. Beim D. ergibt eine Drehmomentenvergrößerung an der Ausgangswelle eine Erniedrigung der Ausgangsdrehzahl gegenüber der Eingangsdrehzahl.

Drehmomentschlüssel, Schraubenschlüssel, der infolge seiner Verformung beim Anziehen einer Schraube das aufgebrachte Drehmoment anzeigt. Als Steckschlüssel ausgebildete D. haben hierzu z.B. einen torsionsstabähnl. Schaft, dessen Verdrehwinkel ein Maß für das aufgebrachte Drehmoment ist. D. werden zum Anziehen von Schrauben benötigt, die eine festgelegte Vorspannung aufweisen müssen (z.B. Zylinderkopfschrauben bei Verbrennungsmotoren).

Drehmoos (Funaria), mit etwa 120 Arten weltweit verbreitete Gatt. (weniger cm hoher) rasenbildender Laubmoose. In M-Europa auf Mauern und Ödland wächst das **Wettermoos** (Funaria hygrometrica); mit orangebraunen Mooskapseln auf bei trockenem Wetter spiralig gedrehten, bei feuchtem Wetter geraden Stielen.

Drehorgel (Leierkasten), Bez. für die trag- oder fahrbare kleine Orgel der Straßenmusikanten (auch für die Karussellorgel), mit gedackten Pfeifen oder Zungenpfeifen, zuweilen noch mit Trommeln und Schellen und bewegl. Figuren. Durch eine Kurbel (bei der Karussellorgel elektr. Antrieb) wird gleichzeitig eine Stiftwalze oder Lochscheibe (heute Lochstreifen), die die Ventile zu den Pfeifen

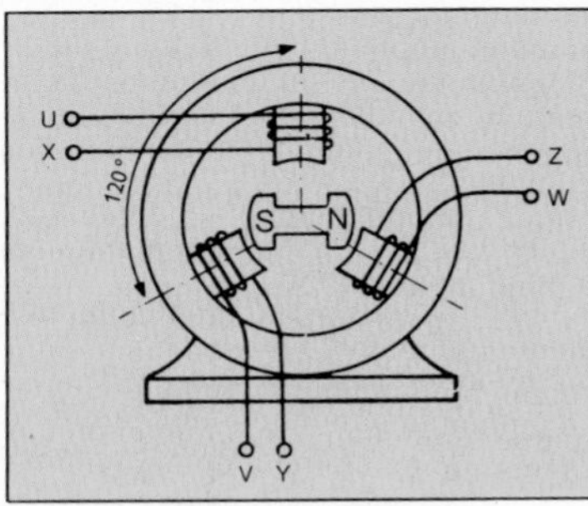

Drehstrom. Schematische Darstellung der Drehstromerzeugung (U, V, W Spulenanfänge, X, Y, Z Spulenenden, N Nordpol, S Südpol)

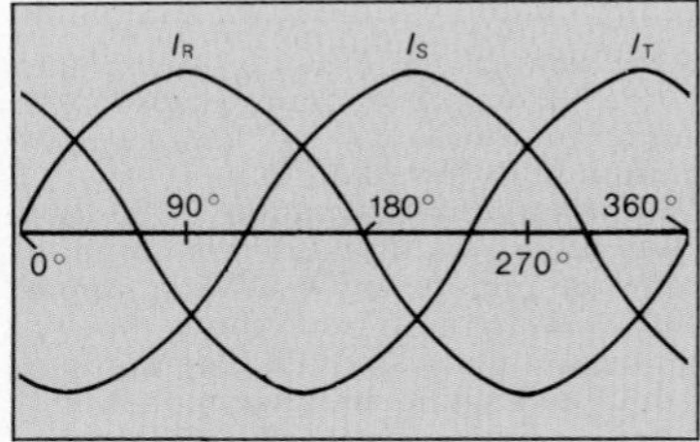

Drehstrom. Liniendiagramm der induzierten Ströme eines Drehstromsystems

öffnet, in Bewegung gesetzt und der Blasebalg betätigt.

Drehrahmen (Drehrahmenpeiler, Peilrahmen), in der Funkpeilung verwendete, um eine vertikale Achse drehbare Rahmenantenne. Durch Drehen der Rahmenebene wird das Minimum der Empfangsfeldstärke gesucht (Rahmenebene senkrecht zur Senderrichtung).

Drehrohrofen (Drehofen), [metallurg.] Ofen, der aus einem 20–160 m langen, schwach geneigten Rohr mit äußerem Drehantrieb besteht. Durch die Drehbewegung wird im Innern das Gut langsam vom Eintrags- zum Austragsende bewegt; Beheizung erfolgt vom unteren Ende aus; bes. bei der Zinkgewinnung und in der Zementind.

Drehscheibe, im modernen Eisenbahnwesen eine brückenartige Stahlkonstruktion mit einem Gleisstück, die in einer Grube drehbar gelagert ist. D. werden v. a. an Zuführungsgleisen von Lokomotivschuppen eingebaut.

◆ ↑Töpferscheibe.

Drehschemel, um einen vertikalen Zapfen drehbares Aufsatzgestell, z. B. bei Sattelschleppern.

Drehschieberpumpe ↑Pumpen.

Drehschwindel ↑Drehempfindung.

Drehsinn, Richtung einer Drehung; *positiver D.:* der Uhrzeigerdrehung entgegengerichtet; *negativer D.:* in Richtung der Uhrzeigerdrehung.

Drehspiegel, schnell rotierender Mehrflächenspiegel zur Beobachtung schnell veränderl. Vorgänge.

◆ kleiner Spiegel in elektr. Meßgeräten, der am bewegl. Organ befestigt ist und den auf ihn fallenden Lichtstrahl entsprechend der Verdrehung des Organs ablenkt.

Drehspulinstrument, ein elektr. Meßgerät mit Drehspulmeßwerk (↑elektrische Meßgeräte).

Drehstabfeder (Torsionsstab), stabförmiges Federelement runden oder rechteckigen Querschnitts, das sich bei Belastung elast. verdreht; findet bei Kraftfahrzeugen Verwendung.

Drehstrom (Dreiphasenstrom), Verkettung dreier elektr. Wechselströme, die um 120° phasenverschoben sind. Der D. ist die in der Stromversorgung meist verwendete Stromart (häufig **Kraftstrom** genannt). In einem Generator, in dessen Gehäuse (Stator) 3 Spulen angebracht sind, wird bei Drehung des Polrades (Rotor) in jeder der Spulen eine Wechselspannung induziert. Diese Spannungen sind in ihrer Phase gegeneinander verschoben; man spricht von einem *Dreiphasen-* oder *Drehstromsystem* (Phasenwinkel $\varphi = 2\pi/3 = 120°$). Die Enden der Spulen werden im sog. *Sternpunkt (Mittelpunkt, Knotenpunkt)* miteinander verbunden; so ergibt sich ein Drehstromsystem in *Sternschaltung* (Y-Schaltung). Der vom Sternpunkt der Schaltung ausgehende *Mittelpunktleiter (MP-Leiter, Sternpunktleiter, Nulleiter)* ist bei gleichmäßiger Belastung stromlos und kann häufig fortgelassen werden. Im Falle unsymmetr. Belastung führt er einen Ausgleichstrom. Die Spannung zw. den Außenleitern R, S und T ist die sog. *verkettete Spannung (Leiterspannung)* U_L, zw. Mittelpunktleiter und den einzelnen Außenleitern liegen die *Phasen-* oder *Strangspannungen* U_{ph}. Da diese gegeneinander um 120° phasenverschoben sind, ergibt sich für U_L auf Grund geometr. Gesetze $U_L = \sqrt{3}\ U_{ph}$.

Drehstromsystem in Sternschaltung (Y)

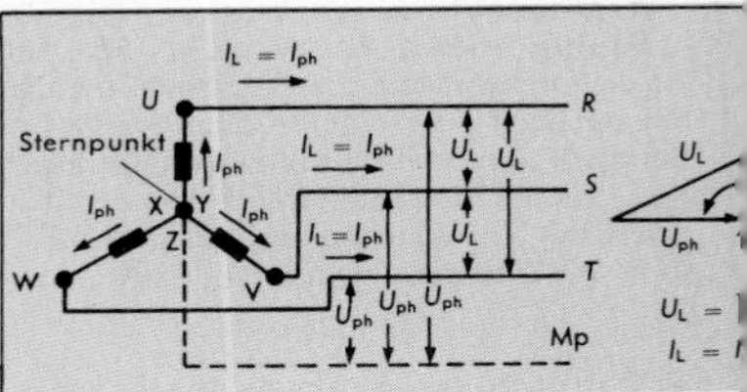

Beim Sternsystem mit vier Leitern hat man somit zwei Spannungen zur Verfügung, z. B. 380 V für U_L und 220 V für U_{ph}. Ortsnetze für die Versorgung von Haushalt, Gewerbe und Kleinind. sind prakt. immer 4-Leiter-Drehstromsysteme.

Drehstromgenerator ↑Wechselstrommaschinen.

Drehstromlichtmaschine ↑Lichtmaschine.

Drehstrommotor, dreiphasiger Wechselstrommotor mit Kurzschluß- oder Schleifringläufer, der vom Drehfeld der Ständerwicklung durchsetzt wird. Im Läufer entsteht ein Drehmoment, das ihn im Drehsinn des Drehfeldes dreht.

Drehstromtransformator ↑Transformator.

Drehtisch, drehbarer Objekttisch beim Mikroskop.

Drehtür (Wendelflügeltür), zwei-, drei- oder vierflügelige Tür, deren fest miteinander verbundene Flügel in einem als Windfang dienenden zylindr. Gehäuse um eine gemeinsame Achse drehbar angeordnet sind.

Drehung, (Rotation) die Bewegung eines Körpers, bei der sich alle seine Punkte auf konzentr. Kreisen um eine feststehende Achse *(Drehachse, Rotationsachse)* bzw. auf den Oberflächen konzentr. Kugeln um einen feststehenden Punkt (Drehpunkt, Rotationszentrum) bewegen.

◆ *(optische D.)* ↑optische Aktivität.

◆ in der *Mathematik* Bez. für eine orthogonale lineare ↑Koordinatentransformation mit positiver Determinante. Sie läßt sich geometr. deuten als eine D. aller Punkte des Raumes um eine fest bleibende Gerade (die **Fixgerade**).

Drehwaage, Vorrichtung zum Messen kleiner anziehender oder abstoßender Kräfte, die aus der Torsion eines elast. Aufhängefadens (Drahtes) bestimmt werden. Bei der **Cavendish-Drehwaage** wird die Gravitationskraft zweier Massen gemessen. Mit Hilfe dieser Vorrichtung bestimmte H. Cavendish 1798 die Gravitationskonstante. Mit Hilfe der **Coulombschen Drehwaage** lassen sich die Kräfte zw. elektr. Ladungen *(elektr. D.)* und Magnetpolen *(magnet. D.)* bestimmen.

Drehwuchs (Spiralwuchs), Wachstumsweise vieler Holzpflanzen, bei denen die Holzfasern nicht parallel, sondern schraubig zur Stammachse verlaufen; meist genet. bedingt.

Drehwucht (Drehenergie), die kinet. Energie *E* eines rotierenden Körpers. Sie beträgt $E = J_d \cdot \omega^2/2$, wobei J_d das auf die Drehachse bezogene Trägheitsmoment des Körpers und ω die Winkelgeschwindigkeit des rotierenden Körpers ist.

Drehwurm (Quese, Coenurus cerebralis), Bez. für die bis hühnereigroße Blasenfinne des ↑Quesenbandwurms; im Gehirn bes. von Hausschafen, gelegentl. auch beim Menschen; verursacht ↑Drehkrankheit.

Drehwurz, svw. ↑Wendelähre.

◆ svw. ↑Ackerwinde.

Drehzahl, Formelzeichen *n*, bei einem gleichförmig sich drehenden Körper der Quotient aus der Anzahl der Umdrehungen *u* u. der dazu erforderl. Zeit $t: n = \frac{u}{t}$. Die D. ist zahlenmäßig gleich der Anzahl der Umdrehungen pro Zeiteinheit (zumeist pro Sekunde oder pro Minute). Zw. der D. *n* und der Winkelgeschwindigkeit ω besteht die Beziehung: $\omega = 2\pi n$.

Drehzahlmesser, Meßgerät zur Bestimmung der Drehzahl (Tourenzähler) von rotierenden Körpern (z. B. Kurbelwelle). **Mechan. Drehzahlmesser** beruhen auf mechan. Koppelung (z. B. Tachometerwelle) mit dem rotierenden Teil. Beim **Wirbelstromdrehzahlmesser** induziert ein rotierender Dauermagnet in einer ihn umhüllenden, durch eine Spiralfeder gefesselten Glocke (aus Aluminium) Wirbelströme, die die Glocke zu einer auf einen Zeiger übertragenen Verdrehung veranlassen.

Drehzapfen ↑Drehgestell.

Drei, eine Primzahl, als „heiligste Zahl" im myth.-religiösen Kontext Bez. der nach allen Seiten abgesicherten Geschlossenheit und Vollkommenheit.

Dreibackenfutter, svw. Dreibackenbohrfutter (↑Bohrfutter).

Dreibein, System aus drei von einem Punkt ausgehenden Einheitsvektoren; ein D. bestimmt durch die in Richtung der Einheitsvektoren verlaufenden drei Geraden (als Koordinatenachsen) ein räuml. Koordinatensystem, im Falle paarweise aufeinander senkrechter Einheitsvektoren (**orthogonales Dreibein**) speziell ein kartes. Koordinatensystem. Können die drei Einheitsvektoren $\boldsymbol{e}_1$, $\boldsymbol{e}_2$, $\boldsymbol{e}_3$ in dieser Reihenfolge durch Daumen, Zeigefinger und Mittelfinger der rechten Hand dargestellt werden, so spricht man von einem *Rechtssystem*, andernfalls von einem *Linkssystem*.

Dreiblatt, Bez. für verschiedene Pflanzen wie Fieberklee, Giersch, Klee und Wachslilie.

Dreibund, 1882 abgeschlossenes und bis zum 1. Weltkrieg mehrfach erneuertes geheimes Verteidigungsbündnis zw. dem Dt. Reich, Österreich-Ungarn und Italien; erweiterte den Zweibund und wurde Eckpfeiler des auf den Status quo bedachten Bündnissystems Bismarcks. Italien erhielt eine Beistandsgarantie gegen einen frz. Angriff und versprach dagegen dem Dt. Reich seine Unterstützung gegen einen frz. Angriff; richtete sich unausgesprochen gegen Rußland, da er prakt. die italien. Neutralität für den Kriegsfall sicherte; nach Scheitern einer Erweiterung durch brit. Beitritt und italien. Interessenwandel (Neutralitätsvertrag mit Frankr. 1902, Vertrag von Racconigi 1909 mit Rußland) weitere Lockerungen des D., der schließl. mit der italien. Neutralitätserklärung 1914 und

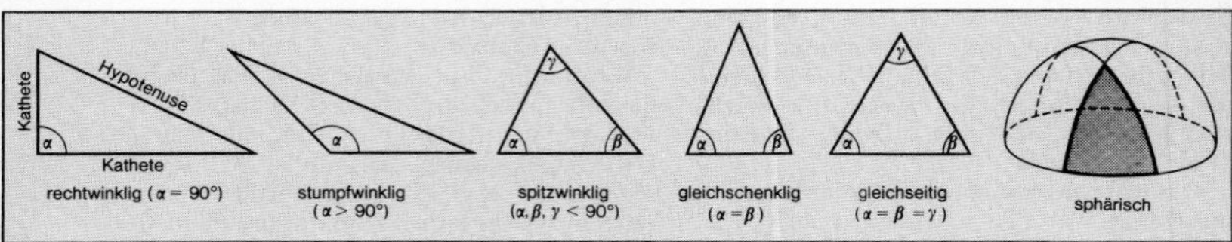

Verschiedene Dreiecksformen

dem italien. Kriegseintritt an der Seite der Entente 1915 zerbrach; leitete die europ. Blockbildung ein, die er hatte verhindern sollen und verfestigte die Bindung der dt. Außenpolitik an die Donaumonarchie.

Dreieck ↑Sternbilder (Übersicht).

Dreieck, eine geometr. Figur, die entsteht, wenn man drei nicht auf einer Geraden gelegene Punkte *A*, *B*, *C* (die *Ecken*) durch Strecken (die *Seiten*) verbindet. Mit *a*, *b*, *c* werden die den Ecken *A*, *B*, *C* gegenüberliegenden Seiten bezeichnet, mit α, β, γ die Innenwinkel an den Ecken *A*, *B*, *C*.
Es gelten stets die **Dreiecksungleichung** (zwei D.seiten sind zusammen länger als die dritte, $a+b>c$ usw.) und der Satz von der Winkelsumme: $\alpha+\beta+\gamma=180°$. Es kann mithin höchstens einer der drei Winkel ein stumpfer (d. h. $>90°$; **stumpfwinkliges Dreieck**) oder ein rechter (**rechtwinkliges Dreieck**) sein; sind alle drei Winkel spitz, d. h. $<90°$, so spricht man von einem **spitzwinkligen Dreieck.** Stets liegt der größeren zweier D.seiten der größere Winkel gegenüber und umgekehrt. Daraus folgt, daß bei Gleichheit zweier Seiten ($a = b$) auch die entsprechenden Winkel gleich sind ($\alpha=\beta$) und umgekehrt (**gleichschenkliges Dreieck**). Sind alle drei Seiten und mithin auch alle Winkel gleich ($\alpha=\beta=\gamma=60°$), so liegt ein **gleichseitiges Dreieck** vor.
Im allg. D. gibt es folgende ausgezeichneten Linien: die *Mittelsenkrechten* auf den Seiten, die *Höhen*, d. h. die Lote von einem Eckpunkt auf die gegenüberliegende Seite, die *Seitenhalbierenden*, d. h. die Verbindungsstrecken der Eckpunkte mit den Mittelpunkten der gegenüberliegenden Seiten, und die *Winkelhalbierenden.* Die drei Mittelsenkrechten schneiden sich im Umkreismittelpunkt *M*. Der Schnittpunkt *S* der drei Seitenhalbierenden ist der Schwerpunkt des Dreiecks. Er teilt jede Seitenhalbierende im Verhältnis 2:1. Auch die drei Höhen schneiden sich in einem Punkt *H*. Die Punkte *H*, *S*, *M* liegen auf einer Geraden (*Eulersche Gerade;* die Strecke *MH* wird von *S* im Verhältnis 1:2 geteilt). Der Schnittpunkt *O* der drei Winkelhalbierenden ist Mittelpunkt des Inkreises, der alle Dreieckseiten berührt.

Dreieck mit seinen ausgezeichneten Linien

C γ H b E a O S M A α β B c
— Winkelhalbierende und Inkreis
— Mittelsenkrechte und Umkreis
— Seitenhalbierende
— Höhe
E Eulersche Gerade

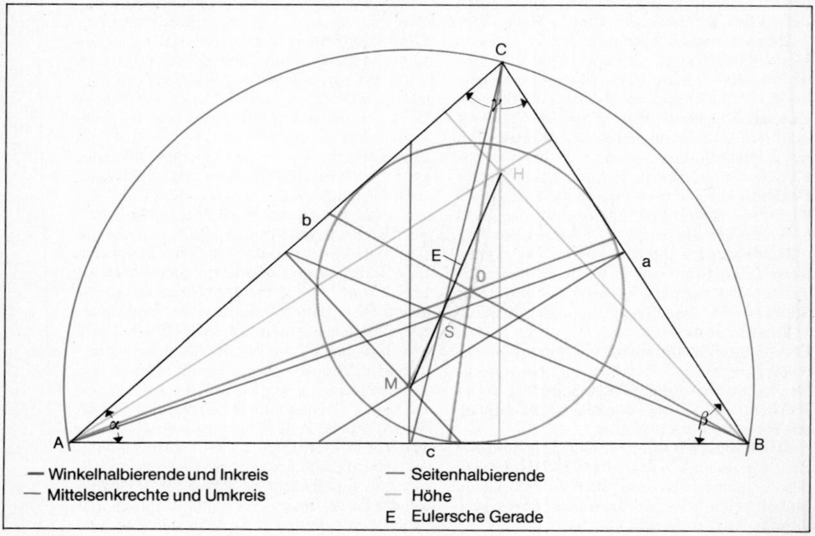

Dreiecksbein, ein Handwurzelknochen (↑Hand).

Dreieckskurs, übl. Bahn bei Segelregatten; der D. ist immer so gelegt, daß mindestens auf einem Kurs gekreuzt werden muß.

Dreiecktuch (Mitella), dreieckiges, um den Nacken geschlungenes Tragetuch zur Ruhigstellung des Arms bei Unterarm- oder Handverletzungen.

Dreieich, Stadt in Hessen, am nw. Rand des Messeler Hügellandes, 135–166 m ü. d. M., 38 300 E. Metall-, Textil-, Kunststoffind. - Entstand 1977 aus den Städten Dreieichenhain und Sprendlingen sowie drei weiteren Ortschaften.

drei Einheiten ↑Drama.

Dreieinigkeit ↑Trinität.

Dreier, mittel- und norddt. Münze zu 3 Pfennigen, seit dem 18. Jh. meist in Kupfer geprägt, zuletzt in Preußen 1873.

Dreierkombination ↑alpine Kombination.

Dreifachbindung, chem. Bindung zw. zwei Atomen durch drei, beiden Atomen angehörende Elektronenpaare. Bekannte organ. Verbindungen mit D. sind die ↑Alkine.

Dreifaltigkeit ↑Trinität.

Dreifaltigkeitssonntag (Trinitatis), der 1. Sonntag nach Pfingsten. In den ev. Kirchen werden im Kirchenjahr die Sonntage nach Trinitatis (vom D. bis zum 1. Adventssonntag) gezählt.

Dreifarbendruck ↑Drucken.

Dreifelderwirtschaft, in Europa weitverbreitetes Fruchtfolgesystem, bei dem in dreijährigem Turnus Sommer-, Wintergetreide und Hackfrüchte (früher Brache) miteinander abwechseln und dabei jeweils 1/3 der Fläche jährl. wechselnd einnehmen.

Dreifuß (Tripus), in der Antike bronzenes Gestell für Kessel oder flacher Kessel mit angenieteten hohen Beinen, in dieser Form griech. Kampfpreis bei Wettspielen (Funde in Olympia, 8.–6. Jh.), später Preis für choreg. Siege an Apollon- und Dionysosfesten, v. a. Votiv in Heiligtümern (z. B. in Delphi).

dreigestrichen, Bez. für den Tonraum c‴–h‴ (dreigestrichene ↑Oktave).

Drei Gleichen, bis 416 m hohe kegelförmige Berge nw. von Arnstadt, Bez. Erfurt, DDR; gekrönt von Wachsenburg, Ruine Gleichen und Ruine Mühlburg, die einst die Handelswege über den Thüringer Wald beherrschten.

Dreigrafenministerium, nach den Grafen R. Belcredi (Min.präs.), A. von Mensdorff-Pouilly (Auswärtiges), und J. von Larisch-Moennich (Finanzen) ben. östr. Ministerium (1865–67).

Dreikaiserbund, informelles Bündnisverhältnis zw. dem Dt. Reich, Österreich-Ungarn und Rußland, das Bismarck 1872 zustande brachte; 1873 entstand auf dieser Basis ein in seiner prakt. Bed. zweifelhaftes dt.-russ. Militärabkommen, das ein Konsultativabkommen Rußlands mit Österreich-Ungarn ergänzte; 1881 durch das **Dreikaiserbündnis** (Neutralität bei Angriff einer 4. Macht) erneuert; scheiterte durch die Battenbergaffäre 1885–87.

Dreikaiserschlacht ↑Austerlitz.

Dreikampf, sportl. Mehrkampf; in der *Leichtathletik:* 100-m-Lauf, Weitsprung, Kugelstoßen; im *Rasenkraftsport;* Gewichtwerfen, Hammerwerfen und Steinstoßen.

Dreikant (körperl. Ecke), räuml. Gebiet, das von drei durch einen Punkt (Spitze) gehenden Ebenen begrenzt wird.

Dreikanter ↑Dreiseithof.

Dreiklang, Bez. für einen aus drei Tönen in zwei Terzen aufgebauten Akkord. Die tonale Musiklehre unterscheidet den Dur-D. (1), den Moll-D. (2) sowie den verminderten (3) und den übermäßigen D. (4):

Ein D. kann durch die Lage seines Spitzentons (5) und durch die Stellung seines Baßtons (↑Umkehrung) (6) variiert werden, ohne daß seine Eigenschaft sich wesentl. ändert.

Dreiklassenwahlrecht, nach Einkommen oder Steuerleistung abgestufte Sonderform des allg. Wahlrechts; wurde histor. bedeutungsvoll im 1849 durch Verordnung eingeführten indirekten und öffentl. *preuß. D.;* wurde prakt. bis zu seiner Beseitigung 1918 dergestalt gehandhabt, daß man das Steueraufkommen eines Urwahlbezirks drittelte und danach die Urwähler in 3 Gruppen einteilte. 1849 stimmten in der 1. Gruppe 4,7 %, in der 2. Gruppe 12,6 %, in der 3. Gruppe 82,6 % der Wähler. Jede Gruppe wählte im Urwahlbezirk ein Drittel der Wahlmänner und diese die Abgeordneten. Damit war die Mehrheit des Volkes polit. entmündigt.

Dreikonchenanlage, Gebäude, meist Kirche mit drei gleich langen Apsiden (Konchen) nach drei Richtungen (vom Chorquadrat ausstrahlend).

Drei Könige (Heilige Drei Könige), nach der Erzählung des N. T. (Matth. 2, 1–12) die drei Weisen, die, dem Stern über Bethlehem folgend, aus dem Morgenland gekommen waren, um dem neugeborenen „König der Juden" zu huldigen und ihm Gold, Weihrauch und Myrrhe zu schenken. Von der Legende zu drei Königen erhoben, deren Namen Kaspar, Melchior und Balthasar im 9. Jh. aufkamen; als christl. Heilige gelten sie bes. als Beschützer der Reisenden. Das Fest **Epiphanias** (6. Jan., Offenbarung der Göttlichkeit des Kindes vor den D. K.) wurde zum Dreikönigstag, er galt lange als Abschluß des alten und eigtl. Beginn des neuen Jahres. Vielfältiges Brauchtum, u. a. Sternsingen, Perchtenlauf und Wahl des Bohnenkönigs. Im

11. Jh. wurde in Frankr. das bald aus der liturg. Feier verbannte **Dreikönigsspiel** ausgebildet; in England und Frankr. bis ins 16. Jh. bezeugt. Schon in frühchristl. Zeit in die Darstellung von Christi Geburt einbezogen, symbolisieren die Könige Lebensalter (Jüngling, Mann, Greis), später auch Erdteile (seit dem 12. Jh. ist meist Kaspar schwarzhäutig).

Dreikönigenschrein, Reliquienschrein im Kölner Dom aus der Werkstatt des Nikolaus von Verdun (um 1181–91 Gesamtentwurf und Ausführung der Längswände, die Propheten eigenhändige Arbeiten des Nikolaus von Verdun; um 1198–1206 Vorderseite; um 1220–30 Rückwand), der nach der Überlieferung die Gebeine der Hl. Drei Könige enthält, die Rainald von Dassel 1164 nach Köln brachte.

Dreikörperproblem ↑Mehrkörperproblem.

Dreilappkrebse, svw. ↑Trilobiten.

Dreimächtepakt, 1940 zw. Deutschland, Italien und Japan mit dem Zweck abgeschlossene Vertrag, die USA aus dem europ. und chin.-jap. Krieg herauszuhalten; für den Fall eines Angriffs der USA auf einen der Bündnispartner sicherten sich diese Unterstützung mit „allen polit., wirtsch. und militär. Mitteln" zu; 1941 durch ein Abkommen über gemeinsame Kriegsführung (gegen Sonderfriedensverträge gerichtet), 1942 durch militär. und durch wirtsch. Vereinbarungen ergänzt.

Dreimaster, Segelschiff mit drei Masten.

Dreimeilenzone ↑Küstenmeer.

Dreipaß, seit der Hochgotik verwendete zentrierte Figur, die aus drei Zirkelschlägen („Pässen") geformt wird. Füllfigur für Kreise, später auch für sphär. Dreiecke.

Dreipaß. Rund (links) und spitz

Dreiperiodensystem, Einteilung der menschl. Kulturgeschichte nach dem jeweils vorherrschenden Material für die Werkzeugherstellung in die aufeinanderfolgenden Perioden: Steinzeit, Bronzezeit und Eisenzeit.

Dreiphasenbombe ↑ABC-Waffen.

Dreiphasenstrom, svw. ↑Drehstrom.

Dreipunktgurt ↑Sicherheitsgurte.

Dreipunktlandung, gleichzeitiges Aufsetzen eines Flugzeugs mit Haupträdern und Bugrad (bzw. Sporn).

Dreiruderer ↑Triere.

Dreisatzrechnung (Regeldetri), ein Rechenverfahren, bei dem man aus drei bekannten Größen eine vierte (unbekannte) Größe bestimmt; dabei wird von einer Mehrheit zunächst auf die Einheit und dann auf eine neue Mehrheit geschlossen (daher spricht man auch oft von **Schlußrechnung**). Beispiel einer einfachen Dreisatzaufgabe: 12 Knöpfe kosten 1,80 DM, wieviel kosten 5 Knöpfe? Schlußweise: 1 Knopf kostet $\frac{1,80}{12}$ DM, 5 Knöpfe kosten also $5 \cdot \frac{1,80}{12}$ DM = 0,75 DM.

Dreiseithof, Gehöftform, bei der Wohnhaus, Scheune und Stallungen um einen Innenhof errichtet sind, der gegen die Straße gewöhnl. mit einer Torwand abschließt. Verlaufen die Bauteile unter einer Firstlinie, so spricht man von **Dreikanter.**

Dreiser, Theodore [engl. 'draɪzə], * Terre Haute (Ind.) 27. Aug. 1871, † Los Angeles 28. Dez. 1945, amerikan. Schriftsteller. - Hauptvertreter des naturalist. Romans in Nordamerika. D. erschüttert mit schonungsloser Gesellschaftskritik das Idealbild der amerikan. Zivilisation von sich selbst. Seine Sprache ist schwerfällig, dadurch aber oft sehr wirksam. Sein Hauptwerk ist der Roman „Eine amerikan. Tragödie" (1925). In der Kurzgeschichte „Ernita" (in „Die Frau", 1929) schildert er eine Kommunistin und in dem Essayband „Trag. Amerika" (1931) bezieht er erstmals kommunist. Positionen. - *Weitere Werke:* Schwester Carrie (R., 1900), Jennie Gerhardt (R., 1911), Das „Genie" (R., 1915), Ton in des Schöpfers Hand (Dr., 1918).

Dreispitz, Hut, dessen Krempe an drei Seiten hochgeschlagen ist; entstanden nach dem Dreißigjährigen Krieg, seit Mitte des 18. Jh. kleiner und flacher **(Chapeau bas),** hielt sich bis ins frühe 19. Jh.

Dreisprung, Disziplin der Leichtathletik für Männer, in der 3 Sprünge aufeinanderfolgen. Reihenfolge: links, links, rechts oder rechts, rechts, links; olymp. Disziplin seit 1896. Weltrekord: 17,89 m (1975).

Dreißigjähriger Krieg, europ. Religions- und Staatenkonflikt, auf dt. Boden 1618–48 ausgetragen. Im Reich standen sich zunächst die schon 1608/09 gegr. konfessionellen Bündnisse (Union, Liga) unter Führung von Kurpfalz bzw. Bayern gegenüber.
Böhmisch-Pfälzischer Krieg (1618–23): Der Böhm. Aufstand weitete sich durch die Absetzung Ferdinands II. durch böhm. Stände und die Wahlannahme des pfälz. Kurfürsten Friedrich V. zum Reichskonflikt aus. Ferdinand warf nach seiner Wahl zum Kaiser mit Unterstützung Spaniens und der Liga Böhmen nieder (Schlacht am Weißen Berg 1620), eroberte die Pfalz und übertrug die pfälz. Kur 1623 Maximilian I. von Bayern; die Union löste sich auf.
Niedersächsisch-Dänischer Krieg (1625–29): Christian IV. von Dänemark griff 1625 ein,

um sich in N-Deutschland eine Machtbasis für den Kampf mit Schweden um die Ostseeherrschaft zu schaffen, mußte sich aber nach seiner Niederlage bei Lutter am Barenberge (1626) gegen das Heer der Liga unter Tilly und der Besetzung Jütlands im Lübecker Frieden (1629) zur Neutralität verpflichten. Mit dem Restitutionsedikt (1629) schien sich endgültig eine Kräfteverschiebung zugunsten des Katholizismus anzubahnen. Doch die gleichzeitigen zentralist. Bestrebungen des Kaisers forderten auch den Widerstand der kath. Fürsten heraus, die mit frz. Unterstützung auf dem Regensburger Kurfürstentag 1630 die Entlassung des kaiserl. Feldherrn Wallenstein durchsetzten.

Schwedischer Krieg (1630–35): Das Eingreifen Gustavs II. Adolf von Schweden, den die kaiserl. Machtstellung an der Ostsee nach der Niederlage der dt. Protestanten beunruhigte, führte zu Wallensteins erneuter Berufung, doch wegen seiner unabhängigen Politik dann Ächtung und Ermordung (1634). Die Niederlage Schwedens und des Heilbronner Bundes bei Nördlingen (1634) leitete zum Frieden von Prag (1635) über.

Schwedisch-Französischer Krieg (1635–48): Durch das frz.-schwed. Bündnis trat der Krieg in eine neue Phase (bourbon.-habsburg. Ggs.). Doch konnte keine Seite den Kampf militär. entscheiden. Nach zahlr. vergebl. Verhandlungen (seit 1644) kam es am 24. Okt. 1648 zum Westfäl. Frieden (zu den Folgen des D. K. ↑deutsche Geschichte, ↑Deutschland, Bevölkerung). - Karte S. 326 f.

🕮 *Franz, G.: Der D. K. u. das dt. Volk. Unterss. zur Bev.- u. Agrargesch. Stg. ⁴1979. - Pusch, M.: Der D. K. Mchn. 1978. - Langer, H.: Kulturgesch. des 30jährigen K. Stg. 1978.*

Dreißigster, das auf alte dt. Rechtssätze (Sachsenspiegel) zurückgehende gesetzl. Vermächtnis, das den Erben verpflichtet, Familienangehörigen des Erblassers, die bei dessen Tod seinem Haushalt angehört und von ihm Unterhalt bezogen haben (z. B. Verwandte, Verschwägerte, Pflegekinder, nicht dagegen Hausangestellte) auf die Dauer von 30 Tagen Wohnung und Unterhalt im bisherigen Umfang weiter zu gewähren (§ 1969 BGB).

Dreißig Tyrannen (die Dreißig), offizielle Bez. für eine 404 v. Chr. zur Wiederherstellung der alten Verfassung auf Betreiben Lysanders eingesetzte Kommission von Oligarchen in Athen; ihr Machteinfluß artete unter Kritias zur Gewaltherrschaft aus; sie wurden vertrieben.

Dreistadiengesetz, von A. Comte entwickelte geschichtsphilosoph. Theorie zur Beschreibung des Entwicklungsprozesses des Einzelmenschen wie der Menschheit, der nach einem Dreierschema 3 Stadien gesetzmäßig durchlaufen soll: 1. das „theolog. oder fiktive", 2. das „metaphys. oder abstrakte", 3. das „wiss. oder positive". - Ist das erste durch Fetischismus, Poly- und Monotheismus, das zweite durch eine Art Entmythologisierung der Götter (Gottes) gekennzeichnet, so das dritte durch wiss. Erforschung von Gesetzmäßigkeiten (Kausalbezügen) ohne theolog.-metaphys. Annahme von Erst- oder Endursachen. Zielt das erste Stadium auf Ordnung und Organisation, das zweite auf Fortschritt und Revolution, so das dritte auf eine Synthese von Ordnung und Fortschritt.

Dreistärkenglas ↑Brille.

Dreistufentheorie, in der allg. Kultur- und Wirtschaftsgeschichte die (nicht haltbare)

Dreißigjähriger Krieg. Das Schreckgespenst des Dreißigjährigen Krieges (zeitgenössisches Flugblatt)

Dreißigjähriger Krieg

Dreißigjähriger Krieg

Annahme einer Stufenfolge: Jäger, Hirten, Ackerbauern.

Dreitagefieber, svw. Malaria tertiana (↑Malaria).

◆ svw. ↑Pappatacifieber.

◆ (Exanthema subitum, sechste Krankheit), harmlose akute Infektionskrankheit bei Kindern, die charakterisiert ist durch eine etwa dreitägige Fieberperiode mit nachfolgendem maserähnl. Hautausschlag.

Dreiteilungsproblem (Trisektion des Winkels), die Aufgabe, einen Winkel nur mit Zirkel und Lineal in drei Teile zu teilen; sie ist allg. nicht lösbar.

Dreiviertelwind (Backstagsbrise), Windeinfall etwa 120° zur Fahrtrichtung des Segelbootes.

Dreizack (Triglochin), Gatt. der Dreizackgewächse mit etwa 15 Arten in den gemäßigten und kälteren Gebieten der Erde, v. a. in Australien; Sumpfpflanzen mit grasartigen Blättern; in M-Europa heim. sind **Stranddreizack** (Triglochin maritima; mit grünl. oder rötl. Blüten) und **Sumpfdreizack** (Triglochin palustris; mit gelblichgrünen Blüten).

Dreizackgewächse (Juncaginaceae), mit etwa 18 Arten weltweit verbreitete Fam. der einkeimblättrigen Blütenpflanzen, v. a. an feuchten Orten; bekannteste Gatt. Dreizack.

Dreizahngras (Sieglingia), Gatt. der Süßgräser mit nur 2 Arten in Europa, im nördl. Kleinasien und in N-Afrika; in M-Europa nur *Sieglingia decumbens*, ein horstbildendes, etwa 15–40 cm hohes Gras, v. a. in Kiefernwäldern und auf Heidemooren.

Dreizehn, eine Primzahl; gilt bes. im modernen Aberglauben als Unglückszahl.

Dreizehn alte Orte, der Staatenbund der schweizer. Eidgenossen von 1513: Bund der 10 Orte (Zürich, Bern, Luzern, Uri, Schwyz, Unterwalden [Unterwalden nid dem Wald und Unterwalden ob dem Wald], Glarus, Freiburg, Solothurn und Zug); Basel und Schaffhausen (ab 1501) und Appenzell (ab 1513), blieb drei Jh. unverändert.

Dreizentrenbindung, v. a. bei Boranen, Alanen und ähnl. gebauten Verbindungen, daneben auch u. a. bei Edelgasverbindungen auftretende Form der chem. Bindung, bei der 3 Atome durch ein Elektronenpaar miteinander verbunden sind. Bei den ↑Boranen, z. B. beim Diboran, teilen 2 Wasserstoffatome als Anionenbrücken ihr Elektronenpaar mit je 2 Boratomen, so daß die Atome B-H-B insgesamt nur durch ein Elektronenpaar gebunden sind:

H   H   H
B   B
H   H   H

Drei Zinnen (italien. Tre Cime di Lavaredo), Felstürme der Sextener Dolomiten, Südtirol, 2 998 m, 2 302 m und 2 457 m hoch.

Drell [niederdt.] (Drillich), Sammelbez. für sehr dichte köperbindige Gewebe aus Baumwolle, Leinen oder Halbleinen. Verwendung für Matratzenbezüge, Markisen, Arbeitskleidung, Handtücher.

Drempel [niederdt.], (Kniestock) über die Decke des obersten Geschosses hinausreichender Teil der Außenmauern eines Gebäudes.

◆ Schwelle im Torboden einer Schleuse, gegen die sich das geschlossene Schleusentor stützt.

Drente (niederl. Drenthe), Prov. in den nö. Niederlanden, im O an die BR Deutschland grenzend, 2 681 km^2, 425 000 E (1983), Verwaltungssitz Assen; Torfmoore, Ackerbau, Milchvieh- und Schweinehaltung; Erdöl- und Erdgaslagerstätten.

Drepanozyten, svw. ↑Sichelzellen.

Dreschen, mit dem Dreschflegel oder mit der Dreschmaschine die Körner aus den Getreideähren bzw. die Einzelfrüchte aus den Schoten der Hülsenfrüchte gewinnen.

Drescherhaie (Alopiidae), Fam. der Haie in den Meeren der trop. und gemäßigten Zonen. Bekannteste der 5 Arten ist der **Fuchshai** (Drescher, Seefuchs, Alopias vulpinus); bis 6 m lang, oberseits braun bis schiefergrau, unterseits weißl., obere Schwanzflossenhälfte extrem verlängert.

Drescherkrankheit (Dreschfieber, Drescherlunge, Farmerlunge), durch Einatmung giftiger Zerfallsprodukte oder Sporen von Schimmelpilzen beim Dreschen schimmelnden Getreides hervorgerufene Staublunge; anerkannte Berufskrankheit.

Dreschflegel, Handgerät zum Dreschen des Getreides; Hartholzknüppel, der durch kurze Riemen bewegl. mit einem starken Stiel verbunden ist.

Dreschmaschine, fahrbare, selten stationäre Maschine zum Trennen der Getreidekörner, der Spreu und des Strohes durch mechan. Behandlung des Dreschgutes (Getreidegarben). Arbeitsweise: Die Garben werden aufgeschnitten und in die **Dreschtrommel** geworfen. Stifte oder Schlagleisten schlagen die Körner aus den Ähren. Die Körner gelangen auf das obere, sog. Kurzstrohsieb, das alle größeren Beimengungen absiebt, während das Korn auf das darunterliegende zweite Sieb fällt. Hier bläst ein regulierbarer Luftstrom die Spreu aus den Körnern, die in einen Sortierzylinder gelangen und dort abgesackt werden oder auf den Schüttboden transportiert werden Das Stroh wird hinter der Maschine lose abgenommen oder gepreßt und gebunden. - ↑auch Mähdrescher.

Dresden, Hauptstadt des Bez. D., DDR, beiderseits der Elbe, 110 m ü. d. M., 520 000 E. Stadtkr. und Verwaltungssitz des Landkr. D.; Sitz des Bistums Meißen (seit 25. März 1981); TU (gegr. 1828), Hochschule für Verkehrswesen, Akad. für Medizin, Militärwesen sowie bildende Künste, Hochschule für Musik, Dresdner Gemäldegalerie, Museen, u. a. Dt.

Hygiene-Museum, Landesbibliothek, Kunstbibliothek, mehrere Theater; Philharmonie, Kreuzchor; seit 1978 jährl. internat. Musikfestspiele; botan. Garten, Zoo. - Die Ind. umfaßt v. a. opt. Werke, Textil- und Nahrungsmittelind.; Kernkraftwerk; Erwerbsgartenbau.
Geschichte: Das seit der Jungsteinzeit kontinuierl. besiedelte Gebiet erscheint 1004 als Wohngau Nisan der Sorben. Nach 968 Bestandteil der später sog. Mark Meißen, kam vor 1144 an die wettin. Markgrafen von Meißen, die um 1150 an der Stelle des späteren Schlosses eine Burg errichten ließen. 1206/16 Gründung der Stadt D. südl. der Burg (Magdeburger Stadtrecht 1299 bestätigt); die Stadtbefestigung schloß die Burg und eine ältere Marktsiedlung (sog. **Altdresden**) ein. Ein zur Stadt entwickeltes früheres Wendendorf auf dem rechten Elbufer (**Altendresden**) wurde 1550 eingemeindet. Als Residenz der Albertin. Linie (1485–1918) wurde D. zu einem weltbekannten kulturellen Mittelpunkt. 1519–29 zu einer Festung umgebaut. Unter Moritz von Sachsen (1541–53) zur Renaissanceresidenz ausgestaltet; erlebte unter August dem Starken den Höhepunkt seiner Geschichte. Schwerer Rückschlag durch den Siebenjährigen Krieg. Ab etwa Mitte des 19. Jh. Verkehrsknotenpunkt und Ind.zentrum. In der Nacht vom 13./14. Febr. 1945 mit (1939) 630 000 E und rd. 500 000 schles. Flüchtlingen trotz militär. Bedeutungslosigkeit Opfer dreier brit.-amerikan. Luftangriffe. - Im **Frieden von Dresden** (25. Dez. 1745), der den 2. Schles. Krieg beendete, erhielt Preußen den Besitz Schlesiens bestätigt u. erkannte dafür Franz I. als Kaiser an. Sachsen mußte eine hohe Kriegsentschädigung zahlen und auf schles. Ansprüche verzichten.
Bauten: Dem 2. Weltkrieg zum Opfer gefallene Bauwerke wurden z. T. originalgetreu wiederhergestellt, u. a. kath. Hofkirche (1739 ff.), Kreuzkirche (1764–92), der barocke Zwinger mit seinen Pavillons (1711–28), der als Renn- und Festspielplatz diente. Als Mahnmal soll die Ruine der barocken Frauenkirche stehenbleiben. Zu den Bauten des 19. Jh. gehören die Kunstakad. und Museen an der Brühlschen Terrasse. Neue Wohnvororte (20. Jh.).
🕮 *Mechelk, H.-W.: Stadtkernforschung in D. Hg. v. W. Coblenz. Bln. 1971. - Seydewitz, M.: D. Musen u. Menschen. Ein Beitrag zur Gesch. der Stadt, ihrer Kunst u. Kultur. Bln. 1971.*
D., Landkr. im Bez. D., DDR.
D., Bez. in der DDR, grenzt im O an Schlesien (Polen▾), im S an die ČSSR, im W an die Bez. Karl-Marx-Stadt und Leipzig, im N an den Bez. Cottbus, 6 738 km², 1,78 Mill. E (1985), Hauptstadt D.
Der N wird vom glazial geformten nordsächs. Flachland eingenommen, in dem weite, waldbedeckte Talsandflächen und weite Niederungen verbreitet sind, in denen Grünlandnutzung mögl. ist; im NO liegt das Oberlausitzer

Dresden. Der Zwinger ist nach starken Zerstörungen im Zweiten Weltkrieg völlig wiederhergestellt worden. Im Bild links der Wallpavillon (ein Torbau)

Heide- und Teichgebiet. Südl. schließt die sehr fruchtbare Lausitzer Gefildezone an, die v. a. ackerbaul. genutzt wird; im O der Gefildezone liegt die flachwellige Lausitzer Platte, lößbedeckte Flächen sind wichtige Ackerbaugebiete, Sandflächen werden forstwirtsch. genutzt. Zw. Pirna und Meißen wird die Gefildezone von der Dresdner Elbtalweitung unterbrochen, die intensiv landw. genutzt wird. Der S des Bez. gehört zur Mittelgebirgszone Sachsens, gegliedert in Lausitzer Bergland und Zittauer Gebirge.
Der Dresdner Raum ist eines der Ballungsgebiete der DDR. 2–3 % der Bev. sind Sorben. Bed. Ackerbaugebiete sind die Lommatzscher Pflege im NW mit Weizen- und Zuckerrübenanbau, die östl. der Elbe sich erstreckende Großenhainer Pflege und das Lausitzer Gefilde mit Weizen- sowie Roggen- und Kartoffelanbau. Die klimat. begünstigte Elbtalweitung von D. hat ausgedehnte Gemüse- und Obstbaukulturen. An Bodenschätzen hat der Bez. D. Steinkohlenvorkommen im Döhlener Becken, Braunkohlen südl. von Görlitz, Kupfer-, Wolfram- und Zinnerze im Erzgebirge. Kaolin- und Tongruben bei Meißen und Kamenz.
Der Bez. D. hat drei bed. Ind.gebiete: das obere Elbtal mit der Bezirkshauptstadt Dresden, das Gebiet um Riesa (Stahl- und Walz-

werk, chem. Ind.) und das Wirtschaftsgebiet Oberlausitz (Textilind., Maschinen- und Fahrzeugbau). Fremdenverkehr v. a. im östl. Erzgebirge, im Elbsandsteingebirge und im Zittauer Gebirge.

Dresdner Bank AG, zweitgrößte dt. Kreditbank, gegr. 1872 in Dresden, Sitz Frankfurt am Main, Hauptverwaltungen in Düsseldorf, Frankfurt am Main und Hamburg; in Berlin (West) vertreten durch ihre Tochtergesellschaft Bank für Handel und Industrie AG.

Dreß [frz.-engl.], Kleidung für einen bestimmten Anlaß, bes. Sportdreß.

dressieren [frz.], im 18. Jh. als Jagdausdruck aus dem Frz. entlehnt im Sinne von abrichten, einschulen, v. a. in der Tierdressur.
◆ Geflügel u. a. vor dem Garen Form geben durch Zusammenbinden oder -nähen.
◆ formbügeln (z. B. einen Filzhut unter Dampf in der Hutpresse formen).
◆ nachwalzen von Blechen.

Dressing [engl.] (Salatdressing), (vorgefertigte) Salatsoße, z. B. **French Dressing,** Öl, Essig, Salz und Pfeffer, **American Dressing,** Mayonnaise, Ketchup, Meerrettich.

Dressman ['drɛsmən; engl.], dem ↑ Mannequin entsprechendes männl. [Photo]modell.

Dressur [frz.], Abrichtung zu bestimmtem Verhalten bei Haus- und Wildtieren. Bei höheren Tieren spielen neben dem bedingten Reflex Nachahmung und möglicherweise auch einsichtiges Lernen (bei Affen) eine Rolle. Die D.methode wird in der Verhaltensforschung zur Untersuchung der Unterscheidungsfähigkeit, der Lernfähigkeit und der Gedächtnisleistungen von Tieren angewendet. Darüber hinaus dient die D. wirtsch. Zwecken (so werden z. B. Hunde und Pferde für den Polizeidienst und für die Jagd abgerichtet [dressiert]).

Dressurprüfung, Disziplin im Reitsport, in der die Fähigkeit in einzelnen Übungen und der Ausbildungsstand eines Pferdes geprüft und bewertet werden.

Dreux [frz. drø], frz. Stadt, Dep. Eure-et-Loir, 70 km westl. von Paris, 33 400 E. Metall-, Elektro-, Nahrungsmittelind. - Hauptort der kelt. Durokassen; kam um 1020 zur frz. Krondomäne; seit 1159 Stadt. - Kirche Saint-Pierre (13.–17. Jh.) mit Glasmalereien, Beffroi (1512 ff.).

Drevet [frz. drə'vɛ], frz. Kupferstecherfamilie des 18. Jh.; bed.:

D., Pierre, * Loire (= Loire-sur-Rhône) 20. Juli 1663, † Paris 9. Aug. 1738. - Sein bestes Werk ist das Porträt Ludwigs XIV. im Ornat vor dem Thron (1712), nach H. Rigaud.

D., Pierre Imbert, * Paris 22. Juni 1697, † ebd. 27. April 1739. - Schüler und Sohn von Pierre D.; sein Porträt J. B. Bossuets nach H. Rigaud (1723) ist einer der besten frz. Stiche.

Drewitz, Ingeborg, * Berlin 10. Jan. 1923, † ebd. 26. Nov. 1986, dt. Schriftstellerin. - Mitbegr. des Verbandes dt. Schriftsteller; Vizepräs. des „P.E.N.-Zentrums BR Deutschland" (1968/69 sowie ab 1972). Gibt in ihrem erzähler. Werk eine realist. Darstellung der Schwierigkeiten individueller Lebensgestaltung; setzt sich insbes. mit der Situation und Empfindungsweise der Frau auseinander, z. B. in „Oktoberlicht" (R., 1969), „Wer verteidigt Katrin Lambert?" (R., 1974), „Gestern war heute" (R., 1978); schrieb außerdem „Mein ind. Tagebuch" (1983), „Eingeschlossen" (R., 1986). Auch Erzählungen, Bühnenwerke, Hörspiele, Essays.

Drewljanen (russ. Drewljane), ostslaw. Stamm, vor Entstehen des ersten russ. Staates südl. des Pripjet und nw. von Kiew ansässig.

Drews, Arthur, * Uetersen 1. Nov. 1865, † Achern 19. Juli 1935, dt. Philosoph. - 1898 Prof. an der TH Karlsruhe. Bestritt mit mytholog. Argumentation die Historizität Jesu, indem er die Überlieferung als Christusmythe zu verstehen und zu erklären versuchte.

Drexler, Anton, * München 13. Juni 1884, † ebd. 24. Febr. 1942, dt. Politiker. - Urspr. Schlosser; 1919 Mitbegr. der Dt. Arbeiterpartei (DAP; ab 1920 NSDAP); 1920/21 deren Vors. danach Ehrenvors.; beteiligte sich 1925 nicht an der Neugründung der NSDAP.

Dreyer, Benedikt, * um 1480, † Lübeck (?) nach 1555, dt. Bildschnitzer. - Vertreter der manierist. geprägten Lübecker Spätgotik; Antoniusaltar für die dortige Burgkirche (heute im Annenmuseum), Lettnerfiguren mit drachentötendem Michael (vor 1520 geschaffen), Orgelkonsole und „Geldkastenmann" in der Marienkirche (alle 1942 verbrannt).

Dreyfus, Alfred [frz. drɛ'fys], * Mülhausen 9. Okt. 1859, † Paris 12. Juli 1935, frz. Offizier. - Aus jüd. Bürgertum stammend; als Hauptmann im Generalstab 1894 wegen angebl. Verrats militär. Geheimnisse an Deutschland angeklagt; Mittelpunkt der ↑ Dreyfusaffäre; 1906 rehabilitiert; zuletzt (im 1. Weltkrieg) Oberstleutnant.

Dreyfusaffäre ['draɪfu:s, frz. drɛ'fys], schwerste innenpolit. Krise der frz. Dritten Republik. Nach von antisemit. Einstellung bestimmter kriegsgerichtl. Verurteilung A. Dreyfus' zu Degradierung und lebenslängl. Verbannung in jurist. unhaltbarem Verfahren 1894 kam 1896 die frz. Abwehr auf die Spur des wahren Schuldigen, des Generalstabsoffiziers M. C. F. W. Esterházy (* 1847, † 1923). Gegen die Forderung nach Wiederaufnahme des Verfahrens hielten Generalstab und Kriegsministerium starr an der Schuld Dreyfus' fest. Der Kampf der „Dreyfusards" (darunter Jaurès, Zola und Clemenceau) um seine Rehabilitierung wurde zum innenpolit. Machtkampf der bürgerl. Mitte und Linken gegen die Rechtsparteien. Im Revisionsprozeß wurde Dreyfus 1899 in offenem Rechtsbruch zu 10 Jahren Festung verurteilt, dann aber begnadigt, doch erst 1906 rehabilitiert.

📖 *Die Affäre Dreyfus. Hg. v. S. Thalheimer. Mchn. 1986.*

Dreyse, [Johann] Nikolaus von (seit 1864), * Sömmerda 20. Nov. 1787, † ebd. 9. Dez. 1867, dt. Erfinder. - Konstruierte 1827 ein Zündnadelgewehr zunächst als Vorderlader, 1835 auch als Hinterlader.

DRGM, Abk. für: **D**eutsches **R**eichs**g**ebrauchs**m**uster; heute ersetzt durch Dt. Bundesgebrauchsmuster (DBGM).

Dr. h. c., Abk. für lat.: **D**octo**r** **h**onoris **c**ausa, ehrenhalber verliehener Titel.

dribbeln [engl.], den Ball durch kurze Stöße [über größere Strecken] vorwärts treiben (v. a. beim Fußball) und dabei evtl. zur Täuschung des Gegners die Richtung ändern.

Driburg (Westf.), Bad ↑ Bad Driburg (Westf.).

Driesch, Hans, * Bad Kreuznach 28. Okt. 1867, † Leipzig 16. April 1941, dt. Biologe und Philosoph. - 1911 Prof. in Heidelberg, 1920 in Köln, 1921–33 in Leipzig. Ausgehend von seinen experimentellen Untersuchungen nahm D. einen „Faktor E" („Entelechie") an, der sowohl die Entwicklung des noch unentwickelten Organismus zu seiner Endgestalt als auch die Restitution der Form bei einem verstümmelten Organismus leite; diese Entelechie bildet den zentralen Begriff seines antimaterialist. [Neo]vitalismus. Auch das Problem menschl. Handelns sieht D. als organ. Regulationsproblem, also rein biolog. Propagierte nachhaltig die Parapsychologie.
Werke: Der Vitalismus als Geschichte und als Lehre (1905), Philosophie des Organischen (engl. 1908; dt. 1909, [4]1928), Ordnungslehre (1912), Parapsychologie (1932), Der Mensch und die Welt (1941).

Drieu la Rochelle, Pierre [frz. driølarɔ'ʃɛl], * Paris 3. Jan. 1893, † ebd. 16. März 1945 (Selbstmord), frz. Schriftsteller. - Im Sinne einer Überwindung des bürgerl. Skeptizismus Parteigänger des frz. Faschismus und einer der Wortführer der Kollaboration mit den dt. Nationalsozialisten. Schrieb u. a. „Das Irrlicht" (R., 1930), „Verträumte Bourgeoisie" (R., 1937), „Le Français d'Europe" (1944).

Drift [niederdt.], (Trift) durch den Wind erzeugte, oberflächennahe Meeresströmung; unkontrolliertes Treiben eines Schiffes oder durch Strömung fortbewegtes Treibgut.
◆ eine der ungeordneten Wärmebewegung überlagerte, im Mittel gleichgerichtete Bewegung von Teilchen, z. B. die D. von Ladungsträgern unter dem Einfluß eines elektr. Feldes.
◆ Verschiebung der Kontinente auf der Asthenosphäre.

Drifteis ↑ Treibeis.

Driften (Four-wheel-drift), im Automobilsport eine bes. Technik des Kurvenfahrens; dabei wird der Wagen eingangs der Kurve „quergestellt", wodurch er sich (infolge der in der urspr. Richtung weiterwirkenden Trägheit) bei zusätzl. Gegenlenken gleichmäßig über alle vier Räder seitl. verschiebt. Fahrzeugachse und Kurventangente bilden den sog. **Driftwinkel.**

Drill (Mandrillus leucophaeus), Hundsaffe (Fam. Meerkatzenartige) in den Regenwäldern W-Afrikas; Körper bis 85 cm lang, oberseits braungrau, unterseits grau bis weißl., mit sehr großem Kopf, stark verlängerter Schnauze, Backenwülsten und nacktem, glänzend schwarzem Gesicht, das von weißl. Haaren umgeben ist. Schwanz stummelförmig kurz, aufrecht stehend; ♂ mit Nackenmähne, rosaroter Kinnpartie und (im erwachsenen Zustand) leuchtend blauen, violetten und scharlachroten Gesäßschwielen.

Drill [zu niederdt. drillen „drehen"], im militär. Bereich mechan. Einüben von Fertigkeiten, bes. des Gebrauches von Waffen und Kampfmitteln und von Bewegungen auf dem Gefechtsfeld.

Drillbohrer ↑ Bohren.

drillen, mechan. einüben (↑ Drill).
◆ im Angelsport einen gehakten Fisch durch wiederholtes Freigeben und Einholen der Angelschnur ermüden.
◆ im parallelen Reihen säen.

Drillich, svw. ↑ Drell.

Drilling (Dreiläufer), Jagdgewehr mit zwei Kugelläufen und einem Schrotlauf, beim **Doppelbüchs-** oder **Bock-Drilling** umgekehrt.

Drillinge, drei gleichzeitig ausgetragene, kurz nacheinander geborene Kinder. D. können ein-, zwei- oder dreieiig sein. 0,013 % aller Schwangerschaften sind Drillingsschwangerschaften (in Deutschland etwa 220 Drillingsgeburten pro Jahr).

Drillingsnerv ↑ Gehirn.

Drillmaschine [engl./dt.], Sämaschine, die das Saatgut in Reihen und in gleichmäßiger Tiefe in den Boden bringt.

Drin, längster Fluß Albaniens, entsteht bei Kukës aus dem Zusammenfluß von **Weißem Drin** und **Schwarzem Drin,** durchbricht in einem 50 km langen und bis 1 000 m tiefen Tal die inneralban. Kettengebirge, danach gabelt er sich in zwei Arme, die in das Adriat. Meer münden; etwa 300 km lang.

Drina, rechter und längster Nebenfluß der Save, Jugoslawien; entsteht bei Sčepan Polje aus zwei Quellflüssen, mündet 90 km westl. von Belgrad, 346 km lang.

Drink [engl.], im dt. Sprachgebrauch svw. alkoholhaltiges Getränk.

Dritte Internationale ↑ Internationale, ↑ Komintern.

dritte Kraft, polit. Schlagwort; von L. Blum 1947 ausgegebene Parole zur Sammlung aller linksbürgerl. und sozialdemokrat. Kräfte zw. Kommunismus und Gaullismus in Frankr.; später auch auf vergleichbare innen- und außenpolit. Konstellationen anderer Länder übertragen, z. B. auf die Rolle der FDP in der Innenpolitik der BR Deutschland und die Konzeption eines eigenständigen Europa zw. den USA und der Sowjetunion.

Drittel ↑Eishockey.

Dritte Republik (Troisième République), Name des republikan. verfaßten frz. Staates 1870 (Ende des Zweiten Kaiserreichs) bis 1940 (État Français).

Dritter Orden (Terziaren, Tertiarier), nach dem kath. Kirchenrecht Männer und Frauen, die unter Leitung eines Ordens nach einer anerkannten Regel, nicht aber in Klöstern leben, im Unterschied zu den [männl.] Ersten Orden oder den diesen angeschlossenen [weibl.] Zweiten Orden. Die Geschichte des D. O. beginnt im MA mit dem Anschluß von Männern und Frauen aus religiösen und sozialen Gründen an die bestehenden großen Orden. Der bekannteste und größte D. O. ist der der Franziskaner.

dritter Stand (frz. tiers état), in Frankr. bis zur Frz. Revolution 1789 Bez. für die gegenüber Adel und Geistlichkeit nicht privilegierte Schicht der Bürger, Handwerker und Bauern, seit 1462 für deren gewählte Vertreter in den Ständeversammlungen; erklärte sich 1789 zur Nat.versammlung.

dritter Weg, polit. Schlagwort v. a. der 1950er und 1960er Jahre; bezeichnet das Streben nach einer sozialist. Gesellschafts- und Staatsordnung, die die stalinist. und nachstalinist. Erscheinungsformen einer kommunist. Parteidiktatur ausmerzen und durch eine polit. Demokratie in Gestalt eines „humanen Sozialismus" ersetzen will; von orthodoxen Kommunisten als Revisionismus verdächtigt.

Drittes Baku, Bez. für die Erdölvorkommen im Westsibir. Tiefland, UdSSR (in Bezug auf die Vorkommen bei Baku und diejenigen im Wolga-Ural-Erdölgebiet [als „Zweites Baku"]).

Drittes Reich, Begriff aus der Ideenwelt des Chiliasmus, geprägt von Joachim von Fiore, der die Geschichte als einen Aufstieg durch drei aufeinanderfolgende Reiche oder Zeitalter interpretierte: Reich des Vaters (des Gesetzes), des Sohnes (des Evangeliums), des Geistes (der Liebe und Freiheit). Die Vorstellung der Abfolge dreier Reiche wurde fester Bestand europ. Sozialmythologie und Geschichtsphilosophie (u. a. Lessing, Hegel, Schelling, Dostojewski, Spengler). Von A. Moeller van den Bruck in seinem 1923 erschienenen Hauptwerk „Das dritte Reich" zu einem polit. Schlagwort gemacht: Er prophezeite nach dem Hl. Röm. Reich und dem Bismarck-Reich ein D. R. aus dem „Geist der Rassenseele". Hitler übernahm nur zeitweilig den propagandist. wirksamen Namen für die durch den NS zu errichtende „Neue Ordnung". Wurde dennoch allg. Bez. für die Jahre der nationalsozialistischen Herrschaft in Deutschland.

Drittes Rom, Begriff der theolog.-ideolog. Deutung und Rechtfertigung der Moskauer Autokratie für Moskau (2. Rom: Byzanz). Insbes. die Lehre von der Übertragung des byzantin. Imperiums nach dem Moskauer Rußland bildete das Kernstück für eine religiös gefärbte, bis zum Ende des Zarenreichs wirksame Sendungsideologie.

dritte Welt, Sammelbez. für Staaten Afrikas, Asiens und Lateinamerikas mit den charakterist. Merkmalen: 1. hoher Grad an wirtsch. und sozialer Unterentwicklung (↑auch Entwicklungsländer), 2. hoher Anteil von Analphabeten an der Gesamtbev., 3. Bündnis- und Blockfreiheit. 1955 auf der Bandungkonferenz als „dritte Kraft" bezeichnet. 🕮 *Dritte Welt-Forschung. Hg. v. F. Nuschler. Wsb. 1985.*

Drittschuldner, 1. bei der Forderungspfändung: der Schuldner des Vollstreckungsschuldners. Gepfändet wird die Forderung des Vollstreckungsschuldners gegen den D.; 2. bei Pfändung eines anderen Vermögensrechts: jeder außer dem Vollstreckungsschuldner, dessen Recht von der Pfändung berührt wird.

Drittwiderspruchsklage (Widerspruchsklage, Interventionsklage), der Rechtsbehelf zur Abwehr der Zwangsvollstreckung in einem dem Vollstreckungszugriff des Gläubigers nicht unterliegenden Vermögensgegenstand. Klageberechtigter: wer nicht Vollstreckungsschuldner, sondern Dritter ist und an dem Vollstreckungsgegenstand (etwa der gepfändeten Sache) ein die Vollstreckung hinderndes Recht hat, z. B. Eigentum, Sicherungseigentum, Besitz. Beklagter: der Vollstreckungsgläubiger.

Drittwirkung der Grundrechte, Pflicht der nichtstaatl. Machtträger (insbes. der Verbände) und Privatpersonen, die Grundrechte zu beachten. Das GG bindet ausdrückl. nur die öffentl. Gewalt an die Grundrechte (Art. 1 Abs. 3). Ledigl. der Koalitionsfreiheit legt es Drittwirkung bei, indem es die Nichtigkeit koalitionsbehindernder Abreden anordnet und hierauf gerichtete Maßnahmen für rechtswidrig erklärt. Die unmittelbare D. d. G. im Privatrechtsverkehr wird fast einhellig verneint, weil sie die Privatautonomie beseitigen würde. Das Bundesverfassungsgericht erkennt den Grundrechten den Charakter einer objektiven Wertordnung zu, die als verfassungsrechtl. Grundentscheidung bei der Auslegung und Anwendung der Privatrechtsnormen durch den Richter zu beachten sind (sog. mittelbare Drittwirkung).

Dr. iur. utr. (Dr. jur. utr.), Abk. für lat.: **D**octor **iur**is (juris) **utr**iusque (Doktor beider Rechte, d. h. des weltl. Rechts und des kirchl. Rechts).

Drive [engl. draıv „Antrieb"], Treibschlag; im *Tennis:* harter langer Grundlinienschlag, im *Golf:* Schlag, der den Ball in die Nähe des Grüns bringen soll.

◆ im *Jazz* durch die Spannung zw. Beat und Off-Beat entstehende, vorantreibende Dynamik des Spiels mit scheinbarer Beschleunigung des Rhythmus.

Drive-in... [engl. draɪ'vɪn], Bez. für Einrichtungen, die direkt im Auto sitzend erreicht werden können oder speziell für Autofahrer eingerichtet sind (z. B. Autoschalter einer Bank oder Autokino).

DRK, Abk. für: **D**eutsches **R**otes **K**reuz (↑Rotes Kreuz).

Drobeta-Turnu Severin, rumän. Stadt unterhalb des Eisernen Tors, 41 m ü. d. M., 91 000 E. Verwaltungssitz des Verw.-Geb. Mehedinţi, Donauhafen, Theater, histor.-volkskundl. Museum, Freilichtmuseum, Bibliothek; Schiffswerft, Waggonbau. - Das dak. **Drobeta** wurde im röm. Dakien unter Hadrian zum Munizipium, von Septimius Severus zur Kolonie erhoben. - Erhalten sind u. a. die Pfeiler der Trajansbrücke an beiden Donauufern, Ruinen der röm. Bäder, der Turm Justinians.

Droemersche Verlagsanstalt Th. Knaur Nachf. ↑Verlage (Übersicht).

Drogen [frz.; wohl zu niederdt. droge-fate „trockene Fässer", somit irrtüml. Bez. für den Inhalt der Fässer], Präparate pflanzl., tier. und mineral. Ursprungs, die als Heilmittel, Stimulanzien oder Gewürze Verwendung finden. Die Giftigkeit der stark wirksamen D. beruht darauf, daß bei unsachgemäßer Anwendung die Heilwirkung in eine schädl. Wirkung umschlägt. - Seitdem in den letzten 20 Jahren die Bed. der pflanzl. D. stark zurückgegangen ist, wird der Begriff D. oft ungenau im Sinne von engl. drug („Arzneimittel") oder aber im Sinne von Rausch-D., Sucht-D. („Betäubungsmittel, suchterregende Arzneimittel, Opiate") verwendet. - ↑auch Rauschgifte.

Drogenabhängigkeit, anomaler Zustand, der durch die wiederholte Anwendung einer Droge in bestimmten zeitl. Abständen entsteht oder ständig aufrechterhalten wird. Merkmal aller Arten von D. ist die psych. Abhängigkeit von der Droge, dem sog. Suchtmittel. Sie entsteht meist bei psych. unausgeglichenen Menschen. Die D. wird beschrieben als ein unwiderstehl. Drang, das Suchtmittel einzunehmen, entweder um eine besonderes Gefühl des Wohlbefindens (Euphorie) zu erreichen oder um Mißempfindungen auszuschalten. Neben der psych. gibt es eine phys. Abhängigkeit vom Suchtmittel. Sie besteht in einer Art Anpassung des Zellstoffwechsels, in deren Folge die suchtmachende Droge schließl. zum unentbehrl. „Nährstoff" bestimmter Gewebe aufgewertet wird. Drogen, die v. a. eine seel. Abhängigkeit erzeugen, sind Kokain, Haschisch, Meskalin und LSD, mit gewissen Einschränkungen auch die Weckamine. Die Stoffe, die neben der seel. auch eine körperl. Abhängigkeit herbeiführen, teilt man u. a. nach den jeweiligen Abstinenzerscheinungen in solche vom Opiat- (Morphin, Kodein sowie dessen halbsynthet. Derivat Heroin und synthet. Schmerzmittel) und solche vom Barbiturattyp (Beruhigungs- und Schlafmittel) ein. Eine D. von ersteren zeigt sich in Entziehungserscheinungen wie zentralnervöser Reizbarkeit und vegetativer Überfunktion, die der letzteren in Zittern, Angst, Delirien und Krämpfen.
Gesellschaftspolit.-soziolog. Aspekte: Drogenmißbrauch ist in der BR Deutschland im wesentl. ein Jugendproblem, v. a. Schüler zw. 14 und 21 Jahren sind hauptsächl. betroffen. Soziale und ökonom. Probleme sind in den meisten Fällen Ursache bei der Entstehung von D. Die gegen die D. beschlossenen Maßnahmen beschränken sich vorwiegend auf den verschärften Einsatz von Zollfahndung und Polizei. Da gesellschaftl. Institutionen, wie Kliniken, Nervenheilanstalten und Fürsorgeheime bisher allein nicht in der Lage waren, drogenabhängige Jugendliche zu heilen (Rückfallquote behandelter Drogenabhängiger von etwa 90 %), entstanden als Alternative von Privatpersonen initiierte Release-Zentren und Drogenberatungsstellen, deren Vorstellungen von der Rehabilitation jugendl. Drogenabhängiger sich v. a. durch ihren gruppenpädagog. und -therapeut. Ansatz wesentl. von den konventionellen Eingliederungsversuchen unterscheiden.
🕮 *Nolte, K.: Rauschdrogen Stg. [2]1982. - Ladewig, D., u. a.: Drogen unter uns. Basel u. Mchn. [3]1979. - Schenk, J.: Die Persönlichkeit des Drogenkonsumenten. Gött. 1979.*

Drogenpflanzen, svw. ↑Heilpflanzen.

Drogerie [frz.], Einzelhandelsfachgeschäft, in dem Drogen, Chemikalien, Hygiene- und Körperpflegeartikel, Nähr- und Diätmittel, frei verkäufl. Arzneimittel sowie Farben, Lacke, Photoartikel u. a. verkauft werden.

Drogheda [engl. 'drɔədə], nordostir. Hafenstadt am Boyne, 7 km oberhalb der Mündung in die Irische See, Grafschaft Louth, 45 km nnw. von Dublin, 23 000 E. Zementwerk, Gießerei, Mühlen- und Brauereiindustrie. - 1228 Stadtrecht. - Der Magdalenenturm ist der einzige Überrest des Dominikanerklosters (1224 gegr.); Ruinen der Augustinerabtei Saint Mary d'Urso (gegr. 1206).

Drogobytsch [russ. dra'gɔbɨtʃ], sowjet. Stadt im Gebiet Lemberg, Ukrain. SSR, 66 000 E. PH, Erdöl-, Mechanikertechnikum, Erdölförderung; Erdölraffinerie; Bahnknotenpunkt.

Droguett, Carlos [span. droɣɛt], * Santiago de Chile 15. Okt. 1912, chilen. Schriftsteller. - Gestaltet in Romanen und Erzählungen, von konkreten oder imaginären Grenzsituationen menschl. Existenz ausgehend, mit modernen Erzähltechniken polit. und soziale Probleme seines Landes. - *Werke:* Sesenta muertos en la escalera (R., 1953), El compadre (R., 1967), Todas esas muertes (R, 1971).

Drohgebärde ↑Drohverhalten.

Drohne [niederdt.] ↑Honigbienen.

Drohne, unbemannter militär. Flugkörper, der fern- oder programmgesteuert zu seinem Ausgangspunkt zurückkehren kann.

Drohnenschlacht ↑Honigbienen.

Drohstellung ↑Drohverhalten.

Drohung, 1. im *Zivilrecht* die Ausübung jedes psych. Zwangs. Wird jemand durch D. widerrechtl. zur Abgabe einer nicht seinem wahren Willen entsprechenden Willenserklärung veranlaßt, so kann er diese anfechten; 2. im *Strafrecht* (außer in den Fällen des § 241 StGB, Bedrohung) gleichbed. mit Bedrohung: die rechtswidrige Ankündigung eines Übels, auf dessen Eintritt der Ankündigende wirklich oder angeblich Einfluß hat, für den Fall, daß der Bedrohte sich nicht fügt; Tatbestandsmerkmal der Anstiftung, Nötigung, Erpressung, des Raubes u. a. Straftatbestände.

Drohverhalten, abweisendes Verhalten mit aggressiver Motivation, das Tiere gegen Artgenossen oder artfremde Tiere zeigen. Das D. ist angeboren und charakterist. für die Art. Es enthält stets Komponenten des Angriffs-, oft auch des Fluchtverhaltens. Beim D. wird eine charakterist. Körperhaltung (**Drohstellung, Drohgebärde**) eingenommen, die den Körper gewöhnl. in voller Größe präsentiert, was durch Aufplustern von Federn bei Vögeln, Abspreizen der Flossen bei Fischen und der Haare bei Säugetieren unterstützt werden kann. Auch drohende Lautäußerungen und das Präsentieren der Geschlechtsorgane bei zahlr. Primaten stellen eine bes. Form des D. dar.

Droit [frz. drwa], in Frankr. und im Völkerrecht Bez. für Recht; **droit écrit:** geschriebenes Recht; **droit coutumier:** Gewohnheitsrecht; **droit de suite:** Folgerecht (Seerecht); **droit de poursuite:** Recht der Nacheile (Völkerrecht); **droit de visite:** Durchsuchungsrecht.

Drontheim. Dom

Drolerie [frz.], phantast.-grotesk, satir. oder ulkig dargestellte menschl. Figuren, Tiere und Fabelwesen v. a. in der ma. Buchmalerei, Bauplastik oder an Chorgestühlen.

Drolshagen, Stadt in NRW, im westl. Sauerland, 340 m ü. d. M., 9 800 E. Metallverarbeitung, Papier-, Textilind.; Wintersport. - 1214 zuerst gen., 1477 zur Stadt erhoben. - Roman. Pfarrkirche (12. Jh.) mit Wandmalereien.

Drôme [frz. dro:m], Dep. in Frankreich.

Dromedar [zu griech. dromás „laufend"] (Einhöckeriges Kamel, Camelus dromedarius), heute ausschließl. als Haustier bekannte Art der Kamele, v. a. in den heißen Wüstengebieten der Alten Welt; lebte wild vermutlich in Arabien und den Randgebieten der Sahara, wurde wahrscheinl. um 1800 v. Chr. in Arabien domestiziert; im Unterschied zum Zweihöckerigen Kamel hat es nur einen Rückenhöcker und einen schlankeren, deutlich hochbeinigeren Körper; Färbung braunschwarz bis fast weiß; es kann mehr als eine Woche lang ohne Wasseraufnahme leben. Gegen Sandstürme schützt sich das D. durch Verschluß der Nasenlöcher und starke Sekretion der Tränendrüsen. Das D. dient v. a. als Last- und Reittier.

Dronten [indones.] (Raphidae, Dididae), im 17. und 18. Jh. ausgerottete Fam. flugunfähiger Kranichvögel mit 3 Arten auf Inseln östl. von Madagaskar, u. a. der **Dodo** (Raphus borbonicus) auf Réunion; kurzbeinige Vögel mit plumpem Körper (Gewicht etwas über 22 kg), zurückgebildeten Flügeln, zu Schmuckfedern umgewandelten Schwanzfedern, mächtigem Hakenschnabel und nacktem Gesicht.

Drontheim (norweg. Trondheim), norweg. Stadt an der Mündung des Nidelv in den D.fjord, Hauptstadt des Verw.-Geb. Sør-Trøndelag, 202 km², 134 000 E. Handels-, Verwaltungs- und Schulstadt; luth. Bischofssitz; Univ. (gegr. 1968), Museen; Bahnknotenpunkt, eisfreier Hafen; ✈. - 997 gründete König Olaf I. an der Stelle einer vorchristl. Siedlung die Stadt **Nidaros,** die wegen der Grabstätte des hl. Olaf als Wallfahrtsort große Bed. erlangte; wurde 1152/53 Erzbischofssitz; bis ins 13. Jh. wichtigste königl. Residenz Norwegens. - Der Dom, Krönungskirche der norweg. Könige, wurde im roman.-got. Übergangsstil über dem Grab des hl. Olaf errichtet (12. Jh.; im 19./20. Jh. restauriert).

Dropkick [engl.], Schuß, bei dem der Ball in dem Augenblick gespielt wird, in dem er auf dem Boden aufprallt.

Drop-out [engl. 'drɔpaʊt „Ausfall"], Bez. für jemanden, der aus der sozialen Gruppe,

in die er integriert war, ausgebrochen ist.
◆ durch Materialfehler oder Verschmutzung verursachter Aussetzer in der Schallaufzeichnung.

Drops [engl. „Tropfen"] ↑Bonbons.

Droptank [engl.], abwerfbarer Zusatztank für Flugzeuge; als **Tiptank** unter den Tragflächenspitzen, als **Bellytank** unter dem Rumpf.

Droschke [russ.], urspr. zwei bis viersitziges russ. Pferdefuhrwerk; seit Ende des 18. Jh. Bez. für Mietwagen mit Kutscher (**Pferdedroschken**), später auch für mietbare Kraftwagen mit Chauffeur (**Kraftdroschken**).

Drosera [griech.], svw. ↑Sonnentau.

Drosograph [griech.] ↑Taumesser.

Drosometer [griech.], svw. ↑Taumesser.

Drosophila [griech.] ↑Taufliegen.

Drossel ↑Drosseln.

Drosseladern, svw. ↑Drosselvenen.

Drosselbeeren, volkstüml. Bez. für die Früchte des Vogelbeerbaums und des Schneeballs.

Drosselgrube (Jugulum, Fossa jugularis), natürl. Einsenkung an der Vorderseite des Halses zw. den Halsmuskeln, der Schultermuskulatur und den Schlüsselbeinen.

Drosselklappe, verstellbare Scheibe in Rohrleitungen, die eine Verkleinerung (Drosselung) des Rohrquerschnitts erlaubt. Im Vergaser von Ottomotoren dient eine verstellbare D. der Regelung des in die Zylinder gelangenden Kraftstoff-Luft-Gemischs und damit der Leistung des Motors.

Drosselknopf, wm. Bez. für den Kehlkopf beim Schalenwild.

Drosseln (Turdidae), mit etwa 300 Arten weltweit verbreitete Fam. 12–33 cm großer Singvögel mit spitzem, schlankem Schnabel und langen Beinen; meist Zugvögel. Zu den D. zählen z. B. Amsel, Nachtigall, Sprosser, Singdrossel. Weitere bekannte Arten sind: Misteldrossel, Wacholderdrossel, Ringdrossel, Rotdrossel, Erdsänger, Heckensänger, Schmätzer, Dajaldrossel, Schamadrossel.

Drosselrohrsänger ↑Rohrsänger.

Drosselspule (Drossel), elektr. Spule zur Begrenzung (Drosselung) von Wechselströmen. Bei vernachlässigbar kleinem ohmschen Widerstand haben D. einen sehr großen induktiven Widerstand. Gleichströme lassen sie prakt. ungehindert passieren, während ihr Wechselstromwiderstand mit wachsender Frequenz zunimmt.

Drosselung, Druckabnahme in einem strömenden Medium infolge einer Verengung des Strömungsquerschnitts oder infolge des Durchströmens einer längeren Rohrleitung, ohne daß dabei Arbeit nach außen abgegeben wird. Die D. ist eine irreversible Zustandsänderung. Reale Gase erfahren bei D. eine Temperaturänderung *(Drosseleffekt, Joule-Thomson-Effekt)*.

Drosselvenen, (Dosseladern, Jugularvenen, Venae jugulares) paarige Venen an den Halsseiten der Wirbeltiere (einschließl. Mensch); sie führen das venöse Blut aus der Kopf- und Halsregion zur vorderen Hohlvene und haben sich bei den vierfüßigen Wirbeltieren in **innere Drosselvenen** (Venae jugulares internae) und **äußere Drosselvenen** (Venae jugulares externae) geteilt.
◆ kleine Sammelvenen (u. a. in der Haut) mit Sperrwirkung gegenüber dem Kapillarsystem, die durch die Kontraktion v. a. von glatten Muskelfasern den Abfluß des venösen Blutes aus den Kapillaren drosseln.

Dromedar

Drost [niederdt.], seit dem späteren MA in NW-Deutschland und Teilen der Niederlande ein an der Spitze eines Amtes (**Drostei**) stehender Beamter; nahm gelegentl. auch die Funktionen eines Vogtes wahr.

Droste-Hülshoff, Annette Freiin von, eigtl. Anna Elisabeth Freiin D. zu H., * Schloß Hülshoff bei Münster 10. Jan. 1797, † Meersburg 24. Mai 1848, dt. Dichterin. - Entstammte einem altwestfäl., streng kath. Geschlecht; lebte seit 1826 im Rüschhaus bei Nienberge, seit 1841 häufig auf Schloß Meersburg am Bodensee; ab 1837 Freundschaft mit L. Schücking (nach dessen Verlobung Entfremdung). - Abgesehen von verschiedenen frühen literar. Versuchen setzt die Dichtung A. v. D.-H. um 1820 mit Gedichten für den Zyklus „Das geistl. Jahr" ein (1820 abgebrochen, 1839 vollendet, hg. 1851), in dem die Motive des Bösen, der Angst und der Schuld, des Verlassenseins von Gott und der Gnade anklingen, die ihr ganzes Werk durchziehen. Eine bes. Rolle hat dabei die Kriminalnovelle „Die Judenbuche" (entstanden 1837–41, erschienen 1842), die in Darstellung und Analyse menschl. Verstrickung in Schuld zu den besten dt. realist. Erzählungen des 19. Jh. gehört.

Die ep. Verserzählungen „Das Hospiz auf dem Großen Sankt Bernhard“ (entstanden 1828–34), „Des Arztes Vermächtnis“ (entstanden 1834), „Die Schlacht im Loener Bruch“ (entstanden 1837/38) wie die Ballade „Der Spiritus familiaris des Roßtäuschers“ (entstanden 1842, alle erschienen in dem Band „Gedichte“ 1844) zeigen das für die Droste charakterist. Ineinandergleiten von Traum und Wirklichkeit, wie es dann bes. auch ihre späte Lyrik seit 1841 trägt (u. a. „Heidebilder“, entstanden 1841/42, „Mondesaufgang“, 1844).

Droste zu Vischering, Clemens August Freiherr von, * Vorhelm bei Münster 22. Jan. 1774, † Münster 19. Okt. 1845, dt. kath. Theologe. - 1798 Priester, 1827 Weihbischof, 1835 Erzbischof von Köln. Bekämpfte das preuß. Staatskirchentum mit Forderungen nach Verkirchlichung des Eherechts und des Schulwesens, 1837 für zwei Jahre verhaftet.

Drottkvætt [...kvεt; altnord.], häufigste, äußerst kunstvolle Strophenform der Skaldendichtung; sie besteht aus 8 i. d. R. 6silbigen Zeilen mit Einschnitt nach der 4. Zeile.

Drottningholm [schwed. „Königininsel“], schwed. Königsschloß auf der Insel Lovö im Mälarsee, westl. von Stockholm (1662–1700); mit Rokokoeinrichtung, Rokokotheater (um 1750).

Drouyn de Lhuys, Édouard [frz. druε̃dəˈlɥis, drwε̃...], * Paris 19. Nov. 1805, † ebd. 1. März 1881, frz. Staatsmann. - Wirkte als Parlamentarier (seit 1842) für klerikal-konservative Interessen; 1848/49, 1852–56 sowie 1862–66 Außenmin., scheiterte mit Interventionsplänen in Polen und in den USA; konnte seine Politik der Stärke (Kompensationen am Rhein) gegen Preußen nicht verwirklichen.

Droysen, Johann Gustav, * Treptow a./Rega 6. Juli 1808, † Berlin 19. Juni 1884, dt. Historiker. - Wurde 1835 Prof. in Berlin, 1840 in Kiel (Beteiligung am Aufstand Schleswig-Holsteins gegen die dän. Politik). Gehörte als Mgl. der Frankfurter Nationalversammlung der rechten Mitte (Kasinopartei) an, setzte sich für eine kleindt. Lösung ein, hatte maßgebl. Einfluß auf die Gestaltung der Verfassung; 1859 wieder Prof. in Berlin. D. deutete die Geschichte als Befreiungs- und Bildungsprozeß der Menschheit. Mit der Politisierung histor. Erkenntnis als Handlungsorientierung wurde er zum Begründer der preuß.-kleindt. Historikerschule. - *Werke:* Geschichte Alexanders d. Gr. (1833/34), Geschichte des Hellenismus (1836–43), Geschichte der preuß. Politik (14 Bde., 1855–86), Historik (hg. 1937).

DRP, Abk.:

◆ für: **D**eutsches **R**eichs**p**atent; heute ersetzt durch Deutsches Bundespatent (DBP).

◆ für: ↑**D**eutsche **R**eichs**p**artei.

Druck, Formelzeichen p, Quotient aus dem Betrag einer senkrecht auf eine Fläche wirkenden Kraft F und der Größe A dieser Fläche: $p = F/A$. SI-Einheit des Druckes ist 1 Pascal (Einheitenzeichen Pa). Festlegung: 1 Pa ist gleich dem auf eine Fläche gleichmäßig wirkenden Druck, bei dem senkrecht auf die Fläche 1 m^2 die Kraft 1 N (Newton) ausgeübt wird. Weitere Druckeinheiten sind: Bar (bar), Millibar (mbar), Torr (Torr), physikal. Atmosphäre (atm) und techn. Atmosphäre (at).

Umrechnungstabelle für Druckeinheiten:

	Pa	bar	mbar	Torr	atm	
1 Pa =	1	10^{-5}	10^{-2}	$7{,}5 \cdot 10^{-3}$	$9{,}87 \cdot 10^{-6}$	1,
1 bar =	10^{5}	1	10^{-3}	750	0,987	1,
1 mbar =	10^{2}	10^{-3}	1	0,75	$0{,}987 \cdot 10^{-3}$	1,
1 Torr =	133	$1{,}33 \cdot 10^{-3}$	1,33	1	$1{,}32 \cdot 10^{-3}$	1,
1 atm =	101330	1,0133	1013,3	760	1	1,
$1 at = 1 \frac{kp}{cm^2} =$	98100	0,981	981	736	0,968	

◆ in der *graph. Technik* Druckvorgang, Druckverfahren, Druckerzeugnis, Auflage eines Buches.

Druckanzug, druckdichter Anzug, der es ermöglicht, auf den Körper des Trägers einen gleichmäßigen Druck auszuüben; dadurch werden auch bei stark vermindertem Umgebungsluftdruck [in großen Höhen] die für das sichere Funktionieren von Atmung und Kreislauf erforderl. Druckverhältnisse aufrechterhalten.

Druckbehälter, unter Überdruck stehender Behälter, z. B. Dampfkessel, Gasflasche. D. für verdichtete, verflüssigte oder unter Druck gelöste Gase (**Druckgasbehälter, Druckgasflaschen**) haben genormte Abmessungen, Farbkennzeichnungen entsprechend ihrer Verwendung (blau für Sauerstoff, gelb für Acetylengas, rot für alle sonstigen brennbaren Gase usw.).

Druckbogen ↑Bogen (Papierbogen).

Drucken, die Vervielfältigung textl. und/oder bildl. Darstellungen durch Übertragung von Druckfarben auf einen Bedruckstoff mit Hilfe einer Druckform nach verschiedenen Druckprinzipien und -verfahren. *Druckformen* bestehen aus der Druckplatte (Unterlage), den Druckelementen (z. B. Drucktypen, Rasterpunkte) und den nichtdruckenden Teilen (Blindmaterial). Unter *Druckprinzip* versteht man die Art und Weise des Druckvorgangs, die durch die Gestalt von Druckformträger und Druckkörper (flach/flach, rund/flach, rund/rund; ↑Druckmaschinen) bestimmt wird. Die *Druckverfahren* werden eingeteilt in Hochdruck-, Flachdruck-, Tiefdruck- und Durchdruckverfahren.
Prinzip: Der Druck erfolgt von einer erhabenen Druckform, deren nichtdruckenden Teile tiefer liegen. Nur die hochstehenden Teile übertragen Farbe auf Papier.

Holzschnittdruck: Druckformen: Holzplatten mit eingeschnittenen nichtdruckenden Teilen; Verwendung auf Tiegeldruckpressen für künstler. Bilddrucke in geringen Auflagen. **Linolschnittdruck:** Druckformen: Linolplatten mit eingeschnittenen nichtdruckenden Teilen. Auf Tiegeldruck- oder Buchdruckpressen werden künstler. Bilddrucke, Plakate in kleinen Auflagen und großen Formaten gedruckt. **Buchdruck:** 1. *Bogendruck:* Als Druckformen dienen Bleisatz, Galvanos (galvanoplast. von Matern abgeformte, mit Blei oder Kunststoff hintergossene Druckplatten), Stereos (durch Blei-, Gummi- oder Kunststoffabformungen vom Satz hergestellte Duplikatplatten). Verwendung auf Tiegeldruckpressen, Automaten, Stoppzylinderpressen und Zweitouren-Schnellpressen zur Herstellung von Kleindrucksachen, Prospekten, Katalogen, Büchern, Zeitschriften im Ein- und Mehrfarbendruck. 2. *Rotationsdruck:* Druck mit Rundstereoplatten auf Buchdruck-Rotationsmaschinen; Herstellung von Zeitungen, Büchern, Katalogen in hohen Auflagen. **Flexodruck:** Mit elast. Gummiplatten und -stereos wird meist auf Rotations- oder Bogendruckmaschinen Verpackungsmaterial hergestellt. **Tapetendruck:** Druckform meist aus Holz; Druckträger sind einmontierte Messingteile. Herstellung von Tapeten auf Rotationsmaschinen. **Prägedruck:** Als Druckformen dienen: a) Stahlstiche (positiv oder negativ) zur Herstellung von Geschäftskarten, Briefbogen u. a. auf Tiegeldruckpressen oder Automaten; b) Messingstempel oder Prägegalvanos zur Herstellung von Bucheinbanddecken auf Prägepressen.

Prinzip: Der Druck erfolgt von einer chem. vorbereiteten Platte, deren druckende und nichtdruckende Teile in einer Ebene liegen. Die druckenden Stellen übernehmen Farbe, die nichtdruckenden stoßen Farbe ab.

Steindruck (Lithographie): Druckformen sind Lithographiesteine, auf die mit fetthaltiger Kreide oder Tusche gezeichnet wird. Durch Ätzung wird die Zeichnung auf die Steine fixiert. Steine werden nach dem Einwalzen mit Farbe bei Druck ständig feucht gehalten. Älteres Verfahren für Farbdrucke, bes. Landkarten, Plakate; Druck auf Flachform-Schnellpressen. Vorgänger des modernen Offsetdrucks.

Lichtdruck: Druckformen: Glasplatten mit lichtempfindl. Chromgelatineschicht. Bei Belichtung des Negativs werden die belichteten Stellen der Schicht gehärtet und nach Auswaschen der Schicht Druckträger. Zur hochwertigen Wiedergabe von Gemälden, Kunstblättern, Postkarten auf Flachform-Schnellpressen.

Offsetdruck: Druckformen: Zink- oder Aluminiumplatten, auf die Schrift und Bild photolithograph. aufkopiert werden. Druck erfolgt nicht direkt auf Papier, sondern über einen mit Gummituch überzogenen Zylinder auf das Papier. Fortwährendes Feuchthalten der Druckplatte nötig, weil nichtdruckende Teile feucht sein und fetthaltige Farbe abstoßen müssen. Druckmaschinen: Kleinoffsetmaschinen (Rotaprint), moderne Offsetmaschinen aller Formate, Schön- und Widerdruckmaschinen, Zwei- und Vierfarbenmaschinen, Rotationsmaschinen. Herstellung von Büchern und Zeitschriften (auch Nachdrucke älterer Werke, von denen kein Satz mehr steht), Farbdrucken, Faksimilewiedergaben, Landkartendrucken, Noten.

Prinzip: Der Druck erfolgt von einer Druckform, deren druckende Teile tiefer liegen als die Oberfläche; näpfchenartige Vertiefungen nehmen Farbe auf und geben sie an das saugfähige Papier ab. **Kupferstich:** Kupferplatten werden von Hand mit Stichel graviert. Auf Kupferdruckhandpressen oder Schnellpressen werden künstler. Bilddarstellungen gedruckt. **Radierung:** Kupferplatten werden mit einer säurebeständigen Wachsschicht überzogen. Zeichnung wird von Hand in die Wachsschicht bis zur Kupferplatte durchgraviert. An diesen Stellen erfolgt die Ätzung der Platte im Säurebad. Druck künstler. Bilddarstellungen auf Kupferdruckhandpressen.

Heliogravüre: Als Druckformen dienen mittels Pigmentpapier hergestellte photograph. Platten ohne Raster; Bildpartie liegt tief. Älteres Verfahren zur hochwertigen Bildwiedergabe auf Hand- oder Schnellpressen.

Rakeltiefdruck: Druckformen: Kupferzylinder, die eine mittels Pigmentpapier übertragene, durch gleichmäßiges Linienraster in Tonwerte aufgelöste Kopie des Bildes eingeätzt tragen. Die Kupferzylinder werden kräftig eingefärbt, das *Rakelmesser* streicht die Farbe von der Oberfläche ab; Farbe bleibt nur in den Vertiefungen zurück und wird beim Druck an das saugfähige Papier abgegeben. Auf Bogen- und Rotationstiefdruckmaschinen (für Ein- und Mehrfarbentiefdruck bis zu größten Formaten) werden illustrierte Zeitungen, Prospekte in hohen Auflagen, Bildkataloge und wertvolle Bildbände hergestellt.

Siebdruck: Druckformenherstellung: Geschnittene oder geätzte Schablone wird in ein Sieb eingelegt. Farbe wird über die Schablone gestrichen und dringt durch das Sieb auf den Druckträger. Auf Siebdruckmaschinen werden niedrige Auflagen von Plakaten, Bucheinbandstoffe, farbl. kräftige Buchumschläge hergestellt.

Farbdruck

Für den Farbdruck werden bei allen Verfahren monochrom eingefärbte Druckformen verwendet. Vom Mehrfarbendruck zu unterscheiden ist der farbige Druck (**Buntdruck**) mit einer oder mehreren Druckfarben ohne Farbsatz. Der **Dreifarbendruck** erfolgt nach Farbauszügen in den Farben Gelb, Purpur (Magenta) und Blaugrün (Cyan) - beim **Vierfarben-**

1a
1b
1c
2a
2b
2c
3a
3b
3c
4
5
6

druck noch zusätzl. Schwarz-, die für den Hoch-, Tief- und Offsetdruck wie alle Halbtonvorlagen gerastert (photograph. in Rasterpunkte zerlegt) werden. Die Farben ergeben sich durch subtraktive Mischung der (lasierend) übereinandergedruckten Auszugsfarben; einwandfreie Wiedergaben erfordern manuelle oder maschinelle Farbkorrekturen (in Scannern mit elektron. Farbrechnern). - Abb. auch S. 340f.

🕮 *Stiebner, E. D., u. a.: Drucktechnik heute. Mchn. 1985. - Hdb. der künstler. Drucktechniken. Hg. v. J. Dawson. Dt. Übers. Freib. 1983. - Bruckmann's Hdb. der Drucktechnik. Hg. v. E. Stiebner. Mchn. ³1981.*

drücken (planieren), Blechteile zu runden Hohlkörpern durch Anpressen des Bleches mit einer Drückrolle an eine umlaufenden Form spanlos formen.

Drucker, Ausgabegerät von Datenverarbeitungsanlagen zur Darstellung der Daten in Klarschrift. Neben D., die mit festen Drucktypen arbeiten (z. B. Typenrad-D., Ketten-D.), sind sog. *Matrix-D.* weit verbreitet, bei denen die Zeichen aus einzelnen Punkten zusammengesetzt werden (z. B. Nadel-D., Tintenstrahl-D., Thermo-D.). *Laser-D.* arbeiten nach dem xerograph. Verfahren, wobei ein programmgesteuerter Laserstrahl die Zeichen (in Form eines elektr. Ladungsbildes) auf eine Photohalbleiterfolie „schreibt".

Drückerfische (Balistidae), Fam. bis 60 cm langer Knochenfische mit etwa 10 Arten in warmen Meeren; Körper seitlich abgeplattet, hochrückig, mit großem Kopf, Mundöffnung klein; die Rückenflosse besteht aus einem sehr großen und zwei kleinen Stachelstrahlen, die durch eine Spannhaut verbunden sind. Zu den D. gehören der etwa 30 cm lange **Picassofisch** (Rhineacanthus aculeatus), mit bunter, kontrastreicher Zeichnung und der etwa 50 cm lange **Leopardendrückerfisch** (Balistoides conspicillum), blauschwarz mit gelber Netzzeichnung am Rücken und großen, runden, weißen Flecken auf der unteren Körperhälfte; Mundspalte orangerot gesäumt. Beide sind beliebte Seewasseraquarienfische.

Druckerlaubnis ↑Imprimatur.

Drucker- und Verlegermarken (Drucker- und Verlegerzeichen, Signete), meist Holzschnittornamente, die ein Buch als Erzeugnis einer bestimmten Presse oder eines Verlages kennzeichnen und zunächst am Schluß des Werkes, später auf dem Titelblatt abgedruckt bzw. mit der Titelumrahmung verbunden wurden. Die älteste D. ist das Zweischildsignet J. Fusts und P. Schöffers (1462).

Linke Seite:
Drucken. Prinzip des Vierfarbendrucks: Durch Farbfilter (1 a, 2 a, 3 a) werden von der Vorlage Farbauszüge (1 b, 2 b, 3 b) hergestellt, dazu eine Schwarzaufnahme (4). Das „Zusammensehen" verschiedenfarbiger Punkte ergibt Mischfarben (1 c). Aus den einzelnen Stadien des Zusammendrucks entsteht ein Farbbild (5). Ein vergrößerter Ausschnitt (6) zeigt deutlich die Farb- und Mischfarbpunkte.

Drucker- und Verlegermarken. a Johann Fust und Peter Schöffer, Mainz; b Michael Wenßler, Basel; c F. A. Brockhaus, Mannheim; d Hoffmann und Campe, Hamburg; e Bibliographisches Institut, Mannheim, Wien, Zürich; f Vandenhoeck & Ruprecht, Göttingen; g Insel-Verlag, Frankfurt am Main

Druckfallkrankheit (Dekompressionskrankheit), durch zu rasche Dekompression (Senkung) des auf den Organismus wirkenden Drucks hervorgerufene Krankheitserscheinungen. Ursache ist die bei plötzl. Druckminderung auftretende Übersättigung der Körperflüssigkeiten mit den in ihnen gelösten Gasen, v. a. Stickstoff, und die Freisetzung dieser Gase in Form von Bläschen, die Gasembolien und dadurch lokale Gewebsschädigungen und Nekrosen verursachen. Symptome sind u. a. Muskel- und Gelenkschmerzen, Schwindel, Nasenbluten. Die D. kommt bei Tauchern vor (**Taucherkrankheit**), die aus großen Tiefen auftauchen, ohne die vorgeschriebenen Dekompressionspausen einzuhalten, bei Arbeitern, die zu rasch aus Taucherglocken, Caissons oder ähnl. unter Überdruck stehenden Kammern entschleust werden (**Caissonkrankheit**), und bei Fliegern, die ohne Druckausgleichsgerät schnell in große Höhen aufsteigen.

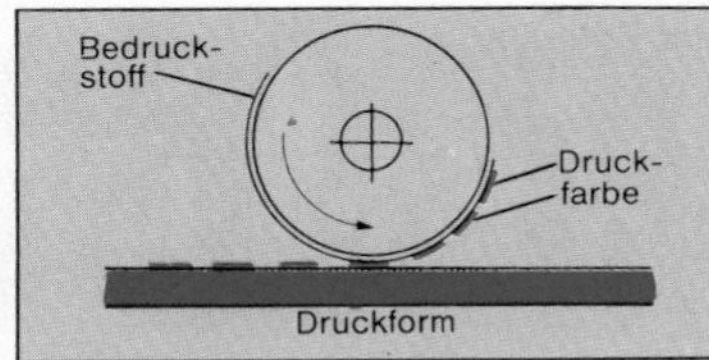

Drucken. Flachdruck

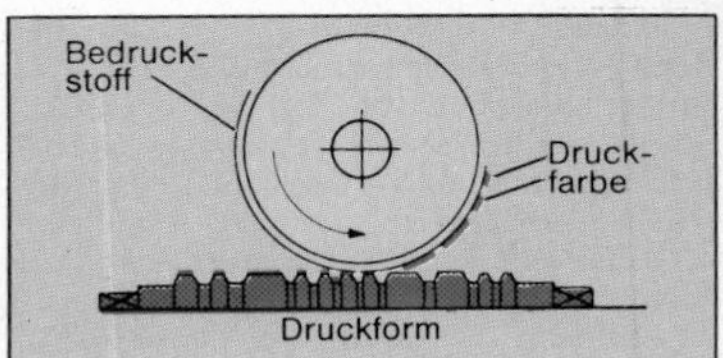

Hochdruck

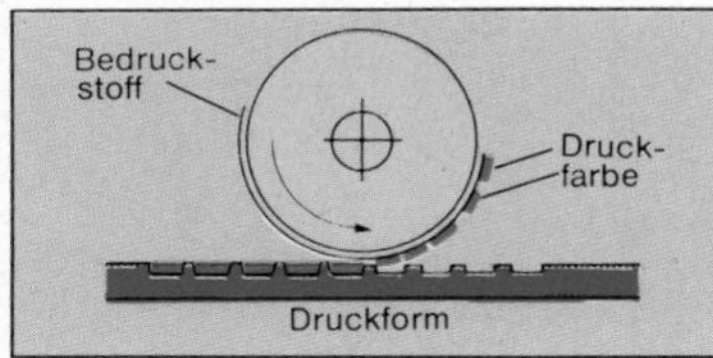

Tiefdruck

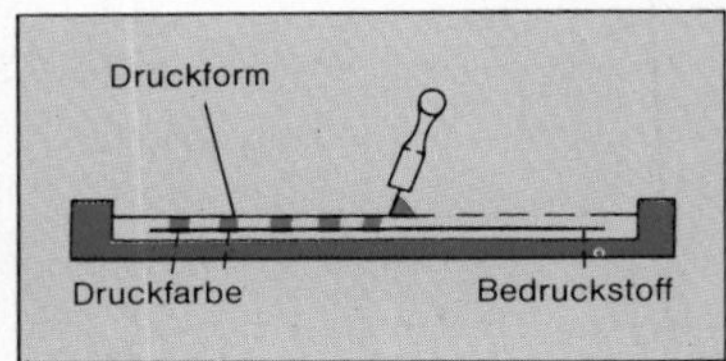

Durchdruck

Druckfarben, lösl. oder unlösl. Farbstoffe, die meist aus einem Pigment als Farbkörper und einem geeigneten Bindemittel (dem Firnis) bestehen. Die Farbkörper werden unterteilt in: anorgan. Körperfarben (z. B. natürl. Erdfarben, künstl. hergestellte Mineralfarben sowie Metallfarben), organ. Körperfarben (z. B. Farblacke aus natürl. und Teerfarbstoffen, organ. Pigmente) sowie Ruße und Schwärzen. Für Buch- und Offsetdruckfarben wird als Bindemittel Leinöl verwendet, das beim Hochdruck mehr, beim Flachdruck weniger eingedickt wird. Buchdruckfarben sind sehr pastös und meist volldeckend. D. für den Zeitungsdruck bestehen im wesentl. aus Flammruß und einer Lösung von Mineralöl und Kumaronharz als Bindemittel. Tiefdruckfarben werden aus organ. Pigmenten, die eine größere Farbstärke, Reinheit und Leuchtkraft als anorgan. Pigmente besitzen, und einem hochflüchtigen Lösungsmittel (meist Toluol, Xylol) hergestellt.

Druckfehler (Errata), Fehler im gedruckten Text, der auf einen oder mehrere falsch gesetzte Buchstaben zurückgeht. Das Verzeichnis von D., die während des Ausdruckens entdeckt und im letzten Bogen oder auf einem Beiblatt berichtigt werden, heißt oft **Errata.**

Druckform ↑Drucken.

Druckgebilde, in der Meteorologie die Formen der Luftdruckverteilung in Isobarendarstellung, mit typ. Bezeichnungen. Neben dem Hochdruckgebiet (Hoch) gibt es den **Hochdruckkeil** (Auswölbung des Hochs, auch Hochdruckausläufer genannt), die **Hochdruckbrücke** oder den **Hochdruckrücken** (langgestreckte Verbindung zweier Hochs); neben dem Tiefdruckgebiet (Tief) tritt der **Tiefausläufer** (Ausbuchtung des Tiefs), das **Randtief** (abgespaltener Tiefkern) und die **Tiefdruckrinne** (langgestreckte Verbindung zweier Tiefs) auf. Der **Sattel** bezeichnet als Sonderform das Gebiet zw. zwei sich annähernd symmetr. gegenüberliegenden Tief- oder Hochdruckzentren.

Druckgraphik, künstler. graph. Einzelblätter und Folgen in limitierten Auflagen, Buchschmuck und -illustration (Gebrauchsgraphik) sowie Reproduktionsgraphik (Holzstich, Holzschnitt Linolschnitt, Kupferstich, Radierung, Kaltnadelarbeit, Schabkunst, Aquatinta, Lithographie, Siebdruck).

Druckkabine, in Luft und Raumfahrzeugen verwendeter, gegenüber der Umgebung hermet. abgeschlossener Raum mit höherem Innendruck.

Druckkammer, geschlossener Raum, in dem hohe Drücke erzeugt werden können; dient dem Training von Tauchern, auch zum allmähl. Druckausgleich nach längerem Tauchen in größeren Tiefen und zur Druckkammertherapie.

Druckkammertherapie, Behandlungsmethode (u. a. bei Bronchialasthma), bei der der Patient in einer Druckkammer (pneumat. Kammer) erhöhtem oder erniedrigtem Luftdruck ausgesetzt wird.

Druckknopf, aus Ober- und Unterteil bestehender, von H. Bauer 1880 erfundener Knopf aus Metall oder Kunststoff, bei dem ein erhabener Teil des Oberstücks in eine Vertiefung des Unterstücks paßt und durch eine Feder gehalten wird.

Druckkraft, die durch einen Druck p auf eine Fläche der Größe A ausgeübte Kraft F. Für ihren Betrag gilt: $F = p \cdot A$ (Kraftrichtung senkrecht zur Fläche).

Drucklähmung, Nervenlähmung durch lang andauernden örtl. Druck. Bestimmte dauernd eingenommene Körperhaltungen,

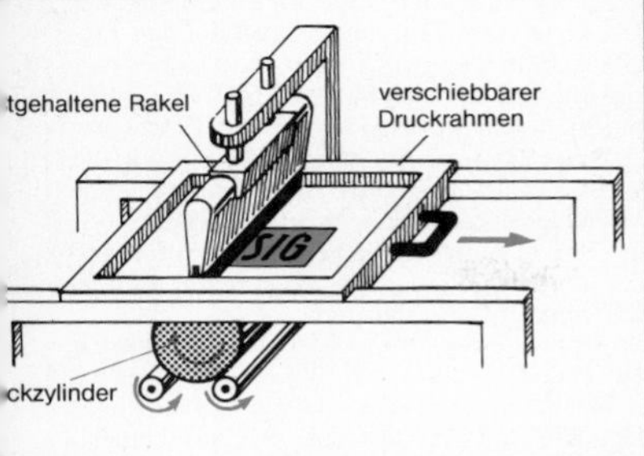

Drucken. Siebdruckgerät mit fester Rakel, festem Druckzylinder und verschiebbarem Druckrahmen (rechts)

Drucken. Prinzip des Offsetdrucks

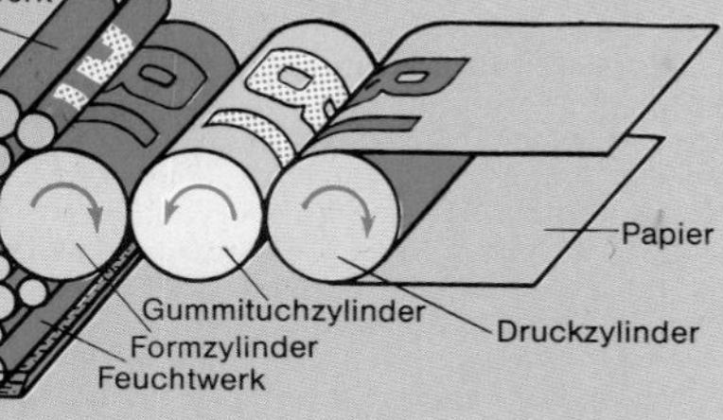

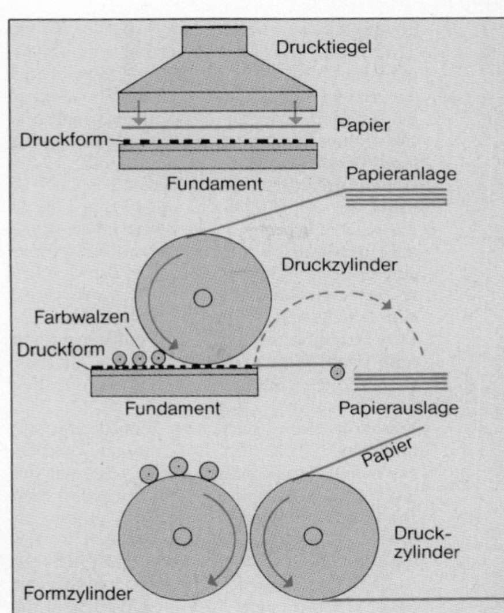

Druckmaschinen.
Verschiedene Funktionsprinzipien:
flach/flach,
rund/flach
und rund/rund (von oben)

z. B. das Arbeiten in hockender oder kniender Stellung, können zu D. führen.

Druckluft (Preßluft), im Kompressor verdichtete Luft als Betriebsmittel für D.werkzeuge (D.hämmer, D.bohrer, D.schrauber usw.) und D.geräte (Spritzpistolen, Sandstrahlgebläse usw.).

Druckluftbremse ↑ Bremse.

Druckluftgründung (Preßluftgründung), ein Schachtgründungsverfahren, bei dem eine unter Wasser befindl., unten offene Arbeitskammer (Caisson, Taucherglocke) durch Überdruck wasserfrei gehalten und durch Abgraben der Sohle bis auf den tragfähigen Baugrund abgesenkt wird.

Drucklufthammer (Preßlufthammer), Stoß- und Schlagwerkzeug, das durch Druckluft, die von einem Kompressor herangeführt wird, betrieben wird. Steuerung der Luft durch Ventile und geeignete Anordnung der Lufträume.

Druckluftwerkzeug ↑ Druckluft.

Druckmaschinen, Maschinen, mit denen eine Druckvorlage durch eine Druckform in beliebiger Anzahl (Auflagenhöhe) auf einen Bedruckstoff (meist Papier) übertragen wird. Je nach Gestalt des Gegendruckkörpers und des Druckformträgers unterscheidet man fol-

Bogenrotationsdruckmaschine für den Vierfarbendruck

gende Klassen: flach/flach, rund/flach und rund/rund. Diese Klassifizierung ist unabhängig vom Druckverfahren (Hoch-, Flach- oder Tiefdruck) und besagt nur, nach welchem Funktionsprinzip die Maschinen arbeiten.
Druckmaschinen nach dem Funktionsprinzip flach/flach: flache Druckplatte und flacher Gegendruckkörper. Der Gegendruckkörper preßt das Papier auf die eingefärbte Druckplatte. Da die gesamte Fläche der Druckplatte gleichzeitig druckt, müssen diese Maschinen eine hohe Druckkraft erzeugen; für kleinformatige Druckerzeugnisse. Maschinen dieser Klasse nennt man *Tiegeldruckmaschinen*.
Druckmaschinen nach dem Funktionsprinzip rund/flach: Hier rollt ein Zylinder mit dem Papierbogen über die flache, eingefärbte Druckform ab.
Druckmaschinen nach dem Funktionsprinzip rund/rund: Diese allg. *Rotationsdruckmaschinen* benannten Konstruktionen zeichnen sich dadurch aus, daß die Druckform nicht eben, sondern rund und auf dem Formzylinder befestigt ist. Rotationsdruckmaschinen werden für alle drei Druckverfahren gebaut; für hohe Auflagen und große Druckgeschwindigkeit. Man unterscheidet *Rollen-* und *Bogenrotationsdruckmaschinen.* Im ersten Falle läuft der Bedruckstoff als zusammenhängende Bahn durch die ganze Maschine und wird erst nach dem Bedrucken und Trocknen zerschnitten, gefalzt und maschinell verpackt (Zeitungsproduktion). Bei Bogenrotationsdruckmaschinen wird das Papier in fertig geschnittenen Bogen durch die Maschine geleitet und bedruckt. Verwendung von Bogendruckmaschinen, wenn das Druckprodukt weiter verarbeitet werden soll.
D. für den Mehrfarbendruck *(Vierfarbendruck)* sind i. d. R. Rotationsdruckmaschinen, bei denen der Bedruckstoff nacheinander vier Farbwerke (Gelb-, Cyan-, Magenta-, Schwarzdruckwerk) durchläuft.

Druckmesser, svw. ↑Manometer.

Drucksache, Form der postal. Briefsendung, für die niedrigere Gebühren als für Briefe gelten. Als D. können im Bereich der Dt. Bundespost Vervielfältigungen auf Papier oder Karton in offener Hülle oder unter Streifband, auch in Postkartenform versandt werden, die mittels einer Druckform, einer Schablone oder eines Negativs hergestellt und in mehreren gleichen Stücken für den Postversand bestimmt sind. Es besteht Freimachungszwang. Bei **Briefdrucksachen** können noch bis zu zehn Wörter oder Buchstaben handschriftl. nachgetragen werden (nur Inlandsverkehr). Die billige **Massendrucksache** unterliegt bes. Einlieferungs- und Freimachungsbedingungen.

Druckschrift ↑Schrift.

Drucksinn, Fähigkeit bei Tier und Mensch, mit Hilfe in der Haut gelegener Rezeptoren (**Druckpunkte**) Druckreize wahrzunehmen. Sie führen zur **Druckempfindung.** Die Druckpunkte treten gehäuft auf den Lippen und an Zungen-, Finger- und Zehenspitzen auf. Der Mensch hat etwa 500 000 Druckpunkte. - ↑auch Tastsinn.

Druckspeicher, unter dem Druck der Wasserleitung stehender Heißwasserspeicher.

Druckstoß (Wasserschlag, Wasserstoß), in einer Wasserleitung bei schnell verlaufender Durchflußänderung auftretende Druckschwankung, die dadurch entsteht, daß die Strömungsbewegung nicht überall gleichzeitig zur Ruhe kommt.

Drucksuturen, in Kalkgesteinen durch Drucklösung entstandene Unstetigkeitsflächen, betont durch dunkle Tonhäute (= Lösungsrückstände), die an Schädelnähte erinnern. Aus D. bilden sich bei fortgeschrittener Lösung **Stylolithen,** die zapfenförmig ineinandergreifen.

Drucktype (Letter), zur Herstellung des Satzes dienende Hochdruckform, deren oberer Teil (Kopf) ein erhabenes [spiegelbildl.] Schriftbild trägt.

Druckumlaufschmierung, Schmiersystem von Verbrennungskraftmaschinen, bei dem das Schmieröl (Motoröl) aus der als Ölbehälter dienenden Ölwanne des Kurbelgehäuses über ein Sieb durch eine [Zahnrad]-pumpe über verschiedene Rohrleitungen und Bohrungen den einzelnen Schmierstellen, insbes. den Kurbelwellenlagern, zugeführt wird und von dort abtropfend zur Ölwanne zurückfließt. Das Schmieröl dient auch der Lagerkühlung.

Druckverband, straff angelegter Verband bei Blutungen aus kleineren Gefäßen.

Druckvermerk, svw. ↑Impressum.

Druckwasserreaktor ↑Kernreaktor.

Druckwelle, allg. die Ausbreitung einer Druck- oder Dichteänderung (z. B. bei einer Explosion); speziell die von einem mit Überschallgeschwindigkeit fliegenden Flugzeug oder Flugkörper ausgehenden Stoßwellenfronten, die von einem Beobachter in größerer Entfernung meist als Doppelknall (Überschallknall) empfunden werden.

Druckwindkessel, in Druckleitungen eingebauter geschlossener Behälter mit Luft- oder Gaspolster zum Ausgleich von Druckschwankungen (z. B. hinter Kolbenpumpen).

Drude, [Carl Georg] Oscar, * Braunschweig 5. Juni 1852, † Dresden 1. Febr. 1933, dt. Botaniker. - Prof. in Dresden; gilt als einer der Begründer der Pflanzenökologie; schrieb u. a. „Die Florenreiche der Erde" (1883), „Die Ökologie der Pflanzen" (1913).

Drude, bes. in Oberdeutschland verbreiteter Name der Hexe und des weibl. Nachtgeistes, der das Alpdrücken verursachen soll.

Drudenfuß (Alpfuß), Fünfwinkelzeichen (Pentagramm), schon in der Antike gebrauchtes mag. Zeichen; diente, z. B. auf die Schwelle gemalt, zur Abwehr von Druden.

Drudenfuß

Drugstore [engl. 'drʌgstɔ:; engl.-amerikan., eigtl. „Arzneimittellager"], aus den USA stammende Betriebsform des Einzelhandels; anfangs Bez. für Drogerien, jetzt für Verkaufsgeschäfte für alle Artikel des tägl. Bedarfs, z. T. mit einer Imbißecke.

Druiden [kelt.], kelt. Priesterklasse in Gallien und auf den Brit. Inseln. Mit den Barden und Vaten bildeten die D. den das kulturelle Leben der kelt. Völker bestimmenden Gelehrtenstand. In erster Linie oblag ihnen die Pflege der Religion und des Opfers. Daneben übten sie auch richterl. Funktionen aus und befaßten sich u. a. mit Medizin, Geographie, Astronomie und Traumdeutung.

Drumlin ['drʊmlɪn, engl. 'drʌmlɪn; kelt.-engl.], vom Inlandeis stromlinienartig geformter, langgestreckter Hügel aus Grundmoränenschutt.

Drummer [engl. 'drʌmə], [Jazz]schlagzeuger.

Drummond [engl. 'drʌmənd], schott. Geschlecht seit dem 11. Jh., von dem neben anderen Königshäusern auch die Stuarts ihre Herkunft ableiten.

Drums [engl. drʌmz „Trommeln"] (Drum-Set), im Jazz Bez. für das Schlagzeug, meist bestehend aus großer und kleiner Trommel, Hi-hat, 2 Becken und 2–3 Tomtoms.

Drumstick [engl. 'drʌmstɪk „Trommelstock"] ↑Geschlechtschromatin.

Druon, Maurice [frz. dry'õ], *Paris 23. April 1918, frz. Schriftsteller. - 1973/74 frz. Kultusmin.; betont gesellschaftskrit. Romanzyklus „Die großen Familien" (3 Bde., 1948–51), „Der Sturz der Leiber" (1950), „Rendezvous in der Hölle" (1951). - *Weitere Werke:* Die unseligen Könige (Romanzyklus, 7 Bde., 1955–77), Alexander, Eroberer der Welt (R., 1958), Die Memoiren des Herrn Zeus (2 Bde., 1963–68), Reformer la démocratie (1982).

DRUPA, Abk. für: Internat. Messe **Dru**ck und **Pa**pier in Düsseldorf (seit 1951).

Drury Lane Theatre [engl. 'drʊərɪ 'lɛɪn 'θɪətə], ältestes noch bespieltes Theater (Schauspiele, Musicals) in England, 1663 in London eröffnet; Glanzzeit unter der Leitung von D. Garrick (1746–1776).

Druschba ↑Allenburg.

Druschina [russ.], Gefolgschaft der altruss. Fürsten, insbes. im Kiewer Reich, aus der ein Teil des russ. Adels hervorging; entwickelte sich bald in eine „ältere Gefolgschaft", der die Bojaren mit eigenen Gefolgschaften angehörten, und in eine „jüngere Gefolgschaft", deren Angehörige, die sog. Bojarenkinder, sich einzeln und persönl. beim Fürsten verdingten; bildeten das vom Fürsten auf Zeit angeworbene und unterhaltene Heer.

Druse (Coryza contagiosa equorum), ansteckende Krankheit bes. bei jüngeren Pferden, hervorgerufen durch das Bakterium Streptococcus equi; gekennzeichnet durch Fieber und Nasenkatarrh.

Druse, rundl. oder ovaler Hohlraum im Gestein, dessen Wände mit kristallisierten Mineralien bedeckt sind (**Kristalldruse**). Die D.bildung ist eine Form der Sekretion.

◆ Einzelkristall aus oxalsaurem Kalk im Zellsaft mancher Pflanzen.

Drusen, pseudoislam. Sekte, deren etwa 180 000 Anhänger im Libanon, Antilibanon und in der Umgebung von Damaskus leben. Sie bekennen sich zu dem Fatimidenherrscher (aus der Dynastie, die von Fatima, der Lieblingstochter Mohammeds, abstammt) Al Hakim († 1021), der jedoch nach dem Glauben der Drusen auf geheimnisvolle Weise verschwunden ist und dereinst zurückkehren soll. Ihr Name geht zurück auf Ad Darasi, einen Begründer der Hakim-Verehrung.

Drüsen, (Glandulae) bei *Tieren* und beim *Menschen* als einzelne Zellen (**Drüsenzellen**), Zellgruppen oder Organe vorkommende Strukturen, die verschiedenartige Sekrete produzieren und absondern. **Exokrine Drüsen** sondern ihr Sekret nach außen bzw. in Körperhohlräume ab, während **endokrine Drüsen** (Hormon-D.) ihr Sekret ins Blut oder in die Lymphe abgeben. Nach der Art des Sekrets unterscheidet man **seröse Drüsen** (eiweißhaltig), **muköse Drüsen** (schleimhaltig) oder **gemischte Drüsen,** nach der Form der Drüsenendteile **tubulöse** (schlauchförmige) und **alveoläre** (azinöse; beerenförmige) **Drüsen.** Die beiden letzten D.arten können als **Einzeldrüsen,** als einfach **verästelte Drüsen** oder als mehrfach verzweigte, häufig verschiedenartiges Sekret liefernde D. (**zusammengesetzte Drüsen**) vorkommen. Im Hinblick auf die Sekretabgabe der D.zellen spricht man von **holokrinen Drüsen,** wenn ganze Zellen in Sekret umgewandelt und abgestoßen werden, z. B. Talgdrüsen. In den **ekkrinen Drüsen** (z. B. Speicheldrüsen) wird das Sekret durch die Zellmembran hindurch abgegeben. **Apokrine Drüsen** (z. B. Duftdrüsen, Milchdrüsen) schnüren den Teil des Protoplasmas, der die Sekretgranula enthält, ab. Die beiden letzteren werden als **merokrine Drüsen** bezeichnet, d. h. der Zellkern bleibt erhalten, und sie können wiederholt Sekrete absondern.

◆ bei *Pflanzen* einzellige (einzelne D.zellen) oder vielzellige Ausscheidungssysteme (Drüsengewebe, ↑Absonderungsgewebe), die im

Ggs. zu den Exkretzellen bzw. Exkretionsgeweben das Absonderungsprodukt aus ihren Protoplasten durch die Zellwände hindurch aktiv nach außen abgeben. Die D. der Epidermis (manchmal als Drüsenhaare ausgebildet) werden nach ihren Ausscheidungsprodukten als Schleim-, Harz-, Salz- oder Öl-D., die Verdauungsenzyme, Nektar oder Duftstoffe produzierenden D. als Verdauungs-D., Nektarien oder Duft-D. (Osmophoren) bezeichnet. Die im Parenchym eingeschlossenen D. grenzen stets an Interzellularräume, in die die Sekrete (Öle, Harze, Gummi, Schleim) ausgeschieden werden. Eine bes. D.form stellen die **Hydathoden** dar, die es den Pflanzen ermöglichen, bei sehr hoher Luftfeuchtigkeit Wasser aktiv auszuscheiden.

Drüsenameisen (Dolichoderidae), mit etwa 300 Arten weltweit verbreitete Fam. der Ameisen; mit reduziertem Stachelapparat; verwenden für Angriff und Verteidigung Analdrüsensekrete, die einen eigenartig aromat. Geruch haben.

Drüsenentzündung, svw. ↑Adenitis.

Drüsenepithel, die innere Auskleidung vielzelliger tier. und menschl. Drüsenorgane bzw. bei Pflanzen bestimmte Absonderungsgewebe.

Drüsenfieber, svw. ↑Mononukleose.

Drüsengeschwulst, svw. ↑Adenom.

Drüsengewebe ↑Absonderungsgewebe.

Drüsenhaare, *pflanzl. Haarbildungen,* die als Drüsen fungieren; bestehen aus einem Sekret (z. B. Öle, Harze, Enzyme) absondernden Köpfchen, einem Stielteil und einem in die Epidermis einbezogenen Fußstück.
◆ bei *Tieren* (bes. Insekten) mit Hautdrüsen in Verbindung stehende Haarbildungen. Die Sekrete werden durch das hohle und mit Poren versehene Haar oder am Grunde des Haars ausgeleitet und verteilen sich über dessen Oberfläche (z. B. Hafthaare, Brennhaare).

Drusenköpfe (Conolophus), Gatt. kräftiger, gedrungener, bis etwa 1,25 m langer Leguane mit nur 2 Arten auf den Galapagosinseln; Körper gelbl. bis braun, oft unregelmäßig gefleckt, mit starken Hautfalten am Hals und Nackenkamm, der in einen niedrigeren Rückenkamm übergeht.

Drüsenmagen (Vormagen, Proventriculus), vorderer, drüsenreicher Abschnitt des Vogelmagens, durch ein Zwischenstück mit dem ↑Muskelmagen verbunden; in ihm finden die ersten Verdauungsschritte (bes. des Eiweißes) der aufgenommenen Nahrung statt.

Drüsenpest ↑Pest.

Drüsenzellen ↑Drüsen.

Drusus, Beiname im röm. plebej. Geschlecht der Livier und im jul.-claud. Kaiserhaus; bed.:

D., Julius Caesar, * 7. Okt. zw. 15 und 12 v. Chr., † 1. Juli 23 n. Chr., Konsul (15 und 21 n. Chr.). - Sohn des Kaisers Tiberius; 11 Quästor, unterdrückte 14 als Heerführer den Aufstand der pannon. Legionen; 17 Statthalter in Illyrien; trug 19 maßgebl. zur Unterwerfung des Markomannenkönigs Marbod bei; erhielt 22 die tribuniz. Gewalt.

D., Nero Claudius D. Germanicus, * 14. Jan. 38, † im Sept. 9 v. Chr., Feldherr. - Sohn des Tiberius Claudius Nero, Bruder des späteren Kaisers Tiberius, Vater des späteren Kaisers Claudius; Stiefsohn des Kaisers Augustus; unterwarf 15 v. Chr. Räter und Vindeliker; 13 Statthalter der gall. Prov., Kommandeur an der Rheinfront; zahlr. Feldzüge gegen die Germanen.

dry [engl. draɪ „trocken"], Bez. für zuckerarme alkohol. Getränke.

Dryaden [griech.], in der griech. Mythologie weibl. Baumgeister.

Dryaszeit ↑Holozän (Übersicht).

Dryden, John [engl. draɪdn], * Aldwincle (Northamptonshire) 9. Aug. 1631, † London 1. Mai 1700, engl. Dichter. - Anhänger der Stuarts und Katholik. Vielseitiger Vertreter des engl. Klassizismus; schrieb formvollendete, bissige Satiren (u. a. „Absalom and Achitophel", 1681; gegen Shaftesbury), sangbare Oden, religiöse Lehrgedichte und sog. „heroic plays". Mit „Marriage à la mode" (1672) begründete er die Comedy of manners (↑Sittenstück). Bedeutendster Vorläufer von A. Pope.

Drygalski, Erich von [dry...], * Königsberg (Pr) 9. Febr. 1865, † München 10. Jan. 1949, dt. Geograph. - Prof. in Berlin und München; leitete Expeditionen nach Grönland und führte 1901–03 mit dem Polarschiff „Gauß" die erste dt. Expedition in die Antarktis durch.

Dryopithecus [griech.], Gatt. ausgestorbener Menschenaffen im Miozän und Pliozän Eurasiens, möglicherweise auch Afrikas; etwa schimpansengroß; Schneidezähne klein, Eckzähne stark entwickelt, Kaufläche der unteren Backenzähne mit kennzeichnender Struktur (**Dryopithecusmuster:** 5 Höcker, dazwischen Y-förmige Furchen). Dieses Muster zeigen auch heute lebende Menschenaffen und viele Hominiden, beim heutigen Menschen meist der 1. untere Backenzahn.

Dryopteris [griech.], svw. ↑Wurmfarn.

DSB, Abk. für: ↑**D**eutscher **S**port**b**und.

D. Sc. [engl. 'di:ɛs'si:], engl. und amerikan. Abk. für: **D**octor of **Sc**ience (Doktor der Naturwissenschaften).

Dsch... ↑auch Dj...

Dschafar As Sadik (Dschafar Ibn Muhammad), * Medina um 700, † ebd. 765, Nachkomme des Kalifen Ali Ibn Abi Talib und in dessen Nachfolge der 6. Imam. - Von allen schiit. Gruppen anerkannt; gilt im Orient als Meister der Geheimwissenschaften, v. a. der Alchimie, Astrologie und Wahrsagekunst.

Dschaghbub, Al, Oase in der nördl. Libyschen Wüste, in einer Senke nw. der Siwaoasen, 17 m u. d. M., ein Zentrum der Senussi mit Koranschule.

Dschainismus (Dschinismus, Jainismus, Jinismus) [zu Sanskrit dschaina „Anhänger des Dschina (Sieger)"], ind. Religion, deren Entstehungszeit mit der des Buddhismus zusammenfällt. Ihr Verkünder war Wardhamana († um 447 v. Chr.), mit dem Ehrentitel Dschina ausgezeichnet. Er entstammte dem Kriegeradel. In seiner Gemeinde gilt er als der letzte von 24 **Tirthankaras** (Sanskrit „Furtbereiter"), von denen vor ihm nur der vorletzte, Parschwa, histor. gewesen sein dürfte. - Der D. beruht auf einer streng asket. Erlösungslehre. Meditation und Askese können die Wirksamkeit des Karma aufheben und die individuellen Seelen aus den Fesseln der Materie befreien. Oberstes Prinzip der Ethik ist das strenge Verbot der Tötung lebender Wesen. Als bes. verdienstvoll gilt es, seinem Leben durch Fasten ein Ende zu setzen. - Die korrekte Erfüllung dieser Vorschriften ist nur im Mönchtum möglich, das in die **Digambaras** (Sanskrit „Luftgekleidete"), die auf Kleidung verzichten, und die **Schwetambaras** (Sanskrit „Weißgekleidete") aufgespalten ist. Ein bes. Mönchsrang ist der des „Lehrers". Wie der Buddhismus besitzt der D. außerdem Laienanhänger. - Der Kult besteht hauptsächl. in der Verehrung der Tirthankaras. - Der D., der missionar. kaum aktiv ist, zählt heute in Indien etwa 2,6 Mill. Anhänger.
📖 *Schubring, W.: Der Jinismus. In: Die Religionen Indiens. Bd. 3. Stg. 1964.*

Dschalaloddin Rumi, Mohammad Maulana (im Iran gen. Maulawi), * Balkh (Chorasan) 30. Sept. 1207, † Konya (Türkei) 17. Dez. 1273, pers. Dichter und Mystiker. - Begründer des myst. Ordens der „tanzenden Derwische" (Mewlewi-Orden).

Dschambul (bis 1936 Aulije-Ata), Hauptstadt des sowjet. Gebietes D. im S der Kasach. SSR, am Talas, 298 000 E. 3 Hochschulen; Superphosphatwerk, Nahrungsmittelind., Wollverarbeitung; Bahnstation an der Turksib, ✈. - Im 7. Jh. berühmt unter dem Namen **Taras** (auch Talas); Blütezeit im 10.–12. Jh. als Hauptstadt des Reiches der Ilekchane; 1864 an Rußland. - Ruinen von Taras sowie einer Zitadelle des 11./12. Jahrhunderts.

Dschamdat Nasr (Jemdet Nasr), Ruinenhügel im mittleren Irak, etwa 24 km nö. von Kisch; auf Grund der dort bei Ausgrabungen 1925/26 und 1928 gefundenen Tontafeln mit altertüml. Keilschrift und bemalter Keramik namengebend für eine frühgeschichtl. Periode (um 3000 v. Chr.).

Dschami [arab.], Bez. für eine Moschee (meist die Hauptmoschee), in der am Freitag die Chutba, die Lobrede auf Allah und Mohammed, gehalten wird.

Dscharwanah (Dscherwan, Jerwan), Ort im nördl. Irak, etwa 40 km nnö. von Mosul. Reste eines einst 280 m langen, 22 m breiten und bis 9 m hohen assyr. Aquädukts für Ninive (erbaut unter Sanherib um 695 v. Chr.).

Dschasirah, Al, Gebiet in NO-Syrien, Teil Mesopotamiens, wichtigstes Agrargebiet des Landes mit vollmechanisiertem Anbau von Weizen und Baumwolle auf riesigen quadrat. Parzellen; Erdölförderung. - Urspr. eine Kornkammer des Röm. Reiches; nach den Mongoleneinfällen von Nomaden bis ins 19. Jh. als Weideland genutzt; intensive Rekultivierung ab 1939.

Dschataka (Jataka) [Pali „Wiedergeburtsgeschichte"], Sammlung von mehr als 500 in Pali abgefaßten Geschichten (Dschatakas) aus verschiedenen Existenzen des Buddha (als Bodhisattwa). Ihren Inhalt bilden Märchen, Legenden, Fabeln und Novellen.

Dscheskasgan, Hauptstadt des sowjet. Gebiets D., Kasach. SSR, 100 000 E. Polytechnikum; Kupfererzbergbau mit Erzaufbereitung. - Seit 1954 Stadt.

Dschibuti, Hauptstadt der Republik D. am Golf von Aden, 150 000 E. Kath. Bischofssitz; bed. Handelszentrum; Endpunkt der Bahnlinie aus Addis Abeba; internat. ✈.

Dschibuti

(amtl. Vollform: République de Djibouti; Republik Dschibuti), Republik an der Küste NO-Afrikas zw. 10° 55′ und 12° 43′ n. Br. sowie 41° 48′ und 43° 25′ ö. L. **Staatsgebiet:** Es grenzt an Äthiopien, im SO an Somalia. **Fläche:** 22 000 km² (nach anderen Quellen 21 700 km²). **Bevölkerung:** 300 000 E (1980), 13,6 E/km². **Hauptstadt:** Dschibuti. **Verwaltungsgliederung:** 5 Areale. **Amtssprachen:** Arabisch, Französisch. **Staatsreligion:** Islam. **Währung:** Dschibuti-Franc (FD) = 100 Centimes (c). **Internat. Mitgliedschaften:** UN, OAU, Arab. Liga. **Zeitzone:** Moskauer Zeit, d. i. MEZ + 2 Std.

Landesnatur: D. liegt am Golf von Tadjoura, dem westlichsten Teil des Golfs von Aden und umfaßt einen Teil des halbwüstenhaften Danakiltieflands (mit den Salzseen Lac Abbé und Lac Assal) und einen Teil der Danakilberge (bis 1 775 m hoch).

Klima: An jährl. etwa 20 Regentagen werden durchschnittl. insgesamt 132 mm Niederschlag erreicht. Die mittlere Jan.temperatur beträgt 25,4 °C, die mittlere Julitemperatur 35,7 °C; relative Luftfeuchtigkeit 72 %.

Bevölkerung: Im N leben die Afar, die der in Äthiopien beheimateten Danakilgruppe angehören. Ihre Zahl hat sich durch Flüchtlinge aus Eritrea in den letzten Jahren erhöht. Sie stehen den Issa im S der Republik feindl. gegenüber. Da die Issa zur Somaligruppe gehören, leitet Somalia daraus Gebietsansprüche ab.

Wirtschaft: Die Landw. dient ausschließl. der Selbstversorgung. Vorherrschend ist die nomad. Weidewirtschaft, daneben Fischerei und Meersalzgewinnung. Von größter wirtsch.

Bed. ist die Funktion der Hauptstadt als Transithafen für Äthiopien.
Verkehr: 92 km der Eisenbahnlinie Dschibuti–Addis Abeba führen durch die Republik. Das Straßennetz ist 2795 km lang; internat. ✈ in der Hauptstadt.
Geschichte: Seit 1862 im frz. Einflußbereich; 1896 wurden die Protektorate Tadjoura und Obock zusammengelegt; als Ausgangsbasis für die frz. Expansion an den Nil gedacht. Nach heftigen Unruhen 1967 entschied sich das frz. Überseeterritorium als *Frz. Afar- und Issa-Küste* (zuvor *Frz. Somaliland*) für den Verbleib bei Frankr. und erhielt weitgehende innere Autonomie mit eigener Exekutive und eigener Legislative. Am 8. Mai 1977 stimmten 98% der Wähler bei einer Volksabstimmung für Unabhängigkeit, die am 27. Juni 1977 für die Republik D. proklamiert wurde. Der Issa Hassan Gouled Aptidon wurde Präsident. Durch Unruhen zw. Afar und Issa wurden 2 Reg. gestürzt. Min.präs. ist seit Okt. 1978 der Afar Barkad Gourad Hamadou.
Politisches System: *Staatsoberhaupt* ist der für 6 Jahre (eine Wiederwahl mögl.) gewählte Präs. der Republik (seit 1977 Hassan Gouled Aptidon [* 1916], bestätigt 1981), der die *Exekutive* mit dem ihm verantwortl. Min.rat als Reg. ausübt. Die *Legislative* liegt bei der Abg.-kammer (65 für 5 Jahre gewählte Mgl.), die im Okt. 1981 offiziell die 1979 gebildete Reg.partei Rassemblement Populaire pour le Progrès (RPP) zur einzigen *Partei* des Landes erklärte. Die Landesverteidigung liegt bei frz. *Streitkräften* (rd. 4400 Mann), sowie den einheim. Streitkräften (Heer 2600, Marine 20, Luftwaffe 80 Mann).
📖 *Thompson, V./Adloff, R.: Djibouti and the Horn of Africa. London 1968.*

Dschidda, saudi-arab. Hafenstadt am Roten Meer, 800000 E. Univ. (gegr. 1967), Ausbildungsstätte für Facharbeiter und Ingenieure, Bibliothek. Wirtschaftszentrum mit dem Haupthandelshafen des Landes, Sitz der Staatsbank, der ausländ. Botschaften; Erdölraffinerie, Stahlwerk, Zementfabrik; Sammelplatz für Mekkapilger; internat. ✈. - Vorislam. Gründung, bed. als Hafen für Mekka (seit 646). Seit 1517 osman., 1916 zum Kgr. Hedschas, 1925 zu Saudi-Arabien.

Dschihad [arab. „Bemühung"], der Glaubenskrieg der Muslime gegen nichtislam. Gebiet, oft „Heiliger Krieg" genannt. Ziel des D. ist nicht die Bekehrung der Ungläubigen, sondern die Ausdehnung der Herrschaft der islam. Staats- und Gesellschaftsordnung, die von Andersgläubigen nur die Unterwerfung fordert und dafür freie Religionsausübung garantiert. Nach dem kanon. Recht des Islams ist der D. eine religiöse Pflicht der Gesellschaft, nicht aber der einzelnen Gläubigen.

Dschimma, Hauptstadt der äthiop. Prov. Kafa, 250 km sw. von Addis Abeba, 1750 m ü. d. M., 64000 E. Handelsplatz für Kaffee.

Dschimmu, eigtl. Kamujamato Iwarehiko no Mikoto, erster jap. Kaiser, der 711–585 v. Chr. gelebt haben soll. - Abkömmling der Sonnengöttin Amaterasu; unterwarf das Land Jamato und bestieg angebl. 660 (gilt als Jahr der Reichsgründung) den Thron; Ahnherr der heute noch in Japan herrschenden Dynastie.

Dschina (Jina) [Sanskrit „Sieger"], Titel der Verkünder des Dschainismus.

Dschingis-Khan (Tschingis Khan, Dschingis Chan; Činggis Khan), * Deligün boldogh (am Kerulen) 1155, † vor Ningsia (= Yinchwan) im Aug. 1227. - Hatte 1205 die Herrschaft über die Stämme und Völker der Mongolei erlangt, die ihn 1206 zu ihrem Herrscher erhoben und ihm den Titel D.-K. gaben; organisierte ein schlagkräftiges Heer, was seine späteren Erfolge ermöglichte; Unterwerfung des Uigurenstaates 1206/07; Ausweitung der mongol. Macht durch blutige Feldzüge 1209 gegen das Tangutenreich Hsihsia, 1211–16 gegen N-China, 1218 gegen Korea, ab 1219 gegen Chorasan und bis S-Rußland (1223 Schlacht am Kalkafluß = Halhain Gol), dann erneut gegen N-China und Hsihsia.

Dschinismus ↑Dschainismus.

Dschinn [arab.], überird. Geister im islam. Volksglauben; aus Feuer erschaffen; gute und böse Dämonen oder Feen, u. a. in den Erzählungen von 1001 Nacht.

Dschinnah (Jinnah), Mohammad Ali, * Karatschi 25. (?) Dez. 1876, † ebd. 11. Sept. 1948, Muslimführer und pakistan. Politiker. - Früh Mgl. des Indian National Congress (bis 1920), ab 1913 der All India Muslim League, ab 1916 deren Präs.; trat nach 1934 zunehmend für ein unabhängiges Pakistan ein, dessen Gründung er ab 1940 aktiv betrieb; 1. Generalgouverneur Pakistans seit Aug. 1947.

Dschisak, Hauptstadt des sowjet. Gebiets Syr-Darja, Usbek. SSR, 100 km nö. von Samarkand, 82000 E. Polytechnikum; Baumwollentkörnung, Nahrungsmittelind.

Dschugaschwili, eigtl. Name von J. W. ↑Stalin.

Dschugdschurgebirge, parallel der W-Küste des Ochotsk. Meeres verlaufendes Gebirge in O-Sibirien, UdSSR, knapp 800 km lang, im Topko bis 1906 m hoch.

Dschumblat, Kamal (arab. Dschunbulat, Kamal), * Muchtara 1919, † bei Baaklin 16. März 1977 (ermordet), libanes. Politiker. - Drusenführer; Gründer und Vors. der arab.-nationalist. Sozialist. Fortschrittspartei, spielte bei den Unruhen 1958 und 1975/76 eine aktive Rolle; seit 1960 mehrfach Min. (u. a. wiederholt Innenminister).

Dschungel [Sanskrit-engl.], Bez. für relativ unpassierbaren, im allg. vom Menschen unberührten trop. Wald.

Dschungelfieber ↑Gelbfieber.

Dschunke [malai.-portugies.], chin. Segelfahrzeug für Fluß- und Seeschiffahrt; flacher Schiffsrumpf (Tragfähigkeit bis zu 500 t), meist mit Decksaufbauten und bis zu 5 Masten; Segel aus Bastmatten, mit Bambusrohr verstärkt.

Dserschinsk [russ. dzır'ʒɨnsk], sowjet. Stadt im Gebiet Gorki, RSFSR, 272 000 E. Theater; Herstellung von Kunststoff, Dünge- und Schädlingsbekämpfungsmitteln.

D., sowjet. Stadt im Donbass, Gebiet Donezk, Ukrain. SSR, 47 000 E. Steinkohlenbergbau, Kohlechemiewerk.

Dserschinski, Felix Edmundowitsch [russ. dzır'ʒɨnskij], eigtl. poln. Feliks Dzierżyński, * Gut Dscherschinowo bei Oschmjany (Gebiet Minsk) 11. Sept. 1877, † Moskau 20. Juli 1926, sowjet. Politiker. - Stammte aus poln. Adel; ab 1902 Anhänger Lenins, trat 1906 der russ. Sozialdemokratie bei; ab 1917 Leiter der neugegr. Tscheka und Organisator des „Roten Terrors"; zugleich 1921–24 Volkskommissar für das Verkehrswesen, 1924–26 Vors. des Obersten Volkswirtschaftsrates.

Dsungarei [ts...], zw. 250 und 750 m hoch liegende Beckenlandschaft Z-Asiens im N der chines. Region Sinkiang; im S vom Tienschan, im N durch den Mongol. Altai, im W durch den Dsungar. Alatau und das Tarbagataigebirge begrenzt, nach O allmähl. Übergang in die mongol. Hochfläche. Den zentralen Teil nehmen Sandwüsten, die nördl. und westl. Randzonen Salzsümpfe und Salzseen ein; Oasenzone am Tienschanrand. Erdöl- und Steinkohlevorkommen. Nach W führt u.a. die **Dsungarische Pforte,** deren engste Stelle 10 km breit und seit jeher ein wichtiger Verkehrsweg zw. China und Kasachstan ist.

Dsungaren [ts...] (Ölöten), urspr. Name für die Tsoros, einen der vier Stämme der Westmongol. Föderation der Oiraten, der später auf die ganze Föderation übertragen wurde. Bildeten zw. etwa 1630 und 1758 ein nomad. Reich im westl. Z-Asien mit dem Schwerpunkt in der nach ihnen benannten Dsungarei und bedrohten die NW-Grenze Chinas. In der Folge zweier Feldzüge 1696/97 und 1754–57 durch die Mandschukaiser dezimiert, in andere mongol. Landesteile umgesiedelt; ihr nahezu entvölkertes Heimatgebiet wurde durch Chinesen und Türken und später auch Torguten (Kalmücken) rekolonisiert.

Dsungarischer Alatau [ts...], z.T. vergletschertes Gebirge im SO der Kasach. SSR, in dessen mittlerem und östl. Teil die chin.-sowjet. Grenze verläuft, etwa 400 km lang, bis 4 464 m hoch; am O-Rand liegt die Dsungarische Pforte (↑ Dsungarei).

dt, Einheitenzeichen für **D**ezi**t**onne (= 100 kg bzw. 1 Doppelzentner).

D-Tag, svw. ↑ D-Day.

dto., Abk. für: ↑ **dito.**

DTSB, Abk. für: ↑ **D**eutscher **T**urn- und **S**port**b**und.

Dschunke

dtv, Abk. für: **D**eutscher **T**aschenbuch **V**erlag GmbH & Co. KG (↑ Verlage, Übersicht).

dual [lat.], eine Zweiheit bildend; zwei Elemente enthaltend; in zweifacher Weise ablaufend.

Dual (Dualis) [lat.], neben dem Singular und Plural grammat. Kategorie (Numerus) für zwei [zusammengehörige] Dinge oder Wesen, heute noch in balt. und slaw. Sprachen; in den german. Sprachen im Plural aufgegangen.

Duala, Provinz- und Dep.hauptstadt in Kamerun, an der Kamerunbucht, mit dem gegenüber liegenden **Bonaberi** 486 000 E. Sitz vieler Behörden, eines kath. Bischofs; Forstwirtschaftinst., Forschungsinst. für Ölfrüchte; Museum des Inst. Fondamental de l'Afrique Noire; Metall-, Textil-, Bekleidungs-, chem., Nahrungs- und Genußmittelind. und Holzverarbeitung; wichtigste Hafenstadt des Landes; zwei Eisenbahnlinien ins Hinterland; ✈. - Seit 1884 stand das Gebiet um die spätere Stadt D. unter dt. Schutzherrschaft. 1914 wurde D. von brit.-frz. Truppen besetzt und kam 1919 als Teil Ostkameruns unter frz. Mandatsverwaltung.

Duala, Bantustamm in Kamerun, an der Küste bei Duala; ehem. Waldlandpflanzer, Fischer, Jäger und Händler, heute akkulturiert; ihre Sprache ist Verkehrssprache im westl. Kameruner Waldland.

Dualbruch, ein Bruch, dessen Nenner die 2 oder eine Potenz von 2 ist.

Dualcode, svw. ↑ Binärcode.

Dualismus [lat.], histor. Bez. für die Doppelherrschaft, das koordinierte Nebeneinander von zwei Machtfaktoren oder Institutionen in einem polit. System. D. im Sinne eines Antagonismus, z.B. die Rivalität zw. Österreich und Preußen in der 2. Hälfte des 18. Jh. und 1850–66; D. als teilweise Interessenidentität: etwa das Zusammenwirken der beiden Mächte im Dt. Bund (1815–48).

◆ auf *religiösem Gebiet* ist D. der Glaube an zwei metaphys. Mächte, die sich entweder ergänzend („komplementär") oder feindl.

(„antithet.") gegenüberstehen. Typ. für komplementären D. ist die altchin. Anschauung von Yin und Yang. Antithet. D. findet sich am ausgeprägtesten in der Verkündigung Zarathustras und im Manichäismus. Nach der Lehre Zarathustras steht dem guten Gott Ahura Masda als Widersacher Angra Manju (mittelpers. Ahriman) gegenüber, der aber am Ende der Zeiten vernichtet wird. Auch Mani, der Stifter des Manichäismus, nahm die uranfängl. Existenz zweier einander schroff gegenüberstehender Prinzipien an.

◆ ↑Welle-Teilchen-Dualismus.

◆ in der *Philosophie* svw. Zweiheitslehre; allg. eine Aufstellung zweier gegensätzl. Prinzipien, z. B. gut und böse *(eth. D.)*, Geist und Materie *(naturphilosoph. D.)*, Leib und Seele *(anthropolog. D.)*, Sinnlichkeit und Verstand *(erkenntnistheoret. D.)*, vergängl. Erscheinungswelt und ewige Ideewelt (*metaphys. D.* [Platon]). Hauptvertreter des *modernen D.* ist R. Descartes durch seine Lehre von der denkenden Substanz, der Seele (res cogitans) und der ausgedehnten Substanz, der Materie (res extensa). Die Auseinandersetzungen von Geistes- und Naturwissenschaften im 20. Jh. werden als *method. D.* bezeichnet.

Dualsystem (Binärsystem, dyadisches System), ein auf der Basis „Zwei" beruhendes Stellenwertsystem, in dem zur Darstellung von Zahlen nur zwei Ziffern (0 und 1 oder O und L) verwendet werden. Die Stellenwerte sind (von rechts nach links): $2^0 = 1$; $2^1 = 2$; $2^2 = 4$; $2^3 = 8$; $2^4 = 16$ usw. Es bedeutet:

$$\begin{aligned} &\mathrm{L\quad O\quad L\quad L\quad L} = \\ &= 1\cdot 2^4 + 0\cdot 2^3 + 1\cdot 2^2 + 1\cdot 2^1 + 1\cdot 2^0 = \\ &= 16 + 0 + 4 + 2 + 1 = 23 \end{aligned}$$

oder umgekehrt:

$$\begin{aligned} 58 &= 32 + 16 + 8 + 0 + 2 + 0 = \\ &= 1\cdot 2^5 + 1\cdot 2^4 + 1\cdot 2^3 + 0\cdot 2^2 + 1\cdot 2^1 + 0\cdot 2^0 = \\ &= \mathrm{L\quad L\quad L\quad O\quad L\quad O} \end{aligned}$$

Dualzahl, eine im ↑Dualsystem dargestellte Zahl.

Dualzähler, im Dualsystem arbeitendes, meist elektron. Zählwerk.

Duane, William [engl. du:'ɛın], * Philadelphia (Pa.) 17. Febr. 1872, † Devon (Pa.) 7. März 1935, amerikan. Physiker. - Bahnbrechende Arbeiten zur Anwendung von Röntgenstrahlen in der Medizin (Röntgentherapie) und zur Röntgenspektroskopie.

Duarte, José Napoleón, * San Salvador 23. Nov. 1925, salvadorian. Politiker. 1960 Mitbegründer der Christdemokrat. Partei (PDC), 1980-82 und seit 1984 Staatspräsident.

Dubaij, Hafenstadt am Pers. Golf, Hauptstadt des Scheichtums D., das zu den Vereinigten Arab. Emiraten gehört, 266 000 E. Einziger natürl. Hafen an der Piratenküste, künstl. Hafen für Hochseeschiffe. Handelszentrum des östl. Pers. Golfes, Goldumschlagplatz; Erdölförderung vor der Küste, internat. ✈.

Dubarry (du Barry), Marie Jeanne Gräfin [frz. dyba'ri], geb. Bécu, * Vaucouleurs (Meuse) 19. Aug. 1743, † Paris 8. Dez. 1793, Mätresse Ludwigs XV. von Frankr. (seit 1769). - Tochter einer Näherin und eines Kapuziners; zunächst Modistin; ∞ mit G. du Barry, dem Bruder ihres Geliebten J. du Barry; ohne bes. polit. Ehrgeiz; 1774 vom Hof verbannt; vom Revolutionstribunal wegen Konspiration verurteilt und hingerichtet.

Marie Jeanne Gräfin Dubarry

Du Bartas, Guillaume de Salluste, Seigneur [frz. dybar'ta:s], * Montfort bei Auch 1544, † Paris im Juli 1590, frz. Dichter. - Hugenotte, Schüler Ronsards; sein Alexandrinerepos „Die Schöpfungswoche" (1578; 2. Teil unvollendet) war im 16.-18. Jh. sehr geschätzt.

Dubček, Alexander [tschech. 'duptʃɛk], * Uhrovec (Westslowak. Gebiet) 27. Nov. 1921, tschechoslowak. Politiker. - Urspr. Maschinenschlosser; 1951-54 und seit 1960 Abg. der Nat.versammlung (1969/70 der Volkskammer); 1958-70 Mgl. des ZK der KPČ und des ZK der slowak. KP; 1963-68 1. Sekretär der slowak. KP, wurde als 1. Sekretär der KPČ (1968/69) Mitinitiator, Träger und Symbol des durch die militär. Intervention von Staaten des Warschauer Pakts im Aug. 1968 gewaltsam unterbundenen tschechoslowak. Reformkommunismus; 1970 aller Ämter enthoben und aus der Partei ausgeschlossen.

Dübel, Verbindungsmittel zur Sicherung der vorgesehenen Lage eines Bauteils, z. B. **Stabdübel** aus Stahl oder Holz (in Fachwerken); für Schreinerarbeiten meist zylindr. Verbindungsstück aus Hartholz, das mit Längsrillen zur Leimaufnahme versehen ist. Zum Befestigen von Haken, Schrauben und ähnl. in Wänden werden heute meist **Spreiz-** oder **Pilzdübel** aus Kunststoff, in Hohldecken **Kippdübel** verwendet.

Du Bellay, Joachim [frz. dybɛ'lɛ], * Liré (Maine-et-Loire) um 1522, † Paris 1. Jan. 1560, frz. Dichter. - Mit Ronsard bedeutendster Vertreter der Pléiade, deren Manifest „Défense et illustration de la langue française" (1549) er verfaßte.

Dübendorf, Stadt im schweizer. Kt. Zürich, 7 km östl. von Zürich, 434 m ü. d. M., 21 000 E. Sitz der Eidgenöss. Materialprüfungs- und Versuchsanstalt und der Eidgenöss. Anstalt für Wasserversorgung, Abwasserreinigung und Gewässerschutz.

Dübener Heide, Teil des nordsächs. Heidegebietes zw. Mulde und Elbe, DDR.

dubios [lat.], unsicher, zweifelhaft.

Dubiosa [lat.] (Dubiosen, dubiose Forderungen), Forderungen, deren Begleichung zweifelhaft ist. Es handelt sich um Außenstände, deren Eingang ganz oder teilweise in Frage steht. D. sind in der Bilanz nach ihrem wahrscheinl. Wert anzusetzen.

Dubitativ [lat.], Konjunktiv, der einen Zweifel ausdrückt, z. B. „Das könntest du gesagt haben".

Dublee ↑ Doublé.

Dublett [lat.-frz.], Bez. für zwei eng benachbarte Energieniveaus (Energie- oder Spektralterme, sog. **Dubletterme**) eines atomaren Systems, die beide die Multiplizität 2 besitzen. Als **Dublettsystem** bezeichnet man jedes Termsystem eines Atoms oder Ions, in dem solche D.terme vorkommen. Atome oder Ionen mit ungerader Anzahl von Außenelektronen besitzen D.systeme.

Dublette (Doublette) [frz.; zu lat. duplus „doppelt"], zwei übereinander gepreßte Schmucksteine (etwa ein Opal über einem Onyx).

◆ in einer Sammlung zweimal vorhandener Gegenstand (z. B. Münzen).

Dublin [engl. 'dʌblɪn] (ir. Baile Átha Cliath), Hauptstadt der Republik Irland, an der O-Küste, 529 000 E. Kulturelles und wirtsch. Zentrum des Landes, mit Banken, Versicherungen, Großhandel; Verwaltungssitz der Gft. D.; Sitz eines anglikan. und eines kath. Erzbischofs; zwei Univ. (gegr. 1591 bzw. 1909), Sitz u. a. der Royal Irish Academy (gegr. 1786), Kunst- und Musikakad., Veterinärmedizin. Hochschule; Nationalmuseum, -galerie und -bibliothek, Museen, drei Theater; Zoo; Pferderennbahnen; Woll- und Baumwoll-, Nahrungs- und Genußmittelind., Reifenwerk, Automontagewerke, Maschinenbau u. a.; Hauptmarkt und Verteilerzentrum Irlands; über den Hafen läuft ein Großteil der Im- und Exporte; Fährverbindung mit Liverpool und Rotterdam; ✈.

Geschichte: D. besteht mindestens seit dem 3. Jh. und wurde im 5. Jh. christianisiert. Nach der wiking. Besetzung (832) wurde D. die Hauptstadt eines Wikingerkönigreichs, das 1170 von den Anglonormannen erobert wurde. 1172 erhielt D. das Stadtrecht von Bristol. Die im 13. Jh. ausgebaute Stadtburg von D. wurde der Mittelpunkt der engl. Herrschaft auf der Insel und Ausgangspunkt ihrer Eroberung. 1070 Bischofs-, 1152 Erzbischofssitz (seit 1536 anglikan., daneben seit 1555 auch ein kath. Erzbischof). Seit 1922 Hauptstadt der Rep. Irland.

Bauten: Prot. Kathedrale Saint Patrick (13. Jh.), Kathedrale Christ Church (dän. Gründung 1038, jetziger Bau 12. Jh.). Das Stadtbild wird geprägt von zahlr. Repräsentativbauten im klassizist. Stil, u. a. Rathaus (1769), Bank von Irland (1729), Gerichtspalast (1786–1800), Zollamt (1781–91); Wohnviertel z. T. im Georgian style; zahlr. Statuen und Parkanlagen. Über der Stadt liegt D. Castle (1220).

🕮 *Stewig, R.: D., Funktionen u. Entwicklung. Kiel 1959.*

Dubliners, The [engl. ðə 'dʌblɪnəz], berühmteste ir. Folkmusicgruppe (1978): B. McKenna (* 1939), L. Kelly (* 1940), J. Sheahan (* 1939), J. McCann (* 1945); hatten in Irland 1963–66 ihre größten Schallplattenerfolge, danach auch im Ausland.

Dublone [lat.-span. „Doppelstück"] (span. Doblón, frz. Doublon; Duplone), span. Goldmünze des 16.–19. Jh., entstanden als doppelter Escudo wurde bald zur bed. Welthandelsmünze, in vielen Staaten nachgeahmt und abgewandelt.

Dubna, sowjet. Stadt an der Wolga, Gebiet Moskau, RSFSR, 50 000 E. Seit 1956 sowjet. Kernforschungszentrum.

Dubois [frz. dy'bwa], Eugène, * Eisden 28. Jan. 1858, † Halen 16. Dez. 1940, niederl. Arzt und Anthropologe. - Fand 1890/91 auf Java (Trinil) die ersten Pithecanthropusreste (Schädeldach und Oberschenkel). - *Hauptwerk:* Pithecanthropus erectus, eine menschenähnl. Übergangsform aus Java (1894).

D., Guillaume, * Brive-la-Gaillarde (Corrèze) 6. Sept. 1656, † Versailles 10. Aug. 1723, frz. Kardinal und Minister. - Erzieher Herzog

Dübel. a Holzdübel; b Spreizdübel mit Faserstoffeinlage; c und d Kunststoff-Spreizdübel; e Pilzdübel mit Drehsicherung; f Faserstoffdübel; g Kippdübel

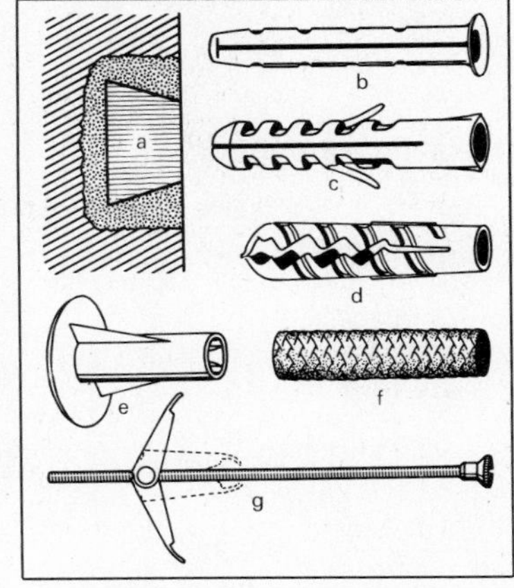

Philipps II. von Orléans, der ihn 1715 zum Staatsrat ernannte; die von ihm bestimmte Außenpolitik zielte auf Schaffung eines Sicherheitssystems der Großmächte (Tripelallianz 1717, Quadrupelallianz 1718); seit 1718 Außenmin., wurde 1720 Erzbischof von Cambrai, 1721 Kardinal; übernahm 1722 das Amt des 1. Staatsministers.

Du Bois, William Edward Burghardt [engl. du:'bɔɪs], * Great Barrington (Mass.) 23. Febr. 1868, † Accra (Ghana) 27. Aug. 1963, amerikan.-ghanaischer Schriftsteller und Politiker. - 1896–1910 Prof. für Wirtschaftswiss. und Geschichte an der Atlanta University; befaßte sich wiss. mit dem Problem der Farbigen in den USA; Mitbegr. der National Association for the Advancement of Colored People, in der er führend tätig war; leitete 1919–27 die Kongresse der Panafrikan. Bewegung; trat 1961 der KP der USA bei; siedelte 1962 nach Ghana über, dessen Staatsbürgerschaft er annahm.

Du Bois-Reymond, Emil [frz. dybwarɛ'mõ], * Berlin 7. Nov. 1818, † ebd. 26. Dez. 1896, dt. Physiologe. - Prof. für Physiologie in Berlin; grundlegende Untersuchungen über die bioelektr. Erscheinungen im Muskel- und Nervensystem. Zus. mit H. von Helmholtz vertrat er nachdrücklich die physikal. Richtung in der Physiologie des 19. Jh.

Dubrovnik (italien. Ragusa), jugoslaw. Stadt auf einem Felsvorsprung an der süddalmatin. Adriaküste, 31 000 E. Fremdenverkehr. - D. entstand aus einem Fischerdorf, in dem sich um 614 n. Chr. Flüchtlinge aus Epidaurum (Illyrien) ansiedelten. **Ragusa,** das bis 1205 unter byzantin. Oberhoheit stand, wurde im Spät-MA zu einer der stärksten Seemächte der damaligen Zeit. 1205–1358 stand D. in lockerem Abhängigkeitsverhältnis zu Venedig, 1358–1526 unter kroat.-ungar., 1526–1806 unter osman. Oberhoheit. Unter dem Einfluß der italien. Renaissance nahm D. im 15.–17. Jh. einen bed. kulturellen Aufschwung (Kunst und Literatur in kroat. Sprache). Der Wiener Kongreß gab D. an Österreich, 1918 kam es zu Jugoslawien. - Zahlr. ma. Bauten, u. a. Sankt-Blasiuskirche (14. Jh.; 1707–15 erneuert), Franziskanerkloster (14. Jh.), Dominikanerkloster (14.–16. Jh.) mit roman.-got. Kirche; spätgot. Rektorenpalast (15. Jh.), Zollamt (1516), Rolandssäule (1417); Festungsmauern (1450–1550). Renaissancearchitektur zeigt sich u. a. in den Palästen einzelner Familien und in der Erlöserkirche (1520). Nach dem Erdbeben von 1667 Wiederaufbau im Barockstil.

Dubs, Jakob, * Affoltern am Albis (Kt. Zürich) 26. Juli 1822, † Lausanne 13. Jan. 1879, schweizer. Politiker. - Ab 1849 Staatsanwalt und Nationalrat, 1855–61 im Ständerat, 1861–72 Bundesrat (Justizdepartement). 1864, 1868 und 1870 Bundespräsident.

Dubuffet, Jean [frz. dyby'fɛ], * Le Havre 31. Juli 1901, † Paris 12. Mai 1985, frz. Maler und Plastiker. - Begann mit eingeritzten primitivisierten gegenständl. Figurationen („Art brut“); seit 1962 graph. bestimmte Bilder mit puzzleartig zusammengesetzten Zellen. Seit 1974 buntfarbige Kompositionen und Assemblagen (u. a. aus Kunststoff hergestellte, begehbare Skulpturen).

Duc [frz. dyk; zu lat. dux „Führer“], höch-

Duccio di Buoninsegna, Erscheinung des auferstandenen Christus im Kreise der Apostel (1308–11). Siena, Museo dell'Opera

stes frz. Adelsprädikat, dem Herzog entsprechend, im Rang neben dem bes. Adelstitel Prince.

Duca [italien.; zu lat. dux „Führer"], italien. Adelsprädikat (seit 1948 nur noch namensrechtl.), dem Herzog entsprechend; stand im Rang nach dem Principe.

Du Cange, Charles du Fresne, Sieur [frz. dy'kã:ʒ], * Amiens 18. Dez. 1610, † Paris 23. Okt. 1688, frz. Gelehrter. - Verf. bed. Glossare zu mittel- und spätlat. und hellenist. Schriftstellern sowie von Geschichtswerken zur byzantin. Geschichte.

Duccio di Buoninsegna [italien. 'duttʃo di buonin'seɲɲa], * Siena (?) um 1255, † ebd. 1319, italien. Maler. - Überwand die Starre der byzantin. Tradition und begründete eine Schule got. Malerei in Siena. Der Einfluß Cimabues ist im wesentl. auf die „Madonna Rucellai" (1285–86, Uffizien) beschränkt. Got. (frz.) Einflüsse zeigen sich in neuer Bewegungsfreiheit und Individualisierung der Figuren sowie der größeren Sicherheit der Raumdarstellung. - *Weitere Werke:* Madonna mit drei Franziskanern (um 1290; Siena, Pinacoteca), Maria mit Kind (Brüssel, Sammlung J. M. Stoclet), Triptychon (um 1290–95; London, National Gallery), Maestà mit zahlr. Predellentafeln [unvollständig] (1308–11; Siena, Dommuseum).

Duce [italien. 'du:tʃe; zu lat. dux „Führer"], seit 1922 Titel Mussolinis; Ausdruck des hierarch. Führerprinzips innerhalb der faschist. Partei; ab 1938 offizieller Titel: „Capo del governo e Duce del fascismo" (Haupt der Reg. und Führer des Faschismus).

Du Cerceau, Jacques Androuet [frz. dysɛr'so], eigtl. Jacques Androuet, * Paris 1510 oder 1512, † Annecy nach 1584, frz. Baumeister und Kupferstecher. - 1531–33 in Italien, von wo er zahlr. Zeichnungen antiker Monumente mitbrachte, die er in mehreren Stichwerken verwertete; wurde damit ein Wegbereiter der Renaissance in Frankr. Seine Söhne *Baptiste* (* 1544 oder 1547, † 1590) und *Jean* (* 1585 oder 1590, † nach 1649) waren ebenfalls bed. Baumeister, letzterer erbaute das Hôtel de Sully in Paris (1625–27).

Duchamp, Marcel [frz. dy'ʃã], * Blainville-Crevon (Seine-Maritime) 28. Juli 1887, † Neuilly-sur-Seine 2. Okt. 1968, frz. Maler, Objekt- und Konzeptkünstler. - Begann als Maler mit kubist. Kompositionen, in die er die Bewegungsdimension einführte (1911/12, u. a. „Akt, eine Treppe herabsteigend"). Stellte seit 1913 handelsübl. Gegenstände („Readymades") wie Kunstgegenstände aus.

Duchamp-Villon, Raymond [frz. dyʃãvi'jõ], * Damville (Eure) 5. Nov. 1876, † Cannes 7. Okt. 1918, frz. Bildhauer. - Seine bes. Leistung innerhalb der frz. kubist. Skulptur ist die Verwendung der Dimension der Bewegung in seinen späten Arbeiten, z. B. „Pferd" (1914).

Duchenne, Guillaume [frz. dy'ʃɛn], genannt D. de Boulogne, * Boulogne-sur-Mer 17. Sept. 1806, † Paris 15. Sept. 1875, frz. Mediziner. - Pionier der modernen Elektrodiagnostik und Elektrotherapie; beschrieb und klassifizierte Nerven- und Muskelerkrankungen. Nach ihm benannt sind die progressive Bulbärparalyse (Duchenne-Lähmung) und die Duchenne-Aran-Krankheit (↑ Muskelatrophie).

Duchenne-Erb-Lähmung [frz. dy'ʃɛn; nach G. Duchenne und W. H. Erb] (Erb-Lähmung), Armlähmung durch Druckschädigung des oberen Armplexus, z. B. während der Geburt.

Duchesne, André [dy'ʃɛn], latinisiert Chesneus oder Quercetanus, * L'Île Bouchard (Indre-et-Loire) im Mai 1584, † bei Paris 30. Mai 1640, frz. Historiker. - „Vater der frz. Geschichtsschreibung"; sammelte und edierte als erster systemat. Quellentexte zur frz. Geschichte.

Duchesnea [dy'ʃɛnea; nach dem frz. Botaniker A. N. Duchesne, * 1747, † 1827], Gatt. der Rosengewächse mit nur 2 Arten in S- und O-Asien. Als Gartenzierpflanze kultiviert wird die **Indische Erdbeere** (Duchesnea indica), eine der Erdbeere ähnl. Pflanze mit langen Ausläufern, dreizählig gefingerten Blättern, langgestielten, gelben Blüten und roten Sammelfrüchten.

Duchessa [du'kɛsa; lat.-italien.], italien. Adelstitel, die Frau des Duca.

Duchesse [frz. dy'ʃɛs; zu lat. dux „Führer"], frz. Adelsprädikat, entspricht der Herzogin.

Duchesse [frz. dy'ʃɛs], atlasbindiger Stoff für Kleider oder Futter aus Naturseide oder Acetatfäden.

Duchoborzen [russ. „Geisteskämpfer"], russ. Sekte, in der 2. Hälfte des 18. Jh. in S-Rußland entstanden; sie brach am radikalsten mit der russ. Orthodoxie und lehnte deren Kult und Dogmen ab. Einziger Gottesdienst ist eine Gebetsversammlung. Die D. haben eine strenge Ethik und verwerfen jegl. äußere Autorität.

Ducht [niederdt.], Sitzbank in einem offenen Boot.

Ducker (Schopfantilopen, Cephalophinae), Unterfam. der Horntiere mit 15 etwa hasen- bis damhirschgroßen Arten in Afrika; Körperform gedrungen; auf der Stirn kräftiger Haarschopf; u. a. **Gelbrückenducker** (Riesen-D., Cephalophus silvicultor), 1,15–1,45 m lang, Schulterhöhe 85 cm, Färbung schwarzbraun, längs der Rückenmitte ein gelber, nach hinten breiter werdender Keilfleck; Kopfseiten hellgrau, Haarschopf zw. den Hörnern meist rötlich-braun. **Kronenducker** (Busch-D., Sylvicapra grimmia), 0,9–1,2 m lang, bis 70 cm schulterhoch, gelbbraun bis graugelb, mit schwärzl. Nasenrücken und (im ♂ Geschlecht) relativ langen Hörnern. **Zebraduk-**

ker (Cephalophus zebra), 60–70 cm lang, etwa 40 cm schulterhoch, rostrot mit schwarzen Querstreifen.

Duckmäuser [zu mittelhochdt. tockelmusen „Heimlichkeiten treiben"], Leisetreter, Kriecher.

Duclos, Jacques [frz. dy'klo], * Louey (Hautes-Pyrénées) 2. Okt. 1896, † Montreuil bei Paris 25. April 1975, frz. Politiker. - Seit 1921 Mgl. der KPF, seit 1926 Mgl. des ZK, 1926–32, 1936–40 und 1944–58 Abg.; 1931–64 Sekretär des Politbüros, Mgl. des Exekutivkomitees der 3. Internationale; maßgebl. an der Bildung der Volksfront beteiligt; führend in der Résistance tätig; 1947 Mitbegr. der Kominform; seit 1959 Senator.

Ducommun, Élie [frz. dykɔ'mœ̃], * Genf 19. Febr. 1833, † Bern 7. Dez. 1906, schweizer. Politiker. - Generalsekretär des internat. Friedensbüros in Bern; erhielt 1902 mit A. Gobat den Friedensnobelpreis.

Ducos, Roger Graf [frz. dy'ko], * Dax (Landes) 25. Juli 1747, † Ulm 17. März 1816, frz. Politiker. - 1792 Mgl. des Konvents, 1794 Führer der Jakobiner, 1799 Mgl. des Direktoriums; nach dem Staatsstreich vom 18. Brumaire (9. Nov. 1799) 3. Konsul der provisor. Regierung; von Napoleon I. geadelt und mit der Pairswürde ausgezeichnet; floh nach der Restauration nach Deutschland.

Dụctus [lat.], in der *Anatomie* Bez. für: Gang, Kanal, Verbindung; z. B. D. choledochus, svw. Gallengang.
◆ ↑ Duktus.

Dudelsack [zu türk. düdük „Flöte"] ↑ Sackpfeife.

Konrad Duden

Du̲den, Konrad, * Gut Bossigt (= Wesel) 3. Jan. 1829, † Sonnenberg (= Wiesbaden) 1. Aug. 1911, dt. Philologe. - Gymnasiallehrer und -direktor in Soest, Schleiz und Bad Hersfeld; trat mit anderen für eine Vereinheitlichung der Rechtschreibung ein; mit seinem „Vollständigen orthograph. Wörterbuch der dt. Sprache" (1880) wurde D. der Wegbereiter der dt. Einheitsrechtschreibung.

Du̲den ®, Warenzeichen für Nachschlagewerke des Bibliographischen Instituts AG, Mannheim. Der „D." geht zurück auf das orthograph. Wörterbuch von K. Duden; dieses erschien von der 9. Auflage (1915) an u. d.T. „Duden. Rechtschreibung der dt. Sprache und der Fremdwörter". Die im „Duden" (Bd. 1 der Reihe „Duden" in 10 Bden., Mannheim [19]1986) gebrauchten Regeln und Schreibweisen sind in der BR Deutschland laut Beschluß der Kultusminister vom 18./19. Nov. 1955 für die dt. Rechtschreibung verbindlich. - Weitere von der D.redaktion hg. Werke sind „Duden. Das große Wörterbuch der dt. Sprache" (6 Bde., 1976–81) und „Duden. Dt. Universalwörterbuch" (1983).

Du̲denpreis (Konrad-Duden-Preis), Preis, der alle zwei Jahre auf Vorschlag eines Preisgerichts vom Gemeinderat der Stadt Mannheim an Persönlichkeiten verliehen wird, die sich um die dt. Sprache bes. verdient gemacht haben.

Du̲derstadt, Stadt im Eichsfeld, Nds., 177 m ü. d. M., 22 700 E. Metall-, Elektro-, Textilind. u. a., Grenzübergang in die DDR. - 929 als Besitz von König Heinrich I. erwähnt. Neben der Pfalz entwickelte sich eine Marktsiedlung, die um 1239 Stadtrechte erhielt. - Propsteikirche Sankt Cyriakus (13. und 14. Jh.), Pfarrkirche Sankt Servatius (Unterkirche; 15. Jh.), Rathaus (13. Jh.). Die Stadtbefestigung ist z. T. erhalten, u. a. das Westertor (1424).

Dudevant, Aurore Baronin [frz. dyd'vã], frz. Schriftstellerin, ↑ Sand, George.

Dudịnka, Hauptstadt des Nat. Kr. Taimyr innerhalb der sowjet. Region Krasnojarsk, RSFSR, in N-Sibirien, 19 700 E. Hafen (für Seeschiffe zugänglich); Bahnlinie nach Norilsk. - 1616 gegr., seit 1951 Stadt.

Dudịnzew, Wladimir Dmitrijewitsch, * Kupjansk (Gebiet Charkow) 29. Juli 1918, russ.-sowjet. Schriftsteller. - Bekannt durch sein Hauptwerk „Der Mensch lebt nicht vom Brot allein" (1956), das kennzeichnend für die „Tauwetterperiode" nach Stalins Tod ist.

Dudley [engl. 'dʌdlɪ], Stadt in M-England, Metroplitan County West Midlands, 187 000 E. Traditionelle Kleineisenind., Stahlwerk, Maschinenbau u. a. - Seit 1272 als Stadt belegt.

Dudow, Slatan [...'dɔf], * Zaribrod (= Dimitrovgrad) 30. Jan. 1903, † Berlin (Ost) 12. Juli 1963, dt. Filmregisseur bulgar. Herkunft. - Schuf mit „Kuhle Wampe" (1932), an dessen Drehbuch B. Brecht mitarbeitete, einen bed. proletar. Film. 1933 entstand der schon z. T. geheim gedrehte Film „Seifenblasen"; danach Emigration (bis 1945) nach Frankr. Seit 1946 wichtigster Regisseur bei der DEFA mit „Unser tägl. Brot" (1949), Der Hauptmann von Köln" (1956) u. a.

Dụdweiler, Ortsteil von Saarbrücken.

Duecento [italien. due'tʃɛnto „200" (Abk. für 1200)], Bez. für das 13. Jh. in Italien.

Duẹll [lat.] ↑ Zweikampf.

Duẹro (portugies. Douro), Fluß in Spanien u. Portugal, entspringt im Iber. Randgebirge, durchfließt in einem generell nach W gerichteten Lauf die Nordmeseta und Hochportugal; bildet rd. 100 km lang die span.-portugies. Grenze, mündet bei Porto in den Atlantik, 895 km lang, 98 000 km² Einzugsgebiet. Im Unterlauf schiffbar.

Duẹtt [italien.; zu due (lat. duo) „zwei"], seit dem 17. Jh. Musikstück für zwei Singstimmen und Instrumentalbegleitung. Das konzertante (lyr.) und dramat. D. ist wichtiger Bestandteil der Oper geblieben, während die Blüte des hauptsächl. im kontrapunkt. Stil gesetzten Kirchen- und Kammer-D. in die Barockzeit fällt.

Dufay [frz. dy'fɛ], Charles-François de Cisternay, * Paris 14. Sept. 1698, † ebd. 16. Juli 1739, frz. Physiker. - Grundlegende Arbeiten zur Elektrizität; erkannte als erster das Wesen der elektrostat. Abstoßung und unterschied die zwei Arten der elektr. Ladung (1733).

D., Guillaume * (vielleicht Fay bei Cateau-Cambrésis) um 1400, † Cambrai 27. Nov. 1474, niederl. Komponist. - 1428–37 (mit Unterbrechung) Mgl. der päpstl. Kapelle in Rom. Schuf in seinen Messen, Motetten und Chansons (etwa 200 Werke) einen neuen Stil, der frz. Techniken mit der italien. und engl. Musik verband und Grundlage für die nachfolgende Generation der „niederl." Musik wurde.

Dufflecoat ['dafəlko:t, engl. 'dʌflkoʊt], dreiviertellanger, meist mit Knebeln und Schlaufen zu schließender Sportmantel (urspr. aus *Düffel*, einem Baumwollgewebe).

Dufour, Guillaume Henri [frz. dy'fu:r], * Konstanz 15. Sept. 1787, † Les Contamines bei Genf 14. Juli 1875, schweizer. General und Kartograph. - 1832 Chef des Generalstabes; befehligte den Feldzug gegen die Kantone des Sonderbunds (1847); gehörte 1864 zu den Mitbegr. des Internat. Roten Kreuzes; sein wichtigstes Werk, die 1844–64 hg. „Topograph. Karte der Schweiz" (sog. D.-Karte) wirkte bahnbrechend auf die Entwicklung der Gebirgskarten.

Dufourspitze [frz. dy'fu:r], mit 4634 m der höchste Gipfel des Monte Rosa, in den Walliser Alpen, höchster schweizer. Berg.

Dufresnoy, Charles Alphonse [frz. dyfrɛ'nwa], * Paris 1611, † Villiers-le-Bel bei Paris 16. Jan. 1668, frz. Maler. - 1633–56 in Italien; malte zahlr. Wand- und Deckengemälde, bibl. und mytholog. Genreszenen. Schrieb „De arte graphica" (1668).

Duftblüte (Osmanthus), Gatt. der Ölbaumgewächse mit etwa 15 Arten in S- und O-Asien und N-Amerika; immergrüne, stechpalmenähnl. Sträucher oder kleine, bis 8 m hohe Bäume mit kleinen, weißen bis hellgelben, stark duftenden Blüten in Büscheln und blauen bis schwärzl. Steinfrüchten; beliebte Ziersträucher.

Duftdrüsen, bei *Tier* und *Mensch* Duftstoffe absondernde ein- oder mehrzellige Drüsen. Bei den Säugetieren sind die D. meist umgewandelte Talg- oder Schweißdrüsen. Die D. haben verschiedene Funktionen, sie dienen u. a. der Verteidigung und Abschreckung von Feinden (z. B. Stinkdrüsen bie vielen Wanzenarten oder beim Stinktier), der Revierabgrenzung, der Orientierung im Raum (z. B. durch Absetzen von Duftmarken, bes. bei Insekten, so daß **Duftstraßen** entstehen), der innerartl. Verständigung (z. B. Stockgeruch bei Bienen) oder der Anlockung des anderen Geschlechts. Bei *Pflanzen* entströmen Duftstoffe aus Blütenteilen.

Duftmarken, von Tieren gesetzte, nur vom Geruchssinn wahrnehmbare Markierungen, die über die Anwesenheit von Artgenossen Auskunft geben und zu innerartl. Verständigung beitragen. D. können u. a. zur Geschlechterfindung dienen (Anlockung des Sexualpartners) oder zur Abgrenzung eines Reviers (Abschreckung von Konkurrenten). Die zur Markierung benutzten Substanzen werden vielfach von Duftdrüsen produziert oder stellen Exkremente oder Exkrete dar. So markieren viele Huftiere mittels Kotverteilung, Hunde setzen an „Stammbäumen" Harn ab.

Duftstraßen ↑ Duftdrüsen.

Dufy, Raoul [frz. dy'fi], * Le Havre 3. Juni 1877, † Forcalquier 23. März 1953, frz. Maler und Graphiker. - Malte südfrz. Landschaften, Strandbilder und Regatten, Bade-

Raoul Dufy, Marseille (1925). Brüssel, Musées Royaux des Beaux-Arts de Belgique

szenen, beflaggte Straßen, Pferderennplätze u.a. Die fauvist. Anlage der Bilder wird allmählich von großen Farbflächen abgelöst, wobei die Zeichnung als Gestaltungsmittel Gewicht erhält. Die späten Bilder von D. sind oft in nur einer Farbtönung gemalt, v.a. in Blau.

du Gard, Roger Martin ↑ Martin du Gard, Roger.

Dughet, Gaspard [frz. dy'gɛ], * Rom 7. Juni 1615 (oder 1613), † ebd. 25. Mai 1675, frz. Maler. - Schwager und Schüler von N. Poussin, dessen Namen er mitunter führte. Lebte in Italien. Eigenwillige, auf Naturstudien beruhende heroische Landschaften (Ölbilder, Gouachen sowie Zeichnungen und Radierungen).

Dugongs [malai.], svw. ↑ Gabelschwanzseekühe.

Duhamel, Georges [frz. dya'mɛl], * Paris 30. Juni 1884, † Valmondois (Val-d'Oise) 13. April 1966, frz. Schriftsteller. - Stellte mit philanthrop. Engagement, einfühlsamer Psychologie und unpathet., klarer Sprache das zeitgenöss. Bürgertum dar; bed. v.a. „Leben der Märtyrer 1914–1916" (Novellen, 1917) und „Die Chronik der Familie Pasquier" (R.zyklus, 10 Bde., 1933–41).

Duhem, Pierre [Maurice Marie] [frz. dy'ɛm], * Paris 10. Juni 1861, † Cabrespine (Aude) 14. Sept. 1916, frz. Physiker, Philosoph und Wissenschaftshistoriker. - Prof. in Bordeaux; zahlr. Arbeiten zur Hydrodynamik, Elektrodynamik und v.a. zur klass. Thermodynamik. Als Wissenschaftstheoretiker vertrat er die neopositivist. Ansicht, daß physikal. Theorien bloß symbol. Konstruktionen des Menschen seien und daher die Wirklichkeit nur reflektieren, aber nicht genau wiedergeben können, während philosoph. Modelle zwar nicht mit natürl. Klassifikationen gleichwertig seien, aber zum provisor. Begreifen der Welt führen könnten.

Dühring, Karl Eugen, * Berlin 12. Jan. 1833, † Nowawes (= Potsdam) 21. Sept. 1921, dt. Philosoph, Nationalökonom und Wiss.-theoretiker. - 1863 Privatdozent für Philosophie (später auch für Nationalökonomie) in Berlin. Verlor 1877 wegen seiner heftigen Kritik am zeitgenöss. Univ.wesen die Lehrbefugnis; gilt als einer der bedeutendsten Vertreter des dt. Positivismus; vertrat erkenntnistheoret. einen Materialismus, auf eth. und sozialphilosoph. Gebiet ein teleolog. Optimismus. Seine dem darwinist. Kampf ums Dasein gegenübergestellte Idee einer „wirkl. freien Gesellschaft", in der alle Zwangs- und Herrschaftsverhältnisse beseitigt sind, wurde von F. Engels im „Anti-Dühring" bekämpft. - *Werke:* Der Werth des Lebens (1865), Krit. Geschichte der Philosophie (1869), Krit. Geschichte der Nationalökonomie und des Socialismus (1871), Logik und Wiss.theorie (1878).

Duiker, Jan [niederl. 'dœy̆kər], * Den Haag 1. März 1890, † Amsterdam 23. Febr. 1935, niederl. Architekt. - Bed. Vertreter des ↑ internationalen Stils.

Duilius, Gajus, röm. Konsul (260), Zensor (258), Diktator (231). - Errang als Konsul den ersten röm. Seesieg über die Karthager bei Mylae.

Duisberg, [Friedrich] Carl ['dy:sbɛrk], * Barmen (= Wuppertal) 26. Sept. 1861, † Leverkusen 19. März 1935, dt. Chemiker und Industrieller. - Vorstandsvors. der Farbenfabriken Bayer, maßgebl. beteiligt an der Gründung der I. G. Farbenindustrie AG (1925); betrieb Grundlagenforschung und arbeitete über neue Farben; förderte die Zusammenarbeit zw. Wiss. und Ind. - Die **Carl-Duisberg-Gesellschaft e.V.,** Köln, ist eine auf Ideen von D. zurückgehende gemeinnützige Organisation zur Förderung dt. und ausländ. Nachwuchskräfte der Wirtschaft.

Duisburg ['dy:sbʊrk], Stadt im westl. Ruhrgebiet, NRW, an der Mündung von Ruhr und Emscher in den Rhein, 30–70 m ü.d.M., 518 000 E. Gesamthochschule (gegr. 1972), Versuchsanstalt für Binnenschiffbau, Verwaltungs- und Wirtschaftsakad., Städt. Konservatorium, Musik- und Orchesterschule; Theater; Stadtarchiv; Niederrhein. Museum, Kunstmuseum; Zoo, botan. Gärten. Zentrum der dt. Eisen- und Stahlind. mit metallverarbeitender, chem. u.a. Ind., Werften; Speditionen, Reedereien; größter Binnenhafen der BR Deutschland; Umschlag der D.-Ruhrorter Häfen 1983: 47,2 Mill. t. - D. ist das Beispiel einer industriebedingten Stadtagglomeration aus früher selbständigen Städten (D., **Hamborn, Ruhrort, Meiderich**), in der jeder Stadtteil eine bes. Funktion wahrnimmt. - Plan des Hafens ↑ Hafen.

Geschichte: D. entstand aus einer 883/884 zuerst erwähnten Königspfalz; im 12. Jh. Stadt, 1290 an Kleve; 1655–1818 ref. klev. Landesuniv. in D.; Industrialisierung seit der 2. Hälfte des 19. Jh. (Anlage von Eisenhütten). 1905 Zusschluß mit **Meiderich** (etwa im 9. Jh. erstmals genannt, im 13. Jh. klev., 1895 Stadt) und **Ruhrort** (im Anschluß an ein 1373/74 errichtetes festes Haus in klev. Besitz entstanden, Name seit 1379 belegt, 1473 als Stadt bezeichnet), 1929 mit **Hamborn** (in der 2. Hälfte des 10. Jh. erstmals erwähnt, im 13. Jh. an Kleve, 1911 Stadtrecht). 1929–35 hieß D. **Duisburg-Hamborn.**

Bauten: Die ehem. Minoritenkirche wurde im 2. Weltkrieg zerstört, an ihrer Stelle entstand 1959–61 die Karmelkirche, Salvatorkirche (15. Jh.), moderne Pfarrkirche Sankt Anna (1954), Mercatorhalle (1957–62), Wilhelm-Lehmbruck-Museum (1956–64).

Duisdorf ['dy:sdɔrf], Ortsteil von ↑ Bonn.

Dujardin, Édouard [frz. dyʒar'dɛ̃], * Saint-Gervais-la-Forêt (Loir-et-Cher) 10. Nov. 1861, † Paris 31. Okt. 1949, frz. Schriftsteller. - Als Freund Mallarmés, als Theoretiker des Vers libre und Begründer der „Revue Wagnérienne" (1885) bed. für die symbolist. Bewegung; schrieb Essays, Dramen, Gedichte, Erzählungen sowie - als erster unter Verwendung des inneren Monologs - den Roman „Geschnittener Lorbeer" (1888).

Dukas, eine der bedeutendsten und polit. einflußreichsten ma. griech. Sippen; nachweisbar seit dem 9. Jh., erreichte ihren größten Einfluß im 11. Jh.; stellte mit Konstantin X. (♔ 1059–67) und Michael VII. (♔ 1071–78) zwei byzantin. Kaiser.

Dukas, Paul [frz. dy'ka:s], * Paris 1. Okt. 1865, † ebd. 17. Mai 1935, frz. Komponist und Musikkritiker. - Seine Kompositionen zeichnen sich durch reizvolle Melodik, straffe Rhythmik und glänzende Instrumentation aus; am bekanntesten ist die sinfon. Dichtung „Der Zauberlehrling" (1897, nach Goethe).

Dukaten (Dukat) [italien.; zu mittellat. ducatus „Herzogtum" (nach Münzaufschriften von 1140 bzw. 1284)], Goldmünze des 13.–19. Jh., eine der wichtigsten Welthandelsmünzen der Geschichte; ab 1559 Hauptgoldmünze des Hl. Röm. Reiches; trat im 18. Jh. zunehmend hinter der Pistole und ihren Nachfolgeformen zurück.

Dukatenfalter (Feuerfalter, Heodes virgaureae), Tagschmetterling der Fam. Bläulinge in Eurasien; Spannweite 3,5 cm; Flügel beim ♂ oberseits feurig rotgold glänzend, schwarz gesäumt, beim ♀ mit schwarzbraunen Flecken.

Duke [engl. dju:k; zu lat. dux „Führer"], Herzog, höchster engl. Adelstitel (seit dem 14. Jh.), urspr. männl. Deszendenten des königl. Hauses vorbehalten.

Düker [niederdt. „Taucher"], auf dem Prinzip der kommunizierenden Röhren beruhende Führung von Rohrleitungen unter Hindernissen (z. B. Flüssen).

Duktilität [lat.], svw. Dehnbarkeit.

Duktus [lat.], Schriftzug; Pinselführung, Linienführung. Druck, Tempo, Stockungen, Richtung u. a. sind entscheidende Merkmale.

Dulbecco, Renato [engl. dʌl'bɛkoʊ, italien. dul'bekko], * Catanzaro 22. Febr. 1914, amerikan. Biologe italien. Herkunft. - Prof. in Pasadena und London. Arbeiten über die Wirkung von DNS-Viren auf lebende Zellen; wies u. a. nach, daß eine Vermehrung dieser Viren zu einer genet. ↑Transformation der Zellen führt, wobei das genet. Material der Viren in das genet. Material der transformierten Zellen induziert wird; erhielt 1975 (zus. mit D. Baltimore und H. M. Temin) den Nobelpreis für Physiologie oder Medizin.

Duldungsvollmacht ↑Anscheinsvollmacht.

Dülfersitz [nach dem dt. Alpinisten H. Dülfer, * 1892, ⚔ 1915], von den Bergsteigern bevorzugter Sitz zum Abseilen und beim Quergang.

Dukaten der Freien Reichsstadt Augsburg von 1705 (Vorder- und Rückseite)

Dulichius, Philipp, * Chemnitz 18. Dez. 1562, † Stettin 24. März 1631, dt. Komponist. - Seine etwa 250 Motetten stehen dem niederl. polyphonen Stil Lassos und dem der venezian. Schule nahe.

Dülken ↑Viersen.

Dulles [engl. 'dʌlɪs], Allen Welsh, * Watertown (N. Y.) 7. April 1893, † Washington 29. Jan. 1969, amerikan. Politiker. - Bruder von John Foster D.; im 2. Weltkrieg Leiter des amerikan. Nachrichtendienstes in Europa; 1953–61 Leiter der Central Intelligence Agency (CIA).

D., John Foster, * Washington 25. Febr. 1888, † ebd. 24. Mai 1959, amerikan. Politiker (Republikaner). - Bruder von Allen Welsh D.; urspr. Rechtsanwalt; 1918/19 Mgl. der amerikan. Friedensdelegation in Paris; 1945–50 Delegierter der USA bei den UN; versuchte als Außenmin. unter Eisenhower (1953–59), dem Kommunismus durch ein globales Netz von Sicherheitspakten zu begegnen; seine Politik des Containment, ergänzt durch den Gedanken der massiven Vergeltung und des Roll back, stieß Ende der 1950er Jahre im Westen auf zunehmende Kritik.

Dülmen, Stadt im westl. Münsterland, NRW, 50–60 m ü. d. M., 39 400 E. Maschinen- und Apparatebau; in der Nähe größtes Wildpferdgehege Europas im Merfelder Bruch. - 889 erstmals erwähnt; seit 1311 Stadt; kam 1815 an Preußen.

Dülmener, bis 1,35 m schulterhohe, halbwilde Pferderasse aus dem einzigen noch bestehenden dt. Wildgestüt im Merfelder Bruch bei Dülmen; meist braun (häufig mit weißem Maul) bis mausgrau mit Aalstrich, die Beine oft mit Zebrastreifung und schwarzen Schäften.

Dulong-Petitsche Regel [frz. dy'lõ, pə'ti], von den frz. Physikern P. L. Dulong (* 1785, † 1838) und A. T. Petit (* 1791, † 1820) 1819 formulierte Regel, nach der die spezif. Wärme pro Atom für alle festen Elemente unabhängig von der Temperatur gleich $3k$ ist (k Boltzmann-Konstante), das entspricht einer Molwärme von etwa 26 J/(grd mol). Diese Regel gilt bei Zimmertemperatur mit hinreichender Genauigkeit allerdings nur für Metalle.

Dult [zu althochdt. tult, eigtl. „Ruhezeit"], urspr. kirchl. Fest, jetzt Jahrmarkt, z. B. die Auer D. in München.

Duluth [engl. dəˈluːθ], Stadt in NO-Minnesota, USA, am W-Ende des Oberen Sees, 93 000 E. Kath. Bischofssitz. Ind.- und Handelszentrum, bed. Überseehafen für Eisenerz- und Holzausfuhr. U. a. Eisen- und Stahlgewinnung, Schiff-, Transportmittel-, Maschinenbau; ✈. - 1817 errichtete J. J. Astor hier eine Pelzhandelsstation, aus der sich die Stadt entwickelte (1870 Stadtrecht).

Dulzian (Dolcian) [lat.-italien.], im 16. und 17. Jh. Bez. für ein Doppelrohrblattinstrument, Frühform des Fagotts.
◆ seit dem 16. Jh. nasal klingendes Zungenregister der Orgel (Sechzehn- oder Achtfuß).

Dulzinea [zu lat.-span. dulce „süß"], scherzhaft-abschätzige Bez. für Freundin, Geliebte (nach der Gestalt der Dulcinea del Toboso im „Don Quijote" von Cervantes).

Duma, allg. russ. Bez. für Rat, Versammlung; Name von Institutionen in Rußland:
1. **Bojarenduma,** im 12.–15. Jh. entstandener fürstl. Rat, wurde im Moskauer Reich zu einem ständigen Adelskolleg (Beratung des Herrschers, Oberleitung der Verwaltung); stärkste polit. Stellung zu Beginn des 17. Jh., verschwand bis 1711.
2. **Stadtduma,** 1785 für Petersburg, Moskau u. a. große Städte eingerichtete Stadtverordnetenversammlung.
3. **Reichs-** bzw. **Staatsduma,** nach der Revolution von 1905 geschaffene Volksvertretung des Gesamtreiches mit begrenzten Legislativ-, Interpellations- und Budgetkontrollkompetenzen. Nach rascher Auflösung der I. und II. D. (Amtszeit: 10. Mai–22. Juli 1906 bzw. 5. März–17. Juni 1907) sicherte ein oktroyiertes Wahlgesetz eine rechte Mehrheit in der III. und IV. D. (14. Nov. 1907–22. Juni 1912 bzw. 28. Nov. 1912–10. März 1917).

Dumas [frz. dyˈmɑ], Alexandre, d. Ä., * Villers-Cotterêts (Aisne) 24. Juli 1802, † Puys bei Dieppe 5. Dez. 1870, frz. Schriftsteller. - Vater von Alexandre D. d. J. Sein histor. Boulevardstück „Henri III et sa cour" (1829) verhalf der Romantik zum Durchbruch. Von seinen unterhaltenden Abenteuerromanen in der Nachfolge Scotts sind „Die drei Musketiere" (1844) und „Der Graf von Monte Christo" (1845–46) in Deutschland am bekanntesten geworden. Den romant.-abenteuerl. Charakter seines Schaffens (mehr als 250 Werke, z. T. mit anderen Autoren zus. verfaßt) schilderte er in seinen „Memoiren" (1852–54).

D., Alexandre, d. J., * Paris 27. oder 28. Juli 1824, † Marly-le-Roi bei Paris 27. Nov. 1895, frz. Schriftsteller. - Sohn von Alexandre D. d. Ä.; sein Roman „Die Kameliendame" (1848) wurde ein großer Bühnenerfolg als Drama (1852) und Oper („La Traviata" von Verdi, 1853). Gewandter Theaterpraktiker, stritt gegen bürgerl. Scheinmoral. Prägte mit der gleichnamigen Komödie (1855) den Begriff „Demimonde" („Halbwelt").

du Maurier, Daphne [engl. djuːˈmɔːrɪeɪ], * London 13. Mai 1907, engl. Schriftstellerin. - Verbindet in ihren psycholog. untermauerten Erfolgsromanen romant. Grundhaltung mit realist. Darstellung. - *Werke:* Karriere (R., 1933), Gasthaus Jamaica (R., 1936), Rebecca (R., 1938), Meine Cousine Rachel (R., 1951), Das Geheimnis des Falken (R., 1965), Ein Tropfen Zeit (R., 1969), Eine Schriftstellerin nimmt Gestalt an. Autobiograph. Aufzeichnungen (1977), Träum erst, wenn es dunkel wird (1981).

Dumbarton [engl. dʌmˈbɑːtn], schott. Hafenstadt in der Region Strathclyde, am rechten Ufer des Clyde, 23 000 E. Autoind., Whiskyherstellung. - Seit 1222 Stadt.

Dumbarton-Oaks-Konferenz [engl. dʌmˈbɑːtn ˈoʊks], 1944 in den USA in Dumbarton Oaks (Washington, D. C.) abgehaltene Konferenz der USA, Großbrit., der UdSSR und Chinas zur Vorbereitung der Gründung der UN.

Dumdumfieber [nach der ind. Stadt Dumdum], svw. ↑Kala-Azar.

Dumdumgeschosse [nach der ind. Stadt Dumdum, dem ersten Herstellungsort], wegen der sprenggeschoßartigen Wirkung seit 1868 völkerrechtl. verbotene Geschosse: 1. Halbmantelgeschosse mit freiliegendem Bleikern, 2. Hohlspitzgeschosse, deren ummantelte Spitze eine zylindr. Bohrung aufweist, 3. Geschosse mit abgeschnittener Spitze.

Dumitriu, Petru, * Baziaş (Kreis Caraş-Severin) 8. Mai 1924, rumän. Schriftsteller. - Emigrierte 1960; schreibt heute in frz. Sprache. - *Werke:* Die Bojaren (3 Bde., 1950–54), Inkognito (R., 1963), Au dieu inconnu (1979).

Dumka (Duma) [ukrain.], Volksballade der Ukrainer in freien Versen, entstanden im 15./16. Jh. im Kosakenmilieu; zur Kobsa oder Bandura vorgetragen. Die D. spiegelt in einer älteren Schicht den Türken- und Tatarenkampf wider, im 17. Jh. den Kampf gegen die Polen unter Chmelnizki.

Dümmer, 16 km² großer, bis 3 m tiefer See im westl. Nds., 37 m ü. d. M., von Bruchmooren umgeben, von der Hunte durchflossen; Wildschutzgebiet für Wasservögel. Im Moorgebiet mehrere prähistor. Siedlungen, z. T. ausgegraben.

Dummheit, allgemeinsprachl. Terminus für Mangel an Intelligenz, geringe Begabung, herabgesetzte kognitive Fähigkeiten und Leistungen. I. e. S. Bez. für das auf bestimmte Situationen bezogene Unvermögen oder geminderte Vermögen (log.) Denkens und Handelns. Als Ursachen der D. galten lange Zeit ausschließl. ererbte oder durch Krankheiten und Verletzungen erworbene hirnorgan. Defekte. Heute werden dagegen als Gründe für das Versagen in der Schule, das insbes. als Kennzeichen für D. angesehen wird, v. a. soziolog., sozial- und lernpsycholog. Tatbestände angesehen und ein dynam. Begriff der Begabung befürwortet. - *Philosoph.* bestimmte Kant D. als „Mangel an Urteilskraft", Schopenhauer als „Mangel zur unmittelbaren Auffassung der Verkettung von Ursache und Wirkung, Motiv und Handlung".

Geyer, H.: Über die D., Ursachen u. Wirkungen der intellektuellen Minderleistung des Menschen. Gött. [10]1970.

Dummy ['dʌmi, engl. „Attrappe"] (Mrz. Dummies), menschenähnl. Testpuppe, deren mechan. Eigenschaften, Belastbarkeit und Gewichtsverteilung dem menschl. Körper weitgehend entspricht: „Skelett" aus Stahlteilen, „Organe" aus flüssigkeitsgefüllten Plastikbeuteln, „Muskeln" aus Kunststoff, „Nervensystem" aus Sensoren, Meßfühlern und elektron. Bauteilen. Verwendung: in der experimentellen anthropotechn. Forschung, insbes. in der Unfallforschung im Kfz.-Bereich *(Crash- oder Aufpralltest).* D. geben Aufschluß über Verletzungsgefahren und die beim Aufprall auf den menschl. Körper einwirkenden Kräfte.

Dumont, Louise [frz. dy'mõ], eigtl. L. Heynen, * Köln 22. Febr. 1862, † Düsseldorf 16. Mai 1932, dt. Schauspielerin und Theaterleiterin. - Seit 1896 in Berlin, wo sie mit O. Brahm und M. Reinhardt zusammenarbeitete; bed. Ibsendarstellerin. 1905 gründete sie mit ihrem Mann *Gustav Lindemann* (* 1872, † 1960) das Düsseldorfer Schauspielhaus.

DuMont Buchverlag GmbH & Co. KG [frz. dy'mõ] ↑ Verlage (Übersicht).

Dumouriez, Charles François [frz. dymu'rje], * Cambrai 25. Jan. 1739, † Turville bei Reading 14. März 1823, frz. General. - Wechselte während der Frz. Revolution von den Jakobinern zu den Girondisten; wurde 1792 Außenmin., dann Befehlshaber der Nordarmee; kämpfte erfolgreich bei Valmy und Jemappes und eroberte die östr. Niederlande; trat nach der Niederlage bei Neerwinden 1793 auf die Seite der Koalition.

Dumpalme [arab./dt.] (Hyphaene), Gatt. 12–15 m hoher Fächerpalmen der Steppengebiete mit 32 Arten von Afrika bis Indien; Fruchtfleisch der kugeligen Steinfrüchte eßbar; Samen mit hornartigem Nährgewebe, das zur Herstellung von Knöpfen verwendet wird.

Dümpeln [niederdt.], leichte, schlingerartige Bewegung eines vor Anker liegenden Schiffes in der Dünung.

Dumping ['dampɪŋ, engl. 'dʌmpɪŋ; zu to dump „abladen, (Waren) verschleudern"], Export einer Ware unter ihrem Inlandspreis, um einen ausländ. Markt zu erobern. Arten: 1. **wirtschaftspolit. Dumping,** hervorgerufen durch eine staatl. Wirtschaftspolitik, die den Exportpreis der Ware senkt; 2. **privatwirtschaftl. Dumping,** langfristig nur dann mögl., wenn Zölle oder Einfuhrkontingentierung den Rückimport der Ware unmögl. machen. - Der Begriff D. wird fälschlicherweise auch (als sog. **Sozialdumping**) für Niedrigpreisimporte aus Niedriglohnländern verwendet.

Düna, Fluß in der UdSSR, entspringt in den Waldaihöhen, mündet 16 km unterhalb von Riga in den Rigaischen Meerbusen (Ostsee), 1 020 km lang, bis Riga für kleinere Seeschiffe befahrbar; mehrere Kraftwerke.

Dünaburg (lett. Daugavpils; russ. Daugawpils), Stadt an der Düna, im SO der Lett. SSR, 123 000 E. PH, Theater; u. a. Eisenbahnausbesserungswerk, Elektrogerätebau; Anlegeplatz, Bahnknotenpunkt. - 1278 vom Dt. Orden als Grenzfestung gegr.; 1561 zu Polen-Litauen. Bei der 1. Poln. Teilung fiel die Stadt an Rußland, 1920 kam sie zur Rep. Lettland.

Dunant, Henri [frz. dy'nã], auch: J. Henry D., * Genf 8. Mai 1828, † Heiden (Kt. Appenzell Außerrhoden) 30. Okt. 1910, schweizer. Philanthrop und Schriftsteller. - Regte 1862 unter dem Eindruck der Schlacht von Solferino (1859) die Gründung des Internat. Roten Kreuzes an und veranlaßte die Einberufung einer Konferenz, die die ↑ Genfer Konvention von 1864 beschloß; erhielt 1901 mit F. Passy den Friedensnobelpreis.

Duna-Tisza köze [ungar. 'dunɔ'tisɔ 'køzɛ] (dt. Donau-Theiß-Zwischenstromland), Teil des Großen Ungar. Tieflands, Ungarn und Jugoslawien, zw. Donau und Theiß, mit zahlr. Dünen und Salzseen; wichtigstes ungar. Paprikaanbaugebiet.

Dunaújváros [ungar. 'dunɔu:jva:roʃ], ungar. Stadt an der Donau, 60 km südl. von Budapest, 62 000 E. Nach 1950 planmäßig zu einem der wichtigsten Standorte der ungar. Schwerind. ausgebaut: Kombinat mit Hochöfen, Martinstahlwerk, Kalt- und Warmwalzwerke, Zellulose- und Papierfabrik; Donauhafen. - Seit 1951 Stadt.

Dunaway, Faye [engl. 'dʌnəwɛɪ], * Bascom (Fla.) 14. Jan. 1941, amerikan. Filmschauspielerin. - Zunächst beim Theater; erster film. Erfolg war „Bonnie und Clyde" (1967); zeigte sich u. a. in „Das Arrangement" (1969), „Little big man" (1970), „Chinatown" (1974) „Network" (1977), „Supergirl" (1984) als wandlungsfähige Charakterdarstellerin.

Dunbar [engl. dʌn'bɑ:], Paul Laurence, * Dayton (Ohio) 27. Juni 1872, † ebd. 9. Febr. 1906, amerikan. Dichter. - Z. T. im Idiom der amerikan. Schwarzen verfaßte Lyrik.

D., William, * um 1460, † um 1525, schott. Dichter. - Ein derb-realist., oft grotesker Humor zeichnet sein satir. Werk ebenso aus wie Sprachgewalt und farbige Darstellung.

Duncan [engl. 'dʌŋkən], Name schott. Könige:

D. I., † Bothngouane oder Bothgotname (= Pitgaveny bei d'Elgin) 1040, König von

Schottland (seit 1034). - Von seinem Verwandten ↑Macbeth ermordet.

Duncan, Isadora [engl. 'dʌŋkən], * San Francisco 27. Mai 1878, † Nizza 14. Sept. 1927, amerikan. Tänzerin. - Trat nach 1900 in Europa für einen [vermeintlich] „natürl." Ausdruckstanz ein, der in Bewegung, Kostüm und Musik völlig von den Bindungen des akadem. Balletts gelöst ist. Sie tanzte als erste nach klass., nicht für den Tanz komponierter Musik und wurde so zur Wegbereiterin des modernen sinfon. Tanzes.

Duncker, Franz, * Berlin 4. Juni 1822, † ebd. 18. Juni 1888, dt. liberaler Politiker und Publizist. - Bruder von Maximilian Wolfgang D.; Mitbegr. der Dt. Fortschrittspartei (1861) und der Hirsch-Dunckerschen Gewerkvereine.

D., Maximilian (Max) Wolfgang, * Berlin 15. Okt. 1811, † Ansbach 21. Juli 1886, dt. Historiker und Politiker. - Bruder von Franz D.; 1842 Prof. in Halle, 1857 in Tübingen; aktive Teilnahme an der Revolution 1848, Mgl. der Frankfurter Nat.versammlung; seit 1859 im preuß. Staatsdienst; Mitarbeit an der Verfassung des Norddt. Bundes; 1867–74 Direktor der preuß. Archive.

Duncker & Humblot ↑Verlage (Übersicht).

Dundalk [engl. dʌn'dɔːk], ir. Hafenstadt 90 km nördl. von Dublin, 26000 E. Verwaltungssitz der Gft. Louth; Pferderennbahn; Handelszentrum, ein Mittelpunkt der lederverarbeitenden Ind. Irlands. - Stadtrecht im 12. Jahrhundert.

Dundee [engl. dʌn'diː], schott. Stadt 60 km nnö. von Edinburgh, 175000 E. Sitz eines kath. und eines anglikan. Erzbischofs; Univ. (gegr. 1881); Inst. für Kunst und Technologie, schott. Versuchsanstalt für Gartenbau, Juteforschungszentrum; Bibliothek; traditioneller Wirtschaftszweig ist die Juteverarbeitung. - Ab 1200 als **Dunde** erwähnt; seit 1889 Stadt. - Zahlr. Kirchen, u. a. Saint Mary, Old Saint Paul und Saint Clement (alle unter einem Dach und beherrscht von dem 47 m hohen Saint-Mary-Turm [15. Jh.]).

Dunedin [engl. dʌ'niːdɪn], Stadt auf der Südinsel von Neuseeland, am inneren Ende der Bucht Otago Harbour, 112000 E. Sitz eines anglikan. und eines kath. Bischofs, Univ. (gegr. 1869), kath. und presbyterian. theolog. Hochschule, Polytechnikum; Bibliotheken; Kunstgalerie, Museen; Textil-, Möbel- und Elektroind. - 1848 durch schott. Einwanderer (Presbyterianer) gegründet.

Dunen [niederdt.] (Daunen, Flaumfedern, Plumae), zarte Federn, die bei den meisten Jungvögeln das ganze Federkleid bilden, bes. als Kälteschutz dienen und bei erwachsenen Tieren oft als Isolationsschicht über weite Körperpartien den Konturfedern unterlagert sind.

Dünen [niederdt.], durch den Wind aufgeschüttete Sandhügel oder -wälle, die bis zu einigen hundert Metern hoch sein können; sie finden sich an der Küste, an Flußufern, im trockenen Innern der Kontinente. Bei starkem Sandtransport über die Luv- zur Leeseite entsteht die in Windrichtung voranbewegte **Wanderdüne.** An Formen unterscheidet man sichelförmige **Barchane** und **Bogendünen** mit flachem Luv- und steilem Leehang sowie **Längs-, Strich-** und **Querdünen.** Weite D.gebiete gibt es in der Sahara sowie in den großen zentralasiat. Wüsten.

Dünenpflanzen, meist Ausläufer treibende und tiefwurzelnde Pflanzen, die auf Dünen den angewehten oder angeschwemmten Küstensand festigen und bei Verwehung durchzuwachsen vermögen; Erstbesiedler sind z. B. Strandquecke, Strandhafer, Strandroggen.

Dünenrose (Bibernellrose, Stachelige Rose, Rosa pimpinellifolia), meist weiß blühende, bis etwa 1 m hohe, sehr stachelige Rose auf Dünen und Felsen in Europa und W-Asien; Blätter mit kleinen, fast kreisrunden Fiedern und sehr kleinen, kugeligen, braunschwarzen Hagebutten; viele Sorten in Kultur.

Dunfermline [engl. dʌn'fəːmlɪn], schott. Stadt in der Region Fife, 20 km nw. von Edinburgh, 52000 E. Zentrum des Kohlenreviers von W-Fife, Wollmarkt, Leinenind. - Seit dem 11. Jh. Residenz der Könige von Schottland; bed. Benediktinerabtei (seit 1128); seit 1322 Stadt.

Dungau (= Donaugau), Beckenlandschaft an der Donau, zw. Regensburg und Pleinting, Bay., mit Straubing als Marktzentrum.

Düngemittel, Substanzen oder Stoffgemische, die dem Boden zugeführt werden, um den Gehalt an Nährstoffen zu erhöhen und die Erträge des Bodens zu steigern. Die wichtigsten Pflanzennährstoffe sind Verbindungen des Stickstoffs (z. B. Ammoniumsalze, Nitrate und die sog. *Amiddünger* wie Harnstoff und

Dünen. Schema der Bildung von Küstendünen

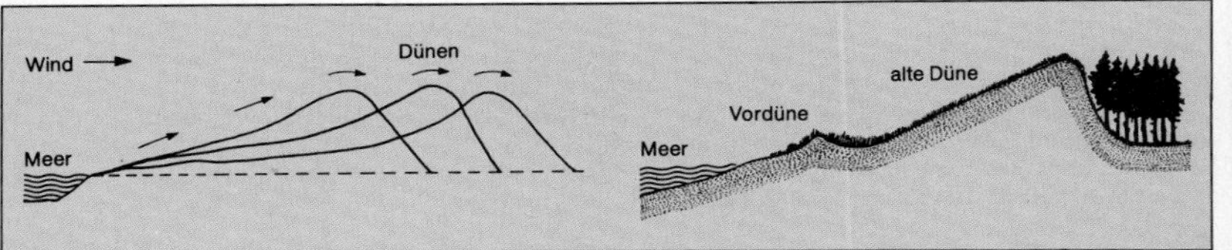

Kalkstickstoff), des Phosphors (Phosphate) des Kaliums (Kaliumsalze) und des Calciums (Kalk). - Früher verwendete man nur **Naturdüngemittel** wie Mist, Kompost, Torf, die jedoch die Nährstoffe nur in geringen Mengen enthalten, außerdem die ↑Gründüngung. Später kamen Guano, Knochenmehl, Natursalpeter usw. hinzu, die die Pflanzennährstoffe sehr konzentriert enthalten. Heute werden die Pflanzennährstoffe als sog. **synthetische Düngemittel** (Kunst-D., mineral. D.) in großen Mengen industriell hergestellt; sie kommen meist gemischt (Misch-D.) in den Handel; ein NPK-D. (Stickstoff-Phosphor-Kalium-D.) kann z. B. aus einem Gemisch von Harnstoff, Diammoniumphosphat und Kaliumsulfat bestehen. **Voll-** und **Spezialdüngemittel** enthalten darüber hinaus noch Verbindungen der für den Pflanzenwuchs notwendigen Spurenelemente, z. B. Magnesium, Eisen, Kupfer. Neben den synthet. D. haben auch die Natur-D. wegen ihres Humusgehaltes nach wie vor große Bedeutung. Der Verbrauch an Handelsdünger betrug in der BR Deutschland 1983 (berechnet auf N, P_2O_5, bzw. K_2O) 259,7 kg je ha landwirtsch. Fläche, in der DDR 232,2 kg, in Österreich 108,1 kg und in der Schweiz 87,6 kg.

Dungeness [engl. dʌndʒɪ'nɛs] ↑Romney Marsh.

Dungfliegen (Sphaeroceridae), mit etwa 250 Arten weit verbreitete Fam. meist kleiner, schwarzer Fliegen mit kurzem, schnellem Flug; ihre Larven leben in faulenden Stoffen sowie in tier. und menschl. Exkrementen.

Dungkäfer (Aphodiinae), Unterfam. 2–15 mm großer Blatthornkäfer mit über 1 000 Arten in den nördl. gemäßigten Gebieten; leben hauptsächl. in Dung.

Dungmücken (Scatopsidae), mit etwa 150 Arten weltweit verbreitete Fam. 1,5–3 mm großer Mücken; meist schwarz, kahl, mit kurzen Fühlern; Larvenentwicklung in tier. und pflanzl. Abfallstoffen.

Düngung, Ersatz der durch Intensivkultur dem Boden entzogenen Mineralsalze, um die Fruchtbarkeit zu erhalten; planmäßiger Einsatz von Düngemitteln steigert den Ertrag.

Dunham, Katherine [engl. 'dʌnəm], * Joliet (Ill.) 1. Febr. 1910, amerikan. Tänzerin und Choreographin. - Entwickelte nach ethnolog. Studien auf den Antillen einen eigenen Tanzstil aus Elementen der akadem. Ballett-technik und der afrokarib. Folklore; gründete in New York 1945 eine Tanzschule.

Dunhuang ↑Tunhwang.

Dunja, aus dem Slaw. übernommener weibl. Vorname, der auf griech. eudokía „die Wohlangesehene, die Hochgeschätzte" zurückgeht.

Dunkeladaptation, Anpassung des Auges vom Tag- zum Nachtsehen; beruht auf der Änderung der Lichtempfindlichkeit der Sehzellen, die beim menschl. Auge auf das 1 500–8 000fache gesteigert werden kann. Die Gesamtzeit für die vollständige D. beträgt knapp eine Stunde.

Dunkelblitz ↑Infrarotblitzlampen.

Dunkelfeldmikroskopie, mikroskop. Verfahren, bei dem das Bild nicht durch direkte, sondern nur durch am Objekt gebeugte Lichtstrahlen erzeugt wird. Die Objekte erscheinen hell auf dunklem Grund, die Objektstrukturen treten besser hervor.

Dunkelkäfer ↑Schwarzkäfer.

Dunkelkammer, verdunkelter oder nur durch Speziallampen erhellter Raum zum Arbeiten mit lichtempfindl. Material.

Dunkelkeimer, Pflanzen, deren Keimung durch bestimmte Spektralbereiche des Lichtes (z. B. Dunkelrot, 720–750 nm) gehemmt wird. D. sind Kürbis, Taubnessel, Tomate.

Dunkelmännerbriefe ↑Epistolae obscurorum virorum.

Dunkelnebel, svw. ↑Dunkelwolken.

Dunkelreaktion ↑Photosynthese.

Dunkeltiere, Tiere, die (im Ggs. zu den ↑Dämmerungstieren) in völliger Dunkelheit leben, z. B. in den lichtlosen Wassertiefen unter 1 000 m, im Erdboden, in Höhlen oder im Inneren anderer Organismen. Für D. charakterist. ist die Rückbildung der Lichtsinnesorgane bis zur völligen Blindheit und eine Steigerung des Tastvermögens.

Dunkelwolken (Dunkelnebel), dichte und ausgedehnte Ansammlungen von interstellarer Materie, die das Licht der dahinterliegenden Sterne so stark absorbiert, daß bei einem Betrachter der Eindruck einer Sternleere oder sternarmer Gebiete entsteht.

Dunkelziffer, die (geschätzte) Zahl derjenigen tatsächl. begangenen Straftaten, die, weil sie als solche nicht erkannt, nicht ermittelt oder nicht zur Anzeige gebracht werden, statist. nicht erfaßt werden können; bes. hoch z. B. bei der sog. Wirtschaftskriminalität, bei Warenhausdiebstahl, Kindesmißhandlung.

Dunkerque [frz. dœ̃'kɛrk] ↑Dünkirchen.

Dünkirchen (frz. Dunkerque), frz. Hafenstadt an der Nordsee, Dep. Nord, 73 000 E. Kunstmuseum; Theater. Drittgrößter frz. Hafen; Autofähren nach Dover; Hochofen-, Stahl- und Walzwerk, Schiffbau und -reparaturen, Erdölraffinerie. - 1218 erhielt D. Stadtrecht. Mit der Gft. Flandern kam D. 1384 an das Haus Burgund, 1477 an Habsburg und gehörte ab 1555 zu den span. Niederlanden, seit 1662 zu Frankr. Von Vauban befestigt. Schwere Verwüstungen während der Kesselschlacht von D. (27. Mai–4. Juni 1940; Einschiffung von etwa 340 000 brit. und frz. Soldaten nach Großbrit.) und erneut 1944/45, als das zur Festung erklärte D. bis Kriegsende von dt. Truppen gehalten wurde. - Spätgot. Kirche Saint-Éloi (16. Jh.), Belfried von 1440. - 1947 schlossen Frankr. und Großbrit. einen Bündnis- und Beistandsvertrag von mindestens 50jähriger Dauer mit dem Zweck einer Sicherung beider Staaten gegen die Wiederaufnahme einer dt. Angriffspolitik (**Bündnisvertrag von Dünkirchen**).

Dun Laoghaire [ir. dən 'leərə], Stadt an der ir. O-Küste, im sö. Vorortbereich von Dublin, 54 000 E. Seeband und wichtigstes ir. Segelsportzentrum; Hafen.

Dunlap, William [engl. 'dʌnləp], * Perth Amboy (N. J.) 19. Febr. 1766, † New York 28. Sept. 1839, amerikan. Schriftsteller und Maler. - Gilt mit Inszenierungen, Bearbeitungen frz. und dt. Dramen und eigenen Stücken als Begründer des amerikan. Theaters; begr. 1828 die „National Academy of Design".

Dunlop Ltd. [engl. 'dʌnləp 'lɪmɪtɪd], brit. Unternehmen zur Herstellung von Luftreifen aller Art, techn. Gummiwaren und Sportartikeln, Sitz London, gegr. 1889 von J. B. Dunlop (* 1840, † 1921), dem Erfinder des pneumat. Reifens; seit 1966 jetzige Firma, seit 1971 durch Minderheitsbeteiligung **Dunlop Pirelli Union.**

Dünndarm ↑Darm.

Dünndruckpapier, Druckpapier aus Hadern und Zellstoff mit hohem Anteil an Füllstoffen, damit Undurchsichtigkeit erzielt wird; Flächengewicht etwa 25–45 g/m^2.

dünne Schichten, in der Physik Bez. für durch Aufdampfen auf einen Träger (Glas, Metall) erhaltene Schichten eines Stoffes, deren Dicken so gering sind (Größenordnung 0,01–1 µm), daß ihr physikal. Verhalten (z. B. elektr. Leitfähigkeit, Farbe) stark von dem einer massiven Probe des gleichen Materials abweicht; von großer wiss. und techn. Bedeutung.

Dunnet Head [engl. 'dʌnɪt 'hɛd], nördlichster Punkt der schott. Halbinsel; Leuchtturm.

Dünnfilmtechnik, Verfahren zur Herstellung miniaturisierter (passiver) Schaltungen mittels Aufdampfens oder Aufstäubens von 1 bis 0,01 µm starken Schichten im Vakuum auf nichtleitende Träger (aus Glas, Keramik, Quarz, Kunststoff). Widerstände werden durch Aufdampfen von Chrom-Nickel-Legierungen oder Metall-Keramik-Verbindungen, Leitungsbahnen aus Kupfer-, Aluminium- oder Goldschichten hergestellt. Kondensatoren lassen sich durch aufeinanderfolgendes Bedampfen mit Aluminium, Siliciumoxid als Dielektrikum und wieder Aluminium erzeugen.

Dünnsäure, Bez. für die bei chem.-techn. Prozessen (v. a. bei der Gewinnung von Titandioxid) anfallenden, meist stark verunreinigten Säuren niederer Konzentration.

Dünnschichtchromatographie, physikal.-chem. Trennungsverfahren. Die aus feinkörnigem Material (Kieselgel, Aluminiumoxid) bestehende Trennschicht (stationäre Phase) wird auf einer Platte aufgezogen. Am unteren Rand wird die zu trennende gelöste Substanz punkt- oder bandförmig aufgetragen. Die Trägerplatte wird dann in eine dichtschließende Trennkammer gestellt, die mit einem Laufmittel (mobile Phase) gefüllt ist. Die Substanzteile werden durch das Laufmittel unterschiedl. weit transportiert.

Dunois, Jean Graf von [frz. dy'nwa], gen. Bastard von Orléans, * Paris 1403, † 24. Nov. 1468, frz. Heerführer. - Illegitimer Sohn Herzog Ludwigs von Orléans; kämpfte in mehreren Schlachten des Hundertjährigen Krieges erfolgreich gegen die Engländer; verteidigte Orléans bis zum Entsatz durch Jeanne d'Arc.

Duns Scotus, Johannes, * Maxton (Duns [?]) (Schottland) um 1265/66, † Köln 8. Nov. 1308, schott. scholast. Philosoph und Theologe. - Um 1280 Franziskaner, 1291 Priester, lehrte 1297–1301 in Cambridge und Oxford, dann in Paris und seit 1307 in Köln. D. S. versuchte Traditionen des Augustinismus mit dem Aristotelismus zu verbinden. Mit seinem Individuationsprinzip, der „Haecceitas" (Diesheit) rückte D. S. - im Unterschied zu Platon, Aristoteles und Thomas von Aquin - die Erkenntnis des Individuellen, der individuellen (konkreten) Dinge in den Vordergrund, die nach ihm unmittelbar erkennbar sind. Dem Willen, dessen Freiheit D. S. hervorhob, nicht dem Intellekt komme (v. a. in der Ethik) die Vorrangstellung zu, Glaube und Wissen sind für D. S. nicht ident. mit Theologie und Philosophie. - Wegen seiner scharfsinnigen Kritik erhielt er den Beinamen „Doctor subtilis".

Dunst, Trübung der Atmosphäre, die durch in der Luft schwebende Beimengungen aus Staub, Rauch, Pollen, Salzkristallen oder feinsten Wassertropfen bewirkt wird. An Sperrschichten (↑Inversion) der Atmosphäre sammelt sich der D.; die **Dunstschicht** ist dann durch eine zieml. scharf ausgeprägte D.grenze (**Dunsthorizont**) nach oben abgeschlossen. Über Großstädten und Industriegebieten bilden sich **Dunsthauben** (**Dunstglocken**), die Wetter und Klima dieser Gebiete beeinflussen. - ↑auch Smog.

Dunstable, John [engl. 'dʌnstəbl], * um 1380, † London 24. Dez. 1453, engl. Komponist. - D. verband engl. Klanglichkeit mit frz. polyphoner Setzweise; eine neue Dissonanzbehandlung, ein melodischerer Verlauf der Stimmen und eine textgemäßere Deklamation kennzeichnen seine Werke. Erhalten sind etwa 55 drei- und vierstimmige, meist liturg. Kompositionen (Messen, Motetten); gilt als Schöpfer der Tenormesse.

Dünsten, Erhitzen und Garen von Lebensmitteln in einem geschlossenen Gefäß im eigenen Saft, evtl. unter Hinzufügen von wenig Fett und Wasser.

Dünung, durch den Wind erregte, weitschwingende Wellenbewegung der Meeresoberfläche, die auch nach Aufhören des Windes noch lange andauert.